KB168154

한국사능력검정시험 **1위**

주간동아 선정 2022 올해의교육브랜드파워
온·오프라인 한국사능력검정시험 부문
1위 해커스

해커스한국사
history.Hackers.com

✕

해커스임용
teacher.Hackers.com

듣기만 해도 외워지는 자동암기 한국사
해커스한국사 안지영

해커스 한국사능력검정시험
심화 기본서 종합 강의
무료수강권

A7AB632765K40000

유효기간: ~2025.12.31
교재 별도 구매 / 수강기간 : 60일

해커스 한국사능력검정시험
초단기 5일 합격 심화(3판)
무료 수강권

KK565D09B5933000

유효기간: ~2025.12.31
교재 별도 구매 / 수강기간 : 100일 / 강의 수 : 57강

쿠폰 등록 방법

| 해커스한국사
홈페이지 접속
(history.Hackers.com) | → | 우측
QUICK MENU | → | [쿠폰/수강권 등록]
클릭한 후,
위의 쿠폰번호 등록 | → | 해당 강의
결제 시
쿠폰사용 |

 해커스임용

02 566 6860   teacher.Hackers.com

김진구 전문상담 연간 강좌 계획

강좌	교과목	일정	교재	특징
2025학년도 합격전략설명회	전문상담교사 OT	**12월**	**프린트**	**공개특강**
[1-2월] **강좌** **기본개념반 ❶** 기초심리학	1. 성격심리학 2. 상담이론 3. 아동심리학 4. 청소년심리학 5. 학습심리와 행동수정	개강 1월 초	· 해커스임용 김진구 전문상담 기본개념 1: 6판(24년 출간) · 과목별 개념 구조도 · 과목별 1차 암기 노트(프린트) · 과목별 서답형 기출문제(프린트)	1. 기존 수험서(5판: 23년 출간) 사용 가능함. 2. 과목별 개념 구조도 (기본개념 교재 수록), 과목별 1차 암기 노트, 과목별 보충자료 제공
[3-4월] **강좌** **기본개념반 ❷** 상담실제	6. 상담실제 7. 학교상담 8. 진로상담 9. 가족상담 10. 집단상담	개강 3월 초	· 해커스임용 김진구 전문상담 기본개념 2: 6판(24년 출간) · 과목별 개념 구조도 · 과목별 1차 암기 노트(프린트) · 과목별 서답형 기출문제(프린트)	3. 과목별 서답형 기출문제 동시풀이 예정(전체 기출문제는 기출문제 풀이반 강좌에서 실시)
[5-6월] **강좌** **기본개념반 ❸** 진단과 평가	11. 심리검사 12. 특수아 상담 13. 이상심리학 14. 심리학 개론 15. 교육심리학(일부)	개강 5월 초	· 해커스임용 김진구 전문상담 기본개념 3: 6판(24년 출간) · 과목별 개념 구조도 · 과목별 1차 암기 노트(프린트) · 과목별 서답형 기출문제(프린트)	4. 매주 퀴즈 실시 5. 신청자에 한하여 스터디 구성: 밴드 활용
기출문제풀이반	06~24학년도 기출	수시	· 전문상담 기출문제 풀이집 06~23 (작년 교재) · 24학년도 기출문제(프린트)	· **2025학년도** 패키지 수강생의 경우 **수강생용 혜택 강의로** 강좌 무료제공 · 신청일정은 추후 공지
[7-9월] **강좌** **과목별 문제풀이반** (10주)	과목별 문제풀이	개강 7월 초	· 2025학년도 대비 과목별 전문상담 문제풀이집(출간 예정) 1, 2권 · 2024학년도 대비 과목별 전문상담 암기박스 1, 2권 ※ 과목별 문제풀이집 및 암기박스는 기수강생 구매 제한이 있음(추후 안내)	· 2022년~2024년 정규강의 수강생 선생님만 신청 가능 인/직강 포함. 중도환불자 제외) · 자세한 사항은 추후 공지
[9-11월] **강좌** **최종 모의고사반** (9주)	전과목 모의고사	개강 9월 중순	프린트/채점(자세한 사항은 추후 공지)	
수강생 특강	1) 학교폭력법 2) DSM-5-TR 진단체계 3) WAIS-IV, WISC-V 해석 4) 상담 프로그램 개발 및 평가 5) 상담정책	수시 (1~6월)	프린트	· 2024년 정규강의 수강생 전용 혜택강의로 무료제공 *2) DSM-5-TR 진단체계는 공개특강으로 진행됨

※ 강좌계획은 상황에 따라 변경될 수 있으며, 세부계획은 강좌별 수업계획서를 참조

해커스임용

김진구
전문상담

기본개념 ②

해커스임용

김진구

약력

현 | 해커스임용 전문상담 전임교수
　　　마인드 21 진로학습 연구소 대표

전 | 박문각 임용고시학원 전문상담 전임교수
　　　구평회 G고시학원 전문상담 전임교수
　　　가톨릭대학병원 소아정신과 임상심리사
　　　마인드 에듀 심리학습 연구소 소장
　　　퓨처플랜 진로학습 연구소 소장
　　　EBS 교육방송 생방송 60분 부모: 심리학습 클리닉
　　　서울특별시 교육청 학습컨설팅 과정 자문위원
　　　U-wing 자기주도 학습검사 등의 검사 제작
　　　성균관대학교 교육학과 박사과정(석사 임상심리 전공)

저서

해커스임용 김진구 전문상담 기본개념 1, 2, 3
김진구 전문상담교사 U-wing 노트 기본개념 1, 2, 3, 지북스
김진구 전문상담교사 U-wing 노트, 박문각
1등 공부법(부모들이 꼭 알아야 할 학습클리닉 프로젝트), 경향미디어

저자의 말

〈해커스임용 김진구 전문상담 기본개념 2〉는 전문상담 예비 선생님이 임용시험을 효과적으로 대비할 수 있도록 도움을 주기 위한 목적으로 집필되었습니다. 〈해커스임용 김진구 전문상담 기본개념 2〉 교재의 특징은 다음과 같습니다.

첫째, 본 교재는 2016년 7월 22일에 공시된 한국교육과정평가원의 '전문상담 평가영역 및 내용 요소'에 근거하여 만들었습니다. 또한 공시된 17개 평가항목을 토대로 교재를 크게 세 영역으로 분권하여 구성하였습니다. 2권에는 '상담실제, 학교상담, 진로상담, 가족상담, 집단상담'의 과목을 수록하였습니다.

둘째, 과목별 핵심 이론 흐름을 한눈에 확인할 수 있는 구조도 '핵심 이론 흐름잡기'를 수록**하였습니다.** 방대한 전문상담 이론을 효과적으로 학습할 수 있도록 핵심 키워드를 중심으로 시각화하였습니다. 학습 전에는 전체 흐름을 파악하고, 학습 후에는 구조도를 활용하여 인출 연습을 한다면 서답형 시험에 철저하게 대비할 수 있습니다.

셋째, 다양한 학습요소를 통한 효과적인 이론 학습**이 가능합니다.** '개관', '기출연도 표시', '참고', '더 알아보기'와 같은 학습요소로 학습한다면, 방대하고 다양한 상담이론을 좀 더 쉽고 체계적으로 학습할 수 있고, 기초부터 심화까지 한 번에 학습할 수 있습니다.

6판의 개정방향은 다음과 같습니다.

첫째, 2014학년도부터 2024학년도까지 기출된 개념을 연도로 표기**하였습니다.** 2014학년도부터 현재까지 진행 중인 시험형태가 서답형이기 때문에 이전 기출문제는 따로 표시하지 않았습니다.

둘째, 각 과목을 공부하기 전에 전체적인 내용을 파악할 수 있도록 개념 구조도를 수록하였습니다.

셋째, 교재의 과목순서와 형식은 **이전 판과 동일하지만** 세부 내용은 최근 출간된 전공서를 중심으로 재정리**하였습니다.** 단, 세부내용 변경은 새롭게 출간된 전공서를 기반으로 하기 때문에 과목마다 차이가 있습니다.

매년 수험서를 정리할 때마다 가장 고민되는 것은 바로 교재에서 다룰 내용의 폭(width)과 충실도(fidelity)에 관한 것입니다. 내용의 '폭'은 '얼마나 많은 내용을 다룰 것인가'에 해당하는 '넓이'에 관한 것이며, '충실도'는 '얼마나 자세히 다룰 것인가'에 해당하는 '깊이'에 관한 것입니다. 심리학자인 켈리(Kelly)의 이론을 빌려 온다면, 폭에 해당하는 '편의 범위'와 충실도에 해당하는 '편의 초점' 중 어디에 중점을 둘 것인가에 대한 고민이라고 할 수 있습니다. 하지만 최근 기출문제 양상을 보면 평가영역을 벗어난 문제가 출제되고 있고, 해를 더해가면서 이론보다 실제 사례 중심의 문제 수가 증가하고 있습니다. 그렇기 때문에 한국교육과정평가원에서 제시된 영역보다 조금 더 넓고, 조금 더 깊은 내용을 반영하게 되어 교재 분량이 더 늘어난 것은 사실입니다. 그럼에도 불구하고 더 많은 내용을 다루지 못한 아쉬움이 또한 남아 있습니다. 특히, 〈**해커스임용 김진구 전문상담 기본개념 2**〉에서 가장 중점을 둔 것은 전문상담 임용시험 대비를 위한 학습에 적합하도록 모든 핵심개념에 번호를 부여하여, 번호에 따라 내용을 숙지하도록 한 점입니다. 부족한 책이지만 그래도 이 교재가 전문상담 예비 선생님들께서 원하는 꿈을 이루는 좋은 도구가 될 수 있기를 소망합니다.

김진구

목차

이 책의 활용법   8
중등임용 시험 Timeline   10
전문상담 기본이론 학습 가이드   12
전문상담 답안 작성 Tip   16
전문상담 과목별 기출영역   20

제6장 | 상담실제

🔍 핵심 이론 흐름잡기   30

제1절 | 상담과정
01 접수면접   42
02 상담 초기   44
03 상담 중기   54
04 상담 종결   60
05 상담회기 기록방법   64

제2절 | 상담면접 기술
06 면담 기법   66

제3절 | 상담방법 및 적용
07 문제 유형별 내담자   77
08 라자러스의 중다양식치료(BASIC - ID)   80
09 조하리의 창   84
10 심리극(사이코드라마)   85
11 동기강화상담   89
12 사이버 상담   95

제4절 | 실험연구
13 실험연구의 개념과 유형   105
14 실험연구의 준거와 타당도   109

제7장 | 학교상담

🔍 핵심 이론 흐름잡기   116

제1절 | 학교상담과 종합적 학교상담 프로그램
01 학교상담   132
02 종합적 학교상담 프로그램   135
03 종합적 학교상담 프로그램의 실행 단계   145

제2절 | 학교상담의 실제
04 재난 및 위기상담   151
05 심리적 응급   157
06 청소년 자살   163
07 청소년 자해   170
08 청소년기 인터넷 중독   174
09 컨설팅(자문)과 의뢰   180

제3절 | 상담윤리와 상담자 윤리 현안
10 상담자 윤리강령과 윤리적 의사결정   192
11 비밀 보장   201
12 사전동의   206
13 상담자의 가치와 윤리   209
14 다중관계와 경계   212
15 상담자의 역량과 전문적 책임   215
16 연구에 관한 윤리   217
17 상담기록에 관한 윤리   219

제4절 | 상담 장면에서의 상담윤리
18 심리검사 윤리   221
19 집단상담 윤리   223
20 상담교사와 윤리   230
21 사이버 상담윤리   236

제8장 | 진로상담

🔍 핵심 이론 흐름잡기   242

제1절 | 진로상담의 이해
01 진로상담의 목표와 필요성   268
02 진로상담 초기 이론   270

제2절 | 진로 선택이론
03 파슨스의 특성 요인 진로이론과 진로상담   279
04 홀랜드의 성격이론   284
05 다위스와 로프퀴스트의 직업 적응이론   290

제3절 | 관계적 진로이론
06 로의 욕구이론   297
07 필립스의 발달-관계적 모델   300

제4절 | 진로 발달이론
08 긴즈버그의 진로 발달이론   302
09 수퍼의 진로 발달이론   304
10 타이드만과 오하라의 진로 발달이론   313
11 터크만의 진로 발달이론   314
12 갓프레드슨의 제한-타협이론   315

제5절 | 사회학습과 인지이론
13 크롬볼츠의 사회학습이론   321
14 사회인지 진로이론   326

제6절 | 진로 의사결정 이론
15 의사결정 수준 이론   334
16 인지적 정보처리이론   342

제7절 | 최근 진로상담 이론
17 구성주의 진로 발달이론   348
18 내러티브 진로상담   352
19 다문화 진로상담   358
20 기타 진로이론   361
21 진로상담의 대안 이론   363

제8절 | 진로상담 과정과 평가
22 진로상담 과정   368
23 의사결정 유형에 따른 진로상담 과정   370
24 내담자 유형 분류   378
25 진로상담의 기법   381
26 심리적 특성의 이해와 평가   384
27 흥미검사   391
28 진로 발달의 질적 평가   399

제9절 | 진로정보와 진로교육
29 진로정보   403
30 직업정보   405
31 NCS 직업기초능력의 이해   408
32 진로교육   410
33 창의적 체험활동   413
34 진로지도 프로그램의 특징 및 개발 절차   419

목차

제 9 장 | 가족상담

🔍 핵심 이론 흐름잡기   424

제1절 | 가족상담의 이해

01 가족상담의 이론적 경향과 철학적 개념   444
02 사이버네틱스와 체계이론   447
03 일반체계이론의 주요 개념   451
04 의사소통(대화) 이론   455
05 조현병 환자의 가족 연구   457

제2절 | 가족상담 이론

06 대상관계 가족상담   461
07 보스조르메니 내지의 맥락적 가족상담   468
08 보웬의 다세대 가족상담   472
09 사티어의 경험적 가족상담   480
10 미누친의 구조적 가족상담   494
11 전략적 가족상담 개관   504
12 MRI 상호작용 모델   507
13 헤일리와 마다네스의 전략적 구조주의 모델   509
14 밀란의 체계적 모델   513
15 후기 가족상담의 이론적 기초   515
16 해결 중심 단기치료   518
17 이야기 치료: 내러티브 모델   528
18 정서 중심 모델(정서 중심 부부치료)   537

제3절 | 가족 생활주기와 가족평가

19 가족 위기와 스트레스   541
20 카터와 맥골드릭의 가족 생활 발달주기   546
21 가족평가   550
22 가족기능 및 환경 평가   553
23 동적 가족화   560
24 가계도   562

제4절 | 가족상담 과정

25 가족상담 준비과정과 첫 회기 상담   565
26 상담과정에서의 실제적 문제와 상담 종결   569
27 순환적 인식론에 근거한 질문기법   572

제5절 | 특수 가족상담

28 이혼가족상담   575
29 재혼가족상담   577
30 장애 아동의 가족과 비애반응   579
31 등교 거부 가족과 식이장애 가족의 특징   581

제 10 장 | 집단상담

🔍 핵심 이론 흐름잡기   586

제1절 | 집단상담의 기초

01 집단상담과 학교 집단상담   602
02 집단 유형과 집단 형태   605

제2절 | 집단역동

03 집단역동   612
04 집단의 치료적 요인   616

제3절 | 집단상담자와 집단원

05 집단상담자   625
06 집단리더십   631
07 집단원의 기능과 역할   635
08 집단원의 문제 행동   636

제4절 | 집단상담 기법

09 집단 시작을 돕는 기법　　　　　648
10 집단 분위기 조성 기법　　　　　649
11 의사소통과 상호작용 촉진 기법　654

제5절 | 집단의 발달 단계

12 집단의 발달 단계　　　　　　　662

제6절 | 집단계획과 준비

13 집단 구성과 집단계획　　　　　669
14 집단계획서 작성　　　　　　　673
15 예비집단 회기　　　　　　　　680

제7절 | 집단상담 진행과정

16 첫 회기　　　　　　　　　　683
17 매 회기 시작　　　　　　　　688
18 집단 종결　　　　　　　　　689
19 집단상담 평가　　　　　　　693

제8절 | 구조화 집단활동

20 구조화 집단활동　　　　　　　696
21 구조화 집단활동의 과정분석　　701

제9절 | 프로그램 개발과 평가

22 프로그램 개발의 기초　　　　　703
23 프로그램 기획　　　　　　　　706
24 프로그램 구성　　　　　　　　710
25 프로그램 실시　　　　　　　　714
26 프로그램 평가　　　　　　　　715

| 부록 1 | 학교폭력예방 및 대책에 관한 법률
| 부록 2 | 한국상담학회 윤리강령
| 부록 3 | 전문상담 과목별 평가영역

Ⅰ. 상담이론과 실제 평가영역　　　756
Ⅱ. 상담실습 평가영역　　　　　　757
Ⅲ. 진로상담 평가영역　　　　　　758
Ⅳ. 가족상담 평가영역　　　　　　759
Ⅴ. 집단상담 평가영역　　　　　　760

이 책의 활용법

체계적인 구성으로 전문상담 임용 철저하게 대비하기

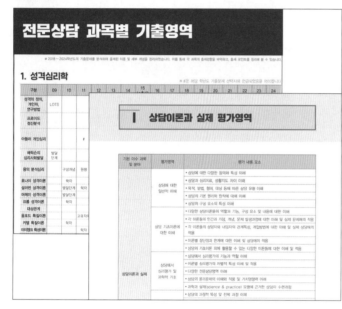

한눈에 볼 수 있는 기출영역 분석표 수록

2009~2024학년도에 출제된 전문상담 임용 시험 기출 문제를 분석하고, 기출 내용은 과목별로 정리하였습니다. 각 과목의 출제 이론과 세부개념을 자세하게 파악하고, 최근의 기출문제 흐름을 효율적으로 살펴볼 수 있습니다.

과목별 평가영역 및 평가내용 요소 제시

한국교육과정평가원이 제시한 과목별 평가영역과 평가내용 요소를 부록으로 수록하였습니다. 과목별로 분류한 세부적인 평가내용을 기반으로 출제 근거를 확인하고 학습 방향을 설정할 수 있습니다. 이로써 보다 철저하게 전문상담 임용 시험을 대비할 수 있습니다.

2 과목별 구조도로 핵심 이론 흐름잡기

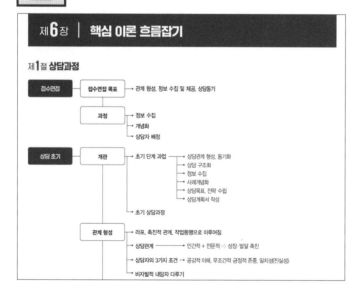

핵심 이론 흐름잡기

과목별 핵심 이론은 한 눈에 파악할 수 있도록 구조도 형식으로 수록하였습니다. 학습 전에는 이론의 흐름을 한눈에 파악할 수 있으며, 학습 후에는 인출 연습을 통한 키워드 암기학습이 가능하여 서답형 시험에 철저하게 대비할 수 있습니다.

3 다양한 요소를 활용하여 효과적으로 이론 학습하기

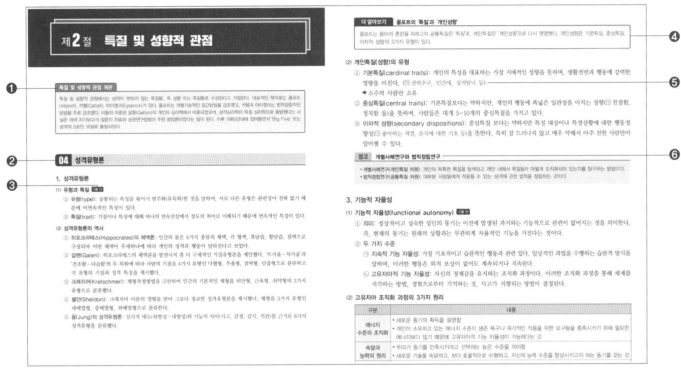

*1~3권 모두 동일한 요소가 수록되어 있습니다.

❶ 개관

해당 절을 학습하기 전에, 관련된 이론 내용이 정리된 '개관'에서 주요 학습내용을 미리 살펴볼 수 있습니다.

❷ 핵심개념 번호

이론의 암기, 점검에 활용할 수 있도록 이론 체계마다 고유번호를 기입하였습니다. 이 번호를 통해 이론 위치를 편리하게 확인하고 핵심 키워드를 손쉽게 정리할 수 있습니다.

❸ 기출연도 표시

기출되었던 개념에 기출연도를 표시하여 기출 이론을 쉽게 파악할 수 있습니다.

❹ 더 알아보기

심화된 이론 내용은 '더 알아보기'로 수록하여 이론에 대한 깊이 있는 학습이 가능합니다.

❺ 예

폭넓은 전문상담 이론의 예시를 보다 구체적이고 풍부하게 제시하여 이론을 쉽게 이해하는 데 도움이 됩니다.

❻ 참고

이론의 배경지식이 될 만한 내용을 '참고'로 제공하여, 보다 확실하게 이해할 수 있습니다.

중등임용 시험 Timeline

* 아래 일정은 평균적인 일정이며, 각 시점은 변경될 수 있습니다.

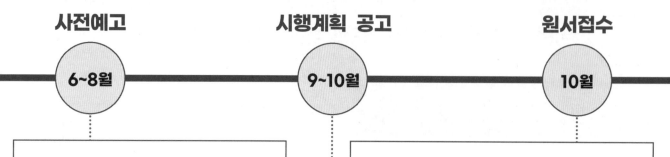

사전예고

6~8월

시행계획 공고

9~10월

원서접수

10월

사전예고
- **대략적 선발 규모(=가 T.O.)** : 선발예정 과목 및 인원
- **전반적 일정** : 본 시행계획 공고일, 원서접수 기간, 제1차 시험일 등
- 사전예고 내용은 변동 가능성 높음

원서접수
- 전국 17개 시·도 교육청 중 1개의 교육청에만 지원 가능
- 시·도 교육청별 온라인 채용시스템으로만 접수 가능
- **준비물** : 한국사능력검정시험 3급 이상, 증명사진

시행계획 공고
- **확정된 선발 규모(=본 T.O.)** : 선발예정 과목 및 인원
- **상세 내용** : 시험 시간표, 제1~2차 시험 출제 범위 및 배점, 가산점 등
- 추후 시행되는 시험의 변경사항 공지

> ☑ **아래 내용은 놓치지 말고 '꼭' 확인하세요!**
> ☐ 응시하고자 하는 과목의 선발예정 인원
> ☐ 원서접수 일정 및 방법
> ☐ 제1차 ~ 제2차 시험 일정
> ☐ 스캔 파일 제출 대상자 여부, 제출 필요 서류
> ☐ 가산점 및 가점 대상자 여부, 세부사항

제1차 시험
11월

제1차 합격자 발표
12월

제2차 시험
1월

최종 합격자 발표
2월

제1차 합격자 발표
- 제1차 시험 합격 여부
- 과목별 점수 및 제1차 시험 합격선
- 제출 필요 서류
- 제2차 시험 일정 및 유의사항

제2차 시험
- 교직적성 심층면접
- 수업능력 평가: 교수·학습 지도안 작성, 수업실연 등(일부 과목은 실기·실험 포함)
- 제1차 합격자를 대상으로 시행됨
- 시·도별/과목별로 과목, 배점 등이 상이함

최종 합격자 발표
- 최종 합격 여부
- 제출 필요 서류 및 추후 일정

제1차 시험
- 준비물: 수험표, 신분증, 검은색 펜, 수정테이프, 아날로그 시계
- 간단한 간식 또는 개인 도시락 및 음용수(별도 중식시간 없음)
- 시험과목 및 배점

구분	1교시: 교육학	2교시: 전공 A		3교시: 전공 B	
출제분야	교육학	교과교육학(25~35%) + 교과내용학(75~65%)			
시험 시간	60분 (09:00~10:00)	90분 (10:40~12:10)		90분 (12:50~14:20)	
문항 유형	논술형	기입형	서술형	기입형	서술형
문항 수	1문항	4문항	8문항	2문항	9문항
문항 당 배점	20점	2점	4점	2점	4점
교시별 배점	20점	40점		40점	

전문상담 기본이론 학습 가이드

1. 기본이론 학습시기별 전략

(1) 전문상담 임용 대비 연간 커리큘럼

※ 중등 임용 전문상담 과목의 연간 강의 커리큘럼을 기준으로 작성한 내용으로, 개인의 학습 성향에 따라 학습 방법, 시기 등이 다를 수 있으므로 아래 내용은 참고용으로만 확인하시기 바랍니다.

구분	상반기		하반기	
학습 내용	기본 이론	기출문제 분석	과목별 문제풀이 (10주)	실전 모의고사 (10주)
학습 전략	이론 학습, 개념 이해, 회독, 서브노트 작성 등	기출문제 형식 및 구조 파악, 해당 이론 복습 등	문제와 개념 연결하기, 암기박스로 핵심개념 암기하기	실전 모의고사 풀이, 핵심 이론 복습, 키워드 암기 및 인출 등
강의 시기	1~6월	4~6월	7~9월	9~11월

임용 시험을 처음 준비하는 수험생을 위한 작은 길잡이

• 회독
  책 한 권(또는 강의)을 처음부터 끝까지 전반적으로 학습하는 것을 의미한다. 1회독은 1번, n회독은 n번에 걸쳐 학습하는 것이다. 수험생들이 주로 사용하는 단어로, 회독의 목적은 하나의 책(또는 강의)을 여러 번 반복적으로 학습하면서 이론에 대한 이해도를 높이는 것이다.

• 서브노트
  학습한 내용 중 요약·보충할 만한 내용을 별도로 적어두는 노트를 말한다. 특히 임용 시험은 학습 범위와 양이 많기 때문에 핵심 키워드, 중요 이론 등을 서브노트에 따로 요약하고 이 노트를 활용하여 학습하는 수험생이 많다.

• 단권화
  잘 체계화된 교재(주로 기본서)의 여백에 메모, 필기 등을 추가로 작성하여 여러 권의 교재를 보지 않고도 단 한 권의 교재만으로 학습할 수 있게끔 정리하는 방법이다.

(2) 기본이론 학습시기별 조언

① 초반: 학습목표나 계획을 너무 높게 세우지 않습니다. 충분히 실천 가능한 작은 목표(예 교재 1~3절 학습하기, 학원 강의를 듣는 학생의 경우 결석하지 않기, 인터넷 강의 수강생은 강의 밀리지 않기 등)를 설정하고 우선 이 목표부터 지키도록 합니다. 공부가 습관화된 이후부터 서서히 공부 시간과 빈도를 늘려 나가는 게 좋습니다.

② 1~2월: 대부분의 수험생에게 학습을 시작하는 초반 두 달이 가장 힘든 시기일 것입니다. (1년 단위로 학습하는 수험생의 경우는 1~2월이 고비일 것입니다.) 이 시기가 당연히 힘들다는 사실을 명심해야 합니다. 처음 두 달이 힘든 이유는 공부 습관이 공고화되어 있지 않기 때문입니다. 힘들겠지만 '최대한 버틴다'는 마음가짐으로 학습에 임하기를 바랍니다.

③ 짝수 달: 학습을 처음 시작한 달을 기준으로, 짝수 달(둘째 달, 넷째 달……)은 학업 동기가 떨어지기 쉽습니다. 당장 눈에 보이는 결실이나 결과를 생각하지 말고, '재다짐하기', '주의환기하기' 등을 이용하여 자신의 동기를 의도적으로 높여야 합니다. 스스로에게 맞는 다양한 공부 방법을 고민하고 직접 실천하도록 합니다.

(3) 절, 파트 단위로 쪼개기

폭넓은 이론 단위를 절, 파트 등의 작은 단위로 쪼갠 다음 파트 단위로 학습하는 방법입니다. 하나의 파트를 정독하고 난 후에 해당 파트를 다시 반복하여 읽는 방법을 사용할 수 있습니다. 이때 주의해야 할 점은 반드시 각 이론을 개념별로 구조화해야 한다는 점입니다.

(4) 서브노트, 구조화

시간적으로 여유가 있다면 서브노트, 필기노트 등을 활용하여 구조화한 이론 내용을 직접 손으로 작성하는 것이 좋습니다. 교재를 눈으로 읽는 것도 도움이 되지만 스스로 직접 써 보면 이론의 이해나 암기에 더욱 도움이 될 수 있습니다.

(5) 정독 시 의미 부호화와 조직 부호화 사용하기

기본 이론서를 학습할 때는 내용 범주화하기, 새로 학습한 내용을 기존에 알고 있는 내용들과 연결하기, 개념을 설명할 수 있는 예시 만들기 등의 다양한 의미 부호화, 조직 부호화를 이용할 수 있습니다. 부호화를 활용하면 이론을 더욱 심도 깊게 학습하고, 학습 시에도 보다 몰입도 있게 집중할 수 있습니다.

전문상담 기본이론 학습 가이드

(6) 기본 이론을 학습하는 시기에는 암기보다 정독에 초점을 둘 것

기본 개념 학습 시에는 최대한 여러 개념의 상하관계를 명확하게 파악하고 개념의 의미를 이해하고 분석하는 데 중점을 두는 것이 좋습니다. 암기의 경우 큰 개념과 구성요소까지만 이루어져야 하고, 세부적인 암기는 하반기 문제풀이반 강좌에서 본격적으로 시작하는 것이 좋습니다

(7) 전체 텍스트(full-text) 위주로 정리하기

학습 초반에는 이론을 요점 위주로 정리하기보다 전체 텍스트 위주로 정리하면서 학습하는 것이 더욱 좋습니다. 암기와 마찬가지로 전반적인 이론 학습이 끝난 다음에 요점 정리 위주의 학습을 시작하는 것을 권장합니다.
(온라인 강의와 학원 강의 수강생은 매년 7월에 개강하는 문제풀이 반에서 요점 정리 텍스트를 제공합니다.)

(8) 학습한 내용은 반드시 설명하기

교재 내 이론을 학습할 때 혼자 거울을 보면서 설명한다거나 함께 학습하는 동료, 가족, 친구 등 누구든지 좋으니 다른 사람에게 직접 설명해 보면 좋습니다. 이론 내용을 입으로 직접 설명하는 과정을 통해 내용이 머릿속에 정리되고 더불어 이해한 부분과 이해하지 못한 부분을 파악하는 데 많은 도움이 됩니다.

(9) 이해가 어려운 부분은 넘어가기

학습 과정에서 모든 내용을 알고 넘어가면 좋겠지만 언제나 지나치게 이해하기 어려운 내용이 있기 마련입니다. 이해가 힘든 내용은 과감히 넘어가는 것도 하나의 방법입니다. 기본이론을 학습한 이후에도 기출문제 풀이 및 분석, 모의고사 등의 다른 학습과정을 통해 문제를 풀거나 분석하면서 다시 이해할 기회가 생길 수 있습니다.

(10) 직접 질문하거나 인터넷 카페에 질문 남기기

오프라인(학원) 강의 수강생은 수업 중간에 내용 이해가 어렵다면 언제든지 즉각적으로 물어봐도 좋습니다. 다만 수업의 흐름을 방해하지 않는 선에서 질문해야 합니다. 온라인 강의 수강생이나 교재로 학습하는 수험생도 인터넷 카페를 통해 질문을 남길 수 있습니다. 교재를 학습하면서 모르는 부분이 있으면 인터넷 카페에 가입하여 질문하는 글을 남기길 바랍니다.
(인터넷 카페 들어가는 방법: 해커스임용 사이트(teacher.Hackers.com) 〉 [수험정보] 〉 [강사별 카페 주소] 〉 '[전문상담] 김진구 선생님' 클릭)

2. 기본개념반 공부방법

(1) 공부전략

① **챕터별로 쪼개기**: 한 챕터를 정독한 후 다시 정독한 챕터를 읽기. 이때 반드시 개념별로 구조화 할 것

② **서브노트 이용**:가능하면 서브노트 등을 이용하여 구조화 한 내용을 직접 손으로 쓸 것

③ **정독 할 때에는 의미 부호화와 조직적 부호화를 사용할 것**: 내용을 범주화하거나 새로운 내용을 기존에 알고 있는 내용과 연결시키거나 개념에 예시를 만드는 등 집중해서 볼 것

④ **암기는 최대한 지양할 것**: 본격적인 암기는 7월부터 시작. 기본개념반은 개념의 이해와 상하관계를 명확하게 하거나 의미를 분석하고 이해하는 데 중점을 둘 것.

⑤ **full-text 위주**: 초기에는 요점정리만 보지 말고 full-text 위주로 정리할 것. 요점은 7월 문풀에서 제공할 예정.

⑥ **공부한 내용을 반드시 설명 할 것**: 책 내용을 보면서 혼자서 거울을 보고 설명하거나 다른 스터디원에게 설명을 하는 시간을 가질 것. 자신이 설명을 하면서 내용 정리가 될 수도 있고, 이해한 부분과 이해하지 못한 부분을 파악하기가 용이해짐.

⑦ **이해가 너무 안되는 부분은 집착하지 말고 넘어갈 것**: 차후에 문풀이나 모의고사 등 문제를 통해 이해될 수도 있음.

(2) 초반 학습 시

초반에는 목표나 계획을 너무 높게 세우지 말고, 충분히 실천 가능한 작은 목표(예 직강의 경우 결석하지 않는다. 인강의 경우 강의를 밀리지 않는다 등)를 설정한다. 차후 공부가 습관화되면 서서히 공부의 시간이나 빈도를 늘려 나간다.

(3) 1 ~ 2월

흔히 1~2월이 가장 힘든 시기임을 명심할 것. 이 두 달 동안은 공부습관이 공고화 되어 있지 않았기 때문에 '최대한 버틴다'는 마음가짐으로 임한다.

(4) 짝수 달

짝수 달은 학업동기가 가장 떨어지는 시기임을 명시할 것. 이런 점을 감안하여 이 시기에는 재다짐으로 하거나 주의환기를 하는 등 의도적으로 동기를 높일 수 있는 다양한 방법을 생각해 본다.

(5) 질문하기

내용이 잘 이해되지 않는 부분은 반드시 질문을 하거나 카페에 글을 남길 것. 직강의 경우, 수업 중간에라도 내용이 이해되지 않을 경우(수업의 흐름이 방해를 받지 않는 범위 내에서) 즉각 질문을 해도 무방함.

전문상담 답안 작성 Tip

※ 아래 내용은 참고용이며, 자세한 사항은 한국교육과정평가원 사이트(www.kice.re.kr)에서 확인하시기 바랍니다.

1. 문제 유형에 따른 답안 작성 Tip

1) 기본 패턴
① 기입형은 '단어'로, 서술형은 '문장'으로 작성합니다.
② 기호 및 부호는 문제에서 요구한 경우를 제외하고 사용하지 않습니다. (예 ①, →, ※, :(쌍점) 등)
③ 답안에 밑줄(_____)을 긋는 경우 채점이 불가합니다.

2) 기입형: 주로 두 가지 패턴을 사용하며, 예외적인 경우도 있습니다.

문항 내용	작성 가이드	예시답안
순서대로 쓸 것을 요구하는 경우	요구한 순서대로 기재	모험시도, 마법
기호 또는 명칭을 요구하는 경우	기호 또는 명칭 표기	㉠ 모험시도, ㉡ 마법
과업, 목표 등을 작성하는 경우	짧은 구 또는 문장으로 작성	• 진로장벽 지각에 대한 분석 • 기준에 따라 대안을 평가하고 결정하기

3) 서술형: 문장으로 작성하는 것을 권장합니다.
① 권장하는 답안 형식

문항 3 (4점)	관계유형은 방문형이다. ㉠은 척도질문이다. ㉡은 악몽질문으로 사용 목적은 내담자에게 더욱 나쁜 일이 일어나야만 현재와 다른 무엇을 하거나 문제에서 벗어날 수 있을 것이라고 생각할 때, 이 질문을 사용한다.

② 권장하지 않는 답안 형식

문항 3 (4점)	관계유형: 방문형, ㉠: 척도질문, ㉡: 악몽질문, 목적: 내담자에게 더욱 나쁜 일이 일어나야만 현재와 다른 무엇을 하거나 문제에서 벗어날 수 있을 것이라고 판단될 때, 이 질문을 사용함

2. 서술형 답안지 작성 Tip

1) 문제와 답안지의 문항번호를 확인하고, 4행으로 구성된 답안란에 답을 기재합니다.

문항 3 (4점)	동주의 유형은 진로 미결정자다. 특징은 첫째, 자신의 모습, 직업, 의사결정을 위한 지식이 부족하다.
	둘째, 진로 결정을 못 하지만 성격적인 문제는 없다.

2) 줄을 비우거나 띄울 수 있습니다.

문항 3 (4점)	동주의 유형은 진로 미결정자다.
	특징은 첫째, 자신의 모습, 직업, 의사결정을 위한 지식이 부족하다.
	둘째, 진로 결정을 못 하지만 성격적인 문제는 없다.

3) 답안란 내에 세로 줄을 그어 다단으로 활용할 수 있습니다.

문항 3 (4점)	동주의 유형은 진로 미결정자다.	특징은 첫째, 자신의 모습, 직업, 의사결정을
		위한 지식이 부족하다.

4) 답안란 내에 가로 줄을 그어 작성 줄을 추가할 수 있습니다.

문항 3 (4점)	동주의 유형은 진로 미결정자다. 특징은 첫째, 자기 모습, 직업, 의사결정을 위한 지식이 부족하다.
	둘째, 진로 결정을 못 하지만 성격적인 문제는 없다.

5) 공간이 부족한 경우, 한 줄에 두 문장을 작성할 수 있습니다.

문항 3 (4점)	동주의 유형은 진로 미결정자다. 특징은 첫째, 자기 모습, 직업, 의사결정을 위한 지식이 부족하다. 둘째, 진로 결정을 못 하지만 성격적인 문제는 없다.

전문상담 답안 작성 Tip

3. 세부 내용 답안 작성 Tip

*'☺'은 권장하는 답안, '☹'는 권장하지 않는 답안을 의미합니다.

1) 문제지에서 작성해야 할 부분을 동그라미로 표시하면 확인하기 편리합니다.

2) 개념과 주제를 문장의 맨 앞부분에 배치하는 것이 좋습니다.

> ☺ 학생의 환경체계는 첫째, 외체계로 아버지 회사가 문을 닫은 것이다. 둘째, 미시체계로 부모님과 친구 때문에 초조하고 걱정이 많은 것이다.

> ☹ 학생의 환경체계는 아버지 회사가 문을 닫았다는 외체계와 부모님과 친구 때문에 초조하고 걱정이 많다는 미시체계가 있다.

3) 상위 개념과 하위 개념을 구분하도록 합니다.

> * 상위 개념인 '잠정기'와 하위 개념인 '가치기'가 있을 때, 문제가 요구하는 답안이 '가치기'인 경우

> ☺ 민규의 단계는 가치기로, 특징은 첫째, 자신이 추구하는 가치관이나 삶의 우선순위를 고려하면서 미래의 진로를 생각하는 것이다.

> ☹ 민규의 단계는 잠정기로, 특징은 첫째, 흥미, 능력, 가치 단계를 거치면서 잠정적인 진로 선택을 하는 것이다.

4) 반드시 주어를 넣어야 합니다. (주어가 없으면 채점이 불가함)

> ☺ 사례의 ㉠에서 나타난 강화가치는 사람들의 주목을 받는 것이다. ㉡은 강화순서에 대한 기대이며, 의미는 단계적으로 예견하는 것이다. ㉢은 행동잠재력이다.

> ☹ 강화가치는 사람들의 주목을 받는 것이다. 강화순서에 대한 기대는 단계적으로 예견하는 것이다. 마지막으로 행동잠재력이다.

5) 신조어, 합성 단어의 사용은 권장하지 않습니다. (주로 불안할 때 나타남)

> ☺ 대인간 위계구조, 사회관찰학습

> ☹ 위계구조, 관찰학습

6) 답안을 사례에서 찾아 쓰는 경우와 사례에 근거하여 설명하는 경우를 구분하도록 합니다.

① 답안을 사례에서 찾아 쓰는 경우: 사례에서 필요한 부분을 발췌하여 기입합니다.

> ☺ 영호가 겪은 심리적 문제는 낮은 자기효능감이다. 이 문제를 극복하는 데 도움을 준 요인은 첫째, 실제 성취경험이다. 영호는 다른 학교 학생들과의 시범경기에서 골도 많이 넣고, 한 경기에서는 MVP가 되었다.
> 둘째, 대리경험이다. 영호는 자신과 실력이 비슷한 친구들이 연습 경기에서 잘 하는 모습을 보면서 자신도 잘할 수 있다는 자신감이 생겼다.

② 사례에 근거하여 설명, 이유를 작성하는 경우: 근거한 사례(일부)와 함께 설명, 이유 등을 기입합니다.

> *사례에 근거하여 설명하는 문제나 사례에 근거하여 이유를 작성하는 문제는 답안에 '개념 정의'가 포함되어야 함

> ☺ (가)의 개념은 인지부조화이다. (나)의 심리적 상태는 첫째, 상상적 청중이다. 영수는 담배를 피울 때 사람들이 자신을 영화 속 주인공처럼 부러워하면서 쳐다본다고 보고하는데, 이는 자의식이 지나치게 과장된 나머지 자신의 행동이 모든 사람의 관심 대상이라고 생각하는 현상이다. 둘째, 개인적 우화이다. 영수는 담배를 많이 피워도 자신은 폐암에 걸리지 않는다고 보고하는데, 이는 자신이 독특하므로 남들이 겪는 위험이 자신에게는 일어나지 않을 것이라고 생각하는 믿음 때문이다.

7) 잘못된 부분을 고쳐 쓰는 경우, '…이 아니다.' 패턴의 답안은 피하는 것이 좋습니다.

① 틀린 부분을 먼저 명시합니다.

② 틀린 이유를 작성합니다. 틀린 이유 작성 시, '…이 아니다.'의 패턴은 권장하지 않습니다.

> ☺ 틀린 부분은 첫째, 자신이 잘 모르는 검사를 실시한 것이다. 상담교사는 자신이 훈련받은 검사를 사용해야 한다.

> ☹ 상담교사는 자신이 훈련받았거나 전문성 있게 사용할 수 있는 검사를 사용해야 한다. (틀린 부분 누락)

> ☹ 틀린 부분은 첫째, 자신이 잘 모르는 검사를 실시했다는 것이다. 상담교사는 자신이 잘 모르는 검사를 사용하면 안 된다.
> (근거 부족)

8) 기호와 용어를 구분하여 작성하는 것을 권장합니다.

① (가)와 (나) 개념의 의미만 작성하는 문제의 경우: 해당 개념의 기호를 작성합니다.

> ☺ 박 교사의 평가방법은 (나)다. 차이점은 (가) 방법이 특정 행동의 유무에 대한 응답만 하는 것이라면 (나) 방법은
> …(중략)…

> ☹ 박 교사의 평가방법은 평정척도다. 차이점은 체크리스트가 특정 행동의 유무에 대한 응답만 하는 것이라면, 평정척도는
> …(중략)…

② (가)와 (나) 개념과 의미를 모두 작성하는 문제의 경우: 해당 개념의 기호와 명칭(용어)을 함께 작성합니다.

9) 추상적인 답안은 정답이 되기 어렵습니다.

> ☺ ㉠에 해당하는 대처방법은 하위집단 형성에 따른 문제점을 직접적·공개적으로 다룸으로써 하위집단 형성이 비생산적이고 집단
> 응집력을 저해한다는 사실을 인식하게 하는 것이다.

> ☹ ㉠에 해당하는 대처방법은 집단 응집력을 높이는 것이다. (근거 부족)

10) 매개변인 없이 결과만 작성하는 것은 지양하도록 합니다. (설명하듯 작성하는 것을 권장함)

① 사례 1

> ☺ 교사가 고된 체험 기법을 사용한 이유는 증상을 유지하는 것이 포기하는 것보다 더욱 고통스럽다는 사실을 알게 함으로써
> 증상을 포기하게 하기 위함이다.

> ☹ 교사가 고된 체험 기법을 사용한 이유는 증상을 포기하게 하기 위함이다.

② 사례 2

> ☺ 문제가 되는 교사의 진술 내용은 "네가 아직 미성년자라 선생님이 너와 상담한 내용을 모두 부모님과 공유한다"라는 것이
> 다. 미성년자라도 학생의 사적인 정보를 본인 동의 없이 공개하면 안되기 때문에, 상담교사는 학생에게 허락을 받은 후 최
> 소한의 정보만을 제공해야 한다.

> ☹ 문제가 되는 교사의 진술 내용은 "네가 아직 미성년자라 선생님이 너와 상담한 내용을 모두 부모님과 공유한다"라는 것이
> 다. 상담교사는 최소한의 정보만 제공해야 한다.

전문상담 과목별 기출영역

※ 2018 ~ 2024학년도의 기출문제를 분석하여 출제된 이론 및 세부 개념을 정리하였습니다. 이를 통해 각 과목의 출제경향을 파악하고, 출제 포인트를 정리해 볼 수 있습니다.

1. 성격심리학

※ #은 해당 학년도 기출문제 선택지에 언급되었음을 의미합니다.

구분	09	10	11	12	13	14	15 (+추시)	16	17	18	19	20	21	22	23	24
성격의 정의, 개인차, 연구방법	LOTS			LOTS+ 측정내용								실험연구				
프로이드 정신분석														방어기제	초자아, 남근기, 방어기제	
아들러 개인심리			#				콤플렉스 투사 생활양식							우월추구, 가상적 목표, 생활양식		
에릭슨의 심리사회발달	발달단계					마르샤						자아, 위기				마르샤 유형
융의 분석심리		구성개념	원형		학자		자아, 투사				자기, 개성화 과정					자아의 태도와 기능
호나이 성격이론		학자		#	학자											
설러번 성격이론		발달단계	학자	#	성격이론	불안	성격이론									
머레이 성격이론		발달단계			학자					성격개념						
프롬 성격이론		학자														
대상관계						대상관계										
올포드 특질이론			고유자아	#	특질종류											
카텔 특질이론		학자											근원특질			
아이젱크 특성이론			학자			불안										
5요인 및 성격유형론						외향성	신경증, 성실성						유형과 특질		유형, 5요인 모델	클로닝거
켈리 성격이론		구성개념	학자	#	성격이론		Rep 검사									
로터 성격이론		학자									기대-강화가치모델					
미셸 성격이론																
반두라 성격이론	자기 효능		#	관찰학습			자기 효능감				관찰학습		효능감, 결과기대			사회학습 이론 특징, 관찰학습
매슬로우 성격이론			#								결핍과 성장욕구					
로저스 성격이론			구성개념			Q분류			주요개념			개념				성격개념
성격과 자기이론				자기괴리 이론										자기개념		히긴스의 자기안내
성격과 동기				학습된 무력감		Dollard 갈등유형	동기	기본심리 욕구, 귀인이론	학습된 무력감		귀인이론, 암묵적 이론		유기체통 합이론, 과정당화 이론	숙달과 수행목표, 학습된 무력감		
성격의 적응 및 정서										대인관계 원형모델						
공격성	사회인지				전 이론											

2. 상담심리학

구분	09	10	11	12	13	14	15 (+추시)	16	17	18	19	20	21	22	23	24
상담심리 개관				통합적 접근										과학자-실무자 모델		
프로이트 상담이론	목표	사례, 기법			사례	해석	전이(논)		역전이							
아들러 상담이론	목표	사례, 구성개념, 기법			전체 기법	생활양식 상담과정 (논)	격려, 단추 누르기			우월추구 생활양식				우월추구, 가상적 목표, 생활양식		
융 상담이론				단계												
인간중심 상담	목표				사례											
실존주의 상담	구성개념	기법	사례		역설적 의도			프랭클의 3가지 가치		탈숙고 기법		실존적 공허와 신경증				
행동주의 상담	목표	사례			체계적 둔감법		상담과정					체계적 둔감법		노출법, 자기교시		자기관리 프로그램, 토큰경제
합리적 정서행동상담			사례		사례	상담과정							비합리적 사고, 합리정서 심상법			
인지치료	구성개념		인지왜곡 종류				인지왜곡 (논)	자동사고					목표, 철학적 관점, 과정		자동사고, 행동실험, 하향 화살표 인지삼제, 인지오류	
게슈탈트 상담이론	목표	사례	접촉경계 유형		역할연습			접촉경계 혼란(논)				접촉경계 혼란		관계, 접촉경계 혼란, 신경증 층		접촉경계 혼란
현실치료			사례				상담과정	5가지 욕구(논)	전행동			선택이론, WDEP				질적세계
교류분석 상담		사례		각본분석	구성개념		게임분석			이면교류					자아상태, 생활각본	
여성주의 상담																
마음챙김에 근거한 상담									마음챙김		수용전념 치료					
상담과정				접수면접+ 초기단계	중기							초기 (구조화)		사례 개념화		
상담방법과 면담기법	초기단계	면담기법	면담기법	역전이 경험	전체 면담기법		BASIC-ID 직면/ 해석			심리극 기법	나-전달 법	재진술 조하리창 실험연구	명료화, 질문, 종결과업, 동기강화	동기강화, 변화과정 모델, 실험설계	폐쇄질문, 즉시성	
발달문제 상담	자살												자살, 인터넷 중독			
사이버 상담		상담과정														
상담윤리	윤리/법 책임	행동원칙	행동원칙	행동원칙	키치너	비밀보장 (논)	사전동의	키치너의 윤리원칙	집단상담 윤리	집단상담 윤리	키치너의 상담윤리	개인상담 윤리			종합적학 교상담 모델, 상담정책	윤리적 의사결정 모델, 비밀보장
학교상담	구성요소	요구조사	특징, 자문 학교상담 편성/ 절차	비행유형 상담정책 사업	생활지도 특징											
학교폭력법	●	●	●		●											

3. 심리검사

※ 2013년의 '객관적 성격검사: MBTI'는 진로상담 과목의 '홀랜드 해석'과 함께 출제되었음을 나타냅니다.

구분	09	10	11	12	13	14	15 (+추시)	16	17	18	19	20	21	22	23	24
심리평가	표준화 검사실시		검사선정 방법	선정, 실시								검사분류				
심리측정	신뢰도/ 타당도		신뢰도/ 타당도		신뢰도/ 타당도	신뢰도 표준화		표준점수		수렴/변 별타당도	편파성 문항, 신뢰도					
객관적 성격검사: MMPI			채점 및 해석	MMPI-A 해석	MMPI-A 해석		해석(논) 해석	해석	해석		해석 (SCT 포함)	2코드	2-4코드	F1-F2 해석, 456 코드 해석	VRIN, 2-3 코드	F2척도, Ma 척도 및 2-7코드
객관적 성격 검사: 기타			PAI 특징		MBTI+ 홀랜드 해석											기질 및 성격검사
웩슬러 지능검사	해석	측정내용	채점 및 해석	해석	K-WAIS 해석	K-WISC -Ⅳ 소검사	합산점수 해석	합산점수 해석		합산점수 /소검사 해석		편차지능, WAIS-Ⅳ 지표 및 소검사		WISC-V 검사체계 (지표)		WAIS-Ⅳ 소검사 및 병전 지능
지능 및 인지기능 검사: 기타																
투사 검사	실시	종류와 특징 SCT 해석	특징 (BG, 로샤, TAT)		TAT, HTP 해석	HTP, SCT 해석	로샤검사 실시/ 채점	SCT해석	SCT, 로샤 실시, SCT 해석		TAT, SCT 실시		KFD 실시			HTP: 강박
정서 및 행동평가		CBCL 해석	CBCL 해석 KPRC	인터넷 중독		CBCL 해석	CBCL 해석				평정척도 오류					
학습 및 진로평가	직업카드 분류	홀랜드 해석	학습방법 학습동기	STRON G		ALSA 해석										
통합 및 활용	검사 요청시 행동원칙, 검사의 윤리적 활용	해석상담		보고서 작성	활용			검사윤리								

4. 진로상담

구분	09	10	11	12	13	14	15(+추시)	16	17	18	19	20	21	22	23	24
진로상담의 이해 및 진로이론	7차 교육과정													보딘 분류		
특성요인 이론			특징											직업정보 기능		
홀랜드 이론		검사해석			정체성								주요개념 및 검사 해석		변별성, 일치성	
진로발달 이론	수퍼	타이드만, 수퍼		긴지버그 및 터크만 발달단계	긴즈버그와 수퍼	수퍼: 생애무지개			긴즈버그: 잠정기		수퍼: 탐색기 과업		수퍼:진로 성숙도, 진로적응	수퍼: 생애역할, C-DAC 모형		
제한-타협 이론			타협	갓프레드슨	학자	내적고유자아 지향, 타협요소							타협과정	사회적 가치지향	성역할	
사회인지 진로이론			용어		진로장벽 지각분석	선택모형			수행모형	맥락변인			선택모형		근접맥락변인	
크롬볼츠 사회학습			계획된 우연	크롬볼츠	주요개념	진로결정 요인		우연학습 모형 및 기술			진로선택 요인			일반화		
직업적응						개인-환경 부조화					MIQ 가치유형			MIQ 가치유형		
관계적 접근				Roe 직업선택	Roe 직업분류	Reo 양육 유형					Roe 양육유형					Roe의 따뜻한 자녀관계, 부모관여(참여) 진로탐색
의사결정	인지적 정보처리 이론 특징		인지적 정보처리 이론	하렌: 의사결정 유형	하렌: 의사결정 유형	의사결정 5단계		주관적 기대효용	하렌:의사결정 유형, CIP 단계			CIP: 정보처리 영역, 초인지	하렌: 의사결정 유형	주관적 기대효용 모델		
구성주의 진로이론										구성주의: 진로적응도 차원			구성주의: 진로적응도 차원, 역량	진로유형 면접		
기타 진로이론		길리건		블러의 사회학적 이론									브라운 가치중심 모델: 가치, 흥미	소수민 여성을 위한 다문화 진로상담		진로 무질서 이론,
진로상담 과정 및 기법		내담자 유형		내담자 유형	우유부단		내담자 유형	생애진로 사정, 진로가계도							생애진로 사정	우유부단
진로평가	자기이해		직업카드		CMI, CBI, Strong, 적성검사	직업카드 분류의 목표		홀랜드 해석							홀랜드 해석	
직업세계와 직업정보 및 진로교육	직업정보 활용	직업정보 활용		진로정보 사이트(워크넷, 커리어넷)								NCS				교육/직업/심리사회적 정보
진로 프로그램		개발단계														

5. 가족상담

구분	09	10	11	12	13	14	15 (+추시)	16	17	18	19	20	21	22	23	24
가족상담과 체계이론		일반체계이론					가족규칙, 가족항상성						순환적 인과			
정신역동 및 대상관계	특징												대상관계: 위니컷 거짓자기			
다세대	구성개념	기법	평가	Bowen	기법		분화	정서적 단절	분화, 핵가족 정서체계	삼각관계				상담목표, 정서단절		자아분화, 나의입장 기법
경험	기법		의사소통 유형	상담자 역할	특징		개인빙산 의사소통 유형	개인빙산 목표	의사소통 유형		의사소통 유형		폐쇄체계, 가족조각		빙산기법	
구조	가족지도		기법	미누친	가족지도	주요개념	목표 및 가족도표		모방	경계선 유형	실연화, 가족지도 해석			구조적 지도	목표 (재구조화)	재구조화 기법
전략				Haley		의사소통 이론	순환질문 이중구속	가장기법		고된체험 기법, 불변처방					항상성	긍정적 의미부여
이야기		기법		White, Epston	사회구성 주의와 해결중심 특징	정의예식	문재의 외재화, 독특한 결과			회원 재구성				독특한 결과		문제의 외재화
해결 중심	기법	유형	기본원리	질문기법		관계성 질문 기본가정, 질문기법		관계유형 예외질문	기적질문			관계유형, 척도 및 악몽질문		예외질문		
가족 평가	이론통합	가계도 해석 이론통합	이론통합	가계도 해석	가계도 해석	가계도 +KFD	순환모델	가계도 해석						가계도	순환모델	
가족생활 주기	단계특징															
가족상담 과정			행동지침	문제행동 대처												
특수 가족						재혼 (충성심 갈등)		재혼가족 과업			이혼가족 과업					

6. 집단상담

구분	09	10	11	12	13	14	15 (+추시)	16	17	18	19	20	21	22	23	24
집단상담					집단상담 장점		집단상담 단점									
집단유형과 형태	성장집단 선정	심리교육 집단		성장-문제해결 집단	집단의 종류		구조화집단, 동질집단					집단형태 분류				
집단역동과 치료적 요인	치료적 요인: 대인관계 학습	치료적 요인: Q분류		치료적 요인 (얄롬), 바람직한 행동		치료적 요인 (논술)	치료적 요인: 대인관계 입력, 실존			치료적 요인: 실존, 희망고취		치료적 요인: 피드백, 자기개방, 코틀러: 모험시도, 마법				치료적 요인: 보편성
집단 상담자			초기단계 역할				인간적 자질, 전문성: 개인상담 경험									
집단원					침묵 (소극적 참여)			하위집단			일시적 구원	하위집단, 의존적 행동		소극적 행동	대화독점, 주지화 하위집단	
기법		차단기법	종류		해석	연결	초점, 연결, 자기개방				연결 나-전달법		지금-여기	차단, 초점		
집단상담계획 및 과정	구조화 반응문, 운영방식		비자발적 참여 다루기	종결 성과평가		집단윤리		구조화 활동내용	중도 포기	집단 윤리		집단규칙			예비(사전) 집단회기	회기종결 기술
집단의 발달단계	단계별 특징	연속적 단계이론 (터크만)	단계별 행동지침	단계별 상담자의 역할 (코리)	단계별 특징	마지막 단계		집단 작업단계						초기단계 과업		
프로그램 개발/평가	평가단계		학교집단 상담PR 편성절차								서스만의 활동요소					
이론		정신역동	교류분석					심리극 구성요소		심리극 기법						

전문상담 과목별 기출영역

7. 특수아 상담

구분	09	10	11	12	13	14	15 (+추시)	16	17	18	19	20	21	22	23	24
특수 아동과 상담			특수아 상담 고려사항	특수아 상담 특징	특수아 상담 특징							범주 및 차원적 분류 (이상)				
장애 발생 원인/평가 도구	(통합) 장애아동 상담											정서행동 장애선별 검사				
지적 장애			진단		진단					지적장애 적응기능						
자폐스펙트럼				아스퍼거			진단기준								진단기준	
ADHD	상담접근						진단 및 개입방법			진단	ADHD		지속주의, CPT, 자기교시			증상, 약물치료
CD와 ODD	학교폭력 다루기	진단준거		진단준거					CD진단	진단, CD: 아동기 발병형						
특정 학습 장애			진단		진단 및 특징		능력-성취 불일치									
정서 및 행동 장애			진단평가 도구	청소년기 우울증			외상 후 스트레스 장애		학습된 무력감							
영재아 상담	특징					개입방법			특징			렌줄리, 비동시성 과 과흥분성				
행동 수정			연구설계		기법		기법			차별강화		변별		일반화	강화계획	토큰경제, 조형법
특수 아관리		장애아 부모										전환교육				

8. 심리학 개론 및 교육심리 등

1) 심리학 개론 및 교육심리(학습심리 포함)

구분	18	19	20	21	22	23	24
동기와 정서	동기: 성취목표 유형	– 위그필드 등의 기대가치 이론 – 드웩의 암묵적 이론	자기충족적 예언, 낙인, 기대지속효과	자기결정성 이론, 과정당화 이론	– 드웩의 숙달목표와 수행목표 – 자기장애전략	엘리어트 등 목표지향성 이론	라자러스의 정서에 대한 인지적 평가이론
감각과 지각					선택적 주의, 선택적 부주의		
신경과학					교감신경과 부교감 신경		
사회심리	인지부조화			동조			
기억		간섭현상	정보처리모형			조직화 전략	
스트레스		라자러스의 스트레스 대처방식			점진적 이완훈련		
지능과 창의성						확산사고와 창의성 요인, 가드너의 다중지능, 스턴버그의 지능 삼원론	
학습심리 및 행동수정	차별강화			조작적 조건화(변별)	– 고전적 조건형성 : 일반화 – 학습된무력감 : 조작적 조건형성	강화계획	조형법, 토큰경제

2) 아동 및 청소년 (발달)심리

구분	18	19	20	21	22	23	24
아동발달				– 비고츠키 발달개념 – 피아제 발달개념	– 에인스워스의 애착 유형 – 토마스 등의 기질 유형		– 시냅스 상실 – 가소성
청소년발달	– 개인적 우화 – 상상적 청중	– 셀만의 조망수용이론 – 콜버그 도덕성 발달단계 특징	생태체계 이론	– 에릭슨 주요개념 – 자살, 인터넷 중독	– 자기중심적 사고 – 자기개념	– 조직화 전략 – 이스트의 또래유형	– 마르샤 정체감 유형

3) 이상심리학(문제: 특수아 상담 기출문제에 포함)

구분	18	19	20	21	22	23	24
분류			범주적 분류와 차원적 분류				
DSM-5			추가연구가 필요한 진단적 상태: 비자살성 자해				
행동장애	반사회성 성격장애 진단(ADHD, CD 포함)						
기분장애						우울증: 인지삼제	우울유발적 귀인
불안장애			범불안장애: 지속기간	공황장애: 클락 모형, 진단기준	2요인 모형		
급식 및 섭식장애			폭식장애				신경성 식욕부진증, 신경성 폭식증
강박장애				노출 및 반응방지법		사고억제의 역설효과, 사고중지 기법	
외상 및 스트레스 사건 관련 장애							PTSD 진단기준
해리장애	이인증				– 비현실감, 통합 – 국소적 기억상실		

제6장

상담실제

🔍 핵심 이론 흐름잡기

제1절 상담과정

제2절 상담면접 기술

제3절 상담방법 및 적용

제4절 실험연구

제6장 │ 핵심 이론 흐름잡기

제1절 상담과정

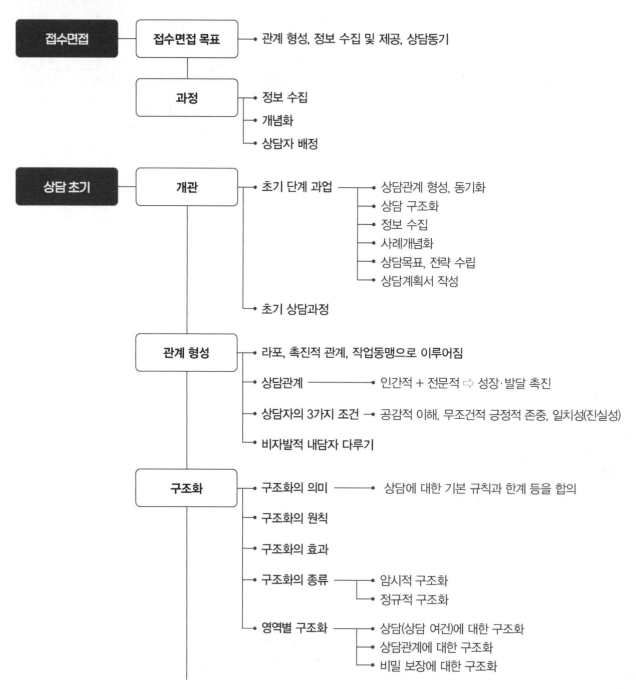

| 접수면접 | 접수면접 목표 | → 관계 형성, 정보 수집 및 제공, 상담동기 |

접수면접 ─ **접수면접 목표** ── → 관계 형성, 정보 수집 및 제공, 상담동기

과정 ── → 정보 수집
　　　　　── → 개념화
　　　　　── → 상담자 배정

상담 초기 ─ **개관** ── → 초기 단계 과업 ── → 상담관계 형성, 동기화
　　　　　　　　　　　　　　　　　── → 상담 구조화
　　　　　　　　　　　　　　　　　── → 정보 수집
　　　　　　　　　　　　　　　　　── → 사례개념화
　　　　　　　　　　　　　　　　　── → 상담목표, 전략 수립
　　　　　　　　　　　　　　　　　── → 상담계획서 작성
　　　　　　── → 초기 상담과정

관계 형성 ── → 라포, 촉진적 관계, 작업동맹으로 이루어짐
　　　　　　── → 상담관계 ──────── → 인간적 + 전문적 ⇨ 성장·발달 촉진
　　　　　　── → 상담자의 3가지 조건 → 공감적 이해, 무조건적 긍정적 존중, 일치성(진실성)
　　　　　　── → 비자발적 내담자 다루기

구조화 ── → 구조화의 의미 ──── → 상담에 대한 기본 규칙과 한계 등을 합의
　　　　　── → 구조화의 원칙
　　　　　── → 구조화의 효과
　　　　　── → 구조화의 종류 ── → 암시적 구조화
　　　　　　　　　　　　　　── → 정규적 구조화
　　　　　── → 영역별 구조화 ── → 상담(상담 여건)에 대한 구조화
　　　　　　　　　　　　　　── → 상담관계에 대한 구조화
　　　　　　　　　　　　　　── → 비밀 보장에 대한 구조화

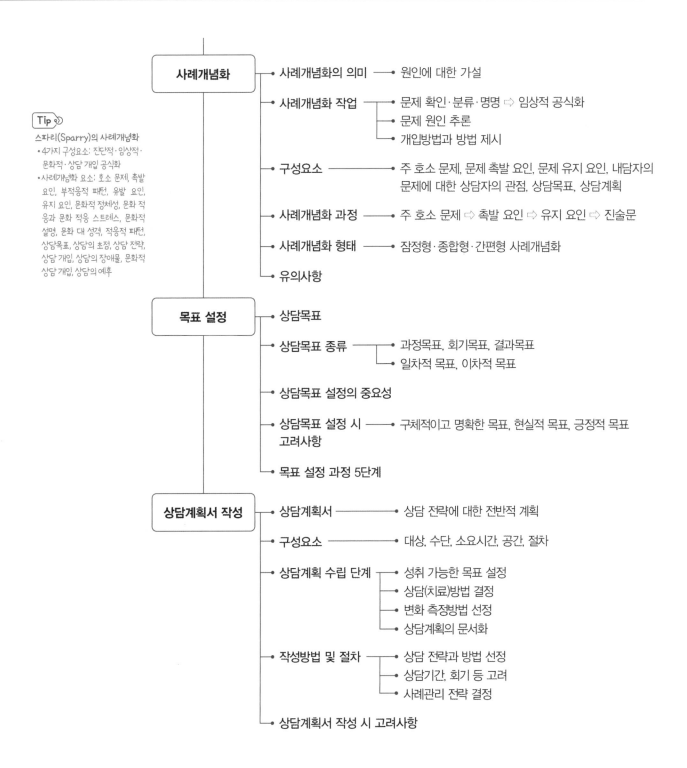

사례개념화
- 사례개념화의 의미 —— 원인에 대한 가설
- 사례개념화 작업
  - 문제 확인·분류·명명 ⇨ 임상적 공식화
  - 문제 원인 추론
  - 개입방법과 방법 제시
- 구성요소 —— 주 호소 문제, 문제 촉발 요인, 문제 유지 요인, 내담자의 문제에 대한 상담자의 관점, 상담목표, 상담계획
- 사례개념화 과정 —— 주 호소 문제 ⇨ 촉발 요인 ⇨ 유지 요인 ⇨ 진술문
- 사례개념화 형태 —— 잠정형·종합형·간편형 사례개념화
- 유의사항

Tip
스파리(Sparry)의 사례개념화
- 4가지 구성요소: 진단적·임상적·문화적·상담 개입 공식화
- 사례개념화 요소: 호소 문제, 촉발 요인, 부적응적 패턴, 유발 요인, 유지 요인, 문화적 정체성, 문화 적응과 문화 적응 스트레스, 문화적 설명, 문화 대 성격, 적응적 패턴, 상담목표, 상담의 초점, 상담 전략, 상담 개입, 상담의 장애물, 문화적 상담 개입, 상담의 예후

목표 설정
- 상담목표
- 상담목표 종류
  - 과정목표, 회기목표, 결과목표
  - 일차적 목표, 이차적 목표
- 상담목표 설정의 중요성
- 상담목표 설정 시 고려사항 —— 구체적이고 명확한 목표, 현실적 목표, 긍정적 목표
- 목표 설정 과정 5단계

상담계획서 작성
- 상담계획서 —— 상담 전략에 대한 전반적 계획
- 구성요소 —— 대상, 수단, 소요시간, 공간, 절차
- 상담계획 수립 단계
  - 성취 가능한 목표 설정
  - 상담(치료)방법 결정
  - 변화 측정방법 선정
  - 상담계획의 문서화
- 작성방법 및 절차
  - 상담 전략과 방법 선정
  - 상담기간, 회기 등 고려
  - 사례관리 전략 결정
- 상담계획서 작성 시 고려사항

제6장 | 핵심 이론 흐름잡기

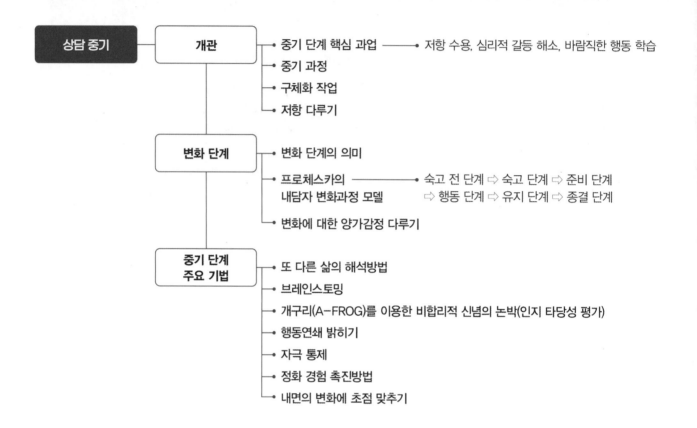

상담 중기

개관
- 중기 단계 핵심 과업 ── 저항 수용, 심리적 갈등 해소, 바람직한 행동 학습
- 중기 과정
- 구체화 작업
- 저항 다루기

변화 단계
- 변화 단계의 의미
- 프로체스카의 ── 숙고 전 단계 ⇨ 숙고 단계 ⇨ 준비 단계 내담자 변화과정 모델 ⇨ 행동 단계 ⇨ 유지 단계 ⇨ 종결 단계
- 변화에 대한 양가감정 다루기

중기 단계 주요 기법
- 또 다른 삶의 해석방법
- 브레인스토밍
- 개구리(A-FROG)를 이용한 비합리적 신념의 논박(인지 타당성 평가)
- 행동연쇄 밝히기
- 자극 통제
- 정화 경험 촉진방법
- 내면의 변화에 초점 맞추기

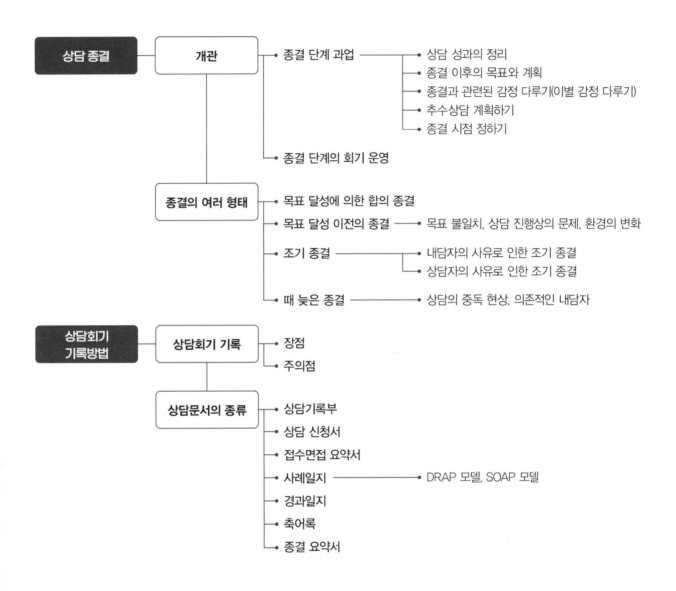

상담 종결 ─ 개관 ─ • 종결 단계 과업 ─── • 상담 성과의 정리
                                      • 종결 이후의 목표와 계획
                                      • 종결과 관련된 감정 다루기(이별 감정 다루기)
                                      • 추수상담 계획하기
                                      • 종결 시점 정하기
                    • 종결 단계의 회기 운영

              종결의 여러 형태 ─ • 목표 달성에 의한 합의 종결
                              • 목표 달성 이전의 종결 ─── 목표 불일치, 상담 진행상의 문제, 환경의 변화
                              • 조기 종결 ─── • 내담자의 사유로 인한 조기 종결
                                            • 상담자의 사유로 인한 조기 종결
                              • 때 늦은 종결 ─── • 상담의 중독 현상, 의존적인 내담자

상담회기 기록방법 ─ 상담회기 기록 ─ • 장점
                                • 주의점

                  상담문서의 종류 ─ • 상담기록부
                                  • 상담 신청서
                                  • 접수면접 요약서
                                  • 사례일지 ─── • DRAP 모델, SOAP 모델
                                  • 경과일지
                                  • 축어록
                                  • 종결 요약서

제6장 | 핵심 이론 흐름잡기

제2절 상담면접 기술

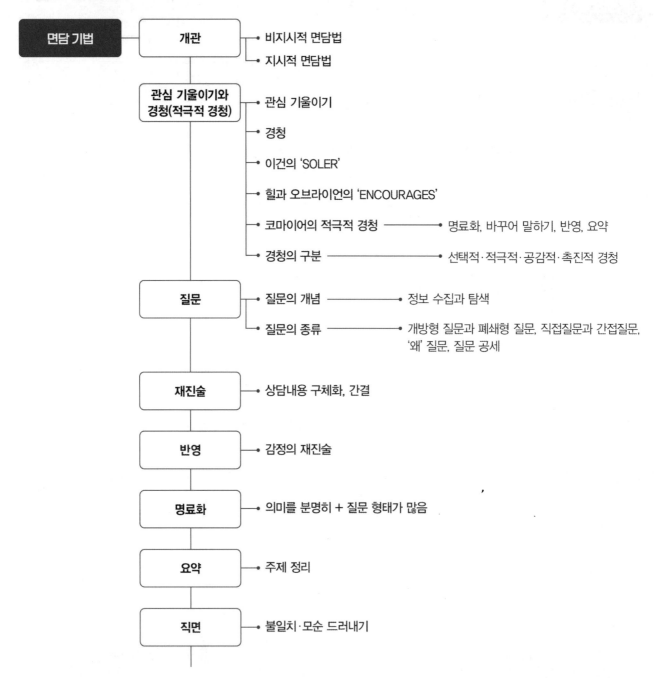

면담 기법

개관
- 비지시적 면담법
- 지시적 면담법

관심 기울이기와 경청(적극적 경청)
- 관심 기울이기
- 경청
- 이건의 'SOLER'
- 힐과 오브라이언의 'ENCOURAGES'
- 코마이어의 적극적 경청 ——— 명료화, 바꾸어 말하기, 반영, 요약
- 경청의 구분 ——— 선택적·적극적·공감적·촉진적 경청

질문
- 질문의 개념 ——— 정보 수집과 탐색
- 질문의 종류 ——— 개방형 질문과 폐쇄형 질문, 직접질문과 간접질문, '왜' 질문, 질문 공세

재진술
- 상담내용 구체화, 간결

반영
- 감정의 재진술

명료화
- 의미를 분명히 + 질문 형태가 많음

요약
- 주제 정리

직면
- 불일치·모순 드러내기

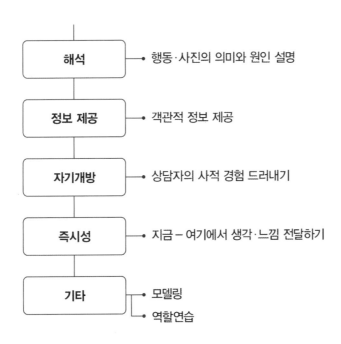

해석	→ 행동·사진의 의미와 원인 설명
정보 제공	→ 객관적 정보 제공
자기개방	→ 상담자의 사적 경험 드러내기
즉시성	→ 지금 – 여기에서 생각·느낌 전달하기
기타	→ 모델링 → 역할연습

제 3 절 상담방법 및 적용

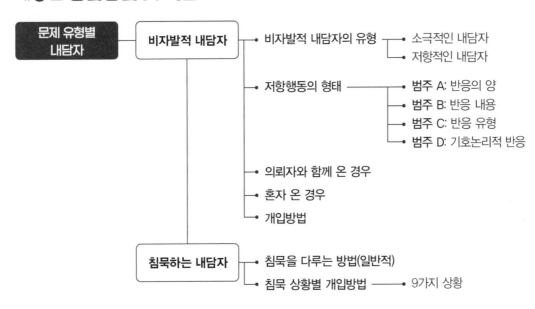

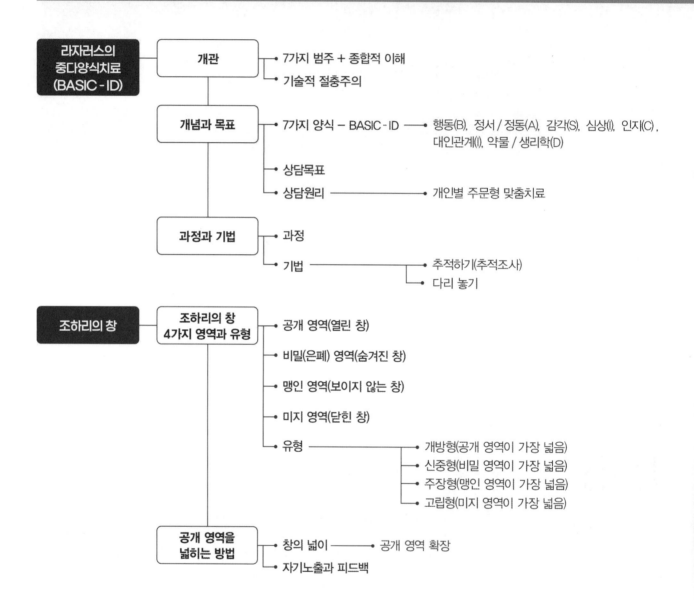

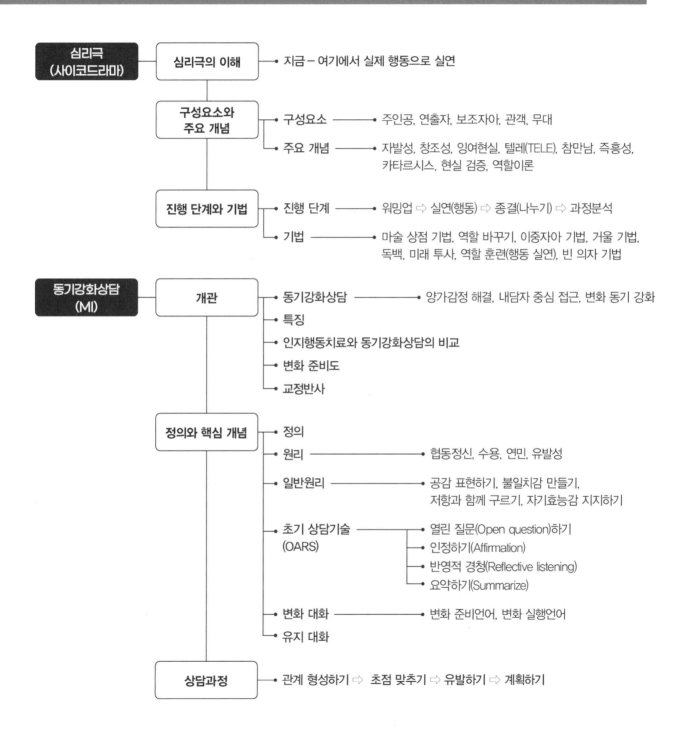

심리극
(사이코드라마) ── 심리극의 이해 ──→ 지금 – 여기에서 실제 행동으로 실연

구성요소와
주요 개념
- 구성요소 ──→ 주인공, 연출자, 보조자아, 관객, 무대
- 주요 개념 ──→ 자발성, 창조성, 잉여현실, 텔레(TELE), 참만남, 즉흥성,
  카타르시스, 현실 검증, 역할이론

진행 단계와 기법
- 진행 단계 ──→ 워밍업 ⇨ 실연(행동) ⇨ 종결(나누기) ⇨ 과정분석
- 기법 ──→ 마술 상점 기법, 역할 바꾸기, 이중자아 기법, 거울 기법,
  독백, 미래 투사, 역할 훈련(행동 실연), 빈 의자 기법

동기강화상담
(MI) ── 개관
- 동기강화상담 ──→ 양가감정 해결, 내담자 중심 접근, 변화 동기 강화
- 특징
- 인지행동치료와 동기강화상담의 비교
- 변화 준비도
- 교정반사

정의와 핵심 개념
- 정의
- 원리 ──→ 협동정신, 수용, 연민, 유발성
- 일반원리 ──→ 공감 표현하기, 불일치감 만들기,
  저항과 함께 구르기, 자기효능감 지지하기
- 초기 상담기술
  (OARS)
  - 열린 질문(Open question)하기
  - 인정하기(Affirmation)
  - 반영적 경청(Reflective listening)
  - 요약하기(Summarize)
- 변화 대화 ──→ 변화 준비언어, 변화 실행언어
- 유지 대화

상담과정 ──→ 관계 형성하기 ⇨ 초점 맞추기 ⇨ 유발하기 ⇨ 계획하기

제6장 | 핵심 이론 흐름잡기

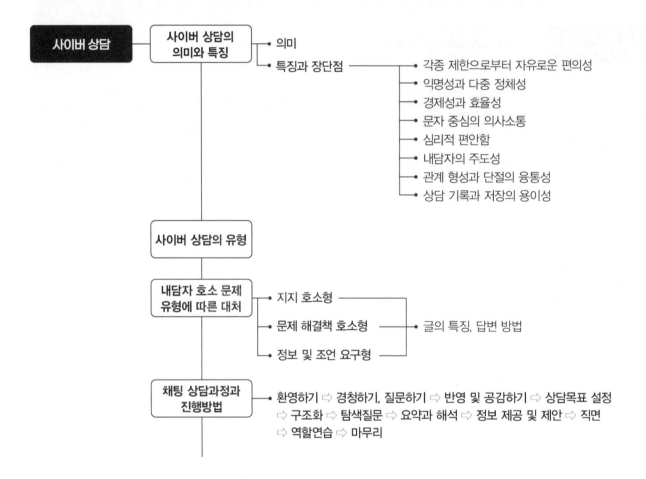

사이버 상담

사이버 상담의 의미와 특징
- 의미
- 특징과 장단점
  - 각종 제한으로부터 자유로운 편의성
  - 익명성과 다중 정체성
  - 경제성과 효율성
  - 문자 중심의 의사소통
  - 심리적 편안함
  - 내담자의 주도성
  - 관계 형성과 단절의 융통성
  - 상담 기록과 저장의 용이성

사이버 상담의 유형

내담자 호소 문제 유형에 따른 대처
- 지지 호소형
- 문제 해결책 호소형 → 글의 특징, 답변 방법
- 정보 및 조언 요구형

채팅 상담과정과 진행방법
- 환영하기 ⇨ 경청하기, 질문하기 ⇨ 반영 및 공감하기 ⇨ 상담목표 설정 ⇨ 구조화 ⇨ 탐색질문 ⇨ 요약과 해석 ⇨ 정보 제공 및 제안 ⇨ 직면 ⇨ 역할연습 ⇨ 마무리

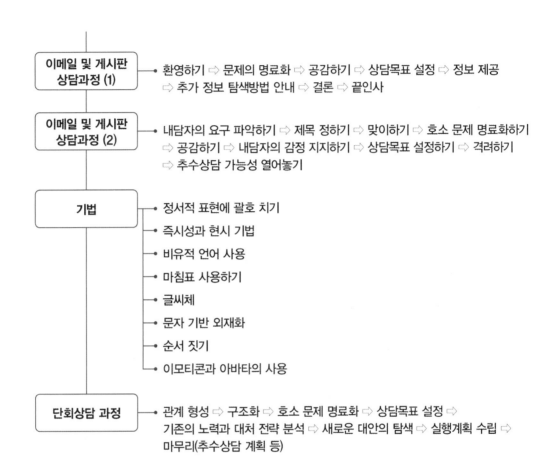

이메일 및 게시판 상담과정 (1) → 환영하기 ⇨ 문제의 명료화 ⇨ 공감하기 ⇨ 상담목표 설정 ⇨ 정보 제공 ⇨ 추가 정보 탐색방법 안내 ⇨ 결론 ⇨ 끝인사

이메일 및 게시판 상담과정 (2) → 내담자의 요구 파악하기 ⇨ 제목 정하기 ⇨ 맞이하기 ⇨ 호소 문제 명료화하기 ⇨ 공감하기 ⇨ 내담자의 감정 지지하기 ⇨ 상담목표 설정하기 ⇨ 격려하기 ⇨ 추수상담 가능성 열어놓기

기법
- 정서적 표현에 괄호 치기
- 즉시성과 현시 기법
- 비유적 언어 사용
- 마침표 사용하기
- 글씨체
- 문자 기반 외재화
- 순서 짓기
- 이모티콘과 아바타의 사용

단회상담 과정 → 관계 형성 ⇨ 구조화 ⇨ 호소 문제 명료화 ⇨ 상담목표 설정 ⇨ 기존의 노력과 대처 전략 분석 ⇨ 새로운 대안의 탐색 ⇨ 실행계획 수립 ⇨ 마무리(추수상담 계획 등)

제**6**장 │ **핵심 이론 흐름잡기**

제**4**절 **실험연구**

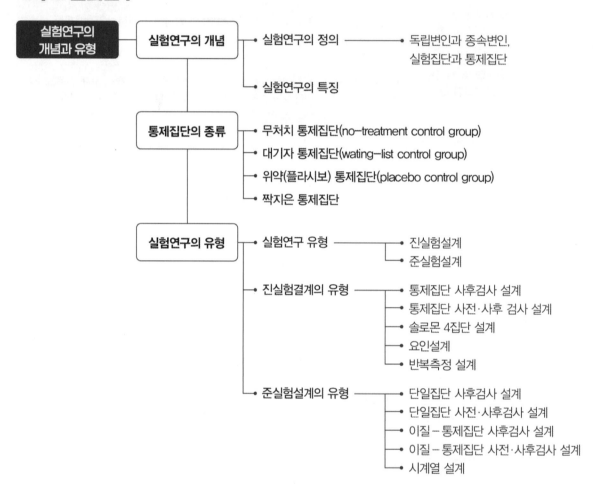

실험연구의 개념과 유형 ─ **실험연구의 개념**
- 실험연구의 정의 ──── 독립변인과 종속변인, 실험집단과 통제집단
- 실험연구의 특징

통제집단의 종류
- 무처치 통제집단(no-treatment control group)
- 대기자 통제집단(wating-list control group)
- 위약(플라시보) 통제집단(placebo control group)
- 짝지은 통제집단

실험연구의 유형
- 실험연구 유형 ──── 진실험설계
  - 준실험설계
- 진실험결계의 유형 ──── 통제집단 사후검사 설계
  - 통제집단 사전·사후 검사 설계
  - 솔로몬 4집단 설계
  - 요인설계
  - 반복측정 설계
- 준실험설계의 유형 ──── 단일집단 사후검사 설계
  - 단일집단 사전·사후검사 설계
  - 이질 – 통제집단 사후검사 설계
  - 이질 – 통제집단 사전·사후검사 설계
  - 시계열 설계

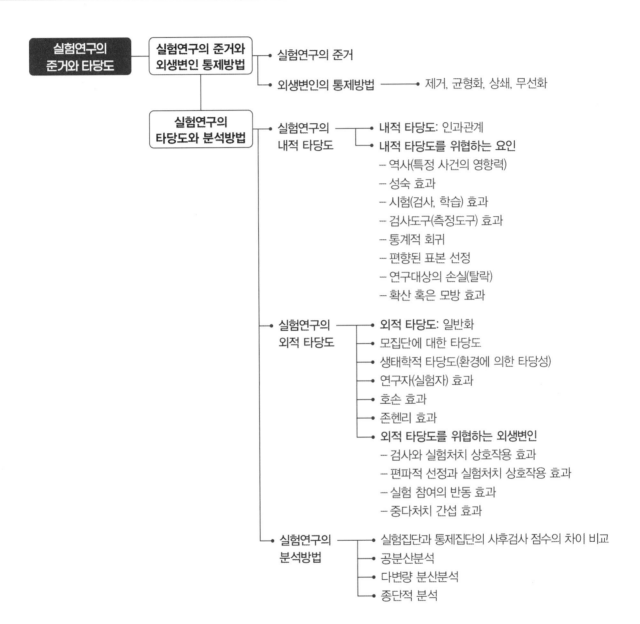

실험연구의 준거와 타당도 ── 실험연구의 준거와 외생변인 통제방법 ── 실험연구의 준거

외생변인의 통제방법 ──── 제거, 균형화, 상쇄, 무선화

실험연구의 타당도와 분석방법 ── 실험연구의 내적 타당도 ── **내적 타당도: 인과관계**

내적 타당도를 위협하는 요인

- 역사(특정 사건의 영향력)
- 성숙 효과
- 시험(검사, 학습) 효과
- 검사도구(측정도구) 효과
- 통계적 회귀
- 편향된 표본 선정
- 연구대상의 손실(탈락)
- 확산 혹은 모방 효과

실험연구의 외적 타당도 ── **외적 타당도: 일반화**
- 모집단에 대한 타당도
- 생태학적 타당도(환경에 의한 타당성)
- 연구자(실험자) 효과
- 호손 효과
- 존헨리 효과
- **외적 타당도를 위협하는 외생변인**
  - 검사와 실험처치 상호작용 효과
  - 편파적 선정과 실험처치 상호작용 효과
  - 실험 참여의 반동 효과
  - 중다처치 간섭 효과

실험연구의 분석방법 ── 실험집단과 통제집단의 사후검사 점수의 차이 비교
- 공분산분석
- 다변량 분산분석
- 종단적 분석

제1절 상담과정

1. 상담 초기
    - 내담자로부터 정보 얻기
    - 내담자의 문제 파악하기(사례개념화)
    - 상담목표 정하기
    - 목표 달성을 위한 상담계획 세우기
    - 상담의 구조와 원리 알려주기(구조화)
    - 라포와 작업동맹 형성하기
    - 상담 계약하기
2. 상담 중기
    - 변화를 위한 대화하기
    - 상담계획을 실천하여 목표를 달성하기
    - 저항 다루기
    - 중간점검하기
3. 상담 종결
    - 상담의 성과를 평가하기
    - 종결 후의 삶에 대처하기

01 접수면접

1. 접수면접

(1) 의미와 목표

① 의미: 내담자에 대한 정보를 수집하고, 수집된 자료를 토대로 내담자의 특성, 문제 및 증상, 원인, 상담 방향 및 방법에 대해 개념적으로 설명하며, 적합한 상담자를 배정하기 위해 실시하는 초기 면접을 의미한다.

② 목표
    ㉠ 상담관계를 형성한다.
    ㉡ 내담자의 정보를 수집한다.
    ㉢ 상담 장면에 대한 정보를 제공한다.
    ㉣ 내담자의 상담동기를 확실히 한다.

(2) 파악할 내용

① 기본 인적사항을 확인한다.

② 호소 문제를 확인한다.

③ **현재·최근의 주요 기능 상태:** 지적·정서적·사회적 상태 등을 확인한다.

④ 행동 변화의 동기를 파악한다.

⑤ 사회적·심리적 자원을 확인한다.

⑥ 호소 문제와 관련된 개인사, 가족관계를 파악한다.

⑦ 내담자의 대인관계 특성, 기대, 신체적 특성을 파악한다.

⑧ 이전의 상담 경험을 확인한다.

➡ 관계 형성, 정보 수집이 가능하고 상담동기도 높일 수 있다.

(3) 상담자의 태도

① **적극적 경청하기:** 내담자의 이야기를 경청할 때 상담자는 언어적 메시지와 비언어적 메시지를 모두 사용해서 반응해야 한다.

② **내담자 호소 문제 듣기:** 내담자가 현재 가장 힘들어하는 문제가 무엇인지 파악하는 것이 중요하다. 상담자가 내담자의 문제를 파악하기 위해서는 상담자가 궁금한 측면을 질문하기보다는 내담자가 하고 싶은 이야기를 하도록 하는 것이 바람직하다.

③ 내담자가 상담실에 오게 된 결정적 계기나 이유가 무엇인지 파악한다.

④ 내담자가 호소하는 어려움이 언제부터 시작되었는지 파악한다.

⑤ 내담자가 반복적으로 사용하는 단어가 무엇인지 파악한다.

⑥ 자발성 여부, 즉 내담자가 자발적으로 왔는지 비자발적으로 왔는지를 확인한다.

⑦ 내담자의 상담 경험 유무를 확인한다.

　㉠ **상담 경험이 있는 내담자:** 상담을 언제 받았는지 확인하고 상담 경험에 내담자에게 어떤 의미로 남아있는지 확인한다.

　㉡ **이전 상담 경험이 긍정적인 경우:** 어떤 측면으로 인해 긍정적인 경험을 했는지 확인해야 한다. 긍정적인 상담 경험은 이번 상담에서도 상담자와의 신뢰관계를 잘 형성할 수 있으리라 예측할 수 있다.

　㉢ **이전 상담 경험이 부정적인 경우:** 내담자가 어떠한 요인 때문에 상담을 부정적으로 생각하고 있는지 확인해야 한다. 상담자는 내담자가 이전에 경험한 부정적인 상담 경험이 반복되지 않도록 노력하고, 상담에 대한 부정적 인식이 이번 상담에도 영향을 미칠 수 있음을 고려해야 한다.

⑧ **침묵 다루기:** 상담 초기 과정에서 발생하는 침묵은 내담자가 어떻게 이야기하고 무엇을 이야기해야 할지 몰라서 발생하는 경우가 많다. 이럴 경우 상담자는 내담자에게 상담에 대해 설명해 주고 내담자가 편안하게 말할 수 있도록 하거나 상담자가 내담자에게 질문하는 과정을 통해 내담자가 상담에 참여할 수 있도록 한다.

⑨ 구체적인 원인을 심층적으로 파악하지 않는다.

　㉠ 내담자가 호소하는 문제를 심층적으로 다루게 되면 내담자는 본 상담자에게 연결되었을 때 다시 반복해서 이야기해야 하는 어려움이 있다.

　㉡ 내담자는 면접자에게 노출하기 어려운 이야기를 어렵게 했는데 새로운 상담자에게 다시 설명해야 하는 부담감을 느낄 수 있다.

2. 과정

(1) 정보 수집

① 면접, 질문지, 행동 관찰, 심리검사 등의 방법으로 정보를 수집한다.

② 면접을 통하여 수집하고자 하는 내용: 호소 문제, 호소 문제와 관련된 현재의 기능 상태, 문제사, 발달사, 가족 관계, 기타 문제, 상담 경험, 원하는 상담자 또는 상담시간 등이 포함된다.

(2) 개념화

① 수집된 정보를 종합하여 심리적 특성, 능력, 문제, 증상, 원인, 상담 방향과 방법 등을 설명한다.

② 접수면접에서는 개념화를 간결하고 분명하며 정확하게 기술한다.

③ 대체로 잘 구성된 개념화에는 '문제 및 증상에 대한 분류, 원인 또는 관련 요인에 대한 설명, 상담의 개입 방향 및 방법에 대한 제안'이 포함되어 있다.

④ 개념화 내용은 별도의 보고서로 만들어질 수도 있고 면접기록의 소견란에 문장 형태로 기술될 수도 있으며, 구두로 본 상담자에게 보고될 수도 있다.

(3) 상담자 배정

① 상담자의 전문 분야, 내담자의 선호, 상담자의 상담 가능 시간, 배정 순위 등을 고려하여 상담자를 배정한다.

② 접수면접자가 일방적으로 상담자를 배정하는 것은 무리가 따르기 때문에 어떤 형태로든 상담자와 협의하는 시간을 가지는데, 이러한 협의의 한 형태가 '접수회의'다.

③ 접수회의: 사례 관리를 위한 전문가 회의를 말한다. 즉, 내담자의 문제와 증상, 원인, 상담 방향 및 방법에 대한 개념화를 실시하고 담당 상담자를 결정해 나가는 일종의 사례 관리를 위한 전문가 회의이다.

02 상담 초기

1. 개관

(1) 초기 단계 과업

① 상담관계 형성, 동기화

② 상담 구조화

③ 정보 수집

④ 사례개념화

⑤ 상담목표 및 전략 수립

⑥ 상담계획서 작성

(2) 초기 상담과정

① 내담자의 문제와 증상, 관련 내용을 파악한다.

② 내담자를 이해하는 데 필요한 정보를 수집한다.

③ 내담자에게 얻은 정보를 바탕으로 상담자는 내담자의 문제에 대한 사례개념화를 형성한다.

④ 내담자와 함께 상담에서 달성할 목표를 정한다.

⑤ 사례개념화와 상담목표를 토대로 효과적이라고 판단되는 상담계획과 전략을 수립한다.

⑥ 상담자는 내담자에게 구조화를 실시한다.

2. 관계 형성

(1) 협조적 상담관계는 라포, 촉진적 관계, 작업동맹으로 이루어짐

① **라포**: 친밀감 있거나 조화롭고 신뢰성 있는 긍정적인 관계를 의미한다.

② **촉진적 관계**: 상담이 목표를 지향하는 작업인 만큼 정서적으로 연결된 긍정적 관계인 라포에서 나아가 치료적 성과를 가져오는 적절한 관계의 측면을 강조한 상담관계를 말한다.

③ **작업동맹**: 라포 이상의 의미로 내담자의 건강한 자아 부분과 전문가의 전문 역량이 공유된 목표를 달성하고자 함께 협력하는 관계를 의미한다.

➡ 상담은 내담자의 의식적·합리적인 자아의 건강한 부분이 전문가가 지닌 전문적 역량과 협력하여 내담자의 불건강한 측면, 문제 영역을 줄이고 건강한 부분은 키워가는 작업이다.

④ 상담자 입장에서 라포가 내담자를 존중하고 이해하는 상담자의 태도와 관련된다고 보면, 작업동맹은 더 나아가 상담자의 전문 역량, 내담자의 문제와 상담목표에 대한 합의, 상담의 구조화와 관련이 깊다.

➡ 라포가 형성되지 않으면 작업동맹이 효과적으로 이루어질 수 없다.

(2) 상담관계

① **상담관계**: 상담자와 내담자가 상담목표 성취를 위해 함께 협력하여 치료적 상호작용을 하는 관계다.

② **상담관계의 특징**

㉠ 상담관계는 인간적이면서 전문적인 관계로, 그 자체가 내담자의 성장·발달을 촉진하는 특성을 가진다.

㉡ 인간의 성장·발달을 촉진하는 일상적 조력관계도 있지만, 상담관계는 순조로움과 깊이를 가진다.

ⓐ 순조로움: 얼마나 편안하게 느끼는지와 관련된다.

ⓑ 깊이: 가치 있고 깊이 있는 것으로 느끼는지와 연결된다.

③ **상담관계가 일상관계와 다른 점**

㉠ 상담목표 성취를 위해 실증적 연구에 의한 메커니즘에 기초하고 있다.

㉡ 상담자와 내담자 사이에 경계 또는 한계가 설정된 독특한 치료적 관계가 구축된다.

(3) 상담자의 3가지 조건

① **공감적 이해**: 상담자가 내담자의 입장이 되어 내담자의 감정을 가능한 한 가까이 느끼고, 이를 전달하는 것을 말한다.

㉠ 상담자는 내담자의 감정과 경험에 주관적인 태도를 취하면서도 상담자 자신은 객관적인 태도를 유지해야 한다. 상담자가 내담자의 감정에 너무 빠져들어 내담자 이야기에 눈물을 흘리는 것은 공감이 아니라 동정으로, 동정은 내담자가 심리적 부담을 갖게 되고 상담에 대한 자발성이 떨어질 수 있다.

㉡ 내담자에게 공감이 되지 않을 때는 공감하지 않는다. 공감이 되지 않는다면 이해가 되지 않은 상황을 구체적으로 확인하며, 이해가 된 후에 공감을 표현하도록 한다.

㉢ 내담자가 자세히 설명하지 않아 충분히 공감되지 않을 때는 섣부르게 공감하지 않는다.

② 무조건적 긍정적 존중: 내담자의 생각, 감정, 행동에 대해 평가나 판단을 하지 않고 내담자가 어떤 모습을 보이더라도 상담자는 내담자에게 긍정적이고 수용적인 태도를 취한다.

    ㉠ 긍정적 존중은 상담자가 내담자에게 긍정적 존중의 태도를 통해 내담자 자신이 가치 있는 사람이라고 느끼도록 하는 것이다.

    ㉡ 긍정적 존중은 조건이 없는 무조건이다.

③ 일치성(진실성): 상담자가 자신의 내면에서 일어나는 감정이나 태도와 일치하는 모습을 내담자에게 보이는 것이다. 즉, 상담자가 거짓된 표정 없이 상담자의 인식과 일치되는 표현을 솔직하게 표현하는 것이다.

(4) 비자발적 내담자 다루기

① 상담자는 내담자에게 상담실에 어떻게 방문하게 되었는지를 확인한다. 의뢰인을 통해 내담자의 상황에 대한 경위를 알고 있더라도 내담자에게 직접 오게 된 경위를 확인하는 것이 필요하다.

② 비자발적으로 의뢰되어 방문한 내담자가 억울함, 속상함을 호소할 때 상담자는 가치중립적인 입장을 취한다.

    ㉠ 내담자의 잘못한 부분을 찾아 수정·교정하려는 가치평가적인 입장보다는 가치중립적인 자세를 취한다.

    ㉡ 상담 초기에는 신뢰관계 형성이 중요하므로 내담자를 직면하기보다는 이야기 속에서 내담자가 느끼는 감정을 읽어 주며 가치중립적인 입장을 취해야 내담자가 자신의 이야기를 솔직하게 표현할 수 있다.

③ 내담자가 느끼는 감정을 탐색하고 공감해 준다.

④ 본인의 의지와 상관없이 상담에 의뢰되었지만, 상담에는 내담자의 선택이 중요함을 설명한다.

    ㉠ 상담 참여 여부를 선택할 수 있음을 알려주어야 한다.

    ㉡ 내담자에게 상담을 받지 않을 자유가 있음을 인정해 주는 것은 내담자를 자발적인 상담으로 이끄는 신뢰감 형성의 첫 단계가 되기도 한다.

⑤ 법원이나 학교의 명령으로 반드시 상담을 받아야 하는 내담자에게는 상담을 받음으로써 내담자가 얻을 수 있는 이익에 대해 설명한다. 벌에 대한 상쇄에 대한 부분도 있으나, 자신의 성장을 위해 상담이 많은 도움이 될 수 있음을 설명해 준다.

⑥ 내담자에게 가능한 것과 불가능한 것에 대한 정확한 경계를 설명해 주는 단호함이 필요하다.

⑦ 비자발적 내담자가 침묵할 때는 상담자도 침묵으로 기다려주어야 한다. 침묵 후에도 내담자가 이야기를 전혀 하지 않을 때에는 상담자가 먼저 의뢰된 이유를 조심스럽게 설명하면서 현재 내담자가 힘든 상황을 이야기해주면 상담을 통해 도움을 받을 수 있음을 전달한다.

3. 구조화 기출 20

(1) 구조화

① 의미: 상담에 대한 제반 규정, 즉 상담 여건, 상담관계, 상담의 한계 등에 대하여 내담자와 상담자가 합의하는 일종의 오리엔테이션이다.

② 상담에 대한 내담자의 자발적인 참여와 협력 의지에 긍정적 영향을 준다는 점 때문에 일반적으로 상담 초기에 실시하지만, 필요한 경우 상담의 모든 단계에 제공될 수 있다.

(2) 구조화의 원칙

① 상담자와 내담자가 서로 편안하게 느낄 수 있도록 구조화는 최소화한다.

② 적절한 시점에 이루어지되 결코 내담자를 처벌하는 식이 되어서는 안 된다.

③ 면담시간 약속과 내담자의 행동규범은 구체적으로 정한다.

④ 필요에 따라 상담의 전 과정에서 반복할 수 있다.

(3) 구조화의 효과

① 상담의 구조화를 통해 내담자가 가질 수 있는 애매모호함과 불안을 경감시키고, 내담자가 상담에 대해 가지고 있는 잘못된 기대를 교정한다.

② 이로써 상담관계가 현실에 기반을 두고 합의된 목표를 추구하는 실제적인 관계로 발전할 수 있다.

(4) 구조화의 종류

① **암시적 구조화**: 이미 알려진 상담자의 역할과 내담자가 처한 상황이 자동으로 상담관계에 어떤 구조를 가하게 되는 것이다.

② **정규적 구조화**: 내담자에게 상담과정을 의도적으로 설명하고 제약을 가하는 것이다.

(5) 영역별 구조화

영역	내용

상담(상담 여건)에 대한 구조화	• 상담시간, 상담횟수, 상담장소와 더불어 상담시간에 늦거나 약속을 지키지 못하는 상황이 발생할 때 연락하는 방법 등을 구조화함
	   – **상담시간**: 보통 45~50분간 진행되며 상담자가 기초로 하는 상담이론에 따라 조정되기도 함
	   – **상담횟수**: 내담자의 문제의 질, 자아 강도, 상담 비용을 낼 수 있는 정도, 해결하려는 의지 등에 따라 결정하며 일반적으로 상담자가 내담자에게 권유하기도 하지만 대부분 내담자와 합의하여 결정함
	     ➡ 합의과정에서 가장 염두에 둘 점은 내담자의 현실적인 상황에 가장 적합하고 도움을 받을 수 있는 횟수를 결정해야 한다는 점임
	 • 상담시간에 늦거나 오지 못할 경우 등에 대한 교육을 사전에 실시하여 원활한 상담관계를 형성함

상담관계에 대한 구조화	• 상담과정의 진행방법과 상담자와 내담자의 역할을 알려줌
	   ➡ 흔히 상담자의 역할, 내담자의 역할, 상담관계의 성격을 설명함
	 • **상담자 역할의 구조화**
	   – 상담자가 어떤 역할을 하는지 알려주는 것
	   – 내담자에게 역할의 한계를 설명함으로써 상담자를 대하는 데 혼란을 겪지 않도록 함
	 • **내담자 역할의 구조화**
	   – 내담자의 자각과 선택은 스스로의 몫이며, 상담자에게 문제의 해결책을 줄 것을 요구하기만 한다면 아무것도 얻을 수 없다는 점을 말함
	   – 자신이 직접 문제의 해결책을 찾으려는 노력, 즉 내담자가 상담과정에서 중요한 몫을 수행할 책임이 있음을 받아들이는 것이 중요함

비밀 보장에 대한 구조화	• 상담자는 내담자에 대한 비밀 보장을 유지하고 지킬 의무가 있으며, 특수한 경우엔 비밀 보장에 한계가 있음을 알려야 함 • 상담자와의 상담 내용은 비밀이 보장되지만 내담자 자신이나 타인에게 위협이 가해지는 경우에 대한 비밀 보장은 이루어지지 않음을 알림

　　영철(고2, 남학생)이는 대인관계 문제로 상담을 받고 있다. 상담회기가 진행되면서 영철이는 상담자에게 심리적으로 상당히 밀착되어 향수 등의 선물을 많이 하고, 개인적인 질문도 자주 했다. 그러다 어느 날 영철이는 상담자에게 왜 상담을 상담실에서만 해야 하는지 묻는다.

　　"영철이가 선생님에게 좋은 마음을 가지고 이렇게 챙겨줘서 고마워요. 고마운 마음은 잘 받겠지만 선물은 받지 않을게요. 영철이가 나를 가까운 사람으로 여기게 되어 개인적으로 궁금한 것도 많이 생기고 상담실이 아닌 다른 공간에서 상담 받고 싶어 하기도 하는 마음이 이해돼요. 하지만 상담은 사적인 관계가 아니기 때문에 오히려 영철이의 문제를 다루는 데 방해가 될 수 있어요."

1. 상담의 구조화

　　"영철이와 선생님이 상담을 하면 특별한 경우를 제외하고 일주일에 한 번 정도 만나고, 한 번 만나면 50분 정도 상담할 예정이에요. 만약 상담 약속을 못 지키는 경우에는 상담실로 전화를 미리 해주면 좋겠어요. 만약 선생님이 약속을 못 지키는 경우는 영철이에게 어떻게 연락을 하는 것이 좋을까요?" (영철이의 대답) "이 상담실에서는 대체로 열 번 내외로 상담을 하게 되어 있는데, 만약 영철이와 상담을 해 나가는 과정에서 더 많이 만나야 될 것 같으면, 그때 가서 같이 의논해 봐요. 상담은 항상 상담실에서 하는데, 혹시 영철이가 상담실까지 못 오는 경우에는 전화나 다른 방법으로 진행할 수도 있어요."

2. 상담관계의 구조화

　　"영철이는 상담실에 올 때 선생님에게 어떤 도움을 받을 거라 생각하고 왔나요?" (영철이의 대답) "그렇군요. 선생님은 상담을 통해 영철이가 어려워하는 일, 예컨대 영철이를 따돌리는 친구들을 혼내주거나 영철이에게 어떻게 하라고 지시하는 것이 아니라 영철이가 친구들에게 따돌림 받으면서 갖게 되는 여러 생각, 감정을 들어주고 그 상황을 어떻게 하면 잘 이겨내어 영철이가 보다 즐거운 학교생활을 할 수 있을지를 영철이와 함께 생각해 보는 일을 할 거예요. 영철이는 상담에 와서 무엇을 하게 될 것 같나요?" (영철이의 대답) "선생님은 영철이가 상담실에 와서 솔직하게 마음을 터놓고 이야기하고 영철이의 문제를 극복하기 위해 시간과 에너지를 적극적으로 투자해 주기를 바래요."

　　"상담시간에 영철이가 어떤 생각이나 감정이 들든지 간에 그것을 말로 표현하는 건 선생님이 다 들어주지만, 그것을 행동으로 표현하는 것은 선생님과 미리 이야기된 것 말고는 허용되지 않아요. 예를 들어, 이야기를 하다 보니 영철이를 따돌리는 친구에게 너무 화가 나고 그 동안 당한 것이 억울해서 분통이 터질 수도 있을 텐데, 그것을 무엇을 집어던지거나 다른 폭력적인 행동으로 표현해서는 안 된다는 이야기예요. 만약 그런 행동을 통제할 수 없을 경우 선생님에게 미리 말해주기를 바래요. 그렇게 해줄 수 있을까요?"

3. 비밀 보장의 구조화

　　"영철이는 엄마로 인해 상담실에 오게 되었지만 앞으로 영철이와 상담한 내용은 선생님과 영철이 사이 비밀이기 때문에 영철이의 허락 없이는 아무에게도 이야기하지 않을 거예요. 상담에서 말한 내용뿐만 아니라 상담 받고 있다는 사실도 알려주지 않아요. 그런데 선생님이 부득이하게 영철이의 비밀을 보장해 주지 못하는 경우가 있는데, 선생님이 보기에 영철이가 자기 자신을 해칠 위험이 있거나 혹은 다른 사람을 해칠 위험이 있다거나 영철이가 학대를 받고 있다는 사실을 알게 되는 경우예요. 그런 경우는 영철이가 아직 미성년자이기 때문에 일차적으로 부모님께 연락을 드리고 어떻게 조치를 하는 것이 좋을지 의논드릴 거예요."

4. 사례개념화 　기출 23

(1) 사례개념화

① 의미: 내담자의 주 호소 문제와 관련 있는 정보를 파악하여 내담자 문제가 유지되는 원인과 경로를 가설적으로 검토한 후 내담자의 주 호소 문제를 해결하기 위한 상담 전략을 수립하는 일련의 과정이다.

② 사례개념화의 궁극적 목적은 상담자의 가설을 입증하는 것이 아니라 내담자 문제의 성격과 원인을 정확하게 이해하고 효과적인 개입 전략의 모색을 돕는 데 있다. 따라서 상담자는 자신이 세운 가설에 집착하지 말고 필요에 따라 가설을 수정·보완할 수 있는 유연한 자세를 가져야 한다.

③ 동일한 호소 문제도 상담자가 사용하는 이론적 체계와 상담 경험에 따라 사례개념화 내용이 달라질 수 있다.

④ 사례개념화는 주로 초기 작업에 속하지만, 이는 가설적, 연속적 과정이기 때문에 이후 상담이 진행되면서 추가 내용을 발굴해 수정·보완해 나가게 된다.

(2) **사례개념화 작업**

① 문제 확인·분류·명명: 사례개념화에는 내담자의 문제 확인(예 내담자의 문제는 무엇인가?), 분류(예 어떤 범주로 나눌 수 있는가?), 명명(예 각 범주는 어떤 개념적 명칭을 붙일 수 있는가?)하는 작업이 포함된다.

  ㉠ 개입의 초점이 되어야 할 내담자의 문제가 무엇인지 확인하고, 이를 주제별로 분류하여 개념적 명칭을 붙이는 작업이다.

  ㉡ 내담자의 호소 문제, 상담자가 파악한 내담자의 문제, 두 사람이 합의한 문제가 포함된다.

  ㉢ 분석: 사실 확인과 확인된 사실에 대한 추리와 판단 작업이 포함된다.

  ㉣ 임상 공식화: 내담자의 호소 문제의 발생 원인에 대한 진단과 이론적 설명을 말한다. 각 이론적 접근마다 개인의 문제를 바라보는 관점은 조금씩 다르지만, 공통적으로 문제행동에는 촉발 요인과 유지 요인이 작용하는 것을 간주된다.

② 문제 원인 추론: 문제의 내담자 문제의 원인을 추론하는 것으로, 원인에 대한 개념적 설명은 다음과 같은 요인으로 구성한다.

요인	내용
주 요인과 부수 요인	• 주 요인: 문제에 관련된 여러 요인 중 문제와 가장 밀접한 것으로(핵심 요인), 이는 내담자의 문제 촉발·유지에 가장 핵심적인 역할을 하는 원인을 말함 • 부수 요인: 주 요인을 제외한 나머지 요인
내적 요인과 외적 요인	• 내적 요인: 연령, 성별, 유전, 신경생리, 심리 등 • 외적 요인: 촉발 자극, 강화, 처벌, 신체 손상, 또래 및 가족관계, 학교 및 직장 문제, 재정 문제 등
촉발 요인과 유지 요인	• 촉발 요인: 문제 발생과 관련된 조건이 되는 요소 예 유전적 결함, 외상적 경험과 학습 등 • 유지 요인: 촉발된 문제 유지와 관련된 조건이 되는 요소 예 현재의 신경생리학적 구조와 기능, 선행사건과 촉발 자극, 후속사건과 강화 및 처벌, 자기개념, 인지 도식, 방어기제, 대인관계 구조화 기능 등
통제 요인과 비통제 요인	• 통제 요인: 조작이 가능한 조건이 되는 요소 • 비통제 요인: 통제 또는 조작이 어렵거나 불가능한 조건이 되는 요소

③ 개입방법과 방법 제시: 상담 전략, 즉 상담목표에 도달하는 방법 또는 책략에 대해 기술하는 것이다.

(3) **구성요소**

① 주 호소 문제: 우선순위를 두고 선택해야 한다.

② 문제 촉발 요인: 내담자의 주 호소 문제를 직접적으로 일으킨 요인이나 해당 시점에 문제가 심각해져 상담실을 찾게 한 요인이다.

③ 문제 유지 요인: 내담자가 촉발 요인에 취약해져 문제를 경험하도록 하는 내담자의 과거에 일어난 사건이다.

④ 내담자의 문제에 대한 상담자의 관점: 주 호소 문제, 촉발 요인, 유지 요인 등에 근거하여 이들 관계를 상담자의 이론적 관점에서 설명하거나 내담자 문제의 근원적 원인에 대한 가설을 세워보는 것이다.

⑤ 상담목표

  ㉠ 장기목표: 상담을 통해 기대하는 긍정적 성과로서 포괄적인 내용이다.

  ㉡ 단기목표: 구체적이고 측정 가능하며 실질적인 문제 해결에 기여하고 내담자가 통제할 수 있는 내용이다.

⑥ 상담계획: 상담 전략, 상담기간, 사례 운영방식 등이 포함된다.

1. 사례개념화의 4가지 구성요소

구성요소	내용
진단적 공식화	• 내담자의 호소 문제와 촉발 요인 또는 유지 요인과 더불어 기본적인 성격 패턴을 기술하고, '무엇'에 대한 질문, 이를테면 '무슨 일이 일어났는가?'에 대한 답을 함 • 보통 DSM 진단이 포함됨
임상적 공식화	• 내담자의 패턴을 설명하고, '왜'라는 질문, 이를테면 '그것이 왜 일어났는가?'에 대한 답을 함 • 사례개념화에서 중심이 되는 구성요소로, 진단적 공식화와 상담 개입 공식화를 연결함
문화적 공식화	• 사회적·문화적 요인을 분석하고, '문화가 어떤 역할을 하는가?'라는 질문에 대한 답을 함 • 문화적 정체성, 문화 적응과 스트레스 정도, 문화적 설명, 문화적 역동과 성격 역동 간의 상호작용을 구체화함
상담 개입 공식화	• 상담 개입 계획을 위한 명확한 청사진을 제공함 • 앞에 제시된 3가지 공식화의 논리적 확장으로, '어떻게 변화시킬 것인가?'에 대한 답을 함 • 상담목표, 상담의 초점, 전략과 구체적인 상담 개입, 이런 목표를 달성하는 과정에서 예상되는 도전과 장애물이 포함됨

2. 사례개념화 요소

구성요소	내용
호소 문제	호소하는 문제, 촉발 요인에 대한 특징적인 반응
촉발 요인	패턴을 활성화하여 호소 문제를 일으키는 자극
부적응적 패턴	지각, 사고, 행동의 경직되고 효과가 없는 방식
유발 요인	적응 또는 부적응적 기능을 촉진하는 요인
유지 요인	내담자의 패턴을 지속적으로 활성화하여 호소 문제를 경험하게 하는 자극
문화적 정체성	특정 민족 집단에 대한 소속감
문화 적응과 문화 적응 스트레스	주류 문화에 대한 적응 수준(심리사회적 어려움 등을 포함한 문화 적응 관련 스트레스)
문화적 설명	고통, 질환, 장애의 원인에 대한 신념
문화 대 성격	문화와 성격역동 간의 상호작용 정도
적응적 패턴	지각, 사고, 행동의 유연하고 효과적인 방식
상담목표	단기 – 장기 상담의 성과
상담의 초점	적응적 패턴의 핵심이 되는 상담의 방향성을 제공하는 중요한 치료적 강조점
상담 전략	보다 적응적인 패턴을 달성하기 위한 실행계획 및 방법
상담 개입	상담목표와 패턴 변화를 달성하기 위해 상담 전략과 관련된 세부 변화 기법 및 책략
상담의 장애물	부적응적 패턴으로 인해 상담과정에서 예상되는 도전
문화적 상담 개입	해당사항이 있을 경우 문화적 개입, 문화적으로 민감한 상담, 개입의 구체화
상담의 예후	상담을 하거나 하지 않을 경우, 정신건강 문제의 경과, 기간, 결과에 대한 예측

(4) 사례개념화 과정

① 내담자의 주 호소 문제를 구체화한다.

② 호소 문제를 촉발한 요인을 구체화한다.

③ 호소 문제를 유지하는 요인을 구체화한다.

④ 사례개념화 진술문을 작성한다.

(5) 사례개념화 형태(Sparry & Sperry, 2010)

형태	내용
잠정형 사례개념화	• 내담자를 초기 평가하는 동안에 형성됨 • '잠정형 사례개념화'라고 하는 이유는 내담자를 관찰하고 질문하며 내담자에 대한 추론을 하고 있지만 아직 미완성 추론으로 충분히 검증되지 않았기 때문임 • 잠정형 사례개념화는 추가 정보와 면밀한 탐색에 따라 바뀌게 됨
종합형 사례개념화	• 진단적·임상적·문화적·상담 개입 공식화 등 사례개념화의 모든 요소가 포함됨 • 내담자가 성격병리와 관련된 증상 및 기능장애를 호소하고 있고, 현재의 호소 문제 이전에도 기능 수준에 문제가 있었으며, 임상적 문제 가능성이 내포되어 있는 경우 필요함
간편형 사례개념화	• 사례개념화의 몇 가지 요소(예 호소 문제, 촉발 요인, 상담목표, 상담 개입)가 선택적으로 포함됨 • 전형적으로 기능 수준이 높고, 일시적으로 증상이 있는 문제 또는 갈등을 경험하고 있지만 회복탄력성, 대처 자원, 변화에 대한 동기와 준비가 높은 내담자의 경우 적합함

(6) 유의사항

① 내담자가 진술한 내용에 반복적으로 나타나거나 공통된 주제, 패턴이 있는지 살펴본다.

② 내담자의 문제행동과 증상의 역기능적인 측면, 기능적인 측면을 모두 파악한다.

③ 내담자의 문제와 관련하여 내담자의 개인적 특성, 가족역동, 주변 사람과의 관계 특성, 환경적 특성 정보 등을 포괄적으로 수집·탐색하고 활용한다.

5. 목표 설정

(1) 상담목표

① 상담목표: 상담을 통해 얻고자 하는 결과를 의미한다.

② 상담목표를 설정하는 이유: 내담자가 문제와 관련된 상황이나 행동의 과정을 탐색·조정하게 하며, 상담과정에 적극적으로 참여하게 하기 위해서이다.

(2) 상담목표 종류

① 과정목표: 내담자 변화를 위한 치료적인 조건(상담 여건)을 수립하는 것이다. 과정목표는 상담이 성공적으로 진행되기 위해 상담과정에서 준비되어야 할 목표이다.

② 회기목표: 결과목표를 성취하기 위해 회기별로 목표를 수립하는 것이다.

③ 결과목표: 내담자가 상담을 통해 최종적으로 변화하고 싶은 모습과 관련 있다. 내담자에 따라 구체적인 내용이 다르며 내담자와 협의하여 설정한다.

> **참고** **일차적 목표와 이차적 목표**
>
> • **일차적 목표**: 어느 목표를 우선적으로 성취할 것인지를 논의하여 호소한 증상이나 문제를 해결하고 생활 적응을 돕는 것이다.
> • **이차적 목표**: 성장 촉진적 목표로서 내담자의 잠재능력과 가능성이 드러날 수 있도록 인격적 성숙을 촉진시켜 주는 것이다.

(3) 상담목표 설정의 중요성

① 상담이 잘 진행되고 있는지, 언제 종결해야 하는지를 알 수 있다.

② 상담에서 이루어지는 구체적인 개입은 초기 단계에 설정한 목표에 따라 결정된다.

(4) **상담목표 설정 시 고려사항**

① **목표는 구체적이고 명확해야 함**: 상담목표를 일반적이라거나 모호하게 설정하면, 상담목표의 달성 여부를 판가름하는 준거도 명확하지 않게 된다.

② **목표는 현실적이어야 함**: 상담목표는 현실적으로 내담자가 처한 상황에서 달성이 가능한 것이어야 한다.

③ **목표는 긍정적이어야 함**: 부정적 행동이 호소 문제인 경우, 호소 문제에 대한 대안행동을 상담목표로 삼는다.

(5) **목표 설정 과정**

단계	내용
1단계	상담목표 설정의 목적과 필요성을 내담자가 납득하도록 자세히 설명함
2단계	내담자가 원하는 것을 근거로 상담목표를 설정함
3단계	내담자가 세워진 목표에 합의하는지를 확인함
4단계	• 목표 달성이 가져올 이점과 손실을 검토함 • 목표 달성에 장애가 될 요인을 정확하게 파악함
5단계	필요한 경우 목표 실행과정에서 원래 정한 목표를 수정하여 새로운 목표를 설정함

6. 상담계획서 작성

(1) **상담계획서**

① 문제 진단, 내담자 평가, 사례개념화, 상담목표 설정 등을 토대로 개입방법, 상담기간 등을 포함한 상담 전략의 계획을 세우는 작업이다.

② 상담계획을 수립함으로써 상담자는 상담의 초점과 방향성을 설정하고, 상담을 진행하면서 목표 달성 여부의 점검에 활용할 근거를 마련할 수 있다.

③ 상담계획을 수립할 때는 상담목표와 보조를 맞추어 수립하되 다음의 사항들이 종합적으로 검토되어야 한다.
　㉠ 내담자가 지닌 문제, 증상, 적응 수준
　㉡ 내담자의 심리적 특성
　　ⓐ 동기와 통찰 수준 및 장애로 인해 고통을 느끼는 정도
　　ⓑ 심리적 마음자세(psychological mindedness)
　　ⓒ 성격 특성, 자아 강도, 방어 스타일
　　ⓓ 연령, 교육 및 지적 수준
　　ⓔ 그 외 내담자의 강점과 취약점
　㉢ 내담자의 여건: 경제적·사회적(직업, 가족, 대인관계)·환경적 여건
　㉣ 상담자의 이론적 입장과 특정 기법에 대한 상담자의 숙련도

(2) **구성요소**

① **대상**: 변화가 필요한 대상 또는 표적이 기술되어야 한다. 대상은 상담 대상과 이론적 지향성에 따라 달라지며 대상 선정은 내담자의 개인차를 고려한다.

② **수단**: 내담자의 변화를 유발할 수단(상담목표를 성취하기 위해 사용하는 방법)이 제시되어야 한다.

③ **소요시간**: 목표 성취에 필요한 시간이 포함되어야 하는데, 회기 당 소요시간, 상담빈도, 전체 상담기간이 명시되어야 한다.

④ 공간: 상담 개입 장소가 명시되어야 한다.

⑤ 절차: 개입 방법의 적용 순서 또는 지침이 마련되어야 한다. 개입 절차가 개입을 진행하는 순서라면, 지침은 개입 과정에서의 참조사항이다.

(3) 상담계획 수립 단계

① 성취 가능한 목표 설정: 내담자가 도움을 구하고 있는 문제들의 우선순위를 정하여 기간 내에 다룰 수 있는 것을 대상으로 한다.

ⓐ 문제 선정을 위해서는 내담자가 겪고 있는 문제의 긴급성과 기능 이상 정도를 파악하는 작업이 선행되어야 한다.

ⓑ 문제 선정을 위해서는 사례개념화, 상담자의 이론적 지향성과 전문적 역량이 고려되어야 한다.

ⓒ 상담에 대한 내담자의 동기 수준, 즉 내담자가 상담을 통해 자신의 문제가 해결될 것으로 믿고 있는 정도를 파악한다.

ⓓ 현실성, 즉 설정된 목표 또는 선택된 문제들이 상담 회기의 한계 내에서 성취 가능한지 또는 기관이나 상담 장면에 적절한지가 고려되어야 한다.

ⓔ 설정된 목표는 행동적 용어로 표현되어야 하는데, 행동적 언어란 외부로 표출되어 관찰 또는 측정이 가능한 행동을 서술하는 방식이다.

② 상담(치료)방법 결정: 서비스 제공자의 선정과 개입 방식이 함께 이루어져야 한다. 특히 개입 방법은 내담자의 독특성(연령, 발달 수준, 지적 능력 등), 상담목표, 이론에 적합하고 현실성이 있어야 한다.

③ 변화 측정방법 선정: 내담자의 기록과 자기보고, 회기 내 관찰에 의한 방법, 사전·사후 측정에 의한 방법 등이 있다.

④ 상담계획의 문서화: 상담과정을 문서화하고, 상담 후 평가를 통해 목표 성취를 입증할 자료가 포함되어야 한다. 상담계획을 문서화하는 이유는 다음과 같다.

ⓐ 첫째, 정신건강 전문가로서의 책임성 완수 여부를 입증할 수 있는 자료가 되기 때문이다.

ⓑ 둘째, 법적 문제가 발생한 경우, 임상가로서 본연의 임무를 수행했고, 합의된 상담목표를 성취했음을 입증하는 자료로 활용될 수 있기 때문이다.

(4) 작성방법 및 절차

① 상담 전략과 방법 선정: 상담의 이론적 접근과 개입 방법, 구체적인 전략과 상담 형식을 선정한다.

② 전체적인 상담기간(⑩ 장기, 단기)과 상담횟수에 대한 의사결정, 상담회기 등을 고려한다.

③ 사례관리 전략 결정: 내담자의 접수부터 상담과정 전반에 걸쳐 사례를 효율적으로 운영하는 전략을 결정한다.

(5) 상담계획서 작성 시 고려사항

① 상담목표와의 관련성이 요구된다.

② 상담자의 이론적 배경, 전문분야가 반영될 수 있다.

③ 내담자의 특징과 주변 자원을 고려한다.

④ 상담자의 전문적 능력과 훈련에 맞는 계획이어야 한다.

초기 상담에서 상담자가 하지 말아야 할 것

- 내담자와 논쟁하거나 내담자에게 도전하지 않는다. 아직 라포가 형성되기 전이므로 상담자가 논쟁을 하면 내담자는 자신의 관점을 방어하게 된다.
- 내담자에게 칭찬하거나 거짓 위안을 주지 않는다.
- 거짓 약속을 하거나 기대를 심어주지 않는다. 상담 경과가 어떻게 될지 알 수 없으며 내담자를 관찰하기도 전에 상담 결과를 언질 주는 것은 좋지 않다.
- 내담자 문제의 역동을 추정하거나 해석하지 않는다.
- 내담자에게 진단을 제공하지 않는다. 진단은 치료에 도움이 되지 않을 뿐더러 낙인을 찍는 효과도 있다.
- 내담자에게 생활의 예민한 부분을 질문하지 않는다.
- 내담자에게 상담하도록 설득하지 않는다. 초기 상담 이후 상담의 진행 여부는 내담자의 결정에 달려 있다.
- 내담자의 편을 들어 부모, 배우자, 친구, 친척 등을 향한 내담자의 공격에 합세하지 않는다.
- 다른 상담자에 대한 비판에 참여하지 않는다. 내담자가 다른 상담자의 전문가답지 못한 행동을 언급하더라도 다른 상담자를 비판하는 것은 옳지 못하다.

03 상담 중기

상담 중기에 하는 작업

- 문제와 증상의 구체화 작업
- 문제와 증상에 관계된 요인들의 검토 및 통찰
  - 현재의 문제와 과거의 경험들 간의 관계에 대한 인식
  - 증상과 관련된 감정과 욕구의 표현
  - 문제나 증상을 가져오는 내담자의 중요한 성격적 경향성들과 대인관계 패턴의 인식
  - 자기 내부에 존재하는 여러 상호작용 힘들의 인식
  - 자기 내부에 대한 인식의 확장과 통합
- 저항의 극복
- 대안의 마련
  - 대안적 행동, 문제 해결 방안, 적응적이고 합리적인 성향이나 삶의 방식을 이끌어 냄
  - 특정 증상의 제거를 위한 치료 기법의 적용과, 그 효과에 대한 논의
  - 자신의 감정, 행동, 생각을 조절하고자 하는 욕구와 동기를 활성화시킴
- 실천과 훈습
  - 부적응적 경향성과 패턴을 포기하고 조절함
  - 새롭게 터득한 지혜들을 실천에 옮기고 자신의 것으로 내면화시킴
- 상담의 중간 점검

1. 개관

(1) 중기 단계 핵심 과업

① 내담자의 저항을 안전한 분위기에서 수용한다.

② 내담자의 과거와 현재의 심리적 갈등을 해소한다.

③ 바람직한 행동을 학습하게 한다.

(2) 중기 과정

① 첫째, 내담자 문제에 초점을 두어 진행하면서 내담자의 현재 문제를 구체화하는 작업을 한다.

② 둘째, 내담자의 현재 문제와 관련된 요인을 확인해본다.

③ 셋째, 내담자의 문제행동이 발견된다면 어떠한 요인과 관련 있는지를 탐색한다.

④ 넷째, 내담자가 통찰을 통해 자신의 새로운 모습을 볼 수 있도록 한다.

⑤ 다섯째, 내담자가 통찰한 모습을 통해 자신이 변화하고 싶은 새로운 모습을 인식하고 훈습하도록 한다.

(3) 구체화 작업

① 구체화란 상담자와 내담자 간의 의사소통의 생략, 오해, 왜곡, 주관성을 최대한 배제하여 그 안에 들어있는 원
자료를 얻어가는 과정이자 내담자와 상담자 간에 언어를 일치시켜 가는 과정이다.

② 문제를 구체적으로 규명해 나간다는 것은 내담자가 경험한 실제 사실과 사건을 확인해 나가는 과정이다. 즉,
내담자에게 객관적으로 어떤 일이 벌어졌으며, 관여한 사람은 누구이고, 그 사건과 경험 속에서 내담자가 실제
로 담당했던 역할과 행동은 무엇이며, 그 사건에 대해 내담자는 어떻게 지각하고 해석하였는지를 탐색하는 것
이다.

③ 필요한 질문

ⓐ 첫째, 실제로 발생한 사건에 대한 내용들

ⓑ 둘째, 내담자의 내면의 흐름과 생각에 대한 내용들

ⓒ 셋째, 자신의 언행과 생각에 대한 내담자 자신의 평가와 소망에 관한 내용들

④ 구체화 작업을 위한 질문방법

ⓐ 내담자의 이야기를 들으며 즉시성에 입각하여 질문한다. 즉시성이란, 지금 – 여기에 입각하여 내담자의
이야기를 들으면서 질문하는 것이다.

ⓑ 내담자의 경험이 생생하게 드러나도록 질문한다. 이때 내담자가 자신의 경험을 생생하게 표현하도록 하기
위해 상담자는 육하원칙(언제, 어디에서, 무엇을, 누가, 왜, 어떻게 하였는지)에 근거하여 질문하도록 한다.

ⓒ 상담자는 개방성을 갖고 질문한다. 즉, 상담자는 접수면접 자료, 심리검사 자료 등의 사전 자료를 통해 내담
자를 평가하고 판단하기보다는, 내담자를 더 깊이 알고 이해하고자 하는 개방적인 태도를 가져야 한다.

ⓓ 공감은 내담자의 상황이 충분히 이해된 후에 한다. 내담자의 이야기를 들을 때, 상담자는 공감 대신 요약이
나 재진술로 반응하며, 구체화 질문을 통해 내담자의 상황을 구체적으로 파악한다. 내담자의 상황이 구체적
으로 파악된 후 내담자가 공감이 된다면 그 때 공감을 전달한다.

⑤ 탐색과정의 질문

ⓐ 개방형 질문 사용하기

ⓐ 개방형 질문: 탐색질문은 질문을 통해 내담자가 스스로 생각하며 자신의 이야기를 진술하게 하는 것으로,
개방형 질문은 내담자가 이야기를 하며 자신을 탐색할 수 있다.

ⓑ **폐쇄형 질문**: 상담자가 폐쇄형 질문을 하면 내담자는 '예', '아니오'로만 대답하기 때문에 내담자가 하고 싶은 이야기를 자유롭게 할 수 없다.

ⓛ **직접질문과 간접질문 사용하기**

ⓐ **직접질문**: 궁금한 것을 직접 질문하는 형태로 '물음표(?)'로 끝나는 질문이다. 상담자는 내담자에게 직접 질문을 사용할 수는 있지만, 모든 질문이 직접질문으로 끝나게 되면 내담자는 취조받거나 질문 공세를 하는 느낌이 들어 부담을 느낄 수 있다.

ⓑ **간접질문**: 질문의 느낌보다는 상대의 이야기를 듣고 싶다는 느낌을 전달하는 질문형이다. 내용은 질문이 자만 문장의 형태는 물음표로 끝나지 않고 '~을 알고 싶네요.', '~에 대해 더 이야기 해주세요.'라는 형태로 진행된다.

➡ 간접질문을 사용하면 내담자는 상담자의 질문에 대해 부담감을 갖기 보다는 자신의 생각을 점검해 보게 된다.

ⓒ 질문을 할 때에는 한 번에 한 가지씩만 질문을 하도록 한다.

ⓓ 질문을 할 때에는 긴 문장이 아닌 짧은 문장으로 질문하도록 한다.

ⓜ 내담자의 주제에 초점을 맞추어 질문한다.

ⓗ **'왜'라고 질문하기 않기**: '왜'라는 질문은 내담자 입장에서 잘못된 행동에 대해 추궁당한다는 느낌을 받게 되어 변명이나 회피를 위한 답을 할 가능성이 높다. 따라서 '왜'라는 질문 대신에 '어떤 이유로'로 바꾸어서 질문하도록 한다.

ⓢ **무리하게 탐색하지 않기**: 내담자가 답변을 거부하는 경우 내담자의 의사를 존중해 주며 마음의 준비가 되었을 때 이야기하도록 허용한다.

(4) 저항 다루기

① **저항**: 상담 성과를 방해하는 태도·행동을 말한다.

② **발생 원인에 따른 구분**

ⓐ 내담자의 문제로 발생하는 저항

ⓛ 상담자의 문제로 발생하는 저항

③ **저항을 효과적으로 다루는 방법**

ⓐ 내담자의 저항을 당연한 것으로 받아들인다.

ⓛ 내담자의 저항 패턴을 통해 문제에 대한 내담자의 대처방식을 추측한다.

ⓒ 내담자들이 다양한 방식으로 저항한다는 점을 이해한다.

ⓓ 저항 행동에 대해 '지금−여기'의 자세로 접근한다.

2. 변화 단계

(1) 변화 단계

① **의미**: 상담 초기에 형성된 상담관계와 탐색을 토대로 상담의 목표를 이루기 위한 정서적·인지적·행동적·대인관계적 변화가 일어나는 시기를 뜻한다.

② 변화 과정에서 변화는 일직선으로 나타나는 것이 아니라 후퇴와 진전이 반복해서 나타날 수 있다.

(2) 변화를 위한 준비도 평가하기

① 상담자는 내담자의 준비 정도에 따라 상담의 속도를 조절하고 적합한 상담과제를 다루어야 한다.

② 프로체스카(Prochaska)의 내담자 변화과정 모델 기출 23

단계	내용
숙고 전 단계	• 내담자 스스로 문제가 없다고 생각하거나 문제를 모르는 단계 • 자신이 변화할 필요성을 인식하지 못함 • 상담자는 내담자가 무엇을 문제로 생각하는지 탐색하면서 문제의 인식을 도움
숙고 단계	• 내담자 자신에게 문제가 있다고 인식은 하지만 변화해야 할지 여부를 고민하는 단계 • 내담자는 변화가 필요하지만 어렵다는 것을 알고, 자신이 어떤 변화를 시도할 수 있는지 모름
준비 단계	• 변화가 필요하고 이를 위해 계획의 실행이 필요함을 이해하는 단계 • 자신이 선택할 수 있는 방법과 각 방법의 실행 가능성, 장단점, 생활에 주는 이익 등을 평가하여 어떤 방법을 선택할지 고민함
행동 단계	• 내담자가 자신이 시도할 수 있는 행동을 구체적으로 알고 실행할 준비가 된 단계 • 상담자는 내담자가 시도할 행동을 격려하고 좀 더 쉽게 수행하도록 도움
유지 단계	• 내담자에게 행동 변화가 나타난 후 행동이 습관화되고 유지되도록 돕는 단계 • 새로운 행동의 시도로 긍정적 효과가 나타났더라도, 후퇴하여 기존의 익숙한 행동으로 돌아갈 수 있음 • 새로운 행동의 유지에 방해되는 요인을 탐색하여 조절하게 하고, 새로운 행동이 습관화되도록 도움
종결 단계	유혹에 흔들리지 않고 문제행동으로 다시 돌아가지 않는 단계

> **참고** **내담자의 변화 과정 모델**
>
> • 범 이론 모형에 근거한다. 인간의 변화 과정은 동일한 단계를 가진다. 상담자는 내담자의 변화 단계에 따른 준비도에 따라 각각 다른 단계에서 상담을 시작해야 한다.
> • 내담자의 변화를 이루는 가장 중요한 전제는 내담자의 의지적 변화로, 변화에 대한 동기이다.
> • 내담자가 경험하는 여러 문제의 변화에 대한 준비도가 동일하지 않으므로, 어떤 문제에 좀 더 준비되었는지 평가하여 행동으로 옮기기 쉬운 부분부터 실행하도록 격려하는 것이 도움이 된다.
> • 한 문제에서 변화가 생기면 내담자의 동기가 높아지므로 다른 문제에 대한 변화의 동기를 높이는 데 도움이 된다.

(3) 변화에 대한 양가감정 다루기

① 내담자는 익숙한 방식에서 벗어나는 것과 현재의 이익을 잃는 것에 대한 두려움, 새로운 행동의 시도와 결과에 대한 두려움 등 변화를 원하면서도 두려워하는 양가적인 태도를 갖는 경우가 많다.

② 상담자는 내담자 변화에 대한 양가감정을 탐색하고 내담자가 표현할 수 있게 함으로써, 내담자의 감정적인 어려움에 함께 머물면서 견뎌 주는 역할을 할 수 있다.

③ 변화에 관련된 생각과 감정을 탐색하기 위한 질문들
  ㉠ "변화를 생각하면 어떤 마음이 들어?"
  ㉡ "변화하면 좋을 것 같은 부분은 무엇이지?"
  ㉢ "변화를 얘기할 때 두려움을 느끼는 것 같은데, 그것에 대해 좀 더 얘기해 볼까?"
  ㉣ "한편으로는 두렵지만 지금처럼 지내기보다는 변화를 위한 시도를 해 보고 싶다는 것 같네."

3. 중기 단계 주요 기법

(1) 또 다른 삶의 해석방법

① 내담자는 자신의 문제에 붙잡혀 있는 경우가 많으며, 그 동안 자신의 삶을 한 가지 방식으로만 봐왔기 때문에 이를 다르게 보고 해석할 인지적인 여유가 없다.

② 이 상담기법은 내담자가 자신에게 일어난 사건을 대할 때 더욱 많은 정보를 얻고 최대한 객관적으로 자신의 상황을 인식하고 판단하게 돕는다.

③ 방법

　㉠ 내담자가 경험한 안 좋은 감정의 목록을 작성해 오도록 한다.

　㉡ 목록에는 상황이 벌어지게 된 유발 사건과 그 사건에 대한 내담자의 해석을 함께 적게 한다.

　㉢ 상담자는 내담자가 작성한 해석에 최소 4가지 이상의 해석을 더 적어 오는 과제를 내거나 지난주 내담자에게 일어난 기분 나쁜 사건을 최소 4가지 이상으로 달리 해석하게 하는 기회를 가진다.

　㉣ 내담자가 자신에게 일어난 사건을 좀 더 객관적이고 정확하게 판단할 때까지 이 과정을 반복한다.

(2) 브레인스토밍

① 각 개인의 창의적인 아이디어 산출을 위해 사용하는 자유로운 집단토의 방법이다.

② 효과적인 브레인스토밍 기법

　㉠ 아이디어의 질에 관계없이 가능한 한 다양한 아이디어를 산출한다.

　㉡ 산출되는 아이디어에 대한 평가를 금지한다.

　㉢ 제안된 아이디어에 새로운 아이디어를 결합시키고 개선한다.

　㉣ 과거의 지식, 경험, 전통 등에 구애받지 않고 새로운 아이디어를 산출한다.

③ 방법

　㉠ 내담자에게 자신의 문제와 해결방법에 대한 가능한 한 많은 생각을 적어오도록 한다.

　㉡ 내담자가 작성한 목록을 상담자와 함께 보면서, 내담자는 상담이 시작되기 전 가지고 있던 자신의 문제 해결 방법에 대한 생각을 수정한다.

(3) 개구리(A-FROG)를 이용한 비합리적 신념의 논박(인지 타당성 평가)

① 엘리스(Ellis): 대부분의 감정적인 문제와 그에 관련된 행동은 생활 속의 여러 사건이 자신이 원하는 방향으로 진행되지 않을 때 스스로 만드는 비합리적인 진술에 기인한다.

② 비합리적인 스스로의 진술을 긍정적이고 현실적인 것으로 대치한다.

③ A-FROG 질문

구분	내용
A(Alive) - 자신의 활력	나의 사고는 나를 생기 있게 하는가?
F(Feel) - 기분 상태	그 사고의 결과로 기분이 나아졌는가?
R(Reality) - 현실성	나의 사고는 현실에 기반을 두는가?
O(Others) - 유용성	다른 사람과의 관계에 도움을 주는가?
G(Goals) - 유능성	나의 목표를 성취하는 데 도움을 주는가?

(4) 행동연쇄 밝히기

① 현재의 바람직하지 못한 행동을 하게 만드는 행동연쇄의 초기 구성요인을 제거함으로써 문제행동을 없애는 방법이다.

② 장애의 경우 행동의 분석 단위를 작게 하고, 비장애의 경우 분석 단위를 크게 한다.

③ 방법

   ㉠ 내담자와 제거하고 싶은 문제행동을 정확하게 합의한다.

   ㉡ 합의된 문제행동 이전의 행동연쇄를 구체적으로 탐색해 나간다.

   ㉢ 앞서 밝혀진 행동에 대해 ㉡의 과정을 계속 반복한다.

   ㉣ ㉡과 ㉢의 과정을 되풀이하면서 문제행동을 발생시키는 행동연쇄의 초기 구성요인을 밝힌다.

   ㉤ 밝혀진 행동연쇄 초기 구성요인의 구체적인 제거방법을 행동적으로 합의한다.

(5) 자극 통제

① 행동이 일어나기 전과 일어나는 시점의 자극을 통제함으로써 행동의 변화를 가져오려는 기법이다.

② 목적: 부적절한 행동을 일으키는 자극의 빈도를 줄이고 바람직한 행동 반응을 일으키는 단서들을 증가시킨다.

③ 자극 통제의 극단적인 방법은 바람직하지 못한 행동을 일으키는 물리적 환경을 차단하는 것이다.

④ 방법

   ㉠ 물리적 환경을 변화시킴으로써 문제행동을 실행하기 어렵게 만든다.

   ㉡ 사회적 환경을 이용하여 문제행동을 실행할 기회가 다른 사람들에 의해 통제되도록 한다.

   ㉢ 문제행동이 제한된 환경에서만 실행되도록 통제한다.

   ㉣ 내담자의 생리적 조건을 변화시켜 목표행동이 쉽게 실행될 수 있게 한다.

(6) 정화 경험 촉진방법

① 정화 경험을 촉진하려면 이를 촉진하는 안전하고 신뢰할 수 있는 환경을 조성해야 한다.

② 과거의 외상적 경험, 내적 갈등 상태의 기억을 회상하게 하여 현재에서 재경험시킨다.

③ 정서적 외상이나 내적 갈등 상태를 언어, 행동, 상징화시켜 표현하도록 한다.

④ 정화 경험 후 현실 검증 기회가 제공되어야 치료적 효과가 안정적으로 지속된다.

⑤ 신경증적 소망이나 충동의 표현은 통제되어야 한다.

(7) 내면의 변화에 초점 맞추기

① 내담자의 문제를 외재화하게 한다.

② 먼저 내담자의 불평을 수용적으로 들어준다.

③ 상담과정을 언급한다.

④ 충분히 공감하되 내담자의 초점을 외부나 다른 사람으로부터 내부인 자신에게 돌리게 한다.

1. 개관

(1) 종결 단계 과업

① 종결 시점을 정한다.

② 종결에 대해 논의한다.

③ 종결 이후의 미래 과제를 다룬다.

④ 상담 성과와 내담자의 준비도를 파악한다.

⑤ 이별 감정을 다룬다.

⑥ 추수상담을 계획한다.

(2) 상담 성과의 정리

① 상담을 통해 나타난 다양한 변화를 통합하고 그것에 의미를 부여하는 과정이다.

② 주된 목적은 상담 성과가 일시적인 것이 아니라 상담 종결 후에도 오랫동안 지속되도록 하는 것이다. 이는 상담 종결 후에도 자신의 삶과 자기 자신에 대해 보다 긍정적인 시각을 가지게 하는 데 도움이 된다.

③ 방법

　㉠ 내담자의 삶에 일어난 여러 긍정적인 변화를 탐색한다.

　㉡ 내담자의 어떤 생각이나 행동이 내담자의 삶에 긍정적인 변화를 일으켰는지 탐색한다.

(3) 종결 이후의 목표와 계획

① 상담자는 내담자의 자립을 지원하기 위해 최종 회기에 필요한 작업을 수행한다.

　예 목표 달성 정도에 대한 종합 평가, 종결 후의 목표 설정, 앞으로의 계획 탐색 등

② 미래과제 다루기: 종결 이후 내담자가 상담자의 도움 없이 새로운 상황에 대처할 수 있는 행동과 반응양식을 활용할 수 있도록 돕는 것이다.

③ 상담이 종료되어도 어떠한 방식으로든 상담자가 도움을 줄 의도가 있다는 사실을 내담자에게 알려줄 필요가 있다. 또한 지속적인 성장을 원한다면 유용한 프로그램을 추천해 줄 수 있다.

(4) 종결과 관련된 감정 다루기(이별 감정 다루기) 기출 21

① 종결을 맞을 준비가 안 된 내담자는 큰 상실감과 슬픔을 경험하거나 종결 후 증상이 재발하기도 한다.

② 이러한 문제의 발생을 막기 위해 상담이 끝날 때의 감정을 표현할 기회를 제공한다.

③ 필요할 때 다시 상담자를 찾아올 수 있음을 언급한다.

(5) 추수상담 계획하기 기출 21

① 추수상담: 상담이 종결되고 일정 시간이 흐른 뒤에 내담자를 다시 만나 변화가 얼마나 잘 유지되고 있는지 점검하고 경과를 파악하는 활동이다.

② 종결 후 3~6개월 후에 다시 만나자고 이야기하거나 편지, 전화를 할 수도 있다.

③ 미성년자는 성인보다 더 빠른 시일 내에 추수상담 시간을 가지도록 한다.

⑹ 종결 시점 정하기

① 일반적으로 상담의 종결은 상담자와 내담자가 함께 협의해야 한다.

② 상담방법에 따라 상담기간과 종결 시기에 대한 합의가 다를 수 있지만, 상담의 종결은 내담자 스스로 자기 문제가 해결되었다고 생각하고 있는 것과 상담자가 종결할 시기가 되었다고 판단한 것이 서로 맞아떨어질 때 가장 바람직하다.

③ 상담목표가 달성되었는데 정해진 회기보다 시간이 더 필요한 경우, 기관의 규정을 확인해야 한다.

④ 상담회기가 사전에 정해져 있지 않다면, 합의하였던 상담목표가 달성되었을 때가 종결 시점이 된다.

⑤ 상담자와 내담자가 상담목표 달성에 대한 의견이 다를 경우

  ⓐ 인식 차이에 대한 논의를 통해 종결 혹은 상담 연장을 합의할 수 있다.

  ⓑ 내담자가 종결하기에는 아직 이르다고 하는 경우: 상담자와의 이별 혹은 변화를 지속하지 못할 것 같은 두려움 때문인지 확인하고 다룬다.

  ⓒ 상담자가 종결하기에 아직 이르다고 인식할 경우: 상담자의 목표가 내담자의 성숙 때문인지 확인한다.

⑺ 종결 단계의 회기 운영

① 최종 회기의 몇 회기 전부터 내담자에게 종결이 다가오고 있음을 상기시킨다.

  예 10회기로 진행되는 상담은 종결이 3회기 정도 남은 시점부터 내담자에게 종결을 준비시키는 것이 일반적이다.

② 마지막 몇 회기는 내담자를 매주 만나지 않고 시간 간격을 두며 회기를 가지는 것도 좋다.

  ⓐ 내담자가 자연스럽게 종결에 대비할 수 있다.

  ⓑ 상담에서 배운 것을 생활에서 활용해 볼 시간을 확보할 수 있다.

③ 종결 단계에서는 새로운 목표 추구보다 내담자가 지금까지의 상담에서 얻은 것을 자신의 것으로 소화하도록 돕는 작업을 수행한다.

④ 상담목표와 관련하여 미해결 과제가 있다면 내담자와 지금 어떻게 하고 싶은지 이야기 나누는 시간을 가지는 것이 좋다.

2. 종결의 여러 형태

(1) 목표 달성에 의한 합의 종결

① 지금까지의 상담목표를 확장하여 진행하거나 다른 목표를 세워 상담을 새롭게 시작할 수도 있다.

② 어떠한 경우라도 상담을 정리·평가하는 종결 작업이 끝난 후에 새롭게 목표를 정하여 상담을 시작하는 것이 효과적이다.

(2) 목표 달성 이전의 종결

구분	내용
상담자와 내담자의 목표 불일치	• 내담자가 종결을 원하는 경우 상담자는 내담자가 그간 보인 변화와 변화의 원인을 함께 짚어보면서 재발 가능성을 감소시키고자 조금 더 상담하도록 안내할 수 있음 • 이때 내담자의 뜻을 무리하게 거스르는 것은 바람직하지 않으며, 내담자와 함께 종결 시점을 타협하여 점진적으로 종결 작업을 진행함
상담 진행상의 문제	• 상담을 계속 진행해도 더 이상의 효과를 기대하기 어려운 경우 상담자가 종결을 제의하고 내담자와 의논할 수 있음 • 내담자가 자기노출을 완강히 거부하거나 저항하는 표현으로 상담 중단을 원한다면 내담자와 충분히 논의해야 함 • 논의 후에도 내담자가 원한다면 내담자의 의사를 존중하여 상담을 중단함 • 상담자의 역전으로 인해 종결할 경우 상담의 중단이나 의뢰를 논의할 수 있음
환경의 변화	• 내담자의 사정으로 목표 달성 이전에 상담이 중단되는 경우, 종결 작업과 더불어 새로운 상담자에게 상담을 의뢰하는 문제를 협의할 수 있음 • 내담자가 원한다면 인계받을 상담자에게 내담자의 기록과 관련 자료를 제공하여 의뢰에 적극 협조함

(3) 조기 종결

① 조기 종결: 상담 초기에 계획한 상담 종결 시점보다 일찍 상담이 종결되는 상황이다.

② 내담자의 사유로 인한 조기 종결

ㄱ 내담자가 종결을 제안하거나 통보했다는 이유로 종결을 제안한 그 시점에 바로 종결하는 것은 좋지 않다.

ㄴ 상담자는 "다음 시간에 좀 더 충분한 시간을 갖고 나서 종결에 대해 이야기하도록 하지요."라고 하여 내담자가 조기 종결하려는 이유를 파악하고 상담을 계속할 기회를 얻으며 종결 작업 시간을 확보한다.

ㄷ 내담자의 비자발적 문제: 전화나 문자, 이메일 등을 통해 상담자는 실망하지 않고 이해하고 있으며, 필요하면 언제든지 다시 만날 수 있다고 이야기해 줌으로써 내담자가 거부감이나 죄책감을 느끼지 않고 계속 상담을 받을 수 있게 길을 터주어야 한다.

ㄹ 상담의 결정 여부는 내담자에게 달려 있다는 점을 알려주어야 한다.

③ 상담자의 사유로 인한 조기 종결

ㄱ 상담을 진행해도 더 이상 진전이 없으리라는 판단이 서면 상담자는 조기 종결을 고려해야 할 책임이 있다.

ㄴ 상담자는 상담 실패를 인정하고 이를 명확히 하면 내담자는 상담 결과를 가지고 상담자를 공격할 필요를 느끼지 않게 되고, 상호 합의하에 상담을 중지하거나 상담 실패를 극복할 새로운 길을 찾을 수 있게 된다.

ㄷ 상담자의 사정(예 이직, 이사 등)으로 조기 종결이 이루어질 경우, 내담자에게 상황에 대해 충분히 이해시켜 주고, 이후 문제 해결에 가장 적절한 도움을 줄 수 있는 상담자와 연계시켜 주어야 한다.

(4) 때 늦은 종결(목표가 달성된 이후에도 종결을 하지 않는 경우)

① 상담의 중독 현상

  ㉠ 어떤 경우든 내담자가 상담을 지속하기를 원하는데 그 뜻을 거스르고 무리하게 종결하면, 내담자는 자신이 거부된 느낌을 받고 그간의 상담 성과도 반감될 수 있다.

  ㉡ 상담자는 시간적 여유를 충분히 가진 다음, 의존을 지속하고 싶은 내담자의 욕구를 탐색하고 성장 욕구를 자극하며 독립성과 주장성을 가능한 한 많이 성취하도록 돕는다.

  ㉢ 상담에서 습득한 것을 일상생활에 적용하도록 도와 종결의 문턱을 낮추도록 도와준다.

② 의존적인 내담자

  ㉠ 거부나 대상 상실의 문제를 지닌 내담자는 분리불안이나 버림받는 느낌이 자극되어 예민해질 수 있으므로 주의하도록 한다.

  ㉡ 종결을 의존적인 내담자가 취약해하는 분화−개인화 과정을 완결하는 치료적 기회로 활용하는 것이 좋다.

  ㉢ 특히 종결 과정을 훈습할 충분한 회기를 할당하여 종결 과정에서 나타나는 내담자의 취약한 심경을 다루고 대상 상실의 문제에 대처하도록 돕는다.

더 알아보기 | **상담 종결 문제**

1. 2주 동안 오지 않던 내담자가 3주만에 나타나서 갑작스럽게 상담을 종결하고 싶다고 한다. 학원에 등록했기 때문에 상담실에 올 시간이 없다는 것이 이유였다. 아직 미해결 과제가 남아 있어 상담을 지속하고 싶었지만 내담자는 오늘이 마지막이라며 작별 인사를 하려고 한다. 상담을 어떻게 마무리하겠는가?

   • 한 번 결석하면 다시 상담실에 방문하는 것이 쉽지 않은데 두 번이나 빠졌음에도 상담실을 방문한 것을 칭찬한다.

   • 상담실에 오지 않은 기간 동안 무슨 일이 있었는지 탐색한다. 갑작스럽게 상담을 종결하고자 하는 마음에 영향을 준 사건이 무엇인지 탐색한다.

   • 기존 경험을 탐색한다. 진행된 회기 동안 내담자의 마음을 불편하게 한 상담과정이나 상담자 태도가 있었는지 살펴보고, 만일 상담과 상담자에 대한 부정적인 느낌을 많이 가지고 있다면 종결 여부에 상관없이 이 부분을 충분히 다루어주어야 한다.

   • 상담 종결 이후 내담자가 혼자 미해결 과제를 어떻게 다룰 것인지 탐색한다.

   • 갑작스러운 작별 예고는 상담자 입장에서도 당황스러운 일이므로 되도록 다음 회기에 종결하는 것이 좋다.

2. 10회기 시간 제한 상담을 진행 중인데, 종결 시점이 다가와도 내담자의 변화가 일어나지 않고 내담자는 상담 종결만 기다리고 있다면 어떻게 할 것인가?

   • 10회기 시간 제한 상담이고 내담자도 종결을 원한다면 일단 종결한다. 상담자가 파악하기에는 초기에 설정한 목표가 달성되지 않았고, 내담자의 변화도 일어나지 않은 것처럼 보일 수 있지만, 내담자 입장에서는 10회기 상담에 출석한 것만으로 큰 변화라고 볼 수 있다. 외형적인 변화는 나타나지 않았지만 내담자 삶 속에 이미 작은 변화들이 일어났을 수 있으므로, 내담자와 함께 상담의 성과를 검토하는 시간을 갖는다. 내담자에게 미해결 과제가 남아 있다면, 언제든 상담을 재개할 수 있다는 여지를 남겨둔다.

1. 상담회기 기록

(1) 장점

① 한 내담자에 대해 여러 전문가가 함께 작업하는 상황에 유용하다. 서로 의사소통이 가능해지기 때문이다.

② 상담자가 내담자의 진척을 평가하고 상담계획을 세우는 데 유용하게 이용된다.

③ 내담자의 상담 주제와 목표를 회상하게 해준다.

④ 상담자가 적절한 상담을 진행했음을 밝힐 필요가 있는 경우 증빙자료로 도움이 된다.

(2) 주의점

① 상담기록은 간략한 정보를 담는 방식으로 정리해야 한다.

② 상담기록이 내담자나 다른 사람에게 공개될 수 있음을 감안하여 내담자를 명명하거나 판단하는 것을 피하고 비전문적인 용어의 사용을 지양한다.

2. 상담문서의 종류

(1) 상담기록부

① 상담이 시작되면서 생성되는 기록으로, 내담자의 이름과 일련번호가 기록된다.

② 목적: 상담 관리를 위해 기록과 자료를 한 곳에 보관하기 위한 것이다.

(2) 상담 신청서

① 내담자의 상담 신청과 함께 생산되는 기록이다.

② 구성요소: 개인식별정보(예 이름, 성별, 나이 등), 개인배경정보(예 직업, 종교, 가족사항 등), 상담정보(예 상담을 받아 본 이력, 최근의 어려움, 상담 받고 싶은 문제 등), 상담진행정보(예 상담 가능한 시간 등)

(3) 접수면접 요약서

① 상담자 배정, 내담자의 호소 문제, 상담의 위급성 등의 판정을 위한 핵심 내용이 기록된다.

② 구성요소: 인적사항, 호소 문제, 배경·가족·과거력, 문제 및 상담 경험 등이 있다.

(4) 사례일지

① 상담 회기 내에서의 작업, 처치, 진행 상황, 기타 내담자의 접촉(예 서신, 이메일, 전화통화)을 기록하는 문서다.

② 이 문서는 상담계획과 연결되어 있어서 상담자에게는 임상적 참고자료가 되고, 대외적으로는 상담자의 책무성을 입증하는 근거가 된다.

③ 이 문서는 외부의 요청으로 공개될 수 있는 기록이라는 점에서 상담자는 공개를 전제로 작성 및 관리해야 한다.

④ DRAP 모델

구성요소	기록할 내용
D (기술)	• 육하원칙 중 누가, 언제, 어디서, 무엇을 했는지에 관한 요소 • 내담자의 경험, 현재 문제 등에 관한 내용
R (반응)	• 내담자의 문제 또는 상황에 관해 상담자가 보고, 듣고, 생각한 내용 • 내담자의 문제 또는 증상에 대해 공감 또는 지지, 가설 설정 또는 분석 등의 상담자 반응
A (사정)	내담자의 신체·정서 상태, 문제·증상의 심각도, 위기 수준, 자살 가능성 등에 대한 상담자의 판단 또는 판정에 관한 내용
P (치료계획)	향후 상담 일정, 부과할 과제 또는 주제, 일정 기한까지 실행하려는 행동목록 등에 관한 내용

⑤ SOAP 모델

구분	내용
Subjective (주관적)	• 상담자가 주관적으로 간략하게 상담회기의 인상을 요약함 • 상담자는 상담회기를 내담자의 기본 수준, 진전도, 내담자와의 상호작용, 상담회기 속도 등을 토대로 주관적으로 받은 인상을 기록함
Objective (객관적)	• 상담회기 동안 객관적으로 일어난 사실을 기록함 • 내담자의 진전도, 행동과 회기 자체의 특성을 구체적이고 사실적인 정보로 기록함
Analysis (분석)	• 상담자는 선행한 주관적 인상과 객관적 자료를 바탕으로 분석한 내용을 기록함 • 특히 상담자는 분석을 통해 전체적인 상담 목적과 진행된 상담회기의 관계성을 언급하는 것이 중요
Plans (계획)	• 상담자는 앞으로의 계획에 대한 내용을 기록함 • 미래에 초점을 맞추고, 내담자가 수행하기로 동의한 과제, 다음 회기를 위해 상담자가 준비해야 할 사항, 다음 회기에 탐색되거나 고려될 영역의 목록을 기록함 • 이때 장기적인 계획도 포함함

(5) 경과일지

① 상담기관이 요구하는 공식기록으로, 제3자 또는 이해당사자(법원, 보험사 등)에게 제출할 수 있는 문서다.

② 제3자에게 공개될 수 있다는 점에서 내담자에 대한 상담자의 개인적 의견이나 반응은 배제하고 필수적인 사항만 기록한다.

(6) 축어록

① 상담자와 내담자가 상담과정에서 나눈 대화의 내용을 최대한 있는 그대로 글로 옮긴 문서를 말한다.

② 녹음이나 녹화가 선행되어야 하고, 있는 그대로 가공하지 않고 글로 옮겨 적는 과정이 요구된다.

(7) 종결 요약서

① 상담이 종결된 후에 상담자가 상담계획 실행으로 성취된 내용과 상담목표를 향한 진척 내용을 기록하는 문서다.

② 구성: 상담 초기에 제시된 내담자의 문제행동 또는 진단, 상담목표와 계획, 상담목표의 성취를 위한 상담 진행 과정 요약, 상담의 성과를 평가한 내용, 종결 사유, 종결 후의 계획에 관한 내용으로 구성된다.

제 **2** 절 상담면접 기술

06 면담 기법

1. 개관

(1) 비지시적 면담법과 지시적 면담법 기출 15

① **비지시적 면담법**: 내담자의 언어적 흐름을 방해하지 않고 따라가는 방법이다.

　　예 경청, 요약, 바꾸어 말하기, 반영 등

② **지시적 면담법**: 상담자의 의견을 전달하는 방법이다.

　　예 직면, 해석하기 등

2. 관심 기울이기와 경청(적극적 경청)

(1) 관심 기울이기

① 상담자가 신체적으로 내담자 쪽을 향함으로써 내담자에게 온전히 주의집중하는 것이다.

② 상담자의 비언어적 행동을 통해 내담자에게 전달된다.

　　예 자세, 얼굴표정, 시선 등

(2) 경청

① 듣기의 한 유형으로, 내담자가 언어적·비언어적, 직접적·간접적으로 전달하는 메시지를 포착하고자 내담자의 말을 주의집중하면서 듣는 것이다.

② 경청은 내담자로 하여금 생각이나 감정을 자유롭게 표현하도록 북돋아 주고 자신의 방식으로 문제를 탐색하게 하며, 상담에 대한 책임감을 느끼게 한다.

③ **적극적 경청**

　　㉠ 내담자가 한 이야기의 내용을 파악하고 그 몸짓, 표정, 음성 등의 미묘한 변화를 알아차린다.

　　㉡ 이야기의 저변에 깔린 심층적인 의미와 감정을 감지하고 그것을 표현하는 과정까지를 포함한다.

(3) 이건(Egan)의 'SOLER'

구분	내용
S(Squarely)	내담자와 마주봄
O(Open)	개방적인 자세를 취함
L(Leaning)	가능한 한 내담자를 향해 몸을 기울임
E(Eye contact)	눈의 접촉을 유지함
R(Relaxed)	위 행동을 하는 동안 상담자는 긴장하지 않고 편안하고 자연스럽게 내담자를 대함

(4) 힐(Hill)과 오브라이언(O'Brien)의 'ENCOURAGES'

구분	내용
E(Eye)	다른 곳을 보거나 정면에서 뚫어지게 보는 것은 피하고 적당히 눈을 마주침
N(Nod)	가끔 고개를 끄덕임
C(Cultural differences)	문화적 차이를 인식하고 존중함
O(Open mind)	내담자 쪽으로 열린 자세를 유지함 예 팔짱 끼지 않기, 내담자 쪽으로 기울인 자세 등
U(Uhhmm)	"음." 등의 인정하는 언어를 사용하여 격려함
R(Relaxed)	편안하고 자연스럽게 대함
A(Avoid)	산만한 행동은 피함
G(Grammatical)	자신의 언어 스타일 범위 내에서 내담자의 언어 스타일에 맞추어 표현함
E(Ear)	언어적·비언어적 메시지를 제3의 귀로 경청함
S(Space)	공간적인 거리를 너무 가깝거나 멀지 않게 적절히 유지함

(5) 코마이어(Comier)의 적극적 경청

반응 양식	정의	효과
명료화하기	"…한 말인가요?" 식의 질문	• 내담자가 보다 자세하게 이야기하게 됨 • 내담자의 말을 정확하게 들었는지 확인할 수 있음 • 모호하고 혼돈되는 메시지를 명료화함
바꾸어 말하기	내담자가 말한 내용을 다른 말로 표현함	• 내담자가 자신이 한 말에 초점을 두도록 함 • 내담자가 감정에 초점을 두는 것이 미숙할 때에 객관적인 내용을 강조할 수 있음
반영하기	내담자의 메시지 중 감정과 관련된 부분을 바꾸어 말함	• 더욱 깊은 수준의 감정을 표현하게 함 • 자신이 표현한 감정을 강하게 경험하도록 함 • 자신을 지배하고 있는 감정을 보다 잘 지각하게 됨 • 감정을 받아들이고 통제할 수 있게 됨 • 감정에 대한 변별력을 높임
요약하기	내담자의 말을 압축하여 2~3개 정도의 문장으로 바꾸어 말하거나 반영함	• 메시지의 여러 요소를 함께 묶을 수 있게 함 • 공통된 주제, 패턴을 발견하게 됨 • 지나치게 말을 많이 늘어놓는 것을 방지함 • 진행된 대화를 검토할 수 있음

(6) 경청의 구분

① **선택적 경청**: 내담자가 핵심 문제를 벗어난 이야기를 할 때는 주목하지 않고, 현재 심경과 문제를 이야기할 때만 주목하여 경청한다.

② **적극적 경청**: 내담자의 언어적 메시지와 비언어적 메시지 모두에 주의를 기울이며 경청한다.

③ **공감적 경청**: 이야기 내용부터 몸짓, 표정, 자세, 음성, 행동 등의 섬세한 변화까지 주의를 기울이며 경청한다.

④ **촉진적 경청**: 가장 높은 수준의 경청으로, 내담자와의 충분한 공감이 이루어진 상태에서 그의 메시지, 동기나 의도, 잠재적인 감정을 알아차리고 내담자가 스스로 문제의 해결방법을 찾도록 한다.

3. 질문 기출 21

(1) 질문의 개념
① 내담자에 관한 정보와 자료를 수집하고, 내담자의 생각이나 감정을 탐색하기 위한 상담기술이다.
② 유의점
   ⊙ 가능하면 폐쇄형 질문보다는 내담자 자신의 생각과 느낌을 표현하게 하는 개방형 질문이 더 바람직하다.
   ⓛ 한꺼번에 이중삼중으로 너무 많은 것을 묻지 않도록 유의한다.
   ⓒ 질문은 간단하고 알아듣기 쉬워야 하며, 일단 질문을 한 후에는 잠시 멈추고 기다리면서 내담자의 반응에 귀를 기울여야 한다.

(2) 개방형 질문
① 내담자가 자유롭게 대답하도록 하여 그의 상황과 심리를 구체적으로 탐색하고 보다 상세한 답변을 이끌어내기 위해 사용된다.
② 필요성
   ⊙ 내담자에게 더욱 많은 이야기를 할 기회를 준다.
   ⓛ 내담자가 특정 문제를 구체적으로 탐색하는 데 도움을 준다.
   ⓒ 내담자가 말하는 것을 상담자가 보다 잘 이해할 수 있다.
   ⓔ 내담자가 스스로의 생각, 느낌에 주의를 기울이도록 한다.

(3) 폐쇄형 질문 기출 24
① '예', '아니요' 혹은 짧은 사실적 답변을 하게 하는 것으로, 상담자가 원하는 정보의 자료를 얻기 위해 사용된다.
② 폐쇄형 질문이 유용한 경우
   ⊙ 상담자가 원하는 특정한 정보나 자료를 얻고자 할 때
   ⓛ 상담자가 내담자의 말을 이해했는지 확인하고 동의를 구할 때
   ⓒ 내담자가 위기 상황에 처했을 때

(4) 직접질문과 간접질문
① **직접질문**: 상담자가 특정 주제에 관한 정보 수집을 위한 의문문 형태의 기술이다.
② **간접질문**: 완곡한 어조로 내담자의 반응을 유도하는 평서형 형태의 질문이다.
③ 간접질문은 내담자가 더 잘 받아들이고, 대답하기 쉬우며, 개방적인 분위기를 조성하는 데 도움이 된다. 또한 방어적인 느낌이 들지 않게 함으로써 자기탐색을 돕는 효과가 있다.

(5) '왜' 질문
① 개방형 질문의 형태를 띠면서 특정 행동이나 선택을 한 이유를 탐색할 기회를 제공하는 질문이다.
② 문제점
   ⊙ 자칫 내담자의 잘못을 지적하거나 비난하는 의도로 받아들여지면 방어적 태도를 유발할 수 있다.
   ⓛ 이유의 근거를 대는 과정에서 감정보다 사고에 초점을 맞추게 한다.

③ '왜' 질문의 문제점을 보완한 형태

    ⊙ '무엇을', '어떻게'로 시작하는 질문을 한다.

    ⓒ 또는 "…하려는 이유가 무엇인지 궁금하네요."라는 형태의 진술을 사용한다.

(6) 질문 공세

① 이미 질문한 상황에서 내담자가 질문에 대한 답을 끝마치기 전에 다른 질문을 연속적으로 던지는 것을 말한다.

② 문제: 내담자를 압박하고 위축되게 하여 상담자의 질문에 반응만 하는 소극적인 자세를 취하게 할 수 있다.

> **참고**   **질문 기법의 예시**
>
> • 개방형 질문: "어떤 도움이 필요하신지 말해 주실래요?", "집에서 여기까지 오는 길은 어떤가요?"
> • 폐쇄형 질문: "오늘 교실 청소는 했나요?", "여기 오는 길이 어렵지 않지요?"
> • 직접질문: "그 사람을 안 좋게 생각하고 있지요?"
> • 간접질문: "그 사람을 안 좋게 생각하고 있는 것 같군요."
> • '왜' 질문: "왜 상담 받기를 꺼려하나요?"

4. 재진술 [기출 20]

(1) 의미와 목적

① 의미: 내담자의 진술 중 일부 내용을 정확히 파악하기 위해 내담자의 말을 상담자가 반복하여 말하거나 상담자의 말로 바꾸어 말하는 것이다.

② 내담자가 사용한 단어를 포함하지만 내담자의 말보다 길이가 짧고 내용이 더 구체적이며 분명하다.

③ 목적: 상대방을 이해하고 있음을 전달하고, 좀 더 간결한 방식으로 상대방의 대화 내용을 요약하며, 상대방의 말을 상담자가 올바로 이해하고 있는지 확인해 보기 위한 목적으로 사용된다.

(2) 방법

구분	내용
반복 (repeat)	• 내담자의 말을 그대로 다시 되돌려주는 반응 • 내담자가 한 말 중 일부 단어나 내담자가 말한 문장 전체를 똑같이 말함
환언 (paraphrasing)	• '바꾸어 말하기'라고도 함 • 내담자의 말에 일부 단어를 추가 또는 삭제하거나 다른 단어로 바꿔 문장을 새로 구성함
명료화 (clarification)	• 내담자의 말을 보다 분명하고 명확한 표현으로 바꿔 내담자에게 다시 말하는 것 • '구체화'라고도 불림
요약 (summary)	내담자가 한 번에 길게 말한 내용이나 상담자와 내담자 간에 오간 대화를 간결하게 하여 되돌려주는 반응

(3) 효과

① 상담자는 내담자가 언급한 여러 가지 이야기를 하나의 초점으로 맞추며, 혼동되는 내용을 명료화시켜 내담자에게 자신의 가장 중요한 문제에 집중할 수 있게 한다.

② 내담자는 아무런 판단 없이 내용을 비추어 주는 상담자의 반응을 통해 자신의 생각을 타인으로부터 들어볼 수 있는 기회를 제공받는다.

③ 혼란스럽고 심리적 갈등 상황에 있는 내담자에게 상담자의 재진술은 자신의 문제가 타인에게 어떻게 들리는지 알 수 있게 하고 자신이 실제 생각하는 것을 숙고하게 한다.

> **참고** **재진술 기법의 예시**
>
> • 학생: "나로서는 그 친구에 대한 판단을 못하겠습니다. 어떤 때는 더할 나위 없이 좋은 친구였다가 또 어떤 때는 형편없거든요."
> • 교사: "그러니까 그 친구가 일관성이 없다는 얘기군요."

5. 반영

(1) 의미와 목적

① 의미: 내담자의 느낌 또는 진술의 정의적인 부분을 상담자의 말로 되돌려 주는 기술이다.

② 목적

  ㉠ 내담자가 이해받는 느낌을 가지도록 한다.

  ㉡ 특정 상황, 사람, 대상, 생각 등에 대한 감정 표현을 독려한다.

  ㉢ 내담자의 정서 관리를 돕는다.

  ㉣ 상담에 대한 부적 감정을 표출하는 내담자를 돕는다.

  ㉤ 다양한 감정을 변별할 수 있게 한다.

> **더 알아보기** **재진술과 반영**
>
> • 재진술과 반영의 차이점은 무엇을 강조하는가에 달려 있다.
> • 반영은 내담자의 말과 행동의 정서적 측면에 초점을 맞추는 반면, 재진술은 인지적인 측면과 내용을 강조한다.
> • 즉, 반영은 내담자가 한 말의 내용이나 행동 속에 깔려 있는 내면적 감정의 핵심을 거울처럼 비추어 주는 것이라면, 재진술은 감정을 제외하고 내담자가 경험한 핵심적인 부분을 알아내고 명료화시켜 간결하게 다시 말해주는 것이다.

(2) 효과

① 자신이 표현하고 싶은 깊은 속내를 이해받고 있다는 느낌을 주어서 상담자에 대한 친밀감과 내담자의 자기개방 수준을 심화시킨다.

② 내담자가 느끼는 감정을 정확하게 변별해 주는 데 도움이 된다.

③ 내담자 자신의 정서에 대한 인식을 새롭게 할 수 있는 계기가 된다.

> **참고** **반영 기법의 예시**
>
> • 학생: "우리 학교 상담실 선생님은 바보 같아요. 이런저런 고민을 털어놓으면 아무렇지도 않은 듯 고개만 끄덕이던데요."
> • 교사: "어려운 결심으로 상담실을 찾았는데, 막상 선생님의 무성의한 태도를 보니 화가 났나 보군요."

6. 명료화 기출 21

(1) 의미와 목적

① 의미: 내담자의 말 중에서 모호한 점이 있거나 불확실한 점이 있을 때 내담자가 확실히 알도록 해 주는 것이다.

② 명료화는 보통 내담자가 한 말을 반복하면서 "~라고 말한 것은 ~라는 뜻인가요?"라는 질문을 던지는 것이다. 이런 질문을 통해서 내담자가 어느 정도 표현은 하고 있지만 자신도 충분히 자각하지 못하고 애매하게 느끼고 있는 의미를 자각할 수 있도록 상담자가 가시적으로 드러내어 정리해 주어야 한다.

③ 목적

ⓐ 내담자가 보다 명확하게 진술하도록 돕는다.

ⓑ 내담자가 자신의 이야기를 명확히 하는 과정을 통해 자신에 대해 통찰하도록 돕는다.

ⓒ 내담자가 통찰한 후 변화에 대해 준비하도록 돕는다.

(2) 사용 시기

① 내담자가 좀 더 구체적으로 말하도록 돕고자 할 때

② 내담자의 진술 내용을 정확하게 들었는지 확인하고자 할 때

③ 모호하거나 혼동되는 진술 내용을 명확하게 할 때

④ 상담자가 이해한 의미를 내담자에게 투사하는 것을 막고자 할 때

(3) 절차

① 명료화 기법을 효율적으로 활용하려면 코마이어의 4가지 단계를 고려하는 것이 바람직하다.

② 코마이어의 4가지 단계

ⓐ 언어적·비언어적으로 표현한 실제 메시지의 내용을 확인한다.

ⓑ 청취한 메시지 중에 애매한 부분, 혼란스러운 부분, 더 확인할 부분을 찾는다.

ⓒ 명료화해야 할 내용을 적당한 말로 표현하는데, 보통 의문형으로 표현하는 것이 무난하다.

ⓓ 내담자의 반응을 듣고 관찰하여 명료화의 효과를 평가한다.

(4) 효과

① 명료화 자료는 내담자가 충분히 자각하지 못한 의미, 관계이며 내담자가 애매하게만 느껴온 내용과 불충분하게 이해한 자료를 상담자가 말로 정리해준다는 점에서 효과를 가진다.

② 내담자가 이해 받고 있으며 상담이 잘 진행된다고 느끼게 한다.

③ 내담자가 미처 생각하지 못한 측면을 다시 생각하게 하는 자극제가 된다.

> **참고** **명료화 기법의 예시**
>
> • **학생**: "아빠가 돌아가신 지 일 년이 다 되어 가는데, 이제는 아빠 얼굴도 잘 기억나지 않고 기분이 좀 이상해요."
> • **교사**: "기분이 이상하다는 말은 아빠가 돌아가신 지 일 년도 되지 않았는데, 아빠의 모습을 기억하지 못하는 것에 대해 아빠에게 죄송한 느낌(죄책감)이 든다는 뜻이니?"

7. 요약

(1) 의미와 목적

① 의미: 내담자가 표현했던 주요한 주제를 상담자가 정리해서 말로 나타내는 것이다.

② 목적

ⓐ 내담자가 다음 대화를 이끌어갈 수 있게 잠깐 기다리며 준비하는 시간이 된다.

ⓑ 산발적으로 드러나는 생각과 감정의 초점을 찾을 기회를 제공한다.

ⓒ 특정 주제를 철저히 탐색하도록 자극한다.

ⓓ 특정 주제를 종결짓게 한다.

(2) 사용 시기

① 상담회기를 시작할 때

② 분위기를 전환할 때

③ 내담자가 산만하게 이야기할 때

④ 상담자가 논의 주제나 초점을 이동할 때

⑤ 내담자가 특정 주제의 이야기를 끝마쳤을 때

⑥ 상담회기를 마칠 때

⑦ 상담을 종결할 때

(3) 효과

① 내담자의 흩어져 있는 생각과 느낌을 정리할 수 있도록 한다.

② 특정 주제를 보다 철저하게 탐색하도록 한다.

③ 새로운 조망이나 대안적 틀로 이끌도록 한다.

> **참고** 요약 기법의 예시
>
> • 교사: "지금까지 우리가 나눈 이야기를 정리하면, 세 가지 상황이 눈에 띄네요. 부모님께 인정받고 싶어 한다는 것과, 그러다 보니 중요한 결정을 스스로 하지 못하고 부모님에게 맡기게 되는 것, 그것이 자존감에 부정적인 영향을 미쳐 왔다는 것에 대해 이야기했지요. 혹시 빠진 부분이 있나요?"

8. 직면 [기출 15]

(1) 의미와 목적

① 의미: 내담자의 사고, 감정, 행동의 불일치나 모순에 도전하는 상담자의 반응이다.

② 목적: 내담자의 모순점, 불일치점을 명료화하여 내담자의 자기이해와 변화 동기를 높인다.

(2) 사용 시기

① 내담자가 상담자를 신뢰할 수 있을 때

② 내담자가 상담자의 어떤 이야기도 받아들일 준비가 되었다고 느껴질 때

③ 내담자가 자신의 성장과 변화에 관심이 높을 때

> **더 알아보기** 직면을 사용하는 경우(Hill, 2012)
>
> • 언어적 진술 간의 불일치
> • 행동 간의 불일치
> • 행동과 가치 간의 불일치
> • 상담자와 내담자 견해 간의 불일치
> • 말과 행동 간의 불일치
> • 감정 간의 불일치
> • 이상적 자아와 실제적 자아 간의 불일치

(3) 효과

① 내담자는 자신이 표출한 행동·사고·감정 사이의 불일치에 책임을 지게 된다.

② 내담자는 지각을 확대·탐색하여 자신의 현재 상황에 대한 대안적 관점을 모색할 수 있다.

- **학생:** "(얼굴표정이 거의 없고, 무덤덤하게) 학교에서 친구들에게 놀림을 받아요. 한 달 전에도 그랬고 어제도 그렇고. 늘 그런 식이죠. 친한 친구가 한 명도 없었어요. 나를 이용하고 떠나버리는 식이죠. 늘 그러니까 아무렇지도 않아요."
- **교사:** "말을 들으니, 학교생활이 많이 힘들고 외로움도 클 것 같은데, 어떻게 버텨왔는지 대견하구나. 그런데, 그렇게 힘든 말을 하면서도 마치 남의 이야기를 하듯이 말하는 모습이 선생님 눈에 자주 들어오는구나."

9. 해석 기출 15

(1) 의미와 목적

① **의미:** 내담자의 특정 행동 또는 사건의 의미와 원인을 상담자가 설명해 주는 것이다.

② **목적:** 내담자의 특정 감정이나 행동에 대해 대안적인 관점을 제공함으로써 내담자로 하여금 통찰을 증진시킨다.

③ 해석은 내담자가 받아들일 준비가 되어 있을 때에 이루어지는 것이 가장 효과적이기 때문에 상담관계 형성이 이루어진 중기나 종결 단계에서 주로 사용한다.

④ 해석은 단정적으로 말하기보다는 가설의 형태 또는 질문의 형태로 표현하는 것이 효과적이다.

(2) 사용 시기

① 상담자와의 신뢰관계가 확고히 생긴 다음에 내담자의 마음이 열렸을 때

② 상담자가 내담자에 대한 충분한 정보를 가지고 있을 때

(3) 효과

상담자의 적절한 해석을 통해 내담자는 자신이 가진 문제의 원인이 무엇이며, 무엇 때문에 문제가 반복되는지를 인식하고 새로운 관점에서 문제 해결의 길을 찾을 수 있게 된다.

- **학생:** "도무지 의욕이 생기지 않아요. 학교도 가기 싫고 공부도 하기 싫고, 친구들 만나는 것도 별로 재미없고 의미가 없어요, 이제는. 우울해요. 그냥 방 안에만 있고 싶고 아무하고도 이야기하기 싫어요."
- **교사:** "우리 이제까지 많은 이야기를 나누었는데, 아빠가 엄마를 미진이가 보는 앞에서 때렸을 때부터 미진이가 무기력하고 우울해진 것 같아. 아마 미진이의 우울함은 아빠의 무서운 행동을 미진이가 본 것 때문에 나타난 것 같아. 아빠에 대한 원망, 미움, 화 등 여러 감정이 남아 있을 텐데, 그 감정이 해결되지 못하고 계속 마음속에 남아 있으면 지금처럼 우울하고 무기력한 행동들이 나타날 수 있어. 무기력한 행동에서 벗어나고자 한다면, 아빠에 대해 해결되지 못한 감정을 상담에서 표현하고 정리하는 것이 필요해."

10. 정보 제공

(1) 의미와 목적

① **의미:** 상담자가 내담자에게 교육적 성격의 정보를 제공하거나 객관적 사실을 알려주는 것이다.

② **정보 제공과 조언:** 정보 제공은 어떤 사안의 객관적인 지식을 제공하는 것에서 그친다. 하지만 조언은 정보 제공과 관련되지만 관련 사안에 관한 상담자의 주관적 판단, 견해, 입장을 밝히고 방향을 제시하는 것까지를 포함한다.

③ **목적**

㉠ 내담자가 자신에게 유익한 대안을 탐색하도록 돕는다.

㉡ 내담자의 특정 선택이나 실행계획의 예상되는 결과를 알려준다.

ⓒ 타당성이 없거나 신뢰도가 낮은 자료를 수정하고 신화를 반박하며, 내담자가 특정 사안에 대한 잘못된 정보를 가진 경우에도 필요할 수 있다.

ⓔ 내담자가 그 동안 회피한 사안이나 문제를 검토하도록 돕는다.

(2) 사용 시기

① 내담자의 문제 해결을 위한 정보와 자료가 필요할 때

② 내담자의 잘못된 생각이나 신념에 변화를 주고자 할 때

③ 내담자의 의사결정을 위한 대안 모색, 평가를 돕고자 할 때

④ 내담자가 처한 상황을 다른 시각에서 볼 수 있도록 할 때

⑤ 내담자가 과거에 회피한 문제점을 검토하게 돕고자 할 때

참고   정보 제공과 조언 기법의 예시

• **학생**: "선생님, 저는 도대체 무엇을 잘하고 무엇에 관심이 있는지 잘 모르겠어요. 곧 진로를 결정해야 하는데 고민이에요. '혹시나 잘못 선택하면 어떻게 하나?' 하는 걱정이 많아요."
• **교사**: "그래, 이 시기에는 많은 아이가 진로 때문에 걱정을 많이 하지. 혹시 적성검사를 받아본 적이 있니?"
• **학생**: "들어봤는데 아직 해보지는 않았어요."
• **교사**: "진로적성검사는 내가 가진 관심과 어떤 분야에 적성을 가지는지 객관적으로 알아볼 수 있는 검사야. 검사시간도 오래 걸리지 않고 어렵지 않아 많은 아이가 검사를 받아보고 있어. ○○도 검사 한번 받아보고, ○○의 적성과 관심 분야를 같이 알아보자."

11. 자기개방

(1) 의미와 목적

① 의미: 상담자가 자신의 사적인 경험의 일부를 드러내는 것이다.

② 목적(기능): 모델링과 새로운 관점 발달을 촉진시키는 기능을 한다.

ⓐ 내담자는 자기개방을 하는 상담자를 관찰함으로써 자신을 더 많이 개방하는 법을 배우게 된다.

ⓑ 상담자도 다른 사람처럼 문제와 감정을 가지고 있다는 사실을 알게 된다.

ⓒ 상담자의 개인적 삶에 관해 듣는 가운데 내담자는 자기 자신의 삶에서 문제가 되는 영역을 재조명하고 나아가 삶의 고통과 경험은 보편적인 것이며 극복해 나갈 수 있다는 사실을 깨닫게 된다.

(2) 효과

① 내담자는 상담자도 자신이 유사한 경험이 있다는 것을 알게 되어 부정정서가 감소될 수 있다.

② 상담자도 내담자와 같이 고통을 느끼는 한 인간으로 느끼기 때문에 친밀감을 들게 하여 상담관계 형성을 촉진할 수 있다.

③ 특정 경험을 한 사람이 내담자 혼자가 아니라는 보편성의 메시지를 전달할 수도 있다.

참고   자기개방 기법의 예시

• **학생**: "오빠가 친구들과 본드를 하는 걸 우연히 봤어요. 제가 어떻게 해야 할까요? 부모님께 말씀드려야 할까요, 모른 척해야 할까요?"
• **교사**: "걱정이 되겠구나. 나도 남동생이 사춘기 때 본드를 한다는 것을 알고 걱정이 많이 되었거든. 어떻게 해야 할지를 모르겠다는 심정이 이해가 가는구나."

12. 즉시성 _{기출 24}

(1) **의미와 목적**

  ① **의미:** 내담자와 함께 있는 지금 – 여기에서 상담자의 생각 또는 느낌을 언어적으로 전달하는 기술이다.

  ② **유형(Eagan, 1990)**

    ㉠ **관계 즉시성:** 상담관계가 긴장되었는지, 지루한지, 혹은 생산적인지에 관해 내담자와 논의하는 것이다.

    ㉡ **지금 – 여기 즉시성:** 상담 장면에서 발생한 현상 자체에 관해 논의하는 것이다. 즉, 내담자가 지금 이 순간 어떤 것을 경험하며, 어떤 생각과 감정을 갖고 있는지 탐색하고 함께 나눈다.

  ③ **목적**

    ㉠ 상담자가 자신과 내담자 또는 관계에 대해 직접적으로 표현된 적이 없는 느낌, 경험을 표출하기 위함이다.

    ㉡ 논의거리를 창출하거나 관계, 상호작용의 특정 측면에 관한 피드백을 제공한다.

    ㉢ 내담자의 자기탐색을 촉진하고 상담자보다 내담자나 관계에 초점을 유지하기 위함이다.

> **더 알아보기**   **즉시성과 자기개방의 차이**
>
> • **즉시성의 표현:** "당신이 그렇게 얘기하니 제 마음이 아프군요."처럼 주로 현재시제로 기술된다.
> • **자기개방의 표현:** 상담자 자신이 과거에 겪었던 경험에 대한 언급으로, 주로 과거시제로 기술된다.

(2) **사용 시기**

  ① 상담 중 대화가 방향을 잃고 진전되지 않을 때

  ② 내담자가 상담자에 대한 신뢰감을 보이지 않을 때

  ③ 내담자의 상담에 대한 흥미와 관심이 줄어들 때

  ④ 상담자와 내담자 사이에 심리적 거리감이 느껴지고 묘한 긴장이 형성될 때

  ⑤ 전이 또는 역전이 현상이 나타날 때

  ⑥ 내담자가 상담자에게 지나치게 의존할 때

  ➡ '지금–여기'서 벌어지는 두 사람의 관계에 문제가 있다고 판단될 때 과감하게 이를 대화의 초점으로 삼는 것이다.

(3) **효과**

  ① 즉시성을 통해 내담자는 상담관계에 발생하는 갈등을 해결할 수 있는 기회를 제공받을 수 있다.

  ② 내담자로부터 상담가가 느끼고 경험한 것을 있는 그대로 솔직하게 표현함으로써 상담관계를 더 깊어지게 한다.

> **참고**   **즉시성 기법의 예시**
>
> • **상담자 1:** "○○분께서 제게 말할 때 너무 조심스러워한다는 느낌을 받아요. 말도 천천히 하고, 말하자면 무슨 단어를 쓸까 고르고 있는 것처럼 여겨지고, 때로 말하려는 요점도 미리 준비해서 말하는 것처럼 들려요."
> • **상담자 2:** "오늘 우리의 이야기는 활기차게 시작되었는데, 지금은 좀 가라앉은 것 같네요."
> • **상담자 3:** "저에게 솔직하게 이야기해줘서 한편으로는 반갑고 한편으로는 당황스럽네요."

13. 기타

(1) 모델링

상담자가 내담자에게 바람직한 모습을 보여주어 내담자가 상담자의 행동을 보고 배워 가는 과정이다.

(2) 역할연습

① **역할연습**: 내담자와 상담자가 역할을 맡아 연습하는 것이다.

② **주의점**

　㉠ 내담자의 준비도다. 즉, 내담자가 상대에게 표현할 마음의 준비가 되어 있어야 한다.

　㉡ 역할연습을 할 때는 즉시성이 중요하다. 상담자는 내담자의 호소 내용을 들으면서 내담자가 대인관계에서 구체적으로 자기표현을 할 필요성이 느껴지는 순간 즉시성에 입각하여 역할연습을 진행한다.

③ **역할 바꾸기**: 상담자와 내담자는 역할연습이 충분히 진행된 후 역할 바꾸기를 실시해 본다. 역할 바꾸기는 상담자가 내담자 역할을 하고 내담자는 상대방 입장을 이야기하는 것이다.

　예 내담자가 이성관계 갈등이 있는 경우 역할연기를 진행한다. 처음 역할연기를 할 때는 내담자는 내담자 역할을 담당하고 상담자는 상대 이성 역할을 담당하며 이야기를 나누어 본다. 이때 내담자가 좀 더 관계에 대해 생각해 보고 통찰할 수 있도록 하기 위해 역할 바꾸기를 진행한다. 역할 바꾸기는 상대방 입장에서 생각해 보도록 하기 위함이다.

07 문제 유형별 내담자

1. 비자발적 내담자

(1) 비자발적 내담자의 유형(Paradise & Wilder, 1979)

소극적인 내담자	저항적인 내담자
• 제3자에 의해 상담실로 의뢰되어 상담동기가 결여된 내담자 • 상담실에 오고 싶지 않았으며 자신에 대해 말하고 싶어하지도 않음 • 대부분 상담을 조기 종결하며, 종결 이후에도 상담과정에 대해 만족스럽지 않다고 보고하는 경향이 있음	• 변화를 원치 않은 내담자로, 이러한 유형은 상담에 참여하기는 하지만 변화에 수반되는 고통을 감내하려 하지 않음 • 결정을 미루며, 문제를 피상적으로 다루고, 과제를 하는 척만 하는 경향이 있음 • 가장 전형적인 형태는 '잘 모르겠어요.'라는 반응임

(2) 저항행동의 형태(Otani, 1989)

구분	개념	형태
범주 A: 반응의 양	상담자와 의사소통하는 정보의 양을 제한함	침묵, 최소한의 대화, 장황한 설명
범주 B: 반응 내용	상담자와 의사소통하는 정보의 종류를 제한함	인지적 대화, 증상에 집중, 잡담, 정서적 분출, 과거와 미래에 초점, 수사적 질문
범주 C: 반응 유형	상담자에게 정보나 의사소통하는 방식을 조작함	에누리, 사고 검열, 유혹적인 태도, 마지막 순간에 말하기, 제한하기, 상담자에게 초점 맞추기, 망각, 거짓 약속하기
범주 D: 기호논리적 반응	상담의 기본 규칙을 준수하지 않음	상담회기 지키기 않기, 상담료 지급 지연·거부, 개인적인 질문

(3) 의뢰자와 함께 온 경우

① 의뢰자와 내담자를 각각 대면: 청소년 내담자에게 더 많은 시간을 소요한다.

② 지금-여기의 느낌과 의뢰받는 것에 대한 느낌을 표현할 기회를 제공한다.

③ 초기에 비밀 보장을 비롯한 상담의 구조화를 실시한다.

④ 내담자가 지각한 문제점이나 상황을 진술할 기회를 제공한다.

(4) 혼자 온 경우

① 상담에 의뢰된 것에 대해 어떤 느낌을 갖고 있는지 탐색한다.

② **처벌의 일종으로 내원**: 처벌에 대한 생각과 느낌을 표현하게 한다.

③ 부모나 교사가 알려준 신상정보와 문제점이 무엇인지를 솔직하게 이야기한다.

④ 어렵게 상담실을 방문한 점을 높이 평가한다고 말해주고 상담시간을 어떻게 사용하고 싶은지 알아본다.

⑤ 상담에 응할 의사가 전혀 없는 경우 상담시간에 주된 문제 이외의 다른 주제를 얼마간 이야기하거나 자유로운 그림, 게임치료 시간을 짧게 가지며 3~4회 정도 더 상담자와 만나자고 요청할 수 있다.

⑥ 내담자가 바라는 내용에 따라 상담을 진행한다.

(5) 비자발적 내담자를 상담에 참여시키기 위해 상담자가 취할 수 있는 방법

① 내담자가 표현하는 분노, 좌절, 방어 등을 예견한다. 만약 상담자가 내담자 중에는 소극적이고 저항적인 내담자가 일부 있다는 것을 깨닫는다면, 비자발적인 내담자의 반응에 대해 당황하지 않고 적절하게 대처할 수 있다.

② 판단하지 않고 수용, 인내, 이해 등의 태도를 보여준다. 상담자의 이러한 태도는 신뢰감을 주며, 내담자의 생각과 감정을 이해하는 데 도움이 된다.

③ 내담자를 설득한다. 상담자는 내담자에게 어느 정도 영향력을 미칠 수 있다. 내담자에게 사소한 요구를 하고 점차 요구의 강도를 높여 나가거나, 혹은 처음에는 부담스러운 요구를 한 다음 점차 합리적인 요구를 해 나가는 설득방식을 취할 수 있다.

④ 직면을 통해 내담자의 자발성을 회복시킨다. 내담자의 행동 가운데 불일치가 발견되는 부분을 지적해 준다. 내담자는 거부, 전체나 일부 수용, 혹은 거부와 수용을 절충하는 방식으로 반응할 것이다. 직면을 통해 내담자로 하여금 다른 행동방식을 발달시키거나 문제에 대한 새로운 인식을 얻게 한다.

⑤ 내담자의 저항에 대처하는 실용적인 기법으로 침묵, 반영, 질문, 설명, 진단, 상담자와 관점 공유하기 등을 활용한다. 이러한 기법은 '잘 모르겠어요.'라고 반응하는 내담자에게 효과적이다.

2. 침묵하는 내담자

(1) 침묵을 다루는 방법

① 내담자가 침묵할 때 상담자는 충분히 기다려준다.

② 상담자가 충분히 기다렸으나 내담자가 계속 침묵한다면 상담자는 여러 접근 방법을 시도할 수 있다.

　㉠ 첫째, 내담자가 침묵 전에 얘기한 내용을 정리하여 말하거나 내담자의 말 속에 든 감정을 중심으로 공감 반응을 하면서 내담자가 말할 단서들을 제공한다.

　㉡ 둘째, 그래도 내담자가 얘기를 꺼내지 않으면 침묵을 하는 이유를 탐색한다.

　　예 "지금 무슨 생각을 했니?", "침묵이 조금 있었는데 마음이 어땠니?"

　㉢ 이 두 가지 경우 모두 명심할 것은 상담자가 먼저 상담의 주제를 바꾸지 않는 것이다.

　㉣ 만약 침묵 전에 이야기한 것과 다른 주제를 꺼내면 상담자는 내담자의 주제를 따라가되 그 주제가 바로 직전의 내용과 어떻게 연관되는지 묻는다.

　㉤ 직전에 다룬 내용과 연결된다면 어떻게 연결이 되는지, 관련이 없다면 왜 관련 없는 이야기를 꺼냈는지 그 이유를 좀 더 탐색한다.

(2) **침묵 상황별 개입방법**

① 상담관계가 이루어지기 전에 일어난 침묵은 불확실감을 반영한다.

　㉠ 대개 부정적인 거절의 형태로 해석될 수 있다.

　㉡ 상담자가 내담자 자신을 어떻게 볼 것인지에 대한 불안 때문에 일어난다.

　㉢ 상담자의 따뜻한 관심과 정확한 공감이 중요하다.

② 상담에 대한 적대감에서 오는 저항, 불안으로 침묵이 생길 수 있다.

　㉠ 내담자의 비자발성의 문제가 개입된 경우이다.

　㉡ 침묵은 변화를 거부하는 태도인 동시에 내담자가 상담을 조정하는 수단이 될 수 있다.

　㉢ 상담자는 비자발성에 공감하면서도 힘 있게 상담의 구조화를 다시 해준다.

③ 상담자와 내담자가 눈싸움을 하는 것 같은 침묵은 상담자에 대한 도전, 불만을 반영한다.

　㉠ 상담자는 침묵 상황이 생겨난 과정을 다시 한번 요약하거나 "당신은 지금 말하고 싶지 않은가보군요."라는 식으로 경계심을 풀어주려 노력한다.

　㉡ 내담자가 침묵을 어떻게 생각하는지 말하도록 요청하는 것도 적절하다.

　㉢ 부끄러움 때문에 침묵하는 내담자가 있다면 "우리가 여러 번 만나 이야기를 했는데, 당신은 어머니에 대해 한 번도 이야기하지 않는 것 같습니다." 등의 필요하다고 생각된 주제를 제공하여 침묵을 깰 수 있다.

④ 내담자가 이야기를 꺼낼 준비를 하는 과정에서 침묵이 생길 수 있다.

　㉠ 이는 무슨 이야기를 할지 고민하고 선택해야 하기 때문이다.

　㉡ 침묵을 잘 견디는 상담자는 내담자가 주제를 찾을 때까지 기다리는 것이 좋다.

　㉢ 내담자가 침묵 때문에 힘들어한다면 내담자를 배려하여 침묵을 깰 수도 있다.

⑤ 내담자가 자신의 느낌을 표현하려 최대한 노력하는데도 말로 잘 표현되지 않을 수 있다.

　㉠ 내담자를 안심시켜줄 수 있다.

　　예 "기다릴 테니까 안심하고 천천히 말하셔도 됩니다."

　㉡ 종이와 연필을 꺼내 글로 표현하도록 도와주는 방법도 있다.

　㉢ 적극적인 자세를 취할 수도 있다.

　　예 "당신의 생각이 무엇인지 힌트를 준다면 제가 말로 나타내기 쉽게 도와드리고 싶습니다."

⑥ 내담자가 상담자에게 재확인을 바라거나 상담자의 해석을 기대하여 침묵하는 경우도 있다.

　㉠ 이러한 침묵은 상담자가 쉽게 간파할 수 있다.

　㉡ 비교적 쉽게 적절한 반응을 할 수 있다.

⑦ 내담자가 방금 이야기한 내용에 대한 생각을 계속하는 경우, 원칙적으로는 침묵을 방해하지 않고 의도적으로 침묵의 시간을 길게 늘려줄 필요가 있다.

⑧ 상담자의 공감, 배려, 해석에 동의하지 않을 때 침묵할 수 있다.

　㉠ 분위기 때문에 수용하는 태도를 보이지만 마음 깊이 받아들이진 못하는 경우이다.

　㉡ 이 경우 내담자에게 자신의 의견을 말할 기회를 제공할 수 있다.

⑨ 침묵은 내담자가 이전에 감정 상태를 표현하는 과정에서 생긴 피로를 회복하고 있는 것으로 해석되기도 하며, 이때 상담자는 침묵을 조용히 받아들이는 것이 바람직하다.

08 라자러스(Lazarus)의 중다양식치료(BASIC-ID)

1. 개관

(1) 특징

① 상담을 필요로 하는 사람의 정보를 7가지 범주로 나누어 정리하여, 보다 종합적이고 입체적으로 이해하려는 내담자의 이해·상담 전략 모형이다.

② 내담자에 대한 종합적인 평가와 행동 전략을 포함한다는 점에서 다양한 내담자의 욕구를 적극적으로 반영할 수 있다는 장점을 지닌다.

③ 한 개인의 두드러진 행동, 정서적 반응, 감각반응, 심상, 인지, 대인관계, 생물학적 성향을 상세하게 파악하면 그 성격과 심리적 특성의 완전한 이해가 가능하다고 본다.

(2) 기술적 절충주의

① 중다양식치료는 기술적 절충주의 입장을 취한다.

② 기술적 절충주의: 이론에 크게 신경 쓸 필요 없이 다른 여러 치료이론으로부터 필요한 치료기법들을 자유롭게 선택하여 적용하는 것이다.

③ 특징

㉠ 첫째, 상담자는 내담자의 문제를 해결하기 위해 적합한 하나의 상담이론을 선택하여 상담을 시작한다.

㉡ 둘째, 선택한 상담이론에 배치되지 않는 다양한 다른 이론에서 사용하는 상담기법들을 추가로 동원하여 상담의 효과를 높인다.

㉢ 셋째, 상담에서 사용하는 상담기법들은 경험적 연구를 통하여 효과가 입증된 것이어야 한다.

2. 개념과 목표

(1) 7가지 양식 - BASIC - ID 기출 15

구분	내용

행동
(B; Behavior)
	• 범주
	  − 관찰 및 측정 가능한 습관, 행동, 반응이 포함됨
	  − 섭식, 음주, 흡연, 울음, 자기통제와 관련된 문제를 포함함
	  − 너무 적거나 많은 일을 하는 것과, 너무 공격적이거나 주장적이지 못한 문제도 해당함
	• 조력 기법: 행동시연, 빈 의자 기법, 자기노출, 고정역할치료, 모델링, 역설적 의도, 심리극, 정적 및 부적 강화, 반응 방지, 자극 통제, 수치심 공격하기, 소거, 역조건 형성, 처벌

정서/정동
(A; Affection)
	• 범주
	  − 우울, 분노, 기쁨, 긴장, 외로움 등의 다양한 정서와 감정이 포함됨
	  − 개인에게 지배적인 문제인 감정과 내담자 스스로 통제할 수 없다고 느끼는 감정이 중요함
	  − 두려움의 감정과 두려움을 일으키는 사건들이 이에 속함
	• 조력 기법: 감정의 발산, 분노 표현, 불안·분노 조절 훈련, 감정 확인하기, 감정의 수용

감각
(S; Sensation)
	• 범주
	  – 기본 감각인 시각, 청각, 후각, 미각, 촉각이 포함됨
	  – 두통, 현기증, 마비, 환각, 성적 장애를 포함하는 부정적인 감각이 강조됨
	• 조력 기법: 바이오피드백, 최면, 명상, 긴장이완 훈련, 감각확인 훈련, 감각적 쾌감 유도

심상
(I; Imagery)
	• 범주
	  – 환상, 마음속의 그림, 상상, 꿈 등이 해당됨
	  – 청각이나 다른 감각구조를 통해 나오는 이미지가 포함됨
	  – 신체상과 자기상에 특별한 주의를 기울임
	• 조력 기법: 반미래 충격심상, 연합심상, 혐오심상, 대처심상, 내파와 상상적 노출, 긍정적 심상, 합리적 정서적 심상, 시간투사 심상, 자기상의 변화, 대안적 심상 유도

인지
(C; Cognition)
	• 범주
	  – 사고, 아이디어, 가치, 의견이 포함됨
	  – 똑똑하고 정직해지는 것과 같은 긍정적 사고뿐 아니라 바보가 되는 것, 미치는 것, 매력적이지 않거나 가치 없는 사람이 되는 것 등의 자신에 대한 부정적 사고도 포함됨
	• 조력 기법: 독서치료, 왜곡된 추론 도전하기, 인지적 리허설, 대처방법 서술하기, 비합리적 신념 논박하기, 초점 맞추기, 긍정적 자기진술, 문제해결 훈련, 자기수용 훈련, 사고 중지법, 인지 재구성

대인관계
(I; Interpersonal)
	• 범주
	  – 가족, 친구, 동료, 선생님 등의 타인과의 관계가 어떠한지를 말함
	  – 부부 문제, 성적 문제 등의 타인과의 관계에서의 어려움이 포함됨
	• 조력 기법: 자기주장 훈련, 의사소통 훈련, 계약하기, 고정역할 치료, 교우관계 훈련, 역설적 의도, 역할놀이, 사회기술 훈련, 모델링,

약물/생리학
(D; Drugs)
	• 범주
	  – 건강과 건강 문제의 전 영역이 포함됨
	  – 개인의 성격을 이해할 때 생물학적 기능과 약물을 고려함
	• 조력 기법: 물질 남용 중단 프로그램, 생활패턴 변화(운동, 영양 등), 의사나 다른 전문가에게 의뢰하기, 금연 프로그램, 체중 조절 프로그램, 운동, 영양 섭취, 향정신성 약물의 사용

① 중다양식치료 기법에서는 BASIC - ID 모형을 적용하여 내담자의 정보를 7가지 범주에 따라 종합적이고 입체적으로 수집·분석한다. 또한 범주에 따른 개입 기법을 적용하여 내담자의 변화를 돕는다.

② 양식(modallity): 라자러스는 인간의 삶과 기능의 다양한 영역을 평가해야 한다고 보았는데, 이러한 기능영역을 '양식'이라고 불렀다.

③ 중다양식 생애사 검사(multimodal life history inventory): 7가지 양식뿐만 아니라 내담자의 배경, 개인력, 사회력, 현재의 문제까지 세밀하게 질문한다.

④ **구조 프로파일**: 개인이 7가지 각 양식에 대한 척도점수를 그래프로 보여주는 척도이다. 이 척도는 7가지 양식 각각이 자신의 삶에서 어느 정도 중요한지(선호하는지)를 7점 척도에서 평정하도록 하고 있다.

⑤ 양식 프로파일: BASIC - ID 모형에 제시된 문제 목록과 범주별 개입방법을 말한다.

양식	문제	개입
행동(B)	• 미루는 습관 • 좌절되는 사건이 있을 때 철수 행동을 보임	• 주장 기술 • 모델링, 역할연습
정서/정동(A)	시험불안, 낮은 학업성취도로 인한 우울	• 이완 훈련, 의사소통 훈련 • 호흡, 근육, 스트레스 이완 훈련 • 대처 심상, 보상행동 증가
감각(S)	긴장(턱, 목, 어깨), 잦은 두통	이완 훈련, 정형외과적 운동
심상(I)	부정적 자기상, 인생의 패배자 이미지	성공적으로 발표하는 대처 심상
인지(C)	완벽주의, 자기비하, 부정적·이분법적 사고	인지 재구조화
대인관계(I)	수동공격성, 비주장성, 친구가 없음	사회적 기술, 자기주장 훈련
약물/생리학(D)	운동 부족, 과체중	건강한 생활양식 프로그램

(2) **상담목표**

① **행동**: 비효과적인 행동 포기하기, 원하는 행동 행하기, 불필요하고 비합리적 회피행동을 중지하기, 현실적인 목표를 달성하기 위해 효과적인 행동하기

② **정서/정동**: 감정을 인정하기, 감정을 명료화시키기, 감정을 수용하기, 불쾌한 감정에 대해 대처하기, 긍정적인 감정 향상시키기, 고통스러운 경험과 감정을 상세히 이야기하기

③ **감각**: 긴장 이완하기, 감각 즐기기, 긍정적·부정적 감각 인식하기, 고통을 인내할 수 있는 경계 수준 향상시키기

④ **심상**: 효과적인 대처심상 개발하기, 자기 이미지 향상시키기, 자신의 심상과 교류하기

⑤ **인지**: 자신의 인지 인식하기, 문제해결 기술 향상시키기, 자기패배적이고 경직된 신념 수정하기, 유연하고 현실적인 사고 향상시키기, 자기 수용하기, 잘못된 정보 교정하기, 부족한 정보 제공하기

⑥ **대인관계**: 다른 사람들을 판단하지 않고 수용하기, 유연한 대인관계 기술 모방하기, 건강하지 못한 융합관계 중단하기, 자기주장 기술 향상시키기, 의사소통 기술 향상하기, 사교적 기술 향상하기

⑦ **약물/생리학**: 균형 잡힌 영양 섭취하기, 운동하기, 약물 남용 중단하기, 절주, 신체적 장애에 대한 치료 받기, 정신병리에 대한 치료 받기

(3) **상담원리**

① **개인별 주문형 맞춤치료(bespoke therapy)**: 치료의 종류, 진행방식, 보조적 치료기법은 언제든지 각 내담자의 문제나 요구에 따라 달라진다. 따라서 이 접근은 '이 기법이 어떤 사람에게, 어떤 문제 증상에 대해 효과가 있는가?'라는 질문에 답하려는 치료원리라고 할 수 있다.

② **기본적 가정**: 특정 상황에서 특정 개인에게 가장 잘 맞는 치료자와 치료기법이 있다는 것이다.

③ **인지행동치료 및 합리적 정서행동치료와 공통점**

ㄱ 내담자 대부분의 문제는 잘못된 사회학습과정에서 발생한다고 가정한다.

ㄴ 상담자 – 내담자 관계는 의사 – 환자의 관계가 아니라 코치 – 훈련생의 관계이다.

ㄷ 치료 효과가 일상적 환경으로 전이(일반화)되기 위해서는 계획적으로 구조화된 과제 부여를 해야 한다.

ㄹ 정신과적 진단 명칭은 외현적 행동을 토대로 조작적으로 정의되어야 한다.

④ 심리적 증상이 심한 내담자는 7양식 중에서 어떤 영역은 매우 과잉, 어떤 영역은 매우 부족할 것이라고 가정한다.

3. 과정과 기법

(1) 과정

① 최초의 면담에서는 내담자가 호소하는 문제, 문제의 촉발 요인, 유지 요인이 무엇인지에 초점을 맞춘다.

② 상담자는 치료를 통해 내담자가 어떤 것을 해소하고 싶어 하는지를 살피고, 내담자의 강점과 긍정적 특성이 무엇인지도 파악해야 한다. 그런 다음 내담자의 증상 또는 치료목표에 맞는 치료기법을 찾아보아야 한다.

③ 첫 회기 시 가능하면 말을 적게 하면서 내담자의 인적사항을 기록한다. 이것은 내담자가 상담실의 환경에 적응하고 언어적 상호작용을 경험하며, 곧 나오게 되는 상세한 질문에 준비할 수 있도록 하는 역할을 한다.

④ 인적사항을 기록한 후, 상담자는 간단히 "당신의 문제가 무엇인 것 같습니까?"라고 질문한다. 또한 BASIC - ID 양식에 따라 내담자의 호소 내용에 관심을 보이며 두 가지 질문을 한다.
  ㉠ "지금 문제의 원인은 무엇인가요?"
  ㉡ "지금의 문제를 유지시키는 사람이나 일은 무엇인가요?"

⑤ 첫 면담의 끝 무렵에 '중다양식 생애사 질문지'를 작성하게 한다.
  ㉠ 호소 문제의 선행사건, 호소 문제, 문제를 유지하고 있는 요인이 무엇인지를 질문한다.
  ㉡ 질문에 대한 답변을 BASIC - ID의 각 양식에 따라 분류한다.

⑥ 내담자에게 집에 돌아가 '중다양식 생애사 질문지'를 완성하여 두 번째 회기에 가져오라는 요청한다.

⑦ 세 번째 회기가 시작될 때, 처음의 두 면담과 생애사 질문지 응답을 토대로 중다양식 프로파일을 잠정적으로 구성한다. 이때 내담자에게 결과 프로파일의 내용을 자세히 설명해 주고 내담자가 하고 싶은 질문이나 수정사항을 요구한다.

⑧ 마지막으로 내담자와 상담자는 어떤 전략과 기법을 적용할 수 있는지 논의하고 전반적인 치료계획을 세운다.

(2) 기법

① 추적하기(추적조사, tracking): 여러 양식(기능영역)의 '점화 순서'를 면밀히 추적하여 이 점화 순서에 맞게 치료적 기법의 순서를 맞추어 따라가는 것을 말한다.
  ㉠ 점화 순서: 스트레스 상황에서 성격의 7가지 양식이 반응하는 순서다.
  ㉡ 목적: 내담자의 부정적 정동이 유발되는 정확한 과정을 통찰할 기회를 제공하여 적절히 개입하도록 돕는다.
  ㉢ 개인의 부정적 정서가 행동으로 이어지는 과정: 목표 달성의 실패로 인한 분노(A) → 심장박동의 상승(S) → 병에 걸리거나 죽을 것 같음(C) → 혐오스러운 자기상(I) → 극도의 철수 행동(B)

② 다리 놓기(bridging): 상담자가 처음으로 내담자에게 다가가는 것을 말한다.
  ㉠ 다리 놓기를 위해서는 내담자의 7가지 양식 중 어느 양식이 가장 잘 기능하는지를 파악해야 한다.
  ㉡ 내담자가 선호하는 양식에 상담자가 맞추어 접근하지 못하면 내담자는 오해받고 있다고 느끼거나 혹은 상담자와 말이 통하지 않는다거나, 친밀감이 없다는 느낌을 갖게 된다.
  ㉢ 내담자가 지적인 방어를 통하여 자신의 감정을 감추는 경우: 7가지 영역 중 인지적 영역이 약하고 감각적 영역이 강하다면 상담자의 직면은 자칫 내담자의 감정을 다치게 할 수 있다. 이런 경우 직면보다는 감각적인 기법(예 긴장이완훈련, 명상, 최면 등)을 통해 내담자의 긴장을 이완시키는 것이 우선이다. 그 후에 인지적 기법으로 진행하는 것이 유리하다.
  ㉣ 중다양식치료자는 내담자의 현재 마음의 상황에서 시작하여 관계를 맺은 다음에 더 생산적인 이야기 영역으로 다리를 놓아 가야 한다.

09 조하리의 창(Johari's Window)

	자신이 아는 부분 (know to self)	자신이 모르는 부분 (unknown to self)
타인에게 알려진 부분 (known to others)	공개 영역 (open area)	맹인 영역 (blind area)
타인에게 알려지지 않은 부분 (unknown to others)	비밀 영역 (hidden area)	미지 영역 (unknown area)

[그림 6-1] 조하리의 창

1. 조하리의 창 4가지 영역과 유형 기출 20

(1) 공개 영역(열린 창)

① 자신도 알고 타인도 아는 나의 모습이다.

② 개방된 영역이 크면 자신이 타인과 가까운 인간관계를 맺고 있다고 본다.

(2) 비밀(은폐) 영역(숨겨진 창)

① 자신은 알고 있지만 타인에게 숨기고 싶은 나의 모습이다.

② 이 영역은 상대방에게 노출하기를 꺼리고 숨기는 정보를 의미하며, 관계가 친밀해질수록 이 영역은 줄어든다.

(3) 맹인 영역(보이지 않는 창)

① 타인은 잘 알고 있지만 자신은 잘 모르는 나의 모습이다.

② 자신에 대해 잘 안다고 생각하지만 실제로는 잘 모르는 모습이 있다. 또한 자신의 장점과 단점을 잘 안다고 생각하지만 잘 모르는 부분이 있을 수 있다.

③ 맹인 영역을 확장하기 위해서는 사람들의 피드백을 통해 자신의 모습을 발견해 나가야 한다.

(4) 미지 영역(닫힌 창)

① 타인은 물론 자신도 잘 모르는 자신의 모습이다.

② 프로이트가 말한 무의식 세계에 해당된다.

(5) 유형

① **개방형(공개 영역이 가장 넓음)**: 원만한 인간관계를 유지하고 있으며, 자신을 적절하게 표현하고, 타인의 피드백도 잘 받아들인다. 솔직하고 개방적이며 타인에게 친밀감과 호감을 준다.

② **신중형(비밀 영역이 가장 넓음)**: 자기개방은 거의 하지 않지만 타인의 피드백을 주고받는 유형으로, 속이 깊고 신중하다. 타인의 이야기는 잘 경청하지만, 자신 자신을 잘 표현하지 않기 때문에 자기표현을 통한 교류가 필요하다.

③ 주장형(맹인 영역이 가장 넓음): 타인에게는 자신의 감정과 의견을 잘 표현하지만, 타인의 반응에는 둔감하여 피드백을 받지 않아 자기중심적으로 생각하는 경향이 있다. 타인에게 독단적인 사람으로 비춰질 수 있으므로 경청하려는 자세가 필요하다.

④ 고립형(미지 영역이 가장 넓음): 자기개방을 하지도 않고, 타인으로부터 피드백을 받지도 않는다. 자기중심적으로 행동하며, 타인에게 공감을 잘 하지 못할 뿐만 아니라 인간관계에서 고립되어 있거나 소극적인 경향이 있기 때문에, 자신을 적극적으로 표현하고 타인의 피드백을 받는 자세가 필요하다.

2. 공개 영역을 넓히는 방법

(1) 창(window)의 넓이

① 3가지 과정: 타인에게 공유하는 자기노출, 나의 정보에 대한 피드백, 자신에 대한 탐구 과정을 통해 알 수 있다.

② 3가지 과정을 통해 타인과의 개방성과 수용성을 높여 공개(열린) 영역을 넓히고, 비밀·맹인·미지 영역을 줄여 나가야 한다.

③ 자신에 대해 타인과 얼마나 공유하고 있는지에 따라 창의 넓이가 결정된다.

　㉠ 자신을 타인에게 공유함으로써 비밀 영역을 줄이고, 공개(열린) 영역을 넓힐 수 있다.

　㉡ 타인의 알고 있는 정보를 수용함으로써 맹인 영역을 줄이고, 공개(열린) 영역을 넓힐 수 있다.

　㉢ 공개 영역을 확장함으로써 미지 영역을 줄일 수 있다.

(2) 자기노출과 피드백

① 자기노출: 상대에게 자신의 생각, 정서, 행동을 노출하는 것으로 자기 정보에 대한 의사소통을 하는 것이다.

② 피드백: 신뢰하는 사람과의 대화에서 자신의 장단점을 지적받고 자기인식을 확장해 나가는 것이다.

10 심리극(사이코드라마)

1. 심리극의 이해

(1) 의미

① 상상력이라는 인간의 기본적 특성과 가상의 무대라는 안전한 장치를 결합하여 마음의 긴장과 갈등을 역할극 형식으로 표현하고, 이를 치료하고자 하는 것이다.

② 언어만으로는 인간의 감정 표현에 한계가 있다고 전제: 참여자가 삶의 사건을 단순히 말로만 표현하지 않고 무대에서 마음에 품고 있던 상상과 공상(잉여현실)을 '지금-여기'에서 일어나는 것처럼 실제 행동으로 표현하는 것을 중시한다.

③ 모레노(Moreno)

　㉠ 처음으로 연극 형식을 도입하여 집단 심리치료를 실시했다.

　㉡ 인간의 삶에 핵심적인 요인을 자발성과 창조성으로 설명하였다.

(2) **특징**

① 치료자와 참여자가 일대일로 진행하지 않고 비슷한 문제를 지닌 사람들이 집단으로 참여하여 말과 행동으로 표현한다는 점에서 당시 치료법과 큰 차이가 있다.

② 사전에 준비한 내용을 다루는 대신 즉흥성과 자발성을 토대로 드라마를 풀어내는 점에서 '먼저 말하고 나중에 생각'해야 인식하지 못한 무의식이 표출된다는 정신분석의 개념과 유사하다.

③ 참가자는 역할극을 통해 과거나 미래의 일을 마치 지금 여기에서 일어나는 것처럼 실연함으로써 자신의 문제해결, 창조성 탐색과 발견, 행동 기술을 발달시킬 수 있다.

(3) **목표**

① 심리극을 통해 억압되었던 감정을 인식하고, 생생하게 분출하는 과정을 통해 감정을 정화하고자 하는 것이다.

② 감정 정화를 통해 발견된 나 자신의 다양한 모습들을 조망하고, 통합할 수 있도록 하는 것이다.

③ 역할극을 통해 주인공뿐만 아니라 집단 참여자 모두에게 감정 인식과 통찰을 제공하는 것이다.

2. 구성요소와 주요 개념(주요 원리)

(1) **구성요소**

구분	내용
주인공	• 자신이 느낀 문제를 드러내는 가장 중심적인 인물 • 개인의 내면세계와 그로부터 파생되는 인간관계에 초점을 둠 • 대체로 심리극은 주인공이 드러낸 갈등이나 생활 장면을 중심으로 진행됨
연출자	• 주인공이 자신의 문제를 탐구하는 심리극을 할 수 있도록 심리극 전반을 진행하는 사람 • 대개 집단지도자, 치료자, 교사, 상담자가 맡음
보조자아	• 극중에서 주인공의 상대역으로 주인공이 극을 진행하는 데 촉진자 역할을 함 • 집단구성원 가운데 한 사람이나 전문적 보조자아가 수행함
관객	• 집단 모임에 참석하여 심리극을 보는 사람 • 마무리 단계의 관객 반응은 극을 정리하고 주인공이 심리극에서 탐색한 내용을 정리하는 데 필요함
무대	• 역할극을 행하는 모든 장소이자 그 자체를 의미함 • 어디서든지 가상의 역할극이라는 장치를 통해 자시 자신을 만나고, 역할 속 다양한 사람들과 만남이 이루어지는 공간 • 즉, 무대란 어디서든 존재할 수 있으며, 역할극이라는 가상의 공간 전체를 통합한 의미

(2) **주요 원리**

구분	내용
자발성	• 자발성은 두 가지 의미를 지님 　– '지금–여기'에서 과거 경험하지 못한 새로운 상황에 적절한 행동을 이끌어내는 것 　– 과거부터 습관화된 상황에 새로운 반응을 하는 것
창조성	• 인간의 창조적 생각은 자발성 없이는 구현될 수 없음 • 자발성은 창조적 활동의 시작이자 창조적 활동의 촉매제임
잉여현실	현실의 상상이 아닌, 상상력과 창조성을 동원하여 얻는 보다 풍성한 현실을 의미함

텔레 (TELE)	• 인간, 동물, 사물을 포함한 모든 존재와 물체를 포함하여 집단과정에 존재하는 상호적 현상, 실제적 역동을 의미함 • 텔레 개념은 항상 능동적인 상호 현상으로 서로 간에 움직이는 에너지를 말함 • 자발성, 창조성, 행동과 관련됨
참만남	• 심리극의 본질적인 원리 • 개인이 자기 삶의 중요한 사람과 즉각적이고 의미 있는 직면을 하여 정서적 교환을 할 때 일어나는 경험
즉흥성	• 사전준비나 연습 없이 임하는 것 • 자발성, 창조성과 함께 심리극의 핵심 원리에 속함
카타르시스	참여자의 감정과 태도가 접촉하는 순간 감정이 방출되는 현상 예 눈물, 웃음, 분노, 취약성, 죄책감, 희망 등
현실 검증	참여자가 다른 참여자는 어떻게 느끼는지, 특정 행동의 결과를 인식하는 것
역할이론	누구든 삶이라는 무대에서 대본 없이 자신의 역할을 창조하면서 즉흥적으로 연기할 수 있다는 점에서 사람은 자기 삶의 연기자이자 극작가임을 강조한 이론

3. 진행 단계와 기법

(1) 진행 단계

단계	내용
워밍업	• 참가자가 심리극 연기로 들어가기 전 심리적·신체적 준비를 하는 단계 • 주인공의 문제를 본격적으로 극화하기 전에 참여자들이 심리극에 친숙해지고, 극에 능동적으로 참여하여 주인공으로 설 준비를 하고, 극으로 표현할 문제에 몰입하는 분위기를 조성함
실연 (행동)	• 주인공의 문제 상황이 '지금 - 여기'에 일어나는 것처럼 극으로 재현하는 단계 • 주인공이 심리극의 효과를 충분히 얻도록 하기 위해 연출자는 실연 단계에서 여러 기법을 활용함 • 무의식 속 욕망, 갈등, 감정이 분명히 드러나게 통찰하거나 바람직한 대안적 행동을 찾아가도록 함
종결 (나누기)	• 극을 보고 참여하며 가진 생각, 감정을 나누는 시간을 가지는 단계 • 관객은 주인공의 문제에 대한 지적 단계의 분석보다 유사한 경험을 공개하여 자신의 이야기를 표현함 • 상호 지지뿐만 아니라 서로의 감정과 경험을 나누고 정리하는 시간이 됨
과정분석	수련자가 심리극 지도 과정을 배우고 분석·평가하기 위해 사용함

(2) 기법

① **마술 상점 기법**: 마술 가게라는 상상적인 장면을 설정해서 거기에서 어떠한 물건이라도 사든지 팔 수 있게 하는 기법이다.

ⓐ 주로 준비 단계에 사용되며, 드라마를 워밍업하고 집단원 개개인의 문제에 접근하는 데 이용한다.

ⓑ 주인공이 자신의 목표를 혼동하거나 가치에 우선순위를 배분하는 데 어려움을 겪는 경우에 목적과 가치를 분명히 하기 위해 사용된다.

ⓒ 이 기법을 통해 일상에서 표현하지 못한 '진짜 원하는 무언가'를 생각해 보고, 가져보는 경험을 하도록 돕는 기법이다.

② **역할 바꾸기**: 주인공이 자신의 극에서 상대 역할을 맡음으로써 상대의 눈으로 자신을 보게 하는 기법이다. 즉, 주인공과 보조자아가 서로 역할을 바꾸어 그 상황을 다시 연기하게 하는 것이다.

    ㉠ **효과**: 상대방의 시각을 통해 자신의 문제와 갈등을 보게 되며 상대방의 역할을 이해하고, 자신의 생각과 불일치도 이해할 수 있다.

    ㉡ **목적**

        ⓐ 내담자의 인식과 행동의 확장이다.

        ⓑ 참가자가 자신의 행동과 결정에 책임을 가지게 하고, 주인공이 자신의 즉각적인 대인관계 행동의 영향에 직면하도록 돕는다.

        ⓒ 보다 중요한 목적은 주인공이 자신의 삶에서 중요한 사람들에게 공감하게 하는 것이다.

③ **이중자아 기법**: 주인공이 청중을 의식하거나 다른 억압에 의해 자신의 내면을 생각들을 털어놓지 못하는 경우 보조자아가 주인공의 또 다른 자아의 역할을 해 줌으로써 주인공이 그의 갈등을 솔직하고 뚜렷하게 보일 수 있도록 하는 기법이다.

    ㉠ 보조자아는 주인공의 뒤에 서서 주인공과 함께 연기하거나 주인공을 대변하기도 한다.

    ㉡ 주인공의 내적 생각과 감정을 비추고 전의식적인(preconscious) 것을 표현하기도 한다.

    ㉢ **자아를 이중화하는(doubling) 목적**: 주인공의 내적 갈등과 억눌린 감정에 대한 이해를 증진하고 이를 표현 하게끔 한다.

④ **거울 기법**: 주인공이 자신이 어떻게 행동하고 행동하는지 인식시키고자 할 때 보조자아가 주인공과 똑같은 행동이나 말을 하는 것을 통해 주인공 자신의 모습을 객관적으로 평가할 수 있으며 그 표현방법을 변화시키려는 동기를 만드는 기법이다.

    ㉠ **효과**: 주인공이 자신의 모습을 제3자의 행동으로 보고 정확하고 객관적인 자기평가를 할 수 있다.

    ㉡ **목적**: 사회적으로 다른 사람의 눈에 자신이 어떻게 보이는지 직면하고 그에 따라 반응하게 한다.

⑤ **독백**: 주인공 자신이 혼자 있다고 상상하고 혼잣말을 하는 것이다.

    ㉠ 독백은 주인공이 자신의 생각을 명료화하게 돕고 자신의 감정을 보다 강렬하게 경험하도록 돕는다.

    ㉡ 생각하고 경험하고 있지만 언어적으로 표현하지 못한 것을 개방적으로 표현하게 촉진한다.

⑥ **미래 투사**: 주인공이 한 명 이상의 보조자아와 함께 미래 사건을 현재로 옮긴 후, 주어진 상황이 이상적으로 진행되길 바라는 방식 또는 반대로 가장 원하지 않는 결과의 형태로 실연하는 기법이다.

    ㉠ 주인공의 특정 결과에 대한 소망을 명료화하여 다양한 선택 가능성의 인식을 증대할 수 있다.

    ㉡ 소망 성취를 위한 과업을 구체적으로 실행에 옮기게 하는 효과가 있다.

⑦ **역할 훈련(행동 실연)**: 참여자가 안전한 집단 분위기 속에서 새로운 행동을 시도하게 하는 기법이다.

    ㉠ 주인공은 자신에게 적합한 반응이나 행동을 찾을 때까지 장면을 재연한다.

    ㉡ 이때 다른 참여자들의 지지, 강화, 피드백을 받는다.

⑧ **빈 의자 기법**: 주인공으로 하여금 빈 의자에 초점을 맞추고 그 자리에 앉히고 싶은 사람을 정하고, 그 사람에게 하고 싶은 말이나 그 사람에게서 듣고 싶은 말을 하도록 하는 기법이다.

    ㉠ 다른 사람에 대한 또는 다른 사람의 감정이나 생각에 대한 심상을 의식화하기 위한 것으로, 주로 보조자아의 역할수행이 여의치 않을 경우에 사용된다.

    ㉡ 또한 실제 인물과의 만남이 너무 위협적인 경우, 역할 바꾸기 기법을 활용하기 위한 수단으로 활용된다.

11 동기강화상담(MI; Motivational Interviewing)

1. 개관

(1) 동기강화상담의 개관 [기출 21, 23]

① 윌리엄 밀러(William Miller)와 스티븐 롤닉(Stephen Rollnick)이 습관적 음주 등의 행동을 변화하기 위한 단기 개입방법으로 창안한 방법이다.

② 내담자 행동을 변화시키기 위해 내담자 내면의 변화 동기를 촉진과 유발을 목표로 하는 목표지향적 상담이다.

③ 접근방법은 내담자 중심 접근방식이며 변화에 대한 내담자의 양가감정을 탐색하고 해결하여 내담자가 행동의 변화를 가져오도록 돕는다.

④ 비록 로저스(Rogers)의 이론을 근간으로 사용하지만 비지시적이라기보다 상담 대화 내용을 적극적으로 경청하고 변화 대화가 나타나면 이 변화 대화에 초점을 맞추고 내담자를 변화 방향으로 안내하는 다소 적극적인 내담자 중심 상담이라고 할 수 있다.

(2) 동기강화상담의 특징

① 내담자와 상담자의 협력이 상담 성공의 열쇠이다.

② 내담자의 변화는 정적 강화가 주어질 때 최고로 향상된다는 관점이 이 상담 구조와 가장 잘 맞는다.

③ 양가감정을 온전하게 탐색하여 확실하게 해결하는 것: 본질적으로 걱정, 망설임, 두려움, 좌절, 분노, 상실감을 개방하여 표현하고자 하는 내담자의 의지는 긍정적·우호적·협력적인 관계에 의해 증가한다.

④ 내담자에게 변화 동기를 이끌어내야 한다.

⑤ 상담자는 필요한 계몽 교육을 제공함으로써 결핍 사항을 가르쳐주려고 노력한다.

⑥ 자율성을 존중한다. ➡ 자기결정이론(self-determination theory)

⑦ 직접적인 설득은 양가감정을 해결하는 효과적인 방법이 아니다.

⑧ 양가감정을 탐색하고 해결하는 것을 의도적으로 지향한다.

⑨ 변화 준비성은 내담자 특질이 아니라 변동하는 대인관계 상호작용의 산물이다.

(3) 인지행동치료와 동기강화상담의 비교

구분	인지행동치료	동기강화상담
내용	• 내담자가 이미 동기화되어 있다고 가정함 • 변화 동기를 형성하기 위한 직접적인 전략을 전혀 사용하지 않음	내담자의 동기를 형성하기 위한 구체적인 원리와 여러 전략을 사용함
	부적응적인 인지를 찾아 수정하고자 함	부적응적인 인지에 낙인을 붙인다거나 '수정'하지 않고, 그 인지에 대한 내담자의 지각을 탐색하고 반영함
	구체적인 대처 전략을 처방함	내담자와 그에게 소중한 사람으로부터 가능한 변화 전략을 이끌어냄
	교육, 설득, 논박, 모델링, 감독 실습, 피드백 등을 통해 대처 행동을 가르침	변화 방법에 대한 책임을 내담자에게 주어 훈련, 모델링, 실습은 하지 않음

⑷ 변화 준비도

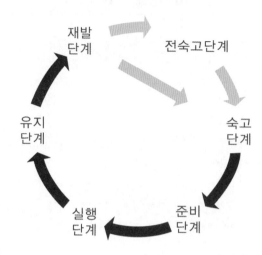

[그림 6-2] 동기강화상담의 초이론적 모델

① 변화 준비도에 대한 개념은 프로체스카(Prochaska) 등에 의해 개발된 초이론적 모델로 내담자를 이해한다.
② 초이론적 모델에서는 전숙고 단계에서 유지 단계에까지 흘러가며, 재발 단계에서는 다시 이 사이클을 돌게 될
  수 있다고 본다.
③ 특징
  ㉠ 변화에 대한 양가감정은 정상적인 것이다.
  ㉡ 변화는 비선형적으로 일어나기도 한다. 즉, 비변화에서 변화 단계로 곧바로 이동하지 않는다. 초기에 단계들
    이 나타나고, 후퇴가 있으며, 변화가 일어나기 직전에 이전의 문제행동으로 잠시 돌아가는 경우도 있다.
  ㉢ 준비도는 고정되어 있지 않다.
  ㉣ 준비도에 주의를 기울인다.

⑸ 교정반사 기출 23
  ① 의미: 상담자가 내담자의 삶에서 문제를 적극적으로 해결하려고 시도하는 경향을 말하며, 그렇게 함으로써 오
    히려 내담자의 변화 가능성을 줄이는 것을 말한다.
  ② 타인을 돕고자 하는 욕구에서 시작되는데, 문제점을 발견하게 될 때 그것을 개선하고자 노력하게 만드는 긍정적
    동기이기도 하다.

2. 정의와 핵심 개념

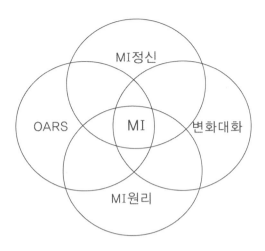

[그림 6-3] MI의 요소

(1) 정의

① 내담자의 양가감정을 탐색하고 해결함으로써 그 사람의 내면에 갖고 있는 변화 동기의 강화를 목적으로 하는 내담자 중심적이면서도 내담자 지향적인 상담이다.

② 세부적 정의
- ㉠ 첫째, 내담자의 양가감정을 해결해야 하고,
- ㉡ 둘째, 내담자 중심기술을 사용하며,
- ㉢ 셋째, 상담을 특정한 방향, 즉 변화 대화가 나오는 방향으로 대화를 진행해 나가야 한다는 것이다.

(2) MI의 정신

① 협동정신: 내담자의 관점을 존중하고 열망을 관찰하며 상담자 자신의 열망을 내담자의 열망에 맞추어 조화시키는 것이다.

② 수용: 내담자의 행동을 모두 허용해야 한다는 의미가 아니며, 다음 4가지 의미가 담겨 있다.
- ㉠ 절대적 가치: 개인을 개별적이고 분리된 인간으로 보는 것이며 타인을 그 사람 자체로서 가치가 있다고 보는 것이다. 타인을 있는 그대로 존중하고 판단하지 않는다.
- ㉡ 정확한 공감: 내담자의 눈을 통해 세상을 바라보기 위해서 그의 내적 세계에 대해 적극적인 관심을 갖고 이해하려고 노력하는 것이다.
- ㉢ 자율성: 내담자의 자기결정능력을 존중하고 선택에 대한 자유를 인정하는 것이다.
- ㉣ 인정: 내담자의 강점과 노력의 진가를 알아주는 것이다.

③ 연민(compassion): 타인의 복지를 위해서 노력의 진가를 알아주는 것이다.

④ 유발성: 내담자에게 이미 내재되어 있는 강점과 자원을 찾아서 강화해 주는 것이다.

(3) 일반원리

① 공감 표현하기: 양가감정이 비정상적이 아님을 상기시키고 내담자를 수용하는 것이다. 상담자는 내담자의 관점을 이해하고자 하는 열망을 가지고 존중하는 태도로 귀를 기울여야 한다.

② 불일치감 만들기: 내담자 자신의 현재 행동과 자신의 보다 넓은 목적과 가치관 사이에 불일치감을 만들어 이를 증폭시키는 것이다.
➡ 불일치감을 발달시키기 위한 일반적인 접근법은 상담자가 변화해야 할 이유들을 말하는 것이 아니라, 내담자 스스로가 그 이유들을 말하도록 만드는 방법이 강조된다.

③ 저항과 함께 구르기: 저항이란 내담자의 논쟁, 부정 등과 같은 반응으로, 저항과 함께 구른다는 의미는 상담자가 내담자의 변화를 위해 논쟁을 하면 안 된다는 것이다.
㉠ 저항을 상담이 다른 방향으로 진행되어야 한다는 신호로 보아야 한다.
㉡ 저항이 존재한다는 사실을 인정하고 저항을 다루는 좋은 방법을 적용해야 한다.
㉢ 저항에 정면으로 맞서지 말고, 반영적 경청을 통해 저항의 뒤에 숨겨져 있는 양가감정을 보다 자세하게 탐색하려고 노력해야 한다.

④ 자기효능감 지지하기: 변화할 수 있다는 내담자의 믿음이 중요한 동기요소이며, 내담자의 변화 가능성에 대한 상담자의 신념은 자기충족적 예언이 될 수 있다.

(4) 초기 상담기술(OARS)
① 열린 질문(Open question)하기: 내담자가 대답하기 전에 좀 더 생각하게 만드는 질문으로, 반응하는 방식에 많은 자유를 제공한다.
㉠ 특정한 방향으로 대화의 초점을 맞추고자 할 때 유용하다.
㉡ 내담자로 하여금 탐색할 기회를 주며 상담자에게도 정보 수집의 기회가 된다.
㉢ 닫힌 질문: 대체로 짧은 답을 요구하거나 선택할 대화의 방향이 대체로 정해져 있는 한계성이 있지만, 요약을 할 때에는 도움이 된다.

② 인정하기(Affirmation): 내담자의 가치관이나 내면에 있는 좋은 면을 알아보고 지지와 격려하는 것이다.

> • "여기에 오는 것은 누구나 하기 힘든 어려운 결정이었을 것입니다."
> • "당신이 이 문제에 대해 무언가를 하고 싶다고 느낀 것은 정말 대단하다고 생각합니다."
> • "그것은 당신에게 정말 어려운 일임에 틀림없었을 것입니다."

③ 반영적 경청(Reflective listening): 상담자의 마음을 거울삼아 내담자의 마음을 비춰 함께 관찰하는 것이다. 즉, 내담자의 이야기를 경청하고, 상담자의 이해와 공감을 전달함으로써 의사소통을 도모하고, 대화가 진행되는 것을 돕는 것이다.

구분	내용
단순 반영	• 내담자가 진술한 내용과 가장 가깝게 반영하는 것 • 방금 언급되었던 내용에 다른 것을 덧붙이지 않으면서도 주의와 관심을 전달함
복합 반영	• 내담자가 말한 것보다 더 많은 의미를 추론하기도 하고 인지적으로 재구성하기도 함 • 정서를 포함하기도 하지만 무엇보다 부가적인 깊이, 진전, 방향성을 담고 있어야 함
양면 반영	• 내담자의 양가감정의 양면을 모두 반영하는 것 • 내담자의 저항에 대한 반영을 더해 내담자가 느끼고 있는 저항의 반대편의 양가감정을 보태서 반영함
확대 및 축소 반영	• **확대 반영**: 내담자의 진술을 확대해서 반영하는 것으로, 내담자의 단호하거나 저항적인 표현을 과장하여 강조하는 것 • **축소 반영**: 내담자의 진술을 약간 낮은 강도로 반영하여 대화를 이끌어 나가는 것

④ 요약하기(Summarize): 상담자와 내담자의 대화 내용을 요약하는 것으로, 요약하기는 상담에 대한 전환점과 이정표를 제시하고, 상담자가 내담자의 이야기를 경청했다는 것을 전달하며 정확하게 이해했는지를 확인하는 과정이다.

    ㉠ 수집(collecting) 요약: 그간 상담을 통해 수집된 정보를 한데 모아 되돌려 줌으로써 대화가 진전되게 한다.

    ㉡ 연결(linking) 요약: 현재 시점의 정보를 반영한 후에 과거의 정보와 연결하여 불일치성이나 기타 관계성을 부각한다. ➡ 양가감정의 명료화 기능

    ㉢ 전환(transitional) 요약: 한 회기를 마무리하거나 대화의 내용을 전환하거나 다음 단계로 도약하기 위해 기존 정보와 전환에 대한 정보를 한데 모으는 것이다.

(5) 변화 대화

① 변화 대화는 변화를 긍정하는 모든 진술로, 변화 준비언어(변화를 준비하는 표현)와 변화 실행언어(좀 더 임박한 실행한 암시하는 표현)로 분류할 수 있다.

② 변화 준비언어: 변화를 위한 열망(D), 변화를 이루어 내는 능력(A), 변화의 이유(R), 절박한 변화의 필요성(N)으로 구분할 수 있고, 앞글자만 따서 'DARN'이라고 부른다.

구분	질문 예시
열망 (Desire)	보통 '~하고 싶다.'로 끝나는 진술로, 무엇을 원한다는 의미
능력 (Ability)	보통 '~할 수 있다.'로 끝나는 자기효능감에 대한 진술로, 문제가 되는 영역을 바꿀 수 있다는 믿음
이유 (Reasons)	변화가 필요하다는 논리로, 변화로 얻을 수 있는 구체적인 이득을 나타냄
필요 (Need)	변화 필요성이나 응급 상황을 절박한 언어로 말하는 것(구체적인 이유는 언급하지 않음)

③ 변화 실행언어: 변화를 행동으로 옮기는 것에 관한 구체적인 진술로, 변화하겠다는 약속을 의미하는 결심공약(C), 변화 행동을 향한 의지와 준비도를 내포하는 활성화(A), 실천(T)으로 구분하고, 앞글자만 따서 'CAT'라고 부른다.

구분	질문 예시
결심 공약 (Commitment)	행동하겠다는 행동 단어(동사)가 포함됨 예 ~을 할 예정·생각·계획입니다.
실행 활성화 (Activation)	행동할 의지와 준비도를 보여줌(행동을 할 방향으로 기울어져 있다는 신호) 예 ~을 해 볼 마음의 준비가 되었습니다.
실천 (Taking Steps)	이미 행동을 실천함(시험적인 실천 포함) 예 지난주에 자조모임에 다녀왔습니다.

④ 변화 대화를 불러낼 가장 단순하고 직접적인 방법은 질문을 하는 것이다. 특히, 두문자 DART와 CAT를 이용하여 질문을 만들면 좋다. 즉, '원한다' '좋겠다' '하고 싶다'와 같은 동사를 사용하여 변화 열망을 불러내고, 할 수 있는 것에 대한 부드러운 질문으로 변화 능력에 대한 대답을 불러낸다.

(6) 유지 대화

① 유지 대화는 변화 대화와는 반대로 현상 유지에 무게를 둔 진술로, 변화 대화처럼 DARN과 CAT 범주에 들어갈 수 있다.

② 유지 대화가 우세하게 나오거나 변화 대화와 유지 대화가 섞여 나오면 변화보다 현상 유지를 할 가능성이 많다.

③ **면담 시, 유지 대화가 나온 경우:** 탐색하기보다 분해하는 것이 좋은데, 이때 가장 일반적으로 사용할 수 있는 반영으로 단순 반영, 복합 반영, 확대 반영이 있다.

④ **반영 이외의 전략적인 방법:** 자율성 강조하기, 관점 재구조화하기, 방향 틀어 동의하기, 한발 먼저 움직이기, 나란히 가기가 있다.

⑤ 반영이나 전략적 반응으로 유지 대화가 분해되면서 변화 대화 방향으로 대화가 이동할 수도 있지만 내담자와의 불협화음이 생길 수도 있다.

　　㉠ **불협화음:** 내담자가 상담자를 밀어내는(대항하는) 반응이다.

　　㉡ 상담자가 내담자에게 변화를 강요할 때(교정반사가 있을 때) 불협화음이 나타난다.

　　㉢ 불협화음이 발생하면 반영으로 완화될 수 있다. 왜냐하면 반영하기는 노련한 경청을 바탕으로 나온 반응으로서 내담자와의 관계 회복을 위해 사용할 수 있는 핵심적 도구이기 때문이다.

3. 상담과정

(1) 관계 형성하기 단계

① 대화하는 양측이 서로에게 도움이 되는 협력적 관계로 연결되는 과정이다.

② **목표과업:** 협력적이고 신뢰할 수 있는 상담관계를 형성하는 것이다

③ 핵심기술은 OARS이며 경청기술이 가장 중요하고 기본이 된다.

④ 핵심 가치관 탐색과 이해는 불일치감 만들기에 이용할 수 있다.

(2) 초점 맞추기 단계

① 대화를 통해 내담자가 어떤 방향으로 변화를 설정하길 원하는지에 초점을 맞추고 목표를 유지하도록 돕는다.

② **목표과업:** MI가 가야 할 방향과 목표를 결정하는 것이다.

③ **초점 맞추기 자원:** 내담자, 서비스 제공기관, 상담자이다.

④ **초점 맞추기 스타일:** 지시하기, 안내하기, 따라가기이다.

(3) 유발하기 단계

① 변화에 대한 내담자 자신의 동기를 이끌어내는 과정이다.

② **목표과업:** 내담자의 내면에 변화 동기를 유발하는 것이다. 그렇게 하기 위해서는 양가감정을 해결하고 변화 대화를 이끌어 내야 하며, 유지 대화가 나오면 적절한 반응으로 탐색의 초점이 되지 않도록 해야 한다.

③ 변화 대화와 유지 대화는 양가감정에서 나오며 변화 대화가 많이 나오도록 하는 것이 중요하다.

④ 변화 대화가 나오면 OARS로 반응하여 변화 대화에 강화해야 한다.

⑤ 유지 대화가 나오면 반영 반응으로 상담관계에 불협화음이 발생하지 않도록 한다.

⑥ 불일치감 크기는 변화가 촉진될 정도여야 하고 내담자의 가치관 범위에서 만들어져야 한다.

(4) 계획하기 단계

① 변화에 대한 결심으로 공약을 발전시키고 구체적인 행동 계획을 수립하는 과정이다.

② **목표과업**: 변화할 준비가 된 내담자로 하여금 변화를 실천할 수 있도록 구체적인 목표를 세우고 이를 실천해 나가는 것을 돕는 것이다.

12 사이버 상담

1. 사이버 상담의 의미와 특징

(1) 의미

① 사이버 상담은 사이버(가상공간)에서 이루어지는 전문상담활동으로 상담자와 내담자가 상담실이라는 공간에서 직접 만나지 않고 온라인을 통해 일대일 채팅, 게시판, 메신저, SNS로 상담을 진행하는 것이다.

② 사이버 상담은 채팅상담이나 게시판 상담과 같은 직접상담 서비스나 상담자들이 인터넷의 접근성과 편의성으로 내담자의 문제 해결을 돕기 위한 콘텐츠를 활용하여 내담자를 지원하는 간접상담 서비스가 포함된다.

(2) 특징과 장단점

특징	장단점
각종 제한으로부터 자유로운 편의성	• 시간과 공간의 제한 없이 의사소통할 수 있음 • 상담에 대한 심적 부담이 적음 • **단점**: 내담자에 대한 깊이 있는 접근이 어려움
익명성과 다중 정체성	• 자신의 신분을 노출하지 않고 상담할 수 있음 • 실명이 아닌 아이디(ID)나 닉네임을 이용하므로 비교적 자유로운 내담자의 반응을 유도할 수 있음 • **단점**: 상담관계에 대한 책임감과 신뢰성이 낮음
경제성과 효율성	• 경제적인 비용으로 이용할 수 있음 • 시공간적 제약을 적게 받으므로 상담에 쉽게 임할 수 있음 • **단점**: 내담자의 반응에 신속한 대처가 불가능하고 긴급 상담에 한계가 있음
문자 중심의 의사소통	• 음성 언어가 아닌 문자로 의사소통함 • 글로 표현하는 동안 내담자 스스로 문제 명료화와 감정 정화가 가능함 • **단점**: 비언어적 메시지의 감지가 어려움
심리적 편안함	• 서로 마주보지 않아도 되므로 편하게 상담할 수 있음 • 상담에 대한 심적 부담이 적음
내담자의 주도성	• 내담자가 상담을 주도적으로 진행함 • 내담자의 자발적 참여 정도가 높음 • **단점**: 상담의 연속성이 떨어짐
관계 형성과 단절의 융통성	• 시작과 끝이 너무 쉽고 자유로움 • 신속한 상담관계 형성이 가능함 • **단점**: 응급 상황 시 개입에 한계가 있음
상담 기록과 저장의 용이성	• 클릭 한 번으로 정리와 저장이 용이함 • 편리하고 신속한 자료 정리·활용이 가능함

2. 사이버 상담의 유형

(1) 채팅상담

① 채팅(Chat Rooms): 통신망으로 연결된 컴퓨터에서 문자메시지를 서로 교환하면서 상호 간에 대화를 하는 것을 말한다.

② 채팅상담은 채팅 방식을 이용하여 상담자와 내담자가 대화를 나누면서 내담자의 문제 해결과 성장을 조력하는 과정이다.

③ 장점: 채팅상담은 메일상담보다 상담자와 직접 대화하는 느낌을 받을 수 있으면서도 대면상담과 달리 얼굴을 대해야 하는 두려움이 없기 때문에 내담자가 사적인 고민을 털어놓기가 용이하다.

④ 단점: 내담자의 비언어적 단서를 파악하기 어려운 언어(문자)로만 소통하기 때문에 내담자의 심층적인 내면을 파악하기 어렵다.

(2) 문자상담

① 휴대폰 문자메시지로 상담자와 대화를 주고받으며 상담이 진행된다.

② 장점: 채팅상담과 마찬가지로 상담과정이 문자로만 이루어지기 때문에 내담자가 원할 경우 익명성이 유지되는 특징이 있으며, 언제 어디서나 상담이 가능하다.

③ 단점: 글자 수에 한계가 있고, 집중적으로 심층상담을 지속하기에도 어려움이 있다.

(3) 이메일 상담

① 전자우편을 통해 내담자는 자신의 고민사항을 상담자에게 전달하고, 상담자는 그에 대한 공감이나 해결책 등을 내담자에게 답장으로 전달함으로써 상담이 이루어진다.

② 다른 사람에게 내용이 공개되는 것을 꺼리는 내담자가 비밀이 보장되는 상황에서 이용할 수 있다. 또한, 상담자 와 내담자의 일대일 관계에서 깊은 내용의 상담이 이루어 질 수 있으며, 한 회로 끝나는 것이 아니라 몇 회에 걸쳐서 상담이 이루어질 수도 있다.

(4) 게시판 상담

① 사이버 상담실의 메뉴에 게시판을 개설하여, 내담자가 자신의 고민을 게시판에 올려놓으면 상담자가 답을 해주 고, 때로는 다른 제3자가 그 고민에 대한 답을 해줌으로써 여러 사람과 함께 고민과 해결책을 공유할 수 있는 상담 형태다.

② 전자우편 형식과 유사하면서도, 전자우편의 내용은 특정 내담자와 상담자가 주고받는 비밀상담 형식인 반면, 게시판 상담의 내용은 다수에게 무제한으로 공개된다는 점에서 차이가 있다.

③ 대부분 1회성으로 종결되는 상담이므로, 호소 문제의 해결 중심적 개입 방향에 초점을 두고 답변이 제공되어야 한다. 그러므로 문제의 명료화와 단회기 상담목표 설정을 명확히 하여 내담자가 선택할 수 있는 다양한 대안적 정보를 제공해 주는 답변을 하는 것이 좋다.

(5) 데이터베이스(DB; Data Base)를 이용한 상담

① 데이터베이스: 하나의 조직 안에서 다수의 사용자들이 공동으로 사용하기 위하여 통합되고 저장된 운영 자료의 집합이다.

② 데이터베이스 상담: 인간의 문제를 이해하고 해석하고 해결해 나가는 데 도움을 줄 수 있는 여러 가지 자료들을 서버에 저장해 놓고 일반에게 공개하는 것이다.

③ 문자매체이든 영상매체이든 상담 관련 정보를 저장해 놓고 이용자들이 언제든지 와서 읽고 볼 수 있는 형태로 운영되고 있다.

(6) 사이버아웃리치 상담

① 아웃리치(outreach): 청소년이 있는 현장으로 나아가 청소년을 위한 서비스를 제공하는 것이다.
② 사이버아웃리치: 위기 청소년을 대상으로 오프라인 공간이 아닌 인터넷 공간에서 위기 청소년을 발굴하여, 위기 상황에 따른 고민상담과 긴급구조, 유관기관 연계 등의 서비스를 제공하는 것을 말한다.
③ 상담은 SNS에서 청소년 위기 문제와 관련된 단어를 검색하여 게시된 글을 탐색하고 SNS 플랫폼에서 제공하는 메신저를 활용하여 채팅상담을 진행한다.
④ 일반적인 온라인 상담과 차이점: 청소년이 찾아와서 상담을 받는 것이 아니라 상담자가 청소년을 찾아가서 상담을 제공할 수 있는 적극적 형태의 상담활동이다.

3. 내담자 호소 문제 유형에 따른 대처

(1) 지지 호소형

① 지지 호소형 학생
  ㉠ 학교, 가정생활에서 경험한 어려움을 교사가 알아주기를 원해 자신이 먼저 상담을 요청하는 경우가 많다.
  ㉡ 교사가 자신의 처지와 마음을 이해하고 수용·지지하기를 바란다.
  ㉢ 문제 해결보다 자신의 마음에 대한 이해와 위로가 우선이다.
② 글의 특징
  ㉠ 글의 내용이 장황하고 구체적으로 무엇을 원하는지가 명확하지 않다.
  ㉡ 자신의 감정을 표현하는 말이 많고, 극단적인 표현이 많다.
③ 답변 방법
  ㉠ 학생의 감정 표현 내용에 충분한 공감과 지지를 표시한다.
  ㉡ 상담자에게 비슷한 경험이 있다면 노출한다.
  ㉢ 부정적인 시각보다 긍정적인 시각을 갖도록 돕는다.
  ㉣ 교훈, 훈계에 이르지 않도록 주의한다.

(2) 문제 해결책 호소형

① 문제 해결책 호소형 학생
  ㉠ 많은 학생은 특정 상황의 갈등을 해결할 방법을 얻고자 한다.
  ㉡ 문제에 대한 적절하고 효과적인 해결방법을 상담자와의 대화에서 얻길 원한다.
    예 어떻게 하면 이번 기말고사에 성적을 올릴 수 있는지, 다른 친구와 어떻게 화해하면 좋을지, 자신을 이해하지 못하는 부모님을 어떻게 설득하면 좋을지 등
② 글의 특징
  ㉠ 자신을 드러내지 않고 익명으로 글을 쓰거나 다른 친구의 이야기처럼 말한다.
  ㉡ 갈등 상황을 다룬다.
  ㉢ 자신이 생각해낸 나름의 몇 가지 해결책을 놓고 갈등하는 경우가 많다.
  ㉣ 상담을 요청할 용기가 부족하거나 자신의 문제가 교사와 상담하기 적합하지 않다고 염려하는 경우가 많다.

③ 답변 방법

      ㉠ 문제를 가진 학생은 자신의 글에 갈등 상황을 설명하는데, 교사는 학생 스스로 문제 해결 방법을 선택하게 도와야 한다.

      ㉡ 비밀 보장을 약속하여 안심하게 한다.

      ㉢ 문제를 해결하는 다양한 방법이 있음을 인식하게 한다.

      ㉣ 고민에 따른 학생의 감정을 다루고, 학생이 할 수 있는 일을 제시한다.

      ㉤ 기회가 되면 문제를 해결한 다음, 추후지도까지 한다.

(3) 정보 및 조언 요구형

① 정보 및 조언 요구형 학생

      ㉠ 학생은 상담자가 학생의 관심사에 대한 사실적인 지식을 제공해주기를 바란다.

      ㉡ 정확하고 풍부한 정보를 제공하여 정보에 대한 욕구를 충족하고 정보를 효율적으로 활용하도록 도와준다.

② 글의 특징

      ㉠ 글이 대체로 짧다.

      ㉡ 필요한 정보를 비교적 구체적으로 제시한다.

      ㉢ 감춰진 의도가 있을 수 있다.

        ➡ 감춰진 의도: 정보, 조언을 요구하는 짧은 글 이면에 다른 목적이 있을 수 있다.

        예 요리사가 되는 방법을 묻는 진로 관련 글도 내면에 자신이 원하는 일을 할 수 있을까 하는 두려움(지지 호소), 진로에 대한 부모와의 갈등(문제 해결책 호소) 등이 있을 수 있다.

③ 답변 방법

      ㉠ 교사가 아는 정보를 제공하거나 전문기관을 연결해준다.

      ㉡ 감춰진 의도가 있는 경우 학생이 마음을 열도록 도와준다.

참고   **생활지도 영역의 정보 및 조언 요구형**

- 정보 및 조언 요구형은 주로 진로나 학습에 대한 생활지도 영역에서 많이 이루어진다.
- 이 유형은 정보가 부족한 경우도 있지만 자신에 대한 이해가 부족하거나 의사결정에 어려움을 겪는 경우일 수도 있다.
- 또한 진로나 학습 영역에서 겪는 어려움으로 인해 친구나 교사, 부모와 갈등을 경험할 수 있다.
- 그러므로 교사는 한 주제에도 다양한 요구가 있으며, 그에 따라 다르게 대응하며 생활지도에 임해야 함을 인식해야 한다.

---

4. 채팅 상담과정과 진행방법

(1) 환영하기

① 환영하는 자세: 열린 채팅방 화면을 주시하면서 내담자가 들어오기를 기다린다.

② 인사말을 건넨다.

③ 자리를 비울 경우 화면에 공지사항을 남긴다.

(2) 경청하기, 질문하기

① 채팅상담에서의 경청은 내담자의 글을 잘 읽고 이해하는 것이다.

② 경청을 통해 내담자가 제시하는 정보를 수집하고 평가한다.

③ 불분명한 글이 올라오는 경우 보충 설명을 요청한다.

④ 예시

> • "그래요~ 그 다음엔 어떤 일이 있었나요?"
> • "난처했겠네요. 그래서 어떻게 대응하셨어요?"
> • "좀 더 이야기해 주시겠어요?"
> • "어떤 일로 그런 불편한 마음이 드세요?"

(3) 반영 및 공감하기

① 반영과 공감이 효과적으로 이루어지려면 이전 단계의 경청이 필수적이다.

② 반영은 내담자가 말한 감정적 내용을 다시 한번 언급하는 것이고, 공감은 반영을 포함하는 개념으로 내담자가 표현하지 않은 감정까지 읽어주는 것이다.

(4) 상담목표 설정

① **상담목표의 구체화·명확성이 중요**: 단회로 진행되는 경우가 대부분이다.

② 예시

> • "자, 그럼 이 상황에서 ○○님이 바라는 것은 무엇인가요?"
> • "○○님이 기분이 좋아지기 위해 이 시간에 무엇을 할까요?"
> • "검정고시에 대한 정보를 알아보는 것을 이번 상담의 목표로 삼아도 될까요?"
> • "여학생에게 말 거는 방법을 알고 싶으세요?"
> • "시험 계획을 함께 세워볼까요?"

(5) 구조화

① 목표가 합의되면 구조화를 실시한다.

② 내담자가 상담회기 시간을 명확하게 알고 정해진 시간 내에 자기표현을 충분하게 하며 상담목표를 달성하도록 도와야 한다.

③ **회기별 상담시간**: 사례의 내용, 심각성에 따라 달라진다.

④ 상담자는 시간 한계를 설정하여 내담자가 허락된 시간 동안 자신의 요구를 충분히 표현하고 해결방안을 강구하도록 돕는다.
  예 "통상 상담시간은 40~50분으로 진행됩니다. 그 시간 안에 우리가 설정한 목표를 달성하도록 함께 노력해 봅시다."

⑤ 상담자와 내담자가 서로 볼 수 없기 때문에 역할 구조화를 분명히 하는 것이 효과적이다.

(6) 탐색질문

① **탐색**: 내담자를 더 깊게 이해하고 내담자 스스로 통찰해나가도록 돕는 질문을 하는 것이다.

② 탐색질문은 설정된 목표를 이루는 데 직접적인 도움을 줄 수 있는 것으로 하고, 해결중심적 방향으로 제기하는 것이 중요하다.

③ 질문을 통해 내담자의 대인관계 패턴을 더욱 깊이 있게 이해할 수 있다.
  예 "지금까지 친구와 잘 지내려 ○○님이 노력한 것을 정리해볼까요? 아주 작은 것도 좋아요."

④ 질문으로 내담자 스스로가 자신의 행동을 평가할 기회를 준다.

　　📋 "그랬군요. 그런 행동은 효과가 있었나요?"

⑤ 질문을 통해 내담자의 역기능적인 패턴을 스스로 통찰할 기회를 준다.

　　📋 "효과적이지 못했던 이유는 무엇일까요?"

(7) 요약과 해석

① 요약: 대면 상담에서 상담 내용의 초점을 분명히 하는 작업이다.

② 채팅상담의 요약 반응은 메시지 내용을 중심으로 이루어진다.

③ 대화 과정에서 혼란이 생겨 내담자와 상담자의 질문과 응답이 순차적으로 이루어지지 않는 경우가 많으므로, 이야기의 초점과 흐름을 분명히 하기 위해 요약 반응을 사용하는 것이 필수적이다.

④ 해석: 내담자가 현재 겪는 문제의 원인, 발생 배경에 대해 상담자가 시도하는 설명을 의미한다.

(8) 정보 제공 및 제안

① 필요한 경우 비교적 객관적인 사실, 지식 등의 정보를 주거나 전문적인 제안을 해줄 수 있다.

② 정보 제공 시 구체적이고 정확하게 제공하는 것이 중요하며, 제안할 때 상담자의 의도가 명확히 내담자에게 전달되도록 표현한다.

(9) 직면

① 내담자가 저항하는 경우 직면을 제시한다.

② 내담자에게 상담자가 자신을 돕기 위해 노력한다는 확신을 심어준 후 비공격적으로 실시한다.

(10) 역할연습

상담 시간에 일어난 통찰을 행동으로 연결하기 어려워하는 내담자에게 실시한다.

(11) 마무리

① 구조화 단계에서 밝힌 상담 종료시간 10분 전부터 마무리 작업을 준비하는 것이 효과적이다.

② 상담 후 내담자가 가진 느낌, 상담 초기에 설정한 목표에 도달한 정도, 남은 과제 등을 의논한다.

③ 필요한 경우 내담자에게 과제를 제시한다.

5. 이메일 및 게시판 상담과정 (1)

과정	내용
환영하기	• 내담자가 환영받고 있다고 느끼고, 상담자가 자신을 돌볼 전문적·인간적 자질이 있다고 느끼면 기본적인 신뢰관계가 형성됨 • 사이트 디자인은 포근하고 아기자기하게 구성하고 상담자의 전문성을 알려주는 소개가 있어야 함 • 이메일 답장의 첫머리에 따뜻한 글 인사와 함께 도와주고 싶은 마음이 담긴 인사말이 필요함
문제의 명료화	내담자의 호소 내용을 들으면서 초점을 맞추는 명료화 작업이 중요함
공감하기	• 내담자가 이메일을 보내기까지 얼마나 고민했는지, 얼마나 많은 심리적 고통을 경험했는지에 공감함 • 문제를 잘 해결하기 위해 상담이라는 방법을 택하고 실천에까지 옮긴 성장 동기를 격려함
상담목표 설정	• 매번의 메일에서 단회로 상담이 끝날 수 있음을 명심하고, 명확하고 구체적으로 세분화하는 것이 좋음 • 한두 번의 메일로 다루기에 적합한 정도의 상담목표를 찾아 다루는 것이 적절함

정보 제공	• 진로 상담, 성 상담의 경우 내담자가 궁금해 하는 사항의 객관적이고 정확한 정보를 제공함 • 내담자가 원하는 정보를 충분히 주고, 정보를 선택할 수 있는 결정 권한이 내담자에게 있음을 분명히 하는 것이 효과적임 • 상담자의 주장은 결론 부분에 제시하는 것이 효과적임
추가 정보 탐색방법 안내	• 상담이 한 회기로는 만족스럽게 끝날 수 없다고 판단될 때나 내담자 스스로 추가 정보를 탐색할 필요가 있다고 생각될 때, 추가 정보를 탐색할 방법을 알려줌 • 필요한 정보를 어디서 어떻게 찾을 수 있는지 내담자에게 구체적으로 알려주어야 함
결론	• 상담자가 전문가로서 느끼는 점, 생각하는 점 등을 정리해주면 내담자는 대안 행동을 생각해보고 자신의 문제를 다른 관점에서 보는 데 도움이 될 수 있음 • 결론을 너무 지시적인 언어보다 내담자의 주의를 환기시키는 정도로 부드럽게 전달함
끝인사	내담자가 다음에 또 도움을 요청할 마음이 들도록, 자신이 진심으로 환영과 배려를 받았다는 느낌이 들도록 친절하게 하는 것이 중요함

6. 이메일 및 게시판 상담과정 (2)

과정	내용
내담자의 요구 파악하기	상담자는 먼저 내담자의 글을 읽고 호소 문제 유형과 내담자의 요구를 파악하여 적절히 대응함
제목 정하기	• 첫인상이 그 사람의 전체를 대변하는 것처럼, 제목도 상담의 전체 내용을 집약하여 붙이는 것이 좋음 • 내담자가 붙인 제목을 그대로 사용하는 것은 무성의하게 보일 가능성이 있으므로, 상담자가 핵심적으로 부각하고 싶은 내용을 집약하여 제목으로 보여주는 것이 적절함
맞이하기	• 용기 내어 상담을 요청한 내담자를 반갑게 맞이하는 의미에서 간단한 인사와 상담자 소개를 함 • 이는 상담관계를 형성하는 기본 과정임
호소 문제 명료화하기	• 내담자가 제시한 호소 문제와 내담자의 요구를 요약하여 정리함 • 내담자가 자신의 문제를 객관적으로 살펴볼 기회를 제공하여 문제의 명료화와 통찰을 하도록 함
공감하기	• 내담자에 대한 공감은 상담관계 형성과 상담의 효과에 중요한 영향을 미치며, 지지 호소형 내담자의 경우 공감이나 지지가 상담의 핵심이 됨 • 정보·조언을 요구하는 내담자에게도 정보를 얻고자 하는 마음을 가볍게 공감하는 것이 효과적임
내담자의 강점 지지하기	• 상담자는 내담자의 강점과 장점을 보는 데 전문가가 되어야 함 • 누구든 자신을 유능한 존재로 지각할 때 힘든 현실을 극복할 힘이 생김 • 상담자는 내담자의 작은 강점이라도 찾아 지지함으로써, 이를 문제 해결의 도구로 사용할 수 있음
상담목표 설정하기	• 사이버 상담의 특성상 상담의 주도권은 내담자가 가짐 • 만약 단회에 내담자의 요구를 어느 정도 만족시키지 않으면 더 돕고 싶어도 도울 수 없으므로, 상담자는 내담자의 요구를 파악하고 그에 초점을 맞추어 상담을 진행함 • 내담자의 요구에 맞춰 명확히 제시하고 그에 부합된 상담을 제공함
격려하기	• 내담자의 문제 해결 의지를 고무하는 격려의 말을 하는 것이 좋음 • 내담자의 강점을 다시 한번 확인하거나 문제 해결 시의 희망적인 상황을 제시하는 것이 도움이 됨
추수상담 가능성 열어놓기	• 내담자의 충분한 자기통찰과 정리가 이루어져 다음 단계로 나아가야 하는 경우 추수상담을 적극적으로 유도하거나 요구하는 것이 필요함 • 단회 상담으로 충분히 문제가 해결될 만한 사례도 추수상담의 가능성을 제시하여 내담자가 다시 상담을 요청할 수 있도록 하는 것이 좋음

7. 기법

(1) 정서적 표현에 괄호 치기

① 글 속에 숨은 정서적인 내용에 괄호를 침으로써 비언어적 단서의 결핍을 보완하는 방법이다.

② 내담자가 말 속에 숨은 음성적 분위기를 들을 수 있게 하여, 객관적인 시각으로 사실에 대한 대화를 주고받으면서도 제한적이지만 정서적인 표현을 전달하는 기법이다.

(2) 즉시성과 현시 기법

① 내담자와 상담자 간 관계의 질을 심화하는 것이 주요 목적이다.

② 상담자가 편지를 읽는 당시의 자신이 느낀 심정과 모습을 생생하게 시각화하여 표현하는 것이다.

③ 이 기법을 통해 내담자와 상담자가 한 공간에 있는 느낌, 함께 한다는 느낌을 생생하게 전달할 수 있다.

(3) 비유적 언어 사용

문제나 해결책을 비유적으로 표현하도록 독려한다.

(4) 마침표 사용하기

침묵을 나타낼 때나 채팅 상담에서 눈으로 글을 읽고 있음을 확인시켜줄 때 사용한다.

(5) 글씨체

① 강조하고 싶은 말은 큰 글씨체를 사용하거나 이메일 상담의 경우 내담자가 보낸 내용 외에 이메일 모양, 편지지 등을 참고하여 내담자를 이해할 수 있다.

② 내담자가 사용한 글씨체, 크기를 상담자도 사용하여 내적 세계를 공유하고 있음을 표현할 수도 있다.

(6) 문자 기반 외재화

빈 의자 기법과 유사하며, 의자 대신 글자를 사용한다.

예 만일 내담자가 남편을 떠날지 말지를 계속 고민하고 있다면, 그녀가 갈등하는 각각의 내적인 측면을 드러내어 표현하도록 권장한다.

(7) 순서 짓기

① 답글을 배열하는 방법으로 사용할 수 있다.

② 이메일 상담을 할 때 분위기를 조성하거나 특정 사항을 강조하고자 글 표현의 양식, 강도를 조절할 수 있다.

(8) 이모티콘과 아바타의 사용

① 이모티콘: 자판의 문자, 기호, 숫자를 적절히 조합하여 미세한 감정을 전달하는 사이버 공간 특유의 언어이다.

② 채팅, 이메일 등에 자주 쓰이므로 이를 모르면 상대방이 어떤 의사를 나타냈는지 알 수가 없다.

③ 이모티콘은 전달할 내용을 생동감 있게 구성하고, 실제 만남과 같은 대화 효과를 내는 데 사용한다.

8. 단회상담 과정

(1) 관계 형성

① 상담자는 내담자가 자신의 말을 경청하고 문제를 이해하고 있음을 인식하게 하는 것이 중요하다.

② 관심 기울이기, 공감 기법이 주로 사용된다.

(2) 구조화

① 상담의 방향과 방법을 내담자에게 알려주기: 내담자는 대개 문제 해결에만 집착하므로, 상담자는 상담의 적용방법과 한계를 분명히 이해시킨다.

② 구조화 내용

　㉠ 전화상담은 상담을 진행하는 대략적인 시간을 언급한다.

　㉡ 사이버 상담은 이메일이나 채팅의 특징인 비연속성을 알려준다.

　㉢ 비밀 보장을 확인하고 상담자 역할, 상담의 한계 등을 알려준다.

③ 구조화는 가급적 상담 초반에 적절히 실시한다.

(3) 호소 문제 명료화

① 구조화 후 상담자는 내담자의 호소 문제를 듣고 이해하는 데 힘쓰며 내담자가 도움을 요청하고 해결하고자 하는 구체적인 문제를 파악하는 것이 중요하다.

② 내담자의 호소 문제: 공감적 이해를 요구하는 문제, 정보를 필요로 하는 문제, 조언이나 해결책을 필요로 하는 문제, 장난전화 등이 있다.

(4) 상담목표 설정

① 단회 상담의 목표는 구체적이고 명확하게 설정한다.

② 이메일 상담은 내담자가 제시한 정보에 따라 상담자가 일회성 목표를 일방적으로 설정하고 이에 대한 정보를 제공한다.

(5) 기존의 노력과 대처 전략 분석

① 내담자가 문제를 해결하기 위해 기존에 어떤 노력을 해왔는지를 파악한다.

② 상담자는 내담자가 시도한 해결책의 성과 여부를 내담자와 함께 분석함으로써 더 나은 대안을 모색할 수 있다.

③ 기존에 한 노력 중 효과적인 노력과 비효과적인 노력을 구별하는 과정은 새로운 대안을 찾는 데 필수적이며, 이때 상담자는 성급하게 해결책을 제시하지 않아야 한다.

(6) 새로운 대안의 탐색

① 새로운 대안은 내담자가 수행할 수 있는 수준에서 제시하고, 가급적 구체적인 이행방안도 마련하여 제안한다.

② 인지적 변화방법: 시도하라고 제시할 수 있는 가장 유용한 방법으로, 내담자가 자신의 감정에서 한발 물러나 자신의 상황을 객관적으로 파악하고 보다 나은 방식으로 문제를 해결하게 한다.

③ 이 외에도 브레인스토밍, 문답법 등이 있다.

(7) 실행계획 수립

① 실행계획은 가급적 쉽고 구체적이며 목표에 부합해야 한다.

② 상담자는 실행계획을 수립하는 데 도움이 되는 정보와 방해되는 장애물을 언급한다.

③ 이 단계에서 상담자는 내담자의 한계를 스스로 인정하게 하고 보다 나은 결과를 위한 대면상담, 교육정보 등을 제시하는 것이 좋다.

⑻ **마무리(추수상담 계획 등)**

① 지금까지의 상담에서 느낀 점, 경험한 내용을 요약한다.

② 상담자는 먼저 시범을 통해 내담자의 강점, 긍정적인 자원을 피드백한다.

③ 내담자가 원한다면 방문 상담이 가능하다는 점과 인터넷과 같은 매체 상담을 통한 정보의 습득 방법, 그 밖의 집단교육에 대한 정보를 제공한다.

④ 답변을 마치며 기대하는 효과를 달성하기는 어려운 것이 보편적이고 이러한 어려움의 원인에 어떤 것이 있는지 알려주는 것이 좋다.

더 알아보기 사이버 상담의 상담 요소

상담 요소	내용
관계 형성	내담자에게 친밀감과 신뢰감을 주고 상담 의욕을 높임
구조화	내담자에게 상담의 방향과 방법을 설명함
호소 문제 명료화	내담자가 호소하는 문제를 구체적으로 파악하고, 상담자가 요약하여 전달함
상담목표 설정	상담에서 다룰 목표를 구체적으로 설정하고 합의함
기존 노력과 대처 전략 분석	문제를 해결하기 위해 내담자가 시도한 기존의 노력을 파악함
새로운 대안의 탐색	내담자가 수행할 수 있는 구체적인 해결방안을 찾아 합의함
실행계획 수립	합의한 대안의 구체적이고 실천 가능한 세부 계획을 수립함
마무리 (추수상담 계획 등)	• 상담 내용을 요약하고, 내담자에게 긍정적 피드백을 줌 • 문제 해결에 필요한 추가 정보나 추수상담 방법을 안내함

제 4 절   실험연구

13 실험연구의 개념과 유형

1. 실험연구의 개념

(1) 실험연구의 정의

① 실험(experiment): 현상이나 일정한 조건을 인위적으로 설정하여 기대했던 현상이 일어나는지, 어떤 현상이 일어나는지를 조사하는 것을 의미한다.

② 연구자가 의도적으로 처치, 자극, 환경조건을 조작 혹은 통제하여 만들어진 환경 속에서 실시되며, 하나 또는 그 이상의 독립변인을 조작하거나 변화시키는 연구 상황을 말한다.

③ 실험설계(experiment design): 실험을 하기 위한 계획으로서 연구자의 가설을 검정하거나 연구문제에 과학적으로 응답하기 위해 처치의 선정, 종속변수의 선택, 자료 수집, 자료 분석방법, 잡음변수의 통제방법 등을 포괄하는 연구계획이다.

④ 실험연구(experimental research/experimental study): 연구자가 실험 상황을 의도적으로 통제하여 변인들 간의 관계나 효과를 객관적으로 측정하는 연구방법이다.

⑤ 독립변인과 종속변인
   ㉠ 독립변인(independent variable): 연구자가 예측하는 것으로, 통제된 조건하에서 실험자에 의하여 조작되어 특정 결과를 초래하는 조건을 말한다.
   ㉡ 종속변인(dependent variable): 실험 조작에 대한 결과 또는 반응이다.

> **더 알아보기** 독립변인과 종속변인
> • 독립변인은 원인, 종속변인은 결과로 생각할 수 있으나, 실제로는 그렇게 단순하지 않다.
> • 그러나 만일 두 변인 사이에 인과관계가 있다면, 반응은 처치에 종속적이고 종속변인으로 볼 수 있다.

⑥ 실험집단과 통제집단 [기출 23]
   ㉠ 실험집단(experimental group): 연구자가 관심을 가지는 실험적 요인이나 상황의 처치를 받는 일련의 피험자를 말한다.
   ㉡ 통제집단(control group): 실험연구에서 어떤 처치의 성과, 효과를 비교하기 위해 어떤 처치도 받지 않는 피험자를 말한다.

⑦ 비교집단(comparative group): 실험집단(처치집단)의 결과와 비교할 목적으로 다른 처치를 받는 일련의 피험자 집단을 말한다.

⑧ 무선할당(random assignment): 참여자를 서로 다른 조건에 할당하여 개인이 특정 집단에 속할 기회를 다른 집단에 속할 기회와 동일하게 하는 것이다.

(2) 실험연구의 특징

① 조작(manipulation): 연구자가 실험을 실시할 때 원인이 되는 변수를 인위적으로 변화시키는 것으로, 이때 조작하는 변수는 독립변수가 된다.

② 인과관계(causality): 어떤 사실과 다른 사실 간의 원인과 결과 관계를 의미하며, 인과관계의 추론을 위해서는 원인과 결과의 방향성과 연관성, 기타 현상의 불변성(가외변수의 격리, isolation)이라는 조건이 충족되어야 한다.

③ 통제(control): 연구자가 인위적으로 변화시킨 독립변수 이외의 종속변수에 영향을 미치는 모든 요소를 고정하거나 규제하는 것이며, 실험통제는 연구자가 실험결과를 해석할 수 있도록 실험조건에 제약을 가하거나 무선화 과정을 통하여 관심 있는 변인 이외의 다른 변인들을 통제시키는 것을 의미한다.

④ 실험집단과 통제집단: 실험집단은 처치를 가한 집단을 말하고, 통제집단은 처치를 가하지 않은 집단을 말한다.

2. 통제집단의 종류

(1) 무처치 통제집단(no-treatment control group)

① 실험집단은 처치를 받고, 통제집단은 전혀 처치를 받지 않는다.

② 피험자의 반은 무선표집하여 처치집단에 배정하고, 나머지 반은 아무 처치도 받지 않는 무처치 집단에 배정한다.

③ 상담실제의 연구에서 보면 무처치 집단에 할당된 피험자가 자기 나름대로 다른 곳에서 '처치'를 받는 경우가 많다.

④ 윤리적인 문제에서 볼 때 일부의 내담자에게 연구라는 목적으로 처치를 해 주지 않았다는 문제점도 있다.

(2) 대기자 통제집단(wating-list control group) 기출 23

① 무처치 집단의 설정이 가지는 윤리적인 문제를 보완하기 위한 방법으로, 실험집단은 처치를 받고, 통제집단은 처치를 받지 않는다. 그런 다음 두 집단의 차이를 측정한 뒤, 통제집단은 처치를 받는다.

② 절차: 피험자의 일부를 무선표집하여 대기자 명단에 넣은 후, 실험이 끝날 때까지 측정만 받을 뿐 처치를 받지 않고, 실험이 끝나면 처치를 받는다.

③ 처치 후 장기적으로 추수평가(follow-up)를 해야 하는 경우에는 적합하지 않다. 결국 피험자들이 처치를 받기 때문이다.

(3) 위약(플라시보) 통제집단(placebo control group)

① 실험집단은 처치를 받고 통제집단은 참가자의 연구 결과에 어떤 변화를 일으키는 데 아무 효과가 없는 처치(플라시보)를 받는다.

② 플라시보는 참가자의 변화가 연구자로부터 받는 기대나 주의와 같은 비특정 요인에 기인한 것인지를 알아보기 위해 이용되며, 실험집단과 통제집단의 사후검사 점수에 반영한다.

③ 실험집단과 통제집단을 비교하는 실험에서는 독립변인을 제외하고 종속변인에 영향을 줄 수 있는 기타 모든 조건이 같도록 최대한 노력해야 하는데, 이때 좋은 예가 바로 플라시보 사용이다.

(4) 짝지은 통제집단

실험집단 사례와 통제집단 사례들의 처치 길이가(모두 같지는 않더라도) 비슷하도록 회기수를 짝지음으로써 실험집단과 통제집단의 짝을 맞추는 것이다.

3. 실험연구의 유형 기출 23

진실험설계	준실험설계
• 통제집단 사후검사 설계 • 통제집단 사전·사후검사 설계 • 솔로몬 4집단 설계 • 요인설계 • 반복측정 설계	• 단일집단 사후검사 설계 • 단일집단 사전·사후검사 설계 • 이질 – 통제집단 사후검사 설계 • 이질 – 통제집단 사전·사후검사 설계 • 시계열 설계

(1) 실험연구 유형

① 진실험설계(true experimental design): 진실험설계는 집단을 무선으로 배정하여 조건 통제가 완벽한 상태에서 처치변수의 조절이 수월하고 매개변수가 철저하게 통제된 실험설계이다.

ㄱ 장점: 매개변수를 완벽하게 통제할 수 있으므로 인과관계 분석이 가능하다. 즉, 어떤 변화가 있었다면 이는 처치변수에 의한 결과라고 볼 수 있으므로 독립변수인 처치변수의 효과를 알 수 있다.

ㄴ 단점: 연구결과를 실제 상황에서 적용하는 데 어려움이 있다.

② 준실험설계(quasi-experimental design): 준실험설계는 무선할당이 안 된 상태로 조건 통제가 느슨하고 처치변수의 조절이 철저하지 않은 실험연구로, 자연적 상태에서의 실험이나 실험조건을 충분히 통제하지 못한 연구 설계를 말한다.

ㄱ 장점: 자연 상태에서 처치를 가해 얻은 결과이므로 실제 상황에 적용하기 쉽다.

ㄴ 단점: 변수를 조작할 수 없으므로 인과관계의 분석이 모호하다.

(2) 진실험설계의 유형

① 통제집단 사후검사 설계

ㄱ 실험처치를 받는 집단(실험집단)과 통제집단만 있으면 된다. 피험자들을 두 집단에 무작위로 배정한 다음 실험집단에 대해서만 실험처치를 한다. 실험기간이 끝나면 두 집단에 대해 종속변인을 측정한다.

ㄴ 장점: 실제 사회현상에서는 사전검사가 불가능한 경우가 많으며 비교적 적은 수의 피험자를 가지고도 실험이 가능하고, 또 집단 간의 격리를 쉽게 할 수 있다.

ㄷ 단점: 피험자를 각 집단에 무작위로 배정하기 때문에 각 집단의 최초 상태는 동일하다고 가정할 수 있으나, 사전검사가 이루어지지 않았기 때문에 최초 상태를 정확히 알지 못한다.

② 통제집단 사전·사후검사 설계

ㄱ 통제집단 사후검사 설계에서 사전검사를 추가한 진실험 설계이다.

ㄴ 장점: 사전검사를 추가함으로써 사전검사 측정치를 통계적인 통제방법으로 사용할 수 있고, 사전검사 점수와 사후검사 점수의 차이를 분석할 수 있다.

③ 솔로몬 4집단 설계

ㄱ 가능한 모든 외생변수를 통제하기 위한 설계로서 통제집단 사전·사후검사 설계와 통제집단 사후검사 설계를 결합한 형태이다.

ㄴ 네 집단의 형태로 이루어진 이 설계는 두 개의 통제집단과 두 개의 실험집단으로 무작위 배정되는데 두 실험집단은 동일한 실험처치를 받는다. 통제집단과 실험집단 중 각각 한 집단에 대해서만 사전검사를 실시하며 실험기간이 끝나고 난 후 네 집단 모두 사후검사를 실시한다.

ⓒ 장점: 이 설계는 실험의 내적 타당도를 위협하는 여덟 가지 요인들의 영향을 모두 적절하게 막을 수 있으며, 검사 실시의 반동효과로 인하여 외적 타당도가 저해되는 것도 막을 수 있다.

ⓡ 단점: 정밀하고 많은 정보를 얻을 수 있으나 설계가 복잡하고 집단 수가 많기 때문에 집단 간의 격리가 잘 이루어지지 않을 경우 효과적인 실험을 할 수 없다.

④ 요인설계

ⓖ 한 독립변인의 수준과 다른 독립변인의 수준을 조합하여 구성하는 것으로, 요인설계를 할 때는 두 개 이상의 수준을 가진 독립변인이 적어도 두 개 이상 필요하며, 요인의 수준을 조작하는 방식에 따라 교차요인 설계, 내재된 요인설계가 있다.

ⓛ 교차요인 설계: 한 요인의 모든 수준이 다른 요인의 각 수준에 모두 존재하도록 실험 조건을 조작하는 설계이다. 예 2×2

ⓒ 내재된 요인설계: 독립변수의 각 수준에서 다른 독립변수의 일부 수준만 포함시키는 설계이다.

ⓡ 장점: 요인설계는 독립변인 하나하나에 대해 설계하지 않고 단일설계를 하기 때문에 경제적이다. 또한, 독립변인의 효과와 그들 간의 상호작용 효과를 동시에 조사할 수 있다.

⑤ 반복측정 설계

ⓖ 동일한 피험자를 여러 번 반복하여 측정하는 경우에 사용하는 진실험 설계이다.

ⓛ 반복측정 설계에서는 사전검사를 실시할 수 있지만 대개는 사후검사만을 실시한다.

(3) 준실험설계의 유형

① 단일집단 사후검사 설계

ⓖ 사전검사를 실시하지 않고, 통제집단도 없는 준실험설계이다.

ⓛ 장점: 실제 사회현상에서는 사전검사가 불가능한 경우가 많고 비교적 적은 수의 피험자를 가지고도 실험이 가능하다.

ⓒ 단점: 사전검사가 이루어지지 않았기 때문에 처치로 인한 변화가 있는지 알기 힘들며, 통제집단이 거의 없기 때문에 처치가 없다면 어떤 결과일지 알 수 없다.

② 단일집단 사전·사후검사 설계: 단일집단 사후검사 설계에 사전검사를 추가한 준실험 설계로, 사전검사를 추가함으로써 얻는 이득은 사전검사 측정치를 통계적인 통제방법으로 사용할 수 있다는 점이다.

③ 이질 – 통제집단 사후검사 설계

ⓖ 실험처치의 효과를 확인하기 위하여 실험처치를 가한 집단과 실험처치를 가하지 않은 집단을 비교하는 준실험설계이다.

ⓛ 이질집단이란 용어를 사용한 것은 무선화라는 측면에서 볼 때 두 집단이 동등하지 않다는 것일 뿐, 관련 변인이나 특성에 있어 두 집단을 유사하게 구성하는 것이 전혀 불가능하다는 것을 의미하지는 않는다.

④ 이질 – 통제집단 사전·사후검사 설계

ⓖ 실험조건상 조사 대상을 실험집단과 통제집단으로 나눌 수 있으나 피험자를 두 집단에 무작위로 배정할 수 없는 경우에 사용하는 준실험설계이다.

ⓛ 이 설계는 실험연구에서 가장 많이 사용되는 연구설계로, 대개는 학교나 학급과 같이 기존 집단을 자연 상태 그대로 유지한 채 실험집단과 통제집단으로 구분하여 사용한다.

ⓒ 단점: 이 설계는 내적 타당도를 저해하는 외생변인의 영향이 통제집단 사전·사후 검사보다 크며 이를 통제하고 제거하기가 어렵다.

⑤ 시계열 설계

    ㉠ 시계열 설계는 실험집단만 있는지, 통제집단을 추가하여 두 집단을 비교하는지에 따라 단일집단 시계열 설계와 통제집단 시계열 설계로 나뉜다.

    ㉡ 시계열 설계는 대개 이미 정해진 자연집단을 대상으로 하기 때문에 준실험설계로 분류하기도 하지만, 실험집단과 통제집단이 무작위로 구성되어 두 집단 간에 타당한 비교가 가능하다면 진실험설계가 될 수도 있다.

    ㉢ 단일집단 시계열 설계: 한 개인이나 집단을 대상으로 하여 처치 전과 후에 검사하여 주기적으로 측정한다. 이 설계는 몇 번의 검사를 실시함으로써 존재할 수 있는 내적 타당도 위험요소를 통제하는 것이 가능하다.

    ㉣ 통제집단 시계열 설계: 단일집단 시계열 설계에서 통제집단을 추가하여 두 집단을 비교하는 설계이다. 여러 번의 측정이 가능하고 측정 도중 어느 한 시기를 무작위로 선정하여 실험처치를 한다. 이때 실험처치는 어느 한 집단에 실시하지만 측정은 두 집단을 동시에 한다.

14   실험연구의 준거와 타당도

1. 실험연구의 준거와 외생변인 통제방법

(1) 실험연구의 준거(Wiersma, 1995)

  ① 적절한 실험 통제: 연구자가 실험결과를 해석할 수 있도록 실험조건에 제약을 가하거나 무선화 과정을 통해 관심 있는 변인 이외의 다른 변인들을 통제하는 것을 의미한다.

  ② 인위성의 지양: 실험결과를 실제 교육환경에 바로 적용할 수 있도록 실험이 설계되어야 한다. 실험의 어떤 인위적인 특성이 실험결과에 영향을 주어서는 안 되는 것을 의미한다.

  ③ 비교를 위한 기초: 실험처치의 효과가 있는지 여부를 알려면 비교집단이 있어야 한다.

  ④ 적합한 자료: 실험연구에서 설정한 가설을 검정하기 위해서는 실험을 통하여 얻은 자료가 적합해야 한다.

  ⑤ 비오염 자료: 실험과정에서 측정을 잘못하거나 관찰을 잘못하여 자료 자체가 오염됨으로써 실험효과에 영향을 주어서는 안 된다. 또한 피험자가 실험처치의 효과를 상쇄하거나 실험효과를 잘못 표현하는 방식으로 상호작용을 해서는 안 된다.

  ⑥ 외생변인 통제: 독립변인 이외에 종속변인에 영향을 주는 외생변인들에 의한 효과를 실험처치의 효과로 잘못 해석하면 안 된다. 외생변인들에 의한 효과는 실험설계를 통해서 분리하거나 통제해야 한다.

  ⑦ 설계의 대표성: 실험결과가 다른 개인이나 조건, 방법 등에 일반화되어야 한다. 대표성을 확보하기 위해서는 실험집단과 통제집단을 무작위로 선정한다든지 피험자를 무작위로 배정할 필요가 있다.

  ⑧ 설계의 단순성: 단순성의 준거는 다른 모든 특성들이 동일할 때 단순한 실험설계가 복잡한 실험설계보다 더 선호되는 것을 의미한다.

(2) 외생변인의 통제방법

① 제거: 외생변인이 될 수 있는 변인을 미리 제거하거나 외생변인이 될 가능성이 있는 변인을 똑같이 작용하게 함으로써 외생변인이 실험처치에 영향을 미치지 않도록 하는 방법이다.

② 균형화: 종속변인에 영향을 주는 외생변인을 단계별로 적용하여 피험자를 단계적으로 분류하고 실험집단과 통제집단에 무작위로 배정하는 방법이다. 즉, 외생변인으로 작용할 수 있는 요인들을 알고 있는 경우, 실험집단과 통제집단을 선정할 때 해당되는 외생변인의 영향을 동일하게 받을 수 있는 집단을 선정하는 방법이다.

③ 상쇄: 한 실험집단에 두 개 이상의 실험처치를 가할 때 사용하는 방법이다. 즉, 실험의 실시 순서를 바꾼다든지 실험 대상을 서로 바꾸어서 실시함으로써 외생변수의 영향을 제거하는 방법이다.

④ 무선화: 어떤 종류의 외생변인들이 작용할지 모르는 경우, 모집단으로부터 실험대상을 무작위로 추출하여 실험집단과 통제집단에 무작위로 배정함으로써 실험자가 조작하는 실험변인 이외의 변인들에 대한 영향을 동일하게 만드는 것이다. 무선화의 방법에는 무선표집과 무선배정이 있다.

> **더 알아보기** **무선표집과 무선배정**
>
> • 무선표집: 피험자를 모집단에서 무작위로 선정하는 것을 말한다.
> • 무선배정: 선정된 피험자를 실험집단과 통제집단에 무작위로 배정하는 것을 말한다.

2. 실험연구의 타당도와 분석방법

(1) 실험연구의 내적 타당도

① 의미: 종속변수, 즉 연구결과에서 나타나는 변화가 독립변수의 변화에 의한 것임을 확신할 수 있는 정도를 의미하는 것으로, 인과관계에 대한 추론이 어느 정도 가능한지를 나타낸다.

② 내적 타당도를 위협하는 요인(Campbell & Stanley, 1963)

위협 요인	설명
역사 (특정 사건의 영향력)	연구기간 동안 천재지변이나 예상하지 못했던 행사와 같이 특정 사건이 일어나는 경우, 환경이 바뀌고 이에 따라 연구 결과가 다르게 나타날 수 있음
성숙 효과	시간에 따라 자연적으로 연구 참여자의 특성이 변화하여 결과에 영향을 미치는 효과
시험(검사, 학습) 효과	두 번 이상의 검사를 실시하는 연구들에서 나타나는 현상으로, 사전검사의 경험 자체가 사후에 실시되는 검사 결과에 영향을 미치는 것
검사도구(측정도구) 효과	• 사전과 사후의 검사를 다른 검사도구로 실시하였을 때 발생하는 문제 • 연구가 진행되는 과정에서 측정도구나 기준이 변하여 측정값이 다르게 나타나는 경우
통계적 회귀	매우 높은 점수나 낮은 점수를 갖는 사람들이 평균으로 되돌아가고자 하는 회귀 경향을 깆는 것
편향된 표본 선정	표본을 잘못 선택하여 변수 간에 엉뚱한 결과가 나타나거나, 두 집단의 비교연구에서 실험집단과 대조집단 간에 이미 차이가 존재하는 경우
연구 대상의 손실(탈락)	실험 대상자들이 어떤 이유에서든 실험 도중에 실험에 참여하지 않는 것
확산 혹은 모방 효과	실험집단과 통제집단 간의 상호작용이나 모방으로 인하여 의도했던 집단 간의 차이가 분명해지지 않게 되는 것

(2) **실험연구의 외적 타당도**

① 의미: 표본에서 얻어진 연구결과를 다른 집단 혹은 다른 환경에 해석 또는 일반화할 수 있는 정도를 의미한다.

<table>
<tr><td>참고</td><td>외적 타당도</td></tr>
</table>

내적 타당성이 있는 연구결과를 대상으로 외적 타당성을 검토하고자 한다면, 크게 두 가지 측면에서 검토가 이루어질 수 있는데 첫째는 모집에 대한 타당성이고, 둘째는 환경에 의한 타당성이다. 환경에 의한 타당성과 관련된 문제로서 실험그룹이나 대조그룹에 속한 연구 참여자가 스스로 어떠한 의미를 부여하여 종속변수의 값을 변하게 하는 효과가 발생할 수 있는데, 그 효과가 어떤 그룹에서 나타나느냐에 따라 '호손 효과'와 '존헨리 효과'로 구분된다. 또한 환경에 의한 타당성과 관련된 효과로서 '연구자 효과'가 있다.

② 모집단에 대한 타당도: 연구에 사용되는 표본이 모집단의 특성을 충분히 반영하고 있는지를 평가하는 것이다. 이는 표집(sampling)과 관련된 것으로, 적절한 표집방법을 선택하면 연구결과를 모집단에 일반화할 수 있다.

③ 생태학적 타당도(환경에 의한 타당성): 표본자료에서 발견된 사실들이 다른 일반적인 환경들에게도 적용될 수 있는지의 여부를 검토하는 것이다.

④ 연구자(실험자) 효과: 연구자가 연구결과에 영향을 미치는 말이나 행동을 함으로써 연구대상이 평상시와 다르게 행동하는 것을 의미한다. 연구자 효과를 줄이기 위해서는 실험을 담당하는 사람이나 실험 대상자 모두에게 연구의 목적에 대하여 알리지 않고 연구를 진행시키기도 한다.

⑤ 호손 효과(Hawthorne effect): 연구대상이 연구의 목적을 알고 있거나 알게 될 때 평상시와는 다르게 행동함으로써 연구결과에 영향을 미치는 것이다.

<table>
<tr><td>참고</td><td>플라시보(placebo) 효과</td></tr>
</table>

호손 효과가 연구에 미치는 영향력을 배제하기 위해 의학 분야에서 제안된 방법이다. 이는 실험대상자들이 스스로 실험에 반응함으로써 나타나는 효과로, 실제로는 실험처치나 개입이 이루어지지 않았는데도 불구하고 그것을 받은 것과 유사한 효과가 나타나는 경우를 의미하며 '위약효과'라고도 불린다.

⑥ 존헨리 효과(John Henry effect): 통제집단에 있는 연구대상들이 실험집단에 있는 연구대상들보다 더 나은 결과가 나타나도록 노력하는 현상이다. 만일 통제집단에 속한 연구대상자들이 연구결과로부터 어떤 불이익을 받게 된다는 것을 알게 되면 실험집단에 속한 연구대상들보다 더 많은 노력을 하게 되므로 기대와 다른 결과가 나타나게 된다.

⑦ 외적 타당도를 위협하는 외생변인

구분	내용
검사와 실험처치 상호작용 효과	사전검사의 실시가 실험처치와 상호작용함으로써 그 실험 결과에 영향을 주어 사전검사를 받지 않은 모집단에 일반화할 수 없게 된 것
편파적 선정과 실험처치 상호작용 효과	어떤 피험자가 선정되었느냐에 따라 피험자와 실험처치가 상호작용하여 그 실험결과가 달라지는 것
실험 참여의 반동 효과	• 피험자 자신이 실험에 참여하고 있다는 사실을 인지하는 데에서 기인하는 효과 • 피험자 자신이 실험의 대상이 되고 있다는 것을 의식하고 있다면 실험 상황에서의 피험자 행동은 자연스럽지 못하게 됨 • 호손 효과(Hawthorne effect)라고도 함
중다처치 간섭 효과	동일한 피험자가 두 차례 이상의 반복된 실험처치를 받게 될 경우, 거기서 나타나는 실험 결과를 가지고 단 한 번의 처치를 받은 실험에 일반화할 수 없는 이월 효과(carry-over effect)

(3) **실험연구의 분석방법**

　① 실험연구의 효과성을 검증하는 전통적인 분석방법은 집단 내 사전검사와 사후검사 차이에 대한 비교, 실험집단
과 통제집단의 사후검사 점수의 차이 비교가 있다.

　② **공분산분석**: 실험처치의 효과를 살펴보기 위한 방법으로는 사전검사가 사후검사에 미칠 수 있는 영향을 통제한
후 진단 간 사후검사의 차이를 분석하는 공분산분석이 있다.

　③ **대변량 분산분석**: 변인을 측정하는 검사가 단일척도가 아닌 2개 이상의 하위 영역으로 구성된 경우 활용할 수
있는 방법으로는 두 집단 간 처치효과와 검사 내 하위 영역에 대한 집단의 설명력을 분석하는 다변량 분산분석
이 있다.

　④ **종단적 분석**: 반복 측정 설계나 시계열 설계와 같이 동일한 피험자를 대상으로 검사를 3회 이상 반복하여 실시
한 경우 활용할 수 있는 방법으로는 집단 내 변화량을 측정하는 종단적인 분석이 있다.

제7장

학교상담

🔍 핵심 이론 흐름잡기

제1절 학교상담과 종합적 학교상담 프로그램

제2절 학교상담의 실제

제3절 상담윤리와 상담자 윤리 현안

제4절 상담 장면에서의 상담윤리

제**7**장 | 핵심 이론 흐름잡기

제**1**절 학교상담과 종합적 학교상담 프로그램

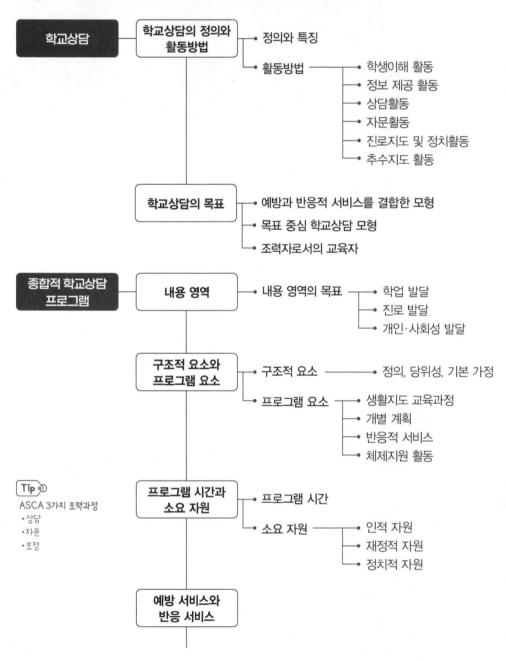

학교상담

학교상담의 정의와 활동방법
- 정의와 특징
- 활동방법
  - 학생이해 활동
  - 정보 제공 활동
  - 상담활동
  - 자문활동
  - 진로지도 및 정치활동
  - 추수지도 활동

학교상담의 목표
- 예방과 반응적 서비스를 결합한 모형
- 목표 중심 학교상담 모형
- 조력자로서의 교육자

종합적 학교상담 프로그램

내용 영역
- 내용 영역의 목표
  - 학업 발달
  - 진로 발달
  - 개인·사회성 발달

구조적 요소와 프로그램 요소
- 구조적 요소
  - 정의, 당위성, 기본 가정
- 프로그램 요소
  - 생활지도 교육과정
  - 개별 계획
  - 반응적 서비스
  - 체제지원 활동

Tip
ASCA 3가지 조력과정
- 상담
- 자문
- 조정

프로그램 시간과 소요 자원
- 프로그램 시간
- 소요 자원
  - 인적 자원
  - 재정적 자원
  - 정치적 자원

예방 서비스와 반응 서비스

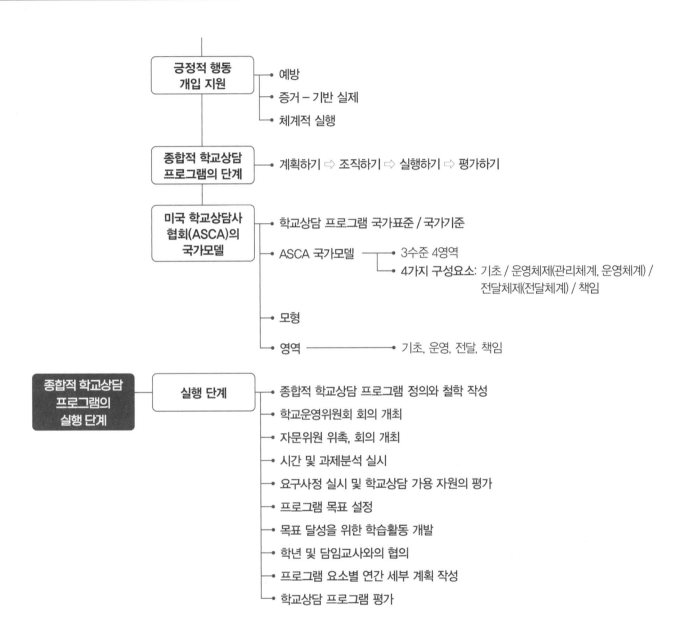

긍정적 행동 개입 지원
- 예방
- 증거 – 기반 실제
- 체계적 실행

종합적 학교상담 프로그램의 단계
- 계획하기 ⇨ 조직하기 ⇨ 실행하기 ⇨ 평가하기

미국 학교상담사 협회(ASCA)의 국가모델
- 학교상담 프로그램 국가표준 / 국가기준
- ASCA 국가모델
  - 3수준 4영역
  - 4가지 구성요소: 기초 / 운영체제(관리체계, 운영체계) / 전달체제(전달체계) / 책임
- 모형
- 영역
  - 기초, 운영, 전달, 책임

종합적 학교상담 프로그램의 실행 단계

실행 단계
- 종합적 학교상담 프로그램 정의와 철학 작성
- 학교운영위원회 회의 개최
- 자문위원 위촉, 회의 개최
- 시간 및 과제분석 실시
- 요구사정 실시 및 학교상담 가용 자원의 평가
- 프로그램 목표 설정
- 목표 달성을 위한 학습활동 개발
- 학년 및 담임교사와의 협의
- 프로그램 요소별 연간 세부 계획 작성
- 학교상담 프로그램 평가

제**2**절 **학교상담의 실제**

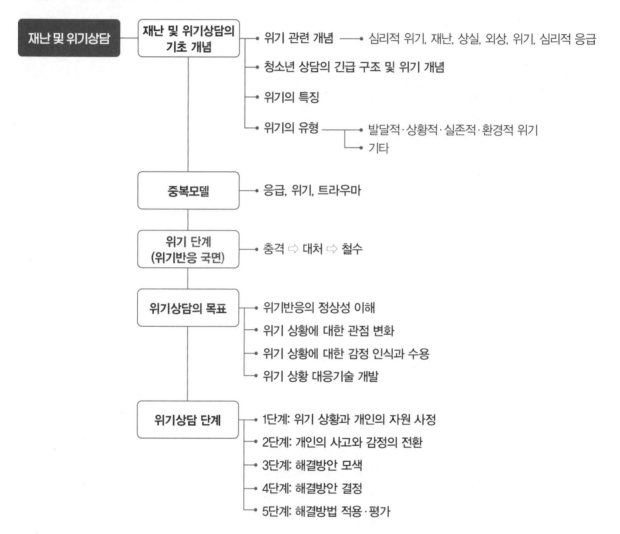

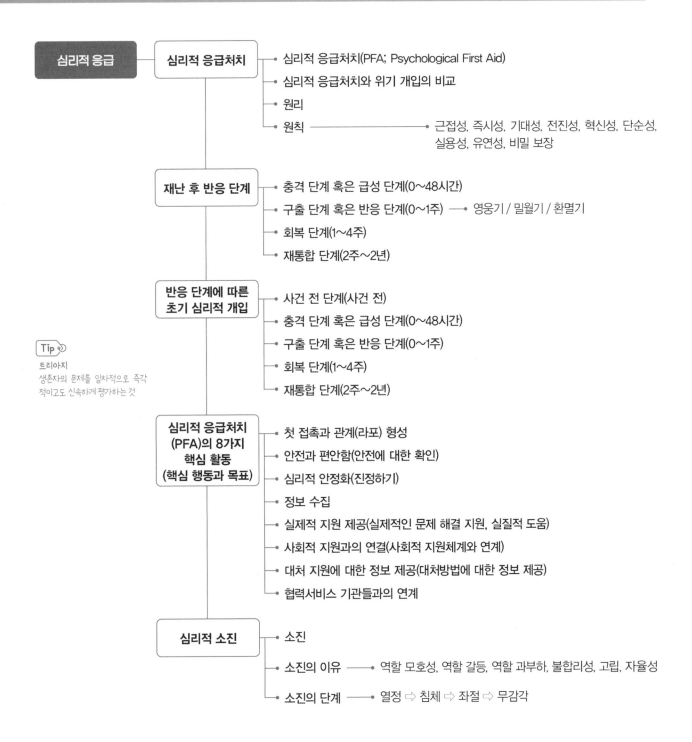

심리적 응급 — 심리적 응급처치 — ● 심리적 응급처치(PFA; Psychological First Aid)
                                  ● 심리적 응급처치와 위기 개입의 비교
                                  ● 원리
                                  ● 원칙 ──────── ● 근접성, 즉시성, 기대성, 전진성, 혁신성, 단순성,
                                                     실용성, 유연성, 비밀 보장

            재난 후 반응 단계 — ● 충격 단계 혹은 급성 단계(0~48시간)
                                  ● 구출 단계 혹은 반응 단계(0~1주) ── 영웅기 / 밀월기 / 환멸기
                                  ● 회복 단계(1~4주)
                                  ● 재통합 단계(2주~2년)

            반응 단계에 따른
            초기 심리적 개입 — ● 사건 전 단계(사건 전)
                                  ● 충격 단계 혹은 급성 단계(0~48시간)
                                  ● 구출 단계 혹은 반응 단계(0~1주)
                                  ● 회복 단계(1~4주)
                                  ● 재통합 단계(2주~2년)

Tip
트리아지
생존자의 문제를 일차적으로 즉각
적이고도 신속하게 평가하는 것

            심리적 응급처치
            (PFA)의 8가지
            핵심 활동
            (핵심 행동과 목표) — ● 첫 접촉과 관계(라포) 형성
                                  ● 안전과 편안함(안전에 대한 확인)
                                  ● 심리적 안정화(진정하기)
                                  ● 정보 수집
                                  ● 실제적 지원 제공(실제적인 문제 해결 지원, 실질적 도움)
                                  ● 사회적 지원과의 연결(사회적 지원체계와 연계)
                                  ● 대처 지원에 대한 정보 제공(대처방법에 대한 정보 제공)
                                  ● 협력서비스 기관들과의 연계

            심리적 소진 — ● 소진
                            ● 소진의 이유 ──── 역할 모호성, 역할 갈등, 역할 과부하, 불합리성, 고립, 자율성
                            ● 소진의 단계 ──── 열정 ⇨ 침체 ⇨ 좌절 ⇨ 무감각

제 7 장 | 핵심 이론 흐름잡기

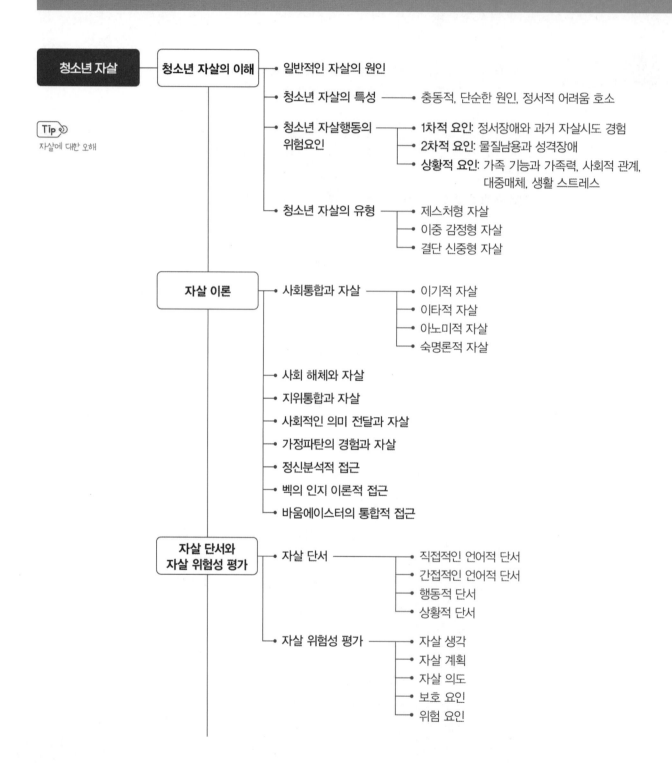

청소년 자살 — **청소년 자살의 이해**
- 일반적인 자살의 원인
- 청소년 자살의 특성 ── 충동적, 단순한 원인, 정서적 어려움 호소
- 청소년 자살행동의 위험요인
  - **1차적 요인**: 정서장애와 과거 자살시도 경험
  - **2차적 요인**: 물질남용과 성격장애
  - **상황적 요인**: 가족 기능과 가족력, 사회적 관계, 대중매체, 생활 스트레스
- 청소년 자살의 유형
  - 제스처형 자살
  - 이중 감정형 자살
  - 결단 신중형 자살

Tip
자살에 대한 오해

자살 이론
- 사회통합과 자살
  - 이기적 자살
  - 이타적 자살
  - 아노미적 자살
  - 숙명론적 자살
- 사회 해체와 자살
- 지위통합과 자살
- 사회적인 의미 전달과 자살
- 가정파탄의 경험과 자살
- 정신분석적 접근
- 벡의 인지 이론적 접근
- 바움에이스터의 통합적 접근

자살 단서와 자살 위험성 평가
- 자살 단서
  - 직접적인 언어적 단서
  - 간접적인 언어적 단서
  - 행동적 단서
  - 상황적 단서
- 자살 위험성 평가
  - 자살 생각
  - 자살 계획
  - 자살 의도
  - 보호 요인
  - 위험 요인

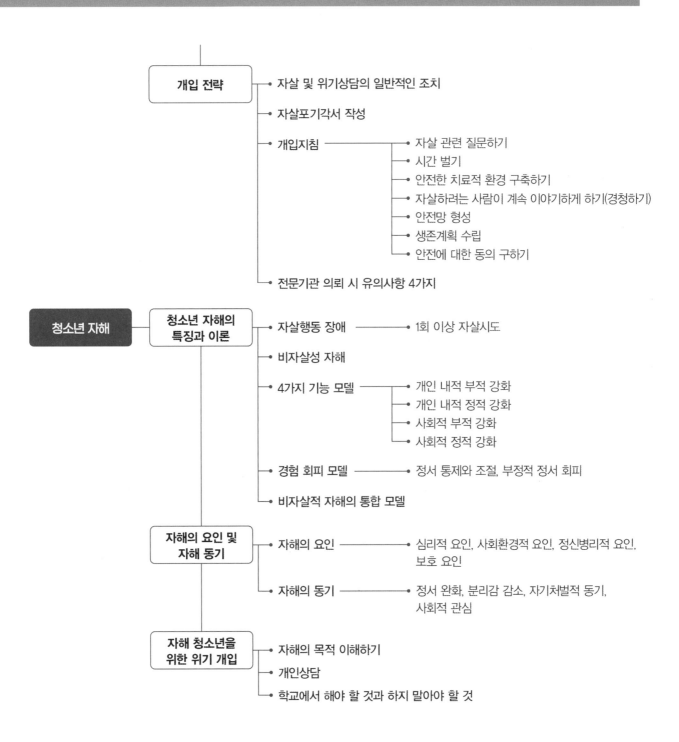

개입 전략
- 자살 및 위기상담의 일반적인 조치
- 자살포기각서 작성
- 개입지침
  - 자살 관련 질문하기
  - 시간 벌기
  - 안전한 치료적 환경 구축하기
  - 자살하려는 사람이 계속 이야기하게 하기(경청하기)
  - 안전망 형성
  - 생존계획 수립
  - 안전에 대한 동의 구하기
- 전문기관 의뢰 시 유의사항 4가지

청소년 자해

청소년 자해의 특징과 이론
- 자살행동 장애 —— 1회 이상 자살시도
- 비자살성 자해
- 4가지 기능 모델
  - 개인 내적 부적 강화
  - 개인 내적 정적 강화
  - 사회적 부적 강화
  - 사회적 정적 강화
- 경험 회피 모델 —— 정서 통제와 조절, 부정적 정서 회피
- 비자살적 자해의 통합 모델

자해의 요인 및 자해 동기
- 자해의 요인 —— 심리적 요인, 사회환경적 요인, 정신병리적 요인, 보호 요인
- 자해의 동기 —— 정서 완화, 분리감 감소, 자기처벌적 동기, 사회적 관심

자해 청소년을 위한 위기 개입
- 자해의 목적 이해하기
- 개인상담
- 학교에서 해야 할 것과 하지 말아야 할 것

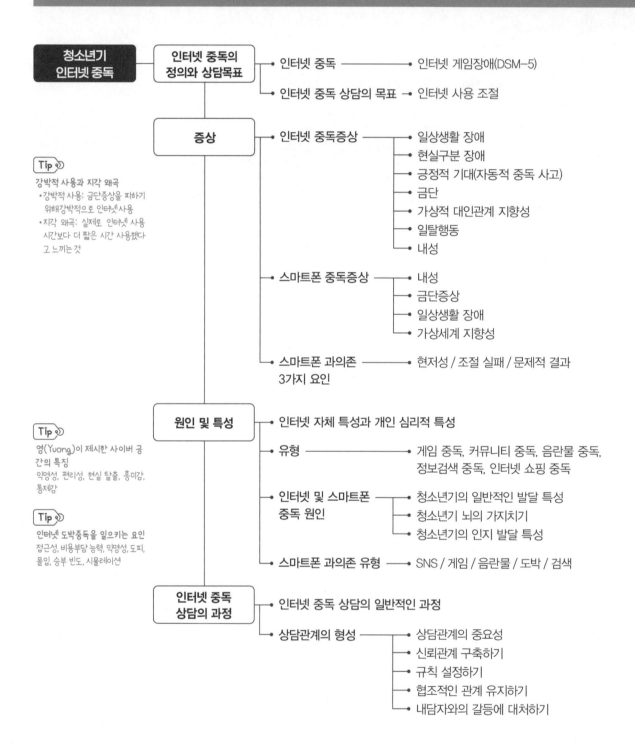

청소년기
인터넷 중독

인터넷 중독의 정의와 상담목표
- 인터넷 중독 ── 인터넷 게임장애(DSM-5)
- 인터넷 중독 상담의 목표 → 인터넷 사용 조절

증상
- 인터넷 중독증상
  - 일상생활 장애
  - 현실구분 장애
  - 긍정적 기대(자동적 중독 사고)
  - 금단
  - 가상적 대인관계 지향성
  - 일탈행동
  - 내성
- 스마트폰 중독증상
  - 내성
  - 금단증상
  - 일상생활 장애
  - 가상세계 지향성
- 스마트폰 과의존 3가지 요인 ── 현저성 / 조절 실패 / 문제적 결과

Tip
강박적 사용과 지각 왜곡
• 강박적 사용: 금단증상을 피하기 위해강박적으로 인터넷사용
• 지각 왜곡: 실제로 인터넷 사용 시간보다 더 짧은 시간 사용했다고 느끼는 것

원인 및 특성
- 인터넷 자체 특성과 개인 심리적 특성
- 유형 ── 게임 중독, 커뮤니티 중독, 음란물 중독, 정보검색 중독, 인터넷 쇼핑 중독
- 인터넷 및 스마트폰 중독 원인
  - 청소년기의 일반적인 발달 특성
  - 청소년기 뇌의 가지치기
  - 청소년기의 인지 발달 특성
- 스마트폰 과의존 유형 ── SNS / 게임 / 음란물 / 도박 / 검색

Tip
영(Yuong)이 제시한 사이버 공간의 특징
익명성, 편리성, 현실 탈출, 흥미감, 통제감

Tip
인터넷 도박중독을 일으키는 요인
접근성, 비용부담 능력, 익명성, 도피, 몰입, 승부 빈도, 시뮬레이션

인터넷 중독 상담의 과정
- 인터넷 중독 상담의 일반적인 과정
- 상담관계의 형성
  - 상담관계의 중요성
  - 신뢰관계 구축하기
  - 규칙 설정하기
  - 협조적인 관계 유지하기
  - 내담자와의 갈등에 대처하기

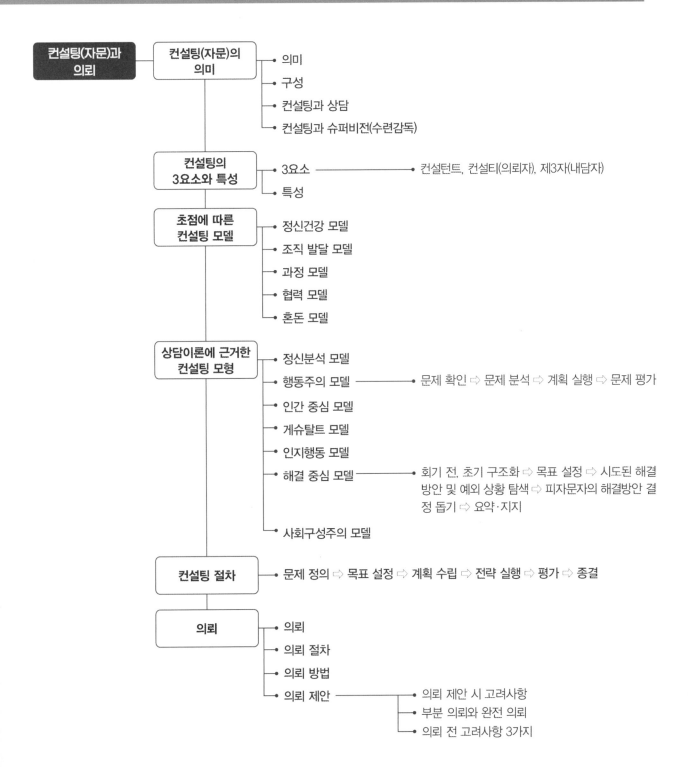

컨설팅(자문)과 의뢰

컨설팅(자문)의 의미
- 의미
- 구성
- 컨설팅과 상담
- 컨설팅과 슈퍼비전(수련감독)

컨설팅의 3요소와 특성
- 3요소 ── 컨설턴트, 컨설티(의뢰자), 제3자(내담자)
- 특성

초점에 따른 컨설팅 모델
- 정신건강 모델
- 조직 발달 모델
- 과정 모델
- 협력 모델
- 혼돈 모델

상담이론에 근거한 컨설팅 모형
- 정신분석 모델
- 행동주의 모델 ── 문제 확인 ⇨ 문제 분석 ⇨ 계획 실행 ⇨ 문제 평가
- 인간 중심 모델
- 게슈탈트 모델
- 인지행동 모델
- 해결 중심 모델 ── 회기 전, 초기 구조화 ⇨ 목표 설정 ⇨ 시도된 해결 방안 및 예외 상황 탐색 ⇨ 피자문자의 해결방안 결정 돕기 ⇨ 요약·지지
- 사회구성주의 모델

컨설팅 절차
- 문제 정의 ⇨ 목표 설정 ⇨ 계획 수립 ⇨ 전략 실행 ⇨ 평가 ⇨ 종결

의뢰
- 의뢰
- 의뢰 절차
- 의뢰 방법
- 의뢰 제안 ── 의뢰 제안 시 고려사항
  - 부분 의뢰와 완전 의뢰
  - 의뢰 전 고려사항 3가지

제 7 장 │ 핵심 이론 흐름잡기

제 3 절 상담윤리와 상담자 윤리 현안

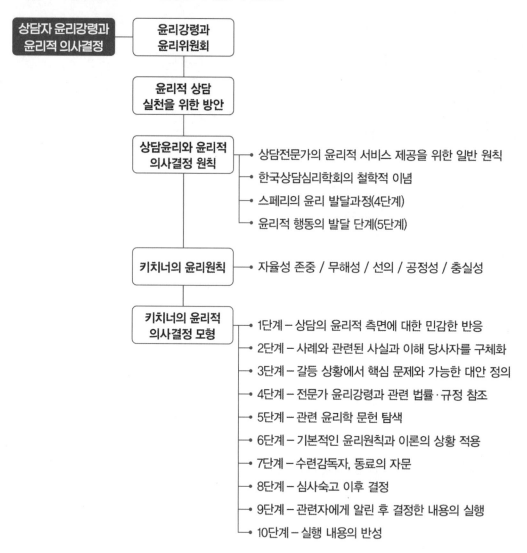

상담자 윤리강령과 윤리적 의사결정

- 윤리강령과 윤리위원회
- 윤리적 상담 실천을 위한 방안
- 상담윤리와 윤리적 의사결정 원칙
  - 상담전문가의 윤리적 서비스 제공을 위한 일반 원칙
  - 한국상담심리학회의 철학적 이념
  - 스페리의 윤리 발달과정(4단계)
  - 윤리적 행동의 발달 단계(5단계)
- 키치너의 윤리원칙
  - 자율성 존중 / 무해성 / 선의 / 공정성 / 충실성
- 키치너의 윤리적 의사결정 모형
  - 1단계 – 상담의 윤리적 측면에 대한 민감한 반응
  - 2단계 – 사례와 관련된 사실과 이해 당사자를 구체화
  - 3단계 – 갈등 상황에서 핵심 문제와 가능한 대안 정의
  - 4단계 – 전문가 윤리강령과 관련 법률·규정 참조
  - 5단계 – 관련 윤리학 문헌 탐색
  - 6단계 – 기본적인 윤리원칙과 이론의 상황 적용
  - 7단계 – 수련감독자, 동료의 자문
  - 8단계 – 심사숙고 이후 결정
  - 9단계 – 관련자에게 알린 후 결정한 내용의 실행
  - 10단계 – 실행 내용의 반성

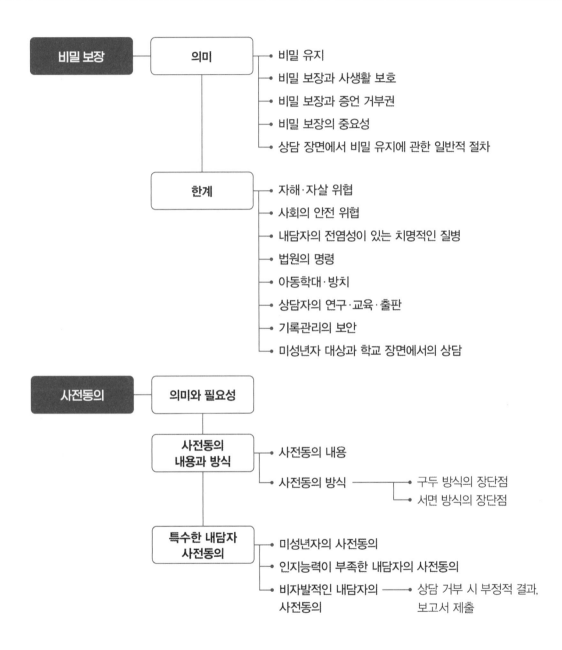

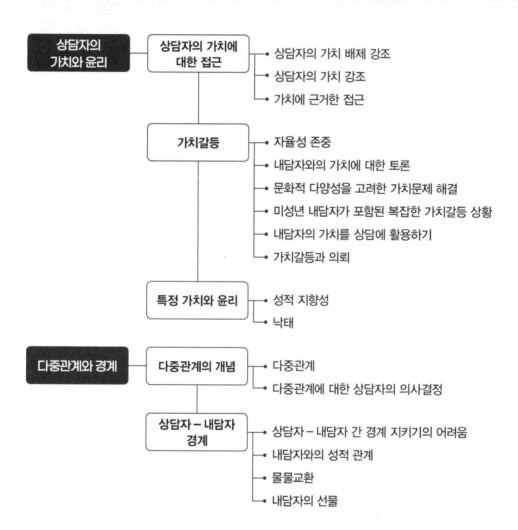

상담자의 가치와 윤리
- 상담자의 가치에 대한 접근
  - 상담자의 가치 배제 강조
  - 상담자의 가치 강조
  - 가치에 근거한 접근
- 가치갈등
  - 자율성 존중
  - 내담자와의 가치에 대한 토론
  - 문화적 다양성을 고려한 가치문제 해결
  - 미성년 내담자가 포함된 복잡한 가치갈등 상황
  - 내담자의 가치를 상담에 활용하기
  - 가치갈등과 의뢰
- 특정 가치와 윤리
  - 성적 지향성
  - 낙태

다중관계와 경계
- 다중관계의 개념
  - 다중관계
  - 다중관계에 대한 상담자의 의사결정
- 상담자 – 내담자 경계
  - 상담자 – 내담자 간 경계 지키기의 어려움
  - 내담자와의 성적 관계
  - 물물교환
  - 내담자의 선물

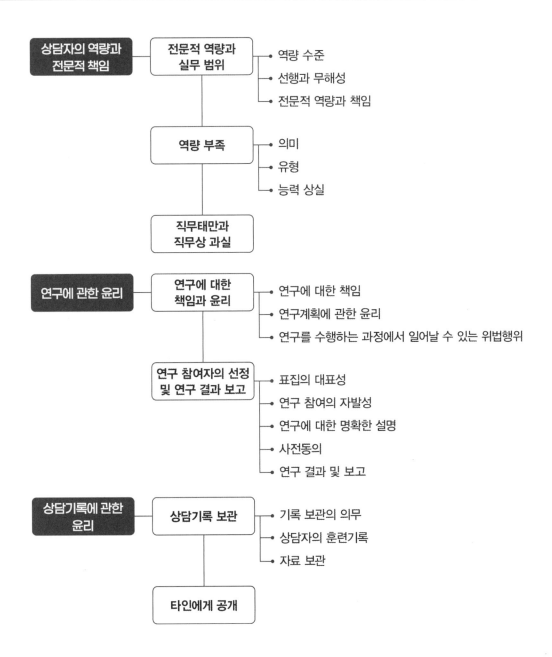

상담자의 역량과 전문적 책임 — 전문적 역량과 실무 범위
- 역량 수준
- 선행과 무해성
- 전문적 역량과 책임

역량 부족
- 의미
- 유형
- 능력 상실

직무태만과 직무상 과실

연구에 관한 윤리 — 연구에 대한 책임과 윤리
- 연구에 대한 책임
- 연구계획에 관한 윤리
- 연구를 수행하는 과정에서 일어날 수 있는 위법행위

연구 참여자의 선정 및 연구 결과 보고
- 표집의 대표성
- 연구 참여의 자발성
- 연구에 대한 명확한 설명
- 사전동의
- 연구 결과 및 보고

상담기록에 관한 윤리 — 상담기록 보관
- 기록 보관의 의무
- 상담자의 훈련기록
- 자료 보관

타인에게 공개

제 4 절 상담 장면에서의 상담윤리

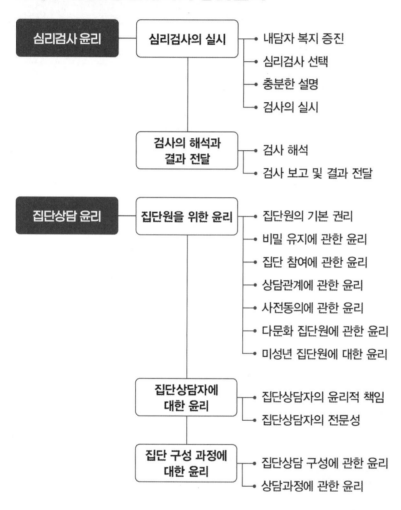

심리검사 윤리

심리검사의 실시
- 내담자 복지 증진
- 심리검사 선택
- 충분한 설명
- 검사의 실시

검사의 해석과 결과 전달
- 검사 해석
- 검사 보고 및 결과 전달

집단상담 윤리

집단원을 위한 윤리
- 집단원의 기본 권리
- 비밀 유지에 관한 윤리
- 집단 참여에 관한 윤리
- 상담관계에 관한 윤리
- 사전동의에 관한 윤리
- 다문화 집단원에 관한 윤리
- 미성년 집단원에 대한 윤리

집단상담자에 대한 윤리
- 집단상담자의 윤리적 책임
- 집단상담자의 전문성

집단 구성 과정에 대한 윤리
- 집단상담 구성에 관한 윤리
- 상담과정에 관한 윤리

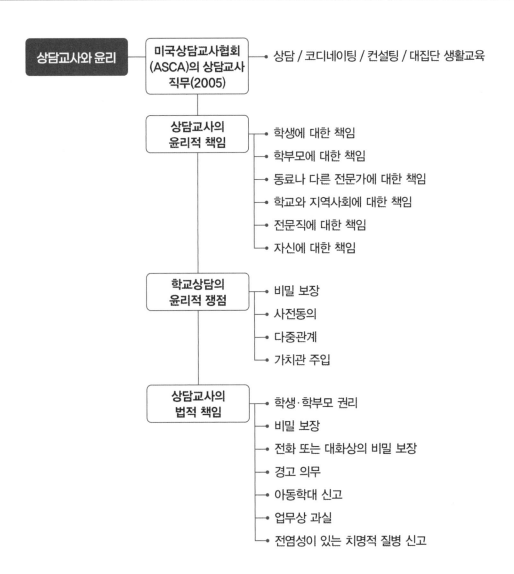

상담교사와 윤리

미국상담교사협회 (ASCA)의 상담교사 직무(2005) — 상담 / 코디네이팅 / 컨설팅 / 대집단 생활교육

상담교사의 윤리적 책임
- 학생에 대한 책임
- 학부모에 대한 책임
- 동료나 다른 전문가에 대한 책임
- 학교와 지역사회에 대한 책임
- 전문직에 대한 책임
- 자신에 대한 책임

학교상담의 윤리적 쟁점
- 비밀 보장
- 사전동의
- 다중관계
- 가치관 주입

상담교사의 법적 책임
- 학생·학부모 권리
- 비밀 보장
- 전화 또는 대화상의 비밀 보장
- 경고 의무
- 아동학대 신고
- 업무상 과실
- 전염성이 있는 치명적 질병 신고

제 **7**장 | 핵심 이론 흐름잡기

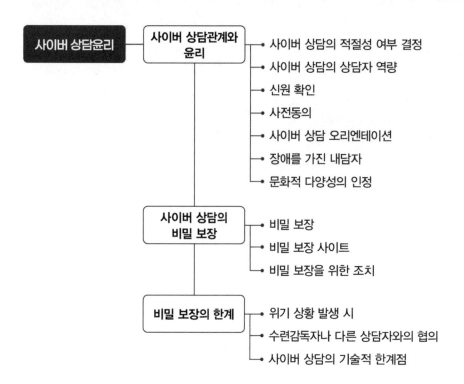

사이버 상담윤리	사이버 상담관계와 윤리	• 사이버 상담의 적절성 여부 결정
		• 사이버 상담의 상담자 역량
		• 신원 확인
		• 사전동의
		• 사이버 상담 오리엔테이션
		• 장애를 가진 내담자
		• 문화적 다양성의 인정
	사이버 상담의 비밀 보장	• 비밀 보장
		• 비밀 보장 사이트
		• 비밀 보장을 위한 조치
	비밀 보장의 한계	• 위기 상황 발생 시
		• 수련감독자나 다른 상담자와의 협의
		• 사이버 상담의 기술적 한계점

본 교재 인강·무료 기출해설 특강 teacher.Hackers.com

제1절 학교상담과 종합적 학교상담 프로그램

01 학교상담

1. 학교상담의 정의와 활동방법

(1) 정의와 특징

① 학교상담은 전문적으로 교육과 훈련을 이수하고 소정의 자격증을 소지한 전문가가 개인적·사회적 또는 기타 관심사를 가지고 개인이나 집단의 형태로 학생, 학부모, 교직원 등의 이해당사자를 돕는 과정이다.

② 특징

구분	내용
생태학적 접근	학생 개개인을 둘러싼 체계에 초점을 맞추고 보다 큰 맥락에서 학생을 이해하고 조력활동을 전개함
종합적 접근	전 영역에 속하는 활동과 서비스를 포함하여 체계적·종합적으로 접근함 예 측정, 정보, 컨설팅(자문), 상담, 의뢰, 배치, 추수지도 등
선도적(proactive) 접근	모든 학생에게 찾아가 그들이 필요로 하는 도움을 제공함
프로그램 중심	• 학생들의 학업, 진로, 개인·사회성 발달 촉진을 목표로 함 • 체계적인 교육과정을 기반으로 편성된 집단지향적 프로그램을 중심으로 운영함
전문가 주도	학교상담 관련 분야를 전공하거나 자격증을 소지한 전문적 역량을 가진 전문가가 주도함
예방 강조	다양한 생활교육과 상담 프로그램 실행을 통한 문제 예방으로 학생의 최적 발달을 도모함
발달지향적 접근	학생의 성공적인 삶을 위해 필요한 기술과 경험을 생활지도 교육과정으로 편성·운영함
최상의 전략 활용	• 전체적·발달적 관점에서 모든 학생이 학교생활을 잘하도록 최상의 상담방법을 적용함 • 학급 단위의 생활교육, 개인·집단·가족상담 등으로 개입효과를 극대화함
성과 중심	국가의 재정지원과 사회적 책무에 합당한 성과를 올려야 함
목표지향적	• 학생에게 유발하고자 하는 변화를 행동적 언어로 기술함 • 성취할 대상이 명확해지고 무엇을 성취했는지 평가할 수 있음

(2) 활동방법

① 학생이해 활동(student appraisal services): 학생에 관한 자료를 수집하고 기록·조직·해석하는 활동으로, 생활지도 활동의 기반이 되며 상담의 기초 자료를 제공한다.

㉠ 표준화 검사: 지능검사, 적성검사, 학력검사, 흥미검사, 성격검사, 진로검사 등

㉡ 비표준화 검사: 관찰, 가정환경 조사, 생활기록부, 학생면담, 부모면담, 친구면담, 자서전, 일기쓰기 등

㉢ 학생의 인적사항, 행동 발달사항, 장래 진로희망과 계획, 건강 상태를 파악한다.

㉣ 이 정보는 학생의 개인적인 문제 해결과 건전한 성장·발달을 촉진하는 지도에 반드시 필요하다.

② 정보 제공 활동(information service): 학생이 스스로 자신의 여러 문제를 해결하고 자기 발달을 촉진할 수 있게 학생이 원하는 각종 정보나 자료를 적절하게 제공하는 활동이다.

구분	내용
교육정보 (educational information)	• 교육적 기회에 관한 모든 정보 예 새로 입학한 학교, 학생이 선택한 교과, 장학금, 기타 재정적 보조, 상급학교, 학과 정보 등 • 효과적인 학습법, 도서관 사용법 등 학생의 학습에 직접적인 도움이 되는 정보도 포함함
직업정보 (occupational information)	직위(position), 직무(jobs), 직업(occupation)에 관한 타당하고 유용한 자료 예 직무와 취업에 필요한 자격요건, 작업조건, 보수, 승진 유형, 현재와 미래의 인력 수용 및 공급, 그 외 필요한 정보 원천 등
개인·사회적 정보 (personal-social information)	• 학생의 자기이해와 타인 이해, 대인관계 증진에 필요한 인간에 대한 정보 • 광범위한 영역의 정보를 포함함 예 이성관계, 예의범절, 여가활동, 개인의 용모, 사교술, 가족관계, 재정 계획, 건강한 생활 등

③ 상담활동(counseling service): 학생과의 면담을 통해 개인적·사회적·교육적·직업적·심리적 문제 해결을 돕고 어려움을 덜어주는 활동으로 궁극적으로 인간적 성장을 할 수 있도록 도와주는 과정이다.
  ㉠ 학생, 교사, 학부모를 대상으로 하며 상담, 자문활동의 형태로 이루어진다.
  ㉡ 개인상담과 집단상담으로 구분되며, 현대 학생 생활지도는 집단활동을 강조하는 경향이 있다.

④ 자문활동(consultation service): 학생의 전인적 발달을 위해 교사가 필요로 하는 학생 관련 자료와 생활지도 정보를 제공하고, 교사, 학교 행정가, 학부모가 직면한 전문적 도움을 필요로 하는 문제를 해결하도록 돕는 활동을 포함한다.
  ㉠ 상황적 자문: 학생, 교사, 학부모가 고민이나 결정해야 할 문제로 인해 상담교사를 찾아 이루어진다.
  ㉡ 정보적 자문: 진학, 취업 등의 필요한 정보를 얻기 위해 도움을 요청하여 이루어진다.
  ㉢ 설명적 자문: 전체 학생을 대상으로 성장과 발달을 돕는 형태로 이루어진다.

⑤ 진로지도 및 정치활동
  ㉠ 진로교육: 학생이 미래 직업세계에서 종사할 진로를 인식·탐색하고, 합리적으로 선택·준비·결정할 적합한 능력을 길러주는 종합적인 교육활동이다.
  ㉡ 정치활동(placement service): 자기이해, 정보, 상담과정으로 얻은 결과에 따라 더 나은 적응과 성장, 문제해결을 위해 다음 단계에 무엇을 어떻게 할지 선택·결정하고 결정에 따라 잘 적응하도록 돕는 활동이다.

⑥ 추수지도 활동(follow-up service): 사후지도 활동이라고도 불리며, 주로 사후 점검을 통해 지도 받은 학생이 잘 적응하고 생활을 이룩하고 있는가를 살펴보고 대책을 강구하는 활동이다.

2. 학교상담의 목표

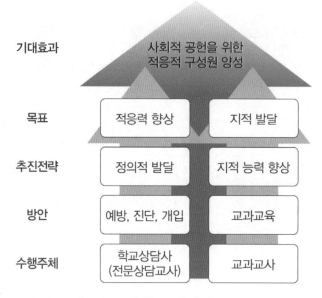

[그림 7-1] 학교교육의 목표

(1) 예방과 반응적 서비스를 결합한 모형
① **예방적 서비스**: 전체 학생을 대상으로 하며 예방, 발달, 성장 촉진을 목표로 한다.
② **반응적 서비스**: 위험군 학생을 대상으로 하며 위기 개입, 치료, 교정이 목적이다.
③ **외국의 학교상담 모형**: 예방, 발달, 성장을 지향한다.
④ 반응적 서비스는 학교상담에서 시도하고 필요한 경우 전문가에게 연계한다.

(2) 목표 중심 학교상담 모형
① 학교의 특성과 학생의 발달 단계를 모두 고려한 모형이다.
② 학교상담자원을 활용한 기존 학교자료의 분석·요구조사를 실시하여 업무에 적용한다.

(3) 조력자로서의 교육자
① 생활지도 중심의 프로그램을 실시한다.
② 지적 활동을 도모하는 역할이 강조되는 학교의 경우 학업성취도 향상 전략과 같은 프로그램을 구성하여 학교와 학생의 요구에 부합할 필요가 있다.

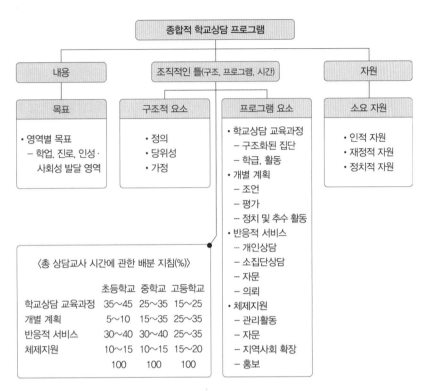

[그림 7-2] 종합적 학교상담 프로그램

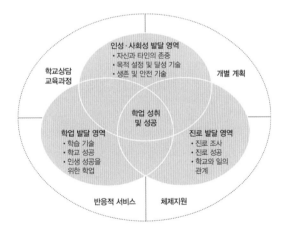

[그림 7-3] 종합적 학교상담 프로그램의 요소와 내용 영역

1. 내용 영역 [기출 23]

(1) 내용 영역의 목표

구분	목표	내용
학업 발달	모든 학생이 지역, 국가 수준에서 제시한 목표에 도달하게 하는 것	• 효과적인 학습 기술과 수험 전략 학습 • 비판적인 사고 기술 개발 • 학업상의 강점, 약점, 개인적인 학습양식 등을 확인 • 교육적인 의사결정에 필요한 기술 개발 • 집단활동에서 자신의 역할 이해 • 학급 내에서의 책임감 있는 행동 • 학교 환경에 대한 적응
진로 발달	학생이 진로 인식과 탐색, 준비 활동의 종합적인 계획에 참여하여 진로 목적을 개발하도록 도움을 주는 것	• 개인적인 특성, 흥미, 적성, 기능을 지각 • 직업세계의 다양성을 인식하고 존중하는 태도 개발 • 학교생활과 장래의 진로 선택 사이의 관계 이해 • 일에 대한 긍정적 태도
개인·사회성 발달	학생이 성인으로의 성장에 필요한 인성·사회성 측면의 기초 지식과 기술을 제공하는 것	• 자기인식과 자기수용 능력 개발 • 개인적인 책임감 개발 • 효율적인 대인관계 및 의사소통 기술 개발 • 효율적인 의사소통 기술(또는 올바른 선택 기술) 학습 • 타인을 이해하고 존중하는 태도 개발

① 학업 발달
  ㉠ 학습자가 학교에서 효율적인 학습을 할 수 있도록 돕고 성공적인 학업을 이루는 전략을 채택하도록 기술, 태도, 지식을 습득하게 한다.
  ㉡ 신입생을 위한 안내, 교육정보 제공, 학습부진아 지도, 학습방법 지도, 독서지도, 그 외 학업과 관련된 여러 활동의 지도가 포함된다.

② 진로 발달
  ㉠ 일생 동안 경험하게 될 일의 세계와 한 직장에서 다른 직장으로의 성공적인 전환을 이룰 수 있는 지식, 기능, 태도를 습득하도록 돕는다.
  ㉡ 학생들이 장래 진로를 탐색하고 준비하도록 돕기 위한 지도로서 직업적성 지도, 진학 지도, 직업 선택과 정보 제공, 직업 알선, 추수지도 등이 포함된다.

③ 개인·사회성 발달
  ㉠ 학생의 자아성장과 다른 사람, 집단과의 관계에 필요한 기술을 개발하는 데 도움을 주는 것이다.
  ㉡ 성공적인 인생에 필요한 강한 자아개념의 발달을 목적으로 한다.

ⓒ 지도 방법

지도 분야	내용
정서와 성격	• 각종 성격 문제, 정서불안, 적성과 적응 문제 등을 지도함 • 심리적 장애의 진단과 치료, 정서교육을 실시함 예 욕구불만의 진단과 해석, 습관교정 등
생활습관과 행동	시간관리 능력, 용돈관리 습관, 규칙적으로 공부하는 습관, 여가활동 활용 습관, 식사예절 및 습관, 신체청결 습관, 공간정리 습관 등이 포함됨
대인관계	• 교우관계, 이성관계, 가족관계, 기타 사회나 타인과의 관계에서 발생하는 여러 문제를 지도함 • 대인관계에서 합리적으로 의사를 전달하도록 도움
건강과 여가	• 신체적 결함, 운동 부족, 영양상태, 위생 문제, 취미생활과 오락 활동, 놀이 및 여가시간 활동에 관한 개인별·집단별 지도를 함 • 학생들이 건전하고 창의적인 여가활동을 경험하도록 도움

2. 구조적 요소와 프로그램 요소

(1) 구조적 요소

① **정의**: 학교상담과 생활지도 프로그램이 전체 학교교육에서 차지하는 위치와 임무, 프로그램의 전달자와 궁극적 수혜자, 프로그램을 통해 달성되는 결과 등을 정의하는 것이다.

② **당위성**: 전반적인 교육체계 내 상담과 생활지도의 중요성과 학생이 교육목표를 습득해야 하는 이유를 설명한다.

③ **기본 가정**: 프로그램을 구안하고 안내하는 원칙이다. 학교상담과 생활지도는 프로그램의 종합성, 균형적 특성, 기타 교육과정과의 관계, 관계 프로그램의 기여 등을 진술한다.

(2) 프로그램 요소

① **생활지도 교육과정(guidance curriculum)**: 학업발달, 진로발달, 인성 및 사회성 발달을 도모하기 위해 제공하는 경험들로 구성된다.

  ⓐ 학생의 성장·발달 촉진을 위해 학년별 발달 수준에 따른 일련의 교육 내용이다.

  ⓑ 예방차원에서 학급단위 생활교육의 일환으로 교실수업 형태로 실시된다.

② **개별 계획(individual planning service)**: 모든 학생 각자의 학업, 진로, 인성 및 사회성 발달을 계획, 점검, 관리하도록 도와주기 위해 설계된 활동들로 구성된다.

  ⓐ 각 학생이 상담교사의 도움을 받아서 자신의 학업과 직업을 비롯한 개인적 목적을 계획하고 그 결과를 분석·평가하는 과정을 거친다.

  ⓑ 학생이 자신의 능력을 극대화할 수 있도록 구체적인 계획을 수립할 수 있도록 돕는다.

    예 학생의 흥미와 적성을 고려하여 최적의 과목을 선택하도록 도움

③ **반응적 서비스(responsive service)**: 개별학생의 긴급한 요구나 문제에 대해 상담교사가 '반응적으로' 상담을 비롯한 기타 서비스를 제공하는 것이다.

  예 개인상담, 집단상담, 위기개입, 갈등중재, 또래지지 프로그램, 의뢰, 자문 등

④ **체제지원 활동(system support service)**: 전반적인 학교상담 생활지도 프로그램을 수립, 유지, 강화하는 관리활동들로 구성된다.

  예 프로그램 자료의 개발과 평가, 홍보, 학부모 교육, 지역사회에서의 아웃리치 등

- 상담: 학업, 진로, 예방적 발달상담 영역이다.
- 자문
  - 상담자가 부모, 교사, 행정가, 그 밖의 사람들과의 상호작용을 좀 더 명확히 이해하도록 도와주는 협력 과정이다.
  - 목표는 피자문자가 학생과 효과적으로 상호작용할 수 있도록 관련 정보를 습득하고 기술을 발달하게 하는 것이다.
- 조정: 상담교사가 학교상담 프로그램과 관련된 활동을 조직·관리하는 것을 돕는 리더십의 과정이다.

3. 프로그램 시간과 소요 자원

(1) 프로그램 시간

① 미국 학교상담자협회(ASCA): 전문상담자가 행정 업무를 제외하고 80% 이상의 시간을 고유 업무(교육과정, 개별계획, 반응적 서비스, 체제지원)의 4가지 프로그램 요소에 사용하는 것을 권장한다.

② 중학교 프로그램 시간

　㉠ 직접적 서비스 중 학교상담 교육과정에 25~35%를 배정하여 학생에게 발달적·예방적 서비스를 제공한다.

　㉡ 반응적 서비스에 30~40%를 배정하여 개별 학생의 긴급한 요구나 문제에 도움을 준다.

③ 개별 학생의 능력에 맞는 진로·학업계획 수립에 15~35%를 배정하고 간접적인 서비스인 체제지원 활동에는 10~15%를 배정할 것을 추천한다.

(2) 소요 자원

구분	내용
인적 자원	• 상담교사, 학생, 교장, 행정가, 교과교사, 보건·영양·사서교사, 학교운영위원회 등의 학내 인사를 포함함 • 경우에 따라 학부모, 지역사회 인사, 산업계 인사 등의 학외 인사도 중요한 인적 자원이 될 수 있음
재정적 자원	• 프로그램의 성공적인 운영에 필수적인 자원 • 프로그램 자료나 프로그램 운영에 사용할 장비, 시설을 구입·마련할 수 있음
정치적 자원	• 성공적인 프로그램 운영에 필요한 자원 • 학부모 단체, 교직원 단체, 교육청, 시의회 등의 프로그램 지지 여부에 따라 프로그램 성패가 좌우될 수 있음

4. 예방 서비스와 반응 서비스

(1) 예방 서비스

① 전교생을 대상으로 학생이 발달과정에서 겪는 과업, 잠재적 문제를 효과적으로 대처하는 능력을 길러줌으로써 성장과 발달을 촉진하는 활동을 의미한다.

② 투입시간 면에서 반응 서비스보다 경제적: 예방 서비스는 여러 학생을 동시에 지도할 수 있지만, 반응 서비스는 보통 일대일로 진행된다.

(2) 반응 서비스

① 행동·사고·정서적 측면에서 위험군/고위험군에 속하는 학생을 대상으로 전개하는 교정, 치료, 위기 개입이다.

② 반응 서비스는 개입의 우선순위를 정해야 하며, 이때 다음 사항을 고려한다.

　㉠ 상담교사의 전문성과 학생의 동기 수준이 모두 높을 경우: 상담의 성공 가능성이 높다.

　㉡ 상담교사의 전문성은 낮고, 학생의 동기 수준은 높을 경우: 전문성을 강화하거나 다른 전문가에 의뢰한다.

ⓒ 상담교사의 전문성은 높고, 학생의 동기 수준은 낮을 경우
- 동기가 높아질 때까지 상담을 연기한다.
- 적극적이고 시간 여유가 있는 다른 전문가에게 의뢰한다.

ⓔ 상담교사의 전문성과 학생의 동기 수준이 모두 낮을 경우
- 두 변인 중 하나가 바뀔 때까지 상담을 연기한다.
- 다른 전문가에게 의뢰한다.

③ 반응 서비스의 우선순위를 정하는 이유: 반응 서비스에만 전념하기보다 예방 서비스 시간도 확보하여, 상황에 따라 통합적인 학교상담 프로그램을 운영하기 위함이다.

④ 예방 서비스는 일반적으로 전교생을 대상으로 하지만, 반응 서비스는 학생의 문제가 발생한 이후 특정 학생을 대상으로 한다.

> **참고** **예방적 개입과 반응적 개입**
>
> 1. 예방적 개입(prevention intervention)
>   - 1차 예방: 문제의 발생 자체를 사전에 막는 노력을 전제로 한다.
>   - 2차·3차 예방: 문제가 발생한 다음에 문제의 악화, 심화, 확산을 막는 것을 의미한다.
>   - 2차 예방: 학교에서 문제가 발생했을 때, 그 피해가 더 커지기 전에 적절한 개입을 조기에 시작하여 큰 피해를 막는 노력이다.
>   - 3차 예방: 문제가 심각한 상태에 이르렀지만 정서·행동 장애까지 도달하기 전에 개입을 시도함으로써 가급적 건강한 상태 혹은 독립적인 생활이 가능하도록 재활시키는 노력이다.
>   - 3차원의 예방상담학적 관점은 학생들의 신체적·정서적 건강을 증진시키기 위해 개인적 개입을 포함한 보다 큰 집단과 조직에 초점을 맞춘 체계적 개입을 강조한다.
> 2. 반응적 개입(reactive intervention)
>   학생들의 문제행동을 사전에 교정하고 예방하는 적극적인 개입보다는 문제가 발생하면 문제를 일으킨 학생들에 대한 개입 방안을 말한다.

5. 긍정적 행동 개입 지원

(1) 의미와 특징

① 의미: 학생의 발달에 영향을 미치는 다양한 요인들을 체계적으로 접근하는 개입으로서 전체 학생을 대상으로 바람직하지 못하고 비생산적인 행동을 확인하고 다루면서 동시에 바람직한 행동을 강화하는 접근법이다.

② 긍정적 행동 개입 지원은 학급 수준, 학교 수준, 지역 교육청과 같은 보다 넓은 환경 맥락 수준에서 증거-기반 행동 기술 적용을 강조하고 있다.

③ 구체적 특징: '예방', '증거-기반 실제', '체계적 접근의 실행'이라는 3가지로 설명할 수 있다.

(2) 예방

① 1차 예방: 모든 학생들을 대상(교직원, 학교환경)으로 실시되는 학교·학급 차원에서의 개입이다.
- ㉠ 효과적인 교수기법과 검증된 교육과정 예 인성교육, 진로와 직업체험
- ㉡ 환경적 체계의 변화 예 학교 풍토 및 학교 분위기 개선
- ㉢ 사전 교정과 예방적 방법 예 생활기술, 학교폭력 예방
- ㉣ 긍정적 강화와 긍정적인 바람직한 행동을 가르치기 위한 학급 생활지도 예 효과적인 의사소통 방법

② 2차 예방: 위험 행동군 학생들을 대상으로 실시하는 전문적인 집단지도다. 즉, 1차 예방 개입에 눈에 띄게 반응하지 않는 학생들을 대상으로(전체 학생 중 약 15%), 문제행동의 영향을 감소시키는 개입이다.

③ 3차 예방: 고위험 행동군 학생들을 대상으로 실시되는 전문적이고 개별화된 접근이다. 이는 지속적·만성적인 문제행동을 보이는 학생(전체 학생 중 대략 5%)에게 적절하다.

(3) 이론에 근거한 증거-기반 실제

① 증거-기반 실제의 출현은 학교 교육에서도 새로운 프로그램과 정책이 얼마나 학생들에게 교육이 목표로 하는 효과성을 가져오는지에 대한 증거-기반 실제를 촉구하고 있다.

② 생활지도와 상담실제를 적용할 때, 다음 4가지의 평가질문을 활용할 수 있다.

평가질문	설명
개입의 실제가 효과적인가?	성취해야 할 바람직한 효과나 성과의 가능성
개입의 실제는 효율적인가?	채택할 경우 드는 비용과 장점
개입의 실제는 적절한가?	개입의 실제가 사용되는 환경이나 문화, 개인 특성에 적합한지에 관한 맥락적 고려
그 실제는 지속 가능한가?	지속적으로 개입의 실제를 적용하기 위해 필요한 자원에 대한 고려

(4) 체계적 실행(체계적 실행의 4가지 구성요소)

① 하나의 조직인 학교는 교사, 학부모, 학생이 인정하는 측정 가능하고 성취 가능한 장기간 성과를 확립한다.

② 학교는 믿을 만하고 경험적으로 검증 가능하며 교육적으로 관련된 증거에 의해 지지되는 상담 및 생활지도의 실제를 확인한다.

③ 객관적인 정보와 연구자료에 기초하여 적용한 상담의 실제가 얼마나 적합한지를 입증하고 개입의 효과성, 효율성, 적절성을 평가한다.

④ 정확하고 지속 가능한 긍정적 행동 개입 지원을 실행하기 위해 학교는 교직원, 예산, 담당자의 훈련과 같은 체계 지원을 확립해야 한다.

6. 종합적 학교상담 프로그램의 단계

단계	내용
계획하기	학기 초 학교의 목표, 학생, 학부모, 교사의 욕구, 그리고 그들의 상담 프로그램을 위한 목표와 목적을 선택하도록 돕는 절차와 결정으로 구성됨
조직하기	어떤(what) 서비스에 누가(who) 책임이 있는가와 서비스를 언제(when) 수행할 것인가를 확인하도록 돕는 과정
실행하기	개인상담, 소집단 상담, 교사와 학부모 자문, 학습과 소집단 생활지도, 검사, 위기 중재, 자문 등의 실시 단계
평가하기	학교상담 프로그램의 성과를 평가하고, 분명한 약점을 확인하고, 미래를 위해 프로그램 변화를 권장하게 하는 절차로 학교상담자의 정체성과 신뢰성에 필수적인 단계

(1) 계획하기

① 학교의 목표, 학생·학부모·교사의 욕구를 반영하여 학교상담 프로그램을 위한 목적·목표를 결정하는 단계다.

② 계획하는 과정은 학교 전체 구성원들의 정확한 평가가 이루어지는 학기 초에 이루어진다.

(2) 조직하기

① 프로그램을 조직하는 활동은 학교가 어떤 서비스를 누가 누구에게 언제 수행할 것인가를 결정하는 과정이다.

② 연간 목적 및 목표를 정한 후에 한 해 동안의 주요 행사에 대한 계획을 개발하고 학교상담 프로그램 운영을 위한 구체적인 계획을 개발하는 단계다.

③ 종합적 학교상담 프로그램을 구성하기 위해서는 학교 교육과정과 연계해야 하므로 상담자, 교사, 행정가, 다른 기타 직원들과 협력하여 각자의 역할을 확립할 필요가 있다.

(3) 실행하기

① 종합적 학교상담 프로그램의 실시 단계로 상담자, 교사 등은 프로그램을 구성하는 학교상담 서비스를 제공한다.

② 서비스를 제공할 때 다양한 방법으로 진행할 수 있다. 이를테면 개인상담과 소집단 상담, 교사와 학부모 자문, 학급과 소집단 생활지도, 학생평가 및 환경평가, 의뢰 등의 방법이 있다.

(4) 평가하기

① 제공된 학교상담 프로그램이 본래의 목적을 달성하기 위해 설정한 목표를 얼마나 성취하였는가에 대해 적절한 방법으로 평가하는 단계다.

② 학생들에게 제공하는 서비스가 어떤 성과를 가져왔고, 효과적이지 못하였다면 문제점이 무엇인지에 대한 분석과 평가 활동을 통해서 프로그램을 수정·보완해야 한다.

③ 일련의 단계들은 순환적으로 이루어지기 때문에 평가 결과는 다시 프로그램 설계 및 조직에 영향을 주고 다시 실행함으로써 증거-기반의 실제로서 효과성을 높일 수 있다.

7. 미국 학교상담사협회(ASCA)의 국가모델 [기출 23]

(1) 학교상담 프로그램 국가표준/국가기준(National Standards for School Counseling Programs)

① 학교상담이 전문 활동으로서 효과를 거두기 위한 조건

  ㉠ 영역: 종합적(comprehensive)이어야 한다.

  ㉡ 내용: 학생의 문제 예방(preventive in design), 잠재력 발달(development in nature)에 중점을 둔다.

  ㉢ 학교 교육에 통합적(integrative)이어야 한다.

② 학생이 학업, 진로, 개인·사회성 영역에서 습득할 것으로 예상되는 표준과 역량(지식, 태도, 기술)이 수록된다.

(2) ASCA 국가모델

① 3수준 4영역 구성: 전체 학교상담 프로그램 실시 과정을 3가지 수준의 4가지 프로그램 구성요소로 제시한다.

② 4가지 구성요소

  ㉠ 기초(foundation)

  ㉡ 운영체제(관리체계, 운영체계, management system)

  ㉢ 전달체제(전달체계, delivery system)

  ㉣ 책임(accountability)

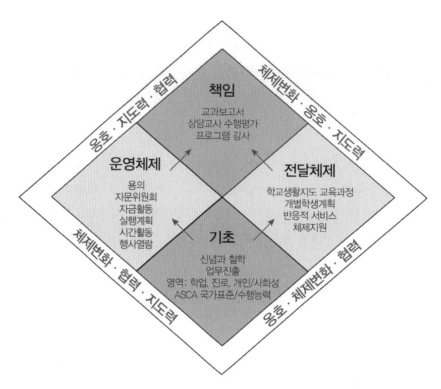

[그림 7-4] ASCA 국가모델 모형

(3) **모형**

① 학교상담 프로그램의 구성요소 4가지와 중요 하위 요소가 중앙에 제시된다.

② 21세기의 학교상담자가 갖추어야 할 특성 4가지(체제변화, 협력, 지도력, 옹호)가 테두리 부분에 배치된다.

③ 영역 간 화살표는 각기 다른 차원을 나타내며, 화살표의 방향은 낮은 수준에서 높은 수준을 향한다.

④ 학교상담자가 갖추어야 할 4가지 특성은 학교상담 계획·제공·평가 과정에서 상담자가 수행할 역할과 학생의 교육환경을 통합적으로 다루기 위한 학교상담을 구성하는 방법의 근거를 제공한다.

⑤ 학교상담자의 역할

　㉠ **전통적 역할:** 주로 어려운 '일부' 학생을 돕거나(helper) 문제가 심각해진 후에 해결(responser)하는 데 그쳤다.

　㉡ **현재의 역할**

　　ⓐ '전체' 학생의 발달을 옹호(advocate)하는 지도자(leader)로, 필요한 자원을 얻기 위해 다양한 기관, 사람과 협력(collaborate)한다.

　　ⓑ 상담자는 학생 개인과 그를 둘러싼 환경의 체제변화(systemic-change)를 도모할 수 있어야 한다.

(4) 영역

영역	역할		내용
기초	프로그램 초점		비전과 신념에 기초한 목표 설정, 프로그램 개발
	학생 능력		학업, 진로, 개인·사회발달 및 기타 발달 고려
	전문적 능력		ASCA의 지식, 태도, 기술 및 윤리강령 준수
운영	유능성과 학교상담 프로그램 평가		상담자 자신의 장점, 기술, 활동 능력을 평가
	시간 활용에 대한 평가		학생 서비스 제공을 위해 투입한 시간 평가
	연간 계획		학년 초 학생 상담 프로그램 계획
	협의회 구성		• 학생, 학부모, 교사, 관리자, 지역사회 구성원으로 협의회를 구성 • 학교상담 프로그램 결과 검토
	자료 활용		프로그램 결과 평가
	교육과정, 소집단, 격차 줄이기 계획		발달, 예방, 치료적 활동 서비스 제공
	연간 및 주간 활동		학생, 학부모, 교사, 관리자에 대한 홍보와 참여 독려
전달	직접적 서비스	학교상담 핵심 과정	학교 교육과정의 일부로 구조화된 교육 제공
		개별 학생 계획	개별 학생의 목표, 미래계획 조력
		반응적 서비스	즉각적 요구, 고민상담, 개인상담, 소집단 상담, 위기 대응 등
	간접적 서비스		상담 의뢰, 학부모 교사, 지역사회 기관 등에 자문 협력
책임	학생상담의 효과를 분석·평가·보고하고 이를 추후 상담 프로그램에 활용		

[그림 7-5] ASCA가 제시한 학교상담자의 역할

① 기초(foundation): 학교상담자는 학생들의 성과에 초점을 두고 유능감을 가르치며, 전문가의 능력을 가지고 종합적 학교상담을 제공해야 한다.

　㉠ 모든 학생이 학교상담으로 도움을 받을 수 있도록 하는 자신의 신념을 점검하고, 이 신념을 바탕으로 학생이 상담에서 추구할 목표를 정의한다.

　㉡ 학교의 비전과 부합되는 신념을 가지고 이 비전과 신념의 달성에 중점을 두고 프로그램을 개발한다.

　㉢ 모든 학생의 학습과정을 촉진하고자 ASCA가 제시한 학업, 진로, 개인·사회적 발달의 3가지 기준 외에도 학생 능력 등의 중요한 기준을 고려하여 학생상담 프로그램에 반영한다.

　㉣ 전문적 능력(professional competencies)

　　ⓐ ASCA의 학교상담자 능력에 제시된 전문상담자에게 요구되는 기준의 지식, 태도, 기술을 준수한다.

　　ⓑ ASCA의 학교상담자 윤리강령에 명시된 통합, 리더십, 전문성을 유지하기 위한 윤리적 행동의 원리를 기초로 한다.

　　ⓒ 학교상담자는 자신과 학생을 보호하는 방향으로 의사결정을 내리고 상담활동을 수행한다.

② 운영(management): 학교상담자는 조직적인 평가와 도구를 사용한다.
  ㉠ 도구: 구체적이며 명확히 기술되고 학교의 요구를 반영하는 도구를 사용한다.
  ㉡ 학교상담자 유능성과 학교상담 프로그램 평가: 학교상담자는 자신의 장점 영역, 개인적 기술, 프로그램 활동 능력의 향상 등을 스스로 평가한다.
  ㉢ 시간 활용 평가: ASCA는 학교상담자가 학생에 대한 직·간접적인 서비스 제공에 80% 이상의 시간을 사용할 것을 권고하는데, 이를 기준으로 투입한 시간을 평가할 수 있다.
  ㉣ 연간 계획: 학년 초에 학교상담 프로그램 조직, 달성 목표 등을 계획하고 학교관리자의 승인을 받는다.
  ㉤ 협의회 구성: 학생, 학부모, 교사, 학교상담자, 관리자, 지역사회 구성원 등이 협의회를 구성하여 학교상담 프로그램 활동과 결과를 검토·권고할 수 있다.
  ㉥ 자료의 활용: 프로그램의 결과를 평가하고 학교체제 안에서의 체계적인 변화를 촉진함으로써 모든 학생이 성공적으로 졸업하고 대학에 가거나 취업을 준비하도록 하는 역할을 의미한다.
  ㉦ 교육과정, 소집단, 격차 줄이기 활동: 발달적·예방 및 치료적 활동과 서비스를 제공하여 학생의 능력과 성취, 행동, 출석률에 긍정적인 영향을 미치는 것이다.
  ㉧ 연간·주간 계획: 학생, 학부모, 교사와 관리자에게 학교상담 프로그램을 알리고 적극적으로 참여하도록 독려하는 활동이다.
③ 전달(delivery): 학교상담자가 학생, 학부모, 교직원과 지역사회에 직·간접적인 서비스를 제공하는 것이다.
  ㉠ 직접적 서비스(direct services): 학교상담 핵심 교육과정, 개별 학생 계획, 반응적 서비스로 분류된다.
    ⓐ 학교상담 핵심 과정: 학생의 발달 수준에 맞는 지식, 태도, 기술을 제공하고 학생이 이상적인 목표를 달성하도록 구조화된 교육을 제공한다.
    ⓑ 개별 학생 계획: 학교상담자가 개별 학생의 목표와 미래 계획 설정에 도움을 주고자 체계적인 활동을 지속적으로 조직·수행하는 것이다.
    ⓒ 반응적 서비스: 학생의 즉각적 요구나 고민에 부응하는 학교상담자의 활동으로 개인상담, 소집단상담, 위기 대응 등을 포함한다.
  ㉡ 간접적 서비스(indirect services): 학교상담자가 학생을 대신하여 하는 활동으로, 학생에게 더욱 많은 도움을 주고자 상담 의뢰를 하거나 학부모, 교사, 지역사회 기관 등에 자문·협력하는 활동을 말한다.
④ 책임(accountability): 학교상담 프로그램의 효과를 측정 가능한 방식으로 보여주기 위해 학교상담자는 상담 결과로서 학생의 변화 정도를 데이터로 분석해야 한다.
  ㉠ 학교상담자는 학교상담 프로그램이 학생의 성취도, 출석률, 행동에 어떤 영향을 미쳤는지 데이터로 제시하고 프로그램의 평가를 분석하여 모든 학생에게 도움이 되도록 학교상담 프로그램을 향상하는 데 활용한다.
  ㉡ 학교상담자의 수행 능력: 종합적 학교상담 프로그램을 수행할 수 있는가를 기준으로 평가한다.

03 종합적 학교상담 프로그램의 실행 단계

[그림 7-6] 종합적 학교상담 프로그램의 실행 단계

1. 종합적 학교상담 프로그램 정의와 철학 작성

(1) 정의는 프로그램의 초점을 나타낸 것이며, 철학은 프로그램의 기반인 의미 또는 신념을 나타낸다.

(2) **정의**

① 학교상담은 학교의 전반적인 교육 프로그램의 통합적인 일부이다.

② 발달적이고 연계성 있게 설계된 조직화된 활동들이 포함된다.

③ 교사, 행정가, 학생, 학부모의 지원하에 자격 있는 상담교사가 실행한다.

④ **학교상담 프로그램의 구성요소:** 학교상담 교육과정, 개별 계획, 반응적 서비스, 체제 지원이 있다.

⑤ 진로 계획 및 탐색, 자신과 타인의 이해, 교육·직업적 발달 목표 등을 모든 학생이 습득하도록 도움으로써 그들의 욕구를 충족하는 방향으로 설계된다.

(3) **철학**

① 학교상담 프로그램은 전체 교육과정 중 중요하고 통합적인 일부이며, 학생은 정서적·사회적·교육적으로 계속 성장하므로 성장·발달과 관련된 여러 주제를 다루어야 한다.

② 성장과 학습은 발달적이므로, 학교상담도 발달적이고 연계성이 있어야 한다.

  ㉠ 학교상담은 입학 전부터 평생에 걸쳐 요구되는 활동이다.

  ㉡ 학생에 대한 지속적이고 특별한 관심을 요한다.

③ 유치원부터 고등학교 3학년까지의 발달적 프로그램은 모든 학생에게 관심을 가지므로, 종합적 학교상담 프로그램은 문제를 가진 소수 학생의 문제 해결보다 모든 학생을 위한 것이다.

2. 학교운영위원회 회의 개최

(1) 종합적 학교상담 프로그램의 필요성을 설명하고 위원회의 지원과 보장을 받기 위해서는 학교운영위원회의 의결을 거쳐야 한다.

(2) **학교운영위원회의 의결사항**

　① 학교운영위원회는 종합적 학교상담 프로그램 모형을 채택하고 그 모형에서 제시한 목적과 목표에 대한 지원을 약속해야 한다.

　② 학교운영위원회가 해야 할 일

　　㉠ 교직원이 양질의 종합적 학교상담 프로그램을 개발·실행·관리할 시간을 제공한다.

　　㉡ 계속적인 프로그램 개발·개선을 위해 자문위원회, 행정가의 정기적인 보고를 받고 필요한 결정을 내린다.

　　㉢ 자문위원회의 도움을 받아 관계자들이 지역사회에 프로그램을 홍보하도록 지도한다.

　　㉣ 프로그램의 지속적인 개발·실행·평가를 보장하는 적절한 예산을 제공한다.

　　㉤ 프로그램의 평가 결과를 활용하여 예산을 결정한다.

3. 자문위원 위촉, 회의 개최

(1) **자문위원 위촉**

　① 학교의 학교상담 프로그램을 책임지는 행정가는 자문위원회를 결성하기 위해 자문위원을 임명한다.

　② 자문위원은 학교운영위원회, 교직원, 학부모, 학생, 지역사회 유지, 지도자 중에 선임한다.

　③ 자문위원회는 1년에 1회 또는 프로그램 내용과 구조에 관한 조언·상담이 필요할 때 소집된다.

(2) **회의 개최**

　① 첫 번째 회의에서 협의할 사항: 종합적 학교상담 프로그램의 소개, 수정해야 할 과제 확인, 과제의 할당, 과제를 달성하기 위한 일정 수립, 회의 날짜 결정 등이 포함된다.

　② 두 번째 회의에서 시간 및 과제 분석, 요구조사 내용 등을 다룬다.

4. 시간 및 과제분석 실시

(1) **시간 및 과제분석**

　① 기존 프로그램이 있는 경우 그 체제하에서 상담교사의 활동시간과 과제의 할당에 관해 조사하고 분석하는 데 사용된다.

　② 기존 프로그램에서 시행되고 있던 시간 및 과제를 종합적 학교상담 프로그램의 시간 및 과제와 비교하기 위한 기초로 제공한다.

　③ 시간 및 과제분석은 보통 30분 단위로 이루어진다.

(2) 시간 및 과제분석의 단계

① 시간 및 과제분석 양식을 활용한다.

  ㉠ 학기 초의 첫째 주 월요일에 자료 수집을 시작한다.

  ㉡ 둘째 주는 화요일, 셋째 주는 수요일에 자료를 수집하는 방식으로 진행한다.

  ㉢ 여섯째 주부터 다시 월요일에 자료 수집을 시작하여 남은 기간 동안 이를 되풀이한다.

② 다양한 활동에 소요된 시간을 파악하기 위해 시간 및 과제분석 양식을 활용한다.

  ㉠ 선택된 날짜에 제시된 양식의 5가지 범주(학교상담 교육과정, 개별 계획, 반응적 서비스, 체제 지원, 학교 상담과 무관한 활동)를 활용하여 사용된 시간을 추적한다.

  ㉡ 이 양식은 프로그램이 진행되는 일과 전, 일과 후, 저녁 활동 시간란을 포함해야 한다.

③ 시간 및 과제분석 양식을 보고 각 범주에 들어갈 활동을 결정한다.

  ㉠ 30분 간격으로 적절한 범주를 체크한다.

  ㉡ 학교상담과 무관한 범주인 경우 실제로 수행한 과제의 이름을 기입한다.

④ 하루 일과에 대한 30분 단위의 시간 블록을 계산한다.

  ㉠ 비번일 때의 시간 블록은 세지 않는다.

  ㉡ 범주별로 15분 또는 30분 단위의 시간 블록을 세고, 수치를 각 표 끝의 해당 공란에 적는다.

⑤ 시간 및 과제분석 요약지에 범주별 시간 블록을 합산하고, 범주별로 소비한 시간의 백분율을 계산한다.

  ㉠ 백분율은 범주별 총시간 블록의 합계를 시간 블록의 총합계로 나누어 구한다.

⑥ 종합적 학교상담 프로그램에서 권장하는 시간 배분에 기초하여 적당한 시간 배분 백분율을 결정하고, 학년 수준에 맞게 갱신된 프로그램에 배정된 백분율을 시간 배분표에 기록한다.

5. 요구사정 실시 및 학교상담 가용 자원의 평가

(1) 요구사정

① 요구조사의 요구는 대개 '학생의 숙달에 도움이 필요하다고 생각하는 목표'로 정의한다.

② 상담교사는 요구사정으로 학생, 교직원, 학부모가 중요하다고 여기는 프로그램 범주와 목표를 확정한다.

③ 요구사정에 소요되는 경비: 설문지 인쇄비, 통계 처리비, 결과 보고서 작성비 등이 포함된다.

④ 요구사정 방법

  ㉠ 요구사정은 프로그램이 작성·실행된 첫 해에 시행하고, 이상적으로는 그 후 3년마다 한 번씩 진행한다.

  ㉡ 조사는 비교적 실행이 간단하고 쉬우므로, 학생 수 500명 이하의 소규모나 중간 규모 학교는 전 학생을 대상으로 조사하는 것이 좋다.

  ㉢ 학생 수가 500명 이상인 대규모 학교는 50%의 무선표집조사를 권장한다.

  ㉣ 학부모 조사는 적어도 50% 이상의 부모를 대상으로 한다.

  ㉤ 학교운영위원회는 어떻게 조사할지 조사 방법을 결정해야 한다.

⑤ 모든 교사를 대상으로도 학생에게 필요한 학교상담 내용이 무엇인지에 대한 조사를 실시한다.

⑥ 요구사정 결과를 종합하여 문항별·범주별 요구 순위를 매기고, 이를 바탕으로 목표를 설정한다.

⑦ 문항별·범주별 학생 요구 순위

구분	내용

문항별
학생 요구 순위
	• 각 문항에 대한 집단의 반응 빈도와 해당 문항에 순위를 매긴 학생의 비율을 제시하는 것
	• 각 범주와 범주 안에 포함되는 요구 문항의 수를 나타냄
	• 학생들이 가장 많이 선택한 상위 4~5개의 문항 중 상담교사는 특히 50% 이상의 학생이 선택한 요구 문항에 주목해야 함
	• 이 문항은 학교상담 프로그램에서 다루기를 바라는 구체적인 요구 문항임
	• 요구 문항이 확인된 후 목표 진술 목록을 작성함
	   − 이 목록은 각 요구 문항을 목표 진술로 바꾼 것임
	   − 상담교사는 최상위의 요구 문항을 반영하여 목표를 진술함

범주별 학생 요구 순위	• 모든 범주와 상대적인 순위를 제시하는 것 • 상담교사는 학년별 범주의 상대적 순위를 기록하고 비교함 • 모든 학년 수준에서 상위 4~5개의 범주는 학년 수준별 순위를 합산하여 확인함 • 상담교사는 영역별(학업, 진로, 인성·사회성 발달 영역)로 순위를 매긴 범주에 주목함 • 학교상담 프로그램에 도입할 목표로 각 영역의 최상위 1~2개 범주를 선택하는 것이 좋음

(2) **활용 가능한 자원의 평가**

① 자원의 평가는 다양한 측면의 체계적이고 철저한 재검토를 필요로 한다.

    예 기존 학교상담 프로그램과 활동, 공간, 시간 배당, 장비, 구성원의 전문지식, 지역사회 자원 등

② 학교상담 프로그램 실행에 필요한 자원의 평가는 여러 영역에 걸쳐 실시된다.

    ㉠ **장비, 재료 조사:** 학교상담 프로그램에 사용되는 학교의 시설과 장비를 조사하고 교직원에게 필요한 새로운 장비와 재료를 신청할 기회를 제공한다.

    ㉡ **교직원의 전문성 조사:** 학교상담 프로그램 활동 수행에 도움이 되는 관련 교직원의 특별한 능력과 기술을 확인한다.

    ㉢ **지역사회 인적 자원 조사:** 학교상담 프로그램 수행에 유용하게 활용될 지역사회의 인적 자원을 확인한다.

       예 지역사회 봉사단체, 지역사회 업계, 상공회의소, 노동조합 등

6. 프로그램 목표 설정

(1) **목표**

① 공식적·비공식적 요구사정 결과에 근거하여 설정한다.

② 목표 진술은 요구 문항을 변형하여 재진술한 것이라는 점을 알아야 한다.

③ 목표 진술의 예시

구분	내용
요소	학교상담 교육과정
영역	진로 발달 영역
범주	진로 계획 및 발달
요구 문항	내가 관심 있는 진로를 준비하는 방법을 알기 위해 도움이 필요함
목표 진술	내가 관심 있는 진로를 준비하는 방법을 아는 것

(2) 목표의 수 설정

학교상담 교육과정의 실행에 배당된 시간을 감안하여 설정한다.

(3) 목표 달성방법 설정

① 목표 설정 후, 각 목표를 어떤 프로그램 요소에 배정할지를 명확히 정한다.

② 상담교사는 특정 목표를 달성하고자 학교상담 학습활동을 개발하거나 학생과 개별계획 시간을 가질 수 있다.

③ 어떤 목표는 특정 문제에 관심이 있는 학생의 집단상담을 실시함으로써 가장 잘 성취될 수 있다고 결정할 수 있다.

(4) 프로그램 설정

각 목표가 가장 잘 달성될 수 있는 방법을 결정한 후 이를 통합할 수 있는 적합한 분야의 학교 교과과정과 종합적 학교상담 프로그램을 찾는다.

7. 목표 달성을 위한 학습활동 개발

(1) 확정된 목표를 가장 잘 달성할 수 있는 학교상담 활동을 선택·수정·작성하여 사용한다.

(2) 학교상담 학습활동은 효과적으로 활용될 수 있게 작성한다.

8. 학년 및 담임교사와의 협의

(1) 교실에서 실행될 학교상담 활동은 일정이 겹치는 것을 막기 위해 관련 교사와의 협의가 필요하다.

(2) 학교상담 활동이 학급에서 이루어져야 할 때, 관련 교사와 밀접하게 협의하여 활동한다.

(3) 평가방법도 활동에 포함한다. 이는 활동의 중요성을 증명하는 데 도움을 줄 수 있으며, 프로그램 실행 시 상담교사가 주도적인 역할을 수행하지만 다른 교사도 중요한 기여를 한다는 점을 강조하고 일정 정도의 구체적인 책임을 지게 할 필요가 있다.

9. 프로그램 요소별 연간 세부 계획 작성

(1) 연간 계획

① 상담교사가 프로그램 활동을 조직·관리하며 종합적 학교상담 프로그램을 실행·전달하는 조직화되고 체계적인 방법을 제공한다.

② 상담교사가 학생의 요구를 충족할 시간을 계획하고 학생, 교직원, 학부모, 지역사회 등에 학교상담 프로그램의 목표와 관련된 정보를 제공한다.

③ 학교상담 프로그램을 전반적인 학교교육 활동에 통합하고 모든 교직원의 참여를 유도하며 학교상담 프로그램의 실행에 있어 조직적인 능력에 관한 증거를 제공한다.

(2) 세부 계획

① 상담교사가 연간 계획을 효과적으로 활용하도록 2주 단위의 계획표를 작성하여 활동 개관에 사용할 수 있다.

② 2주 단위 계획표는 상담교사의 활동이 프로그램 요소 간 균형을 추구하고 있는지 점검하는 도구로도 활용된다.

10. 학교상담 프로그램 평가

(1) 이 단계에서 학교는 새로운 프로그램을 채택하여 얼마나 성공했는지를 확인한다.

① 모든 과정이 실행된 후 학교는 프로그램 표준의 달성 정도, 개인별 수행평가, 학생의 목표 달성도에 기초하여 새로운 프로그램의 효율성을 평가한다.

② 평가를 위해 학교는 프로그램의 10가지 요소가 도입되었음을 나타내는 문서 파일을 개발하는 것이 중요하다.

(2) 학교상담 프로그램 평가 항목

• 문서화된 프로그램의 정의 및 철학	• 요구사정 자료에 근거한 범주와 목표
• 학교운영위원회의 보장사항	• 학교상담 학습활동의 계획안
• 자문위원 명단	• 시간 및 과제분석 요약표
• 자문위원회 회의 의사록 및 일정	• 시간 배당 관련 원형 분포표
• 요구사정 자료의 요약	• 연간 계획표

참고 종합적 학교상담 프로그램의 이점

구분	내용
학생	• 진로 탐색 및 발달에 관한 지식과 도움을 제공함 • 의사결정 기술을 개발할 수 있음
학부모	• 학생의 교육적 발달에 관한 정보를 제공하고 자녀에 관한 장기 계획을 수립하게 도움 • 부모와 상담교사 간의 상호작용 기회가 증가하고 부모가 필요로 할 때 자료를 얻을 수 있음
교사	• 학생과 긍정적이고 지원적인 관계를 맺도록 함 • 핵심 기술과 학습능력을 도입할 수 있는 팀 구성을 도움
행정가	• 구체적인 내용이 담긴 프로그램 구조를 제공함 • 학교상담 프로그램의 노력을 평가하는 수단을 제시함 • 지역사회에서 학교상담 프로그램의 이미지를 강화함
상담교사	분명하게 정의된 역할과 기능을 제공하므로, 학교상담과 무관한 기능을 제거할 수 있음
교육청	• 종합적 학교상담 프로그램을 포함하기 위한 정당성을 제공함 • 학교 후원자에게 프로그램 정보를 제공함 • 프로그램을 통해 달성되는 학생들의 능력에 관한 지속적인 정보를 제공함 • 학교상담 프로그램을 위한 예상 배당의 기초를 제공함
산업 및 노동계	• 상담교사와 산업 및 노동 기관의 협력을 위한 더 많은 기회를 제공함 • 자원 인사로서 상담교사의 역할을 강화함

04 재난 및 위기상담

1. 재난 및 위기상담의 기초 개념

(1) 위기 관련 개념

① 개념

구분	내용
심리적 위기 (psychological crisis)	개인의 자원과 대응책만으로는 감당하기 어려운 사건, 상황이나 문제에 압도되어 내외적 불균형이 발생한 상태
재난 (disaster)	• 예기치 않게 발생하여 인명과 재산 손실을 초래하는 사건 • 크게 천재, 인재로 구분됨
상실 (loss)	• 삶의 과정에서 피할 수 없는 경험으로, 슬픔을 동반함 • 슬픔의 정도는 무엇을 어떻게 상실했는가와 깊은 관련이 있음
외상 (트라우마, trauma)	• 뜻밖의 사건으로 인한 정신적 상처 • 극심한 스트레스를 유발하고 개인의 존엄성에 중대한 위협을 줌
위기 (crisis)	• 평소의 대처방식으로는 문제가 해결되지 않거나 문제에 압도되어 불균형이 발생한 상태 • 심리적 응급 상태와 달리 위험에 처해 즉각적으로 자신이나 타인을 해칠 정도로 취약하진 않음
심리적 응급 (psychological emergency)	• 개인이 돌발적으로 정상적인 방식으로 기능하지 못함 • 개인적인 책임을 수행할 수 없을 정도로 무력한 상태

② 위기, 응급, 외상에 대한 심리적 개입: 현재의 자원과 대처기제에 대한 심리교육을 하고 이를 향상하여 일상생활에서 안전을 구축하는 것이다.

(2) 청소년 상담의 긴급 구조 및 위기 개념

① 긴급/위급: 위험한 물리적 환경으로부터 구조가 필요한 상황으로, 위험도가 매우 높고 시각을 다투는 상황이다.
예 가출 후 갈 곳이 없는 경우, 누군가로부터 위협 받는 경우, 자살을 시도하려 하는 경우 등

② 위기
  ㉠ 아직 문제가 나타나진 않았지만 적절히 개입하지 않으면 미래에 청소년에게 부정적인 결과를 가져올 수 있는 상황을 말한다.
  ㉡ 위기 청소년(At-risk youth)에 대한 적절한 개입, 지원이 없으면 사회 안정을 위협하는 잠재된 위험요소를 키울 수 있고 해당 청소년이 독립적인 성인으로서 정상적인 삶을 이행하지 못할 수 있는 상황이다.

③ 위기 개입 상담: 위험에 노출된 청소년에게 즉시 개입하는 긴급구조 활동을 통해 일차적 위기 상황을 해결하고, 지속적 상담과 사후관리 등의 서비스를 원스톱(one-Stop)으로 제공하여 이차 위험에 노출되는 것을 예방하는 활동을 의미한다.

(3) 위기의 특징
① 위기는 병리적인 사건이 아니다.
② 상담 개입에는 결정적 시기가 존재하므로, 제한 시간 안의 단기적·집중적 개입 여부가 개입과 상담의 효과성을 좌우하고 예후에도 큰 영향을 미친다.
③ 위기는 사건 발생에서 회복까지의 일정 단계와 과정을 거치는 현상이다.
④ 대체로 인과관계가 존재하기 때문에, 자극-반응의 관점에서 위기 사건과 위기 반응을 구분하여 조망하는 것이 필요하다.
⑤ 예방과 중재 활동이 가능하며 예방적·적극적 개입이 비용의 절감 효과가 훨씬 크다.
⑥ 위기 상황의 내담자는 매우 불안정하고 손실을 겪기 때문에 변화에 대한 의사결정이 용이한 상태이므로, 상담의 효과를 극대화하는 기회가 될 수 있다.

(4) 위기의 유형

구분	내용
발달적 위기	인간이 성장 과정에서 학령기, 사춘기에 도달하는 것과 같은 발달과업이나 생물학적 변화로부터 야기되며 '성숙위기'라고도 불림
상황적 위기	예측 불가능한 사건인 대인관계 문제나 상황적 사건에 기인한 위기 예 부모의 사망, 이혼, 경제적 파산, 장애, 신체질환, 학대 등
실존적 위기	개인이 가진 삶의 목적, 방향성, 의미 등 인간의 존재성과 관련된 중요한 내적 갈등, 실존적 불안으로부터 파생된 위기
환경적 위기	미리 예측할 수 없는, 희소하고 광범위한 환경적 변화를 일으키는 사건에 기인한 위기 예 홍수, 화재, 폭풍 등
기타	• 예측된 위기 대 예측 불가능한 위기 • 단일 위기 사건(Type I) 대 반복 위기 사건(Type II) • 개인의 경험 대 집단의 경험

2. 중복모델

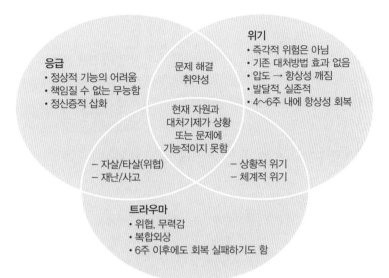

[그림 7-7] 중복모델(Callahan, 1994)

(1) 응급, 위기, 트라우마(외상)를 구분하는 중복모델

① 응급(emergency)

ㄱ 즉각적인 손상을 막기 위한 즉각적인 대처가 우선시되는 긴급 상황이다.

ㄴ 개입: 단호하고 즉각적으로 개입하되 안전과 보호가 이루어져야 하며, 필요시 입원하기도 한다.

② 위기(crisis)

ㄱ 응급 사건보다 광범위한 문제로, 시간적으로 응급한 상황은 아니지만 개인의 심리적·심리생리적 불균형을 경험하는 사건과 그로 인한 위기반응이 4~6주간 지속될 수 있다.

ㄴ 개입: 기능을 위기 이전으로 회복하고자 현재의 위기반응에 초점을 두며, 삶의 여러 영역이나 성격의 변화를 시도하진 않는다.

③ 트라우마(외상)

ㄱ 사건으로 인한 외상 반응인 위협, 무력감, 주관적 불편감을 6주 이상 경험하여 보다 전문적인 심리상담 개입이 요구되는 상황이다.

ㄴ 개입: 심리상담 개입을 통해 결핍된 자원(사회적 기술, 정서 조절능력)을 개발하고 외상 기억을 처리한다.

(2) 응급, 위기, 트라우마의 3가지 상황

① 공통적 측면: 현재 자원과 대처기제가 상황이나 문제에 기능적이지 못한 상태이다.

② 3가지 상황에 공통으로 활용 가능한 심리적 개입: 현재 자원과 대처기제에 대한 심리교육을 하고 이를 향상하여 일상생활에서 안전을 구축하는 것이다.

3. 위기 단계(위기반응 국면)

(1) 충격 단계

① 촉발사건 발생 직후의 시기로 기간이 매우 짧다는 특징이 있다.

② 투쟁, 도피 반응: 자율신경계 활성화를 통해 신체가 대응하도록 준비하는 현상으로, 개인차가 있다.

③ 위기에 대한 반응의 개인차: 스트레스 반응은 일반적으로 위기 상황에 즉시 나타나지만 경우에 따라 몇 시간, 며칠, 수개월 후에 나타나기도 한다.

④ 상실감: 나이가 어릴수록, 중요한 타인의 사망, 가족관계의 변화(예 이혼 혹은 별거 등)에 의한 상실감은 극도의 불안을 초래할 수 있다. 또한 가족 문제(예 형제자매 갈등, 부모 실직), 환경 변화(예 이사, 전학), 신체적 위협, 자연재해 역시 심한 정도의 불안을 유발할 수 있다.

(2) 대처 단계

① 사건 발생 후 1주 안에 나타나는 국면으로, 이 시기의 생존자는 스트레스를 완화하고자 새로운 방법을 시도하는 경향이 있다.

② 대처 단계에서의 스트레스 완화 방식

　㉠ 문제 해결적: 새로운 기술 습득 또는 과거의 위기에 대한 반응으로 사용했던 기술을 활용하여 문제를 해결하고자 한다.

　㉡ 정서 중심적: 자신이 처한 상황에 대한 감정을 바꾸고자 한다.

　㉢ 적응적: 위기수용을 통해 촉발요인에 의한 압박감에서 안식을 되찾고자 한다.

　㉣ 부적응적: 문제로 인한 부적 감정의 부인 또는 물질사용을 통해 고통을 은폐하고자 한다.

③ 위기에 처한 학생은 문제 해결을 위해 새로운 접근을 시도하거나 도움을 요청하려는 경향이 있는데, 이러한 점 때문에 대처 단계는 학생에게 도움을 제공하기 위한 최적의 시기다.

④ 대응 전략이 스트레스 완화에 도움이 되지 않는 경우, 교착 상태에 빠진 느낌이 들거나 무감각 상태에 빠지면서 철수 단계에 진입한다.

(3) 철수 단계

① 자발적 유형과 비자발적 유형의 철수 행동이 나타난다.

　㉠ 자발적 유형: 자살은 전형적인 자발적 유형의 철수 행동으로, 자신의 삶을 스스로 종결하거나 자살 시도를 함으로써 계속되는 위기 상황에서 파생된 고통을 피하려는 유형이다.

　㉡ 비자발적 유형: 심리적·정서적 와해와 인지왜곡, 감정기복, 성격파탄 등 정신병적 와해의 형태를 띤다.

② 위기 상황이 조기에 해소되거나 전문적인 도움을 받아 문제가 해결되면 철수 국면에 진입하지 않는다.

③ 만일 위기 상황으로 도움이 필요하지만 적절한 도움을 제공할 수 없는 학생이 있다면, 교내 또는 Wee 센터의 상담교사나 외부 전문가에게 의뢰한다.

4. 위기상담의 목표

(1) 위기반응의 정상성 이해

① 위기가 정상적인 삶의 일부임을 깨닫도록 돕는 것이 목표이다.

② 이를 위해 내담자와 그 가족이 현재 처한 위기가 무엇이고, 발생 원인이 무엇인지를 명확하게 인식할 수 있도록 돕는다. 또한 내담자가 자신의 대처기술을 통해 특정 상황을 극복하지 못한 이유를 탐색하게 한다.

③ 이 작업을 통해 내담자와 가족원들은 위기 상황을 직시할 수 있게 되고, 자신들의 사고, 감정, 행동 패턴이 상황에 적절하지 않았음을 깨닫게 된다.

(2) 위기 상황에 대한 관점 변화

① 위기 촉발 요인과 현재 상황에 대해 다른 관점을 갖도록 돕는 것이 목표이다.

② 이를 위해 내담자와 위기 상황을 재평가하여 다른 관점에서 위기 상황을 조망할 기회를 마련한다.

ㄱ 내담자가 새로운 정보를 탐색하고 문제 해결방안에 대해 이미 알고 있는 것을 재고하게 한다.

ㄴ 상담자는 부정적이거나 왜곡된 해석에 도전하고 긍정적·중립적인 해석은 적극 검토하며, 위기는 종종 외부보다는 내부에서 창출된다는 점에 대한 인식을 돕는다.

(3) 위기 상황에 대한 감정 인식과 수용

① 위기 상황에 대한 내담자의 감정을 인정하고 수용하는 것이 목표이다.

② 위기 상황이 내담자의 왜곡된 지각, 인지, 감정, 행동을 초래하기도 하지만 반대로 왜곡된 인지, 감정, 행동패턴이 위기 상황의 원인이 되기도 한다.

③ 왜곡된 감정을 변화하려면 현재 경험하는 감정이 위기의 일부임을 인식하고 감정을 적절한 방식으로 표출하여 위기 상황에서 발생한 긴장감을 해소해야 한다.

(4) 위기 상황 대응기술 개발

① 내담자가 적응적인 문제 해결 전략을 찾도록 돕는 것이 목표이다.

② 상담자는 내담자가 이미 알고 있는 대처방안을 검토하게 하고 대안적인 방안을 함께 모색하며, 내담자에게 새로운 대처기술을 가르치고, 연습시키며, 위기 상황에 적용하도록 돕는다.

5. 위기상담 단계

(1) 1단계: 위기 상황과 개인의 자원 사정

① 위기 상황과 내담자의 자원을 사정한다. 즉, 위기 촉발 사건 발생 전후 내담자의 사고, 감정, 행동을 탐색하면서 내담자의 위기 대응기술을 사정한다.

② 3가지 과업(문제 정의, 안전 보장, 지지 제공) 수행

ㄱ 내담자의 관점에서 문제를 정의하고,

ㄴ 내담자에게 진정성 있고 조건 없는 돌봄을 제공하며

ㄷ 내담자가 문제, 감정, 계획을 표출하도록 적극적으로 지지·격려한다.

③ 내담자가 자신의 사고와 감정의 인식·표출을 어려워하면 내담자의 개인역동보다 구체적인 정보를 탐색하거나 상담 방향을 일시적으로 문제의 특정 측면에 초점을 맞추는 쪽으로 전환한다.

④ 개인의 안전 확보

ㄱ 내담자나 다른 사람의 신체적·심리적 위험을 최소화하는 조치를 말한다.

ㄴ 이를 위해 상담자는 내담자 자신이나 타인에 대한 위험요소 여부를 평가한다.

ㄷ 내담자가 자해나 타해 또는 자살 가능성이 있다고 판단되면, 즉시 개입하여 가족 및 관계 기관에 알리고, 필요한 경우 입원 또는 의료 지원을 요청한다.

(2) 2단계: 개인의 사고와 감정의 전환

① 위기 상황에 대한 내담자 감정 인식과 표현 능력을 증진하고 문제에 대해 긍정적 사고로 대체하게 돕는다.

② 상담자는 내담자가 문제의 소유권, 즉 문제에 대한 책임의식을 갖도록 돕는다.

③ 문제의 소유권(ownership)

    ⊙ 문제 해결을 위해 내담자가 맡아야 할 책임을 인식하고 변화할 필요가 있음을 인정하는 것이다.

    ⓛ 반영, 직면, 재구조화 등의 상담기술을 활용하여 도울 수 있다.

    ⓒ 필요한 경우 정확한 정보와 자료를 제공하여 위기 상황을 명확히 인식하도록 돕는다.

④ 위기 상황으로 인해 내담자의 언어적 행동과 비언어적 행동이 일치하지 않거나 상담자와 내담자의 지각 사이에 큰 차이가 나는 경우 상담자는 직면으로 통찰을 촉진한다.

⑤ 내담자가 위기 상황에 감정적으로 압도되어 기존의 대응기술이 무력화되면서 전체 상황을 부정적이고 희망 없는 관점으로 조망하면, 재구조화로 새로운 관점을 제시하고 위기 상황이 내담자에게 미치는 영향을 이해하기 쉽게 설명한다.

(3) 3단계: 해결방안 모색

① 가능한 해결방법과 그 효과를 탐색하도록 돕는다.

② 이 작업은 문제의 세분화에서 시작할 수 있는데, 문제를 체계적으로 다룰 수 있을 정도의 분량으로 나누게 되면 내담자는 심리적으로 압도되지 않은 상태에서 각 요소의 해결방법을 분리하여 마련할 수 있다.

③ 가장 변화가 용이한 부분을 선택하여 세분화된 문제 해결을 실시하게 함으로써 내담자가 성공을 맛보게 하고, 이러한 경험은 강력한 문제 해결의 동기를 제공한다.

④ 기법

기법	내용
3Q's	• 학생이 상황에 대처하기 위해 무엇을 시도했는가? • 학생이 시도해보았다고 생각하는 것은 무엇인가? • 현재 시점에 학생이 생각할 수 있는 다른 방안은 무엇인가? ➡ 이 3가지 질문은 세분화된 문제 해결을 체계화하는 데 도움이 됨
브레인스토밍	• 상담교사는 브레인스토밍을 통해 세 번째 질문에 대한 대답으로 여러 가능한 대안을 산출하도록 도움 • 이 작업은 학생의 창의적 사고능력을 자극하여 위기 상황을 새로운 시각으로 조망하는 데 도움을 줌 • 상담교사는 학생에게 과거에 비슷한 문제를 어떻게 해결했는지 질문함

    ➡ 두 기법은 내담자의 통제감과 자신감을 높이는 동시에 내담자가 문제 해결능력을 갖추고 있다는 상담자의 믿음을 내담자에게 전달하는 효과가 있다. 이때 상담자는 내담자를 대신하여 문제를 해결하려고 하면 안 된다.

(4) 4단계: 해결방안 결정

① 위기 상황을 해결할 대안을 마련·평가하고 최적의 해결방안을 결정한다.

② 상담자는 내담자와 함께 브레인스토밍으로 산출한 여러 대안의 장단점을 면밀히 검토하여 2~3가지의 대안을 선정한다.

③ 이 과정에서 상담자는 내담자의 감정 상태와 내담자가 명확하게 생각하고 있지 않을 가능성에 대해 지속적으로 관심을 갖는다.

④ 내담자가 비현실적인 해결방법을 고집하면 상담자는 직면을 사용하여 현실적인 대안을 마련하게 한다.

⑤ 최종적으로 1가지의 문제 해결방법이 선정된다.

    ⊙ 상담자는 내담자가 이 방법을 위기 상황 해결에 도움이 될 것으로 믿는지, 부정적 결과의 가능성은 없는지, 내담자가 기꺼이 실행에 옮기고자 하는지를 탐색한다.

    ⓛ 탐색이 끝나면 해결방법의 적용방안, 결과의 평가방법을 구체적으로 계획한다.

(5) 5단계: 해결방법 적용·평가

① 문제 해결방법을 적용하고, 그 결과를 평가한다.

② 위기 개입 2, 3단계에서 상담자는 해결방안 적용을 위한 일정을 수립하고 내담자에게 문제 해결에 필요한 대처 전략을 가르치고 연습시키는 한편, 해결 전략의 효과와 문제 해결 여부를 논의한다.

③ 반영과 명료화 기술을 사용하여 내담자가 문제 상황을 보다 명확히 인식하고 해결방안을 심화하게 돕는다.

④ 교수법을 활용하여 내담자가 새로운 대화 기술을 습득하게 돕는 동시에 여러 기법을 활용하여 학습효과를 극대화한다. 이 접근은 대처기법을 단순히 구두로 설명하는 것보다 훨씬 빨리 습득한다는 장점이 있다.

⑤ 역할연습을 통해 내담자가 새로운 대처기술을 습득하도록 하는 한편, 내담자가 자신의 위기 상황과 연관 있는 사람의 역할을 담당하게 하여 잠재적 문제를 예측하고 다른 사람의 관점에 대한 통찰을 얻게 한다. 이후 내담자가 위기해결 여부를 어떻게 파악할 수 있는지를 논의한다.

> **참고** 위기 개입 전략 - 위기 대응팀 편성 및 운영
>
> • 위기 대응팀은 학교장, 상담교사를 비롯하여 팀에 도움이 될 교직원으로 구성한다.
> • 임무: 위기 대응팀 구성과 운영에 관한 규정 제정, 위기 관리 매뉴얼 제작, 위기 유형별 대응계획 수립, 위기 대응 관련 홍보와 교육 실시, 위기 발생 시 개입 등이다.
> • 매뉴얼: 위기 유형, 유형별 전형적인 반응, 개입 전략을 명시하고 위기 개입에 필요한 기관에 관한 정보(예 전화번호, 주소, 가능한 서비스, 담당자 등)를 수록한다.
> • 매뉴얼이 완성되면 팀 구성원들은 위기 유형별 대응계획을 수립하고 매뉴얼에 따라 학교 구성원들을 대상으로 위기 개입 전략의 홍보와 교육을 실시한다.
> • 학교에서 사망 등의 비극적인 사건이 발생한 경우 위기 대응팀은 장례 절차, 추모행사, 참석자 범위 등에 관한 규정을 마련하고 학교 구성원에게 정서적 지지를 제공하기 위한 계획을 수립·실시한다.

05 심리적 응급

1. 심리적 응급처치

(1) 심리적 응급처치(PFA; Psychological First Aid)

① 사건 발생 직후 초기 심리적 개입에서 제공되는 심리적 중재 또는 서비스로, 재난이나 테러 직후 초기 고통을 줄이고 단기적 적응과 장기적 기능 회복을 돕는 처치이다.

ㄱ 초기 심리적 개입: 재난이나 외상사건의 발생 후 4주간 제공되는 심리적 중재이다.

ㄴ 심리적 응급처치는 '재난 또는 외상사건을 경험한 개인의 심리적 안정 회복과 고통 감소', '회복 촉진', '단기적 기능 개선', '지속적으로 도움 받을 수 있는 지원체계를 연결'하여 생활 적응을 돕는다.

② 기본 가정

ㄱ 모든 생존자가 심한 정신적 문제를 겪거나 회복에 장기적인 어려움을 보이는 것은 아니다.

ㄴ 재난 직후의 생존자는 여러 스트레스 반응을 보이지만, 스스로 회복할 힘을 지니고 있으며 적절한 도움을 받으면 회복이 가능하다.

(2) 심리적 응급처치와 위기 개입의 비교

범주	심리적 응급처치	위기상담, 치료
기간	수 분~수 시간	수 주~수 개월
제공자	심리요원 예 정신건강 전문가, 종교인, 의료진, 준전문가, 자원봉 사자 등	정신건강 전문가
장소	재난 현장 부근	위기센터, 병원, 클리닉
목표	즉각적 개입, 지원, 자원 연결	위기 극복, 회복 촉진
방법	안전 확인, 심리적 안정화, 정보 수집	상담, 심리치료

(3) 원리

① 중심 원리는 대부분의 사람이 정상적으로 회복할 것을 기대하는 것이다.

② 심리적 응급처치를 포함한 초기 심리적 개입의 기본적인 가정은 재난을 겪은 대부분의 사람들이 정상적으로 회복한다는 것이다.

　　㉠ 재난 직후에는 일시적인 스트레스 반응을 보이지만, 이것은 예측 가능한 변화이며 시간이 지나면 대개 특별한 개입이 없이도 사라진다.

　　㉡ 정상적인 상태로 돌아오게 해 주는 내적 탄력성이나 강인함을 가지고 있다면, 초기 심리적 개입은 이러한 자연적인 회복을 돕는 과정이다.

③ 효과적인 응급처치는 개인이나 집단 혹은 시스템에 대한 주의 깊은 평가에 기초해야 한다. 재난 후 심리적 개입은 생존자의 고통이 극심하거나 자기 앞에 놓여 있는 과제나 도전을 감당하지 못할 만큼 기능이 저하되었을 때 하는 것이 가장 효과적이다.

④ 위기 개입은 시간의 경과에 따라 달라져야 한다.

(4) 원칙

① 근접성: 심리적 응급처치는 재난 또는 외상 사건이 발생한 지점에서 근접한 곳에서 이루어질수록 좋다. 또한 심리요원들은 생존자들에게 접근 가능한 장소에 있어야 한다.

② 즉시성: 생존자들에게 필요가 생길 때 즉시 개입해야 한다. 즉시 개입할 때 생존자들이 정상적인 기능으로 되돌아갈 가능성을 가장 높이게 된다.

③ 기대성: 생존자가 보이는 반응이 보통 사람이면 누구나 보일만 한 지극히 정상적인 반응이라고 가정하고, 이에 더하여 이들이 곧 원래의 기능으로 돌아갈 수 있다는 것을 기대하면서 행해져야 한다.

④ 전진성: 심리요원들은 가만히 앉아서 생존자들이 도와 달라고 올 때까지 기다리지 말고, 도움을 필요로 하는 사람을 찾아 나서야 한다. 이것은 생존자에게 심리적 도움을 받으라고 강요하는 것이 아니라 기본적인 접촉의 가능성을 놓는다는 의미다.

⑤ 혁신성: 새로운 상황을 다룰 때 창의적이고 혁신적으로 접근해야 한다. 즉 다양한 대안과 대처방법 및 긍정적이고 확산적인 사고를 시도해 보는 것이 필요하다.

⑥ 단순성: 재난 상황에서는 짧고 단순한 개입이 효과적이다.

⑦ 실용성: 개입은 구체적이고 실용적이어야 한다. 현장 자체가 혼란스럽고 압도적이기 때문에 개입의 방향과 목표를 현실에 맞춰 구체적으로 설정하는 것이 좋다.

⑧ 유연성: 급박하게 돌아가는 상황을 주시하고 파악한 후 상황에 맞게 유연하게 대처해야 한다.

⑨ 비밀 보장: 개입의 내용에 대해 비밀 보장을 해 주어야 하며 비밀 보장이 된다는 것을 확인시켜 주어야 한다.

2. 재난 후 반응 단계

(1) 충격 단계 혹은 급성 단계(0~48시간)

① 사건이 일어난 직후의 단계에 해당한다.

② 흔히 관찰되는 행동: 투쟁·도피 반응이 일어나며, 얼어붙거나 항복하는 등의 행동을 보인다.

③ 투쟁·도피 반응: 우리 몸이 신체적 활동을 할 수 있도록 준비시킬 때에는 자율신경계가 각성되어 아드레날린이 분비되고, 그 결과 심장박동이 증가되며, 혈압이 올라가고, 숨이 가빠지면서 땀이 난다. 이 외에도 입술과 손이 떨리며, 소화 기능이 떨어져 속이 불편하고 메스껍고, 한기를 느끼기도 한다.

(2) 구출 단계 혹은 반응 단계(0~1주)

① 사건이 발생한 후 약 일주일 이내의 단계로서, 재난 전문가에 따라서는 이 단계를 영웅기, 밀월기, 환멸기로 나누어 구분하기도 한다(DeWolfe, 2000).

② 영웅기: 구출 단계에 접어들면 사람들은 충격에서 벗어나 다른 사람을 돕고, 구조 활동에도 참여하는 등 행동을 하기 시작한다. 이때 생존자들은 자신이 살아있다는 것만으로도 큰 기쁨을 느끼고, 무엇이든 다 할 수 있을 것 같은 전능감을 경험하는데 이 시기를 '영웅기'라고 한다. 이 시기의 주요 심리적 요구는 안정감이다.

③ 밀월기: 그 후 재난 지역과 생존자들에게 사회적 관심이 집중되고, 대중매체가 구출담이나 재난 경험을 보도함으로써 마치 자신이 세상의 중심에 서 있는 것과 같이 느끼기도 하는데, 이 시기를 '밀월기'라고 한다. 이때 생존자들은 에너지가 넘치고, 생리적으로도 각성되어 신체적 활동을 활발히 하게 된다. 그러나 인지적 기능은 떨어져 있어 집중하기 힘들며, 이해력과 문제 해결력도 떨어지고, 우선순위를 잘 정하지 못해 효율성은 전반적으로 낮다.

④ 환멸기: 시간이 지나면서 재난 현장에 쏟아졌던 관심은 줄어들고, 생존자들은 기대했던 보상이나 보험금을 타는 데 많은 규정과 제한이 따르며, 재난 피해를 복구하는 일이 지연되는 것에 대해 실망과 환멸을 느끼게 된다. 이 시기를 '환멸기'라고 한다.

ㄱ 생존자들은 재난을 통해 잃은 모든 것을 결코 되찾을 수 없음을 깨닫고, 깊은 상실감과 슬픔을 경험한다.

ㄴ 신체적 에너지도 고갈되어 피로감이 몰려오고, 일상의 리듬이 깨졌던 후유증이 몰려와 신체적으로 소진된다. 가족들끼리 작은 일에 언성이 높아지고 갈등이 생겨나며, 때로는 가정폭력이 나타나기도 한다.

ㄷ 이전 단계에서 억압되었거나 부정되었던 반응을 보이기도 한다. 여러 감정에 압도되어 무력감을 느끼고, 사건이 일어난 현장에 돌아가는 것을 두려워하며, 악몽이나 불안 및 불면증에 시달리기도 한다.

(3) 회복 단계(1~4주)

① 사건이 일어난 후 약 1주에서 4주간의 기간이 이에 해당되며, 구출 단계에서의 반응과 비슷한 스트레스 반응이 계속해서 나타난다. 그렇지만 반응의 강도는 점차 약해져서 생존자가 괴로워하던 감정과 생각을 추스르기 시작한다.

② 일상생활에 대한 관심이 조금씩 살아나며, 미래에 대한 계획을 세우기 시작한다. 생존자들은 신체적으로나 정서적으로 회복되기 시작하며, 재난으로 파괴되었던 건물이나 도로도 조금씩 복구되기 시작한다.

③ 이 과정에서 실망하는 일도 있지만, 회복하고자 노력했던 일들이 때로는 작게, 때로는 크게 성과를 거두며 삶의 의욕을 되찾는다.

(4) 재통합 단계(2주~2년)

① 사건이 일어난 후 약 2주에서 2년까지의 기간으로, 개인에 따라 재통합에 걸리는 시간이 달라진다.

② 이 단계에서는 스트레스 반응이 더 이상 나타나지 않으며, 재난이나 외상 사건을 받아들이고 자신의 삶에 통합하는데, 이 과정은 개인의 대처 역량이나 사회적 지지에 따라 달라진다.

③ 이 단계에서 여전히 어려움을 겪고 있는 사람은 치료를 의뢰하여 증상을 감소시키고, 기능을 증진하도록 도와야 한다.

3. 반응 단계에 따른 초기 심리적 개입

(1) **사건 전 단계(사건 전)**: 사건 발생 이전에 해당한다.

① **행동**: 미래에 일어날 수 있는 사건에 대비하거나 혹은 그런 일이 일어날 가능성을 부인하는 것이다.

② **주요 활동**: 심리요원은 사건이 발생하기 전에 사람들을 훈련시키고, 정보를 제공하며, 사건이 일어났을 때 신속히 협력할 수 있는 네트워크를 구성해야 한다.

(2) **충격 단계 혹은 급성 단계(0~48시간)**: 사건 발생 직후에 해당한다.

① **행동**: 투쟁·도피 반응이 일어나며, 얼어붙거나 항복하는 등의 행동을 보인다.

② **주요 활동**: 생존자의 기본적인 욕구를 파악하고, 심리적 응급처치를 하는 것이다.

③ **응급처치의 주된 내용**: 정보를 제공하고, 위안을 주며, 실질적인 도움을 주는 것이다.

(3) **구출 단계 혹은 반응 단계(0~1주)**

① **행동**: 사건이 발생한 후 일주일 이내의 시기로서 생존자들은 탄력적 행동 혹은 소진 행동을 보인다.

② **심리요원의 역할**

㉠ 첫째, 생존자들의 현재 상태를 평가하고, 이들의 욕구가 얼마나 잘 다루어지고 있는지를 파악한다.

㉡ 둘째, 선별(트리아지, triage)작업을 통해 고위험자를 가려내고, 이들을 적절한 의료기관에 의뢰한다.

> **더 알아보기**   **트리아지(triage)**
>
> 일반적으로 큰 사고, 대규모 재해 등으로 다수의 부상자가 발생했을 때 생존자의 문제를 일차적으로 즉각적이고도 신속하게 평가하는 것을 '트리아지'라고 한다. 그 결과 중증도와 긴급성을 분류하여 그에 따른 적절한 조치를 생존자에게 제공하도록 한다.

㉢ 셋째, 아웃리치 연계활동을 한다.

(4) **회복 단계(1~4주)**

① **행동**: 사건이 일어난 후 4주간의 기간이 이에 해당되며, 생존자들은 이 단계에서 애도하고, 재평가하며, 침습적인 기억을 경험한다.

② **주요 활동**: 심리요원들은 이 단계에서 회복이 일어나고 있는 환경과 생존자, 제공되고 있는 서비스를 종합적으로 모니터하며, 회복과 탄력적 적응을 도와야 한다.

(5) **재통합 단계(2주~2년)**

① 사건이 일어난 후 2주에서 2년까지의 기간으로, 개인에 따라 재통합하는 데 걸리는 기간이 달라진다.

② 이 단계는 외상 사건을 자신의 삶에 통합하는 단계로서, 심리요원은 필요한 경우에 생존자를 치료에 의뢰하여 증상을 감소시키고 기능을 증진하도록 돕는다.

4. 심리적 응급처치(PFA)의 8가지 핵심 활동(핵심 행동과 목표)

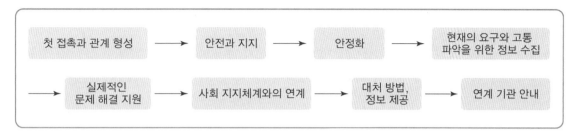

[그림 7-8] 심리적 응급처치의 8가지 핵심 활동

(1) 첫 접촉과 관계(라포) 형성

① 방해하지 않고 비강압적인 배려의 태도로 관계를 맺고 도움을 주는 것을 목표로 한다.

② 잠재적으로 외상에 노출된 사람들을 확인하고, 그들과 접촉하며 신뢰관계를 구축하는 것으로 시작한다.

③ **방법**: 심리요원이 자신에 대해 소개하기(이름, 소속 등), 비밀 보장 등이 있다.

(2) 안전과 편안함(안전에 대한 확인)

① 피해자들의 안전에 대한 욕구를 즉각적으로 충족시키고 정서적으로 편안함을 회복하도록 돕는다.

② **방법**

㉠ 신체적 안전: 심리적 쇼크반응이 있는지 확인하고, 신체 건강상의 처치가 필요한 경우 즉시 의료진에게 연계한다.

㉡ 심리적 안전: 생존자와 가족을 위해 이루어지고 있는 외부적 지원이나 구호 노력에 대해 수시로 정확한 정보를 전달함으로써 심리적으로 자신이 지지받고 있고 안전하다는 것을 느끼도록 해야 한다.

(3) 심리적 안정화(진정하기)

① 외상 사건 때문에 발생한 스트레스를 감소시키는 방법으로, 특히 정서적으로 당황하거나 혼란스러운 희생자들이 마음을 가라앉히고 방향을 다시 설정하기 위함이다.

② **방법**: 정서적 쇼크 반응 확인, 정서적으로 압도당한 생존자의 구체적인 행동 판단을 돕기, 심리적 안정화 기법 적용(호흡법, 근육 이완법, 안전한 장소 떠올리기, 컨테이너 기법, 긍정적 '나' 진술문 등), 수면 문제를 보이는 생존자 돕기, 필요할 경우 정서적인 안정을 위한 약물치료에 관한 안내 등이 있다.

(4) 정보 수집

① 생존자들에게 즉각적으로 필요한 것들이 무엇이고 이들이 걱정하는 바를 구체적으로 말하도록 돕는다.

② 생존자들에게 가장 도움이 되는 것은 그들에게 현재 무엇이 가장 필요한지 또는 어떤 도움을 요청하는지에 관한 정보를 수집하는 것이다.

③ **방법**: 재난과 외상 사건의 성격과 심각도(너무 자세히 설명하지 않도록 해야 함), 사랑하는 사람이나 가족의 죽음 여부, 사건 직후 상황이나 후속적인 위험에 대한 걱정 여부, 가까운 가족의 안전에 대한 걱정 여부, 신체적 질병이나 정신적인 문제의 존재 여부 혹은 약물치료의 필요성, 손실 여부(자신에 대한 손실 등), 극도의 죄책감이나 수치심의 존재 여부, 다른 사람에게 해를 가할 위험이 있는지의 여부, 사회적 지지 자원이 있는지의 여부, 사건 전 술이나 약물 복용 여부, 이전 외상경험과 사랑하는 사람의 죽음 여부 등이 있다.

(5) **실제적 지원 제공(실제적인 문제 해결 지원, 실질적 도움)**

① 생존자들의 즉각적인 필요와 걱정들에 관한 수집된 자료를 바탕으로 이들에게 필요한 구체적인 도움과 정보를 제공한다.

➡ "이것이 도움이 되나요?" 혹은 "당신이 지금 당장 하고자 하는 일에 도움이 될 만한 것들 중 내가 할 수 있는 일이 있을까요?"와 같은 질문을 하는 것이 중요하다.

② 방법

㉠ 1단계: 지금 당장 필요한 것은 무엇인가?

㉡ 2단계: 무엇을 어떻게 해야 하는가?(구체적인 행동 계획 수립)

㉢ 3단계: 목표 달성을 위한 행동 개시

(6) **사회적 지원과의 연결(사회적 지원체계와 연계)**

① 외상 사건 생존자가 가족, 친구, 이웃, 지역사회 단체와 같은 사회적 지원체계에 연결되도록 돕기 위함이다.

② 방법: 희생자들에게 가족과 연락을 취할 수 있는 방법을 제공하거나, 가족 구성원의 안전에 대한 정확한 정보 자료를 제공하거나 또는 직접적인 의사소통이 가능하도록 해 준다.

(7) **대처 지원에 대한 정보 제공(대처방법에 대한 정보 제공)**

① 외상 사건에 대한 대처기술과 회복 탄력성에 대한 정보를 제공한다. 즉, 희생자 및 가족들이 경험하는 스트레스 반응이 정상적이라는 것과 이러한 반응들은 외상 사건을 통해 유발된 스트레스를 극복하고 처리하기 위해 신체에서 보내는 준비 신호임을 알린다.

② 방법: 긍정적 대처방법 안내(주변 사람들과 이야기 나누고 접촉하기, 지지그룹 참여하기 등), 부정적 대처방법 안내(아무것도 하지 않으려는 것, 누구도 만나지 않으려는 것 등)

(8) **협력서비스 기관들과의 연계**

생존자들이 사용할 수 있는 도움의 내용을 제공하고, 필요시 재해 대응팀, 의료기관, 공공기관 등과 연결하는 것을 목표로 한다.

5. 심리적 소진

(1) **소진(burnout)**

감정, 태도, 동기 및 기대를 포함한 심리적 경험으로, 정서적 요구가 지나친 상황에 장기간 관여함으로써 야기된 신체적·정신적·정서적 고갈 상태를 의미한다.

(2) **소진의 이유**

① 역할 모호성: 자기 자신 또는 자신이 속한 기관의 권한, 지위, 목표, 방법, 책임, 권리에 대한 명료성이 부족한 경우다.

② 역할 갈등: 자신에게 부여된 임무가 자신의 가치관 및 윤리와 양립할 수 없고, 불일치하며 부적절한 경우다.

③ 역할 과부하: 자신에게 부여된 역할이 너무 많고, 임무가 매우 중대한 경우다.

④ 불합리성: 아무리 열심히 일을 해도 인식, 성취, 평가 또는 성공의 측면에서 달라지는 결과가 거의 없는 경우다.

⑤ 고립: 사회적 지지가 거의 없는 경우다.

⑥ 자율성: 자신이 무엇을 할지, 내담자를 어떻게 다룰 것인지를 상사나 관료가 마음대로 결정하는 바람에 자신의 의사결정 능력에 제한되는 경우다.

(3) 소진의 단계

① **1단계 – 열정**: 비현실적인 기대와 의욕을 가지고 재난 현장에 뛰어든다. 심리요원의 역할에 관한 오리엔테이션 및 훈련 프로그램을 통해 현실을 직면하지 못한다면 장밋빛 관점은 침체 단계로 가게 된다.

② **2단계 – 침체**: 심리요원의 욕구가 충족되지 않을 때 침체가 일어난다. 만일 내외적 강화가 존재한다면 다음 단계로 넘어가지 않는다.

③ **3단계 – 좌절**: 심리요원은 넘기 힘든 장애물에 직면해서 자신이 노력한 것의 효과와 처치, 영향력에 대해 회의를 품기 시작한다. 조직 환경에서 소진은 전염성이 있기 때문에 한 사람의 좌절은 다른 사람에게도 도미노 효과를 가져오기 쉽다. 가장 적절한 대처방법은 휴식과 안정, 심리적 지지를 추구하고, 소진 증후군의 인식 증가 및 문제 해결을 목표로 하는 집단 프로그램에 참여하는 것이다.

④ **4단계 – 무감각**: 무감각이 바로 소진이다. 이는 상황에 대한 만성적인 무감각과 개입 노력의 거부로 표현된다. 무감각은 평형이 깨진 부동 상태로, 진정한 위기 단계로 간주된다. 지금 무슨 일이 일어나고 있는지에 대한 객관적인 이해가 거의 없이 부인하는 것은 상황을 더욱 복잡하게 만든다. 만일 회복이 일어나지 않으면 이 단계에 있는 심리요원은 의무적으로 심리치료를 받아야 한다.

06 청소년 자살

1. 청소년 자살의 이해

(1) **일반적인 자살의 원인**

① **변화**: 사람이 인생에서 경험하는 고통스러운 문제, 사건이나 이에 대한 감정을 바꾸는 한 방법일 수 있다.

② **선택**: 선택의 여지가 없거나 사라진 상황에서 선택 가능한 유일한 방법일 수 있다.

③ **통제**: 타인의 행동이나 특정 사건에 영향력을 행사하려는 시도일 수 있다.

④ **자기처벌**: 죄책감을 경감하거나 자신의 행동을 스스로 처벌하는 하나의 수단이 될 수 있다.

⑤ **타인처벌**: 타인을 상처 입히거나 처벌을 가하는 의도를 가질 수 있다.

(2) **청소년 자살의 특성**

① 청소년은 평소에 생활을 잘 하다가도 갑작스러운 스트레스나 어려움을 피하려는 충동, 남을 조종하려는 시도, 자신에게 부당하게 대했다고 생각하는 가족이나 친구에 대한 보복 등이 중요한 결정요인이 될 수 있다.

② 청소년은 발달과정상 충동적인 면이 강하므로 이러한 특성이 반영되어 자살의 원인이 단순한 경우가 많다. 대인관계에 대한 분노, 좌절 등의 심리정서적인 요인에 의해 충동적으로 자살 관련 행동을 하는 경우가 많다.

③ 청소년의 자살은 사전에 계획된 것이 아닌 경우가 많은데, 청소년기가 인지적으로 성숙하지 않고 정서적으로 충동성이 심화되는 시기이기 때문이다.

④ 청소년은 자살시도 시 비교적 시간적으로 구조될 가능성이 많은 방법을 사용하는 경우가 많다.

⑤ 이 특징은 삶의 의지를 완전히 버린 것이 아닌 청소년이 경험하는 어려움을 표현하는 것으로 해석할 수 있다.

> **더 알아보기** 청소년 자살
>
> 엘킨드(Elkind)는 청소년 자살이 증가하는 이유로 자신의 발달 수준, 능력보다 주변의 기대와 책임이 더 크다고 느끼게 되는 불안정 상태를 들었다. 이로 인해 청소년은 성인이 납득할 수 없는 사소한 이유 때문에 얼마든지 충동적으로 자살을 시도할 수 있다.

(3) 청소년 자살 행동의 위험요인

① 1차적 위험요인: 정서장애와 과거 자살시도 경험

② 2차적 위험요인: 물질남용과 성격장애

③ 상황적 위험요인

　㉠ 가족 기능과 가족력: 부모와 자녀의 갈등, 심리적 문제를 가진 부모, 가족의 자살

　㉡ 사회적 관계: 사회적 기술과 동료관계

　㉢ 대중매체: 잔물결 효과

　㉣ 생활 스트레스: 스트레스에 대한 부적절한 해결기술과 대처능력

(4) 청소년 자살의 유형

유형	특징
제스처형 자살	• 언어적인 표현, 행동에 자살하려는 경향이 뚜렷하게 나타나지만 자기를 해치려는 의도는 결여된 경우 • 청소년의 자살 행동 중 상당수가 고통을 해소하기 위한 제스처형 자살임
이중 감정형 자살	• 죽고 싶은지 살고 싶은지를 분명히 결정하지 못한 채 자살을 시도하는 경우 • 특별한 동기나 의도 없이 자주 자살을 시도하는 경우가 이 유형에 포함됨
결단 신중형 자살	• 자살하려는 의도가 확고하고 자살을 시도한 본인과 다른 사람들도 치명적이라고 생각하는 경우 • 자살 위험도가 가장 높음

참고　자살에 관한 오해와 정확한 이해　기출 21

• 자살한다고 위협하거나 자살과 관련된 이야기를 하는 사람은 자살하지 않는다.
　➡ 실제 자살한 사람 중 표현을 한 사람이 훨씬 많다.
• 자살은 예고 없이 발생한다.
　➡ 자살과 관련된 경고 신호는 언어적·비언어적·행동적 방법으로 나타난다.
• 자살과 자살미수는 같다.
　➡ 자살을 시도했지만 사망하지 않은 경우, 실제 자살보다는 자살 관련 행동을 통해 전달하거나 얻으려는 것이 있을 수 있다.
• 자살은 특정 사회나 특정 계층에서만 일어난다.
　➡ 자살은 특정 계층, 인종, 지역, 문화에서만 발생하는 것이 아니라 모든 사람에게서 나타난다.
• 자살의 원인은 사회문화적인 이유 때문이다.
　➡ 사회문화적 원인뿐만 아니라 개인적·심리적 원인 등 다양한 요인으로 발생한다.
• 자살은 간단하고 단순한 원인에 의해 발생한다.
　➡ 자살의 원인을 파악하려면 그 사람의 전체적인 모습을 파악해야 하며 자살은 여러 원인이 복합적으로 작용하여 발생한다.
• 자살할 가능성이 있는 사람에게 자살에 대해 직접 이야기하는 것은 자살을 부추기는 행위이다.
　➡ 자살을 생각하는 사람에게 자살과 관련된 이야기를 하는 것은 그 사람에게 도움을 제공하는 것이고, 많은 사람은 다른 사람이 자살에 대해 물어봐주는 것에 안도감을 느낀다.
• 한 번 자살을 시도한 사람은 영원히 위험하다.
　➡ 한 번 자살을 시도한 사람이 다시 자살을 시도할 가능성은 높지만, 적절한 개입을 통해 다른 대안적인 방법을 찾으면 자살의 위험성을 제거할 수 있다.
• 정신병원에 입원한 환자는 자살할 위험이 낮다.
　➡ 자살의 위험성이 있어 정신병원에 입원치료를 하는 경우도 자살 가능성은 항상 존재하므로, 병원에 있는 모든 사람에 대한 주의 깊은 보호와 관찰이 필요하다.
• 자살은 심각한 심리장애를 가진 사람이 시도한다.
　➡ 정신병리를 가진 사람도 시도하지만 정상적으로 기능하는 사람이 충동적으로 시도하는 경우도 많다.
• 자살을 시도하는 사람은 정말 죽으려는 의도를 가진 사람이다.
　➡ 사람은 여러 의도로 자살을 시도한다.
　예 죽으려는 의도, 다른 사람에게 보복하려는 의도, 다른 사람에게 짐이 되는 것이 부담스러운 마음, 원하는 것을 얻기 위한 의도 등

- 한 번 자살을 시도한 사람은 다시 시도하지 않는다.
  - ➡ 문제 해결 방식이 자살이라고 생각하기 때문에 적절한 개입을 하지 않으면 언제든 다시 자살을 시도할 가능성이 있다.
- 자살하는 사람은 반드시 유서를 남긴다.
  - ➡ 유서를 남기는 경우도 있지만 그렇지 않은 경우도 많다.
- 자살은 사람이 없는 밤, 새벽에 많이 발생한다.
  - ➡ 특정 시간에 관계없이 발생한다.
- 자살시도는 여자가 많이 하고 자살로 인한 사망은 남자가 많다.
  - ➡ 보통 남자들이 더 치명적인 수단을 사용하기 때문이라고 설명된다.

2. 자살 이론

(1) 사회통합과 자살(Durkheim, 1951)

① 이기적 자살(egoistic suicide): 개인주의, 사회와 불충분한 통합으로 인해 발생하는 자살이다.

② 이타적 자살(altruistic suicide): 개인이 사회에 과도하게 통합되어 나타나는 자살이다.

③ 아노미적 자살(anomic suicide): 사회가 개인의 삶에 필요한 법규와 질서를 제공하지 못한다고 여겨질 때 나타나는 자살이다.

④ 숙명론적 자살(fatalistic suicide): 개인이 선택·통제할 수 없는 강력한 사회적 속박에 개인의 삶이 종속되어 자포자기적으로 살아가는 경우에 발생하는 자살이다.

(2) 사회 해체와 자살(Cavan, 1928)

① 인구변화는 사회적인 가치가 인간행동에 영향을 주지 못하고 사회가 해체되게 하는 역할을 한다.

② 가정의 불안정과 부부간의 심한 갈등은 청소년 자살에 직접적인 영향을 준다.

(3) 지위통합과 자살(Gibbs와 Martin, 1964)

① 연령, 성별, 인종, 직업 등의 특정 지위가 사회적으로 잘 통합되고 갈등이 적을수록 자살이 적게 발생한다.

② 청소년은 학교와 가정이라는 사회에 소속되지만 자신의 자유와 인생 목표를 추구하므로 심리적·사회적 지위가 통합되지 않은 상태로 존재한다.

(4) 사회적인 의미 전달과 자살

자살과 관련된 행동이 사회적인 의미를 가진 경우로, 자신과 타인에게 자신과 타인에 대한 무엇인가를 전달하기 위한 것이다.

(5) 가정파탄의 경험과 자살

① 자살로 사망하거나 자살을 시도한 사람 대부분이 어린 시절 가정파탄을 경험한 것으로 밝혀졌다.

② 심한 경우가 아니라도 가정파탄이 자살에 영향을 준다는 연구 결과가 많다.

(6) 정신분석적 접근

① 프로이트(Freud): 사랑하는 대상의 상실로 인한 견딜 수 없는 고통과 분노로 인해 사랑하는 대상을 계속 유지하기 위해 대상과 동일시하게 되고, 그 결과 자신의 일부로 내재화된 사랑하는 대상에 대한 강력한 공격성이 자살을 하게 한다.

② 헨드릭(Hendrick)과 프리드랜더(Friedlander, 1940): 자살하는 사람이 이상화된 내적 대상과의 결합, 재결합의 환상을 가지고 있음을 관찰하고 자살행동에서 성애적·리비도적 측면이 공격적 측면만큼이나 중요하다고 주장했다.

③ 메닝거(Menninger, 1996): 자살 행위를 하게 하는 정신역동적인 동기를 3가지로 구분한다.

동기	내용
죽이고자 하는 소망	공격성, 비난, 규탄, 제거, 파멸, 복수
죽임 당하고 싶은 소망	복종, 피가학성, 자기비난, 자기규탄
죽고 싶은 소망	절망, 공포, 피곤, 낙망, 고통

(7) 벡(Beck)의 인지 이론적 접근

① 우울증 등의 정서적 증상이 아니라 인지적 증상인 절망이 자살과 가장 관련 있다고 주장했다.

② 절망(hopeless): 미래에 대한 부정적인 생각으로, 자신과 주변 사람 모두 불행하다거나 고통을 변화시키기 위해 아무것도 할 수 없고 어떤 것도 이루어지지 않을 것이라는 신념이다.

③ 자살에 대한 장기적인 스트레스 모델: 절망은 우울증과 같은 만성적인 정신병리에 뿌리를 둔 것으로 보이지만 급성위기에 대한 반응으로 보이는 자살은 장기적 위험요인보다 단기적 위험요인이 더 많이 관여할 가능성이 높다.

(8) 바움에이스터(Baumeister)의 통합적 접근

① 자기로부터의 도피 수단: 자살을 '자기와 관련된 고통스러운 감정과 생각으로부터 도피하기 위한 수단'으로 개념화했다.

② 자살에 이르는 도피 과정

    ㉠ 개인의 기대 수준은 높으나 현실 상태가 그에 미치지 못하여 기대와 현실 사이에 괴리감이 생긴다.

    ㉡ 기대와 현실 간 괴리가 생긴 이유를 자신의 탓으로 여겨 자기비난과 부정적인 자기평가를 한다.

    ㉢ 주위 초점이 자신에게 향하여 고통스러운 자기지각이 더욱 커지고 스스로를 부정적으로 평가한다.

    ㉣ 이러한 결과로 인해 자신에 대한 부정적인 정서 상태가 초래된다.

    ㉤ 개인은 이 생각과 감정을 없애줄 강력한 수단을 갈구하여 '인지적 몰락' 상태가 된다.

    ㉥ 인지적 몰락(cognitive destruction)

        ⓐ 정신기능의 협소화로 주변의 모든 일에 의미부여하는 것을 거부하고, 모든 것을 피상적·무가치적으로 지각·해석하는 정신 상태를 의미한다.

        ⓑ 자기에 대한 고통스러운 생각과 감정으로부터 벗어나려는 충동에서 초래되며, 자살행위는 물론 알코올과 약물남용, 성적 방종, 충동적 과식 등 다양한 자기파괴적 행위와 관련된다고 본다.

(9) 통합적 접근

① 자살과 관련된 행동이 정신과적 병력, 신경증, 외상적 삶의 경험, 자살행동에 대한 유전적 취약성, 사회문화적 위험요소, 보호요소 등의 복잡한 상호작용에 의해 결정된다는 접근이다.

② 하나의 접근방식만으로는 자살과 관련된 문제를 제대로 이해할 수 없으며, 다양한 접근을 통한 이해가 가장 바람직한 접근이라고 볼 수 있다.

3. 자살 단서와 자살 위험성 평가

(1) 자살 단서

자살 단서, 경고 표시	내용
직접적인 언어적 단서	• 죽기로 마음먹었어. • 죽을 거야. • 전부 정리할 거야. • 만일 어떤 일이 일어나지 않으면 죽어버릴 거야.
간접적인 언어적 단서	• 난 너무 지쳤어. 더 이상 버틸 수 없어. • 우리 가족은 내가 없는 편이 나을 거야. • 내가 죽어도 누가 신경 쓰겠어? • 도망치고 싶어. • 더 이상 견딜 수 없어.
행동적 단서	• 과거의 자살시도 경험 • 약을 모으는 행위 • 동반된 우울감과 좌절감 • 개인적 일들을 정리하는 행위 • 소중한 물건을 타인에게 주는 것 • 갑자기 종교에 관심을 가지거나 잃음 • 약물이나 알코올 남용, 또는 회복 후 재발 • 예측할 수 없는 분노, 공격성, 불안정성
상황적 단서	• 해고되거나 학교에서 퇴학당함 • 최근에 어쩔 수 없이 이사함 • 주요 관계를 상실함 • 배우자, 자녀, 가장 친한 친구의 죽음, 특히 자살의 경우 • 심각한 말기 질환을 앓고 있다는 진단을 받음 • 갑자기 자유를 잃거나 처벌 받을 것이라는 두려움을 느끼는 경우 • 심각한 경제적 어려움을 겪고 있거나, 예상될 경우 • 믿었던 상담자, 치료자, 교사의 상실 • 다른 사람에게 짐이 될 것이라는 두려움

(2) 자살 위험성 평가

① 자살 위기에 처한 청소년을 직접 만나 면담하는 것이 가장 중요하다.

② 자살 가능성이 있는 청소년과 면담할 때, 자살 위기에 처한 사람에 대한 걱정과 염려를 하는 것이 좋으나 침착하고 이완된 태도로 진행한다.

③ 자살 위험성 평가는 매우 구체적이고 직접적인 언어·방법을 사용하는 것이 중요하다.

④ 면담을 시작할 때 평가하는 이유를 명확하게 전달하며, 평가자는 자살 위기에 처한 사람의 답변을 정확하게 기록한다.

⑤ 심층면접에 따른 심각성

항목	심각성
자살 생각	자살 생각이 지속적이고 빈도가 잦을수록 위험
자살 계획	자살 계획이 구체적이고, 도구나 방법이 치명적일수록 위험
자살 의도	자살 의도가 강할수록 위험
보호 요인	보호 요인이 적을수록 위험
위험 요인	위험 요인이 많을수록 위험

4. 개입 전략

(1) 자살 및 위기상담의 일반적인 조치

① 감정 정화와 일치 촉진

ㄱ 자살 행동에는 무력감, 분노, 죄책감, 절망감 등이 포함될 수 있다.

ㄴ 이 감정을 말이나 행위, 상징으로 표출하게 하여 정화와 일치 경험을 촉진한다.

② 조망 넓히기

ㄱ 위기 상황에 놓인 학생은 대체로 문제 상황에 대한 좁은 조망을 가진다.

ㄴ '자기중심적이고 협소하며 단기적이고 부정적인 소망'을 가지는 경향이 있다.

ㄷ '보다 넓고 장기적이며 긍정적인 조망'을 취하여 문제 상황을 새로운 관점으로 보게 한다.

③ 성장 동기를 찾고, 이에 비추어 자살과 같은 바람직하지 않은 반응 행동을 평가하게 한다.

④ 목표 설정 촉진

ㄱ 문제 상황에서 벗어난 상태를 구체적으로 그려보도록 돕는다.

ㄴ 소망과 성장 동기를 탐색하고, 이들이 성취된 상태를 구체적으로 그려보게 한다.

⑤ 위기 상황에 대처하는 구체적인 대안 행동을 이전과 다르게 새롭고 실천 가능하도록 설정하게 돕는다.

⑥ 설정한 대안의 실천을 도움

ㄱ 위기 상황에 처한 경우 설정된 대안을 실천하는 능력이 부족하므로 이를 도울 필요가 있다.

ㄴ 실행을 촉진하는 방법으로 '실행을 약속하는 것, 실행의 긍정적 성과를 그려보는 것, 실행절차를 점검하는 것, 역할연습을 실시하는 것, 실행 점검 일자를 협의하여 결정하는 것, 피드백을 제공하는 것' 등이 있다.

⑦ **지지체계 구축**: 위기상담은 단회·단기일 경우가 많으므로 상담자의 역할을 대신할 수 있는 지지체계를 마련한다.

(2) 자살포기각서 작성

① 상담교사는 적절한 시기에 학생으로부터 자살포기각서, 자신을 해치는 행동을 하지 않겠다는 서약서에 서명을 받는다. 그 이유는 아무리 자살 위험이 있는 학생일지라도 구체적인 기간이 명시된 약속을 준수하려는 경향이 있기 때문이다.

② 서약서에는 학생이 동의하는 기간이 구체적으로 명시되어야 한다.

(3) 개입지침

① 자살 관련 질문하기

ㄱ 자살과 관련된 질문을 받은 사람은 안도감을 느낀다.

ㄴ 자살에 대해 질문하는 것이 습관처럼 되어야 한다.

ㄷ 자살 생각과 감정을 부정하거나 최소화·축소하는 것은 도움이 되지 않는다.

② 시간 벌기

ㄱ 면담을 시작한 후 20분 이내에 자살에 대해 질문한다.

ㄴ 자살 생각이 있다고 하는 경우 얼마나 빨리 자살할지를 묻고, 모른다고 하면 질문을 더 한다.

③ 안전한 치료적 환경 구축하기

ㄱ 안전한 환경 만들기: 해를 가할 수 있는 도구나 수단을 제거한다.

ㄴ 자살을 통해 해결하려는 문제를 파악한다.

ㄷ 여전히 자살할 위험성이 높으면 정신건강 전문가에게 연락한다.

ㄹ 며칠 동안 화를 내는 것이 영원히 죽는 것보다는 낫다.

④ 자살하려는 사람이 계속 이야기하게 하기(경청하기)

ㄱ 상담자는 자살에 대해 담담하고 개방적으로 이야기한다.

ㄴ 자살 생각을 비난하거나 좋게 말하지 않는다.

ㄷ 자살하려는 사람의 극한 감정을 완화한다.

ㄹ 내담자가 원하든 원하지 않든 도와주기 위해 여기에 있을 것이라고 말한다.

ㅁ 상투적인 이야기는 도움이 되지 않는다.

> 예 '당신 기분이 어떤지 알아요.', '아침이 되면 기분 좋아질 거예요.'

ㅂ 내담자의 이야기를 제대로 이해하지 못한 경우, 이해하지 못했다고 솔직히 말하거나 자신이 이해한 것이 맞는지 확인한다.

⑤ 안전망 형성

ㄱ 더 많은 정보를 얻고 더 많은 사람을 개입시키며, 자살하려는 사람의 상태를 다른 사람에게 비밀로 하겠다고 약속하지 않는다.

ㄴ 다른 사람을 개입시키기 전에 접촉하는 것을 허락 받아야 한다.

⑥ 생존계획 수립
ㄱ 안전성: 돌봐줄 사람을 확보하고 자살 도구와 수단을 제거한다.
ㄴ 전화 연결: 3개 이상의 전화번호를 알려준다.
ㄷ 위기 시 지침: 자살하려는 사람과 주위 사람에게 분명한 지침을 제시하고 위기 상황에 처했을 때의 해결책을 아는지 확인한다.
ㄹ 의뢰하기: 만날 사람의 정보를 제공하고, 자살하려는 사람과 함께 있을 때 의뢰를 준비하며 전화를 걸어 서로 통화하게 하거나 다음 약속을 확인하고, 다른 사람에게 의뢰하는 것을 불편해하면 같이 가거나 불편한 원인을 탐색한다.
⑦ 안전에 대한 동의 구하기
ㄱ 절대 안정적이고 신뢰할 수 있는 관계가 형성되었다고 확신하기 전까지는 안전에 대한 합의나 위기 관리에 참여하는 것을 요구하면 안 된다.
ㄴ 자살하려는 사람에게 제안한 의뢰와 치료의 위험성과 이득을 알려야 한다.
ㄷ 지킬 수 없는 약속은 하지 않는다.
ㄹ 내담자가 술, 약물을 사용하지 않은 맑은 정신을 유지하도록 한다.

(4) 전문기관 의뢰 시 유의사항
① 부모님에게 기관 의뢰에 관한 사전 동의를 구하며, 이때 문제보다 도움이 필요한 상황을 강조한다.
② 문서화된 의뢰서 작성이 필요하다.
③ 의뢰된 후에도 학생에 관한 지속적인 정보 교류가 필요하다.
④ 전문기관에 따라 전화, 내방, 방문상담 서비스를 제공하는 경우도 있다.

07 청소년 자해

1. 청소년 자해의 특징과 이론

(1) 자살행동 장애
① 자살의 형태: 자살사고, 자살시도, 자살완료로 구분된다.
② 자살행동 장애: 자살시도가 핵심 징후인 장애로, 이는 상해 또는 심각한 의학적 결과로 이어질 수 있다.
ㄱ 폭력성: 폭력적인 방법(예 투신, 총상, 교살 등)과 비폭력적 방법(예 물질 및 약물 과다)으로 분류한다.
ㄴ 행동의 의학적 결과: 매우 치명적인 시도란 병원 응급실 방문 이후에 입원이 요구되는 경우다.
ㄷ 자살시도: 계획성과 충동성에 따라 분류한다.
③ 진단적 특성: 최소 1회 이상 자살을 시도한 경험이 있어야 한다.
ㄱ 자살시도 경험: 자살시도에 착수한 후에 스스로 마음을 바꾸거나, 누군가의 제지로 행동을 중단한 것까지 포함한다.
ㄴ 개인이 자살행동에 착수하기 전에 타인에 의해 설득당하거나 마음을 바꾼 경우에는 포함되지 않는다.

(2) **비자살성 자해** 기출 20

① 자해는 자기절단, 준자살, 자기훼손, 의도적 자기훼손, 자기손상 행동, 커팅, 자살시도 등 다양한 행동을 나타내는 용어로 사용되었다.

② **비자살적 자해**: 자살에 대한 의도 없이 자신의 몸에 고의적이고 반복적으로 상해를 입히는 행위다. 이러한 형태의 자해는 부정적 감정의 감소 또는 관계의 어려움 해소를 위한 목적으로 발생한다.

③ 비자살적 자해와 자살시도

특성	자해	자살시도
의도·행동 목적	• 심리적 고통으로부터 일시적 도피 • 자기 자신 또는 상황의 변화 추구	• 영구적인 의식 단절, 삶을 끝내는 것 • 참을 수 없는 심리적 고통에서 벗어남
방법의 치명성	낮음	높음
행동 빈도	높음(때로 100회 이상), 반복적·만성적	낮음(일반적으로 1~3회)
시도된 방법	다양한 방법	단일한 방법
인지적 상태	• 고통스러우나 희망은 있음 • 문제 해결이 어려움	• 희망이 없음, 무기력함 • 문제 해결이 불가능
결과·영향(개인)	안도감, 일시적 고통의 감소	좌절과 실망감, 고통의 증가
결과·영향(관계)	타인의 비난, 거절	타인의 돌봄, 관심

(3) **4가지 기능 모델**(Nock와 Prinstein, 2004)

① 자해를 통해 얻는 바가 있어서 계속해서 자해를 시도한다고 보는 이론이다.

② 비자살적 자해의 4가지 기능 모델

구분	정적 강화	부적 강화
개인 내적	개인이 원하는 자극 추구	부정적인 정서 상태의 완화 및 제거
사회적	타인의 관심을 얻거나 원하는 것을 얻음	원하지 않는 대인관계 및 사회적 상황 및 책임 회피

⊙ **개인 내적 부적 강화**: 부정적인 감정이나 엄습하는 불편한 기억이나 생각을 제거하거나 줄이기 위해 자해를 시도한다.

ⓒ **개인 내적 정적 강화**: 자해를 통해 바람직한 상태, 즉 평정심과 통제감을 느끼거나, 감정을 고양하거나 아무것도 느껴지지 않을 때 뭔가를 느끼기 위한 수단으로 자해를 시도한다.

ⓒ **사회적 부적 강화**: 대인관계나 사회적 상황에서 요구되는 부담이나 충돌을 피하거나 벗어나기 위해 자해를 시도한다.

ⓔ **사회적 정적 강화**: 다른 사람의 관심을 얻으려 하거나 필요한 것을 얻기 위해 도와달라는 신호로 자해를 시도한다.

⑷ **경험 회피 모델(Champman. Gratz와 Brown, 2006)**
 ① 자해를 정서 통제·조절이나 부정적인 정서 회피 수단으로 이용한다는 것이다.
 ② 4가지 기능 모델 중에서 '개인 내적 부적 강화' 원리에 기초하고 있다.

⑸ **비자살적 자해의 통합 모델(Nock, 2009)**

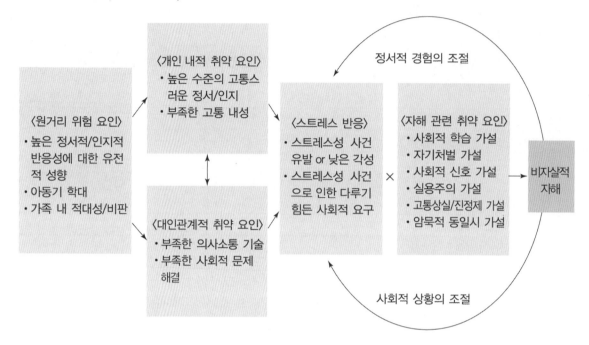

[그림 7-9] 비자살적 자해의 통합 모델

① 생물학적이고 사회학적 요인을 반영하여 자해를 전체적으로 종합한 모델이다.
② 원거리 위험 요인(distal risk factor)으로 인하여 개인 내적 및 대인관계적 취약 요인을 가진 개인이 스트레스 사건을 경험하게 될 경우에 이로 인해 유발된 정서적 상태나 사회적 상황을 조절하기 위한 시도로 자해를 하게 된다.
  ㉠ 원거리 위험 요인: 높은 정서적·인지적 반응성에 대한 유전적 성향, 아동기 학대, 가족 내 적대성·비판 등이 있다.
  ㉡ 개인 내적 취약 요인: 높은 수준의 고통스러운 정서·인지와 부족한 고통내성이 있다.
  ㉢ 대인관계적 취약 요인: 부족한 의사소통 기술과 부족한 사회문제 해결이 있다.
③ 스트레스 상황에서 다른 방식으로 대처할 수 있음에도 불구하고 자해를 선택하게 되는 요인, 즉 자해 관련 취약 요인을 다음 6가지로 설명하고 있다.
  ㉠ 사회적 학습 가설: 타인의 자해하는 모습을 보고 따라 하는 경우 자해를 한다.
  ㉡ 자기처벌적 가설: 자신을 못났다고 생각하거나 타인으로부터 학대와 비난이 반복되는 경우, 자신을 스스로 처벌하기 위해 자해를 한다.
  ㉢ 사회적 신호 가설: 의사소통 기술이 부족한 경우, 자해를 통해 뭔가 자신이 원하는 것을 전달하거나 얻으려 할 때 자해를 한다.

ⓔ 실용주의 가설: 부정적인 정서를 조절하는 빠르고 쉬운 방법이 자해이기에 자해를 시도한다.

ⓜ 고통 상실·진정제 가설: 반복적으로 자해를 하는 경우, 자해를 하는 동안 고통을 거의 느끼지 못하고, 나아가 자해가 진통제 역할을 하여 자해를 하면 부정적 정서가 줄어들고 긍정적 정서를 느끼게 되어 자해를 한다.

ⓗ 암묵적 동일시 가설: 자해를 통해 어떤 목적을 달성했거나 자해가 가치 있는 행동이라는 것을 인식하게 되면 이후에도 우선 자해를 지속적으로 하게 된다.

2. 자해의 요인 및 자해 동기

(1) 자해의 요인

① **심리적 요인**: 청소년들의 절망감, 자기비난, 자살사고, 자기파괴적 사고, 부적응적 인지조절, 정서조절 곤란 등이 있다.

② **사회환경적 요인**: 가족 갈등, 자녀학대, 부모의 불화 등 가족관계와 대인관계 등을 들 수 있는데, 특히 가족의 자살시도, 가족 간의 소통과 사회적 지지의 부족, 부모의 비난 행동은 자살행동에 부정적 영향을 미치는 위험 요인이다.

③ **정신병리적 요인**: 심리적 요인과 관련된 것일 수 있지만, 우울증, 경계성 성격장애, 섭식장애, 외상 후 스트레스 장애 등 정신질환이 자해의 위험 요인으로 지적되고 있다.

④ **보호 요인**

ⓐ **상처에 대한 인식**: 자해로 인해 영구적인 흉터가 남거나 심각한 상처를 건강하지 못한 상태로 인식하게 되면 자해를 멈춘다.

ⓑ **삶의 목표**: 자신의 삶에 대한 목표가 생기면 보다 적극적인 삶을 살아가고자 하는 의지가 생겨 자해를 중단한다.

ⓒ **자기(self)의 회복**: 자기수용을 통해 자신에 대한 연민한 긍정적인 태도를 갖게 되면 자해를 중단하게 된다.

ⓓ **사회적 지지**: 많은 연구에서 사회적 지지 및 연결은 자해 중단의 중요한 요인임을 밝히고 있다.

(2) 자해의 기능

① **정서 완화**: 자해 청소년들은 자신이 경험하는 마음속 강한 부정적인 정서와 압박감을 완화하고, 생활에서 받는 스트레스를 해소하기 위해 자해를 한다는 것이다.

② **분리감 감소**: 대인관계에서 어려움을 겪고 있는 청소년들이 자해를 시도하는 경우가 많다. 이들은 삶에서 느끼는 무감각, 공허함 또는 대인관계에서 경험하는 소외감, 고립감 또는 공허함에서 벗어나기 위해 자해를 한다.

③ **자기처벌적 동기**: 자신에 대한 분노를 느끼고 자기비난, 자기비하가 심한 부정적 자아개념을 가진 청소년의 경우 자신에 대한 분노를 표출하게 되는데, 그러한 표출방법의 일환으로 자기 스스로를 해하고 처벌하는 자해 행동을 하게 된다.

④ **사회적 관심**: 자해행동을 통해 부모나 또래로부터 관심과 보살핌을 받게 되고, 이는 자해 청소년의 소속감의 욕구까지 충족시켜 주게 된다. 또는 같은 행동을 하는 친구들과의 유대감을 표시하려는 이유로 자해를 시작하고 지속하기도 한다.

3. 자해 청소년을 위한 위기 개입

(1) 자해의 목적 이해하기

① 자신의 내적 고통을 다른 사람에게 표현하기 위해서 자해하는 경우: 효과적인 의사소통 기술의 훈련과 대인관계 개선을 돕는 것이 도움이 된다.

② 감정을 조절하거나 반추하는 생각을 멈추기 위해서 자해를 하는 경우: 다양한 대처기술과 감정 조절 전략을 알려주고 훈련시키는 것이 도움이 된다.

(2) 개인상담

① 초기: 자해 동기 파악, 자해 증상 및 심각도 정도, 자해 후 감정, 자해 보호 요인, 자살방지 서약 등의 활동을 위주로 하여 내담자의 자해 위험 평가 및 자해 관련 안정성을 확보하는 방안 등을 다룬다.

② 중기: 자해의 원인이 되는 생활 스트레스를 다루고, 자해 대신 할 수 있는 대안활동을 탐색하는 작업을 한다. 또한 자해와 관련된 부정적 감정과 비합리적 신념과 행동에 대한 인지행동치료적 개입을 한다.

③ 후기: 일상생활 적응, 긍정적 자기개념 향상, 새로운 스트레스 대처방법을 탐색한다.

(3) 학교에서 해야 할 것과 하지 말아야 할 것

① 자제해야 할 것: 자해에 대한 공개적인 언급, 학생 토론 등에서 자해에 대한 논의, 교사의 자해 상처에 대한 세밀한 설명, 자해 학생이 자해 상처를 공개하도록 하는 것, 학교 내에서 자해행동을 주제로 집단상담을 실시하는 것 등 엄격하거나 획일화된 대응을 하는 것을 자제해야 한다.

② 학교에서 해야 할 것: 전 교사가 자해에 대한 이해 및 자해 학생 발견 시 개입 전략을 알고 있어야 하고, 자해 학생 인지 후 신속히 학교의 자해 업무 담당자가 학생과 면담을 하고, 학생들에게 스트레스 인식과 대응기술을 교육시켜야 하며, 학생들에게 '자해는 스트레스, 불안, 분노와 같은 강렬하고 괴로운 감정이 있을 때 대응하는 적절한 방법이 아님'을 알려 줘야 한다.

---

08 청소년기 인터넷 중독

1. 인터넷 중독의 정의와 인터넷 중독 상담의 목표

(1) 인터넷 중독(internet addiction)

① 인터넷 이용이 자신의 몸과 마음에 해가 될 것임을 잘 알면서도 내성, 금단증상, 강박적 사용으로 인해 '인터넷 사용 장애'가 초래된 경우를 말한다.

② 인터넷 게임 장애(DSM-5): 물질 사용 장애의 증상과 유사하게 게임에 대한 점진적인 통제력 상실, 내성 및 금단증상 등의 인지적·행동적 증상군을 야기하는 과도하고 지속적인 인터넷 게임 패턴을 보인다.

(2) 인터넷 중독 상담의 목표

① 인터넷 중독 상담의 목표는 인터넷에 대한 내성, 금단증상, 강박적 사용이라는 악순환을 풀어주어 내담자의 건강한 삶을 회복시켜 주는 것이다.

② 인터넷 사용이 내담자를 조정하는 것이 아니라 내담자가 인터넷 사용을 조정할 수 있도록 해주는 것이 상담의 궁극적 목표라고 볼 수 있다.

2. 증상

(1) 인터넷 중독증상 [기출 21]

요인	특징
일상생활 장애 (disturbance of adaptive functions)	• 여러 환경과 마찰, 갈등을 일으키거나 신체 및 건강상의 문제가 생기는 것을 포함함 • 이 장애로 인해 나타날 수 있는 증상은 크게 가족 간 갈등, 학교 내 갈등, 건강문제 등이 있음
현실구분 장애 (disturbance of reality testing)	• 극히 드물게 나타나는 증상이지만 매우 심각한 단계라고 볼 수 있음 • 게임 속 세상과 현실 세상을 정확히 구분하지 못하고 혼동하는 것, 게임에 나온 음악이 평상시에도 귀에 맴돌아 실제로 듣고 있다고 믿는 것, 수업시간에 칠판을 보고 있으면 게임 영상이 계속 아른거려 수업에 집중을 못하게 되는 것과 같은 증상이 현실구분 장애에 가까움
긍정적 기대 (자동적 중독 사고, addictive automatic thought)	• 인터넷을 하면 기분이 좋아지고 자신감도 생길 것이라는 기대감을 가지고 인터넷을 사용하는 것 • 이 기대 때문에 처음에는 인터넷 사용으로 긍정적인 정서가 올라온다고 느낄 수 있으나 시간이 지날수록 이러한 정서는 사라질 수 있음
금단 (withdrawal)	• 인터넷을 하다가 갑자기 못하게 하면 분노나 짜증과 같은 부정적 감정이 폭발하고, 다른 일도 잘 하지 못할 정도로 불안하거나 초조해짐 • 이 증상으로 인해 가족이나 교사와의 갈등을 일으키기 쉬움
가상적 대인관계 지향성 (virtual interpersonal relationship)	실제 삶에서 직접 만나는 대인관계보다 인터넷에서 만나는 가상관계를 더 좋아하고 원하는 것
일탈행동 (deviate behavior)	• 일탈행동으로는 거짓말, 도둑질, 폭력 등이 있음 • 여기에서는 인터넷 중독과 관련하여 일탈행동을 하게 되는 것을 의미함
내성 (tolerance)	점점 더 많은 시간을 사용하고 점점 더 자극이 강한 것을 추구하게 된다는 것을 의미함

> **더 알아보기** 강박적 사용과 지각 왜곡
>
> • **강박적 사용(obsessive-compulsive use)**: 금단증상을 피하기 위해 강박적으로 인터넷을 사용하는 경우를 말한다. 인터넷 사용 중에는 즐거움뿐만 아니라 긴장과 감정적 불편이 해소되거나 줄어든 느낌을 갖게 된다(심리적 의존). 이제는 더 이상 자신이 인터넷을 조종하는 것이 아니라 인터넷이 자신을 조종하게 된다. 그래서 인터넷을 사용하지 않을 때도 게임이나 채팅할 생각에 몰두하고 하루일과가 인터넷을 중심으로 움직인다. 그리고 인터넷 사용이 자신의 삶을 망치는 것을 알면서도 계속적으로 사용한다 (행동적 의존).
> • **지각 왜곡**: 사용자가 실제로 인터넷을 사용한 시간보다 더 짧은 시간 동안 인터넷을 사용했다고 본인 스스로 느끼는 것을 말하는데, 자신이 좋아하는 일을 할 때 시간이 빨리 지나가는 현상과 유사하다.

(2) 스마트폰 중독증상

① 내성: 스마트폰을 점점 더 많은 시간 동안 사용하게 되어 사용해도 만족감이 없는 상태를 말한다. 구체적으로는 스마트폰 사용시간을 줄이려고 노력해도 실패하거나 스마트폰 사용에 많은 시간을 보내는 것이 습관화(내성화) 되어 있으며, 그만두려고 해도 본인의 의지로는 그만둘 수 없는 상태를 말한다.

② 금단증상: 스마트폰을 과도하게 사용하여 스마트폰이 없으면 불안하고 초조함을 느끼는 현상을 말한다. 구체적으로는 스마트폰을 사용할 수 없으면 안절부절못하고 초조하여 견디기 힘들다거나 스마트폰이 없으면 공부에 집중하기 어려운 상황을 들 수 있다.

③ **일상생활 장애**: 스마트폰을 과다하게 사용하기 때문에 가정, 학교, 직장 등에서 문제를 일으키는 상태를 말한다. 구체적으로는 학교성적이나 업무능률이 떨어지거나, 스마트폰을 자주 또는 오래 사용한다고 가족이나 친구들로부터 지적을 받는 일이 많아지는 상태다.

④ **가상세계 지향성**: 직접 현실에서 만나서 관계를 맺기 보다는 스마트폰을 활용해서 관계를 맺는 것이 편한 상태를 말한다. 구체적으로는 스마트폰을 사용하지 못하면 온 세상을 잃은 것 같은 생각이 들기도 하고 가족이나 친구들과 함께 있기보다는 스마트폰을 사용하는 것이 더 즐겁다고 느끼는 상태다.

(3) 스마트폰 과의존

① **스마트폰 과의존**: 과도한 스마트폰 이용으로 인해 스마트폰에 대한 현저성이 증가하고, 이용 조절력이 감소해 문제적 결과를 경험하는 상태다.

② 3가지 요인

요인	내용
현저성 (salience)	• 개인의 생활에서 스마트폰을 이용하는 생활패턴이 다른 형태보다 두드러지고 가장 중요한 활동이 되는 것을 의미함 • 구체적으로는 '스마트폰이 옆에 있으면 다른 일에 집중하기가 어렵다.', '스마트폰 생각이 머리에서 떠나지 않는다.', '스마트폰을 이용하고 싶은 충동을 강하게 느낀다.' 등의 질문에 긍정적인 답변을 할 경우 현저성이 높은 것으로 판단함
조절 실패 (out of control)	• 이용자의 주관적 목표 대비 스마트폰 이용에 대한 자율적 조절능력이 떨어지는 것을 의미함 • 구체적으로는 '스마트폰 이용시간을 줄이려고 할 때마다 실패한다.', '스마트폰 이용시간을 조절하는 것이 어렵다.', '적절한 스마트폰 이용시간을 지키는 것이 어렵다.' 등과 같은 질문에 긍정적인 답을 하는 경우 조절 실패 경향이 강한 것으로 해석함
문제적 결과 (serious consequences)	• 스마트폰 이용으로 인해 신체적·심리적·사회적으로 부정적인 결과를 경험함에도 불구하고 스마트폰을 지속적으로 이용하는 것을 말함 • 구체적으로는 '스마트폰 이용 때문에 건강에 문제가 생긴 적이 있다.', '스마트폰 이용 때문에 가족과 심하게 다툰 적이 있다.', '스마트폰 이용 때문에 친구 혹은 동료, 사회적 관계에서 심한 갈등을 경험한 적이 있다.' 등에 대해 긍정적인 대답을 할 경우 문제적 결과의 상태에 놓인 것으로 해석함

3. 원인 및 특성

(1) 인터넷 자체 특성과 개인 심리적 특성

① **인터넷 자체 특성**: 인터넷 환경이 제공하는 익명성(anonymith)

ㄱ 가상의 공간에서 자신의 이름, 나이, 성별 등을 드러내지 않고 자유롭게 활동할 수 있다.

ㄴ 현실 세계에는 신분의 노출 등으로 인해 자신의 뜻과 의지대로 행동하지 못하고 자제 및 억제된 감정을 인터넷 공간에서는 표출할 수 있다.

> **참고** 영(Yuong)이 제시한 사이버 공간의 특징
>
> 익명성(anonymity), 편리성(convenience), 현실 탈출(escape), 흥미감(excitement), 통제감(control)

② **개인 심리적 특성**: 내향적 성격, 우울증, 충동성과 관련성이 높다.

(2) 유형

① **게임 중독**: 인터넷 게임에 과몰입하여 학교, 가정 및 대인관계에 부정적인 영향을 지속적으로 받고 있는 상태를 말한다. 게임 중독은 인터넷 게임의 경쟁적이고, 성취지향적인 면이 주 원인이 되고 있다.

② **커뮤니티 중독**: 채팅방, 메신저 사용에 몰입하여 일상생활에 심각한 사회적·정신적·육체적 지장을 지속적으로 받고 있는 상태를 말하며, 인터넷을 통해 타인과 대화를 나눔으로써 친밀감을 나누고 관계 형성의 욕구를 충족시키기 위해 채팅에 몰두하는 것을 말한다.

③ **음란물 중독**: 인터넷을 통해 음란물 사진, 만화, 동영상, 소설을 보거나 음란 채팅이나 자신의 신체를 노출하는 동영상 채팅 등의 형태에 과도하게 몰두하며 성적인 욕구를 충족시키는 성도착증 행동이다.

④ **정보검색 중독(웹서핑 중독)**: 특별한 목적 없이 여러 사이트를 돌아다니며 다양한 내용의 웹서핑을 하거나 또는 한 가지 관심사만의 웹서핑을 하는 데 몰두하는 행동이다. 시간 통제가 안 되고 할 일을 미루거나 못할 정도로 과도하게 인터넷 검색에 몰두한다면 웹서핑 중독이라고 볼 수 있다.

⑤ **인터넷 쇼핑 중독**: 컴퓨터 앞에서 쇼핑으로 시간을 보내는 것으로, 계속되는 물품 구매의 충동을 이겨내지 못하고 자신의 금전적 여유의 한계를 넘어서는 수준으로까지 쇼핑을 반복하는 형태를 말한다. 이들은 둘러보고, 충동을 느끼고, 구매하고, 후회하기를 반복하는 특징을 보인다.

> **참고** 인터넷 도박 중독을 일으키는 요인(Griffiths, 2011)
>
> - **접근성(accessibility)**: 카지노 등 도박장에서 이루어지는 도박보다 온라인 도박은 접근성이 훨씬 높으며, 시간적 제약과 같은 이전의 장벽을 제거해 주었다.
> - **비용부담 능력(affordability)**: 점점 더 싸게 도박에 접근할 수 있게 되었다. 온라인 도박 산업이 포화 상태가 되면서 도박 업체들이 경쟁하며 프로모션을 진행하고, 수수료 없이 도박을 하게 되었다.
> - **익명성(anonymity)**: 익명성은 도박 중독자라고 낙인찍힐 위험을 줄여 준다. 상대방의 비난이나 비판 신호를 볼 수 없으므로 안락감을 증가시킨다.
> - **도피(escape)**: 인터넷 도박을 통해 만족감을 경험하고 현실에서의 여러 가지 어려움이나 스트레스로부터 도망갈 수 있다.
> - **몰입(immersion)**: 인터넷 도박 자체에 무아지경으로 빠져들면서 시간 가는 줄 모르고 흥분감을 느낄 수 있다.
> - **승부 빈도(event frequency)**: 인터넷 도박의 경우 여러 사이트에 등록하거나 방문하면 승부 빈도가 높게 나타날 수 있다. 도박이 확률에 의해 결정되는 것임에도 불구하고, 인터넷 도박 중독자들은 자신이 승부에 자주 참여하고 오랫동안 할수록 승률이 높아질 것이라고 비합리적으로 생각할 수 있다.
> - **시뮬레이션(simulation)**: 인터넷 도박 사이트들은 대부분 연습 모드를 제공하므로 사람들은 가상적으로 베팅에 참여하면서 연습할 수 있고 이를 통해 도박의 매력을 느끼게 될 수 있다.

(3) 인터넷 및 스마트폰 중독 원인

① **청소년기의 일반적인 발달 특성**: 청소년기는 강한 흥분과 보상을 주는 활동, 높은 강도·자극의 활동을 선호하는 시기다.

　㉠ 청소년의 발달적 특성과 욕구가 스마트폰의 즉시성, 휴대성, 범용성 등의 특징과 맞물려 과도한 사용으로 이어질 가능성이 높다.

　㉡ 청소년기에는 주로 오락과 또래와의 상호작용을 목적으로 스마트폰을 사용하기 때문에 과의존에 취약할 수 있다.

② 청소년기 뇌의 가지치기(synaptic pruning): 뇌 발달의 특성상 전전두엽이 왕성한 가지치기를 하면서 필요 없는 신경회로를 제거하는 '시냅스 가지치기'가 이루어진다.
　㉠ 공포, 분노 등의 감정과 감정기억을 관장하는 편도체 중심의 반응을 하게 되어 감정적 자극에 예민해지고, 충동적·감정적으로 행동할 수 있다.
　㉡ 이러한 시기에 스마트폰을 과도하게 사용하게 되면서 자신의 행동과 생각을 조절하는 것 또한 어렵다.
③ 청소년기의 인지 발달 특성: 청소년기는 타인의 관심이 자신에게로 향한다고 생각하는 시기다. 이러한 특성으로 SNS 댓글이나 모바일 메신저로 하는 대화 등을 통해 온라인 활동을 하는 동안 다른 사람의 반응에 더 예민해지고, 스마트폰을 과도하게 사용할 수 있다.

(4) 스마트폰 과의존 유형(미래창조과학부, 여성가족부, 문화체육관광부, 2016)

유형	개념	특징
SNS	문자, 대화, 게시글(댓글)에 과도하게 집착	• 채팅을 통한 일회성 만남을 즐김 • 신분을 조작·은폐
게임	게임으로 자기통제력을 잃고 집착하여 사용	• 게임 레벨을 높이는 과정에서 과다 소비(비용, 시간) • 게임 속의 공격성·폭력성을 현실에서 적용
음란물	음란물을 보는 데 강박적으로 몰입	• PC, 스마트폰을 몰래 사용하고 주변에 은폐 • 왜곡된 성 의식 및 성 비행의 원인이 될 수 있음
도박	충동적·지속적·반복적으로 도박에 집착	• 도박에 빠진 상황을 숨기기 위한 거짓말 • 도박자금 마련을 위해 불법행위를 저지름
검색	불필요한 자료 수집과 정보 검색에 지나치게 몰두	• 특정한 목적 없이 검색하여 시간 통제 불가 • 흥미로운 정보를 검색하려는 집착 증세를 보임

4. 인터넷 중독 상담의 과정

(1) 인터넷 중독 상담의 일반적인 과정

① 초기 단계: 내담자와의 관계 형성하기, 상담 구조화하기, 상담목표 설정하기, 상담 동기 유발하기를 다룬다.
② 중기 단계: 인터넷 사용에 대한 자기 인식력 증진시키기, 자신의 생활 및 시간을 관리하기, 자신의 스트레스를 관리하기, 위축된 내담자에게 자신감 심어주기(예 인터넷 중독 문제에 빠진 청소년의 상당수는 학교나 가정에서 인터넷 사용 문제로 인해 부정적인 피드백을 많이 듣게 되므로 상담자는 내담자를 격려하고 칭찬할 요소를 찾아 적절히 격려함으로써 자신감을 회복할 수 있도록 하는 것이 필요함), 대안활동 탐색하기 등을 다룬다.
③ 종결 단계: 설정한 상담목표가 해결되고 내담자가 더 이상 상담자의 도움을 필요로 하지 않게 되면 상담관계가 종결된다. 인터넷 중독은 재발이 쉽게 될 수 있으므로 종결 단계에서 재발 문제도 함께 다루어야 한다.

(2) 상담관계의 형성

① 상담관계의 중요성: 내담자가 상담과정에 자발적으로 참여하지 않는다면 아무리 훌륭한 상담이나 개입방법도 효과가 없다. 따라서 상담자가 내담자의 신뢰를 얻지 못한다면 상담자가 내담자에게 미치는 영향력은 감소될 수밖에 없다. 라포 형성을 위해 상담자는 내담자 입장에서 인터넷 중독으로 상담에 끌려오게 된 기분을 이해해주고 공감해야 한다. 상담자는 내담자에게 합리적이고 수용적인 방식으로 접근해야 하며, 내담자를 판단하거나 평가하는 식으로 대하지 않는 것이 중요하다.

② **신뢰관계 구축하기**: 상담자는 상담과정에서 내담자에게 관심과 진심어린 마음을 일관되게 보여야 한다.

> • 정기적으로 내담자를 만나서 상담할 것
> • **시간을 잘 지켜줄 것**: 제시간에 만나고 제시간에 끝낼 것
> • 메시지를 남긴 전화는 즉시 걸어줄 것
> • 위급한 상황에서는 즉각적인 도움을 줄 것
> • 내담자가 나타나지 않으면 즉시 전화를 걸어서 확인할 것
> • 내담자가 입원하거나 신체적인 문제가 있으면 병문안을 필히 갈 것

③ **규칙 설정하기**: 상담자는 내담자와 상담시간의 규칙을 설정할 필요가 있다.
  ㉠ 인터넷에 관련된 문제를 가진 청소년이 술이나 다른 비행 등의 문제가 있다면, 그 문제를 함께 다루고 술을 먹은 상태에서는 상담을 진행하지 않는 것을 규칙으로 정한다.
  ㉡ 상담시간에 세운 인터넷 사용에 대한 계획도 주중에 지키도록 규칙으로 정해야 한다.
  ㉢ 상담자는 내담자가 규칙을 지키지 않은 경우에도 내담자를 존중하는 태도를 보여야 하며 경멸하거나 무시하는 태도를 보이면, 내담자와의 상담관계를 유지하기 어렵다는 점을 기억해야 한다.

④ **협조적인 관계 유지하기**: 인터넷 과다 사용으로 인한 피해에 대해서는 분명한 입장을 취하고 허용적이어서는 안 된다. 내담자와 협력적인 관계를 유지하기 위해서는 내담자의 장점을 보고 이들을 격려하고 칭찬하는 것을 아끼지 말아야 한다.

⑤ **내담자와의 갈등에 대처하기**: 상담자가 아무리 인터넷 중독자와 좋은 상담관계를 유지하려 해도 관계가 긴장되고 힘든 상태로 빠지는 경우가 생기는데, 마치 세력다툼의 관계가 되는 경우가 있다. 이 경우 다음의 지침을 따르는 것이 좋다.

> • 내담자의 싸움에 같이 대항하지 말라.
> • 정직한 태도를 유지하라.
> • 상담의 목표에 초점을 맞춰라.
> • 상담자 자신의 역기능적 사고를 수정하라. 상담자 역시 상담과정에 대해 역기능적인 사고(내담자에게 진전이 없는 것은 내가 부족해서임)를 가지고 있을 수 있으므로 이를 수정하도록 한다.
> • 진실함과 공감적인 태도로 내담자의 방어를 줄여나가라.
> • 내담자와의 갈등에 직면하라(내담자가 집단상담이나 개인상담의 규칙을 어길 때 이 문제에 관해 직면시켜야 한다. 이때 상담자는 내담자의 기분을 상하지 않게 수용적인 분위기에서 이 문제를 다루어야 함).

1. 컨설팅(자문)의 의미

(1) 의미

① 특정 분야의 전문성을 갖춘 컨설턴트(자문자)가 다른 전문가로 하여금 제3자(내담자, 환자)와의 작업 효과를 높이도록 전문적 도움을 제공하는 활동을 말한다.

② 컨설티(피자문자) 또는 의뢰자가 제3자를 돕는 과정에서 서로 다른 전문직 또는 집단에 속한 두 전문가 간의 자발적·협력적·비위계적 관계에서 이루어지는 간접적인 활동이다.

(2) 구성

① 컨설턴트: 컨설티에게 도움을 제공하는 전문가이다.

② 컨설티 또는 의뢰자: 컨설턴트에게 도움을 요청하는 전문가이다.

③ 제3자: 학생이나 조직처럼 컨설티의 전문적인 도움이 필요한 대상이다.

(3) 컨설팅과 상담

① 유사점: 도움이 필요한 사람의 문제 해결을 돕고, 문제가 해결되면 종결된다.

② 차이점

㉠ 컨설팅은 문제에 초점을 맞추고, 상담은 사람에 초점을 맞춘다.

㉡ 컨설턴트가 제3자와 직접 접촉하는 경우가 거의 없다.

㉢ 상담과 컨설팅은 개인이 당면한 문제에 대해 보다 효율적·독립적·효과적으로 역량을 발휘하도록 돕는다는 점에서 유사하지만, 컨설팅은 상담에 비해 간접적으로 이루어지는 경향이 있다.

(4) 컨설팅과 슈퍼비전(수련감독)

① 유사점: 도움이 필요한 사람을 돕는다.

② 차이점

㉠ 관계: 수련감독은 책임의 범위와 한계, 관계의 대등성 측면에서 컨설팅과 다르다.

㉡ 기간: 수련감독은 일정 기간 동안 지속적으로 이루어지지만, 컨설팅은 일반적으로 문제 해결을 위해 일회성으로 진행된다.

㉢ 지속성: 컨설팅은 컨설티의 문제 해결이 일차 목표이므로 문제가 해결되면 컨설팅 관계가 종결되는 반면, 수련감독은 수련생의 사례가 종결되어도 새로운 사례로 계속될 수 있다는 점에서 차이가 있다.

컨설팅과 수련감독의 책임자

- 컨설팅
  - 컨설티가 모든 책임을 진다.
  - 컨설팅은 서로 다른 분야의 전문가가 대등하고 협력적인 관계를 기반으로 이루어지기 때문이다.
  - 컨설티는 자신의 문제 해결을 위해 컨설턴트의 제안을 수용할지의 여부를 결정할 권리가 있는 동시에 책임을 져야 한다.
- 수련감독
  - 수련감독자가 수련생의 상담에 대해 감독자로서 책임을 진다.
  - 수련생은 상담전문가가 되기 위해 수련감독을 받는 과정이라는 점에서 수련감독자보다 전문성이 부족하다고 보기 때문이다.
  - 또한 수련감독자는 수련생의 상담실습에 대한 평가자로서 자격증 취득에도 영향을 미칠 수 있다.
  - 따라서 수련감독자와 수련생은 위계적·수직적 관계를 형성하고, 수련자는 수련감독자의 제안을 대부분은 적극 고려할 수밖에 없다는 특성이 있다.

2. 컨설팅의 3요소와 특성

(1) 3요소

컨설턴트, 컨설티/의뢰자, 제3자(내담자)의 관계를 기반으로 이루어진다.

(2) 특성

① 조직의 구성원을 통해 고객에게 제공되는 간접 서비스 과정이다.
② 책임과 전문 영역이 서로 다른 사람들 간에 이루어진다.
③ 컨설티의 문제 해결을 도울 지식과 경험을 갖춘 전문가가 담당한다.
④ 한시적 계약관계를 기반으로 진행된다.
⑤ 컨설턴트가 컨설티와 대등한 관계에서 직무 관련 문제의 해결을 돕는다.
⑥ 컨설티는 자문을 통해 제3자의 조력에 관한 제반 행위를 책임진다.
⑦ 컨설팅을 통해 문제 해결을 경험하면 이후 유사한 문제 상황이 발생할 때도 이를 일반화할 수 있다.
⑧ 지역사회의 협력 네트워크 기반을 마련하는 초석이 될 수 있다.

3. 초점에 따른 컨설팅 모델

(1) 정신건강 모델

① 카플란(Kaplan)이 창안한 것으로, 정신건강 전문가들이 컨설팅 과정을 활용하여 지역사회의 정신건강을 증진하고자 개발했다.
② 컨설턴트가 컨설티로 하여금 제3자와의 상호작용 이해를 돕는다는 점에서 학교 현장에서 학생과의 관계, 수업과 관련된 문제를 겪는 교사를 돕는 데 유용하다.
③ 정신건강 모델에 의하면 컨설턴트는 컨설티에 대한 지지, 제3자에 대한 컨설티의 반응 점검을 토대로 컨설티의 문제 상황 이해와 문제 해결방안 분석을 돕고, 컨설티는 추후 유사한 문제에 대처할 능력을 갖게 된다.
④ 이점: 교사가 컨설팅을 통해 당면한 문제를 해결하고 이 과정에서 습득한 문제 해결 기술을 추후 발생 가능한 문제 상황에 적용하도록 돕는다.

(2) **조직 발달 모델**

① 조직의 변화와 대처능력을 향상시키고, 효율성 강화를 목적으로 조직 안팎의 개인과 집단에 대한 기술, 진단, 처방에 초점을 두는 접근이다.

② 이 모델은 교육기관에서 가장 빈번하게 활용되며, 교육과 연수를 강조한다.

③ **핵심 목표**: 특정 영역에 대한 집단 구성원들의 효율성 증진을 목표로 한다.

④ 단계: 욕구 측정 → 교육활동 계획 수립과 실행 → 평가

⑤ 학교에서 전문상담교사를 조직 발달 모형의 컨설턴트로 활용하는 경우의 문제점

ㄱ 동료 교사의 저항을 불러일으킬 수 있다.

ㄴ 동료 교사를 가르치고 실습을 주도하며 평가자 역할을 하면 컨설팅의 본질이 왜곡될 수 있다.

➡ 학교의 사정을 잘 아는 내부 인력을 활용하면 학교에 꼭 필요한 교육과 훈련을 활용하여 컨설팅을 실행할 수 있다는 장점이 있지만, 가급적 외부 전문가에게 의뢰하는 것이 바람직하다.

(3) **과정 모델**

① 조직의 체제, 의사결정, 문제 해결, 목표 설정 시 컨설티가 개인적으로 적용하는 체제에 대한 통찰을 돕는다.

② 컨설턴트는 컨설티를 체제의 구성원으로 보고 그의 강점과 약점과 함께 체제 내 다른 구성원과의 의사소통 방법에 주목한다.

③ **체제**: 구조 내에서 이루어지는 상호 관계와 의사결정 등이 이루어지는 과정으로, 체제 자체에 문제가 있다는 분석이 나오면 체제 변화를 중심으로 컨설팅을 진행한다.

(4) **협력 모델**

① 컨설턴트는 컨설티와 동등하고 위계 없는 관계 속에서 제3자인 학생들의 학습·행동 문제를 해결하도록 계획·실행·평가하는 데 중점을 둔다.

② 컨설턴트와 컨설티는 정보와 자료를 공유하며, 컨설팅 과정의 동역자로서 함께 일하는 협력관계를 중시한다.

③ 특징은 컨설턴트는 컨설티의 문제를 함께 정의하고 필요한 경우 다양한 전문가와 상호작용한다.

(5) **혼돈 모델**

① 체계 내에서 인과관계를 파악하려는 고전적인 이론적 접근과 달리 다양한 투입 요인이 체계의 기능에 영향을 미칠 수 있다고 보기 때문에 세상은 대부분 예측 불가능하다고 가정한다.

例 고비 사막의 모래알이 알려지지 않은 방법으로 전 세계 기후에 영향을 준다고 가정하는 것

② 컨설턴트는 조직 구성원이 어느 정도 혼돈 상태에서 살아갈 수밖에 없다는 사실을 인정하게 하고, 체계의 예측 불가능성을 줄이고자 체계에 영향을 주는 투입 요인을 가능한 한 많이 찾아내도록 돕는다.

③ 이후 선제적인 역할을 담당하여 조직 구성원에게 문제의 원인을 제공하는 역동을 수정하는 실험적·창의적인 변화 방안을 제안한다.

④ 컨설턴트는 체계 중심적 관점으로부터 컨설티를 변화 과정에 참여시키는 자문자 중심 접근으로 이동한다.

• 자문자 중심 자문

모델	설명
전문가 자문 모델	• 특정 분야의 전문성을 갖춘 자문자가 조직에 합류함 • 조직은 자문자에게 전문지식을 활용한 문제 해결을 요청함
처방적 자문 모델	자문자는 정보 수집과 문제 진단을 한 후 피자문자에게 문제 해결방법을 제안함(의사·환자 방식)
훈련자/교육자 자문 모델	자문자는 조직 구성원들에게 교육과 훈련 기회를 제공함(직원 개발 방식)

• 피자문자 중심 자문

모델	설명
협력적 자문 모델	• 자문자는 전문기술을 제공하여 파트너십을 발달하고, 조직 구성원의 전문성에 기반한 문제 해결방안을 제공함 • 공유된 전문가 모델로서 상호 의사결정에 초점을 둠
촉진적 자문 모델	자문자는 조직 구성원이 소통을 통해 서로를 이해하고 갈등을 해소하도록 돕는 촉진자의 역할을 함
과정 지향 자문 모델	• 자문자는 자신이 문제의 해답이나 전문기술을 지닌다고 여기지 않음 • 자문자가 신뢰 분위기를 조성하면 조직 구성원이 스스로 해결책을 찾아 변화할 수 있고, 이것이 가장 효과적인 해결책이라고 확신함 • 다른 모델에 비해 조직 구성원이 높은 자신감과 문제에 대한 주인의식을 가질 수 있음

4. 상담이론에 근거한 컨설팅 모형

(1) 정신분석 모델

① 조직 구성원의 무의식적인 행동이 컨설티의 환경에 미치는 영향에 초점을 두는 자문 방법으로, 비교적 새롭게 등장한 접근이다.

② 목적은 문제의 근원인 무의식의 힘을 이해하는 것이다.

   ㉠ 컨설턴트는 조직의 문제가 구성원의 무의식 과정에 투사되어 나타난다고 전제한다.

   ㉡ 저항은 구성원이 자신의 무의식 과정을 검토하지 못하게 하는 방어기제이자 과도한 고통으로부터 조직을 보호하는 수단으로 작용한다고 믿는다.

③ 자문 과정에서 구성원이 저항을 갑작스럽게 내려놓으면 혼돈, 정신적 와해가 발생할 수 있으므로 컨설턴트는 면밀히 작업에 임한다.

   ㉠ 컨설턴트는 이 과정에서 구성원들에게 저항을 설명한다.

   ㉡ 체계의 문제 유지에 그동안 구성원 개개인이 어떤 역할을 했는지의 이해를 돕는다.

④ 컨설턴트는 구성원의 무의식적 과정을 이해하는 단계에서 컨설티 중심 접근으로 자문을 시작하지만, 이후 조직의 저항을 설명하는 과정에서 컨설턴트 중심 접근으로 옮겨간다.

(2) 행동주의 모델

① 제3자의 행동 변화를 위해 컨설티가 행동수정 원리를 활용하도록 돕는 접근이다.

   ➡ 스키너(Skinner), 반두라(Bandura), 마이켄바움(Meichenbaum) 등의 학습이론에 기초한다.

② 스키너의 학습이론에 근거한 컨설팅: 컨설턴트는 컨설티의 행동을 학습결과로 간주하고, 새로운 유용한 행동을 획득하도록 돕는 데 초점을 맞춘다.

③ 간접적인 접근을 활용한다는 점에서 정신건강 모형과 유사하지만 컨설턴트가 보다 많은 통제권을 행사한다는 점에서 차이가 있다.

④ 행동주의 컨설턴트는 컨설티가 수행할 행동을 계획하고 결정하며 필요한 기법과 접근을 가르친다.

⑤ 이 과정에서 컨설티가 원하지 않은 영역을 침범하면서까지 도움을 주려는 잘못을 범하지 않게 유의한다.

⑥ 과정

구분	내용
문제 확인 (문제 정의)	• 컨설턴트는 컨설티와 협의하여 세부 목표를 설정함 • 세부 목표는 증감 정도를 측정할 수 있는 행동에 초점을 맞춤 • 세부 목표 설정 시 검사, 관찰, 면접 등의 비표준화 검사방법을 활용함
문제 분석	• 문제 상황과 관련된 모든 변수를 검토함 • 분석을 마치면 컨설턴트는 컨설티와 협의하여 문제 해결 계획을 수립함 • 계획은 학생에 대한 중재 전략이 구체적으로 명시된 세부 목표와 전략의 효과를 평가하는 기준을 포함함
계획 실행	• 컨설턴트와 컨설티가 긴밀한 접촉을 유지하면서 계획을 실행함 • 설정된 계획이 실제로 세부 목표 달성에 효과가 있는지 변화가 필요하지 않은지 지속적으로 점검함
문제 평가	• 세부 목표의 달성 정도를 평가함 • 컨설턴트는 평가를 위해 초기 계획 단계부터 종결 단계까지의 세부 목표를 검토함

(3) 인간 중심 모델

① 컨설팅 목적이 비지시적인 방법으로 변화과정 촉진에 중점을 둔다는 점에서 컨설티(피자문자) 중심 자문이다.

② 이 접근의 컨설턴트는 조직에 들어가서 조직의 특성에 대한 구성원 개개인의 관점을 이해하고자 한다.

③ 이 과정에서 자문자는 공감, 진실성, 무조건적인 긍정적 존중을 기반으로 구성원의 말을 경청한다.

④ 필요하다면 구성원이 다른 구성원의 관점을 경청하도록 돕기 위해 구성원으로 구성된 집단을 운영한다.

⑤ 이는 집단과정이 조직의 자발적 치유에 도움이 된다는 전제하에 이루어지므로, 컨설턴트는 구성원 동의하에 개개인이 깨달은 것을 전체 집단에서 공유하게 한다.

(4) 게슈탈트 모델

① 게슈탈트 치료처럼 방어적 태도와 신경증적 행동 감소를 위한 컨설티와 구성원의 인식 증진이 목적이다.

② 조직에 컨설턴트가 투입되는 것만으로도 변화가 일어난다고 전제한다.

③ 컨설턴트는 조직 구성원이 타인과 자신에 대한 알아차림과 진정한 직면의 증진을 위해 경계를 허물고 감정을 표현하도록 격려한다.

④ 일반적으로 컨설턴트 중심 자문과 컨설티 중심 자문이 결합된 형태이다.

⊙ 컨설턴트가 감정을 표현하고 방어를 감소시키는 방법을 가르친다는 점에서 컨설턴트 중심적이다.

ⓒ 컨설턴트가 조직 구성원의 감정표현을 촉진하는 역할을 한다는 점에서는 컨설티 중심적이다.

(5) 인지행동 모델

① 문제를 명확하게 정의한다.

    ㉠ 컨설턴트는 조직의 초기 진단을 하고 컨설티가 제시한 문제에 초점을 맞춘다.

    ㉡ 컨설팅 과정이 진행되고 문제가 명확해지면 컨설턴트는 구체적인 목표를 설정한다.

    ㉢ 인지적·행동적 원리, 사회인지 학습이론(모델링) 등의 핵심 원리와 기법을 적용하여 문제를 해결한다.

② 컨설티 중심으로 시작하지만, 컨설턴트가 변화 전략을 고안·적용하면서 컨설턴트 중심으로 종결된다.

③ 마이켄바움의 인지행동수정(CBM; Cognitive Behavior Modification) 이론에 근거한 컨설팅: 관찰 가능하고 작업 가능한 것은 개인의 내적 인지라는 점을 강조한다.

④ 반두라의 사회학습 인지이론에 근거한 컨설팅: 모델의 관찰과 시연을 통한 학습을 중심으로 하며, REBT와 현실치료 기법을 활용하기도 한다.

(6) 해결 중심 모델

① 해결방법과 강점에 중점을 둔다.

② 대부분의 학교 기반 컨설팅 모형이 문제 해결적 접근에 기반을 두며 문제 해결적 접근은 컨설티의 결함, 약점, 문제 원인에 초점을 두는 반면, 해결 중심 모델은 문제가 없던 상황이나 문제 해결 경험에 초점을 둔다.

③ 해결 중심 모델의 적용 절차

단계	내용

1단계:
회기 전,
초기 구조화
	• 자문자는 피자문자가 문제 상황에서 자신의 강점을 발견하도록 도움
	• 이를 위해 자문자는 '변화 언어'를 활용하여 자문자에게 미래지향적인 질문을 던짐
	• 미래를 추정하는 단어를 사용하는 목적은 미래 변화를 위한 발판 마련으로 피자문자에게 희망을 불어넣어주기 위함
	• 질문 예시
	  – "선생님은 학생이 어떻게 되기를 원하세요?"
	  – "선생님은 학생과의 관계에서 어떻게 되기를 바라세요?"
	  – "자문이 성공적이었다는 것을 어떻게 알 수 있을까요?"

2단계:
목표 설정
	• 자문의 목적을 설정하지만 문제 해결적 접근처럼 문제 탐색에 시간을 허비하지 않음
	• 문제 탐색은 문제가 발생하지 않았다고 하는 경우나 예외 상황을 탐색하는 경우에만 실시함
	• 문제 탐색에 집중하면 해결방안을 탐색할 시간을 허비할 수 있다고 봄
	• 질문 예시
	  – "선생님이 기꺼이 수용할 수 있는 최소한의 변화는 어느 정도인가요?"
	  – "좀 더 편안한 학교생활이 되기 위해 어떤 변화를 시도해보시겠어요?"

3단계:
시도된
해결방안 및
예외 상황 탐색
	• 피자문자가 지금까지 시도한 해결방안과 예외 상황을 탐색함
	• 피자문자가 이전의 해결방안이나 예외 상황을 잘 기억하지 못하는 경우, 질문으로 변화의 발판을 마련함
	  例 "그 문제가 가장 적게 발생했던 때가 언제였나요?"
	• 그럼에도 피자문자가 예외 상황을 발견하지 못한다면 자문자는 다음의 조치를 취함
	  – 다음 회기까지 예외 상황을 찾아보는 숙제를 부과함
	  – 그 문제를 경험이 많은 사람은 어떻게 해결할지 상상하게 한 후 이야기를 나눔
	  – 교실에서 피자문자의 관찰을 요청하고 예외 상황에 대한 피드백을 제공함

4단계: **피자문자의** **해결방안** **결정 돕기**	• 피자문자의 해결방안을 결정하도록 도움 • 이를 위해 자문자는 다음의 3가지 규칙을 적용함 　– 특별한 문제가 없는 한 고치지 말라. 　– 효과가 있으면 더 하라. 　– 효과가 없으면 다시 하지 말라. • 학생과의 관계에서 어려움을 겪는 교사를 자문하는 경우, 자문자는 질문을 통해 변화의 필요성을 학생의 　행동에서 교사의 행동으로 옮김 　– "학생이 선생님께서 원하는 행동을 마지막으로 한 것이 언제였나요?" 　– "그 행동을 다시 하도록 하려면 선생님께서는 무엇을 해야 할까요?" • 이 과정에서 자문자는 피자문자에게 해결방안을 구체적인 행동 중심의 언어로 기술하게 함 • 자문자가 최적의 해결방안을 선택하도록 질문을 활용함 　– "어떤 해결방안이 선생님의 자원에 가장 적합할까요?" 　– "학생의 자원에 적합한 해결방안은 무엇인가요?"
5단계: **요약·지지**	• 피자문자에게 자문을 통한 성과를 요약해주고 적극 강화함 • 강화는 피자문자가 성과를 내적으로 귀인하는 데 도움이 됨 • 피자문자의 성과에 대한 진술은 구체적인 행동상 업적에 관한 것이어야 함

(7) 사회구성주의 모델

① 현실은 언어로 구성되고 유일한 현실은 존재하지 않는다고 전제한다.

② 조직 구성원의 다양한 이야기를 이해하는 것을 중시한다.

③ 컨설턴트의 역할

ㄱ 조직의 지배적 담론을 질문·경청하고 존중 어린 호기심을 보인다.

ㄴ 모든 구성원의 이야기를 현실로 받아들인다.

ㄷ 문제와 관련된 이야기는 특히 주의 깊게 경청한다.

ㄹ 구성원이 문제에 대한 예외를 모색하도록 한다.

ㅁ 구성원이 문제를 보는 다른 방식을 탐색하게 한다.

ㅂ 문제에 대한 새로운 해결책을 창조하여 문제가 있는 이야기의 이해 확장을 돕는다.

④ 컨설턴트는 궁극적으로 다른 구성원과 함께 새롭고 건강한 이야기를 구성하고 새로운 해결책을 모색한다.

⑤ 따라서 사회구성주의 모델의 컨설턴트는 체계 중심적이다.

⑥ 새롭고 건강한 이야기를 함께 창조하면서 컨설턴트는 컨설티의 담론을 이해하고, 모든 조직 구성원에게 새로운 이해방법을 촉진할 수 있다.

5. 컨설팅 절차

(1) 문제 정의

① 컨설티가 컨설팅을 통해 해결할 문제와 얻고자 하는 것을 명료하게 정리하는 작업이다.

② 컨설턴트는 면담을 활용하여 컨설티의 컨설팅 신청 이유를 확인하고 조력 방법을 설명한다.

③ 컨설턴트는 컨설티의 문제 해결을 위한 노력과 문제 상황에 대한 기대를 탐색하고, 조직 구성원과의 접촉과 조직 탐색을 통해 조직의 문제를 이해한다.

④ 조직과 자문 계약에 대해 논의하며 계약은 비용, 회의, 도구, 목적·목표, 규칙, 대략적인 종결 시기를 포함한다.

⑤ 컨설팅 과정에서 피자문자로부터 정보를 탐색해야 한다.

범주	탐색 정보
컨설티	자문에 대한 기대, 경험 수준, 감정 상태, 문제 해결 능력, 의사결정 능력, 동기 수준
제3자	성별, 나이, 성숙도, 행동 특성, 지적 능력, 문화적 배경, 대인관계, 직업, 교육 정도
컨설티 또는 제3자 상호작용	의사소통 방식, 태도, 행동 특성, 감정 상태, 선행 행동·반응
문제 상황	문제 발생 시간과 장소, 물리적 환경, 주변 상황

⑥ 컨설팅 초기에 컨설티가 흔히 자신의 문제 상황에 몰입하여 문제를 한꺼번에 털어놓으려고 말을 빨리 하거나 두서없이 늘어놓기도 한다. 자문자는 적극적 경청 기술을 기반으로 한 촉진반응을 이용하여 컨설티가 문제를 정확히 기술하고 생각하도록 돕는다.
  ㉠ 촉진반응(facilitative response): 컨설티의 진술 중 중요한 핵심 내용만 추려 반응하고, 컨설티에 대한 긍정적인 피드백을 덧붙이는 것이다.
  ㉡ 긍정적인 피드백을 덧붙이는 이유: 컨설티의 문제 해결에 필요한 자신감을 불어넣어주기 위함이다.
  ㉢ 촉진반응의 초점: 컨설티의 감정, 컨설티의 결론과 일반화에 영향을 준 제3자의 구체적인 행동, 제3자에 대한 기대, 상황에서의 긍정적인 태도와 행동에 맞춘다.

⑦ 문제 상황을 정의할 때 피해야 할 행동
  ㉠ 섣부른 충고: 컨설티에게 도움보다 저항을 불러일으킬 수 있으며, 컨설티가 먼저 충고를 요구하는 경우에도 공감적 반응을 보이며 함께 해결방법을 모색하자고 제안하는 것이 좋다.
  ㉡ 섣부른 해석: 해석은 일반적으로 문제 해결을 위한 실행계획의 일부로 간주될 때 효과가 있다.
    ➡ 섣부른 충고나 해석보다 적극적 경청을 통해 문제의 전반을 함께 탐색한다.

(2) 목표 설정

① 문제에 대한 초기 평가를 실시하고, 신뢰할 수 있는 타당한 정보를 수집한다.
  ㉠ 정보는 통계자료, 구성원 대상 설문조사, 집단·개별면담으로 수집한 정보와 자료를 포함한다.
  ㉡ 컨설턴트는 수집된 자료와 정보를 분석·종합·해석하고 그동안 수집한 정보를 업데이트한다.
  ㉢ 문제가 확인되면 컨설턴트는 컨설티의 기관·조직에 필요한 성취 가능한 목표와 목표 성취 전략을 수립한다.

② 자문 목표 설정을 위한 지침
  ㉠ 자문자와 피자문자가 함께 설정한다.
  ㉡ 피자문자의 문제 상황에 대한 명확한 정의를 기반으로 설정한다.
  ㉢ 관찰 가능한 행동·상황에 초점을 맞추어 구체적으로 설정한다.
  ㉣ 바람직한 상황이 발생하도록 하는 긍정문으로 작성한다.

③ 컨설턴트와 컨설티가 목표를 함께 설정하는 이유: 컨설티가 자신의 행동에 초점을 맞추고 컨설턴트를 자신의 협력자로 인식할 수 있다.

④ 자문의 목표를 구체적으로 설정하는 이유: 피자문자가 문제 해결의 방향을 정하고 실행 전략에 책임감을 가질 수 있다.

(3) 계획 수립

① 문제 해결 계획과 실행 전략은 브레인스토밍을 이용하여 수립한다.

> **더 알아보기   브레인스토밍 지침**
>
> • 되도록 많은 대안과 창의적이고 참신한 대안을 마련한다.
> • 논의 중인 잠재적인 전략들에 대한 평가를 피한다.

② 문제 해결 계획이 수립되면, 컨설티가 최소한의 노력으로 효과를 극대화하는 실행 전략을 선택하도록 돕는다.

③ 문제 해결 전략

    ㉠ 조직의 생태나 조직 구성원 간의 역동에 대한 침해를 최소화하는 것이어야 한다.

    ㉡ 컨설티가 실행 전략의 결정을 컨설턴트에게 미루는 경우 컨설턴트는 컨설티의 전략 선택을 촉진한다.

    ㉢ 최종 전략은 컨설티가 수용 가능한 것이어야 한다.

④ 컨설턴트는 컨설티와 협력하여 전략 실행에 있어 각자의 책임을 명확하게 정의한다.

    ㉠ 언제, 어디서, 누가, 무엇을, 어떻게 각자의 책임을 실행에 옮길지 합의한다.

    ㉡ 이 작업이 끝난 후 전략을 실행에 옮긴다.

(4) 전략 실행

① 컨설턴트는 컨설티, 조직 구성원과 협력하여 변화 전략을 결정·실행한다.

    ㉠ 개입방법과 전략은 컨설턴트가 지향하는 이론과 모델에 따라 달라질 수 있다.

    ㉡ 해결해야 할 문제는 이론, 모델과 상관없이 동일하므로 컨설턴트는 문제 해결에 초점을 둔다.

② 일반적으로 문제는 상황적으로 정의되고, 변화는 조직이 향후 유사한 문제를 예방·해결할 수 있을 만큼 충분히 이루어져야 한다.

③ 전략 실행 시 자문자가 모니터해야 할 사항

    ㉠ 문제의 초점이 잘 유지되고 있는가?

    ㉡ 원래의 전략에서 누락된 부분은 없는가?

    ㉢ 컨설티의 전략 실행을 방해하는 요인은 없는가?

    ㉣ 제3자(예 내담자)가 기대하지 않는 방식으로 반응하지는 않는가?

(5) 평가

목표 성취 여부, 자문에서 효과적인 점과 그렇지 못한 점, 자문 작업의 강점과 한계 등을 대상으로 이루어진다.

(6) 종결

① 컨설턴트와 컨설티가 관계를 종료하는 것이다.

    ㉠ 종결은 흔히 컨설팅 목표 성취를 전제로 이루어진다.

    ㉡ 경우에 따라 컨설팅 과정에서 새로 수집된 자료를 토대로 일정을 조정하기도 하지만, 대부분은 2단계에서 결정한 일정에 따라 종결한다.

② 컨설턴트는 모든 이해 당사자와 컨설팅의 성과에 대해 논의하면서 관계를 정리하고, 컨설팅에 참여한 구성원과 컨설팅 관계 종결에 따른 감정(예 상실감)을 나눌 기회를 갖는다.

③ 컨설팅은 순차적인 과정보다 시행착오의 과정이므로 종결을 앞둔 상태에서 이전 단계를 반복해야 하는 경우가 생기기도 한다.

- 학생 발달 자문
  - 컨설턴트는 인간 발달에 대한 지식을 컨설티에게 적용하고 이해시키려 노력한다.
  - 컨설팅 역할을 하는 상담교사는 청소년기의 발달과업과 특징을 잘 알고 있어야 한다.
- 학급 경영 자문(학급관리)
  - 컨설턴트는 컨설티에게 행동수정 이론과 실제에 대한 교육을 통해 학생의 행동 조절과 효율적인 학급 운영능력 증진을 꾀한다.
  - 학생의 문제행동은 교사의 기록과 컨설턴트의 직접 관찰로 파악한다.
  - 학급관리 컨설팅 시 행동수정 원리에 대한 지식이 요구된다.
- 조직에 대한 자문
  - 학교를 조직 또는 시스템으로 전제한다.
  - 조직과 시스템 내에 문제가 발생하면 구성원에게 직·간접적으로 부정적인 영향을 미치며, 학교 밖 조직에 발생한 문제가 학교 내부에 영향을 주기도 한다.
  - 학급 운영에 어려움을 겪는 교사에게 상담교사는 자문을 통해 필요한 지식을 제공할 수 있다.
  - 학생, 교사, 학부모가 시대에 뒤떨어지거나 합리성이 결여된 교칙을 수정할 필요가 있다고 판단할 때 도움을 제공하기도 한다.
- 학교 조직의 자문을 맡은 상담교사가 중점적으로 살펴볼 사항
  - 교직원의 교육 수준은 어떠한가?
    - ➡ 교육 수준이 높고 안정적인 전문직일수록 개혁에 개방적이다.
  - 교직원은 변화에 어떤 태도를 지니고 있는가?
    - ➡ 변화에 자유로운지 보수적인지를 판단하는 것은 조직 분위기를 파악하는 데도 중요한 단서가 된다.
  - 학교의 의사결정 방식은 어떠한가?
    - ➡ 학교의 전반적인 의사결정 구조가 중앙집권적인지 분산적인지를 파악하는 것이 중요하다. 집단 내에서 결정권을 분배하는 것은 혁신을 장려하는 반면, 중앙집권적 구조는 혁신을 지체하게 하는 경향이 있다.
  - 학교에서 가장 영향력을 지닌 사람은 누구인가?
    - ➡ 조직의 내부와 외부에서 가장 영향력을 지닌 사람을 파악하는 것은 권력의 영향을 이해하는 데 도움이 된다.
  - 학교의 재정 운영에 관한 철학과 정책은 어떠한가?
    - ➡ 학교의 지출을 지나치게 줄이려 할수록 조직 구성원의 사기 문제를 야기할 수 있으므로 재정 운영과 관련된 정책을 살펴보는 것이 중요하다.
  - 학교가 외부의 압력과 요구에 대해 얼마나 유연한가?
    - ➡ 교사들의 사기에 직접적인 영향을 주는 원인이므로, 관심 있게 다루어야 한다.
  - 조직의 목표가 얼마나 구체적으로 설정되어 있는가?
    - ➡ 조직의 목표가 구체적인지 장황한지의 여부는 조직이 나아갈 방향이 얼마나 명확하게 설정되어 있는지의 지표라는 점에서 반드시 점검해야 할 사항이다.
- 중재적 자문
  - 컨설턴트는 2인 이상의 컨설티가 의견 일치를 보게 하거나 관계 회복을 위해 도움을 제공한다.
  - 이 과정에서 컨설턴트는 해결책을 제시하기보다 쌍방의 의사소통을 원활하게 하는 역할을 한다.
  - 컨설티가 상대방의 말을 경청하게 함으로써 상호 이해의 폭을 넓히게 한다.
  - 이 과정을 통해 쌍방이 수용할 만한 해결책을 찾으면 컨설팅을 종료한다.
  - 중재적 컨설팅을 위한 컨설턴트는 기본적인 중재과정, 의사소통 기술, 상담 기술과 기법, 직면 전략 등의 지식과 경험을 갖추고 학교 체제도 잘 알고 있어야 한다.
- 조정적 자문
  - 조정적 컨설팅은 중재적 컨설팅과 달리 의도적으로 이루어진다.
  - 교사와 학생이 갈등 상황에 있을 때, 상담교사가 쌍방이 합의하고 갈등 상황을 해결하도록 돕는다는 점은 중재적 자문과 비슷하다.
  - 하지만 조정적 자문을 목적으로 개입한다면, 양측은 처음부터 조정자인 컨설턴트의 결정에 따를 것에 동의하고 컨설턴트가 이들에게 해결방안을 제시한다는 점에서 다르다.
  - 조정적 자문을 성공적으로 완수하려면 여러 컨설티의 입장과 상황을 사전에 파악해야 한다. 당사자가 조정을 통해 자신에게 유리한 결과를 얻을 것이라고 기대할 수 있기 때문이다.
  - 이러한 기대는 자칫 조정 결과에 대한 부정적 감정이나 실패감을 가져다줄 수 있으므로 컨설턴트는 일방적으로 컨설티의 결정을 대신 내려주기보다 이들 스스로 결정을 내리도록 의사소통을 촉진한다.
  - 쌍방이 합의점에 도달하지 못한다면 컨설턴트가 조정에 필요한 정보와 자료를 근거로 최종 의견을 제시한다.

6. 의뢰

(1) 의뢰

① 전문성이나 임상경험에 한계가 있을 때, 제3자(예 다른 전문가)의 조력을 요청하는 것이다.

② 미국학교상담협회(ASCA, 2014)

ㄱ 의뢰는 학생에게 최선의 이익이 되도록 하기 위해 다른 전문가의 도움을 요청하는 것이다.

ㄴ 상담교사 자신이 학생에게 전문적인 조력을 할 수 없다고 판단되면 상담을 맡아선 안 되고 진행 중인 상담의 경우도 즉시 종료한다.

③ 적절하고 효과적인 의뢰가 이루어지려면 의뢰가 가능한 기관에 대한 정보가 있어야 한다.

④ 의뢰 여부 판단기준

ㄱ 업무량을 줄이고자 다른 전문가에게 의뢰하는 것은 비윤리적이다.

ㄴ 상담교사의 능력으로 감당할 수 없는 학생의 상담을 진행하는 것도 비윤리적이다.

ㄷ 의뢰는 응급 상황에 한정하여 이루어지는 것이 아니며, 전문가로서의 실패를 인정하는 행위도 아니다.

ㄹ 의뢰는 학생에게 최선의 도움을 제공하기 위한 현명한 조치임을 분명히 인식해야 한다.

(2) 의뢰 절차

① 의뢰가 필요한 경우 상담교사는 의뢰에 앞서 자신의 역량, 의뢰 동기와 목적, 의뢰할 기관을 면밀히 검토한다.

② 의뢰 서비스 체계를 갖춤으로써 업무의 효율성을 높이고 학생에게 적시에 최선의 도움을 제공할 수 있다. 학생을 기관에 의뢰해야 한다면, 학생이 미성년자라는 점을 고려하여 학부모의 허락과 협조를 구한다.

③ **의뢰 제안을 거부하는 학생**: 이 상황에서 상담을 종결하는 것은 윤리적으로 수용될 수 있지만, 제안의 거부가 학부모 압력에 의한 것일 수 있으므로 상담 종결 결정을 신중하게 한다.

(3) 의뢰 방법

① 의뢰의 효율을 높이려면 전문 영역의 전문가, 의뢰 기관에 대한 상세한 정보가 필요하며 정보는 학회 참석, 다른 전문가의 자문, 인터넷 서핑, 전화번호부 조사, 서비스 단체의 정보, 잠재적인 서비스 제공자와의 면담, 광고 등으로 확보한다.

② 의뢰에 관한 현명한 결정은 정보를 종합적으로 검토함으로써 내려진다.

③ 의뢰는 상담이나 자문 관계에서 이루어지므로 명확한 목표 설정을 통해 의뢰의 효율성을 높인다.

(4) 의뢰 제안

① 의뢰 제안 시 고려사항

ㄱ 학생은 상담교사의 의뢰 제안을 자신을 버리거나 거부하는 것으로 해석할 수 있다.

➡ 효과적인 의사소통 기술과 감수성이 필요하다.

ㄴ 학생이 의뢰를 받아들이지 않을 수 있다.

➡ 침착성과 인내심이 필요하다.

② 부분 의뢰와 완전 의뢰

ㄱ **부분 의뢰**: 상담교사가 학생과의 관계를 유지하면서 의뢰기관을 통해 필요한 서비스를 보충하는 방법이다.

ㄴ **완전 의뢰**: 학생이 다른 전문가에게 의뢰되며, 상담교사는 사례에 더 이상 관여하지 않는 방법이다.

➡ 가급적 부분 의뢰를 제안하여 학생, 학부모와의 갈등을 최소화하고 문제 해결 동기를 높이는 것이 좋다.

③ 의뢰 전 고려사항

㉠ 의뢰 제안 전에 학생의 준비 정도를 주의 깊게 평가한다.

㉡ 의뢰의 목적이 학생의 안녕과 복지를 위한 최선의 선택임을 설명할 수 있어야 하며, 의뢰의 주요 원인이 문제의 심각성이라고 설명하는 것은 그리 바람직하지 않다.

㉢ 내담자가 의뢰 제안을 수락하면 상담교사는 의뢰를 맡은 전문가나 기관에 학생의 문제 해결에 도움이 될 만한 자료를 제공하여 적극 협조한다.

제 **3** 절   상담윤리와 상담자 윤리 현안

10   상담자 윤리강령과 윤리적 의사결정

1. 윤리강령과 윤리위원회

(1) 윤리강령

① 내담자를 보호하고, 상담자에게 지침을 제공하며, 전문가의 지위를 분명하게 밝힐 목적으로 전문가 집단이 제정한다.

② 한계점

    ㉠ 상담장면에서 발생하는 사안에 따라 윤리강령만으로 해결할 수 없는 경우가 있고, 조항에 따라 명확성이 결여되어 그 정도를 헤아리기 어려운 경우도 있다.

    ㉡ 적극적이기보다 반응적인 경향이 있어 단순히 윤리강령과 사례집을 학습한다고 윤리적인 상담이 보장되는 것은 아니다.

    ㉢ 내담자에게 상담자가 윤리적 상담을 하고 있는지 여부를 판단·결정할 충분한 지식·경험이 없을 수 있다.

    ㉣ 갈등은 여러 기관의 윤리강령 사이뿐 아니라 하나의 윤리강령 내에서도 나타날 수 있다. 특히 여러 학회에 소속되고 각 학회에서 자격증을 받은 상담자는 여러 윤리강령의 범위 내에서 상담 서비스를 제공할 책임이 있는데, 기준이 통일되지 않아 혼란을 초래할 가능성이 항상 잠재한다.

    ㉤ 기관의 규정과 상충되거나 문화적 차이로 갈등을 일으킬 수도 있다.

(2) 윤리위원회

① 대부분의 전문가 학회·협회는 산하에 윤리위원회가 있고 기관에 소속된 회원의 품행을 감독하는 역할을 한다.

② **주요 목적**: 회원에게 윤리강령을 교육하고 학회에 소속된 상담자의 비윤리적 상담으로부터 내담자를 보호한다.

③ 정기 모임을 통해 학회 회원을 상대로 비윤리적 행동 혐의로 신고된 사건의 처리를 담당한다. 내담자의 권리를 존중하는 차원에서 상담자는 필요한 경우 내담자에게 윤리 관련 문제를 제기하는 방법을 설명할 의무가 있음을 강조한다.

④ 회원의 비윤리적 행위에 대한 제소가 발생하면, 윤리위원회는 즉시 조사에 착수하고 사건을 심의하여 적법한 절차에 따라 조치를 취한다. 조사 결과 구체적인 혐의가 없는 것으로 판명되기도 하지만, 신고 내용대로 상담자의 윤리강령 위반 사실이 발견되면 위반 내용의 경중에 따라 적절한 제재가 내려진다.

⑤ **일반적으로 가능한 제재**: 견책, 집행유예, 일정 기간의 정직, 회원의 소속기관 사임 권고, 회원의 파면 권고, 지속적인 수련감독, 개인 치료 등의 구체적인 교정 조치 과정의 참여 권고 등이 있다.

⑥ 회원 자격 박탈, 정직은 학회에서 회원에게 가하는 가장 심각한 수준의 제재에 속하며, 회원은 윤리위원회의 결정에 이의를 제기할 수 있다.

⑦ **미국의 경우**: 일단 이의제기 과정이 완료되거나 이의제기 마감 시간이 지나면 정직, 자격 박탈과 같은 제재 사실을 전문기관의 저널에 인쇄하여 공표한다. 이어 주 정부나 국가의 면허증, 자격증 담당 기관은 학회에서 추방된 정신건강 전문가에 대한 독자적인 조사에 착수하여 면허증, 자격증을 취소한다. 학회 추방 조치가 내려지는 사례는 대체로 정도가 심각하여 법정에서 위법 행위에 대한 심판을 받기도 한다.

2. 윤리적 상담 실천을 위한 방안

(1) 전문가들로 구성된 합법적인 단체가 제정한 윤리강령을 숙지한다.
 ① 윤리적 상담을 위한 첫 번째 요건은 소속 단체의 윤리강령을 숙지하는 것이다.
 ② 교육과 훈련과정에서 윤리적 딜레마에 관한 토론 기회를 자주 갖는 것도 중요하다.

(2) 상담자 자신의 개인적인 한계 또는 전문가로서의 한계를 인식한다.
 ① 윤리적인 상담자는 자신의 교육과 훈련 정도를 넘어서는 진단이나 상담을 하지 않으며, 자신의 능력 이상으로 심각한 문제가 있는 내담자를 상담하지 않는다.
 ② 이러한 상황에 처하면 반드시 수련감독자나 경험이 풍부한 상담자와 상의한다.

(3) 내담자가 서면을 통해 선택할 수 있는 절차를 개발하고 적용한다.
 ① 이러한 조치는 내담자의 권리를 보호하는 가장 좋은 방법이며 상담자에게는 만일의 경우를 대비하여 근거 자료를 확보할 수 있게 한다.
 ② **서면을 통해 제공해야 할 내용**

① 상담의 일반 목표	⑦ 상담료
② 내담자에 대한 상담자의 책임과 능력	⑧ 내담자가 기대할 수 있는 서비스
③ 내담자의 책임	⑨ 상담과정의 대략적 기간
④ 비밀 보장에 대한 한계와 기대	⑩ 상담과 관련된 위험 요소
⑤ 관계를 규정할 법적·윤리적 기준	⑪ 상담을 통한 혜택
⑥ 상담자의 자격과 배경	⑫ 내담자의 사례가 상담자의 동료나 수련감독자와 토의될 가능성

(4) 내담자와의 전문적 관계는 서로의 이익을 위해 존재한다는 점을 명심한다.
 ① '상담자가 자신의 가족이나 일가친척을 상담해도 좋은가?'에 대한 대답은 '할 수 없다.'이다.
 ② 다중관계(multiple relationships), 즉 서로가 너무 가까운 관계라 상담자의 욕구가 가족의 문제와 맞물려 있고, 상담관계의 특수성 때문에 상담자가 더 강하고 영향력이 있는 입장에 서서 상담자가 내담자를 교묘하게 이용할 가능성이 있다.

(5) 어떤 경우도 내담자와의 신체적 접촉은 피한다.
 ① 문화권에 따라 성적 접촉이 아닌 신체적 접촉은 도움이 되기도 한다.
 ② **성적 접촉이 아닌 신체적 접촉으로 적절한 경우**
  ㉠ 부모의 사랑이 결핍되어 사회적·정서적으로 성숙하지 못한 내담자를 상담할 때
  ㉡ 슬픔, 외상 경험을 겪고 있는 사람의 위기 상담을 진행할 때
  ㉢ 정서적 지지를 표현할 때
  ㉣ 인사할 때, 상담을 끝낼 때

(6) 상담자는 예외적인 경우를 제외하고 상담 중 내담자가 노출한 사적 내용의 비밀을 유지하며, 내담자와의 관계에서 비밀 유지의 한계도 분명하게 알린다.

① 예외적인 경우는 법적으로 상담자가 반드시 보고해야 하는 상황을 말한다.

② 내담자가 자신이나 타인에게 위험한 행동을 할 때, 미성년 내담자가 근친상간, 강간, 아동학대, 여타 범죄의 희생자라고 생각될 때, 내담자가 입원할 필요가 있다고 판단될 때, 정보가 법적인 문제가 될 때 등이 있다.

3. 상담윤리와 윤리적 의사결정 원칙

(1) 상담전문가의 윤리적 서비스 제공을 위한 일반 원칙(APA 2002)

영역	내용
선의·무해성	서비스 대상자의 이익을 위해 노력하고, 해를 입히지 않아야 함
비밀 유지·책임감	사회의 전문가로서 과학적 책임이 있고, 신뢰를 바탕으로 관계를 형성해야 함
성실성	제반활동에 있어서 정확·정직하며 진실됨을 추구해야 함
공정성	• 모든 사람이 심리적 서비스를 이용하고 이익을 얻을 권리가 있음을 인식해야 함 • 자신이 가진 편견과 능력의 한계를 인식하고 있어야 함
타인의 권리·존엄성 존중	모든 사람의 권리와 존엄성을 존중하고, 권리 보호방법을 규정화해야 함

(2) 한국상담심리학회의 철학적 이념

영역	내용
복지의 증진과 무해성의 원칙	• 상담자는 내담자를 돕기 위해 노력해야 하며 해를 끼쳐서는 안 됨 • 상담자는 자신의 연구, 교육, 상담이 특정 집단에 해를 끼칠 수 있는지를 항상 경계해야 하며, 특히 상담자 자신의 능력 유지와 향상에 민감해야 함
신의와 책임의 원칙	상담자로서 내담자와의 신뢰관계를 형성하고, 자신의 위치에서 책임과 의무를 다한다는 것을 의미함
진실성의 원칙	상담자가 상담 관련 교육, 연구, 상담의 실제에서 정직하고 믿을 수 있게 행동할 것을 요구함
공정성의 원칙	• 상담 서비스에 대한 접근이나 혜택이 모든 사람에게 공정하게 제공될 수 있도록 노력해야 함 • 상담자는 서비스의 과정, 질 측면에서 모든 집단에 공정한 수준을 유지해야 함
인간의 권리와 존엄에 대한 존중	상담자는 모든 인간의 존엄성을 인정하고 개인 사생활, 비밀 보장, 자기결정에 대한 주도권을 존중해야 함

(3) 스페리(Sperry)의 윤리 발달과정

단계	내용
1단계	초보 상담자들이 윤리적 의사결정에서 경직된 특성을 보이는 단계로, 윤리규정에 이의를 제기할 수 없다고 여기고 각 상황에 맞는 규정을 알고 싶어 하는 단계
2단계	• 1단계보다는 보다 유연해지는 특징을 보이며, 윤리규정과 법을 하나의 지침으로 보는 경향이 있음 • 윤리적인 요구가 내담자의 복지를 존중하고 지원하기 위한 것임을 잘 알고 이를 지키고자 하지만, '무엇이 내담자에게 이익이 되는 것인가?'에 대해서 자신의 의견과 윤리 또는 법적 규정이 갈등을 일으키면, 이를 피하기도 함
3단계	• 2단계보다 더 유연해지고, 더 넓은 관점에서 윤리규정을 바라볼 수 있게 됨 • 윤리규정을 그대로 받아들이기보다는 검토해야 할 대상으로 보고, 대안을 만들고 권리와 책임 간에 균형을 맞추는 결정을 내림 • 특히 자신의 삶에서도 개인과 전문가로서의 균형을 맞추려고 함
4단계	• 윤리강령과 법 규정을 알아가면서 이를 뛰어넘는 전문적 판단을 하는 단계 • 무해성만이 아닌 자기인식의 단계에 이르게 되며, 건강한 관계를 세우고 유지하는 것을 윤리적 감수성과 유능한 상담의 핵심으로 간주함

(4) 윤리적 행동의 발달 단계(Van Hoose와 Paradise, 1979)

단계	내용
1단계 처벌 지향	• 외적 사회기준이 행동 판단의 근거가 된다고 믿음 • 사회규칙을 위반한다면, 처벌받아야 함
2단계 기관 지향	• 소속기관의 규칙을 준수함 • 규칙에 대한 의문 없이 이를 근거로 결정함
3단계 사회 지향	• 사회기준을 근거로 결정함 • 사회 또는 개인의 요구가 우선인지에 대한 의구심이 드는 경우, 항상 사회의 요구를 우선시함
4단계 개인 지향	• 개인의 요구를 최우선시함 • 사회적 요구를 인식하고 있고, 법에 관심을 가지지만 개인에게 최선의 것에 초점을 맞춤
5단계 원칙(의식) 지향	• 개인에 대한 관심이 우선시됨 • 윤리적 결정은 외적 고려사항이 아닌 내면화된 윤리기준에 기반함

4. 키치너(Kitchener)의 윤리원칙 기출 16, 19

주제	내용
자율성 존중 (response for autonomy)	• 내담자는 자신의 행동을 스스로 결정하고 처리할 수 있는 자율적인 존재임 • 상담자는 내담자가 자신의 행동에 책임질 것을 기대하고 존중해야 함
무해성 (nonmaleficence)	상담자는 타인에게 손해를 주거나 해를 입히거나 위험에 빠뜨리지 않아야 하고, 이러한 행동을 적극적으로 피해야 함
선의 (beneficience)	• 상담자는 다른 사람에게 선행을 베풀겠다는 의도를 가지고 행동해야 함 • 무능하거나 부정직한 사람은 내담자의 성장이나 복지에 아무런 도움을 줄 수 없음
공정성 (justice)	• 상담자는 인종, 성별, 종교의 이유로 내담자를 차별하지 말아야 함 • 시민은 모든 서비스를 동등하게 받을 권리가 있음
충실성 (fidelity)	• 상담자는 내담자를 돕는 일에 열정을 가지고 충실하게 임하고 약속을 잘 지켜야 함 • 상담자는 상담시간을 사전 통보 없이 취소하거나 비밀 엄수를 위반하는 등 계약 위반 행위나 신뢰를 저버리는 행위를 해서는 안 됨

(1) **자율성 존중**

① 상담자는 내담자가 삶의 방향을 스스로 선택하고 결정하는 자유를 누릴 수 있게 행동한다.

② 사람들은 타고난 존엄성을 가지고 모든 개인의 선택은 타인으로부터 강요되어선 안 되며 스스로 선택할 자유를 보장받아야 하므로, 상담자는 전문가로서 내담자의 자유와 존엄성을 유지할 수 있도록 행동한다.

③ 미국상담학회(ACA, 2005): "상담자는 내담자의 이익과 복지를 촉진하고 건전한 관계형성을 장려하는 방향으로 내담자의 성장과 발전을 격려해야 한다. 상담자는 서비스 대상인 내담자의 다양한 문화적 배경을 이해해야 한다. 또한 상담자는 자신의 문화적 정체성을 탐색하고 그것이 상담과정에서 자신의 가치관과 신념에 어떻게 작용하는지 알아야 한다."

(2) **무해성**

① 내담자에게 고통이나 피해를 주는 위험한 행동·활동을 하지 않는다. 이 개념은 의사가 환자를 치료할 때 절대 상처를 입히거나 해를 끼치지 않아야 한다는 의학적 윤리를 바탕으로 한다.

② 상담자는 내담자에게 해를 끼치지 않을 것으로 확신할 수 있는 개입방법만 사용할 의무가 있다. 내담자를 위한 치료의 위험성을 인식하고 평가하며 그에 맞게 행동해야 한다.

(3) **선의**

① 내담자의 안녕, 복지, 이익을 추구하고 증진하는 것을 강조한 개념으로 심리상담이 내담자에게 이익이 되도록 하며, 치료 목표, 기법, 결과도 내담자에게 유익해야 한다.

② 상담중재법이 어떤 내담자에게는 유익하지만 다른 내담자에게는 유익하지 않을 수 있으므로, 각 내담자에게 맞는 치료 목표와 기법을 사용한다.

③ 미국상담학회(ACA, 2005): "상담자의 일차적 책임은 내담자의 존엄성을 인정하고 복지를 증진시키는 것이다."

(4) 공정성

① 내담자의 연령, 성별, 인종, 경제적 수준, 문화적 배경, 종교 등에 상관없이 모든 내담자에게 동등한 수준의 서비스를 제공한다.

② 곤란을 겪는 사람에게 추가적인 서비스를 제공하여 차별당하지 않도록 도와주는 것과 함께 모든 사람이 상담 서비스를 제공받을 수 있어야 한다는 점을 포함한다.

③ 미국심리학회(APA, 2002): "심리학자는 공정성을 제대로 인식하고 있어야 한다. 공정성은 심리학 서비스에 쉽게 접근할 수 있고 서비스로부터 이익을 얻는 것이라고 할 수 있는데, 모든 사람이 그 과정에서 심리학자로부터 제공되는 양질의 서비스를 공평하게 받아야 한다."

(5) 충실성

① 상담자는 전문가로서 지킬 수 있는 정직한 약속을 하고 신뢰관계를 형성하여 자신의 책임을 다해야 한다.

② 한국상담심리학회 윤리강령

    ㉠ 상담심리사는 자신의 신념체계, 가치, 제한점 등이 상담에 미칠 영향력을 자각하고 내담자에게 상담 목표, 기법, 한계점, 위험성, 상담의 이점, 자신의 강점과 제한점, 심리검사와 보고서의 목적과 용도, 상담료, 상담료 지불방법 등을 명확히 알린다.

    ㉡ 상담심리사는 개인의 이익을 위해 상담전문직의 가치와 권위를 훼손하는 행동을 해서는 안 된다.

    ㉢ 상담심리사는 능력의 한계나 개인적인 문제로 내담자를 적절하게 도와줄 수 없을 때에는 상담을 시작해서는 안 되며, 다른 상담심리사나 정신건강 전문가에게 의뢰하는 등 내담자를 도와줄 방법을 강구한다.

    ㉣ 상담심리사는 자신의 질병, 죽음, 이동, 또는 내담자의 이동이나 재정적 한계와 같은 요인에 의해 상담이 중단될 경우, 이에 대한 적절한 조치를 취해야 한다.

    ㉤ 상담을 종결하는 데 어떤 이유보다도 우선적으로 내담자의 관점과 요구에 대해 논의해야 하며, 내담자가 다른 전문가를 필요로 할 경우에는 적절한 과정을 거쳐서 의뢰한다.

    ㉥ 상담심리사는 내담자나 학생, 연구 참여자, 동료들이 피해를 입지 않도록 적절한 조치를 취한다.

    ㉦ 상담심리사는 자신의 기술이나 자료가 다른 사람에 의해 오용될 가능성이 있거나 개선의 여지가 없는 활동에 참여해서는 안 되며, 이런 일이 일어난 경우에는 이를 바로잡거나 최소화하는 조치를 취한다.

③ 한국상담학회 윤리강령(2011)

    ㉠ 상담자는 내담자를 보다 효과적으로 도울 수 있는 방법에 관하여 꾸준히 연구 및 노력하고, 내담자의 성장 촉진과 문제 해결 및 예방을 위하여 최선을 다한다.

    ㉡ 상담자는 자신의 능력에 한계가 있거나 개인적인 문제로 내담자를 적절하게 도와줄 수 없을 때에는 상담을 시작해서는 안 되며, 다른 전문가에게 의뢰하는 등의 적절한 방법으로 내담자를 돕는다.

    ㉢ 상담자는 자신의 질병, 사고, 이동, 또는 내담자의 질병, 사고, 이동이나 재정적 한계와 같은 요인에 의해 상담을 중단할 경우, 이에 대한 적절한 조치를 취해야 한다.

    ㉣ 상담자는 상담을 종결하는 데 어떤 이유보다도 우선적으로 내담자의 관점과 요구에 대해 고려해야 하며, 내담자가 다른 전문가를 필요로 할 경우에는 적절한 과정을 통해 의뢰한다.

    ㉤ 상담자는 자신의 기술이나 자료가 다른 사람들에 의해 오용될 가능성이 있거나 개선의 여지가 없는 활동에 참여해서는 안 되며, 이런 일이 일어난 경우에는 이를 시정해야 한다.

1. 사례

병수는 17세 고등학생으로 운동 코치에게 자신이 과거에 새아버지로부터 성적 학대를 받았다고 말했고, 운동 코치는 이 사실을 학교 당국에 신고했다. 결국 병수는 전문상담교사인 김 선생님과 상담을 하게 되었는데, 4회기의 상담을 하던 중 병수는 자신이 새아버지에게 성적 학대를 받았다고 한 것은 거짓말이었다고 이야기했다. 그 이유를 묻자, 병수는 자신의 새아버지가 어머니를 여러 번 폭행하여 어머니가 새아버지와 헤어지게 만들려고 이야기를 꾸며낸 것이라고 했다.

2. 윤리원칙 적용

• **자율성 존중의 원칙**

내담자 개개인이 자신의 행동을 스스로 결정하고 처리할 수 있는 자율적 존재임을 인정하고 내담자 스스로 행동에 책임질 것을 기대하고 존중한다. 그러나 한 사람의 행동이 다른 사람의 자유를 침해하거나 자신의 선택이 갖는 의미를 이해할 수 없는 경우 자율성이 존중될 수 없다는 한계를 가진다. (예 어린 아이나 심한 정신장애를 앓는 사람, 정신병을 앓고 있는 사람은 행동의 자율성을 갖지 못한다.)

병수의 사례에서도 자율성의 존중은 중요하다. 만약에 병수가 성인과 동일한 자율성을 인정받을 수 있다면, 상담자는 병수의 바람이 실질적으로 다른 사람에게 해를 끼치지 않는 수준에서 비밀 보장에 대한 그의 바람을 존중해야 한다. 이 경우 두 가지 의문이 제기될 수 있는데, '병수는 성인과 동일한 자율성을 인정받을 수 있는가'와 '그의 행동은 타인에게 어느 정도 해를 끼칠 수 있는가' 하는 것이다. 윤리 관련 문헌을 살펴보면, 17세 청소년은 자율적으로 행동할 수 있을 정도로 충분히 성숙되었다고 볼 수 있다. 이를 바탕으로 김 선생님은 병수가 거의 모든 자율성을 인정받을 수 있다고 결정한다.

성적 학대에 관한 병수의 진술이 타인에게 해를 끼칠 가능성을 분석한 결과, 우선 새아버지에게는 직장, 정서적 안정성, 결혼, 양자 양육능력, 개인적 자유에 영향을 미칠 수 있고 어머니에게는 심리적 고통과 남편이 겪는 괴로움에 따른 고통을 줄 수도 있다. 자율성 원칙에 충실하려면 병수가 바라는 것이 김 선생님의 결정에 분명히 반영되어야 하나, 내담자가 바라는 것이 타인에게 해를 끼칠 수 있다고 우려된다면 상담자는 내담자의 선택권에 대해 신중히 생각하여 의사결정한다.

• **무해성의 원칙**

다른 사람에게 손해를 입히거나 위험에 빠뜨리는 행동을 적극적으로 피한다. 병수의 사례에 무해성의 원칙을 적용할 때 우선 김 선생님이 병수의 동의 없이 정보를 노출하면 병수에게 미칠 해로움이 무엇인지, 각 대안이 낳는 해로움은 무엇인지 분석해야 한다. 즉 상담자는 병수의 정신 상태, 정서적 안정성, 상담내용을 공개함으로써 병수에게 나타날 수 있는 충동적이고 파괴적인 행동 경향 등을 조심스럽게 숙고한다. 비밀을 공개하는 것이 병수에게는 상담을 그만두게 하는 원인이 될 수도 있으며, 최소한 상담자 자신을 신뢰하지 않게 되고 앞으로 다른 사람에게 상담받기를 꺼리게 될 수도 있음을 인식할 필요가 있다. 아울러 상담자는 내담자와의 신뢰할 만한 상담관계를 해칠 가능성이 있다는 점을 고려한다.

그 다음 상담자가 취할 수 있는 각각의 대안으로 병수의 가족 구성원이 입게 되는 해를 평가해야 한다. 다른 측면으로 보았을 때, 새아버지에게 학대를 받았다는 주장이 계속되고 이것이 진실이 아니라면, 어머니와 새아버지 모두에게 해를 입힐 것이다. 마지막으로 가족 구성원이 받을 상처와 내담자가 겪게 될 상처를 비교하여 고려할 필요가 있다.

만약 병수는 약간의 불편함을 경험하고 그의 새아버지는 범죄의 판결을 받으며 어머니는 이혼할지도 모를 상황이라면, 이 정보들이 상담자인 김 선생님이 심사숙고해야 할 부분이다. 무해성의 원칙은 상담자로 하여금 내담자, 학생이나 연구 참여자가 상담을 시작한 때보다 최소한 더 악화되지는 않게 경험을 마무리할 수 있도록 그들의 힘을 지혜롭게 사용할 것을 요구한다.

• **선의의 원칙**

상담자는 타인에게 선행을 베풀겠다는 의도로 행동한다. 병수의 사례에 적용된 선의는 병수가 해를 입는 것을 피하는 것뿐만 아니라, 상담 후에 더 좋게 마무리하도록 해결하는 것이다. 나아가 선의는 어떤 활동 과정이 전 가족을 진정으로 가장 잘 도울 수 있는가를 김 선생님이 평가해야만 하는 것을 의미한다.

김 선생님은 또한 비밀 보장 원칙을 위반한 것이 고등학교 상담자로서 그의 역할에 미치는 영향을 검토해야 한다. 만일 병수가 한 말을 상담자가 상담실 밖에서 이야기하고 이 사실을 다른 학생이 알게 된다면, 아마도 그들은 상담이 도움이 될 수 있을 때조차도 상담을 이용하지 않을 것이다. 이는 상담자가 자신이 봉사할 모든 사람을 계속 도울 수 있는 해결책을 찾아야 한다는 것을 보여준다.

결국 병수의 사례에서는 병수에게 선의를 베풀어야 할 상담자의 책임이 다른 고려사항보다 우선시되어야 하지만, 선의의 모든 측면이 탐색될 필요가 있다.

- **공정성의 원칙**

    인종이나 성별, 종교를 이유로 내담자를 차별하지 않아야 한다. 차별하지 않는 것뿐만 아니라 모든 사람이 상담 서비스를 받을 수 있어야 한다는 점도 포함된다.

    공정성의 원칙을 병수의 사례에 적용하면, 김 선생님은 병수와 그 가족의 복지 이외의 변인들이 자신의 윤리적 추론에 개입되지 않도록 자신의 다른 청소년 내담자처럼 병수를 대해야 한다. 예를 들어, 지역사회에서 병수의 부모가 갖는 지위가 김 선생님의 행동에 영향을 주어서는 안 된다.

    마찬가지로 김 선생님이 새아버지를 싫어하거나 병수의 어머니를 자신의 어머니와 동일시한다는 것을 깨닫는다면, 이러한 자신의 개인적인 감정을 병수와의 비밀 보장과 관련된 의사결정을 하는 데 개입시키지 않아야 공정성의 원칙에 부합한다. 김 선생님이 병수와 그의 가족을 공정하게 대할 수 없으면, 병수를 공정하게 대할 수 있는 상담자에게 의뢰해야 한다.

- **충실성의 원칙**

    상담자는 내담자를 돕는 일에 열정을 가지고 충실하게 임하며 약속을 잘 지켜야 한다. 또한 계약 위반(사전통보 없이 상담약속을 취소하거나 비밀 엄수 위반하기)과 같은 내담자의 신뢰를 저버리는 행위를 하지 않는다.

    병수의 사례에서, 충실성은 김 선생님이 병수와 그에게 한 약속에 충실할 것을 요구한다. 만약 병수와 묵시적으로 약속이 이루어졌다면 그 약속에도 충실할 의무를 가진다. 만일 병수와 그의 부모에 대한 충실성이 충돌한다면 김 선생님의 첫 번째 의무는 내담자를 우선시하는 것이다.

5. 키치너의 윤리적 의사결정 모형 기출 24

(1) 1단계: 상담의 윤리적 측면에 대한 민감한 반응

① 상담회기 중에 윤리와 관련하여 상담자에게 가장 요구되는 것은 잠재적인 윤리적 갈등 상황을 알아차리고 정의하는 것이다.

② 전문직의 윤리의식 함양을 위해 공식적인 교육과정에 교과목으로 개설하여 전문가의 윤리적 정체성을 발달시키는 것이 중요하다.

    예 전문적인 기준과 도덕적 의사결정 과정을 다루는 교과목을 수강하도록 함으로써 상담자는 상담의 윤리적 측면에 대한 의식을 높일 수 있다.

③ 사례분석과 토의를 중심으로 윤리성을 훈련한다.

    예 과거 윤리적 갈등을 다루어 본 경험이 있는 상담자는 새로운 윤리적 문제에 직면할 때 좀 더 경각심을 갖는다.

④ 파렴치하거나 미숙한 사람만이 비윤리적 행동을 할 것이라는 생각을 바꾸도록 한다.

⑤ 상담자는 정신건강 분야에 입문하려는 자신의 가치와 동기를 통찰할 필요가 있다.

(2) 2단계: 사례와 관련된 사실과 이해 당사자를 구체화

① 상담자가 윤리적 문제와 관련된 상황에 직면할 수 있다는 사실을 알았다면 사회적·문화적 맥락을 포함한 모든 관련된 정보를 정리할 필요가 있다.

② 중요한 사실의 윤곽을 파악하는 데 고려해야 할 측면은 상황과 관련된 다른 이해 당사자를 확인하는 것이다.

(3) 3단계: 갈등 상황에서 핵심 문제와 가능한 대안 정의

① 사실들과 이해 당사자가 명확해지면 상담자는 기본적인 윤리적 문제나 그와 관련된 윤리적 문제의 유형을 분류하고, 다양한 대안을 브레인스토밍하여 해당 대안들을 평가한다.

② 상담자는 이러한 대안이 직관적일 수 있음을 인정하고, 자신의 개인적인 도덕적 가치가 의사결정에 어떻게 영향을 미치고 있는지를 인식해야 한다.

③ 4단계 시행 전에 상담자는 윤리적 갈등 상황의 유형을 광범위하게 정의하고 잠정적인 결론을 내린다.

(4) **4단계: 전문가 윤리강령과 관련 법률·규정 참조**

① 상담자는 윤리적 문제와 그 대안을 확인한 후에 윤리강령을 참조하여 이를 어떻게 적용할지를 결정한다.

② 법적 요구가 윤리강령 조항과 상충된다면 상담자는 윤리강령보다 법령을 따라야 한다.

(5) **5단계: 관련 윤리학 문헌 탐색**

① 동일한 윤리적 문제를 경험한 상담자와 학자의 생각을 탐색하기 위해 전문 서적을 참조한다.

② 문헌 연구는 상담자가 다른 전문가의 견해를 파악하고 상황에 관해 이전에는 생각하지 못한 측면을 인식하는 데 도움을 준다.

③ 복잡한 윤리적 문제에 대한 다른 전문가들의 문헌을 읽는 것은 힘겨운 윤리적 의사결정을 하는 데 수반되는 외로움을 덜어준다는 이점이 있다.

(6) **6단계: 기본적인 윤리원칙과 이론의 상황 적용**

① 상담자는 윤리강령의 기저에 있는 기본적인 윤리원칙을 각 상황에 적용한다.

② 특정 갈등 상황에 윤리원칙을 적용할 때 여러 원칙 간에 충돌이 생길 수 있다.

➡ **상충되는 결과들을 조정하는 방법**: 몇몇 학자는 무해성이 가장 중요한 윤리원칙이고 다른 윤리원칙보다 우선되어야 한다고 주장한다. 상담내용을 타인에게 이야기하는 것이 내담자의 동의 없이 이루어질 때, 핵심 논제는 그것이 내담자에게 주는 해로움의 본질과 강도이다. 자율성 존중, 선의, 공정성, 충실성의 원칙은 부차적인 역할을 수행한다. 상담자의 궁극적인 목표는 모든 윤리원칙을 지키는 방법을 찾는 것이지만 가장 중요한 과제는 내담자에게 끼칠 수 있는 해로움의 가능성을 줄이는 것이다.

(7) **7단계: 수련감독자, 동료의 자문**

① 신뢰하는 동료의 객관적인 피드백으로부터 문제에 대한 보다 넓은 관점, 고려하지 못한 사실에 대한 새로운 관점, 추가적인 관련 문헌 등을 제공받을 수 있다.

② 자문은 종종 윤리적 의사결정을 숙고하게 만들고 편안함을 제공하며, 상담자가 자주 느끼는 도덕적·정서적인 고립감을 덜어준다.

③ 동료와의 자문은 모든 의사결정 단계에서 이루어질 수 있으며 7단계로만 제한할 필요는 없다.

🔲 사례와 관련된 사실을 명료화하거나, 혼동되는 윤리규정 조항을 해석할 때 동료로부터 정보를 구할 수 있다.

④ 동료에게 내담자의 기록·정보를 제공할지의 여부는 자문에 대한 내담자의 동의 여부에 달려 있다.

⑤ 동료로부터 자문을 받을 때, 상담자는 상황과 관련된 사실, 관련 윤리기준에 대한 그들의 이해, 윤리문헌과 윤리원칙이 그 사례에 적용되는 방법에 관한 그들의 해석, 어떤 대안을 가장 신뢰할 수 있는가에 관한 그들의 평가 등의 의견을 청취한다.

(8) **8단계: 심사숙고 이후 결정**

① 이전 단계에 자료 수집 과정이 종료되기 때문에, 이 단계는 수집된 정보를 가지고 개인적으로 숙고하는 진지한 과정이 시작된다. 상담자는 이러한 개인적인 심사숙고 과정을 통해 가장 윤리적인 대안을 선택하고 실행하기 위한 계획을 세운다.

② 개인적인 심사숙고 단계에서 가장 중요한 것은 상충되는 가치들을 검토하는 것이다.

㉠ 상충되는 가치는 한 사람의 행동에 영향을 주는 서로 다른 개인적 가치로 윤리적 선택을 어렵게 한다.

㉡ 그러나 모든 사람은 각자 다른 가치를 가지며 이는 큰 문제가 되지 않는다.

㉢ 본래 상충되는 많은 가치는 윤리적인 장점도 가지고 있다.

③ 상담자는 윤리적 선택의 대가를 인정해야 한다.

  ㉠ 윤리 기준을 따르는 것은 보다 더 많은 일과 스트레스, 걱정 등을 유발할 수 있고, 윤리적으로 행동한다는 것은 종종 수련감독자를 무시하거나 현재의 직장을 잃을 수 있음을 의미한다.

  ㉡ 대가에 솔직하게 직면함으로써 상담자는 대가를 최소화하거나 제거할 윤리적인 방법을 발견하거나 최소한 예기치 않았던 대가로부터 자신을 보호할 윤리적 방법을 발견할 수 있다.

  ㉢ 상담자는 윤리적 선택의 결과로 발생하는 좋지 않은 결과에 대응할 수도 있다.

(9) 9단계: 관련자에게 알린 후 결정한 내용의 실행

(10) 10단계: 실행 내용의 반성

① 반성은 상담자가 자신의 행동을 책임질 수 있는지, 차후 갈등 상황에 직면할 때 피해야 할 행동은 무엇인지, 상담자의 생각에서 잘못된 점은 무엇인지 등을 되돌아볼 기회를 제공한다.

② 이는 다음에 발생할 수 있는 윤리적인 논제를 좀 더 신속하게 인식하고 효과적으로 다루도록 윤리적 민감성을 증가시킨다.

11 비밀 보장

1. 의미

(1) 비밀 유지

① 비밀 유지는 상담 또는 심리치료가 진행되는 동안 드러난 정보는 내담자의 동의 없이 함부로 공개되지 않는다고 내담자와 계약을 맺거나 약속한 것을 지킬 윤리적 의무다.

② 사생활의 비밀을 침해하는 행위는 윤리적 측면뿐만 아니라 법적인 측면에서도 금하고 있다.

(2) 비밀 보장과 사생활 보호

① 사생활 보호, 비밀 보장, 증언 거부권 등으로 사생활과 개인의 상담 내용을 보호하는 개념이다.

② 내담자의 사생활 보호

  ㉠ 사생활은 시간, 환경, 사적 정보에 대해 공유하거나 하지 않을 정도를 선택할 개인의 권리를 인식하는 법적 개념이다.

  ㉡ 내담자의 사생활 보호 범위: 내담자가 상담을 받고 있다는 사실, 대기실에서 누구인지 알려지지 않게 하는 것, 제3자에게 상담 회기 녹음을 포함하여 상담기록을 노출하지 않는 것, 검사결과나 상담비용 관련 서류와 파일을 내담자의 동의 없이 알리지 않는 것 등을 포함한다.

(3) 비밀 보장과 증언 거부권

① 개인이 기본적으로 사생활을 보호 받을 권리(「헌법」 제17조)가 있다는 점에서 비롯된 개념으로, 상담자와 내담자 간의 전문적인 관계에 특별히 적용되는 개념이다.

② 비밀 보장

  ㉠ 주로 윤리적인 의미를 가진 개념으로, 상담자가 내담자의 사생활을 존중할 의무를 말한다.

  ㉡ 상담관계에서 알게 된 내담자의 정보를 동의 없이 제3자에게 누설하지 않고 보호한다는 약속이다.

③ 증언 거부권
  ㉠ 소송 절차에서 비밀정보의 공개를 거부할 수 있는 법률 개념으로, 사생활 보호와 비밀 보장보다는 협의의 개념에 가깝다.
  ㉡ 증언 거부권이 법률로 보장되는 경우, 상담자의 법정 요구가 있어도 내담자의 동의 없이 내담자가 상담관계에서 말한 개인적인 내용을 공개하지 않아 내담자를 보호할 수 있다.

(4) 비밀 보장의 중요성
① 내담자가 상담관계에서 말한 내용을 상담자가 제3자에게 누설하지 않을 것이라는 확신을 가질 때, 내담자는 상담자를 신뢰하고 자신의 문제 해결에 필요한 사적인 이야기를 충분하고 솔직하게 털어놓을 수 있다.
② 상담자는 내담자의 가장 개인적인 부분 중에서도 문제와 약점을 주로 듣고 다루기 때문에 상담자가 내담자의 사생활을 보호하고 비밀을 보장하지 않는다면 내담자는 도움은커녕 큰 충격과 피해를 받을 수 있다.

(5) 상담 장면에서 비밀 유지에 관한 일반적 절차
① 상담 초기에 비밀 보장에 관한 사항과 예외사항에 관해 내담자에게 구조화한다.
② 상담이 진행되면서 비밀 보장의 예외에 해당하는 상황이 발생하면, 내담자에게 상담자가 취할 조치를 설명하고 관련인에게 알린다.
  예 자신을 해칠 위험이 있을 경우에는 보호자에게, 특정 타인을 해칠 위험이 있는 경우 그 대상과 보호자에게, 아동학대의 경우에는 보호자, 관련인과 관련 기관에 알린다.
③ 이때 비밀 보장의 예외에 해당하는 상황이 발생하면, 상담자가 내담자의 동의를 받아야 하는 것이 아니라 내담자에게 관련 절차를 알리고 상담자가 필요한 조치를 취하면 된다.
  예 아동학대의 경우 아동의 보호자가 가해자인 경우가 많은데, 이런 경우에 상담자가 아동의 보호자에게서 신고에 관한 동의를 얻기는 사실상 불가능하다.

2. 비밀 보장의 한계 [기출 24]

구분	내용
내담자가 자신을 해칠 위험이 있을 때	내담자가 스스로를 해치려는 생각과 구체적인 계획을 가지고 자신을 해칠 가능성이 높은 경우 예 자살의 위험
내담자가 특정한 타인을 해칠 위험이 있을 때	• 내담자가 분노, 원한 등을 표현하고 이를 특정한 타인에 대한 보복과 연결하는 경우 • 상담자는 내담자의 분노에 특정 대상이 있고 구체적인 계획도 있어 타인을 해칠 가능성이 높다고 판단될 때, 잠재적인 피해자와 그 보호자에게 이를 알려 적절한 보호조치를 취하도록 함
내담자가 현재 아동학대를 당하고 있을 때	아동·청소년 내담자가 현재 아동학대(예 신체적·언어적·성적 학대 등)를 당하고 있다는 사실이 확인되면 상담자는 아동학대 예방센터 등의 관련 기관에 신고하여 아동이 적절한 보호를 받도록 조치를 취할 의무가 있음
법적으로 정보의 공개가 요구될 때	법원의 명령이 있을 경우 상담자는 요구되는 정보를 관련자에게 제공함

(1) 자해·자살 위협

① 내담자가 자신을 해칠 의도, 계획을 말하는 경우 자신의 생명을 마음대로 할 자유를 가졌다고 주장하더라도 상담자는 내담자를 보호하기 위해 비밀 보장의 원칙을 파기할 윤리적·법적 의무를 갖는다.

② 상담자가 내담자를 보호할 목적으로 내담자가 자해·자살 위협 등을 말한 내용을 알릴 때 2가지의 어려움이 있으므로 신중을 가한다.

    ㉠ 상담자가 내담자의 자해, 특히 자살 가능성을 항상 정확히 평가하기가 쉽지 않음: 상담자가 항상 정확하게 평가하는 일이 어렵다는 점이 인정되므로, 법은 상담자가 가진 내담자의 정보를 토대로 상담자가 처한 것과 유사한 상황에 다른 사려 깊은 전문 상담자가 내릴 평가와 유사한 전문가적 평가를 내릴 것을 요구한다.

    ㉡ 자해나 자살 가능성이 분명히 있다고 판단되는 경우 상담자는 내담자에게 일어날 피해를 예방하기 위해 적절하게 전문가적 의무를 수행함: 상담자가 자살 가능성을 알고도 적절한 조치를 취하지 않으면 직무 태만의 과실로 고소를 당할 수도 있다.

③ 상담자는 자살 사례와 관련하여 직무 과실을 면하기 위해 신뢰할 만한 동료 상담자나 수련감독자에게 자문을 구하고 자살 가능성 평가과정과 자문을 구한 내용을 문서에 기록한다.

(2) 사회의 안전 위협

① 상담 과정 중에 내담자로부터 다른 사람을 해칠 위협에 대한 계획을 듣는 경우, 상담자는 위험에 처한 사람을 보호하기 위해 비밀 보장의 원칙을 파기하고 당사자에게 위협에 대한 정보를 알리는 '경고할 의무'를 갖는다.

② 상담자가 이 의무를 이행하지 않으면 과실 소송에 대한 책임을 면할 수 없다.

(3) 내담자의 전염성이 있는 치명적인 질병

① 내담자가 전염성 있는 치명적인 질병을 갖고 있다는 사실을 상담자에게 말하는 경우, 상담자는 그 병에 전염될 위험이 큰 제3자에게 알려 보호할 책임을 갖는다.

② 상담자는 정보를 전달하기 전에 내담자가 자신의 병을 제3자에게 이야기하지 않았다는 점과 내담자가 빠른 시일 내에 그 사실을 제3자에게 이야기할 의사가 없음을 확인한다.

③ 상담자가 내담자에게 전염될 위험이 있는 치명적인 질병이 있음을 알게 될 경우, 상담자는 내담자의 비밀을 파기하고 제3자를 보호하기 위해 경고할 때 신중을 기해야 한다. 윤리강령은 상담자가 제3자인 피해자를 보호하기 위해 상담자에게 비밀을 파기할 의무를 부과하지만, 법률은 상담자가 내담자에게 전염성이 있는 치명적인 병이 있음을 확인하는 경우도 피해 위험이 있는 제3자에게 누설할 신고의 의무를 상담자에게 부과하지 않기 때문이다.

④ 우리나라의 경우, 법률에서 다수인이 집합하는 장의 기관장에 1군 전염병의 경우는 관계 기관이나 보건소에 신고할 의무를 부과하지만, 다른 질병은 신고 의무를 부과하지 않을뿐더러 정신건강 전문가에게는 어떤 질병도 신고할 의무를 부과하지 않는다.

⑤ 코헨(Cohen, 1997): 내담자가 후천성 면역 결핍증을 갖고 있는 경우, 질병에 대한 내담자의 비밀을 파기하는 것을 결정할 때 윤리지침을 참고할 것을 제안했다.

    ㉠ 제3자에게 피해를 줄 위험이 매우 높다고 할 만한 사실적인 근거가 충분할 때

    ㉡ 제3자가 죽음 또는 커다란 신체적 피해 위험이 있을 때

    ㉢ 상담자가 비밀을 알려 주지 않으면 제3자의 피해를 예방할 가능성이 없을 때

    ㉣ 제3자가 자신이 입게 될 높은 피해 위험을 분명히 예측하거나 이해하지 못한다고 보일 때

(4) 법원의 명령

① 판사가 내담자와 관련된 사건을 판결하는 데 상담자가 상담을 통해 알게 된 내담자 정보와 상담자의 전문적인 관점을 필요로 할 때, 상담자는 내담자의 비밀을 파기해야 할 수 있다.

⊙ 이 경우 법원은 상담자에게 내담자의 허락 없이 내담자의 정보 유출을 명령할 수 있다.

ⓒ 상담자는 판사에게 정보를 유출하기 전, 이 유출이 내담자나 상담관계에 해가 될 수 있으므로 공개를 원하지 않는다고 요청할 필요가 있다.

② 판사의 판결에 상담자의 정보 공개가 꼭 필요하다고 명령하면, 되도록 정보를 공개하기 전에 내담자에게 그 사실을 알린다. 상담자는 최소한의 정보만 공개하고 요구하는 질문에 대해 확실히 아는 내용만을 말한다.

③ 우리나라는 상담자의 증언 거부권을 법으로 보장하지 않는다. 따라서 상담자는 법정으로부터 비밀 공개 요구를 받는 경우, 자신이 속한 학회의 윤리강령에 따라 법원의 요구에 응하되 되도록 이 사실을 내담자에게 알리고 판결에 꼭 필요한 최소한의 정보만 공개한다.

(5) 아동학대·방치

① 아동학대·방치를 알게 되는 경우 상담자가 비밀 보장의 원칙을 파기할 수 있다는 점이 윤리강령에 분명히 명시되어 있다.

② 아동을 보호하기 위한 여러 법(예「아동복지법」제2조, 「초·중등교육법」제19조)에서 아동의 복지 책임을 갖고 있는 자는 18세 미만의 아동이 학대나 방치되고 있다는 것을 발견했을 때 아동보호 전문기관 또는 수사기관에 신고하도록 되어 있다.

③ 상담자가 내담자로부터 학대나 방치 사실을 알게 되면 그 사실을 알림으로써 학대·방치되는 아동을 보호할 윤리적·법적 의무가 있다.

④ 의무를 적절히 수행하기 위해 상담자는 아동의 학대나 방치 가능성을 정확하게 평가하고 시기적절하게 보고할 수 있어야 한다.

⑤ 상담자는 아동이 확실하게 신체적·정신적·성적으로 학대받거나 방치되고 있음을 파악한 경우 관계 기관에 신고하여 아동을 보호한다.

⑥ 상담자는 학대나 방치 사실을 아동 내담자로부터 알게 된 경우와 학대나 방치를 하는 성인 내담자로부터 알게 된 경우 모두 신고의 의무를 갖는다.

(6) 상담자의 연구·교육·출판

① 상담자는 상담능력을 향상하는 연구와 교육을 위해서나 내담자에게 보다 나은 상담 서비스를 제공하기 위해 상담 내용을 상담 사례 발표회 참석자, 상담전문가팀, 수련감독자에게 공개하거나 책에 인용할 수 있다.

② 이 경우 반드시 내담자의 신상이 드러나지 않도록 조치하고 정보를 공개하기 전에 내담자의 동의를 구한다.

(7) 기록관리의 보안

① 비밀 유지 원칙은 상담 장면에서 노출된 내담자의 사적 정보에도 적용되기 때문에, 상담자는 구두나 서면으로 취득한 내담자에 관한 비밀을 보장해야 하고, 보안을 철저히 해야 하며, 내담자의 허락 없이 타인과 공유해서는 안 된다.

② 예외: 교육을 목적으로 슈퍼바이저와 정보를 공유하거나 법원에 증인으로 소환되는 경우, 또는 부모가 미성년자 자녀에 관한 정보를 요구하는 경우는 예외다.

③ 만일 미성년 내담자를 보호하고 있는 다른 기관과 정보를 공유하고자 한다면, 서면으로 부모나 보호자의 허락을 얻어야 한다.

④ 내담자에 대한 기록은 반드시 자물쇠가 있는 문서 보관함 등의 안전한 공간에서 보관해야 하며, 상담기록을 컴퓨터에 저장하는 경우에는 해당 파일에 대한 접근은 상담자만 가능하도록 조치해야 한다.

⑤ 상담기관의 장은 이들에게 비밀 유지의 중요성을 이해시키는 한편, 기관 외부에서 내담자에 관한 이야기를 하지 않겠다는 서약서에 서명하도록 한다.

(8) 미성년자 대상과 학교 장면에서의 상담 〔기출 14, 20〕

① 미성년자도 사생활을 보호받을 권리를 가지지만 자신의 삶을 통제할 수 있을 정도의 충분한 지식과 경험을 갖고 있지 않으므로 자신에 대한 결정을 내릴 때 부모나 보호자 동의를 받아야 하는 경우가 있어, 사생활을 완전하게 보호받을 권리에 제약을 받는다.

② 「아동복지법」 제4조에 따르면, "부모 등 보호자는 그 보호하는 자녀 또는 아동이 바른 인성을 가지고 건강하게 성장하도록 교육할 권리와 책임을 가진다."라고 명시한다. 따라서 상담자는 미성년인 내담자의 부모나 보호자가 내담자를 교육하고 지도하는 데 필요하다는 이유로 상담내용을 알기 원할 경우, 내담자의 비밀 보장이 상담자의 의무임을 알릴 수 있으나 부모나 보호자의 요구를 완전히 거절할 수는 없다.

➡ 이때 상담자는 내담자의 사생활을 보호하고 비밀을 보장할 책임과 부모나 보호자의 요구를 존중해야 하는 의무 사이에서 커다란 갈등을 겪을 수 있다. 상담자는 부모나 보호자에게 상담내용이 비밀 보장을 전제로 한 것임을 알리고 내담자에게 직접 물어보도록 제안하거나, 그래도 요청하는 경우 내담자에게 허락을 받은 후 최소한의 정보만을 제공한다.

③ 학교에서 상담하는 경우, 상담교사는 미성년자인 내담자의 부모나 보호자뿐만 아니라 교직원(예 담임교사, 교과 담당교사, 학교 행정가 등)의 권리도 존중해야 한다. 다른 교직원이 교육과 지도를 위해 내담 학생의 상담내용을 알기를 원하는 경우, 부모나 보호자의 요구를 받을 때와 같은 방법으로 대처한다. 상담교사는 교직원에게 상담 내용은 비밀 보장을 전제로 한 것임을 알리고 내담자에게 직접 물어보도록 제안한다. 그래도 요청하는 경우 내담자에게 허락을 받고 나서 다른 교직원을 포함하여 누구에게도 공개하지 않을 것을 당부한 다음 최소한의 정보만을 제공한다.

더 알아보기 **비의도적인 비밀 보장의 위반**

- 상담자가 동료 상담자와 슈퍼비전의 목적이 아닌 수다의 주제로 내담자의 사례를 언급하는 경우
- 상담자가 공개적인 장소(예 화장실, 식당, 지하철 등)에서 동료 상담자와 함께 내담자의 사례를 얘기하는 경우
- 내담자 관련인(예 부모, 교사, 상담 의뢰인 등)에게 상담내용을 지나치게 자세히 알려주는 경우
- 우연히 내담자를 아는 사람을 만나 내담자 관련 정보를 알려주는 경우
  예 내담자를 동시에 아는 사람을 만나 내담자가 본인에게 상담을 받았다고 얘기하는 경우

12 사전동의(informed consent)

1. 의미와 필요성

(1) 사전동의 의미 [기출 15]

① 상담자가 상담에 대해 충분하고 적절히 설명한 것에 근거하여 내담자가 상담에 참여하기로 동의하는 것이다.

② 내담자에게 자신의 권리와 상담자의 책임을 알게 하고, 자신의 자율성과 힘을 인식하게 하는 점에서 중요하다.

③ 사전동의와 관련되는 가장 핵심적인 윤리적 원칙: 내담자의 자율성에 대한 존중이다. 내담자가 상담을 받을지 여부, 누구에게 상담을 받을지 여부를 내담자 스스로 결정해야 한다는 것이다.

(2) 필요성

① 의료 판례법: 환자가 의사로부터 자신이 받을 치료가 무엇인지 치료로 어떤 위험이 발생할 가능성이 있는지의 설명을 듣지 않아 피해를 입은 경우, 환자가 담당 의사를 상대로 의료 과실 소송을 할 수 있으며, 환자는 치료에 대해 충분히 설명을 듣고 결정할 권리를 갖는다고 규정한다.

➡ 의사는 일반적으로 치료와 관련된 전문 지식을 갖고 있기 때문에 환자가 받을 치료에 대해 알고 있는 정보를 충분하게 알려주어야 할 적극적인 의무를 갖는다.

② 의사는 구체적인 내용인 환자가 가진 질병의 성격, 치료에 이용될 수 있는 방법, 치료에 따르는 위험과 성공 가능성, 치료에 대한 대안, 대안을 시행하는 과정에서 발생할 수 있는 위험을 반드시 알려줄 의무가 있다.

(3) 사전동의가 법적으로 의미를 갖기 위해 갖추어야 할 요소

① 내담자가 심사숙고하여 합리적인 결정을 내릴 수 있는 능력을 갖고 있어야 하며, 내담자에게 이러한 능력이 부족할 때 일반적으로 내담자의 부모나 보호자가 사전동의의 권리와 책임을 갖는다.

② 상담자가 설명하는 내용을 내담자가 충분히 이해할 수 있어야 한다.

③ 내담자가 자유롭게 의사결정을 할 수 있어야 하며, 내담자가 어떤 이유로든 언제든 상담 참여를 원하지 않으면 상담자는 내담자의 권리를 존중하여 강제로 참여하지 않도록 한다.

2. 사전동의 내용과 방식

(1) 사전동의 내용

① 상담의 성격: 내담자가 받게 될 상담이 무엇인지에 중점을 두고 어떤 이론적 관점을 가지고 어떤 과정을 거치게 될지, 어떤 방식으로 이루어질지, 어떤 기법이 사용될지, 총 몇 회기를 하고 얼마나 자주 할지 등의 관련 정보를 자세하게 설명하며 내담자가 이해할 수 있는 언어로 기술한다.

② 상담자의 경력: 상담자는 자신이 가진 상담 자격증, 학위, 훈련, 전문 영역 및 기술, 이론적 지향, 효과적으로 도움을 줄 수 있는 문제나 내담자 유형, 효과적으로 도움을 줄 수 없는 문제나 내담자 유형을 기술한다.

③ 비밀 보장과 비밀 보장 예외 상황을 알린다.

④ 내담자에게 상담을 거부하고 종결할 권리가 있음을 알린다.

⑤ 상담 참여에 따르는 잠재적 이익과 위험을 안내하고, 필요시 연락 방법을 설명한다.

⑥ 상담에 대한 대안: 아무것도 하지 않는 것, 약물치료가 필요한지 평가를 받는 것, 다른 이론적 지향을 가진 상담자에게 상담을 받는 것, 신뢰할 만한 가족이나 친구와 대화를 나누는 것, 자조집단, 식이요법이나 운동요법 등 내담자에게 도움이 될 만한 방법을 제시할 수 있다.

⑦ 검사 결과와 진단·상담 기록에 대한 알 권리

  ⊙ 상담자는 상담 계획을 세우고 상담을 실시하는 과정에서 검사를 실시하고 진단을 내릴 수 있다.

  ⓛ 이 경우 상담자는 검사 결과와 진단을 상담 기록부에 보관한다는 사실을 내담자에게 알려야 한다.

  ⓒ 진단의 영향과 검사, 보고서의 활용 목적도 설명한다.

⑧ 상담료와 지불방법을 설명하도록 한다.

(2) 사전동의 방식

① 구두 방식의 장단점

구분	내용
장점	• 상담자가 내담자의 개별적인 욕구에 맞춰 사전동의를 얻는 데 필요한 정보를 인간적으로 알려줄 수 있음 • 상담자가 내담자에게 궁금한 사항을 질문하고 대화를 나누는 것을 고무하는 분위기를 조성할 수 있음
단점	• 내담자가 한 번에 여러 내용을 듣기 때문에 너무 많은 정보로 혼란이 일어나 상당 부분을 잊을 수 있음 • 상담자는 자신이 말한 내용을 내담자가 얼마나 이해하고 기억하는지 추측할 수밖에 없고, 내담자가 계속 잊지 않고 있는지에 대해 다시 질문해야 한다는 번거로움이 있음 • 내담자의 불평이 있을 때 어떤 방법을 택할 수 있는지, 긴급 사태가 생기는 경우 치료자에게 어떻게 연락할 수 있는지 등의 아주 유용하고 구체적인 여러 정보를 쉽게 잊음 • 구두로 하는 동의를 구하는 것만으로는 상담자로서의 법적·윤리적 책임을 다하는 데 부족함 ➡ 만약 서면 사전동의 절차를 생략하고 구두로만 하면 상담자가 법적 과실 소송 또는 윤리적 책임 문제에 직면할 때 불리한 결과를 가져올 수 있음

② 서면 방식의 장단점

구분	내용
장점	• 절차를 문서로 보관하고 실시하기가 보다 쉽고 사전동의 절차를 타당하고 신뢰성 있게 진행할 수 있음 ➡ 서면으로 된 사전동의서 양식을 사용하더라도 그 내용이 내담자가 읽기 어렵게 되어 있거나 내담자가 강요를 받고 그 양식에 서명했다면 상담자는 아무런 보호를 받지 못함 • 내담자 동의서 양식을 활용하면 사전동의를 얻는 데 소요되는 시간을 훨씬 줄여 첫 면접에서 내담자가 상담을 받으러 오게 된 문제에 대해 이야기할 시간을 더 많이 가질 수 있음 • 내담자의 주의를 화제에 집중시키고 내담자가 놓치거나 들은 것을 잊을 확률을 줄임
단점	• 상담자가 서면으로 된 양식에 지나치게 의존하여 내담자가 그 자료를 수중에 갖고 있으면 사전동의 절차가 다 이행된 것이라고 잘못 생각하는 경우가 있음 • 이러한 식으로 이루어지는 사전동의 절차는 형식에 불과하며 실질적으로 내담자의 권리를 보호하지 못함 예 사무직원이 양식을 내담자에게 건네주면서 상담 약속을 잡기 전에 서명하고 제출하도록 하는 경우

③ 서면 방식과 구두 방식 병행의 필요성

  ⊙ 상담 현장에서 상담자는 서면 사전동의서 양식을 내담자에게 제공하고 자세하게 설명한다.

  ⓛ 내담자에게 너무 많은 정보를 제공하면 심적인 부담을 주거나 상담을 받는 것이 복잡하며 계약에 신경을 많이 써야 한다고 오인하게 만들 가능성이 있다.

  ⓒ 상담자는 사전동의 시 지나치게 많은 정보를 장황하게 제시하여 불필요한 부담을 주거나 상담에 대한 잘못된 인상을 주지 않도록 한다.

3. 특수한 내담자 사전동의

(1) 미성년자의 사전동의

① 법적으로 미성년자는 사전동의를 할 수 없기 때문에 상담자는 적어도 한쪽 부모나 보호자로부터 대리 동의를 받아야 할 법적 책임을 갖는다.

　㉠ 부모가 이혼하여 아동을 공동으로 보호하고 있다면 양쪽 부모의 동의를 모두 받는 것이 좋다.

　㉡ 미성년자도 긴급 상황이라면 부모의 동의 없이 상담을 받을 수 있다.

② 상담자는 미성년자를 상담할 때 부모의 동의를 받을 법적 책임을 가지며, 미국상담학회(ACA) 윤리강령(2005)에 따르면 자신이 참여할 상담과정을 어느 정도 이해할 능력이 있는 미성년자를 상담하는 경우, 미성년자인 내담자의 동의도 받아야 할 윤리적 책임을 갖는다.

　➡ 이해 능력을 갖춘 미성년자에게는 상담 시작 전에 상담과정을 설명하고, 궁금한 사항에 대답해준다. 상담에서 내담자가 말한 내용이 어느 정도 비밀 보장이 되는지와 비밀 보장 예외 상황도 분명하게 설명한다.

③ 미성년자의 동의를 구할 때도 부모나 보호자의 동의를 얻는 과정과 마찬가지로 서면 사전동의서 양식을 준비해 놓고 활용하는 것이 좋다.

④ 부모는 동의했으나 미성년자인 내담자가 동의하지 않은 경우

　㉠ 상담자가 상담을 강행한다고 하여 반드시 비윤리적으로 행동했다고 볼 수는 없다.

　㉡ 다만 이러한 경우 상담자는 부모에게 아동이 자발적으로 기꺼이 상담에 참여하는 것의 중요성을 알게 하고, 아동이 신뢰심을 갖도록 노력을 기울이면서 아동의 동의를 구하는 것이 좋다.

　㉢ 상담이 아동에게 도움이 안 된다고 판단되면 상담자는 해당 아동의 상담을 진행하면 안 된다.

(2) 인지능력이 부족한 내담자의 사전동의

① 일반적으로 인지능력이 부족하다는 증거가 없는 한 성인은 동의할 능력이 있다고 본다.

② 상담 상황에서 인지능력이 현저히 낮아 사전동의할 능력이 없다고 분명하게 판단되는 사람(예 심한 정신지체자, 치매 환자)은 자신에게 영향을 줄 수 있는 여러 상황에 대한 이해능력이 부족하므로 사전동의를 할 수 없다. 이 경우 가족이나 법적 보호자가 대신 사전동의를 한다.

③ 상담자는 가끔 동의할 수 있는 능력이 일시적으로 손상된 내담자를 만날 수 있다.

　㉠ 정상적인 이해능력을 가진 사람이 술에 취하거나 급성으로 신체적인 병을 앓는 경우가 이에 속한다.

　㉡ 상담자는 내담자의 정신적인 기능이 정상으로 돌아올 때까지 사전동의를 받는 절차를 연기한다.

(3) 비자발적인 내담자의 사전동의

① 비자발적인 내담자: 자신에게 심리적 문제나 정신질환이 있음에도 상담의 필요성을 인식·판단·동의할 능력이 없거나 자신에게 무관심한 경우, 약물 남용 때문에 자신이나 타인을 해쳤거나 해칠 위험 가능성을 가지고 있어 자신을 보호하는 가족이나 법정, 학교장의 요구에 따라 강제적으로 상담에 참여하는 경우 등이 있다.

② 법정, 학교로부터 상담 참여를 명령 받은 내담자는 적법하게 사전동의를 할 수 없으므로 사전동의가 불필요하다. 사전동의가 적법하게 이루어지기 위한 전제 조건으로 합리적 결정을 내릴 능력, 상담자가 설명하는 구체적인 정보를 이해·결정하는 능력, 자유롭게 강요받지 않은 상태에서 자발적으로 결정하는 자발성이 요구되기 때문이다.

③ 비록 법정, 학교에서 상담을 받도록 명령 받았지만 이들은 감옥이나 징계 조치 대신 상담을 받기로 선택했다는 사실을 고려해야 한다. 상담자는 비자발적인 내담자에게 상담을 받도록 한 학교나 법정의 취지에 부응하여 스스로 자신의 정신건강을 돌볼 능력이 없거나 상담의 필요성을 인식하지 못하는 사람을 보호하고 돕기 위해 이들에게도 상담에 대해 충분히 설명하고 설명한 내용을 이해하는지 확인하는 사전동의 절차를 실시할 필요가 있다.

④ 상담자는 비자발적인 내담자로부터 사전동의를 얻는 과정에서 이들이 사생활 보호를 받을 권리가 없음을 설명할 필요가 있는데, 권리가 없는 이유로 2가지를 들 수 있다.

㉠ 이들이 상담을 요구받았으며 상담을 거부하면 구속, 징계 등의 부정적인 결과가 뒤따른다.

㉡ 상담을 요구한 쪽이 상담자에게 내담자가 상담에 참여한 내용을 보고서로 제출할 것을 요구하기 때문이다.

13 상담자의 가치와 윤리

1. 상담자의 가치에 대한 접근

(1) 상담자의 가치 배제 강조

① 상담자는 가치를 배제하거나 중립적이어야 한다. ➡ 상담자의 객관적 입장을 강조한다.

② 정신역동적 접근이나 객관적·과학적인 상담을 추구하는 입장에서 강조한다.

(2) 상담자의 가치 강조

① 상담자가 명확하고 절대적인 가치체계를 가진다는 입장이다.

② 내담자에게 가장 이익이 될 것으로 판단되는 태도 또는 행동을 하도록 지시한다.

➡ 내담자에게 더 나은 가치를 받아들이도록 영향력을 행사한다.

③ 상담자가 내담자보다 전문적이고 지혜롭다는 믿음에 근거한 접근이다.

(3) 가치에 근거한 접근

① 상담자가 가진 가치는 상담에 영향을 주지만, 최대한 가치중립을 유지하고 자신의 가치를 내담자에게 강요하지 않도록 한다.

② 상담자의 가치가 상담에 영향을 준다는 것은 상담자의 가치에 따라 상담과정이 결정되고 내담자의 상담내용을 어떤 관점에서 볼 것인가가 결정된다는 의미이다.

③ 내담자 간의 관계 측면에서도 양자 간 가치 정도가 치료 결과에 영향을 주며, 특히 내담자가 상담자 가치와 일치되는 방향으로 변화하는 경향을 가진다.

④ 상담에 영향을 미칠 수 있는 가치관 요소: 낙태, 성 정체성, 산아 제한, 불임/무자녀, 혼전 성관계, 혼전 임신, 혼외 성관계, 배우자 폭력, 양육권 소유, 입양, 아동학대·방치, 자녀 훈육, 성형수술, 죽음과 자살 등

⑤ 가치중립적 상담을 위한 방안

㉠ 개방적 태도로 상담에 임한다.

㉡ 중립적인 태도를 유지할 수 없는 영역을 학생들에게 사전에 알린다.

㉢ 문화적 배경이 다른 학생의 상담 시 문화적 감수성과 공감을 가지고 임한다.

2. 가치갈등

(1) 자율성 존중: 내담자와의 가치갈등 상황에서의 기본적인 상담윤리 원칙

① 내담자는 자신만의 가치를 가질 권리가 있고 상담자는 이 권리를 존중해야 하며, 자신의 가치를 내담자에게 가르치려 하면 안 된다.

② 상담자가 내담자의 가치를 존중한다는 것의 의미: 내담자가 스스로 결정하게 돕고, 일단 내담자가 한 번 내린 결정을 번복하도록 설득하거나 강요하지 않는 것이다.

③ 결정을 내리게 하는 기준: 내담자가 자신의 상황을 모두 이해하고, 논리적이고 감정적이지 않은 상태로 모든 문제를 생각하고 외적·내적·심리적 압력으로부터 자유로운 상황일 때 자율적이라고 본다.

④ 자율적이라고 보기 어려운 예외적인 경우를 제외하고는 비록 내담자가 절박한 상황이라도 도움을 받는 대가로 자신의 자유와 자율성을 포기하게 해서는 안 된다.

⑤ 내담자가 절박한 상황이라도 상담자를 찾아오기로 결정을 내렸다는 것은 아직도 내담자 자신을 위해 결정할 힘이 있다는 의미이며, 자신의 삶을 책임질 수 있음을 보여준다.

(2) 내담자와의 가치에 대한 토론

① 상담자가 내담자에게 자신의 가치를 강요하는 것과 자신의 가치를 표현하는 것은 구분되어야 한다.

② 사전동의 과정에서 상담자의 가치에 대해 다루거나 상담 진행 중에 가치갈등 문제가 발생하는 경우 상담자가 자신의 가치를 공개하는 것이 상담 성과에 도움이 될 수 있다.

③ 상담자의 가치 공개

　　㉠ 개방적 태도: 내담자에게 어떤 가치를 가지고 있는지 탐색할 기회를 제공하며, 자신이 가진 가치와 행위가 어떻게 연결되는지 이해를 돕는다. 또한 개방적 가치 차이에 대한 토론은 상담자와 내담자 상호 간의 새로운 이해가 가능하게 하므로 작업동맹이 촉진될 수 있다.

　　㉡ 솔직한 태도: 상담자는 내담자에게 자신이 중립적인 태도를 가지지 못할 수 있는 영역을 사전에 알린다.

④ 상담자가 너무 가치중립적이고 객관적인 것만을 강조하여 내담자가 자신의 가치를 전혀 알 수 없는 경우나 상담자가 내담자에게 영향을 미칠까 염려하여 자신의 가치를 내담자에게 숨기고 말하지 않는 경우는 효율적인 상담자의 태도로 보기 어렵다.

　　➡ 내담자는 상담자가 단순한 반영과 명료화를 하는 것보다 자기개방을 통해 자신이 가진 가치를 알려주기를 원하기 때문이다.

(3) 문화적 다양성을 고려한 가치문제 해결

① 다른 문화적 배경을 가진 내담자와의 상담 시 상담자에게 요구되는 역량: 문화적 감수성, 문화적 공감 능력

② 상담자가 문화적 감수성과 공감능력을 가지려면 내담자와 자신의 상태를 민감하게 알아차리는 기본적인 공감능력과 메시지를 다르게 해석할 수 있는 숙련된 기술을 습득해야 한다.

③ 문제 해결 전략

　　㉠ 내담자가 가진 고유한 문화적 경험 중 상담자가 모르는 측면을 내담자에게 표현한다.

　　㉡ 내담자의 문화를 더 배우고 싶다는 관심을 보인다.

　　㉢ 문화적 차이를 진심으로 존중한다는 것을 전달한다.

　　㉣ 내담자의 문화가 가진 역사적·사회문화적 배경의 지식을 획득한다.

　　㉤ 내담자가 매일 마주치는 압력, 소외, 차별 등을 민감하게 알아차린다.

　　㉥ 언어나 다른 의사소통 방법을 명료화한다.

　　㉦ 상담 과정에 내담자의 문화에 적절한 개입 목표와 전략을 사용한다.

(4) 미성년 내담자가 포함된 복잡한 가치갈등 상황

① 상담자가 내담자의 자율성 존중의 원칙을 지키는 것도 중요하지만 미성년 내담자의 부모가 자녀에게 무엇이 가장 좋을지 결정할 권리가 있다고 주장하는 경우, 누구의 가치를 우선시할지 판단하기 쉽지 않다.

② 상담자의 판단이 어려운 이유는 미성년인 내담자와 그 부모가 문제를 명확하게 이해하고 가장 좋은 계획이 무엇일지 심사숙고했다고 볼 수 없는 경우가 있으며, 이는 내담자나 부모가 최선의 방법이라고 내린 판단이 틀릴 수 있음을 의미한다.

➡ 이 상황에서는 상담자의 전문성에 기초한 가치를 우선해야 할 수도 있다.

(5) 내담자의 가치를 상담에 활용하기

① 상담에서 다루는 많은 문제, 갈등: 내담자의 가치, 가족의 가치, 내담자가 속한 집단·문화의 가치가 녹아 있다.

② 내담자의 가치를 상담에 활용한다는 것은 겉으로 드러난 내담자의 문제에 내재된 가치와 그 가치를 획득한 배경을 밝히고 가치를 선택한 책임을 질 수 있도록 하는 것을 말한다.

③ 상담자는 내담자 스스로가 가진 가치를 탐색하도록 돕고, 내담자는 상담 과정에서 자신이 어떤 욕구를 가지고 있는지, 가치가 자신의 내부가 아닌 외부에서 주어진 가치가 아닐지, 외부의 가치에 자신이 맞추어 살고 있는 것은 아닌지 깨달을 수 있다.

④ 상담자는 내담자가 스스로 선택하고 책임질 능력이 있음을 발견하도록 돕고, 가치가 고정된 것이 아니며 쉽게 바뀔 수 있는 것으로 경우에 따라 가치를 바꾸는 것이 더 현명한 선택이라는 점을 배우게 한다.

(6) 가치갈등과 의뢰

① 상담자는 어떤 상황에서 효율적으로 기능하지 못할 정도로 가치갈등이 심한지를 알아야 한다.

② 가치갈등이 있다는 사실만으로 의뢰를 할 필요는 없다.

③ 상담자는 가치갈등을 이유로 자문을 결정·의뢰할 때, 내담자가 아닌 상담자 자신의 문제 때문임을 분명하게 알린다.

④ 상담자는 사전동의 과정에서 어떤 가치에 대해 효율적으로 상담을 진행하지 못할 수 있다는 점을 밝히는 것이 중요하며, 이 과정은 내담자가 상담을 시작하기 전에 상담자와 상담을 진행할지 결정할 힘을 가지게 한다.

3. 특정 가치와 윤리

(1) 성적 지향성

> 이성애자인 상담자 A는 최근 동성애자인 내담자와 상담을 시작했다. 내담자는 현재 상태에 만족하지만 상담자 A는 동성애를 정신 질병으로 보기 때문에, 내담자에게 이성애자로의 복귀 치료에 참여하도록 설득했다.

① 이 사례에서 상담자는 자신의 성적 지향성에 대한 가치를 강요하고 있으므로 윤리적으로 보기 어렵다.

② 내담자와의 신뢰관계를 이용하여 내담자가 원하지 않는 치료를 강요하는 점도 비윤리적이다.

③ 상담자가 동성애를 정신 질병으로 보고 내담자가 성 정체성 관련 문제로 내방하는 경우, 내담자에게 상담자의 가치가 심리와 상담 관련 학회의 견해와 다르다는 점을 사전에 알려야 할 책임이 있다.

④ 내담자가 상담자와 작업하기를 원하지 않거나 상담자가 판단하기에 다른 전문가와 작업하는 것이 더 효율적이라고 보면 의뢰 절차에 적극적으로 참여하도록 도움을 제공한다.

⑤ 최근에는 상담자의 가치, 철학적 지향, 성적 지향 등을 내담자에게 공개하도록 권고한다.

(2) 낙태

① 렘레(Remley)와 헐리히(Herlihy, 2007): 낙태를 고려하는 여성 내담자와 상담을 할 때 다음과 같은 질문에 답하도록 권고한다.

> • 낙태가 원치 않는 임신에 대한 수용할 만한 반응이라고 믿는가?
> • 그렇다고 믿는다면 어떤 상황이 그러한가?
> • 임신이 임산부의 생명과 건강에 위험을 주고 있을 때인가?
> • 강간이나 근친상간에 따른 임신일 때인가?
> • 혼전 여성이 임신시킨 남성과 결혼하고 싶지 않은 경우나 임산부가 혼자 키워야 하는 상황인가?
> • 가난하여 아이를 키울 형편이 안 되는 상황인가?

② 국내법이 낙태를 어떻게 규정하는지 알아야 한다. 「형법」 제269조에 임산부가 약물이나 기타 방법으로 낙태한 경우는 1년 이하의 징역 또는 200만 원 이하의 벌금에 처한다고 명시되어 있다. 임산부의 부탁이나 승낙을 받아 낙태하게 한 자도 같은 처벌을 받도록 한다.

③ 낙태는 범죄행위로 규정되기 때문에 상담자가 이 문제를 더욱 주의를 기울여 처리하지 않거나 잘못된 정보를 제공하는 경우 기소될 위험이 있다.

④ 낙태를 심각하게 고민하는 내담자에게 상담자의 가치를 강요할 위험이 있다면 적절한 곳에 의뢰할 필요가 있다.

14 다중관계와 경계

1. 다중관계의 개념

(1) 다중관계

① 이미 관계가 설정된 사람과 상담관계를 추가적으로 맺는 것을 말한다.

② 다중관계가 비윤리적이라고 규정짓는 이유: 이전의 관계가 전문가로서 객관적·중립적 관계 형성을 저해하고, 전문적 노력을 무력화할 수 있기 때문이다.

③ 다중관계를 피할 수 없는 경우: 사전동의를 구하거나 외부 전문가에게 의뢰하거나 자신의 행위를 기록으로 남겨 다중관계를 통해 학생에게 해를 입힐 가능성을 제거·최소화하는 조치를 취해야 한다.

(2) 다중관계에 대한 상담자의 의사결정

① 다중관계가 윤리적인지를 판단할 때의 검토사항

ㄱ 상담관계의 본질은 상담자-내담자 간 신뢰관계이고, 신뢰관계는 내담자의 복지를 증진하는 가장 기본적인 요소이다.

ㄴ 상담과정에서 내담자는 상담에 정서적으로 깊이 개입된다.

ㄷ 상담자는 상담관계에 내재된 상담자-내담자 간 힘의 불균형을 고려해야 한다.

② 다중관계를 맺는 것을 피할 수 없고 내담자의 이익을 위한 것이라는 확신이 있을 때, 다중관계를 허용한다.

③ 상담자는 다중관계가 미치는 영향이나 내담자에게 미치는 잠재적인 위험과 이득을 상담에서 내담자와 함께 다루고, 다중관계를 맺을지의 결정에 이 논의의 결과를 반영한다.

④ 상담자가 다른 동료도 같은 상황에 유사한 결정을 하거나 자신의 결정을 지지할 것이라는 확신이 있을 때 다중관계는 윤리적이라고 평가된다.

2. 상담자–내담자 경계

(1) 상담자–내담자 간 경계 지키기의 어려움

① 상담자가 준비되지 않은 상태에서 상담자–내담자 간 경계를 허무는 상황이 돌발적으로 나타날 수 있다.
  ㉠ 상담자–내담자 간 경계를 허물고 새로운 관계를 만드는 것이 상담자의 기본적 욕구인 외로움, 애정 욕구, 성적 욕구 등을 충족하는 일인 경우가 많기 때문이다.
  ㉡ 상담자는 이러한 자신의 욕구를 내담자에게 투사하고 이를 마치 내담자의 욕구인 것처럼 가장하여 다중관계를 맺기도 한다.
② 상담자가 다중관계의 윤리규정을 잘못 이해하고 모든 관계에 융통성 없는 관계를 적용하기도 하는데, 이 행동도 윤리적으로 옳다고 볼 수 없다.
  ㉠ 상담자의 행동 이면에는 윤리규정의 위반에 대한 공포가 있을 수 있다.
  ㉡ 윤리적인 행동은 상담자가 내담자의 복지와 피해를 고려하여 개개인에게 최선의 관계가 무엇인지 생각하고 이에 따라 행동하는 것이다.
③ 상담자 윤리강령에서 경계의 위반(boundary violation)은 비윤리적이라고 판단하는 데 반해, 경계의 교차(boundary crossing)는 비윤리적으로 보지 않는 경향이 있다.
  ㉠ 경계의 위반: 상담자의 행동이 전문적 관계의 경계를 넘어 효과적인 상담 개입에 해가 되는 것이다.
  ㉡ 경계의 교차: 전문적 상담관계의 경계를 넘어서는 행동이지만 상담자가 내담자를 돕기 위한 의도에서 이루어지는 건설적인 관계다.
④ 상담자는 상담관계에서 이루어지는 자신의 행동에 대해서 어떤 행동이 전문적 관계의 경계를 위반하는지의 여부를 행동의 동기(내담자의 이익을 위한 것인지)와 그 행동의 결과가 내담자에게 미칠 영향 등을 함께 고려해서 판단하는 것이 바람직하다.

(2) 내담자와의 성적 관계

① 학회의 성적 관계 관련 규정
  ㉠ 내담자와 성적 관계를 맺는 것을 엄격히 금지한다.
  ㉡ 상담자와 내담자 간 성적 관계는 내담자에게 다양한 해를 입힌다.
  ㉢ 해에는 상대방에 대한 불신, 상담자와 상담 과정에 대한 불신, 내담자의 친밀한 관계에서의 성적 관계 악화, 죄 의식, 우울, 분노 등이 포함된다.
② 상담자와 내담자 간 성적 접촉이 생기면 상담자는 내담자에게 전문적인 도움을 주는 것이 어렵고, 내담자는 관계가 끝난 후 자신이 상담자에게 이용당했다는 느낌을 가지기 쉽다.
③ 상담자와 내담자 간 성적 관계를 기본적으로 금지하지만 상담 종결 시점에서 2년이 지난 후에 내담자와의 성적 접촉은 비윤리적이 아니라고 규정하며, 이때도 내담자가 관계에서 해를 입을 가능성을 상담자가 평가하고 내담자가 해를 입지 않을 것이라고 판단될 때만 성적 관계가 허용된다.

(3) 물물교환

① 상담 서비스의 대가로 내담자에게 상담료가 아닌 물건이나 서비스를 받는 것이다.

② 한국상담심리학회: 상담자는 상담료 이외의 어떠한 금전적·물질적 거래관계도 맺어서는 안 된다고 규정한다.

③ 미국심리학회: 물물교환이 임상적으로 금기시되지 않는 부분이거나 그 계약이 내담자에게 착취적으로 이용되지 않는 경우 상담자가 상담 서비스의 대가로 내담자로부터 물건·서비스를 받는 것을 허용한다.

④ 물물교환은 처음에는 공정해보이지만 상담이 진행됨에 따라 상담자나 내담자 중 한쪽에서 자신이 더 값비싼 서비스를 제공하는 것으로 생각하기 시작할 때 상담관계나 상담의 진행을 어렵게 한다.

⑤ 내담자가 상담료를 낼 돈이 없어 상담의 대가로 물건·서비스를 받는 경우

ㄱ 무료 상담기관에 내담자를 의뢰할 수 있으나 불가능하다면 물물교환을 검토할 수 있다.

ㄴ 내담자의 복지 증진과 물물교환이 상담에 미치는 영향을 고려하여 부정적인 영향보다 내담자의 복지 증진 가능성이 더 크거나 상담을 받음으로써 내담자가 받을 해가 줄어든다면 하나의 대안으로 고려한다.

(4) 내담자의 선물

① 미국상담학회: 상담자가 선물을 받을 때 상담관계, 선물의 가격, 내담자가 선물을 주는 동기, 상담자가 선물을 받아들이거나 거절하려는 동기 등을 고려하여 선물의 처리를 결정하는 것이 좋다.

② 더 나은 또는 특별한 서비스에 대한 보상이거나 내담자의 역기능에 대한 징표일 때는 받지 않아야 한다.

ㄱ 특별한 서비스에 대한 보상으로 선물을 받으면 상담자가 조종당할 수 있고, 내담자의 복지를 신장하려는 상담자의 믿음과 헌신을 저해 받는다.

ㄴ 선물이 내담자의 역기능의 징표일 때, 그 선물을 받는 것은 내담자의 왜곡된 자기평가나 관계의 관점에 상담자가 동의하는 것을 의미한다.

③ 선물이 성공적인 상담 경험의 감사 표시이거나 보편적인 문화적 의식인 경우, 받는 것이 윤리적일 수 있다.

④ 선물을 받는 것이 윤리적일 경우: 선물이 내담자의 복지를 증진할 때, 선물이 장차 좋은 서비스를 제공하는 상담자의 능력과 객관성을 저해하지 않을 때, 선물이 내담자의 문화적 규준에 적합하고 금전적 가치가 작은 감사의 표시일 때, 일회성으로 주는 것일 때 등의 모든 준거가 충족되어야 한다.

⑤ 내담자가 상담이 자신의 삶에 엄청나게 긍정적인 영향을 미친 것에 대한 보답으로 가치 있는 선물을 주는 것이라고 주장할 때는 기관 명의로 자선단체에 익명의 기부를 하도록 하며, 이러한 의견은 종결 시에만 그 선물이 알려졌을 때 전문적 관계나 전문직에 미치는 영향을 검토한 후에 고려하는 것이 바람직하다.

⑥ 비싼 선물일 경우, 상담자의 객관성을 저해할 위험성이 높으므로 거절한다.

⑦ 상담 초기에 사전고지와 동의 과정에서 아래와 같이 선물과 관련된 논의를 한다.

- **선물을 받지 말아야 하는 상황**
  - **선물이 더 나은 또는 특별한 서비스에 대한 보상인 경우**: 상담자가 조종당할 수 있다.
  - **학생의 역기능의 징표인 경우**: 학생의 왜곡된 자기평가나 관계의 관점에 상담자가 동의하는 것을 의미할 수 있다.
- **선물을 받아도 좋은 상황**
  - 보편적인 문화적 의식의 경우
  - 성공적인 상담 성과에 대한 표시인 경우
  - 일회적인 경우
  - 문화적 규준에 적합하면서 금전적 가치가 적은 감사의 표시인 경우
  - 장차 좋은 서비스를 제공하는 상담자의 능력이나 객관성을 저해하지 않는 경우

---

1. 전문적 역량과 실무 범위

(1) 역량 수준

단계	내용
1단계: 초보 훈련생	• 다른 사람의 주관적 욕구나 문제가 발생한 상황은 무시한 채 규칙에만 집착함 • 내담자의 욕구, 환경, 기대는 거의 무시하고 한 가지 상담방법만을 고수함
2단계: 상급 훈련생	• 주관성과 상황 파악 측면에서 제한된 능력을 보이며 자신의 사고와 실무의 기준으로 여전히 상담이론과 접근법에 의존함 • 내담자의 욕구, 환경, 기대에 따라 이론과 실제를 어느 정도 통합할 수 있지만 다른 기술과 이론을 습득하고 적용하려면 교육과 수련감독이 필요함
3단계: 초보 전문가	• 상담을 독립적으로 수행하는 데 필요한 최소한의 역량을 갖춘 상태에서 기능하는 능력을 보이는데, 이는 자격증이나 면허증을 받기 위한 기본 요건임 • 이론과 경험을 더 잘 통합할 수 있고, 상황에 대한 고려 없이 교과서적 이론에 의존하여 실무 수행에 대한 의사결정을 하지 않음 • 상담 서비스에서 상황적 요인을 중요하게 고려한 의사결정을 위해 이론적 지식과 실무 경험을 통합함 • 상담방법의 결정에 대해 심사숙고하고 신중하며 적극적인 경향이 있음 • 수련감독자의 감독 없이 상담 서비스와 실무를 수행할 수 있는 최소한의 역량을 가진다고 여겨짐
4단계: 전문가	• 상담방법의 결정이 빠르고 쉽게 이루어지는 경향이 있는데, 전문적인 경험과 직관을 통합하는 능력이 있기 때문임 • 부적응 행동양식을 쉽게 인식하고, 이러한 행동양식을 변화하기 위해 향상된 상담 역량을 보임
5단계: 숙달된 전문가	• 표면적으로 이전 단계처럼 상담방법의 결정이 빠르고 쉽게 이루어지는 특징이 있음 • 수년간 축적된 경험이 반영되어 이전 단계보다 역량 수준이 더 높으므로, 실무에 자신의 '축적된 경험'을 반영함 • 교과서적인 지식에 대한 의존을 줄이고 직관적이고 반성적인 전문적 실무에서 얻은 경험에 기반을 둔 자신만의 내적이고 개별화된 상담이론과 치료방법을 활용함

(2) 선행과 무해성

① 자신이 가진 지식과 기술의 범위 내에서 상담이 이루어져야 한다.

② 추가적인 훈련을 받고 수련감독하에 경험을 쌓은 후에만 실무 범위를 확대할 수 있다.

③ 역량을 유지하기 위해 지속적인 교육과 노력을 기울여야 한다.

(3) 전문적 역량과 책임

① 의미: 상담자에게 요구되는 역량, 즉 전문성 정도(능력)와 이를 실제로 현장에서 행동으로 실천할 수 있는 정도(수행력)를 습득·유지할 뿐 아니라 전문적 역량을 지속적으로 업데이트해야 할 책임이 있음을 의미한다.

② 전문적 역량의 핵심

　㉠ 자신이 받는 수련과 자격에 대해 정확하게 밝혀야 한다. 만일 특정한 수련 또는 수련감독을 충분히 받지 못했다면 치료나 평가를 해서는 안 되며, 자신의 전문성에 의구심이 든다면 전문가의 지도감독을 받아야 한다.

ⓛ 내담자의 성별, 인종, 나이, 성적 지향성, 종교, 장애, 사회·경제적 수준 등이 서비스 제공 또는 평가에 영향을 미칠 수 있음을 민감하게 인식해야 한다.

ⓒ 만일 직무 수행에 영향을 줄 수 있는 개인적 문제나 성격상 민감한 부분이 있을 수 있다면, 이러한 문제가 내담자와의 관계에 부정적인 영향을 주지 않도록 해야 한다.

ⓔ 다양한 교육과 연수 기회를 통해 전문지식 및 효과적인 상담과 치료에 필요한 기술과 기법을 지속적으로 연마해야 한다.

2. 역량 부족

(1) 의미

① 상담자가 직무를 적절하고 유능하게 수행할 능력이 없는 것이다.

② 충분한 교육이나 경험의 부족에 기인하는 경우가 많으므로 추가 교육, 수련감독하의 실습, 개인치료 등을 통해 역량을 갖출 수 있다.

(2) 유형

① **기술적 역량 부족**: 지식이나 전문기술, 때와 상황에 맞게 지식과 기술을 적용하는 능력 등의 부족으로 상담자의 역할과 기능을 적절히 수행할 능력이 없음을 뜻한다. 지식과 경험의 부족을 교정하는 방법으로는 공식적인 교육, 수련감독자 아래에서의 실습, 집중적인 일대일 지도 등이 있다.

② **인지적 역량 부족**: 지각한 정보를 정확하게 이해·처리·평가·행동하는 능력이 없음을 의미한다. 인지적 역량 부족의 원인은 경미한 것에서 심각한 것에 이르기까지 개념화할 수 있고, 능력 상실은 심각한 역량 부족 상태를 나타낸다.

③ **정서적 역량 부족**: 타인의 정서적 메시지에 적합하게 반응하고 자신의 감정을 적절히 조절하는 능력이 부족함을 뜻한다. 타인의 참조체제를 올바르게 인식하지 못하고 공감적으로 반응하지 못하는 훈련생이나 상담자는 대개 정서적 역량 부족을 나타낸다.

(3) 능력 상실

① **스트레스**: 스트레스를 받은 상담자는 주관적으로 자신에게 무언가 이상이 있다고 인식하고, 종종 불안과 우울, 무력감, 신체적 증상, 자존감 저하 등을 경험한다. 다만 스트레스 증상은 일시적이고 휴식 등을 통해 쉽게 회복될 수 있으므로, 반드시 능력 상실로 나타나는 것은 아니다.

② **소진**: 극도로 피곤하고 에너지가 고갈된 상담자는 자신과 자신의 일에 부정적인 태도를 보이는 경향이 있다. 내담자에게 주의를 기울일 수 없을 정도로 에너지가 부족하다.

③ **능력 상실**: 내담자에게 충분한 도움을 제공할 능력이 없는 상태이다. 자신의 전문 기술과 판단력이 전문적인 상담 서비스를 효과적으로 제공할 수 없을 정도로 감소하거나 저하된 경우이다.

> **더 알아보기**　ACA와 APA의 능력 상실에 대한 지침
>
> ACA와 APA에서는 능력 상실과 관련된 명확한 지침을 제공한다. 두 규정 모두 내담자에게 충분하지 못한 상담을 제공하거나 해를 끼치는 바람직하지 못한 결과를 초래할 우려가 있을 때, 상담자가 전문적인 활동을 삼갈 것을 요구한다. 또한 그러한 상황에 처한 상담자는 자신의 전문적인 책무나 책임을 제한하거나 일시적으로 정지하거나 종결해야 한다고 경고한다.

3. 직무태만과 직무상 과실

(1) 직무태만

합리적인 치료를 제공할 의무를 유기하는 것으로, 내담자에게 직접적인 피해를 끼친다.

[예] 상담 서비스를 제공하는 데 예지력이 부족한 경우, 적절한 보호를 하지 않거나 하지 말아야 할 행동을 하는 경우

(2) 직무상 과실

직무태만의 한 형태로, 전문가가 치료 기준에 따라 수행할 것으로 기대되는 전문가로서의 의무를 위반하는 것이다.

> **더 알아보기** **직무상 과실 소송의 4D**
>
> 직무상 과실 소송은 4가지의 기본 요소를 포함한다. 이는 4D인 '직접적(Directly)인 피해(Damage)를 유발하는 의무(Duty)의 유기(Dereliction)'로 설명할 수 있다.

16 | 연구에 관한 윤리

1. 연구에 대한 책임과 윤리

(1) 연구에 대한 책임

① 연구 참여자는 단순한 실험의 대상이 아닌 인격과 자율성을 가진 인간으로서 존중한다.

② 연구 결과가 참여자의 복지에 도움이 되는지 고려하고, 해가 되는 경우 즉시 알리고 연구방법을 수정하거나 다른 대안을 모색한다.

③ 연구 결과는 사회와 대중의 이익에 이바지하고 법과 사회의 가치관과 사회정책 발전에 도움이 되어야 한다.

④ 연구자는 자신의 능력을 객관적으로 평가하고, 필요하다면 다른 전문가의 자문을 구해 연구 참여자의 복지를 보장한다.

(2) 연구계획에 관한 윤리

① 연구를 계획하고 수행할 때 과학적인 방법으로 실시한다.

② 연구방법론의 과정에 대한 윤리적 조명과 연구 실시 과정에서 발생할 수 있는 문제를 충분히 고려하면서 연구계획을 실시한다.

③ 청소년 상담자는 청소년 문제 해결을 위해 윤리적 기준에 따라 과학적인 방법으로 연구를 계획·수행한다.

④ 연구 참여자를 심리적·신체적·사회적 불편이나 위험으로부터 보호한다.

⑤ 연구 참여자의 요구가 있을 경우 결과, 결론 등을 제공한다.

(3) 연구를 수행하는 과정에서 일어날 수 있는 위법행위

① 연구 수행 중에 연구 참여자에게 신체적 위해를 가하거나 재산상의 손해를 끼친 경우

② 연구참여자의 사생활을 보장하지 못하고 연구하면서 취득한 정보를 누설하는 경우

③ 연구 수행 중에 알게 된 아동학대, 청소년 대상 성범죄, 학교폭력, 가정폭력, 노인학대, 성매매 피해, 감염병 등을 수사기관이나 관계 기관에 신고하지 않는 경우

④ 연구의 위조, 변조, 표절, 이중 출판으로 인해 연구 제출기관의 업무를 방해하거나 저작권을 침해하는 경우

⑤ 연구비를 횡령한 경우

2. 연구 참여자의 선정 및 연구 결과 보고

(1) 표집의 대표성

① 연구의 성격에 맞는 연구 대상을 대표하는 연구 참여자를 표집하도록 신중한 노력을 기울인다.

② 표집은 충분한 시간을 들여 다양한 계층을 대표하면서도 연구 결과의 신빙성을 높일 수 있는 대상으로 선정한다.

(2) 연구 참여의 자발성

① 연구 참여자의 자발적인 참여로 이루어져야 한다.

② 강압적인 권유나 보복에 대한 두려움으로 연구에 참여해서는 안 된다.

③ 학생이나 성인 내담자가 연구에 참여하지 못할 경우, 어떠한 보복적 행위도 취하지 않는다는 점을 명시하고 그러한 분위기를 조성한다.

(3) 연구에 대한 명확한 설명

① 연구 참여자에게 연구가 어떻게 진행될지, 부작용은 무엇인지, 자료는 어떻게 사용될지를 명확히 전달한다.

② 전문적인 용어가 아닌 참여자의 수준에 맞고 알아듣기 쉬운 언어로 설명한다.

(4) 사전동의

① 연구에 대한 설명을 충분히 한 다음, 연구 참여자가 과정을 정확하게 이해했는지 확인할 필요가 있다.

② 확인 후 연구 참여자가 궁금한 것을 질문할 수 있도록 도와주고 동의서를 제시한다.

③ 이때 언제든지 연구 참여를 중단할 수 있으며, 중단해도 불이익이 돌아오지 않음을 알려준다.

④ 연구 참여자가 미성년자일 경우는 미성년자뿐 아니라 부모나 법적 보호자의 동의도 받아야 한다.

(5) 연구 결과 및 보고

① 연구를 수행한 뒤 연구 결과를 보고할 때 과장·변조하거나 이중으로 게재하면 안 된다.

② 연구 결과는 공익성이 있으므로, 다른 연구자가 자신의 연구에 필요하여 활용하고자 한다는 요청이 들어오면 거절해서는 안 된다.

③ 연구자는 자신이 수행한 연구나 기여한 연구에 한하여 책임과 공로를 갖는다. 연구에 많은 공헌을 한 사람은 공동 연구자로 하거나 공인해주거나 각주에 밝히거나 다른 적절한 수단을 통해 공헌에 맞게 인정해준다.

④ 연구를 시작하면서 연구의 개념을 서로 이야기한 경우도 주석이나 적절한 공간에 연구 개념을 공유하고 토론했다고 표기해야 한다.

> **더 알아보기** **위장연구**
>
> • 연구자는 속이기 기법을 사용하는 것이 연구에 예상되는 과학적·교육적, 혹은 응용 가치에 의해서 정당한 사유가 되고, 속임수를 쓰지 않는 효과적인 대안적인 절차가 불가능하다고 결정한 경우를 제외하고는 속임수가 포함된 연구를 수행하지 않는다.
>
> • 연구자는 연구 참여자에게 신체적 통증이나 심한 정서적 고통을 일으킬 수 있다는 사실을 알려주고 속이지 않는다.
>
> • 연구자는 실험에 포함된 속임수를 가능한 한 빨리, 가급적이면 연구 참여가 끝났을 때나 늦어도 자료 수집이 완료되기 전에 설명하여 참여자에게 자신의 실험 자료를 철회할 기회를 준다.

17 상담기록에 관한 윤리

1. 상담기록 보관

(1) 기록 보관 의무

① 상담자는 내담자의 모든 상담내용을 기록하여 보관할 의무가 있다.

  ㉠ 기록할 의무가 있는 이유는 상담 진행에 있어 더 전문적·효과적인 상담 서비스 제공을 위해 상담자가 참조하고 상담 목표를 다시 설정할 수 있는 좋은 자료가 되기 때문이다.

  ㉡ 내담자나 제3자로부터 법적 소송에 휩싸일 경우 상담자와 내담자 보호를 위해 기록을 남길 필요가 있다.

② 한국심리학회: 상담에 관한 기록을 최소 10년 이상 보관하고, 권리가 손상되지 않을 경우 상담의 종결 시점에서 내담자가 요청하면 기록을 보게 할 수도 있다고 규정한다.

(2) 상담자의 훈련기록

① 상담자는 자신의 전문적인 훈련에 책임질 필요가 있다.

② 책임성 중 하나는 자신이 훈련받은 교육내용을 즉시 기록으로 남겨두는 것이다.

③ 각 학회에서 발급되는 수련수첩을 잘 활용하여 교육내용을 기록하고 필요한 경우 교육자, 슈퍼바이저로부터 적절한 서명을 받는다.

(3) 자료 보관

① 상담자는 상담내용을 어떤 형태로든 보관할 의무를 가진다.

② 상담내용을 상담소에 보관하는 경우 제한된 사람만 기록에 접근할 수 있게 비밀번호 장치를 갖춘 캐비닛에 보관하며, 컴퓨터 파일로 저장하는 경우 지문인식, 보안장치 등을 활용하여 아무나 접근할 수 없게 한다.

③ 집단상담의 경우, 집단 구성원이 자신의 기록 열람을 요구할 때를 대비하여 각 구성원의 상담내용을 따로 작성하는 것이 안전하다.

④ 내담자는 자신의 상담기록에 접근할 권리를 가지므로, 상담자는 내담자의 요청 시 상담기록을 보여줄 수 있다.

2. 타인에게 공개

(1) 상담자는 비밀 보장 예외 상황을 제외하고는 내담자의 서면동의 없이 제3의 개인·단체에 상담기록을 밝히거나 전달하지 않는다.

(2) 아동학대·방치가 의심되거나 사회적 위협이 될 경우 비밀 보장에서 제외되어 적절한 조치를 취하며 미성년 내담자의 보호자가 요구할 경우 상담 정보를 알려주어야 하지만, 타인에게 공개하는 경우 반드시 내담자의 동의를 얻어야 한다.

(3) 내담자의 동의가 있는 상태에서 타 전문기관의 법적인 공개명령이 들어온다면, 기관에서 원하는 정보가 무엇인지 파악하고 내담자에 대한 최소한의 정보만 보고한다.

(4) 상담자는 예산 지원기관, 처벌의 일환으로 상담을 명령한 법원, 상담 관련 기록을 저장해야 하는 학교 내 교육정보 NEIS 등의 실제 상담과 무관한 행정가에게 보고하는 경우가 있다. 이때 내담자의 상담기록을 그대로 보여주는 대신 전체적인 통계 수치, 개략적으로 다룬 문제 유형, 대표적인 성과 등을 보고하여 내담자의 정보 보호가 최대한으로 이루어지도록 노력한다.

18 | 심리검사 윤리

1. 심리검사의 실시

(1) 내담자 복지 증진

① 심리검사가 지나치게 남용되거나 심리검사라는 도구를 맹신하여 내담자의 인격은 뒤로 밀려나고 진단 도구만 드러내면 안 된다.

② 상담 진행 시에도 검사 도구는 문제를 돕는 데 활용해야 하는데, 진단 자체가 목적이 되면 내담자를 재정적으로 착취하는 수단으로 전락될 수 있다.

➡ 어떤 센터의 경우 아동의 심리검사를 종합선물세트처럼 다 하는 패키지로 실시하게 함으로써 상업적인 목적으로 내담자를 착취하는 경우가 많다.

③ 심리검사는 철저하게 내담자의 복지를 위해 실시하고 상담에 도움이 되는 차원에서 필요한 것만 실시한다.

(2) **심리검사 선택**

① 상담자는 자신에게 익숙하고 전문성 있게 실시할 수 있는 심리검사 도구만 사용하고, 새로운 심리검사 기법을 배우며, 심리검사 실시를 통해 워크숍과 슈퍼비전으로 새로운 심리검사 도구에 익숙해지도록 노력해야 한다.

② 여러 검사 중 타당도와 신뢰도가 검증된 평가 도구를 사용한다.

㉠ 표준화 검사라면 검사규준이 시대에 맞게 개정되었는지 등을 확인하고 좋은 심리검사를 선택한다.

㉡ 그렇지 못한 경우 심리검사의 결과·해석에 대한 장점과 한계점을 기술한다.

③ 상담자는 심리검사의 목적을 분명히 하고 검사 대상자에게 적합한 심리검사를 선택하여 실시한다.

(3) **충분한 설명**

① 검사에 대한 전문 용어는 되도록 피하고 피검자가 충분히 이해할 만한 단어로 설명할 의무가 있다.

② 심리검사는 내담자를 위한 상담과정에 도움이 되어야 한다. 내담자에게 설명할 때 심리검사가 마술적인 힘이 있는 것처럼 소개하면 안 되고 심리검사의 한계점을 설명해야 한다.

③ 사전동의 의무

㉠ 평가 전 동의를 미리 얻지 않았다면 상담자는 평가의 특성과 목적, 결과의 구체적인 사용방안을 내담자가 이해할 수 있는 말로 설명한다. 채점이나 해석이 상담자나 보조원에 의해 이루어지든, 컴퓨터나 기타 외부 서비스 기관에서 이루어지든 상관없이 상담자는 내담자에게 적절한 설명을 하도록 조치를 취한다.

㉡ 내담자의 복지, 이해 능력, 사전동의에 따라 검사 결과의 수령인을 결정하며, 상담자는 어떤 개인 혹은 집단 심리검사의 결과를 제공할 때 정확하고 적절한 해석을 함께 제공한다.

(4) 검사의 실시

① 표준화 심리검사는 실시방법과 해석이 표준화된 절차에 따라 이루어져야 하며, 개인이 개별적으로 실시하고 컴퓨터로 결과를 받아 볼 수 있도록 개발된 검사가 아니라면 주어진 검사의 실시와 해석은 교육받은 사람에 의해 이루어져야 한다.

② 검사 판매 기관: 검사를 실시하고 해석할 수 있는 훈련을 받은 사람에게만 검사의 구매를 허락하는 방식으로 검사의 윤리적 실시를 간접적으로 도울 수 있다.

③ 검사를 실시하는 이유와 소요시간 등을 검사 전에 자세히 설명하고 나서 검사 받도록 하며 검사장의 분위기를 최대한 편안하고 방해받지 않게 조성한다.

④ 내담자에게 검사 실시를 강요하지 않아야 하고 내담자 선택의 권리를 존중하며 실시한다.

2. 검사의 해석과 결과 전달

(1) 검사의 해석

① 심리검사를 해석할 때 검사 점수(⑩ 원점수, 백분위, 표준점수 등)의 의미를 분명히 알고, 검사가 측정하려고 하는 원래의 의미 범위 내에서만 해석한다.

　㉠ 검사 결과를 해석할 때 점수의 의미를 분명히 한다.

　㉡ 검사 타당화가 이루어진 범위 안에서 해석한다.

② 상담자는 선입견을 가지고 차별적으로 해석하지 않아야 하며 다문화적 요소를 고려하여 해석한다.

③ 상담에서 심리검사를 해석할 때 내담자에게 검사 결과의 해석과 피드백을 비판적이고 않고 수용적인 분위기에서 전달하며, 내담자의 권리를 존중하여 내담자가 원하지 않으면 사용하지 않도록 한다.

④ 집단상담에서는 다른 사람이 심리검사 내용을 알게 되어 내담자에게 불이익이나 선입견이 생길 것이 예상되는 경우, 심리검사 결과를 언급하지 않아야 하며 개인상담으로 해석해주어야 한다.

⑤ 심리검사를 집단으로 모여 해석해주는 경우가 있는데, 이때 피검자에게 심각할 정도로 정신적이고 심리적인 문제가 드러나는 경우 개인적으로 해석하여 피검자를 보호해야 한다.

(2) 검사 보고 및 결과 전달

① 심리검사의 결과는 일반적으로 검사 대상자에게만 해석을 제공하고 결과에 대한 비밀 보장이 이루어진다.

② 학교, 기업 등 심리검사를 단체로 실시하는 경우 상담자가 학생집단을 대상으로 검사 결과지를 이해하는 방법을 알려주고 의미를 설명하도록 한다. 상담자가 없는 경우 교사를 대상으로 교육을 시행하여 교사가 검사 목적, 검사 결과 해석과 관련된 최소한의 설명이라도 제공한다.

③ 학교나 기관에서 단체검사를 실시하여 정서적 어려움 정도가 높게 나타난 경우(⑩ 우울 또는 자살 척도 상승) 학생의 보호를 위해 학생과 개별 상담을 실시하고, 그 정보를 담임교사나 학부모 등과 공유하여 지지체계를 형성하는 것이 바람직하다. 이때 이 사실을 알려야 하는 사람이 누구인지, 어떤 정보를 제공할 것인지, 관련자가 내담자에게 도움을 줄 수 있는 역할은 무엇인지 판단하여 정보를 전달하는 것이 바람직하다.

④ 심리검사를 문서로 작성하는 경우 정확하고 명확하게 일반인도 이해할 수 있는 단어를 선택하여 문서화한다.

⑤ 심리검사 결과를 법원이나 관계 당국에서 요구하는 경우, 내담자나 법적 대리인이 동의한 경우에만 다른 전문가에게 공개한다. 공개할 경우 내담자의 안전과 복지를 고려하고 검사가 오용되지 않도록 최대한 주의를 기울이면서 보고한다.

1. 집단원을 위한 윤리

(1) 집단원의 기본 권리

① 집단원은 자신이 참여할 집단의 사전정보를 알고 있어야 한다.

> 예 집단의 목적, 이론적 토대, 활동내용, 규칙과 한계, 비용과 시간, 상담자의 자격, 집단 참여로 얻을 수 있는 효과

② 사전면접이나 오리엔테이션에서 관련 정보, 내용을 충분히 설명하여 집단원 스스로 참여를 결정하고 집단에 대한 책임을 가지게 한다.

③ **집단원의 의무**: '정기적인 집단 참여, 적극적인 자기개방, 피드백하기, 집단 참여의 목적 정하기, 집단과 집단원의 비밀 유지' 등이 있다.

④ 집단원의 권리는 집단 초기에 일시적 또는 형식적으로 보장되는 것이 아니라 집단이 진행되는 동안 지속적으로 보장되는 것임을 알려야 한다.

⑤ 기본 권리

> - 집단에서 기대할 수 있는 것에 대한 사전교육을 받을 권리
> - 집단의 목적, 상담자의 자격, 상담기간, 참여비용에 대해 알 권리
> - 집단 참여 시 마주하게 될 심리적 위험에 대해 교육을 받을 권리
> - 집단원이 집단에서 기대하는 것을 얻지 못할 경우 집단을 떠날 수 있는 권리
> - 집단과 관련된 연구나 녹음·녹화를 거부할 권리
> - 집단 참여로 발생한 위기에 대해 집단상담자나 전문가의 도움을 받을 권리
> - 집단에서 자기노출의 정도를 선택할 권리
> - 집단으로부터 부당한 압력을 받지 않을 권리
> - 상담자나 다른 집단원에게 비밀을 보장받을 권리
> - 존엄성을 가진 개인으로 존중받을 권리

⑥ 집단을 떠날 권리

    ㉠ 집단원은 집단의 목적이 사전에 공지된 사실과 다르다거나 여타 개인적인 사유로 집단을 떠날 자유가 있다.

    ㉡ 사전에 중도 포기 과정에 대해 논의(초기에 모든 집단원에게 설명)하고, 중도에 포기하는 집단원은 논의된 방법에 따라 다른 집단원과 상담자에게 해명(이유를 설명)할 의무가 있다.

    ㉢ 논의 결과 집단원이 떠나는 것을 선택하는 경우 집단상담자와 집단원은 이를 충분히 이해하고 지지한다.

    ㉣ 절차

        ⓐ 집단원이 집단을 떠나기로 결정하기에 앞서, 집단 상담자는 이 사실을 자신과 다른 집단원에게 반드시 알려줄 것을 강조한다.

        ⓑ 중도 포기를 원하는 경우 포기에 따라 발생할 수 있는 부작용을 설명한다.

        ⓒ 또한 다른 집단원에게 집단을 떠나는 이유를 밝히도록 격려한다.

⑦ 집단의 압력으로부터 자유로울 권리
　　㉠ 집단원은 집단에서 존중받아야 하며 자기개방과 참여 등에 대한 과도한 강요·압력을 받아서는 안 된다.
　　㉡ 집단상담자는 집단원이 과도한 집단의 강요·압력에 노출되는 경우를 대비하여 대처방법과 거절방법을 사전에 안내하고, 상담자가 판단하기에 적절하게 대처하지 못하는 집단원은 보호할 의무가 있다.
　　㉢ 집단상담자는 치료적인 압력과 치료와 무관하게 가해지는 압력을 구별해야 한다.

(2) 비밀 유지에 관한 윤리

① 집단상담자는 사전면접과 오리엔테이션에서 집단원의 비밀 누설 위험성에 대해 충분히 논의하고 비밀 유지의 중요성을 사전동의 시 알려주며, 집단상담 진행 중에도 수시로 비밀 유지의 중요성을 강조할 책임이 있다.
② 집단상담에서의 비밀 보장이 절대적인 것이 아님을 집단상담 초기에 집단원들에게 알릴 필요가 있다.
③ 한국집단상담학회: 집단상담자는 집단의 특성상 집단 내에서 비밀 유지가 완벽하게 보장될 수 없다는 사실을 집단 구성원에게 분명히 알리고 전달한다.
④ 미국집단상담전문가협회(ASGW): 집단상담자는 모든 집단원에게 비밀 보장의 필요성, 비밀 보장을 위반했을 때 잠정적인 결과, 특별한 경우가 아니면 집단에서의 비밀 보장은 법적으로 보호받지 못한다는 점 등을 미리 알려야 한다.
⑤ 한 집단원이 자신이 집단에서 얘기한 내용을 집단 밖에서 들은 경우: 집단상담 진행 도중 이러한 일이 발생했을 때 상담자는 이를 집단 내에서 공개적으로 다루는 것이 좋다.
⑥ 기관, 단체 등의 동질집단: 다른 집단보다 비밀 유지가 어려우므로 비밀 보장을 더 중요하게 다룬다.
⑦ 집단상담 진행 시 비밀 유지 예외 상황
　　㉠ 집단원의 생명이나 사회의 안전을 위협하는 경우
　　㉡ 집단원이 감염성이 있는 치명적인 질병이 있다는 확실한 정보를 가졌을 경우
　　㉢ 집단원이 심각한 학대를 당하고 있을 경우
　　㉣ 집단원에 대한 법적인 정보의 공개가 요구되는 경우
⑧ 미성년자로 구성된 집단
　　㉠ 예외 없이 비밀 유지가 보장되어야 한다.
　　㉡ 학교나 부모에게 알려야 하는 것과 비밀이 보장되는 것에 대한 정보를 사전에 집단원이 이해할 수 있는 방식으로 충분히 제공하고 비밀 유지의 한계도 설명한다.
　　㉢ 부모의 집단참여 동의서 작성 시 비밀 유지에 관한 내용을 공지한다.
　　　　ⓐ 부모의 알 권리는 자신의 자녀가 말한 내용에 한하며, 다른 집단원이 말한 내용은 적용되지 않는다.
　　　　ⓑ 상담자는 아동·청소년이 집단상담을 신뢰하고 개방적으로 참여하기 위해 부모로부터 그들 자녀의 집단 참여에 대한 동의서는 받지만, 아동이 집단상담에서 말한 모든 내용에 대해 부모가 알 권리를 기권하도록 권장할 필요가 있다.
⑨ 미성년자의 강제 참여
　　㉠ 미성년자를 대상으로 하는 집단의 경우, 집단상담자는 비밀 유지의 한계를 구체적으로 명시한다.
　　㉡ 집단상담을 시작하기 전에 반드시 부모나 법적 보호자의 허락을 받는다.
　　㉢ 강제되는 조항에 의해 집단에 참여한 집단원에게는 관련 기관에 의무적으로 보고해야 하는 절차가 있다는 사실을 알린다.

(3) 집단 참여에 관한 윤리

① 집단원은 집단 참여가 자신의 권리일 뿐 아니라 책임도 따른다는 사실을 알아야 하고, 집단상담에 자발적으로 참여해야 하며, 집단 참여에 거부할 권리도 있다.

② 비자발적으로 참여한 경우, 집단상담에 대한 설명을 통해 자발적으로 참석하도록 도와야 한다.

    ㉠ 자발적 참여 집단과 마찬가지로 사전면접 시 집단의 성격과 목적, 집단원의 책임과 의무, 비밀 유지의 한계, 집단 참여 또는 미참여가 가져올 영향을 충분히 설명하고 집단에 대한 이해와 참여 동기를 높이도록 돕는다.

    ㉡ 비자발적인 집단원의 협력과 참여를 유도하기 위해 지속적으로 격려한다.

    ㉢ 비자발적인 집단원도 집단을 자유롭게 떠날 권리가 있으나 집단 미참여로 인해 발생할 문제(⑩ 퇴학, 소년원 수감, 벌금형, 징역형)와 결과를 공지하고 스스로 감당하도록 준비하게 한다.

    ㉣ 비자발적인 경우도 집단상담자는 집단원의 솔직한 생각과 감정을 적절한 방식으로 표현할 기회를 제공한다.

(4) 상담관계에 대한 윤리

① 다중관계

    ㉠ 집단상담자와 집단원 간에 상담관계 외의 집단 참여 목적과는 다른 형태로 형성되는 관계이다.

    ㉡ 집단원이 집단에 전적으로 참여하는 데 방해되거나 상담자의 객관성 유지와 전문적 판단에 손상을 줄 수 있는 관계이다.

② 다중관계를 지양해야 하는 이유: 비전문적인 관계 형성이 전문가의 전문적인 판단과 상담 효과를 훼손할 수 있다.

③ 다중관계가 형성되는 상황: 집단상담자는 집단원이 다중관계 만남을 통해 본질적으로 이익을 얻는지 판단해야 하며, 상호작용이 잠재적으로 유익할 때 예외적으로 그러한 관계를 허용할 수 있다.

④ 상담관계 형성에 관한 윤리: 대표적인 상담관계는 집단원-집단상담자, 집단원-집단원, 집단상담자-기관, 집단상담자-수련감독자의 관계를 포함하며, 집단상담 이후 문제가 발생할 수 있는 사적인 관계를 정리하고 그에 대한 윤리 기준을 명확히 제시할 필요가 있다.

⑤ 다중관계에 관한 윤리

    ㉠ 다중관계는 객관적인 시각을 잃기 쉽고, 전문가적인 판단을 내리기 어려워지고, 비밀 유지의 규칙을 파기할 가능성을 크게 만든다.

    ㉡ 비윤리적이며 성적 관계, 친구관계, 금전관계와 같이 힘의 불균형을 이용한 모든 관계를 포함할 수 있다.

⑥ 상담 장면 외의 관계에 대한 윤리: 과거 또는 현재 집단원과 집단상담 외의 관계를 맺는 것이 전문적 기준에서 집단원에게 유익하다고 판단되는 경우 이를 문서로 작성하고 관계의 정당성과 잠재적 이익, 기대되는 긍정적 효과를 기록할 필요가 있다.

⑦ 상담 병행 참여에 대한 윤리: 개인상담과 집단상담에 모두 참여하는 집단원의 경우 여러 측면에서 긍정적·부정적 요소가 발생할 가능성이 있다. 따라서 어떤 집단원은 특정 조건에서 일시적으로 개인상담을 할 수 있다. 이는 집단원에게 심리적 불편감을 주거나 집단상담 비밀 유지 규칙을 위반할 가능성이 크며, 다양한 윤리적 문제가 발생할 수 있다.

⑧ 동시 상담에 대한 윤리: 상담자가 개인상담과 집단상담을 동시에 진행하면서 자신의 개인상담 내담자를 집단상담에 초대하는 경우이다. 이러한 상황에서는 집단 참여가 하나의 압력으로 행사될 수 있고, 자발적 선택이라도 상담자와의 더 긴밀한 관계를 드러냄으로써 다른 집단원과의 관계에서 나타나는 집단역동의 딜레마가 될 수 있다. 집단상담자는 집단원에게 미리 동시 상담에서 나타날 수 있는 다양한 문제에 대해 알리고 집단을 구성하거나 운영하는 과정에서 윤리적 태도를 유지해야 한다.

(5) **사전동의에 관한 윤리** 기출 17

① **사전동의**: 집단상담과 관련된 필요한 정보를 집단원에게 전달하는 과정이다. 집단상담 상황에서 발생하는 다양한 사항을 충분히 잘 아는 상태에서 이루어진 자발적이고 합리적인 선택으로 집단에 참여하는 것은 집단원의 권리이다.

② **사전동의에 포함되는 내용**: 집단의 목적, 상담자의 자격, 집단원에게 기대되는 행동, 지도자와 집단원의 역할, 집단 참가와 탈퇴에 관한 규칙, 집단원과 집단 지도자 사이에 자문을 구하는 과정, 비용과 시간, 집단에 참가함으로써 얻을 수 있는 이득 등이 있다.

③ 충분한 정보 제공은 집단원이 집단 참여 수준을 결정하는 힘을 강화하고, 집단 참여를 체계적으로 준비하는 데 도움을 준다.

④ **미성년자의 경우**: 미성년자와 부모 모두의 사전동의를 받아야 하며, 집단의 목표나 방향은 최소한 부모가 알아야 한다. 상담료, 종결, 기록에 대한 부분도 사전동의 때 충분히 설명한다.

⑤ **미국상담학회**: 집단상담자는 서면과 구두로 집단원에게 상담자와 집단원의 권리와 책임을 알려줄 의무가 있다.

(6) **다문화 집단원에 관한 윤리**

① 다문화적 접근은 내담자의 문화적 기준과 가치를 존중하고 내담자가 자신의 전통적 문화의 기반 위에 새로운 문화가치를 수용하여 발전적인 자아를 형성하도록 하는 것을 바탕으로 한다.

② 다문화 집단원과 관련된 윤리

구분	내용
문화 차이 인식에 대한 윤리	• 다문화 집단원이 겪는 사회적 차별을 잘 알고 그에 맞는 상담 기법을 교육, 훈련 등을 통해 능숙하게 익힌 집단상담자가 집단을 이끌어야 함 • 상담자는 자기 자신과 집단원을 잘 알아야 하고 이를 위해 각 문화를 잘 이해해야 함
문화적 민감성에 대한 윤리	집단원과 집단상담자의 문화적 기반은 서로 다를 수밖에 없으므로 집단 운영 시 집단원의 문화를 민감하게 인식하고 집단원의 문화를 이해하며 집단원의 기반이 되는 문화를 중심으로 상담할 수 있어야 상담 과정에서 발생하는 문제를 극복할 수 있음
다문화 교육에 대한 윤리	다문화 집단원에게 해를 끼치지 않는 상담을 위해 다문화 상담에 대한 구체적인 윤리지침과 다문화 집단원에 대한 사례연구를 상담자를 위한 교육과 훈련의 과정에 적극적으로 도입해야 함
문화 편견에 대한 윤리	• 다른 문화에 대한 편견 없는 집단상담자에 대한 태도는 집단원에게 학습과 모델링을 경험하게 하며, 다문화적 요소에 대한 인식 변화를 독려할 수 있음 • 집단상담 오리엔테이션 과정에서 다문화 윤리 요소를 교육시간에 포함하는 방안도 고려되어야 함

(7) **미성년 집단원에 대한 윤리**

① 집단원 선별에 대한 윤리

㉠ 미성년자 집단상담의 경우, 또래관계가 매우 중요한 시기인 만큼 집단원 한 명의 집단 참여 태도와 출석률이 집단상담에 미치는 영향이 크기 때문에 사전동의 시 특히 자발적 참여, 집단 참여에의 적극성 등을 유의한다.

㉡ 집단상담 참여 자체가 압력을 받는 경험이 될 수 있으므로, 개인의 자발적 참여 의지가 있는지를 확인하고, 자발적 참여 의지가 있더라도 집단원 선별과정에서 보호자의 동의가 반드시 필요하다.

② 비밀 유지에 관한 윤리

㉠ 학교 장면에서 집단상담을 실시할 경우 집단원들의 사생활 보호와 비밀유지가 어려운 학교의 특수한 환경을 고려해 집단상담 실시 과정에서 다루어진 내용에 대한 비밀 유지 규칙을 세워 운영할 필요가 있다.

ⓛ 집단상담 기간 동안 발생한 일을 필요하면 교사나 학교 측에 알려야 할지 고려해야 하며, 이러한 한계점도 사전에 집단원에게 공지할 필요가 있다.

ⓒ 집단원의 상황에 대해 부모가 알고 논의해야 할 사항이 있으면 집단원에게 이를 미리 알리고 부모에게 정보 제공을 함으로써 집단원이 상담자를 신뢰할 수 있게 하고, 자신의 의견을 표현할 수 있도록 해야 한다.

③ 집단 구성 및 운영에 관한 윤리

ⓖ 비자발적인 참여자로 구성되거나 처벌을 목적으로 집단상담이 운영되는 경우도 있으므로, 집단상담의 과정 이 본인에게 어떤 영향을 줄 수 있는지 자세히 안내하는 것이 필요하다.

ⓛ 집단원의 권리 보호와 규준에 대해 제대로 공지하고, 중도 이탈 및 지각, 결석 등에 대한 불이익을 안내하여 집단원을 보호하고, 허용될 수 있는 범위를 제시하여 집단원 스스로를 보호하도록 돕는 것이 필요하다.

2. 집단상담자에 대한 윤리

(1) 집단상담자의 윤리적 책임

① 집단원 보호에 대한 책임

ⓖ 집단상담자는 집단원의 심리적 안전과 보호를 위해 다수에 의해 발생할 수 있는 언어폭력, 부적절한 방식의 직면, 신체적 공격으로부터 집단원을 보호해야 한다.

ⓛ 집단원의 의지와는 다른 변화 압력으로부터 집단원을 보호해야 한다.

ⓒ 집단상담은 다수에 의한 치료효과가 있는 상담방식이기도 하지만 다수가 만들어내는 압력으로 인해 심각한 문제를 일으킬 수 있으므로 집단상담자는 집단원 보호에 대한 윤리적 기준을 가지고 있어야 한다.

② 관계 경계 설정의 책임: 집단원과 성적 관계, 친인척 관계, 교수와 학생 관계, 잠재적 이해관계 등으로 인한 문제가 발생하지 않도록 노력해야 한다.

③ 심리검사에 대한 책임

ⓖ 집단상담 실시 과정에서 집단원에게 상담목표와 시행하려는 심리검사의 연관성을 설명해야 한다.

ⓛ 집단원에게 적절한 심리검사를 시행할 역량을 갖추어야 하며, 검사 결과에 대한 비밀 유지의 책임이 있다.

ⓒ 검사 시점, 결과, 통보의 방식, 검사 결과 활용 등을 민감하게 다루어야 한다.

ⓓ 개인상담과는 다른 차원의 전문성을 가지고 주의를 기울일 책임이 있다.

ⓔ 집단상담 장면에서 연구가 이루어지는 경우: 심리검사를 활용하여 연구 결과를 분석하고 보고서를 작성할 때 집단원 신원 보호, 정당한 결과 제시 등을 임상연구 심의위원회(IRB; International Review Board) 의 기준에 맞게 수행한다.

④ 훈련과 교육 및 슈퍼비전에 대한 책임

ⓖ 집단상담 전문가로서 이와 관련된 훈련과 교육, 슈퍼비전을 받을 책임이 있다.

ⓛ 슈퍼바이저: 집단원과 수련생 모두를 책임지기 때문에, 비밀 유지도 집단원과 수련생 모두를 대상으로 이루 어져야 한다.

ⓒ 집단원이 개인이 아닌 다수이기 때문에 때로는 집단원 간 동의 수준도 차이가 나고, 기록에 대한 제약도 더욱 고려할 필요가 있어 이 부분은 윤리적 요소로 매우 민감하게 다루어야 한다.

ⓓ 집단상담자가 수련생일 경우 집단원 보호를 우선시해야 한다.

ⓔ 지도 교수가 슈퍼바이저가 되어 학생을 슈퍼비전하는 경우 비밀 유지, 이중관계, 힘의 남용 등의 윤리적 문제가 발생할 수 있고, 사전동의나 슈퍼바이저의 능력과 관련된 문제도 발생할 수 있다.

(2) 집단상담자의 전문성

① 집단상담자의 전문성에 관한 윤리는 자신의 능력 범위 내에서 집단상담이 이루어지도록 하며, 자신이 집단을 운영할 능력이나 자격이 있는지 항상 자문하는 태도가 필요하다.

② 역량을 키우기 위해 자신의 한계를 잘 알고 교육과 훈련을 받으며 경험을 쌓는 등의 꾸준한 노력이 필요하다.
  ㉠ 집단 유형, 집단역동, 집단상담 과정 및 기법, 집단윤리, 집단평가에 대한 이론적 지식을 충분히 습득하고 전문적 기법을 사용하도록 한다.
  ㉡ 자격증과 학위를 갖추고, 자격에 합당한 집단 유형을 선택하며, 적절한 슈퍼비전을 받을 필요가 있다.
    ➡ 특히 수련 과정에서 슈퍼비전을 받으면서 집단을 이끌어가는 경험을 반드시 가져야 하는데, 슈퍼비전을 받지 않고 집단상담 경험만 한다면 전문가로서의 능력 발달이 어렵기 때문이다.

③ 미국집단상담전문가협회(ASGW; Association for Specialists in Group Work)
  ㉠ 질적으로 높은 집단상담 서비스를 제공하기 위해 집단상담자가 갖춰야 할 역량을 제시했다.
  ㉡ 집단상담자가 갖춰야 할 역량

> • 집단의 유형과 집단원을 집단에 적절하게 배치하는 데 필요한 기준 이해와 집단역동의 기본 원리와 집단의 기본적 치료 요소들에 대한 지식 습득
> • 집단상담자의 개인적인 특성이 집단에 어떤 영향을 미치는지, 전문가 윤리가 집단 상황에 어떻게 적용되는지에 대한 이해
> • 집단 과정 및 성과연구에 대한 친숙함
> • 집단의 단계와 단계별 집단원들의 역할에 대한 이해
> • 집단원들에게 이익 또는 불이익을 주는 집단원 상황, 집단원 모집, 집단원 사정 기준에 대한 이해
> • 현행의 집단상담에 대한 정의, 집단의 목적, 주요 집단상담의 형태에 대한 이해

3. 집단 구성 과정에 대한 윤리

(1) 집단상담 구성에 관한 윤리

① 집단상담 홍보에 관한 윤리
  ㉠ 집단원 모집과 직접적인 관련성이 있으므로 집단상담의 목적, 집단상담자의 자격과 집단상담 운영 기간, 상담비용 등이 반드시 포함되어야 한다.
  ㉡ 이미 알고 있는 대상에게 집단상담을 홍보하는 경우: 객관적인 정보를 통해 집단원 스스로가 집단 참여를 선택할 수 있도록 하고, 집단상담자의 압력에 의해 집단에 참여하지 않도록 유의해야 한다.
  ㉢ 청소년을 대상으로 집단원을 모집할 경우: 특별한 증상과 관련된 집단명은 쓰지 않는 것이 좋다. 이는 집단원에 대해 학교와 또래 친구에게 낙인효과를 가져올 수 있으므로 각별히 주의한다.

② 집단상담 참여 절차에 관한 윤리
  ㉠ 자발적 참여를 희망하더라도 집단원에 대한 사전면담과 선별과정은 윤리적으로 반드시 필요한 절차이다.
  ㉡ 집단원 선발 시 집단원이 기대하는 목표와 집단상담 개설의 목표가 서로 부합하는 것을 확인하는 등의 사전 선별과정이 매우 중요하다. 참여 희망자 중 집단의 목표에 부합하지 않거나 집단 운영에 방해가 되는 경우가 있을 수도 있으므로, 사전면담을 통해 집단상담 동안에 집단원 자신이나 다른 집단원에게 정서적·신체적 안녕에 위협 또는 심각한 손상을 주거나 받지 않을 수 있는 집단원을 선발해야 한다.

③ 집단원 선발에 관한 윤리

    ㉠ 집단상담자는 자신의 경력과 역량을 충분히 고려하여 수행 가능한 집단원을 선별하고 집단을 구성하는 노력이 필요하다.

    ㉡ 집단상담자는 정신증적 문제를 가졌거나 약물을 복용하거나 복용할 가능성이 있는 집단원의 선발 여부 및 관리 등의 집단원 선별과정에서 반드시 확인이 필요한 기본 항목을 숙지하는 것이 집단상담자의 중요한 윤리적 역량임을 숙지해야 한다.

④ 상담비용 책정 및 납부에 관한 윤리

    ㉠ 상담비용은 서비스의 내용과 방식에 따라 적절한 수준으로 책정되어야 하며, 책정된 상담비용은 프로그램 진행 과정 중 일방적으로 인상하거나 변경하면 안 된다.

    ㉡ 상담비용 수납방법과 미납자 관리 기준 등도 집단상담 오리엔테이션 과정에서 다루는 것이 좋다. 집단상담 비용을 지불하는 시기, 집단 미참여 시 상담비용 반환에 관한 내용, 장기집단의 경우 집단에 빠지는 경우의 비용 문제, 장기휴가 동안의 상담비용, 별도의 자문비용 등에 대한 구체적 정보는 비용 문제가 발생한 시기가 아닌 집단이 진행되기 전 오리엔테이션에서 구체적으로 제시될 필요가 있다.

    ㉢ 상담비용과 관련된 부분을 집단상담 과정으로 가져오는 경우 상담비용을 내지 못한 집단원과 낸 집단원 사이에 계급이 생길 수 있으므로 신중해야 한다.

⑤ 집단원 연령에 관한 윤리

    ㉠ 연령별 집단상담 구성은 초등학생은 3~4명, 청소년은 6~8명을 한 집단으로 구성하는 것이 효과적이다.

    ㉡ 집단 진행시간은 120분을 넘기지 않고 짧게 자주 모이는 것이 효과적이지만, 학교에서 진행하는 집단상담은 수업시간을 고려하여 한 시간이나 두 시간 단위로 구성하는 환경적 고려가 필요하다.

    ㉢ 성인의 경우 대체로 15명 이내로 구성하는데, 증상이나 집단의 특성을 고려하여 조정해야 하며 운영시간도 집단원의 요구나 특징을 고려해서 조정해야 한다.

(2) 상담과정에 관한 윤리

① 집단상담 오리엔테이션 단계의 윤리 요소

    ㉠ 가즈다(Gazda)와 동료들이 주장한 집단상담 오리엔테이션 과정에서 다루어야 하는 9가지(2000)

> • 집단상담의 절차와 기본 접근법
> • 그 접근법의 사용 이유
> • 집단상담자의 역할
> • 집단원으로서 집단상담 참여로 인해 경험할 수 있는 위험
> • 집단원이 경험할 수 있는 불편사항
> • 집단참여 결과로 집단원이 기대할 수 있는 사항
> • 집단상담 참여 이외의 고려할 수 있는 다른 방안
> • 집단원이 집단상담 중 언제라도 질문할 수 있는 권리
> • 집단원이 언제든지 참여에 대해 선택할 수 있는 권한

    ㉡ 오리엔테이션 내용: 출석과 결석, 지각 시 처리방법, 상담비용 납부방법 등의 집단 규준과 음식물 반입 금지, 집단상담 활동 이외의 다른 집단원과 신체 접촉이나 사적 관계 제한, 휴대전화 사용 금지 등의 제한사항, 참여 태도를 포함한다. 또한 집단 내 비밀을 준수해야 하는 중요한 윤리규약에 대한 책임과 의무도 따른다는 사실을 알리고 교육한다.

② 갈등 단계의 윤리 요소
  ㉠ 집단상담자는 집단원 스스로 집단에 대해 심리적인 참여 강도를 결정할 수 있게 지속적으로 관찰·촉진하고, 비상사태 발생 시 집단원이 자기보호를 할 수 있도록 오리엔테이션을 통해 사전 교육할 의무가 있다.
  ㉡ 집단원이 활동하면서 경험할 불안요소에 대해 전문적으로 보호를 취할 수 있는 역량을 갖고 있어야 하며, 집단원이 집단 내에서 압력이나 공격을 받는 경우 전문적이면서도 적극적인 개입으로 집단원을 보호할 윤리적 책임이 있다.
  ㉢ 집단상담자는 집단상담 과정에서 인종, 문화적 배경, 종교적 관점, 생활방식, 연령 등에 있어 개인적 차이와 관계없이 동등하게 치료받을 권리를 존중하며, 일부 집단원이 집단의 시간을 독점하지 않도록 운영과정에서 시간 배분에도 주의를 기울여야 한다.
  ㉣ 집단상담의 치료적 영향력이 집단원 모두에게 일어날 수 있도록 노력해야 하며, 집단원에 대한 육체적 위험이나 협박, 강제 참여나 부당한 압력으로부터 집단원을 보호할 윤리적 책임이 있다.
③ 집단상담 종결과 추수상담에서 집단상담자가 가져야 할 윤리적 태도
  ㉠ 진행된 집단 경험을 재평가하고 종결을 준비하는 과정에서 집단원이 느끼는 심리적 불안을 낮추게 돕는다.
  ㉡ 집단상담의 종결은 집단원의 문화적 배경이나 개인의 경험에 따라 그 의미가 다를 수 있다.
     예 이혼이나 타인의 죽음과 같이 복잡하고 대립적이며, 부정적 종결을 경험한 적이 있는 집단원이라면 잘 준비된 종결의 경험은 매우 중요하다.
  ㉢ 종결과 관련되어 집단원의 감정적 긴장이나 불안을 잘 다루는 윤리적 도구를 가지고 있어야 한다. 사전에 미리 분명하게 종결에 대해 공지하고, 집단원이나 집단상담자에 의해 집단을 조기 종결할 경우 이에 대한 절차와 방법을 집단활동에 포함하는 것이 바람직하다.
  ㉣ 효과적인 집단상담을 운영하기 위해 종결 과정에 추수상담 시행 계획을 안내하거나 개인상담과의 연계방법, 집단상담 종료 후 발생할 수 있는 어려움 등을 확인하고 종결하는 것이 필요하다.

20 상담교사와 윤리

1. 미국상담교사협회(ASCA)의 상담교사 직무(2005)

(1) 상담
① 학교상담의 직접 서비스에 속하는 활동이다.
② 일대일 또는 소집단 형태로 학생의 정서행동의 문제와 발달상의 관심사를 다룬다.
③ 상담은 크게 학업, 진로, 예방·발달의 3가지 영역으로 나뉜다.

(2) 코디네이팅
① 학교상담 프로그램 관련 활동을 조직·관리하는 것을 돕는 리더십 과정이다.
② 프로그램 조정이 원활하게 이루어지려면 학교 구성원들의 협력이 요구된다.
③ '조정'이라고 불리는 코디네이팅 활동을 통해 상담교사는 학교와 지역사회의 각 기관 사이를 이어주는 역할을 담당하며 또래 조력자 프로그램, 스터디그룹 운영 등의 활동을 주도적으로 기획·관리한다.

(3) 컨설팅

① '자문'으로도 불리는 컨설팅은 상담교사가 궁극적으로 제3자인 학생을 간접적으로 돕기 위해 컨설티인 교사, 교감, 학교행정가, 학부모, 다른 전문가를 돕는 협력과정이다.

② 컨설팅의 목적은 전교생이 성공적인 학교생활을 하도록 돕기 위해 전략을 계획하고 실행하는 데 있다.

(4) 대집단 생활교육

① 학생의 학업, 진로, 개인·사회성 발달을 위한 발달지향적 생활교육이다.

② 이 활동은 '대집단 생활지도', '학급단위 생활교육'이라고 불린다.

③ 대상집단의 규모가 크고 예방교육에 적합한 주제를 다룬다는 점에서 소집단상담과는 차이가 있다.

2. 상담교사의 윤리적 책임

(1) 학생에 대한 책임

① 일차적으로 학생을 독특한 인격체로 존중하는 것이다. 상담교사는 법률, 법규, 정책에 관한 지식을 지속적으로 업데이트하여 학생의 권리를 보장하고 비밀 유지를 통해 존중과 신뢰를 구축한다.

② **비밀 보장을 파기해야 하는 상황으로 판단되는 경우:** 상담교사는 학생과 사전 협의를 통해 신뢰관계를 유지하는 한편, 학부모나 관련 기관에 알려 학생과 잠재적 피해자를 보호한다.

③ 학생의 교육, 진로, 행동상의 요구를 충족하는 프로그램을 실시하여 교육, 직업, 성격, 사회성 발달을 촉진한다.

(2) 학부모에 대한 책임

① 상담교사는 학부모의 권리와 책임, 비밀 보장에 관한 윤리적 책임이 있으며, 이는 학부모에게 자신의 역할을 설명해주고 비밀 보장의 중요성을 강조하는 것에서 시작된다.

② **정보 제공:** 정확하고 종합적이며 윤리 기준에 합당하게 실시하고, 학부모의 알 권리를 존중해야 한다.

③ **학부모의 요청:** 상담교사는 학생의 상담내용을 객관적이고 적절한 방식으로 전달할 의무가 있다.

④ 상담정보를 전달하기에 앞서 학부모는 서면동의서를 작성해야 하며, 이때 학생의 상담내용에 관한 비밀 보장과 학부모의 알 권리 사이에 균형을 유지한다.

➡ 학생의 상담내용에 관한 비밀 보장에 대한 약속과 법적으로 자녀의 상담내용에 대해 알 권리를 행사하려는 학부모의 요구 사이에서 윤리적 딜레마에 빠질 수 있다. 이때 서로의 입장과 상황의 경중을 헤아려 처리하되 필요시 다른 전문가의 자문을 구한다.

(3) 동료나 다른 전문가에 대한 책임

① 전문적 관계와 정보 공유에 대한 윤리적 책임이 있다.

② 윤리적 책임은 교직원들과 협력관계에 있어 전문가로서의 합당한 역할 경계와 수준을 적절하게 설정·유지하는 것에서 시작한다.

③ 전문적 역량을 가진 전문가라는 인식을 가지고 서로 존중하는 태도로 예의를 갖추고 공정하게 대한다.

➡ 학생을 돕는 데 필요한 정보 제공이 필요할 경우 정확하고 객관적이며 간결하고 의미 있는 정보를 제공한다.

④ 학생이 학교에서 상담을 받는지의 여부를 외부 전문가에게 알려야 하는 경우 사전에 정보 방출에 대한 학생과 학부모의 동의를 구한다.

⑤ 학교장, 교직원, 다른 상담전문가와 유기적인 협력관계를 유지함으로써 학생 조력활동의 효과를 극대화한다.
   ⓐ 상담을 받는 학생의 비밀을 보장하는 선에서 담임교사나 다른 교직원에게 학생을 올바르게 이해하고 돕는
      데 필요한 정보를 제공할 수 있다.
   ⓑ 교직원을 위해 학생과의 의사소통 방법, 관계 형성 전략, 심리교육적 자문이나 비밀 보장의 중요성에 관한
      자체 연수의 기회를 제공한다.
⑥ 상담전문가나 기관에 학생을 의뢰하는 경우, 상담교사는 어떤 형태로든 그 대가로 경제적 이득을 취해서는 안
   된다.

(4) 학교와 지역사회에 대한 책임

① 상담교사는 자신이 근무하는 학교와 지역사회에 윤리적인 책임이 있으며, 이는 학생의 흥미 유발을 저해할 수
   있는 요소로부터 교육 프로그램을 지키는 것에서 시작된다.
② 상담교사와 내담자 사이의 비밀을 유지하면서도 학교와 학생의 안전을 위협하는 행위는 관계 기관에 보고한다.
   ➡ 상담교사는 이러한 절차에 관한 법률, 법규, 규정을 잘 알고 있고 수시로 업데이트해야 한다.
③ 내담자에게 최선의 이익을 제공하는 한편, 보상에 대한 기대 없이 지역사회 구성원과 협력한다.

(5) 전문직에 대한 책임

① 상담교사는 전문가다운 행동을 하고 전문적 활동을 지지하며 다른 전문가가 전문가에 합당하게 처신하는지를
   관찰하겠다는 결정을 내리는 것을 포함한다.
② 이를 위해 상담교사는 전문가에 합당하게 행동하고, 연구를 수행하고 그 결과를 발표하며, 협회에 가입하여
   활동하고 윤리 기준과 관련 법률을 준수하고 다른 전문가와 기법, 아이디어, 전문성을 나누어야 한다.
③ 상담교사는 전문직 구성원으로서 상담자의 이미지를 손상시키거나 업무에 부정적인 영향을 미칠 수 있는 행동
   을 삼가야 한다. 스스로에게 해결할 수 없는 문제가 있다면 다른 전문가의 도움을 받아 자신의 문제부터 해결해
   야 할 윤리적인 책임이 있다. 문제가 해결되기 전까지 상담을 일시적으로 중지하거나 제한해야 한다.

(6) 자신에 대한 책임

① 상담교사는 전문적 역량을 갖추고 전문적 역량 내에서 업무를 수행하며 자신의 행위에 책임을 져야 한다.
② 자신의 행동을 지속적으로 모니터하여 개인적인 문제가 상담에 영향을 주지 않아야 하고, 전문가의 지도·감독
   하에 적절한 훈련을 받지 않았거나 직접 다루어보지 않은 사안은 적절한 교육과 훈련을 받은 상담자에게 의뢰한다.

3. 학교상담의 윤리적 쟁점

(1) 비밀 보장 `기출 14, 20`

① 비밀 보장: 상담관계에서 알게 된 내담자에 관한 정보를 내담자 동의 없이는 제3자에게 누설하지 않고 보호해
   줄 것이라는 약속이다.
② 비밀 보장 원칙이 중요한 이유: 학생이 상담과정에서 말한 내용이 제3자에게 노출되지 않을 것이라는 확신이
   있을 때 상담교사를 신뢰하고 진정성 있는 대화가 가능하기 때문이다.
③ 사생활에 대한 권리 제한: 학생 대부분이 미성년자이므로 사생활에 대한 권리가 제한되지만 윤리 기준에는 비밀
   보장에 연령을 제한한다는 조항은 없으므로 비밀 보장에 대한 학생의 권리는 학부모의 알 권리보다 존중되어야
   한다.

④ 학부모·학교장이 학생 상담내용에 대해 알 권리를 주장할 경우: 학부모·학교장에게 상담은 비밀 보장을 전제로 하는 것임을 알리고 학생에게 직접 물어보는 방법을 제안한다. 그럼에도 계속 요구한다면 학생에게 허락을 받은 후 최소한의 정보만을 제공한다. 또한 상담교사는 학교상담위원회를 통해 비밀 보장에 관한 세부 규정을 제정한다.
  ㉠ 학부모는 보호자로서, 학교장은 학교의 최고책임자로서 학생의 상담내용에 대해 알 권리가 있다.
  ㉡ 미성년자인 학생의 부모가 자녀 지도를 이유로 상담내용의 공개를 요구한다면 상담내용 비밀 보장 원칙을 구실로 이 요구를 거절할 수 없다.
⑤ 비밀 보장 예외 상황

구분	내용
자해·자살 의도	• 학생이 자신을 해하거나 자살하려는 의도를 드러내는 경우 • 비밀 보장 원칙을 파기하고 학생을 보호할 윤리적·법적 의무가 있음 • 2가지 어려움 – 자해나 자살 가능성에 대한 정확한 평가가 쉽지 않음 – 자해나 자살 가능성이 분명히 있다고 판단될 경우, 예방을 위해 전문가로서 의무를 수행해야 함 ➡ 조치를 취하기 전에 학생이 자해나 자살을 하는 경우, 상담교사는 직무상 과실로 법적 소송을 피하기 힘들어질 수 있음 • 자살 가능성에 대한 평가과정, 자문을 구한 내용 등 전문가로서 취한 조치를 기록으로 남겨야 함
사회의 안전 위협	• 학생이 상담과정에서 다른 사람을 해치려는 의도를 드러내는 경우 • 상담교사는 비밀 보장 원칙을 파기하고 잠재적 피해자에게 경고를 해줄 윤리적 책임이 있음 • 상담교사는 위험에 처한 사람을 보호하기 위해 상담과정에서 내담자로부터 다른 사람을 해치는 위협에 대한 계획을 듣게 되는 경우 잠재적 피해자에게 위험에 대한 정보를 알리는 '경고할 의무'가 있음
전염성이 있는 치명적인 질병	• 학생이 전염성이 있는 치명적인 질병(예 AIDS)에 감염되었다는 사실을 밝히는 경우 • 상담교사는 전염될 위험이 큰 제3자에게 알리고 보호해야 할 윤리적 책임이 있음 • 그러나 잠재적 감염 가능성이 있는 제3자에게 경고해야 할 법적 의무는 없음
법원 명령	• 판사가 학생이 연루된 사건을 판결함에 있어 상담교사에게 상담을 통해 알고 있는 학생에 관한 정보와 상담교사의 전문적 관점을 요청하는 경우 • 법원은 상담교사에게 학생의 허락 없이 학생에 관한 정보 방출을 명령할 수 있음 • 판사가 판결에 상담자의 정보 공개가 꼭 필요하다고 명령한다면, 상담자는 정보를 공개하기 전 그 사실을 내담자에게 알리고 꼭 필요한 최소한의 정보만 공개하며 요구하는 질문과 관련하여 확실히 알고 있는 내용에 대해서만 말할 수 있음
아동 학대 또는 방치	• 아동 학대나 방치를 알게 되는 경우 • **아동 보호를 위한 법률**: 만 18세 미만의 아동이 학대나 방치되고 있다는 것을 발견할 때, 아동 보호 전문기관이나 수사기관에 신고하도록 되어 있음 • 상담교사는 학대나 방치를 알게 된 경우, 그 사실을 알려 아동을 보호할 윤리적·법적 의무가 있음 • 이를 위해 아동 학대나 방치 여부를 정확하게 평가하고 적시에 보고할 능력이 있어야 함
기타	• 상담교사가 연구, 교육 또는 출판에 내담자의 사례를 사용하는 경우 학생의 신상이 드러나지 않도록 하고, 정보 공개에 앞서 학생과 학부모의 동의를 구해야 함

(2) 사전동의

① **사전동의**: 상담교사가 상담에 대해 충분하고 적절하게 설명한 것에 근거하여 학생이 상담에 동의하는 것을 말한다. 상담에 관한 설명을 통하여 상담교사는 학생이 상담에서 무엇을 얼마만큼 말할지를 스스로 결정하도록 돕는다.

② 상담내용을 녹음·녹화하기에 앞서 학생과 학부모의 허락을 받는다.

　㉠ 거부하는 경우, 학생 또는 학부모의 의사를 존중해야 한다.

　㉡ 사전동의를 받았다고 하더라도 상담내용에 대한 비밀을 보장하고 학생을 위한 목적에만 활용한다.

③ **사전동의가 합법적으로 이루어지기 위한 요건**

　㉠ 내담자가 심사숙고하여 합리적인 결정을 내릴 수 있어야 한다.

　㉡ 상담자가 설명하는 내용을 내담자가 충분히 이해할 수 있어야 한다.

　㉢ 내담자가 자유롭게 의사결정을 할 수 있어야 한다.

(3) 다중관계

① **다중관계**: 이미 관계가 설정된 사람과 상담관계를 추가적으로 맺는 것을 말한다.

② **다중관계가 비윤리적이라고 규정하는 이유**: 이전의 관계가 전문가로서의 객관적인 관계 형성과 유지에 지장을 초래하고 전문적인 노력을 무력화할 수 있기 때문이다.

③ **다중관계를 피할 수 없는 경우**: 사전동의를 구하거나, 외부 전문가에게 의뢰하거나, 자신의 행위를 기록으로 남겨 다중관계를 통해 학생에게 해를 입힐 수 있는 가능성을 제거·최소화하는 조치를 취한다.

④ 지역사회 규모가 작아 지역 주민끼리 잘 알고 지내거나, 학생을 의뢰할 마땅한 전문가가 없거나, 상담교사가 학급담임 또는 교사를 겸하는 경우, 다중관계가 상담관계에 영향을 미치지 않도록 최선의 조치를 취한다.

(4) 가치관 주입

① 상담교사는 자신의 가치관, 계획, 결정, 신념을 학생에게 주입해서는 안 된다. 이를 위해 자신의 가치관, 태도, 신념을 파악하는 한편, 학생에게 어떻게 소통되는지 살펴야 한다.

② 상담교사는 사전에 자신의 가치관을 파악하고 있어야 하고, 이를 기반으로 가치배제 또는 가치중립적인 입장을 취함으로써 옳고 그름에 대해 자신이 내린 정의가 학생의 의사결정에 영향을 미치지 않게 해야 한다.

③ **가치관으로 인한 갈등 예방을 위한 방안**

　㉠ 자신과 다른 삶의 방식과 태도를 존중한다.

　㉡ 장애가 있거나 성적 선호도가 다른 집단에 대한 편견을 버린다.

　㉢ 상대의 의견에 동의하지 않더라도 항상 최상의 서비스를 제공한다.

　㉣ 자신의 가치관과 일치시키기 위해 상대의 가치관에 변화를 주려고 하지 않는다.

④ 상담과정에서 가치관에 관한 사안을 다루는 경우, 학생에게 가치 있고 중요한 것을 스스로 결정할 권리와 책임이 있음을 강조한다. 그럼에도 피할 수 없다고 판단한 문제를 다루어야 하는 경우 학생을 다른 전문가에게 의뢰한다.

4. 상담교사의 법적 책임

(1) 학생·학부모의 권리

① 상담교사는 학생과 학부모의 권리를 존중해야 하며, 이를 위해 학생, 학부모에게 권리에 대해 설명한다.

② 권리를 설명하는 것은 학생과 학부모가 적극적인 참여자가 될 수 있도록 돕기 위함이다.

(2) 비밀 보장

① 상담자의 비밀 보장은 상담교사의 윤리적 책임이자 법적 의무이다.

② 상담교사는 학부모가 학생의 상담내용을 공개할 것을 요구하는 경우, 자녀에 대한 부모의 법적 권리와 자녀의 사생활에 대한 윤리적 권리 사이에서 균형을 유지해야 한다. 이 경우 사전에 학생에게 알려주고, 상담내용을 있는 그대로 보고하기보다 학부모가 필요로 하는 내용을 요약·정리하여 완곡한 방식으로 전달한다.

> **더 알아보기** **비밀 보장 예외 상황의 경우**
>
> 만일 임신한 학생이 낙태를 하고 싶다는 의사를 밝히면서 부모에게 임신 사실을 비밀로 해달라고 부탁하는 경우, 학부모의 동의 없이 학생을 돕는 것은 신중을 기해야 하는 부분이다. 이 문제는 법적인 영역에 속하면서 논란이 되는 부분이다. 상담교사는 자신의 전문적 훈련이나 상담기술의 한계를 인식하고 한계를 넘는 조언을 하지 않도록 해야 한다. 대신 합리적인 대안을 선택할 수 있도록 학생과 학부모가 함께 진지하게 상의하도록 권장해야 한다. 상담교사는 학생에게 산아 제한 방법이나 가족 계획과 같은 정보를 제공할 수 있다. 학부모는 학생이 낙태를 원할 때 이를 알 권리가 있고, 의사는 임신한 학생에게 낙태에 관한 충고와 정보를 제공할 수 있다.

③ **선의의 행동**: 상담교사가 과실 행위나 태만으로 고소를 당하면 법원에서 유죄 여부를 결정하기 위해 '선의의 행동' 개념을 사용하는데, 이 개념은 법적 결정을 내릴 때 사용되는 기준으로 '상담교사가 소속한 단체의 윤리규정을 준수했는가'에 대한 것이다.

(3) 전화 또는 대화상의 비밀 보장

① 내담자의 사적인 정보는 전화나 대화 중에도 노출되어서는 안 된다.

② 아무리 중요하고 공적인 요구처럼 보이더라도 학생이 상담을 받고 있다는 사실을 노출해서는 안 된다.

➡ 정보 공개 전, 학부모가 서명한 정보 공개 동의서를 요구한다.

(4) 경고 의무

① 상담과정에서 제3자에게 명백한 위험이 임박한 것을 알게 되는 경우, 상담교사는 잠재적 피해자에게 경고해 주어야 할 법적 의무가 있다. 이 경우 학생에 대한 비밀 보장은 파기되고 상담교사는 법적 책임을 지지 않는다.

② **서면동의**: 상담교사는 사전동의, 즉 상담 초기에 상담의 목적, 제공할 서비스의 내용, 절차와 기법, 보수, 예상 상담기간, 비밀 보장의 범위와 상담기록에 대한 열람권에 대해 규정한 내용을 내담자에게 고지하고 서면으로 동의를 받는다.

(5) 아동학대 신고

① 상담과정에서 학생이 학대를 받는 사실을 알게 되는 경우, 이를 관계 기관에 신고해야 할 법적 의무가 있다.

② **아동학대의 범위**: 아동보호법에서는 신체적 학대, 성적 학대, 심리적·정서적 학대, 아동 방치로 구분한다.

③ 신고 및 조치
　　㉠ 신고 기관: 아동 보호 전문기관·수사기관
　　㉡ 신고 의무자: 교직원, 의료인, 아동복지시설장 장·종사자, 사회복지 전담 공무원 등
　　㉢ 신분 보호: 신고인 신분은 보호, 신원 노출 금지
　　㉣ 조치(신체 학대): 신고, 아동 보호(⑩ 안전한 환경 조성: 안전하지 못한 환경에서 안전한 환경으로의 이동), 저항 능력 키우기(⑩ "나의 잘못이 아니다.", "싫어."라고 말하기 등)

(6) 업무상 과실

상담에서의 업무상 과실: 전문적 상담 실행에 있어 실수를 하거나 기법이 결여되어 있거나 능력을 벗어난 행동을 하거나 부도덕하고 불법적인 행위를 함으로써 내담자에게 손해를 끼친 경우를 말한다.

⑩ 학생에게 향정신성 약물을 추천하거나 제공하는 행위

(7) 전염성이 있는 치명적 질병 신고

① 학생이 전염성이 있는 치명적인 질병에 감염된 사실을 알게 된 경우, 상담교사는 비밀 보장의 원칙을 파기하고 학교 또는 관계당국에 신고해야 하는 법적 의무가 있다. 이는 명백하고도 실제적인 위험이므로 이 사실을 알고 있어야 할 제3자에게 정보를 제공해도 비밀 보장 원칙을 위배하는 것이 아니다.

② 단, 학생이 의도적으로 다른 사람에게 전염시키려 하지 않았고 그럴 의도도 없다는 사실을 확인한 후에 알리되, 정보 공개 의도를 학생에게도 알려야 한다.

---

21 사이버 상담윤리

1. 사이버 상담관계와 윤리

(1) 사이버 상담의 적절성 여부 결정

① 사이버 상담 서비스를 실시하기 전에 내담자의 능력이 사이버 상담에 적합한가를 점검해야 한다. 즉, 내담자가 컴퓨터나 기타 상호작용에 필요한 매체를 사용할 수 있는 능력을 가지고 있는지 확인해야 한다.

② 사이버 상담이 내담자의 요구에 부합하는 것이어야 한다. 특히 현실에 대한 왜곡을 일으킬 수 있는 성 학대나 폭력적인 관계에 따른 문제, 섭식장애, 신경성 질환, 사이버 중독 등의 경우 사이버 상담으로 좋은 성과를 내기에 한계가 있다.

(2) 사이버 상담의 상담자 역량

① 사이버 상담자가 갖춘 역량 범위 내에서 서비스를 제공해야 한다.

② **역량**: 전자 자료 전송을 비롯한 하드웨어와 소프트웨어의 기능에 대해서 잘 알아야 하며, 효율적으로 사용할 수 있는 능력을 갖추고 있어야 한다. 또한 면대면 상담의 원리뿐 아니라 사이버 세계에서의 의사소통 방식과 상담 개입 접근에 대해 잘 알고 있어야 한다.

(3) 신원 확인

① 온라인 상담에서는 익명성의 특징을 가지고 있기 때문에 내담자의 신원을 확인하기 어려울 때가 많다.

② 최소한 회원가입 절차를 거치면 내담자에 대한 최소한의 정보를 가지고 상담에 임할 수 있게 된다.

③ 내담자에 대한 최소한의 정보를 가지고 있을 때 내담자의 문제를 구체화하고 내담자에 대한 이해의 폭이 넓어질 수 있다. 다만, 내담자들이 제공한 정보들의 진위 여부에 대해서는 확인할 수 없다.

(4) 사전동의

① 내담자가 미성년자인지의 여부와 부모나 보호자의 사전동의가 필요한지를 결정해야 한다.

② 부모나 보호자의 사전동의가 필요할 때는 동의하는 사람의 신원을 확인할 수 있어야 한다.

③ 다만, 사이버 상담은 다양한 형태로 이루어지고 있고 단회로 실시되는 경우가 많아 내담자의 동의를 얻기 위한 방법은 대면상담과는 달리 이러한 특성을 고려해서 이루어질 수 있다.

(5) 사이버 상담 오리엔테이션

① **연락처**: 오프라인상에서는 어떻게 연락을 취할 수 있는지에 대한 절차를 설명한다.

② **사이버 상담 운영방법**: 이용 가능한 시간, 답신을 어느 정도 시간 내에 받을 수 있는지 등의 정보를 구체적으로 공지해 주어야 한다. 특히 상담자와 내담자 간에 반응하는 데 시간차가 생기는 형태로 상담이 진행되는 이메일이나 게시판 상담의 경우는 상담자가 얼마나 자주 이메일이나 게시판 등을 확인하는지에 대해서도 설명해 주어야 한다.

③ **기술적 결함 대처 방식**: 사이버 상담 중에 일어날 수 있는 기술적인 결함의 가능성에 대해 설명해 주어야 한다. 그리고 만일 통신이 안 되는 경우를 대비하여 대안적으로 사용할 의사소통 방법에 대해 내담자와 논의한다.

④ **오해의 가능성**: 상담자는 내담자에게 화상 정보가 없는 상태로 상담이 진행되는 경우(예 문자, 오디오 활동)에 오해가 있을 수 있다는 점과 이러한 오해를 어떻게 해결해야 하는지에 대해 설명한다.

⑤ **위기 상황 대처**: 사이버 상담은 내담자가 위기에 처해 있어도 상담자가 직접 개입하지 못한다는 한계를 가지고 있다.

  ㉠ 내담자에게 응급 상황에서 적절한 도움을 받을 수 있도록 상담자의 위치와 전화번호 등을 제공해야 하며, 사이버뿐 아니라 오프라인에서도 내담자에게 연락을 할 수 있도록 대안적인 방법을 가지고 있어야 한다.

  ㉡ 응급 상황에서 사용할 수 있는 직통 전화번호를 정하여 사이버 상담자와 내담자가 가지고 있는 것이 필요하다.

  ㉢ 내담자가 살고 있는 지역에서 위기 개입과 같은 서비스를 제공받을 수 있는 전문가가 누가 있는지, 어떻게 연락을 취할 수 있는지 등에 대해 내담자가 알고 있도록 해야 한다.

⑥ **인터넷 접근 가능 장소**: 사이버 상담이나 온라인 검사, 특정 정보에 접근할 수 있도록 하기 위해서 사이버 상담자는 내담자가 지역사회 어느 곳에서 무료로 인터넷을 사용할 수 있는지를 알 수 있도록 해야 한다.

(6) 장애를 가진 내담자

사이버 상담자는 기술적으로 가능한 범위 내에서 장애를 가진 내담자들이 웹사이트를 어려움 없이 이용할 수 있는 환경을 만들어 주어야 한다.

(7) 문화적 다양성의 인정

사이버 상담자는 최신의 지역 사건이나 지역문화에 친숙해질 필요가 있다.

2. 사이버 상담의 비밀 보장

(1) 비밀 보장

① 일반적으로 상담과정에서 나타나는 컴퓨터 기술의 한계에 대해 설명해 주어야 한다.

② 사이버 상담을 하는 동안 인터넷상에서 이루어지는 의사소통에서 나타나는 내담자의 비밀을 완벽하게 보장하는 것이 어렵다는 것에 대해 설명해 주어야 한다.

(2) 비밀 보장 사이트

① 안전한 웹사이트에서만 상담 서비스를 제공해야 한다.

② 권한을 부여받지 않은 제삼자의 접근을 막을 수 있는 응용 프로그램을 통해서만 상담을 제공해야 한다.

③ 비밀 보장이 안 되는 웹사이트 등에서는 일반적인 정보만 제공해야 하다.

④ 일반적인 정보: 특정 내담자에게만 해당되는 것이 아닌, 전체적으로 내담자들에게 흥미가 있을 만한 주제에 대한 정보, 제3의 정보, 의뢰에 관한 정보, 주소와 전화번호 등을 포함한다.

(3) 비밀 보장을 위한 조치

① 암호화: 내담자에게 암호화 하는 방법을 알려준다. 암호화 방법은 가능한 한 매번 사용되어야 하며, 암호화 사용이 여의치 않는 경우는 내담자에게 가능한 위험 요소가 무엇인지에 대해 알려야 한다. 이러한 위험 요소에는 상담 회기 기록이나 전송된 기록에 대해 무단으로 열어보는 것이 포함될 수 있다.

② 자료 보관: 내담자에게 어떻게 그리고 얼마나 오랫동안 자료를 보관할 것인지에 대해 알려 주어야 한다.

③ 정보 공개 절차와 자료 전송: 상담자는 내담자 정보를 다른 전자 자료원과 공유하기 위해서는 정보 유출과 관련된 적절한 절차를 따라야 한다. 특히 메일을 보낼 때 받는 사람이 내담자가 확실한지 여부를 확인해 보고 발송하는 노력이 필요하다.

3. 비밀 보장의 한계

(1) 위기 상황 발생 시

① 내담자 자신이나 타인의 신변에 위험 요소가 있다고 판단되면, 상담자는 이런 위험을 방지하기 위해 조치를 취해야 할 윤리적 책임이 있다.

② 게시판 상담이나 이메일 상담의 경우는 익명성을 보장해서 실시하고 있고 대부분 단회로 끝나기 때문에 적극적으로 대응하기가 쉽지 않다. 최근에는 이러한 익명성에 제한을 두고 회원에 가입한 후에야 사이버 상담을 신청할 수 있도록 하기도 한다.

➡ 정확한 정보를 입력했는지에 대한 진정성은 보장할 수 없지만 위기 시 연락할 수 있는 최소한의 정보라도 파악할 수 있는 하나의 방법이 되고 있다.

(2) 수련감독자나 다른 상담자와의 협의

① 상담자가 상담사례에 대해 전문가에게 수련감독을 받는다든가 상담자 간에 사례 협의를 거치기도 한다는 점을 내담자에게 미리 알려주어야 한다.

② 사이버 상담의 특성상 담당하는 인력이 한 명 이상인 경우도 많기 때문에 다른 상담자도 비공개 게시판이라 하더라도 읽을 수 있고 때로는 자료를 공유할 수도 있다는 점에 대해서도 사전에 알려 주어야 한다.

③ 문자나 화상채팅의 경우는 사이버 상담자가 상담에 참여하는 환경에 다른 어떤 사람이 접근할 수 있는 가능성이 있는지에 대해서도 알려 주어야 한다.

(3) 사이버 상담의 기술적 한계점

① 사이버 상담은 컴퓨터를 활용해 사이버 공간 속에서 이루어지기 때문에 이러한 상담 환경의 특수성 때문에 내담자의 비밀이 보장되지 못할 수도 있다.

② 해킹, 개인정보 유출, 사생활 침해 등 정보화의 역기능 현상이 점차 심화되고 있으며, 사이버 상담에서의 정보 교환이 안전한지의 여부를 확신할 수 없는 상황이다. 따라서 상담자는 내담자의 정보에 제3자가 동의 없이 접근할 수 있다는 점에 대해 알리고 내담자의 동의를 구해야 한다.

③ **내담자 포기 승낙서:** 내담자 정보의 비밀 보장에 한계가 있음을 인식하였다는 것과, 사이버 상담자가 온라인 환경을 안전하게 조절하기 위해 노력하였음에도 불구하고 사이버 상담에서 전달된 사적 정보들에 동의 없이 제3자가 접근했을 경우 비밀 보장의 특권을 포기하는 데 찬성을 하였다는 것을 진술하는 내담자 포기 승낙서를 작성하도록 요구해야 한다.

➡ 만일, 내담자가 포기하려 하지 않거나 동의서를 작성할 능력이 없을 경우는 내담자에게 면대면 상담을 실시 하도록 해야 한다.

제8장

진로상담

🔍 핵심 이론 흐름잡기

제1절 진로상담의 이해

제2절 진로 선택이론

제3절 관계적 진로이론

제4절 진로 발달이론

제5절 사회학습과 인지이론

제6절 진로 의사결정 이론

제7절 최근 진로상담 이론

제8절 진로상담 과정과 평가

제9절 진로정보와 진로교육

제8장 │ 핵심 이론 흐름잡기

제1절 진로상담의 이해

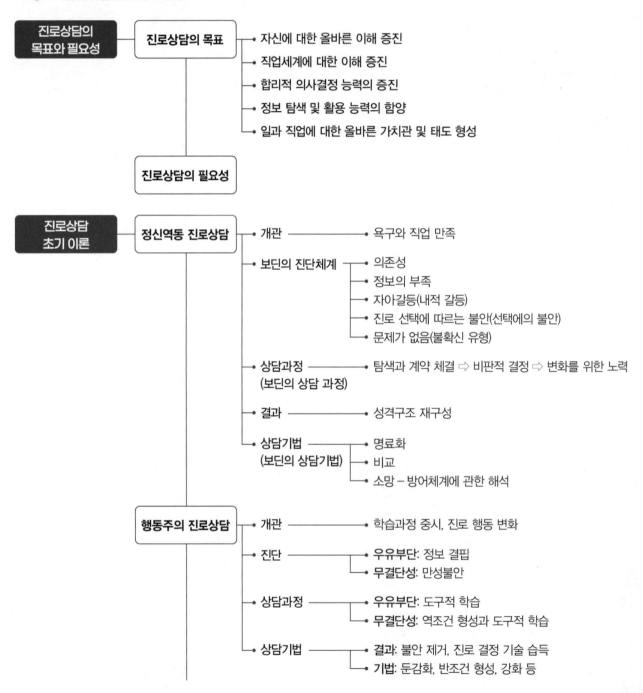

진로상담의 목표와 필요성

진로상담의 목표
- 자신에 대한 올바른 이해 증진
- 직업세계에 대한 이해 증진
- 합리적 의사결정 능력의 증진
- 정보 탐색 및 활용 능력의 함양
- 일과 직업에 대한 올바른 가치관 및 태도 형성

진로상담의 필요성

진로상담 초기 이론

정신역동 진로상담
- 개관 ──── 욕구와 직업 만족
- 보딘의 진단체계
  - 의존성
  - 정보의 부족
  - 자아갈등(내적 갈등)
  - 진로 선택에 따르는 불안(선택에의 불안)
  - 문제가 없음(불확신 유형)
- 상담과정 (보딘의 상담 과정) ──── 탐색과 계약 체결 ⇨ 비판적 결정 ⇨ 변화를 위한 노력
- 결과 ──── 성격구조 재구성
- 상담기법 (보딘의 상담기법)
  - 명료화
  - 비교
  - 소망 – 방어체계에 관한 해석

행동주의 진로상담
- 개관 ──── 학습과정 중시, 진로 행동 변화
- 진단
  - **우유부단**: 정보 결핍
  - **무결단성**: 만성불안
- 상담과정
  - **우유부단**: 도구적 학습
  - **무결단성**: 역조건 형성과 도구적 학습
- 상담기법
  - **결과**: 불안 제거, 진로 결정 기술 습득
  - **기법**: 둔감화, 반조건 형성, 강화 등

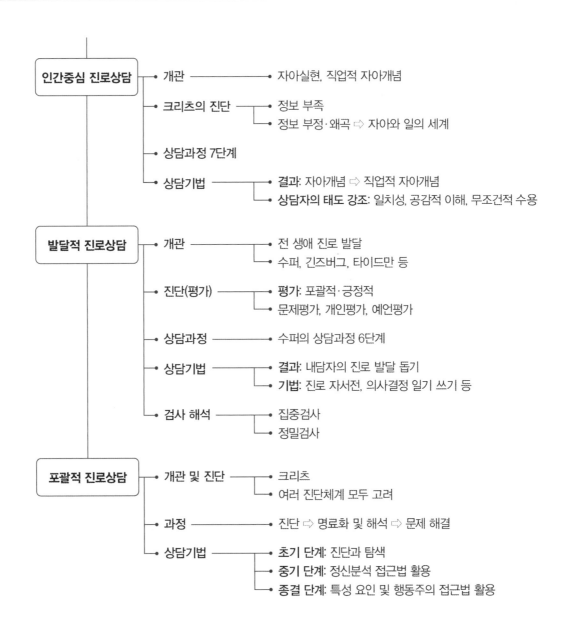

인간중심 진로상담
- 개관 → 자아실현, 직업적 자아개념
- 크리츠의 진단
  - 정보 부족
  - 정보 부정·왜곡 ⇨ 자아와 일의 세계
- 상담과정 7단계
- 상담기법
  - **결과**: 자아개념 ⇨ 직업적 자아개념
  - **상담자의 태도 강조**: 일치성, 공감적 이해, 무조건적 수용

발달적 진로상담
- 개관
  - 전 생애 진로 발달
  - 수퍼, 긴즈버그, 타이드만 등
- 진단(평가)
  - **평가**: 포괄적·긍정적
  - 문제평가, 개인평가, 예언평가
- 상담과정 → 수퍼의 상담과정 6단계
- 상담기법
  - **결과**: 내담자의 진로 발달 돕기
  - **기법**: 진로 자서전, 의사결정 일기 쓰기 등
- 검사 해석
  - 집중검사
  - 정밀검사

포괄적 진로상담
- 개관 및 진단
  - 크리츠
  - 여러 진단체계 모두 고려
- 과정 → 진단 ⇨ 명료화 및 해석 ⇨ 문제 해결
- 상담기법
  - **초기 단계**: 진단과 탐색
  - **중기 단계**: 정신분석 접근법 활용
  - **종결 단계**: 특성 요인 및 행동주의 접근법 활용

제8장 | 핵심 이론 흐름잡기

제2절 진로 선택이론

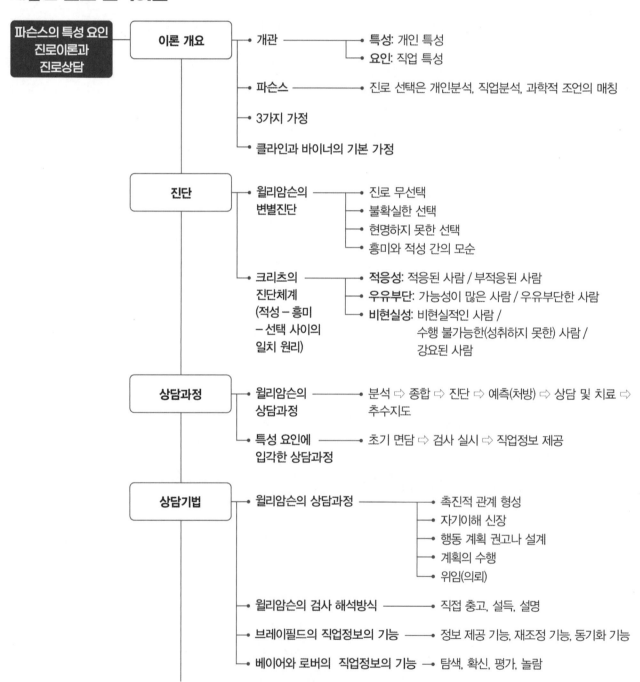

파슨스의 특성 요인 진로이론과 진로상담

이론 개요
- 개관 ── 특성: 개인 특성 / 요인: 직업 특성
- 파슨스 ── 진로 선택은 개인분석, 직업분석, 과학적 조언의 매칭
- 3가지 가정
- 클라인과 바이너의 기본 가정

진단
- 윌리암슨의 변별진단
  - 진로 무선택
  - 불확실한 선택
  - 현명하지 못한 선택
  - 흥미와 적성 간의 모순
- 크리츠의 진단체계 (적성 – 흥미 – 선택 사이의 일치 원리)
  - **적응성**: 적응된 사람 / 부적응된 사람
  - **우유부단**: 가능성이 많은 사람 / 우유부단한 사람
  - **비현실성**: 비현실적인 사람 / 수행 불가능한(성취하지 못한) 사람 / 강요된 사람

상담과정
- 윌리암슨의 상담과정 ── 분석 ⇨ 종합 ⇨ 진단 ⇨ 예측(처방) ⇨ 상담 및 치료 ⇨ 추수지도
- 특성 요인에 입각한 상담과정 ── 초기 면담 ⇨ 검사 실시 ⇨ 직업정보 제공

상담기법
- 윌리암슨의 상담과정
  - 촉진적 관계 형성
  - 자기이해 신장
  - 행동 계획 권고나 설계
  - 계획의 수행
  - 위임(의뢰)
- 윌리암슨의 검사 해석방식 ── 직접 충고, 설득, 설명
- 브레이필드의 직업정보의 기능 ── 정보 제공 기능, 재조정 기능, 동기화 기능
- 베이어와 로버의 직업정보의 기능 → 탐색, 확신, 평가, 놀람

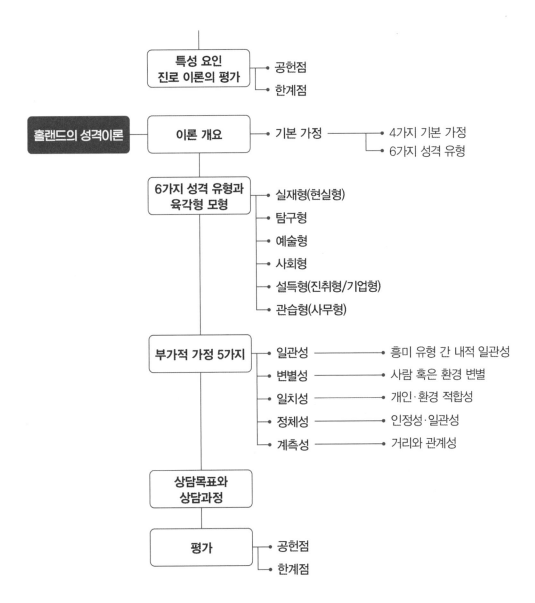

특성 요인
진로 이론의 평가
- 공헌점
- 한계점

홀랜드의 성격이론 — 이론 개요 — 기본 가정 — 4가지 기본 가정
6가지 성격 유형

6가지 성격 유형과
육각형 모형
- 실재형(현실형)
- 탐구형
- 예술형
- 사회형
- 설득형(진취형/기업형)
- 관습형(사무형)

부가적 가정 5가지
- 일관성 ——————— 흥미 유형 간 내적 일관성
- 변별성 ——————— 사람 혹은 환경 변별
- 일치성 ——————— 개인·환경 적합성
- 정체성 ——————— 인정성·일관성
- 계측성 ——————— 거리와 관계성

상담목표와
상담과정

평가
- 공헌점
- 한계점

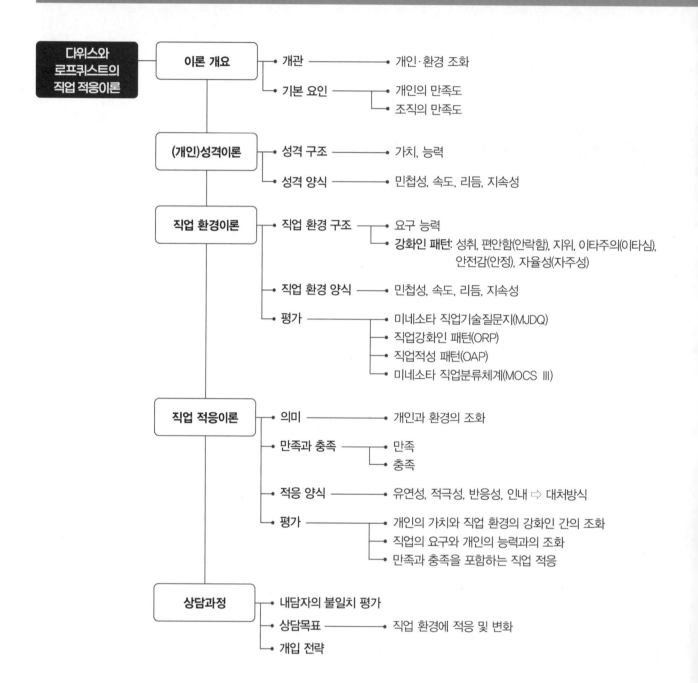

제**3**절 **관계적 진로이론**

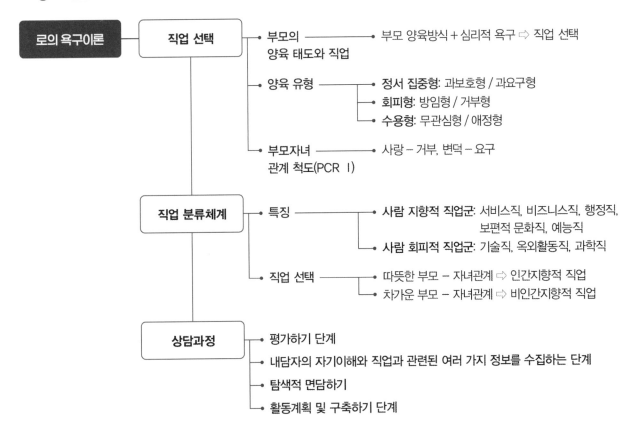

로의 욕구이론 ─── **직업 선택**
- 부모의 양육 태도와 직업 ─── 부모 양육방식 + 심리적 욕구 ⇨ 직업 선택
- 양육 유형
  - **정서 집중형**: 과보호형 / 과요구형
  - **회피형**: 방임형 / 거부형
  - **수용형**: 무관심형 / 애정형
- 부모자녀 관계 척도(PCR Ⅰ) ─── 사랑 – 거부, 변덕 – 요구

직업 분류체계
- 특징
  - **사람 지향적 직업군**: 서비스직, 비즈니스직, 행정직, 보편적 문화직, 예능직
  - **사람 회피적 직업군**: 기술직, 옥외활동직, 과학직
- 직업 선택
  - 따뜻한 부모 – 자녀관계 ⇨ 인간지향적 직업
  - 차가운 부모 – 자녀관계 ⇨ 비인간지향적 직업

상담과정
- 평가하기 단계
- 내담자의 자기이해와 직업과 관련된 여러 가지 정보를 수집하는 단계
- 탐색적 면담하기
- 활동계획 및 구축하기 단계

제8장 │ 핵심 이론 흐름잡기

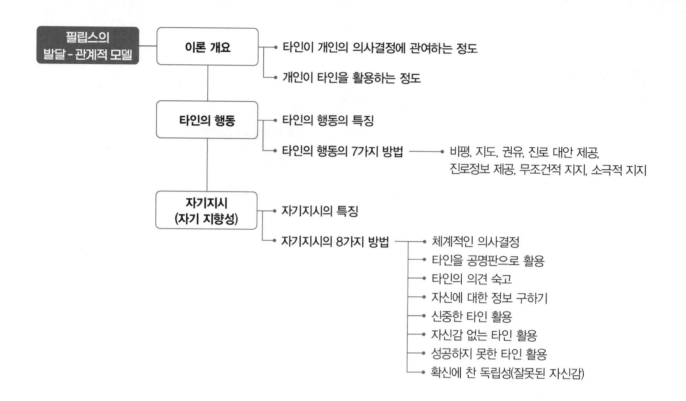

필립스의
발달 – 관계적 모델

이론 개요
- 타인이 개인의 의사결정에 관여하는 정도
- 개인이 타인을 활용하는 정도

타인의 행동
- 타인의 행동의 특징
- 타인의 행동의 7가지 방법 ── 비평, 지도, 권유, 진로 대안 제공, 진로정보 제공, 무조건적 지지, 소극적 지지

자기지시 (자기 지향성)
- 자기지시의 특징
- 자기지시의 8가지 방법
  - 체계적인 의사결정
  - 타인을 공명판으로 활용
  - 타인의 의견 숙고
  - 자신에 대한 정보 구하기
  - 신중한 타인 활용
  - 자신감 없는 타인 활용
  - 성공하지 못한 타인 활용
  - 확신에 찬 독립성(잘못된 자신감)

248 본 교재 인강·무료 기출해설 특강 teacher.Hackers.com

제4절 진로 발달이론

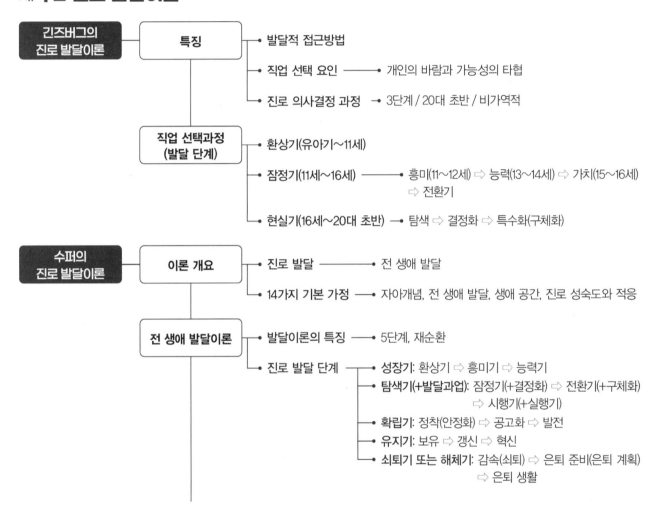

긴즈버그의 진로 발달이론

- **특징**
  - 발달적 접근방법
  - 직업 선택 요인 ── 개인의 바람과 가능성의 타협
  - 진로 의사결정 과정 → 3단계 / 20대 초반 / 비가역적
- **직업 선택과정 (발달 단계)**
  - 환상기(유아기~11세)
  - 잠정기(11세~16세) ── 흥미(11~12세) ⇨ 능력(13~14세) ⇨ 가치(15~16세) ⇨ 전환기
  - 현실기(16세~20대 초반) → 탐색 ⇨ 결정화 ⇨ 특수화(구체화)

수퍼의 진로 발달이론

- **이론 개요**
  - 진로 발달 ── 전 생애 발달
  - 14가지 기본 가정 ── 자아개념, 전 생애 발달, 생애 공간, 진로 성숙도와 적응
- **전 생애 발달이론**
  - 발달이론의 특징 ── 5단계, 재순환
  - 진로 발달 단계
    - **성장기**: 환상기 ⇨ 흥미기 ⇨ 능력기
    - **탐색기(+발달과업)**: 잠정기(+결정화) ⇨ 전환기(+구체화) ⇨ 시행기(+실행기)
    - **확립기**: 정착(안정화) ⇨ 공고화 ⇨ 발전
    - **유지기**: 보유 ⇨ 갱신 ⇨ 혁신
    - **쇠퇴기 또는 해체기**: 감속(쇠퇴) ⇨ 은퇴 준비(은퇴 계획) ⇨ 은퇴 생활

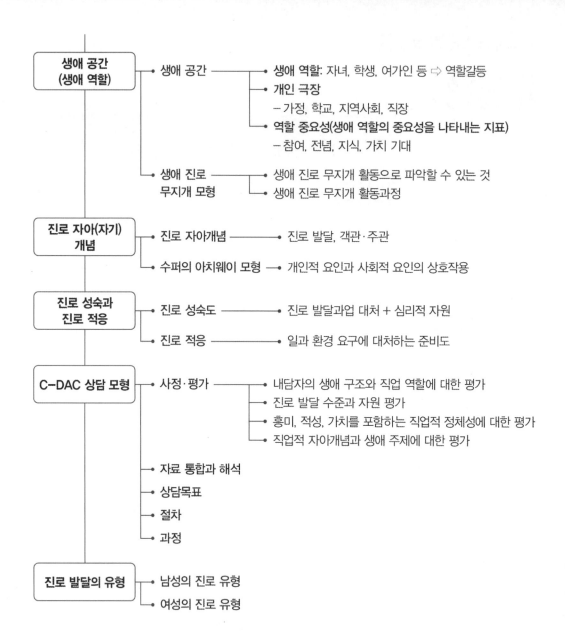

생애 공간
(생애 역할) — 생애 공간 ┬ **생애 역할**: 자녀, 학생, 여가인 등 ⇨ 역할갈등
                       ├ **개인 극장**
                       │ – 가정, 학교, 지역사회, 직장
                       └ **역할 중요성(생애 역할의 중요성을 나타내는 지표)**
                          – 참여, 전념, 지식, 가치 기대

            생애 진로 ┬ 생애 진로 무지개 활동으로 파악할 수 있는 것
            무지개 모형 └ 생애 진로 무지개 활동과정

진로 자아(자기)
개념 — 진로 자아개념 — 진로 발달, 객관·주관
       수퍼의 아치웨이 모형 — 개인적 요인과 사회적 요인의 상호작용

진로 성숙과
진로 적응 — 진로 성숙도 — 진로 발달과업 대처 + 심리적 자원
            진로 적응 — 일과 환경 요구에 대처하는 준비도

C–DAC 상담 모형 — 사정·평가 ┬ 내담자의 생애 구조와 직업 역할에 대한 평가
                            ├ 진로 발달 수준과 자원 평가
                            ├ 흥미, 적성, 가치를 포함하는 직업적 정체성에 대한 평가
                            └ 직업적 자아개념과 생애 주제에 대한 평가

                  자료 통합과 해석
                  상담목표
                  절차
                  과정

진로 발달의 유형 — 남성의 진로 유형
                  여성의 진로 유형

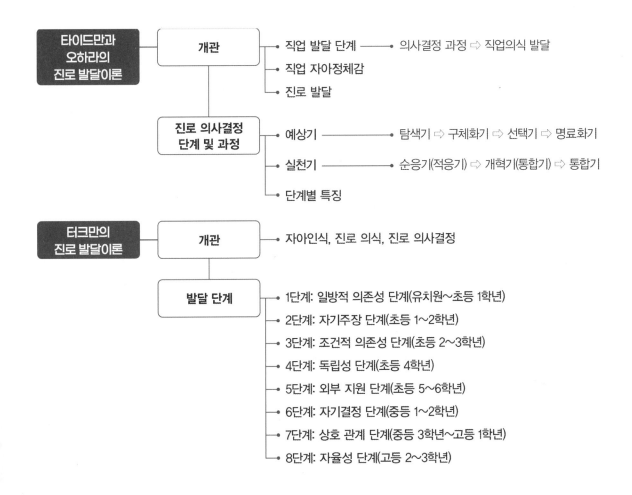

제8장 | 핵심 이론 흐름잡기

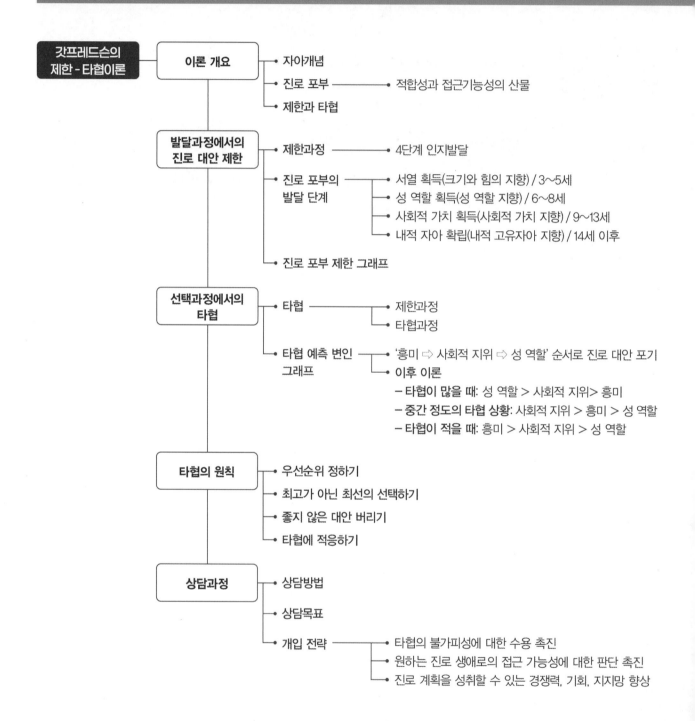

갓프레드슨의 제한 - 타협이론

이론 개요
- 자아개념
- 진로 포부 ——— 적합성과 접근기능성의 산물
- 제한과 타협

발달과정에서의 진로 대안 제한
- 제한과정 ——— 4단계 인지발달
- 진로 포부의 발달 단계
  - 서열 획득(크기와 힘의 지향) / 3~5세
  - 성 역할 획득(성 역할 지향) / 6~8세
  - 사회적 가치 획득(사회적 가치 지향) / 9~13세
  - 내적 자아 확립(내적 고유자아 지향) / 14세 이후
- 진로 포부 제한 그래프

선택과정에서의 타협
- 타협
  - 제한과정
  - 타협과정
- 타협 예측 변인 그래프
  - '흥미 ⇨ 사회적 지위 ⇨ 성 역할' 순서로 진로 대안 포기
  - 이후 이론
    - 타협이 많을 때: 성 역할 > 사회적 지위 > 흥미
    - 중간 정도의 타협 상황: 사회적 지위 > 흥미 > 성 역할
    - 타협이 적을 때: 흥미 > 사회적 지위 > 성 역할

타협의 원칙
- 우선순위 정하기
- 최고가 아닌 최선의 선택하기
- 좋지 않은 대안 버리기
- 타협에 적응하기

상담과정
- 상담방법
- 상담목표
- 개입 전략
  - 타협의 불가피성에 대한 수용 촉진
  - 원하는 진로 생애로의 접근 가능성에 대한 판단 촉진
  - 진로 계획을 성취할 수 있는 경쟁력, 기회, 지지망 향상

제 5 절 사회학습과 인지이론

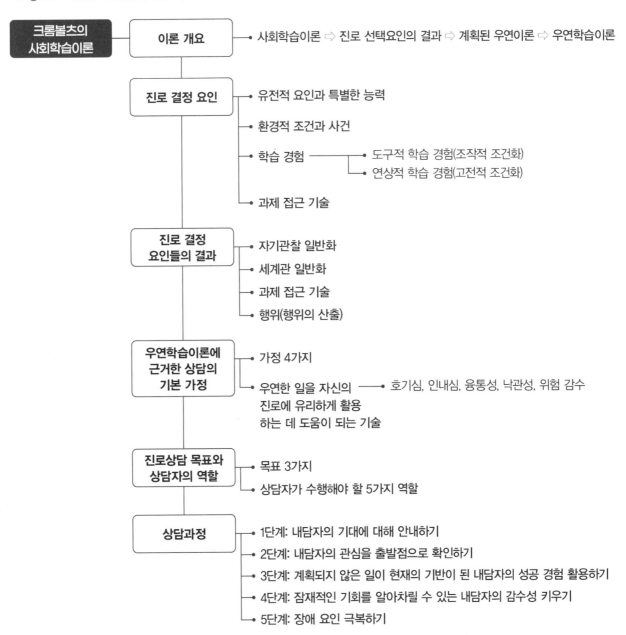

크롬볼츠의 사회학습이론

이론 개요
→ 사회학습이론 ⇨ 진로 선택요인의 결과 ⇨ 계획된 우연이론 ⇨ 우연학습이론

진로 결정 요인
- 유전적 요인과 특별한 능력
- 환경적 조건과 사건
- 학습 경험 ── 도구적 학습 경험(조작적 조건화)
  └ 연상적 학습 경험(고전적 조건화)
- 과제 접근 기술

진로 결정 요인들의 결과
- 자기관찰 일반화
- 세계관 일반화
- 과제 접근 기술
- 행위(행위의 산출)

우연학습이론에 근거한 상담의 기본 가정
- 가정 4가지
- 우연한 일을 자신의 ── 호기심, 인내심, 융통성, 낙관성, 위험 감수
  진로에 유리하게 활용
  하는 데 도움이 되는 기술

진로상담 목표와 상담자의 역할
- 목표 3가지
- 상담자가 수행해야 할 5가지 역할

상담과정
- 1단계: 내담자의 기대에 대해 안내하기
- 2단계: 내담자의 관심을 출발점으로 확인하기
- 3단계: 계획되지 않은 일이 현재의 기반이 된 내담자의 성공 경험 활용하기
- 4단계: 잠재적인 기회를 알아차릴 수 있는 내담자의 감수성 키우기
- 5단계: 장애 요인 극복하기

제 **8** 장 | 핵심 이론 흐름잡기

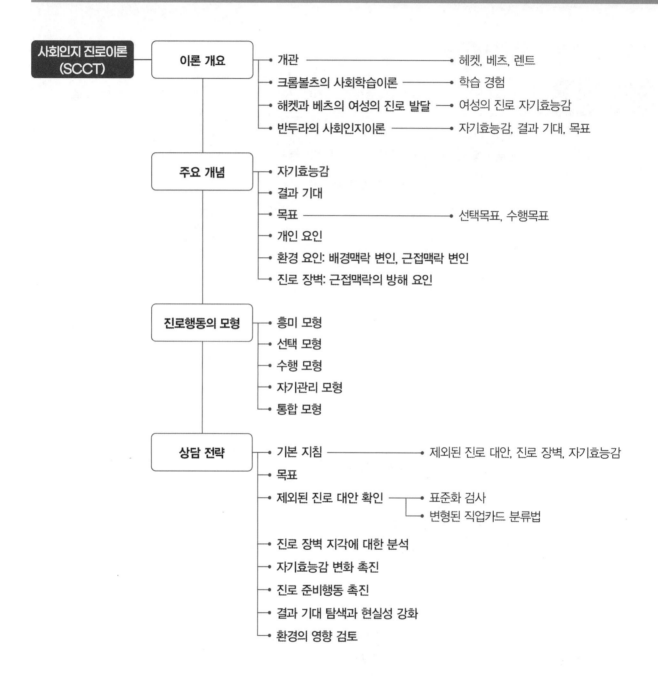

사회인지 진로이론 (SCCT)

- **이론 개요**
  - 개관 ──────── 헤켓, 베츠, 렌트
  - 크롬볼츠의 사회학습이론 ──── 학습 경험
  - 해켓과 베츠의 여성의 진로 발달 ── 여성의 진로 자기효능감
  - 반두라의 사회인지이론 ──────── 자기효능감, 결과 기대, 목표

- **주요 개념**
  - 자기효능감
  - 결과 기대
  - 목표 ──────── 선택목표, 수행목표
  - 개인 요인
  - 환경 요인: 배경맥락 변인, 근접맥락 변인
  - 진로 장벽: 근접맥락의 방해 요인

- **진로행동의 모형**
  - 흥미 모형
  - 선택 모형
  - 수행 모형
  - 자기관리 모형
  - 통합 모형

- **상담 전략**
  - 기본 지침 ──────── 제외된 진로 대안, 진로 장벽, 자기효능감
  - 목표
  - 제외된 진로 대안 확인 ──┬── 표준화 검사
                          └── 변형된 직업카드 분류법
  - 진로 장벽 지각에 대한 분석
  - 자기효능감 변화 촉진
  - 진로 준비행동 촉진
  - 결과 기대 탐색과 현실성 강화
  - 환경의 영향 검토

제 **6**절 **진로 의사결정 이론**

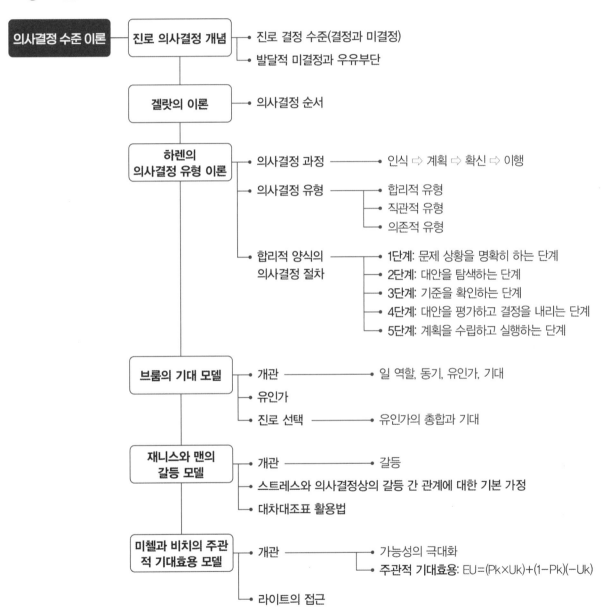

| 의사결정 수준 이론 | 진로 의사결정 개념 | → 진로 결정 수준(결정과 미결정) |
| | | → 발달적 미결정과 우유부단 |

겔랏의 이론 → 의사결정 순서

하렌의 의사결정 유형 이론
- 의사결정 과정 ── 인식 ⇨ 계획 ⇨ 확신 ⇨ 이행
- 의사결정 유형
  - 합리적 유형
  - 직관적 유형
  - 의존적 유형
- 합리적 양식의 의사결정 절차
  - **1단계**: 문제 상황을 명확히 하는 단계
  - **2단계**: 대안을 탐색하는 단계
  - **3단계**: 기준을 확인하는 단계
  - **4단계**: 대안을 평가하고 결정을 내리는 단계
  - **5단계**: 계획을 수립하고 실행하는 단계

브룸의 기대 모델
- 개관 ── 일 역할, 동기, 유인가, 기대
- 유인가
- 진로 선택 ── 유인가의 총합과 기대

재니스와 맨의 갈등 모델
- 개관 ── 갈등
- 스트레스와 의사결정상의 갈등 간 관계에 대한 기본 가정
- 대차대조표 활용법

미첼과 비치의 주관적 기대효용 모델
- 개관
  - 가능성의 극대화
  - **주관적 기대효용**: $EU = (Pk \times Uk) + (1-Pk)(-Uk)$
- 라이트의 접근

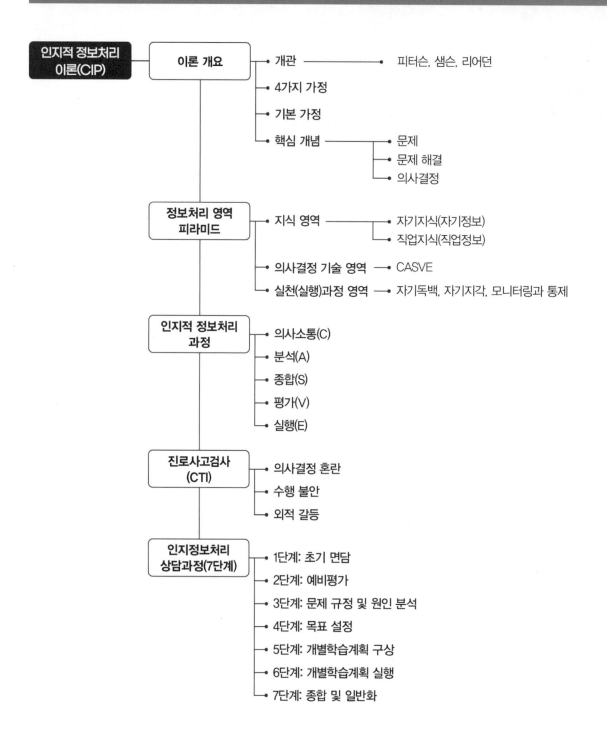

인지적 정보처리 이론(CIP)

이론 개요
- 개관 ── 피터슨, 샘슨, 리어던
- 4가지 가정
- 기본 가정
- 핵심 개념
  - 문제
  - 문제 해결
  - 의사결정

정보처리 영역 피라미드
- 지식 영역
  - 자기지식(자기정보)
  - 직업지식(직업정보)
- 의사결정 기술 영역 ── CASVE
- 실천(실행)과정 영역 ── 자기독백, 자기지각, 모니터링과 통제

인지적 정보처리 과정
- 의사소통(C)
- 분석(A)
- 종합(S)
- 평가(V)
- 실행(E)

진로사고검사 (CTI)
- 의사결정 혼란
- 수행 불안
- 외적 갈등

인지정보처리 상담과정(7단계)
- 1단계: 초기 면담
- 2단계: 예비평가
- 3단계: 문제 규정 및 원인 분석
- 4단계: 목표 설정
- 5단계: 개별학습계획 구상
- 6단계: 개별학습계획 실행
- 7단계: 종합 및 일반화

제 **7** 절 **최근 진로상담 이론**

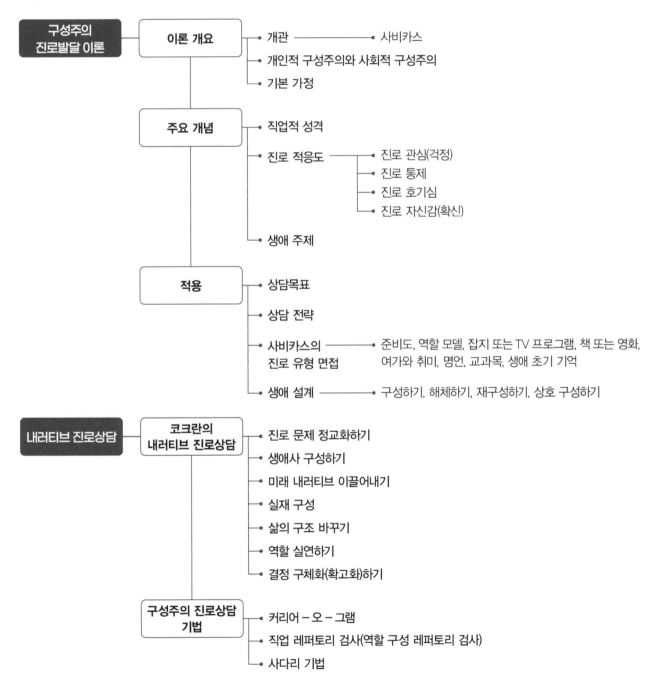

구성주의
진로발달 이론

- **이론 개요**
  - 개관 ──────── 사비카스
  - 개인적 구성주의와 사회적 구성주의
  - 기본 가정

- **주요 개념**
  - 직업적 성격
  - 진로 적응도 ─────
    - 진로 관심(걱정)
    - 진로 통제
    - 진로 호기심
    - 진로 자신감(확신)
  - 생애 주제

- **적용**
  - 상담목표
  - 상담 전략
  - 사비카스의 진로 유형 면접 ──── 준비도, 역할 모델, 잡지 또는 TV 프로그램, 책 또는 영화, 여가와 취미, 명언, 교과목, 생애 초기 기억
  - 생애 설계 ──────── 구성하기, 해체하기, 재구성하기, 상호 구성하기

내러티브 진로상담

- **코크란의 내러티브 진로상담**
  - 진로 문제 정교화하기
  - 생애사 구성하기
  - 미래 내러티브 이끌어내기
  - 실재 구성
  - 삶의 구조 바꾸기
  - 역할 실연하기
  - 결정 구체화(확고화)하기

- **구성주의 진로상담 기법**
  - 커리어 – 오 – 그램
  - 직업 레퍼토리 검사(역할 구성 레퍼토리 검사)
  - 사다리 기법

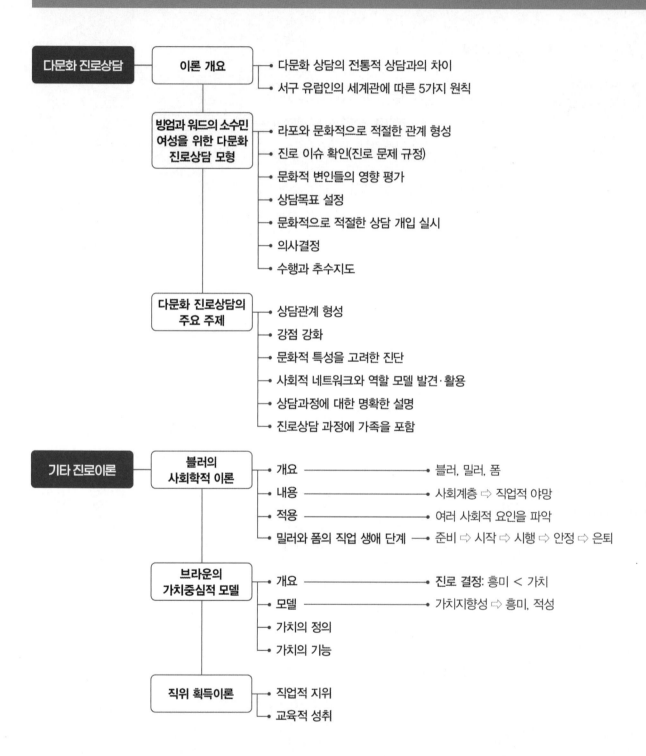

다문화 진로상담

이론 개요
- 다문화 상담의 전통적 상담과의 차이
- 서구 유럽인의 세계관에 따른 5가지 원칙

방엄과 워드의 소수민 여성을 위한 다문화 진로상담 모형
- 라포와 문화적으로 적절한 관계 형성
- 진로 이슈 확인(진로 문제 규정)
- 문화적 변인들의 영향 평가
- 상담목표 설정
- 문화적으로 적절한 상담 개입 실시
- 의사결정
- 수행과 추수지도

다문화 진로상담의 주요 주제
- 상담관계 형성
- 강점 강화
- 문화적 특성을 고려한 진단
- 사회적 네트워크와 역할 모델 발견·활용
- 상담과정에 대한 명확한 설명
- 진로상담 과정에 가족을 포함

기타 진로이론

블러의 사회학적 이론
- 개요 ─── 블러, 밀러, 폼
- 내용 ─── 사회계층 ⇨ 직업적 야망
- 적용 ─── 여러 사회적 요인을 파악
- 밀러와 폼의 직업 생애 단계 ─── 준비 ⇨ 시작 ⇨ 시행 ⇨ 안정 ⇨ 은퇴

브라운의 가치중심적 모델
- 개요 ─── 진로 결정: 흥미 < 가치
- 모델 ─── 가치지향성 ⇨ 흥미, 적성
- 가치의 정의
- 가치의 기능

직위 획득이론
- 직업적 지위
- 교육적 성취

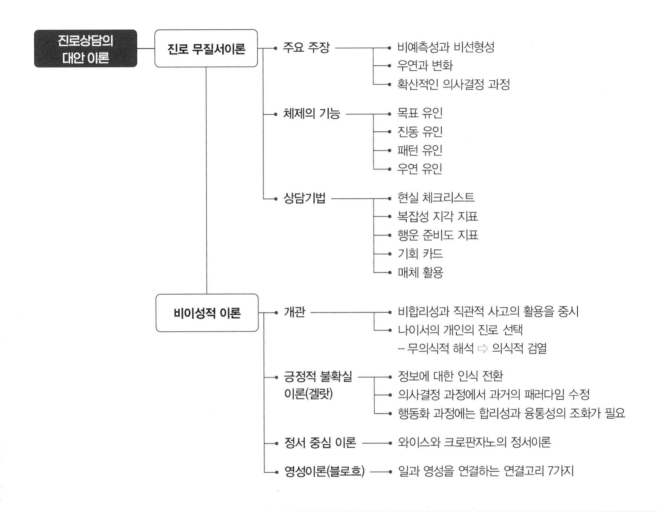

진로상담의
대안 이론 ── 진로 무질서이론 ── 주요 주장 ── 비예측성과 비선형성
                                      우연과 변화
                                      확산적인 의사결정 과정

                              체제의 기능 ── 목표 유인
                                          진동 유인
                                          패턴 유인
                                          우연 유인

                              상담기법 ── 현실 체크리스트
                                        복잡성 지각 지표
                                        행운 준비도 지표
                                        기회 카드
                                        매체 활용

                   비이성적 이론 ── 개관 ── 비합리성과 직관적 사고의 활용을 중시
                                        나이서의 개인의 진로 선택
                                        – 무의식적 해석 ⇨ 의식적 검열

                              긍정적 불확실 ── 정보에 대한 인식 전환
                              이론(겔랏)   의사결정 과정에서 과거의 패러다임 수정
                                            행동화 과정에는 합리성과 융통성의 조화가 필요

                              정서 중심 이론 ── 와이스와 크로판자노의 정서이론

                              영성이론(블로흐) ── 일과 영성을 연결하는 연결고리 7가지

제 8 절 진로상담 과정과 평가

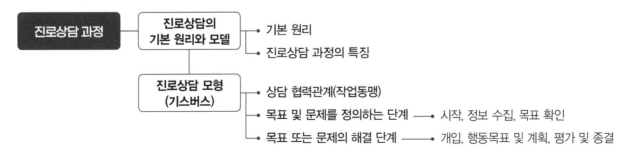

진로상담 과정 ── 진로상담의
              기본 원리와 모델 ── 기본 원리
                              진로상담 과정의 특징

              진로상담 모형 ── 상담 협력관계(작업동맹)
              (기스버스)   목표 및 문제를 정의하는 단계 ── 시작, 정보 수집, 목표 확인
                            목표 또는 문제의 해결 단계 ── 개입, 행동목표 및 계획, 평가 및 종결

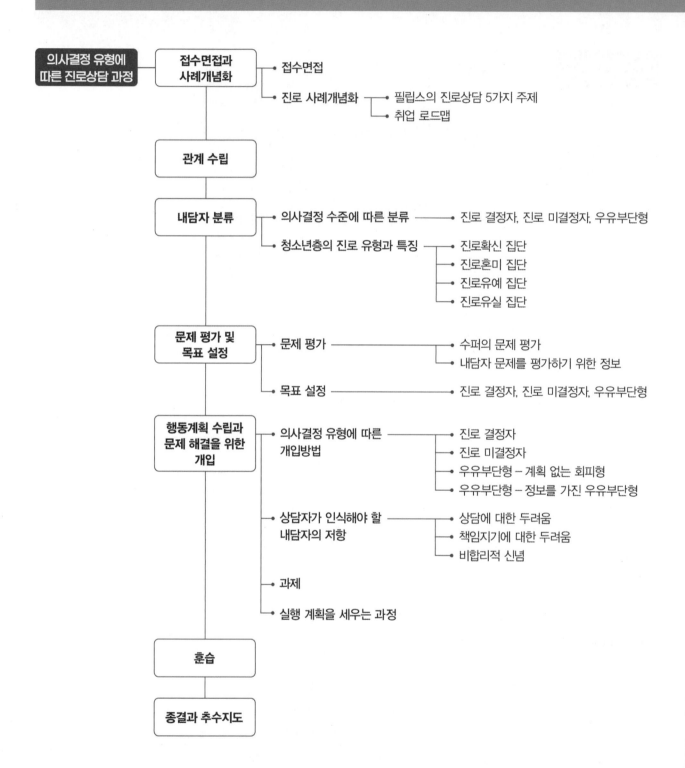

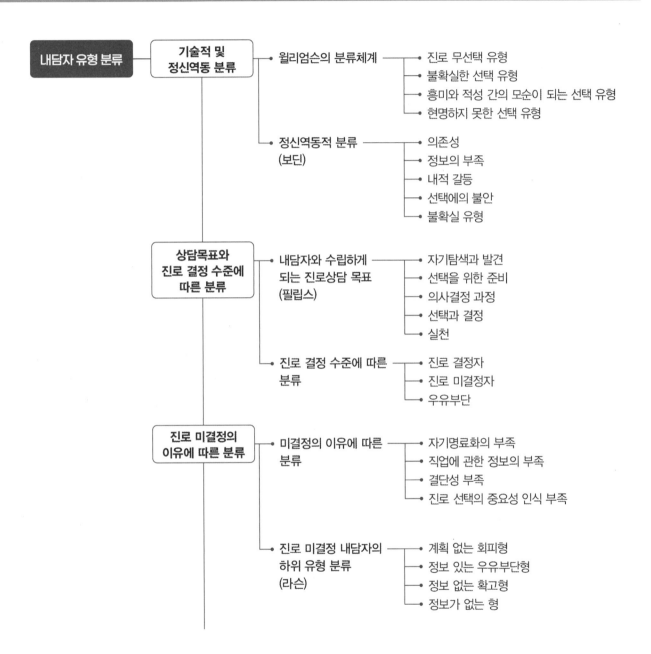

내담자 유형 분류 ── 기술적 및 정신역동 분류
- 윌리엄슨의 분류체계
  - 진로 무선택 유형
  - 불확실한 선택 유형
  - 흥미와 적성 간의 모순이 되는 선택 유형
  - 현명하지 못한 선택 유형
- 정신역동적 분류 (보딘)
  - 의존성
  - 정보의 부족
  - 내적 갈등
  - 선택에의 불안
  - 불확실 유형

상담목표와 진로 결정 수준에 따른 분류
- 내담자와 수립하게 되는 진로상담 목표 (필립스)
  - 자기탐색과 발견
  - 선택을 위한 준비
  - 의사결정 과정
  - 선택과 결정
  - 실천
- 진로 결정 수준에 따른 분류
  - 진로 결정자
  - 진로 미결정자
  - 우유부단

진로 미결정의 이유에 따른 분류
- 미결정의 이유에 따른 분류
  - 자기명료화의 부족
  - 직업에 관한 정보의 부족
  - 결단성 부족
  - 진로 선택의 중요성 인식 부족
- 진로 미결정 내담자의 하위 유형 분류 (라슨)
  - 계획 없는 회피형
  - 정보 있는 우유부단형
  - 정보 없는 확고형
  - 정보가 없는 형

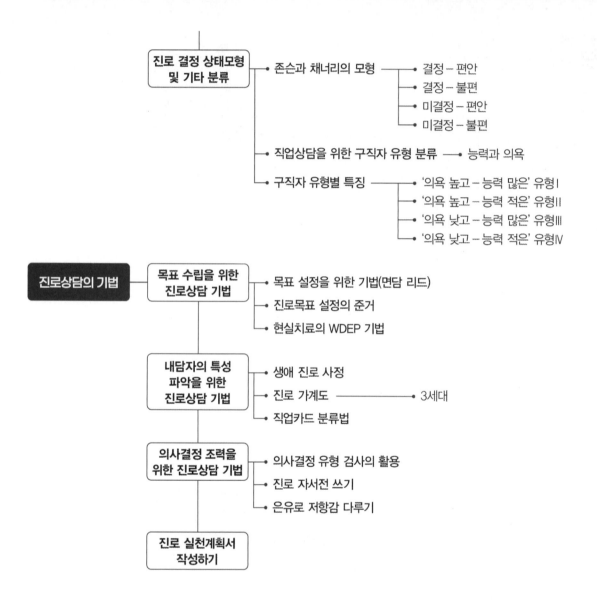

진로 결정 상태모형 및 기타 분류
- 존슨과 채너리의 모형
  - 결정 – 편안
  - 결정 – 불편
  - 미결정 – 편안
  - 미결정 – 불편
- 직업상담을 위한 구직자 유형 분류 → 능력과 의욕
- 구직자 유형별 특징
  - '의욕 높고 – 능력 많은' 유형I
  - '의욕 높고 – 능력 적은' 유형II
  - '의욕 낮고 – 능력 많은' 유형III
  - '의욕 낮고 – 능력 적은' 유형IV

진로상담의 기법

목표 수립을 위한 진로상담 기법
- 목표 설정을 위한 기법(면담 리드)
- 진로목표 설정의 준거
- 현실치료의 WDEP 기법

내담자의 특성 파악을 위한 진로상담 기법
- 생애 진로 사정
- 진로 가계도 ———— 3세대
- 직업카드 분류법

의사결정 조력을 위한 진로상담 기법
- 의사결정 유형 검사의 활용
- 진로 자서전 쓰기
- 은유로 저항감 다루기

진로 실천계획서 작성하기

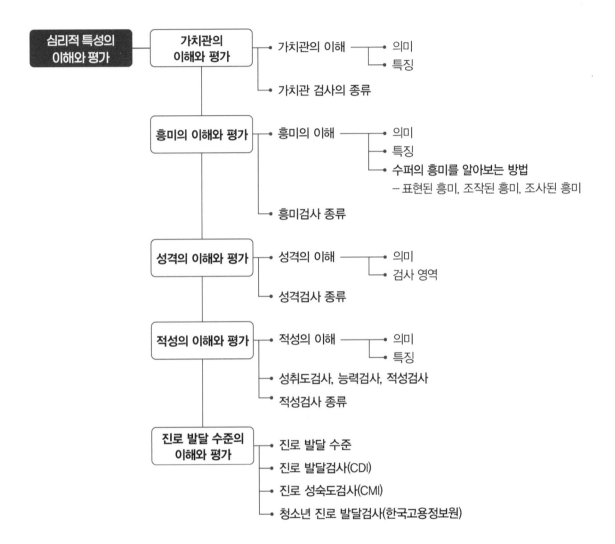

심리적 특성의
이해와 평가 — 가치관의
이해와 평가 ─┬─ 가치관의 이해 ─┬─ 의미
                              │   └─ 특징
                              └─ 가치관 검사의 종류

흥미의 이해와 평가 ─┬─ 흥미의 이해 ─┬─ 의미
                            │   ├─ 특징
                            │   └─ 수퍼의 흥미를 알아보는 방법
                            │   – 표현된 흥미, 조작된 흥미, 조사된 흥미
                            └─ 흥미검사 종류

성격의 이해와 평가 ─┬─ 성격의 이해 ─┬─ 의미
                            │   └─ 검사 영역
                            └─ 성격검사 종류

적성의 이해와 평가 ─┬─ 적성의 이해 ─┬─ 의미
                            │   └─ 특징
                            ├─ 성취도검사, 능력검사, 적성검사
                            └─ 적성검사 종류

진로 발달 수준의
이해와 평가 ─┬─ 진로 발달 수준
                  ├─ 진로 발달검사(CDI)
                  ├─ 진로 성숙도검사(CMI)
                  └─ 청소년 진로 발달검사(한국고용정보원)

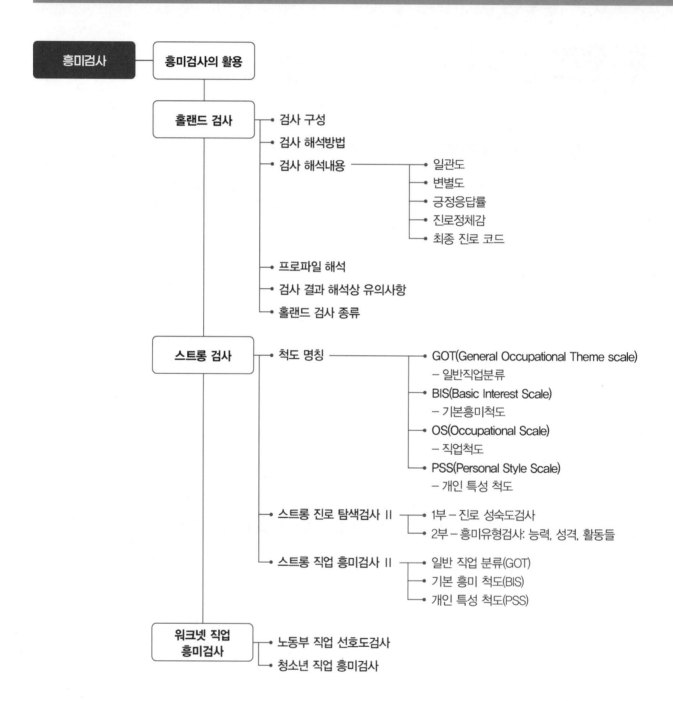

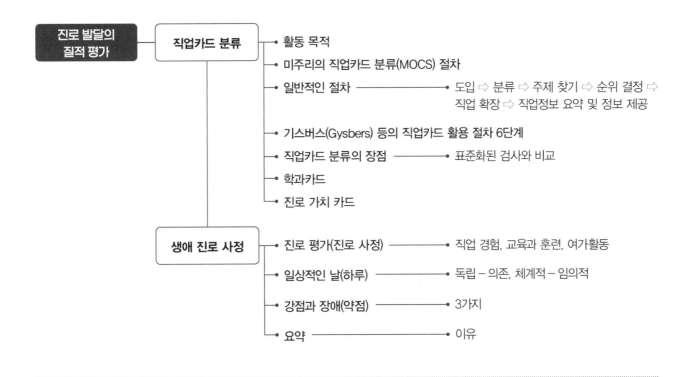

진로 발달의 질적 평가	**직업카드 분류**	• 활동 목적
		• 미주리의 직업카드 분류(MOCS) 절차
		• 일반적인 절차 ────── 도입 ⇨ 분류 ⇨ 주제 찾기 ⇨ 순위 결정 ⇨ 직업 확장 ⇨ 직업정보 요약 및 정보 제공
		• 기스버스(Gysbers) 등의 직업카드 활용 절차 6단계
		• 직업카드 분류의 장점 ────── 표준화된 검사와 비교
		• 학과카드
		• 진로 가치 카드
	생애 진로 사정	• 진로 평가(진로 사정) ────── 직업 경험, 교육과 훈련, 여가활동
		• 일상적인 날(하루) ────── 독립 – 의존, 체계적 – 임의적
		• 강점과 장애(약점) ────── 3가지
		• 요약 ────── 이유

제 **9** 절 **진로정보와 진로교육**

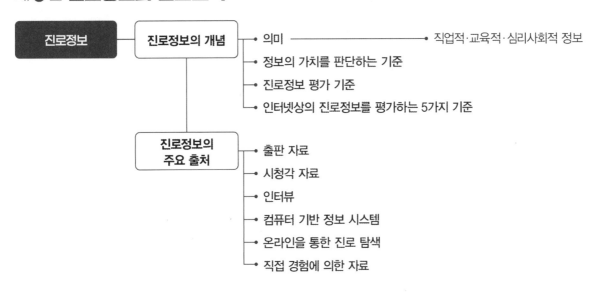

진로정보	**진로정보의 개념**	• 의미 ────── 직업적·교육적·심리사회적 정보
		• 정보의 가치를 판단하는 기준
		• 진로정보 평가 기준
		• 인터넷상의 진로정보를 평가하는 5가지 기준
	진로정보의 주요 출처	• 출판 자료
		• 시청각 자료
		• 인터뷰
		• 컴퓨터 기반 정보 시스템
		• 온라인을 통한 진로 탐색
		• 직접 경험에 의한 자료

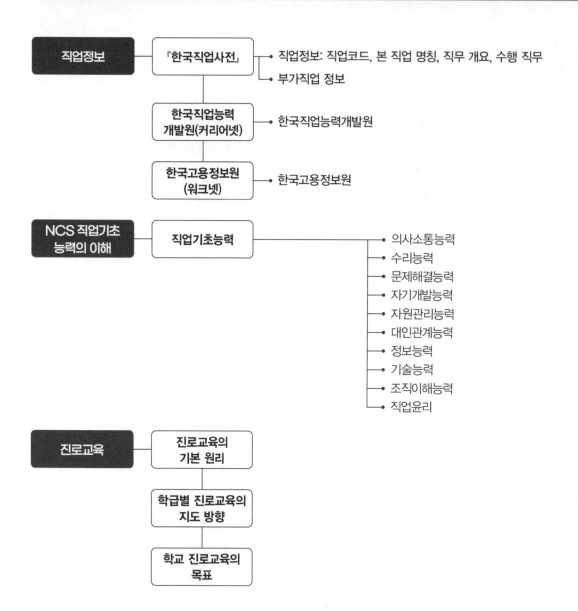

직업정보

- 『한국직업사전』 → 직업정보: 직업코드, 본 직업 명칭, 직무 개요, 수행 직무
  - 부가직업 정보
- 한국직업능력개발원(커리어넷) → 한국직업능력개발원
- 한국고용정보원(워크넷) → 한국고용정보원

NCS 직업기초 능력의 이해

- 직업기초능력
  - 의사소통능력
  - 수리능력
  - 문제해결능력
  - 자기개발능력
  - 자원관리능력
  - 대인관계능력
  - 정보능력
  - 기술능력
  - 조직이해능력
  - 직업윤리

진로교육

- 진로교육의 기본 원리
- 학급별 진로교육의 지도 방향
- 학교 진로교육의 목표

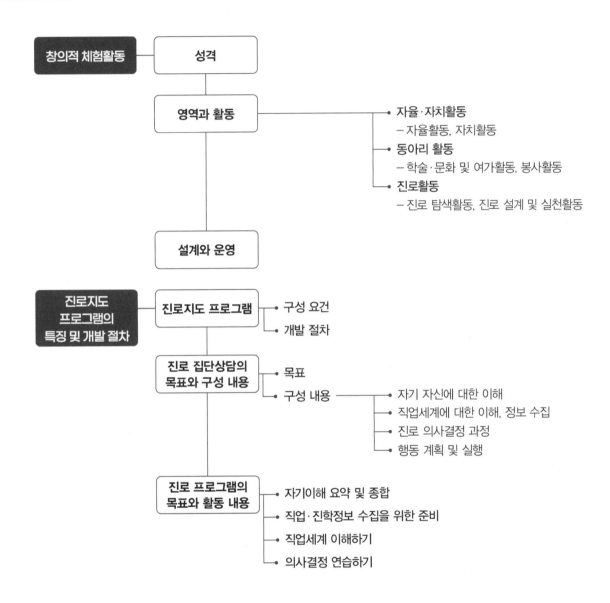

창의적 체험활동 ─ 성격

영역과 활동 ─
- 자율·자치활동
  - 자율활동, 자치활동
- 동아리 활동
  - 학술·문화 및 여가활동, 봉사활동
- 진로활동
  - 진로 탐색활동, 진로 설계 및 실천활동

설계와 운영

진로지도 프로그램의 특징 및 개발 절차 ─ 진로지도 프로그램 ─
- 구성 요건
- 개발 절차

진로 집단상담의 목표와 구성 내용 ─
- 목표
- 구성 내용 ─
  - 자기 자신에 대한 이해
  - 직업세계에 대한 이해, 정보 수집
  - 진로 의사결정 과정
  - 행동 계획 및 실행

진로 프로그램의 목표와 활동 내용 ─
- 자기이해 요약 및 종합
- 직업·진학정보 수집을 위한 준비
- 직업세계 이해하기
- 의사결정 연습하기

제 1 절 진로상담의 이해

직업(vocation), 업무(occupation), 직무(job)는 고용 직책과 활동을 의미하는 것으로 상호 교환적으로 사용되었다. 진로(career)는 직업, 업무, 직무에 포함된 직책이나 활동과 관련이 있으며 개인의 평생에 걸친 일, 직업(work)에 관한 활동을 뜻하기도 한다. 진로상담 (career counseling)은 인생 전반에 걸친 진로 선택과 관련된 모든 상담 활동이다. 진로상담 과정에서 개인 욕구의 모든 측면(가족, 직업, 여가 등)은 진로 의사결정과 계획의 통합적 부분으로 인식된다. 진로지도(career guidance)는 상담과 진로 관련 프로그램을 제공하는 교육시설과 관공서, 기타 조직의 서비스와 활동의 모든 요소를 포함한다.

직업(vocation)	진로(career)

• 협의의 '일'이라는 개념
• 보수를 받는 사회인으로 인정되는 활동
• 구체적 '직업'을 강조함
• **직업교육**
   – 구체적인 직업에 초점을 맞춤
   – 직업교육, 훈련이 많은 비중을 차지함
	• 넓은 의미에서 '모든 활동'을 포함함
	• '일'과 연관된 활동 전반 또는 인생 전체
	• 발달적 측면을 강조함
	• **진로교육**
	   – 진로 발달에 초점을 맞춤
	   – 일반적이며 기초적인 내용의 교육이 많은 비중을 차지함
	• **진로지도**
	   – 진학 및 진로지도에 초점을 맞춤
	   – 지시적·정보 제공적·교육적 측면이 많은 비중을 차지함
	• **진로상담**
	   – 직업 선택, 진로 발달에 초점을 맞춤
	   – 심리적 측면을 다루는 것이 많은 비중을 차지함

01 진로상담의 목표와 필요성

1. 진로상담의 목표

(1) **자신에 대한 올바른 이해 증진**

① 자신에 대한 올바른 이해: 보다 정확한 이해, 객관적인 이해를 의미한다.

② 자신에게 맞는 일과 직업을 선택하기 위해 자신의 가치관, 능력, 성격, 적성, 흥미, 신체적 특성 등을 올바르게 이해해야 한다.

(2) **직업세계에 대한 이해 증진**

① 현대사회에 존재하는 복잡하고 다양한 일과 직업의 종류와 본질에 대한 객관적인 이해가 필요하다.

② 일의 종류, 직업세계의 구조, 직업세계의 특성, 변화하는 직업의 요구 조건과 필요 기술, 고용 기회 및 경향, 피고용자와 고용자 관계 등의 객관적인 이해와 정확한 정보 수집이 요구된다.

(3) 합리적인 의사결정 능력의 증진

① 자신에 대한 정보, 직업세계에 대한 정보 등을 통해 의사결정 기술을 갖추고 합리적으로 결정한다.

② 진로 선택과 결정에 있어 의사결정 결과보다 과정에 초점을 두고 의사결정 기술을 증진하도록 조력하는 것이 진로상담자의 중요한 목표이다.

③ 진로상담자는 현명한 의사결정을 돕기 위해 내담자의 선택과 결정에 필요한 정보를 제공하고, 여러 의사결정 대안이 가진 장단점을 비교하게 하며, 현명한 의사결정을 방해하는 정서적·심리적인 문제의 특성을 확인하고 극복하도록 돕는다.

(4) 정보 탐색 및 활용 능력의 함양

① 정보화 시대를 적응적으로 살아가려면 자신에게 필요한 여러 정보를 신속하게 수집·분석·가공하여 적절하게 활용하는 능력을 갖춰야 한다.

② 정보 제공이 중요한 이유는 내담자가 직업세계를 정확히 안 다음에 선택하도록 돕기 때문이다.

③ 진로상담자는 정보 제공과 더불어 내담자가 스스로 필요한 정보를 탐색하고 활용하도록 안내한다.

(5) 일과 직업에 대한 올바른 가치관 및 태도 형성

① 일이 생애 수단 이상의 의미를 가진다는 점과 일을 갖는 것의 본래 의미를 깨닫고, 올바른 직업관과 직업의식을 가지도록 한다.

② 올바른 직업관과 직업의식 형성

  ㉠ 일 자체를 목적보다 수단으로 여기는 생각에서 벗어난다.

  ㉡ 직업 자체에 대한 편견을 버린다.

  ㉢ 성 역할에 대한 고정관념에서 벗어난다.

2. 진로상담의 필요성

(1) 진로상담에 대한 요구는 심리치료와 상담에 대한 요구보다 더 많이 적용된다.

(2) 진로상담은 치료적일 수 있다. 진로와 개인적 적응 사이의 정적 상관관계가 있는 직업심리학으로 확립되었으며, 진로 적응의 향상은 개인적 적응을 향상시키는 것에 직결된다.

(3) 진로상담은 심리치료와 연계하여 진행한다.

(4) 진로상담이 심리치료보다 더 효과적이고 어렵다.

1. 정신역동 진로상담

(1) 개관
① 정신역동이론에 근거를 두고서 내담자의 욕구와 발달과정을 강조한 이론이다.
② 보딘(Bordin): 진로 선택에서 내담자의 욕구와 발달과정을 강조하였고, 진로 결정과정에서 정신역동적 과정을 적용하여 정선역동적 진로상담을 개념화하였다.
③ 목적: 내담자의 진로 선택을 도와서 개인의 욕구에 적합한 직업 만족을 얻을 수 있도록 성격을 변화시키는 데 있다.
④ 특성 요인 진로상담의 핵심 개념인 사람과 직업의 조화에 토대를 두고 있지만, 선택이 이루어지는 방식과 과정에 대해 동기가 유발된 상태와 외부 세계에 대처하는 방어기제에 대해 설명하고 있다.

(2) 5가지 가정
① 인간 발달은 지속적이며, 유기체의 단순한 심리생리적 발달과정은 성인이 된 후의 복잡한 지적 활동과 깊은 관련을 지닌다.
② 개인이 선호하는 직업은 생후 6년간 만들어지는 욕구에 의해 결정적으로 선택된다.
③ 만족을 추구하는 본능은 유아기의 단순 행동처럼 성인기의 복잡한 행동에서도 나타난다.
④ 넓은 의미에서 보면 일은 유아적인 행동을 사회적으로 수용될 수 있는 행동으로 승화시킨다.
⑤ 모든 직업은 욕구 충족의 일환으로 기술될 수 있다.

(3) 보딘(Bordin)의 진단체계 기출 22

구분	내용
의존성	• 자신의 진로 문제를 해결하기 어렵다고 느껴 과도하게 다른 사람에게 의존하는 것 • 개인이 겪고 있는 문제를 책임지고 해결하지 못해 생애 발달과업을 완성하는 데 어려움을 겪음
정보의 부족	진로 결정을 할 때 진로 의사결정과 관련된 적절한 정보를 얻지 못함으로써 어려움을 겪는 것
자아갈등(내적 갈등)	내담자의 자아개념과 다른 심리적 기능의 갈등으로 인해 진로 결정에 어려움을 겪는 경우
진로 선택에 따르는 불안 (선택에의 불안)	• 내담자가 진로를 선택할 때 불안을 경험하는 경우 • 자신이 바라는 선택이 중요한 타인이 기대하는 선택과 다를 때 불안을 경험함
문제가 없음 (불확신 유형)	자신이 선택한 진로에 대해 확신이 부족한 경우로, 현실적으로 적합한 진로를 선택했지만 선택에 대한 확신이 부족하여 상담을 통해 확인받고자 하는 것

➡ 에드워드(Edwards)의 직업 선호도검사(EPPS)에 의하여 측정되는 욕구: 성취, 복종, 질서, 과시, 자율, 제휴, 자기사색, 원조, 지배, 굴욕, 양육, 변화, 인내, 이성애, 공격 등이 있다.

(4) 상담과정(보딘의 진로상담 과정)

구분	내용
탐색과 계약 체결의 단계	• 상담자는 내담자의 방어적 태도의 의미를 탐색하고 상담과정을 구조화하여 상담계약을 함 • 내담자의 욕구와 정신역동적 상태를 탐색하는 것을 도와주어야 하는데, 이때 내담자에게 충고하기 보다는 허용적이고 온정적 관심을 보이며 앞으로의 상담 전략을 합의함
비판적 결정의 단계	자신의 성격적 한계를 받아들이고 그 성격에 맞게 직업을 선택할지, 아니면 성격을 직업에 맞게 바꾸어서 직업을 선택할지를 결정하는 것
변화를 위한 노력 단계	자신의 성격을 자신이 선택하고자 하는 직업과 관련하여 더 많은 변화가 필요한 부분인 욕구와 흥미 등에서 변화를 모색하고자 노력해야 함

(5) 결과

내담자의 불안, 정서장애를 제거하여 자유의지로 책임 있게 진로를 선택하도록 내담자의 성격구조를 재구성한다.

(6) 상담기법(보딘의 상담기법)

종류	내용
명료화	• 내용이나 형식 때문에 상담의 시작 단계에서 많이 사용되는 기법 • 내담자의 문제와 관련된 생각과 언어 표현에 초점을 두며 새로운 이야기의 시작과 이미 이야기한 것을 요약하는 데 도움을 줌 • 개방형 질문과 제안 및 약간의 설명이 포함됨
비교	내담자의 문제와 역동적 현상들 사이의 유사점이나 차이점들을 구별하도록 2가지 이상의 주제들을 부각시키기 위해 나란히 놓아 개인과 진로 발달의 관계를 설명함
소망-방어체계에 관한 해석	내담자가 내적 동기 상태와 진로 의사결정 사이의 연관성을 자각하도록 하고, 내담자의 욕구와 소망 과 방어체계를 해석해 주는 방법

(7) 검사의 활용 및 해석

① 상담자를 위한 진단적인 정보를 제공한다.
② 내담자가 '검사'라는 실증적인 근거를 토대로 상담을 받게 됨으로써 상담에 더욱 현실적인 기대를 갖게 돕는다.
③ 내담자가 이용할 수 있는 평가 자료를 제공하는 데 도움을 준다.
④ 내담자가 검사를 통해 보다 많은 자기탐색의 기회를 제공받을 수 있도록 한다.

2. 행동주의 진로상담

(1) 개관

① 진로 의사결정에 영향을 미치는 학습과정을 중요시한다.
② 목적: 내담자의 진로 행동을 변화시키는 것이다.
③ 굿스타인(Goodstein): 내담자의 문제 행동을 학습된 부적응 행동이라고 보고, 다양한 방법을 이용하여 내담자의 부적응 행동을 바람직한 새로운 행동으로 대치한다.
④ 진단: 불안이 선택되기 전에 나타난 것인가 또는 선택한 후에 나타난 것인가를 분명하게 하는 것이다.

(2) **우유부단과 무결단성의 진단**

우유부단	무결단성	
경험의 제한 (정보 획득과 적절한 반응을 할 기회 부족)	경험의 유용성 (정보 획득, 학습, 적절한 반응을 할 수 있는 충분한 기회)	

우유부단	무결단성	
부적절하거나 부적응된 행동 (직업 선택을 못하거나 비현실적인 직업을 선택)	불안(선행 원인) (선택하는 것이 불안을 유발하며 부모님이 거절할지도 모르고, 직업 준비를 해야 하는 것 등이 불안의 단서가 됨)	실패 (직업을 선택할 수 없음)

우유부단	무결단성	
실패 (선택 문제를 해결할 수 없음)	학습 기회를 사용하지 못함 (진로 선택의 유용한 정보를 얻을 수 있지만, 이용할 능력이 없거나 불안이 정보의 수용을 방해하거나 정보가 유용하다는 사실을 배울 기회를 방해함)	불안(선행 원인, 후행 결과) (선택한 결과를 해결하지 못하는 무능력과 선택해야만 하는 사회적 압력 사이의 갈등)

우유부단	무결단성
불안(후행 결과) (선택 문제를 해결하지 못하는 무능력과 선택해야 한다는 사회적 압력 사이의 갈등)	부적절하거나 부적응한 행동 (직업 선택을 못하거나 비현실적인 선택을 함)

> **더 알아보기 우유부단과 무결단성 구분**
>
> 선택하지 않은 상태에서 온 내담자가 자신과 직업에 대한 정보가 주어지고 상담이 끝난 후에도 결정하지 못한다면 무결단성으로 볼 수 있다. 우유부단은 정보의 결핍에서 오는 것이고, 무결단성은 심리적 불안이 높아 당면한 진로 문제에서 부적응적인 행동이 원인이 되어 발생하는 것이다.

① **우유부단**

  ㉠ 원인적인 요인은 경험이 제한된 데서 기인하는 자아와 일의 세계에 대한 정보의 결핍이다.

  ㉡ 내담자는 선택을 할 수 없거나 실제적이지 못한 선택을 한다.

  ㉢ 결과적으로 내담자는 진로 발달과업을 숙달하지 못한 것에 불안을 느낀다.

  ㉣ 이 과정에서 불안은 우유부단의 선행 원인이 아닌 후행 결과이다.

② **무결단성**

  ㉠ 진로 선택과 결정에 있어 오래 지속된 불안에서 일어나며, 이는 종종 내담자의 진로 선택에서 위압적이거나 지나친 요구를 하는 부모에게서 비롯된다.

  ㉡ 진로 선택 문제에 무력한 사람은 불안 때문에 진로를 결정하지 못한다.

  ㉢ 이 경우 불안은 선행 원인과 후행 결과 모두로 작용하여 불안감과 부적절한 느낌을 복합적으로 만든다.

(3) **상담과정**

① 상담자는 의사결정과 연관된 불안을 반조건 형성을 통해 제거하고 내담자가 불안의 영향으로부터 자유로워지면 도구적 학습을 통해 진로 선택에 필요한 반응을 획득하도록 한다.

② 단계
  ㉠ 첫 번째 단계: 의사결정과 연관된 불안을 '반조건 형성'을 통해 제거시킨다.
  ㉡ 두 번째 단계: 내담자가 불안의 영향을 제거한 후에 '도구적 학습'이 일어날 수 있는데, 내담자가 필요로 하는 정보를 찾아보거나 진로 선택에서 요구되는 반응을 획득할 수 있는 도구적 학습을 경험한다.
  ㉢ 단순한 우유부단형이라면 두 번째 단계인 도구적 학습 단계로 시작한다.
  ㉣ 내담자가 선행불안을 가지고 있다면 역(반)조건 형성과 도구적 학습의 두 단계 과정을 실시한다.

(4) 상담기법
  ① 결과: 불안의 제거나 감소, 진로 결정 기술의 습득을 기대한다. 즉, 내담자의 불안을 제거하고 부적응 행동을 바람직한 적응 행동으로 대치시키며 진로 결정 기술을 학습하여 현명한 진로 결정을 하도록 돕는다.
  ② 기법: 둔감화, 반조건 형성, 강화, 사회적 모방과 대리학습, 변별학습 등이 있다.

3. 인간중심 진로상담

(1) 개관
  ① 로저스(Rogers)에 의해 시작된 상담으로, 개인을 자아실현 경향성이 있는 존재로 규정하고, 구체적이고 현상학적인 경험세계를 중시한다.
  ② 목적: 직업 역할에 있어서 자아개념을 직업적 자아개념으로 바꾸어 이행하는 데 있으며, 또한 내담자의 경험을 풍부하게 하는 데 있다.
  ③ 직접적인 목적은 내담자의 성장이지만 궁극적인 목적은 자아실현에 있다.

(2) 진단
  ① 문제의 원인은 자아와 경험의 일치가 부족하기 때문이다.
  ② 크리츠(Crites)의 진단: 내담자의 자아 정보(경험), 일의 세계에 대한 정보 부족과 부정·왜곡과 관련지어 내담자의 문제를 진단했다.
  ㉠ 정보 부족: 자아에 대한 정보, 일의 세계에 대한 정보 중 하나 또는 모두가 부족한 경우다.
  ㉡ 정보 부정·왜곡: 자아에 대한 정보, 일의 세계에 대한 정보를 가지고 있지만, 이를 왜곡·부정하는 경우다.

(3) 상담과정(Pastterson)

구분	내용
1단계	내담자가 자기 자신에 대해 이야기를 하기보다는 외부적인 것에 대한 피상적인 대화에 머물고 있음
2단계	대화가 시작되나 자신의 문제가 아닌 외부 사건을 언급하며 과거 경험에 대해서만 이야기함
3단계	내담자는 대화의 내용은 덜 신경쓰게 됨으로써 감정적으로 이완되지만 깊이 있는 감정은 개방되지 않음
4단계	깊이 있고 강렬한 감정이 다루어지고 있으나 상담자의 도움 없이 자기의 감정을 표현하는 데 어려움이 있음
5단계	내담자는 지금-여기에서 느끼는 감정을 표현하기 시작하고 자신의 경험을 노출시키며 스스로의 문제를 책임감 가지고 해결하려 함
6단계	객관적 대상으로 자기를 보던 시각이 없어지고 경험과 자각 사이의 모순이 사라짐. 또한 감정이 민감해지며 자신의 문제를 주관적으로 대처함
7단계	• 내담자는 자기경험을 주관적·반성적(reflective)으로 인식함 • 잘 조화된 감정과 더불어 내면적 의사소통을 할 수 있게 되고, 효율적이고 새로운 존재 방식을 자발적으로 선택함

(4) 상담기법

① **결과:** 자아실현으로 자아와 일의 세계에 초점을 맞추면서 자아개념이 직업적 자아개념으로 전환되도록 조력한다.

② **기법보다는 상담자의 태도 3가지를 강조한다.**

ㄱ **일치성:** 상담자는 진실하고 개방적인 존재여야 하며 내담자의 인간적인 측면과 문제를 동시에 보고, 내담자와 자신의 감정을 인식하고 수용한다.

ㄴ **공감적 이해:** 상담자는 내담자의 주관적·현상학적 세계를 내담자 입장에서 그대로 인식하며, 내담자의 세계를 '마치 자신의 것처럼' 인식한다.

ㄷ **무조건적 수용:** 상담자는 내담자를 무조건적으로 수용하고, 내담자의 갈등과 부조화를 비평가적·온정적으로 수용하며, 내담자를 한 명의 인간으로 있는 그대로 받아들인다.

③ 내담자가 자신을 더 많이 노출할 수 있도록 유도하는 반응을 보여준다.

④ 이러한 반응은 진로 선택과 관련된 내담자의 불안을 줄이고 문제의 책임이 자신에게 있음을 수용할 수 있도록 돕는다.

(5) 검사 해석

① 검사는 내담자에 대한 객관적 이해를 위함이 아니라, 내담자가 자신의 자아를 명료화할 수 있도록 돕기 위해 사용한다.

② **검사가 유용하게 사용되기 위한 유의점**

ㄱ 검사는 내담자의 필요와 요청에 의해 실시된다.

ㄴ 내담자는 검사 선택에 참여하고 상담자는 내담자가 알아보고 싶어 하는 내용을 협의를 통해 결정한다. 이후 상담자는 이러한 내용과 관련된 검사와 내담자가 도움을 받을 수 있는 정보에 대해 설명한다.

ㄷ 검사 결과를 최대한 객관적인 관점에서 내담자에게 알려주고, 인간중심적 상담의 기본 취지에 맞게 비지시적이고 강제성 없이 내담자의 물음에 답한다.

(6) 직업정보

① 내담자가 정보를 검토할 준비를 갖추기 전까지는 직업정보를 자진하여 제공하지 않는다.

② 평가적인 방법으로 사용해서는 안 된다.

③ 내담자가 원자료, 즉 출판사와 고용주 외 직업과 관련된 사람들로부터 정보를 얻도록 격려한다.

④ 직업과 일에 대한 내담자의 태도와 감정은 자유롭게 표현되어야 하며 치료적으로 이루어져야 한다.

⑤ 내담자의 일의 세계에 대한 지각은 특이하므로, 상담자의 역할은 이러한 직업정보를 평가하지 않고 내담자가 그 직업정보를 탐색·명료화하도록 돕는 것이다.

4. 발달적 진로상담

(1) 개관

① 진로 발달의 측면을 중시한 이론으로 개인의 진로 발달이 전 생애에 걸쳐 이루어지는 과정이라고 보았다.

② **대표 학자:** 수퍼(Super), 긴즈버그(Ginzberg), 타이드만(Tiedeman) 등이 있다.

③ 수퍼는 직업 선택 과정이 아동기부터 은퇴에 이르기까지의 연속적 과정으로, 개인 삶의 전 과정을 포괄하는 개념이라고 본다.

(2) **진단(평가)**

① 수퍼는 진단 대신 평가(appraisal)라는 말을 사용한다. 이유는 평가의 개념이 진단보다 포괄적·긍정적이기 때문이다.

② 평가의 분류

구분	내용
문제평가	내담자가 경험한 곤란과 진로상담에 대한 기대가 평가됨
개인평가	• **내담자 개인에 대한 평가**: 심리검사, 임상적 방법, 사례연구 등으로 내담자의 흥미, 적성 등을 평가함 　– 내담자의 심리적 측면은 인구통계학적·심리측정적이고 사회적인 각종 통계자료에 의해 수집됨 　– 임상사례에 대한 분석이 이루어짐 　– 직업적인 자산과 부채가 평가되고 규준적인 용어로 표현됨
예언평가	직업적·개인적 평가를 바탕으로 내담자가 성공하고 만족할 수 있는 것에 대한 예언이 이루어짐

(3) **상담과정**

① 진로 성숙도를 측정하고, 이에 따라 상담 전략을 수립한다.

　㉠ 진로 성숙도가 낮은 내담자: 직업 준비를 진행한다.

　㉡ 진로 성숙도가 높은 내담자: 정보 수집과 내면화를 조력한다.

② 진로 성숙도 검사(CMI) 실시: 진로 성숙 태도와 능력을 측정한다.

③ 수퍼의 상담과정 6단계

단계	내용
1단계	비지시적 방법으로 내담자가 문제 탐색과 자아개념을 추구하도록 도움
2단계	내담자가 심층적 탐색을 할 수 있는 주제를 선정하도록 지시적인 방법으로 진로 탐색의 문제를 설정함
3단계	비지시적 방법으로 내담자의 느낌을 명료화하여 자신을 수용하고 통찰하게 함
4단계	내담자가 현실 검증을 잘할 수 있도록 사실적 자료를 탐색하게 하는 지시적 상담방법을 사용함 예 검사, 직업정보, 과외활동 경험, 학교성적 등
5단계	현실 검증에서 보인 태도와 감정을 탐색하고 직면하도록 비지시적 방법을 적용함
6단계	의사결정을 돕고자 가능한 대안과 행동을 고찰하는 비지시적 상담을 실시함

(4) **상담기법**

① **결과**: 내담자의 진로 발달을 돕는 것이다. 즉, 일의 세계에 대한 인식을 증진하고 직업목표를 설정·실행하며 진로 발달과제를 완수하게 한다.

② **지시·비지시 상담기법**: 재진술, 반응, 명료화, 요약, 해석, 직면 등을 사용한다.

③ **진로 자서전**: 내담자가 과거에 어떻게 의사결정을 하는지를 알아보기 위해 학과 선택, 고등학교 졸업 후의 직업 훈련, 시간제 일을 통한 경험, 고등학교에서 배운 지식과 기술, 중요한 타인들에 대해 내담자 스스로 기술하게 한다.

④ **의사결정 일기 쓰기**: 내담자가 현재 어떻게 의사결정을 하는지를 알아보기 위해 내담자의 일상적인 의사결정, 즉 일상생활에서 그가 무엇을 하고 무엇을 먹고 입을 것인가 등과 같이 세세한 부분의 결정을 어떤 방식으로 내리고 있는지 써 보게 한다.

(5) **검사 해석**

① **집중검사:** 특성 요인 진로상담처럼 진로 선택의 어느 한 시점에서 내담자의 특성을 평가한다.

② **정밀검사:** 진로상담의 전 과정에서 내담자의 진로 발달과정과 유형을 평가한다.

➡ 정밀검사는 진로 선택과 적응, 진로 발달에 효율적으로 조력한다.

(6) **직업정보**

① 내담자에게 조건을 충족하는 직업정보를 제공하기 위해 상담자는 직업심리학과 직무분석에 정통해야 한다.

② 발달적 접근법에서 필요로 하는 직업정보는 다음 조건을 갖추어야 한다.

> • 낮은 수준, 중간 수준, 높은 수준의 직업과, 그 직업들의 직업 특성은 무엇인가?
> • 중간 내지 정상 수준은 어느 정도의 수준을 의미하는가?
> • 낮은 수준의 직업에서 높은 수준의 직업으로 옮겨가는 데 필요한 지식, 기능은 어떤 것들이 있는가?
> • 직장에 쉽게 취업하는 사람의 성격 특성, 적성, 가치관은 어떠한가?
> • 부모의 사회경제적 지위, 직업 수준과 내담자 개인의 장래 직업 생활은 어떤 관계가 있는가?

5. 포괄적 진로상담

(1) **개관 및 진단**

① 일반 상담이론들과 진로 상담이론들이 갖는 장점들을 서로 절충하고 단점들을 보완하여 일관성 있는 체계로 통합시키기 위해 크리츠(Crites)에 의해 제시된 상담이론이다.

② **진단:** 여러 접근들에서 제시되고 있는 진단체계들을 모두 고려한다.

㉠ 변별진단을 통해 내담자의 문제에 대한 분류를 실시한다.

㉡ 내담자가 진로 문제를 일으킨 원인과 그 행동으로 인해 발생된 결과들을 확인하기 위해 정신역동적 진단을 실시한다.

㉢ 이러한 진단을 통해 내담자의 문제와 그 원인이 무엇인지에 대한 배경지식을 얻을 수 있다. 이후에 진로의식 성숙검사와 같은 도구를 이용하여 내담자의 진로 태도와 능력이 내담자의 진로 문제와 어떻게 관련되어 있는 지를 결정한다.

(2) **과정**

단계	내용
진단	내담자의 진로 문제를 진단하기 위해 내담자의 태도와 능력, 의사결정 유형과 흥미, 가치관 등 내담자에 대한 다양한 검사자료와 상담을 통한 자료를 수집함
명료화 및 해석	내담자와 상담자는 협력적인 상호작용을 통해 의사결정 과정을 방해하는 태도와 행동을 명확히 밝히고, 함께 대안을 모색함
문제 해결	내담자의 적극적인 참여 속에서 문제 해결을 위해 앞으로 어떤 행동을 취해야 할지를 결정함

(3) 상담기법

단계	기법	내용
초기 단계	진단과 탐색	상담자는 발달적 접근법과 인간중심 접근법을 활용하여 재진술, 반영을 통해 문제의 본질과 원인에 대한 토론을 촉진함
중기 단계	정신분석 접근법 활용	내담자 문제의 원인이 되는 요인을 명확하게 밝혀서 제거하고, 촉진되는 요인은 찾아 격려함
종결 단계	특성 요인 및 행동주의 접근법 활용	• 문제를 검토하고 강화기법을 활용함 • 능동적이고 지시적인 태도로 내담자의 문제 해결에 개입함

(4) 검사 해석

① 검사는 직업에서의 성공을 예측하는 수단이기보다는 진단과 상담과정의 결과를 통합하여 내담자의 잠재력을 활성화시키기 위한 방법으로 이용한다.

② 진로성숙도 검사, 진로적성검사, 진로흥미검사 등의 검사를 통해 변별진단을 실시하여 내담자의 진로 문제를 가려낸다.

③ 검사를 통해 얻은 자료들은 포괄적이고 역동적으로 해석되어야 하며, 반드시 내담자와의 상호작용을 통해 보완되어야 한다.

④ 진로 선택과 의사결정에서 나타나는 내담자의 문제가 결정적 진단을 통해 체계적으로 분석된다.

⑤ 상담자는 내담자와 함께 검사 결과를 검토할 때 신뢰감을 주고, 내담자의 진로 문제에 장애가 되는 요인을 해석하며 내담자와의 의사소통을 극대화하여 문제 해결을 위해 공동작업을 한다. 단, 검사를 해석할 때에는 전문용어의 사용을 지양하고 내담자의 지적 수준에 맞는 언어의 형태로 진술해야 한다.

1. 진로지도 운동 탄생
   - 산업주의와 개혁정신
   - 인간 능력에 대한 연구: 골턴(Galton), 분트(Wundt), 비네(Binet), 홀(Hall), 커텔(Cattell), 드웰(Dewel)이 대표 학자이다.
   - 초기 진로지도 프로그램: 메릴(Merrill), 데이비드(David)의 진로지도 프로그램이 있다.
   - 파슨스(Parsons)의 진로 선택 공식 3가지
     - 자신의 적성, 능력, 흥미, 자산, 한계, 기타 특성에 대한 명확한 이해
     - 각기 다른 직업의 장점, 단점, 기회, 전망, 성공 조건, 요구되는 지식 등에 관한 이해
     - 위의 두 가지 사실에 대한 분석 결과를 토대로 한 합리적인 추론의 실시
   - 직업지도에 관한 최초의 전국회의: 보스턴, 국가직업지도연합회, 전국진로발달협회를 창설했다.
   - 산업심리학: 직업 선택과 근로자의 수입에 관한 연구를 진행했다.
   - 측정 운동
     - 분트: 최초의 심리학 실험실로, 어떤 자극에 대한 반응시간을 평가하는 실험을 수행했다.
     - 크레펠린(Kraepelin)과 에빙하우스(Ebbinghaus): 분트의 연구에 영향을 받아 측정 장치를 개발했다.
     - 커텔: 개인차에 흥미를 가졌으며, '정신검사(mental test)'라는 용어를 처음 사용했다.
     - 비네-시몬(Binet-Simon): 1905년에 지능검사를 최초로 개발했다.
       ➡ 1916년에 터먼(Terman)이 스탠포드-비네(stanford-binet) 검사를 발표했다.
     - 여키스(Yerkes): 1차 세계대전 당시 집단용 지능검사를 개발했다.
       ➡ Army Alpha Test(언어), Army Beta Test(비언어)
     - 헐(Hull): 1928년에 적성검사를 개발했다.
       ➡ 직업지도에 적성검사 총집(battery)을 사용하고, 인간의 특성과 직무 요건을 일치시킨다는 개념이 강조된다.
     - 스트롱(Strong): 흥미검사를 제작했다.
       ➡ 평가 결과를 직업과 연결시켜주는 가장 중요한 도구를 제공했다.

2. 진로지도 성장
   - 윌리엄슨(Williamson)의 지시적 상담: 분석 – 종합 – 진단 – 예측 – 상담 – 추수지도
   - 로저스(Rogers)의 비지시적 상담
     - 인간의 특성과 직무 요건을 짝짓는다는 비교적 단순한 개념을 수정하고, 상담과정에 정서적 행동과 동기적 행동 개념을 포함했다.
     - 내담자의 자기수용과 자기이해가 일차적 목표이다.
     - 상담과정에서 내담자와 상담자의 상호작용과 내담자의 언어에 더 많은 관심을 두어야 한다.
   - 제2차 세계대전
     - 군대 일반 분류 검사(AGCT): 1940년에 제작된 것으로, 군이 사용한 기본적인 일반 능력 검사이다.
     - 상담 프로그램: 신병을 군대의 다양한 분야에 배치할 때, 평가 결과로 측정된 개인의 잠재력을 극대화하도록 설계되었다.
     - 제대 상담 프로그램: 제대한 군인이 일상생활로 되돌아갈 수 있도록 미래의 교육·직업 계획에 대한 제안을 포함하는 다양한 선택권을 도입했다.
   - 제2차 세계대전 이후의 검사 운동
     - 응용 심리학의 성장: 검사 원리와 실제 과정을 개발했다.
     - ETS(Educational Testing Service): 전문화된 검사 프로그램의 연합이 이루어졌다.
   - 진로 발달이론
     - 긴즈버그(Ginzberg), 로(Roe), 수퍼(Super): 진로 발달 및 직업 선택이론을 발표하고, 진로지도의 실제에 사용할 프로그램 방법 및 보급에 관심을 갖도록 유도했다.
     - 홀랜드(Holland), 타이드만(Tiedeman), 겔랏(Gelatt), 크롬볼츠(Krumboltz), 보딘(Bordin): 진로 발달 및 선택이론을 제시했다.

03 파슨스의 특성 요인 진로이론과 진로상담

1. 이론 개요

(1) 개관

① 특성 요인 진로이론은 개인적 흥미나 능력이 바로 직업의 특성과 일치하기 때문에 직업을 선택한다고 본다.

② 개인차 심리학, 응용심리학에 근거를 두고 있으며 과학적 측정을 중요시한다.

③ 특성과 요인

ㄱ 특성: 검사를 통해 측정할 수 있는 개인의 특성으로, 적성, 흥미, 가치 등이 있다.

ㄴ 요인: 성공적인 직업 수행을 위해 필요한 특징으로 책임, 성실성, 직업 성취도 등이 있다.

④ 개인의 특성을 심리검사로 평가하며, 이러한 측정 도구로 얻는 정보의 예언타당도가 낮다는 문제를 가진다.

➡ 특정 직업에서의 성공을 예언하는 것이 부정확하다.

(2) **파슨스(Parsons)**: 진로 선택을 개인분석, 직업분석, 과학적 조언의 매칭이라고 보았다.

① **자신에 대한 이해**: 자신의 적성, 능력, 흥미, 가치관, 성격, 포부 자원의 한계 등을 아는 것이다.

② **직업세계에 대한 이해**: 직업의 요구·성공 조건, 장단점, 보수, 성공 기회, 전망 등의 지식을 얻는 것이다.

③ **자신과 직업의 합리적 매칭**: 합리적 추론을 통해서 내담자의 특성과 직업적 특성을 연결한다. 이러한 개인의 특성과 직업이 요구하는 조건 사이의 조화 정도에 따라 개인의 직업 적응도가 결정된다.

(3) **3가지 가정(Crites, 1969)**

① 개인은 각자 독특한 특성이 있으므로 각기 자신에게 맞는 특수한 직업 유형에 잘 적응할 수 있다.

② 여러 가지 다른 직업에 종사하는 근로자들은 각기 다른 심리학적 특성이 있다.

③ 개인의 특성과 직업에서 요구하는 것들 사이의 조화 정도에 따라 개인의 직업 적응도가 결정된다.

(4) **클라인(Klein)과 바이너(Weiner)의 기본 가정(1977, 2003)**

① 사람은 믿을 수 있고(신뢰도), 타당하게(타당도) 측정될 수 있는 독특한 특성을 지닌다.

② 다양한 특성을 지닌 종사자가 주어진 직무를 성공적으로 수행하는 경향이 있지만, 각 직업은 종사자들이 직업적 성공을 위해 필요한 매우 구체적인 특성을 지닐 것을 요구한다.

③ 직업 선택은 직접적인 인지과정이며, 따라서 개인의 특성과 직업의 특성은 연결이 가능하다.

④ 개인의 특성과 직업의 요구사항이 서로 밀접하게 관련될수록 직업적 성공의 가능성이 커진다.

⑤ 개인의 특성은 개인이 작동하는 환경 시스템(예 지리적·지역적·문화적 유산, 가족 배경과 영향, 사회경제적 계층, 직장과 학교 환경 등)에 얼마나 잘 맞는지의 관점에서 파악할 수 있다.

2. 진단

(1) 윌리암슨(Williamson)의 변별진단

① 변별진단의 4가지 범주

구분	내용
진로 무선택	공식적 교육, 훈련을 마친 후에 어떤 직업을 갖고 싶은지를 물으면, 내담자는 자신의 선택 의사를 표현할 수 없고 자신이 무엇을 원하는지도 모른다고 대답함 ➡ 진로를 고려하지 않은 상태로, 무엇을 원하는지 어떤 직업에 관심이 있는지 말하지 못함
불확실한 선택	내담자는 직업을 선택하고 이를 직업 명칭으로 표현할 수 있지만, 자신의 결정에 의심을 가짐 ➡ 확신이 낮아 진로 결정에 대한 불안감이 높음
현명하지 못한 선택	• 한편으로는 내담자의 능력과 흥미 간의 불일치, 다른 한편으로는 내담자의 능력과 직업의 요구 조건 간의 불일치로 정의되며, 이 범주는 이러한 변인의 가능한 모든 결합을 포함함 • 내담자가 충분한 적성을 가지고 있지 않은 직업 결정을 의미함 ➡ 특성과 요인의 연결이 비합리적이거나 직업의 새로운 요구에 부합하지 못하는 경우
흥미와 적성 간의 모순	• 내담자의 적성이 그 직업에서 요구하는 수준보다 낮은 경우 • 내담자가 능력 이하의 직업에 관심이 있는 경우 • 흥미와 능력은 같은 수준이지만 직업 분야는 다른 경우

② 변별진단의 문제점

- ⊙ 진단이 대체로 불확실하여 채점자 간의 신뢰도가 낮다.
- ⊙ 진단체계의 범주가 종속적·상호 의존적이므로 내담자가 하나 이상의 범주에 분류될 수 있다.
- ⊙ 직업 문제를 진단하는 대부분의 체계가 철저하지 못하고, 다른 요소들도 이 체계에 대한 불신을 더한다.

(2) 크리츠(Crites)의 진단체계(적성 – 흥미 – 선택 사이의 일치 원리)

구분		적성	흥미	선택
적응성	적응된	일치	일치	선택
	부적응된	불일치	불일치	선택
우유부단	가능성이 많은	일치	일치	많은 선택
	우유부단한	일치 또는 불일치	일치 또는 불일치	선택하지 않음
비현실성	비현실적인	요구된 적성 > 측정된 적성	일치 또는 무관심	높은 수준 선택
	수행 불가능한	측정된 적성 > 요구된 적성	일치 또는 무관심	낮은 수준 선택
	강요된	일치	불일치	강요된 선택

① 적응성의 문제

- ⊙ 적응된(adjusted) 사람: 자신의 흥미 분야와 적절한 적성 수준의 직업을 선택하며, 여러 흥미 분야를 가진 경우에도 직업 선택에서 가장 적합한 하나의 유형과 일치시킨다.
- ⊙ 부적응된(maladjusted) 사람: 직업 선택이 그의 흥미 분야나 적성 수준과 일치하지 않으므로, 의사결정 과정과 관련된 변인들 간에도 불일치를 보인다.

② 우유부단의 문제
　　㉠ 가능성이 많은(multipotential) 사람: 선택을 여러 번 하기도 하지만 그것이 흥미 분야, 적성 수준과 일치하고, 흥미 유형이 다양하더라도 직업 선택 시 자신의 흥미 분야 중 하나와 일치하는 직업을 선택한다.
　　㉡ 우유부단한(undecided) 사람: 선택을 못하는 사람으로, 여러 흥미 유형을 가지고 있거나 적성 수준이 높거나 낮거나 보통이지만, 이 변인 수준과 관계없이 미래의 직업에 대한 확신이 없는 경우이다.
③ 비현실성의 문제
　　㉠ 비현실적인(unrealistic) 사람: 자신의 흥미 분야와 일치하는 직업이든 아니든, 자신의 적성 수준보다 높은 적성을 요구하는 직업을 선택한다.
　　㉡ 수행 불가능한(성취하지 못한, unfulfilled) 사람: 자신의 흥미 분야와 일치하지만, 자신의 적성 수준보다 낮은 적성을 요구하는 직업을 선택한다.
　　㉢ 강요된(forced) 사람: 적절한 적성 수준이지만 자신의 흥미 분야와는 일치하지 않는 직업을 선택하는 경우로, 적응이나 우유부단의 문제로 보일 수도 있으나 선택이 이루어진다는 점에서 다르게 구분된다. 내담자의 선택이 비현실적이 되는 이유는 적절하지 못한 흥미 영역에서 선택하기 때문이다.

3. 상담과정

(1) 윌리엄슨의 상담과정

단계		내용
상담자 주도	분석	내담자에 관한 각종 자료부터 태도, 흥미, 가족배경, 지적 능력, 교육적 능력, 적성 등에 관한 세부적인 자료를 수집함
	종합	내담자의 특성이나 개별성을 탐색하기 위하여 사례연구나 검사목록의 방법에 따라 자료를 수집하고 요약함
	진단	내담자의 진로 문제와 특성을 분류하고, 학문·직업적인 특성과 비교하여 진로 문제의 원인을 탐색하고 진단함
	예측(처방)	가능한 대안과 조정 가능성을 탐색하고 예측함
내담자 참여	상담 및 치료	미래 또는 현재의 바람직한 적응을 위해 무엇을 해야 할지를 내담자와 함께 상의함
	추수지도	새로운 문제가 발생했을 때 내담자가 바람직한 행동계획을 수행할 수 있도록 계속적으로 도움

참고　**윌리엄슨의 상담과정**

앞의 네 단계는 상담자가 일방적으로 주도하고, 나머지 두 단계는 내담자가 능동적으로 참여한다. 그러므로 상담과정의 대부분이 내담자에 대한 자료를 수집하고 분석·평가하는 상담자의 전문성을 요구한다고 볼 수 있다.

(2) 특성 요인에 입각한 상담과정

① 초기 면담 단계: 가장 중요한 것은 작업동맹(촉진적 관계) 형성으로, 상담자는 내담자의 이야기를 경청하면서 개인의 사회문화적 배경과 교육 수준을 통해 내담자를 알아가고 그에게 필요한 검사가 무엇인지 탐색한다.
② 검사 실시 단계: 주로 검사를 실시하고 내담자를 이해하기 위한 면담을 병행하며, 내담자는 상세하고 종합적인 정신측정학적·인구통계학적 자료와 축적된 사례에서 추론한 자료를 기초로 한 상담자의 진단을 받는다. 이 단계에서 상담자는 능동적 역할을 하고 내담자는 수동적 역할을 하며, 상담자는 대부분의 시간을 적성검사나 흥미검사 등을 실시하고 검사 결과를 해석하는 데 사용한다.

③ **직업정보 제공 단계**: 상담자는 내담자의 특성과 요인에 알맞은 직업을 직접 알려주거나 직업전망서, 팸플릿, 직업 안내 관련 소책자 등의 관련 정보 책자를 제시하기도 한다.

(3) 문제 유형별 개입방법

문제 유형	내용
진로 무선택	• 직접적 충고 • **질문에 의한 자유연상기법 사용**: 객관적 자료를 제시하고 "기술자가 되는 것은 어떨까요?" 등의 질문으로 직업 역할에 관하여 반응 유도
불확실한 선택	• 이미 선택한 것을 취소하고 다른 대안 제시
현명하지 못한 선택	• 의사결정 능력 배양 • 흥미검사, 직업정보 제공
흥미와 적성 간의 모순	• **흥미나 낮으나 적성이 높은 경우**: 적성이 높은 직업군을 탐색, 흥미 있는 분야는 취미생활을 통해 능력 있는 수준에 도달할 때 직업 전환 유도 • **흥미는 높으나 적성이 낮은 경우**: 직업 적응 노력을 더 하도록 권유, 적성이 높은 직업군으로 직업 전환 검토 • **흥미와 적성은 같은 수준이지만 직업 분야가 전혀 다른 경우**: 흥미와 적성이 일치하는 직업 분야 선택 조력

(4) 결과

① 검사를 통해 개인의 특성을 밝히고 이를 각 단계의 직업적 특성과 연결한다.
② 객관적이고 과학적인 자기이해를 통해 합리적이고 현실적인 의사결정을 한다.

4. 상담기법

(1) 윌리엄슨의 상담기법

구분	내용
촉진적 관계 형성	내담자가 신뢰할 수 있는 분위기와 촉진적인 관계를 형성함
자기이해 신장	• 상담자는 내담자가 자신의 장점, 특성에 대해 개방된 평가를 하도록 도움 • 이러한 장점, 특성이 내담자의 진로 문제 해결에 어떻게 관련되는지 통찰력을 갖도록 격려함 • 유능한 상담자는 내담자가 자신의 장점을 성공과 만족을 가져오는 방법으로 이용하도록 함
행동 계획 권고나 설계 (실제적인 행동의 계획이나 설계)	• 상담자는 내담자가 이해하는 관점에서 상담이나 조언을 함 • 내담자가 표현한 학문·직업적 선택이나 내담자의 감정, 태도 등을 언어로 명료화함 • 실제적인 행동을 계획하고 설계하도록 조력함
계획의 수행	행동의 계획이 세워지면 계획을 실행에 옮겨 내담자가 직접 진로 선택을 해볼 수 있게 조력함
위임(의뢰)	한 상담자가 모든 종류의 내담자를 상담할 수 없으며, 필요한 경우 상담자는 다른 적절한 상담자를 소개하거나 내담자가 직접 다른 상담자를 찾아볼 것을 권고함

(2) 윌리엄슨의 검사 해석방식

① 내담자가 직접 충고, 설득, 설명의 3가지 방법을 활용하여 검사 결과를 진로 결정에 유용하게 사용할 수 있게 되면 상담자는 상담의 초점을 의사결정 과정에 맞춘다.

② 3가지 방법

구분	내용
직접 충고	• 내담자가 할 수 있는 가장 만족할 만한 선택, 행동, 계획에 관해 상담자 자신의 의견을 솔직히 표명함 • 이 기법은 내담자가 가진 문제의 성격과 성격 특성을 고려하여 특정 상황에서만 사용해야 함 – 내담자가 집요하게 상담자의 솔직한 견해를 요구할 때 – 내담자가 심각한 좌절, 실패를 가져올 행동이나 진로 선택을 고집할 때
설득	• 내담자가 여러 대안을 명쾌하게 생각할 수 있도록 합리적이고 논리적인 방법으로 자료를 정리함 • 상담자는 내담자의 선택에 직접 관여하지 않지만 내담자가 비합리적인 선택을 하지 않게 설득함
설명	• 진단·검사자료와 내담자에 대한 다른 자료를 해석하여 내담자가 그 의미를 이해하고 가능한 진로 선택을 하게 하며, 선택한 결과에 대한 이해를 돕고자 해석하거나 설명함

(3) 브레이필드(Brayfield)의 직업정보의 기능 [기출 22]

① **정보 제공 기능**: 내담자가 직업 선택에 확신을 가질 수 있도록 지식을 증가시키는 것으로, 상담자가 내담자에게 직업 관련 정보를 제공하는 목적은 다음과 같다.

ㄱ 이미 선택한 바를 확인하게 한다.

ㄴ 두 방법이 똑같이 매력적이며 합당할 때 망설임을 해결한다.

ㄷ 다른 측면에서의 실질적인 선택에 대한 내담자의 지식을 증가시킨다.

② **재조정 기능**: 내담자가 자신의 직업 선택이 적절한지 검토하고 변경하게 하는 기능으로, 내담자가 현실에 비추어 부적당한 선택을 점검할 기초를 마련해준다. 활용방안은 다음과 같다.

ㄱ 상담자는 내담자가 이미 선택한 직업에 대해 질문한다.

ㄴ 상담자의 질문으로 내담자가 자신의 관점이 객관적 사실과 어긋남을 알게 되었을 때, 상담자는 내담자의 환상적 생각을 불식시키기 위해 정확한 정보를 제공한다.

ㄷ 이러한 관점에서 상담자는 언제나 면담의 방향이 건전한 직업 선택의 기초가 되는 현실적 토대를 생각하는 시간이 되도록 이끌어야 한다.

③ **동기화 기능**: 동기를 자극하여 내담자를 의사결정 과정에 적극적으로 참여하게 한다.

ㄱ 의존적인 내담자가 스스로 결정한 선택에 보다 큰 책임감을 가질 때까지 내담자와 접촉하기 위한 것이다.

ㄴ 내담자의 현재 활동이 장기적인 진로 목표와 무관할 때 선택에 대한 동기를 지속하게 한다.

(4) 베이어(Bear)와 로버(Rober)의 직업정보의 기능

① **탐색(exploration)**: 일의 세계에 대한 탐색을 할 수 있게 한다.

② **확신(assurance)**: 내담자의 진로 선택이 적합하다는 것을 확신시켜 준다.

③ **평가(evaluation)**: 직업군과 직업에 대한 자신의 지식과 이해가 적절하였는지를 알려 준다.

④ **놀람(startle)**: 특정 직업을 선택한 후, 그 직업을 수용할 것인지에 대해 결정을 내릴 수 있게 해 준다.

5. 특성 요인 진로이론의 평가

(1) 공헌점

① 진로 선택 시 개인의 특성을 고려한다.

② 특성 요인 진로이론에서 강조한 표준화된 검사도구와 직업세계의 분석과정은 진로상담에 매우 유용하다.

(2) 한계점

① 객관적인 절차, 특히 심리검사를 통해 개인의 특성을 높은 타당도와 신뢰도로 측정한다고 가정하는데, 검사로 밝혀진 결과가 어떤 직업에서의 성공 여부를 정확하게 예언하지 못한다는 예언타당도의 문제가 제기된다.

② 직업 선택을 일회적인 행위로 간주하여 장기간에 걸친 인간의 직업적 발달을 도외시한다. 또한 개인이 가진 모든 특성 간 역동성이나 개인이 어떤 요인을 우선적으로 고려하느냐에 따라 직업 선택이 달라질 수 있다는 사실을 간과한다.

③ 개인의 특성과 직업 간 관계를 기술하지만 개인의 특성이 어떻게 발달하는지, 개인이 왜 그러한 특성을 가지게 되었는지에 대한 설명이 부족하다.

④ 개념이 간결하여 많은 상담자가 활용하지만 이론 자체는 효율적인 진로상담을 위한 지침을 제공하지 못한다.

04 홀랜드(Holland)의 성격이론

1. 이론 개요

(1) 기본 가정

① 홀랜드 연구는 유형론에 초점을 두고 있다. 그는 직업의 선택을 각 개인의 성격 표현으로 보고, 성격 유형과 진로 선택의 관계를 강조하였다.

② 4가지 기본 가정

　㉠ 대부분의 사람은 6가지 유형인 '현실적(R; Realistic), 탐구적(I; Investigative), 예술적(A; Artistic), 사회적(S; Social), 설득적(E; Enterprising), 관습적(C; Conventional)' 유형 중 하나의 범주에 해당된다.

　㉡ 환경에도 '현실적, 탐구적, 예술적, 사회적, 설득적, 관습적'인 6가지 종류가 있으며, 대부분 각 환경에는 그 성격 유형에 일치하는 사람들이 있다.

　㉢ 사람들은 자신의 능력과 기술을 발휘하고, 태도와 가치를 표현하고 자신에 맞는 역할을 수행할 수 있는 환경을 찾는다.

　㉣ 개인의 행동은 성격과 환경의 상호작용에 의해 결정된다.

(2) 6가지 성격 유형

① 홀랜드는 원래 사람이 6가지 유형 중 하나에 속하는 것으로 특징지을 수 있다고 생각하였다.

② 이론을 수정할 때, 6가지 유형 중 하나가 사람을 우세하게 지배하지만 하위 유형 또는 패턴이 있다고 제안하였다.

③ 하위 유형은 개인에게서 발견되는 3가지 우세한 유형, 즉 '3개 코드'를 기초로 전개된다.

　　㉑ SAE라고 부르는 하위 유형은 순서대로 사회적·예술적·설득적 특성을 가진 사람을 말하며, 일명 '3개 코드'라고 불린다.

④ 유형별 집단의 구성원들은 어떤 종류의 활동들은 선호하고 다른 활동들은 회피하는 경향이 있다.

2. 6가지 성격 유형과 육각형 모형

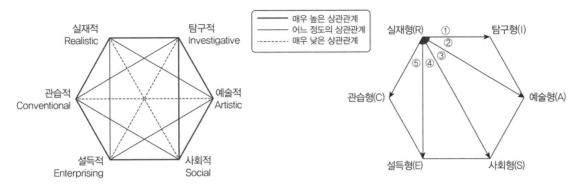

[그림 8-1] 홀랜드 이론의 6가지 유형

> **참고** **홀랜드 이론의 기본 원리**
>
> • 직업 선택은 성격의 표현이다.
> • 흥미검사는 곧 성격검사이다.
> • 직업 전형은 신뢰롭고 중요한 심리사회적 의미를 내포한다.
> • 동일한 직업의 사람은 비슷하게 성장했을 것이며 성격도 유사할 것이다.
> • 동일한 직업의 사람은 유사한 성격을 가지므로, 유사한 방법으로 어떤 상황에 반응하고 문제를 해결하며 특징적인 환경을 조성할 것이다.
> • 직업 만족, 직업적 안정, 직업적 성취는 개인의 성격과 그들이 일하는 환경의 조화에 따라 결정된다.

(1) 실재형(현실형)

① 성격 특성

    ㉠ 명확하고 체계적이며 질서정연한 일을 선호하여 구조화된 작업을 잘하는 편이고, 사물을 잘 다루며 신체활동을 즐긴다.

    ㉡ 자신의 기존 가치와 신념체계에 위배되지 않는 선에서 사고하고 행동하는 경향이 있다.

    ㉢ 남성적이고 솔직하고 성실하며 말수가 적은 편이다.

② 직업 환경

    ㉠ 대표적인 직업 분야는 기계 분야로, 실행·사물을 지향하는 특성을 가진다.

    ㉡ 기계나 도구의 조작, 신체활동 등이 주로 이루어지고, 현실적이고 신중한 성격이 요구된다.

    ㉢ **직업**: 전기기사, 소방관, 중장비 기사, 목수, 군인, 운전기사, 운동선수 등이 실재형 직업에 해당한다.

③ 상담 전략

    ㉠ 전통적인 구두식 상담이 아닌 서류, 차트, 다른 보조자료를 사용하는 의사결정과 계획 수립을 선호한다.

    ㉡ 직업에 대한 검증을 중시하므로 상담 시간과 회기가 다소 길어질 수 있다.

    ㉢ 지식에 대한 요구가 적은 편이므로 학문적인 통찰을 요구하지 않는다.

(2) **탐구형**

① 성격 특성

㉠ 자연·사회적 현상을 비판적·분석적으로 관찰하고, 체계적·창조적으로 탐구하는 것을 좋아한다.

㉡ 내성적이고 독립적이며 지적 호기심이 많고 객관적인 정보 수집과 학문적인 문제 해결과정을 선호한다.

② 직업 환경

㉠ 대표적인 직업 분야는 연구개발 분야로, 사고·아이디어를 지향하는 특성을 가진다.

㉡ 자연·사회현상의 탐구, 이해, 예측, 통제 등이 주로 이루어지며 분석적이고 지적인 성격이 요구된다.

㉢ **직업**: 언어학자, 심리학자 등의 사회과학 분야의 학자, 물리학자나 생물학자 등의 자연과학 분야의 학자, 시장조사나 경영 관련 분석가 등의 직업이 탐구형 직업에 해당한다.

③ 상담 전략

㉠ 방법론적·문제 해결적·분석적 접근을 선호한다.

㉡ 가족, 성취, 직업, 사회적 경험의 분석을 통해 진로 탐색을 촉진한다.

㉢ 도서, 컴퓨터, 토론 등을 활용하여 진로정보를 수집한다.

㉣ 의사결정 시 모험심을 조장하고 해결방안을 탐색하도록 격려하면 효과적이다.

㉤ 의사결정 시간이 오래 걸린다.

(3) **예술형**

① 성격 특성

㉠ 창의적이며 심미적인 활동을 선호한다.

㉡ 사물을 인지하는 방식이 획일적이지 않으며, 상상력이 풍부하고 독창적이다.

㉢ 직업적 성격 유형 중 가장 개방적인 사고체계를 소유하며, 예술적 직감에 의존하여 문제를 해결하는 편이다.

② 직업 환경

㉠ 대표적인 직업 분야는 예술 분야로, 창조·아이디어를 지향하는 특성을 가진다.

㉡ 음악, 미술, 문학과 같은 예술적 활동이 요구된다.

㉢ **직업**: 음악가, 화가, 디자이너, 소설가, 시인, 영화·연극배우 등의 직업이 예술형 직업에 해당한다.

③ 상담 전략

㉠ 자연스럽고 비구조적인 접근을 선호한다.

㉡ 진로정보 수집에 있어 창의적인 정보 수집을 독려한다.

㉢ 의사결정은 회기 끝에 내리도록 한다.

(4) **사회형**

① 성격 특성

㉠ 사람들과 어울리기를 좋아하고, 타인의 문제를 듣거나 공감하고 도와주고 치료해주는 것을 선호한다.

㉡ 일반적으로 이타적·감정적이고 배려심이 깊다고 여겨진다.

② 직업 환경

㉠ 대표적인 직업 분야는 교육·상담 분야로, 자선·사람을 지향하는 특성을 가진다.

㉡ 상담, 교육, 봉사활동이 요구되며 대인관계 능력이 중요하다.

㉢ **직업**: 사회사업가, 상담가, 간호사, 교사, 성직자 등의 직업이 사회형 직업에 해당한다.

③ 상담 전략
  ㉠ 대인관계적 접근을 선호한다.
  ㉡ 진로정보 수집에 있어 관심 분야의 종사자와 이야기하는 것이 효과적이다.
  ㉢ 상담자의 지지가 필요하다.

(5) 설득형(진취형/기업형)

① 성격 특성
  ㉠ 성취지향적으로, 조직의 목표를 이루거나 경제적 이익을 얻는 활동을 선호한다.
  ㉡ 지배적이고, 통솔력과 지도력이 있으며, 말을 잘하고 외향적·낙관적·열성적 성격을 가지고 있다.
  ㉢ 인접 유형인 사회형이 타인을 이해하고 돕는 데 자신의 사회성을 발휘한다면, 설득형은 자신이 속한 조직이나 자신의 계획에 따른 특정한 목표를 이루기 위해 사회성을 발휘하는 경향을 가진다.

② 직업 환경
  ㉠ 대표적인 직업 분야는 경영 분야로, 관리·과제를 지향하는 특성을 가진다.
  ㉡ 사교, 설득, 지시, 지도활동이 요구되며 경제적 성취, 사회적 지위 획득을 위한 경험 활용과 영업 능력이 강조된다.
  ㉢ 직업: 기업 대표, 고위 관리자, 변호사, 영업사원 등의 직업이 기업형 직업에 해당한다.

③ 상담 전략
  ㉠ 단기간 상담이 효과적이다.
  ㉡ 책보다는 관심 분야의 종사자와 만나거나 직접 일을 경험하는 것이 도움이 된다.
  ㉢ 의사결정, 계획 수립 시 실제적인 조언이 필요하다.
  ㉣ 바람직한 행동의 유지를 위해 추수상담이 요구된다.

(6) 관습형(사무형)

① 성격 특성
  ㉠ 정확하고 조심성 있으며 책임감이 강하고, 체계적이고 관습적이므로 기존의 체계에 적응·순응하여 규칙을 잘 따른다.
  ㉡ 분명하고 구조화된 일을 하는 것을 좋아하므로 서류를 작성·기록하는 등의 사무적인 일에 능한 편이다.

② 직업 환경
  ㉠ 대표적인 직업 분야는 사무·회계 분야로, 동조·자료를 지향하는 특성을 가진다.
  ㉡ 규칙을 만들거나 따르는 활동이 요구되며 현실적이고 성실한 성격과 사무처리 능력이 강조된다.
  ㉢ 직업: 회계사, 경리사무원, 의무기록사, 비서, 은행원 등의 직업이 관습형 직업에 해당한다.

③ 상담 전략
  ㉠ 구조적 접근을 선호한다.
  ㉡ 30~40분 정도의 3~4회기 상담이 적합하다.
  ㉢ 자기발견을 위해 단기간 내에 목표에 도달하도록 하는 것이 효과적이다.

3. 부가적 가정 5가지 _{기출 15, 16, 21, 23}

구분	높은 일관성	낮은 일관성	높은 변별성	낮은 변별성
모형				

(1) 일관성(consistency)

① 개인의 성격 유형들 또는 환경 유형들 사이의 관련 정도를 의미하는 것으로, 육각형 모형상의 두 유형 사이의 근접성에 따라 설명된다.

② 높은 일관성 수준은 긍정적인 특징이며 경력·진로 결정의 방향 측면에서 안정성을 가진다.

(2) 변별성(differentiation)

① 사람이나 환경이 얼마나 잘 구별되는지를 의미하는 것으로, 어떤 사람이나 환경이 다른 것들보다 더 명확하게 변별되는 정도를 의미한다.

② 직업적 흥미 특성이 얼마나 뚜렷하게 나타나는가를 보여주는데, 변별성이 높은 사람은 일에서 경쟁력과 만족도가 높고 사회적·교육적 행동에 적절히 개입할 것으로 여겨진다.

(3) 일치성(congruence)

① 개인과 직업 환경 간의 적합성(일치하는) 정도로, 사람의 직업적 흥미가 직업 환경과 얼마나 적합한지를 의미한다.

② 환경은 그 환경에 맞는 흥미 유형을 가진 사람에게 더 많은 기회와 보상을 주므로, 서로 다른 흥미 유형을 가진 사람들은 각기 다른 환경을 필요로 한다.

(4) 정체성(identity)

① 개인의 정체성과 환경에 대한 정체성이 얼마나 분명하고 안정되어 있는가를 의미한다.

② 개인적 정체성은 분명하고 안정된 인생의 목표, 흥미, 재능을 가짐으로써 얻어지고, 환경적 정체성은 환경이나 조직으로부터 분명하고 통합된 목표, 일, 보상이 일관되게 주어질 때 생긴다.

    ㉠ 개인적 측면

        ⓐ 개인의 목표, 흥미, 재능에 대한 명확하고 견고한 청사진을 마련한다.

        ⓑ 분명하고 안정된 인생의 목표, 흥미, 재능을 가짐으로써 얻을 수 있다.

    ㉡ 환경적 측면

        ⓐ 조직의 투명성, 안정성, 목표, 일, 보상의 통합을 이룬다.

        ⓑ 환경이나 조직으로부터 분명하고 통합된 목표, 일, 보상이 일관되게 주어질 때 발생한다.

(5) 계측성(calculus)

① 육각형 구조 내에서 유형 사이의 이론적 관계는 이들 사이의 거리에 반비례한다는 개념이다.

② 즉, 서로 관련성이 높은 2가지 코드는 거리가 가깝고, 관련성이 먼 2가지 코드는 거리가 있는데, 이를 다르게 표현하면 육각형 모형에서 각 유형 간의 거리는 이론적 관계에 반비례한다고 설명할 수 있다.

③ 계측성을 통해 육각형은 개인 흥미에 대한 일관성의 정도를 나타내는 모형으로 활용될 수 있다.

4. 상담목표와 상담과정

(1) 상담목표: 성격 유형에 대한 명확한 인식과 수용에서 시작하여, 현재의 진로 고민의 원인을 유형상의 불일치에서 찾아내고, 결과적으로 개인의 성격 유형과 일치되는 환경 특성을 찾아나가도록 돕는다.

① 내담자의 직업적 성격 유형을 통해 내담자와 일의 상호작용을 확인한다.

② 변별성, 일관성, 일치성의 개념을 활용하여 의사결정 과정의 어려움을 예측한다.

③ 내담자의 유형에 대한 이해를 바탕으로 여러 진로 대안과 개인의 특성을 비교·검토하면서 적합한 진로 대안을 탐색해나간다.

④ 학과·직업 선택 시 '홀랜드 학과/직업 코드표'를 이용하여 내담자의 유형과 일치하거나 유사한 유형의 학과·직업을 탐색한다.

(2) 상담과정

① **정체성을 바탕으로 현재 호소 문제 파악하기**: 내담자의 현재 성격 유형은 어떻고 이 유형이 어린 시절부터 일관되게 유지된 것인지, 계속 다양한 이유로 변해왔는지, 변했다면 어떤 이유로 변했는지 파악하는 것이 그의 진로 고민을 깊이 이해하는 단서가 된다.

② **개인 – 개인, 개인 – 환경, 환경 – 환경 간의 일치성 고려**: 자신의 생활 유형과 유사한 직업 환경에서 생활하는지, 성격 유형에 있어 부모 등의 유의미 타자와의 일치도는 어떠한지, 전공 분야가 직업 분야와 유사한지 등을 확인하면서 내담자의 진로 고민을 설명할 필요가 있다.

③ **내담자의 개인 내적인 유형 간 변별성과 일관성 고려**

  ㉠ 6가지 성격 유형에 대한 개인의 선호도가 분명한지, 즉 개인의 성격 유형에 대한 변별이 분명한지를 확인하고, 분명하거나 분명하지 않다면 왜 그렇게 되었는지에 대해 내담자의 성장배경, 흥미 변천, 관심사 등을 면밀히 분석하여 적절한 가설을 세울 필요가 있다.

  ㉡ 개인 내적인 유형 간의 일관성이 있는지를 살펴보아야 하는데, 낮은 일관도를 보이는 두 유형에 대한 선호가 비슷하게 높은 경우 왜 유사하지 않은 2가지 유형에 대한 선호가 동시에 높게 나타나는지, 이러한 높은 선호가 현재 내담자의 진로 고민에 어떤 영향을 미치는지에 대해 설명한다.

5. 평가

(1) 공헌점

① 매우 유용한 검사도구를 개발했다.
　　예 VPI(Vocational Preference Inventory), SDS(Self-Directed Search), VEIK(Vocational Exploration and Insight Kit), MVS(My Vocational Situation) 등
② 직업 사전을 홀랜드 직업코드 사전으로 번안했다.
③ 성격 유형과 직업 환경의 대응적인 구인(constructs)과 분류를 이용하여 직업을 심리적인 특징에서 기술했다.
④ 복잡한 직업세계를 단순화하고 해석하는 데 매우 유용한 방식이다.

(2) 한계점

① 성격만 강조하고 개인적·환경적 요인을 도외시한다.
② 성적 편견으로 인해 개인의 직업적 성격을 측정하는 검사도구에서 실재적·탐구적 유형에 여성적인 직업을 배제하고 사회적·관습적 유형에 여성적인 직업을 많이 나열하여 여성이 제한된 직업 선택을 하도록 유도할 가능성이 있다.
③ 발달과정에 대한 설명이 결여되어 있다.
④ 사람들이 자신의 환경이나 자기 자신을 변화시킬 가능성이 있음에도 이 점을 고려하지 않았다.

05 다위스(Dawis)와 로프퀴스트(Lofquist)의 직업 적응이론

1. 이론 개요

(1) 개관

① **직업 적응**: 개인이 직업 환경과의 일치를 달성하고 유지하기 위해 추구하는 지속적·역동적인 과정이다.
② 직업 적응이론에서는 '직업에서 요구하는 개인의 능력'과 '개인의 욕구와 일이 제공하는 보상과 관련된 직업가치'라는 두 가지 차원에서 개인과 환경의 일치를 설명하고 있으며, '개인-환경 일치이론' 혹은 '개인-환경 조화이론'으로도 불린다.
③ 개인과 환경은 보완적으로 상호작용한다. 환경은 개인에 대해 '그 일을 할 수 있는 개인의 능력'이라는 필요조건을 요구하고, 개인은 환경에 대해 '개인의 욕구를 충족시켜 줄 수 있는 환경'이라는 필요조건을 요구한다.

(2) 기본 요인

① **개인의 만족도**: 개인이 자신의 직업 환경에 얼마나 만족하는가를 나타낸다.
　　㉠ 개인의 욕구가 그 업무를 통해서 얼마나 충족되는가를 의미한다.
　　㉡ 개인은 가치와 욕구가 있고 직업은 강화 또는 보상체계를 가지고 있어서, 환경과 개인이 일치를 이룬다면 개인은 만족한다.
② **조직의 만족도**: 직업 환경이 개인에게 얼마나 만족하는가를 나타낸다.
　　㉠ 개인의 능력과 기술이 얼마나 그 업무에 부합하는지, 조직이 그 사람을 필요로 하는지, 즉 개인을 그 일에 고용한 것에 대해 고용주가 얼마나 만족하는지를 의미한다.
　　㉡ 조직은 일에 필요한 능력을 자격 요건을 갖춘 사람에게 만족하게 된다.

2. (개인)성격이론

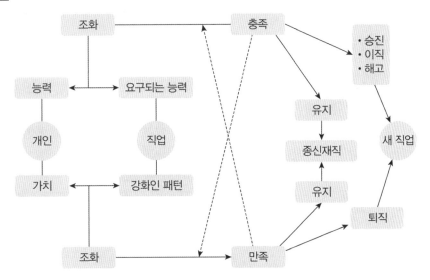

[그림 8-2] 만족, 충족과 직업 적응의 관계

(1) 성격 구조(persomality structure)

① 개인이 추구하는 가치와 개인이 가지고 있는 능력의 목록을 통해 파악할 수 있다.

② 가치: 개인 욕구가 기저가 되는 일반적인 차원이다.

    ㉠ 가치는 오래 지속되며 광범위하고 강력하다.

    ㉡ 가치의 종류

        ⓐ 성취, 편안함, 지위, 이타심, 안전, 자율성이 있다.

        ⓑ 미네소타 중요도검사(MIQ)에 반영되어 있다.

③ 능력: 개인이 습득하고 향상시켜 온 것으로 기술을 통해 드러난다. 여기서 능력은 특정 기술의 기저가 되는 것으로 일반적인 차원을 가리킨다.

④ 욕구와 가치의 관계는 기술과 능력의 관계와 같으므로, 가치가 욕구를 통해 드러난다면 능력은 기술을 통해 드러나게 된다.

⑤ 가치와 능력은 개인이 성장하면서 노출되는 환경에서 주어지는 강화에 의해 점차 안정화되어 간다.

(2) 성격 양식(persomality style) 기출 15

① 가치와 능력으로 표현되는 성격 구조가 작동되는 방식을 의미한다.

② 차원: 민첩성, 속도, 리듬, 지속성의 4가지 차원으로 구분된다.

    ➡ 자세한 설명은 'p.293 3. 직업 환경이론 – ⑵ 직업 환경 양식' 참조

(3) 평가

① 능력 평가: 일반 적성검사(GATB)로 평가된다.

② 개인의 욕구와 가치: 미네소타 중요도검사(MIQ)로 평가된다.

3. 직업 환경이론

(1) 직업 환경 구조

① 해당 직업에서 재직자에게 줄 수 있는 강화가 무엇인가, 그리고 해당 직업에서 요구하는 능력은 무엇인가로 파악할 수 있다.

  ㉠ 직업에서 요구하는 능력(요구 능력): 주어진 직업이 어떤 능력을 가진 개인을 필요로 하는지를 뜻한다.

  ㉡ 강화인 패턴: 주어진 직업 환경이 개인의 어떤 욕구를 충족시켜줄 수 있는지를 나타낸다.

② 직업에서 줄 수 있는 강화 목록은 미네소타 직업기술질문지(MJDQ)에 기초한 20가지의 직업적 욕구 목록과 MIQ(미네소타 중요도 검사)의 진술문에 반영된 강화물로 설명할 수 있다.

③ 가치, 직업적 욕구, 일과 관련된 강화물 목록(MIQ와 MJDQ) 기출 19, 22

가치	욕구(강화인)	MIQ의 진술문에 반영된 일과 관련된 강화물
성취	능력의 활용	자기가 인식한 기술과 재능 발휘
	성취감	성취에 대한 자부심이 생기는 일
편안함 (안락함)	활동성	상대적으로 일정하고 지속적인 수준의 에너지 투자를 요구하는 직업
	독립성	개인이 독립적으로(혼자) 일할 수 있는 근무 환경
	다양성	가능한 한 활동범위가 넓은 것
	보상	일의 양과 질에 기초한 보상을 제공하며 유사한 업무를 수행하는 경우, 다른 사람과 비교할 수 있는 작업
	안정성	고용의 지속성과 보상을 약속할 수 있는 근무 환경
	근무 환경(근무 조건)	좋은 물리적 조건을 특징으로 하는 업무 환경
지위	승진(발전 가능성)	업무와 관련된 우수성/탁월성에 대한 공정한 평가 기회가 제공되며 발전이 가능한 환경
	인정	칭찬할 만한 개인의 성과에 대한 (적절한) 보상이 주어지는 근무 환경
	권위(지휘권)	업무 수행방법을 결정하고 동료들에 대해 그러한 결정을 부과하는 것을 포함하는 힘
	사회적 지위(권한)	근로자에 대한 존중과 사회적 지위를 가져오는 업무
이타주의 (이타심)	동료(친밀감)	직원들이 친절한 대인관계 제스처와 관계에 관심이 있으며, 이에 반응하는 근무환경
	도덕적 가치	근로자가 자신이 잘못된 것이라고 정의한 행동에 참여하지 않으려는 것과 (조직의 의견이) 충돌하지 않는 업무
	사회봉사	다른 사람의 복지 증진을 위한 것으로 인식되는 업무
안전감 (안정)	회사 정책과 관행	명확하게 설명되는 작업 환경과 안정적으로 전달 및 실행되는 가이드라인
	감독(수퍼비전) – 인간관계	상사가 부하 직원과 상사 간의 상호 존중과 격려 분위기를 조성·유지하는 근무 환경
	감독(수퍼비전)-기술	유능하고 효과적인 지도감독이 특징적인 근무 환경
자율성 (자주성)	창의성	근로자에 의해 독립적으로 고안되고 수행되는 혁신을 인정(순응)하는 작업
	책임감	자율성과 책임의 발휘를 촉진하는 작업

ⓘ **성취**: 능력을 발휘하고 성취감을 얻는 일을 하려는 욕구이다. 하위 개념은 능력의 활용(능력 발휘 가능한 일), 성취감(성취감을 줄 수 있는 일)이 있다.

ⓛ **편안함(안락함)**: 직무 스트레스가 적고 평안한 근무 상태를 바라는 욕구이다. 하위 개념은 활동성, 독립성, 다양성, 보상, 안정성, 근무 환경(근무 조건)이 있다.

ⓒ **지위**: 자신의 일에 대한 사회적 명성, 즉 타인에 대한 평가나 타인의 자각 정도를 말한다. 하위 개념은 승진 (발전 가능성), 인정, 권위(지휘권), 사회적 지위(권한) 등이 있다.

ⓔ **이타주의(이타심)**: 타인을 돕고 타인과 함께 일을 도모하고자 하는 가치를 말한다. 하위 개념은 동료(친밀 감), 사회봉사, 도덕적 가치가 있다.

ⓜ **안전감(안정)**: 안전하지 못한 상태(환경)를 거부하고, 안전하고 예측 가능한 상태(환경)에서 일하고 싶은 욕 구이다. 하위 개념은 공정성(조직의 공정한 대우), 업무 지원, 직무교육이 있다.

ⓑ **자율성(자주성)**: 자유롭게 일하고자 하는 욕구다. 하위 개념은 자율성(의사선택권, 창의성, 의사실행권), 재 량권(의사결정권) 등이 있다.

(2) **직업 환경 양식**: 직업 환경이 반응하는 데 관련되는 민첩성, 속도, 리듬, 지속성의 차원으로 기술된다.

➡ 성격 양식과 동일하다.

구분	내용
민첩성 (celerity)	종업원이 작업 행동을 얼마나 빨리 시작하는지의 속도
속도 (pace)	과제 작업에 쏟는 에너지의 수준으로 빠르게 움직이는 것과 작업 활동에 계속 개입하는 것
리듬 (rhythm)	작업에 투여한 노력의 특징적인 패턴 ⊙ 꾸준하고 규칙적인지, 불규칙적인지
지속성 (endurance)	습관적으로 작업과제 또는 환경과의 상호작용에 투여하는 시간의 양

(3) **평가**

① **미네소타 직업기술질문지(MJDQ)**: 사람들이 직업에서 충족하기를 원하는 욕구를 제시한 검사로, MJDQ를 통해 각 직업의 특성이 평가되면 이를 바탕으로 각 직업의 강화인 패턴(ORP)이 만들어진다.

② **직업강화인 패턴(ORP)**: 각 직업에 미네소타 중요도검사(MIQ)에서 평가된 개인의 욕구를 얼마나 충족시켜줄 수 있는지를 프로파일로 표시한 것이다.

③ **직업적성 패턴(OAP)**: 특정 직업이 개인에게 요구하는 능력도 비슷한 과정을 통해 만들어진다. 같은 직업군의 사람들에게 일반 적성검사를 실시한 후, 검사 점수와 슈퍼바이저의 수행능력 평가를 함께 고려하여 생산성과 상관이 높은 3~4가지 능력을 추출한다.

④ **미네소타 직업분류체계(MOCS Ⅲ)**: 직업 적성(직업에서 요구되는 능력)은 지각, 인지, 동작의 3가지 영역으로 나누어 각각 '높은 수준, 평균, 중요하지 않은 수준'으로 구분하고, 직업강화인은 '내적 강화, 사회적 강화, 환경 적 강화'의 3가지 영역에서 3가지 수준으로 구분한다.

4. 직업 적응이론

(1) 의미

① 성격이론과 직업 환경이론을 기초로 개인과 직업 환경의 상호 적응과정을 기술한 이론이다.

② 개인이 환경과 조화를 이루려고 하고, 이를 유지하려는 기본적인 동기를 가지고 있다고 여긴다. 직업은 개인이 조화를 이루려고 하는 가장 주된 환경이 된다.

③ 조화: 개인과 환경이 서로 원하는 것을 충족시켜줄 때 조화롭다고 할 수 있는데, 개인은 환경이 원하는 기술을 가지고 있고 직업 환경은 개인의 욕구를 충족시켜줄 강화인을 가지고 있을 때 조화로운 상태가 된다.

(2) 만족과 충족 기출 15

① 만족(satisfaction)

㉠ 조화의 내적 지표로, 직업 환경이 개인의 욕구를 얼마나 채워주고 있는지에 대한 개인의 평가이다.

㉡ 개인의 욕구에 대한 직업의 강화가 적절히 이루어질 때 만족이 높아진다.

② 충족(satisfactoriness)

㉠ 조화의 외적 지표로, 직업에서 요구하는 과제와 이를 수행할 수 있는 개인의 능력과 관련된 개념이다.

㉡ 직업 환경이 요구하는 과업을 수행할 기술(능력)을 개인이 가지고 있을 때 직업의 요구가 충족된다.

(3) 적응 양식

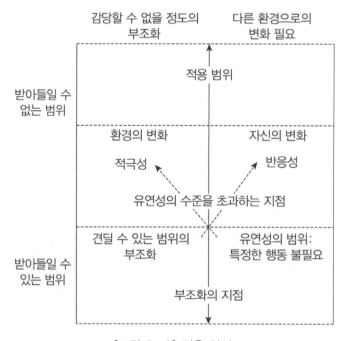

[그림 8-3] 적응 양식

① 적응 양식(적응 유형): 개인이 직업 환경을 어떻게 대하는지를 나타낸다. 개인과 환경의 조화를 이루기 위한 행동으로, 개인이 비슷한 직업 성격을 가지더라도 적응 양식에 따라 적응과정이 달라질 수 있다.

② 종류

구분	내용
유연성 (flexibility)	• 개인−환경 간의 부조화가 있을 때, 대처 반응을 하기 전에 부조화를 견딜 수 있는 정도 • 유연성이 낮을수록 부조화를 견디지 못하고 대처 반응을 하게 됨
적극성 (activeness)	개인−환경 간의 부조화 정도가 유연성의 범위를 넘어설 때, 환경을 변화시킴으로써 대처하는 방식
반응성 (reactiveness)	개인−환경 간의 부조화 정도가 유연성의 범위를 넘어설 때, 자신의 직업성격을 변화시킴으로써 대처하는 방식
인내 (perseverance)	• 환경과의 부조화가 있을 때 환경을 떠나지 않고 부조화를 견뎌내는 것 • 환경과 조화를 이루기 위해 대처 전략을 이용하여 노력하는 기간과 관련됨

더 알아보기 개인의 대처 방식

• 개인의 대처 방식은 크게 적극적 대처 방식, 반응적 대처 방식, 불일치를 견디는 방식(tolerant)으로 구분된다.
  − 적극적 대처 방식: 직업 환경을 변화시킴으로써 대처하는 방식이다.
  − 반응적 대처 방식: 자신을 변화시켜서 환경의 요구에 적응하는 방식이다.
  − 불일치를 견디는 대처 방식: 불일치의 범위가 작을 때 불일치를 조정하려 노력하는 대신 그 차이를 견디는 것이다.
• 인내심이 많을수록 대처 방식을 사용하여 노력하면서 불일치를 좀 더 오래 견딜 수 있다.

---

③ 받아들일 수 있는 범위의 부조화의 정도: 유연성의 범위로 대처 행동 없이 환경에 적응한다.

④ 받아들일 수 없는 범위의 부조화의 정도: 적응 행동으로 대처하게 되며, 적극적 행동이나 반응적 행동을 통해 부조화를 줄이려는 노력을 하게 된다.

⑤ 인내: 부조화를 줄이려는 노력을 얼마나 오래 지속하는지와 관련된다.

⑥ 노력의 결과로 부조화의 정도가 받아들일 수 있는 범위로 줄어들면 개인−환경 간의 적응이 이루어진다.

⑦ 부조화의 정도가 적응 범위를 넘어서면 개인은 이직을 고려하게 된다.

(4) 평가

① 개인의 가치와 직업 환경의 강화인 간의 조화: 미네소타 중요도질문지(MIQ)와 직업강화인 패턴(ORP)의 조화를 정도를 통해 측정된다.

② 직업의 요구와 개인의 능력과의 조화: 직업적성 패턴(OAP)과 개인의 능력 프로파일의 조화를 통해 평가한다.

③ 만족과 충족을 포함하는 직업 적응: 미네소타 만족질문지(MSQ)와 미네소타 충족질문지(MSS)를 통해 평가한다.

5. 상담과정

(1) 내담자의 불일치 평가

① 내담자의 실제 능력과 직업에서 요구되는 능력의 불일치: 내담자의 능력이 요구 능력보다 높거나 낮을 수 있다.

② 내담자가 지각하는 자신의 능력에 대한 주관적인 평가와 환경에서 요구되는 능력의 불일치: 내담자는 자신의 능력을 실제보다 높거나 낮다고 지각할 수도 있고, 환경에서 요구하는 자격 조건을 실제보다 더 어렵거나 덜 어렵다고 지각할 수도 있다.

③ 능력과 자격 조건은 일치하지만 내담자가 적절한 수행을 보이지 않는 경우: 다른 일반적인 환경에서의 불일치를 수반한다.

④ 능력과 자격 조건은 일치하지만 욕구-보상의 불일치 결과로 수행이 부적절한 경우: 이 상황에서는 내담자의 부적절한 직무 수행이 능력 부족 때문이 아니라 욕구가 충족되지 못하여 일어나는 결과이다.

⑤ 내담자의 욕구와 보상이 일치하지 않는 경우: 보상이 욕구보다 높거나 낮아, 내담자의 욕구가 직업 환경에서 충족되지 않는 상황이다.

⑥ 평가 도구로 밝혀진 욕구는 실제로 개인에게 중요한 욕구라기보다 대리학습에 의해 형성된 것일 수 있다.

⑦ 내담자가 직장을 만족스러워하고 직장도 내담자에게 만족하고 있다면, 내담자가 다른 영역의 문제도 잘 대처하고 있는지 확인해봐야 한다.

(2) 상담목표

① 직업 환경에 적응하도록 돕는다.

② 직업 환경을 변화시키도록 한다.

➡ 상담은 직업 환경에 변화될 가능성이 있는지 혹은 내담자가 적극적으로 적응하고자 노력하는 것이 가능한지 탐색한 후, 둘 중 하나 또는 모두를 목표로 삼을 수 있다.

(3) 개입 전략

① 협력 관계를 수립한다.

② 내담자의 호소 문제를 탐색한다.

③ 내담자의 직업적 성격 특성과 자기상을 평가한다.

④ 전 단계에서 개인을 평가한 것과 비슷한 방식으로 환경을 평가하게 한다.

⑤ 문제에 대한 상담의 효과를 평가한다.

제**3**절 관계적 진로이론

06 로(Roe)의 욕구이론

1. 직업 선택

(1) 부모의 양육 태도와 직업

① 부모와의 상호작용을 통해서 자녀의 심리적 욕구가 발달하며, 이러한 발달에 기초한 직업 선택을 강조한다.

② 부모의 자녀 양육 방식이 자녀의 심리적 욕구와 상호작용하여 진로 선택에 영향을 준다.

    ㉠ 수용형의 부모와 함께 자란 자녀는 타인과의 관계 속에서 자신의 욕구를 해결하는 경험으로 사람 지향적인 성격을 형성해 나가고, 사람 지향적인 직업군을 선택할 가능성이 높다.

    ㉡ 거부적 양육 태도를 지닌 회피형의 부모 밑에서 성장한 자녀는 회피적인 성격을 갖게 되어 사람보다는 사물이나 데이터를 다루는 직업을 선택할 가능성이 높다.

(2) 양육 유형 `기출 15, 19`

구분		특징	자녀의 직업 선택
정서 집중형	과보호형	자녀의 호기심을 제한하고 지나치게 보호함으로써 의존성을 키워 줌	• 서비스 • 예술, 연예활동 관련 직업
	과요구형	자녀에게 완벽성을 요구하여 엄격하게 훈련시키고 무리한 요구를 함	• 일반 문화 예 법조인, 교사, 학자, 사서 • 예술, 연예 관련 직업
회피형	방임형	자녀와 별로 접촉하려고 하지 않고, 부모로서의 책임을 회피하려고 함	• 과학 • 옥외에서 활동하는 직업
	거부형	자녀에게 냉담하여 자녀가 선호하는 것이나 의견을 무시하고, 부족한 면이나 부적합한 면을 지적하며 자녀의 욕구를 충족시켜 주려고 하지 않음	과학 관련 직업
수용형	무관심형	자녀를 수용적으로 대하지만 자녀의 욕구나 필요에 대해 민감하지 않고, 자녀에게 어떤 것을 잘하도록 강요하지 않음	• 기술직 예 엔지니어, 항공사, 응용 과학자 • 단체에 속하는 직업 예 은행원, 회계사, 점원
	애정형	온정적이고 관심을 기울이며, 자녀의 요구에 응하고 독립심을 길러주고, 벌을 주기보다 자녀가 안정감을 느낄 수 있는 환경을 제공함	서비스, 비즈니스와 관련된 직업

① 정서 집중형(과보호형과 과요구형): 자녀에게 정서적으로 집중하는 유형의 부모로, 자녀의 호기심을 제한하거나 완벽성을 요구하는 경향이 있다.

② 회피형(방임형과 거부형): 자녀를 회피하는 유형의 부모로, 자녀를 정서적으로 거부하거나 벌주고 비난을 하는 등 애정을 보이지 않는다.

③ 수용형(무관심형과 애정형): 자녀를 수용하는 유형의 부모로 자녀가 안정감을 느낄 수 있는 환경을 만들고 부모의 애정을 느끼게 한다.

참고 **양육 유형**

- 자녀에게 영향을 미치는 유형은 크게 2가지로, 다정한 부모와 차가운 부모로 나뉜다.
- 이는 다시 자녀에 대한 정서적 집중, 자녀에 대한 회피, 자녀에 대한 수용과 같이 3가지 정서적 단위로 분류된다.
- 가정에서의 정서적 분위기 유형은 위 표에 제시된 것처럼 6가지 양육 유형으로 나뉜다.
  - 다정한 부모: 과보호·무관심·애정적 방식으로 자녀를 양육한다.
  - 차가운 부모: 과요구적·방임적·거부적 방식으로 자녀를 양육한다.

(3) **부모자녀 관계 척도(PCR I)**

① 12세 이전의 부모에 대한 회상 내용을 통해 부모의 양육 태도를 측정한다.

② 구성요소: '사랑-거부', '변덕-요구', '과도한 집중'으로 구성된다.

③ 직업 선택에 영향을 주는 요인: '사랑-거부'와 '과도한 집중' 요인이다.

2. 직업 분류체계

(1) **특징**

직업군		내용	해당 직업
인간 지향적 직업군	서비스직	다른 사람의 욕구, 복지에 관심을 갖고 타인을 위해 무언가를 하거나 도와주는 일과 관련됨	사회사업, 지도, 서비스 제공하는 일 등
	비지니스직	사람들을 설득하여 판매하도록 하는 일과 관련 있으며, 대인 관제적 측면은 있지만 타인을 도와주는 것보다 어떤 행동을 하도록 설득하는 데 더 가까움	투자자, 부동산 중개인 등
	행정직	조직관리, 효율적인 기능을 담당하는 일과 관련 있으며, 인간 관계의 질은 형식적임	관리직, 공무원 등
	보편적 문화직	보편적인 문화유산의 보존과 전수하는 일과 관련됨	교육, 언론, 법률, 성직, 언어학, 인문학 등의 전공과 관련된 직업
	예능직	창조적인 예술과 연예와 관련된 기술을 사용하는 일과 관련 있으며, 직접적인 인간관계가 중요한 것은 아님	예술가
인간 회피적 직업군	기술직	상품과 재화의 생산, 유지, 운송 등과 관련 있으며, 대인관계는 상대적으로 덜 중요하고 사물을 다루는 일과 관련됨	운송, 정보통신, 공학, 기계 등
	옥외활동직	농산물, 수산물, 지하자원, 임산물 등 천연자원을 개간·보존·수확하는 일과 관련 있으며, 기계화가 이루어진 직업으로 사람과 별로 관계가 없음	농업, 수산업, 축산업 등
	과학직	과학 이론을 탐구하고 연구하는 일과 관련됨	과학교사 등

① 군집과 군집에 맞는 직업 목록: 흥미에 기초하여 직업을 8가지 군집으로 나누고, 각각의 군집에 맞는 직업 목록을 선정했다.

② 군집은 직업활동과 관련된 인간관계 특성과 직업활동 강도에 기초한 연속선상에 직업이 배열될 수 있으며, 연속선상에서 서로 가까이 위치한 군집이 떨어진 군집보다 인간관계 특성과 강도 면에서 더 유사하다.

③ 8×6 구조: 각 직업의 곤란도와 책무성을 고려하여 6개의 단계(level)를 설정하고 8×6의 구조를 만들었다.
　　㉠ 단계: 1단계 고급 전문관리, 2단계 중급 전문관리, 3단계 준전문관리, 4단계 숙련직, 5단계 반숙련직, 6단계 비숙련직
　　㉡ 단계는 책무성 정도가 결정적인 영향을 미치며, 책무성은 결정을 내리는 횟수와 곤란도뿐 아니라 다양한 문제를 어떻게 처리해야 하는지도 포함된다.

(2) 직업 선택 기출 24

① 따뜻한 부모−자녀관계: 어떤 요구나 욕구가 있을 때 사람들과의 접촉을 통해 그를 만족시키는 독특한 욕구 충족방식을 배우게 되며, 이는 결국 인간지향적인 성격을 형성하게 하고 나아가 직업 선택에도 반영된다. 그 결과, 인간 지향적 직업(서비스직, 비즈니스직, 행정직, 문화직, 예능직)을 선택한다.

② 차가운 부모−자녀관계: 부모의 자상한 배려나 관심을 받지 못하고 자랐기 때문에, 자신에게 어떤 문제가 있을 때 부모나 주위 사람에게 도움을 청하지 않고 사람과의 접촉이 아닌 다른 수단으로 해결하는 방법을 터득한다. 그 결과, 인간 회피적 직업(기술직, 옥외활동직, 과학직)을 선택한다.

3. 상담과정(Roe와 Lunneborg, 1990)

(1) 평가하기 단계

① 내담자의 문제를 파악하고 내담자가 현재 진로와 관련하여 어떤 욕구를 갖고 있는지 파악한다.

② 상담자는 내담자의 '사람 지향 − 사물 지향'의 이차원적 욕구를 우선적으로 탐색한다.

(2) 내담자의 자기이해와 직업과 관련된 여러 가지 정보를 수집하는 단계

① 내담자가 갖게 된 진로 욕구가 어떻게 형성되었는지를 살펴보는 과정을 통하여 내담자 자신에 대한 이해를 높이고 자신의 진로욕구를 충족시켜 줄 직업에 대한 정보를 수집하게 한다.

② 상담자는 내담자가 '사람 지향·회피'에 대한 욕구에 적합한 직업군별 하위 직업을 탐색하도록 돕는다.

③ 이 단계에서는 내담자의 진로욕구를 탐색할 수 있는 진로가치관 검사 및 직업카드 분류의 활용도 가능하다.

(3) 탐색적 면담하기 단계

① 상담자가 내담자에게 탐색한 학과나 전공 혹은 구체적인 직업을 갖고 있는 사람들을 만나 '직업 인터뷰'를 하도록 돕는다.

② 직업 인터뷰를 통해 내담자는 자신이 선택한 학과나 직업이 자신이 기대하는 욕구를 충족시켜 줄 수 있는지, 자신이 생각했던 것과 일치하는지, 어떤 사람들이 이 분야에서 성공하는지, 보수 및 복지, 미래 전망은 어떠한지를 확인함으로써 최종적인 진로 선택을 하도록 도울 수 있다.

(4) 활동계획 및 구축하기 단계

내담자가 자신의 욕구를 충족시키는 학과나 직업을 결정한 후 목표에 도달하기 위한 구체적인 계획과 진로활동 계획을 세우도록 돕는다.

1. 이론 개요

(1) 발달-관계적 모델

① 부모뿐 아니라 형제, 친구, 교사 등 개인을 둘러싼 주변 사람들이 개인의 진로 선택에 영향을 준다고 가정한다.

② 2가지 주제

㉠ 타인이 어떻게 개인의 진로 의사결정에 관여하는지

㉡ 개인이 자신의 의사결정 과정에서 어떤 식으로 타인의 도움을 구하는지

(2) 타인의 행동과 자기지시

① '타인의 행동' 주제는 사람들이 의사결정자에게 어떻게 영향을 미치는지에 초점을 둔다.

② '자기지시' 주제는 개인이 진로 관련 결정을 하는 방식에 초점을 둔다.

2. 타인의 행동

(1) 특징

① 타인의 행동 주제는 의사결정 과정에 타인이 참여하게 되는 7가지 방법을 포함한다.

② 7가지의 서로 다른 타인의 행동은 작은 관심이나 행동부터 높은 관심이나 행동까지 연속적인 범위를 가진다.

(2) 타인의 행동의 7가지 방법

타인 관여 행동	높음 ↑ ↓ 낮음	1. 비평	타인이 할 수 있는 것을 알려주는 동시에 상대의 능력, 흥미, 가치관, 목표를 비평함
		2. 지도	의사결정자의 관심이나 욕구와 상관없이 제언과 지도를 함
		3. 권유	특정 선택을 하도록 타인에게 권유함
		4. 진로 대안 제공	진로와 관련된 대안을 제시함
		5. 진로정보 제공	의사결정자의 선택지와 관계된 정보를 제공함
		6. 무조건적 지지	의사결정자의 말을 경청하고 지지해줌
		7. 소극적 지지	의사결정에 전혀 관여하지 않음

3. 자기지시(자기 지향성)

(1) 자기지시의 특징

① 자기지시 주제는 진로 의사결정에서 개인이 타인을 어떻게 활용하는지, 타인에게 도움을 구하는 수준을 의미한다.

② 타인을 전혀 활용하지 않는 것부터 다양한 방법으로 활용하는 것까지 8가지 범주로 구분한다.

(2) 자기지시의 8가지 방법

자기 지향성	높음 ↑ ↓ 낮음	1. 체계적인 의사결정	의사결정을 철저하고 계획적인 방식으로 수행. 타인의 의견을 참조하되 의사결정 책임은 본인이 짐
		2. 타인을 공명판으로 활용	타인에게 자신의 의사결정에 과정에 대해 말하되, 도움을 구하지 않음
		3. 타인의 의견 숙고	의사결정 과정에 타인에게 도움을 구하는 것을 유용하다고 생각. 의사결정 책임은 지되, 타인의 의견을 중요하게 고려함
		4. 자신에 대한 정보 구하기	자신의 흥미, 능력이나 가치관에 대해 확신이 부족해서 타인이 보는 자신에 대한 정보를 요구함
		5. 신중한 타인 활용	의사결정에서 실수하지 않으려고 타인의 의견을 조심스럽게 고려함
		6. 자신감 없는 타인 활용	타인이 조언을 주면 의사결정을 잘 할 수 있다고 생각하지만 의사결정을 잘하지 못함
		7. 성공하지 못한 타인 활용	타인의 도움이 필요하다는 것을 알지만 과거에 도움 받지 못했던 경험으로 자신에게 도움이 되는 방식으로 활용하지 못함
		8. 확신에 찬 독립성 (잘못된 자신감)	근거 없는 자신감이 있지만 아무런 계획이 없음

제4절 진로 발달이론

08 긴즈버그(Ginzberg)의 진로 발달이론

1. 특징

(1) 발달적 접근방법

① 직업 선택은 하나의 발달과정으로, 진로 선택은 일회적인 행위, 즉 단일 결정이 아니라 장기간에 걸쳐서 이루어지는 일련의 과정이다.

② 선택 과정은 비가역적이다. 따라서 나중에 이루어지는 결정은 이전의 결정에 영향을 받게 된다.

(2) 직업 선택 요인

① 가치관, 정서적 요인, 교육 정도와 종류, 환경적 압력을 통한 현실의 영향(실제 상황적 여건) 4가지를 제시했다.

② 4가지 요인의 상호작용으로 태도가 형성되고, 태도는 진로 선택으로 이어진다.

③ 개인의 바람(wishes)과 가능성(possibility)의 타협(compromise)에 의해 직업 선택이 이루어진다.

(3) 진로 의사결정 과정

① 어릴 때 시작하여 20대 초반까지 계속된다.

② 진로 의사결정 과정은 한 번 정하면 되돌릴 수 없는 비가역적 과정이며, 3단계 과정을 거쳐 발달한다.

2. 직업 선택과정(발달 단계)

(1) 환상기(유아기~11세)

① 환상기 아동은 일의 세계와 관련된 다양한 상상적 역할놀이를 한다.

② 어렴풋하게나마 자신이 미래에 어떤 직업을 수행할지를 평가하기 시작한다.

③ 이때 진로 의사결정은 직업에 대한 객관적·합리적인 정보에 근거한 판단이기보다는 직업에 대한 단편적이고 유아적인 환상에 근거한 판단이므로, 이 시기를 '환상기'라고 한다.

(2) 잠정기(11~16세) 기출 17

① 3가지 하위 단계를 거치면서 수집하는 정보에 근거하여 잠정적인 진로 선택 행위를 한다.

② 하위 단계

구분	내용
흥미 (11~12세)	자신이 싫어하는 것과 좋아하는 것, 흥미 등에 대해 보다 구체적인 결정을 함
능력 (13~14세)	자신이 미래에 하고 싶은 직업 분야가 구체적으로 어떤 능력이 요구되는지, 자신이 그러한 능력을 가지고 있는지를 보다 잘 이해함
가치 (15~16세)	• 자신이 추구하는 개인적인 가치, 삶의 우선순위를 고려하면서 미래의 진로를 생각함 • 특히 각 직업세계에 종사하는 사람의 생활 양식을 고려하고, 그 직업인의 생활 양식과 가치관이 자신의 것과 잘 맞는지를 숙고함

③ 전환기

　㉠ 개인이 진로 결정과 그 선택에 따른 책임감을 인식하는 시기이다.

　㉡ 진로와 관련된 현실적인 조건이 중요한 역할을 하기 시작하지만, 진로 계획은 여전히 잠정적이다.

(3) 현실기(16세~20대 초반)

① 현실기: 청소년은 직업에 대한 흥미를 보다 구체화하기 시작한다.

② 하위 단계

구분	내용
탐색	자신이 이전 시기에 행한 잠정적인 진로 선택을 좁히고자 관심 직업을 탐색하기 시작함
결정화	구체적인 진로 분야에 보다 헌신하면서 자신의 진로 결정과 관련된 내적·외적 요소를 종합함
특수화(구체화)	자신의 진로 결정을 보다 구체화하고 세밀한 계획을 세움

3. 진로 발달이론의 수정

(1) 긴즈버그의 이론 수정

긴즈버그는 20년 후 이론의 일부를 수정하여, "20대 초반이나 중반에 최종적인 진로를 결정해야 한다."는 이전 주장을 번복하고 "진로 선택과정은 개인의 일의 생애와 상호 공존하는 것이다. 따라서 언제나 선택이 가능하다."고 주장했으며, 이 외에 수정한 내용은 다음과 같다.

- 직업 선택과 발달과정은 전 생애에 걸친 것이며 개방적인 것이다.
- 직업 선택에 있어 불가역성은 타당하지 않다.
- '타협'이라는 용어를 '적정화(optimization)'로 대체한다. 이러한 수정은 소망과 가능성의 사이에서의 타협을 강조하기보다 변화하는 욕구와 환경 사이에서 가장 적합한 직업을 찾는, 즉 지속적인 탐색을 강조하는 것이다.
- 구성요건(constraints)을 고려해야 한다. 구성요건으로 가정의 경제적 빈곤, 부모의 태도와 가치관, 교육기관의 부적합성, 소수 민족, 학교교육과 직업세계와의 불연계성 등을 들 수 있다.
- 직업세계의 기회 구조를 고려해야 한다.
- 개인의 가치 지향은 더욱 강조하고 개인의 만족 추구에 주요 역할을 하는 것으로 고려되어야 한다.

---

1. 이론 개요

(1) 진로 발달

① 수퍼는 20세까지로 한정된 긴즈버그의 이론을 발전시켜, 연령을 확장하는 동시에 발달을 영향을 주는 요소들을 다양하게 고려하여 전 생애 진로발달의 관점으로 이론을 체계화하였다.

② 진로 발달이 생애 발달의 모든 단계에서 일어나고, 각 발달 단계에는 발달과업이 있다고 보았다.

③ 진로 발달의 각 단계는 발달과업이 있는 동시에 발달 수준을 평가하는 진로 성숙도가 있다.

④ 진로 발달과정에는 자아개념의 발달과 진로 성숙도의 변화가 일어난다.

(2) 14가지 기본 가정

① 각 개인은 능력, 성격, 필요, 가치, 흥미, 특질, 자아개념이 서로 다르다.

② 인간은 이러한 특성의 차이로 인해 특정 직업에 대한 적합성을 지닌다.

③ 각 직업(군)은 각기 요구되는 일정 범위의 능력, 흥미, 인성 특성이 있다.

④ 개인의 직업적 선호와 능력, 생활 장면, 자아개념은 시간의 경과와 경험에 따라 변화한다. 따라서 직업의 선택과 직업에의 적응은 계속적인 과정이 된다. 다만 사회학습의 산물인 자아개념은 청소년 후기부터 성인기에 이르기까지 연속적인 선택과 적응선상에서 점차 안정적이 된다.

⑤ 자아개념의 변화 과정은 일련의 생애 단계로 성장기(growth), 탐색기(exploration), 확립기(establishment), 유지기(maintenance), 쇠퇴기(decline) 과정으로 특징지을 수 있다. 단계 중 일부는 다시 몇 개의 하위 단계로 구분되기도 한다.

⑥ 개인의 진로 유형 특성은 부모의 사회경제적 수준과 개인의 정신능력, 인성 특성, 진로 성숙도, 직업기회 등에 의해 결정된다.

⑦ 특정 생애 진로 단계의 맥락에서 환경의 요구에 대처하는 개인의 능력은 개인이 이들 요구에 대처하는 준비도에 달려 있다. 진로 성숙도는 '신체적·심리적·사회적 특성의 집합체'로, 이전 단계와 하위 단계의 요구에 대처하는 능력의 정도를 의미한다.

⑧ 진로 성숙도는 가설적인 구인이며 단일한 특질이 아니다. 진로 성숙도의 조작적 정의는 지능처럼 세밀하게 개념화되기 어렵지만, 이에 대한 정의는 지능보다 간결하면서도 포괄적인 방식으로 개념화될 수 있다.

⑨ 생애 단계를 통한 진로 발달은 능력과 흥미를 성숙시킴으로써, 또한 현실 검증과 자아개념의 발달을 촉진시킴으로써 지도될 수 있다.

⑩ 진로 발달과정은 직업적 개념의 발달과 실행과정이다. 자아개념은 타고난 적성과 신체적 특징, 여러 역할을 관찰·수행하는 기회, 역할 수행에 대한 평가 간의 상호작용에 의한 산물로서 통합적·타협적인 과정이다.

⑪ 개인과 사회적 요인, 자아개념과 현실 간의 통합·타협 과정은 역할 수행과 피드백을 통한 학습의 과정이다.

⑫ 직업 만족과 생애 만족은 개인의 능력, 필요, 가치, 흥미, 성격 특성, 자아개념에 따라 다르다.

⑬ 직업 만족도는 자아개념을 실행할 수 있는 정도에 비례한다.

⑭ 직업은 대부분의 남녀에게 삶의 중심이다. 하지만 어떤 사람은 특정한 직업이 없거나 직업 자체가 그들에게 주변적인 기능을 할 수 있는데 이들에게는 여가활동, 집안일 등이 중심이 될 수 있다.

2. 전 생애 발달이론

(1) 발달이론의 특징

① 성인기의 진로 발달은 생물학적 발달인 연령과는 무관하다.

② 주어진 단계를 성공적으로 마침으로써 얻는 심리적 변화가 반드시 영속적인 것은 아니다. 진로 단계 사이에서 발생하는 전환의 시점은 연대기적 연령보다 개인의 성격과 생애 환경의 기능에 의한 것이다.

③ 성인기 진로 발달에서는 발달의 불안정성이 정상적이며 성공적인 발달적 변화에서 얼마든지 발생할 수 있다고 보는데, 이러한 그의 생각은 '재순환'이라는 개념에서 암시적으로 나타난다.

④ 재순환의 개념: 정상적인 발달궤도 중 본래 생애 순환과정에서 초기에 놓인다고 보았던 단계(예 탐색기)로 복귀하는 것을 포함하며, 이는 개인적 발달을 촉진하고 기술과 사회적 변화에 대처하게 돕는다.

➡ 재순환은 병리적 퇴행이 아닌 성숙과 적응능력, 창의적인 문제 해결을 위한 수단으로 간주한다.

> **더 알아보기 재순환 단계**
>
> - 수퍼는 생애 발달 단계를 5단계로 설명하기 위해 '대순환 과정'이라는 용어를 사용하고, 대순환 과정인 생애 발달 단계 내에서 발생할 수 있는 성장, 탐색, 확립, 유지, 쇠퇴(은퇴) 단계를 '소순환 과정'이라고 명명했다.
> - 많은 사람이 이직, 진로 변경 등의 이유로 탐색 단계로 돌아가 자신의 흥미와 가치를 재평가하고 여러 단계를 다시 순환하는데, 이처럼 이전에 거쳐왔던 단계로 다시 돌아가는 것을 '재순환'이라고 한다.
> - 환경과 자기개념의 변화에 따라 재순환을 겪고 직업 선택을 하는 것은 자연스럽고 적응적인 과정이다.

구분	생애를 통한 발달과업 순환과 재순환			
	청소년기(14~24세)	성인 초기(25~45세)	성인 중기(45~65세)	성인 후기(65세 이상)
쇠퇴기	취미활동 감소	스포츠활동 참여 감소	필수 활동에 초점	근로시간 감소
유지기	현재 직업 비교·확인	직업적 지위 안정화	경쟁에서 자신 지키기	즐거운 유지
확립기	직업활동 시작	영속적 지위에 정착	새로운 기술 개발	하고 싶었던 일 하기
탐색기	보다 많은 학습기회	소망직업 발견	현직에서 문제점	적절한 은퇴 시점 찾기
성장기	성장기 자아개념 개발	현실적 학습	대인관계 한계 수용	자신의 비직업적 역할 개발

(2) 진로 발달 단계 기출 19

① 성장기(growth stage, 4~13세): 이 시기의 발달과업은 자신과 직업세계에 대한 기본적인 이해이다.

㉠ 가정, 학교에서 만나는 주요 인물과 자신을 동일시하면서 자아개념이 발달한다.

㉡ 성장기 초기에는 욕구와 환상이 지배적이며 사회 참여와 현실 검증력이 증가함에 따라 점차 흥미와 능력을 중요시한다.

㉢ 하위 단계

구분	발달과업
환상기	욕구가 지배적이며 역할 수행이 중요시됨
흥미기	개인의 취향이 곧 활동의 목표와 내용, 진로목표 설정 시 결정요인이 됨
능력기	능력을 더욱 중요시하며 이를 고려하여 진로를 선택하려 하며, 또한 직업훈련의 요구조건 등을 고려함

② 탐색기(exploration stage, 14~24세): 이 시기의 발달과업은 진로의 구체적인 탐색을 통해 상급학교, 구직을 위한 의사결정을 하는 것이다.

 ㉠ 탐색기에는 '잠정기, 전환기, 시행기'를 거치며, '결정화, 구체화, 실행'의 발달과업을 이룬다.

 ㉡ 하위 단계

구분	내용
잠정기	흥미, 욕구, 능력, 가치, 직업적 기회 등을 고려하기 시작하며, 잠정적인 진로를 선택하고 그것을 상상해보거나, 또는 토의, 일, 기타 경험을 통해 시행해 봄
전환기	취업을 하거나 취업에 필요한 훈련, 교육 등을 받고, 직업 선택에서 보다 현실적인 요인들을 고려하며 자아개념이 직업적 자아개념으로 전환되는 것을 야기하는 시기
시행기	개인이 직업을 갖게 되면 그 직업이 자신에게 적합한지의 여부를 시험하게 됨

 ㉢ 발달과업

구분	발달과업
결정화	물속에 들어 있는 소금결정이 점차 커지고 굳어지듯, 성장기 호기심에서 출발하여 쌓인 지식과 직업에 대한 정보가 축적되면서 진로에 대한 선호가 분명하게 드러나는 시기
구체화	• 결정화 단계에서 나타난 몇 가지 직업 선호 중에서 특정한 직업 선호로 구체화되는 시기 • 이 시기의 중요한 발달과업은 진로 선택과 관련된 의사결정 능력의 습득임
실행기	• 선택한 특정 직업을 성취하기 위해 노력을 기울이는 시기 • 어떤 교육이나 훈련이 필요한지, 현실적인 가능성이 있는지 등을 고려하여 노력함

③ 확립기(establishment stage, 25~45세): 이 시기의 발달과업은 직업적 숙련도나 전문성을 높이고, 그 역할을 보다 충실히 할 수 있게 하는 것이다.

 ㉠ 확립기의 목표는 개인의 내부 세계와 외부 세계를 효과적으로 연결하는 것이다.

 ㉡ 이 시기에 성인은 직업세계에 처음 입문하고, 이후 직장 내에서 자신의 능력을 발휘하고 중요한 직업인으로 자리매김한다.

 ㉢ 발달과업

구분	발달과업
정착 (안정화)	정착기의 발달과업은 조직문화에 적응하고 일과 관련된 의무를 조직이 요구한 수준으로 수행하여 자신의 직업 지위를 안정화하는 것
공고화	• 정착기의 과업을 이행하면 직업세계에서 자신의 능력을 인정받게 됨 • 또한 일과 관련된 긍정적인 태도와 작업 습관을 형성하고 직장 동료와 좋은 관계를 이루며 직업인으로서 자기정체감을 공고히 하게 됨
발전	개인은 직업 속에서 자신의 역할과 정체성을 확장하고 더욱 높은 수준의 직업적 책임감을 발전시킴

참고   **확립기에서의 가치의 중요성**

확립기는 특히 '가치'가 매우 중요하게 작용한다. 이 단계에서는 여러 경험을 통해 각 개인의 가치가 다양화되고 성공 경험을 통해 개인이 가지고 있는 가치가 강화됨에 따라 특정 가치가 더욱 강해진다.

④ 유지기(maintenance stage, 45~65세): 이 시기의 발달과업은 자신의 실무 수준을 유지하고 직업 환경에서 적응적으로 업무를 수행하는 것이다.
  ㉠ 직업세계에서 자신의 위치를 확고히 하고 유지하려는 시기로, 가장 안정된 생활 속에서 지낼 수 있다.
  ㉡ 발달과업

구분	발달과업
보유	지금까지 성취한 것을 계속 유지해나감
갱신	지금까지 익숙했던 직업 관련 기술과 지식을 새로운 내용으로 갱신함
혁신	이전에 과제를 수행한 방식과는 다르게 시도해보거나, 이전과는 다른 종류의 과제를 수행하거나 새로운 도전적인 과제를 발견함

⑤ 쇠퇴기 또는 해체기(decline stage, 65세 이후): 이 시기의 발달과업은 지금까지 수행한 일의 속도를 줄이고 은퇴 이후 삶을 준비하며, 은퇴 이후의 삶에 만족하는 것이다.
  ㉠ 정신적·육체적으로 그 기능이나 힘이 약해짐에 따라 은퇴하게 되며, 새로운 역할이나 활동을 추구하게 된다.
  ㉡ 발달과업

구분	발달과업
감속(쇠퇴)	직업 속에서 업무와 양과 책임이 점차 감소하는 시기
은퇴 준비 (은퇴 계획)	직업 전선에서 물러날 때를 대비하여 생활, 활동, 재정 상황 등의 계획을 세우는 시기
은퇴 생활	• 직업적인 역할 수행을 그만두고 가정, 지역사회 등에서 자신의 역할을 재정립하는 시기 • 이전과는 다른 생활 양식을 만들어나감

3. 생애 공간(생애 역할)

(1) 생애 공간 기출 14, 22
① 생애 공간은 일생을 통해 수행하게 되는 여러 역할을, 생애 주기는 연령에 따른 발달 단계를 일컫는다.
② 생애 역할: 자녀, 학생, 여가인, 시민, 직업인, 배우자, 가사 담당자, 부모, 연금 생활자 등이 있다.
③ 전 생애 발달과정에서 어떤 시기에 몇 가지 생애 역할이 중요하게 부각되면서 개인은 역할 간의 갈등을 겪게 되고 이로 인해 진로 문제가 발생할 수 있다.
④ 생애 역할은 한 개인을 둘러싼 주요 사회적 환경과 관련된다.
  ㉠ 역할: 한 개인이 처한 사회환경 속에서 그가 어떤 행위를 하도록 요구한다.
  ㉡ 생애 역할과 관련된 환경: 가정, 학교, 지역사회, 직장 ➡ 개인 극장
⑤ 역할 중요성(생애 역할의 중요성을 나타내는 지표)
  ㉠ 참여: 어떤 일에 상대적으로 더욱 집중하여 활동을 하는지로, 활동 수행의 양과 질을 의미한다.
  ㉡ 전념: 앞으로의 수행에 관한 자신의 계획, 바람 또는 현재 수행에 대한 확신 등이다.
  ㉢ 지식: 역할에 관한 정보, 기술 등 인지적 지식 측면이다.
  ㉣ 가치 기대: 역할 수행과 관련된 여러 욕구나 가치의 충족 여부와 관련이 있으며 개인이 추구하는 가치로는 능력 활용, 성취 욕구, 심미적 욕구, 이타주의, 자율성, 창의성, 경제적 보상, 생활 양식, 신체적 활동, 명예, 모험, 사회적 상호작용, 다양성, 근무조건 등이 있다.

(2) 생애 진로 무지개모형

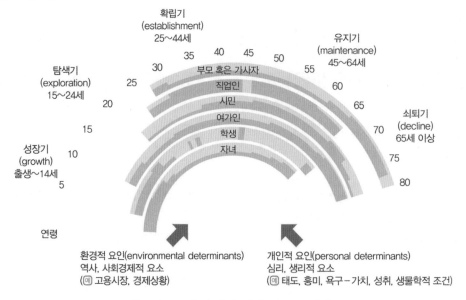

[그림 8-4] 수퍼의 생애 진로 무지개

① 생애 진로 무지개모형을 통해 전 생애 동안 이어지는 진로 발달의 종단적 과정뿐만 아니라 특정 시기의 횡단에 발생할 수 있는 여러 생애 역할을 제시했다.

② 생애 진로 무지개 활동
  ㉠ 내담자가 어떤 역할을 수행하고 어떤 가치관을 추구하며 현재 자신의 생활에서 어떤 측면을 중요하게 생각하는지 등을 효과적으로 탐색할 수 있다.
  ㉡ 내담자의 현재, 미래의 역할갈등을 확인할 수 있다.
  ㉢ 생애 역할의 우선권을 알아볼 수 있다.

③ 생애 진로 무지개 활동방법
  ㉠ 개별 활동: 자신의 삶의 역할에 대해 알아보고 미래를 계획하는 개별 활동으로 활용하는 방법이다.
  ㉡ 집단 활동: 개인적인 삶의 역할을 알아보고 소집단 토론 활동으로 활용하는 방법이다

④ 생애 진로 무지개 활동과정
  ㉠ 먼저 역할, 삶의 역할에 대해 어떻게 생각하는지를 이야기 나눈다. 그리고 진로 발달이론에서 제안한 삶의 역할에 대해 설명해준다.
  ㉡ 생애 무지개 그림 양식을 나눠주고 각자 자신의 생애 동안의 역할을 색칠하게 한다. 각 무지개 공간에 역할을 적고 각 역할이 어느 시기에 더 많은 비중을 차지하는지, 그리고 생애 과정에서 역할 비중의 차이를 표현하게 한다. 추가되는 역할이 있으면 무지개를 더 추가할 수 있도록 안내한다. 이 과정에서 교사나 상담자 자신의 생애 무지개 그림을 같이 공유할 준비를 할 수 있다.
  ㉢ 개별 지도의 경우, 작성한 생애 무지개 그림을 보고 삶의 역할과 역할 간의 갈등이나 불균형, 희망하는 역할 수행 정도 등에 대해 이야기를 나눈다.
  ㉣ 집단 활동의 경우, 소집단을 구성해서 각각 작성한 생애 무지개 그림을 보고 개인의 삶의 역할, 역할 간의 갈등이나 불균형, 이상적인 역할 배분과 역할 수행에 대해 함께 이야기를 나누도록 한다.

ⓜ 과제로서 주변에서 사회활동을 하는 30 ~ 50대의 사람을 대상으로 생애 무지개 그림을 이용해 그 사람의 생애 역할에 대해 조사하게 한다. 조사 결과를 다시 발표하거나 집단 토론으로 활용하게 한다.

4. 진로 자아(자기)개념

(1) 진로 자아개념

① 진로 발달은 진로에 대한 자아개념의 발달과 이행 과정이다.

② 아동기부터 일의 세계에 관한 여러 경험을 하면서 일과 관련된 자아개념을 형성한다.

③ 일생의 단계를 거치면서 다양한 역할을 맡고 여러 사회적 기대를 경험하며, 개인의 역할과 지위, 개인이 처한 상황 속에서 자신에 대한 어떤 개념을 갖게 된다.

　ⓔ '나는 무엇을 잘하는구나.', '우리 가족은 내가 이것을 하길 바라는구나.'

④ 자아개념에는 주관적 측면과 객관적 측면이 있다.

　㉠ **주관적 측면:** 삶의 경험을 바탕으로 한 자신의 고유성에 대한 이해다.

　㉡ **객관적 측면:** 타인과의 비교를 통한 자기이해에 대한 객관적 측면이다.

　　ⓔ 친구들에 비해 나는 글쓰기를 잘한다고 인식하는 것

(2) 수퍼의 아치웨이 모형

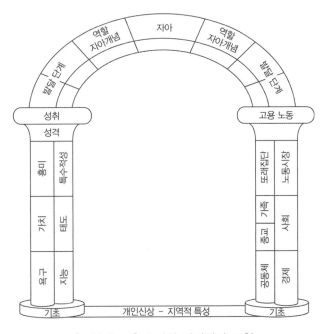

[그림 8-5] 수퍼의 아치웨이 모형

① 아치웨이 모형을 통해서 진로 발달과정에서 작용하는 다양한 요인을 통합적으로 제시하였다.

② **모형 하단의 가운데 돌:** 인간 발달의 생물학적·지리적(지역적) 근간을 나타낸다.

③ **모형 양쪽 옆:** 진로 발달에 영향을 미치는 개인적 요구(ⓔ 욕구, 가치, 흥미, 지능, 적성 등)와 사회적 요인(ⓔ 지역사회 및 공동체, 종교, 가족, 노동시장 등)들이 기둥을 이루고 있다.

④ 두 기둥, 즉 개인적 요인과 사회적 요인이 역동적으로 상호작용한다.
　　㉠ 학교에서의 경험을 통해 학생의 흥미와 적성이 키워지고, 학생이 자신의 흥미와 적성을 발휘하여 학교 환경을 변화시킬 수 있다.
　　㉡ 개인적·사회적 요인의 상호작용 속에서 진로가 발달하며, 기둥을 받치고 있는 아치가 진로를 나타낸다.
⑤ 개인은 아동기부터 노년기까지의 발달 단계를 거치면서 개인적·사회적 요인들을 바탕으로 각 생애 역할에서의 자기 자신에 대한 개념을 발달시키고, 진로 관련 의사결정을 내린다.

> **참고**　**자아개념의 특징**
> - 진로 발달은 자아개념의 발달이다.
> - 자아개념의 형성에는 다양한 개인적 요인과 사회적 요인이 복합적으로 작용한다.
> - 자아개념은 사회학습의 산물인 동시에 성장과 쇠퇴의 변화과정을 겪는다.
> - 자아개념의 변화적 속성에는 주관적인 특성과 객관적인 특성이 동시에 내포되어 있다.
> - 자아개념은 시간의 흐름에 따라 끊임없이 변화하며 개인은 자아개념에 바탕을 둔 의사결정을 하게 된다.

5. 진로 성숙과 진로 적응

(1) 진로 성숙도 `기출 21`
① **진로 성숙**: 특정 단계에서 당면한 진로 발달과업에 성공적으로 대처하기 위해 개인이 보유하고 있는 심리적 자원이다.
② 진로 성숙도 차원
　　㉠ 직업 선택에 대한 태도로, 직업 선택에 관심이 있으며 진로 의사결정을 수행하기 위해 자신의 활용 가능한 자원을 효과적으로 사용하는 것이다.
　　㉡ 자신이 선호하는 직업에 대한 정보 수집 정도와 진로 계획이 구체적인가이다.
　　㉢ 선호 직업의 수준, 관심 분야가 일관적인가이다. 진로 성숙도가 높은 청소년은 탐색기 발달과업인 결정화와 구체화 과정을 통해 자신의 진로목표를 점차 좁혀나간다.
　　㉣ 흥미, 가치, 보상체계 등의 개인의 특성이 분화와 통합을 적절히 이루었는가이다. 직업 흥미가 충분히 분화되고, 자신이 지향하는 직업가치와 선호 직업, 보상체계 등이 통합되어 있다면 진로 선택, 진로 적응과정이 보다 수월하다.
　　㉤ 직업 선호가 얼마나 현실적인가이다. 자신의 적성이나 능력과 관심 직업이 일치하는지, 선호하는 직업이 자신의 사회경제적 지위에서 접근 가능한지 등이 평가항목에 해당된다.

(2) 진로 적응 `기출 21`
① 끊임없이 변화하는 일의 세계와 자신을 둘러싼 환경의 요구에 대처하는 준비도이다.
② 최근에는 성인 진로 발달의 주요 평가준거로 보는 관점을 넘어 다시 청소년기 진로 발달에 대한 평가준거로 확장해야 한다고 주장하는 학자가 늘고 있다.
③ **사비카스(Savickas)**: 진로 적응성을 '다양한 생애 역할과 자신을 둘러싼 직업 환경의 변화에 대한 준비도'로 개념화하면서, 이러한 진로 관련 내적·외적 변화에 대한 적응능력은 성인뿐만 아니라 아동과 청소년에게도 마찬가지로 적용될 수 있다고 보았다.

6. C-DAC 상담 모형

(1) 사정·평가 `기출 22`

① **내담자의 생애 구조와 직업 역할에 대한 평가**: 자녀, 학생, 배우자, 시민, 여가인 역할 등 개인의 삶에서 정의되는 핵심적인 역할과 주변적인 역할의 유형을 평가한다. ➡ 역할 명확성(현저성) 검사

② **진로 발달 수준과 자원 평가**: 상담자는 어떤 발달과업이 내담자와 연관되어 있는지를 알아야 한다. 내담자가 당면한 문제와 내담자가 가진 극복 자원에 대한 평가로써 내담자의 문제에 보다 명확히 접근할 수 있다. 이때 극복 자원은 내담자가 직면한 특정 발달과업들을 다루는 태도나 역량을 말한다.
   ➡ 진로관심검사, 진로발달검사, 진로완성검사 등

③ **흥미, 적성, 가치를 포함하는 직업적 정체성에 대한 평가**: 전통적인 특성 요인 진로상담에서 중요시하는 가치, 흥미, 능력의 평가를 포함한다. 이 단계의 목표는 내담자의 특성을 평가하고 진로 정체성의 내용을 탐색하며, 이 정체성이 내담자 생애의 다양한 역할에서 어떻게 나타나는지 탐색하는 것이다.
   ➡ 홀랜드 검사, 적성 판별검사, 가치검사, 직업가치 도구 등

④ **직업적 자아개념과 생애 주제에 대한 평가**: 이전 단계까지 주로 '객관적인 평가'에 초점을 두었다면, 이 단계에는 내담자의 주관적인 자아개념에 대한 평가가 추가된다. 내담자의 자아개념을 평가하기 위해 내담자의 현재에 나타나는 자기상에 초점을 두는 횡단적인 방법과, 내담자의 생애 전체에 걸쳐 발달되어 온 주제에 초점을 두는 종단적인 방법의 두 가지를 추천한다. ➡ 형용사 체크리스트, 카드 분류검사 등

(2) 자료 통합과 해석

사정이 이루어지면 상담자는 내담자의 자료를 해석해주는데, 이러한 해석 과정을 '통합적 해석'이라 하며 이를 통해 내담자의 생애를 펼쳐 보인다.

(3) 상담목표

자아개념을 현실적인 방법으로 직업세계로 이행한다.

(4) 절차

① 상담자는 '성장, 탐색, 확립, 유지, 쇠퇴' 등의 진로 발달과제에 적절한 진로 발달 상담절차를 추천한다.
② 생애 단계와 발달과제를 통합하는 다양한 기법이 사용될 수 있다.

(5) 과정

① 진로 발달을 촉진하기 위해 상담에서 코칭, 연수, 조언, 수정, 재구성의 기법을 사용할 수 있다.
② 수퍼는 순환적 상담을 장려했으며, 이 상담에서의 면접은 어떤 때는 지시적이고 어떤 때는 비지시적이 된다.

> **더 알아보기** | **검사 결과에서의 주제 확인**
>
> • 검사 결과를 통해 진로 발달 수준과 진로 성숙도를 확인한다. 진로 발달검사인 CDI를 통해 각 영역을 평가하고, 진로 발달을 촉진할 영역을 알아보고 개입한다.
> • 흥미검사와 가치검사의 결과를 종합하여 흥미와 가치에 따른 갈등이나 불일치가 없는지, 그 갈등을 어떻게 이해하고 받아들일지에 대한 상담 개입을 제공한다.
> • 개인의 삶 속에서 여러 역할의 우선순위를 정하고 역할 간의 조화 등을 평가한다. 이 과정에서 진로와 관련된 문제뿐만 아니라 삶의 여러 중요한 주제와 심리적 어려움을 함께 살피는 것이 중요하다.
> • 진로 의사결정의 정도나 진로 의사결정에서의 어려움을 평가하고 내담자에게 적절한 의사결정이 무엇인지 안내하며 어떻게 의사결정할지도 다룬다.

7. 진로 발달의 유형

(1) 남성의 진로 유형

유형	내용
안정된 진로형	학교를 졸업하고 안정된 직업을 선택하여 정년퇴직할 때까지 그 직업에 종사함
전통적인 진로형	학교를 졸업하고 하나 이상의 잠정적 직업을 거친 후 하나의 직업에 정착함
불안정한 진로형	학교를 졸업한 후 영구적인 직업을 갖지 못하고 시행적인 일과 안정된 일을 번갈아 함
다면적 진로형	진로라고 할 만한 직업을 갖지 못하고 이것저것 시행적인 일만 되풀이함

(2) 여성의 진로 유형

유형	내용
안정적인 가사 진로형	학교 졸업 후에 직업을 갖지 않음
전통적인 진로형	고등학교나 대학을 졸업하고 취업하지만 결혼 후 가사에 전념하기 위해 일을 그만둠
안정적인 근로 직업형	학교를 졸업한 후 생애 전반에 걸쳐 일을 계속함
복선 진로형	생애 전반에 걸쳐 일과 가사를 병행함
단절 진로형	일을 하다가 결혼을 하면서 전업주부가 되어 직장을 그만둔 후, 아이들이 성장하여 스스로 돌볼 수 있게 되면 다시 일을 시작함
불안정 진로형	일을 하다가 중단하고 다시 시작하고 중단하기를 반복함
다중시도 진로형	일은 하지만 진로를 확고히 하지는 않고 삶에서 서로 연관이 없는 수많은 직업을 가짐

8. 평가

(1) 공헌점

① 내담자의 진로 발달 수준을 평가하고 내담자에 대한 체계적인 정보 자료에 바탕을 둔 과학적인 진로상담이 이루어질 수 있는 토대를 마련했다.

② 진로 발달 단계별로 완수해야 할 진로 성숙 과제를 구체적으로 제시하여 아동·청소년의 진로 발달을 촉진하는 다양한 진로교육 프로그램의 개발과 보급에 크게 기여했다.

(2) 한계점

① 이론 자체의 포괄성 때문에 경험 연구를 통해 검증하기가 쉽지 않다.

② 진로 발달은 개인과 그를 둘러싼 환경의 역동적인 상호작용을 통해 변화하는 과정으로, 객관적인 검사를 통해 개인 간 진로 발달 정도를 상호 비교하는 것이 타당한가의 문제가 제기된다.

③ 진로 성숙, 진로 적응성 등의 개념에 대한 조작적 정의가 일관적이지 않다.

④ 개인마다 서로 다른 진로 발달과정을 거칠 수 있음에도 지나치게 개인 간의 공통성을 찾으려 하면서 개인의 진로 발달에 영향을 미치는 맥락성과 개별성을 간과했다.

10 타이드만(Tiedeman)과 오하라(O'Hara)의 진로 발달이론

1. 개관

(1) **직업 발달 단계**

① 연령과 관계없이 문제의 성질에 의해 좌우되고 일생 동안 여러 번 반복될 수 있다.

② 의사결정 과정을 통해 직업의식이 어떻게 발달해 가는지를 설명한다.

(2) **직업 자아정체감**

① 개인이 자신의 제반 특성을 파악하고 자신의 자아를 실현할 수 있는 일이 무엇인가에 대한 자기 나름대로의 인식 또는 생각을 말한다.

② 직업 자아정체감은 의사결정을 되풀이하는 과정에서 성숙해질 수 있다.

(3) **진로 발달**

개인의 실체인 자아개념을 직업적 용어로 정의하는 연속적 과정이다.

2. 진로 의사결정 단계 및 과정

(1) **예상기**

① 의미: '전 직업기'라고도 부르며, 4가지 하위 단계로 구분된다.

② 하위 단계

구분	내용
탐색기	진로목표를 설정하고 대안을 탐색하며, 진로목표를 성취할 능력과 여건이 갖추어졌는지에 대해 예비평가를 함
구체화기	• 가치관과 목표, 가능한 보수나 보상 등을 고려하면서 구체적으로 진로를 준비하기 시작함 • 가장 바람직한 방향으로 진로를 결정하려고 함
선택기	• 개인은 자신이 하고 싶은 일과 그렇지 않은 것을 확실히 알게 되며, 구체적으로 의사결정에 임하게 됨 • 진로 선택의 적절성 여부는 이전 단계에서의 발달 정도에 의함
명료화기	이미 내린 의사결정을 신중히 분석·검토하고 결론을 내리는 과정

(2) **실천기**

① 의미: '적응기'라고도 불리며, 이전 단계에서 내린 결정을 실천에 옮기는 단계이다.

② 하위 단계

구분	내용
순응기 (적응기)	• 개인은 새로운 상황, 이를테면 직장이나 학교에 들어가서 인정과 승인을 받기 위해 노력을 시작함 • 새 직장이나 조직에 적응하기 위해 개인은 자신의 일면을 수정하거나 버리기도 함 • 즉, 수용적인 자세로 새로운 상황에 임함
개혁기	수용적인 자세로 새로운 상황에 임한 후에 일단 인정을 받게 되며, 자신의 의견이나 주장을 강력히 드러냄
통합기	• 개인은 집단이나 조직의 요구와 자신의 욕구를 균형 있게 조절하여 타협과 통합을 이룸 • 집단의 일원으로서 원만하게 생활하면서 개인은 직업적 자아개념(직업 자아정체감)을 발달시키게 됨 • 이는 분화와 통합의 과정을 통한 역동적인 과정임

더 알아보기	직업 자아정체감 발달

- '탐색 → 구체화 → 선택 → 명료화 → 순응(적응) → 개혁 → 통합'의 연속과정은 진로 선택 시 거치는 과정이다.
- 직업적 자아개념, 직업 자아정체감은 연령이 증가하고 경험이 쌓일수록 발달한다.

(3) 단계별 특징

예상기	특징	실천기	특징
탐색기	• 사고가 일시적이며 순간적임 • 실천 가능한 진로 탐색 및 재검토 • 상상으로 다양한 활동을 경험 • 잠정적인 목표를 설정 • 장래의 대안적 진로행동 • 포부, 능력, 흥미, 직업 선택의 사회적 의미 숙고	순응기	• 진로 구체화를 위한 사회적 상호작용 • 직업 사회체계 내에서의 자기명료화, 자아보호 • 수용과 집단으로의 융합(조정) • 사회적 목적의 전체 진로 구조 내에서 개인적인 목표를 구체화
구체화기	• 대안에 대한 지속적인 평가 • 대안을 줄임 • 잠정적 선택 • 잠정적 선택의 재평가(가치, 서열화) • 목표 제한적, 구체화, 변경 가능 • 생각을 명확히 굳힘	개혁기	• 직장에서 직원으로 수용·인정 • 직장 내적·외적으로 주장적 행동 • 주장적 행동으로 다른 사람을 설득하여 자신의 의견을 따르게 함
선택기	• 명확한 목표를 설정 • 목표 달성에 필요한 특정 행동	통합기	• 직업 진단과 상호작용을 통해 목표를 타협 • 자아와 직장에 대한 객관성을 확보 • 전체적인 진로 분야에서 구성원으로서 정체감을 획득 • 일시적으로나마 수행한 결과나 행동에 만족
명료화기	• 선택한 위치에서의 자신에 대한 명료화 기간 • 지위 예상, 진로 결정, 불안 약화 • 예상 단계나 전 직업기가 끝남		

---

11 터크만(Tuckman)의 진로 발달이론

1. 개관

(1) 자아인식, 진로 의식, 진로 의사결정의 3가지 요소를 중심으로 8단계 진로 발달이론을 제시했다.

(2) 교육에서의 요구되는 사항을 알도록 하는 토대를 마련했다.

(3) 기능 훈련을 제외한 진로 교육의 모든 측면을 내포한다.

2. 발달 단계

단계	구분	내용
1단계	일방적 의존성 단계 (유치원~초등 1학년)	• 진로 발달은 외적 통제에 의존함 • 일에 대해 듣는 이야기와 가정에서 사용하는 도구를 중심으로 진로의식을 형성함
2단계	자기주장 단계 (초등 1~2학년)	• 자율성을 갖게 되며 단순한 형태의 선택(예 친구 선택)이 가능함 • 일에 대한 간단한 지식, 개념을 이해하기 시작함
3단계	조건적 의존성 단계 (초등 2~3학년)	• 자아를 인식하기 시작하여 더욱 독립적인 존재가 됨 • 자아인식의 초점은 동기와 욕구, 친구관계 형성 등임
4단계	독립성 단계 (초등 4학년)	• 일의 세계를 이론적으로 탐색함 • 기술과 직업세계를 인식하고 사회 내 자신의 위치 등을 생각하며 진로 결정에 관심을 가짐
5단계	외부 지원 단계 (초등 5~6학년)	• 외부의 승인, 인정을 구함 • 직업적 흥미와 목표, 작업조건, 직무내용 등에 관심을 가지게 됨
6단계	자기결정 단계 (중등 1~2학년)	• 자신의 규칙과 규범을 설정하고 자아인식을 위해 노력하며 직업군을 탐색하기 시작함 • 직업관을 갖기 시작하며 진로 결정의 기본 요인을 현실적인 관점에서 탐색함
7단계	상호 관계 단계 (중등 3학년~ 고등 1학년)	• 동료 집단의 문화와 교우관계를 중시하는 관점에서 진로를 선택하게 됨 • 직업 선택의 가치, 일에 대한 기대와 보상, 작업 환경, 의사결정의 효율성 등에 관심을 가짐
8단계	자율성 단계 (고등 2~3학년)	• 직업에 대한 탐색과 아울러 자기 자신에 대한 인식을 확고히 하게 됨 • 자신의 적합성 여부, 교육조건, 선택 가능성 등에 초점을 두고 진로 대안을 점차 줄여나감

12 | 갓프레드슨(Gottfredson)의 제한–타협이론

1. 이론 개요

(1) 개관

① 직업 선택을 기본적으로 개인과 직업을 매칭하는 과정이라고 보면서 유아기부터 시작되는 매칭 과정의 핵심을 진로 대안의 제한과 타협으로 설명한다.

② 제한–타협이론은 성별과 계층에 따라 수많은 직업 중 자신이 고려할 수 있는 직업적 범위를 제한하고, 가장 선호하는 직업을 포기하고 현실적으로 가능하다고 생각되는 직업 대안으로 타협해 가는 과정을 제시하였다.

③ 수퍼가 전 생애에 걸친 진로 발달 단계를 제시한 것에 비해, 갓프레드슨은 유아기부터 청소년기까지의 인지능력 발달에 따른 직업 대안의 제한과정을 4단계로 나누어 설명한다.

(2) 자아개념

① 사람들은 자신의 자아 이미지에 맞는 직업을 원하므로, 직업 발달에서 자아개념은 진로 선택의 중요한 요인이다.

② 자아개념 발달의 중요한 결정요인은 지능 수준, 사회계층 및 다양한 경험 등이다.

(3) 진로 포부

① 자신이 희망하고 기대하는 직업 수준이자 적합성과 접근 가능성의 산물이다.

ㄱ 적합성: 자기개념과 직업의 일치 정도를 말한다.
ㄴ 접근 가능성: 능력, 기회 등을 바탕으로 실현 가능한 정도를 나타낸다.
② 결국 진로 포부는 자기개념의 발달과 직업에 대한 인식의 확장을 통해 형성되는 것이다.

(4) 제한과 타협

① 제한: 성과 사회적 계급에 근거하여 개인이 수용하기 어려운 직업적 대안을 줄여가는 과정을 의미한다.
② 타협: 취업 가능성 등의 제한 요인에 근거하여 진로 선택을 조정하는 과정을 의미한다.
➡ 제한과정은 수퍼의 이론과 마찬가지로 각 발달 단계의 발달과업 수행에 대한 내용이고, 타협과정은 진로 선택에 대한 내용이다.

2. 발달과정에서의 진로 대안 제한 `기출 23`

(1) 제한과정

① 아동은 추상적인 사고능력의 발달로 4단계 제한과정을 거친다.
② 각 단계를 거치는 연령보다 각 단계를 거치는 순서가 발달적으로 더욱 중요하다.

(2) 진로 포부의 발달 단계 `기출 15, 22`

단계	연령	특징

서열 획득
(크기와 힘의 지향)
	3~5세	• 인지발달적 측면에서 대상영속성을 습득함
		  − 크다, 작다와 같이 개인을 단순한 용어로 분류함
		  − 자신과 성인의 차이를 크기로 규정하여 인식함
		• 성인의 역할을 통해 직업을 인식함

성 역할 획득 (성 역할 지향)	6~8세	• 이분법으로 생각하는 경향이 있음 • 관찰 가능하고 구체적인 특징에 근거하여 사람, 직업을 단순한 수준으로 구분함 • 남자와 여자의 성 역할이 매우 다르다는 사실을 분명히 인식하고, 성별에 적합한 옷을 입고 행동을 하면서 성 역할 고정관념을 형성함 • 성별과 관련하여 자기개념과 불일치하는 것으로 판단되는 직업을 배제하기 시작하면서, '수용 가능한 성 유형 경계선'을 형성함

사회적 가치 획득
(사회적 가치 지향)
	9~13세	• 이 시기에는 사회적 지위에 대한 개념을 형성함. 자신의 능력 수준을 벗어나는 직업을 배제하고, 사회적 준거집단에서 수용되지 않는 직업도 배제하기 시작함
		• 사회적 계급, 능력의 요소를 기준으로 '수용 가능한 수준의 경계선'을 규정함
		  − 직업의 하한선 수준
		  − **노력 가능한 수준의 경계선**: 직업을 얻고자 기꺼이 헌신하고 위험을 감수하는 노력의 상한선 수준
		  − 상한선·하한선 수준 내에 존재하는 직업은 수용 가능하다고 여기는 직업 영역임

내적 자아 확립 (내적 고유자아 지향)	14세 이후	• 자신을 보다 잘 이해하고 내적인 반성 능력이 향상됨 • 인지발달적 측면에서 형식적 사고능력이 향상되고, 내적으로 형성된 삶의 목표와 자기개념을 잘 호응하는 직업을 탐색함 • 현재 자신이 지각하는 자기개념과 잘 호응하는 직업을 탐색함 ➡ 이전 단계에서 수용 불가능한 직업 대안을 제거해나갔다면, 이 단계에서는 가장 수용 가능한 직업 선택지를 구체화함

(3) 진로 포부 제한 그래프

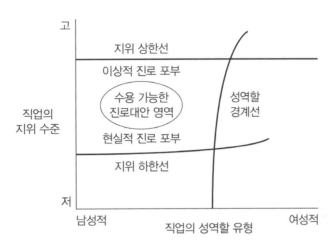

[그림 8-6] 진로 포부 제한 그래프

① **가로축**: 직업의 성 역할 유형을 나타내는 축으로, 오른쪽으로 이동할수록 여성적, 왼쪽으로 이동할수록 남성적임을 나타낸다.

② **세로축**: 직업의 사회적 지위를 나타내는 축으로, 위로 올라갈수록 직업의 지위 수준이 높고, 아래로 내려갈수록 지위 수준이 낮음을 나타낸다.

③ **수용 가능한 진로 대안 영역**: 성 역할 경계선, 지위 상한선, 지위 하한선으로 둘러싸인 부분이다.

④ 수용 가능한 진로 대안 영역 내에서 자신의 흥미에 맞고 자신의 특성에 맞는 직업으로 범위를 축소해나간다.

3. 선택과정에서의 타협 [기출 21]

(1) 타협

① 진로 대안을 선택하는 과정에서 현실적인 여건에 따라 자신이 원하는 어떤 부분을 포기할 수밖에 없을 때의 포기 과정을 일컫는다.

    ㉠ **제한과정**: 자신에게 맞지 않는다고 생각하는 진로 대안을 점차 제외시키는 과정이다.

    ㉡ **타협과정**: 가장 원하는 대안은 아니지만 좀 더 접근이 가능한 직업으로 타협해가는 포기의 과정이다.

② 제한과정을 통해 수용 가능한 진로 대안 영역 안에서 자기가 원하는 흥미 영역의 직업을 선택하고, 그와 유사한 직업까지 가능한 대안으로 고려하고 있었지만 원했던 직업을 선택할 수 없어 유사한 직업을 선택하거나, 때로 그 범위(social space)를 넘어 수용 가능한 진로 대안 영역 밖의 선택을 하게 되는 것을 말한다.

(2) 타협 예측 변인 그래프

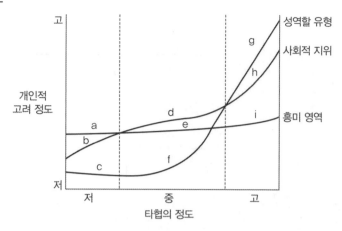

[그림 8-7] 타협 예측 변인 그래프

① 제한이론에서 제시한 진로 발달 단계에서 나타났던 성 유형, 사회적 지위, 흥미가 타협의 중요한 측면이다.
② 이 세 가지 중 어느 하나를 포기할 수밖에 없다면 사람들은 자기 자신과 가장 밀접한 특성을 가장 늦게까지 포기하지 못한다. 다시 말해, '흥미 → 사회적 지위 → 성 역할(성 유형)'의 순서로 자신에게 적합한 진로 대안을 포기해 나가는 경향을 보인다.
③ 성 유형을 타협하여 개인이 자신의 성 유형과 배치되는 직업을 선택하는 경우, 적응을 하는 데 있어 가장 큰 어려움을 겪게 된다.
④ 이후 이론: 초기 이론을 정교화하여 타협의 정도에 따라 포기 순서가 달라진다.
  ㉠ 타협을 많이 해야 하는 상황: '성 역할 > 사회적 지위 > 흥미' 순서로 중요하게 여겨진다.
  ㉡ 중간 정도의 타협 상황: '사회적 지위 > 흥미 > 성 역할' 순서로 중요하게 여겨진다.
  ㉢ 타협이 적은 상황: '흥미 > 사회적 지위 > 성 역할' 순서로 중요하게 여겨진다.

더 알아보기 타협과정

• 사람은 자기개념에 부합하는 직업을 포기할 때 3가지 요소 중에 명성(지위)과 성 유형은 유지하지만 흥미는 제일 먼저 포기한다.
• 다음으로 다소 낮은 흥미의 직업을 선택했음에도 여건이 좋지 않을 때 성 유형은 유지하지만 명성은 다소 낮은 직업을 선택한다.
⑩ 한 여성 내담자는 처음에 직업 중 사회성이 보다 많이 나타나고 명성이 높고 성 유형에 맞는 상담자와 같은 직업을 희망할 수 있다. 하지만 실현할 여건이 되지 않는다면 사회형(S)이면서 다소 명성이 낮고 중성적인 성 유형에 해당하는 간호사를 선택할 수 있다. 내담자는 흥미와 명성을 양보하여 간호사를 선택할 수 있으나 성 유형의 범주에서 남성성이 강한 경찰관과 같은 직업은 선택하지 않을 가능성이 높다.

4. 타협의 원칙

(1) 우선순위 정하기

① 성 역할, 사회적 지위, 흥미의 상대적 중요성은 타협을 얼마나 해야 하는지에 따라 달라진다.

② 사회적 지위, 성 역할은 어느 선까지 포기할 수 있고, 그 이상을 포기해야 하면 수용할 수 없는 역치 같은 지점이 존재하지만, 흥미는 포기할 수 있는 정도가 비슷하고 어떤 상황에서도 중요하게 여겨지는 정도가 비슷하다는 점을 보여준다.

③ 여성은 남성에 비해 성 역할 측면에서 보다 유연하게 타협할 수 있다.

(2) 최고가 아닌 최선의 선택하기

① 최고가 아닌 최선의 선택을 하는 이유 중 하나는 최고의 선택을 하기 위해 거쳐야 하는 자기 자신과 직업세계에 대한 면밀한 탐색과정을 거치기 어렵거나 그렇게 할 의욕이 없기 때문인 경우가 많다.

② 자신이 원하는 것이 무엇인지 분명히 하고, 실제 직업세계에서 이를 획득하는 것이 얼마나 가능한지 살펴봐야 최고의 선택을 할 수 있으나 그 과정을 밟지 않는 것이다.

(3) 좋지 않은 대안 버리기

① 자신에게 맞는다고 생각했던 영역(social space)에 속해 있지만 별로 마음에 들지 않는 선택지밖에 없다면 선택을 하지 않을 수 있다.

② 다른 대안을 더 찾아보거나 불가능한 대안을 계속 시도하거나 노력을 더 기울이는 것을 시도하거나 단순하게 결정을 미루는 방식의 행동으로도 나타날 수 있다.

(4) 타협에 적응하기

① 자신이 바라던 최고의 선택을 하지 못하고, 현실적으로 가능한 최선의 선택을 하면서 포기할 수밖에 없었던 것을 받아들이는 과정이 필요하다.

② 적응적인 직업인은 자신이 선택한 직업의 영역에 맞게 자신의 진로 기대를 변화시켜갈 수 있다.

③ 타협에 대한 적응의 준비도는 타협의 측면에 따라 달라질 수 있다.

5. 상담과정

(1) 상담방법

① 진로 의사결정 과정이 어떤 것을 선택하기 위해 다른 어떤 것을 포기해야 하는 과정이라는 사실을 내담자가 인식하고 있는지 확인한다.

② 어떤 선택 사이에서 갈등하고 있는지에 대한 명료화가 필요하다. 내담자가 진로 의사결정 과정에서 고려하고 있는 진로 대안을 확인하고, 각 진로 대안에 대한 내담자의 기대를 파악한다.

③ 내담자가 추구하고자 하는 진로 대안의 조건과 실제 내담자가 가진 자원을 파악한다.

(2) 상담목표

① 타협을 통한 진로 의사결정에 이르는 것이다. 뿐만 아니라 타협의 단계로 진입하기 전에 내담자가 타협을 해야 한다는 사실을 인지하지 못하고 있다면 타협의 불가피성에 대한 인식이 선행 목표가 되어야 한다.

② 타협을 통한 의사결정이 이루어진 이후에도 타협에 대한 적응을 상담목표에 포함해야 한다. 또한 타협 이후의 결과를 예상해보면서 의사결정 과정으로 되돌아갈 수도 있다.

(3) 개입 전략

　① 타협의 불가피성에 대한 수용 촉진

　　㉠ 선택은 여러 대안 중에 하나를 고른다는 의미도 있지만, 하나를 제외한 대안을 모두 버린다는 의미도 있다.

　　㉡ 즉, 어떤 의사결정을 하기 위해서는 다른 어떤 것을 버려야 한다.

　　㉢ 따라서 상담자는 자신의 벽을 넘어 내담자의 타협을 촉진하기 위해 객관적인 자료를 제시하거나 내담자를 설득하거나 직면시켜야 한다.

　② 원하는 진로 생애로의 접근 가능성에 대한 판단 촉진

　　㉠ 진로 선택을 실현하려면 목표를 위한 노력을 투자해야 한다.

　　㉡ 다른 투자와 마찬가지로 좋은 투자 기회를 찾아 거기에 시간과 노력과 자원을 기울여야 한다.

　③ 진로 계획을 성취할 수 있는 경쟁력, 기회, 지지망 향상

　　㉠ 자신이 원하는 진로를 그 모습 그대로 성취하는 경우는 드물다.

　　㉡ 자신의 경쟁력을 높이고 지지원을 동원하며, 새로운 기회를 만들고 성취를 방해하는 요인을 줄여가야 한다.

　　㉢ 상담자가 먼저 해야 할 일은 내담자의 장점과 단점, 사회적 이익과 장벽을 점검하여 무엇을 돋보이게 하고 무엇을 변화시키고 무엇을 약화시킬지를 확인하는 것이다.

　　㉣ 내담자가 진입하고자 하는 직업의 요구조건에 비해 그의 경쟁력이 부족한 상태라면 능력을 향상하기 위한 계획을 세워야 한다.

제 5 절 사회학습과 인지이론

13 크롬볼츠(Krumboltz)의 사회학습이론

1. 이론 개요

(1) 개관

① 크롬볼츠가 1975년에 제안한 사회학습이론에서 출발하여, 2008년 우연학습이론에까지 이르고 있다.

② 사회학습 진로이론은 사회학습이론의 상호 결정론을 진로 의사결정에 적용하여, 진로상담에서 의사결정과 관련된 학습에 영향을 미치는 다양한 환경적 요인에 대해 설명하였다.

③ 이후 그 내용을 확장해 가면서 '사회학습 진로이론'이라고 명명하였다.

④ **사회학습 진로이론**: 진로 선택과정에서 개인과 환경이 상호작용하는 과정에 초점을 두는데, 특히 개인이 환경과의 상호작용을 통해 무엇을 학습했는지에 강조점을 둔다.

(2) 우연학습이론

① 우연(happenstance)이라는 개념을 진로에 추가하여 내담자가 가진 학습의 결과만이 아니라 적극적으로 학습해 나가는 과정을 조력하는 상담자의 역할을 강조하고 있다.

② 초기에는 '계획된 우연이론'이라고 명명하였다가, 현재는 '우연학습이론'이라고 표현을 바꾸었다.

2. 진로 결정 요인 `기출 14, 19`

구분	환경적 요인	심리적 요인
내용	• 유전적 요인과 특별한 능력 • 환경적 조건과 사건 • 개인에게 영향을 미치지만 일반적으로 개인이 통제할 수 있는 영역 밖에 있는 요인으로, 상담을 통해 변화하는 것이 불가능함	• 학습 경험 • 과제 접근 기술 • 개인의 생각과 감정과 행동을 결정함 • 상담자는 내담자가 이러한 요인의 영향을 이해하고 변화하도록 도와야 함

(1) 유전적 요인과 특별한 능력

① 개인의 진로를 제한하는 타고난 특질을 말한다.

② 교육적·직업적인 선호나 기술에 제한을 줄 수 있는 자질을 말하는 것으로, 여기에는 인종, 성별, 신체적인 모습과 특징, 지능, 예술적 재능, 근육의 기능 등이 포함되어 있다.

(2) 환경적 조건과 사건: 환경적 조건에서의 특정한 사건이 기술의 개발, 활동, 진로 선호 등에 영향을 미친다.

① **환경적 조건(환경적 상황)**: 가정, 학교, 학교에서 만난 친구와 선생님, 그 외에도 내가 직접 경험한 다양한 활동 상황과 사람뿐만 아니라 나에게 간접적으로 영향을 주는 광범위한 상황도 모두 포함하는 개념이다.

예 지역사회, 국가 정책, 세계 경제, 국제관계, 자연환경, 기술 변화, 교육체제, 법 등

② 환경적 사건: 개인이 통제할 수 있는 것, 통제할 수 없는 것, 계획되지 않은 우연적인 것이 있다.

(3) 학습 경험

① 학습 경험: 여러 삶의 장면을 통하여 배우고 형성하는 믿음, 정서, 관심, 흥미 등을 포괄하는 광의의 개념이다. 사람은 다양한 경험(예 활동, 독서, 대인관계, 성공, 뜻밖의 사건)을 통해 '어떤 상황에 어떻게 행동해야 한다'는 지식뿐만 아니라 '어떤 결과가 나올 것'이라는 믿음을 형성하고 정서를 배우며 어떤 것을 좋아하거나 좋아하지 않는 태도를 갖게 되며, 이렇게 살아가면서 경험을 통해 배우는 모든 산물을 통틀어 학습 경험이라 한다.

② 한 개인은 어떤 진로에 대해 '좋다', '싫다'의 경향을 가지는데, 이는 이전 학습 경험의 결과에 의한 것이다.

③ 개인이 과거에 학습한 경험은 현재와 미래의 교육적·직업적 의사결정에 영향을 미치며 크게 두 가지 유형의 학습경험을 가정한다.

④ 학습 경험의 유형

구분	내용
도구적 학습 경험 (조작적 조건화)	• 어떤 행동이나 인지적 활동에 대해 정적 강화나 부적 강화를 받을 때 나타남 • 과거의 학습 경험이 교육적 행동, 직업적 행동에 대한 도구(instrument)로 작용함 • '선행사건(antecedents) → 행동(behavior) → 결과(consequences)' 순서로 학습됨
연상적 학습 경험 (고전적 조건화)	• 이전에 경험한 감정 중립적인(neutral) 사건·자극을 정서적으로 비중립적인 사건·자극과 연결할 때 일어남 • 간접적인 학습 경험, 대리적인 학습 경험도 개인의 교육적 행동, 직업적 행동에 영향을 미침

(4) 과제 접근 기술

① 타고난 능력, 환경적 조건과 사건, 학습 경험의 상호작용 결과로 습득되는 기술이다.

② 개인이 어떤 과제를 성취하는 데 동원되는 기술로 수행에 대한 기대, 업무 습관, 인지적 과정, 정서적 반응 등이 포함된다.

③ 과제 접근 기술에는 목표를 정하는 것, 자신에게 중요한 것이 무엇인지를 명료화하는 것, 대안을 찾아보는 것, 직업정보를 찾아보는 것, 미래 일어날 일을 예측해 보는 것 등이 포함된다.

3. 진로 결정 요인들의 결과(진로 의사결정에 영향을 미칠 수 있는 4가지 방법) 기출 22

(1) 자기관찰 일반화

자기 자신을 관찰한 결과로 얻는 자신의 태도, 업무 습관, 가치관, 흥미, 능력 수준에 대한 일반화이다.

(2) 세계관 일반화

자신의 환경에 대한 일반화로, 이를 통해 세상을 이해하고 환경에서 나타날 결과를 예측한다.

(3) 과제 접근 기술

① 환경에 대처하고, 자기관찰 일반화나 세계관 일반화와 관련지어 환경을 해석하며, 미래 사건에 대해 예견하는 인지적 능력, 수행능력, 작업 습관, 감정적 반응, 지각과 사고 과정 등을 포함한다.

② 과제 접근 기술은 대체로 중요한 의사결정 상황의 인식, 과제에 대한 현실적인 파악, 자기관찰과 세계관 일반화에 대한 검토 및 평가, 다양한 대안의 도출, 대안에 관한 필요한 정보의 수집, 매력적이지 못한 대안 제거 등의 능력을 포함한다.

(4) 행위(행위의 산출)

학습 경험은 결국 개인이 행동을 하게 만드는데, 적절한 훈련 프로그램에 등록하는 것, 직업을 찾고자 적극적으로 지원하는 것 등의 활동이 이에 포함된다.

4. 우연학습이론에 근거한 상담의 기본 가정

(1) 가정 1: 진로상담의 목표는 하나의 진로 의사결정을 하도록 돕는 것이 아니라, 내담자가 보다 만족스러운 진로와 인생을 살아가기 위한 행동을 배우도록 돕는 것이다.

① 자신에게 가장 잘 맞는 일을 찾아 달라는 내담자: "만일 내가 주머니 속에 당신과 꼭 맞는 일을 가지고 있다면 지금 바로 꺼내 주겠어요. 그런데 세상일은 그렇게 쉽지 않아요. 당신이 가장 만족할 수 있는 삶을 살고 싶지요? 어떻게 해야 그렇게 살 수 있는지 제가 가르쳐 드릴게요."(Mitchell et al, 1999)

② 우연한 일을 자신의 진로에 유리하게 활용하는 데 도움이 되는 기술 `기출 16`

구분	내용
호기심 (curiosity)	• 새로운 학습기회를 탐색하는 것 • 개인이 어떤 환경에 놓이거나 뜻하지 않은 일을 겪을 때, 새로운 것을 탐색하거나 경험해보고자 하며 그 속에서 흥미로운 것을 찾아내는 과제 접근 기술
인내심 (persistence)	• 좌절에도 노력을 지속하는 것 • 흥미를 느끼는 것만으로는 상황과 과제 해결에 한계가 있다는 점에서 호기심을 보완하는 기능을 함 • 자신에게 주어진 과제, 문제 상황을 포기하지 않고 실수를 거듭하더라도 해내는 과제 접근 기술
융통성 (flexibility)	• 태도와 상황을 변화시키는 것 • 한 번 정한 목표와 계획을 추진하는 것도 중요하나 진로 환경, 직업 상황이 변화할 때 이에 맞게 변화하지 못하는 것은 시대에 뒤떨어지는 결과를 낳을 수 있음 • 융통성은 변화하는 상황에 맞게 대응하는 과제 접근 기술의 역할을 함
낙관성 (optimism)	• 새로운 기회가 올 때 그것을 긍정적으로 보는 것 • 뜻하지 않은 일을 겪을 때 이를 기회로 받아들이고 자신에게 도움이 되는 바람직한 것으로 바라보는 것
위험 감수 (risk taking)	• 불확실한 결과 앞에서도 행동화하는 것 • 계획에 없는 상황이나 문제가 발생하는 것은 때로 두려움이 될 수 있어 학습 경험에서 쌓아온 부정적 혹은 비합리적 신념이 진로 발달에 필요한 과제 수행을 방해하기도 함. 예상치 못한 새로운 사건이 일어났을 때 위험을 감수하는 것이 긍정적인 결과를 가져올 수 있음을 내담자가 알도록 할 필요가 있음

(2) 가정 2: 개인적 특성과 직업 특성을 연결하는 것보다 학습을 촉진하기 위해 진로 관련 검사를 활용한다.

① 심리검사를 이용하여 내담자에게 새로운 학습기회를 가지거나 발견하도록 한다.

➡ 심리검사는 미래의 학습에 대한 가능성을 찾아보는 도구로 여겨진다.

② **진로신념 검사:** 진로 선택과정 중 내담자에게 방해가 되는 신념을 명료화하여 상담에서 구체적으로 다루기 위한 목적으로 개발되었다.

㉠ 진로신념 검사를 통해 내담자의 진로 선택에 방해가 되는 생각(일반화)을 밝힌다.

㉡ 내담자의 진로 발달과 선택을 방해하는 생각, 가정을 명료화하여 이를 상담에서 구체적으로 다룬다.

(3) **가정 3**: 탐색적 활동에 집중하면서 우연히 일어난 일을 유용하게 활용할 수 있다는 점을 알게 된다.

    ① **탐색적 활동**: 무엇이든 적극적으로 임하고 새로운 취미를 가지거나 인턴십에 지원하고 공동 작업에 참여하며, 새로운 사람을 만나고자 노력하고 지도자에 자원하는 것 등이 있다.

    ② 계획하지 않은 일을 잘 관리해나가려면 다음 단계를 거쳐야 한다.

        ㉠ 예기치 않은 일이 일어나기 전에 먼저 그것을 경험할 수 있도록 미리 조치를 취한다.

        ㉡ 그 일이 일어나는 동안은 가능한 기회가 무엇인지 찾는다.

        ㉢ 그 일이 지나고 나면 그것이 자신에게 유리하게 작용하도록 하는 활동을 시작한다.

(4) **가정 4**: 상담의 성공 여부는 '상담 밖 현장에서 내담자가 무엇을 이루었는지'에 달려 있다.

    ① 중요한 학습 경험은 상담 회기 내에서가 아니라 내담자가 살고 있는 실제 생활에서 일어나기 때문에, 상담에서 할 일은 상담실 밖 자신의 일상에서 어떤 학습활동을 할지 계획을 세우는 것이다.

    ② 상담 회기를 마칠 때마다 다음 회기 전까지 실천할 활동을 하나 정하고 그 활동을 꼭 실천하기로 약속한다.

    ③ 약속한 활동을 하면 다음 회기 전이더라도 문자나 이메일로 알리겠다고 약속할 수도 있다.

5. 진로상담의 목표와 상담자의 역할

(1) **목표**

    ① 내담자로 하여금 단일한 진로를 결정하도록 돕는 것이 아니라 보다 만족한 진로와 생활을 위해 실천해야 할 행동들을 배우도록 돕는 것이다.

    ② **크롬볼츠**: 끊임없는 직업 환경 속에서 내담자가 만족스러운 삶을 창조할 수 있는 기술, 흥미, 신념, 가치, 업무 습관, 개인적 특성 등을 학습하도록 촉진하는 것이다.

    ③ 상담자의 역할은 내담자의 학습을 증진시키는 것이다.

(2) **상담자가 수행해야 할 5가지 역할**

    ① 계획되지 않은 일도 자연스러운 일로 받아들일 수 있도록 내담자의 기대를 이끈다.

    ② 현재 내담자의 관심에서 출발하여 자신의 삶을 만족시켜줄 것을 찾도록 돕는다.

    ③ 우연히 일어난 일이 도움이 되었던 내담자의 과거 경험을 활용하여 격려한다.

    ④ 잠재된 기회를 보다 잘 알아차릴 수 있도록 내담자의 감수성을 키워준다.

    ⑤ 행동을 방해하는 비합리적인 신념을 극복하도록 돕는다.

6. 상담과정(상담에서 다루어야 할 5가지 내용)

(1) **1단계 – 내담자의 기대에 대해 안내하기(상담에 대한 올바른 기대를 갖도록 준비시키기)**

    ① 첫 상담 회기에 하기도 하지만 새로운 이슈가 생길 때마다 이루어지기도 한다.

    ② **목표**: 계획되지 않았던 사건이 정상적이고 필요한 요소가 되는 상담과정에 대해 내담자를 준비시키는 것이다.

    ➡ 내담자에게 삶에서 일어나는 우연한 일이 자연스럽고 필요한 일임을 받아들이게 한다.

③ 핵심 질문

> • "미래를 계획하면서 경험하는 불안은 정상적인 것이고, 오히려 신나는 모험으로 생각할 수 있어요."
> • "상담의 목표는 ○○씨를 보다 만족시켜줄 수 있는 삶을 만들어내도록 돕는 것입니다."
> • "진로는 평생에 걸친 학습과정으로, 계획되지 않은 수많은 사건을 만나고 그 때마다 결정을 내려야 합니다."
> • "아무도 미래를 예측할 수 없으므로 모든 사람의 진로는 여러 예기치 못한 일의 영향을 받습니다."

⑵ 2단계 – 내담자의 관심을 출발점으로 확인하기(내담자의 관심 명료화하기)

① 목표: 내담자의 관심을 탐색하여 내담자의 삶을 보다 만족스럽게 만들어주는 것이 무엇인지 확인한다.

➡ 내담자로 하여금 무엇이 자신의 삶을 만족스럽게 만드는지 명료화하게 한다.

② 핵심 질문

> • "지금 마음이 어떤지 얘기해보세요."라고 말한다.
> • 적극적으로 경청한다.
> • 상담자가 내담자의 상황과 감정을 이해하고 있다는 것을 내담자에게 확신시킨다.
> • "힘이 넘친다고 느끼는 활동은 뭐가 있지요?"라고 질문한다.
> • "이런 힘이 넘치는 활동을 어떻게 발견하게 되었나요?"라고 질문한다.

⑶ 3단계 – 계획되지 않은 일이 현재의 기반이 된 내담자의 성공 경험 활용하기(과거 성공적으로 다루었던 우연한 경험을 현재 일에 활용하기)

① 목표: 과거의 성공이 현재의 행동에 교훈을 준다는 것을 내담자가 알아차리게 하여 주인의식을 갖게 한다.

➡ 내담자가 과거 성공한 일에서 얻은 교훈을 토대로 현재에 무엇을 할지 찾을 수 있도록 격려한다.

② 핵심 질문

> • "그 일이 ○○씨에게 긍정적인 영향력을 발휘하도록 하기 위해 무엇을 했나요?"
> • "그 기회를 어떻게 알아차렸나요?"
> • "그 일이 일어난 다음, 그것을 최대한 활용하기 위해 어떻게 했나요?"
> • "새롭게 배워야 했던 기술은 무엇이었나요?"
> • "그 당시 중요한 사람들과는 어떻게 연결될 수 있었나요?"
> • "다른 사람이 ○○씨의 능력과 흥미에 대해 어떻게 알게 되었나요?"
> • "그때와 비슷하게 지금 할 수 있는 행동이나 활동이 있나요?"

⑷ 4단계 – 잠재적인 기회를 알아차릴 수 있는 내담자의 감수성 키우기(잠재적 기회를 알아차리는 데 민감하도록 만들기)

① 목표: 예기치 않았던 사건을 기회로 활용하는 방법을 배우도록 돕는다.

➡ 내담자가 예상하지 않았던 우연한 일을 진로에 유용한 기회로 만드는 것을 배우도록 돕는다.

② 핵심 질문

> • "○○씨에게 어떤 기회가 왔으면 하는지 얘기해보세요."
> • "그 기회가 일어날 가능성을 높이기 위해 지금 무엇을 해볼 수 있을까요?"
> • "그렇게 행동하면 ○○씨의 삶이 어떻게 변화될까요?"
> • "아무것도 하지 않는다면 ○○씨의 삶이 어떻게 변화될까요?"

(5) 5단계 – 장애 요인 극복하기(실천에 방해가 되는 장애물 극복하기)

   ① 목표: 건설적인 행동을 방해하는 역기능적 신념을 극복하도록 내담자를 돕는다.

   ② 핵심 질문

> • "○○씨가 정말 하고 싶은 것을 하지 못하도록 막는 것이 무엇이라고 생각하세요?"
> • "○○씨가 원하는 것에 다가가기 위해 제일 먼저 할 수 있는 것이 무엇이라고 생각하세요?"
> • "첫 시도를 못하도록 막는 것이 무엇이라고 생각하세요?"
> • "만일 ○○씨가 적절한 행동을 취한다면 ○○씨의 인생이 얼마나 더 만족스러워질까요?"
> • "우리가 다음번에 만나기 전까지 무엇을 한번 시도해볼 수 있을까요?"
> • "몇 월, 몇 시까지 행동에 옮겨보겠다고 저한테 이메일을 보낼 수 있겠어요?"

14 사회인지 진로이론(SCCT; Social Cognitive Career Theory)

1. 이론 개요

(1) 개관

   ① 해켓(Hackett), 베츠(Betz), 렌트(Lent) 등이 개념화한 이론이다.

   ② 개인 특성과 환경적 배경에 의해 의식적이나 무의식적으로 내면화되고 왜곡된 자기평가와 부당한 환경적 장애를 극복하기 위해 진로상담자가 해야 할 일에 대한 많은 시사점을 제공한다.

   ③ 이론적 배경

     ⊙ 크롬볼츠의 사회학습이론: 학습 경험

     ⓒ 해켓과 베츠의 여성의 진로 발달: 자기효능감에 대한 남녀 간의 자원 차이

     ⓒ 반두라의 사회인지이론: 자기효능감, 결과 기대 등

(2) 크롬볼츠의 사회학습이론

   ① SCCT는 진로 흥미, 가치 등의 발달을 설명하기 위해 사회학습이론과 마찬가지로 연합적 학습, 도구적 학습의 중요성과 유전과 환경 요인을 언급한다.

   ② SCCT는 단순히 진로 발달과 선택이 개인의 학습 경험으로부터 영향을 받는다는 점에서 나아가 유사한 학습 경험을 하더라도 서로 다른 진로 발달과정을 밟고 다른 진로 선택을 하는 이유를 설명하는 개인의 신념체계를 강조한다.

   ③ 크롬볼츠는 진로와 관련된 요인과 바람직한 학습 경험을 설명하는 데 관심을 둔 반면, SCCT는 여러 진로 관련 변인이 서로 영향을 주고받는 이론적 경로를 규명하는 데 관심을 둔다.

(3) 해켓과 베츠의 여성의 진로 발달

   ① 여성의 사회화가 여성의 진로 자기효능감에 부정적인 영향을 주어 결과적으로 여성은 자신의 재능을 실현할 수 있는 진로를 선택하는 데 어려움을 겪는다.

   ② 진로와 관련된 자기효능감을 발달시킬 수 있는 사회적 자원에 대한 접근에 남녀 간 차별이 존재함을 설명하고 결과적으로 이 차별이 여성의 진로 자기효능감의 발달을 가로막는다고 주장한다.

(4) 반두라의 사회인지이론

① SCCT에 자기효능감, 결과 기대, 개인적 목표 등 인지적 측면의 개념을 제공하고, SCCT가 진로와 관련된 개인
특성, 환경, 행동 요인을 이론적 틀에 포함시키며 이들 간의 관계를 설명하는 데 크게 기여했다.

② 자기효능감, 결과 기대 등이 인지적으로 학습된 행동을 수행할지의 여부를 결정한다고 본다.

③ 반두라의 개인 특성, 외적 환경, 행동 간의 상보적 인과관계를 수용했다.

2. 주요 개념

(1) 자기효능감

① **의미**: 목표한 과업의 성취에 필요한 행동을 계획·수행할 수 있는 자신의 능력에 대한 신념이다.

② 과거의 성취 경험, 대리학습, 사회적 설득, 특정 영역에서의 생리적·정서적 경험에 의해 형성되고 변화되며,
이 중 가장 영향력 있는 요인은 과거 수행에서의 성취 경험이다.

③ 개인이 '무엇을 할 수 있는지'보다 '무엇을 해낼 수 있다는 자신감'이 행동의 실행을 결정한다고 가정한다.

④ **여성의 진로 선택**: 여성은 낮은 자기효능감 때문에 자신의 진로 범위를 축소시킬 수 있다.

(2) 결과 기대

① **의미**: 특정 과업을 수행했을 때 자신과 주변에 일어날 일에 대한 평가를 의미한다. 즉, 행동의 결과로 얻게 될
어떤 것에 대한 기대이다.

② 자기효능감은 '내가 이 일을 할 수 있을까?'에 대한 믿음이지만, 결과 기대는 능력과 상관없이 단순히 자신이
어떤 과업을 수행했을 때 자신과 타인에게 일어날 일에 대한 믿음이다.

③ 물리적 보상, 사회적 평가, 자신에 대한 평가 등의 측면이 있으며, 특히 개인이 중요한 가치를 두는 측면에서의
결과 기대가 행동 수행의 중요한 동기가 된다.

④ 자기효능감과 유사한 원인에 의해 형성되고 특정 과업 수행을 전제로 하므로 자기효능감의 영향을 받는다.

> **더 알아보기**   **자기효능감과 결과 기대**
>
> • 자기효능감과 결과 기대는 모두 현실에 대한 개인의 지각 내용이기 때문에 실제와 다를 수 있다.
> • 특히 수행의 질이 결과를 보장해주는 상황에서는 자기효능감이 주된 원인이 되고, 결과 기대는 부분적인 설명력만 가지게 된다.
> • 결과가 수행의 질과 밀접하게 관련되지 않는 경우, 결과 기대가 동기와 행동에 독립적인 기여를 한다.

(3) 목표

① **의미**: 특정 활동에 참여하고 특정 결과를 만들어내려는 개인의 의도로, 미래의 결과에 영향을 미친다.

② 인간은 개인적 목표를 설정함으로써 어떠한 외적 보상이 없어도 목표 달성을 위한 행동을 계획하고 조직화하여
실천함으로써 그 행동을 유지할 수 있다.

③ 자기효능감과 결과 기대는 개인적인 목표 설정에 큰 영향을 미친다.

④ 목표는 자기조절 행동에서 중요한 역할을 하며 진로계획, 의사결정, 진로 포부, 진로 선택 등을 포함한다.

⑤ **목표의 구분**

　㉠ **선택목표**: 특정 형태의 활동을 추구하는 것에 대한 목표이다. 예 나는 심리학을 전공하기를 원한다.

　㉡ **수행목표**: 개인이 달성하기를 원하는 수행 수준을 포함한다.

　　예 나의 목표는 심리학 과목에서 A를 받는 것이다.

(4) 개인 변인과 환경(맥락) 변인 `기출 18`

구분	내용
개인 변인	• 민족, 인종, 신체적 건강, 장애, 유전적 재능 등을 포함함 • 진로 흥미, 선택에 독립적으로 영향을 미치기보다 사회문화적 환경과의 상호작용하에 개인의 경험을 형성하는 것으로 이해됨

환경 변인	• 배경맥락 변인: 진로 발달과정에서 자신이 속한 가족, 사회, 문화로부터 사회적 기능을 익히고 역할을 내면화할 때 스며들어 자기효능감, 결과 기대 등에 영향을 미치고 궁극적으로 직업적 흥미를 형성함
	• 근접맥락 변인
	  – 비교적 진로 선택의 시점에 직접적으로 상호작용하는 환경적 요인
	  – 특정 진로를 추구할 수 있는 가족의 정서·재정적 지원, 당시의 경제 상황, 사회문화적 진로 장벽 등이 해당
	  – 개인의 진로 발달에 중재적인 영향과 직접적인 영향을 미칠 수 있음

(5) 진로 장벽

① 의미: 진로를 선택·실행하는 과정에서 개인의 진로목표 실현을 방해하거나 가로막는 내적·외적 요인이다.

② SCCT에서는 주로 환경 요인 중 근접맥락에서의 방해 요인으로 진로 장벽을 거론하고, 진로상담을 통해 변화시킬 수 있는 중요한 요인으로 다룬다.

3. 진로행동의 모형

(1) 흥미 모형

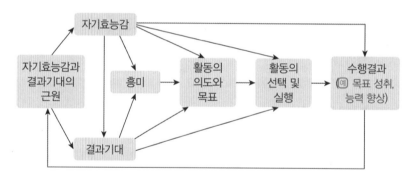

[그림 8-8] 흥미 모형

① 직업적 흥미가 자기효능감과 결과 기대에 의해 예측: 흥미 모형에서는 자기효능감과 결과 기대가 함께 직업적 흥미를 예언하고 목표는 활동의 선택·실행을 가져오며 나아가 수행 결과로 이어진다.

② 흥미 모형과 관련된 SCCT에서의 예측

• 가정 1: 어느 시점의 개인의 직업적 흥미나 학업적 흥미는 그 시점의 자기효능감과 결과 기대를 반영한다.
• 가정 2: 개인의 직업적 흥미는 또한 그 직업과 관련된 능력을 얼마나 가지고 있는가의 영향을 받으며, 자기효능감이 이 둘의 관계를 매개한다.

---

(2) 선택 모형 기출 15, 21

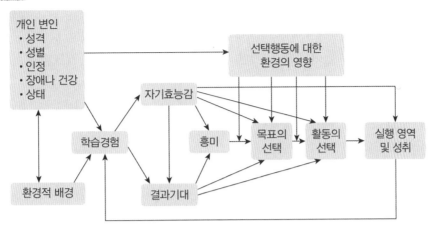

[그림 8-9] 선택 모형

① 선택 모형은 흥미 모형의 인과관계 고리를 바탕으로 하지만, 활동 목표와 선택 변인이 구체적인 진로와 학업 선택 목표와 실행이라는 점에서 차이가 있다.

② **진로 선택 장면**: 3가지로 나눌 수 있으며, 이것이 피드백되면서 미래의 진로행동을 형성해나간다.

　㉠ 여러 진로 관련 흥미 가운데 주된 하나의 목표를 선택하여 표현하는 것

　㉡ 선택한 것을 실현하기 위한 활동

　㉢ 그 활동에서 성취를 이루는 것

③ **선택 모형과 관련된 SCCT에서의 예측**

- **가정 3**: 자기효능감은 선택할 목표와 활동에 직·간접적으로 영향을 미친다.
- **가정 4**: 결과 기대는 선택할 목표와 활동에 직·간접적으로 영향을 미친다.
- **가정 5**: 사람은 자신에게 가장 흥미로운 영역의 직업이나 학문 영역에 들어가고 싶어 할 것이다. 즉, 그 영역에서 목표를 선택한다.
- **가정 6**: 사람들은 목표를 정하고, 목표를 명확한 용어로 말한 후 실제 진입할 수 있는 지점에 근접하면, 자신이 선택한 목표와 일치하는 영역의 직업이나 학문 영역에 들어가려고 시도할 것이다.
- **가정 7**: 흥미는 목표의 선택에 영향을 미침으로써 진입행동(활동)에 간접적으로 영향을 미친다.

---

(3) 수행 모형 기출 17

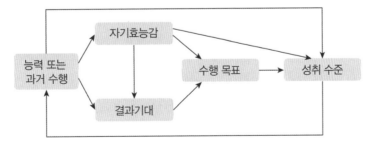

[그림 8-10] 수행 모형

① 수행 모형에서는 개인이 목표 추구를 얼마나 지속하고, 어느 정도 수준의 수행을 해낼지를 예측한다.

② 과거의 수행이 미래 행동의 결과 기대와 자기효능감에 영향: 이전의 수행 성취도는 자기효능감과 결과 기대에 영향을 미치고, 이는 수행목표에 영향을 미치며 최종적으로 수행 수준을 이끈다.

③ 목표: 선택 모형의 목표는 '무엇(내용)'을 할 것인가와 관련되지만, 수행 모형의 목표는 '얼마나 잘(수준)' 할 것인가와 관련된다.

➡ 선택 모형과 흥미 모형은 개인이 일하고 싶어 하는 영역이나 구체적인 직업과 관련된 진로 선택의 내용을 포함하지만, 수행 모형은 개인이 이미 선택한 영역에서 추구하는 수준을 예측한다.

④ 수행 모형과 관련된 SCCT에서의 예측

- 가정 8: 자기효능감은 수행 목표를 통해 학업 수행에 직·간접적으로 모두 영향을 미친다.
- 가정 9: 능력(또는 적성)은 자기효능감을 통해 진로와 학업 수행에 직·간접적으로 모두 영향을 미친다.

(4) 자기관리 모형

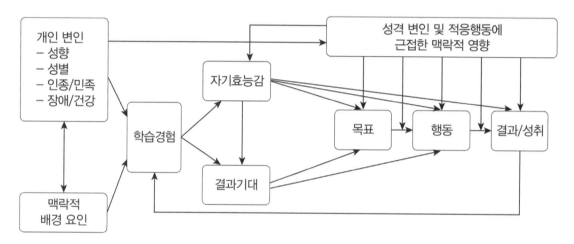

[그림 8-11] 자기관리 모형

① 자기관리 모형에서는 진로 발달과업을 달성하기 위해 주로 직면하는 발달과업 및 어려움에 대한 탐색과 대처 과정을 설명하였다. 따라서 진로 발달과정에 필요한 진로 탐색, 진로 의사결정, 진로 장벽의 이해와 대처와 관련된 변인들 간의 관계를 제시하였다.

② 선택 모형과 유사성이 높지만 선택 모형은 흥미 발달을 통한 목표의 선택, 활동의 선택을 통한 진로 선택을 설명하는 데 초점을 둔 반면, 자기관리 모형은 진로 발달에 있어서 개인의 주도적인 역할을 강조하는 데 초점을 두고 있다.

③ 자기관리 모형은 개인 변인과 배경 변인이 학습 경험에 영향을 미치고, 학습 경험은 자기효능감과 결과 기대를 발달시켜 이에 따라 진로목표를 설명하게 된다고 한다. 진로목표는 진로 관련 행동에 영향을 미치고 수행을 통해 결과나 성취를 이끌어 낸다. 이러한 행동의 결과나 성취는 다시 학습 경험에 영향을 미치는 순환적 구조를 이루고 있다. 이러한 과정에 영향을 주는 변인으로는 진로목표, 진로행동, 행동의 결과 및 성취에 직접적 또는 간접적인 영향을 미친다.

(5) 통합 모형

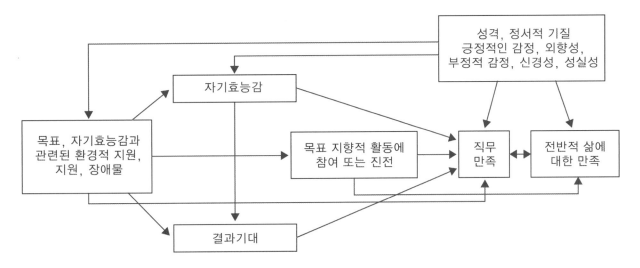

[그림 8-12] 통합 모형

① 여러 모형과 수행 이후의 결과인 직무 만족과 삶의 만족을 통합하는 모형이다.

② 통합 모형에서도 자기효능감, 결과 기대가 중요한 변인이며, 더 나아가 개인의 성격과 정서 상태, 자기효능감과 결과 기대, 목표 간의 관계를 설명하고, 진로에서의 만족과 삶의 만족에 미치는 영향을 설명한다. 또한 외부적 환경이 자기효능감을 갖게 하거나 추구하는 목표를 지지해 주는 경우 만족감은 더 향상된다고 하였다.

③ **직무 만족과 삶의 만족:** 여러 요인의 영향을 받는다. 즉, 인지·정서·행동·환경적 요인들이 직무 만족과 삶의 만족에 여러 영향을 미치게 된다.

④ **성격적 변인의 영향 파악:** 긍정적 정서와 우호성 같은 특성을 가진 사람은 자신의 수행이나 외부의 환경에 대해 덜 부정적으로 인식하고 자기효능감과 결과에 대한 평가에서 또한 상대적으로 더 긍정적으로 인식한다. 또한 긍정적 정서를 가진 사람들이 수행에 대한 두려움, 부정적 결과에 대한 기대가 낮기 때문에 실제 행동을 이어 갈 가능성이 더 크다. 하지만 부정적 정서나 신경성 특성을 가진 사람들은 상대적으로 더 부정적으로 인식하고 평가하는 경향이 있기 때문에 만족감의 정도에서 차이가 발생할 가능성이 크다.

⑤ **직무 만족과 삶의 만족에 영향을 준 요인:** 인지적 요인과 행동적 요인에 주목한다.

　　⊙ 자기효능감과 결과 기대가 인지적 과정이라면, 이에 영향을 받아 하게 되는 목표 지향적 활동은 행동적 측면 이라고 할 수 있다. 인지적 요인이 직무 만족에 직접적인 영향을 미치지만, 인지적 요인의 영향으로 행동적 요인이 촉발되어 직무 만족에 직접적인 영향을 주는 요인으로 행동적 요인을 강조하고 있다.

　　⊙ 행동적 변인이 인지적 요인의 영향을 받기 때문에 목표 달성 가능성이 높을 때 행동적 요인이 만족에 영향을 줄 가능성이 크다. 결국 진로 만족은 삶의 만족에 직접적인 영향을 미치므로, 삶의 만족을 설명하는 모형으로 써의 구조적 틀을 갖추고 있다. 마찬가지로 이 모형에서는 진로 영역 위주로 설명하고 있지만 학업적 영역에 서도 적용할 수 있다고 제안한다.

4. 상담 전략

(1) 기본 지침

① 내담자가 비현실적이라고 느꼈거나 부적절한 자기효능감, 결과 기대 때문에 제외한 진로 대안을 확인한다.

② 내담자가 가능한 진로를 너무 일찍 제외하도록 만든 진로 장벽을 확인하고 평가한다.

③ 내담자의 잘못된 직업정보와 부적절한 자기효능감을 수정한다.

➡ 낮은 자기효능감과 낮은 결과 기대를 진로 미결정의 주요한 원인으로 보고, 자기효능감과 결과 기대를 현실화하여 보다 확장된 진로 대안 중에 선택하도록 돕는다.

(2) 목표

① 내담자의 직업 성격의 중요한 측면과 일치하는 진로 선택을 하도록 도와준다.

➡ 내담자가 낮은 자기효능감, 잘못된 결과 기대 때문에 결과 대상에서 제외한 진로 대안까지 확장하여 내담자와 잘 어울릴 가능성을 탐색한다는 점에서 기존 상담과는 차이가 있다.

② 상담목표를 성취하기 위해 제외된 진로 대안 확인, 진로 장벽 지각에 대한 분석, 자기효능감 변화 촉진 등의 주요 과정을 거친다.

(3) 제외된 진로 대안 확인

① 내담자가 고려 대상에서 제외한 진로를 탐색하고 고려할 가능성을 확장하는 데 초점을 맞춘다.

② **자기효능감과 확인된 능력 사이의 차이와 결과 기대와 직업정보 사이의 차이를 평가**: 표준화 검사와 변형된 직업카드 분류법을 활용하여 자기효능감과 능력 사이의 편차와 잘못된 결과 기대를 발견하고 제외되었던 진로 대안을 다시 포함시켜 가능한 진로 대안을 확장시켜 나간다.

③ 표준화 검사

㉠ 직업흥미검사 결과, 적성, 능력 점수의 편차로 부정확한 자기효능감을 판단할 수 있다.

例 직업가치관 검사 결과와 직업흥미검사 결과의 편차를 통해 잘못된 결과 기대를 평가할 수 있다.

㉡ '제외된 진로 대안'을 확인하기 위해 직업흥미검사, 직업가치관 검사, 적성검사 등의 표준화 검사를 실시하고, 각 검사 결과에서 추천한 직업을 비교한 다음, 직업흥미검사에서는 추천되지 않았지만 다른 검사에서는 추천된 직업들을 '제외된 진로 대안'으로 파악할 수 있다.

④ 변형된 직업카드 분류법

㉠ 각 장마다 직업 이름이 적힌 카드 묶음을 주고 '선택하고 싶은 직업', '선택하지 않을 직업', '잘 모르는 직업'으로 분류하게 한다.

㉡ 이 중에서 '선택하지 않을 직업'과 '잘 모르는 직업'에 초점을 두고 진행한다.

㉢ 이들 직업을 다시 '만일 그 일을 잘할 수 있는 능력이 있다면 선택할 직업(자기효능감)', '성공을 확신할 수 있다면 선택할 직업(결과 기대)', '어떤 경우라도 선택하지 않을 직업(흥미 없는 직업)'으로 분류하게 한다.

㉣ 내담자가 실제 능력 또는 기술이 부족하다면 기술을 더 향상할 수 있는 직업을 탐색하고, 자신의 능력이나 기술에 대해 잘못된 판단을 가지고 있다면 자기효능감을 변화시킬 직업을 탐색한다.

㉤ 성공을 확신할 수 있다면 선택할 직업: "여기 있는 직업을 성공할 가능성이 얼마나 되나요? 성공 가능성에 대한 당신의 예상이 얼마나 정확하다고 생각하세요?"라고 질문할 수 있다.

㉥ 해당 직업에서의 성공 가능성을 잘 모르거나 정확히 모르는 경우: 관련 정보를 더 탐색할 것을 권유한다.

(4) 진로 장벽 지각에 대한 분석 `기출 14`

① 진로 장벽을 확인하고 진로 장벽에 대한 지각이 얼마나 현실성이 있는지, 이러한 장벽을 만나게 될 가능성은 얼마인지를 평가하도록 돕는다.

② 진로에 대한 의사결정 대조표 작성

　㉠ 내담자가 지각하고 있는 진로 장벽을 확인하기 위해 선호하는 진로 대안의 대차대조표를 작성한다.

　㉡ 표 내용 중 부정적인 예상 결과에 초점을 두며, 바로 그 내용이 내담자가 지각한 진로 장벽이 될 수 있다.

③ 상담자는 내담자에게 각 진로 장벽을 만날 가능성을 예측하게 하고, 당면할 가능성이 가장 높은 진로 장벽을 예방하거나 극복하는 전략을 세우도록 돕는다.

(5) 자기효능감 변화 촉진

① 새로운 성공 경험을 하게 하거나 과거의 경험을 재해석하거나 재귀인에 도움이 되는 구체적 자료를 수집하고 제시한다.

② 성공 경험을 통한 자기효능감 향상 시 중요한 건 그 경험을 내담자 자신도 성공 경험으로 지각해야 한다는 것이다.

③ 내담자가 발달적으로 적합한 수행을 한 것을 다시 인식하게 하고, '얼마나 잘했는지'보다 '얼마나 나아졌는지'를 기준으로 발달적 진전을 이룬 것에 대해 스스로 강화하도록 돕는다.

④ 성공의 원인을 과제의 쉬운 난이도나 노력이 아닌 자신의 능력에 귀인하도록 한다.

⑤ 즉, 자기효능감의 증진을 위해 수행 결과를 성공 경험으로 재해석하고, 성공 경험을 스스로의 능력과 노력으로 이루어냈다고 내면화하게 돕는다.

(6) 진로 준비행동 촉진

① 내담자가 설정한 목표를 이루기에 알맞은 활동을 선택했는지, 충분히 적극적으로 활동하고 있는지를 점검하고 진로 준비행동을 촉진한다.

② 내담자가 현재와 같이 진로를 준비하면 목표에 다다를 수 있는지를 점검하여 목표 달성에 도움이 되는 진로 준비행동을 계획하도록 돕거나 현재 하는 행동을 적극적이고 체계적으로 진행하게 격려할 수도 있다.

③ 상담자는 내담자가 무엇을 하면서 하루를 보내는지, 시간을 보내는 방식이 어떠한지를 구체적으로 탐색하여 진로목표 달성에 도움이 되는 준비행동을 하도록 돕는다.

(7) 결과 기대 탐색과 현실성 강화

① **결과 기대**: 자신이 어떤 일을 수행했을 때 따를 결과가 스스로 얼마나 만족스러울지에 대한 예측이다.

② 취업할 나이가 가까워올수록 직업 선택에 대한 결과 기대는 현실적이고 구체적으로 설정되어야 한다.

③ 결과를 현실적으로 기대하려면 내담자가 관심 있는 직업의 여러 조건을 구체적으로 파악해야 한다.

　예 최근 구인 동향, 근무조건, 생활 양식, 연봉, 안정성, 주요 직무내용 등

(8) 환경의 영향 검토

① **환경**: 내담자가 할 수 있는 학습 경험을 결정하며, 내담자가 설정한 목표를 이루고자 진로 준비행동을 수행하는 과정에도 지속적으로 영향력을 행사한다.

② 상담자는 내담자가 환경적 요인에 의해 제한된 학습 경험을 했는지 알아보고, 제한된 학습 경험 중 현재 시점에 보완할 수 있는 것은 없을지 검토한다.

③ 특히 제한된 학습 경험을 가진 내담자에게 적합한 직업의 추가 정보를 제공하여 내담자의 선택 범위를 확대한다.

④ 내담자의 환경적 요인과 환경적 요인에 대한 지각이 진로 준비행동에 영향을 미치고 있는지도 탐색한다.

제 **6** 절 진로 의사결정 이론

1. 진로 의사결정 개념

(1) 진로 결정 수준(결정과 미결정)
① 의미: 자신의 전공 및 직업의 선택과 관련된 확신의 정도를 말한다.
② 결정과 미결정
  ㉠ 결정: 확신 정도가 높은 상태를 의미한다.
  ㉡ 미결정: 확신 정도가 낮은 상태로, 진로 의사결정에 대한 상담 영역의 연구는 진로 의사결정이 이루어지지 않은 상태인 '미결정'을 중심으로 이루어졌다.

(2) 발달적 관점
① 진로 미결정: 직업을 결정하는 발달의 정상적인 과정에 존재하는 '아직 결정에 이르지 않은' 상태를 의미한다.
② 발달적 미결정자
  ㉠ 정보나 의사결정 능력이 부족하여 아직 결정을 못했거나 결정에 몰입하지 못하는 개인이다.
  ㉡ 우유부단한 성격 특성으로 만성적인 미결정 상태에 남아 있는 개인이다.

(3) 발달적 미결정과 우유부단
① 발달적 미결정자
  ㉠ 구체적인 진로를 결정하지 못했지만 이들의 미결정은 정상적·일시적인 것이며 발달 단계에 따라 나아간다.
  ㉡ 진로와 관련된 결정에 있어 자기 자신, 직업세계, 의사결정 과정에 대한 추가적인 정보를 얻을 때까지 결정 과정을 미룬 사람이다.
② 우유부단한 자
  ㉠ 성격적으로 결단성이 부족한 사람이다.
  ㉡ 진로 관련 결정뿐만 아니라 일상생활과 관련된 다양한 결정을 못하는 특성을 가진다.

> **참고** **미결정의 분류**
> • 개인의 진로 결정 상태를 진로 결정과 미결정으로 구분하고, 미결정은 원인에 따라 정보 부족으로 인한 진로 미결정과 성격적인 원인에 의한 미결정으로 구분한다.
> • 정보 부족으로 인한 발달적 미결정은 '결정하지 못한 사람'이라 명명하고, 진로 미결정은 물론 일반적인 결정 상황에서 결정을 회피하려는 성격 특성을 '우유부단한 특성'으로 개념화한다.
> • 미결정 상태를 변화할 의지를 가지고 결정에 이르고자 하는 동기를 가진 사람과 변화할 의지가 없는 '편안한 미결정자 집단'으로 분류하기도 한다.

2. 겔랫(Gelatt)의 이론

(1) 의사결정에 필요한 정보를 수집·활용함으로써 진로 의사결정자는 자신의 선택에 대한 책임을 가지고 보다 합리적인 지각 양식을 가지게 된다고 본다.

(2) 진로 의사결정 과정

① 목표 수립, 정보 수집, 목표 달성을 위한 전략 수립, 진로 의사결정의 순서로 보았다.

② 의사결정 순서

> • 진로목표를 수집한 후 그와 관련된 정보를 수집한다.
> • 수집된 정보를 가지고 결과와 실현 가능성 등을 고려하여 가능한 대안을 탐색한다.
> • 대안 중 자신이 세운 목표를 실현하는 데 최선인 대안을 선택하고자 각 대안을 평가할 자신만의 평가기준을 설정한다.
> • 마지막으로, 자신이 세운 평가기준에 따라 각 대안을 평가하고 최선의 대안을 선택하여 최종적인 결정을 한다.
> • **순환과정**: '목적의식 수립 → 정보 수집 → 가능한 대안의 열거 → 각 대안의 실현 가능성 예측 → 가치평가 → 의사결정 → 의사결정의 평가 → 재투입'의 과정으로 순환된다.

3. 하렌(Haren)의 의사결정 유형 이론

(1) 의사결정 과정

단계	내용
인식	분화가 일어나기 시작하는 시기로, 개인이 심리적 불균형을 느끼고 어떤 결정을 할 필요성을 인식함
계획	여러 대안을 탐색하고 대안을 가치와 우선순위에 따라 교체·확장·제한하는 과정
확신	자신의 선택을 깊이 탐색하고 다각도로 검토하여 선택의 장단점을 명료화함
이행	• 사회적 인정에 대한 욕구와 자신이 선택한 가치 사이에 조화와 균형을 추구하며 자신의 선택에 적응함 • 하위 단계 – **동조 단계**: 사회적 인정·수용에 대한 높은 욕구를 경험함에 따라 자신의 욕구·가치·목표를 억누르거나 금지시킴 – **자율 단계**: 이러한 욕구들이 주장되고 과장되어짐 – **상호 의존 단계**: 자신과 상황 간의 역동적인 균형과 평형을 나타내면서 적응적으로 조절되고 다른 사람과의 상보적이고 상호적인 작용으로 변화됨

(2) 의사결정 유형 기출 17, 21

① 합리적 유형(rational style)

ⓒ 의미: 의사결정 과업에 논리적이고 체계적으로 접근하는 것을 의미한다.

ⓒ 특징: 자신과 자신의 상황에 대한 정확한 정보를 수집하고, 신중하고 논리적으로 의사결정을 수행하며 자신의 의사결정에 책임을 진다.

ⓒ 장점
ⓐ 의사결정이 신중히 이루어지고 심리적 독립과 성장에 도움을 준다.
ⓑ 잘못하거나 실패할 확률이 상대적으로 낮다.

ⓔ 단점
ⓐ 의사결정에 많은 시간이 소요되고, 경우에 따라 지나친 신중성 때문에 기회를 놓치기도 한다.
ⓑ 돌발 상황에서는 적용할 수 없다.

② 직관적 유형(intuitive style)
　　㉠ 의미: 의사결정 시 개인의 내적인 감정 상태에 의존하는 유형이다.
　　㉡ 특징
　　　　ⓐ 의사결정의 기초로 상상을 활용하고 현재의 감정에 주의를 기울이며, 정서적 자각을 사용한다.
　　　　ⓑ 선택에 대한 확신을 비교적 빨리 내리지만 결정의 적절성을 내적으로만 느끼고 말로는 잘 설명하지 못하는 경우가 많다.
　　　　ⓒ 선택의 책임을 자신이 지려고 한다.
　　㉢ 장점: 빠른 의사결정을 하고, 스스로의 선택에 책임을 지며 돌발 상황에 적용하기가 유리하다.
　　㉣ 단점
　　　　ⓐ 잘못하거나 실패할 확률이 상대적으로 높다.
　　　　ⓑ 일관성을 요구하는 일, 장기적인 일에 부적합하다.
③ 의존적 유형(dependent style)
　　㉠ 의미: 의사결정에 대한 자신의 책임은 거부하고 가족, 친구, 동료에게 책임을 전가하는 유형이다.
　　㉡ 특징
　　　　ⓐ 의사결정에 대한 개인적 책임을 부정하고 그 책임을 외부로 돌리는 경향이 있다.
　　　　ⓑ 의사결정 과정에서 타인의 영향을 많이 받고, 수동적·순종적이며 사회적 인정 욕구가 높다.
　　㉢ 장점: 의존자가 유능한 사람일 경우 성공 가능성이 높으며, 사소한 의사결정에 적합하다.
　　㉣ 단점
　　　　ⓐ 의사결정을 내려야 할 때 정서적으로 불안을 느끼고 남의 눈치를 보므로 소신 있게 일처리하지 못한다.
　　　　ⓑ 개인적인 독립이나 성숙에 장애가 되고, 실패했을 때 남탓을 하기도 쉽다.
➡ 즉흥적 유형: 스콧(Scott) 등이 추가한 개념으로, 조급하고 가능한 한 빨리 의사결정을 끝내려는 유형이다.

(3) 합리적 양식의 의사결정 절차 `기출 14`
① 1단계: 문제 상황을 명확히 하는 단계
　　㉠ 개인이나 집단이 부딪힌 문제 상황을 분명하게 이해하는 단계이다.
　　㉡ 상황을 정확히 이해하려면 상황과 관련하여 개인이 추구하는 가치와 목표를 명료화할 필요가 있다.
② 2단계: 대안을 탐색하는 단계
　　㉠ 문제 해결, 즉 원하는 결과를 성취할 수 있는 다양한 방안과 대안을 찾아보는 단계이다.
　　㉡ 과거의 비슷한 상황에서 어떻게 했는지, 다른 사람은 이와 유사한 문제에 부딪힐 때 어떻게 했는지 등에 대한 진지한 검토가 필요하고, 가능하면 많은 대안을 찾도록 노력한다.
③ 3단계: 기준을 확인하는 단계
　　㉠ 앞서 탐색한 대안을 평가할 기준을 마련하는 것이 이 단계의 과업이다.
　　㉡ 기준은 문제 해결이나 원하는 결과를 얻기 위해 충족되어야 할 최소한의 기준을 말한다.

④ 4단계: 대안을 평가하고 결정을 내리는 단계

　　㉠ 다양하게 탐색된 대안을 이전 단계에서 설정한 기준을 가지고 하나씩 평가하고 판단하는 과정이다.

　　㉡ 이 과정에서 각 대안의 적절성, 가능성, 위험성 등을 판단하고 결정하게 된다.

　　㉢ 평가한 결과 만족스러운 대안이 없으면, 다시 2단계로 돌아가 새로운 대안을 찾도록 노력하고 경우에 따라 3단계 기준을 변경해야 할 수도 있다.

　　㉣ 어느 쪽을 선택하든 가장 중요한 것은 초기의 문제 해결 목표를 얼마나 달성할 수 있는가이다.

⑤ 5단계: 계획을 수립하고 실행하는 단계

　　㉠ 선택한 대안을 수행할 계획을 수립하고 실천하는 단계이다.

　　㉡ 계획을 세우고 실천하는 과정에서 새로운 정보를 얻을 수 있으며, 새로운 정보를 얻은 경우 기존의 계획을 재검토할 필요가 있고 계획 자체를 바꿀 수도 있다.

4. 브룸(Vroom)의 기대 모델(expectancy model)

(1) 개관

① 일과 관련된 개인의 행동 설명에 초점을 맞추며, 인간의 행동은 내부로부터 동기화된다는 가정을 전제로 한다.

② 일 역할(work role): '역할 종사자가 행하는 일련의 기능'으로 정의된다.

③ 동기(motivation): '자발적인 행동을 조절하는 과정'으로 정의된다.

④ 유인가(valence), 기대(expectancy): 두 개념은 브룸의 이론을 이해하는 데 매우 중요하다.

(2) 유인가(valence)

① '특정한 결과에 대한 정서적 방향성'으로 정의된다.

　➡ '선호(preference)'와 동의어로 사용된다.

② 결과(outcome): 긍정적 유인가, 부정적 유인가, 중성적 유인가 중 하나를 갖게 된다.

③ 동기: 유인가와 관계된 개념으로, 사람은 긍정적 동기, 부정적 동기, 중성적 동기를 가질 수 있다.

　　㉠ 긍정적 동기: 특정한 결과에 다가가려 하는 것

　　㉡ 부정적 동기: 특정한 결과로부터 물러서고자 하는 것

　　㉢ 중성적 동기: 특정한 결과와 상관없이 아예 움직이고 싶지 않은 것

④ 결과에 대한 유인가의 크기: 특정한 결과로부터 얻어질 것으로 예상되는 만족의 정도에 기반을 둔다.

(3) 진로 선택

① 의사결정자가 특정 진로를 선택하게 만드는 힘은 모든 결과에 대한 유인가의 총합과 기대(주어진 진로에 대한 선택이 바라는 결과의 획득을 가져올 것이라는 기대)의 강도와 직접적으로 연관된다.

② 어떤 사람이 진로 선택을 달성하는 것에 높은 기대를 가지면, 만약 그 선택의 유인가가 0이거나 매우 낮더라도 진로를 선택하도록 하는 힘에 거의 영향을 미치지 않는다.

③ 이와 비슷하게 어떤 진로에 들어서려는 기대가 낮다면, 유인가가 높다고 하더라도 진로를 선택하게 하는 힘을 증가시키지 못한다.

④ 따라서 특정 진로 선택에 대한 유인가가 높고 그 선택을 달성하려는 기대도 높으면, 개인이 진로를 선택하는 데 실질적인 노력을 광범위하게 할 것이라고 예상할 수 있다.

5. 재니스(Janis)와 맨(Mann)의 갈등 모델(conflict model)

(1) 개관

① 가정: 각 개인이 의사결정할 때 언제나 갈등이 발생하며, 이 갈등은 의사결정에 직면한 개인 내부에 '주어진 행동 과정을 수용하거나 거부하려는 상반된 경향이 동시에 존재'하기 때문에 일어난다.

② 모순된 힘의 결과: 불확실성을 느끼고 행동을 망설이게 하며 심지어 정서적 혼란을 겪게 한다.

③ 의사결정 과정에서 야기된 갈등: 스트레스를 유발하며, 이때 스트레스는 '높은 수준의 유쾌하지 못한 감정(불안, 죄의식, 수줍음 등은 정상적인 정보 처리 과정의 패턴에 영향을 줌)'으로 정의된다.

(2) 스트레스와 의사결정상의 갈등 간 관계에 대한 기본 가정

① 욕구가 채워지지 않을 것이라는 예상이 커질수록 스트레스도 증가한다. 즉, 의사결정의 갈등으로부터 야기된 스트레스의 양은 개인의 목표, 그 목표와 관련된 욕구, 또 다른 어떤 욕구 등이 의사결정의 결과로 채워지지 않을 것이라는 예상과 관련된다.

② 위협과 기회는 의사결정을 촉진한다. 의사결정의 스트레스는 위협이나 기회가 생길 때 의사결정자가 현재 행동의 방향을 얼마나 분명히 하는지의 정도와 상관이 있다.

③ 문제와 위협에 대한 모든 형태의 대안이 심각한 위험을 수반하는 것으로 지각되었을 때, 바람직한 대안이 선택될 가능성이 없어지고 방어적인 회피가 일어난다. 이때 방어적인 회피는 대안들로부터 야기될 손실의 축소, 이익의 과장, 지연, 다른 것에 대한 의존, 자료에 대한 선택적 주의집중 등으로 특징지을 수 있다.

④ 의사결정상 갈등으로 적당한 스트레스가 야기되면, 합리적인 대안이 찾아질 것이라는 희망이 있는 한 유용한 대안을 평가하거나 확인하고자 세심한 노력을 기울인다.

> **참고** **스트레스와 의사결정상 갈등 간 관계에 대한 기본 가정의 예시**
>
> 대학 4학년 1학기인 K양은 미술공부를 하고 싶기도 하고, 교육학 관련 대학원에 진학하고 싶은 마음도 있고 집안사정을 고려하여 취업을 해야 한다는 생각도 있어 혼란스럽다. K양 아버지는 K양이 취업을 바로 하지 않으면 대출금을 못 갚아 상황이 매우 악화된다는 말을 K양에게 했다. K양이 이를 심각한 위험으로 받아들였다면 아무 곳이나 돈 벌 수 있는 곳을 빠르게 선택하는 방어적 회피가 나타날 수 있다. 반면 적당한 자극으로 작용되면, 경제적 상황과 자신의 희망을 생각하며 현실을 고려한 세심한 계획을 세울 수 있을 것이다.
>
> 이처럼 위협이나 기회, 스트레스는 종종 의사결정자가 현재 행동의 방향을 분명히 정하게 하기도 한다. 재니스(Janis)와 맨(Mann)은 의사결정에 대한 세심한 접근이 의사결정자의 결정 후 스트레스를 최소화하는 경향이 있다고 가정했다. 세밀하게 모든 대안을 고려한다면 결정으로부터 생겨나는 문제를 더욱 잘 처리하고 최선의 결정에 이를 수 있다고 가정하는 것이다.

(3) 대차대조표 활용법

① 직업에 대한 여러 대안을 만든다.
② 이러한 대안에 대해 중요한 순서대로 +5부터 −5까지 할당한다.
③ 각 대안에 대해 자신이 얻게 되는 유용성을 목록화한다.
④ 유용성도 중요한 순서대로 +5부터 −5까지 할당한다.
⑤ 다른 사람이 얻게 되는 유용성을 목록화한다.
⑥ 이러한 유용성에 대해 중요한 순서대로 +5부터 −5까지 할당한다.
⑦ 잃게 되는 유용성에 대해 ③~⑥번과 같은 방법으로 반복한다.
⑧ 각 대안에 대한 사회적 인정의 원인들을 목록화한다.
⑨ 사회적 인정도 중요한 순서대로 +5부터 −5까지 할당한다.
⑩ 각 대안에 대한 사회적 불인정의 요인을 목록화한다.
⑪ 불안정 요인에 대해 중요한 순서대로 +5부터 −5까지 할당한다.
⑫ 각 대안에 대한 자기인정의 원인과 유형을 목록화한다.
⑬ 그러한 자기인정에 대해 중요한 순서대로 +5부터 −5까지 할당한다.
⑭ 각 대안에 대한 자기불인정의 유형과 원인을 목록화한다.
⑮ 자기불인정에 대해 중요한 순서대로 +5부터 −5까지 할당한다.
⑯ 긍정적·부정적 가중치를 종합하여 각 대안의 가치를 산출한다.

비교 항목	행동의 대안적 방향					
	대안 1		대안 2		대안 3	
	+	−	+	−	+	−
A. 자신에게 주어지는 이득과 손실 1. 개인적 수입 2. 일의 가치에 대한 관심 3. 사회적 지위 4. 교육 기회 5. 여가 기회 B. 중요한 타인에게 주어지는 이득과 손실 1. 개인적 수입 2. 일의 가치에 대한 관심 3. 사회적 지위 4. 교육 기회 5. 여가 기회 C. 자신의 승인·거부 1. 도덕적·법적 고려 2. 타인에 대한 봉사 3. 자기 이미지 D. 사회적 승인·거부 1. 아내·남편으로부터 2. 가까운 친구로부터 3. 동료로부터 4. 타인으로부터						
총점						

6. 미첼(Mitchell)과 비치(Beach)의 주관적 기대효용 모델 [기출 23]

(1) 개관

① 의사결정의 처방적 모델은 사람이 어떻게 의사결정해야 하는지 보여주기 위해 개발되었으며, 대표적인 모델로 미첼과 비치의 주관적 기대효용(SEU; Subjective Expected Utility) 모델이 있다.

② 여러 수학적 원리로부터 파생된 의사결정의 주관적 기대효용 모델은 의사결정자가 바람직한 결과를 얻을 가능성의 극대화를 도와준다.

③ 가능성의 극대화(maximization of expectancies): 의사결정자가 여러 결과에 직면했을 때 각 결과의 가치, 효용과 결과 발생의 가능성에 따라 취하게 될 행동을 예상할 수 있다는 원리이다.

④ 특정 대안적 진로에 대한 주관적 기대효용

$$SEU = (Pk \times Uk) + (1 - Pk)(-Uk)$$

- Pk = 특정한 진로 의사결정이 이루어지면 생길 수 있는 결과인 K가 발생할 가능성(0~1)
- Uk = 결과 K를 받아들이는 것에 대한 효용(1~10)
- 1−Pk = 동일한 진로 의사결정이 이루어져도 결과 K가 발생하지 않을 가능성
- −Uk = K를 받아들이지 않은 것에 대한 비효용(1~10)

⑤ 예시 – 어느 대학생이 '미술사', '경영'의 두 전공을 놓고 선택에 직면한 상황

예상되는 결과 (K) = 대학 졸업 후 일하게 될 영역
- 미술사의 주관적 기대효용 SEU = (0.1 × 10) + (1−0.1)(−4)
    = 1 + (−3.6)
    = −2.6
- 경영의 주관적 기대효용 SEU = (0.6 × 10) + (1−0.6)(−4)
    = 6 + (−1.6)
    = 4.4

⑥ 설명

㉠ 특정한 진로 선택에 대한 주관적 기대효용은 해당 진로와 관련된 주관적 가치와 그 진로가 선택되었을 때 바람직한 결과가 얻어질 가능성의 곱에 의해 산출된다. ➡ (Pk×Uk)

㉡ 이렇게 얻은 수치에 만약 그 선택이 결정되더라도 희망하는 결과가 나타나지 않을 가능성과 그 결과를 받아들이지 않음으로써 일어나는 비효용의 곱에 의해 산출된 숫자가 더해진다. ➡ (1−Pk)(−Uk)

㉢ 등식에서 볼 수 있듯이 실제로 첨가되는 것은 부정적인 계수이며, 이 모델에서 진로결정자는 각 진로 선택 사항에 대한 주관적 기대효용을 계산해야 한다. 또한 높은 계수를 가진 대안이 선택되도록 한다.

(2) 라이트(Wright)의 접근(1984) [기출 16]

① 올바른 의사결정을 위해 활동 가능하고 보다 간단한 대수적 접근을 제안한다.

② 위의 예시에서 '미술사'와 '경영' 중 고민하는 대학생의 예에서 전공과 관련된 직장을 갖지 못하게 될 때의 비효용성은 부정적 요인이 된다.

③ 긍정적인 효용에 관심을 두는 예시: 진로 결정을 앞둔 내담자가 '수학교사', '엔지니어' 중 하나를 선택해야 할 상황에 직면하면 그는 이 선택의 결과로서 어떤 성과가 있길 바랄 것이며, 이는 다음과 같이 예시할 수 있다.

효용(1~10)	획득하게 될 가능성(0~1)	
	수학교사	엔지니어
직업적 안정성(9)	1.0	0.8
높은 보수(10)	0.1	1.0
지위(6)	0.2	0.6
지리적 유동성(6)	1.0	0.9
도전성(7)	0.4	0.8
여가시간(4)	1.0	0.4
가족과 지낼 수 있는 시간(7)	1.0	0.4

- 수학교사의 SEU = 9 + 1 + 1.2 + 6 + 2.8 + 4 + 7 = 31.0
- 엔지니어의 SEU = 7.2 + 10 + 3.6 + 5.4 + 5.6 + 1.6 + 2.8 = 36.2

➡ 주관적 기대효용을 고려한 의사결정 모델로 예상해 보면 이 내담자는 엔지니어가 될 가능성이 더욱 높다.

④ 부정적인 효용에 관심을 두는 예시: 어떤 내담자는 위험한 환경에서 일하는 것에 −8의 가중치를 줄 수도 있고 대도시로 통근하는 것에 −10의 가중치를 줄 수도 있는데, 부정적인 가중치가 할당되면 진로 선택에 대한 주관적 기대효용 평가는 다음과 같이 나타날 수 있다.

효용(1~10)	획득하게 될 가능성(0~1)	
	세일즈맨	회계사
높은 보수(8)	0.9	0.9
직업적 자율성(10)	0.8	0.2
안정성(4)	0.3	0.8
자유시간(8)	0.9	0.3
통근거리(−8)	0.9	0.5
배우자를 만날 기회(7)	0.8	0.7

- 세일즈맨의 SEU = 7.2 + 8 + 1.2 + 7.2 −7.2 + 5.6 = 22
- 회계사의 SEU = 7.2 + 2 + 3.2 + 2.4 − 4 + 4.9 = 15.7

➡ 이 모델에 기초한 평가 결과를 보면 내담자는 회계사보다 세일즈맨이 되는 것이 더 좋은 선택이다.

1. 이론 개요

(1) 개관

① 피터슨(Peterson), 샘슨(Sampson), 리어딘(Reardon)이 개발한 이론이다.

② 개인이 어떻게 진로 결정을 내리는지, 진로 문제 해결과 의사결정을 할 때 어떻게 정보를 이용하는지의 측면에서 인지적 정보처리이론을 진로 발달에 적용한 것이다.

③ 진로상담을 통하여 합리적인 의사결정 방식이나 문제 해결 방식이 학습된다면 내담자는 자신의 진로 문제를 스스로 해결해 나갈 수 있다고 본다.

(2) 4가지 가정

① 진로 의사결정: 인지와 정서의 상호작용의 결과이다.

② 합리적 의사결정: '자기지식 + 직업지식 + 사고방식'이 어떤 영향을 주는지를 아는 것이다.

③ 자기지식과 직업지식: 끊임없이 변하고 도식은 일생 동안 발달한다.

④ 정보처리 능력을 향상함으로써 내담자는 진로 문제 해결능력도 향상할 수 있다.

(3) 기본 가정

① 진로 선택은 인지와 정서의 상호작용의 결과이다.

② 진로 의사결정은 하나의 문제 해결 활동이다.

③ 진로 문제를 해결하는 능력은 지식뿐 아니라 인지적 조작의 가용성에 달려 있다.

④ 진로 문제의 해결은 고도의 기억력을 요구한다.

⑤ 진로 문제를 더 잘 해결하려는 욕구는 자신과 직업세계에 대한 이해를 높임으로써 직업 선택에 만족을 얻고자 하는 것이다.

⑥ 진로 발달은 자신과 직업에 대한 정보를 가지고 일련의 구조화된 기억구조를 형성함으로써 이루어진다.

⑦ 진로 정체성은 자신을 얼마나 아는지에 달려 있다.

⑧ 진로 성숙도는 자신의 진로 문제를 해결하는 개인의 능력과 관련된다.

⑨ 진로상담의 궁극적인 목적은 정보처리 기술의 향상이다.

⑩ 진로상담의 최종 목표는 내담자가 진로 문제를 잘 해결하고 의사결정을 잘하도록 하는 것이다.

(4) 핵심 개념

① 문제: 현재의 미결정 상태와 바라는 상태 간의 차이를 말하는 것으로, 이러한 차이는 인지적 부조화를 가져와 문제를 해결하고자 하는 동기를 불러일으킨다.

② 문제 해결: 현재 상태와 바라는 상태 간의 차이를 제거할 수 있는 정보와 학습, 인지적 전략을 얻는 것으로, 문제해결 과정에서 얻어지는 결과는 개인이 처한 위치와 바라는 위치 간의 차이를 좁히기 위한 적당한 가능성을 지닌 선택이다.

③ 의사결정: 문제 해결뿐만 아니라 문제 해결계획을 세우는 데 필요한 인지적·정의적 과정을 포함하며 그 계획을 추구하는 데 따르는 위험을 감수한다.

2. 정보처리 영역 피라미드 [기출 20]

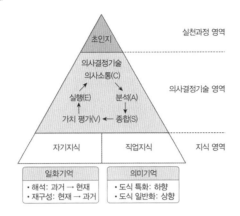

[그림 8-13] 정보처리 영역 피라미드

(1) 지식 영역

① **자기지식(자기정보)**: 자신의 가치, 흥미, 기술 등에 대한 개인의 지각이다.
  ㉠ 자기지식 영역에 통합되어 저장된 일화기억은 개인의 삶의 경험과 행동을 이해하고 예언하게 한다.
  ㉡ 자기지식을 얻을 때는 사건의 해석(장기기억에 저장된 사건에 현재의 사건을 견주어보는 것), 재구성(과거 사건을 현재의 사건에 적합하게 재해석하는 것)의 두 가지 기본적인 과정을 거친다.
② **직업지식(직업정보)**: 구체적인 직업과 교육·훈련 기회에 대한 이해를 포함하고 있다.
  ㉠ 직업지식을 구성하는 기억인 의미기억은 사실, 개념과 더불어 개념 간 관계의 연결망으로 구성되어 비교적 외현적으로 나타나기가 쉽고, 특히 직업지식에 저장된 의미기억은 직업세계를 이해하도록 도와준다.
  ㉡ **직업지식의 성장과 발전**: 도식 특화, 도식 일반화의 두 가지 기본적인 과정을 통해 이루어진다.
    ⓐ **도식 특화**: 하향식 과정, 이 과정에서 추상적인 개념이 세부적·구체적인 하위 개념으로 발전하는 것
    ⓑ **도식 일반화**: 상향식 과정, 이 과정에서 세부적·구체적인 개념이 상위의 추상적인 개념으로 발전하는 것

(2) 의사결정기술 영역

① 개인이 진로 문제를 해결하고 의사결정을 하는 활동과 관련된 포괄적인 정보처리 기술이 포함된다.
② CASVE 주기는 문제 해결 및 의사결정에 관한 구체적인 접근을 제시하고 있다. 주기는 '의사소통-분석-종합-평가-실행'으로 이루어진 일련의 순환절차로, 이를 통하여 의사결정 기술을 증진시킬 수 있다.

(3) 실천(실행)과정 영역

① 실천과정 영역은 '초인지(meta-cognition)'가 포함되어 있는데, 이는 진로 문제 해결에 사용될 인지적 전략의 선택 및 지속을 조절하는 기능을 한다.
② 3가지 방식
  ㉠ **자기독백(자기대화)**: 자기 자신에게 주는 메시지로, 진로 문제 해결과 진로 의사결정 같은 주어진 과업을 얼마나 잘 완성하고 있는지 자신과 빠르고 조용하게 하는 대화이다
  ㉡ **자기지각(자기인식)**: 효과적인 문제 해결 능력을 갖기 위해서 무엇을 원하는지, 왜 하는지를 인식하는 것이다.
  ㉢ **모니터링과 통제**: 의사결정 기술을 익히는 과정이 이루어지는 방식을 모니터링하고, 각 단계에서 필요로 하는 시간을 공급할지의 여부를 통제하는 것이다.

3. 인지적 정보처리과정 [기출 17]

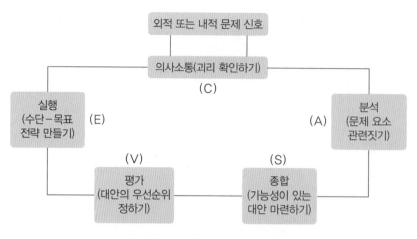

[그림 8-14] CASVE 5단계

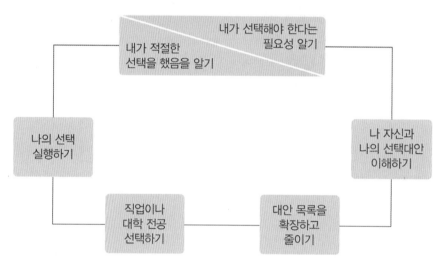

[그림 8-15] 적절한 의사결정을 위한 지침

(1) **의사소통(C)**

① 진로 결정을 해야 함을 인식하는 단계로, 진로 의사결정 또는 진로 준비에 대한 필요를 느낀다.

② 개인은 정보를 수집할 필요가 있는지, 어떤 선택을 해야 할지를 생각한다.

③ 내적·외적 상황과 영향을 경험하는 과정에서 무엇이 필요한지, 왜 필요한지 등과 같은 생각을 하면서 진로 의사결정을 시도하려고 한다.

④ 외적 단서와 내적 단서

　㉠ **외적 단서**: 한 명 이상의 의미 있는 사람으로부터 발생하거나 투입된 긍정적·부정적 사건을 통해 야기된다.

　㉡ **내적 단서**: 내담자의 부정적인 정서 인식, 회피행동, 생리적인 변화를 포함하며, 이러한 과정에서 이전에는 그 존재를 부정해왔던 것을 인정하는 것과 같은 어떤 문제에 봉착하게 된다.

(2) 분석(A)

① 진로를 결정하기 위해 자신과 직업에 대한 이해를 해나가며 그 이해의 폭을 넓혀가는 단계이다.

② 자기정보와 직업정보를 검토하고 자신의 문제가 발생한 원인을 찾아 이를 문제 해결에 반영한다.

③ 자신의 흥미, 기술, 선호하는 고용조건, 가정환경 등을 재검토하거나 새로운 직업정보를 학습하고 기존의 직업 정보를 재검토한다.

④ 내담자는 자신의 정보와 직업정보를 연결할 수 있으며, 의사결정에서 자신의 접근방법에 대해 생각해보고 긍정적 사고와 부정적 사고가 어떻게 자신의 의사결정에 영향을 주는지를 명료화한다.

(3) 종합(S)

① 자신과 직업에 대한 이해를 바탕으로 자신에게 적합할 수 있는 직업 대안을 선택하는 단계이다.
  ㉠ 먼저 직업 대안의 수를 늘리고 여러 대안 중 자신에게 더 적합하다고 판단되는 직업을 선정한다.
  ㉡ 최종적으로 선정하는 대안은 3~4개 정도가 가장 적절하며, 대안의 수를 줄여갈 때 분석 단계에서 수집한 자신과 직업의 정보를 활용할 수 있다.

② 이 단계에서 정교화와 구체화 과정을 통해 가능한 행동 대안이 구성된다.

③ **정교화**: 여러 방법(예 브레인스토밍, 추론, 비유, 자유연상)을 통해 가능한 해결책을 광범위하고 창조적으로 창출하는 것을 말한다.

④ **구체화**: 주어진 상황과 개인적 사정을 감안하여 적절한 대안을 선별함으로써 가능한 선택 대안의 범위를 축소해가는 과정으로, 구체화 과정의 결과로서 대안이 3~5개로 축소된다.

(4) 평가(V)

① 종합 단계에서 선택한 3~4개의 직업을 조금 더 구체적으로 평가하는 단계이다.
  ㉠ 평가를 통해 직업 대안의 우선순위를 정해본다.
  ㉡ 특히 각 대안의 장단점을 정리하거나 자신의 직업 가치관과 비교하면서 우선순위를 결정한다.
  ㉢ 이렇게 자신에게 가장 적합하다고 생각되는 대안의 우선순위를 정해보는 것이 평가 단계이다.

② 이 단계에서는 구직 기회, 자격, 직무사항, 교육이나 훈련경비 등을 고려한다.

(5) 실행(E)

① 평가 단계에서 결정한 우선순위에 따라 취업을 준비하는 것이다.

② 선택을 실행하기 위한 계획과 전략을 구상하고, 실행에 필요한 중간 단계와 중요 사건이나 세부 목표(예 취업, 자격증 시험)도 이때 함께 개발된다.

③ 실행 단계에서 희망 직업을 변경하거나 전면적 재검토가 필요할 때 다시 의사소통 단계로 돌아가서 CASVE 과정을 다시 거친다.

4. 진로사고검사(CTI)

(1) 개관

① 내담자가 가진 진로 의사결정상의 부정적 사고를 다루기 위해 개발하였다.

② 진로 사고: 진로 선택이나 과정에서 나타나는 다양한 생각이다. 특히 역기능적 진로 사고는 개인이 진로를 탐색하거나 선택할 때 혼란을 주고 진로 결정을 방해는 생각이다.

③ 진로사고검사를 통해 내담자는 진로 대안을 탐색하고 부정적 사고를 긍정적으로 변화시키게 된다.

(2) 요인

구분	내용
의사결정 혼란	• 진로 결정에 대한 불안이나 두려움 같은 부정적인 감정으로 인해 진로 선택과정을 포기하거나 의사결정을 시작하지 못하는 정도를 나타냄 • 의사결정 과정 혼란 척도는 CASVE 주기 중 CAS와 관련됨
수행 불안	• 진로에 대한 구체적인 선택을 하고, 최종적인 진로 결정을 하는 데 얼마나 어려움이 있는지 보여줌 • CASVE 주기 중 평가(V) 단계의 어려움과 관련됨
외적 갈등	• 진로에 대한 중요한 사람들의 의견이 자신의 진로 선택에 얼마나 부정적인 영향을 미치고 있는지를 나타냄 • 사람은 자신의 의견과 다른 사람의 의견 사이의 균형에서 곤란해질 때, 자신의 진로 의사결정에 대한 책임감을 회피하게 되는데, 외적 갈등 척도는 CASVE 주기 중 평가(V) 단계의 어려움과 관련됨

5. 인지정보처리 상담과정(7단계)

(1) 1단계: 초기 면담

① 상담자는 내담자와 신뢰관계를 형성하고, 내담자의 진로 문제에 대한 정보를 수집한다.

② 이 단계에서는 진로상담 서비스의 수준을 결정하기 위한 초기 평가도 이루어진다.

(2) 2단계: 예비평가

① 진로 문제의 해결과 의사결정을 위해 개인의 준비도를 평가하는 단계로, 이를 측정하기 위하여 진로사고검사를 실시한다.

② 의사결정 준비도: 능력과 복잡성을 기준으로 평가한다.

　㉠ 능력: 내담자의 내적 요인으로, 진로 의사결정을 할 수 있는 인지적·정서적 능력을 의미한다.

　㉡ 복잡성: 환경적 요인으로, 진로 문제의 해결 및 진로 의사결정을 어렵게 만드는 외적 요인을 의미한다.

(3) 3단계: 문제 규정 및 원인 분석

① 진로 문제를 해결하기 위하여 호소 문제를 규정하고 원인을 파악하는 단계다.

② 이 단계에서는 앞서 진로정보처리 영역 피라미드와 의사결정의 CASVE 과정을 사용한다.

　㉠ 피라미드의 4가지 요인을 모두 적용하여 내담자의 문제가 어느 영역에서 발생하는지 진단한다.

　㉡ CASVE 과정을 적용하여 현재 내담자의 위치를 탐색한다.

(4) 4단계: 목표 설정

① 전 단계를 통하여 내담자의 문제가 파악되고 현재 상태를 이해한 후 문제를 해결하기 위한 목표를 설정한다.

② **목표**: 상담자와 내담자가 함께 설정하며, 서로 협력하여 달성 가능한 목표를 세운다.

③ 행동적인 용어로 진술된 목표는 개별학습계획(ILP)에 기록하는데, 이는 개입을 위한 융통성 있는 구조를 제공하고 상담자와 내담자 간의 계약으로 이용된다.

(5) 5단계: 개별학습계획 구상

① 진로목표를 달성하기 위한 개별학습계획(ILP)을 작성한다.

② **개별학습계획**: 진로상담 목표를 달성하기 위한 것으로, 구체적인 학습계획을 활용하여 내담자에게 진로 문제 해결을 위한 구체적인 활동사항을 제공한다.

③ 목표달성을 위한 활동을 결정할 때는 활동의 내용, 각 활동의 목표, 활동의 소요시간, 활동의 우선순위 등을 함께 고려해야 한다. 이렇게 구체적인 계획이 세워질 때 목표 달성 가능성이 증대된다.

(6) 6단계: 개별학습계획 실행

① 개별학습계획을 시행하는 단계로, 이는 1회 시행이 아닌 진로상담 목표가 달성될 때까지 개발하고 시행하는 과정이 반복되어야 한다.

② 상담자는 내담자가 개별학습계획을 지속적으로 수행할 수 있도록 실행과정에서 내담자에게 용기를 주고 격려하며, 보다 많은 정보와 명료화 및 강화를 제공해야 한다.

(7) 7단계: 종합 및 일반화

① 개별학습계획 시행의 결과를 평가해 보는 단계다.

② 상담목표를 달성했을 경우에는 상담을 종결하지만, 달성하지 못한 목표나 문제가 남아 있다면 이를 확인하고 원인을 파악하여 진로상담 과정을 반복하게 된다.

③ 상담과정을 통하여 학습한 진로 의사결정 방식을 미래의 진로 문제 해결에 일반화할 수 있도록 도와야 한다.

17   구성주의 진로 발달이론

1. 이론 개요

(1) 개관

① 이 이론의 주창자인 사비카스(Savickas)는 수퍼의 진로 발달이론을 현대적으로 확장한 것이라고 밝혔다.

② 사회구성주의 이론을 메타이론으로 삼고 진로 발달이론의 주요 개념을 재개념화하여 수퍼의 아이디어를 현대적 시각의 진로에 통합했다.

③ 우리가 스스로 실재를 구성해간다는 입장으로, 유기체적 세계관에서 맥락주의적 세계관으로 이행했다.

④ 발달이 내적 구조의 성숙보다 환경에의 적응과정을 통해 이루어진다고 보았다.

(2) 개인적 구성주의와 사회적 구성주의

① **개인적 구성주의**: 개인은 실재(reality)에 대한 표상(representaion)을 만드는 것이지 개인 스스로 실재 자체를 만들어 내는 것은 아니라고 본다. 따라서 진로 역시 그것과 관련된 개인적인 의미를 부여함으로써 형성되는 것이지 진로와 관련된 실재 자체를 만들어 냄으로써 형성해 가는 것은 아니다.

   ㉠ 개인이 자신의 경험이나 기억 또는 미래에 대한 희망 등에 개인적인 의미를 부여하면서 진로가 형성되고 그렇게 형성된 주관적인 진로는 그와 관련된 행동을 이끌어 간다.

   ㉡ 기존에 실재하는 사실을 탐색함으로써 진로를 결정할 수 있는 것이 아니라 경험에 대한 의미를 만들어 감으로써 진로를 결정할 수 있게 된다.

② **사회적 구성주의**: 진로 발달은 환경에 적응하는 과정을 통해 이루어지는 것이지 개인 내적 요인을 성숙함으로써 이루어지는 것은 아니다. 따라서 진로는 시간이 지나면서 저절로 발달해 가는 것이 아니라 개인이 구성해 가는 것이다.

(3) 기본 가정

① 사회는 사회적 역할을 통해 개인의 삶의 과정을 구성한다.

② 직업은 핵심적인 역할을 부여하고 성격 조직의 중심이 된다.

③ 개인의 진로 유형은 부모의 사회경제적 지위와 교육 수준, 능력, 성격, 자아개념, 기회에 대한 적응능력 등에 달려 있다.

④ 직업 관련 특성(⑩ 능력, 성격, 자아개념 등)에는 개인차가 존재한다.

⑤ 각 직업이 요구하는 직업 관련 특성은 서로 다르다.

⑥ 사람들은 다양한 직업을 얻을 자질을 가진다.

⑦ 일에서의 역할과 자신의 탁월한 직업 관련 특성이 맞는 정도가 직업적 성공을 좌우한다.

⑧ 만족감은 직업적 자아개념의 실현 가능성에 비례한다.

⑨ 진로 구성과정은 직업적 자아개념의 발달·실현이다.

⑩ 자아개념과 직업적 선호는 계속 변화한다.

⑪ 진로는 '성장, 탐색, 확립, 유지, 쇠퇴'의 과정을 순환한다.

⑫ 전환기에는 5단계가 반복된다.

⑬ 진로 성숙도는 발달과업의 수행 정도로 정의된다.

⑭ 진로 적응도는 발달과업을 수행할 수 있는 준비도와 자원이다.

⑮ 진로 구성은 진로 발달과업에 의해 시작되고 발달과업에 대한 반응으로 완성된다.

⑯ 발달과업을 설명하는 대화, 적응력 훈련, 자아개념을 명료화하는 활동으로써 진로 발달을 촉진할 수 있다.

2. 주요 개념

(1) 직업적 성격

① 진로와 관련된 각 개인의 능력, 욕구, 가치, 흥미 등을 의미하며 이러한 개인차를 반영한 진로 선택의 전통을 부인하지는 않는다.

② 개인차를 바라보는 관점과 개인차에 맞는 진로 대안을 찾아가는 과정에서의 차이: 개인차를 확인하는 데 표준화된 흥미검사를 사용하지만 이를 내담자의 '진짜 흥미'로 해석하지 않으며, 하나의 가능성으로 보고 가설 수립에 활용한다.

③ 개인의 직업적 성격을 이해하는 데 있어 경험에 대한 개인의 관점을 중요시한다.

④ 자기개념: 이미 존재하는 자신의 고유한 특성에 대한 기술이 아닌, 자기개념을 구성하기 위해 자신을 표현하는 것이라는 관점이다.

➡ 어떤 사람이 자신의 이야기를 하면 그것이 그 사람이 되는 것이고 이러한 자기구성이 삶의 과제가 되는 것이기 때문에, 이 이론에서는 이야기가 핵심적인 요소가 되고 이야기 만들기가 자기 자신만의 주관적 진로를 정립하는 가장 효과적인 방법이라고 본다.

(2) 진로 적응도 [기출 18, 22]

① 특정한 일이 자신에게 맞도록 자신을 일에 맞춰가는 과정에 동원되는 개인의 태도, 능력, 행동을 말한다.

② 적응력: 개인이 사회와 접촉하고 사회가 부과한 과제를 처리하기 위해 스스로의 진로 관련 행동을 조절하는 데 필요한 능력인 동시에, 자신을 환경으로 확장해나가는 과정에서 형성되기도 한다.

③ 진로 적응도를 통해 자신의 자기개념을 직업적 역할 속에서 실현하고, 이는 바로 자신의 진로를 새롭게 만드는 과정이 된다.

④ 진로 적응도 차원

질문	진로 문제	적응 차원	태도와 신념	역량	대처 행동	관계 측면	개입
미래가 있는가?	무관심	관심	계획적인	계획하기	알아차리는 관여하는 준비하는	의존적	방향성을 잡는 활동
누가 내 미래의 주인인가?	미결정	통제	결정적인	결정하기	주장적인 훈육된 의도적인	독립적	의사결정 연습
미래에 대해 원하는 것이 무엇인가?	비현실성	호기심	궁금해 하는	탐색하기	실험적인 위험을 감수하는 질문하는	의존적	정보 탐색 활동
할 수 있을까?	억제	자신감	효과 있는	문제해결	지속하는 노력하는 근면한	동등한	자기존중감 향상

㉠ 진로 관심(걱정): 미래에 대한 지향성과 미래를 위해 계획하는 것이다.
  ➡ 미래의 직업인으로서 자신에 대해 관심을 보인다.
  ⑩ 자신의 미래 모습이 어떨지 생각해 봄
㉡ 진로 통제: 개인이 진로를 구성하는 데 있어서의 가능성과 유능감을 의미한다.
  ➡ 목표로 하는 미래 직업을 이루기 위해 필요한 일들을 수행해 나간다.
  ⑩ 맡은 일들을 잘 처리해 나감
㉢ 진로 호기심: 자신의 정체성과 직업세계를 어떻게 맞출지를 이해하고 있는지를 포함하는 탐색적인 태도와
  호기심을 의미한다.
  ➡ 다양한 가능한 자기나 미래의 시나리오를 탐색하는 데 호기심을 보인다.
  ⑩ 새로운 기회들에 대해 호기심을 가짐
㉣ 진로 자신감(확신): 개인의 의도적인 노력의 결과가 성공적으로 이어지는지에 대한 결과 기대를 말한다.
  ➡ 자신의 미래 포부를 추구하는 것에 대한 자신감을 말한다.
  ⑩ 어려움이나 장애물을 만나더라도 잘 극복할 수 있다고 확신함

더 알아보기   **진로 적응도가 높은 사람의 특징**
• 자신의 미래에 관심을 가지고, 자신의 직업적 미래에 대해 통제력을 가지고 있다.
• 가능한 자신의 모습과 일에 대해 호기심을 가진다.
• 자신의 포부를 추구하는 데 있어 자신감을 키워나간다.

⑤ 진로 적응도의 구성요소
  ㉠ 태도: 대처 행동을 할 때 느끼는 감정적(정서적) 측면이다.
  ㉡ 신념: 행동을 이끌어가는 능동성 측면이다.
  ㉢ 역량: 이해력과 문제 해결력을 포함하는 인지적 능력으로, 진로 관련 선택과 수행에 필요한 자원을 말한다.

(3) 생애 주제

① '직업적 선호를 표현하는 과정에서 개인은 자신이 어떤 사람이라고 생각하는지 직업적 용어를 사용하여 나타내고, 어떤 직업에 들어간 후 자신의 자아개념을 구현하려 노력하고, 직업에서 안정을 찾은 후 자신의 잠재력을 실현하고 자기존중감을 유지하려고 한다.'는 수퍼의 가정에 근거한다.

② 직업 선택을 통해 자아개념을 구체화하고, 일을 통해 자신을 드러내는 진로와 관련된 행동들의 이유가 바로 생애 주제이다.

③ 생애 주제를 담은 개인의 진로 관련 경험담을 진로 이야기라고 명명한다.

④ 내담자의 여러 진로 이야기를 통합하여 생애 주제를 찾아나가는 과정이 바로 상담과정이 된다.

3. 적용

(1) 상담목표

내담자의 적응력을 향상시키고 내러티브 능력, 즉 자신의 언어로 정체성을 형성하고 실제로 행동하며 의도적인 성찰을 통해 자신의 삶과 미래의 의미를 구성하도록 돕는다.

(2) 상담 전략

① 스토리텔링, 즉 전통적인 진로상담에서 이야기하기로 사용되는 표준화 검사의 사용이나 검사 결과의 해석을 최소화한다.

② 진로상담에서 자신과 진로에 대해 이야기하는 것은 현재의 자신에 대한 지식을 공고히 하고 미래를 향해 나아가는 데 도움이 된다.

(3) 사비카스(Savickas)의 진로 유형(양식) 면접 `기출 23`

① 진로 스토리를 이끌어내기 위한 일종의 구조화된 면접방법이다.

② 면접 자료를 통해 내담자의 생애 주제를 이끌어내고, 직업적 성격과 진로 적응도를 파악할 수 있다.

③ 특히 내담자는 진로 유형 면접의 질문에 답해가면서 자신의 진로 이야기를 만들어가고, 그 이야기를 통해 진로나 교육과 관련된 다양한 선택을 하면서 자신의 삶에 의미를 더한다.

④ 상담자는 8단계 질문을 통해 상담을 진행한다.

　㉠ 1단계에서는 상담에 대한 내담자의 준비도를 파악하고 상담 목표를 설정하기 위한 질문을 한다.

　㉡ 나머지 단계의 질문은 역할 모델, 여가와 취미, 교과목, 명언, 생애 초기 기억 등이다.

⑤ 진로 유형 면접에서 사용하는 질문

구분	질문	의미
준비도	"○○씨의 진로를 만들어 나가는 데 있어 저와 만나는 시간을 어떻게 활용할 수 있을까요?"	상담의 출발점을 제시함
역할 모델	• "자라면서 가장 존경했던 사람은 누구인가요?" • "어떤 사람의 삶을 따라서 살고 싶은가요?" • "역할 모델 세 사람을 얘기해보세요." 　– "이 사람들의 어떤 면을 특히 존경하나요?" 　– "이 사람들을 각각 얼마나 좋아하나요?" 　– "○○씨는 이 사람들과 어떻게 다른가요?"	• 이상적 자아를 나타냄 • 질문의 초점은 '누구를 존경했는가'가 아니라 '어떤 점을 존경했는가'임

잡지 또는 TV 프로그램	• "정기적으로 구독하는 잡지가 있나요? 해당 잡지의 어떤 점이 좋은가요?" • "정말 좋아하는 TV 프로그램은 무엇인가요? 그 이유는요?"	개인의 생활양식에 맞는 환경에 대한 선호를 나타냄
책 또는 영화	"좋아하는 책이나 영화에 대해 얘기해주세요."	동일한 문제에 당면한 주인공을 드러내고, 이 주인공이 어떻게 문제를 다루어 나가는지를 보여줌
여가와 취미	• "여가시간을 어떻게 보내고 싶은가요?" • "취미는 무엇인가요?" • "취미생활의 어떤 점이 좋은가요?"	자기표현(self-expression)을 다루고 겉으로 드러난 흥미가 무엇인지 나타냄
명언	"좋아하는 명언이나 좌우명이 있나요? 기억하는 명언이 있으면 얘기해주세요."	생애사(life story)의 제목을 제공함
교과목	• "중학교, 고등학교 때 좋아한 과목이 무엇이었나요? 그 이유는요?" • "싫어한 과목과 그 이유는요?"	선호하는 직무와 근로환경을 나타냄
생애 초기 기억	"가장 어릴 적 기억은 어떤 것인가요? 3~6세 시기에 ○○씨에게 일어난 일 중 기억에 남는 일 세 가지가 궁금해요."	무엇에 몰두하여 노력을 기울이고 있는지를 드러냄

(4) 생애 설계(Life designing)

① 사비카스(Savickas, 2012)가 내담자가 자신의 이야기를 가지고 인생계획을 세우도록 돕기 위해 제시했다.
② 이야기를 구성하는 과정을 '구성하기, 해체하기, 재구성하기, 상호 구성하기'의 4가지 국면으로 제시했다.
③ 4가지 국면

국면	내용
구성하기	소서사(작은 이야기)로 시작하여 내담자가 자신의 정체성, 진로에 대한 견해를 조직화함
해체하기	이야기 속에 나타난 문화적 장벽, 자기비판, 자기제한을 파악하고 이야기를 해체함
재구성하기	소서사를 긍정적이고 내담자의 가치와 강점이 포함된 이야기로 재구성함
상호 구성하기	다양한 소서사를 대서사로 나타내고 내담자와 상담자가 내담자의 진로전망에 대해 새로운 견해를 가지게 됨

18 내러티브 진로상담

1. 코크란(Cochran)의 내러티브 진로상담(7개의 에피소드 상담기법)

- 진로 문제 정교화하기
- 실재 구성
- 결정 구체화(확고화)하기
- 생애사 구성하기
- 삶의 구조 바꾸기
- 미래 내러티브 이끌어내기
- 역할 실연하기

(1) 진로 문제 정교화하기

① 내러티브 상담의 첫 단계는 내담자의 관심사를 명료화하는 것이다.

② 상담이 필요하다는 것은 현재 상황과 이상 사이에 차이가 있다는 것으로, 현실과 이상 간의 간격을 메우려면 진로 문제를 정교화해야 한다.

③ 진로 문제 정교화 방법

    ㉠ 직업카드 분류(VCS; Vocational Card Sort)

        ⓐ 직업카드는 100장의 카드로 구성되며 한쪽 면에는 직업 이름이, 다른 면에는 직업정보가 적혀 있다.

        ⓑ 내담자에게 카드 뭉치를 수용과 거부로 나누도록 요청하고 그 이유를 질문함으로써 내담자에게 중요한 가치가 무엇인지를 파악한다.

        ⓒ 직업카드 분류를 통해 내담자가 자신의 삶을 바라보는 데 사용하는 구성개념이 무엇인지 알도록 한다.

    ㉡ 그림 그리기: 내담자를 이완시키거나 심상 기법을 사용하게 하면서 시작하는 직관적인 접근이다.

        ⓐ 내담자는 '내가 무엇인가'를 나타내는, 즉 현재 내담자가 마주한 실제 상황의 표상을 나타내는 그림이나 상징을 그리라는 지시를 받는다.

        ⓑ 두세 번째 그림은 '되고 싶은 나'와 '나를 방해하는 것'이며, 이 그림은 이야기의 중간 부분을 나타낸다.

        ⓒ 네 번째 그림인 '무엇으로 장애물을 극복할 것인가?'는 이야기의 결말, 즉 내담자가 미래에 어떻게 되고 싶은지를 알아내는 데 활용할 수 있다.

    ㉢ 일화(anecdotes) 기법

        ⓐ 일화: 내담자가 해주는 짧은 이야기로, 상담자가 내담자의 삶 면면을 이해하는 데 도움이 된다.

        ⓑ 내담자가 일화를 말하면 상담자와 내담자는 이 일화의 중요성과 그것이 진로패턴과 얼마나 맞는지를 알아보기 위해 함께 작업한다.

        ⓒ 일화를 해석하면서 상담자는 일반화보다 최대한 정확한 해석을 한다.

    ㉣ 이력서

        ⓐ 내담자의 직업생활의 면면을 이해할 수 있다.

        ⓑ 상담자와 내담자가 이력서를 살펴보며 내담자의 강점, 약점을 탐색하고 이를 새롭게 정교화할 수 있다.

(2) 생애사 구성하기

① 내담자의 생애사를 알아보기 위해 내담자에게 자기 삶의 중요한 사건들을 설명하고 그것의 의미를 말하도록 요청한다.

② 내담자의 생애사를 탐색하는 데는 두 가지 기본적인 의도가 있다.

    ㉠ 첫 번째 의도: 내담자의 흥미, 가치, 능력, 동기에 관한 정보를 모으기 위한 것이다.

    ㉡ 두 번째 의도: 개인이 자기 삶의 이야기를 선택하고 조직하는 방식에 주목하기 위한 것이다.

③ 내담자가 자신의 이야기를 풀어놓는 동안 상담자는 내담자가 자신의 이야기가 가지는 의미에 주의를 기울이게 유도하고 이야기를 재구성하도록 돕는다.

④ 생애사를 구성하는 기법

    ㉠ 상담자는 내담자에게 생애사를 기술하도록 요청하고, 생애사 구성에 필요한 여러 기법을 사용할 수 있다.

    ㉡ 기법 중 5가지로 성공 경험, 생애선, 커리어-오-그램, 진로 가계도, 삶의 장이 있다.

ⓒ 생애사 구성 기법 5가지

기법	내용
성공 경험	• 강점이나 성공 경험의 목록을 만들기 위해 상담자는 내담자가 즐겁고 성취감을 느낀 활동의 목록을 작성하도록 함 • 강점은 기초 능력, 기술, 특별한 지식, 정직함과 같은 성격 특성이 포함됨 • 강점 목록을 사용할 때 상담자는 강점이 서로 유사한지 다른지를 살피고 강점 간에 존재하는 패턴을 발견하기 위해 도표를 만들어볼 수도 있음

생애선
(lifeline)
	• 생애선을 그릴 때 내담자는 먼저 종이 한가운데 가로로 긴 선을 그림
	• 그 다음 삶의 중요한 경험을 기록하고 종이에 연대기 순으로 적어 넣음
	• 생애선의 각 점에 특정한 사건을 나타내기 위해 이름을 붙임
	• 이 생애선은 사건뿐만 아니라 사건과 관련된 생각과 감정까지 포함함
	• 메이요(Mayo, 2001)는 이를 확장한 버전으로 '삶의 스토리 내러티브' 기법을 만듦
	• **삶의 스토리 내러티브 기법**
	  – 개인이 비관적으로 검토한 과거와 현재, 가능한 미래 사건에 대한 철저한 분석을 토대로 함
	  – 메이요는 이 기법을 전 생애 발달심리학 과정의 일부로 사용함

커리어-오-그램 (Career-O-Gram)	• 생애선 같은 하나의 선보다는 개인의 발달에서 중요한 요소를 여러 범주로 나누고 범주 간에 관련성이 있는 경우, 연결고리가 존재하는 곳을 표시하기 위해 한 범주에서 다른 범주로 선을 그려 넣음 • 중요한 범주로 주요 목표, 실제 종사한 직업, 대인관계, 의미 있는 경험, 일반 주제가 있음 • 이 기법을 사용할 때 상담자는 내담자의 삶의 경험에 대한 정보를 통합한 후에, 내담자가 진로목표 달성을 위해 실행하도록 결정하는 과정을 명료화하는 작업을 도움
진로 가계도 (career genogram)	• 디 파비오(Di Fabio, 2010)는 가계도 개념을 정교화하여 내담자가 친척들의 삶의 이야기와 진로를 깊이 생각하게 함으로써 진로 가계도를 개발함 • 각 가족 구성원의 좌우명을 만든 다음, 친가와 외가의 전반적인 좌우명을 정함 • 이 정보를 개인이 자신의 포부와 속성에 대해 성찰한 내용과 결합함 • 디 파비오는 진로 가계도의 주요 부분을 통합하기 위해 보석함, 거울, 양피지와 같은 비유를 활용함
삶의 장 (life chapters)	• 내담자의 삶이 책이고 삶에서 중요한 장(chapter)의 제목을 붙인다고 상상하게 함 • 이때 내담자에게 흔한 단어(예 유치원, 초등학교, 군대 훈련)를 사용하는 대신 독특한 제목을 사용하게 함 • 데니스의 경우, '골목대장 월리', '달아나기 위한 뜀박질', '첫사랑' 외에 내담자와 상담자에게 의미 있는 다른 제목을 붙일 수 있음 • 그 다음 상담자는 데니스의 삶의 각 장이나 시기가 갈등, 목표, 의미 있는 영향, 흥미, 기술과 어떤 관련성이 있는지를 물어볼 수 있음

(3) **미래 내러티브 이끌어내기**
  ① 내담자에게 미래에도 나타날 자신의 강점과 흥미, 가치를 고려하여 미래 내러티브를 구성하게 한다.
  ② **미래 내러티브 구성방법**: 성공 경험, 생애선, 커리어-오-그램, 삶의 장 기법이 포함된다.
    ㉠ **성공 경험**: 내담자는 자신의 미래 삶에서 무엇이 성공의 기준일지를 생각하고, 과거 사건에서 강점을 확인하여 이 강점을 가장 잘 사용할 활동을 생각해볼 수 있다.
    ㉡ **생애선**: 생애선을 미래로 확장시켜 자신의 삶을 더 온전하게 만들어줄 것으로 기대하고 개인이 소망하는 경험을 찾아볼 수 있다.

ⓒ 커리어-오-그램: 개인이 소망하는 미래 직업, 의미 있는 사건을 예측해볼 수 있게 만들고, 이러한 경험은 현재의 욕구와 강점, 갈등 해결을 반영한다.

ⓔ 삶의 장: 내담자는 자신에게 중요한 성취를 뜻하는 장의 제목을 만들어낼 수 있다. 만약 내담자가 장에 부정적인 제목을 붙인다면 긍정적인 제목으로 바꾸게 할 수 있다.

③ 유도된 환상(guided fantasy): 내담자에게 특정 상황(匝 시상식, 은퇴식 등의 상황)을 제시하고 이를 상상하면서 이야기를 만들도록 유도하며 상담자는 내담자의 환상을 통해 내담자가 이루고 싶은 성취를 파악한다.

④ 글로 쓴 내러티브 개요(written and narrative outline): 상담자가 내담자와 협력하여 '사명과 강점, 일에 대한 욕구, 취약점, 가능성'의 5개 영역에 대한 보고서를 쓴다.

ⓐ 사명 진술문(mission statement): 내담자의 미래에 대한 목표를 집약한다.

ⓑ 강점: 성취에 대한 내담자 자신의 표현을 반영한다.

ⓒ 일에 대한 욕구: 수행을 촉진하기 위해 내담자가 필요로 하는 것에 초점을 둔다.

ⓓ 내담자의 취약점: 내담자의 목표 달성을 저해할 수 있는 특성에 초점을 둔다.

ⓔ 가능성: 내담자에게 직업 가능성이나 관련 분야에 대한 설명 목록을 제시한다.

(4) 실재 구성

① 내담자가 작성한 내용대로 실현할 필요가 있다는 것을 의미한다.

② 단순히 자료를 읽기 보다는 봉사활동이나 직장 방문, 친구와 토론, 직업 체험하기 등 능동적인 활동을 하는 것을 말한다.

③ 능동적인 탐색의 중요한 목적 3가지

ⓐ 내담자를 현실세계에 몰입시켜 무언가를 확인하게 한다.

ⓑ 내담자가 다양한 출처에서 정보를 얻고 많은 정보원과 이야기를 나누면서 정보를 평가하도록 한다.

ⓒ 다양한 직업에 종사하는 사람과 함께 해당 직업에 관해 대화하면서 내담자가 그 직종에서 일하는 자신의 모습을 상상하게 한다.

(5) 삶의 구조 바꾸기

① 내담자가 현재 자신이 처한 상황을 바꾸고자 하는 것으로, 친구를 사귈 수도 있고 다양한 활동에 관여할 수도 있다.

② 진로 프로젝트(career project)

ⓐ 삶의 구조를 바꿀 때 드러나는 주제를 진로 프로젝트라고 한다.

ⓑ 사람은 자신의 진로와 직·간접적으로 관련된 많고 다양한 과업을 수행한다.

ⓒ 과업에 접근하는 방식에서 드러나는 주제들이 있을 수 있다.

ⓓ 만약 사람이 다른 사람과 상호작용하고 재정을 관리하는 등의 방식에 좋은 감정을 느끼면, 그들은 자신이 하는 일이 가진 의미에 긍정적인 느낌을 받을 것이다.

(6) 역할 실연하기

① 내담자가 바라는 목표를 가능하게 만들고자 시도하는 방법이다.

② 내담자는 어떤 활동이 자신에게 최선인지가 명확하지 않기 때문에 여러 활동을 시도한다.

③ 역할 실연은 대개 작은 것부터 시작하며, 작은 역할을 통해 가능성을 판단하고 최선의 것을 찾으려 한다.

(7) 결정 구체화(확고화)하기

① 구체화(crystallization): 내담자에게 이상적이거나 가능성 있는 해결책을 찾는 것으로, 어떠한 작업을 의도적으로 하는 것이 아닌 자연스럽게 나오는 과정이다.

② 때로 구체화는 내담자가 이전의 6개 에피소드를 경험할 때 일어난다. 여러 직업 가운데 하나를 선택하는 것도 의도적인 과정보다 이전의 6개 에피소드에서 기술한 방식에 따라 활동한 결과로 자연스럽게 나오는 과정이다.

③ 구체화를 촉진하는 방법 3가지

ㄱ 장애물을 확인하고 제거하기: 직업을 획득하는 능력에 대한 확신 부족이나 특정 직업을 선택하라는 부모의 압력과 같은 내외적인 장애물을 확인하고 제거한다.

ㄴ 기회 실현하기: 어떤 선택을 실현함으로써 새로운 역할과 기회를 받아들인다.

ㄷ 진로 결정에 대해 성찰하기: 직업을 선택하는 경험을 성찰해본다.

더 알아보기 **내러티브 진로상담에 대한 코크란(Cochran)의 접근(1997)**

• 자신의 이야기를 하는 데 있어 내담자의 능동적인 역할에 초점을 둔다.
• 코크란에 따르면 상담과정은 7개의 '에피소드'를 포함한다.
  – 처음 3개의 에피소드에서 내담자는 진로 문제를 능동적으로 정교화하고, 자신의 삶에 대한 이야기를 하고(삶 구성하기), 미래를 살펴봄(미래 내러티브 구성하기)으로써 자신의 삶의 의미를 찾는다. 자신의 과거 이야기를 하고 자신의 미래 이야기를 구성한 후 내담자는 다음 에피소드로 나아갈 수 있다.
  – 다음 에피소드는 실연 에피소드인 실재 구성, 삶의 구조 바꾸기, 역할 실연하기이다.
  – 이 3개의 에피소드가 완성되면 내담자는 결정의 구체화로 나아간다.

---

2. 구성주의 진로상담 기법

(1) 커리어 - 오 - 그램(Career - O - Gram)

① 하나의 선(예 생애 곡선)이라기보다는 인간의 발달에 중요한 요인을 범주화하여 묶은 후, 연결고리가 존재하는 곳에 표시하여 그곳끼리 연결하여 선으로 그리는 것이다.

② **중요한 범주**: 목표, 실제 직업, 인간관계, 의미 있는 경험, 유행하는 주제가 포함된다.

③ 상담자는 개인 삶의 중요한 정보를 통합하고 진로목표에 도달하기 위해 시작하는 결정 과정을 명료화하도록 돕는다.

④ 실시: 진로 상담자가 학생에게 자신의 가장 초기 진로희망이 무엇이며 그 진로를 계속 선택하거나 혹은 포기하도록 한 요인이 무엇인지를 물으면서 시작된다. 다음의 질문은 커리어-오-그램을 실시하는 동안 사용할 수 있는 질문들이다.

> • 당신의 첫 생애 목표는 무엇이었는가?
> • 이 목표가 생겼을 때, 몇 살이었나?
> • 이 진로에서 어떤 측면이 가장 당신 마음에 와 닿는가? 혹은 가장 그렇지 않는가?
> • 이 진로로 들어가기 위해서 무엇을 해야겠다고 생각했는가?
> • 이 선택이 자신의 문화 속에서 다른 사람들의 선택과 비슷한가?
> • 남자 혹은 여자로서 선택한 진로가 적합한지에 대해 어떤 메시지를 받았는가?
> • 진로 선택을 할 때 자신이 얼마나 파워풀하다고 느끼는가?

(2) 직업 레퍼토리 검사(역할 구성 레퍼토리 검사)

① 내담자에게 많은 정보를 제공하기 때문에, 표준화된 흥미검사나 가치관 검사와는 다름: 정확한 렙테스트는 내담자의 구조를 조직화하도록 돕고, 내담자가 자신의 직업가치를 명확히 표현할 수 있도록 돕기 때문이다.

② 실시(예시): 직업 구조를 탐색하기 위해 상담자는 학생에게 3개의 직업을 제시하면서 실시한다.

단계	내용
1단계	"○○이가 보기에 이 직업들 중 비슷하게 보이는 2개와 다르게 보이는 것 1개를 제시해 보세요."라고 요청함 ➡ 학생은 '교육을 많이 받아야 하는' 2개의 직업과 '교육이 거의 필요 없는' 1개의 직업을 말할 것인데, 이런 구별이 직업구조가 됨. 이런 구조는 학생에게 가능성 있는 직업을 인식하고 구별하며 평가하는 기초가 됨
2단계	상담자는 학생에게 3가지의 또 다른 직업구조를 제시하고 "이 직업들 중 비슷하게 보이는 2개와 다르게 보이는 1가지를 제시해 보세요."라고 다시 요청함 ➡ 학생은 2개의 직업이 '사람들과 함께 일하는 직업'이며, 하나의 직업은 '혼자서 일하는 직업'이라고 말할 수 있음. 이런 과정은 10개의 직업을 이끌어낼 때까지 계속됨. 각 쌍의 차이점은 다른 직업을 평가하는 데 사용될 수 있는 개인의 구조를 나타냄
3단계	학생이 직업 비교를 끝내면, 그들에게 몇 가지 평가방식(예 7점 척도나 1~10까지의 순위)을 사용하여 각 구조에 따라 직업의 비중과 순위를 매기도록 함. 내담자가 이러한 평가를 해나갈 때, 상담자는 내담자가 사용한 중요한 구조를 이해하기 시작함

(3) 사다리 기법

① 사다리는 학생들이 자신의 구조체계 내에서 상대적으로 중요한 구조들이 무엇인지 파악할 수 있게 한다.

② 사다리는 다른 범주들에 속한 3가지 직업을 선택하는 것에서 출발하여 그 직업들에 대한 질문을 통해 구조를 개발하는 것을 뜻한다.

③ 상담자는 '사다리를 오르내리는 것'처럼 구조에 대한 질문을 계속 초점을 맞춘다.

④ 실시(예시)

단계	내용
1단계	• "우선 마음에 드는 3가지 직업을 선택하세요."라고 내담자에게 요청하면서 시작. 학생은 교사, 의료보조원, 음악가를 선택 ➡ 상담자는 학생에게 3가지 직업에 대해 잠시 생각해 보고 그 직업들 중 비슷한 2가지가 무엇이고, 다른 나머지 1개는 무엇인지 말하도록 함 • 이때 학생의 대답에는 옳고 그름은 없으나, 학생이 무엇을 생각하는지, 직업을 어떻게 보고 있는지 알 수 있는 가장 중요한 자료가 됨 • 학생은 교사와 음악가가 보다 '창의적'이라는 면에서 유사, 반면에 의료보조원은 '보다 기술적'이라고 봄. 내담자의 구조차원의 2가지 측면이 드러남(창의성 vs 기술)
2단계	• '보다 창의적인 혹은 보다 기술적인 직업'중 학생이 무엇을 선호하는지 집중함 • 학생은 창의적인 직업을 선호, 상담자는 '창의적인'에 +기호를 적은 후 "왜?"라고 질문함 • 학생은 '미리 결정된 어떤 라인을 따라가다 보면 좋아지게 될 뿐인' 기술직과 비교하면 "창의적인 작업은 나 자체로 느끼게 해주기 때문에요."라고 대답함

3단계	• 이러한 사다리 구조로 들어가서(나를 나 자체로 느끼는 것과 미리 결정된 라인을 따라감으로써 좋아지는 것) 다시 학생에게 "이런 것들 중에서 당신이 선호하는 것은 무엇인가?"를 물음 • 학생은 보다 표현력 있게 하는 작업을 더 좋아한다고 말함 • 상담자가 다시 "당신은 일 속에 자신을 좀 더 몰입하기를 좋아하나요 혹은 덜 몰입하기를 좋아하나요?"라고 물음. "좀 더 몰입하기를 원해요. 나는 지루하거나 소진하는 것 대신 항상 무언가에 몰입할 때 재미를 느끼기 때문이에요." "이런 질문이 바보처럼 들릴 수도 있겠지만, 나는 당신이 지루하고 소진되는 것보다 재미있고 몰입할 수 있는 것을 더 좋아한다는 생각이 드는데요. 왜 그럴죠?"라고 질문 • 학생은 "만약 내가 좀 더 몰입하게 된다면, 나는 내 일을 시간이 갈수록 무거운 짐처럼 느끼지 않고, 일을 일생 동안 좀 더 오래 즐길 수 있을 것 같아요."라고 대답함 ➡ 이런 구조에 대한 질문과 대답을 통해 다시 학생의 사다리로 돌아가 그녀가 즐기면서 하는 일을 왜 선호하는지, 혹은 왜 일을 짐처럼 무겁게 느끼고 있는지를 명확히 말할 수 있는지 확인하면서, 한 가지 이상의 평가가 내려질 것이며, "제 생각에는 인생을 즐기는 것이 최종 귀착지인 것 같아요."라는 대답에서 학생 구조의 최상위 분류체계에 도달했다는 생각을 함

⑤ **장점**: 내담자의 구조를 이해하는 것뿐만 아니라, 내담자의 감정을 명료화하는 데에도 유용하며, 진로 선택에서 중요한 구조나 가치에 대한 이해를 돕는다. 부모의 가치관과 자신의 일에 대한 가치관을 구별할 수 있게 해주며, 다양한 직업과 관련된 성격이나 내담자의 배우자, 형제, 그들 자신과 같은 특별한 사람도 활용될 수 있다.
➡ 다만, 내담자가 저항할 때 잘 다룰 줄 알아야 한다. 부모가 성적 위주로 법대나 의대 등을 제시하는 우리 사회 상황에서 학생의 구조와 학부모의 구조를 비교하고 그 차이를 이해하는 데 도움을 얻을 수 있을 것이다.

19 다문화 진로상담

1. 이론 개요

(1) 다문화 상담의 전통적 상담과의 차이

① 상담의 초점이 개인으로부터 가족과 문화적 이슈로 옮겨져야 하고, 자기지향적 조력과 관계지향적 조력 사이에 균형이 필요하다.

② 상담자가 현재 사용하는 조력적 반응 중 어떤 것은 다른 문화권의 내담자에게 부적절할 수 있으므로, 상담자는 조력방법을 다양화한다.

③ 인간의 문제를 다루는 방법이 문화마다 다르고 어떤 문화권은 전통적인 상담자가 매우 높은 신망을 얻으므로, 상담자는 문화에 근거한 상담의 역할을 이해하도록 훈련한다.

④ 상담자는 상담실 밖으로도 시야를 돌려 지역사회의 변화를 주장하고 소수민족의 직업 기회를 확대시키며, 내담자를 대신하여 개입할 수도 있다.

⑤ 상담자는 조언자, 옹호자, 토속적 조력체계의 촉진자, 자문가, 변화 매개체가 되어야 한다.

(2) 서구 유럽인의 세계관에 따른 5가지 원칙

① 개인주의와 자율성의 원칙

② 풍요의 원칙

③ 필요한 사람에게 기회가 열려 있다는 원칙

④ 삶에서 일이 중심이라는 원칙

⑤ 진로 발달은 직선적·진보적·합리적이라는 원칙

2. 빙엄(Bingham)과 워드(Ward)의 소수민 여성을 위한 다문화 진로상담 모형 기출 23

(1) 라포와 문화적으로 적절한 관계 형성

① 내담자가 자신을 표현하는 데 자연스러움을 느끼고 상담자가 인종적·민족적 정보에 관한 논의를 환영한다는 점을 내담자에게 명확히 전달한다.

② 문화적으로 적절한 상담관계를 형성하기 위해 상담자는 내담자의 비언어적 행동이나 반응과 같은 구체적인 독특한 문화적인 단서를 알아야 한다.

(2) 진로 이슈 확인(진로 문제 규정)

① 진로 의사결정을 막는 장벽에 대해 이해한다.

② 소수민족 내담자들은 진로에 대한 책임감을 느끼는 동시에 과거와 현재의 내외적 장애가 그들의 진로 의사결정에 여러 방식으로 영향을 미친다는 것을 깨닫도록 도움을 받아야 한다.

③ 중요한 목표는 내담자가 진로 선택을 제한하는 경험들을 확인하도록 돕는 것이다.

(3) 문화적 변인들의 영향 평가

① 진로 선택을 제한하는 문화적 요인(성 역할, 가족, 인종 및 민족 배경, 지배적 배경 등)들을 확인한다.

② 자신의 가족, 종교, 문화적 사건이 어떻게 미래에 대한 관점을 형성하는지를 내담자가 이해하는 것이 중요하다.

③ 어떤 민족 집단들은 자기 자신보다 가족들이 내리는 집단적 결정을 보다 적절하다고 여길 수 있다.

(4) 상담목표 설정

① 상담자들은 내담자에게 상담자와 내담자가 함께 상담목표를 협상하는 것이 적절한 행동이라는 것을 알려 주어야 한다.

② 어떤 소수민족은 실용적인 목표가 자기실현을 토대로 한 목표보다 더 적합할 수 있다.

③ 집단주의적 내담자들은 개인주의적인 내담자와 달리 자기보다 가족을 중요시하므로 진로가 가족에게 어떤 이익을 줄지에 대해서 훨씬 신중하게 고려한다.

(5) 문화적으로 적절한 상담 개입 실시

① 다문화 집단에 대한 개입은 개인의 요구에 의해 결정되지만, 몇몇 소수 민족의 경우 개입 전략을 개발하고 이행하는 데 가족의 승인과 참여가 추천된다.

② 내담자가 상담에 자유롭게 참여하기 전에 가족의 승인을 받아야 하므로, 상담자는 어떤 가족 구성원이 내담자에게 의사결정에 힘을 줄 수 있는지를 알아보는 것이 좋다.

③ 검사를 개입 전략으로 사용한다면 내담자의 인종과 민족 집단에 적절한 검사여야 한다.

(6) 의사결정

① 내담자가 목표에 이르는 것을 방해하는 모든 장벽에서 자유로워지도록 하기 위하여 의사결정 과정을 지속적으로 점검하는 것이 필요하다.

② 몇몇 진로 장벽은 제거하기 어려울 수 있고 몇몇 내담자는 상담자를 기쁘게 하기 위해 결정할 수도 있는데, 내담자는 이 단계에서 당황하지 말고 의사결정 과정을 충분한 수준까지 반복할 수 있도록 격려 받아야 한다.

(7) 수행과 추수지도

① 이 단계에서 내담자들은 설정한 상담목표를 수행하기 위해 정보를 찾고 있거나, 개인적 접촉을 하고 있거나 또는 의뢰된 기관에서 과제를 수행하게 된다.

② 상담자는 내담자의 진전도를 검토하고, 상담에 다시 올 수 있음을 알려 주어야 한다.

3. 다문화 진로상담의 주요 주제

(1) 상담관계 형성

① 상담자는 인종적·민족적 배경을 두루 고려하여 유대관계를 강력하게 확보한다.

② 상담과정에 대한 각 내담자의 고유한 기대를 충분히 이해하고, 내담자의 문화와 개인적 욕구에 맞는 목표와 과제를 설정하고 수행한다.

(2) 강점 강화

① 다문화 내담자는 일반 내담자가 갖지 못한 강점을 많이 가지므로, 이들이 가진 강점을 찾고 계발하는 상담 접근이 필요하다.

② 해결 중심의 단기 상담과 이야기 치료 접근: 개인의 주관적 세상을 존중하고 가진 강점과 역량을 강화하는 기법을 제시하므로 다문화 내담자를 상담할 때 참고할 수 있다.

(3) 문화적 특성을 고려한 진단

① 표준화 진로검사: 주류 문화 출신인 개인을 대상으로 개발되고 규준이 만들어졌다.

② 소수 민족 내담자의 진단은 상담자가 내담자의 복잡한 문화를 이해하고 개인의 반응을 적절히 해석할 수 있을 때 실시한다.

③ 검사를 선택할 때는 측정되는 구인이 문화적으로 다른 개인에게 동일한 의미를 갖는지를 검토한다.

④ 평가 도구 선택에 앞서 특정 측정치가 내담자의 의사결정 과정에 유용한지 판단하기 위해 내담자의 문화적인 맥락을 충분히 조사한다.

⑤ 평가 결과는 내담자에게 반드시 해석해주고, 평가 결과에 대한 내담자의 생각과 그 결과가 내담자에게 미치는 영향을 알아본다.

(4) 사회적 네트워크와 역할 모델 발견·활용

① 사회적 네트워크와 역할 모델은 다문화 내담자의 자기효능감 증진에 매우 중요한데, 특히 자신과 유사하다고 여기는 역할 모델을 발견하는 것은 자기효능감 신념을 바꾸게 하는 강력한 동기유발제가 된다.

② 상담자는 내담자가 사회적 네트워크를 형성하고 사용하며, 자신과 유사한 역할 모델을 찾아내고 모방하고 활용하도록 도움으로써 큰 효과를 볼 수 있다.

(5) 상담과정에 대한 명확한 설명

① 다문화 내담자는 자신과 다른 문화 출신의 상담자 앞에 앉아 예측하기 어려운 상담과정을 견디며 자신의 내면 세계를 탐색하는 작업이 부담스러울 수 있다.

② 이 현상을 저항으로 간주하기에 앞서, 자신에 대해 표현하는 것을 권하지 않는 문화권에서 성장한 내담자에게는 자연스러운 일일 수 있음을 수용하고, 상담과정에 대한 명확한 설명과 구조화된 기법을 사용한다.

(6) 진로 상담과정에 가족을 포함

① 소수 민족 출신의 내담자는 집단적인 세계관을 가지며, 이러한 내담자에게 가족의 결정은 개인의 결정보다 더 중요하게 여겨질 수 있다.

② 경우에 따라 확대가족을 상담에 초대하여 의사결정 과정에 참여하게 하는 방안을 적극 고려할 필요가 있다.

③ 가족을 상담과정에 포함하면 내담자의 세계관, 인종, 정체성, 내담자의 진로에 대한 가족의 기대 등 내담자의 진로 발달을 암시하거나 진로 선택에 영향을 미치는 요인을 깊게 탐색할 가능성이 높아진다.

20 기타 진로이론

1. 블러(Blau)의 사회학적 이론(1956)

(1) 개요

① 사회학적 이론: '개인을 둘러싼 사회·문화적 환경이 개인의 행동에 영향을 미친다.'는 사회학적 지식을 바탕으로 생성된 이론이다.

② 블러, 밀러(Miller)와 폼(Form, 1951): 가정, 학교, 지역사회 등의 사회적 요인이 직업 선택과 발달에 영향을 미친다고 보았다.

(2) 내용

① 개인이 속한 사회계층이 직업적 야망에 영향을 미친다. 사회계층에 따라 그 안에서 생활하는 대다수 사람의 사회적 반응, 교육 정도, 직업적 야망, 일반 지능 등을 결정하는 독특한 심리적 환경이 조성되는데, 이는 결과적으로 직업 선택과 발달에 영향을 미친다.

② 저소득층 가정의 자녀가 열망하는 직업과 그들이 실제로 가질 수 있다고 예상하는 직업 간에 상당한 차이를 보이는데, 이는 자신이 원하는 직업에 접근하는 것을 주위 환경이 허용하지 않을 것이라는 생각에 기인한다.
➡ 환경을 의식하여 체념하는 경우가 많다.

③ 부모: 진로 선택에 영향을 미치는 중요한 요인으로 간주한다.

④ 상담: 가정의 사회경제적 지위, 가정의 영향력, 학교, 지역사회, 압력집단, 역할 지각 등을 개괄적으로 파악하고 고려한다.

⑤ 진로 선택에 영향을 주는 사회환경적 요인

구분	요인
가정	가정의 사회경제적 지위, 부모의 직업, 부모의 수입 및 교육 정도, 주거지역, 주거양식, 가문의 역사적 배경, 가족규모, 부모의 기대, 형제의 영향, 출생순서, 가정의 가치관, 가정에 대한 개인의 태도
학교	교사와의 관계, 동료와의 관계, 교사의 영향, 동료의 영향, 학교의 가치
지역사회	지역사회에서 주로 하는 일, 지역사회의 목적과 가치관, 지역사회에서 특수한 경험을 할 기회, 지역사회의 경제 조건, 지역사회의 기술 변화

(3) 적용

① 사회계층에 따라 개인은 교육 정도, 직업 포부 수준, 지능 수준 등이 다르며, 이는 진로 발달에 영향을 준다.
② 진로상담 시 여러 사회적 요인을 파악·고려한다.

요인	예시
가정의 사회경제적 지위	부모의 직업, 수입, 교육 정도, 주거지, 주거양식, 윤리적 배경
가정의 영향력	자녀에 대한 부모의 기대, 형제간의 영향, 가족의 가치관, 내담자의 태도
학교	내담자의 학업 성취도, 친구나 교사와의 관계, 학교에 대한 태도
지역사회	개인이 속한 지역사회에서 주로 하는 일, 지역사회 집단의 목적과 가치관, 지역사회에서 특수한 경험을 할 기회 또는 영향력
압력집단	교사, 동료, 친지 등의 특정한 개인이나 부모가 내담자로 하여금 어느 한 직업에 가치를 두도록 영향력을 지니는 정도
역할 지각	자신의 다양한 역할 수행에 대한 내담자의 지각과 타인의 지각이 일치하는 정도

(4) 밀러와 폼의 직업 생애 단계

① 개인의 사회경제적 요인을 중시하고 직업 생애 단계를 제시했다.
② 단계별 특징

단계	내용
준비	일에 대한 방향이 서는 단계
시작	시간제 일의 경험과 형식교육을 포함하는 단계
시행	취업을 하고 만족스러운 직업을 찾을 때까지 몇 차례 변화를 시도하는 단계
안정	직업세계와 지역사회에서 안정을 확립하는 단계
은퇴	일에서 물러나 다른 활동을 추구하는 단계

2. 브라운(Brown)의 가치중심적 모델 기출 22

(1) 개요

① 브라운이 제안한 모델로, 인간행동이 개인의 가치에 의해 상당 부분 영향을 받는다는 가정에서 출발한다.
② 흥미는 진로 결정에 큰 영향을 주지 않으며, 가치가 행동역할을 합리화하는 데 강력한 결정 요인이다.
③ 가치는 물려받은 특성과 경험의 상호작용을 통해 형성된다.
④ 가치는 인간 기능의 모든 측면, 특히 일상생활에서 경험하는 정보의 처리에 더욱 영향을 미친다.
⑤ 가치는 개인이 처한 환경에서 행동을 이끄는 중요성에 따라 우선순위가 매겨진다.

(2) 모델

① 인간은 개인의 '가치 지향성'에 의해 흥미와 적성 등이 영향을 받는다고 가정한다.
② 어떤 확립된 행동 기준이 발달과정이나 결정과정에서 중요하게 작용하는데, 이 행동 기준은 '가치 지향적'인 것이며, 사회적 행위를 판단하는 원칙으로 보고 있다.
③ 진로 발달에서 흥미를 강조하기보다는 오히려 흥미가 진로 의사결정 과정에서 큰 역할을 하지 않는다고 본다.
   ➡ 흥미는 가치에서 생겨나는 좋고 싫음을 보여 주는 중요 척도일 뿐이라는 것이다. 즉, 흥미란 가치가 명시화되는 한 형태이며 가치처럼 행동 기준의 준거로 작용하는 것은 아니기 때문이다.

(3) 가치의 정의

① 가치는 인지적·정서적·행동적 요소를 포함하는 일종의 신념이다.

② 가치의 요소

구분	내용
인지적 요소	• 바람직한 목표 상태와 이를 달성하기 위한 수단 가운데 선호하는 방식에 관한 정보가 포함됨 • 즉, 인생의 목표와 그에 도달하기 위한 수단을 포함함
정서적 요소	• 개인이 환경과 상호작용하고 내적 사고에 몰입할 때 자동적으로 활성화됨 • 이때 신념은 다양하므로 이로 인한 정서적 반응도 다양하게 나타날 수 있음
행동적 요소	목표지향적 행동은 욕구, 가치를 만족하기 위한 기회가 크게 지각되어 가치가 활성화될 때 나타남

(4) 가치의 기능

① 가치는 인간이 자신의 욕구 충족을 위해 사회적 상호작용을 하도록 촉진한다.

② 타인의 행동과 자신의 행동을 판단하는 기준을 제공한다.

③ 목표 설정의 기초가 되기 때문에 의사결정 과정에서 중심적인 역할을 한다.

④ 합리화된 행동의 기초를 제공한다.

3. 지위 획득이론

(1) 직업적 지위

개인의 직업적 지위와 사회경제적 지위는 교육적 지위에 의해 결정된다.

(2) 교육적 성취

유전적 요인, 가정환경 요인, 이들을 매개하는 성취 열망, 친구관계 등의 요인에 따라 결정된다.

21 진로상담의 대안 이론

1. 진로 무질서이론 기출 24

(1) 주요 주장

① 비예측성과 비선형성: 체제 내의 모든 요소가 상호작용하고 복잡하게 엉켜 있어 단순하게 설명할 수 없다.

② 개인을 복잡하고 역동적인 체제로 이해하며, 진로를 체제로서의 개인이 나머지 세상(다층적으로 층화된 체제로 이해되어야 함)과 상호작용하면서 나타나는 확산적인 특성으로 이해한다.

③ 프라이어(Pryor)와 브라이트(Bright)의 기존 이론 비판

ㄱ 기존 이론은 개인의 진로에 영향을 주는 잠재적 영향력을 충분히 포함하지 못하며, 특히 개인적인 맥락과 주관적인 맥락을 포괄하지 못한다.

ㄴ 기존 이론은 매칭 또는 조화의 역동에만 초점을 둔 편협한 관점으로, 인간의 상호작용적이고 적응적인 특성을 충분히 반영하지 못한다.

ㄷ 기존 이론은 인간의 현상과 경험을 새롭게 해석하고 의미를 부여할 수 있다는 점을 간과한다.

ㄹ 진로 발달이 때때로 예상하지 못한 사건과 경험인 우연에 의해 변화되며, 간혹 그 영향이 결정적으로 중요할 수 있다는 사실을 담지 못한다.

④ 우연과 변화가 우리 삶을 특징짓는다는 전제 위에서 확산적인 관점을 고려해야 한다.

ㄱ 확산적인 의사결정 과정: 가능성을 중시한다.

ㄴ 특징: 책임감 수용하기, 선택지 구성하기, 긍정적인 행동 유지하기, 낙관주의와 흥미를 지닌 채 미래를 바라보기, 새로운 지식 추구하기, 불확실성을 인식하고 이를 환영하기, 불완전한 지식으로 실행하고 항상 그럴 수밖에 없음을 인정하기, 호기심 따르기, 위험을 감수하기, 자신의 직관 귀 기울이기 등이다.

ㄷ 이러한 과정은 내담자가 갖는 의사결정상의 어려움을 문제로 보기 보다는 의미를 찾는 과정, 열정 추구, 유목적적인 탐색 과정이라는 긍정적 이름으로 이해하며, 그 행위를 격려하게 된다.

(2) 체제의 기능

① 체제의 기능을 유인(attractors)으로 묘사한다.

② 유인: 체제의 피드백 메커니즘, 목표 상태, 경계, 평형과 불평형 간의 조화와 같이 체제를 특징짓는 일종의 궤적으로 이해될 수 있다.

③ 유인의 특징과 종류

구분	내용
목표 유인	• 체제가 특정 지점을 향해서 움직여가는 것을 의미하며, 목표지향형으로 이해됨 • 어느 한 시점에 초점을 맞추고 복잡성과 변화에 대한 다른 모든 정보들을 무시하기 때문에 융통성이 없어지고 기회를 인식하지 못할 수 있음
진동 유인	• 두 개의 지점, 장소 또는 성과 사이를 규칙적으로 이동하는 것을 의미하며, 역할지향형으로 이해됨 • 이편 아니면 저편, 이것 아니면 저것, 즉 둘 중 하나라는 경직된 사고를 보이기 때문에 중요한 정보나 가능성 있는 대안들을 과소평가할 수 있음
패턴 유인	• 복잡하지만 예측 가능한 방식으로 움직여가는 것을 의미하며, 시간의 흐름에 따라 일종의 패턴이나 규칙, 원칙, 절차를 만들어가면서 변화에 대응하는 규칙지향형으로 이해됨 • 예외가 발생하는 상황에 즉각 대응하지 못하며, 이를 위협으로 받아들임
우연 유인	• 예측 불가능한 방식으로 복잡하게 움직여가지만 나름의 질서를 조직해 가기도 하는 변화지향형으로 이해됨 • 우연의 가능성, 미래의 불확실성을 받아들이고, 지속적인 개선, 피드백, 새로운 아이디어 등을 열린 자세로 받아들이면서 변화를 다룸

(3) 상담기법

① **현실 체크리스트**: 개인에게 20개의 문항을 주고, 각 문항에 대해 '그렇다' 또는 '아니다'에 체크하도록 한 후, 그렇다는 반응이 12개 이상인 경우 진로 무질서에 대해 수용하고 있다고 평가한다.

    ㉠ 각 질문은 개인상담에 활용될 수 있으며, 집단에서는 '아니다'에 답한 질문들에 초점을 두고 토론을 하고 진로 결정에 대한 현실을 깨닫는 자료로 활용될 수 있다.

    ㉡ 이를 통해 내담자는 미래에 대한 우리의 제한된 지식과 통제력, 변화의 비선형적인 특성, 우연적 사건의 영향, 우리의 현재 정보가 갖는 불가치한 제한점, 목표 설정의 강점과 약점, 의사결정에 있어서 직관의 가치, 현실을 왜곡하는 우리의 능력, 위험 감수의 필요성을 깨닫게 된다.

    ㉢ 문항 예시: "결정할 당시 당시에는 생각지도 못했던 성과를 만들어낸 결정을 내린 적이 있는가?" 예기치 않은 사건이 당신의 삶에 영향을 미친 적이 있는가?", "어떤 것을 몰랐기 때문에 이득을 얻은 적이 있는가? 등을 활용한다.

② **복잡성 지각 지표**: 지속적인 변화에 대한 개인의 전형적인 반응을 측정하기 위해 고안되었고, 여러 차례의 개정을 통해 요인별 5문항의 변화 지각 지표로 만들어졌다.

    ㉠ 요인(10개): 지속적인 변화, 통제/불확실성, 비선형성, 단계 변화/드라마틱한 단계 변화, 출현/패턴 만들기, 목표에 끌리는 자, 진동/역할에 끌리는 자, 패턴/규칙에 끌리는 자, 우연/변화에 끌리는 자, 우연/변화에 끌리는 자, 목적/영성

    ㉡ 자신이 어떤 유형의 진로 행동을 선호하고 있는지, 변화 요인에는 어떠한 것들이 있는지 확인한다.

③ **행운 준비도 지표**: 우연에 의해 만들어진 결과와 기회를 인식하고 활용하며 적응하는 능력을 의미한다.

    ㉠ 8가지 차원(요인): 융통성, 낙관주의, 위험 감수, 호기심, 인내, 전략, 효능감, 행운을 포함한다.

    ㉡ 8가지 차원은 개인이 불확실성을 감내할 수 있는 능력과 관련된다.

④ **기회 카드**: 내담자들이 '때때로 …상황에서 마술이 일어난다면…'의 질문이 적힌 기회 카드를 뽑은 후 의견을 나눈다. 이 과정에서 내담자는 자신이 예상하지 못한 여러 사건을 어떻게 받아들이고 대처할지 생각하게 된다.

⑤ **매체 활용**: 예측할 수 없는 사건의 영향을 다룬 영화(예 '당신이 잠든 사이', '나비 효과' 등)를 보여주고 토론하게 한다. 이 과정을 통해 내담자가 진로 무질서이론의 기본 가정을 이해하도록 돕는다.

참고 **진로 무질서이론 상담기법의 특징**

- 내담자에게 자신이 살고 있는 세상이 무질서함을 인식시키려 한다.
- 우리가 사는 세상이 복잡하고 무질서하므로 모든 것을 알고 진로 의사결정을 할 수 없음을 깨닫도록 돕는다.
- 작은 변화가 큰 결과를 만들 수 있고 세상에 많은 우연한 사건이 발생하므로, 이를 활용하여 기회로 만들 능력을 북돋는다.
- 내담자가 미처 기억하지 못한 과거 경험을 적극적으로 발굴하여, 경험을 통한 학습 기회를 제공하고 적극적으로 관점을 전환하려 한다.

2. 비이성적 이론

(1) 개관

① 지금까지 진로 의사결정에 있어서 합리성과 계획성이 중시되어 왔다면, 새로운 의사결정 이론은 비합리성과 직관적 사고의 활용을 중시한다.

② 실제 현실에서 개인의 의사결정 과정은 합리적이거나 체계적이기보다는 비합리적이고 직관적으로 이루어지는 경우가 많다.

③ 나이서(Neisser): 개인의 진로 선택과정을 2단계로 설명하고 있다.

　　㉠ 1단계: 현상을 무의식적으로 해석한다.

　　㉡ 2단계: 의식적인 검열을 한다.

　　➡ 일상에서의 의사결정은 2단계에 도달하기 전에 이루어지며, 진로 의사결정 과정도 이러한 범주에서 벗어나기 어렵다.

④ 의식적인 선택을 지나치게 강조하는 현재의 경향에서 탈피하여 현명한 무의식, 즉 직관에 무게를 두어야 한다고 주장한다.

⑤ 계획성과 합리성을 강조하기보다 개인이 변화에 민감하게 반응하고 불확실성과 모호함을 견디며, 적응적 반응 양식을 새롭게 개발하도록 조력하는 것이 진로상담의 과제일 수 있다.

(2) 긍정적 불확실이론

① 겔랏(Gelatt, 1989): 긍정적 불확실이론은 의사결정자가 확실성과 합리성에 대한 맹목적인 추구에서 벗어나 보다 유연한 태도로 의사결정 과정에 임할 것을 강조한다.

② 의사결정 과정을 '정보를 활용하여 선택하고 활동하도록 배열하는 과정'으로 정의하고, 과거와는 다른 방식의 수집, 의사결정 과정, 행동화를 요구한다.

③ 특징

구분	내용
정보에 대한 인식 전환	• 모든 정보는 급속하게 구식이 되기 때문에 완벽한 정보는 존재하지 않음 • 정보 수집도 의사결정 과정의 일부이지만, 상담자는 내담자가 자신의 안목을 활용하여 정보의 경중을 평가하고, 어느 시점에는 독창적인 판단으로 의사결정에 임하게 도와야 함
의사결정 과정에서도 과거의 패러다임 수정	• 객관적이고 합리적인 의사결정, 명확한 목표 설정과 현실 인식을 토대로 한 의사결정만이 최고는 아니며, 때로는 자기기만이나 환상도 유용한 대처방식이 될 수 있음 • 따라서 상담자는 내담자가 자신의 주관을 개발하도록 지원하고, 고루한 신념을 바꿔 도전적인 태도를 지니도록 격려할 필요가 있음
행동화 과정에는 합리성과 융통성의 조화가 필요	• 이성적 판단에 편향되거나 직관적 판단에만 의존하기보다 이 둘의 적절한 조화를 통한 선택과정이 필요함 • 상담자는 내담자가 과거를 기억하고 미래를 상상하며 융통성을 발휘하도록 격려할 필요가 있음 • 변화에 부응함과 동시에 변화를 만들 수 있는 능력이 있음을 인식하도록 함

(3) 정서중심 이론

① 와이스(Weiss)와 크로판자노(Cropanzano, 1996)의 정서이론: 정서를 '특정한 일과 관련된 사건에 대한 명확한 반응'으로 정의하면서, 특정 정서반응이 후속적으로 일과 관련된 여러 일화를 이끌어낸다는 점을 강조한다.

② 우리의 진로 결정 행동은 은연중에 정서가 중요한 역할을 하며 직장 내의 태도, 일과 관련된 경험, 행동에서도 정서가 주도적인 기능을 담당한다.

➡ 정서중심 이론은 진로 결정, 진로 발달과정의 인지적인 영역만 강조하는 것에서 벗어나서 정서, 인지, 행동 간의 조화로운 역동을 고려해야 하며, 행동의 결정과정에 있어서 더욱 중요한 것은 인지가 아니라 다른 무엇(예 정서적인 것, 삶에 대한 태도)일 수 있음을 보여주려 한다.

(4) 영성이론(Bloch와 Richmond)

① 블로흐: 체제이론의 관점에서 복잡하고 적응적인 체제들을 상호 연결하는 것은 결국 영성이라고 주장하면서, 진로상담이 곧 영성상담이 되어야 한다고 보았다.

② 일에서의 영성: 일을 통해 의미를 찾고 공헌하며 타인에 봉사하려는 개인의 내면생활을 의미한다.

③ 영성을 획득하는 경로 4가지(Kinjerski와 Skypnek)

   ㉠ 소명의식: 이곳이 내가 있어야 할 곳이다.

   ㉡ 자신의 모든 내면적인 힘이 합일하는 느낌이다.

   ㉢ 변화를 일으키는 결정적인 계기이다.

   ㉣ 자신이 속한 맥락에 대한 민감성이다.

④ 일과 영성 사이를 연결하는 연결고리 7가지

구분	내용
변화	자기 자신과 자신을 둘러싼 세상의 변화에 개방적인 자세
균형	자신의 삶 여러 영역에서 이루어지는 활동들 사이의 균형
에너지	자신이 원하는 바를 실행하기에 충분한 감정
공동체 의식	공동체의 일원으로서 함께 작업하는 것
소명	자신에게 지금 이 일이 천직이라는 믿음
조화	자신의 재능, 흥미, 가치의 조화
일치	일이 단순한 돈벌이 이상의 목적을 가진다는 믿음

제 8 절 진로상담 과정과 평가

22 진로상담 과정

1. 진로상담의 기본 원리와 모델

(1) 기본 원리

① 진학과 직업 선택에 초점을 맞추어 전개한다.

② 개인의 특성을 객관적으로 파악한 후, 상담자와 내담자 간의 라포가 형성된 관계 속에서 이루어져야 한다.

③ 진로상담은 개인의 진로 결정에 있어 핵심적인 요소이므로 진로 의사결정 과정의 상담을 거쳐야 한다.

> **참고** **진로 의사결정 과정**
>
> 1. 진로결정의 목표의식 확립
> 2. 관련 정보의 수집
> 3. 가능한 대안을 열거
> 4. 각 대안의 실현 가능한 결과를 예측
> 5. 결과의 가능성을 예언
> 6. 결과에 대한 가치를 평가
> 7. 대안의 선택
> 8. 결정에 대한 평가를 하고 추후 재투입

④ 진로 발달이론에 근거해야 하며, 진로 발달은 진로상담에 영향을 미친다.

⑤ 변화하는 직업세계에 대한 이해와 진로정보 활동을 중심으로, 개인과 직업 간의 연계성을 합리적으로 연결하는 과정에 초점을 두어야 한다.

⑥ 진로상담은 각종 심리검사 결과를 기초로 합리적 결과를 이끌어내도록 돕는 역할을 한다.

⑦ 진로상담은 윤리강령에 따라 전개되어야 한다.

⑧ 진로상담은 일반 상담능력을 갖춘 상담자가 진행해야 한다.

(2) 진로상담 과정의 특징

① 진로상담은 심리상담과 다르게 문제를 이해하고 목표를 수립하는 과정보다는 의사결정과 행동화 전략 구상, 행동화를 위한 조력과정이 더욱 중요하며 이를 중점적으로 다룬다.

② 심리상담에 비해 진로상담, 특히 진학상담은 전문가가 주도하기보다는 비전문가가 실행하기 때문에 상담자의 가치관이나 사회 전반적인 진로문화에 의해 오염되는 경우가 많다.

③ 내담자가 놓인 경제적인 현실, 진로 상황에 따라 개인의 진로 선택과 의사결정이 크게 변화될 수 있으므로, 진로상담자는 개인의 심리적 특성 분석에 의해 선택하고 의사결정을 한다는 '심리적 환원주의'의 오류로부터 벗어나야 한다.

2. 진로상담 모형(Gysbers, Heppner, Johnston)

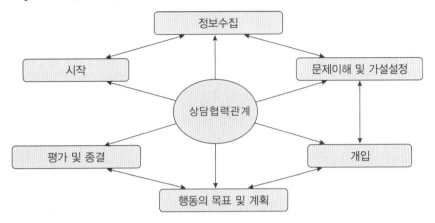

[그림 8-16] 진로상담의 구조

(1) 상담 협력관계(작업동맹)

① 의미: 상담자와 내담자 간에 상담을 진행하기 위해 필요한 정서적·과업지향적 상호 협력관계이다.

② 보딘(Bordin): 상담 협력관계는 변화를 위한 협력으로 3가지 요소가 있다.

  ㉠ 상담자와 내담자 간 상담목표에 대한 합의

  ㉡ 목표에 도달하기 위해 필요한 과제의 합의

  ㉢ 상담자와 내담자 간 형성되는 정서적 유대

(2) 목표 및 문제를 정의하는 단계

① 시작 단계: 상담자는 내담자와의 관계를 확립하고 내담자가 자신의 문제를 탐색하고 확인하도록 돕는다.

② 정보 수집 단계: 표준화된 심리검사와 내담자의 꿈, 희망, 포부 등을 기록한 자료와 같은 질적 자료 등을 통해 내담자에 관한 정보를 수집한다.

③ 목표 확인 단계: 내담자의 행동을 이해하고 내담자에 대한 가설을 세우는 과정으로, 상담자는 상담적 개입 지침을 제공할 수 있는 가설을 형성한다.

(3) 목표 또는 문제의 해결 단계

① 개입 단계: 내담자를 돕기 위해 상담적 개입을 사용한다.

② 행동의 목표 및 계획 단계: 내담자가 목표를 달성하고 잠재적인 장벽을 해결하기 위한 발달적인 진로목표와 행동계획을 세우도록 돕는다.

③ 평가 및 종결 단계: 결과를 평가하고 상담을 종결한다.

1. 접수면접와 사례개념화

(1) 접수면접

① 실제 상담 전에 상담의 호소 문제가 무엇인지, 상담기관에서 다룰 수 있는 문제 영역인지를 확인하고, 실제 상담자와 연결 짓기 위한 기본적인 정보를 수집하는 대화가 이루어지는 과정이다.

② 접수면접 과정에서 상담자와 내담자 간의 협력적 관계 수립의 기본 토대가 마련되어야 한다.

③ 내담자가 호소하는 문제의 영역과 정도에 대한 기본적인 관찰과 평가를 통해 본 상담에 필요한 기초적인 정보가 수집된다.

④ 가장 중요한 과제는 상담을 신청하는 내담자의 주된 문제가 진로 문제인지, 아니면 심리적 문제인지 감별하는 것이다.

⑤ 주된 목적은 내담자의 욕구를 파악하고 후속적으로 이어질 진로상담의 방향을 결정하기 위한 것이다.

(2) 진로 사례개념화

① 내담자는 사례개념화를 통해 목표를 정확하게 파악함으로써 그동안 막연하게만 알았던 자신의 문제를 명확히 알게 되고, 이는 상담에 대한 동기 수준을 높이는 계기가 된다.

② 필립스(Phillips)의 진로상담 5가지 주제: 내담자가 제시한 문제가 어떤 단계에 속하는지에 따라 사례에 대한 접근법을 다르게 해야 한다.

   ㉠ 진로 선택과 결정을 위한 자기탐색과 발견의 단계에 속하는 경우

   ㉡ 선택은 했지만 아직 준비가 미흡하여 선택에 대한 준비도를 높이는 문제인 경우

   ㉢ 의사결정상의 합리성을 고려해야 하는 상황인 경우

   ㉣ 선택과 결정상의 어려움을 도와주어야 하는 문제인 경우

   ㉤ 앞선 단계를 다 거쳤으며, 실제 행동화 단계에서 겪는 실제적인 고민인 경우

③ 취업 로드맵(Westwood, Amunson, Borgen, 1994)

   ㉠ 진로 선택 이후의 진로 문제까지 포함한다는 점에서 진로 경로의 전 단계를 아우르는 사례개념화 틀을 개발했다.

   ㉡ 사례개념화 틀

      ⓐ 진로 탐색과 의사결정

      ⓑ 직업기술 연마

      ⓒ 일자리 찾기 기법들

      ⓓ 일자리 유지 기술들

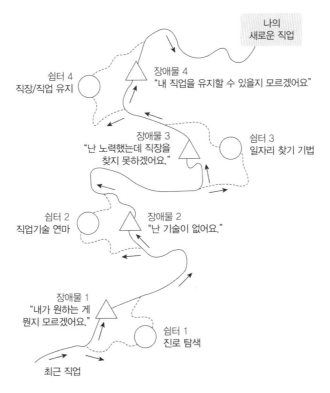

나의
새로운 직업

쉼터 4
직장/직업 유지

장애물 4
"내 직업을 유지할 수 있을지 모르겠어요"

장애물 3
"난 노력했는데 직장을
찾지 못하겠어요."

쉼터 3
일자리 찾기 기법

쉼터 2
직업기술 연마

장애물 2
"난 기술이 없어요."

장애물 1
"내가 원하는 게
뭔지 모르겠어요."

쉼터 1
진로 탐색

최근 직업

[그림 8-17] 취업 로드맵

2. 관계 수립

(1) 작업동맹

① 진로상담에서도 개인의 작업동맹(상담자와 내담자 간의 유대, 협조, 목적의식 공유)과 비슷하게 '편들어 주기' 개념이 제시되고 있다.

② **편들어 주기**: '내가 잘하든 못하든 중요한 사람으로 인식되고 주목과 배려를 받으며 인정받고 있다는 믿음'이다.
➡ 개인상담의 무조건적 긍정적 존중과 유사하다.

③ **단계**: 주목하기 단계 → 중요시 단계 → 도움 주고받기 단계 → 개인적·전문적 관계 맺기 단계

④ 이러한 과정을 거치면서 내담자는 점차 상담자를 믿게 되고, 이러한 기본적인 토양 위에서 이후의 상담을 진행해나갈 힘을 얻는다.

(2) 내담자가 좋은 관계를 맺기 위해 고려해야 할 사항

① 내담자의 불안 수준을 낮춤과 동시에 현실을 보다 정확히 인식하도록 현실 검증력을 높이고, 미래를 희망적으로 바라보도록 안목을 교정한다.

② 상담자는 자신의 문제를 해결하기 위해 그동안 해온 내담자의 노력을 인정하고 이를 격려할 필요가 있다.

③ 상담자는 내담자와 전문적이면서도 개인적인 관계를 형성한다. 이 관계는 내담자로 하여금 상담자가 자신을 중요한 사람으로 인식하고 적극적으로 조력할 자세가 되어 있음을 확인함으로써 형성된다.

④ 내담자의 바람과 욕구를 파악하는 한편, 내담자가 왜 이 시점에 상담자를 찾아 왔는지 확인할 필요가 있다.
   ㉠ 이 과정에서 일반적인 상담기법(⑩ 경청, 공감적 이해, 질문, 요약)이 활용될 수 있다.
   ㉡ 내담자의 문제를 단정 짓거나 특정 관점에서 해석하기보다 중립적인 관점에서 이해하려 노력해야 한다.

⑤ 관계 수립과 동시에 상담자는 진로상담에 대한 구조화 작업을 한다. 상담자는 내담자에게 진로상담의 목표, 예상되는 기간, 상담 절차, 사용할 도구, 상담의 한계, 위험 요소 등을 알릴 책임이 있다.

3. 내담자 분류

(1) 의사결정 수준에 따른 분류(Sampson, Peterson, Lenz, Reardon, 1992) `기출 15, 24`

구분	특징
진로 결정자	• 자신의 선택이 잘되었음을 명료화하기를 원하는 내담자 • 자신의 선택을 이행하는 데 도움이 필요한 내담자 • 진로를 결정한 것처럼 보이지만 실제로는 결정을 못하는 내담자
진로 미결정자	• 자신의 모습, 직업 혹은 의사결정을 위한 지식이 부족한 내담자 • 다양한 능력으로 진로 결정이 어려운 내담자 • 진로 결정은 어려워하지만 성격적인 문제는 없는 내담자
우유부단형 (진로 무결정자)	• 생활 전반에 걸쳐 불안을 동반하는 내담자 • 일반적으로 문제 해결과정에서 부적응적인 성격을 지닌 내담자

> **더 알아보기** **진로 미결정자와 우유부단형(진로 무결정자)**
>
> • **진로 미결정자**: 정상적으로 발달하는 사람으로, 진로 선택을 구체화할 수는 없지만 진로 선택의 과업 때문에 압력이나 스트레스를 받지는 않는다.
>   - **의사결정을 못한 이유**: 더 많은 직업세계, 의사결정 과정의 정보를 수집하고 있기 때문이다.
>   - **진로 결정이 어려운 이유**: 자기명료화, 직업에 관한 정보, 결단성 등의 부족, 진로 선택에 대한 주관적인 중요도가 있다.
>   - **결단성 부족**: 성격적 요인이기 때문에 이 문제가 심각하면 우유부단형과 유사할 수 있다.
> • **우유부단형(진로 무결정자)**: 결정을 쉽게 못하는 성격 특성을 가지며, 외적 요인에 의해 통제되는 경향과 자신의 상황을 다른 사람의 탓으로 돌리는 경향이 있다(진로 문제 < 성격 문제).
>   - **의사결정을 못한 이유**: 성격적인 문제인 경우가 많다.
>   - 관계를 형성하고 유지하는 데 유의해야 할 내담자로, 성격적인 문제 때문에 상담이나 관계 형성이 어려울 수 있다.
>   - 지나치게 경쟁적이거나 타인을 의식하기 때문에 자발적인 의사결정을 하기가 어렵다.
>   - 사고보다 감정에 지배되는 행동양식의 소유자로, 한 번 결정한 것을 유지하기 어렵다.

(2) **청년층의 진로 유형과 특징**

① **청년층 진로 유형화 모형**

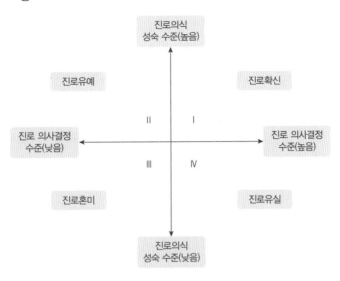

[그림 8-18] 청년층 진로 유형화 모형

② **청년층 진로 유형과 특징**

구분	내용
진로확신 집단	• 진로 발달과 진로 의사결정 수준이 상대적으로 높은 집단 • 진로 발달 수준과 진로 의사결정이 높을수록 실천적인 행동을 많이 함 • 진로 자아효능감이 4개의 집단 중에 가장 높음 • 진로 발달, 진로 의사결정, 진로 준비행동 수준이 모두 높음
진로혼미 집단	• 진로 발달과 진로 의사결정 수준이 상대적으로 낮은 집단 • 진로 의사결정에 어려움을 겪음 • 의사결정과는 무관하게 진로 준비행동으로 옮겨가는 경향이 있음
진로유예 집단	• 진로 발달 수준은 높지만 진로 의사결정 수준은 상대적으로 낮은 집단 • 진로 발달 수준이 높음에도 의사결정을 지연시키는 경우가 많음 • 진로 발달 수준과 진로 준비행동 수준이 높음
진로유실 집단	• 진로 발달 수준이 낮지만 의사결정 수준은 높은 집단 • 진로가 어느 정도 정해진 집단에서 나타나며, 진로 준비행동과 진로 효능감 수준이 가장 낮음

4. 문제 평가 및 목표 설정

(1) 문제 평가

① 내담자의 호소 문제를 확인하고, 그 문제가 왜 발생했고 내담자가 문제를 어떻게 이해하고 있는지를 파악한다.

② 수퍼(Super)의 생애 아치에 제시된 항목을 중심으로 문제 평가(Brown, 1990)

    ㉠ 내적 변인: 내담자의 지능, 욕구, 가치, 성격, 적성, 흥미 등의 기본 정보가 포함된다.

    ㉡ 외적 변인: 경제, 지역사회, 사회, 노동시장, 또래집단, 사회정책 등이 있다.

    ➡ 2가지 토대를 기초로 하여 내담자 자신의 발달 단계와 역할개념 등에 대한 정보가 수집되어야 한다.

③ 내담자 문제를 평가하기 위한 정보
  ㉠ **일반적인 정보**: 학업성적, 지능, 적성, 직업 가치관, 직업 정체감 수준, 내담자가 진술하는 직업적·개인적·사회적 영역의 문제, 불안의 정도, 자신감의 정도, 정서 상태 등에 대한 정보이다. 이는 내담자의 보고나 진로 관련 검사 등을 통해 얻을 수 있다.
  ㉡ **진로 계획과 관련된 정보**: 내담자 유형을 분류하기 위해 필요한 정보로 진로문제 해결능력, 진로신화 혹은 편견, 진로 결정에 대한 압력, 학업능력에 대한 자신감 부족, 일의 세계에 대한 지식 부족, 가족갈등, 내담자의 성격 특징 등의 정보를 의미한다.
  ㉢ **진로 발달에 대한 정보**: 내담자의 진로 경험, 의식, 진로 탐색 또는 실천에 필요한 능력, 준비도 등을 평가하기 위한 정보이다. 일의 경험에 관해서는 마지막 일, 가장 좋았던 일, 가장 싫었던 일, 이러한 일들 간의 비교를 써보게 하며, 교육경험이나 준비과정에 대해서는 현재까지의 교육이나 훈련 경험에 대한 기록표를 작성하게 한다. 그 다음으로 여가시간을 보내는 방법이나 교우관계 등을 알아볼 수 있고, 생활 양식에 대한 정보도 확인한다.
④ 내담자를 평가하는 과정에서 단순히 심리적 변인에만 초점을 맞추어서는 안 되며, 내담자의 문제를 부정확하게 평가할 가능성도 고려해야 한다. 내담자가 가진 어려움에만 초점을 맞추면 진로상담 과정에서 내담자가 위축되거나 문제를 과대평가할 가능성이 있으므로, 상담 중에 수시로 내담자의 강점을 확인하는 작업이 필요하다.

(2) 목표 설정
① 문제가 확인되고 규정되면 내담자와 함께 목표를 설정한다.
② 목표가 설정되면 내담자와 합의하는 과정을 거친다.
③ 내담자의 의사결정 수준에 따라 상담 과제가 다르게 적용된다.
④ 목표를 다룰 때의 유의사항
  ㉠ 목표를 구체적이면서도 그 결과를 가시적으로 평가할 수 있는 형태로 진술한다.
  ㉡ 목표가 그렇지 못하면 상담의 효과를 평가할 수 없을 뿐만 아니라 내담자가 자신의 노력을 조직할 구심점을 제공하지 못하게 되어 상담과정에서 방황을 하게 된다.
  ㉢ 구체적이고 가시적인 목표는 자신의 문제가 해결될 수 있다는 희망을 가지게 하는 효과가 있다.
⑤ 상담목표와 행동계획을 세우기 위한 준거(Krumboltz 등, 1987)
  ㉠ 목표는 구체적이어야 한다.
  ㉡ 목표는 관찰 가능해야 한다.
  ㉢ 목표는 달성되는 시간이 정해져야 한다.
  ㉣ 목표는 달성 가능해야 한다.
⑥ 의사결정 수준에 따른 목표

구분	목표	
진로 결정자	• 진로를 결정하게 된 과정 탐색 • 합리적 과정으로 명백하게 내린 결정인지 확인 • 내담자의 잠재적 가능성을 확인	• 충분한 진로 정보 확인 • 결정된 진로를 준비

진로 미결정자	• 진로에 대한 탐색 • 현재 자신의 능력에 대한 구체적인 파악 • 직업정보의 제공	• 구체적인 직업정보의 활용 • 자기탐색 • 의사결정의 연습
우유부단형 (진로 무결정자)	• 불안, 우울의 감소 • 불확실감의 감소 • 동기의 개발 • 기본적 생활습관의 변화 • 긍정적 자아개념의 확립 • 자아정체감 형성	• 타인의 평가에 대한 지나친 민감성의 극복 • 자존감의 회복 • 열등감 수준의 저하 • 가족의 기대와 내담자 능력 간의 차이 인정 • 가족갈등의 해소 • 부모나 사회에 대한 수동–공격성의 극복

- ㉠ 진로 결정자: 결정된 진로를 준비하게 하거나 합리적인 과정으로 진로를 결정했는지를 확인한다.
- ㉡ 진로 미결정자: 여러 직업 정보를 활용하고 자신의 능력을 파악한 후에 의사결정을 한다.
- ㉢ 우유부단형(진로 무결정자): 진로 목표보다는 불안과 우울의 감소, 긍정적인 자아개념의 확립, 자아정체감 형성과 같은 목표를 설정한다.

5. 행동계획 수립과 문제 해결을 위한 개입

(1) 행동계획 수립 시 유의점(Gysbers, Heppner, Johnston, 1998)

① 내담자로 하여금 현실적인 성과로 기대될 수 있는 것이 무엇인지 알게 한 후, 되도록 빨리 자주 목표와 행동계획의 실행을 위한 기대와 욕구를 정한다.

② 내담자들의 이전 경험은 합리적인 계획을 세우는 데 도움이 되지 못하므로, 목표를 세우는 과정을 연습시키고 목표와 계획을 재검토하고 비판하게 하며, 목표와 계획을 정교화하도록 돕는다.

③ 목표뿐 아니라 계획도 객관적이고 유의미한 준거로 평가될 수 있는지 확인하며, 상담자와 내담자 모두 진전을 관찰하고 기록할 수 있어야 한다.

④ 행동화하는 것보다 계획을 세우는 것이 훨씬 쉬우므로, 목표 달성을 위해 내담자에게 목표와 계획을 말하고 쓰고 연습하고 시각화하게 한다. 내담자가 의미 있는 타인과 이러한 아이디어를 공개적으로 나누도록 격려하고 행동계획을 적절하게 조절하도록 도우며, 행동계획을 수행하고 목표에 도달하는 진전을 인식하고 축하하게 한다.

⑤ 내담자의 욕구와 스타일에 따라 행동계획을 개별화할 필요가 있으며, 일이 계획대로 안 될 때도 그동안의 노력을 평가절하하지 않는다. 내담자는 실패하지 않는 법을 배우는 것이 아니라, 실패에도 불구하고 노력하는 태도를 배우고 실패에도 굴하지 않는 자신을 바라보면서 긍정적인 자아정체감을 형성하는 것이다.

(2) 의사결정 유형에 따른 개입방법

구분	개입방법
진로 결정자	• 자신의 진로 결정을 구체적으로 준비할 수 있도록 현장 견학, 실습의 기회를 가지게 함 • 결정한 목표를 향해 더 치밀하게 정보를 수집하고 구체적인 실천방안을 모색하게 함 • 진로 결정을 재확인하고 직업에 대해 구체적으로 탐색하도록 함 • 진로 결정 과정에서 수반되는 불안을 줄이고 자신감을 향상시키기 위한 개입을 함 • 결정된 진로를 실천하는 과정에서 부딪히는 문제를 해결하도록 조력함 • 잠재된 능력을 개발하여 진로 개발과정에 효과적으로 적응하게 함

구분	개입방법
진로 미결정자	• 진로를 결정하지 못하는 원인이 단순한 정보의 부족인지 심리적인 문제인지를 확인함 • 경우에 따라 체계적인 개인상담으로 실제 결정과정을 도움 • 자기이해에 필요한 정보를 수집하여 의사결정의 범위를 점점 좁히고 스스로 선택하도록 조력함 • 진로 결정의 필요성을 인식시키고 자신의 능력과 바람을 일깨워줌으로써 진로 의사결정을 할 수 있도록 준비시킴 • 지나치게 많은 관심 분야를 가지고 있는 경우는 의사결정 기술을 익히게 함

우유부단형:
계획 없는 회피형
	• 특징
	  – 비적응적인 대처 양식 및 태도를 보이며 진로계획 행위가 부족함
	  – 스스로 자신의 문제 해결능력을 매우 부정적으로 평가하며, 특히 진로 관련 문제 해결에 큰 어려움을 보임
	  – 진로 정보가 부족하여 문제 해결에 더욱 어려움을 가지게 됨
	  – 의사결정을 하기 위한 도구가 부족함
	• 개입방법
	  – 단기적이고 비구조화된 개입보다, 구조화된 개입과 지지적 상담을 우선적으로 고려함
	  – 문제와 관련된 심리적 장애(예 우울감, 부정적인 자아개념 등)를 다루는 심리상담을 실시함
	  – 진로계획을 수립하는 일을 조력함(진로계획을 위한 내담자의 동기를 촉진함)

우유부단형:
정보를 가진
우유부단형
	• 특징
	  – 진로계획 행위에 대해서 충분한 정보를 가지고 있으나, 자신들을 부정적으로 지각하기 때문에 진로 의사결정을 하지 못함
	  – 동기 수준이 높고 정보를 많이 가지고 있기 때문에 좌절을 경험하기도 함
	• 개입방법
	  – 추가적인 정보를 제공해도 도움을 받지 못하므로 자기에 대한 부정적인 지각을 중심적으로 다룸
	  – 내담자 자신의 의사결정 과정과 방법에 초점을 맞추고 의사결정을 지체시키는 요소를 제거하게 함

(3) **상담자가 인식해야 할 내담자의 저항**(Gysbers, Heppner, Johnston, 1998)

① 저항의 유형

구분	내용
상담에 대한 두려움	• **상담자에 대한 두려움**: 상담자가 자신이 원하는 기대를 충족시키지 못할 것에 대한 두려움 • **상담과정에 대한 두려움**: 상담자와의 권력 차이로 인해 충분히 자신을 드러내지 못하는 것에 대한 두려움 • **노출에 대한 두려움**: 자신이 바라지 않았던 통찰을 하게 되는 것에 대한 두려움
책임지기에 대한 두려움	• 내담자는 여러 반응을 보이면서 인생의 중요한 과업을 회피하거나 이를 지연시키려 노력함 • 의도하진 않지만 무의식적으로 자신의 행동에 대한 변명거리를 만들거나 방어기제를 통해 나타내기도 하고, 불완전한 의사소통 방식을 취함으로써 책임을 거부하는 경우도 있음
비합리적 신념	• 내담자는 직업 선택, 진로행동과 관련된 다양한 비합리적 신념을 내면화하며, 이러한 신념으로 인해 행동 실행에 어려움을 겪기도 함 • 비합리적 신념은 '진로신화'와 같은 다양한 용어로 지칭됨 예 '내게 맞는 적합한 직업이 반드시 있다.', '정보 수집을 더 많이 할수록 직업 선택을 잘할 수 있다.' 등

② 상담자는 저항을 없애야 한다고 생각하기보다 기본적으로 저항에 담긴 의미를 이해하고 상담자와 내담자 간의 협력관계 형성(예 작업동맹 형성), 동참(예 공감, 정서 반영, 내담자 중심 상담과 관련된 개념), 은유법 사용, 직면, 재명명, 재구조화 등의 전략을 활용하여 저항을 완화하려는 노력을 기울여야 한다. 또한 방어적이지 않게 개방적인 자세로 내담자를 대하고, 공감을 적극적으로 표현하며 지속적으로 관심을 보인다.

③ 상담자의 저항: 상담자도 상담 도중 나타나는 자신의 정서적 반응과 행동상의 변화를 민감하게 알아차리고 그 원인을 탐색하여 자신이 저항반응을 보이고 있는지를 확인할 필요가 있다. 이러한 문제를 해결하기 위해 슈퍼비전과 같은 전문적인 활동에 적극적으로 참여할 필요가 있다.

(4) 과제

① 과제는 상담자가 내담자의 실행을 검토하고 그 동기를 평가할 수 있는 기회를 준다.

② 내담자에게는 진로상담이 산만한 회기로 진행되는 것이 아니라 좀 더 큰 과정의 일부라는 사실을 알게 하고 계속적인 연결을 통해 추진력을 지속시키고, 장기적인 성취를 한다는 면에서 상담에 대한 능동적인 접근을 발전시키는 기회를 제공한다.

③ 과제를 활용할 때 상담자는 과제의 특성, 장점, 상담목표와의 관계를 설명하여 내담자가 과제를 완성할 준비를 하도록 하는 것이 중요하다.

④ 과제를 완성한 후에는 무엇을 학습했는지에 관해 추수지도를 하는 것이 중요하다.

⑤ 이와 더불어 과제의 목표를 구체적이고 실현 가능한 것으로 설정하여 자기강화를 완성하도록 돕는다.

(5) 실행 계획을 세우는 과정(Walter, Peller, 1992)

① 긍정적인 언어로 성취할 것을 나타내기

② '…하는'으로 끝나는 동사를 사용하여 행동을 표현하기

③ 현재에서 출발하고 내담자가 상담회기를 마칠 때 어떤 일이 일어날지를 구체화하기

④ 내담자의 통제하에 있는 영역에 초점을 맞추기

⑤ 내담자의 경험에 맞는 사례와 비유를 사용하기

⑥ 각 과제를 성취하는 마감시간에 주의를 기울이면서 세부 내용을 하나씩 해나가기

6. 훈습

(1) 훈습과정: 개입과정의 연장이라고 할 수 있다.

(2) 특징: 이 단계에서는 자기이해를 공고히 하고, 진로 탐색과 준비과정을 효율적으로 실천할 수 있는 태도와 정보, 방법을 재확인하고 점검하며, 필요한 경우 새로운 평가과정을 수행할 수도 있다.

7. 종결과 추수지도

(1) 종결을 고려할 수 있는 조건(Heaton, 1998)

① 내담자의 초기 문제나 증상이 감소 또는 제거되었을 때

② 내담자가 상담이 필요했던 문제와 패턴을 이해하는 데 충분히 통찰을 이루었을 때

③ 내담자의 상황을 고려할 때 내담자의 대처기술이 충분하다고 판단될 때

④ 내담자가 계획하거나 생산적으로 일할 능력이 증진되었다고 생각될 때

(2) 효과적인 종결이 되기 위한 7가지 공통 요인(Gysbers, Heppner, Johnston, 1998)

① 진로상담에서 다루어진 내용을 살펴본다.

② 진로상담이 진행되어 온 과정을 점검한다.

③ 진로 문제를 다루는 내담자의 능력과 강점을 확인하고 강조한다.

④ 내담자의 변화(잘된 점과 잘 안된 점)를 평가한다.

⑤ 남은 문제에 대해 예측하고 논의한다.

⑥ 상담관계의 종결에 대한 내담자의 다양한 정서를 다룬다.

⑦ 목표 달성의 정도를 평가하고 다음 단계에 해야 할 일을 검토한다.

(3) 추수 지도

① 상담 후 내담자가 진로 선택과 의사결정에 만족감을 유지하고 있는지를 확인하는 과정이다.

② 필요할 경우 종결 시점에 이루어진 진로 선택과 의사결정이 지속되도록 지도한다.

24 내담자 유형 분류

1. 기술적 및 정신역동 분류

(1) 윌리엄슨(Williamson)의 분류체계(1939)

구분	내용
진로 무선택 유형	• 내담자가 스스로 진로 선택이나 결정한 바가 없다고 말하는 경우 • 선호하는 진로가 몇 가지 있지만 어느 것을 선택할지 모르겠다고 말하는 경우
불확실한 선택 유형	선택한 진로가 있기는 하지만 자신감이 없고 타인으로부터 자기가 그 직업에서 성공할 것이라는 확신과 위안을 받으려고 추구하는 유형
흥미와 적성 간의 모순이 되는 선택 유형	• 내담자가 흥미를 느끼는 직업이 있지만 그 직업을 가질 능력이 부족한 경우 • 내담자의 적성이 있는 직업은 흥미가 적고 흥미가 있는 직업은 적성이 낮은 경우
현명하지 못한 선택 유형	• 능력과 동기 수준이 낮은 사람이 높은 능력과 동기 수준을 요구하는 직업을 희망하는 경우 - 내담자가 특별한 재능이 필요한 직업을 가지려 하지만 그 재능이 부족하거나 흥미가 별로 없는 분야를 선택하는 경우 - 현실적으로 자리가 적은 직업을 바라는 경우 - 자신의 능력보다 훨씬 낮은 능력을 요하는 직업을 선택하는 경우

(2) 정신역동적 분류(Bordin, 1984) 기출 22

① **의존성**: 내담자가 의존적이라서 자신이 겪는 진로 문제를 스스로 책임지고 해결하는 것을 어렵다고 느끼고 문제 해결이나 의사결정을 위한 적극적 노력을 못하는 경우를 말한다.

② **정보의 부족**: 내담자가 적합한 정보에 접할 기회가 없어 진로 의사결정과 관련된 정보를 얻지 못하여 현명한 선택을 하지 못하거나 체험 폭의 제한, 체험의 부적절성, 필요한 기술을 습득할 기회의 부족과 같은 어려움을 겪는 경우를 말한다.

③ **내적 갈등**: 내담자의 자아개념과 다른 심리적 요소 간의 갈등으로 인해 진로 결정에 어려움을 겪는 경우이다.

④ **선택에의 불안**: 내담자가 진로 선택과 관련하여 불안을 경험하는 경우로, 여러 대안 중에 선택을 못하고 불안을 느낀다. 특히 자신이 하고 싶은 일과 중요한 타인이 기대하는 일이 서로 다른 경우 불안과 갈등을 더욱 심하게 겪는다.

⑤ **불확신 유형**: 내담자가 선택은 했으나 자신의 선택에 확신이 없거나 부족한 경우로, 현실적으로는 타당한 진로 선택을 한 경우에도 타인으로부터 확신을 구하고자 상담실을 찾는다.

2. 상담목표와 진로 결정 수준에 따른 분류

(1) 내담자와 수립하게 되는 진로상담 목표(Phillips, 1992)

① **자기탐색과 발견**: 내담자 자신의 능력이 어느 정도인지, 어떤 분야의 직업을 원하는지, 왜 일하는 것이 싫은지 등의 고민이 있는 경우에 필요한 상담목표이다.

② **선택을 위한 준비**: 내담자 자신의 적성, 성격과 직업 간의 관계에 대한 이해가 필요하거나 관심 있는 직업의 정보 등이 필요한 경우이다.

③ **의사결정 과정**: 내담자가 진로 선택과 결정방법을 습득하고 선택과 결정의 장애 요소를 발견하여 대안을 찾는 등의 의사결정 기술을 발달하는 것이 필요한 경우이다.

④ **선택과 결정**: 내담자가 진로를 선택해야만 하는 상황에 직면한 경우, 여러 여건을 고려하여 최선의 선택을 하고 만족할 만한 결정을 내리도록 돕는다.

⑤ **실천**: 내담자의 선택에 대한 만족과 불만족, 확신과 불확신이 중요한 주제가 되는 경우이다.

(2) 진로 결정 수준에 따른 분류(Sampson 등, 1992)

유형	내용
진로 결정자 (the decided)	자신의 선택이 잘된 것인지 명료화하기를 원하는 경우, 자신의 선택을 이행하는 데 도움을 필요로 하는 경우, 결정된 것처럼 보이나 실제로는 미결정(indecisive)인 경우 등이 포함됨
진로 미결정자 (the undecided)	• 발달적 미결정자 그룹 • 자신의 특성에 대한 이해가 부족한 경우, 직업 지식이나 의사결정을 위한 지식이 부족한 경우, 다양한 능력으로 지나치게 많은 기회를 가져 도움이 필요한 경우가 이에 해당하며 이들은 성격적인 문제를 가지지 않음
유유부단 (the indecisive)	• 만성적 미결정자 그룹으로, 생활에 전반적인 장애를 주는 역기능적인 불안을 동반하는 내담자 • 일반적으로 문제 해결에 부적응적인 성격을 가진 경우가 해당됨

3. 진로 미결정의 이유에 따른 분류

(1) 미결정의 이유에 따른 분류(Wanberg & Muchinsky, 1992)

① **자기명료화의 부족**: 자신이 무엇을 하고 싶은지 하고 싶지 않은지, 무엇을 잘하는지 못하는지, 중요하게 생각하는 가치가 무엇인지 등 자신에 대한 이해가 명료하지 못하여 진로 의사결정을 내리지 못한 경우이다.

② **직업에 관한 정보의 부족**: 어떠한 직업이 있는지, 구체적으로 하는 일은 무엇이고, 작업 환경이나 근로 조건은 어떠한지, 앞으로의 발전 가능성, 위험은 무엇인지 등 직업에 관한 정보가 없거나 부족하여 의사결정이 어려운 경우이다.

③ **결단성 부족**: 내담자가 자신의 특성을 잘 알고 직업에 관한 정보가 충분함에도 결단성 부족으로 의사결정을 내리기 어려운 경우이다.

④ **진로 선택의 중요성 인식 부족**: 내담자가 자신의 진로를 선택해야 할 필요성을 자각하지 못하거나 피상적인 수준으로만 이해하여 당장 필요한 일로 받아들이지 않는 경우가 이에 속한다.

(2) **진로 미결정 내담자의 하위 유형 분류(Larson 등, 1988)**

① 계획 없는 회피형(planless avoiders): 진로 선택·결정을 위한 정보 수집 등의 별다른 계획을 가지고 있지 않으면서 문제 자체를 회피하는 내담자에 해당한다.

② 정보 있는 우유부단형(informed indecisive): 진로 결정의 필요성도 알고 이를 위한 정보 수집도 하면서 준비하고 있지만, 의사결정에 대한 불안 등으로 진로에 대한 결정을 어려워하는 유형이다.

③ 정보 없는 확고형(confident uninformed): 정보가 없으면서도 근거 없는 자신감으로 진로를 결정하지 않는 내담자가 이 유형에 해당된다.

④ 정보가 없는 형(uninformed): 진로 의사결정에 필요한 정보가 없어 미결정 상태에 있는 내담자이다.

4. 진로 결정 상태 모형 및 기타 분류

(1) **존스(Jones)와 채너리(Chenery)의 모형**

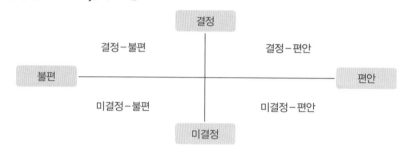

[그림 8-19] 결정성과 편안성에 따른 유형 분류

① 결정성, 편안성, 이유의 3가지 차원으로 구성하여 진로 결정 상태(vocational decision status)를 규정한다.
  ㉠ 결정성: 진로에 대한 완전한 결정의 지각부터 완전한 미결정의 지각에 이르는 연속적인 변인이다.
  ㉡ 편안성: 개인의 감정이 진로 결정이나 향후 진로 행동에 영향을 미칠 것으로 생각되어 포함된 변인이다.
  ㉢ 이유: 진로 미결정에 대해 자기명료성, 직업과 교육훈련 지식, 결단성, 진로 선택의 중요성의 4가지 하위 영역에서 개인이 제시하는 내용이다.

② 진로 결정 상태의 유형

유형	내용
결정-편안	진로를 결정했다고 지각하며 이에 대한 감정 상태가 편안하다고 보고하는 내담자
결정-불편	진로를 결정했다고 하면서도 이에 대한 감정 상태가 불편하다고 이야기하는 내담자
미결정-편안	진로를 결정하지 않은 상태이지만 감정적으로는 편안하다고 이야기하는 내담자
미결정-불편	진로를 결정하지 않았다고 지각하면서 이를 감정적으로 불편하게 느끼고 있는 내담자

(2) **직업상담을 위한 구직자 유형 분류**

① 고용노동부의 고용복지플러스센터는 구직자를 포함한 직업상담 내담자들을 직업능력과 취업에 대한 의욕을 2가지 차원을 기준으로 4가지 유형으로 분류하여 차별화된 개입과 서비스를 제공한다.

② 취업 의욕의 수준은 일자리 수용성, 구직활동의 정도, 경제적 곤란도 등을 종합하여 판단한다.

③ 직업능력은 희망 직종과 전공, 경력 간의 유사성, 관련 자격 유무, 구직기술 준비도 등으로 판단한다.

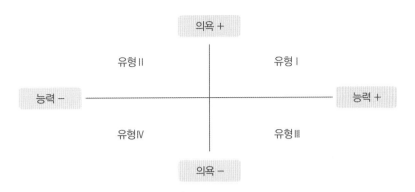

[그림 8-20] 직업능력과 취업 의욕에 따른 유형 분류

(3) 구직자 유형별 특징

유형	내용
'의욕 높고 – 능력 많은' 유형 I	취업하고자 하는 의욕이 높고 직업능력도 잘 갖추고 있어 일자리 소개와 활발한 구직 활동을 통해 즉시 취업이 가능한 내담자 유형
'의욕 높고 – 능력 적은' 유형 II	취업하려는 의욕은 높은 반면 희망하는 진로·직업에 관련된 전공이 불일치하고 경력이 없거나 구직기술이 부족한 내담자가 포함됨
'의욕 낮고 – 능력 많은' 유형 III	희망 진로에 취업하기 용이한 직업능력을 갖추고 있지만 취업하고자 하는 의욕이 낮아 적극적으로 일자리를 알아보지 않는 내담자 유형
'의욕 낮고 – 능력 적은' 유형 IV	가장 열악한 조건의 내담자로 취업이 문제가 아니라 현재 겪고 있는 심리적인 어려움, 사회경제적인 어려움 등을 탐색하고 지원과 조력을 해야 하는 유형

25 진로상담의 기법

1. 목표 수립을 위한 진로상담 기법

(1) 목표 설정을 위한 기법(면담 리드)

① 내담자가 진로 장면에서 자신이 원하는 목표 또는 자신의 문제를 정확하게 진술하지 못하는 경우가 많은데, 이 경우 사용할 수 있는 기법이 면담 리드이다.

② 면담 리드(interview leads): 상담자가 적절한 질문을 통해 내담자의 욕구나 가치 정보를 표현하도록 하는 기법이다.

③ 목표 설정을 위한 면담 리드 기술은 다음과 같은 질문으로 시작할 수 있다.

- "당신은 진로상담 결과가 무엇이기를 원하십니까?"
- "진로상담 후 당신이 달성하고자 하는 것은 무엇입니까?"
- "진로상담이 종결되었을 경우를 상상해보십시오."
- "당신이 원하는 모습은 어떤 모습입니까?"
- "현재의 상황이 어떻게 달라지기를 원하십니까?"

④ 이 질문은 내담자 자신이 원하는 모습을 구체적으로 떠올리고 목표를 설정하도록 도울 수 있다.

⑤ 만약 이러한 질문으로 원하는 것을 떠올리지 못할 경우, 다음과 같은 질문으로 유도한다.

> • "당신이 하고 싶지 않은 일은 무엇입니까?"
> • "당신이 진로와 관련하여 불안하거나 걱정되는 것은 무엇입니까?"
> • "진로상담이 종결되었을 경우, 만족스럽지 못한 것은 무엇일지 상상해보십시오."
> • "진로라는 단어를 떠올리면 떠오르는 사람은 누구입니까?"

(2) 진로목표 설정의 준거

① 목표는 가능한 한 구체적으로 표현한다.

② 목표는 관찰 가능한 방식으로 표현한다.

③ 목표의 달성 시점을 지정한다.

④ 달성 가능한 목표를 설정한다.

⑤ 실천 행동을 계획한다.

(3) 현실치료의 WDEP 기법

질문	내용
W (Want 질문)	• 무엇을 원하는가? • 어떤 직업을 갖기를 원하는가? • 당신의 삶이 어떻게 되기를 원하는가? • 현재의 상태에서 변화를 원하는 것은 무엇인가? • 당신의 부모(혹은 상담자)가 어떻게 해주었으면 하는가?
D (Doing 질문)	• 당신은 지금 원하는 직업을 얻기 위해 무엇을 하고 있는가? • 직업에서 보람을 느꼈을 때는 어떤 행동을 했는가? • 일과 관련해서 재미있었을 때 어디에서 누구와 무엇을 하고 있었는가?
E (Evaluation 질문)	• 현재 당신은 직업을 얻기 위해 적절한 행동을 하고 있는가? • 그런 행동을 계속하면 어디로 갈 것인가?
P (Plan 질문)	• 무엇을 언제부터 하면 당신이 원하는 것을 얻게 될까? • 지금 바로 실천할 수 있는 것으로 무엇이 있는지 찾아보겠는가?

2. 내담자의 특성 파악을 위한 진로상담 기법

(1) 생애 진로 사정

※ p.402 제8장 제8절 – [28] 진로 발달의 질적 평가 – '2. 생애 진로 사정' 참고

(2) 진로 가계도 `기출 16`

① 의미

㉠ 내담자의 정보를 수집하는 질적 평가방법 중 하나로, 3대에 걸친 내담자 가족이 어떤 진로를 선택해왔는지, 그것이 내담자에게 어떠한 영향을 주었는지 등을 살펴봄으로써 진로 선택과 관련하여 내담자를 더욱 깊게 이해하는 통로가 된다.

㉡ 보웬(Bowen)의 가계도를 응용한 개념으로 진로 가계도는 진로상담의 정보 수집 단계에 사용될 수 있다.

② 절차

　　㉠ 1단계: 상담자와 내담자 간의 신뢰관계를 형성하고, 진로 가계도를 그리는 목적을 안내한다.

　　㉡ 2단계: 진로 가계도 그리기 단계로, 상담자 주도로 진행하지 않고 내담자에게 안내 해야 함을 유의해야 한다.

　　㉢ 3단계: 분석하기 단계로, 완성된 가계도를 기반으로 내담자의 진로 인식이 가족과의 상호작용 속에서 어떻게 발달되어 왔는지 확인할 수 있다.

③ 장점

　　㉠ 내담자에게 여러 주제(예 내담자의 세계관, 문화장벽, 역할갈등 등)를 밝혀줄 틀을 제공한다.

　　㉡ 내담자가 잘 알고 있는 자기 자신과 어린 시절에 대한 이야기를 할 기회를 갖게 되므로, 호기심을 불어넣고 상담자와 내담자 간의 작업동맹을 더 견고하게 할 수 있다.

　　㉢ 내담자 자신의 내적인 사고와 감정에 대한 통찰을 얻는 데 도움을 줄 수 있다.

　　㉣ 이전에 생각하지 못한 색다른 방식으로 자신의 성장 경험에 대한 정보를 통합할 수 있는 구조를 제공한다.

(3) 직업카드 분류법

※ p.399 제8장 제8절 – [28] 진로 발달의 질적 평가 – '1. 직업카드 분류' 참고

3. 의사결정 조력을 위한 진로상담 기법

(1) 의사결정 유형 검사의 활용

① 하렌(Haren, 1984)이 개발한 진로 의사결정검사 척도(ACDM)에 포함되는 의사결정 유형 검사가 있다.

② 유형은 크게 합리적 양식, 직관적 양식, 의존적 양식으로 나뉘며 '예', '아니요' 형식의 30문항으로 구성된다.

(2) 진로 자서전 쓰기

① 내담자가 과거에 진로와 관련하여 어떻게 의사결정을 했는지 알아보기 위해 학교 선택, 고등학교 졸업 후의 직업훈련, 시간제 근무를 통한 경험, 고등학교에서 배운 지식과 기술, 중요한 타인에 대해 기술하게 한다.

② 학교에 대한 내용의 경우, 다음을 중심으로 작성할 수 있다.

> • 학교생활 중 가장 기억에 남는 선생님은 누구인가?, 그 이유는 무엇인가?, 그 선생님이 나에게 미친 영향은 무엇인가?
> • 학교에서 나는 어떤 부류의 사람인가?
> • 학교에서 친구들과의 관계는 어떠한가?, 친구들이 나에게 미치는 영향은 어떤 것이 있는가?
> • 학업적인 면에서 가장 좋아했던 과목은 무엇이며 그 이유는 무엇인가?, 싫어하는 과목이 있다면 무엇이며, 그 이유는 무엇인가?, 이를 통해 볼 때 나는 어떤 부분에 만족을 느끼고 어떤 것을 어려워하는가?
> • 학교생활 중 가장 즐거웠던 기억은 무엇인가?, 좌절감을 경험했던 기억은 무엇인가?, 이를 통해 볼 때 나는 무엇으로 즐거움을 느끼며 어떤 때 좌절감을 느끼는가?

(3) 은유로 저항감 다루기

① 진로상담에서 전혀 동기화되어 있지 않거나 저항감을 나타내는 내담자를 만나는 경우, 상담자가 내담자에게 잠재적인 책임감을 갖게 하는 위협 등을 인식하게 한 후 은유를 사용하면 내담자의 저항을 줄이고 의사결정을 도울 수 있다.

② 은유 소재의 출처로 시, 소설, 동화, 우화, 비유, 노래, 영화, 농담, TV 광고 등이 있다.

4. 진로 실천계획서 작성하기

(1) 진로 실천계획을 작성하는 다양한 방법

① 직업인, 지역사회 구성원, 학습자, 가족 구성원 등 생애 역할에 따라 진로 계획을 세울 수 있다.

② 한 달, 1년, 5년, 10년 단위로 나누어 시간 단위의 계획을 세울 수 있다.

③ 개인의 목표에 따라 자격증이나 학위 취득 계획, 이직이나 승진 계획, 구직 계획 등으로 나누어 작성하기도 한다.

(2) 기록 방법

① 진로 실천계획은 문서화된 형태로 기록한다.

② 한 번 작성하고 계획을 세우는 것으로 끝나지 않고, 상담 종결 후에도 내담자가 지속적으로 관리하고 수정·검토하도록 격려한다.

(3) 진로 실천계획의 특징(Gysbers, Moore, 1987)

① 포괄적: 개인의 전 생애를 관리하고 도와줄 수 있는 지침이 되어야 한다.

② 발달적: 생애 주기에 거쳐 전반적으로 사용될 수 있게 작성하고, 큰 변화가 있을 때마다 수정할 수 있는 융통성 있는 기록이어야 한다.

③ 내담자 중심: 직장, 조직, 학교에서 필요로 하는 계획이 아닌, 내담자에게 가장 적합하고 알맞은 계획이어야 한다.

④ 유능감에 바탕을 둠: 개인의 성취를 고려한다. 유능감은 내담자가 일하고 생활하면서 획득하는 기술, 태도, 지식 등을 의미하며, 이는 현재 가능성을 확인하는 중요한 요소이자 미래 계획에서도 도전할 수 있는 가능성이 있는 영역이다.

---

26 심리적 특성의 이해와 평가

1. 가치관의 이해와 평가

(1) 가치관의 이해

① 의미: 개인이 특정 상황에서 어떤 선택이나 결정을 내려야 할 때 특정 방향으로 행동하게 하는 원리나 믿음, 신념을 의미한다.

② 특징

㉠ 아름다움과 추함이나 옳고 그름의 판단을 내리게 하고 어떤 방향, 방식으로 행동하도록 이끄는 역할을 한다.

㉡ 단시간에 형성되지 않으며, 어린 시절부터 그가 살아온 환경과 접촉하는 사람들에 의해 형성된다.

㉢ 어린 시절 형성된 가치관은 일정한 시기가 되면 비교적 정형화되는 경향이 있다.

③ 브라운(Brown): 가치는 원하는 최종 상태에 대한 방향을 제시하고 목표 설정 시 중심 역할을 한다는 점에서 진로 의사결정 과정 가운데 가장 중요하다고 가정했다.

④ 렌트(Lent): 가치가 직업 흥미 형성과정에 중요한 역할을 하며, 진로목표와 목표 추구 활동에 영향을 받는다고 보았다.

⑤ 개인의 흥미와 가치 사이에는 밀접한 관련이 있다.
  ㉠ 흥미: 특정 활동 또는 대상을 좋아하거나 싫어하는 것을 의미한다.
  ㉡ 가치: 어떤 방식으로 행동하는 것이 개인적·사회적으로 좀 더 바람직한지에 대해 장기적으로 지속되는 믿음이다.

(2) 가치관 검사

검사명	대상	구성요인	발행처
직업 가치관 검사 (2006)	중3~성인	성취, 봉사, 개별 활동, 직업 안정, 변화 지향, 몸과 마음의 여유, 영향력 발휘, 지식 추구, 애국, 자율, 금전적 보상, 인정, 실내 활동	한국고용정보원 (워크넷)
직업 가치관 검사 (2013)	중·고등학생	능력 발휘, 다양성, 보수, 안전성, 사회적 인정, 지도력 발휘, 더불어 일함, 사회봉사, 발전성, 창의성	한국직업능력개발원 (커리어넷)
가치관 명료화 프로그램	'집단의 형성 단계 – 자신의 가치관 인식 단계 – 가치 갈등 상황의 명료화와 대안 탐색 단계 – 가치의 선택 단계 – 가치관 존중 및 확신의 단계 – 가치관의 행동화 단계'로 구성됨	

2. 흥미의 이해와 평가

(1) 흥미의 이해
① 의미: 어떤 종류의 활동, 사물에 특별한 관심, 주의를 가지는 개인의 일반화된 행동 경향성을 의미한다.
② 특징
  ㉠ 동기와 달리 특수화된 목표보다 광범위한 목표와 관련된다.
  ㉡ 성장에 따라 변화: 어릴 때는 구체적·수동적·단편적·비항상적이고 미분화된 형태였다가, 성장함에 따라 점차 추상적·능동적·체계적·종합적·항상적으로 분화된 형태로 변한다.
  ㉢ 개인이 종사하는 직업에 대한 흥미 여부는 그 직업에 있어 노력의 방향, 지속성, 직무 만족도를 결정짓는 데 중요한 역할을 한다.
③ 수퍼의 흥미를 알아보는 방법
  ㉠ 표현된 흥미: 어떤 활동이나 직업에 대해 '좋다', '싫다'로 간단하게 말하도록 요청한다.
  ㉡ 조작된 흥미: 활동에 대한 질문을 하거나 활동에 참여한 사람들이 어떻게 시간을 보내는지 관찰한다.
  ㉢ 조사된 흥미: 가장 빈번하게 사용되는 흥미 사정 기법으로, 다양한 활동에 대해 좋고 싫음을 묻는 표준화된 검사를 완성하고 검사에서 개인의 반응이 특정 직업에 종사하는 사람의 흥미와 유사점이 있는지를 비교한다.
④ 흥미검사의 분류
  ㉠ 특정 직업군의 직업이나 활동에 대한 선호도의 패턴이 한 개인의 선호도와 일치하면 그 직업군의 흥미를 나타낸다고 하는 경험적 타당도에 의해서 개발된 검사다. ➡ 스트롱 직업흥미검사
  ㉡ 특정 직업군에서 나타나는 동질적 내용의 활동들로 구성되는 문항들의 선호도를 결정하는 검사다.
    ➡ 쿠더 흥미검사(기계, 계산, 과학, 설득, 예술, 문학, 음악, 사회봉사, 사무): 이 검사는 스트롱 흥미검사와 달리 개인의 흥미가 어떤 집단의 흥미와 유사한가를 밝히는 것이 목적이 아니라, 그 개인이 여러 가지 활동 중 어떤 활동을 보다 더 좋아하는지 기술하는 데 목적을 두고 있다.
  ㉢ 사람들의 성격과 직업생활의 유형을 분석하여 6개의 유형으로 분류하여 개인의 성격, 흥미, 가치의 유형이 직업적 생활과의 일치를 보는 검사다. ➡ 홀랜드 직업흥미검사 및 자기탐색검사

(2) 흥미 검사

검사명	대상	구성요인	발행처
스트롱 진로흥미검사 (2006)	대학생, 성인	일반직업분류(GOT), 기본흥미척도(BIS), 개인특성척도(PSS)	어세스타
청소년 직업흥미검사 (2008)	중·고등학생	활동, 자신감, 직업	한국고용정보원 (워크넷)
직업선호도 검사 (2011)	만 18세 이상	활동, 유능성, 직업, 선호 분야, 일반 성향	
직업흥미검사(H) (2013)	중·고등학생	흥미 유형, 선호 직업	한국직업능력개발원 (커리어넷)
직업흥미검사(K) (2012)	중·고등학생	다양한 직업에서 이루어지는 활동, 일상생활에서 실제 경험을 해볼 수 있는 활동, 유사한 직업	

3. 성격의 이해와 평가

(1) 성격의 이해

① 의미: 개인적 욕구, 자아개념, 성취동기, 포부 수준, 대인관계 등의 요인을 포함한 복합적인 심리적 특성이다.

② 성격은 진로 선택과 직업 적응에 큰 영향을 미치므로, 진로상담에서 사전에 내담자의 성격을 파악하는 것은 매우 중요하다. 충분한 적성과 흥미를 갖추었더라도 성취 동기 또는 포부 수준이 낮으면 낮은 수준의 직업을 선택하거나 포기할 수도 있다.

③ 검사 영역

　㉠ 진로 발달과 교육의 영역: 자존감, 자율성, 성취 동기 등 진로 발달에 영향을 주는 변인이다.

　㉡ 성격 변인이 진로 선택에 따라 어떻게 영향을 주는가에 관심을 가지고 고려되는 것: 16PF, NEO 인성검사, MBTI 등을 사용할 수 있다.

　㉢ 직업생활에서 정신건강 문제와 관련하여 EAP의 목적이나 성격적 결함을 측정하기 위해 검사를 사용한다.

(2) 성격 검사

검사명	대상	구성요인	발행처
청소년 직업인성검사 (2006)	중·고등학생	신경증, 외향성, 개방성, 친화성, 성실성	한국고용정보원 (워크넷)
직업선호도 검사(L형) (2011)	만 18세 이상	외향성, 호감성, 성실성, 정서적 불안정성, 경험에 대한 개방성	
Neo 성격검사 (초등학생용)	초등학생	외향성, 개방성, 친화성, 성실성, 신경증	인싸이트
Neo 성격검사 (청소년용)	중·고등학생		
MBTI 성격유형검사 (1994)	중3~성인	• 에너지의 방향: 외향 – 내향 • 인식 기능: 감각 – 직관 • 판단 기능: 사고 – 감정 • 생활양식: 판단 – 인식	어세스타

4. 적성의 이해와 평가

(1) 적성의 이해

① 의미: 어떤 과제, 임무 수행에 있어 개인에게 요구되는 특수한 능력이자 잠재 능력이다.

② 적성은 개인의 일반적 능력인 지능과 구분되는 특별한 능력이다.

③ 특징

   ㉠ 어떤 직업에서 얼마만큼 그 직무를 성공적으로 수행할 수 있을지를 예측하게 해주는 요인이다.

   ㉡ 유전적 성향이 강하지만 학습, 훈련으로 계발될 수 있으므로 다양한 학습 경험이 필요하다.

   ㉢ 청소년기 전기 이후에는 큰 변화가 없기 때문에 조기 계발이 중요하다.

   ㉣ 적성은 숙달될 수 있는 개인의 지적 능력뿐만 아니라 그 능력을 발휘하는 데 필요한 흥미와 관심을 나타내는 정의적인 특성도 포함한다.

   ㉤ 자신의 적성을 최대한 발휘할 수 있는 환경이 직무 만족과 개인의 성취를 좌우한다. 즉, 적성은 환경과 상호작용하여 직무 만족이나 성취에 영향을 준다.

④ 적성 관련 검사 비교

   ㉠ 성취도검사: 개인이 지금까지 얼마나 많은 것을 배웠는지 알아보는 검사이다.

   ㉡ 능력검사: 최대 수행능력을 측정하는 것으로 개인의 현재 과제 수행능력을 알아보는 것이다.

   ㉢ 적성검사: 과제 수행을 위해 앞으로 가능한 능력 수준을 알아보는 것이다.

⑤ 유전적 성향이 강하지만 학습, 훈련으로 계발될 수 있으므로 다양한 학습 경험을 하는 것이 좋다.

⑥ 적성검사의 기능

   ㉠ 개인이 미처 인식하지 못하는 잠재력을 발견할 수 있다.

   ㉡ 개인의 특수 능력이나 잠재력을 개발하도록 격려할 수 있다.

   ㉢ 학업이나 진로를 결정하는 데 있어서 중요한 정보를 제공할 수 있다.

   ㉣ 개인의 미래 학업이나 직업에 있어서의 성공가능성을 예측할 수 있다.

   ㉤ 다른 발달이나 교육적인 목적에 따라서 학생들을 분류할 수 있다.

⑦ 평가방법

   ㉠ 적성분류검사(DAT): 고등학교 학업지도와 직업지도를 위하여 제작된 검사로 수리력, 추리력, 공간관계, 언어추리, 기계추리, 사무능력, 언어철자, 언어문장의 8개의 하위 검사로 구성된다.

   ㉡ 일반 적성검사(GATB): 미국 노동부 직업소개소가 각 주에서 활동하는 직업상담자를 지원하기 위해 제작한 것으로, 모두 15개의 하위 검사로 구성되며 10개의 적성 요인을 측정할 수 있다.

   ㉢ 특수 적성검사: 과학, 예능 등 특수 분야의 적성을 측정하기 위한 검사로 감각운동능력검사, 기계적성검사, 사무적성검사, 직업적성검사, 예능적성검사 등이 있다.

(2) 적성 검사

검사명	대상	구성요인	발행처
청소년 적성검사 (2006)	중학생	언어, 수리, 공간, 지각속도, 과학 원리, 색채, 사고유연성, 협응, 학업동기 ➡ 9가지 적성, 학업 분야 3가지	한국고용정보원 (워크넷)
청소년 적성검사 (2014)	고등학생	언어, 수리, 추리, 공간, 지각속도, 과학, 집중, 색채, 사고 유연성, 협응 ➡ 10가지 적성, 학업 분야 31가지	
성인용 직업적성검사 (2005)	만 18세 이상	언어, 수리, 추리, 공간지각, 사물지각, 상황 판단, 기계, 집중력, 색채 지각, 사고유창성, 협응능력 ➡ 11개 적성	
IT 직무 기본역량검사(2006)	만 18세 이상	언어능력, 추리능력, 집중력	
영업 직무 기본역량검사(2006)	만18세 이상	언어능력, 기억력	
직업적성검사 (2011)	중2~고3	신체·운동능력, 손 재능, 공간·시각능력, 음악능력, 창의력, 언어능력, 수리·논리력, 자기성찰력, 대인관계능력, 자연친화력	한국직업능력개발원 (커리어넷)

5. 진로 발달 수준의 이해와 평가

(1) 진로 발달 수준

① 진로 발달, 직업 발달, 직업 성숙, 진로의식 성숙, 진로의식 발달, 진로 결정 수준 등의 다양한 용어로 이해되고 평가된다.

　㉠ **진로 발달**: 일생에 걸쳐 개인의 진로를 형성하기 위해 동원되는 심리·교육·사회·경제적 요인으로 구성된 총체적인 개념이다.

　㉡ **직업 발달**: 개인을 효율적인 직업 활동으로 안내하는 요소(㉞ 지식, 기술, 가치 등)의 획득을 돕는 요인들과 과정들로 정의된다.

　㉢ **진로 성숙, 직업 성숙**: 개인의 행동 간 유사성 정도를 규정하고 있는데, 진로 성숙은 진로의 계획과 선택에 관련되고 직업 성숙은 직업의 선택과 결정에 관련된다.

　㉣ **진로의식 성숙**: 자아의 이해, 일과 직업세계의 이해를 기초로 자신의 진로를 계획하고 선택하는 과정에서 동일 연령, 발달 단계에 있는 집단의 발달과업 수행 정도에서 차지하는 개인의 상대적인 위치를 말한다.

　㉤ **진로 결정 수준**: 진로 결정과 진로 미결정을 양극단으로 하는 연속선의 한 지점을 지칭하는 것이다.
　　ⓐ 진로와 관련된 결정에 대해 결정자와 미결정자로 구분한다.
　　ⓑ 미결정자는 다시 진로에 국한된 미결정자와 만성적인 미결정자로 구분될 수 있다.

② **긴즈버그(Ginzberg)**

　㉠ 직업에 대한 태도, 흥미, 능력, 가치관 등이 아동기부터 일련의 단계를 거쳐 발달한다고 보았다.

　㉡ 진로 태도는 개인의 내적 요인과 실제 상황적 여건의 상호작용으로 형성되며, 직업 선택에서 개인의 바람과 가능성 간의 지속적인 타협을 통해 진로 선택을 하게 된다고 주장했다.

③ 수퍼
　　　㉠ 진로를 '개인이 삶을 살아가는 동안 수행하는 여러 역할 간의 연속성과 조화'로 보았다.
　　　㉡ 진로 선택과 결정은 특정 시점에서 한 번의 의사결정을 통해 이루어지는 것이 아니라 진로 발달과정에서 개인의 생애 역할, 사건이 서로 상호작용하여 진행된다고 본다.
④ 크리츠(Crites): 진로 성숙이 진로에 대해 자신이 기대하는 행동과 희망하는 직업군에서 생활하는 타인들의 행동 간 유사성 정도에 따라 결정된다고 보았다.

(2) 진로 발달검사(CDI; Career Development Inventory)

① 수퍼의 이론적 모델에 기초하여 진로 선택에 대한 준비도를 측정하기 위해 제작되었다.
② 척도 구성

척도명	내용
CP (Career Planning, 진로계획)	직업정보에 대한 학습, 진로계획에 대한 타인과의 대화하기, 진로 결정에 도움이 되는 과목의 선택, 직업훈련 또는 교육과 같은 활동들로, 이 척도 점수가 낮은 내담자는 상담을 통해 진로계획에 대한 더 많은 준비와 노력이 필요함
CE (Career Exploration, 진로 탐색)	직업정보를 탐색하기 위한 의지로 주위 가족, 친구, 교사, 책, 영화, TV와 같은 매체나 사회적인 자원을 활용하여 진로를 탐색할 수 있으며, 이러한 자원 활용의 측면을 측정함
DM (Decision-Making, 의사결정)	지식을 사용하는 능력과 진로를 계획하는 사고와의 관계, 진로 결정 상황을 주고 어떤 결정이 최선일지 결정하도록 함
WW (World of Work information, 일(직업)의 세계에 대한 정보)	• 사람들이 자신의 흥미와 능력에 대한 탐색을 언제 하는지, 왜 직업을 바꾸고 싶어 하는지와 같은 주요 발달과업에 대한 지식을 체크함 • 내담자가 알고 있는 직업에 대한 지식이 정확한지가 상담에서 중요한 주제가 될 수 있음
PO (knowledge of Preferred Occupational group, (선호하는 직업에 대한 지식)	선호하는 20개의 직업군을 선택하도록 하고, 그 직업군에 대한 능력, 흥미 등을 점검함
CDA (Attitude, 진로 발달-태도)	CP+CE의 형태로 측정함
CDK (Knowledge and skills, 진로 발달-지식과 기술)	DM+WW의 형태로 측정함
COT (Career Orientation Total, 총체적 진로 발달 성향)	CP+CE+DM+WW의 형태로 측정함

　　　㉠ 1부: 진로계획(CP)과 진로 탐색(CE)을 포함하는 진로 발달 - 태도(CDA = CP + CE)와 의사결정(DM), 직업 세계에 대한 정보(WW)를 포함하는 진로 발달 - 지식과 기술(CDK = DM + WW)의 두 척도로 구성되어 있다.
　　　㉡ 2부: 선호하는 직업세계에 대한 지식(PO)를 측정한다.

(3) **진로 성숙도검사(CMI; Career Maturity Inventory)**

① 크리츠(Crites)의 진로 발달 모델을 기초로 하며 진로 의사결정에 대한 태도와 능력을 측정하기 위해 제작되었다.

② 진로계획 태도 척도(상담용)

영역	측정 내용	문항 예시
결정성	선호하는 진로 방향에 대한 확신 정도	나는 선호하는 진로를 자주 바꾸고 있다.
참여도	진로 선택과정에의 능동적 참여 정도	나는 졸업할 때까지는 진로 선택 문제에 별 신경을 쓰지 않겠다.
독립성	진로 선택을 독립적으로 할 수 있는 정도	나는 부모님이 정해주시는 직업을 선택하겠다.
성향	진로 결정에 필요한 사전 이해와 준비 정도	일하는 것이 무엇인지에 대해 생각한 바가 거의 없다.
타협성	진로 선택 시 욕구와 현실을 타협하는 정도	하고 싶기는 하지만 할 수 없는 일을 생각하느라 시간을 보낸다.

③ 진로계획 능력 척도

영역	측정 내용
자기평가	• 자신의 흥미, 태도, 성격 등을 명료히 지각하고 자신을 이해하는 능력을 측정하기 위한 것 • 한 개인의 흥미나 적성, 가정환경을 간략히 묘사한 내용을 피험자가 읽고 답지 가운데 자신의 의견을 나타내는 항목을 선택함
직업정보	의사결정 과정에서 자기평가를 보완하는 영역으로, 직업세계에 대한 지식, 과제, 고용기회 등에 대한 정보를 획득하고 평가하는 능력을 의미함
목표 선정	자아와 직업세계에 대한 지식을 바탕으로 합리적으로 직업을 선택하는 능력을 의미함
계획	직업 목표를 선정한 후 그 목표에 도달할 수 있는 계획을 세우는 능력을 의미함
문제 해결	진로 선택이나 의사결정 과정에서 부딪치는 어려운 문제를 해결하는 능력을 의미함

(4) **청소년 진로 발달검사(한국고용정보원)**

① 진로에 대한 태도, 진로에 관한 지식 정도, 이에 맞는 진로행동의 정도 등을 포함하는 진로 성숙 수준뿐 아니라 성격 요인, 정보 요인, 갈등 요인 등을 포함하는 진로 미결정 정도를 동시에 파악하도록 구성하여 포괄적인 수준에서 진로 발달 정도를 파악할 수 있다.

② 척도 구성

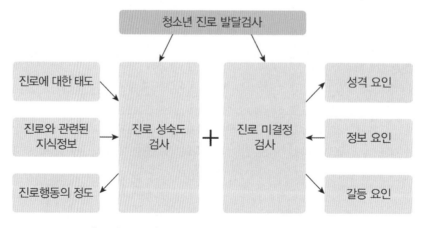

[그림 8-21] 청소년 진로 발달검사 척도 구성

ⓐ 진로 성숙도검사

구분	세부 요인	설명
진로에 대한 태도와 성향	계획성	자신의 진로 방향과 직업 결정을 위한 사전 준비와 계획을 수립하고 있는가를 파악할 수 있음
	독립성	자신의 진로에 대한 탐색·준비·선택을 스스로 하는 정도를 파악할 수 있음
	태도	직업의 의미에 대한 올바른 인식과 일에 중요성 부여 정도를 파악할 수 있음
진로와 관련된 지식의 정도	자신에 대한 지식	진로 선택 시 고려해야 할 개인 특성(예 자신의 능력, 흥미, 성격, 가치관 등)에 대한 이해 정도를 파악할 수 있음
	직업에 대한 지식	직업에 대한 지식의 정도와 개인 특성에 적합한 직업을 선택할 수 있는 능력 수준을 파악할 수 있음
	학과에 대한 지식	학과에 대한 지식의 정도와 개인 특성에 적합한 학과를 선택할 수 있는 능력 수준을 파악할 수 있음
진로행동의 정도	진로행동	진로계획을 실천하고 확인하는 정도를 파악할 수 있음

ⓑ 진로 미결정검사

구분	세부 요인	설명
성격 요인	동기 부족	진로를 탐색·계획하고자 하는 동기의 수준을 파악할 수 있음
	결단성 부족	결정을 잘 내리지 못하는 우유부단한 정도를 파악할 수 있음
정보 요인	직업에 대한 지식 부족	직업과 전공에 대한 지식과 변화에 대한 이해 정도를 파악할 수 있음
	자신에 대한 이해 부족	진로 선택 시 고려해야 할 특성(예 능력, 흥미, 성격, 가치)에 대한 개인의 주관적인 이해 정도를 파악할 수 있음
갈등 요인	직업과 자신 간의 갈등	진로 선택이나 결정과 관련하여 성 역할, 능력, 신체적 조건(예 외모, 장애)과 선택 가능한 직업 간의 갈등의 정도를 파악할 수 있음
	외적인 조건과 자신 간의 갈등	진로 선택이나 결정과 관련하여 성 역할, 사회경제적 문제, 실업문제, 사회전망과 관련된 문제와의 갈등 정도를 파악할 수 있음

27 흥미검사

1. 흥미검사의 활용

(1) 흥미검사는 좋아하거나 싫어하는 것을 측정하는 것일 뿐이며, 능력을 측정하는 것은 아니다.

(2) 내담자는 긍정적으로 동기화된 상태여야 한다.

(3) 보편적 흥미검사는 세밀한 구분을 필요로 하는 내담자에게는 중요하거나 유용하지 않다.

(4) 정서적 문제를 가진 내담자에게 흥미검사를 하는 것은 부적절하다.

(5) 청소년을 대상으로 한 흥미검사 점수이며 오랜 기간이 지난 후의 흥미검사 점수는 변화한다.

(6) 내담자가 '왜' 그런 선택을 했는지를 탐색하는 경우, 직업 분류카드가 더 유용한 정보를 제공한다.

2. 홀랜드 검사

(1) 검사 구성

① 중·고등학생용(진로탐색검사): 직업 성격 유형 찾기, 활동, 성격, 유능감, 직업, 능력 평정으로 구성된다.

② 대학생 및 성인용(적성탐색검사): 중·고등학생용 검사에 가치 영역이 추가되었다.

③ 직업적 성격 유형: RIASEC에 의한 일반적이고 포괄적인 이해를 내담자가 갖게 하고, 평소 자신에 관한 이해가 실제 검사를 통해 측정된 것과 어느 정도 일치하는가를 알게 하여 자신의 정확한 코드를 찾게 하는 동기유발과 더불어 스스로에 대한 이해를 촉진하는 데 목적이 있다.

④ 성격: 성격 영역으로 측정한다.

⑤ 활동과 직업: 직업적 흥미 영역으로 측정한다.

⑥ 유능감과 능력 평정: 능력 영역으로 측정한다.

(2) 검사 해석방법

① 진로탐색검사: 성격, 유능감, 활동, 직업, 자기평정의 5가지 점수로 해석한다.

② 적성탐색검사: 성격, 유능감, 활동, 직업, 자기평정, 가치의 6가지 점수로 해석한다.

③ 결과 해석과정: '일관도 − 변별도 − 긍정응답률 − 진로정체감 − 검사 전후의 진로 코드와 최종 진로 코드'의 순서로 해석한다.

(3) 검사 해석내용 [기출 16, 21, 23]

① 일관도: 육각형 모형에서 자리 잡고 있는 위치(1~3점)에 따라 결정된다. 높은 일관도는 보다 안정된 직업 경력과 관련되고, 직업적 성취와 자신의 목표를 장기적으로 추구한 사람들에게서 나타난다.

내용	지수	예
두 자리 유형 코드가 인접	3(상)	RI, IR, SA, SE 등
두 자리 유형 코드가 한 칸 건너뛰어 위치할 때	2(중)	RA, SC, EA
대각선으로 두 자리 유형 코드가 서로 마주 볼 때	1(하)	RS, IE, AC

② 변별도: 내담자의 RIASEC 프로파일이 어느 정도 분화되어 있는지의 정도를 의미한다. 변별도 지수는 전범위 점수(DR, 최고점수 − 최저점수)와 Iachan 지수(DI)로 계산할 수 있지만 일반적으로는 간편하게 알아보는 방법이 많이 활용된다. 첫 번째 코드와 두 번째, 세 번째 코드 등 여러 코드 간의 점수 차이가 10점 이상이 되어 프로파일상 높고 낮음의 구분이 뚜렷하다면 변별도가 높고, 평평한 분포를 보이면 변별도가 낮다고 본다. 평평한 프로파일의 특징은 다음과 같다.

㉠ 진로 발달 경험이 부족하거나 미성숙한 경우이다.

㉡ 여러 재능과 흥미를 가진 잘 통합된 내담자일 가능성도 있으나, 일관도가 낮고 평평한 모양의 프로파일은 혼란스러운 상태의 지표이다.

㉢ 높게 평평한 프로파일은 활기가 넘치고 다양하고 광범위한 흥미와 재능을 가진 경우이다.

㉣ 낮게 평평한 프로파일은 문화적 경험의 부족, 자기거부, 정체감의 혼란인 경우이다.

③ **긍정응답률**: 전체 검사 문항에 대한 내담자의 긍정반응의 백분율을 의미한다.
  ㉠ **긍정응답률이 낮은 경우(24% 이하)**: 내담자가 진로·직업 선택에 있어 진로를 일생 동안 이루어가는 과정이라고 생각하지 않을 수 있다. 특정 직업을 선정하여 다른 가능성을 배제하거나, 자아개념이 너무 낮아 우울하거나, 매사에 무력감을 나타내고 흥미를 보이지 않거나, 성격적으로 너무 편협한 사람일 가능성이 있다.
  ㉡ **긍정응답률이 높은 경우(65% 이상)**: 내담자가 너무 다양한 흥미나 성격, 능력을 보이고 있어 자신의 성격, 흥미, 능력을 무엇이라고 특징지을 수 없거나, 특정 분야에서 흥미나 진로를 선택적으로 받아들이지 못하거나, 진로 성숙도가 너무 비현실적 또는 환상적 수준에 있어 모든 것에 긍정적으로 응답한 경우일 수 있다.
④ **진로정체감**: 내담자가 지금까지 살아오면서 어떤 진로 유형을 선택하고 개발해왔는지에 대한 안정성의 정도로, 일관도, 변별도, 긍정응답률을 종합하여 진로정체감을 가늠할 수 있다. 진로정체감이 잘 발달된 내담자는 일관도와 변별도가 높고 긍정응답률이 적정 수준에 있다.
⑤ **최종 진로 코드**: 검사 결과 해석지에 성격, 활동, 직업, 가치, 유능감, 자기평정 등의 순서로 각 척도 채점문항 수에 대한 긍정응답 수의 백분율인 P 점수가 RIASEC 각 척도별로 제시되고, 더불어 RIASEC 각 척도에 대한 전체 요약 점수가 긍정응답 백분율인 P 점수로 제시되며 그 분포도 제시된다.
  ㉠ **1차 진로 코드**: 전체 요약점수 분포 중 가장 높은 것의 척도 코드와 두 번째 높은 것의 척도 코드를 순서대로 기록한 것이 자신의 진로 코드이다.
    예 R이 가장 높고 그다음이 I라면 RI가 진로 코드가 된다. 1순위와 2순위의 코드 점수가 동점일 경우에는 두 가지 코드를 모두 1순위에 적고 그 다음으로 점수가 높은 코드를 적는다.
  ㉡ **2차 진로 코드**: 1차 진로 코드의 1순위와 2순위 코드 간의 점수 차가 10점 미만인 경우 1순위와 2순위의 위치를 바꾼다. 1차 진로 코드의 1순위와 2순위 코드 간의 점수 차가 10점 이상인 경우, 1순위와 3순위가 2차 진로 코드가 된다.

(4) 프로파일 해석
① 프로파일 분포를 잘 분석한 후 두 자리의 전체 요약 진로 코드를 결정하고 나면 그것을 근거로 하여 성격, 흥미, 능력의 측면에서 내담자의 특성을 기술한다.
② 진로상담을 위해 진로 탐색 결과는 '내담자는 어떤 사람인가?, 내담자는 어떤 재능과 기술을 가지고 있는가?, 내담자에게 가장 적합한 진로는 무엇인가?'의 측면에서 해석하고 추론의 초점이 맞추어져야 한다.
③ 컴퓨터로 제시되는 결과 해석지에는 각 두 자리 진로 코드의 전형적인 특징만 기술되어 있다. 그러나 이러한 결과는 충분히 내담자를 기술하지 못한다는 한계점을 갖는다. 따라서 진로상담 전문가는 보다 면밀한 진로상담 형태의 해석 상담을 제공해야 한다.

(5) 검사 결과 해석상 유의사항
① 내담자가 어떤 분야에 흥미가 있다면 그것이 얼마나 두드러지고 강한 흥미인지 살펴봐야 한다. 이때 두드러진 흥미가 있다면 검사 전반에 걸쳐 그 영향이 중요하게 작용하고 있다는 점을 고려해야 한다.
② 전체 요약 코드의 육각형 모형에서 변별도와 일관도도 살펴볼 뿐만 아니라 선택된 진로 코드와 다른 나머지 코드의 분포 간 관계를 살펴봐야 한다.
③ 진로 코드 간의 점수 차이가 10점 이하이면 가능한 코드 조합 모두를 고려한다. 다양한 코드에도 불구하고 잘 구조화되어 있으면 검사 결과와 해석이 타당할 수 있지만, 그렇지 못하면 개인상담을 통해 진로 미성숙, 공격적 결함 등의 문제를 함께 탐색해야 한다.

④ 전체 긍정응답률이 너무 높거나 낮은 경우, 일관도가 낮은 경우, 변별도가 낮은 경우, 특이한 프로파일 등은 개인상담을 통해 원인을 들어보고 종합적으로 해석해야 한다.

(6) 홀랜드 검사 종류

① 직업 선호도검사(VPI): 홀랜드가 최초로 개발한 검사로, 문항이 직업명으로 되어 있다.

② 자기탐색검사(SDS)

  ㉠ 홀랜드 검사 중 가장 많이 사용되는 검사이다.

  ㉡ 수검자가 스스로 자신의 유형을 채점한다.

  ㉢ 4가지 하위 검사(활동 선호, 유능감, 직업 선호, 자기평가)를 통해 6가지 흥미 유형을 측정한다.

③ 한국: 홀랜드식 직업흥미검사의 문항 구조이다.

검사명	저자	내용	
진로탐색검사	안창규	• 진로 유형의 사전 탐색 • 성격 • 직업 흥미	• 활동 흥미 • 유능감
적성탐색검사	안창규, 안현의	• 진로 유형의 사전 탐색 • 활동 흥미 • 유능감 • 직업 흥미 • 진로 유형 코드, 전공학과, 직업 찾기	• 전공학과, 직업에 대한 사전 탐색 • 성격 • 가치 • 능력 평정
SDS 자기탐색검사	홀랜드(저) 안창규, 안현의 공역	• 활동 흥미 • 능력에 대한 자기평가	• 직업 흥미 • 평소 희망하는 전공학과, 직업
직업 선호도검사 (L형)	한국고용정보원	• 선호 활동 • 선호 직업 • 일반 성향 • 생활사 검사	• 유능성 • 선호 분야 • 성격
직업 선호도검사 (S형)	한국고용정보원	• 선호 활동 • 선호 직업 • 일반 성향	• 유능성 • 선호 분야

3. 스트롱(Strong) 검사

(1) 척도 명칭

① GOT(General Occupational Theme scale): 일반 직업 분류

② BIS(Basic Interest Scale): 기본 흥미 척도

③ OS(Occupational Scale): 직업 척도 ➡ 한국에서 표준화된 검사에서는 적용되지 않음

④ PSS(Personal Style Scale): 개인 특성 척도(업무 유형, 학습 유형, 리더십 유형, 모험심 유형)

(2) 스트롱 진로탐색검사 Ⅱ

① 목적: 일반 직업 분류(GOT) 척도를 중심으로 개발된 청소년용 검사로, 개인의 흥미 유형을 파악하여 이와 관련된 직업 및 진학정보를 제공해 줌으로써 학생들이 자신의 특성을 이해하고 자신에게 적합한 직업을 탐색해 볼 수 있도록 도움을 주고자 개발되었다.

② 1부 – 진로 성숙도검사
　　㉠ 진로 성숙도: 자신과 직업세계에 대한 이해를 바탕으로 각 개인이 속해있는 연령 단계에서 이루어야 할 진로 발달과업이며, 다음 단계로 잘 이행하기 위해 얼마나 준비되어있는가를 의미한다.
　　㉡ 척도 구성

영역	측정 내용
자기이해	직업 선택 시 고려해야 할 자신의 개인 특성(흥미, 성격, 가치, 태도 등)에 대하여 지각하고 있고 자신을 이해하는 능력
정보탐색	관심 있는 직업에 대한 정보를 적극적으로 탐색하고 자신의 진로 방향 설정 및 선택에 적합한 정보를 활용하고자 하는 능력
직업이해	직업세계에 대한 지식 및 이해의 정도와 자신이 관심 있는 직업에 대해 구체적으로 알고 있는 정도
계획성	진로 선택을 위한 사전 준비 정도와 그 정보를 바탕으로 계획을 수립해 보는 태도
결정성	진로에 대한 방향 설정 및 직업 선택과정에 대해 스스로 확신하는 정도

③ 2부 – 흥미유형검사: 능력, 성격, 활동들

(3) 스트롱 직업 흥미검사 II
① 목적: 고등학교 이상의 성인에게 실시되는 검사로 직업 선택 및 경력 개발을 위해 진로를 탐색하고 설계해 나가는 데 도움을 주기 위해 제작되었다.
② 일반 직업 분류(GOT): 홀랜드의 직업 선택이론이 반영된 6가지의 분류로, GOT 점수는 피검자의 흥미에 관한 포괄적인 정보를 제공한다.
③ 기본 흥미 척도(BIS) 점수: GOT의 하위 척도이며 전공과 직업, 여가생활 등에 대한 탐색을 도울 수 있도록 개인의 흥미에 대한 보다 구체적인 정보를 제공한다.
④ 개인 특성 척도(PSS) 점수: 일상생활 및 일의 세계와 관련된 광범위한 특성에 대한 개인의 선호 정보를 제공한다.

구분	내용		
업무 유형	• 혼자 일하는 것 선호 • 자료, 아이디어, 사물과 관련된 활동 선호	⇔	• 함께 일하는 것 선호 • 사람과 관련된 활동 선호
학습 유형	• 실용적인 학습 선호 • 경험을 통한 단기간의 훈련 선호	⇔	• 학문적인 학습 선호 • 이론을 통한 장기간의 교육 선호
리더십 유형	• 책임자 역할이 불편함 • 지시보다 스스로 과제를 수행함	⇔	• 책임자의 역할을 선호 • 지휘·통솔하는 것을 선호
위험 감수 유형	• 위험 감수를 싫어함 • 의사결정이 신중함	⇔	• 위험 감수를 좋아함 • 의사결정이 빠름
팀 지향 유형	• 독립적 과제 선호 • 혼자서 문제 해결을 선호	⇔	• 팀 과제 선호 • 팀과 함께 문제 해결을 선호

4. 워크넷 직업 흥미검사

(1) 노동부 직업 선호도검사

① 유형별 구성

㉠ L형: 흥미검사, 성격검사, 생활사 검사로 구성된다.

㉡ S형: 흥미검사로 구성된다.

② 개인의 흥미, 성격, 생활 경험과 같은 심리 특성에 대한 종합적인 이해를 도와준다.

③ **적합한 직업에 대한 상세한 직업정보 탐색**: 결과상에 제시되는 직업정보는 한국고용정보원에서 제공하는 각종 직업정보와 연계되어 자신에게 적합한 직업에 대한 상세한 직업정보 탐색이 가능하다.

④ L형은 내담자가 시간적 여유가 있고 보다 상세한 정보를 얻고자 할 때, S형은 내담자가 시간이 부족하거나 꼭 필요한 정보만을 원할 때 선택적으로 실시할 수 있다.

⑤ 검사 종류

㉠ 1부 – 흥미검사: 홀랜드의 흥미이론을 토대로 제작되었다. 6개의 흥미 요인을 5개의 하위 척도로 측정한다.

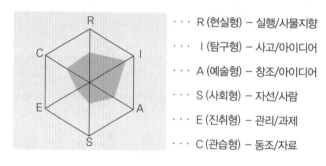

··· R (현실형) – 실행/사물지향
··· I (탐구형) – 사고/아이디어
··· A (예술형) – 창조/아이디어
··· S (사회형) – 자선/사람
··· E (진취형) – 관리/과제
··· C (관습형) – 동조/자료

[그림 8-22] 흥미검사

ⓐ 흥미 코드와 유형

• 흥미 요인점수 6가지 중 가장 큰 점수 2가지를 이용하여 개인별 흥미 코드를 결정한다.

• 개인의 흥미 유형을 육각 모형으로 시각화하여 제공한다.

ⓑ 하위 척도

• **활동**: 어떤 종류의 일이나 활동을 좋아하는지, 하고 싶은지를 측정한다.

• **유능성**: 자신이 무엇을 잘할 수 있고 어떤 능력이 있다고 생각하는지를 측정한다.

• **직업**: 여러 직업에 대해 개인이 좋아하고 마음에 들어 하는 직업이 무엇인지를 측정한다.

• **선호 분야**: 다양한 학문 분야에 대한 선호도를 측정한다.

• **일반 성향**: 흥미와 관련하여 일반적으로 어떤 성향이나 태도를 가지는지를 측정한다.

ⓛ 2부 – 성격검사: 5개의 성격 요인을 각각 5~6개의 하위 요인으로 측정한다.

외향성	호감성	성실성	정서적 불안정성	경험에 대한 개방성
온정성 사교성 리더십 적극성 긍정성	타인에 대한 믿음 도덕성 타인에 대한 배려 수용성 겸손 휴머니즘	유능감 조직화능력 책임감 목표지향성 자기통제력 완벽성	불안 분노 우울 자의식 충동성 스트레스 취약성	상상력 문화 정서 경험 추구 지적호기심

ⓐ 외향성: 타인과의 상호작용을 원하고 타인의 관심을 끌고자 하는 경향의 정도이다.

ⓑ 호감성: 타인과 편안하고 조화로운 관계를 유지하려는 경향의 정도이다.

ⓒ 성실성: 사회적 규칙, 규범, 원칙을 기꺼이 지키려는 경향의 정도이다.

ⓓ 정서적 불안정성: 정서적으로 얼마나 안정되고, 세상을 위협적이지 않다고 생각하는지의 정도이다.

ⓔ 경험에 대한 개방성: 자신을 둘러싼 세계에 대한 관심, 호기심, 다양한 경험에 대한 추구, 포용력 정도이다.

ⓒ 3부 – 생활사 검사: 생활사 자료는 인간의 수행능력을 예측하는 영역에서 새로운 접근방법이다. 인간의 과거 행동을 살펴보면 미래의 행동을 예측할 수 있다는 평범한 진리가 생활사 자료를 직무상의 성패를 예측하는 도구로 사용하는 근거가 된다. 이 검사는 개인의 과거와 현재의 생활 경험을 묻는 검사로, 아래의 10개 하위 요인으로 구성된다.

구분	설명
대인관계 지향	사람들과 어울려 지내는 것을 편안하고 즐겁게 여기는 정도
자존감	자신의 능력, 외모, 인품에 대한 스스로의 평가 정도
독립심	자신의 문제를 스스로 해결하려는 정도
양육 환경	성장기 때 가족의 심리적 지지와 관심 정도
야망	자신에게 사회적 부와 명예가 얼마나 중요한지 정도
학업 성취	학창시절의 학업성적 정도
예술성	예술적인 자질, 경험 및 관심 정도
운동 선호	운동에 관한 선호와 능력 정도
종교성	생활 속에서 종교의 중요성 정도
직무 만족	과거 또는 현재의 직무에 대한 만족 정도

(2) 청소년 직업 흥미검사

① 한국고용정보원이 개발한 것으로, 중고등학생을 대상으로 한다.

② 목적: 직업적 흥미 발견, 진로 또는 직업 설계, 직업 흥미에 적합한 학과와 직업정보 제공이 목적이다.

③ 전 세계적으로 진로, 직업상담 장면에서 가장 많이 활용되는 홀랜드의 흥미이론에 기초하여 제작되었다.

④ 개인의 흥미를 보다 넓은 관점의 6가지 일반 흥미 유형과 이보다 좁고 구체적인 측면의 13가지 분야 기초 흥미 분야로 나누어 단계적으로 측정하며, 개인의 흥미에 대한 충분한 탐색과 구체적인 진로의 설계에 효과적으로 활용된다.

⑤ 직업 흥미를 측정함에 있어 단순히 특정 활동에 대한 좋고 싫음이 아닌 자신감과 직업 선호를 함께 측정하므로 다양한 관점에서 흥미에 대한 해석이 가능하다.

ⓖ 구성

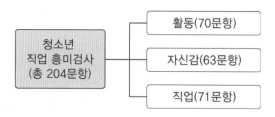

[그림 8-23] 청소년 흥미검사

ⓐ **활동 척도:** 다양한 직업이나 일상생활 활동을 묘사하는 문항으로 구성되며 해당 문항의 활동을 얼마나 좋아하는지 싫어하는지의 선호를 측정한다.

ⓑ **자신감 척도:** 활동 척도와 동일하게 직업, 일상생활 활동을 묘사하는 문항으로 구성되며 다양한 문항의 활동에 대해 개인이 얼마나 잘 할 수 있다고 느끼는지의 자신감 정도를 측정한다.

ⓒ **직업 척도:** 다양한 직업명의 문항으로 구성되며, 각 문항의 직업명과 함께 해당 직업에서 수행하는 일에 관한 설명을 제시한다.

참고 **직업적응검사 패키지(한국고용정보원)**

1. **구직 준비도검사**
   - 만 18세 이상의 실직자나 구직을 원하는 성인을 대상으로 구직활동에 영향을 미치는 개인의 심리적 특성을 측정하여 장기 실업의 위험을 예측하고 동시에 효과적인 구직활동을 지원하는 데 유용한 정보를 제공하기 위한 검사이다.
   - **구성:** 3개의 하위 검사, 13개의 하위 척도, 검사 수행 신뢰도 척도로 구성된다.

구분	내용
구직 취약성 적응도검사	• 실직 후 경제적·사회적 대처 여부를 평가하기 위한 것 • 2가지 하위 척도: 경제적 취약성 및 적응도, 사회적 취약성 및 적응도
구직 동기검사	• 재취업에 대한 의지를 평가하기 위한 것 • 2가지 하위 척도: 자아존중감(자아존경, 자기평가), 자기효능감(자신감, 자기조절효능감)
구직 기술검사	• 구직 기술의 소지 여부를 평가하기 위한 것 • 경력 유동화 능력 측정: 구직 기술, 의사전달 능력 • 고용정보 수집기술 측정: 대인관계 활용, 구직정보 수집

2. **직업 전환검사**
   - 현재 직업에 적응하는 데 어려움을 느끼는 직장인, 재취업을 희망하는 실직자, 자신의 전공과 다른 직업을 구하는 대학생 등 만 18세 이상 성인을 대상으로 하는 검사로, 직업 적응과 관련된 개인의 성격적 특성을 측정하여 이에 가장 합치하는 직업군을 확인하는 데 필요한 정보를 제공한다.
   - **구성:** 추천 업종, 비교 차원, 상담을 위한 참고 차원으로 구성된다.
     - **비교 차원:** 개방/감수성, 배려/이타성, 회피/심약성, 노력/적극성, 집중/성실성, 열등/분노성의 6가지 요인으로 구성된다.
     - **참고 차원:** 폐쇄/의존성, 과정/과시성의 2가지 요인을 포함한다.
   - 검사 결과는 현재의 직업이 적성에 맞지 않은 직장인, 재취업을 원하는 실직자에게 직업을 바꾼 뒤 성공할 가능성이 가장 높은 2개의 직업군을 추천한다.

3. **창업 진단검사**
   - 창업을 희망하는 실직자를 주 대상으로 창업에 대한 소질 여부를 평가하고 성공 가능한 최적의 업종을 탐색하기 위해 개발된 검사이다.
   - **구성:** 12개 역량을 측정하는 137문항, 생활사 문항 12문항, 기타 1문항의 총 150개 문항으로 구성된다.
   - **12개 역량:** 사업지향성, 문제 해결, 효율적 처리, 주도성, 자신감, 목표 설정, 설득력, 대인관계, 자기개발 노력, 책임 감수, 업무완결성, 성실성

1. 직업카드 분류

(1) 활동 목적 [기출 14]

① 진로 탐색에 있어 중요한 자신의 특성(예 흥미, 가치관, 등)을 질적으로 탐색할 수 있다.

② 직업의 다양성과 종류를 이해할 수 있다.

③ 직업세계를 이해하기 위한 중요한 요소를 파악할 수 있다.

④ 직업정보를 구체적으로 탐색할 수 있다.

⑤ 진로에 흥미를 가지고 진로 탐색과정에 즐겁게 참여할 수 있다.

더 알아보기   **3가지 목표**

• 내담자의 흥미를 탐색한다. 내담자가 좋아하는 직업과 싫어하는 직업을 선택하게 하고 그 이유를 탐색함으로써 내담자가 자신의 직업 흥미를 구체적으로 파악하도록 돕는다.

• 내담자의 직업세계에 대한 이해를 높이고 직업 선택의 폭을 넓힌다. 내담자가 관심을 보이는 직업 분류나 직업 유형의 직업을 폭넓게 탐색함으로써 내담자의 직업세계에 대한 이해를 높이고 직업 선택의 폭을 확장한다.

• 내담자에게 진로 및 직업정보를 찾는 방법을 제시한다. 직업, 직업심리검사, 기타 진로와 관련된 정보를 찾는 방법을 알려주어 내담자가 스스로 진로 탐색활동을 할 수 있도록 돕는다.

---

(2) 특징

① 일반적인 직업카드 분류는 비표준화된 접근법으로, 대부분의 표준화된 도구와 달리 점수를 매기거나 규준을 가지지 않는다.

② 내담자가 모든 종류의 주제, 아이디어, 이슈, 가치, 느낌 등에 따라 직업 제목을 분류하는 활동이 포함된다.

(3) 미주리의 직업카드 분류(MOCS) 절차

① 여러 직업이 적힌 작은 카드를 내담자에게 나누어주고, 3개의 파일(좋아하는 것, 무관심한 것, 싫어하는 것)에 분류하게 한다.

② 내담자에게 3개 파일 중 '싫어하는 것'을 선택하여 어떤 공통 주제에 근거하여 더 작은 파일로 나누어 분류하게 하고, 그 공통 주제가 무엇인지 적는다.

③ 내담자에게 3개 파일 중 '좋아하는 것'을 선택하여 어떤 공통 주제에 근거하여 더 작은 파일로 나누어 분류하게 하고, 그 공통 주제가 무엇인지 적는다.

④ '좋아하는 것'에 분류된 카드를 모두 앞에 놓고 가장 선호하는 직업 1위부터 10위까지 순위를 매긴다. 이때 지금까지 탐색한 모든 공통 주제를 고려한다.

⑤ 1~10위까지 순위를 정한 직업을 목록에 적고, 그 직업을 선호하는 이유를 직업 가치란에 각각 기술한다.

⑥ 1~10위까지 순위를 정한 직업의 홀랜드 코드(holland code)를 찾아 적는다.

(4) 일반적인 절차

① **도입 단계:** 학생에게 카드 분류 활동의 목표와 진행과정을 설명하고 직업카드의 구성내용, 빈칸 사용법 등을 설명한 뒤 잠시 학생이 카드를 살펴볼 시간을 주고 궁금한 점에 대한 질문을 받는다.

② **분류 단계:** 좋아하는 직업, 싫어하는 직업, 미결정 직업의 3가지 범주로 분류한다. 각 카드군의 개수를 활동지에 기입하는 과정이 있는데, 이는 학생들이 어떤 군의 직업이 많은지 또는 적은지에 대해 그 이유를 생각해 보도록 유도하기 위함이다.

③ **주제 찾기 단계:** 싫어하는 직업 카드군의 카드를 그 이유별로 재분류하여 소그룹을 짓게 한 다음, 각 소그룹의 카드 개수를 헤아려 해당하는 카드의 개수가 많은 순으로 그 이유를 활동지에 정리하게 한다(좋아하는 카드군에 대해서도 같은 방식으로 진행). 이 단계는 학생들이 특정 직업에 대해 막연히 좋다 또는 싫다고 생각하던 것에서 그 이유를 보다 구체적으로 명료화시킴으로써 자신의 직업 흥미를 심층적으로 탐색해 보게 하는 과정이다.

④ **순위 결정 단계:** 좋아하는 직업 중 다섯 개만 순위를 정하고 그 이유를 활동지에 기입하는 단계이다.

⑤ **직업 확장 단계:** 자신의 직업 흥미 경향을 파악하고, 직업 목록을 이용하여 직업카드에 제시되어 있지 않은 다른 직업들에 대해서 살펴보는 단계이다.

⑥ **직업정보 요약 및 정보 제공 단계:** 직업카드 분류 활동을 통해서 발견한 여러 가지 진로정보를 정리하도록 돕는 단계이다. 진행과정은 제시된 미완성 문장의 질문에 대해 구두로 답하거나 문장으로 써 보게 함으로써 자신의 진로정보들을 요약하도록 한다.

(5) 기스버스(Gysbers) 등의 직업카드 활용 절차

단계	절차
1단계	직업명이 적힌 직업카드를 한 장씩 보면서, '좋아함', '보통', '싫어함'으로 분류함
2단계	• '싫어함'으로 분류된 카드를 보면서, 싫어하는 이유가 비슷한 카드끼리 분류함 • 분류한 묶음을 다시 살펴보면서, 각 묶음 속에 있는 직업의 공통점을 아우를 수 있는 제목을 적어봄
3단계	• '좋아함'으로 분류된 카드를 보면서, 좋아하는 이유가 비슷한 카드끼리 분류함 • 분류된 묶음을 다시 살펴보면서 각 묶음 속에 있는 직업의 공통점을 아우를 수 있는 제목을 적어봄
4단계	• '좋아함'으로 분류된 직업카드를 모두 펼쳐놓고, 가장 좋아하는 직업 순으로 1위부터 10위까지 나열함 • 나열한 다음 직업 목록을 종이에 적음
5단계	10위까지의 직업 목록을 보면서, 각 직업의 장단점과 자신에게 주는 의미를 적음
6단계	• 10위까지의 카드를 보면서 각 직업에 해당하는 홀랜드 코드를 적음 • 가장 많이 나온 홀랜드 코드를 찾아보고, 그에 해당하는 다른 직업은 어떤 것이 있는지 찾아봄

(6) 직업카드 분류의 장점

① 내담자의 능동적 참여를 가능하게 한다.

  ㉠ **표준화된 심리검사:** 내담자가 검사 결과를 통보받는 수동적인 입장으로 참여한다.

  ㉡ **카드 분류:** 내담자가 직접 카드를 분류하는 활동을 통해 통제감을 가지게 된다. 또한 내담자에게 직업 흥미의 이유와 범주별로 카드를 묶어 보게 하고, 그 이유를 자신의 언어로 표현하게 함으로써 내담자가 능동적으로 진로 탐색활동의 주체로서 참여할 수 있다.

② **즉각적인 피드백 제공:** 직업카드 분류활동을 하면서 바로바로 자신의 직업 선호, 직업 이해 등이 이루어진다.

③ **내담자의 여러 특징에 대한 의미 있는 정보를 획득:** 내담자가 직업카드를 분류하는 과정을 통해 내담자의 자기개념, 직업 세계관, 진로 성숙의 정도, 의사결정 유형, 직업세계의 지식 정도 등을 파악할 수 있다.

④ 높은 유연성
  ㉠ 표준화된 심리검사: 규준집단이 다를 경우 사용의 제한이 있고, 내담자가 제한적으로 반응하도록 구성되어 있다.
  ㉡ 카드 분류: 다양한 인종·민족적 배경을 가진 사람들에게 적용할 수 있다는 점, 상담자가 자신의 목적에 적합하도록 변형해서 활용할 수 있다는 점, 내담자의 선택과 표현이 자유롭다는 점 등 여러 측면에서 유연성이 높다.
⑤ 구조가 있음: 대부분의 사람이 쉽게 따라할 수 있고 편안히 접근하는 이유는 이전에 카드게임과 관련된 경험이 있기 때문일 것이다. 카드 분류 과제는 복잡한 과제로 혼란스러워하는 내담자에게 한 단계씩 접근할 수 있는 방법이 된다.
⑥ 친밀한 관계 형성에 도움: 내담자와의 유대관계 형성에 도움이 될 뿐만 아니라, 내담자의 욕구, 동기, 탐색 스타일 등을 알아보는 데도 도움이 될 수 있다.

(7) 학과카드
① 활용 목표
  ㉠ 각 급 학교의 종류를 이해하고 정보 수준을 높일 수 있다. 특히 고등학교(중학생용), 대학교(고등학생용) 정보를 접하고 익힐 수 있다.
  ㉡ 각 급 학교에 설치된 다양한 학과에 대한 이해와 정보 수준을 높일 수 있다.
  ㉢ 학과 카드 분류 활동을 통해 자신의 학과흥미의 특성을 파악하고 학과 선택에 도움을 받을 수 있다.
  ㉣ 진로와 관련한 인터뷰 활동을 통해 진로 탐색활동을 촉진할 수 있다.
② 기입 내용: 학과명과 계열명, 학과에 대한 안내와 전공 교과목, 관련 직업 및 진출 분야가 기입되어 있어 학과와 관련된 개략적인 정보를 알 수 있다.

(8) 진로 가치 카드
① 활용 목표
  ㉠ 내담자의 진로 가치를 탐색한다. 내담자가 '매우 중요한 것', '중요한 것', '보통인 것', '싫어하는 것' 등으로 분류하여 자신이 중요시하는 진로 가치에 대한 탐색을 구체적으로 하도록 돕는다.
  ㉡ 내담자로 하여금 가치의 다양성에 대한 이해를 높이고 이를 통해 본인의 진로나 직업 선택 시 선택의 폭을 넓힌다. 내담자가 관심을 보이는 진로 가치나 유형을 정리함으로써 진로에 대한 구체적인 행동을 가치로 설명할 수 있게 돕고, 가치와 삶에 대한 가치의 연계성을 구체화하도록 돕는다.
  ㉢ 진로 가치를 정립한 후 내담자에게 알맞은 진로·직업정보 탐색방법을 제시한다. 내담자의 가치와 진로·직업 탐색을 통해 연결하는 방법을 알려줌으로써 내담자 스스로 진로를 설계할 수 있도록 돕는다.
② 기입 내용
  ㉠ 앞면: '진로 가치 카드'라는 이름이 모든 카드에 동일한 모양으로 새겨져 있다.
  ㉡ 뒷면: 상단에 진로 가치의 이름(예 시간적 자유, 높은 수입, 능력 발휘, 안정성 등)이 적혀 있고, 하단에는 해당 가치에 대한 설명이 제시되어 있다.

2. 생애 진로 사정 [기출 16] [기출 23]

(1) 생애 진로 사정(LCA; Life Career Assessment)

① 질적 평가과정으로, 진로상담의 하위 단계 중 정보 수집 단계에 사용할 수 있는 구조화된 면접방법이다.

② 아들러(Adler)의 개인심리학에 기초한 것으로, 상담자가 내담자에 대한 체계적이고 다양한 정보를 수집하고 내담자는 자신에 대해 체계적으로 이야기해가면서 자신의 경험을 정리하고 삶의 방식을 알아가는 과정이다.

③ 효과

    ㉠ 개인의 역할을 포함한 다양한 생활 영역에서 내담자의 기능 수준뿐만 아니라 그들이 환경을 어떻게 극복할 것인가에 대한 정보까지 산출할 수 있다.

    ㉡ 상담자와 내담자의 긍정적인 라포 형성에 도움을 준다. 공감, 존중, 수용의 분위기를 통해 생애 진로 사정에서 비판단적, 비위협적, 온정적인 분위기를 만들 수 있다.

(2) 구조

① **진로 평가(진로 사정)**: 과거에 학습이나 일을 하면서 가장 좋았던 것과 싫었던 것에 대해 질문하고 인간관계, 여가시간 활용방법을 탐색한다.

직업 경험(시간제/전임, 유보수/무보수)	교육과 훈련	여가활동
• 이전 직업 • 가장 좋았던 점 • 가장 싫었던 점 • 다른 직업에서의 경험	• 지금까지 받은 교육과 훈련에 관한 전반적인 평가 • 가장 좋았던 점과 싫었던 점 • 단계에 오르기 위해 반복한 정도, 종류	• 여가 시의 활동 • 사회적 생활(여가 시) • 친구들(여가 시)

② **일상적인 날(하루)**: 하루 동안의 생활을 어떻게 조직하는지를 시간의 흐름에 따라 체계적으로 기술한다.

독립 - 의존	체계적 - 임의적
• 다른 사람에 대한 의존 • 다른 사람이 결정해주기를 원함	• 일관성 있는 일상 • 일상을 반복하지 않는 경향

③ **강점과 장애(약점)**: 강점과 장애를 3가지씩 적어보게 하여 내담자가 직면한 문제, 내담자에게 있을 법한 환경적 장애, 내담자가 가진 대처 자원 등에 관한 정보를 얻을 수 있다.

    ➡ 내담자가 스스로 생각하는 3가지 주요 강점과 약점을 질문하고, 강약점을 말한 후에 그들이 내담자에게 어떤 영향을 주는지도 물어볼 수 있다.

④ **요약**

    ㉠ 삶의 주제를 인정한다.

    ㉡ 내담자 자신의 언어를 사용한다.

    ㉢ 목표 설정이나 문제 해결과 연결한다.

> **더 알아보기**   **요약을 하는 이유**
>
> • 면접을 하는 과정에서 얻은 생애 진로 주제, 강점, 약점 등에 관한 정보를 강조하기 위함이다.
> • 내담자가 요약한 내용에서 상담자는 내담자가 무엇을 얻었고, 무엇을 간과하고 있는지에 대해서 파악할 수 있다.
> • 내담자가 요약한 내용과 상담자가 이해한 내용을 비교해보면서 생애진로주제에 대해 의견이 서로 일치하고 있는지의 여부도 알 수 있다.
> • 상담자는 요약을 통해 그 동안 수집한 정보를 상담목표와 연결시켜보고, 탐색된 여러 생애 진로 주제에서 발견된 장애물을 극복하고 강점으로 발전할 수 있는 요소를 찾아 제시하면서 변화 의지를 자극할 수도 있다.

29 진로정보

1. 진로정보의 개념 기출 24

(1) **의미**: 진로정보는 개인이 진로에서 어떤 선택·결정을 할 때나 직업 적응, 직업 발달을 꾀할 때 필요로 하는 모든 자료를 총칭하는 개념으로, 일과 관련된 교육적·직업적·심리사회적인 정보를 의미한다.

(2) **정보의 가치를 판단하는 기준**
  ① 정보의 정확성: 오류를 방지할 수 있는 정확한 의사결정을 위해 정보의 정확성이 가장 중요하다.
  ② 정보의 적절성: 정보가 필요로 하는 상황에 맞게 얼마나 적절히 제공되고 있는가에 관한 기준이다.
  ③ 정보의 적시성: 정보가 필요한 시기에 맞추어 적절하게 제공되어야 함을 의미한다.
  ④ 정보의 유용성: 정보는 불확실성을 감소시키고 보다 확실한 의사결정을 하는 데 도움이 되어야 한다.
  ⑤ 정보의 융합성: 정보는 장비의 결합과 가공에 의해 또 다른 새로운 정보의 창출이 가능해야 한다.

(3) **진로정보 평가 기준(Hoppock, 1976)**
  ① 언제 만들어진 것인가?: 최신에 가까운 것을 참고해야 올바른 도움을 받을 수 있다.
  ② 어느 곳을 대상으로 한 것인가?: 특정 지역에 국한된 것일수록 좋지 않다.
  ③ 누가 만든 것인가?: 전문적으로 진로를 연구하는 사람이 만든 것이 신뢰성이 높다.
  ④ 어떤 목적으로 만든 것인가?: 연구, 흥미 위주, 자서전적 정보 등의 다양한 목적이 있다.
  ⑤ 자료를 어떠한 방식으로 수집하고 제시했는가?: 대상자의 특성에 따라 형태를 달리 해야 한다.

> **참고** **직업정보의 조건**
>
> • 직업정보는 타당하고 유용해야 한다.
>   – '타당하다': 자료가 정확하고 권위 있고 시의적절하며 객관적이어야 한다.
>   – '유용하다': 자료는 사용자가 이해하는 수준에서 매력적으로 전달되고 흥미를 일으키며 충분한 정보를 전달해야 한다.
> ➡ 직업정보가 갖추어야 할 5가지 조건(Tricot, 2002): 정보 수요자의 요구를 고려한 것, 사실인 것, 종합적인 것, 적절한 것, 적절한 것으로 인식할 수 있는 것

(4) **인터넷상의 진로정보를 평가하는 5가지 기준(Bolles, 2009)**
  ① 권한(authority): 누가 왜 해당 정보를 제공하거나 작성했는가?
  ② 신뢰성(accuracy): 얼마나 증명 가능한 정보인가?
  ③ 객관성(objectivity): 왜 그 정보가 그 위치에 존재하는가? 정보가 혹시 다른 사이트를 홍보하고 있지 않는가?
  ④ 최신성(currency): 얼마나 오래된 정보인가? 작성 시기를 파악할 수 있는가?
  ⑤ 전문성(professionality): 정보가 전문성 있게 제시되어 있는가? 오탈자가 없는가?

2. 진로정보의 주요 출처

(1) 출판 자료

① 가장 일반적이고 전통적인 매체로, 각종 인쇄물(⑩ 포스터, 선전 광고 등)을 통해 직업을 소개하는 것이다.

② 각 직업에 제공되는 정보: 직업 임무, 교육과 훈련 요구사항, 일할 장소, 근로 조건, 고용 경향 등이다.

③ 장점: 쉽게 이용할 수 있고 비교적 저렴하다.

④ 단점: 읽기 지루하고 긍정적이고 중립적인 정보만을 제공하며, 시대에 금방 뒤떨어진다.

(2) 시청각 자료

① 시청각 매체를 이용하는 방법이다.

⑩ 게시판, 전시회, 상업용·교육용 CCTV, 비디오테이프, 슬라이드, 영화, 마이크로필름 등

② 장점: 시청각 매체를 활용한 진로정보는 각종 멀티미디어를 활용한 동영상, 영화, 방송 등의 형태로 학습자의 감각에 호소하여 동기를 유발할 수 있다.

③ 단점: 정보가 제한되고 가격이 비싸며 사용이 번거롭고, 시대에 뒤떨어진 정보인 경우 출판물보다 더욱 사용자에게 진부하게 비친다.

(3) 인터뷰

① 다양한 직업·직무나 교육기관을 대표하는 사람과 일의 세계와 교육 기회에 관해 탐색하는 사람 간의 다양한 개인 대 개인 또는 개인 대 집단의 상호작용을 통한 정보 수집 활동방법이다.

② 장점

㉠ 직장인과 근로조건에 대한 직접적인 관찰과 경험이 가능하다.

㉡ 개인적인 인터뷰는 출판 자료에서 얻을 수 없는 '행간 사이의 정보'를 제공하고, 해당 분야로 향하는 다양한 길이나 행로를 확인할 수 있다.

③ 단점

㉠ 일부 직장인이 일에 접근하거나 일을 바라보는 방식이 불규칙적이고 지나치게 열정적일 수 있으며 단점보다 장점만 얘기할 수도 있다.

㉡ 왜곡된 관점을 가진 직장인을 인터뷰할 가능성이 있으나, 내담자가 그 직업에 종사하는 직업인을 두 명 이상 만남으로써 이를 피할 수 있다.

④ 상담자는 내담자가 만난 직장인이 내담자와 얼마나 비슷한지에 중점을 두고 진로상담을 실시한다.

(4) 컴퓨터 기반 정보 시스템

① 장점: 익명으로 진행되어 자신을 노출하지 않아 심리적인 부담이 줄어들고, 시공간적 제약을 극복할 수 있다.

② 단점: 초기 투자비용이 많이 들고, 오직 광범위한 직업 범주만이 다루어지며 메모리 용량에 한계가 있다.

(5) 온라인을 통한 진로 탐색

① 폭넓은 접근 가능성: 전통적인 방식의 진로정보가 현실적인 여건에 의해 모두에게 동일하게 제공되지 못하는데 반해 온라인 진로정보는 기회 균등성을 보장한다.

② 다른 유형의 정보와의 링크가 간편함: 온라인 진로정보에는 교육 및 훈련정보, 노동시장 정보, 직업 및 직무내용에 관한 정보가 포함되며 자신에 대한 이해를 돕는 개인 심리진단 도구 등도 연계가 가능하다.

③ 정보 전달에 소요되는 비용이 저렴하며, 정보 사용자의 숫자가 늘어날수록 효율성이 점차 증가된다.

④ 최신 정보의 업데이트가 빠르고 쉬우며 비용이 적게 든다.

⑤ 양방향성의 특성을 가지므로 수요자에게 특화된 정보를 적시에 제공할 수 있고, 계속적인 피드백을 주고받을 수 있다. 특히 양방향성의 장점은 진로와 관련된 심리검사, 상담 등에서 극대화된다.

(6) 직접 경험에 의한 자료

① 현장 방문, 체험 등의 방법: 관련된 직업이 있는 일터에 가서 직접 현장을 관찰하거나 그 직업을 체험함으로써 정보를 수집하는 것으로, 이 과정을 통해 개인의 취향이나 필요한 알맞은 분야를 이해하고 경험을 풍부하게 가지도록 한다.

② 직업 미행: 일에 관계된 직접적인 관점을 얻기 위해 하루, 며칠, 일주일 또는 그 이상의 기간 동안 직업 종사자 주위에서 따라다니는 것을 뜻한다.

⊙ 장점: 직업 경험이 별로 없거나 전혀 없는 내담자에게 도움이 될 수 있다.

⊙ 단점: 시간이 많이 들고, 대부분 무보수의 형태로 진행되며 직업 체험 기회를 확보할 시간이 거의 주어지지 않고 직접적인 접촉에서 배제되기도 한다.

30 직업정보

1. 『한국직업사전』

〈예시〉 0421 입학사정관

직무 개요	대학에서 입학사정관 제도에 따라 신입생을 선발하는 업무를 수행함	
수행 직무	• 해당 분야에 대한 전문성을 활용하여 대학입학 전형의 전부 또는 일부에 참여함 • 지원자의 학업성적, 개인 환경, 특기, 대인관계, 논리력, 창의력, 소질, 잠재력 등을 종합적으로 평가하여 선발함 • 학교생활기록부, 시험 성적, 각종 서류를 검토하고 필요시 면접을 진행하기도 함	
부가 직업정보	• 정규교육: 16년 초과(대학원 이상) • 숙련기간: 1년 초과~2년 이하 • 직무기능: 자료(분석/사람(자문)/사물(관련 없음) • 작업강도: 아주 가벼운 작업 • 육체활동: - • 작업장소: 실내 • 작업환경: -	• 유사 명칭: - • 관련 직업: - • 자격/면허: - • 표준산업분류: 853 고등 교육기관 • 표준작업분류: 2591 장학관·연구관 및 교육 관련 전문가 • 조사연도: 2011년

(1) 한국직업사전

① 한국고용정보원에서 발간하고 있는 것으로, 수록된 직업은 직무분석을 바탕으로 조사된 정보이며 수많은 일을 조직적인 방식으로 고찰하기 위해 유사한 직무를 기준으로 분류한 것이다.

② 이 사전에 수록된 정보는 전국 규모의 사업체에서 유사한 직무가 어떻게 수행되는지에 대한 포괄적인 조사·분석·연구의 결과이다.

(2) **직업정보**

① **직업 코드**: 특정 직업을 구분해주는 단위로써 '한국고용직업분류(KECO)'의 세분류 4자리 숫자로 표기했다. 다만 동일한 직업에 대해 여러 개의 직업 코드가 포함되는 경우 직무의 유사성 등을 고려하여 가장 타당하다고 판단되는 직업 코드 하나를 부여한다. 직업 코드 4자리에서 첫 번째와 두 번째 숫자는 '한국고용직업분류(KECO)'의 24개 중분류, 세 번째 숫자는 소분류, 네 번째 숫자는 세분류를 나타낸다. 세분류 내 직업은 가나다순으로 배열된다.

② **본 직업 명칭**: 산업 현장에서 일반적으로 해당 직업으로 알려진 명칭이나 그 직무가 통상적으로 호칭되는 것으로 『한국직업사전』에 그 직무내용이 기술된 명칭이다.

③ **직무 개요**: 직무 담당자의 활동, 활동의 대상 및 목적, 직무 담당자가 사용하는 기계, 설비 및 작업 보조물, 사용된 자재, 만들어진 생산품이나 제공된 용역, 수반되는 일반적·전문적 지식 등을 간략히 기술했다.

④ **수행 직무**: 직무 담당자가 직무 목적을 완수하기 위해 수행하는 구체적인 작업(task) 내용을 작업 순서에 따라 서술한 것이다. 단, 공정 순서를 파악하기 어려운 경우 작업의 중요도나 작업 빈도가 높은 순으로 기술했다.

⑤ **부가 직업정보**: 정규교육, 숙련기간, 직무기능, 작업강도, 육체활동, 작업장소, 작업환경, 유사 명칭, 관련 직업, 자격/면허, 한국표준산업분류코드, 한국표준직업분류코드, 조사연도 등이다.

⑥ 『한국직업사전』에 등재된 직업을 통해 기술의 발달과 사회 수용의 변화를 파악하기 위한 단서를 얻을 수 있다.

2. 한국직업능력개발원(커리어넷)

(1) **소개**

① 한국직업능력개발원은 국무총리 산하 국책연구 기관으로서 그 아래에 '국가진로교육연구본부'가 있고, 여기에 '진로교육센터'가 설치되어 있다.

② 국가진로교육연구본부에서는 각종 진로정보에 대한 연구뿐만 아니라 수요자가 직접 필요로 하는 진로정보를 생산하여 커리어넷 홈페이지(http://www.career.go.kr)를 통해 보급하고 있다.

③ 진로와 직업을 탐색하고 결정하려는 청소년과 구직자에게 직업정보를 제공하여 돕기 위해 기획되었다.

(2) **진로정보**

정보	내용
직업정보	수요자가 궁금한 직업 이름을 입력하면 해당 직업에 대하여 직업 개요, 취업 현황, 문의기관, 직업 전망, 이 직업을 보는 회원 특성 등에 대한 정보를 제공
주니어 직업사전	• 초등학생과 중학생이 관심 있어 하는 직업에 대한 정보를 제공함 • 직업인의 모습이 그려져 있는 직업 이름을 클릭하면 해당 직업에 대해서 직업 개요(하는 일, 업무 수행 능력, 지식, 흥미), 되는 길, 관련 직업 및 학과 등에 대한 정보를 제공
직업인 인터뷰	여러 분야의 진로·직업 전문가와 사회 각 분야에서 주도적인 역할을 하고 있는 사람들의 인터뷰를 통해 다양한 직업세계를 확인하고 진로 선택방법을 안내

① **진로정보**

㉠ **커리어플래너**: 커리어넷에서는 직업·학과정보 이외에도 학생 스스로 자신의 미래를 위한 진로, 학습, 활동 경험을 기록하고 매일의 목표를 성취해 나갈 수 있도록 도와주는 것이다.

㉡ **진로심리검사**: '꿈트리', 직업 적성, 흥미, 가치관, 성숙도 검사를 통해 진로 의사결정에 정보 제공한다.

㉢ **진로 동영상**: 2,500여 개의 다양한 영상 자료를 통해 진로에 대해 고민과 궁금증을 풀어 준다.

  ② 진로교육 자료: 진로교육에 대한 이해를 높이고 진로지도 활동에 활용할 수 있는 학생·학부모 진로상담 등에 관한 정보를 제공한다.
② 주니어 직업사전: 초등학생과 중학생이 관심을 가질 것으로 예상되는 직업에 대한 정보를 제공한다.
③ 열린 진로정보잼: 학생, 학부모, 직업 종사자, 대학 종사자, 전문가 등 국민 누구나 참여해 최신 직업·학과정보 콘텐츠를 함께 만들고 공유할 수 있는 참여 기반 네트워크형 직업정보 서비스이다.
  ㉠ 직업 및 학과를 소개하는 열린 직업잼
  ㉡ 열린 학과잼
  ㉢ 우학소: 학교별 학과를 소개하는 우학소(우리 학과를 소개합니다)
④ 직업인 인터뷰: 사회 각 분야에서 주도적인 역할을 하고 있는 직업인을 인터뷰한 것이다.
⑤ 직업정보: 직업 분류, 조건별 검색, 적성 유형별 탐색의 3가지 방법을 통해 탐색할 수 있다. 여기에서 직업 분류는 한국고용직업분류(KECO)에 기초해서 중·대분류로 구분되어 있고, 조건별 검색에서는 평균 연봉, 일자리 전망, 발전 가능성, 고용 평등의 4가지 선택 사항이 활용된다.

3. 한국고용정보원(워크넷)

(1) 소개

① 한국고용정보원은 고용노동부 산하기관으로 '고용서비스전략실'의 '생애진로개발팀' 및 '미래직업연구팀'을 중심으로 수요자가 직접 활용할 수 있는 진로정보를 생산하고 있다.
② 생산된 진로정보는 워크넷(http://www.work.go.kr)을 통해 제공되고 있다.

(2) 진로정보

정보	내용
한국직업사전	• 우리나라의 직업 총람으로서(직업 수 1만 2천여 개, 2017년 말 기준), 체계적 직무분석을 통해 수행하는 작업과정(수행 직무)과 부가 직업정보(정규 교육, 숙련기간, 작업강도, 자격면허 등) 및 직업/산업 분류 코드를 제공하고 있음 • 상당히 많은 직업을 소개하고 있는 것이 장점이지만, 하나의 직업에 대한 소개가 너무 간단해서 청소년들에게 활용하기에는 어느 정도 한계가 있음
한국직업전망	• 우리나라 대표 직업 약 200여 개에 대한 향후 10년간 일자리 전망을 담고 있음 • 일자리 전망 외에 하는 일, 근무환경, 되는 길(교육 및 훈련, 관련 학과, 관련 자격 및 면허, 입직 및 경력 개발), 적성, 흥미, 종사자의 성별·연령·학력 분포, 평균 임금 등의 정보도 확인할 수 있음 • 하나의 직업에 대한 소개가 매우 상세하고, 미래 전망까지 기술되어 있어서 청소년 진로상담에 많은 도움을 줌
직업 동영상	• 우리나라 전 산업 분야에 걸친 다양한 직업을 선정하여 해당 직업의 생생한 현장 모습 및 인터뷰를 담고 있음 • 작업 동영상은 직업군별, 신 직업, 국제기구, 기업직무 소개 등 네 가지 범주로 구분하여 제공됨
직업인 인터뷰	• 다양한 분야에서 자신만의 입지를 다지고 널리 이름을 알린 직업인들의 이야기가 담겨 있음 • 이들의 일과 성공에 대한 이야기를 통해 청소년들이 꿈을 찾고 미래를 계획하는 기회로 삼도록 동기를 유발하는 데 적절하게 활용할 수 있음

1. 국가직무능력표준(NCS; National Competency Standards)의 개념

(1) 소개

산업 현장에서 직무를 수행하기 위해 요구되는 지식·기술·소양 등의 내용을 국가가 산업부문별·수준별로 체계화한 것으로, 산업 현장의 직무를 성공적으로 수행하기 위해 필요한 능력(지식, 기술, 태도)을 국가적 차원에서 표준화한 것을 의미한다.

(2) 분류

① **직업기초능력**: 직종이나 직위에 상관없이 모든 직업인에게 공통으로 요구되는 기본적인 능력 및 자질, 즉 공통적이고 핵심적인 능력을 의미한다.

② **직무수행능력**: 특정 분야의 전문능력으로 직무를 수행하는 데 필요한 구체적인 능력(지식, 기술, 태도의 합)을 의미한다.

➡ 대분류, 중분류, 소분류, 세분류 순으로 구성

2. NCS의 특징

(1) 한 명의 근로자가 해당 직업에서 소관 업무를 성공적으로 수행하기 위해 요구되는 실제적인 수행능력

① 직무 수행능력 평가를 위한 최종 결과의 내용을 반영한다.

② 최종 결과는 "무엇을 해야 한다."보다는 "무엇을 할 수 있다."라는 형식으로 제시한다.

(2) 해당 직무를 수행하기 위한 모든 종류의 수행능력을 포괄하여 제시

① **작업능력**: 특정 업무를 수행하기 위해 요구되는 능력이다.

② **작업 관리능력**: 다양한 다른 작업을 계획하고 조직화하는 능력이다.

③ **돌발 상황 대처능력**: 일상적인 업무가 마비되거나 예상하지 못한 일이 발생할 때 대처하는 능력이다.

④ **미래지향적 능력**: 해당 산업 관련 기술적·환경적 변화를 예측하여 상황에 대처하는 능력이다.

(3) 모듈(module) 형태로 구성

① 한 직업 내에서 근로자가 수행하는 개별 역할인 직무능력을 능력 단위(unit)화하여 개발했다.

② NCS는 여러 개의 능력 단위 집합으로 구성된다.

(4) 산업계 단체가 주도적으로 참여하여 개발

① 해당 분야 산업별 인적자원개발위원회(ISC), 산업별 인적자원개발협의체(SC), 관련 전문기관(단체) 등이 참여하여 NCS를 개발했다.

② 산업 현장에서 우수한 성과를 내는 근로자나 전문가가 NCS 개발 단계마다 참여했다.

3. 직업기초능력 기출 20

프로그램명	하위 능력		정의
의사소통능력	• 의사소통능력 • 문서작성능력 • 의사표현능력	• 문서이해능력 • 경청능력	글과 말을 읽고 들음으로써 다른 사람이 뜻한 바를 파악하고, 자기가 뜻한 바를 글과 말을 통해 정확하게 쓰거나 말하는 능력
수리능력	• 기초연산능력 • 도표분석능력	• 기초통계능력 • 도표작성능력	사칙연산, 통계, 확률의 의미를 정확하게 이해하고 이를 업무에 적용하는 능력
문제해결능력	• 문제해결능력 • 문제처리능력	• 사고력	문제 상황이 발생하는 경우, 창조적이고 논리적인 사고를 통해 이를 올바르게 인식하고 적절히 해결하는 능력
자기개발능력	• 자기개발능력 • 자기관리능력	• 자아인식능력 • 경력개발능력	업무를 추진하는 데 스스로를 관리하고 개발하는 능력
자원관리능력	• 자원관리능력 • 물적자원 관리능력 • 인적자원 관리능력	• 시간관리능력 • 예산관리능력	업무를 수행하는 데 자원(예 시간, 자본, 재료, 시설, 인적자원 등) 중 무엇이 얼마나 필요한지 확인하고, 이용 가능한 자원을 최대한 수집하여 실제 업무에 어떻게 활용할지 계획하고, 계획대로 업무 수행에 이를 할당하는 능력
대인관계능력	• 대인관계능력 • 리더십능력 • 협상능력	• 팀워크능력 • 갈등관리능력 • 고객서비스능력	업무를 수행함에 있어 접촉하는 사람들과 문제를 일으키지 않고 원만하게 지내는 능력
정보능력	• 정보능력 • 인터넷활용능력	• 컴퓨터활용능력 • 정보처리능력 향상	업무와 관련된 정보를 수집하고, 이를 분석하여 의미 있는 정보를 찾아내며, 의미 있는 정보를 업무 수행에 적절하도록 조직하고, 조직된 정보를 관리하며, 업무 수행에 이러한 정보를 활용하고, 이러한 제 과정에 컴퓨터를 사용하는 능력
기술능력	• 기술능력 • 기술선택능력 • 미래사회에서의 기술능력	• 기술이해능력 • 기술적용능력	업무를 수행함에 있어 도구, 장치 등을 포함하여 필요한 기술에는 어떠한 것들이 있는지 이해하고, 실제로 업무를 수행함에 있어 적절한 기술을 선택하여 적용하는 능력
조직이해능력	• 조직이해능력 • 체제이해능력 • 국제감각능력	• 경영이해능력 • 업무이해능력	업무를 원활하게 수행하기 위해 국제적인 추세를 포함하여 조직의 체제와 경영을 이해하는 능력
직업윤리	• 직업윤리의 의미와 행동 • 근로윤리	• 공동체윤리	업무를 수행함에 있어 원만한 직업생활을 위해 필요한 태도, 매너, 올바른 직업관

제 8 장 진로상담 해커스임용 김진구 전문상담 기본개념 2

1. 진로교육의 기본 원리

(1) 진로교육은 전 인생에 걸친 교육이다. 진로교육은 인생의 모든 단계에 걸쳐 실시되어야 한다.

(2) 진로교육은 자기탐색과 이해의 교육이다. 진로교육은 학생들로 하여금 자신에 대한 탐색을 통해서 자아를 발견하고 이해하도록 하는 교육이 되어야 한다.

(3) 진로교육은 진로 인식의 교육이다. 진로 인식은 개인이 진로 선택을 하는 데 필요한 일의 세계에 대한 이해를 의미한다.

(4) 진로교육은 정의적 측면을 강조하는 교육이다. 일반적으로 진로를 선택할 때 고려하는 요인은 주로 적성이나 지능 등과 같은 인지적 측면의 요인이다.

(5) 진로교육은 일의 올바른 의미를 이해하도록 하는 교육이다. 학생들로 하여금 직업을 가지고 일을 하는 것은 생계유지뿐만 아니라 사회적 역할 분담, 삶을 좀 더 보람 있고 의미 있게 하는 자아실현의 과정임을 이해하도록 해야 한다.

(6) 진로교육이란 직업에 대한 편견에서 탈피하는 교육이다.

(7) 진로교육은 의사결정 기술을 증진시키는 교육이다. 즉, 합리적인 진로 결정을 내릴 수 있도록 의사결정 기술을 증진시키는 경험을 제공하는 데 역점을 둔 교육이다.

(8) 진로교육은 가정, 학교, 지역사회가 연계되는 교육이다. 진로교육은 무엇보다도 학생들이 직접 체험하는 교육이 되어야 한다.

(9) 진로교육은 범국가적 차원에서 인력의 효율적 운영에 초점을 두는 교육이다. 개인이 적재적소에 알맞은 유능한 직업인이 될 수 있도록 이들을 양성해야 한다.

2. 학급별 진로교육의 지도 방향

(1) 초등학교 지도 방향

① 진로 인식 단계: 삶의 문제의 방향에 관해 초보적인 인식을 성숙시키는 단계이다. 자기 자신에 대한 객관적인 인식의 기초가 마련되도록 한다.

② 초등학생의 발달적 수준에 맞도록 초보적 인식을 제공하는 범위 내에서 학습활동을 제공한다.

③ 학생에게 생생한 삶의 현실과 일과 직업의 현실세계를 경험하게 함으로써 스스로 진로를 선택하고, 선택한 진로를 책임지고 실현시켜나가도록 도와주는 과정에 초점을 둔다.

④ 초등학교 단계라도 진로교육은 개인적으로 의미 있고 생생한 현실적 삶의 문제를 학교교육 속으로 끌어들이기 위해 노력한다.

⑤ 학생이 자신의 문제에 관심을 가지고 탐구하도록 지도한다.

⑥ 환경과의 상호작용을 통해 자기 자신의 문제에 관심을 가지고, 다른 사람과 다른 점을 이해하도록 하여 본인의 개성을 발견하고 키워나가도록 돕는다.

⑦ 장래 직업의 선택을 위한 기초적 단계로 일과 직업세계에 대한 기초적 지식과 정보, 학습 경험을 제공해야 한다.

(2) 중학교 지도 방향

① **진로 탐색 단계**: 초등학교에서 이루어진 진로 인식 활동의 기반 위에서 그 폭과 깊이를 확대하여 진로교육을 실시한다. ➡ 직업에 대한 지식과 진로 결정 기술을 확립한다.

② 자신의 특성에 대한 객관적인 이해가 성숙되어 자신의 지적 능력, 적성, 성격, 흥미 등을 객관적으로 이해하고 평가하도록 한다.

③ 자아의 객관적인 탐색활동을 통해 자신을 평가해보고, 그 결과를 자기가 소망하는 직업적 특성과 관련하여 생각할 수 있도록 여러 진로교육 활동이 이루어져야 한다.

④ 여러 직업 영역 중 자기의 소질과 적성에 맞는 한두 개의 영역을 선택하여 깊이 있는 탐색을 하고 한두 개의 직종 분야를 발견하도록 한다. 잠정적으로 자기의 직업적 진로를 선택하는 경험을 갖게 하는 것이다.

⑤ 진로 선택 시 고려할 요인과 진로정보의 수집과 분석방법, 진로 결정의 합리적 과정에 대한 인식을 높인다.

⑥ 교육과정 운영은 각 교과군에 대해 편견 없이 균형 잡힌 경험과 체험을 통해 각자의 적성과 흥미를 발견하도록 유의한다.

⑦ 구체적으로 직업을 선택하거나 직업적 기능을 길러주는 것보다는 전반적으로 직업에 관한 정보를 수집하고 분석하는 능력과 자신의 적성, 성격, 흥미 등을 광범위하게 생각하고 객관적으로 평가하는 능력에 초점을 두고 지도한다.

⑧ **직업의식의 발달과정에 있으며 성숙된 상태에 도달하지 못하는 시기**: 특정한 직업의 선택을 강요하면 안 되고 자신의 소질과 적성, 인생관 등에 직업정보를 관련시켜 장래를 생각할 기회를 갖도록 한다.

⑨ 적성, 능력, 가치관, 태도 등이 모두 중학교 단계에서는 발달과정에 있으므로 이에 맞는 지도 프로그램을 제공하여 일과 직업세계를 이해하고, 자신의 소질과 적성을 발견하고 키워나가도록 지도한다.

(3) 고등학교 지도 방향

① **진로 선택과 준비 단계**: 진로를 선택하고 준비하는 시기로 규정된다.

② 선택한 진로에 대해 충분히 준비를 하고 취업이나 진학을 해야 한다.

③ 진로를 선택하고 개척하기 위해 자신의 능력, 적성, 흥미, 신체, 적성, 가치관 등을 객관적으로 평가하고 그 결과를 직업이 요구하는 자질과 특성에 관련함으로써 선택한다.

➡ 자신의 소질과 적성을 발견하고 키워나가며 그에 맞는 직업을 선택할 수 있어야 한다.

④ 진로지도는 초·중등 단계를 통해 발견된 적성을 계발하도록 도와주는 한편, 직업 선택과 관련하여 자아의 여러 특성을 객관적으로 이해하고 대처하게 하는 데 초점을 둔다.

⑤ 진로교육은 일과 직업, 진학에 관한 정보를 제공하며 합리적 의사결정 기능에 대해서도 지도한다.

⑥ 일과 직업에 대한 가치문제를 전체 가치구조 속에 갈등 없이 내면화하도록 조력한다.

⑦ 각자가 선택한 진로에 관련된 직업의 장기적 전망, 교육적 전망 등에 대해 지속적으로 생각하고, 삶의 형태나 질도 생각하도록 지도한다.

3. 학교 진로교육의 목표

단계	내용
학교 진로교육의 목표	학생 자신의 진로를 창의적으로 개발하고 지속적으로 발전시켜 성숙한 민주시민으로서 행복한 삶을 살아갈 수 있는 역량을 기름
초등학교 진로교육의 목표	자신과 일에 대한 이해와 긍정적 가치를 형성하고 다양한 진로 탐색과 체험을 바탕으로 자신의 꿈을 찾고 진로를 설계할 수 있는 진로 개발 역량의 기초를 배양함
중학교 진로교육의 목표	초등학교에서 함양한 진로 개발 역량의 기초를 발전시키고, 다양한 직업세계와 교육 기회를 탐색하여 중학교 생활 및 이후의 진로를 설계하고 준비함
일반 고등학교 진로교육의 목표	미래 직업세계 변화에 대한 이해를 바탕으로 자신의 진로목표를 세우고 구체적인 정보 탐색을 통해 고등학교 이후의 진로계획을 수립하고 실천하기 위한 역량을 개발함
특성화 고등학교 진로교육의 목표	산업 수요와 미래 직업세계 변화에 대한 이해를 바탕으로 자신의 진로목표를 세우고 구체적인 정보 탐색을 통해 고등학교 이후의 진로계획을 수립하고 실천하기 위한 역량을 개발함

(1) 초등학교 진로교육의 목표

> 긍정적 자아개념을 형성하고 일의 중요성을 이해하며 진로 탐색과 계획 및 준비를 위한 기초 소양을 키움으로써, 진로 개발 역량의 기초를 배양한다.

① 진로 개발 역량의 기초가 되는 긍정적인 자아개념과 대인관계 및 의사소통의 기초를 기른다.
② 일과 직업의 기능과 중요성을 알고 최선을 다하는 생활 태도와 건강한 직업의식을 형성한다.
③ 자신의 진로를 위해 학습의 중요성을 이해하고 다양한 방법으로 주위의 직업을 탐색하고 수집하는 능력을 기른다.
④ 자신의 진로를 다양하고 창의적으로 설계할 수 있도록 기초적인 의사결정과 계획 수립 역량을 기른다.

(2) 중학교 진로교육의 목표

> 초등학교에서 함양된 진로 개발 역량의 기초를 발전시키며 다양한 직업세계와 교육 기회를 탐색하고, 중학교 이후의 진로를 디자인하고 준비한다.

① 긍정적 자아개념을 강화하고 자신의 특성에 대한 이해의 폭을 넓히며 대인관계와 의사소통 역량을 발전시킨다.
② 직업세계의 다양함과 역동적인 변화의 모습을 이해하고 자기 주도적으로 직업세계를 탐색할 수 있는 역량을 기른다.
③ 중학교 이후의 교육 경로, 직업인 역할 모델을 비롯한 관심 분야의 진로·직업에 관한 다양한 탐색과 분석을 바탕으로 자신에게 적합한 진로·직업을 탐색하는 역량을 기른다.
④ 자신과 진로·직업 및 교육 세계에 대한 탐색을 바탕으로 중학교 졸업 이후의 진로를 다양하고 창의적으로 설계하고 이를 실천하기 위한 역량을 기른다.

(3) **고등학교 진로교육의 목표**

> 중학교까지 형성된 진로 개발 역량을 향상시키고 고등학교 이후의 진로를 디자인하고 이를 실천하기 위해서 준비한다.

① 진로 개발 역량의 기초가 되는 긍정적인 자아개념과 대인관계 및 의사소통 역량을 발전시키며 자신의 꿈과 비전을 자신의 진로와 연결시키는 노력을 한다.
② 일과 직업세계의 변화와 다양성에 대한 인식을 강화하고 건강한 직업의식과 태도를 갖춘다.
③ 희망 직업에 대한 구체적인 정보 탐색과 아울러 고등교육 기회 탐색 능력을 배양한다.
④ 고등학교 이후의 진로를 다각적으로 디자인해보고 가장 합리적인 방안을 선택하고 이를 실현하기 위해 체계적인 계획을 수립하고 준비한다.

33 창의적 체험활동

〈창의적 체험활동 교육과정의 구성 중점〉

> 창의적 체험활동은
> • 학생의 자기주도성과 선택을 기반으로 역량 함양에 기여하는 교육과정이다.
> • 교과와 창의적 체험활동, 학년(군) 및 학교급, 영역과 활동 간의 연계와 통합을 추구한다.
> • 학교 급의 정체성을 강화하기 위하여 학교 급별 특성을 고려하여 설계·운영한다.
> • 학교의 자율적인 설계와 운영을 강조한다.

〈영역과 활동〉

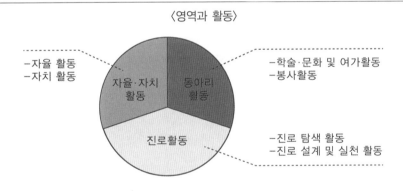

[그림 8-24] 창의적 체험활동 교육과정 설계의 개요

1. 성격

(1) 의미와 목표

① **의미**: 창의적 체험활동은 교과와의 상호 보완적인 관계 속에서 학생의 전인적인 성장을 위하여 학교가 자율적으로 설계·운영할 수 있는 경험과 실천 중심의 교육과정 영역이다.

② **목표**: 창의적 체험활동은 초·중등학교 학생들이 자신의 삶과 연계된 다양한 활동에 참여함으로써 개인의 소질과 잠재력을 계발할 뿐만 아니라, 창의성과 포용성을 지닌 민주시민으로서의 삶의 태도를 기르는 것을 목표로 한다.

(2) 성격

① 첫째, 창의적 체험활동은 역량 함양을 위한 학습자 주도의 교육과정이다. 창의적 체험활동은 자율·자치활동, 동아리 활동, 진로활동의 3개 영역으로 구성되며, 각 영역의 활동은 학생의 자기관리 역량, 지식정보처리 역량, 창의적 사고 역량, 심미적 감성 역량, 협력적 소통 역량, 공동체 역량의 증진을 도모한다.

② 둘째, 창의적 체험활동은 교과와의 연계, 학교 급 간 및 학년 간, 영역 및 활동 간의 연계와 통합을 추구한다. 학교는 학생의 발달 단계와 교육적 요구 등을 고려하여 학생 개인별 또는 집단별로 영역 및 활동을 선택하여 집중적으로 운영할 수 있다.

③ 셋째, 창의적 체험활동은 학교 급별 특성을 반영하여 설계한다. 학교는 학생의 흥미와 관심, 교육적 필요와 요구, 지역사회의 특성 등을 고려하여 특정 영역과 활동에 중점을 두고 융통성 있게 설계할 수 있다. 학교는 학교 급별 목표와 운영의 중점을 고려하고 학교의 자율성·특수성을 반영하여 창의적 체험활동을 설계·운영한다.

④ 넷째, 학교는 창의적 체험활동 교육과정을 설계하고 운영함에 있어 자율성을 발휘한다. 창의적 체험활동의 설계 주체는 학교, 교사, 학생이다. 창의적 체험활동에서는 교사와 학생이, 학생과 학생이 공동으로 계획을 수립하고 역할을 분담하여 실천한다. 이를 위해 국가 및 지역 수준에서는 학교와 지역의 특색을 고려하여 전문성을 갖춘 인적·물적 자원을 충분히 제공할 수 있는 기반을 마련한다.

(3) 학년별 목표

① 초등학교에서는 자신의 개성과 소질을 탐색하고 발견하여 공동체 생활에 필요한 기본 생활 습관과 시민의식을 기른다.

② 중학교에서는 자아정체성을 확립하고 다른 사람과 더불어 살아가는 태도를 증진하여 자신의 진로를 적극적으로 탐색하는 능력을 기른다.

③ 고등학교에서는 공동체 의식의 확립을 기반으로 나눔과 배려를 실천하고, 자신의 진로를 창의적으로 준비하고 설계하는 역량을 기른다.

2. 영역과 활동

(1) 영역 구성

영역	활동	예시 활동
자율·자치 활동	자율활동	• **주제 탐구활동**: 개인 연구, 소집단 공동 연구, 프로젝트 등 • **적응 및 개척활동**: 입학 초기 적응, 학교 이해, 정서 지원, 관계 형성 등 • **프로젝트형 봉사활동**: 개인 프로젝트형 봉사활동, 공동 프로젝트형 봉사활동 등
	자치활동	• **기본생활습관 형성활동**: 자기관리 활동, 환경·생태의식 함양 활동, 생명존중 의식 함양 활동, 민주시민 의식 함양 활동 등 • **관계 형성 및 소통활동**: 사제동행, 토의·토론, 협력적 놀이 등 • **공동체 자치활동**: 학급·학년·학교 등 공동체 중심의 자치활동, 지역사회 연계 자치활동 등
동아리 활동	학술·문화 및 여가활동	• **학술 동아리**: 교과목 연계 및 학술 탐구활동 등 • **예술 동아리**: 음악 관련 활동, 미술 관련 활동, 공연 및 전시활동 등 • **스포츠 동아리**: 구기 운동, 도구 운동, 계절 운동, 무술, 무용 등 • **놀이 동아리**: 개인 놀이, 단체 놀이 등
	봉사활동	• **교내 봉사활동**: 또래 상담, 지속 가능한 환경 보호 등 • **지역사회 봉사활동**: 지역사회 참여, 캠페인, 재능 기부 등 • **청소년 단체활동**: 각종 청소년 단체 활동 등
진로활동	진로 탐색활동	• **자아 탐색활동**: 자기이해, 생애 탐색, 가치관 확립 등 • **진로 이해활동**: 직업 흥미·적성 탐색, 진로 검사, 진로 성숙도 탐색 등 • **직업 이해활동**: 직업관 확립, 일과 직업의 역할 이해, 직업세계의 변화 탐구 등 • **정보 탐색활동**: 학업 및 진학 정보 탐색, 직업정보 및 자격(면허) 제도 탐색, 진로진학 및 취업 유관기관 탐방 등
	진로 설계 및 실천활동	• **진로 준비활동**: 진로목표 설정, 진로 실천계획 수립 등 • **진로 계획활동**: 진로 상담, 진로 의사결정, 진로 설계 등 • **진로 체험활동**: 지역 사회·대학·산업체 연계 체험활동 등

(2) 영역별 내용

① 자율·자치활동

활동	활동 목표	예시 활동
자율활동	학생이 주제를 스스로 선택하여 활동함으로써, 신체적·정신적·환경적 변화에 적응하고 자신의 삶을 개척해 나가는 자기주도성을 함양	• **주제 탐구활동**: 개인 연구, 소집단 공동 연구, 프로젝트 등 • **적응 및 개척활동**: 입학 초기 적응, 학교 이해, 정서 지원, 관계 형성 등 • **프로젝트형 봉사활동**: 개인 프로젝트형 봉사활동, 공동 프로젝트형 봉사활동 등
자치활동	성숙한 민주시민으로서 타인과 원활하게 소통하고 공동체의 문제를 상호 연대하여 해결할 수 있는 역량을 함양	• **기본생활습관 형성활동**: 자기관리 활동, 환경·생태의식 함양 활동, 생명존중 의식 함양 활동, 민주시민 의식 함양 활동 등 • **관계 형성 및 소통활동**: 사제동행, 토의·토론, 협력적 놀이 등 • **공동체 자치활동**: 학급·학년·학교 등 공동체 중심의 자치활동, 지역사회 연계 자치활동 등

② 동아리 활동

활동	활동 목표	예시 활동
학술·문화 및 여가 활동	동아리 활동을 통해 다양한 학술 분야와 문화에 대해 관심을 가지고 탐구력과 심미적 감성을 함양	• **학술 동아리**: 교과목 연계 및 학술 탐구활동 등 • **예술 동아리**: 음악 관련 활동, 미술 관련 활동, 공연 및 전시활동 등 • **스포츠 동아리**: 구기 운동, 도구 운동, 계절 운동, 무술, 무용 등 • **놀이 동아리**: 개인 놀이, 단체 놀이 등
봉사활동	학교 안팎에서 나눔과 봉사를 실천함으로써 포용성과 시민성 함양	• **교내 봉사활동**: 또래 상담, 지속 가능한 환경 보호 등 • **지역사회 봉사활동**: 지역사회 참여, 캠페인(학교폭력 예방, 안전사고 예방, 성폭력 예방, 생태환경 보호 등), 재능 기부 등 • **청소년 단체 활동**: 각종 청소년 단체 활동 등

③ 진로활동

활동	활동 목표	예시 활동
진로 탐색 활동	긍정적인 자아개념을 형성하고 진로 및 직업 세계의 특성과 변화를 이해하여 자신의 진로와 관련된 건강한 직업 가치관을 확립	• **자아 탐색활동**: 자기이해, 생애 탐색, 가치관 확립 등 • **진로 이해활동**: 직업 흥미·적성 탐색, 진로 검사, 진로 성숙도 탐색 등 • **직업 이해활동**: 직업관 확립, 일과 직업의 역할 이해, 직업세계의 변화 탐구 등 • **정보 탐색활동**: 학업 및 진학 정보 탐색, 직업정보 및 자격(면허) 제도 탐색, 진로진학 및 취업 유관기관 탐방 등
진로 설계 및 실천활동	자신의 진로에 대한 이해를 바탕으로 희망하는 진로와 직업의 경로를 설계하고 실천	• **진로 준비활동**: 진로 목표 설정, 진로 실천계획 수립 등 • **진로 계획활동**: 진로 상담, 진로 의사결정, 진로 설계 등 • **진로 체험활동**: 지역 사회·대학·산업체 연계 체험활동 등

3. 설계와 운영

(1) 설계의 원칙

① **영역 및 활동 설계**: 학교는 창의적 체험활동 교육과정 편성·운영 시 자율·자치활동, 동아리 활동, 진로활동의 영역과 영역별 활동의 특성에 따라 각각 운영하거나 각 영역 및 활동을 연계·통합한 활동으로 설계할 수 있다. 학교급별, 학년(군)별, 학기별로 학생의 특성과 요구에 따라 일부 영역과 활동을 선택하여 집중적으로 편성·운영하는 등 영역 및 활동의 편성에 있어 다양한 운영 방식으로 설계할 수 있다.

② **시수 편성 기준**: 창의적 체험활동 교육과정 운영을 위한 시수 편성은 총론의 학교급별 교육과정 편성·운영 기준에 제시된 시간 배당 기준 등에 따른다. 초등학교와 중학교에서 학교는 자율적으로 교과(군)별 및 창의적 체험활동의 20% 범위 내에서 시수를 증감하여 편성·운영할 수 있다.

③ **설계·운영 관련 자율성 확보**: 학교는 초등학교, 중학교, 고등학교의 입학 초기 및 상급 학교(학년)로 진학하기 전 학기의 일부 시간을 활용하여 학교급 간 전환 시기의 연계와 생활 적응을 지원하기 위해 진로 연계 교육을 운영할 수 있다. 중학교의 자유학기에서는 자유학기 프로그램과 연계하여 창의적 체험활동의 다양한 영역과 활동을 계획하도록 한다. 교육적 필요에 따라 교과와의 연계 및 통합이 원활하게 이루어지도록 설계하되 교과 진도와 관련된 심화 보충형 학습이 되지 않도록 한다. 범교과 학습 주제의 경우 관련 있는 교과 교육과정에서 우선하여 교육하고 필요시 창의적 체험활동에서 다루도록 한다. 계기 교육을 창의적 체험활동을 통해 실시할 경우, 강의식이나 지식 전달 위주의 수업 방식이 아닌 학생 중심의 교육과정 운영이 될 수 있도록 한다.

④ **모든 학생을 위한 교육 기회의 제공:** 창의적 체험활동의 계획은 학생들의 흥미와 소질, 학교와 지역의 실정을 고려하여 수립하도록 한다. 특히 학습 부진 학생, 특정 분야에서 탁월한 재능을 보이는 학생, 특수교육 대상 학생, 귀국 학생, 다문화 가정 학생 등 개별적 특성을 충분히 고려하여 모든 학생이 창의적 체험활동에 참여할 수 있도록 한다.

⑤ **교내외 체험활동에 따른 안전교육:** 학교는 창의적 체험활동의 운영 과정에서 안전에 유의하여야 한다. 교내외 체험활동에 앞서 반드시 체계적이고 실효성 있는 안전교육을 실시하고, 관련 법령 및 상급기관의 안전 관련 지침을 따른다.

⑥ **설계·운영 시 고려사항**

　㉠ 창의적 체험활동 교육과정 설계의 주체는 학교, 교사, 학생이다. 국가 및 지역 수준에서는 학교와 지역의 특색을 고려하여 전문성을 갖춘 인적·물적 자원을 충분히 제공할 수 있는 기반을 마련한다. 창의적 체험활동에서는 교사와 학생이 공동으로 또는 학생이 자기주도적으로 계획을 수립하고 역할을 분담하여 실천한다.

　㉡ 창의적 체험활동의 활동 장소는 교내 시설 및 학교 밖 지역 사회 시설 등을 이용할 수 있으며, 학부모를 포함한 외부 인적 자원을 활용할 수 있다. 이때 학교는 창의적 체험활동의 운영에 필요한 인적·물적 자원의 활용 등과 관련하여 교육청의 지원을 받을 수 있다. 또한 학교의 상황과 교육적 필요 등을 종합적으로 고려하여 원격수업 방식으로 운영이 가능하다.

　㉢ 의식행사, 발표회, 체육행사, 현장체험학습 등 각종 행사를 각 영역 또는 활동에 적합한 방식으로 설계한다. 행사 활동의 시수 배정은 각 행사의 특성에 따라 관련 교과 및 창의적 체험활동의 영역별 활동으로 편성한다.

(2) 운영

학교급	운영 중점
초등학교	**• 자율·자치활동** 　– 생활 속 여러 문제를 해결하는 능력 함양 　– 정서적·심리적 안정과 입학 초기 및 사춘기 적응 　– 즐거운 학교생활 및 다양한 주제 활동 경험 　– 학생 자치 회의, 학급회의 등 공동체를 통한 의사소통 경험 　– 민주적 의사결정의 기본 원리 이해와 실천 **• 동아리 활동** 　– 창의·융합적 사고를 통한 현재와 미래의 문제 해결 　– 다양한 경험과 문화, 예술, 체육 프로그램 체험 　– 삶을 풍요롭게 하는 신체활동 및 놀이 　– 인간과 환경의 공존을 위한 지속 가능한 환경 보호 **• 진로활동** 　– 긍정적인 자아개념 형성 　– 일의 중요성을 이해하기 위한 진로 체험 　– 다양한 직업세계 탐색 　– 진로 기초 소양 함양

학교급	운영 중점
중학교	**• 자율·자치활동** 　– 자신의 관심사를 주체적으로 모색하여 관련 탐구활동 수행 　– 사춘기의 신체적·정서적 변화에 성숙하게 대처하는 태도 함양 　– 타인에 대한 이해를 바탕으로 상대를 존중하고 배려하는 관계 형성 　– 주도적으로 자신이 속한 공동체에 봉사하는 태도 함양 　– 학생 자치 회의, 토론회 등 공동체 협의를 통한 의사소통 　– 민주적 의사결정을 통한 문제 해결능력 함양 **• 동아리 활동** 　– 관심 분야에 대한 탐구력 및 문제 해결력 신장 　– 다양한 문화·예술 영역에 대한 소양과 소질 함양 　– 스포츠 활동을 통한 건전한 심신의 발달 　– 사회 구성원으로서 봉사하는 나눔과 배려의 태도 함양 **• 진로활동** 　– 긍정적인 자아개념 강화 　– 일과 직업에 대한 폭넓은 가치 탐구 　– 실제 경험을 통한 직업세계의 이해 　– 진로 탐색 및 진학으로의 연계
고등학교	**• 자율·자치활동** 　– 진로(진학·취업)와 연계된 분야의 주제 탐구활동 수행 　– 삶과 연계된 다양한 문제를 주체적으로 해결하는 능력 함양 　– 공동체 구성원으로서 주도적인 역할 수행 및 공동체에 봉사하는 활동 수행 　– 다양성에 대한 이해를 바탕으로 타인을 존중하는 의사소통 능력 신장 　– 학생 자치 회의, 토론회, 자치법정 등 공동체 협의를 통한 의사소통 　– 협력적 사고를 통한 공동의 문제 해결능력 함양 **• 동아리 활동** 　– 진로(진학·취업)와 관련된 전문 학술 분야의 탐구 능력 신장 　– 문화·예술적 안목 형성 및 창작 능력 배양 　– 스포츠 활동을 통한 심신의 능력 향상 　– 주도적으로 사회에 봉사하고 기여하는 활동 수행 **• 진로활동** 　– 긍정적 자아개념과 건강한 직업의식을 기반으로 한 진로 탐색 　– 자신의 꿈과 비전을 진로(진학·취업)와 연결하여 학업 및 진로 설계능력 함양 　– 자신의 적성에 따라 진로를 탐색하고 그에 따른 잠재능력 개발 　– 다양한 진로 체험을 통한 졸업 이후의 삶 준비

(3) **평가**

① **학생 평가 계획의 수립**: 창의적 체험활동의 평가는 창의적 체험활동의 교육 목표에 비추어 적합하게 이루어지도록 한다. 평가 목표의 설정, 평가 기준의 선정, 평가 방법의 구체화, 평가 실시와 평가 결과의 기록, 평가 결과의 해석 및 활용 등의 절차를 고려하여 창의적 체험활동의 학생 평가 계획을 수립한다. 창의적 체험활동의 영역 또는 활동별로 평가 관점을 마련하고 평가 기준을 작성·활용한다.

② **학생 평가의 방법과 기록**: 평가를 위하여 일화 기록법, 체크리스트법, 평정 척도법 등 학생의 활동 상황에 대한 관찰, 의식·태도 조사, 자기평가, 상호 평가 등 질문지 등을 활용한 조사, 작품 평가, 활동의 기록 분석, 작문, 소감문 분석 학생의 작품과 기록에 대한 분석, 교사 간 의견 교환 등의 다양한 평가 방법을 활용할 수 있다. 학생의 활동 실적, 성장의 정도, 행동의 변화, 특기 사항 등의 평가 결과를 학교생활기록부에 기록한다. 학생 개개인의 성장·발달·변화를 평가하여 그 결과를 학생의 소질과 잠재력의 계발을 돕는 자료로 활용한다. 평가 결과는 학교급을 고려하여 상급 학교 진학 또는 취업을 위한 자료로 활용할 수 있다.

③ **교육과정 평가와 질 관리**: 학교는 교육과정의 질 관리를 위해 준비 및 설계, 운영, 결과의 측면에서 창의적 체험 활동 교육과정을 평가한다. 학교에서 수행한 창의적 체험활동 교육과정에 대한 평가 결과는 이후 창의적 체험 활동 교육과정을 개선하기 위한 자료로 활용한다.

34 진로지도 프로그램의 특징 및 개발 절차

1. 진로지도 프로그램

(1) 구성 요건

① 이용하고자 하는 목적에 부합하고 경제적이어야 하며, 실시가 용이하고 효과가 뚜렷해야 한다.
② 프로그램 내용은 이론에 바탕을 두며 가용 자원을 최대한 활용해야 한다.
③ 프로그램의 효과를 평가할 수 있어야 한다.

(2) 개발 절차

① 프로그램을 사용할 학생의 특성과 필요성을 조사한다.
② 학생의 필요를 중심으로 프로그램의 목표를 설정한다.
③ 프로그램 목표를 가장 잘 성취할 수 있는 진로 지도방법을 조사한다.
④ 적합한 진로 지도내용을 선정하고, 선정된 내용과 방법을 학교 사태에 맞추어 수정한다.
⑤ 프로그램 실시에 필요한 지원체계를 강구한다.
⑥ 프로그램의 효과를 측정할 수 있는 평가 방법과 절차를 구안한다.

2. 진로 집단상담의 목표와 구성 내용

(1) 목표

① **합리적인 자기평가**: 자신을 객관적으로 이해하는 것을 의미하며 이를 위해 전문가 면담, 자기관찰, 심리검사 등이 요구된다.
② **가능한 진로 대안 창출**: 선택 가능한 진로의 여러 대안을 만드는 것으로, 우선 많은 대안을 만들고 일정 기준에 따라 대안을 줄여가는 활동이 필요하다.
③ **기술 연습**: 정보를 수집하거나 취업 면접에 필요한 기술을 직접 연습하는 것을 의미하며, 집단지도자의 시범과 일정한 모델링을 통해 반복적인 역할 연습을 실시한다.
④ **정보 수집**: 선택의 대상이 되는 학교, 학과, 직업 등에 대한 정보를 수집하는 것으로, 이를 위해 공신력 있는 정보의 원천을 알고 수집한 정보를 목적에 맞게 가공하여 활용해야 한다.

(2) **구성 내용**

① 자기 자신에 대한 이해: 자신의 적성, 흥미, 성격, 신체적 조건, 심리적 특성에 대한 지식이 있어야 한다.

② 직업세계에 대한 이해, 정보 수집: 직업 분류·종류와 정보 탐색에 필요한 자료와 방법을 교육하고, 직업세계를 이해하고 자신의 직업가치관을 확인하게 하여 진로 선택 시 이 정보를 고려하도록 한다.

③ 진로 의사결정 과정: 여러 진로 대안 중 가장 합리적이고 타당하며 실현 가능한 진로의 우선순위를 결정하는 과정이다.

④ 행동 계획 및 실행: 진로 결정 수준이 높은 학생의 진로행동 수준이 높은 것은 아니며, 진로 결정 수준이 낮은 학생의 진로행동 수준이 낮은 것도 아니다.

➡ 집단상담에 행동적 차원의 활동을 보다 많이 포함할 필요가 있다.

3. 진로 프로그램의 목표와 활동 내용

(1) **자기이해 요약 및 종합**

구분	내용
목표	• 지금까지 살펴본 개인의 흥미, 적성, 기술, 성격, 가치관 등의 특성을 요약·정리하는 시간을 가짐으로써 진로 준비를 위한 자기이해를 명료하게 하기 • 관심 있는 직업을, 아직은 막연하지만 3~4개 정도 떠올려 보도록 하기 • 앞에서 정리한 자신의 흥미, 적성, 기술, 성격, 가치관 등이 관심 있는 직업과 어느 정도로 부합되는지를 평가해 보도록 하기 • 주변의 기대나 관심 있는 직업에 대한 자신의 지식이나 정보 등의 수준이 그 직업들에 어느 정도 부합되는지를 평가해 보도록 하기 • 직업 선택 및 직업세계로의 진입을 위해서 앞으로 보완해야 할 점과 무엇을 준비해야 하는지 인식하기
활동(구성) 내용	• 개인의 흥미, 적성, 기술, 성격, 가치관 등의 특성 요약 정리해 보기 • 가장 관심 있는 직업들을 3~4개 정도로 축소해 보기 • 주변 환경과 기대, 개인의 직업과 관련된 지식이나 정보 등을 활용하여 직업 선택을 위한 평가표 작성해 보기 • 직업 선택과 관련하여 앞으로 보완해야 할 점 인식하기

(2) **직업·진학정보 수집을 위한 준비**

구분	내용
목표	• 직업의 참 의미를 재점검해 보는 기회를 갖기 • 미래 직업세계의 변화와 인력 수급에 대한 이해와 함께 진로 계획 및 선택을 위해 정보 수집의 중요성을 인식하도록 돕기 • 정보 제공이 가능한 자원 활용방법을 이해하고 활용할 수 있도록 돕기 • 관심 있는 직업에 대해 구체적으로 조사 및 면담을 해 봄으로써 관련 직업에 대한 정보 수집방법을 체험하고 습득하도록 하기
활동(구성) 내용	• 미래 직업세계의 변화와 인력 수급의 의미를 이해하기 • 진로 계획 및 선택을 위해 정보 수집의 중요성을 인식하기 • 정보 제공이 가능한 자원 활용방법을 이해하고 활용하기 • 관심 직업에 대한 면담 조사 및 정보 수집방법 체험하고 습득하기

(3) 직업세계 이해하기

구분	내용
목표	• 의미 있는 주변 사람들의 직업 동기를 탐색해 봄으로써 직업의 의미와 직업세계의 다양성에 대한 인식을 넓히기 • 각자가 조사한 직업 정보를 분류, 정리해 보도록 함으로써 정보 가공 경험의 기회를 제공하기 • 관심 있는 직업에 대한 면담조사 경험을 통해 개인의 직업에 대한 준비 정도를 재점검하고 직업세계에 대한 현실감을 얻을 수 있도록 돕기 • 직업정보를 서로 나눔으로써 다양한 직업에 대한 정보를 얻기 • 희망 직업 목록을 보다 더 구체화하여 진학 및 직업 선택을 위한 준비를 할 수 있도록 돕기
활동(구성) 내용	• 개인의 직업 동기 이해 및 명료화하기 • 직업세계의 다양성에 대한 인식 넓히기 • 직업정보에 대해 가공 경험을 위한 기회 갖기 • 개인의 직업 준비도 재점검 및 직업 준비에 대한 현실감 갖기 • 다양한 직업정보 얻기 • 희망 직업 목록의 구체화로 실질적인 진학 및 직업 선택 준비하기

(4) 의사결정 연습하기

구분	내용
목표	• 의사결정의 중요성을 인식할 수 있도록 돕기 • 진로 선택을 위해서 개인의 의사결정 유형의 이해 및 훈련이 필요함을 인식하도록 돕기 • 각자의 진로 의사결정 유형을 진단해 보고 현 시점에서 자신이 안고 있는 진로 문제가 무엇인지를 알 수 있도록 돕기 • 계획형의 의사결정 단계 이해 및 실제 경험의 기회를 제공하기
활동(구성) 내용	• 의사결정의 중요성 인식하기 • 진로 선택을 위해 개인의 의사결정 유형 이해 및 훈련의 필요성 인식하기 • 진로 의사결정 유형을 알고 진로 문제와의 관련성 이해하기 • 계획형의 의사결정 단계 이해 및 실제 경험해 보기

제 9 장

가족상담

🔍 핵심 이론 흐름잡기

제1절 가족상담의 이해

제2절 가족상담 이론

제3절 가족 생활주기와 가족평가

제4절 가족상담 과정

제5절 특수 가족상담

제**1**절 **가족상담의 이해**

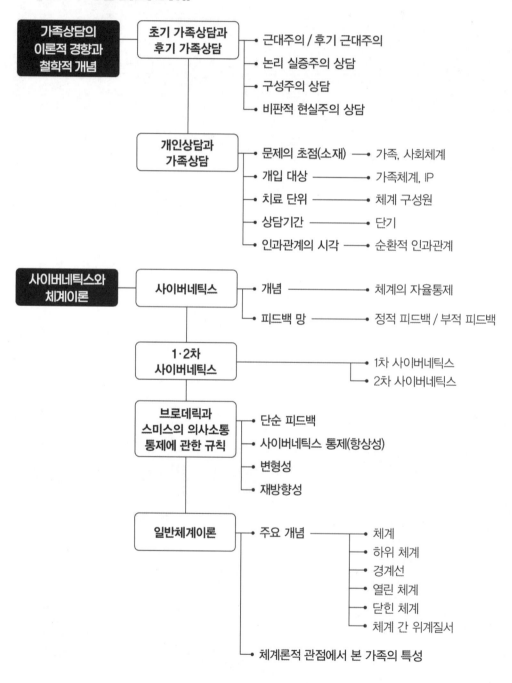

가족상담의 이론적 경향과 철학적 개념

초기 가족상담과 후기 가족상담
- 근대주의 / 후기 근대주의
- 논리 실증주의 상담
- 구성주의 상담
- 비판적 현실주의 상담

개인상담과 가족상담
- 문제의 초점(소재) ── 가족, 사회체계
- 개입 대상 ── 가족체계, IP
- 치료 단위 ── 체계 구성원
- 상담기간 ── 단기
- 인과관계의 시각 ── 순환적 인과관계

사이버네틱스와 체계이론

사이버네틱스
- 개념 ── 체계의 자율통제
- 피드백 망 ── 정적 피드백 / 부적 피드백

1·2차 사이버네틱스
- 1차 사이버네틱스
- 2차 사이버네틱스

브로데릭과 스미스의 의사소통 통제에 관한 규칙
- 단순 피드백
- 사이버네틱스 통제(항상성)
- 변형성
- 재방향성

일반체계이론
- 주요 개념
  - 체계
  - 하위 체계
  - 경계선
  - 열린 체계
  - 닫힌 체계
  - 체계 간 위계질서
- 체계론적 관점에서 본 가족의 특성

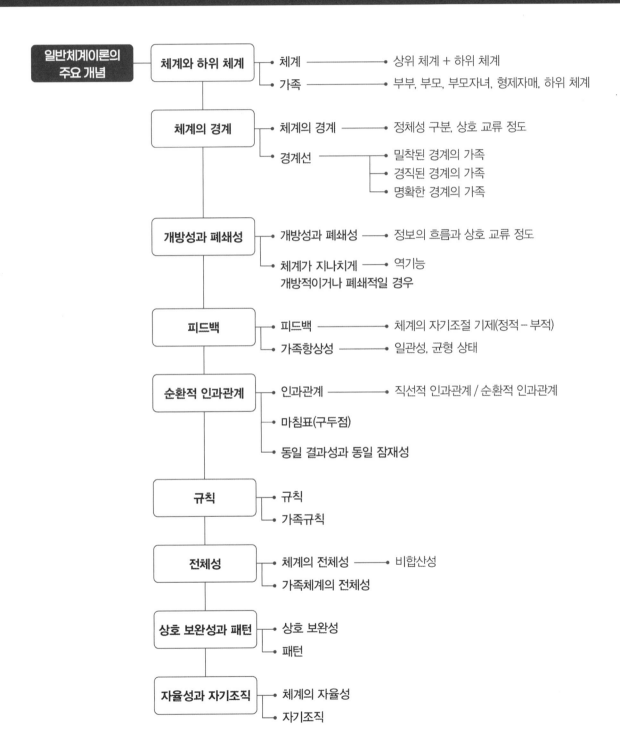

일반체계이론의 주요 개념	체계와 하위 체계	• 체계 ———————	• 상위 체계 + 하위 체계
		• 가족 ———————	• 부부, 부모, 부모자녀, 형제자매, 하위 체계
	체계의 경계	• 체계의 경계 ———	• 정체성 구분, 상호 교류 정도
		• 경계선	┌ 밀착된 경계의 가족 ├ 경직된 경계의 가족 └ 명확한 경계의 가족
	개방성과 폐쇄성	• 개방성과 폐쇄성 ———	• 정보의 흐름과 상호 교류 정도
		• 체계가 지나치게 —— 개방적이거나 폐쇄적일 경우	• 역기능
	피드백	• 피드백 ———————	• 체계의 자기조절 기제(정적 – 부적)
		• 가족항상성 ———————	• 일관성, 균형 상태
	순환적 인과관계	• 인과관계 ——————	• 직선적 인과관계 / 순환적 인과관계
		• 마침표(구두점)	
		• 동일 결과성과 동일 잠재성	
	규칙	• 규칙 • 가족규칙	
	전체성	• 체계의 전체성 ———	• 비합산성
		• 가족체계의 전체성	
	상호 보완성과 패턴	• 상호 보완성 • 패턴	
	자율성과 자기조직	• 체계의 자율성 • 자기조직	

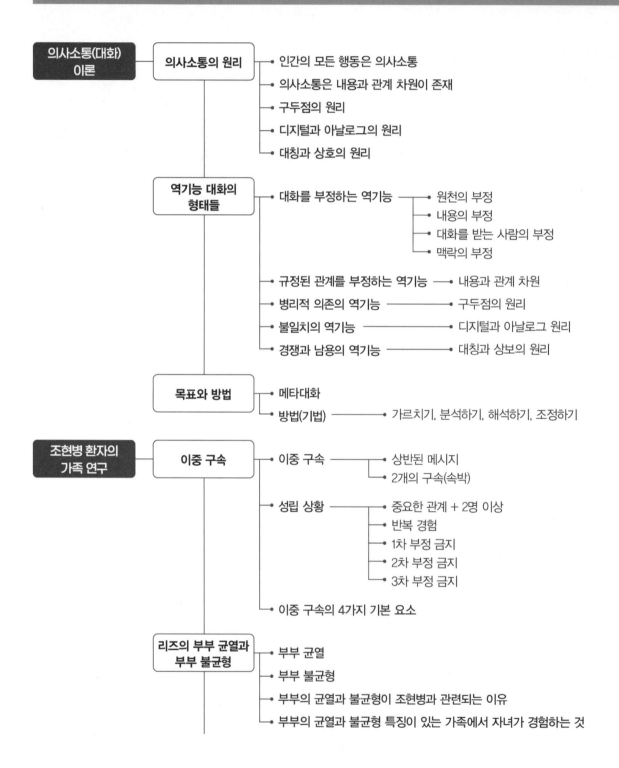

의사소통(대화) 이론

의사소통의 원리
- 인간의 모든 행동은 의사소통
- 의사소통은 내용과 관계 차원이 존재
- 구두점의 원리
- 디지털과 아날로그의 원리
- 대칭과 상호의 원리

역기능 대화의 형태들
- 대화를 부정하는 역기능
  - 원천의 부정
  - 내용의 부정
  - 대화를 받는 사람의 부정
  - 맥락의 부정
- 규정된 관계를 부정하는 역기능 ── 내용과 관계 차원
- 병리적 의존의 역기능 ──── 구두점의 원리
- 불일치의 역기능 ──── 디지털과 아날로그 원리
- 경쟁과 남용의 역기능 ──── 대칭과 상보의 원리

목표와 방법
- 메타대화
- 방법(기법) ──── 가르치기, 분석하기, 해석하기, 조정하기

조현병 환자의 가족 연구

이중 구속
- 이중 구속
  - 상반된 메시지
  - 2개의 구속(속박)
- 성립 상황
  - 중요한 관계 + 2명 이상
  - 반복 경험
  - 1차 부정 금지
  - 2차 부정 금지
  - 3차 부정 금지
- 이중 구속의 4가지 기본 요소

리즈의 부부 균열과 부부 불균형
- 부부 균열
- 부부 불균형
- 부부의 균열과 불균형이 조현병과 관련되는 이유
- 부부의 균열과 불균형 특징이 있는 가족에서 자녀가 경험하는 것

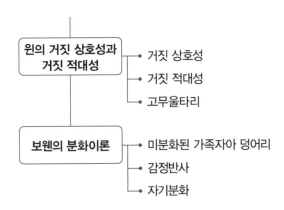

윈의 거짓 상호성과 거짓 적대성
- 거짓 상호성
- 거짓 적대성
- 고무울타리

보웬의 분화이론
- 미분화된 가족자아 덩어리
- 감정반사
- 자기분화

제 **2** 절 **가족상담 이론**

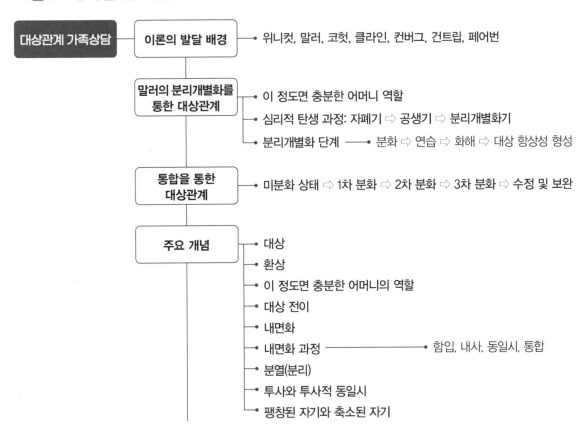

대상관계 가족상담

이론의 발달 배경
- 위니컷, 말러, 코헛, 클라인, 컨버그, 건트립, 페어번

말러의 분리개별화를 통한 대상관계
- 이 정도면 충분한 어머니 역할
- 심리적 탄생 과정: 자폐기 ⇨ 공생기 ⇨ 분리개별화기
- 분리개별화 단계 ── 분화 ⇨ 연습 ⇨ 화해 ⇨ 대상 항상성 형성

통합을 통한 대상관계
- 미분화 상태 ⇨ 1차 분화 ⇨ 2차 분화 ⇨ 3차 분화 ⇨ 수정 및 보완

주요 개념
- 대상
- 환상
- 이 정도면 충분한 어머니의 역할
- 대상 전이
- 내면화
- 내면화 과정 ────────── 함입, 내사, 동일시, 통합
- 분열(분리)
- 투사와 투사적 동일시
- 팽창된 자기와 축소된 자기

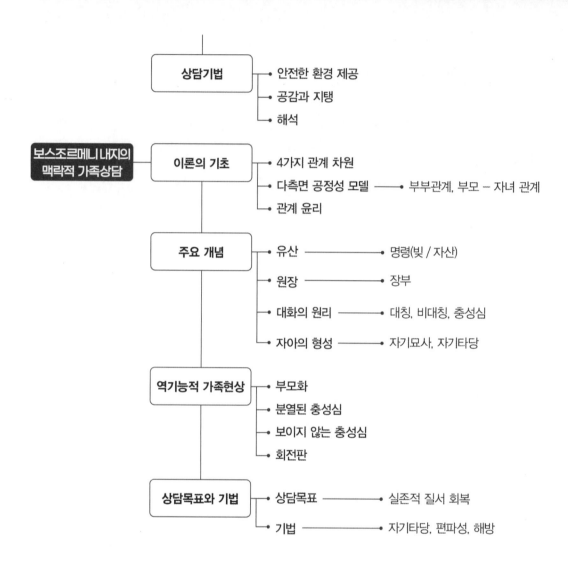

보스조르메니 내지의
맥락적 가족상담

상담기법
- 안전한 환경 제공
- 공감과 지탱
- 해석

이론의 기초
- 4가지 관계 차원
- 다측면 공정성 모델 ——▶ 부부관계, 부모 – 자녀 관계
- 관계 윤리

주요 개념
- 유산 ——————▶ 명령(빚 / 자산)
- 원장 ——————▶ 장부
- 대화의 원리 ——————▶ 대칭, 비대칭, 충성심
- 자아의 형성 ——————▶ 자기묘사, 자기타당

역기능적 가족현상
- 부모화
- 분열된 충성심
- 보이지 않는 충성심
- 회전판

상담목표와 기법
- 상담목표 ——————▶ 실존적 질서 회복
- 기법 ——————▶ 자기타당, 편파성, 해방

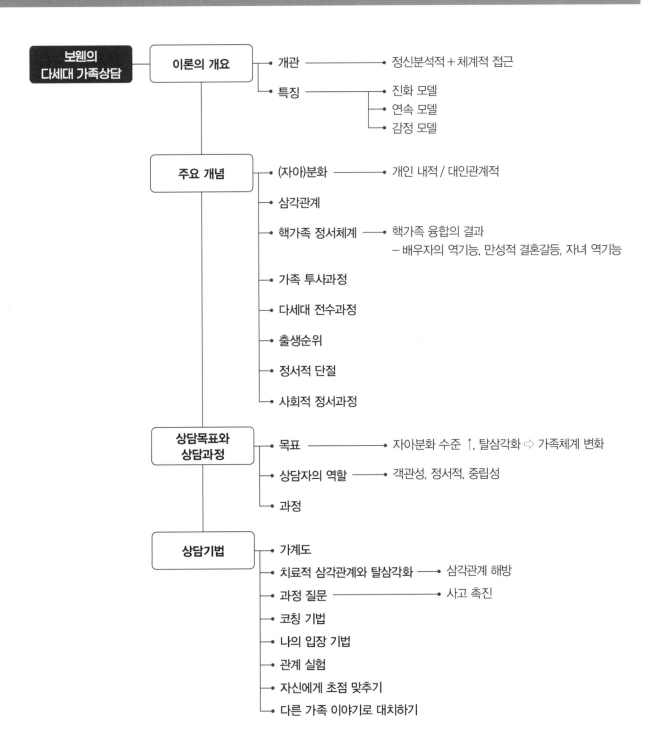

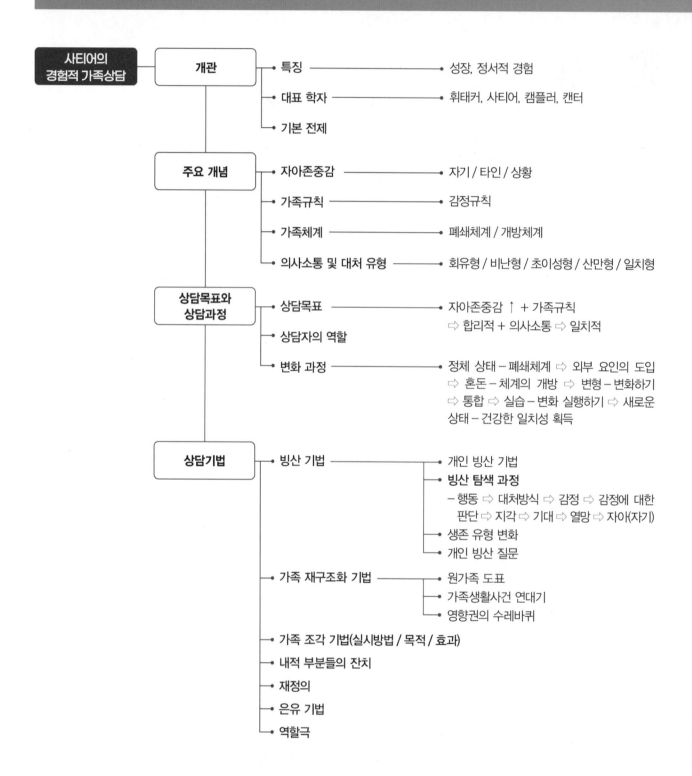

사티어의 경험적 가족상담

개관
- 특징 ──────── 성장, 정서적 경험
- 대표 학자 ──────── 휘태커, 사티어, 캠플러, 캔터
- 기본 전제

주요 개념
- 자아존중감 ──────── 자기 / 타인 / 상황
- 가족규칙 ──────── 감정규칙
- 가족체계 ──────── 폐쇄체계 / 개방체계
- 의사소통 및 대처 유형 ──────── 회유형 / 비난형 / 초이성형 / 산만형 / 일치형

상담목표와 상담과정
- 상담목표 ──────── 자아존중감 ↑ + 가족규칙
  ⇨ 합리적 + 의사소통 ⇨ 일치적
- 상담자의 역할
- 변화 과정 ──────── 정체 상태 – 폐쇄체계 ⇨ 외부 요인의 도입
  ⇨ 혼돈 – 체계의 개방 ⇨ 변형 – 변화하기
  ⇨ 통합 ⇨ 실습 – 변화 실행하기 ⇨ 새로운
  상태 – 건강한 일치성 획득

상담기법
- 빙산 기법 ──────── 개인 빙산 기법
  - **빙산 탐색 과정**
    – 행동 ⇨ 대처방식 ⇨ 감정 ⇨ 감정에 대한
    판단 ⇨ 지각 ⇨ 기대 ⇨ 열망 ⇨ 자아(자기)
  - 생존 유형 변화
  - 개인 빙산 질문
- 가족 재구조화 기법 ──────── 원가족 도표
  - 가족생활사건 연대기
  - 영향권의 수레바퀴
- 가족 조각 기법(실시방법 / 목적 / 효과)
- 내적 부분들의 잔치
- 재정의
- 은유 기법
- 역할극

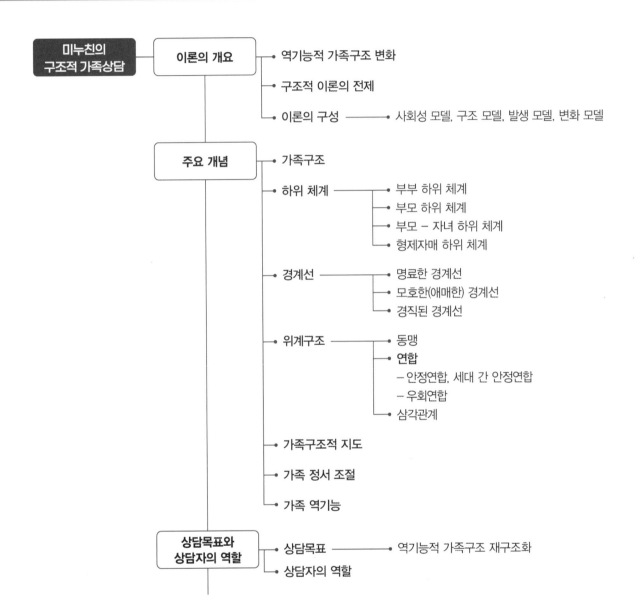

미누친의
구조적 가족상담

이론의 개요
- 역기능적 가족구조 변화
- 구조적 이론의 전제
- 이론의 구성 ——— 사회성 모델, 구조 모델, 발생 모델, 변화 모델

주요 개념
- 가족구조
- 하위 체계
  - 부부 하위 체계
  - 부모 하위 체계
  - 부모 – 자녀 하위 체계
  - 형제자매 하위 체계
- 경계선
  - 명료한 경계선
  - 모호한(애매한) 경계선
  - 경직된 경계선
- 위계구조
  - 동맹
  - **연합**
    – 안정연합, 세대 간 안정연합
    – 우회연합
  - 삼각관계
- 가족구조적 지도
- 가족 정서 조절
- 가족 역기능

상담목표와
상담자의 역할
- 상담목표 ——— 역기능적 가족구조 재구조화
- 상담자의 역할

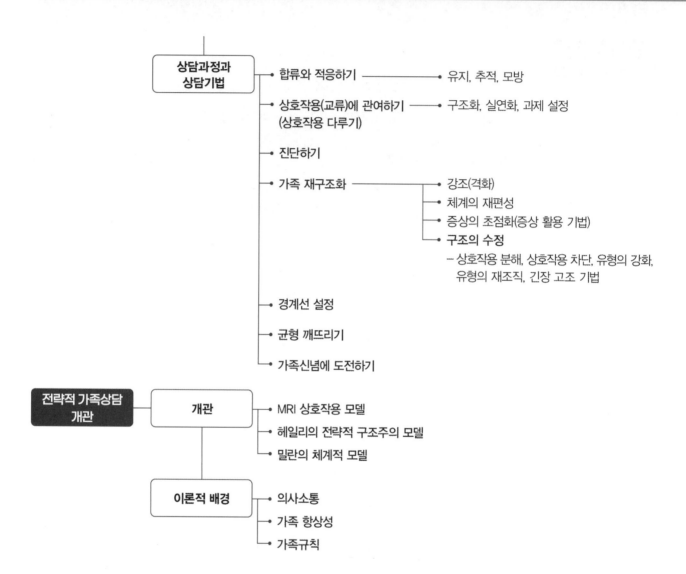

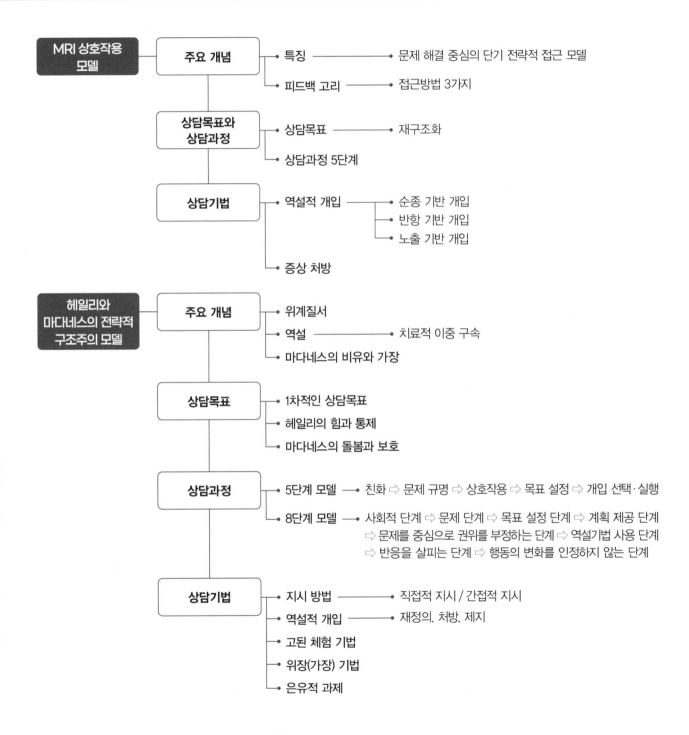

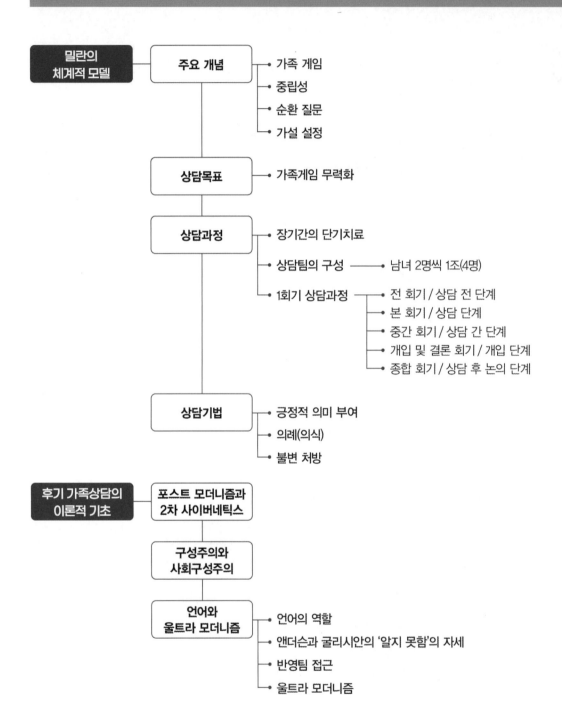

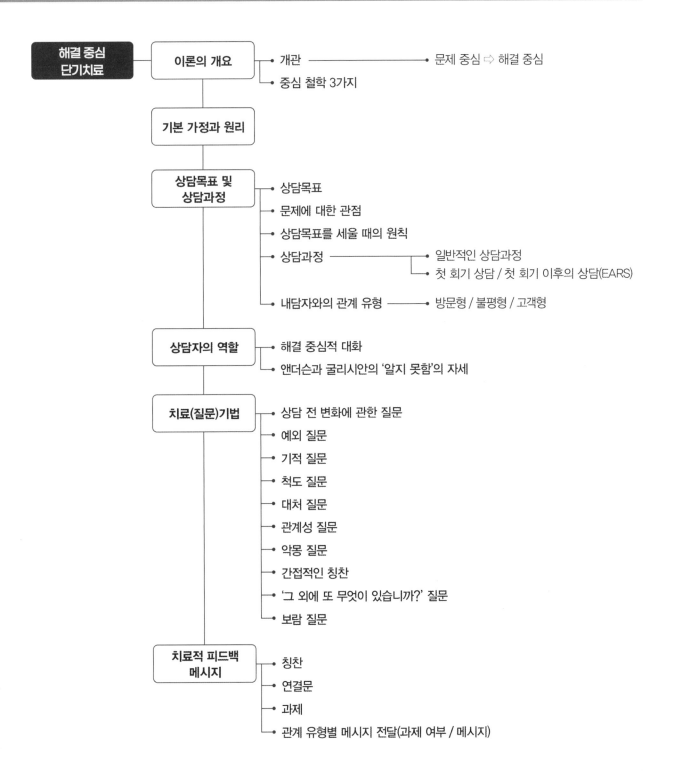

해결 중심
단기치료

이론의 개요
- 개관 ——————————— 문제 중심 ⇨ 해결 중심
- 중심 철학 3가지

기본 가정과 원리

**상담목표 및
상담과정**
- 상담목표
- 문제에 대한 관점
- 상담목표를 세울 때의 원칙
- 상담과정 ——————— 일반적인 상담과정
  - 첫 회기 상담 / 첫 회기 이후의 상담(EARS)
- 내담자와의 관계 유형 ——— 방문형 / 불평형 / 고객형

상담자의 역할
- 해결 중심적 대화
- 앤더슨과 굴리시안의 '알지 못함'의 자세

치료(질문)기법
- 상담 전 변화에 관한 질문
- 예외 질문
- 기적 질문
- 척도 질문
- 대처 질문
- 관계성 질문
- 악몽 질문
- 간접적인 칭찬
- '그 외에 또 무엇이 있습니까?' 질문
- 보람 질문

**치료적 피드백
메시지**
- 칭찬
- 연결문
- 과제
- 관계 유형별 메시지 전달(과제 여부 / 메시지)

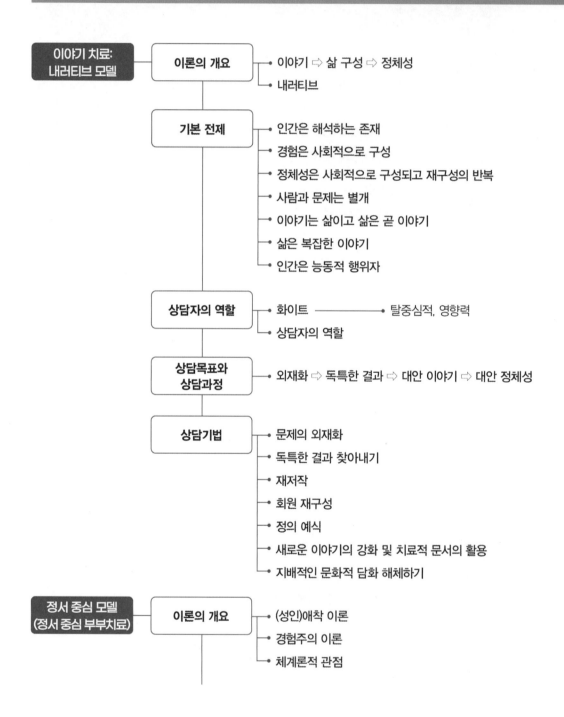

이야기 치료:
내러티브 모델 ─── **이론의 개요** ──● 이야기 ⇨ 삶 구성 ⇨ 정체성
                           ●── 내러티브

기본 전제 ──● 인간은 해석하는 존재
           ●── 경험은 사회적으로 구성
           ●── 정체성은 사회적으로 구성되고 재구성의 반복
           ●── 사람과 문제는 별개
           ●── 이야기는 삶이고 삶은 곧 이야기
           ●── 삶은 복잡한 이야기
           ●── 인간은 능동적 행위자

상담자의 역할 ──● 화이트 ──────● 탈중심적, 영향력
             ●── 상담자의 역할

상담목표와
상담과정 ──● 외재화 ⇨ 독특한 결과 ⇨ 대안 이야기 ⇨ 대안 정체성

상담기법 ──● 문제의 외재화
          ●── 독특한 결과 찾아내기
          ●── 재저작
          ●── 회원 재구성
          ●── 정의 예식
          ●── 새로운 이야기의 강화 및 치료적 문서의 활용
          ●── 지배적인 문화적 담화 해체하기

정서 중심 모델
(정서 중심 부부치료) ─── **이론의 개요** ──● (성인)애착 이론
                              ●── 경험주의 이론
                              ●── 체계론적 관점

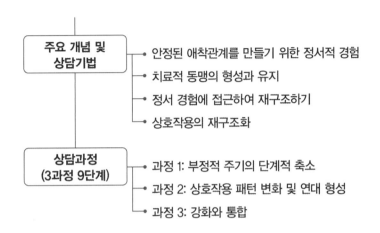

```
주요 개념 및          ● 안정된 애착관계를 만들기 위한 정서적 경험
상담기법            ● 치료적 동맹의 형성과 유지
                   ● 정서 경험에 접근하여 재구조하기
                   ● 상호작용의 재구조화

상담과정            ● 과정 1: 부정적 주기의 단계적 축소
(3과정 9단계)        ● 과정 2: 상호작용 패턴 변화 및 연대 형성
                   ● 과정 3: 강화와 통합
```

제 3 절 가족 생활주기와 가족평가

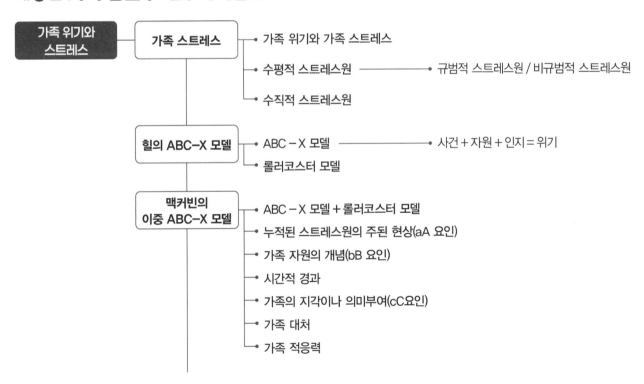

```
가족 위기와      가족 스트레스       ● 가족 위기와 가족 스트레스
스트레스                          ● 수평적 스트레스원 ──────── ● 규범적 스트레스원 / 비규범적 스트레스원
                                ● 수직적 스트레스원

            힐의 ABC-X 모델      ● ABC - X 모델 ──────── ● 사건 + 자원 + 인지 = 위기
                                ● 롤러코스터 모델

            맥커빈의             ● ABC - X 모델 + 롤러코스터 모델
            이중 ABC-X 모델      ● 누적된 스트레스원의 주된 현상(aA 요인)
                                ● 가족 자원의 개념(bB 요인)
                                ● 시간적 경과
                                ● 가족의 지각이나 의미부여(cC요인)
                                ● 가족 대처
                                ● 가족 적응력
```

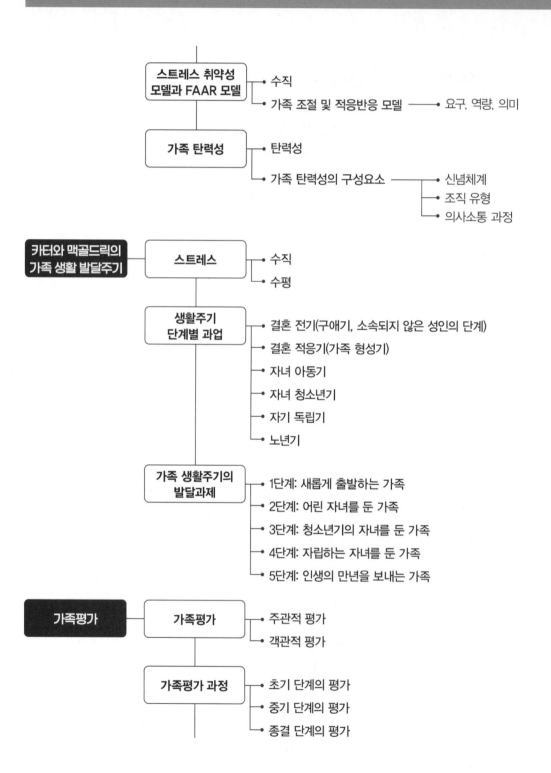

스트레스 취약성
모델과 FAAR 모델
- 수직
- 가족 조절 및 적응반응 모델 —— 요구, 역량, 의미

가족 탄력성
- 탄력성
- 가족 탄력성의 구성요소 ——
  - 신념체계
  - 조직 유형
  - 의사소통 과정

카터와 맥골드릭의
가족 생활 발달주기

스트레스
- 수직
- 수평

생활주기
단계별 과업
- 결혼 전기(구애기, 소속되지 않은 성인의 단계)
- 결혼 적응기(가족 형성기)
- 자녀 아동기
- 자녀 청소년기
- 자기 독립기
- 노년기

가족 생활주기의
발달과제
- 1단계: 새롭게 출발하는 가족
- 2단계: 어린 자녀를 둔 가족
- 3단계: 청소년기의 자녀를 둔 가족
- 4단계: 자립하는 자녀를 둔 가족
- 5단계: 인생의 만년을 보내는 가족

가족평가

가족평가
- 주관적 평가
- 객관적 평가

가족평가 과정
- 초기 단계의 평가
- 중기 단계의 평가
- 종결 단계의 평가

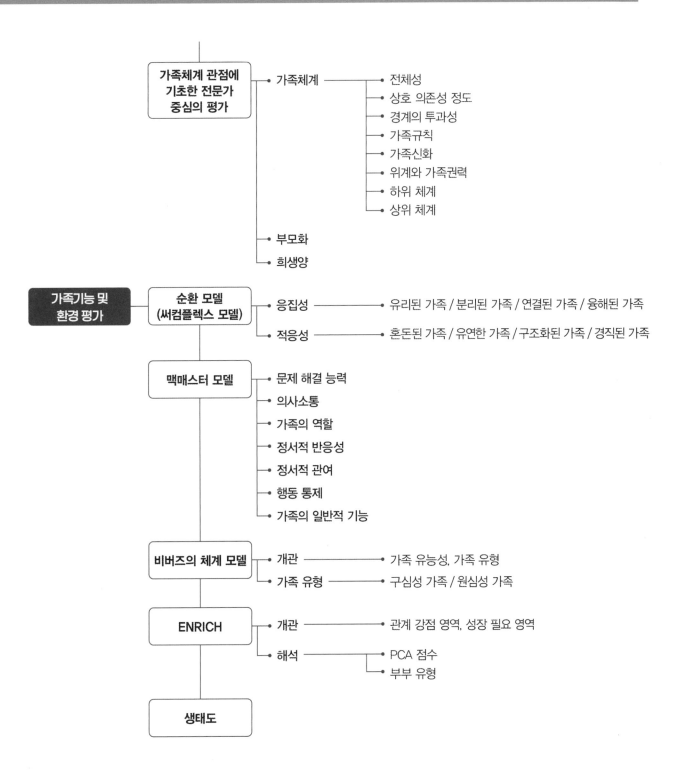

가족체계 관점에
기초한 전문가
중심의 평가
- 가족체계
  - 전체성
  - 상호 의존성 정도
  - 경계의 투과성
  - 가족규칙
  - 가족신화
  - 위계와 가족권력
  - 하위 체계
  - 상위 체계
- 부모화
- 희생양

가족기능 및
환경 평가

순환 모델
(써컴플렉스 모델)
- 응집성 ── 유리된 가족 / 분리된 가족 / 연결된 가족 / 융해된 가족
- 적응성 ── 혼돈된 가족 / 유연한 가족 / 구조화된 가족 / 경직된 가족

맥매스터 모델
- 문제 해결 능력
- 의사소통
- 가족의 역할
- 정서적 반응성
- 정서적 관여
- 행동 통제
- 가족의 일반적 기능

비버즈의 체계 모델
- 개관 ── 가족 유능성, 가족 유형
- 가족 유형 ── 구심성 가족 / 원심성 가족

ENRICH
- 개관 ── 관계 강점 영역, 성장 필요 영역
- 해석
  - PCA 점수
  - 부부 유형

생태도

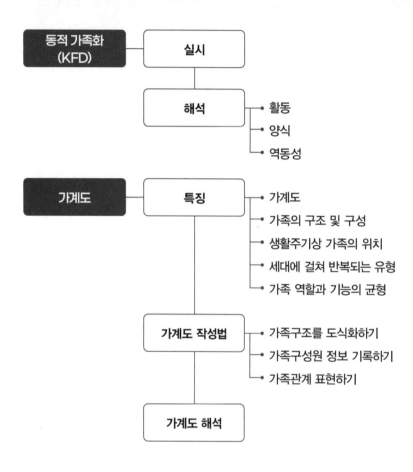

동적 가족화 (KFD)
- 실시
- 해석
  - 활동
  - 양식
  - 역동성

가계도
- 특징
  - 가계도
  - 가족의 구조 및 구성
  - 생활주기상 가족의 위치
  - 세대에 걸쳐 반복되는 유형
  - 가족 역할과 기능의 균형
- 가계도 작성법
  - 가족구조를 도식화하기
  - 가족구성원 정보 기록하기
  - 가족관계 표현하기
- 가계도 해석

제 **4** 절 **가족상담 과정**

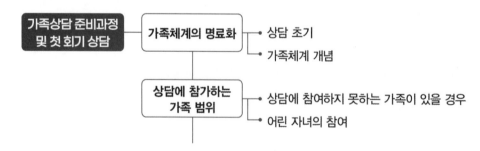

가족상담 준비과정 및 첫 회기 상담
- 가족체계의 명료화
  - 상담 초기
  - 가족체계 개념
- 상담에 참가하는 가족 범위
  - 상담에 참여하지 못하는 가족이 있을 경우
  - 어린 자녀의 참여

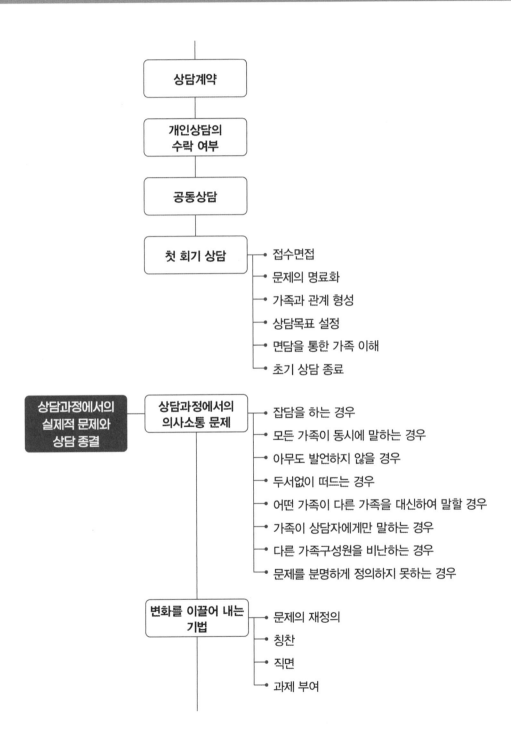

- 상담계약

- 개인상담의
  수락 여부

- 공동상담

- 첫 회기 상담
  - 접수면접
  - 문제의 명료화
  - 가족과 관계 형성
  - 상담목표 설정
  - 면담을 통한 가족 이해
  - 초기 상담 종료

**상담과정에서의
실제적 문제와
상담 종결**

- 상담과정에서의
  의사소통 문제
  - 잡담을 하는 경우
  - 모든 가족이 동시에 말하는 경우
  - 아무도 발언하지 않을 경우
  - 두서없이 떠드는 경우
  - 어떤 가족이 다른 가족을 대신하여 말할 경우
  - 가족이 상담자에게만 말하는 경우
  - 다른 가족구성원을 비난하는 경우
  - 문제를 분명하게 정의하지 못하는 경우

- 변화를 이끌어 내는
  기법
  - 문제의 재정의
  - 칭찬
  - 직면
  - 과제 부여

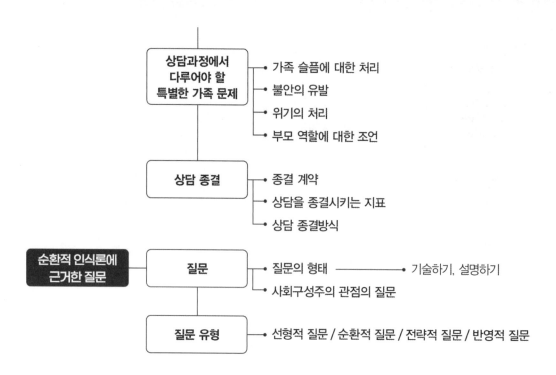

제**5**절 **특수 가족상담**

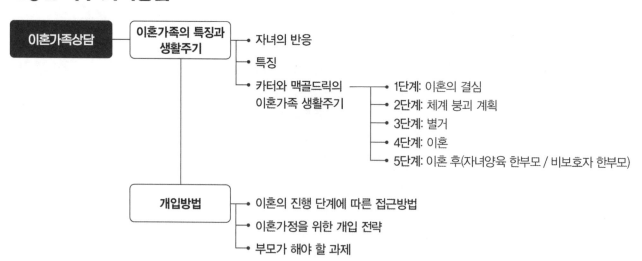

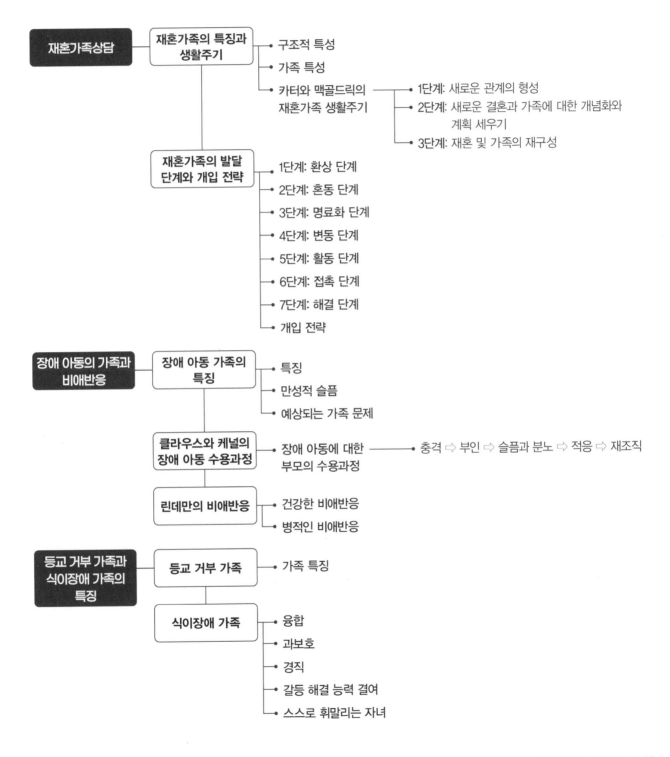

재혼가족상담 ── 재혼가족의 특징과 생활주기 ─── 구조적 특성

　　　　　　　　　　　　　　　　　　── 가족 특성

　　　　　　　　　　　　　　　　　　── 카터와 맥골드릭의 ─── 1단계: 새로운 관계의 형성
　　　　　　　　　　　　　　　　　　　　재혼가족 생활주기 ── 2단계: 새로운 결혼과 가족에 대한 개념화와
　　　　　　　　　　　　　　　　　　　　　　　　　　　　　　　　　　　계획 세우기
　　　　　　　　　　　　　　　　　　　　　　　　　　── 3단계: 재혼 및 가족의 재구성

　　　　　── 재혼가족의 발달 ─── 1단계: 환상 단계
　　　　　　　단계와 개입 전략 ── 2단계: 혼동 단계
　　　　　　　　　　　　　　── 3단계: 명료화 단계
　　　　　　　　　　　　　　── 4단계: 변동 단계
　　　　　　　　　　　　　　── 5단계: 활동 단계
　　　　　　　　　　　　　　── 6단계: 접촉 단계
　　　　　　　　　　　　　　── 7단계: 해결 단계
　　　　　　　　　　　　　　── 개입 전략

장애 아동의 가족과 ── 장애 아동 가족의 ─── 특징
비애반응　　　　　　 특징　　　　　　── 만성적 슬픔
　　　　　　　　　　　　　　　　　── 예상되는 가족 문제

　　　── 클라우스와 케널의 ─── 장애 아동에 대한 ─── 충격 ⇨ 부인 ⇨ 슬픔과 분노 ⇨ 적응 ⇨ 재조직
　　　　　장애 아동 수용과정　　 부모의 수용과정

　　　── 린데만의 비애반응 ─── 건강한 비애반응
　　　　　　　　　　　　　── 병적인 비애반응

등교 거부 가족과 ── 등교 거부 가족 ─── 가족 특징
식이장애 가족의
특징

　　　── 식이장애 가족 ─── 융합
　　　　　　　　　　── 과보호
　　　　　　　　　　── 경직
　　　　　　　　　　── 갈등 해결 능력 결여
　　　　　　　　　　── 스스로 휘말리는 자녀

01   가족상담의 이론적 경향과 철학적 개념

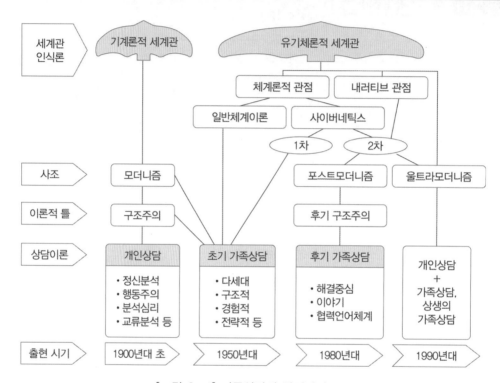

[그림 9-1] 가족상담의 발전과정

1. 초기 가족상담과 후기 가족상담

(1) 개관

① 이 둘의 구분은 근대주의와 후기 근대주의라는 철학적 경향으로 인해 구분되는 관점이다.

② **근대주의**: 1950년대 이전의 철학적 경향 중 하나인 논리 실증주의를 말한다.

㉠ 객관적으로 존재하는 현상에 관심이 있고, 이러한 현상들은 일정한 법칙이 있다.

㉡ 논리적 분석과 합리적 설명, 객관적 증명과 같은 개념이 중요하다.

③ **후기 근대주의**: 1950년대 이후의 철학적 경향 중 하나인 구성주의 철학이다.

㉠ **구성주의**: 세상이 만들어진다고 보는 철학이다. 세상은 객관적으로 존재해서 인간이 알아가는 현상이 아니라, 인간이 만들기 때문에 존재하는 현상이다.

㉡ **사회 구성주의**: 세상이 언어를 통한 인지적 조작에 의해 만들어졌다고 주장하는 철학이다. 세상은 사람들의 대화, 즉 의사소통을 통해서 만들어진 현상이다.

(2) 논리 실증주의 상담

① 개인상담의 이론을 원용한 이론들로 정신분석 가족상담, 행동주의 가족상담, 대상관계 가족상담이 있다.

② 가족상담이라는 영역이 따로 존재하기보다는, 개인상담을 연장함으로써 가족상담을 할 수 있다고 본다.

(3) 구성주의 상담

① 2가지 영역

㉠ 초기 이론: 실증주의적 요소를 갖긴 했지만 구성주의적 성격을 지닌 이론들로 대화이론, 전략이론, 구조이론, 맥락이론, 보웬이론, 경험이론이 있다.

➡ 상담자가 가족들의 상호작용을 객관적으로 이해한다.

㉡ 후기 이론: 구성주의적 성격을 지닌 이론들로 해결중심이론, 이야기 이론이 있다.

➡ 상담자가 객관적으로 가족의 상호작용을 진단하지 않고, 가족들과 협력하여 가족의 상호작용을 결정한다.

② 순환적 인과관계: 주체와 객체 사이의 순환성으로, 주체가 객체에게 준 피드백이 다시 주체로 돌아온다는 것을 의미한다. 따라서 체계에서 일어나는 행동은 서로 순환적으로 영향을 미쳐 순환적인 결과를 일으키므로 원인과 결과를 정확하게 찾고 구분할 수 없다.

③ 비합산의 원칙: 전체는 부분의 합과 다르므로, 전체나 부분은 서로 환원되지 않는다.

④ 관계심리: 관계에서 일어나는 심리적 현상으로, 가족상담은 관계의 상호작용에서 발생하는 순환성을 대상으로 한다.

(4) 비판적 현실주의 상담

① 개인상담과 가족상담을 하나로 통합하려는 입장이다.

예 실존주의+해결중심: 단기 해결중심 실존치료(BSFET)

② 비판적 현실주의: 실제로 존재하는 것들과 관념적으로 존재하는 것들은 독립적으로 연구할 수 있다고 생각하는 철학이다.

2. 개인상담과 가족상담

구분	개인상담	가족상담
문제의 초점	개인-정신 내면	가족, 사회체계
개입 대상	개인 - 과거와 현재	가족체계, IP, 가족과의 관계 변화
치료 단위	개인	체계 구성원
상담기간	1년 이상의 장기 치료	6개월 이하의 단기 치료
인과관계	선형적, 증상과 원인 파악	순환적·회귀적, 현재의 상호작용 패턴
세계관	기계론적 세계관	유기체론적 세계관
은유	• 우주는 기본적인 물질 구성체로 만들어진 거대한 우주 기계와 같음 • 기계, 자동차	• 우주는 상호 관련된 관계의 망으로서, 본질적으로 역동적임 • 사람, 자연, 생명체

(1) **문제의 초점(소재)**

    ① 개인상담: 문제의 원인을 개인과 그 개인의 정신 내면 과정에 초점을 둔다.

    ② 가족상담: 문제의 원인을 개인을 둘러싼 가족이나 사회체계에 둔다.

(2) **개입 대상**

    ① 개인상담: 개인을 변화시키기 위해 어떻게 할 것인가를 그의 과거와 현재에서 찾으려고 노력한다.

    ② 가족상담: 환자의 가족체계, 즉 IP(가족 내 문제를 가진 사람)와 다른 가족 간의 관계 변화에 관심을 가진다.

(3) **치료 단위**

    ① 개인상담: 개인을 치료의 단위로 삼는다.

    ② 가족상담: 체계의 많은 구성원이 치료 단위가 된다. 특히 현존하는 문제에 영향을 주어 그 과정을 바꾸는 데 꼭 필요한 가족 구성원을 필요로 한다.

(4) **상담기간**

    ① 개인상담: 일반적으로 1년 이상의 치료기간이 필요한데, 이는 치료자의 이론적 지향, 문제 초점에 따라 달라질 수 있다.

    ② 가족상담: 개인의 오래된 갈등을 해결하기보다는 개인을 둘러싼 상호작용의 역기능을 해결하는 것이기 때문에 6개월 이하로 진행하는 단기 치료를 추구한다.

(5) **인과관계의 시각**

    ① 개인상담

        ㉠ 문제의 원인과 결과 관계를 선형적(A → B → C)으로 파악한다.

        ㉡ 원인을 파악하기 위해 '왜' 질문을 자주 던진다.

        ㉢ 과거에 초점을 두고, 증상과 행동의 원인을 파악하기 위해 이전의 발달 단계를 추적한다.

    ② 가족상담

        ㉠ 인과관계를 순환적이고 회귀적인 것으로 파악한다.

        ㉡ 문제를 둘러싼 체계의 맥락은 유기적으로 연결되므로 원인을 정확히 파악하고 분별하는 것이 어렵다고 본다.

        ㉢ 원인 추적보다 지금-여기에 무엇이 일어나는지와 상호작용의 패턴을 파악하는 데 초점을 둔다.

참고 직선적 인과관계와 순환적 인과관계 [기출 21]

- **개인상담**: 문제에 대한 직선적 인과관계를 가정한다.
  - 개인상담은 직선적 인과관계를 가정한다.
  - 문제의 원인과 결과의 구분이 분명하며 직선적이다.
- **가족상담**: 구성원 간에 서로 영향을 주고받는 순환적 인과관계를 가정한다.
  - 가족상담은 원인과 결과를 직선적으로 보지 않고 순환적으로 본다.
  - 가족관계의 맥락에서 문제가 발생하고, 구성원 간의 상호작용을 통해 영향을 계속 주고받음으로써 문제를 지속한다고 본다.
  - 예 지나치게 간섭하고 과보호하는 어머니의 행동(원인)이 자녀의 의존적 성향(결과)을 강화하지만, 자녀의 의존적 성향(원인)이 어머니의 과보호 성향(결과)을 강화하기도 한다. 과보호하는 어머니와 의존적 자녀는 관계 속에서 보면 각각 원인이기도, 결과이기도 한 것이다.

- 투사, 전이, 이중 구속
  - **투사**: 자신의 내면에 있는 충동, 관념, 관심을 외부 세계로 돌려 타인의 것인 양 지각하는 것이다.
  - **전이**: 어린 시절에 중요한 인물과의 관계에서 경험한 감정, 관념, 행동이 지금 현재 관여하는 사람에게 치환되는 현상이다.
  - **이중 구속**: 어떤 개인이 상반된 두 개의 메시지를 동시에 받아 적절하게 반응하는 것이 어렵고, 상황에서 벗어나는 것도 불가능한 딜레마 상황과 관련된다. 이러한 딜레마를 반복하여 겪으면서 혼란과 심리적 문제가 일어난다고 본다.
- 영향을 미치는 요인
  - **투사, 전이**: 내적 과정이 외부에 반영된 것이므로, 심리적 역동이 행동을 통제하는 주된 힘이다.
  - **이중 구속**: 외부 세계가 내적 세계에 작용하여 감정적인 경험을 불러일으키는 것으로, 가족 역동이나 그 이상의 외부적인 요소가 개인의 마음을 규제한다고 전제한다.
  - 개인상담은 내적 과정이, 가족상담은 외부적 요소가 각각 더 큰 영향을 미친다.

02 사이버네틱스와 체계이론

1. 사이버네틱스(cybernetics)

(1) 개념

① 체계가 가지는 자율통제 현상: 체계는 스스로를 유지하기 위해 정보의 유입과 분출을 통제하거나 환경 또는 다른 체계와 의사소통한다. '인공두뇌학'이라고도 하며, 정보와 제어기능이 함께 연결되어 있는 순환론적이고 반영적인 정보의 흐름 체계이다.

② 체계의 피드백 현상으로 한 체계가 외부로 정보를 내보내면 그 정보는 다시 그 체계에 피드백으로 작용하며, 이 순환과정을 통해 체계 자체가 스스로를 유지하기 위한 통제를 한다.

③ 가족의 항상성 개념을 설명하기 위해서 활용: 가족은 가족체계를 유지하기 위해 가족을 둘러싼 여러 체계와 지속적으로 유입과 분출을 통해 피드백을 하게 된다.

④ 피드백에 의한 통제와 소통이라는 가족관계 역동을 설명하는 틀: 가족체계도 다른 자율적 체계와 마찬가지로 피드백에 의해 기능에 관한 정보를 주고받으면서 체계를 유지한다.

　　㉠ 1차 사이버네틱스: 가족 간의 상호작용만을 말한다.

　　㉡ 2차 사이버네틱스: 가족 간의 상호작용, 상담자와 가족 간의 상호작용을 포함하는 개념이다.

⑤ 초기 가족상담: 1차 사이버네틱스로 불리며, 전문적 입장에서 객관적으로 문제를 진단한다.

　　➡ 대화이론, 전략이론, 구조이론, 대상관계이론, 맥락이론, 보웬이론, 경험이론 등을 활용한다.

⑥ 후기 가족상담: 2차 사이버네틱스로 불리며, 가족과 상담자의 상호작용을 통해 상담을 진행한다.

　　➡ 이야기이론, 해결중심이론 등을 활용한다.

(2) **피드백 망(feedback loop)**

① 의미: 체계가 일관성 있게 유지되는 데 필요한 정보를 활용하는 과정을 의미한다.

② 피드백은 외부 환경과 관련된 체계의 기능 정보와 체계 내 부분 간 관계의 정보를 모두 포함한다.

③ 피드백의 구분

분류	내용
정적 피드백 (positive feedback)	• 체계가 취해야 하는 방향을 확인하고 강화하는 정보 • 일정 범위 안에서 일어나며 일탈을 증폭시킴 예 정보나 활동의 양이 많아짐
부적 피드백 (negative feedback)	• 체계가 원래 상태로 복귀하라는 신호를 보내 체계를 유지함 • 범위의 한계점에서 일어남 예 정보나 활동의 양이 적어짐

㉠ 정적 피드백: 체계로부터 분출된 정보가 피드백을 통해 정보의 양이 많아지는 현상이다.

㉡ 부적 피드백: 체계로부터 분출된 정보가 피드백을 통해 정보의 양이 줄어드는 현상이다.

> **더 알아보기** **정적 피드백과 부적 피드백**
>
> • 정적과 부적이라는 것은 가족의 기능에 도움이 되거나 되지 않는 것을 의미하는 것이 아니며, 체계가 가던 방향으로 계속 가게 하는지 아닌지에 따라 결정된다.
> • 정적 피드백은 체계가 가던 쪽으로 계속 가도록 인정·강화하는 정보 피드백이며, 부적 피드백은 체계에서 "그쪽으로 가는 건 제대로 된 코스를 벗어나는 거니까 그쪽으로 가면 안 돼. 방향을 수정해야 해."라는 정보 피드백을 보내 일관된 상태를 유지할 수 있도록 하는 것이다.
> • 정적 피드백과 부적 피드백 모두 가족의 기능에 좋은 영향을 줄 수도, 나쁜 영향을 줄 수도 있다.

2. 1·2차 사이버네틱스

(1) **1차 사이버네틱스**

① 일반적으로 체계가 어떤 패턴을 가지고 움직이는가를 기술한 단어이다.

② 일정한 피드백을 주었을 때 어떤 규칙성을 보이는지, 그 규칙성이 체계를 어떤 방식으로 움직이는지 이해하도록 하는 개념이다.

③ 관찰자(상담자)를 관찰대상(내담자 체계) 밖에 두기 때문에 상담자로 하여금 내담자를 일방적으로 조절할 수 있다는 시각이다.

(2) **2차 사이버네틱스**

① 사이버네틱스에 대한 사이버네틱스로, 체계를 바라보는 자신도 하나의 체계를 형성하고 있음을 알도록 해주는 개념이다.

② 객관적 관찰자는 존재하지 않고 오직 여러 다른 체계가 존재하며, 이때 여러 다른 체계는 곧 다른 현실세계를 의미한다.

③ 객관적 현실은 존재하지 않고 가족체계에 의한 현실, 가족과 상담자 간의 관계에 의한 현실이 존재한다.

- **체제의 자율성**: 체계의 구조와 그 작용의 질서가 환경에 의해 일방적으로 주어지는 것이 아니라 체계 그 자체에 의해 만들어지는 것
- **자기제작(자기조절)**: 체계의 조직 내 구성요소는 연결망을 이루어 다른 구성요소의 생산이나 변형에 참여하는 방식을 통해 지속적으로 체계를 스스로 제작함
- **자기 준거성**: 관찰 과정에서 관찰자의 의식은 결정적 역할을 하며, 관찰자의 관찰에 의해 한 세계가 탄생하는 것이지 세계가 존재하는 대로 관찰을 하는 것이 아님
- **구조적 연결**: 체계는 조직 패턴을 보존하면서도 동시에 지속적인 구조적 변화를 수행함
- **구조적 결정론**: 체계의 행동은 구조적으로 결정되어 있음. 이는 유기체의 행동은 외부의 힘에 의해 결정되는 것보다는 그 체계의 자체구조에 의해 결정되어 있음을 의미함
- **부적 피드백**: 체계의 생존과 유지는 부적 피드백에 의해 이루어지며, 정적 피드백은 그 체계의 정체성이 깨진다는 것을 의미함

3. 브로데릭(Broderick)과 스미스(Smith)의 의사소통과 통제에 관한 규칙

(1) 단순 피드백(simple feedback)

① 체계가 외부에서 유입된 정보를 단순히 확장하거나 축소하여 다시 외부로 분출하는 과정을 말한다.

② 단순 피드백은 긍정(정적) 단순 피드백과 부정(부적) 단순 피드백이 있다.

(2) 사이버네틱스 통제(항상성)

① 사이버네틱스 통제: 단순 피드백보다 한 단계 높은 수준에서 작동하는 체계의 현상으로, 체계가 스스로 외부에서 유입된 정보를 검색하는 과정인 메타규칙이 작동하는 현상이다.

② 메타규칙: 체계가 가진 규칙을 검토하고 비교하는 체계의 작동원리를 말한다.

③ 항상성: 체계가 스스로 현재 상태를 유지하기 위해 작동하는 과정 전체를 말한다.

　　㉠ 가족의 행동에 대한 변화를 다루는 규칙을 현재 상태로 유지하도록 메타규칙이 작동하는 과정이다.

　　㉡ 일정 범위가 존재하며 항상성 범주를 어떻게 주는지에 따라 체계가 기능적일 수도, 역기능적일 수도 있다.

　　㉢ 체계는 메타규칙을 통해 체계의 구조를 일정하게 유지한다.

(3) 변형성(morphogenesis)

① 체계가 변화하는 과정 전체를 말한다. 환경의 변화에 따른 체계의 변화는 두 가지 측면이 있는데 하나는 항상성에 의한 변화이고, 다른 하나는 체계 자체를 바꾸는 변화이다.

② 항상성에 의한 변화: 항상성 범위 내에서의 변화를 의미한다.

③ 변형성: 가족체계가 변화하는 현상으로, 가족체계의 구조적 변화를 수반한다.

(4) 재방향성(reorientation)

① 가족체계의 변화를 완성시키는 현상으로, 변화된 구조에 맞게 가치관을 형성하는 과정이다.

② 재방향성: 변화를 하게 되면 가족은 새로운 가치관과 목표를 필요로 하게 되는데, 재방향성은 이러한 새로운 체계에 맞는 목표를 정립하는 것이다.

4. 일반체계이론

(1) 의미

① 개체가 외부 환경과 상호작용하면서 환경의 지속적인 입력과 출력을 통해 자신을 유지해나간다고 보는, 살아 있는 체계에 대한 생물학적 모델이다.

② 체계를 환경과 지속적인 상호작용을 하는 개방체계로 보기 때문에 외부 관찰자가 체계에 대한 투입과 산출 간의 피드백 과정을 관찰함으로써 체계의 특성을 파악할 수 있다.

(2) 주요 개념

① 체계: 상호작용하는 부분들을 가진 조직체로 정의된다. 체계는 그 자체로서 전체로 이해되는 전체성을 지니고, 전체는 부분들의 합으로는 환원될 수 없는 비합산의 원칙을 가진다.

② 하위 체계: 체계는 그 체제 안에 하위 체계를 가지며, 하위 체계는 전체 체계를 유지하는 기능을 담당한다.

③ 경계선: 전체 체계와 하위 체계는 경계선에 의해 구분된다. 이러한 경계선은 한 체계의 독특성을 유지하는 역할을 하며 경계선에 의해 체계와 환경이 구분된다.

④ 열린 체계: 환경과 체계 간에 상호작용을 하는 체계이다.

⑤ 닫힌 체계: 환경과 체계 간에 상호작용을 하지 않는 체계이다.

⑥ 체계 간 위계질서: 체계는 하위 체계와 전체 체계 간에 위계적 질서를 가진다.

[그림 9-2] 열린 체계와 닫힌 체계의 특성

(3) 체계론적 관점에서 본 가족의 특성

① 가족은 부분들의 특성을 합한 것 이상의 특성을 지닌 체계이다.

② 이러한 가족체계의 움직임은 일반적인 규칙에 의해 지배된다.

③ 모든 가족체계는 경계를 가지며, 이 경계의 특성은 '가족체계가 어떻게 기능하는가'를 이해하는 데 중요하다.

④ 가족체계는 한 부분의 변화가 전체의 변화를 초래할 수 있다.

⑤ 가족체계는 완전하지 않아 안정된 상태를 유지하려는 경향이 있으므로, 성장·진화가 가능하여 여러 방법을 통해 변화나 촉진을 일으킬 수 있다.

⑥ 가족체계 기능 중에서는 체계 간의 의사소통과 피드백 기능이 중요하다.

⑦ 가족 안에서 개인의 행동은 직선적 인과관계보다 순환적 인과관계로 보는 것이 이해하기 쉽다.

⑧ 가족체계는 다른 열린 체계와 마찬가지로 목적을 가지고 있는 것처럼 보인다.

⑨ 가족체계는 하위 체계에 의해 성립되며, 더 큰 상위 체계의 일부분이다.

03 일반체계이론의 주요 개념

1. 체계와 하위 체계

(1) 체계

① 상호작용하는 관계에 있는 부분들의 집합으로서 여러 수준(levels)이 있다. 특정한 체계보다 더 높은 수준은 그 체계의 상위 체계이고, 더 낮은 수준은 하위 체계이다.

② 체계의 여러 수준은 상호작용하면서도 각기 고유하게 존재한다. 따라서 한 체계에 있는 특성은 다른 수준의 체계에도 있으므로 동일한 개념을 적용하여 서로 다른 체계를 이해할 수 있다.

(2) 가족

① 가족도 상호작용하는 개인의 집단으로서 하나의 체계다.

② 가족체계도 '사회'라는 상위 체계의 하위 체계인 동시에, 더 낮은 개인 체계의 상위 체계이다.

  ㉠ 가족의 각 하위 체계는 각기 다른 정도의 힘(주도권)이 행사되고 각기 다른 기술이 학습된다.

  ㉡ 대표적 하위 체계: 부부, 부모, 부모자녀, 자녀, 형제, 조부모 등이 있다.

➡ 가족이라는 전체 체계를 이해하려면 가족과 상호작용하는 상위 체계, 하위 체계의 특성을 파악해야 한다.

2. 체계의 경계

(1) 체계의 경계

① 체계는 경계선 개념을 통해 가족과 다른 체계의 정체성을 구분하거나 상호 교류하는 정도로 특징지을 수 있다.

② 경계 개념은 특정 체계가 상위 체계와 하위 체계로부터 어떻게 분리되고 소속되는지에 따라 체계의 정체성이 달라질 수 있다.

(2) 체계 경계의 역할

① 유통 역할: 외부 체계와 상호작용하면서 에너지와 정보를 교환하는 역할을 한다.

② 보호 역할: 체계에 유익한 에너지와 정보를 받아들이고, 무익한 것은 들어오지 못하게 한다.

③ 체계에 필요한 에너지나 정보가 외부 체계에 쉽게 흘러가는 것은 저해하고, 체계에 해로운 것은 외부 체계에 최대한 신속하게 배출한다.

(3) 경계선

① 체계의 안과 밖을 구분하고, 체계 내에서도 전체 체계와 하위 체계를 구분하는 역할을 한다.

② 종류

구분	내용
밀착된 경계의 가족	• 가족에 대한 소속감과 충성심은 강하지만, 개인으로서의 자율성이나 독립성은 부족함 • 가족원 개인이 독립적으로 성장할 기회가 방해받을 가능성이 높음
경직된 경계의 가족	• 자율적이고 독립적으로 기능할 수 있지만, 가족원 간의 상호 교류가 거의 없음 • 가족에 대한 소속감과 충성심이 매우 부족함
명확한 경계의 가족	가족원은 자율적이고 독립적이며, 필요할 때 서로의 안녕과 행복을 위해 협동하고 의지하며 서로의 삶에 관여함

3. 개방성과 폐쇄성

(1) 개방성과 폐쇄성
① 가족체계의 개방성과 폐쇄성은 외부 체계로 드나드는 정보의 흐름이나 상호 교류하는 정도를 나타낸다.
② 체계의 개방성과 폐쇄성은 이분법적으로 판단할 수 있는 것이 아니라 정도의 문제로 봐야 한다.
③ 체계가 건강을 유지하려면 개방성과 폐쇄성 간에 적절한 균형을 유지해야 한다.
④ 체계의 개방성과 폐쇄성 간에 어느 정도의 균형이 바람직한가는 체계가 처한 맥락, 상황에 따라 달라진다.

(2) 체계가 지나치게 개방적이거나 폐쇄적일 경우
① 역기능적인 상태로, 이 경우 체계는 외부로부터 정보를 지나치게 많이 받아들이거나 전혀 받아들이지 않게 됨으로써 체계 고유의 정체성과 생존이 위협받을 수 있다.
② 엔트로피: 체계의 개방성이나 폐쇄성이 극단에 있을 때를 말한다.
③ 네겐트로피(부적 엔트로피): 개방성과 폐쇄성이 적절한 균형을 이루어 체계의 질서를 최고로 유지하는 상태를 말한다. 이 상태의 체계는 적절한 양의 정보와 변화를 받아들이고, 체계의 생존을 위협하는 정보와 변화는 거부한다.

4. 피드백

(1) 피드백
① 체계가 어떤 과정이나 행동의 결과에 대한 정보를 그 근원에 전달하는 과정으로, 체계의 자기조절 기제를 나타낸다. 체계는 피드백 과정을 통해 본연의 정체성을 유지할 수 있다.
② 정적 피드백과 부적 피드백
　㉠ 정적 피드백: 체계의 안정적인 상태를 거부하고 변화하려는 방향으로서의 피드백이다.
　㉡ 부적 피드백: 체계가 변화나 일탈을 거부하고 안정성을 유지하는 방향으로서의 피드백이다.
　➡ 정적 피드백과 부적 피드백은 가치판단의 문제로 볼 수 없다. 좋음과 나쁨은 특정한 맥락에 따라 다르게 평가되기 때문이다.
③ 체계가 기능적으로 작용하려면 안정을 유지하면서도 변화해야 하므로 정적 피드백, 부적 피드백 모두 필요하다.

(2) 가족항상성 `기출 15`
① 항상성은 체계가 환경의 영향을 통제하고 일관성을 유지하려는 경향이며, 가족항상성은 가족체계가 어떤 파괴 상황에 직면할 때 변화에 저항하고 이전의 균형 상태로 돌아가려는 가족의 보수적인 성향을 말한다.
② 항상성의 기능: 미래에 대해 예측이 가능하도록 함으로써 체계 내의 구성원들에게 안정감과 평안함을 줄 수 있다. 만일 환경 변화가 너무 커서 항상성 노력이 적절하지 않게 되면 스스로 변화를 향해서 노력하게 되는 변형성의 기능을 한다.
③ 항상성과 변형성: 항상성은 체계가 환경의 영향을 통제하며 체제의 일관성을 유지하려는 경향이고, 변형성은 체계가 자신의 일관성을 유지할 수 없을 정도로 환경의 변화가 강하거나 지속적이어서 항상성의 노력이 적절하지 않게 되면 스스로 변화를 향해서 노력하게 되는 현상이다.

5. 순환적 인과관계

(1) 인과관계 [기출 21]

① **직선적 인과관계**: 어떤 결과에 선행하는 사건이 있고 결과가 문제라면, 선행사건(원인)을 찾아 교정하면 된다고 가정한다.

② **순환적 인과관계**: 체계에서 일어난 행동은 순환적으로 영향을 미침으로써 순환적인 결과를 일으키므로 원인과 결과를 정확하게 찾거나 구분 지을 수 없으며, 따라서 증상이나 문제도 특정한 원인에 의해 일어나는 것이 아니라 행동과 반응의 연속선상에 존재한다.

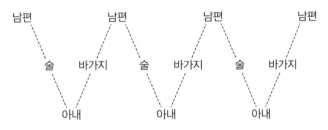

[그림 9-3] 순환적 인과관계의 예시

(2) 마침표(구두점)

① 순환적 인과관계 속에서 특정 원인을 구별해내는 것을 말한다.

② 마침표는 인과관계를 바라보는 관찰자가 누군지에 따라 다르며, 마침표를 찍는 사람이 누군지에 따라 원인을 식별하는 행위도 달라진다.

(3) 동일 결과성과 동일 잠재성

① **동일 결과성(equifinality)**: 살아 있는 체계가 다양한 출발에서 시작하여 다양한 방식과의 역동적 상호작용을 통해 동일한 결과에 이르는 경향을 의미한다.

② **동일 잠재성(equipotentiality, 다귀결성)**: 같은 출발에서 시작하여 다양한 결과에 이르는 경향을 말한다.

6. 규칙

(1) 규칙

① 체계는 일정한 규칙에 의해 유지되고 기능한다.

② 체계의 규칙은 체계가 허용하거나 수용하는 행동의 범위를 나타내며, 체계가 무언가를 가치 있다고 여기고 어떤 행동을 적절한 것으로 여기는지를 보여주는 일종의 규범이다.

(2) 가족규칙

① 가족의 상호작용을 지배하는 행동규범, 기대를 의미한다.

② 명문화되어 있거나 가시적이지 않지만, 특정 가족을 반복 관찰하면 그 가족의 규칙을 파악할 수 있다.

③ 가족규칙은 성 역할, 행동규범, 의사소통 방식, 감정표현 방식 등과 연관된다.

　　例 '집안일은 누가 하고, 귀가시간은 몇 시이고, 명절이나 생일에는 어떤 일을 하고, 의사결정은 어떻게 이루어지고, 무슨 일은 누구에게 말해야 하며, 감정표현은 어떻게 하는가?' 등은 모두 가족규칙을 나타낸다.

④ 규칙의 설정 과정은 대개 가족의 반복적인 상호작용 과정을 통해 이루어지며 명문화되지 않은 경우가 많다. 이러한 특성 때문에 많은 경우 가족규칙을 위반하고 나서야 그것이 규칙이었음을 알게 된다.

7. 전체성

(1) 체계의 전체성

① 체계는 하나의 전체로 존재하고, 하나의 전체로 운동하며, 부분을 단순히 합쳐 놓은 것보다 더 크다는 비합산성 (non-summativity)의 특성을 가진다.

② 살아 있는 체계의 특성은 작은 부분으로 나누어 이해될 수 없고 전체 속에 통합되며, 부분의 특성은 좀 더 큰 전체라는 맥락 속에서만 이해될 수 있다.

➡ 어떤 체계를 고립된 요소로 분해하면 그 체계의 특성은 파괴된다.

(2) 가족체계의 전체성

① 2인 가족의 경우 두 사람의 개인 단위인 두 사람 각각의 특성을 파악한다고 해서 이 가족체계의 전체 특성을 파악할 수 없다. 총 3단위인 두 사람 각자의 특성(2단위)과 두 사람 간 상호작용(1단위)까지 파악해야 이 가족의 전체 특성을 파악할 수 있다.

➡ 1 + 1 = 2가 아니라 1 + 1 = 3과 같다.

② 가족이라는 체계가 개인으로 구성되는 것은 사실이나, 단순히 개인만을 모아놓은 것에 불과한 것은 아니다.

8. 상호 보완성과 패턴

(1) 상호 보완성

① 체계의 상호 보완성: 체계의 각 요소를 독립적으로 이해할 수 없으며 체계의 한 부분에서 일어난 변화는 다른 부분에 영향을 끼치고, 반대의 경우도 마찬가지임을 나타내는 개념이다.

② 가족체계: 관계를 맺고 있는 사람들의 행동은 상호 보완적인 특징이 있다. 한 사람의 행동은 그 자체로는 이해하기 어려우며, 그 사람이 맺고 있는 관계나 맥락을 고려해야 충분히 이해될 수 있다.

(2) 패턴

① 체계와 상호 의존성은 패턴에 대한 이해로부터 출발한다.

② 살아있는 체계를 이해하기 위해서는 질서정연한 관계의 구성인 패턴을 이해해야 하는데, 그 이유는 체계의 특성은 다름 아닌 패턴의 특성이기 때문이다.

③ 가족체계도 가족원 개인의 특성에 대한 실체 파악보다 가족의 상호작용 패턴에 초점을 두어야 한다.

9. 자율성과 자기조직

(1) 체계의 자율성

① 살아 있는 체계는 구성요소가 계속 변화하고 재순환하면서도 전체 구조를 유지하는 능력이 있다. 따라서 체계의 질서와 움직임은 환경에 의해서만 부과되는 것이 아니라 체계 자체에 의해서도 수립된다.

② 체계는 환경과 상호작용하지만 이러한 상호작용만이 체계의 구조를 결정하는 것은 아니다. 체계는 그들에게 영향을 주는 환경의 많은 자극 중 극히 일부에만 반응한다.

(2) 자기조직

① 개인이나 가족의 변화는 외부의 치료적 개입에 의해 결정되는 것이 아니다.

② 환경의 투입(치료 개입)은 변화를 촉발하는 많은 요인 중 하나일 뿐이다.

③ 내담자나 가족은 자율적이고 자기조직적인 체계이므로, 동일한 치료적 처치를 받아도 대상에 따라 반응이 다르게 나타날 수 있다.

04 의사소통(대화) 이론

1. 의사소통의 원리

(1) **인간의 모든 행동은 의사소통이다(의사소통을 하지 않는 것은 불가능).**
  ① 사람의 모든 행동은 대화다. 즉, 언어를 통한 대화를 하지 않는다고 하더라도 사람은 신체를 통해서 많은 대화를 하고 있다.
  ② 대화를 신체 행동을 통한 대화까지 확장한다면 인간은 대화를 피할 수 없게 된다.

(2) **의사소통은 정보와 정보를 전달하는 방식, 즉 내용과 관계 차원이 있다(내용과 관계의 원리).**
  ① 내용은 정보를 전달하는 차원의 대화이고, 관계는 정보를 전달하는 방식에 관한 대화이다.
  ② 화자는 상대방에게 대화의 내용만을 전달하기 보다는 내용이 전달되는 방식을 함께 전달한다.
  ③ 정보를 전달하는 방식: 같은 내용의 대화를 나누고 있더라도 두 사람의 관계가 어떠한가에 따라 의사소통 및 상호작용 형태가 달라지는 것을 말한다.

(3) **구두점의 원리** `기출 14`
  ① 자신의 입장과 이해관계에 따라 대화의 흐름에 점을 찍어 대화를 토막 내는 현상이다.
    ➡ 갈등에 대해 상대방에게 책임이 있고 먼저 원인을 제공했으며, 자신은 결과일 뿐이고 아무런 책임이 없다고 인식하는 것이다.
  ② 즉, 상호작용의 흐름에서 '무엇이 자극이고, 무엇이 반응인지'가 항상 명확한 것은 아니다.
  ③ 대화는 순환적 인과관계 및 상호작용의 관점에서 계속 이어지는 흐름으로서 전체를 이해해야 한다.

(4) **디지털과 아날로그의 원리**
  ① 디지털 대화: 언어에 의한 대화로, 논리를 통해 상대방에게 전달된다.
  ② 아날로그형 대화: 신체로 전달되는 대화(비언어적 의사소통 포함)이며 많은 상징을 수반한다.
  ③ 언어적 메시지의 의미는 비언어적 의사소통의 영향을 받고, 맥락은 비언어적인 것에 의해 수정된다는 점에서 아날로그 의사소통이 더욱 강력할 수 있다.

(5) **대칭과 상보의 원리: 힘의 관점에서 사용되는 관계**

구분	내용
대칭적 관계	• 두 사람의 힘 차이가 거의 나지 않고 비슷한 관계 • 서로 자신의 의견을 내놓고 절충하는 방식으로 관계가 이루어짐 • 서로의 감정적 반응을 증폭시켜 사소한 언쟁도 큰 싸움으로 번질 수 있음
보완적 관계	• 두 사람의 힘의 차이가 크게 나서 한 사람이 다른 사람보다 상위에, 다른 사람은 하위에 있는 관계 • 이때 두 사람의 힘 차이는 극대화됨 • 상위의 사람이 규정한 관계를 하위의 사람이 수용하고 받아들이는 방식으로 관계가 이루어짐

2. 역기능 대화의 형태들

(1) 대화를 부정하는 역기능

구분	내용
원천의 부정	• 대화를 하는 사람이 그 대화를 하는 원천임을 부정하는 경우 • 자신이 말(신체 언어 포함)을 해놓고는 그런 적이 없다고 하거나, 내가 한 말이 아니라 다른 사람이 나를 통해서 한 말이라고 하는 경우
내용의 부정	• 화자가 상대방에게 말을 하면서 대화의 내용을 부정하는 현상 • 대화하는 사람이 자신이 말한 내용을 부정하기 위해 대화 내용을 얼버무리거나 알아들을 수 없을 정도로 비논리의 상태로 만드는 경우
대화를 받는 사람의 부정	• 대화를 하고 있는 주체인 화자가 대화를 받는 상대방을 부정하는 경우 • 상대방을 향해 말을 해놓고는 상대방에게 하는 말이 아니라고 하면서 상대방을 부정함
맥락의 부정	• 대화하고 있는 주체인 화자가 대화하고 있는 맥락, 즉 상황을 부정하는 경우 • 언어로도 할 수 있고, 신체적 대화로도 할 수 있음

(2) 규정된 관계를 부정하는 역기능

① 내용과 관계라는 차원에서 보면 역기능은 주로 관계로 인해서 발생한다고 볼 수 있는데, 서로가 상대방에게 기대하거나 규정하는 관계방식이 다름에도 불구하고 자신의 관계방식을 유지하는 방식으로 대화를 하게 되면 역기능이 발생한다.

② 가족관계에서 나타나는 갈등의 많은 측면이 두 사람 간에 합의되지 않거나 어긋난 관계 규정과 관련되는 경우가 많다.

③ 서로가 서로에게 원하는 역할기대가 다르기 때문에 관계에서 갈등이 잠재해 있고 그것이 대화에서 나타나게 된다.

(3) 병리적 의존의 역기능

① 구두점의 원리로 인해서 서로가 서로에게 병리적인 의존을 하는 역기능이 발생하게 된다.

② **병리적 의존관계**: 자신을 유지하지 못하면서 의존하는 관계로, 자신과 타인이 서로 유지하는 부분이 제거되는 경우 자신을 제대로 지탱할 수 없게 된다.

　예 병리적 의존관계를 유지하기 위해 남편은 술에 의한 구두점의 현실을 유지하고, 부인은 잔소리에 의한 구두점의 현실을 유지하는 경우

(4) 불일치의 역기능

① 디지털과 아날로그 방식이 맞지 않음으로 인해서 역기능이 발생한다.

② **건강한 사람**: 디지털 대화 방식과 아날로그형 대화 방식이 일치하므로, 언어로 전달하는 내용과 신체로 전달되는 상징이 같다.

③ **병리적인 사람**: 디지털과 아날로그형 대화가 불일치하므로, 상대방은 둘 중 어느 쪽에 초점을 맞춰야 할지 혼란스러워 한다.

(5) 경쟁과 남용의 역기능

① 대칭관계(두 사람이 힘을 비슷하게 가짐)나 상보관계(어느 한쪽이 힘을 가지고 있고, 다른 한쪽은 힘을 거의 가지고 있지 않음)는 그 자체로는 역기능 관계라고 할 수 없다.

② 관계를 허락하는 두 사람이 충분히 동의하는 경우에는 그 자체로서 역기능을 초래하지 않는다. 그러나 힘을 남용하는 방식으로 대화하거나 경쟁하는 방식으로 대화하는 경우에는 역기능이 발생한다.

③ **대칭관계**: 힘이 비슷한 두 사람이 서로에게 협조적으로 관계하는 것이 아니라, 서로에게 경쟁적으로 관계하면서 상대방을 비난하거나 조롱하고 상대방을 이기려고 집착할 때 역기능이 발생한다.

④ **상보관계**: 힘을 많이 가진 사람이 의사결정 권한이나 힘이 약한 사람을 배려하는 것이 아니라, 자신이 가진 힘을 악용하여 상대방을 제압하려고 하거나 협박, 위협, 설교 등을 하게 될 때 역기능이 발생한다.

3. 목표와 방법

(1) 메타대화(mata-communication)

① 역기능을 해결하기 위해 대화를 하는 사람이 자신의 대화를 객관적으로 이해할 수 있는 메타대화를 제시한다.

② 메타대화를 통해 '자신이 어떤 방식으로 대화를 하고 어떤 점이 역기능의 대화를 가지는지'를 객관적으로 볼 수 있게 교육한다.

(2) 방법(기법)

① **가르치기**: 가족들이 의사소통 이론의 관점에서 가족을 어떻게 이해하고 받아들이며 행동해야 하는가를 이해할 수 있도록 가르친다. 즉, 대화의 규칙을 가족들이 이해하고 받아들이도록 한다.
   例 가족의 행동은 대화라는 점, 대화는 일정한 흐름이 있다는 점, 대화규칙을 부정할 때 역기능이 된다는 점

② **분석하기**: 가족 구성원들의 역기능적 대화를 찾아내는 것이다.

③ **해석하기**: 자신들이 가지고 있는 역기능적 대화의 형태가 무엇을 의미하는지 이해하도록 하는 것이다.

④ **조정하기**: 역기능적 대화의 형태를 바꾸기 위해 여러 가지 치료적 전략을 실시하는데, 역설적인 방법을 통해 가족원이 자신의 행동을 메타의 차원에서 볼 수 있도록 한다.

05 조현병 환자의 가족 연구

1. 이중 구속

(1) 이중 구속(double bind) [기출 15 추시]

① **의미**: 어떤 개인이 상반된 메시지 두 개를 동시에 받아 적절하게 반응하는 것도 어렵고 상황을 벗어나는 것도 불가능한 딜레마의 상황과 관련된다. 이 딜레마를 반복하여 겪으면서 혼란, 심리적 문제가 일어난다고 본다.

② **2개의 구속(속박)**

   ㉠ 개인의 성장과 발달에 중요하고 지속적인 관계를 맺고 있는 상대방이 보낸 불일치한 메시지를 받았을 때, 메시지에 반응하는 것이 옳은지 파악하기 위해 상대방에게 질문하는 것이 어렵고 두려운 상황인 경우이다.

   ㉡ 언어와 비언어적인 메시지가 불일치하고 모순되기 때문에 어떤 메시지가 진짜인지를 분간하지 못하고, 어떤 메시지에 반응해도 적절한 반응이 될 수 없다.

③ 어떤 메시지인지 질문할 수 있고, 부모가 적절히 대답하여 결국 아이가 적절한 반응을 한다면 이중 구속 상황이 성립되지 않는다.

④ 이중 구속의 희생자는 어떤 것이 진짜 메시지인지 알지 못하고 질문도 하지 못하는 혼란 상태에 빠지면서, 모든 말의 이면에 숨겨진 의미가 있다고 생각하는 조현병을 겪게 될 수 있다.

(2) 성립 상황

① 중요한 관계에 있는 둘이나 그 이상의 사람들: 가족 구성원 중 한 사람은 피해자이고, 가해자는 어머니 또는 가족 중 몇 사람 혹은 전체가 될 수 있다.

② 지속적이고 반복적인 경험: 오랫동안 일관되고도 반복적으로 노출되어야 한다.

③ 1차 부정 금지 – 언어적 명령: "~하지 마라. 그렇지 않으면 벌을 받게 될 것이다."와 같은 부정적인 명령을 의미하는 1차 부정 금지는 언어적 명령을 통해 피해자에게 전달된다.

➡ 언어적 명령과 그렇게 하지 않을 경우에는 벌이라는 논리적 구조를 가지고 있다.

④ 2차 부정 금지 – 1차 부정 금지와 모순되는 추상적 수준의 비언어적 명령: 1차 부정 금지에서 제시되었던 메시지와 반대되거나 모순되는 의미를 가지고 동시에 전달되는 비언어적인 명령과 태도를 의미한다.

➡ 직접 말로 하지는 않더라도 오랜 경험을 통해 상대방이 어떤 마음으로 메시지를 전달하는지를 미루어 알 수 있다.

⑤ 3차 부정 금지 – 모순된 상황을 인식하든 인식하지 못하든 빠져나오지 못함: 모순된 상황을 인식하든, 인식하지 못하든 그 상황으로부터 빠져나오지 못하는 것을 의미한다.

➡ 성장 과정에서 이미 이런 이중적인 상황 속에서 오랫동안 살아왔기 때문에, 자녀는 스스로의 힘으로 이런 모순된 상황을 직접 맞닥뜨리거나 빠져나올 능력과 자원이 거의 없다.

(3) 이중 구속의 4가지 기본 요소

① 1차 부정 명령이 내려진다.

② 처음과 모순되는 다른 2차 부정 명령이 내려진다.

③ 메시지를 받는 사람이 어떤 의견을 말하거나 그 장면을 벗어나는 것이 금지된다.

④ 메시지를 받는 사람에게 메시지를 구별하는 것이 중요한 의미를 가지는 상황이 발생한다.

2. 리즈(Lidz)의 부부 균열과 부부 불균형

(1) 부부 균열

① 의미: 부부가 거의 모든 중요한 영역에서 의견을 달리 하고 다툼을 일으키는 관계로, 서로의 가치를 격하시키는 것을 반복하고 적대시하면서 자녀의 충성과 애정을 얻기 위해 노골적으로 경쟁한다.

② 자녀의 경험: 자녀는 부부 갈등으로 인해 가정이 깨지는 것을 피하기 위해 부부 사이에서 중재자 역할을 하며, 부부관계는 자녀의 역할 중재로 유지·지탱된다.

(2) 부부 불균형

① 의미: 부부 중 한쪽은 심하게 의존적이고 다른 한쪽은 우위에 있는 병리적 상태이다.

② 자녀의 경험: 힘이 강한 부모가 힘이 약한 부모를 통해 이전에 말한 사실을 뒤집어엎기 때문에 자녀는 일관성 있는 관점을 가지기 어렵고, 현실 세계에서 혼란과 혼동의 상태로 살게 된다.

(3) 부부의 균열과 불균형이 조현병과 관련되는 이유

① 자녀는 자신의 정체감을 잃어버린다.

② 자녀는 자신의 내면 세계를 분류할 능력을 잃고, 부모의 관점과 생각이 파편화된 채로 내면화된다.

③ 이러한 경험은 현실 검증력을 떨어뜨리고 자녀를 환상 세계에 살게 하므로 조현병의 환각 현상과 관련된다.

(4) 부부의 균열과 불균형 특징이 있는 가족에서 자녀가 경험하는 것

① 자녀는 부모 중 누구에게 충성심을 보여야 할지 갈등하고, 언제 깨질지 모르는 부모의 결혼 생활을 붙잡아야 한다는 압박감에 시달린다.

② 특히 어린 시절의 이러한 경험으로 인해 일관성 있고 논리적인 사고 능력 및 의사소통 능력 발달에 손상을 입은 아이는 혼란과 갈등의 세상에서 살게 되고, 조현병에 걸릴 수 있다.

3. 윈(Wynne)의 거짓 상호성과 거짓 적대성

(1) 거짓 상호성

① 의미: 가족의 역할구조에 따라 어쩔 수 없이 친밀한 관계를 유지하는 것처럼 행동하는 관계이다.

② 특징

㉠ 가족 구성원의 삶의 여건이나 상황이 변화해도 지속적이고 항상 같은 역할구조를 갖는다.

㉡ 변하지 않은 역할구조가 적절하다고 주장한다.

㉢ 역할구조로부터 독립하려고 하거나 달라지려고 하는 행동에 지대한 관심을 갖는다.

㉣ 가족 구성원에게서 열정, 즐거움, 유머, 자발성, 상호 존중 등을 찾아보기 어렵다.

(2) 거짓 적대성

① 의미: 가족원이 진실한 모습이 아닌, 거리감을 두거나 적대적인 방식으로 상호작용하는 것이다.

② 특징

㉠ 구성원의 상호작용이 시끄럽고 강렬하더라도 피상적 분열의 신호일 뿐이다.

㉡ 내면의 적대감뿐 아니라 친밀감과 애정까지도 불분명하게 한다.

㉢ 의사소통을 왜곡하고 현실감각과 관계에 대한 합리적인 사고를 손상시킨다.

(3) 고무울타리

① 가족원 개인이 정체성을 찾으려는 시도를 무시하고, 가족이 함께해야 한다는 믿음으로써 가족의 담장을 늘리는 상황을 의미한다.

② 외부 영향을 막는 경계선으로, 이 장벽은 사회가 요구하는 가장 기본적인 외적 활동만 하기 때문에 사회적으로 고립된다. 이로 인해 그 가족만이 갖는 현실 왜곡을 외부 접촉을 통해 교정할 기회가 차단된다.

4. 보웬(Bowen)의 분화이론

① 미분화된 가족자아 덩어리(미분화 가족 자아군): 가족 전체가 감정적으로 강하게 얽혀서 하나의 자아 덩어리가 된 상태를 의미한다. 이러한 자아의 덩어리는 주로 감정반사에 의해 이루어진다.

② 감정반사: 대인관계에서 이성적이고 합리적인 반응을 하기보다는 주로 감정적으로 반응하는 것을 의미한다.

➡ 관계에 강하게 얽매여서 감정적으로 반응하기 때문에 분리와 독립이 어렵다.

③ 자기분화: 개인이 가족이라는 감정체계로부터 자신을 얼마만큼 구분할 수 있는가 하는 정도를 나타내는 개념이다.

㉠ 자신을 감정체계로부터 분화해 내고 목표지향적인 활동을 할 수 있을 때 정신적으로 건강해진다.

㉡ 분화를 하지 못할수록 만성 증상을 가지게 되고, 아주 분화를 하지 못하는 경우에는 조현병을 갖는다.

제 2 절 가족상담 이론

가족상담 이론 개관

1. 가족상담 모델 비교

모델	주요 개념	주제	치료목표	개입방법
다세대	자기분화, 삼각관계, 핵가족의 정서체계, 가족 투사과정, 정서적 단절, 다세대 전수과정, 형제위치, 사회정서 과정	다세대에 걸친 정서과정에서 집중적인 투사의 대상이 되는 가족원에게서 증상이 나타남. 가족원의 자기분화를 촉진하고 가족체계의 변화를 유도하여 문제를 해결함	다세대 정서과정을 이해함으로써 자기분화 촉진과 탈삼각화를 추진하는 것	가계도를 통한 가족정서체계 평가, 불안과 정서적 반응성을 낮춤, 치료적 삼각관계와 코칭을 통한 가족원의 자기분화 촉진
경험적	자아존중감, 가족규칙, 의사소통 및 대처 유형	미해결된 주제가 문제가 되어 현재의 기능을 방해하므로 이것을 지금-여기에서 경험하고 작업하여 일치적으로 만듦	자아존중감 증진, 선택 능력 향상, 책임감 소유, 일치적인 존재가 되는 것	개인의 빙산 탐색, 가족규칙, 유머, 가족조각, 원가족 도표, 의사소통, 나의 영향권 이해, 은유, 명상 등을 이용
구조적	가족구조, 경계선, 하위 체계, 위계구조, 연합, 우회, 동맹, 가족 적응, 재구조화, 합류	증상이나 문제는 가족 역기능적 상호작용의 구조에서 비롯됨. 따라서 가족의 재구조화를 통한 문제 해결에 초점	경계선 및 하위 체계 기능 변화를 통한 역기능적 가족구조의 재구조화	합류와 적응, 구조적인 지도를 통한 가족 평가, 가족 재구조화 기법 활용
전략적	의사소통, 가족규칙, 권력, 통제, 치료적 이중 구속, 가설 설정-순환성-중립성	헤일리, MRI, 밀란 모델을 전략적 모델로 구분하며, 문제 해결을 위한 치료자의 치료 전략 고안과 지도적 위치를 중시함	증상을 지속시키는 역기능적 연쇄과정에 전략적으로 개입하여 제시된 문제를 단기간에 해결하는 것	구체적인 문제 정의와 가설 설정, 가족의 연쇄과정 파악, 역설적 개입(고된 체험기법, 위장기법)을 통한 전략적 개입
해결 중심	긍정적인 것에 관심, 강점과 자원 활용, 탈이론적, 현재와 미래에 초점, 변화의 불가피성, 단순하고 실현가능한 해결방법 먼저 사용, 알지 못함의 자세, 내담자에 대한 존중과 수용	내담자는 자기 문제의 전문가며 문제 해결능력을 갖고 있다고 믿으며, 그의 장점, 자원, 성공적인 경험을 활용하여 목표를 달성하도록 도움	강점과 자원을 활용하고 문제가 없는 예외 상황을 찾아 문제를 협동적으로 해결하는 것	치료자-내담자 관계 유형 파악, 해결지향적 질문(상담 전 변화, 예외 질문, 기적 질문, 척도 질문, 대처 질문, 관계성 질문, 악몽 질문, 간접적 칭찬 등)을 사용하여 목표를 설정하고 달성함
이야기	지배적인 이야기, 독특한 결과, 빈약한-풍부한 서술, 대안적 이야기, 의도 상태, 행동의 전망, 정체성의 전망, 재저작	내담자 자신이나 주변인이 문제로 가득 찬 이야기를 내담자의 정체성과 동일시할 때 문제 발생. 당사자 간 삶의 지식과 목적이 담긴 대안적 이야기의 구축에 초점을 둠	문제 이야기 해체, 대안적 이야기와 대안적 정체성의 구축 및 사회적 공유	외현화 대화, 독특한 결과, 재저작, 회원 재구성 대화, 정의예식, 치료적 문서의 활용

2. 가족상담이론 분류

(1) 체계론적 관점
- 의사소통 가족상담, 전략적 가족상담, 구조적 가족상담이 있다.
- 인간의 내면 세계에 관심을 두지 않고 상호작용하는 형태에만 관심을 가진다.

(2) 심리역동적 관점
- 대상관계 가족상담, 맥락적 가족상담, 다세대 가족상담이 있다.
- **관계 속의 내면**: 관계를 통해 발생하는 내면 세계이다.
- 상호작용 형태를 통해 발생되는 내면의 느낌과 감정을 대상으로 상담을 진행한다.

(3) 경험적 관점
- 사티어(Satir)의 대화적 경험주의 가족상담, 휘테커(Whitaker)의 상징적 경험주의 가족상담이 있다.
- 지금-여기에서의 상담 경험, 경험을 통한 성장을 강조한다.
- 현상학의 영향을 받고 인본주의적 관점을 가지고 있기 때문에 충동과 감정을 억압하면 문제가 발생한다고 본다.

(4) 협력적 관점
- 해결 중심 가족상담, 이야기 가족상담이 있다.
- 모든 인간의 행동은 사회적으로 구성된 믿음의 산물이라는 사회구성주의 철학에 근거한다.
- **상담자가 내담자의 가족과 공동으로 문제를 진단하고 해결하는 상담을 진행**: 가족상담자가 가족의 체계 속에 가족과 함께 존재하고 가족구조의 한 부분이라고 믿는다.

06 대상관계 가족상담

1. 이론의 발달 배경

(1) 배경
① **관계 본능**: 인간은 관계를 맺으려는 선천적인 본능을 지닌다.
② **발달하는 존재로서의 인간**: 인간의 발달은 대상과의 관계 속에서 자아가 형성되는 과정 중에 발생한다.
③ **무의식 속의 자아**: 자아의 구조는 대부분 무의식의 세계 속에 존재한다.
④ **인간과 환경의 상호작용**: 인간이 가지고 태어나는 잠재 가능성은 환경과 상호작용을 통해 인간의 발달을 일어나게 한다.
⑤ **유아 발달에 가장 큰 영향을 미치는 사람**: 부모 또는 대상으로 보고, 유아가 부모와의 관계를 통해 자아가 형성·발달되어간다는 점을 강조한다.

(2) 학자

학자	내용
위니컷 (Winicott)	• **지탱하기(버텨주기, holding)** 　– 유아와 엄마의 따뜻한 신체적 접촉과 심리적 접촉으로 사랑의 형태임 　– 부모가 배워서 하는 하나의 행동적 기술이 아닌 사랑의 마음에서 나오는 행위를 의미함 • **'이 정도면 충분한 어머니의 역할'** 　– 지탱하기를 통해 가능해짐 　– 유아가 필요로 할 때 엄마가 함께 있어주고 유아의 신체·심리적 필요를 엄마가 적절하고 충분하게 　　공급할 때 유아는 안정된 자아를 형성하게 되며, 이때 중요한 것은 지속성과 안정성임 • **거짓자기와 참자기** `기출 21` 　– '이 정도면 충분한 어머니의 역할'이 부족하고 엄마의 방식에만 억지로 순응할 것을 요구하게 되면 　　강요된 유아의 순응적인 태도는 거짓자기(false self)가 되어감 　– 거짓자기는 환경의 요구에 무조건적으로 순응하는 태도·방식으로 참자기의 발달을 막음 • **거짓자기의 정도:** 양극단이 있어, 한쪽 극단에서는 건강하게 순응적인 태도를 보여주면서 주변 환경에 　잘 적응해가는가 하면, 다른 한쪽 극단에서는 아예 참자기가 분열되어 떨어져나가고 순응적인 거짓자기 　만이 남아 그 사람을 지배함(거짓자기가 참자기를 대신함)
말러 (Mahler)	• 유아의 심리 발달과정에서 분리와 개별화의 개념을 강조함 • 분리와 개별화는 분화 단계, 연습 단계, 대상 항상성 단계로 진행되고, 이 단계를 거치면서 심리적으로 　하나의 인간으로 태어남 • **안전기지** 　– 유아는 엄마로부터 분리될 때 많은 불안을 느끼는데, 이때 엄마는 유아의 기지(base)이며, 유아가 　　불안하면 언제든지 돌아올 수 있는 심리적·환경적으로 안전한 기지가 되어주어야 함 　– 기지가 없거나 불안정한 기지로 인해 불안정한 유아는 두려움 때문에 적절한 심리적 독립을 이루어 　　나갈 수 없음
코헛 (Kohut)	• 자기대상(self-object) 개념을 통해 엄마와 유아 간 관계의 중요성을 설명함 • **자기애성** 　– 모든 유아는 자기를 돌보는 환경을 필요로 하는 정상적인 욕구를 가지고 태어나는데, 이러한 돌봄을 　　요구하는 유아의 정상적 욕구를 자기애성이라고 봄 　– 유아의 자기애성은 발달과정에서 여러 모양으로 변해가는데, 엄마라는 환경이 공감적이면 건강한 자 　　기애성으로, 비공감적이면 병리적 자기애성으로 발달함 • **자기(self)의 형성:** 유아의 내면에 내재된 잠재력과 더불어 엄마의 공감적이고 책임감 있는 돌봄, 상호 　작용을 통해 유아는 건강한 자기나 병리적 자기로 발달할 수 있음
클라인 (Klein)	• 유아의 심리적 발달과정에서 발생되는 좋음과 나쁨의 분열(분리) 현상을 개념화함 • 유아는 엄마와의 관계에서 내사와 투사를 통해 자기를 돌보는 엄마와 하나가 되고자 하는 마음을 가짐 • **환상(fantasy)** 　– 유아는 자기의 환경과 적극적으로 관련을 맺으려는 환상을 가지고 태어남 　– 유아가 가지는 환상의 힘은 편집(paranoid)과 우울(melancholia)을 거치면서 성장해 가는데, 이 　　과정에서 문제가 생기면 분열과 투사의 방어기제가 발달함 　– 그 결과 상대방과 자기를 있는 그대로 인식하는 데 어려움을 겪게 됨

컨버그
(Kenberg)
	• **경계선 성격**: 신경증(억압 기제)과 정신증(분리 기제)으로 구분함
	• **경계선 성격장애자**
	  – 어린 시절 성장과정에서 환경적 요인들로 인해 형성된 공격성이 분열의 형태로 나타나면서 자기를 방어하는 형태를 가짐
	  – 분열을 통해 자기의 부정적인 모습을 보지 않으려고 시도함으로써 자기를 괜찮은 사람으로 유지하며 긍정적 자기를 보전함
	  – 분열을 통해 유지되는 자기는 결국 자기 내면에 동시에 존재하는 좋음과 나쁨을 통합하는 데 이르지 못하게 함
	  – 이에 따라 내면의 공격성이 중립을 이루지 못하고, 결과적으로 건강한 자기를 형성하는 데 실패함

건트립 (Guntrip)	• 상담자는 내담자가 자기의 부모로부터 경험하지 못한 좋은 대상(good object)이 되어줌으로써 그의 회복을 도울 수 있다고 봄 • 상담자와 내담자의 가상 만남이 아닌 현실적 만남과 건강한 상호작용을 통해 치료가 이루어짐
페어번 (Fairbairn)	• 프로이트가 주장한 쾌락 원리의 개념을 대상을 추구하는 원리(object-seeking principled)의 개념으로 바꾸어 사람을 이해함 • 이 개념에 따르면 유아는 쾌락의 원리에 따라 반응하기보다 대상(엄마, 돌보는 사람)과 관계를 맺고 상호작용하고자 하는 욕구를 가지는 존재임

2. 말러(Mahler)의 분리개별화를 통한 대상관계

(1) 개관

① **이 정도면 충분한 어머니 역할(이 정도면 충분한 엄마노릇)**: 아이의 분리개별화를 달성하게 하고 진짜 자기를 발달시키는 기능을 한다.

  ㉠ 일관성 있고, 아이 욕구를 민감하게 헤아리고 반응하는 어머니의 돌봄의 질을 강조하였다.

  ㉡ 돌봄의 질이 안정적이고 훌륭할수록 아이는 신뢰감과 안전감을 경험하기 때문에 분리개별화가 가능해지고 통합을 통해 진짜 자기를 발달시키게 된다.

② **심리적 탄생 과정**: 아이가 어머니와의 상호작용을 통해 분리와 개별화를 이루면서 발달해 나간다.

  ㉠ 자폐기(0~1개월): 아이는 외부 대상인 어머니와 자기 자신을 구분하지 못한다.

  ㉡ 공생기(2~6개월): 어머니와 강한 애착을 형성하면서 어머니와 자신을 하나로 지각한다.

(2) **분리개별화 단계**: 어머니로부터 독립해 나가는 심리적 탄생의 과정으로, 다음과 같다.

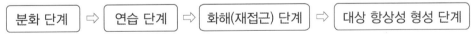

[그림 9-4] 분리개별화 단계

① **분화 단계(6~9, 10개월)**: 아이는 자기와 다른 사람을 구분하기 시작하며 다른 사람에 대한 관심을 확장시켜 나간다.

② **연습 단계(10~16개월)**: 어머니로부터 떨어져 걸어 다니기 시작하고 활발하게 움직이기 시작하면서 행동반경이 넓어진다. 이때 유아는 자율적인 능력을 습득하기 시작하면서 자기 존재에 대한 전능감을 가지게 되고 자기애가 절정에 이르는 시기다.

  ㉠ 멀리 떨어져서 세상을 탐험하고 알고 싶은 욕구가 생김과 동시에 엄마에게 돌아가고 싶은 욕구를 갖게 된다.

  ㉡ 두 욕구는 유아에게 갈등을 경험하게 한다. 이때 엄마는 안전기지의 역할을 해야 한다.

③ 화해(재접근) 단계(17~24개월): 아이는 상처받기 쉬운 상태가 되며 좌절과 위기, 갈등을 경험하게 되는 시기다. 이 단계에서 유아는 위기를 경험하면서 전능에 대한 환상이 현실에서 좌절당하고 깨지는 아픔을 경험하게 된다.

　㉠ 유아기 위기: 자기와 어머니는 다른 존재이고 분리된 존재이며, 오직 내 욕구만을 전적으로 만족시켜 주는 존재가 아니라는 것을 깨닫게 되면서 찾아온다.

　㉡ 어머니는 안전기지가 아니라 외부 대상이라는 것을 알게 된다.

　㉢ 어머니를 좋기만 하거나 혹은 나쁘기만 한 대상으로 존재한다고 지각한다.

④ 대상 항상성 형성 단계(2~4세): 어머니의 좋고 나쁜 표상을 통합하기 시작한다.

　㉠ 대상 항상성을 획득함으로써 유아는 어머니의 부재를 견딜 수 있게 되고, 어머니가 없더라도 긍정적인 느낌을 내면에 유지할 수 있으며, 지금은 없지만 기다리면 다시 나에게로 돌아올 것이라는 믿음을 가질 수 있게 된다.

　㉡ 대상 항상성을 획득하고 분리개별화가 가능해질 때, 비로소 유아는 자기 자신만의 고유하고 독특한 정체감을 발달시킬 수 있게 된다.

3. 통합을 통한 대상관계(Kenberg) - 성격 발달 단계

(1) 1단계: 미분화 상태

① 본능적인 욕구에 따라 움직이며 쾌와 불쾌 형상들로 구분하지 못하는 상태다.

② 유아는 오직 본능적인 욕구에 따라 반응하고 움직이므로, 자신에게서 만들어지는 형상인지 타인 혹은 외부로 인해 만들어지는 형상인지 구분하지 못하는 상태다.

(2) 2단계: 1차 분화

① 좋은 것과 나쁜 것은 구분하지만, 자신 속에서만 구분된다.

② good과 bad는 구분하지만 어디에서 유래된 것인지는 구분하지 못함: 좋은 형상과 나쁜 형상을 구분하지만 이러한 자극들의 근원을 알지 못한다.

③ 자신과 타인이 구분되지 못한 채 뒤섞인 상태에서 좋음과 나쁨을 구분한다.

(3) 3단계: 2차 분화

① 자신과 타인을 구분하지만 그 속에 좋거나 혹은 나쁜 것만 있다고 생각하는 단계다.

② 분열: 좋은 것과 나쁜 것이 동시에 있다는 것을 통합하지 못하고 오직 좋거나 나쁜 것만 있다고 구분한다.

③ 이 단계에서 고착되면 경계성 성격장애나 자기애성 성격장애를 갖게 된다.

(4) 4단계: 3차 분화

① 자신과 타인 속에서 좋고 나쁨 모두를 발견하는 단계다.

② 자신 속에 좋은 점과 나쁜 점이 공존하며, 이러한 좋은 점과 나쁜 점을 동시에 자신이 수용할 수 있는 단계다. 마찬가지로 타인들도 역시 좋은 점과 나쁜 점이 동시에 존재한다는 사실을 수용할 수 있는 단계다.

③ 말러의 '대상 항상성' 개념이 이 단계의 통합과 연결된다.

(5) 5단계: 수정 및 보완

발달과정을 통해 대상 항상성이나 통합이 달성된다고 해서 계속 지속되는 것이 아니라, 새롭고 다양한 대상관계와 상호작용 경험을 통해 지속적으로 수정 및 보완되는 과정과 단계를 거친다.

4. 주요 개념

(1) 대상

① 유아의 외부 현실에 존재하는 사람인 실체이다.

② 유아는 처음에는 어머니를 전체로 인식하지 못하고 부분적 대상으로 경험·인식하며, 발달을 이루면서 어머니를 전체로서 일관된 형식으로 지각하는 능력을 갖는다.

③ 전체로서의 대상에 대한 인식은 하나의 대상 혹은 어머니 안에 좋음과 나쁨이 동시에 존재한다는 사실을 인식할 능력이 생길 때 가능하다.

(2) 환상

① 클라인: 유아가 태어나면서부터 대상을 추구하는 존재이며 환상을 가지고 태어난다고 보았다.

② 환상은 창조하는 본능으로서 유아의 발달에 중요한 역할을 하고 환경에 적응하도록 한다.

③ 유아는 환상을 통해 자기와 세계를 탐험하고 어머니와 의사소통하며, 이러한 환상은 어머니와 하나가 되려는 마음에서 나타난다.

④ 환상은 인간 최초의 정신적 기제의 기초로 사용되며, 정신적 기제에는 '분리'와 '투사적 동일시'가 있다.

⑤ 특히 어머니의 적절한 보살핌이 결여되는 경우, 유아는 자기의 환상을 유지하기 위해 분리와 투사적 동일시의 방어기제를 사용한다.

(3) 이 정도면 충분한 어머니의 역할

① 위니컷(Winicott): '이 정도면 충분한 어머니의 역할'은 어머니가 자신의 필요에 따라 유아를 돌보는 것이 아닌 유아의 필요가 무엇인지에 대해 민감히 반응하여 필요를 채워주는 것이다.

➡ 이로 인해 유아는 초기에 생성되는 전능의 환상을 유지할 수 있다.

② 좋은 어머니의 역할은 유아에게 좋은 대상으로서의 어머니의 기능을 내면화하게 하는 동시에 기본적 신뢰와 안정감을 갖게 한다. 이때 유아는 어머니에 대한 전능의 환상을 포기할 힘을 갖게 된다.

③ 어머니로서의 충분히 좋은 돌봄은 외부 세계에 대한 두려움과 불안을 줄이고 유아가 활발하게 새로운 환경과 관계를 맺게 한다.

④ 돌보는 사람과의 좋은 경험은 유아의 자아구조에 자연스러운 통합을 이루게 한다.

(4) 대상 전이

① 어머니로부터 분리되는 과정에서 나타나는 불안을 줄이기 위해 유아에게는 어머니의 따뜻함과 돌봄을 대신할 대체물이 필요하며 곰인형, 담요, 장난감 등의 대체물에 '대상 전이'가 된다.

② 대상 전이는 유아의 자기구조 외부에 있고 내면화되지 않으며, 자기구조를 일시적으로 유지하는 역할을 한다.

③ 또한 상징적인 기능으로써 자기 외부 대상과 자기 내부 대상, 현실과 환상을 구분하도록 돕는다.

④ 유아는 대상 전이의 경험을 통해 환상의 세계와 현실의 세계를 구분할 수 있게 된다.

(5) 내면화

① 내면화(internalization) 과정: 유아가 초기 주요 대상과의 관계 경험을 통해 만들어진 여러 가지 형상과 기억, 이미지, 생각 등을 자기 속에 남겨두는 것이다.

② 유아는 성장과정에서 주요 대상과 상호작용을 하게 되고, 그러한 관계 경험은 내면화 과정을 거쳐 유아 내면에 자기 자신만의 주관적이고 독특한 자기표상, 대상표상 등의 심상으로 변형시킬 수 있다.

③ 내면화는 외부 환경이나 대상의 특성과 관계 경험을 자기 내부로 받아들여 자기의 특성으로 변형시키는 심리적인 기제를 의미하는데, 흔히 내사, 동일시, 통합을 통해서 형성된다.

(6) 내면화 과정

① 함입(incorporation): 가장 초보적인 수준의 내면화로, 외부 대상과의 관계 경험이나 외부 대상의 특성을 그대로 자기 것으로 받아들이는 것을 말한다.

➡ 함입은 자신과 외부 대상과의 경계가 형성되기 전, 경계가 분명하지 않은 상태에서 발생한다.

② 내사(introjection): 외부에 있는 어떤 대상이 유아의 내면 세계로 들어옴을 의미한다.

㉠ 함입과는 다르게 자기 자신과 외부 대상과의 경계가 어느 정도 생기고 분화가 가능한 상태에서 일어나는 내면화 과정이다.

㉡ 한 번 형성된 내면의 형상(image)을 외부의 현실이 바뀌어도 이미 내적 투사되어 정신적 형상으로 남는 그 대상의 이미지 그대로 유지하려는 경향이 있다.

③ 동일시(identification): 외부 대상의 특성이나 외부 대상과의 관계 경험 중에서 자신이 닮고 싶거나 가지고 싶은 부분을 선택적으로 자기 것으로 내면화하고 받아들이는 것을 의미한다. 뿐만 아니라 자신이 좋아하거나 존경하는 대상의 특성을 닮으려고 하는 것이다.

㉠ 유아들이 자신의 역할과 대상의 역할이 구분되는 시기에 일어난다.

㉡ 대상이 하고 있는 역할이 유아에게 좋은 역할로 인식되면서 긍정적 정서를 만들어 낼 때 일어난다.

㉢ 함입과는 달리 동일시에서는 자기 이미지와 대상 이미지는 각각 따로 온전히 남아 있고, 서로 비교·대조된다.

④ 통합: 자기 속에 간직된 여러 가지 형상이나 역할, 이로 인해 발생하는 정서를 연관성을 가지고 연결하는 과정을 말한다.

㉠ 좋은 형상들과 나쁜 형상들이 하나의 원리에 의해서 해석되고 받아들여지는 과정이다.

㉡ 통합의 과정은 미분화 상태, 1차 분화, 2차 분화, 3차 분화, 수정과 보완의 5단계를 통해서 이루어진다.

(7) 분열(분리)

① 자기와 다른 사람 안에 좋음과 나쁨이 동시에 공존할 수 있음을 인식·구분하지 못하는 것이다.

② 어머니의 충분한 정서적 지지와 지탱해 주는 환경(holding environment)이 결핍되면 분리가 나타난다.

③ 대표적 분열 현상 – 흑백논리: 분열을 통하여 자기가 원하지 않는 자신 안의 부정적인 감정은 다른 사람에게로 투사시키고 자신은 부정적 감정을 갖고 있지 않다고 생각함으로써 자아를 유지한다.

(8) 투사(projection)와 투사적 동일시

① 투사: 자신에게 있는 부정적 감정을 좋음과 나쁨의 분열을 통해 외부로 내보내는 것이다.

② 투사는 분열을 통해 자기의 부정적 감정을 외부의 대상에 전가하는 것으로, 이러한 투사를 통해 자기를 좋은 사람으로 인식하는 것을 유지한다.

③ 투사적 동일시: 자기의 부정적인 감정이 다른 사람에게 실재한다고 믿고, 그 사람에게 그러한 사실을 확인시키며 행동하게 만드는 현상이다.

④ 투사가 자기의 부정적 감정을 상대방에게 쏘는 현상이라면, 투사적 동일시는 상대방이 자기의 부정적 감정을 실제로 가지도록 만드는 현상이다.

(9) 팽창된 자기와 축소된 자기

① 팽창된 자기: 가짜 자기를 형성함으로써 통합을 위한 발달을 이루지 못하여 자신을 극대화하거나 다른 사람을 이상화하여 융합적인 관계를 가지는 것이다.

② 축소된 자기: 가짜 자기를 형성함으로써 통합을 위한 발달을 이루지 못하여 수치심이 발달하며 부적절감을 가지게 되면서 스스로 하는 일이 자신이 없고, 자기신뢰를 할 수 없게 되는 것이다.

5. 상담목표와 상담자의 역할

(1) 상담목표

① 통합된 자기를 만들어가는 것이다.

② 발달 단계에서 부모와의 관계를 통해 이루지 못한 분리와 독립을 이루도록 돕는다.

(2) 상담자의 역할

① 상담관계 자체가 치료적: 상담자는 가족 구성원이 이전에 경험하지 못한 전혀 새로운 관계 세계의 가능성을 열어 주고 경험하게 한다.

② 가족 간의 상호 역동이 일어날 때 중립의 역할을 유지: 상담자가 객관성을 유지해야 가족의 상호작용에서 투사와 전이를 관찰할 수 있다.

③ 상담관계에서 제한선을 설정: 특히 가족 구성원의 상담자에 대한 기대를 명확히 하고, 만일 상담에 대한 기대가 이상적이라면 현실적으로 조절한다.

6. 상담기법

(1) 안전한 환경 제공

① 유아가 통합을 이루지 못하는 이유 중 하나는 유아가 느낀 환경이 안정적이지 못했기 때문이다. 즉, 유아가 활발히 자기탐색을 이루고, 엄마가 이를 허용·수용하는 환경이 주어지지 못한 것이다.

② 상담자는 가족 구성원에게 새로운 환경인 안전한 환경을 제공한다.

③ 안전한 환경을 제공하기 위한 방법

　ⓐ 수용하는 말을 하고, 가족 구성원의 말과 감정을 있는 그대로 수용하는 모습을 다른 구성원도 보게 한다.

　ⓑ 가족 구성원이 말을 할 때 다른 가족 구성원이 평가하지 못하게 한다.

　ⓒ 힘들어하면서 부정적 감정을 표현하는 가족 구성원에게 잘했다고 칭찬함으로써 자신의 감정을 있는 그대로 적극적으로 표현하도록 돕는다.

　ⓓ 말을 하고 싶으면 하고, 대답하고 싶지 않으면 안 해도 괜찮다고 하면서 마음을 편하게 갖게 한다.

　ⓔ 안전한 환경의 제공은 가족 구성원이 자기 자신이 될 수 있게 돕고 '거절당하지 않을까', '비판 받을까' 하는 걱정을 덜어주어 상담과 변화에 적극적으로 참여하게 만든다.

(2) 공감과 지탱

① 지탱하기를 껴안아주고 버텨준다는 의미로 볼 때, 엄마가 안아주고 잡아주고 쓰다듬어주는 행위는 공감적인 행위 중 하나이다. 유아는 엄마의 공감적 행동으로 인해 엄마에게 친밀감을 느끼고, 공감은 엄마와 유아가 결합하게 한다.

② 상담자는 공감을 통해 가족 구성원들과 친숙해지고 그들을 이해하고자 시도해야 한다.

③ 공감은 지탱하기를 가능하게 하는데, 지탱하기를 통해 상대방의 슬픔을 함께 견뎌주고 버텨주도록 한다.

④ 상담자는 가족 구성원의 불안과 두려움을 공감하는 동시에 감정의 과정을 함께 하고, 자신의 감정을 표현하고 충실하도록 허용하며, 함께 버텨줌으로써 가짜 자기에서 진정한 자신으로 거듭나도록 돕는다.

⑤ 공감의 구체적 방법

    ㉠ 상담자는 가족 구성원의 말과 행동을 주시하며 가족 구성원이 웃을 때 함께 웃고, 슬퍼할 때 함께 침울한 표정을 지어주는 것으로 신체적 공감을 한다.

    ㉡ 가족 구성원에게 감정을 물어봄으로써 자신의 감정을 인식하도록 하고, 그 느낌에 동참한다.

    ㉢ 투사하는 감정 이면에 있는 생각을 이해한다.

    ㉣ 가족 구성원을 서로 연결하여 반응하도록 질문한다.

    ㉤ 상담자는 가족 구성원의 말에 너무 이른 공감을 하지 않도록 한다. 공감의 내용도 중요하지만 적합한 시점을 찾는 것이 매우 중요하다.

(3) 해석

① 해석은 호소하는 가족관계 문제의 원인을 과거 가족 구성원의 어린 시절 부모나 자신을 돌본 사람과의 관계와 관련지어 해석·이해하게 함으로써 문제의 원인을 알게 하는 방법이다.

② 상담자의 해석은 가족 구성원이 현재의 자신의 감정과 행동을 과거 부모와의 관계와 관련지어 해석함으로써 이해하도록 돕는 역할을 한다.

---

07 보스조르메니 내지(Boszormenyi-Nagy)의 맥락적 가족상담

1. 이론의 기초

(1) 4가지 관계 차원

① **사실들**: 한 개인이 가진 사실들은 그 개인이 유전을 통해 물려받은 운명들이다.

② **심리 현상**: 개인이 가지는 여러 심리적 특성을 의미한다.

③ **교류 형태**: 가족이나 사회의 조직체에서 가지고 있는 여러 상호작용 유형을 의미하며, 특히 관계 속에서 일어나는 개별성은 상호작용을 이해하는 데 중요한 개념 중 하나이다.

④ **관계 윤리**: 인간은 윤리적 존재로, 관계 윤리를 형성하고자 하는 기본적인 욕구를 갖고 태어나 인간이 살아가는 윤리적 맥락을 형성한다.

    ㉠ 가족 구성원들이 가족이라는 범주에서 살도록 하는 역할을 하고, 가족들이 모여 있는 사회를 구성하여 살아갈 수 있도록 만드는 역할을 한다.

ⓛ 인간은 관계 윤리 속에서 태어나며 인간의 성장과 발달은 윤리적 맥락과 밀접한 관련이 있다. 즉, 어떤 윤리적 맥락에서 태어났는지가 중요하다.

(2) 다측면 공정성 모델

① 부부관계: 주고받는 윤리적 맥락을 가진다. 이것은 실존 질서로, 이러한 주고받는 관계는 여러 다양한 측면에서 공정하게 이루어져야 한다.

② 부모-자녀 관계: 일방적 돌봄의 관계이다. 부모는 자녀를 일방적으로 돌보고, 자녀는 자신의 자아를 형성해나가는 실존의 질서 속에 살게 된다.

(3) 관계 윤리

① 관계를 통해 형성되는 윤리적 맥락으로, 인간은 윤리적 맥락에서 태어나며 윤리적 맥락은 일정한 질서가 있다.

ⓝ 부부관계의 윤리적 맥락: 양방적 돌봄의 관계

ⓛ 부모-자녀 관계의 윤리적 맥락: 일방적 돌봄의 관계

➡ 윤리적 맥락은 실존적 질서의 역할을 한다.

② 인간의 자아: 실존적 질서인 윤리적 맥락 속에서 형성된다.

③ 실존적 질서: 인간의 삶을 가능하게 하는 질서로, 어기면 역기능적 가족, 지키면 기능적 가족이 된다.

2. 주요 개념

(1) 유산(legacy)

① 의미: 자녀들이 부모로부터 대화를 통해서 물려받게 되는 명령이다.

② 부모의 기대는 자녀에게 심리명령을 전달하는 역할을 하게 되고, 자녀는 부모의 기대대로 행동하려고 한다.

③ 명령(imperative): 하지 않으면 안 되는 지시로, 부정 명령과 긍정 명령이 있다.

ⓝ 부정 명령: '빚'이라고 불리는 심리적 유산이다.

ⓛ 긍정 명령: '자산'이라고 불리는 심리적 유산이다.

(2) 원장(ledger)

① 의미: 부모로부터 주어진 유산의 내용과 노력에 의해서 얻어진 내용을 비교하고 계산해서 써 놓은 장부다.

② 부모로부터 얻는 것을 '유산'이라고 부르고, 노력해서 얻은 경우를 '신용(credit)'이라고 부른다.

③ 유산의 종류

ⓝ 부정 유산: 부모가 자녀에게 넘겨진 빚을 의미한다.

ⓛ 긍정 유산: 부모가 자녀에게 넘겨준 자산을 의미한다.

④ 신용의 종류

ⓝ 우량 신용: 다른 사람들을 돌보고 베푸는 행동이다. 이러한 행동은 다른 사람들이 윤리적 맥락 속에서 제대로 살아가는 역할을 한다.

ⓛ 불량 신용: 다른 사람들을 착취하고 위협·협박하여 자신의 욕구를 충족하는 행동이다. 이러한 행동은 다른 사람들로부터 불신을 얻게 된다.

⑤ 부정 유산과 긍정 유산, 우량 신용과 불량 신용을 결합하면 네 종류의 원장이 발생한다.

(3) **대화의 원리**

① 대칭(symmetry): 두 사람이 상호주의에 입각해서 주고받는 관계다. 예를 들어, 한 사람이 다른 사람을 배려하고 돌보는 행동을 하는 경우에 다른 사람이 그 사람을 다시 돌보고 배려하는 행동을 할 수 있어야 한다.

② 비대칭(asymmetry): 한 사람이 다른 사람을 돌보면 다른 사람은 그 사람에게 같은 방식으로 돌봄을 되돌려 줄 수 없는 관계를 말한다. 흔히, 부모-자녀 관계가 그 대표적인 예이다.

③ 충성심(loyalty): 비대칭관계인 부모-자녀 관계에서 발생되는 책임으로 부모로부터 받은 유산을 되갚으려는 노력이다.
  ㉠ 자녀는 부모에게 같은 방식으로 돌봄을 제공할 수 없지만 부모에게 충성심을 보임으로써 은혜를 갚으려고 한다.
  ㉡ 부모에 대한 충성심은 자녀가 부모를 신뢰하고 있음을 보임으로써 달성된다.

(4) **자아의 형성**

① 자기묘사(self-delineation): 자율적이고 개별적인 자신을 다른 사람들과의 관계에서 구분할 수 있는 능력을 말한다.
  ➡ 다른 사람들과 관계를 맺으면서 획득되는 능력으로, 자신을 다른 사람과 구분하고 자신의 독특성을 찾아갈 수 있는 능력이다.

② 자기타당(self-validation): 다른 사람들로부터 인정을 받을 수 있는 능력이다.
  ➡ 다른 사람들과 상호작용을 통해 인정을 받고, 인정을 통해서 일정한 가치를 내면화한다.

3. 역기능적 가족현상

(1) **부모화**

① 어린 자녀가 부모의 기대대로 행동하려는 경향으로, 아이가 부모의 역할을 오랫동안 하는 현상이다.
  ➡ 부모와 자녀 간의 역할과 권력이 뒤바뀌는 현상

② 부모가 자녀에게 부정 유산을 물려줄 때 자녀가 다음 세대를 통해서 자신의 빚을 청산하고자 하는 노력을 하는 과정에서 부모화 현상이 발생한다.

③ 부모로부터 적절한 보살핌을 받지 못한 사람은 자라면서 받지 못했던 사랑과 관심을 배우자나 자녀에게 기대하고 보살핌을 받고자 하는데, 배우자는 흔히 그 기대에 부정적으로 반응하고, 이해해주기를 바라는 기대도 거부한다. 그 결과 자녀에게 의지하게 되며 이 과정에서 부모화 현상이 발생한다.

(2) **분열된 충성심**

① 아이가 한 부모에 대한 충성심을 희생하면서 다른 한 부모에게 충성을 다할 때 생기는 현상이다.

② 부부가 갈등하는 상황에서 많이 나타나며, 자녀에게 충성심 갈등(부모 중 어느 한 사람에게만 충성할 수밖에 없는 입장)이 일어난다.

(3) **보이지 않는 충성심**

① 자기도 모르는 사이에 자신이 싫어하는 부모의 역할을 따라하는 경우를 말한다.
  [예] 아버지 폭력이 싫지만 자신도 모르게 아버지와 같이 폭력을 행사하는 것

② 보이지 않는 충성심은 가계를 계승하고 이어가는 행동과 관련된다.

③ 역기능적 가족관계를 만드는 이유

    ㉠ 보이지 않는 충성심은 무의식적으로 이루어지므로 자신의 행동을 의식하기가 어렵다.

    ㉡ 보이지 않는 충성심은 언제 끝날지 예측하기 어렵다.

      ➡ 배우자, 아이와 갈등이 많아지면 보이지 않는 충성심에 의한 행동이 강화되어 가족관계가 역기능적이 된다.

(4) 회전판

① 윗세대의 역기능적 행동이 자녀세대에서 그대로 드러나는 현상을 말한다.

    예 폭력, 알코올 중독, 잔소리 등의 행동이 여러 세대에 걸쳐 되풀이되는 현상

② 회전판 현상은 세대를 지나가면서 반복적으로 나타난다.   예 이혼, 폭력, 무시하는 행동 등

③ 회전판은 다음 세대에게 '파괴적 부여'를 만드는 역할을 한다.

④ 부여(entitlement): 어떤 사람이 다른 사람에게 일방적으로 제공하는 그 무엇을 말한다.

⑤ 파괴적 부여

    ㉠ 부여는 '빚'을 제공하거나 '자산'을 제공할 수 있는데, 빚을 제공하는 것을 파괴적 부여라고 한다.

    ㉡ 파괴적 부여는 이미 아이가 태어나기 전에 부모가 원래 가족과의 관계에서 만들어놓는다.

    ㉢ 파괴적 부여는 다음 세대 아이들에게 일정한 맥락으로 그 역할을 한다.

⑥ 파괴적 부여가 된 아이는 부모화 역할을 담당할 가능성이 높다.

4. 상담목표와 기법

(1) **상담목표**: 실존적 질서를 회복하는 것이다.

① 부부는 주고받는 관계를 하도록 돕고 부모-자녀 관계는 비대칭의 관계를 하게 돕는다.

② 실존적 질서를 회복하기 위해 여러 측면에서 관계가 공평해지도록 한다.

(2) **기법**

① 자기타당: 여러 사람에게 골고루 배려와 관심을 받도록 하는 것이다.

② 편파성: 상담자가 가족 구성원 중 어느 한 사람에게 특별한 배려와 관심을 갖는 활동이다. 이 방법은 가족 구성원이 가지고 있는 여러 영역 중 윤리의 맥락이 실현되지 않은 경우에 사용한다.

③ 해방: 부모로부터 물려받은 회전판으로부터 자신을 해방시키도록 돕는다.

    ㉠ 해방을 위해서는 부모와의 관계를 이해하는 절차가 필요하다.

    ㉡ 다음으로 회전판에 얽혀 있는 여러 복잡한 감정을 다루는 시간이 필요하다.

    ㉢ 마지막으로 부모 세대가 가지고 있던 상황과 맥락을 이해하고 받아들이도록 한다.

더 알아보기   **애커만(Ackerman)의 가족역동론**

- 개인이 나타내는 행동의 역동심리과정을 가족의 역동심리과정에 접목했다.
- 개인의 임상적 진단과 치료를 가족의 진단과 치료라는 보다 넓은 틀에서 생각한다.
- **가족관계**: 어느 한쪽의 일방적인 의사소통이 아닌 두 사람이 주고받는 양방향의 의사소통으로 이루어진다.
- **가족은 하나의 심리적·사회적 유기체**: 전체로서의 가족을 진단 및 치료 단위로 설정한다.
  - **항상성**: 가족은 같은 상태에 머무르려는 경향이 있으며, 동요로 인해 균형이 깨어지면 자기조절 능력을 통해 안정된 상태를 회복하려고 노력한다.
  - **역할이론**: 인간은 누구나 사회, 가족으로부터 기대되는 역할에 부응하려고 노력하고 정신 내의 역동적 균형을 유지하며, 내적 자아실현을 시도한다.

1. 이론의 개요

(1) 개관

① 정신분석적 원리 및 실제로부터 직접적인 영향을 받은 치료적 임상 모델이다.

② 정신역동적으로 정립된 접근방법과 체계적 접근방법의 가교적 역할을 한다.

③ 의미 있는 변화가 반드시 가족 전체에 나타나는 것은 아니며, 한 사람의 변화에 의해 전체의 변화가 시작될 수도 있다.

④ **가족 문제**: 원가족의 미해결된 문제의 반영이라고 본다.

⑤ 핵가족을 아는 것만으로는 문제를 이해하거나 변화를 초래하는 데 불충분하다고 생각해, 가계도 등의 방법을 통해 확대가족을 이해하려고 노력하였다.

⑥ **보웬**: 진정한 인간의 기능은 정서와 지성의 균형을 유지한다고 보았다. 즉, 가족이 체계라는 점에는 동의하지만 가족을 정서와 인간관계 체계의 결합체라고 보았으며, 자신의 원가족에게 분리될 때 효율적으로 기능할 수 있다고 보았다.

⑦ 상담목표는 가족 구성원을 자아집합체로부터 분리·독립하고 자율적으로 기능하도록 돕는 것이다.

(2) 특징

① **진화 모델**: 다윈의 진화론을 토대로 인간은 진화의 최고 산물인 지적 기능을 활용하여 생존해 나가야 한다고 가정한다.

② **연속 모델**: 가족이라는 체계는 생존과 도태라는 연속선상에 놓이게 되기 때문에, 기존 이론들의 이분법적인 사고를 배제하고 연속적인 사고를 강조한다.

　　예 조현병도 정상과 비정상의 이분법적인 구조로 적용하기보다는 어느 정도는 조현병을 가지고 있다고 가정한다. 즉, 조현 증상을 연속선상에 놓고 볼 때 인간은 누구나 그 어딘가에는 위치한다고 보는 것이다.

③ **감정 모델**: 감정이란 생명체가 생존하는 데 가장 중요한 힘의 원천으로서 감정이 없이는 인간은 생존하기 어렵게 된다.

　　㉠ 감정에 의해 움직이는 개인들이 일정한 체계를 만들어 갈 때, 이를 감정체계라고 한다.

　　㉡ 감정체계는 개별성과 연합성에 의해 조작된다. 이 두 가지 힘은 사람들 사이에 발생하는 감정과정을 일으키는데, 이것은 감정에 의해 연결되거나 독립되는 과정을 말한다.

2. 주요 개념

(1) (자아)분화 `기출 15, 17, 24`

① 분화는 정신 내적인 개념인 동시에 대인관계적 개념으로, 정신 내적으로는 사고와 감정을 분리할 수 있는 능력을 의미하며, 대인관계적으로는 자신과 타인 사이의 분화를 의미한다.

    ㉠ 개인 내적: 지적 기능이 정서적 기능과 얼마나 분화되어 있는가로, 감정과 사고를 분리하는 능력을 말한다.

    ㉡ 대인관계적: 자기와 타인의 분화를 의미하며(개별성과 연합성), 타인과의 관계에서 자신과 타인을 분리하여 상대의 영향에 좌우되지 않고 자신의 신념에 따라 자신의 입장을 취하면서 관계를 유지하는 능력을 말한다.

② 기본 분화: 원가족에서 성취한 개인의 정서적 분리에 의해 결정되는 것으로, 원가족의 다세대 정서과정에 따라 결정된다. ➡ 개인의 노력과 무관하며 원가족과의 정서적 분리수준에 의해서 결정된다.

③ 기능 분화: 개인의 가장 중요한 관계체계의 만성불안 수준으로부터 영향을 받는다.

    ➡ 상황 대처능력과 관련된다.

④ 분화되지 못한 사람: 융해 가능성이 높다. ➡ 미분화 가족 자아군을 형성한다.

> **참고** | **미분화 가족 자아군**
>
> • 온 가족이 감정적으로 한 덩어리가 되어 정서적으로 함께 고착되어 있는 상태를 의미한다.
> • 이 가족은 '지나친 가까움' 때문에 상대에 대한 정서적 반응성이 높고, 상대방을 불편하게 만들어 결과적으로 상호 거부를 초래한다.

⑤ 과대 기능과 과소 기능을 하는 구성원은 모두 자아분화 수준이 높지 않다.

    ㉠ 과대 기능: 다른 사람의 기대를 충족하고자 부지런히 움직이고 종종 아낌없는 희생을 한다.

    ㉡ 과소 기능: 보통 '문제'를 드러내며 다른 사람의 요구에 반응하는 것을 버거워한다.

⑥ 자아분화 수준은 '진짜 자아'와 '가짜 자아'의 비율로 나타난다.

    ㉠ 진짜 자아: 타인의 관계나 외부 영향으로부터 쉽게 변화되지 않는 생활원리와 신념으로 구성된다.

    ㉡ 가짜(거짓) 자아: 주변의 상황이나 타인의 압력에 쉽게 굴복하는 비일관된 생활원리와 신념으로 구성된다.

⑦ 자아분화 척도

    ㉠ '개인의 자아가 가족 자아 집합체에서 얼마나 분화되어 있는지'를 평가한다.

    ㉡ 정상의 개념은 없으며 융해된 상태인 0점부터 자아분화된 100점 사이의 연속선상에서 범주화하는 방법을 사용한다.

    ㉢ 자아분화 척도 점수에 따른 해석

점수	해석
0 ~ 25점	적응력이 부족하고 정서적으로 의존적임
25 ~ 50점	• 다른 사람의 정서적 체계와 반응에 유도됨 • 인정받지 못하면 반사회적 행동을 하며, 자신에 대한 확신과 믿음이 부족함
50 ~ 75점	• 스트레스가 발생해도 감정에 지배되지 않을 만큼 사고가 충분히 발달되어 있음 • 잘 발달된 자의식을 가지고 있음
75 ~ 100점	대체로 사고와 감정이 분리되어 있으나 매우 드묾
100점	진짜 자아

(2) **삼각관계** 기출 18

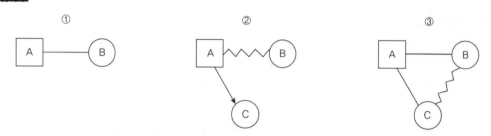

① 두 사람의 관계가 안정적이므로 제3자를 끌어들이려고 하지 않는다.
② 두 사람 사이에 갈등이 일어났을 때 관계불안을 느낀 A가 제3자인 C에게 다가가 관계를 맺음으로써
  안정을 찾으려 한다.
③ 그 결과, A와 B의 관계갈등은 A가 C에게 다가감으로써 B의 감정이 C에게 투사되어 두 사람의 갈등
  이 원래의 갈등의 위치에서 제3자에 대한 갈등관계로 이동한다. A와 B 사이의 긴장은 잠재적 상태로
  남아 있으나 두 사람의 갈등은 해소된 것처럼 보인다.

[그림 9-5] 삼각관계 이동 과정

① **삼각관계**: 세 사람 사이의 관계가 역동적 균형을 가지고 있음을 이해하는 것으로, 두 사람이 자신들의 정서적
  문제에 또 다른 한 사람을 끌어들이는 형태를 설명한 개념이다.
② **삼각관계가 일어나는 주된 요인**: 자기분화 수준과 경험하는 긴장 정도로, 자기분화 수준이 낮아 긴장이 심할수
  록 삼각관계가 형성되기 쉽다.
③ 삼각관계는 사람뿐 아니라 사물, 쟁점 등이 개입되어 형성될 수도 있다. ⓔTV, 반려동물 등
④ **삼각관계에서 불안이 감소하는 경우**: 정서적 구조는 다시 '2인+1인의 아웃사이더'로 회귀할 수 있으며, 두 사람
  이 다시 친밀해지고 제3자는 다소 불편함을 느끼는 방관자가 된다.
⑤ **긴장 감소를 위해 삼각관계를 이루었음에도 불안이 계속 증가하는 경우**: 또 다른 아웃사이더를 개입시켜 여러
  개의 삼각관계로 확장한다.
⑥ 일반적으로 가족의 융합 정도가 높을수록, 즉 가족원의 분화 정도가 낮을수록 삼각관계를 만들기 위한 노력이
  강해진다.

(3) 핵가족 정서체계 기출 17

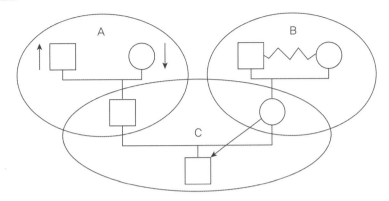

[그림 9-6] 확대가족의 정서기능 양상

① 다세대적인 개념으로, 개인이 원가족으로부터 학습한 방식으로 타인과 관계를 맺고 결혼 선택을 통해 가족의 정서적인 긴장을 다세대에 걸쳐 반복함을 의미한다.
  ➡ 가족 내에서 보이는 정서적 기능을 설명한 것으로, 가족 간의 분화가 잘 이루어지지 않을 때 나타난다.

② 핵가족 융합의 결과(분화되지 않은 가족 자아 집합체)
  ㉠ 배우자의 역기능: 불안이 한쪽 배우자에 지나치게 치중되어 흡수될 때 우울증, 두통 등의 만성적인 신체적 역기능이나 정서적 역기능이 초래될 수 있다.
  ㉡ 만성적 결혼갈등: 가족의 불안이 남편과 아내에 의해 흡수되는 경우에 부부간 정서적 거리와 과잉애착이 반복적으로 일어나는 역기능 유형이다. 이 유형의 부부관계는 만성적인 긴장과 파괴적인 다툼, 서로에 대한 부정적 태도의 특징을 갖지만 가끔 친밀감으로 갈등이 정리되기도 하는 '청룡열차' 같은 관계를 지속한다.
  ㉢ 자녀 역기능: 가족불안이 특정 자녀의 손상된 기능으로 흡수되어 발생하는 유형이다. 자녀에게 나타날 수 있는 역기능으로는 가출, 비행, 학습 문제, 왕따, 정서장애 등 매우 다양한 증상이 있을 수 있다.

(4) 가족 투사과정

① 부부의 불안이 증가될 때 자신들의 미분화된 정서 문제를 자녀에게 투사하는 과정이다. 이때 선택되는 자녀는 부모의 형제순위나 기타 특수한 상황에 따라 결정된다.

② 불안 수준은 자아분화 수준과 밀접하게 관련되므로, 부모의 자아분화 수준이 다른 세대로 전수되는 것이라고 달리 표현할 수도 있다.
  ➡ **미성숙한 부모**: 가족과 부부체계를 안정시키고자 무의식적으로 자녀 중 가장 유아적이고 취약한 자녀를 투사 대상으로 선택한다. 이것이 가족 투사과정이며, '어머니-아버지-자녀'의 삼각관계 안에서 작동한다.

③ 일반적으로 삼각관계에서 투사과정이 작동하며, 투사의 대상이 된 자녀가 최소한의 자아분화만 한 채 부모와 밀착관계를 형성한다.
  ➡ 다음 세대를 희생하여 이전 세대의 미분화에서 발생한 불안을 경감하고자 한다.

④ 투사과정의 강도: 부모의 미숙함과 가족이 겪는 스트레스와 불안감의 정도에 의해 결정된다. 가족의 융합이 클수록 투사과정에 많이 의존하고 자녀의 정서적 손상도 크며, 투사가 심할수록 두 명 이상의 자녀가 투사 대상이 되기도 한다.

(5) 다세대 전수과정

① 원가족의 불안, 자아분화 수준, 관계 특성이 전 세대에서 후세대로 유사하게 이어져 내려오는 과정이다.

② 가족 투사과정이 여러 세대에서 계속되면, 3세대 이상의 세대를 거치면서 정신적 질환을 가진 가족 구성원이 발생할 수 있다.

> **더 알아보기** **핵가족 정서체계와 다세대 전수과정**
>
> • 핵가족 정서체계: 한 세대, 하나의 핵가족에서 일어나는 정서과정을 말한다.
> • 다세대 전수과정: 다양한 정서과정이 여러 세대를 거쳐 어떻게 반복되는가를 보여주는 개념이다.

(6) 출생순위

① 출생순위가 가족의 정서체계 안에서 특정한 역할과 기능을 하며, 배우자의 상호작용도 원가족에서의 형제 위치와 관련이 있다고 보았다.

② 형제자매 위치가 반드시 출생순위와 관련되는 것은 아니다.

③ 미래의 순위를 형성하는 것은 실제 출생순위보다 가족 내의 기능적 위치에 의존한다.

(7) 정서적 단절 `기출 16, 22`

① 투사과정에 많이 개입된 자녀에게 일어나는 현상으로, 원가족과 접촉함으로써 발생하는 불안을 줄이기 위해 원가족과의 접촉을 회피하는 현상이다.

➡ 원가족과 접촉함으로써 생기는 불안을 줄이기 위해 부모와의 접촉을 끊는 행위를 의미한다.

例 부모의 집에서 먼 지역으로 이주하는 것, 부모와 말을 하지 않는 것 등

② 방법

㉠ 부모와 함께 살면서 부모를 멀리하고 회피하며, 대화를 단절하는 등 정서적인 유대관계를 갖지 않는 것이다.

㉡ 물리적으로 멀리 떨어져 지내면서 정서적으로 단절하는 것이다.

③ 세대 간의 융해가 심할수록 정서적 단절의 가능성이 높아진다.

➡ **높은 융합과 불안**: 강한 가족결속력을 요구하지만, 이것이 견딜 수 없는 수준에 도달하면 단절이 발생한다.

④ **원가족에서 벗어나더라도 진정한 독립은 아님**: 융해가 심한 사람은 결혼을 해도 새로운 가족과 다시 융해하면서 원가족의 미해결 문제를 재연하게 된다.

⑤ **해결방법**: 원가족과 접촉하고 분화를 촉진한다.

(8) 사회적 정서과정

① 환경이 가족에 영향을 미치는 것처럼 사회 내 정서적 과정이 가족 내 정서적 과정에 영향을 미친다고 본다.

② 만성적 사회불안이 증가되면 사회적 분화의 기능 수준이 저하되고, 사회적 기능 수준이 낮을수록 사회적 증상 (例 높은 범죄율, 높은 이혼율 등)이 심각해진다.

➡ 가족의 분화 수준이 낮을수록 사회적 정서과정으로부터 더 큰 영향을 받는다.

3. 상담목표와 상담과정

(1) 목표 `기출 22`

① 자아분화 수준을 높여 탈삼각화시키고 가족체계를 변화시키는 것이다.

② 자아분화 수준을 높여 감정반사적 행동을 중지하고 이성적으로 대처할 수 있도록 지원하는 것이다.

(2) 상담자의 역할: 상담자의 객관성과 정서적 중립성을 강조한다.

① 상담자를 '코치', '컨설턴트'에 비유한다.

② 코치(coach): 가족원을 조용히 보조하는 능동적인 전문가로서 가족원의 말을 경청하고 그들의 정서적 반응성을 통제하는 역할이다.

③ 중립성 유지: 가족에게서 탈삼각관계로 남아 중립성을 유지해야 하며, 이를 위해 차분하고 객관적인 태도를 지키려고 노력한다.

④ 잘 정의된 '나-입장(I-position)'을 시범 보이고 표현하는 모델이 되며, 내담자가 자기 입장을 취하도록 돕는다.

(3) 과정

① 가계도를 통해 정확한 가족정서체계(개인력, 핵가족력, 확대가족력)를 평가하여 현재의 문제를 다세대 체계 맥락에서 분석한다.

② 주요 가족 구성원과 관련하여 불안과 정서적 반응성의 수준을 경감시킴으로써 가족 내 불안 수준을 낮춘다.

③ 맞물린 삼각관계 중 가장 핵심적인 삼각관계 변수를 정의한다.

4. 상담기법

(1) 가계도

① 최소한 3세대에 걸친 표식을 통해 문제를 폭넓게 진단하는 그래프적 방법을 사용한다.

② 특징

㉠ 가계도는 가족의 구조를 나타내는 지도와 같으므로 치료자가 가족에 관한 정보를 한눈에 파악하고 추후 무엇이 문제가 될지를 예측할 수 있게 한다.

㉡ 첫 면담에서 대부분 완성되고, 그 후 면담과정에서 새로운 정보가 나타날 때마다 수정이 가능하다.

㉢ 체계적인 질문을 하기가 용이하므로 치료자에게 좋은 정보를 제공함과 동시에 가족 자신도 체계적인 관점으로 문제를 볼 수 있다.

㉣ 가족 구성원에게 이전 세대부터의 주제, 신화, 규칙, 정서적으로 부과된 문제 등을 질문함으로써 반복되는 유형을 명백히 알 수 있다.

㉤ 치료자가 가족체계에서 주요 삼각관계를 판별하고 그 삼각관계의 유형이 한 세대에서 다음 세대로 어떻게 이어지는지 살펴보면서 그들을 변화시킬 전략을 설계할 수 있다.

③ 가계도 작성법

㉠ 가족구조를 도식화한다.

㉡ 가족에 관한 정보를 기록한다.

㉢ 가족관계를 표현한다.

(2) **치료적 삼각관계와 탈삼각화**

　① **치료적 삼각관계**: 상담자가 정서적 삼각관계에는 연루되지 않으면서 두 사람과 접촉하는 것으로, 상담자는 중립적이고 객관적인 자세를 유지하면서 삼각화 과정에 휘말리지 않는다.

　　㉠ 내담자와 라포를 잘 유지하면서도 내담자들이 가진 불안에 휩싸이지 않도록 객관성을 잘 유지한다.

　　㉡ **객관성을 유지하는 방법**: 내담자가 말하는 내용보다 내담자들이 보여주는 상호작용, 의사소통 양식 등의 과정에 집중한다.

　② **탈삼각화**: 개인이 다른 사람에 의해 삼각관계에 끌려들어가고 다른 사람을 삼각관계에 끌어들임으로써 모호하면서도 보다 분명한 방법을 통해 인식하는 것이다.

　　➡ 다세대 간의 삼각관계를 맺고 있는 사람을 해방시키는 것이다.

　③ 탈삼각화는 적어도 다음과 같은 두 가지 수준에서 발생한다.

　　㉠ 첫 번째 수준에서는 가족에 대한 자신의 불안을 스스로 해결하고 자신의 감정을 타인에게 투사하지 않는다.

　　㉡ 두 번째 수준에서는 내담자들로 하여금 가족 내에서 긴장이나 불안이 야기되었을 때, 자기 자신이 초점의 대상이 되는 것을 피하도록 돕는다.

　④ **효과**: 치료적 삼각관계를 통해 가족은 그들이 가진 불안의 정체를 이해하고, 자신들의 삶 속 불안을 지적인 사고와 행동으로 통제할 수 있다. 또한 불안을 감소시켜 분화 수준을 높임으로써 기능적인 가족의 모습으로 변화할 수 있다.

(3) **과정 질문**

　① 내담자의 감정을 가라앉히고 정서적인 반응에 의해 유발된 불안을 낮추면서 사고를 촉진하는 질문 기법이다.

　② 내담자의 감정, 정서보다 인지에 초점을 두고 내담자가 어떤 방식으로 관계 유형에 관여되어 있는지 묻는다.

　③ 과정 질문을 통해 내담자의 불안을 낮추고 가족관계 속 자신의 역할을 인식하게 하며 변화를 유도한다.

(4) **코칭 기법**

　① 코칭 기법은 상담자가 가족 구성원에게 몇몇 기본적인 행동 원리를 교육하여 가족이 자발적으로 행동하도록 하는 것을 말한다.

　　➡ 가족이 직접 자신들의 가족 문제를 해결하도록 조언한다.

　② **목적**: 자기이해와 더불어 가족 구성원에게 건강한 애착을 가지도록 한다.

　　➡ 이해를 증진하고, 자신에게 초점을 맞추고, 주요한 가족 구성원에게 보다 기능적으로 다가가게 돕는다.

　③ **이점**: 치료자가 코치의 역할을 수행함으로써 내담자의 역할을 대신하거나 가족 간 삼각관계에 휘말리는 것을 방지할 수 있다.

　④ 코칭 기법은 직면과 설명, 과제 부여 등을 사용하기도 하지만, 주로 질문을 통해 가족의 역할을 변화시킨다.

　⑤ 효과적인 코칭을 위한 조건

　　㉠ 정확한 관찰자가 되고 감정반사를 조절한다.

　　㉡ 가족에게 개인 대 개인의 관계를 발달시키도록 한다.

　　㉢ 가족관계에서 정서적 감정반사를 조절할 수 있는 능력을 향상시킨다.

　　㉣ 중립적이고 탈삼각화된 위치를 고수하기 위해 지속적으로 노력한다.

(5) 나의 입장 기법 [기출 24]

① 상대방의 행동을 비난·지적하기보다 자신의 감정에 초점을 맞추어 표현하도록 하는 기법이다.
   ➡ 가족이 다른 가족원과 정서적 압력에 직면했을 때 상대의 행동을 비난·지적하는 것보다 이성적으로 자신의 입장을 밝히는 것이 효과적임을 교육한다.

② 가족원 간 정서적 반사반응의 악순환에서 벗어날 수 있게 돕고 대응적 대화 고리를 끊는 데 효과적이다.
   예) "당신은 왜 이렇게 게을러?"라는 반응보다 "당신이 나를 좀 더 도와줬으면 좋겠어."라는 표현을 사용하는 것

(6) 관계 실험

① 삼각관계 치료에서 삼각관계를 구조적으로 변화하기 위해 사용하는 기법으로, 가족이 가족체계의 과정을 인식하고 자신의 역할을 탐색하는 데 도움이 된다.

② **방법**: 정서적으로 의존하려는 사람은 의존된 상대방에게서 조금 떨어지도록 요구하고, 정서적으로 거리두기를 하는 사람은 소원한 관계에 다가가 새로운 관계를 맺도록 시도하게 한다. 이 과정에서 가족은 자신의 정서과정을 분명하게 인식하고 관계에 대한 보다 본질적인 접근을 하게 된다.

③ **목표**: 가족이 가족체계의 과정을 인식하고, 그 과정 내에서 자신의 역할을 깨닫도록 학습시키는 것이다. 혹은 정서적 충동에 따라 반응하지 않을 수 있는 능력을 발견하는 것이다.

④ 과정 질문과 관계 실험
   ㉠ 과정 질문: 가정 내에서 문제가 지속되는 이유가 다른 사람의 행동 때문이 아니라 다른 사람이 한 행동에 어떻게 반응하는가에 달려 있음을 깨닫게 한다.
   ㉡ 관계 실험: 내담자가 평소 자신의 충동에 따라 자동적으로 반응하지 않을 때 어떤 상황이 전개되는지를 경험하도록 돕는 방법이다.

(7) 자신에게 초점 맞추기

① 성인이 된다는 것은 자신의 감정과 행동에 대해 책임을 지는 것: 다른 사람들이 자신의 책임에서 벗어나게 하는 것이 아니라 자신의 삶을 통제하게 하는 방법이다.

② 자기초점은 무력한 피해자가 아니라 좀 더 많은 선택을 할 수 있게 해 준다.

③ 질문: "이 상황에 당신의 책임은 몇 퍼센트가 있다고 생각하나요? 그리고 상대방은 몇 퍼센트 책임이 있다고 생각하나요?" "당신의 목표는 무엇인가요? 그 목표를 달성하기 위해 무엇을 하였나요? 그 외에 또 무엇을 해야 할까요?"

(8) 다른 가족 이야기로 대치하기

① 가족이 자신들의 문제에 대해 객관적이고 현실적인 인식을 할 수 있도록 비슷한 문제를 가진 다른 가족의 이야기를 들려주는 것이다.

② 이것은 가족들이 가족체계 내에서 자신의 역할을 볼 수 있도록 충분한 거리감을 두게 하기 위한 방법이다.

1. 개관

(1) 특징

① 인본주의 인간관, 실존주의 철학, 현상학, 지금−여기에서의 경험, 게슈탈트, 심리극의 기법을 차용했다.

② 가족: 하나의 체계보다 개인들의 집합으로 보고, 가족 구성원의 변화를 통해 가족이 변화되도록 한다.

③ 가족체계 내에서 개인의 중요성을 강조하고 개인의 자기표현을 강화함으로써 가족체계의 힘을 회복한다.

④ 상담과정에서 경험하는 대인관계 자체가 성장에 중요한 자극이 된다.

(2) 대표 학자

① **휘태커(C. Whitaker)의 상징적 경험주의**: 개인적 만남을 강조하며, 치료자가 자신을 활용하여 가족이 인간 대 인간의 관계를 맺도록 도와야 한다고 주장했다.

ㄱ 조현병을 성장과정에서 궁지에 몰린 사람이 나름대로 만든 창조적인 해결책으로 규정하고, 치료에 참가한 모든 사람은 환자인 동시에 치료자가 될 수 있다는 파격적인 입장을 선택했다.

ㄴ 치료과정 중에 환자와 치료자가 서로 몰입하는 경험을 통해 양쪽 모두 성장할 수 있다고 생각했다.

② **사티어(V. Satir)의 성장 모델**: 인간은 근본적으로 잘 되려는 잠재력과 생명력을 가지고 태어나므로 적절히 양육되면 건강한 성인으로 발달할 수 있다고 주장했으며, 이를 나무의 속성에 비유하여 종자 모델이라 칭했다.

③ **켐플러(W. Kempler)**: 게슈탈트 치료훈련 경험을 통해 가족 치료에 접목하려 노력한 치료자이며, 치료자가 가족과 평등하게 치료의 참여자로 참여하여 그들의 세계를 경험하도록 했다.

④ **캔터(D. Kantor)**: 경험적 가족 치료 접근에 영향을 주는 가족과정 이론을 개발하고, 인간관계에 있어 공간의 중요성을 인식하면서 인간관계를 이해하기 위한 은유로써 공간을 사용했다.

⑤ **덜(B. Duhl)**: 자신의 치료과정에서 비언어적 의사소통인 조각 기법, 인형극 등의 많은 표현 기법을 활용했다.

(3) 기본 전제

① 모든 행동에는 합리적이거나 적절한 동기가 있으며, 어떤 상황에서 사람이 하는 행동은 그 상황에서 할 수 있는 최선의 행동이다.

② 모든 사람은 치유될 수 있고, 치유는 상담과정에 내재되며, 내용보다 과정이 상담에 도움 되는 중요한 요소이다.

③ 마음과 신체는 체계의 한 부분이다. 따라서 신체적 활력과 정서적 안녕은 서로 연결된다. 그러므로 상담을 할 때는 인간이 가진 신체적인 회로와 정신적인 회로를 모두 활용하는 것이 바람직하다.

④ 자존감과 효과적인 의사소통은 서로 관련된다. 자존감은 개인이 배우자 선택, 부부관계 방식, 부모−자녀 관계의 요구, 스트레스 반응, 사물에 대처하는 능력, 유연성, 차이나 애매함을 처리하는 능력, 성장을 통한 자유를 즐기는 것에 영향을 준다.

2. 주요 개념

(1) 자아존중감

① 개인이 자신에 대해 가지는 태도 속에 표현되는 개인적인 가치판단으로, 자신의 소중함에 대한 심리적 태도를 의미한다.

② 가족 구조, 부모와의 관계가 중요하게 부각되는 인간 초기에 자녀가 어떠한 관계를 경험하는지가 매우 중요하다.

③ 3대 요소

  ㉠ 자기: 자신에 대한 애착, 사랑, 신뢰, 존중을 통해 갖게 되는 자신의 가치와 유일성이다.

  ㉡ 타인: 다른 사람과의 관계에서 형성되어 다른 사람에 대해 느끼는 것으로, 다른 사람과의 동질성과 이질성, 상호작용에 대한 것이다.

  ㉢ 상황: 주어진 맥락과 여건을 의미하며, 주로 부모나 원가족 삼인군에서의 상황을 의미한다.

④ 자녀의 낮은 자아존중감의 주된 원인은 미성숙한 부부관계이다.

⑤ 사티어의 성장 모델은 개인의 낮은 자아존중감을 회복시켜 자신의 가치를 인정하며, 강점과 자원을 발견하고 활용하도록 도움으로써 문제 상황에 스스로 잘 대처하게 한다.

(2) 가족규칙 `기출 15`

① 원가족에서 가족 구성원 사이에 경험한 행동 및 태도, 관계적 반응이 내면화된 것으로서 가족 구성원의 행동을 지배한다.

② 비합리적 가족규칙을 따름으로써 낮은 자아존중감이 발생: 이러한 가족규칙을 따르려면 그 사람의 어떤 부분이 무시되어야 하기 때문이다.

③ 감정규칙에 초점: 가족 내에 존재하는 감정규칙, 금지된 화제, 가족 구성원에게 고통을 주는 규칙은 숨겨져 있고 공개적으로 분명히 알려져 있지도 않아 찾아내기가 어렵다.

④ 상담자 역할: 가족규칙을 살펴보면서 가족이나 가족 구성원 각자에게 미치는 영향을 점검한다. 즉, 개인의 성장과 가족의 기능에 방해가 되는 가족규칙을 수정한다.

⑤ 진단 및 치료에 활용: 누가 무엇을 근거로 가족규칙을 만들었으며, 그 규칙들이 어떠한 영향력을 행사하며, 규칙을 어길 때 어떻게 반응하는가가 중요하다.

⑥ 가족규칙 평가 지침

  ㉠ 인간적으로 가능한 규칙인지

  ㉡ 상황에 맞게 변동 가능한 융통성 있는 규칙인지

  ㉢ 차이에 대한 수용적 규칙인지

  ㉣ 가족 내 정보 공유와 비밀과 관련된 문제가 발생되지 않는 규칙인지

  ㉤ 경험과 감정의 개방적 표현이 이루어지는 규칙인지

(3) 가족체계 기출 21

① 폐쇄체계(closed system)

ⓐ 가족의 역기능을 유발하며, 가족이 외부 세계와 단절되어 변화를 허용하지 않는다는 특징을 가진다.

ⓒ 폐쇄체계의 가족은 외부 세계의 상황과 무관하게 동떨어진 가족체계를 형성하고, 가족 구성원 간의 상호작용도 막혀 있다.

ⓒ 폐쇄체계의 특징

  ⓐ 억압과 복종, 신경증적인 의존, 권력, 죄책감으로 지배된다.
  ⓑ 의사소통은 비난과 회유로 이루어지며, 간접적이며 불명료하다.
  ⓒ 가족체계에 변화가 올 때 지탱하기 어려울 정도로 균형이 깨진다.
  ⓓ 가족 구성원 간에 서로 경계하고 적대적이므로 거리감이 있고 분화감이 없다.
  ⓔ 가족 구성원 간 힘의 불균형으로 인해 힘이 약한 개인은 통제감을 느끼고 수동적이다.
  ⓕ 이중적 메시지를 전달하여 가족 구성원 간의 불신감, 좌절감, 거절로 인한 자존감 저하, 자기가치에 대한 의심 등을 경험한다.

② 개방체계(open system)

ⓐ 상호작용과 반응이 상황의 변화에 적절하게 적용하고 융통성이 있다.

ⓒ 개방체계의 특징

  ⓐ 가족의 요구에 적용하는 신축성 있는 규칙이 있고, 현실적이며, 가족 구성원의 자기존중감이 대체로 높다.
  ⓑ 의사소통은 직접적이고 명료하며 수평적이다.
  ⓒ 가족 구성원 간의 문제를 건설적으로 해결하고, 융통성이 있으며 서로에게 도움을 주고자 한다.
  ⓓ 가족 구성원이 서로 감정이입적이고 신뢰감을 가진다.
  ⓔ 대화는 솔직하고 개방적이며, 이 가운데 유머와 즐거움도 있다.
  ⓕ 의사소통에 있어 즐거움과 성취뿐 아니라 슬픔, 상처, 분노 등 모든 감정을 이야기할 수 있다.
  ⓖ 가족 구성원 각자의 개별성을 인정한다.

(4) 의사소통 및 대처 유형 기출 15, 15 추시, 17, 19

- 회유형: ①이 무시됨
- 비난형: ②가 무시됨
- 초이성형: ①, ②가 무시됨
- 산만형: ①, ②, ③이 모두 무시됨
- 일치형: ①, ②, ③이 모두 존중됨

[그림 9-7] 의사소통 유형과 무시된 부분

유형	자아존중감 요소	자원(강점)	개인 빙산	특징
회유형	자기 무시	돌봄, 양육, 예민성	감정	• 자신의 가치나 감정을 무시한 채 다른 사람에게 자신의 힘을 넘겨주고 모두가 동의하는 말만 함 • 다른 사람과 상호작용하는 상황을 중시하지만 자신의 진정한 감정은 존중하지 않음
비난형	타인 무시	강한 주장, 지도력, 에너지	기대	• 독선적이고 지배적이며 다른 사람들을 무시하는 태도로 주로 자기만을 생각하는 사람 • 외적인 행동은 매우 공격적이고 통제적으로 보이며, 실제로 상대방에게 쉽게 분노하고 다혈적인 특성을 드러냄
초이성형	자기, 타인 무시	지식, 세부 사항에 주의집중, 문제 해결능력	지각	• 자신이나 다른 사람을 과소평가하는 것으로, 지나치게 상황만 중시하며 기능적인 것에 대해 합리적으로 언급하고 자료와 논리를 중시함 • 실수 없이 말하고 생각하려고 하기 때문에 때로는 의미를 이해할 수 없는 말을 상당히 구체적으로 설명하는 경향이 있음
산만형	자기, 타인, 상황 무시	즐거움(유머), 자발성, 창의성	수면위	• 지나치게 즐거워하거나 익살맞은 행동을 하기 때문에 오히려 의사소통이 혼란스러운 유형 • 위협에 직면하면 위협을 무시하고 그것이 존재하지 않는 것처럼 행동하므로 주의를 혼란시킴
일치형	무시되는 부분 없음	높은 자아존중감, 관계성, 접촉	—	기능적인 의사소통 유형으로 개인의 내면적 감정과 생각이 표출하는 내용과 일치하는 유형

① 사티어는 사람들이 긴장할 때 보이는 의사소통 및 대처 유형을 관찰한 결과, 긴장을 처리하는 방식에 공통점이 있음을 발견했다.

② 이러한 방식은 일종의 생존 유형으로, 자아존중감이 낮으며 불균형 상태에 있을 때 주로 나타난다.

③ 사티어는 이를 회유형, 비난형, 초이성형, 산만형, 일치형으로 명명했다.

④ 이러한 유형은 역기능적 의사소통 유형으로 자아존중감에 문제가 있음을 의미한다.

(5) 의사소통 및 대처 유형의 종류와 특징 기출 15, 15 추시, 17, 19

① **회유형**: 자신의 가치나 감정을 무시한 채 다른 사람에게 자신의 힘을 넘겨주고 모두가 동의하는 말만 한다. 이 유형의 사람은 다른 사람과 상호작용하는 상황을 중시하지만 자신의 진정한 감정은 존중하지 않는다. 즉, 회유는 자신이 살아 있고 안정을 유지하기 위해 자기 감정보다 상대에게 '예'라고 대답하는 것이 중요하다고 생각하면서 스트레스를 다루는 방법이다.

단어: 동의	정서: 구걸	행동: 의존적 순교자
• 동의하는 단어 사용 　– "나의 잘못이다." 　– "네가 없으면 난 아무것도 아니다." 　– "나는 너의 행복을 위해 존재한다."	• 구걸하는 마음 　– "나는 힘이 없다." 　– 변명하는 표현이나 목소리, 빈약한 신체적 자세	• 순교적 　– '지나치게 친절하게' 행동함 　– 사죄하고 변명하고, 우는 소리를 하고 모든 것을 주려고 함
내면의 경험	심리적 영향	신체적 영향
• "내가 아무것도 아닌 것처럼 느낀다." • "나는 아무 가치가 없다."	• 신경과민, 우울증 • 자살 경향 • 자멸적인 성향	• 소화기관의 고통, 위장 장애 • 당뇨, 편두통, 변비 등

② **비난형**: 약하면 안 된다는 의지를 가지고 자신을 보호하며 다른 사람, 환경을 괴롭히거나 나무란다. 비난하기 위해 다른 사람의 가치를 격하하면서 자신과 상황에만 가치를 둔다. 다른 사람에게 자신을 힘이 있고 강한 사람으로 인식시키고자 노력한다.

단어: 논쟁, 불일치	정서: 비난	행동: 공격적
• 반대하는 단어 사용 　– "너는 아무것도 제대로 하지 못한다." 　– "뭐가 문제라는 거야." 　– "모든 것은 네 잘못이다."	• 비난적 　– "내가 최고야." 　– 분노 　– 무시하고 싶어 함	• 공격적 　– 심판, 명령 　– 힘이 있어 보이는 자세 　– 약점 발견, 경직성
내면의 경험	심리적 영향	신체적 영향
• 소외됨 • "나는 외로운 실패자다." • "부자연스럽다."	• 과대망상, 편집증 • 이탈 행동 • 살인할 수 있는 성향	• 근육 긴장, 등 통증, 혈액순환 문제, 고혈압 • 관절염, 변비, 천식

③ **초이성형**: 자신이나 다른 사람을 과소평가하는 것으로, 지나치게 상황만 중시하며 기능적인 것에 대해 합리적으로 언급하고 자료와 논리를 중시한다. 초이성적으로 의사소통할 때 실수 없이 말하고 생각하려고 하기 때문에 때로는 의미를 이해할 수 없는 말을 상당히 구체적으로 설명하는 경향이 있다. 즉, 상황에 초점을 둔다.

단어: 극단적인 객관성	정서: 완고, 냉담	행동: 권위적
• 객관적인 언어 사용 • 규칙과 옳은 것에 관한 자료 사용 • 추상적인 단어와 긴 설명 • 모든 것이 학구적 • "사람은 지적이어야 한다."	• 완고하고 냉담한 반응 • "사람은 어떤 희생이 있어도 냉정하고, 조용하고, 침착해야 한다." • 경직된 굳은 자세, 고자세	• 권위적 　– 경직, 원칙론적 행위 　– 행동을 합리화 　– 조작적, 의도적, 강제적
내면의 경험	심리적 영향	신체적 영향
• "나는 상처받기 쉽고 고립된 느낌이다." • "어떤 감정도 표현할 수 없다."	• 강박적–강제적 • 반사회적 • 사회적으로 위축 • 지나치게 긴장	• 건조성 질병 • 점액, 임파조직에 질병 발생 • 암, 심장마비 • 근육통

④ 산만형: 지나치게 즐거워하거나 익살맞은 행동을 하기 때문에 오히려 의사소통이 혼란스러운 유형이다. 위협에 직면하면 위협을 무시하고 그것이 존재하지 않는 것처럼 행동하므로 주위를 혼란시킨다. 이들의 행동과 말은 다른 사람의 행동이나 말과 무관하다. 어느 곳에도 초점이 맞추어지지 않기 때문에 말에 의미나 내용도 없고 혼자 바쁘고 산만하다.

단어: 관계없는 단어 사용	정서: 혼돈스러움	행동: 산만함
• 관계없는 단어 사용 • 뜻이 통하지 않음 • 이야기에 요점이 없음 • 계속해서 "그대로 놔둬."라고 말함	• 혼돈스러움: "나는 실제로 여기에 있는 것이 아니다." • 계속해서 움직임 • 비스듬히 앉음	• 부산함 • 부적절하게 조정함 • 지나치게 활동적임 • 끼어들어 중단시킴
내면의 경험	심리적 영향	신체적 영향
• "아무도 상관하지 않는다." • "거기는 내게 적절한 곳이 아니다." • 균형이 없음 • 끼어들어 주목받고자 함	• 혼돈됨 • 부적절함 • 정신병	• 중앙 신경계통 장애 • 위 장애, 매스꺼움 • 당뇨병, 편두통, 변비

⑤ 일치형: 스스로 주체가 되어 다른 사람과 관계를 갖고 접촉하는 유형이다. 기능적이며 원만함, 책임감, 정직성, 친근감, 능력, 창의성과 현실의 문제를 바람직한 방법으로 해결하는 능력을 가진 사람의 의사소통 유형이다. 일치형의 사람은 자신과 다른 사람을 돌보고 현재의 상황을 제대로 파악하려 한다.

단어	정서	행동
• 말의 내용이 신체 자세, 목소리 음조, 내면의 느낌과 일치함 • 말이 감정을 자각하고 있음을 나타냄	• 정서 표현이 말과 일치함 • 정서를 자유롭게 표현함	• 창조적이고 생동적임 • 개성이 드러남 • 유능함
내면의 경험	심리적 영향	신체적 영향
• 조화 • 균형 • 높은 수준의 자기가치	• 건강함	• 좋은 건강 상태

3. 상담목표와 상담과정

(1) 상담목표

① 내담자의 자아존중감을 높이고 자신의 인생에 대한 선택권을 갖도록 한다.

② 가족규칙을 합리적·현실적·인간적으로 만들고 내담자의 의사소통 유형을 일치적으로 만든다.

③ 가족체계 내의 3가지 변화를 시도

ⓐ 가족 구성원 각자가 다른 사람에 대해 보고 듣고 느끼고 생각한 것을 일치적이고 분명하게 말하도록 한다.

ⓑ 자기 자신의 고유성을 존중하게 함으로써 의사결정에서 강제적인 힘을 사용하지 않고 탐색하고 협상하는 것을 가능하게 한다.

ⓒ 개인 간의 차이점을 개방적으로 인정하고 이를 성장을 위해 사용하도록 한다.

(2) **상담자의 역할**

① 반맨(Banmen): 경험적인 가족상담자가 갖추어야 할 3대 요소를 '세 개의 C'라고 강조한다.
　→ 유능(Competent), 자신감(Confident), 일치(Congruent)

② 상담자의 역할
　㉠ 상담자는 자신을 내적·외적으로 준비한다.
　㉡ 내담자와 라포를 형성한다.
　㉢ 내담자가 상담을 통해 얻고자 하는 것에 귀 기울이면서 내담자가 희망과 소망을 갖게 한다.
　㉣ 내담자의 현재 문제를 듣는다.
　㉤ 문제를 긍정적이고 해결중심적인 관점으로 변형한다.
　㉥ 상담의 전 과정에 걸쳐 사정을 한다.
　㉦ 치료 초점을 어디에 둘지 내담자와 함께 정하고, 내담자로부터 변화를 위해 노력하겠다는 다짐을 받는다.
　　또한 상담자의 역할을 명확히 알려준다.
　㉧ 내담자의 장점과 좋아하는 것을 하나 이상 찾아 이야기한다.
　㉨ 상담한 것을 정리하고 희망을 주면서 상담을 종결한다.
　㉩ 계속 상담하는 경우 과제를 주고, 다음 약속을 정한다.

(3) **변화 과정**

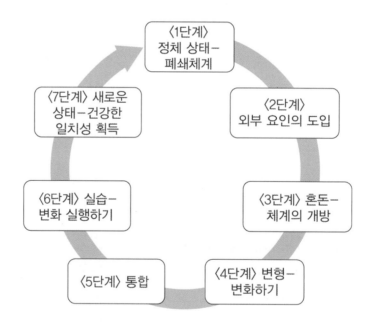

[그림 9-8] 치료적 변형의 순환적 단계

단계	구분	내용
1단계	정체 상태 – 폐쇄체계	고통, 증상 등을 통해 변화의 필요성이 제기됨
2단계	외부 요인의 도입	문제의 탐색, 긍정적 목적의 설정
3단계	혼돈 – 체계의 개방	진실한 의사소통의 시작, 이전 행동은 맞지 않고 새로운 행동은 개발되지 않은 상황 사이에서 혼란
4단계	변형 – 변화하기	긍정적으로 설정된 목적을 향하여 변화하기 시작, 치료 시간의 대부분이 소요됨
5단계	통합	변화가 자신과 조화를 이룸, 변화가 자리를 잡음, 변화가 새로운 자신과 일부가 되게 함
6단계	실습 – 변화 실행하기	변화를 실습, 존재에 대해 새로운 감각 느껴보기
7단계	새로운 상태 – 건강한 일치성 획득	평등, 조화, 일체감, 균형, 익숙함보다는 편안함을 가짐

4. 상담기법

(1) 빙산 기법 [기출 15, 16, 23]

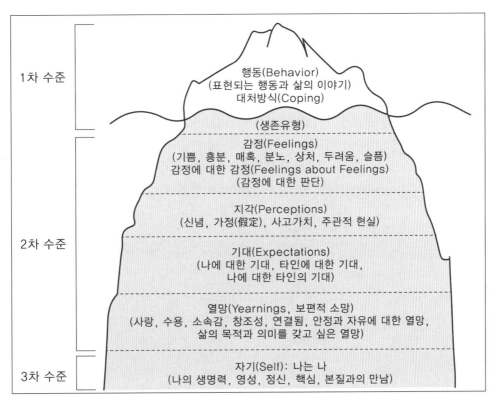

- 개인 빙산: 개인 및 가족의 심리내적 경험을 이해할 수 있는 지도이다.
- 하부로 내려갈수록 인간에게 중요한 것: 수면 위에 있는 것은 사람의 행동과 대처 유형이고, 수면 밑에 감정, 지각, 기대, 열망의 경험 수준이 가정되고 맨 밑바닥에 내적 경험의 근원인 자기가 존재한다.
- 우리 경험의 대부분은 수면 아래에서의 경험이다.
- 개인에게만 사용되는 것이 아니라 부부나 가족이 함께하는 치료 상황에서 자신과 상대방에 대한 감정, 지각, 기대, 열망을 알아차리고 공감하는 데 유용하다.
- 가족 구성원의 생존 유형을 일치형으로 변화시키기 위해서는 생존 유형 이면에 숨겨져 있는 충족되지 못한 기대나 욕구에 많은 관심을 두고, 각 생존 유형이 이미 변화의 씨가 될 수 있다는 강점을 가지고 있다고 믿어야 한다.

[그림 9-9] 반맨(Banmen)의 빙산에 비유한 인간의 심리내적 경험

① 개인 빙산 기법
  ㉠ 가족 구성원의 심리내적 역동을 구체적으로 살펴볼 수 있는 기법으로, 개인의 행동과 태도의 내면에 자리 잡고 있는 진정한 느낌과 생각, 기대, 열망 등을 자각하도록 도와준다.
  ㉡ 빙산 탐색을 통해 내담자는 문제 행동과 대처 양식에 대한 변화를 가져올 수 있다. 이를 위해 상담자는 빙산 탐색 과정에서 가족 구성원의 변화와 성장의 가능성에 대한 깊은 신념을 갖고 의사소통의 내용보다 과정에 초점을 둔다.
  ㉢ 내담자가 내면의 감정을 진정으로 느끼고 표현하며 자신이 품었던 기대를 저버리게 하는 것이 중요한 치료 과정이다. 즉, 기대를 표면화하고 저버리는 단계를 통해 부모로부터 충족되지 않았던 아동기의 열망을 다른 방법으로 실행하도록 돕는다.
② 빙산 탐색 과정
  ㉠ 행동: 빙산 위에 나타난 개인이나 가족의 어떤 사건에 대해 보이는 행동 양식과 활동, 객관적인 삶의 이야기와 의미 등을 살핀다.
  ㉡ 대처방식: 수면 위에 나타난 사건에 대처하는 방식과 의사소통 유형, 방어기제 활용, 생존 유형을 검토한다.
  ㉢ 감정: 발생한 사건에 대한 내담자의 감정(예 기쁨, 흥분, 분노, 상처, 외로움, 슬픔 등)과 함께 발생한 사건의 감정에 대한 감정도 탐색한다.
  ㉣ 지각: 가족의 규칙, 논란, 신념, 사고, 가정에 대해 자신이 가지는 주관적인 해석을 탐색한다.
  ㉤ 기대: 자신이 갖는 기대, 타인에게 갖는 기대, 타인이 나에게 갖는 기대가 무엇이었는지를 탐색한다.
  ㉥ 열망: 내담자가 이루고자 하는 소망과 충족하지 않은 건전한 기대를 열망으로 전환하도록 한다.
  ㉦ 자아(자기): 내담자를 지탱하는 생명력, 정신력, 영혼 깊숙한 곳에서 솟아나는 에너지의 근원을 탐색한다.
    ➡ 빙산 기법을 통해 상담자는 내담자의 내면과 외적 행동 양식의 일치를 이루어가면서 역기능적 가족 구성원 사이의 교착 상태를 풀어낼 가능성을 발견하고 문제를 해결하도록 도와준다.
③ 생존 유형 변화: 생존 유형을 변화시키는 작업에서 중요한 것은 어떤 것을 제거하는 데 초점을 두는 것이 아닌, 가족 구성원들이 이미 지각하고 인식하는 내면의 경험에 새로운 경험을 추가하는 것이다.
  ㉠ 회유형: 다른 사람을 돌보고 염려하는 자원이다.
    ➡ 자신의 유형을 인식하고 다른 사람을 돌보듯 자신을 돌보도록 한다.
  ㉡ 비난형: 자기주장이 자원이다.
    ➡ 내면에서 자신에 대한 기대가 타인에 대한 기대로 확산되면서 비난한다는 것을 인식하도록 촉진한다. 역할극, 가족조각 기법을 통해 비난하는 사람과 비난받는 사람의 역할을 직접 경험하거나 관찰하게 한다. 이들에게 '어떻게 느끼는가?'를 질문함으로써 자신의 감정을 인식하도록 한다.
  ㉢ 초이성형: 지식이 자원이다.
    ➡ 내면이 지각 수준에 머물고 있음을 인식하도록 돕고 애정, 감정, 지적 체계가 모두 통합되도록 '감정에 귀 기울이기, 가족의 감정에 귀 기울이기'를 훈련한다.
  ㉣ 산만형: 즐거움, 자발성, 창조성이 자원이다.
    ➡ 내면 어디에도 초점이 없으므로 신체를 통해 내면에 들어가도록 신체활동을 권고한다. '심호흡으로 호흡 느끼기, 산보하며 느껴지는 감각에 접촉하기, 어머니와 자녀가 수시로 눈 맞추기' 등이 도움이 된다.

④ 개인 빙산 질문

구분	질문
행동에 대한 탐색	• "무엇을 해보셨나요?" • "어떻게 하시나요?" • "그럴 때는 어떤 행동을 하시나요?"
감정에 대한 탐색	• "어떻게 느끼세요?" • "그런 감정에 대해 어떻게 느끼시죠?" • "지금 기분이 어떠신가요?" • "어떻게 하면 편안한 마음으로 상담을 진행할 수 있을 것 같은가요?"
지각에 대한 탐색	• "어떻게 보시나요?" • "어떻게 생각하세요?" • "어떤 그림이 그려지세요?" • "아직까지 해결되지 않은 과거의 일이 생각나는 것이 있나요?" • "걸림돌이 무엇이라고 생각하세요?"
기대에 대한 탐색	• "원하는 것이 무엇인가요?" • "기대하는 것이 무엇인가요?" • "무엇을 희망하나요?" • "무엇을 바라시나요?" • "3년 안에 이루었으면 하는 당신의 희망은 무엇인가요?" • "다른 사람에 대해 바라는 것이 있나요?" • "다른 사람들은 당신에게 무엇을 원하나요?" • "그가 얻고 싶었던 것은 무엇이었나요?" • "당신 딸과의 관계가 어떻게 변화하기를 원하나요?"
열망에 대한 탐색	• "그런 욕구에 대해 어떻게 생각하시죠?" • "당신의 삶에 간절히 바라는 소망은 무엇인가요?" • "어떻게 그런 욕구를 채울 것인가요?" • "그 기대는 어떤 열망을 충족시키고 있나요?" • "삶의 의미를 어떻게 느끼나요?" • "○○이가 어떻게 하는 것이 당신을 인정(사랑, 수용)하는 것인가요?"
자기에 대한 탐색	• "당신은 그럴 만한 가치가 있나요?" • "자신을 어떻게 경험하세요?" • "자기와 만나기 위해 무엇을 어떻게 하였나요?" • "자기를 인정할 수 있나요?" • "자기를 있는 그대로 받아들일 수 있나요?" • "당신 자신에게 더 친절해질 수 있나요?"

(2) **가족 재구조화 기법**

① 주요 도구와 내용으로 내담자 원가족 도표, 가족생활사건 연대기, 영향력의 수레바퀴가 있다.

② 상담자는 가족 재구조화 기법을 통해 내담자의 원가족에 대한 이해와 영향력, 내담자의 충족되지 못한 기대나 열망, 자아존중감, 의사소통과 대처 방식 등 가족의 역동성을 이해하고 바람직한 변화를 시도할 수 있다.

③ **원가족 도표**

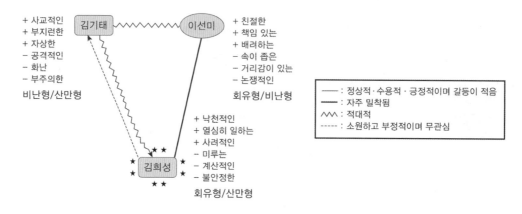

[그림 9-10] 원가족 도표의 예시

㉠ 치료대상자: IP ➡ 스타(star)

㉡ 원가족 도표(3장): 스타의 원가족 도표, 스타의 어머니 원가족 도표, 스타의 아버지 원가족 도표

㉢ 원가족의 맥락 속에서 개인의 심리내적 과정과 가족 간의 상호작용, 가족역동성을 이해하고 평가하게 한다.

㉣ 단계

ⓐ 원가족 도표 그리기: 인구사회학적 정보를 포함한 가족에 관한 기본 정보를 얻는 과정이다.

ⓑ 원가족 도표의 탐색: 전반적인 치료를 위한 사정 도구이자 치료 도구이다.

더 알아보기 **원가족 삼인군 치료과정**

• 사티어 모델의 개념적 틀 안에서 개인이 성장하는 방법, 성장에 미치는 영향에 대한 신념, 개인의 변화에 대한 관점에 기초하여 개인치료 모델을 발달시켰는데, 이것이 원가족 삼인군 치료 모델이다.

• 이 모델은 삼인군의 개념을 중요시하며, 역기능적인 원가족 삼인군(아버지, 어머니, 아동) 가족관계에서 유래된 쟁점을 현재의 상황에서 이해하게 하고, 이 쟁점을 현재의 삶에 대한 방해물이 아닌 긍정적인 것으로 부각시켜 치유하는 것이다.

• **목적**: 기능적인 삼인군의 특성을 갖게 하는 데 있다. 내담자가 원가족 삼인군에서 배운 역기능적 대처방법에 집착하기보다는 죄의식을 느끼지 않으면서 가족규칙과 부모의 규제에서 벗어나 개별성을 갖게 돕는 것이다. 또한 의식적 선택을 통해 내담자가 자신의 행동에 책임을 지고, 자신의 감정과 그 감정에 대한 감정을 잘 관리하도록 도우며 자신의 내·외적 자원을 인정하고 개발하여 의사소통하게 하고, 궁극적으로 자아존중감을 높이고자 한다.

• **치료과정**: 원가족 도표 제시 및 설명 → 다루고 싶은 상황에 대한 설명 → 스타의 역할자 선정 → 가족조각을 통한 원가족 치료 → 스타의 상호작용 → 역할 벗기 → 참여자와 경험 나누기

④ 가족생활사건 연대기(나의 생활 연대기)

　ⓒ 출생 후 현재까지의 주요 생활사건을 연대별로 나열하고, 가계도처럼 3대 가족의 중요 사건을 열거한다.

　ⓛ 스타는 조부모의 출생부터 자신까지의 대가족 역사 속에서 나타난 의미 있는 사건을 연도별로 기록한다.

　ⓒ 가족 연대기의 작성 과정에서 스타가 모르는 부분은 가족의 역사를 잘 아는 구성원이 작성하게 한다.

　ⓓ 자신의 인생 경험을 반추하며 과거 자신에게 영향을 미친 사건을 인식하고 재구성하는 과정을 통해 성장할 수 있는 기회를 제공한다.

　ⓔ 스타는 가족생활사건 연대기를 적는 과정에서 가족이 경험한 개인적 사건과 함께 사회적·역사적 상황을 이해하게 되고, 자신의 문제를 가족의 역사적 상황과 연관 지어 이해하며 가족의 재구조화를 위한 도움을 얻을 수 있다.

⑤ **영향권(영향력)의 수레바퀴**: 스타가 성장하는 과정에서 긍정적이든 부정적이든 자신에게 영향을 준 사건을 바퀴모양의 그림으로 나타낸 것이다. 이 그림을 통해 스타가 의식적으로 생각하지 못했던 경험과 관계, 그 영향을 이해할 수 있다.

> **더 알아보기**　**수레바퀴를 그리는 방법**
>
> • 먼저 스타를 중앙에 그린 다음 스타에게 영향을 준 사람이나 사건을 바퀴 모양으로 적는다.
> • 스타와 이들 간의 친밀도를 선으로 표시한다. 굵은 선은 더욱 밀접한 관계를 의미하며 물결선은 갈등을 나타낸다.
> • 영향을 주었던 사람이나 사건의 특성을 형용사 3~4가지 정도로 묘사한다. 어휘의 특성상 수용되는지 수용되기 어려운지에 따라 형용사에 긍정(+), 부정(−)으로 표시한다.

(3) 가족 조각 기법 기출 21

① 가족을 활용하여 자신의 가족관계나 서로의 상호작용 패턴을 위치나 자세로 만들어 표현하는 기법이다.

② 가족 중 한 사람이 자신의 이미지에 따라 다른 가족을 공간에 배열한 후 신체적 표현을 덧붙이도록 요구하여 가족관계를 파악하는 무언의 동작을 표현하며, 공간 개념을 활용해 가족체계를 상징적·비유적으로 묘사한다.

③ 준비: 조각가, 모니터(주로 상담자), 연기자(조각가 이외의 가족)

④ 실시 방법

단계	내용
가족의 동의를 얻는 단계	• 상담자는 가족과의 면담 중에 가족을 보다 잘 이해하고자 색다른 것을 시도해도 좋을지를 먼저 묻고 동의를 구한 후 가족 전원이 일어나게 함 • 일반적으로 가족은 지금까지 경험하지 않은 새로운 것을 한다는 부담이 많아 이 접근에 대한 많은 설명을 들을수록 부담을 가질 수 있음 • 새로운 경험이라는 점 때문에 주저하는 경우가 많으므로 이 기법이 가족을 이해하는 데 유용한 방법이라는 사실을 부각할 필요가 있음
조각가를 선정하는 단계	• 가족 중 한 사람을 조각가로 정함 • 대개 문제가 있는 가족원이 조각을 하지만, 이 제안을 기쁘게 받아들인 가족원부터 시작해도 좋음

단계	내용
조각을 만드는 단계	• 만들 사람을 정하면 그가 다른 가족 앞에 서도록 한 후, "지금부터 가족은 진흙 덩어리입니다. 가족의 몸이나 얼굴을 마음대로 움직여서 당신이 생각하는 가족의 이미지를 나타내 주세요."라는 설명을 하고 조각을 만들게 함 • 특별한 규칙은 없지만 상담자는 가족에게 조각가의 지시를 따르도록 강조하는 것이 좋음 • 모든 가족의 배치를 끝내면, 조각가도 이 작품의 어딘가에 들어가 자신의 모습을 만들도록 지시함
자신들의 감정을 나누는 단계	• 조각으로서의 가족 배치가 끝나면 상담자는 가족에게 그 자세를 그대로 유지하면서 1분 정도 정지하도록 요구하는데, 이는 가족에게 내면 감정과 접할 기회를 주기 위한 시도임 • 이후 가족 개개인에게 조각하는 동안 어떤 느낌이 들었는지를 물음 • 상담자는 가족이 최대한 감정적 차원에서 피드백하도록 도와줌

⑤ 목적
　㉠ 가족 구성원 개개인이 자신의 내면적 감정을 접하면서 진정한 자아를 깨닫고 느끼고, 새로운 대처방법을 생각하도록 한다.
　㉡ 이 과정에서 가족의 역동성이 가시화되면서 구체적으로 가족의 의사소통 유형, 권력구조, 경계선, 소속감, 개별화, 규칙, 가족체계의 융통성이 어느 정도 파악된다.

⑥ **가족의 방어감 감소**: 조각 장면이 조각자의 지각에 의한 것이며 비언어적으로 표현되기 때문이다.

⑦ 효과
　㉠ 무언의 동작과 신체적 표현을 통해 의사소통과 관련된 가족의 관계를 가시적으로 드러낸다.
　㉡ 현실 공간 속에서 가족 구성원을 직접 활용하기 때문에 가족 내의 특정한 관계를 볼 수 있으며, 이를 조각함으로써 개인의 인식, 감정을 알 수 있다.

⑧ 활용 방법

구분	내용
원가족 조각하기	• 자신이 성장한 원가족의 모습을 조각하는 방법 • 자신의 성장과정과 현재 자신이 자녀를 양육하는 과정의 유사점을 발견하는 계기가 될 수 있음 • 남편이나 부인의 가족도 모두 조각함 • 끝난 후 참가자들의 소감을 나눔
현재 가족 조각하기	• 현재의 가족역동을 조각하는 방법 • 스트레스 상황에서 가족 구성원의 대처방식을 확인할 수 있음 • 누가 어려운 상황인가, 누구는 편한가, 누가 누구를 보는가 등 • 가족이 아닌 참여자로 가족을 조각하는 경우, 역할을 맡은 사람의 경험을 말하게 함
이상적 가족 조각하기	• 부모가 자신이 원하는 방식으로 이상적인 가족의 모습을 조각하는 방법 • 이상적인 가족을 만들기 위해 현재 내 자신이 어떻게 다르게 해야 하는지를 찾아보고 행동적인 변화를 위해 각자 나누어 이야기하게 하며, 이를 과제로 연결함

- **준비 단계**: 다음과 같이 조각 기법에 관한 설명을 한 후에 조각을 실시한다. "가족은 지금 진흙 덩어리입니다. 가족의 몸이나 얼굴을 마음대로 움직여 당신과 가족이 어떤 관계에 있는지를 나타내 주세요."
- **조각 완성 단계**: 조각으로서 가족의 배치가 끝나면, 치료사는 그 자세를 유지하면서 1분간 정지하도록 요구한다. 이것은 가족에게 자신들이 내면에 있는 감정과 접할 수 있는 기회를 제공한다. 치료사는 가족 개개인에게 조각하는 동안 어떤 느낌을 가졌는지 물어본다. 이때 치료자는 감정적 차원에서 보다 많은 피드백을 나누도록 도와야 한다.
- **성숙 및 변화 단계**: 내면 세계의 감정, 기대, 열망, 인지, 자기가치에 대해서 치료사는 가족과 대화를 나눈다. 이때 다음과 같은 질문이 가능하다. "조각한 장면에 어떤 제목을 붙이겠어요?", "조각을 만든 가족 구성원이 가족을 이렇게 인식하고 있는 것을 다른 사람들은 알고 있었나요?", "이렇게 표현된 가족 기능에 동의합니까?", "불쾌한 것은 무엇입니까?"
- **종결 단계**: 이상적인 상태를 재조각하고 나서 이러한 변화가 오면 자신은 무엇을 어떻게 하겠는지를 가족 구성원 개개인에게 질문한다. 이러한 질문은 가족의 변화에 대한 통찰을 키울 수 있다.

(4) 내적 부분들의 잔치(내적 자원의 통합)

① 인간의 다양한 내적 부분들과 자원이 면밀하게 검토되고 요구들이 충족되어, 부분 간의 통합이 이루어지고 결과적으로 일치적인 인간이 되게 한다.

② 유머와 연극, 역설을 주로 사용하여 인간의 내적 자원을 확인하고 변형·통합하는 과정을 통해 치유를 경험하게 한다.

③ 내적 자원의 통합 모델을 통해 개인이 지금까지 무시해 온 자신의 내적 부분을 시인하고, 이 부분을 재평가하여 관심이 필요한 부분은 더욱 관심을 준다.

④ 이 과정을 통해 자신의 내적 과정을 변형시키고 지금-여기에서의 문제와 상황을 다루게 된다.

(5) 재정의

① 내담자나 가족이 세상에 대한 내면의 준거틀을 변화하는 데 효과가 있는 치료적 전략이다.

② 개인이나 문제를 좀 더 긍정적이고 적절하고 정상적인 것으로 재규정하여 의미와 가치판단이 변화하게 한다.

(6) 은유 기법

① 치료자가 직접적으로 지시·평가하는 대신 간접적이고 비유적인 표현을 사용하는 방법이다.

② 내담자의 자아존중감이나 체면을 손상하지 않아 덜 위협적이다.

③ 사티어는 내담자에게 특별한 의미를 전달하기 위해 은유를 자주 사용했으며, 은유를 통해 상담자 자신이 의미하는 것과 실제 대상 사이에 생기는 공간은 내담자가 나름대로 해석할 수 있는 여유를 제공한다고 보았다.

(7) 역할극

① 개개의 가족 구성원이 다른 사람의 역할을 수행할 수 있는 기회를 갖는 것으로, 가족의 입장을 잘 이해할 수 있는 효과가 있다.

② 실제 경험을 바탕으로 현재의 느낌을 노출하는 것을 전제로 함: 과거의 사건이나 바람 또는 미래 사건에 대한 감정을 직접 표현하게 함으로써 가족들에게 생생하게 경험할 수 있는 기회를 제공한다.

1. 이론의 개요

(1) 개관

① 가정

ㄱ 가족 환경은 개인의 내적 과정에 영향을 미치고 가족 환경 속에서의 변화는 개인을 변화시킨다.

ㄴ 치료자의 행동은 변화를 위해 중요하다.

② **전략 치료에 영향**: IP의 증상은 체계를 유지하는 기능을 한다.

③ '가족구조 변화 ➡ 가족지위 변화 ➡ 개인 경험 변화'의 과정으로 이루어진다.

④ 비교적 단시간에 가족의 문제점이나 가족 특유의 양식을 파악하여 가족구조를 변화시키는 접근법이다.

➡ 가족구조가 변하면 동시에 가족의 지위도 변하고, 결국 각 개인의 경험도 변할 수밖에 없다고 본다.

예 이상한 나라의 앨리스

⑤ 구체적이고 행동 중심적인 기법이다.

⑥ **구조적 가족치료 창시자**: 미누친(Salvador Minuchin)이며, 그는 1950년대에 주로 중산층 가족을 대상으로 가족치료를 실시했고, 빈곤가족에게 적합한 접근방법을 개발하기도 했다.

(2) 구조주의 이론이 전제

① 가족 구조는 지속적으로 변화하는 개방형 사회문화 체계이다.

② 가족은 재구조화가 필요한 단계를 거치면서 발달한다.

③ 전체 체계는 부분과 부분과의 관계를 통해서만 적절히 설명될 수 있다.

(3) 이론의 구성

① **사회성 모델**: 기본 전제는 개인과 가족은 주변 사회 환경으로부터 많은 영향을 받는다는 것이다. 빈곤, 폭력, 범죄 등과 같은 사회 문제는 개인뿐만 아니라 개인이 속한 가족에게도 영향을 주어 또 다른 사회 문제에 쉽게 노출되게 한다.

② **구조 모델**: 가족구조는 가족 구성원이 상호작용하는 방식을 지배하는 일련의 보이지 않는 요구이다. 가족은 이러한 상호작용 패턴을 통해 작동하는 체계이며 반복적 상호작용이 언제, 누구와, 어떻게 상호작용하는지에 대한 유형을 만들어 낸다. 또한 체계의 특정 형태로 오랜 기간 반복되면서 형성되어 일정한 방식으로 존재하기 때문에 예측이 가능하다.

③ **발생 모델**: 가족구조가 부모-자녀의 발생적 차원에서 형성된다. 결혼한 부부는 아이를 낳고 부모와 자녀 사이에 자연적으로 권위체계가 형성되면서 아이는 부모가 가진 가치관과 보여주는 행동 양식을 배우게 된다. 부모에게 주어지는 발생적 권위하에서 자녀에게 보이는 기대에 따라 자녀의 행동 유형은 매우 달라질 수 있다.

④ **변화 모델**: 가족의 역사적 측면을 다룬다. 가족구조가 시간의 흐름에 따라 변화하면서 가족 내 상호작용과 규칙들이 달라진다. 이 모델은 구조의 시간에 따른 변화와 적응에 관한 것으로, 순응이라는 개념을 가족구조에 적용했다. 가족체계는 스스로 존재를 지속하기 위해 외부의 요구와 내부의 변화에 따라 적응을 계속해나간다. 그 의미에서 가족이라는 체계는 살아 있는 유기체로서 환경과의 상호작용에서 생존해야 하는 목적을 갖는다.

2. 주요 개념

(1) 가족구조

① 의미: 가족 구성원들이 상호작용하는 방식을 조직화하는 하나의 보이지 않는 기능적 요구(미누친, 1988)로 정의되며, 반복적이고 체계화되어 예측할 수 있는 가족의 행동 양식이다.

② 가족 구조를 유심히 관찰하면 누가, 언제, 어떻게, 누구와, 얼마나 자주 관계를 맺는지, 그들의 관계는 얼마나 친밀한지를 파악할 수 있다.

③ 가족구조는 가족 구성원의 행동 양식을 규정하는데, 여기에는 두 가지 제한 요인이 있다.

　㉠ 보편적 요인: 대부분의 가족에 적용되는 일반적 규범체계로, 다수의 가족은 위계구조를 확립하고 가족원은 서로 상보적인 역할을 수행함으로써 가족의 구조를 기능적으로 유지한다.

　㉡ 특수한 제한 요인: 특정한 가족이 특정한 상호 교류 패턴을 발전시켜 가족원의 행동을 규제하는 것이다.

④ 특징

　㉠ 가족구조의 변형은 다른 변화를 가능하게 한다.

　㉡ 가족구조는 가족 구성원의 지지, 규율, 보살핌, 사회화에 의해 구성된 것이므로 상담자가 직접 교육하거나 사회화시키는 것이 아니고 기능을 수정하는 것이다.

　㉢ 가족체계는 자체 유지기능을 가지고 있어 한 번 변화가 시작되면 계속적인 개입 없이도 변화를 유지하며 가족 구성원의 경험을 끊임없이 발전시키므로, 상담자는 보다 적극적으로 가족에 개입하여 구조를 평가하고 새로운 구조로 변화시키는 기술을 가져야 한다.

(2) 하위 체계

① 의미: 전체 체계를 위해 특정 기능을 수행하는 전체 체계 내의 조직화된 단위를 말한다.

② 개인은 각각의 하위 체계 안에서 각기 다른 권한과 역할로 고유의 기능을 수행하며 상보적인 관계를 맺는다.

③ 건강한 가족: 하위 체계의 구성원이 고유의 역할과 기능을 충실히 수행한다.

④ 일반적으로 가족 체계에는 4가지 유형의 하위 체계가 존재하는 것으로 알려져 있다.

　㉠ 부부 하위 체계

　　ⓐ 부부는 각자의 원가족에서 분화되어야 하며 한쪽의 희생이 아닌 각자의 능력, 자원, 고유성을 서로 존중하고 지원함으로써 서로의 자아실현과 성장을 위해 함께 노력해야 한다.

　　ⓑ 과업: 협상과 조정이다.

　　ⓒ 기능: 성, 사랑, 친밀감이며 그 기능을 다하기 위해서는 가족 내 다른 체계에서 적절히 보호되어야 한다.

　㉡ 부모 하위 체계

　　ⓐ 자녀의 탄생과 함께 형성된다. 부부 하위 체계와 부모 하위 체계는 분리하여 존재한다.

　　➡ 자녀들은 부모의 부부관계에 개입되거나 부부간의 갈등 때문에 걱정을 할 필요 없이 부모의 자녀로서 독립적으로 기능하고 존재할 수 있다.

　　ⓑ 기능/과업: 자녀 양육, 지도, 통제와 연관된다. 특히 애정과 통제는 매우 중요하기 때문에 부모 하위 체계는 자녀의 연령 및 발달 단계에 따라 부모 간의 의견 차이를 협상조정하며 재구조화해야 한다.

　　ⓒ 건강한 가족: 부모 하위 체계와 부부 하위 체계가 분리되어 존재하면서 부부 하위 체계가 부모 하위 체계보다 상위에 존재한다.

ⓒ 부모-자녀 하위 체계

ⓐ 부모와 자녀로 이루어지며 아버지와 아들, 어머니와 딸, 아버지와 딸, 어머니와 아들로 구성된 체계를 포함한다.

ⓑ **다른 체계와 다른 점:** 세대가 다른 사람으로 구성된다.

ⓒ **기능:** 가족 내 위계구조 확립에 있다. 부모가 자녀를 훈육하고 자녀의 성장 발달을 돕기 위해 권위와 통제를 적절히 사용할 필요가 있으며, 가족 모두가 동등한 권리를 갖는 민주주의가 되어서는 안 된다.

ⓓ **지나치게 통제적인 부모:** 자녀는 독립적인 존재로 성장하기 어렵고 그 과정에서 부모와의 갈등을 겪으며 역기능적인 부모-자녀 관계를 형성하게 된다.

ⓔ **자녀가 중심인 가족:** 부모-자녀 하위 체계에 의해 부부관계가 약해지며 자녀에게 건강한 성인관계의 모형을 보여주지 못할 수 있다.

ⓔ 형제자매 하위 체계

ⓐ 동일한 세대에 속하는 형제자매로 구성되며 어른에게 부과되는 책임감 같은 것 없이 자녀로 존재하면서 여러 시도를 할 수 있는 '사회적인 실험실'과 같다.

ⓑ **기능:** 협동, 협상, 연합을 학습한다.

➡ 협동과 경쟁, 양보와 타협, 갈등 해결, 희생과 우정 등을 배우는 사회적 실험실과 같다.

ⓒ 형제자매 하위 체계가 기능적이 되기 위해서는 부모 하위 체계에 대항하여 자신들만의 세계와 흥미를 개발하고 확립할 수 있어야 하며, 사생활이 보호되어야 하고, 시행착오의 자유를 확립해야 한다.

ⓓ 부모는 자녀를 비교하거나 자녀들의 싸움에 끼어들어 판단하지 말고 공평하게 스스로가 문제를 해결하도록 유도한다.

ⓔ **형제자매 하위 체계가 지나치게 밀착된 경우:** 외부 사람들과의 관계 형성에 어려움을 경험할 수 있다.

ⓕ **형제자매 하위 체계가 지나치게 소원한 경우:** 유대감이 약해서 대인관계에 부정적인 모습을 보일 수 있다.

(3) 경계선

① **의미:** 눈에 보이지 않지만 가족 구성원 개인과 하위 체계의 안팎을 구분하는 선이며, 가족 구성원 간에 허용되는 접촉의 양과 종류를 규정한다.

② 개인 또는 하위 체계 간의 친밀도, 정보의 상호 교환 정도, 문제 해결을 위해 상호 교류하는 정도를 알 수 있다.

③ **경계선의 범주** 기출 18, 22

구분	내용
명료한 경계선	• 가족 구성원은 자율적이고 독립적이면서도, 필요한 때 서로의 안녕과 행복을 위해 협동하고 지지하며 서로의 삶에 관여함 • 자율성과 응집력을 동시에 보유한 가족 구성원들은 '우리'라는 집단의식과 함께 '나'의 정체감을 잃지 않는 건강한 개인임
모호한(애매한) 경계선 (밀착된 가족)	• '모든 일이 나의 일'이라는 태도로 인해 가족 구성원 개인의 정체성 구분이 모호하며 거리감이 없고, 강한 소속감 때문에 자율성이 방해를 받음 • 소속감과 친밀감을 중시하여 개인의 독립성과 자율성 욕구는 허용하지 않음 • 때로 가족 구성원이 분화하고자 하는 행동을 가족을 배신하는 행위로 간주함 ➡ 미누친(1971)의 모호한 경계선: 가족 구성원의 개별성과 독창성이 없고 자발성과 책임감이 낮으며, 서로 간의 차이나 분리에 대해 강한 두려움과 불안감을 보임 ➡ 불안정한 정서, 우울증, 정신·신체적 질병 등의 정서장애가 나타날 수 있음

경직된 경계선 (격리된 가족)	• '나는 나, 너는 너' 식의 지나치게 독립적인 태도로 서로 대함 • 가족 구성원이 서로 거리감과 소외감을 가지고 각자 자율적이고 독립적으로 기능함 • 가족에 대한 소속감과 충성심이 부족하고, 도움이 필요할 때 원조를 주고받을 능력이 부족하며, 반응이 필요할 때 반응을 하지 않는 경향이 있음 • 가족 간 의사소통이 원활하지 못하고, 가족이 보호기능을 수행하기가 힘듦

(4) 위계구조

① 가족의 위계구조는 하위 체계 기능에 의해 발생되는 가족 내의 권력, 책임과 관련 있다.

② 가족이 적절한 기능이 되려면 효율적인 위계구조가 확립됨으로써 구성원 각자가 적합한 위치에 있어야 한다.

③ 위계구조의 문제 발생: '제휴'라는 역기능이 나타날 수 있다. 제휴는 가족 구성원이 서로 연결되는 방법을 의미하며, 이 연결은 협력관계나 대립관계를 가질 수 있다. 또한 제휴에는 연합과 동맹이 있다.

　　㉠ 연합: 두 사람이 제3의 구성원에게 대항하기 위해 협력하는 것으로, 안정연합과 우회연합이 있다.

　　㉡ 동맹: 두 사람이 공동의 이익, 목적 때문에 제휴하여 제3자와 대항하는 것이나, 반드시 제3자와 적대적인 관계에 있는 것은 아니다.

④ 위계구조의 문제

구분	내용
안정연합	• 가족 내 한 구성원을 밀어내기 위해 두 사람이 밀착관계를 지속적으로 형성하는 현상 • 연합한 두 사람은 정서적으로 강하게 밀착되어 서로의 욕구에 민감하게 반응하는 반면, 다툼의 대상이 되는 가족원과는 거리를 둠 ➡ 목적은 대항하기 위한 것
우회연합	두 사람의 갈등이나 문제를 제3자에게 회피함으로써 근본적인 갈등 해결은 어렵지만 순간의 해결방식으로 가정에서 흔히 사용됨 ➡ 목적은 위로를 얻기 위한 것 ㉸ 부부간 갈등이 심할 때 아내가 남편에게 문제에 대한 갈등, 불만을 직접 대화로 해결하지 못하고 자녀에게 불만을 토로하여 직접적인 갈등을 우회하여 푸는 현상
삼각관계	서로 갈등하고 있는 두 사람이 똑같은 제3자를 통해 상대방을 제압하려고 하는 연합의 관계 ㉸ 부부간 갈등이 심한 경우 부부는 각자 한 자녀를 자기편으로 끌어들이려고 노력할 수 있다. 즉, 제3자인 자녀를 자기편으로 끌어들임으로써 상대방에 대한 자신의 우위를 주장하려고 하며 이 경우 자녀는 부모의 관심 집중으로 정신적 스트레스를 경험하며 삼각관계의 희생양이 된다.
세대 간 안정연합	• 가족 간의 연합이 세대 간에 형성되는 경우 • 세대 간의 연합은 핵가족 세대, 확대가족 세대 모두에서 함 • 부부간 갈등으로 부부가 둘 다 자녀들과 연합하는 것은 아랫세대 간의 안정연합, 부부가 자신들의 부모와 정서적으로 밀착하여 연합하는 것은 윗세대 간의 안정연합이라고 함

(5) 가족구조적 지도

① 가족의 상호작용 구조를 그림으로 나타내는 것이다.

② 상담자는 가족구조적 지도를 이용하여 가족의 상호작용 구조를 간략히 나타냄으로써 변화과정을 평가하거나 치료 목표를 설정하는 데 사용한다.

③ 기호 기출 15 추시, 19, 22

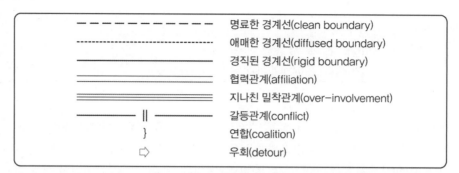

가족지도에 사용되는 기호

역기능적 가족지도
: 부모의 갈등으로 희생양이 된 자녀

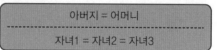

기능적인 가족지도: 부모체계, 자녀체계가 각각
협력관계이며 이들 체계 사이에 명료한 경계 존재

[그림 9-11] 가족지도에 사용되는 기호

④ 구조적 지도의 예

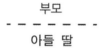

부모–자녀 하위 체계 사이의 경계선이 명확
하며 적절한 위계구조가 형성된 기능적인
가족

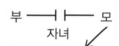

부부간 갈등을 자녀에게 우회한 가족

부부간의 갈등이 장기화되면서, 아내가
자녀와 동맹하여 모호한 경계선을 형성하고
남편은 다른 가족원과 경직된 경계선을
형성한 가족

어머니의 재혼 후 계부를 받아들이는 데
실패한 가족

남편이 아내보다 부모와 밀착된 관계를
형성하고 부모와 동일한 권력을 가지며,
아내는 자녀들과 같은 위치에 있는 가족

부모와 외아들 간에 모호한 경계선이 형성
되어 있고, 아들은 학교에 가는 것을 거부
하는 가족

[그림 9-12] 구조적 지도의 예

(6) 가족 정서 조절

① 최근 구조적 가족상담에서는 가족 구성원 사이에서 발생하는 정서와 관련된 경험을 다루는 것이 매우 중요한 과제로 제시되고 있다.

② 구조적 가족상담에서 중요하게 여기는 정서 조절 영역

　　㉠ 자신이나 다른 사람의 느낌, 정서를 알아차리는 능력

　　㉡ 자신과 타인이 경험하는 정서의 종류를 구별하고 강도를 평가하는 능력

　　㉢ 이러한 정보를 이용하여 생각하고 행동하는 능력

　　㉣ 강력한 정서적 자극이 발생하는 가운데서도 자신을 진정시키고 안정을 찾는 능력

　　㉤ 다른 사람의 정서에 공감하고 그들을 돌보는 능력

(7) 가족 역기능

① **역기능적 가족**: 심한 스트레스 상황, 위기 상황에서 가족의 구조가 적합하게 재적응을 하지 못하면 불균형 상태로 고착되어 역기능이 된다.

② **기능적인 가족의 특징**

　　㉠ 가족은 각 발달 단계별 상황이나 특별한 상황에서 탄력성 있게 변화하는 융통성이 있다.

　　㉡ **가족 내 구성원 사이의 분명한 경계**: 자아정체성을 상실하지 않으면서도 정서적인 상호작용이 이루어진다.

　　㉢ 가족 안에서 부모의 권력과 결정권, 권력과 위계질서가 자녀들에게 방해받지 않는다.

　　㉣ 부부간의 욕구 충족과 문제 해결을 위한 공정한 협상과 조정 능력이 있다.

　　㉤ 가족이 내외적 환경으로부터 많은 스트레스를 받을 때 가족은 새로운 기능을 발휘하여 상황에 잘 적응한다.

③ **경계선과 가족 역기능**

구분	경계선	내용
분리된 관계의 가족	경직된 경계	• 가족체계가 외부와 매우 경직되어 있는 가족으로, 외부로부터 소외되고 가정 안에서 부모의 권위가 매우 강조됨 • 상호작용이 결핍되어 있고 가족 간의 친밀함이 유아적이며, 정서적으로 상호 지지를 받길 원하지만 실제적으로는 받기 힘든 경향이 있음 • 서로 격리된 가족으로, 가족 구성원 간에 관심이 없고 부모와의 관계도 소원하며 부모에 대한 존중감도 없음 • 부모자녀 관계에서 부모는 부모이고 자녀는 자녀일 뿐, 정서적 상호작용이 전혀 없음 • 이 가족구조의 구성원은 강한 유대관계와 밀착성을 보이는 비행집단에 쉽게 빠져들 수 있음
융합된 관계의 가족	모호(애매)한 경계	• 가족 구성원 간에 감정이 지나치게 얽혀 있어 사소한 일에도 쉽게 갈등이 발생함 • 모든 문제에 서로가 깊이 관여하고 구속과 간섭이 심해 너의 일과 나의 일이 구분이 없고, 너의 감정과 나의 감정, 너의 욕구와 나의 욕구가 분명하지 않음 • 하위 체계 간에 서로 지나치게 밀착되어 있어 개인의 자아의식과 책임감이 발달하지 못함

3. 상담목표와 상담자의 역할

(1) 상담목표

① **목표**: 문제나 증상의 제거가 아닌 역기능적 가족구조의 재구조화이다. 기출 23
② **지침** 기출 14, 15 추시

    ㉠ 가족 위계구조를 적절히 확립한다. 적절한 위계구조는 부모가 권위와 책임을 맡고 부모의 권위를 바탕으로 부모-자녀가 세대 간 차이를 인정하는 구조이다.

    ㉡ 부모가 서로 연합한다. 부모는 서로 지원하고 적응함으로써 자녀에게 통일된 모습을 보여야 한다. 부모 간 연합이 제대로 이루어지지 않을 때 자녀가 힘을 갖게 되거나 부모 중 한쪽이 자녀와 연합하므로 부모가 제 기능을 할 수 없고, 가족 상호작용은 역기능적이 된다.

    ㉢ 부모가 연합된 모습을 보일 때, 자녀는 동년배의 형제자매 체계로 기능할 수 있다. 부모는 자녀끼리 협상, 지원하고 갈등이나 차이를 해결하며 서로를 존중하도록 지원해야 한다.

    ㉣ 부부 하위 체계는 부모 하위 체계와 분리되어 존재한다. 부부 하위 체계는 사랑과 친밀감, 서로의 자아실현을 돕기 위해 형성되지만, 부모 하위 체계는 자녀의 성장과 발달을 지원하기 위해 형성된다. 따라서 부모 하위 체계와 별도로 부부만의 독립되는 영역과 시간을 가지고 부부만의 친밀감과 사랑을 증진해야 한다.

    ㉤ 경계선이 경직되거나 분리된 가족을 대상으로 치료할 경우, 가족 구성원 간의 상호작용 빈도를 높임으로써 분명한 경계선을 갖도록 돕는다. 가족원이 각기 독립적이고 자율적으로 존재하면서, 서로에 대한 보살핌과 지원을 제공하도록 한다.

    ㉥ 경계선이 밀착된 가족을 대상으로 치료하는 경우, 개인이나 하위 체계가 서로 분화되게 돕는다. 특히 자녀의 발달 단계에 따른 차이를 존중하고 자녀의 연령에 맞는 활동을 독자적으로 시도하도록 돕는다.

(2) 상담자의 역할

① 상담자가 관심을 가져야 할 주요 영역

    ㉠ 가족구조의 상호작용 유형과 대안적인 상호작용 유형을 파악한다.
    ㉡ 변화하는 상황에 대한 반응인 가족체계의 동맹, 연합과 가족체계의 융통성, 재구조화 능력을 평가한다.
    ㉢ 각 구성원의 행동에 대한 가족체계의 감수성을 조사하며 가족의 분리 상태를 평가한다.
    ㉣ 가족의 현재 상황(가족환경)에서 생활 지지체계와 스트레스 요인을 분석한다.
    ㉤ 가족의 발달 단계와 단계에 적합한 과업 수행능력을 평가한다.
    ㉥ 가족의 상호작용 유형을 유지하고자 내담자의 증상을 이용한다.

② 상담목표 달성을 위해 수행할 역할

    ㉠ 가족구조의 개념에 대한 지식과 신념을 가진다.
    ㉡ 가족구조를 나타내는 가족의 상호 교류와 그 패턴을 관찰한다.
    ㉢ 현재의 가족 구성원과 가족 환경을 고려하여 이 가족의 이상적인 구조가 무엇일지를 명확히 한다.
    ㉣ 상담자는 지도자의 역할을 맡는 한편 치료목표를 달성하기 위해 가족에 합류하고 가족을 수용·존중하면서 가족의 상호작용에 적응한다.
    ㉤ 상담자는 가족을 존중하면서도 확고한 방법으로 개입하여 그들이 원하는 변화가 이루어지도록 돕는다.
    ㉥ 가족 구성원을 지원하고, 치료시간에 새로운 방법을 시도하게 도우며 시도와 성공을 인정하고 칭찬한다.

4. 상담과정과 상담기법

> **상담과정과 상담기법 개관**
>
> • 구조적 가족상담은 크게 세 부분으로 이루어진다.
>   – 상담자가 리더십의 위치에서 가족에 참여하는 것(상호작용과의 합류)
>   – 가족 내부에 존재하는 구조를 파악하는 것(상호작용의 창조)
>   – 그러한 구조를 변화하기 위해 개입하는 것(상호작용의 재구조화)
> • **교류(상호작용) 합류**: 목표에 도달하려는 전문가가 창출하는 가족과의 인간적 상호작용에 대한 기법이다.
> • **교류(상호작용) 창조**: 치료적 효과와 연결될 수 있는 가족 구성원 간의 상호작용을 상담자가 의도적으로 만들어내는 기법이다.
> • **교류(상호작용) 재구조화**: 보다 기능적인 가족구조를 향하여 가족 구성원 간의 상호작용 유형을 변화시키기 위한 기법이다.

(1) 합류와 적응하기

① **합류**: 상담자가 가족의 조직과 상호 교류 유형을 있는 그대로 수용하고 가족의 강점을 직접 경험함으로써 가족 체계와 관계를 맺는 행동이다.

② 가족체계에 합류하기 위해서는 가족의 조직과 유형을 수용하고 직접 경험해야 한다.

③ **합류 기술** 기출 17

구분	내용
유지	• 가족상담자가 가족의 구조를 분석할 때 의도적으로 현재의 구조를 지지하는 것 • 가족의 하위 체계에 대한 승인, 적극적 지지와 함께 구성원 개개인의 강점과 잠재능력을 확인하여 지지함 • 필요한 경우 구성원의 가족 내 지위를 강화하기도 함
추적	• 가족이 하는 이야기를 명확하게 이해하기 위해 질문하고, 가족이 말한 내용을 추적하여 핵심을 파악하는 작업 • 상담자는 추적을 하는 동안 가족의 이야기에 도전하거나 직면하지 않고, 그들의 이야기에 관심이 많다는 것을 언어적·비언어적 방법으로 전달하면서 가족이 이야기를 지속하도록 유도함 • 추적을 통해 상담자는 보다 많은 정보를 찾고 가족 구성원에 대한 이해를 높일 수 있음
모방	• 가족의 의사소통 방식과 내용을 모방하고 공통된 경험을 이야기함으로써 가족에 합류하는 방법 ➡ 가족이 사용하는 언어, 몸짓, 대화 따라 하기 • 모방을 통해 상담자는 가족 구성원과 동질감을 형성하고 가족의 친밀감을 확보할 수 있음

(2) 상호작용(교류)에 관여하기(상호작용 다루기)

① **구조화**: 상담자가 상담목표에 도달하기 위해 의도적이고 계획적으로 시도하는 치유적 관여를 의미한다.

② **실연화**: 역기능적 가족 구성원 간의 교류를 실제로 행동해 보이도록 하는 것이다. 기출 19

  ㉠ **실연화의 과정**

    ⓐ 교류를 관찰하여 역기능적인 어떤 부분에 초점을 맞춘다.

    ⓑ 역기능적인 교류를 둘러싼 상호작용을 분명히 밝힌다.

    ⓒ 현재까지 가족이 사용한 방법과 다른 교류를 실연화한다.

  ㉡ **실연화의 치료적 효과**

    ⓐ 상담자와 가족 간의 치료 동맹을 촉진시킨다.

    ⓑ 상담자는 실연을 통해 가족들의 신념에 도전할 수 있다.

    ⓒ 가족은 새로운 상호작용과 구조를 실험할 수 있는 기회를 갖는다.

    ⓓ 상담자는 가족에게 그들만의 상호작용을 해 보도록 지시함으로써 상담자가 가족의 제휴 대상자가 되는 것을 피할 수 있다.

③ **과제 설정:** 가족에게 어떤 특정 교류를 관여하는 과제를 내주는 것으로, 가족이 과제를 수행함으로써 상담자는 가족의 재구조화를 돕고 가족의 구조를 관찰할 기회를 가질 수 있다.

  ㉠ 과제를 제시할 때 언제, 어디서, 누구와, 어떻게 교류해야 하는지를 명확히 설명해야 하며, 과제의 필요성과 효과성에 대해서도 알려 주는 것이 좋다.

  ㉡ **실연화와의 차이점:** 과제 설정은 시간, 장소, 교류 유형이 명시된다는 점에서 다르다.

(3) 진단하기

① **진단:** 회기 중에 일어나는 상호작용에 대한 관찰을 토대로 만들어진 작업가설이다.

② **진단의 목적:** 문제의 개념화로 가족상담자가 주의를 기울여야 할 영역들로 이루어져 있다.

③ **영역**

  ㉠ 첫째, 가족의 구조와 선호하는 상호작용 유형, 대안적 유형

  ㉡ 둘째, 체계의 동맹 및 연합방식, 가족체계의 융통성 및 재구조화 능력

  ㉢ 셋째, 개개의 구성원에 대한 가족체계의 감수성 및 분리 상태

  ㉣ 넷째, 가족의 스트레스 및 지지 체계

  ㉤ 다섯째, 가족 발달 단계의 과제 수행 여부(발달 단계에 적절한 과업 수행 여부)

  ㉥ 여섯째, 상호 교류 유지를 위한 IP의 증상(상호 교류 유형을 유지하기 위해 이용한 IP의 증상들)

(4) 가족 재구조화(상호작용을 부각시켜 조정하기) 기출 24

① **상호작용을 정확하게 이해하기 위해서는 내용 보다는 과정에 집중해야 함:** 가족의 상호작용 유형을 부각(증상의 초점화)시키고, 조정하는 역할(구조의 수정)을 해야 한다.

② **강조(intensity, 격화):** 가족 상호작용의 흐름을 막음으로써 가족이 예전 상태로 되돌아가지 않고 평형 상태에서 벗어나게 하는 데 사용한다.

  ㉠ 상담자가 목소리의 크기나 높낮이, 말의 속도·적절한 단어를 선택함으로써 효과적으로 사용할 수 있다.

  ㉡ 상담자가 언제 어떻게 내담자의 정곡을 찔러 효과적으로 말해야 하는가를 아는 것도 필요하다.

  ㉢ 방법

구분	내용
주제의 반복	• 상담자가 가족에게 전달하려고 하는 내용을 반복적으로 전달하는 방법 • 내용과 구조를 모두 포함하는 데 특정 주제를 가지고 반복적으로 질문하면서 필요한 역동을 이끌어 내는 기법
상호작용의 반복	• 가족들과 상담하는 동안 바람직한 행동을 하도록 요구하면서 반복적으로 지적하는 방법 • 목소리의 크기, 높낮이, 손짓, 몸집, 얼굴 표정 등을 이용하여 상호작용에서 이루어지고 있거나 이루어져야 할 것을 강조하여 보여줌
시간의 반복	• 예상보다 훨씬 더 오랫동안 증상이 지속되게 내버려둠으로써 상호작용을 부각하는 방법 • 원하는 것을 얻기 위해 떼를 쓰는 자녀의 경우 대부분의 부모는 참지 못하고 아이를 달래기 시작하고 원하는 것을 주지만, 그와 다르게 장시간 방치해두면 아이는 의아해하면서 행동을 수정함

③ **체계의 재편성:** 구성원의 배열을 바꾸어 구조를 변화시키는 것 혹은 가족을 바람직한 위치로 직접 움직여서 가족의 상호작용에 변화를 시도하는 것이다.

④ **증상의 초점화(증상 활용 기법):** 가족이 호소하는 증상에 직접 관여하여 교류 유형을 변화시키는 기법이다. 상담자는 증상을 역기능적 가족구조의 반영이라고 보고 증상의 기능을 무력화하여 가족의 교류에 증상이 더는 필요 없는 상태로 만들도록 한다.

구분	내용
증상의 강조	• 증상을 과장하여 표현하도록 하는 전략 • '증상 처방'이라고도 하며, 증상의 이차적 이득이 없어지도록 증상을 과장하게 함
증상의 축소	• 증상의 강조와 반대로 IP의 증상을 중시하는 가족의 생각을 변화시키는 기법 • 이 기법의 목적은 증상의 강조와 같이 증상 중심의 교류 유형을 변화시키는 것임 • 증상을 가족의 다른 문제와 비교하고, 다른 문제를 중시함으로써 상대적으로 현재의 증상을 경시하게 함
증상의 재정의	• 증상에 대한 가족의 의미부여, 이른바 증상에 붙이는 라벨을 바꾸는 전략 • 구조적 가족상담에서의 증상은 역기능적 가족구조의 표현임 • 증상을 재명명한다는 것은 증상의 역기능적 가족구조를 표현하거나 연관이 있다고 다시 정의하는 것임 • 증상을 재정의하는 목적은 새로운 교류 맥락을 창조하는 것임

➡ MRI에서 실시하는 증상 중심의 개입의 주된 목적은 증상을 제거하는 것이지만, 구조적 가족상담에서는 증상의 제거뿐만 아니라 가족구조의 변화를 추구한다.

⑤ **구조의 수정:** 가족의 경계선, 제휴, 권력에 직접 관여하여 가족구조를 변화시키는 것이다.

구분	내용
가족도표	비언어적 기법으로 상호작용의 개선뿐만 아니라 평가의 목적으로도 사용됨
상호작용 (교류) 분해	• 가족이 역기능적 구조를 지속하지 못하도록 제지하는 것 • 가족이 증상에 대해 경직된 패턴을 보이거나 IP로 지목된 가족원이 스스로의 힘으로 빠져나오지 못할 때 유형을 분해해버림으로써 가족이 새로운 교류 유형을 시도하게 함 • **스트레스의 증가:** 미누친은 교류의 분해를 스트레스의 증가라고 하는데, 교류의 분해가 기법의 결과에 초점을 둔 것이라면 스트레스의 증가는 개입방법을 표현할 때 사용되는 용어임
상호작용 (교류) 차단	• 상호작용 분해 기법의 하나로, 가족에게 익숙한 상호작용 유형을 방해하는 것 • 교류 유형의 차단 방법은 다시 2가지로 나누어짐 　− **차이의 강조:** 상담자가 가족원 간에 존재하는 태도의 상이점을 강조함으로써 협력체계를 이룬 교류 유형을 분해시키는 것 　− **잠재적 갈등의 표면화:** 상담자가 가족원 간 협력관계 이면에 숨겨진 갈등을 표면화하게 자극하는 것
유형의 강화	가족구조의 개선을 목적으로 가족 상호작용의 여러 유형 중 일부분만을 강조하는 접근법
유형의 재조직	• 대부분의 경우 가족 교류의 유형 자체는 계속되기 때문에 교류의 재구성이나 수정이 필요하지 않지만, 갈등으로 인해 각각의 유형이 지닌 가능성을 충분히 발휘하지 못하는 경우 체계 갈등과 교류하는 유형을 재조직함 • 유형의 재조직으로 서로의 갈등을 배제하여 교류 유형이 보다 기능적으로 바뀌도록 함

더 알아보기　긴장 고조(가족 스트레스의 증가) 기법의 전략

1. 상담자가 가족의 평소 의사소통 패턴을 방해한다.
2. 가족이 무시해온 차이점을 들추어내어 갈등을 공개적으로 토론하고 차이점에 부여해온 부정적 의미를 되돌아보게 한다.
3. 가족에 내재된 갈등을 표면화한다. 즉, 가족이 은폐하려는 갈등을 표면화시킨다.
4. 상담자가 가족원 중 한 명이나 하위 체계에 일시적으로 합류한다.

(5) 경계선 설정(경계선 만들기)

① 가족 하위 체계 간의 거리가 적절히 유지되도록 경계선을 재조정하는 것이다.

② 가족체계 내에서 경계선이 모호하거나 너무 경직(유리)된 경우, 이를 수정하기 위해 사용되는 개입이다.

③ 경계선 설정이 필요한 가족

　　㉠ 지나치게 밀착된 가족: 하위 체계 간의 경계선을 강화하고 각 개인의 독립성을 키울 수 있도록 개입해야 한다.

　　㉡ 지나치게 유리된 가족: 갈등을 회피하기보다 함께 해결하도록 환경을 조성하고, 상호 지지를 유도한다.

(6) 균형 깨뜨리기(균형 무너뜨리기)

① 가족 내 하위 체계들 간의 역기능적 균형을 깨뜨리는 기법으로 가족체계 내 하위 체계 간의 관계를 재조정하는 기법이다.

② 목표: 하위 체계 내에 있는 구성원들 간의 관계를 변화시키는 것이다.

③ 갈등관계에 있는 가족이 평형 상태를 이루어 가족이 종종 궁지에 몰린 채로 고착화된 경우, 상담자는 균형을 무너뜨리기 위해 가족과 합류하여 한 개인이나 하나의 하위 체계를 지지한다.

④ 상담 원칙인 중립성을 깨뜨리는 것처럼 보일 수 있으나 이는 얼어붙은 체계의 균형을 무너뜨림으로써 체계를 재조정하기 위한 것이다.

⑤ 결국, 상담자는 번갈아가며 다양한 가족 구성원의 편을 들기 때문에 균형과 공평함은 지켜진다.

(7) 가족신념에 도전하기

① 역기능적 가족은 구성원이 경직된 가족신념을 공유하는 경우가 흔한데, 이러한 가족신념은 가족의 상호작용에 부정적인 영향을 미치며 가족문제를 지속시킬 수 있다.

② 상담자는 역기능적 가족신념을 포착하고 도전하여 가족 구성원이 새로운 관점에서 상호작용하도록 유도한다.

11 전략적 가족상담 개관

1. 개관

(1) 특징

① 정신건강연구소(MRI)에서 이루어진 가족 의사소통 연구 프로젝트에서 비롯되었다.

② 이론적인 기초는 일반체계이론과 사이버네틱스에 근거한 의사소통 및 상호주의이며, 후기에 구조적 상담이 추가되었다.

③ 가족의 문제가 특정 가족원의 개별적인 문제가 아닌 가족 전체의 역기능적 상호작용 과정과 위계 때문에 발생한다고 보았다.

④ 문제의 원인에 대한 통찰과 이해를 증가시키기보다 증상을 유지시키는 가족의 역기능적 연쇄과정을 끊어내는 단기적인 증상 해결을 시도한다.

⑤ 모델

구분	MRI 상호작용 모델	헤일리의 전략적 구조주의 모델	밀란의 체계적 모델
1차적 관심	의사소통 유형	연쇄과정, 구조적 위계	역기능적 가족 게임
관심행동 지속성	단기적 상호작용	수개월에서 수년간 지속된 만성적인 구조적 문제	장기적인 연속행동
연구·치료단위	2인 또는 3인	가족 또는 사회관계망 전체	3인
주요 개념	의사소통, 가족 항상성, 이중 구속, 피드백 고리, 가족규칙	권력, 통제, 역설적 지시, 위계	가족 게임, 가설 설정, 순환질문, 중립성
치료적 근거	의사소통이론		일반체계이론
치료적 역할	지시적, 역설적		중립적, 치료동반자
치료적 개입방법	증상 처방, 치료적 이중 구속, 역설적 지시, 재명명 등		긍정적 의미부여, 순환질문, 의식, 불변의 처방 등
치료 목표	증상 제거, 현재의 행동 변화		파괴적 가족 게임의 중지, 의미 변화를 통한 가족체계 변화

(2) MRI 상호작용 모델

① 가족이 문제를 경감하기 위해 사용한 해결 시도가 오히려 문제를 악화시키는 것을 보고, 파괴적이고 영속적인 가족 상호작용에 주목했다.

② 의사소통의 내용이 아닌 과정이 문제라고 인식: 가족치료 분야의 초점을 심리내적 역동에서 문제를 유지시키는 상호작용으로 전환했다.

③ 의사소통 연구와 에릭슨의 역설적 기법을 접목함으로써 문제 해결 중심의 단기전략적 접근 모델(10회 미만)을 개발했다.

④ 접근방법

  ㉠ 같은 해결방법에 고착되어 있는 문제를 유지시키는 정적 피드백 고리를 확인한다.

  ㉡ 이러한 역기능적 상호작용을 유지하는 가족규칙을 파악한다.

  ㉢ 가족규칙을 변화시킬 전략을 찾는다.

(3) 헤일리의 전략적 구조주의 모델

① 헤일리는 의사소통이론과 역할 모델에 관심을 가지고 송신자와 수신자가 교환하는 메시지에 내재된 통제와 권력투쟁에 주목했다.

② 관찰: "누가 의사결정에 영향력이 있는가?", "누가 관계를 정의하는가?"

③ 권력과 통제에 대한 입장과 더불어 에릭슨의 임상방식을 물려받아 독특한 전략적 치료 모델을 발전시켰다.

④ 증상 행동을 다른 가족원들에 대한 부적응적 통제 전략이라고 보고, 이중 구속의 개념을 치료적으로 활용할 수 있다고 생각했다.

⑤ 증상: 가족의 위계와 조직의 문제가 발생한다.

  ㉠ 역기능적 가족은 위계구조가 혼란하여 세대 간 권력의 순서가 거꾸로 놓여 있거나 세대 간 연합의 특징이 존재한다.

  ㉡ 치료적 이중 구속에 빠지게 함으로써 역설적 방법으로 증상을 자발적으로 포기하도록 유도한다.

(4) 밀란의 체계적 모델

① 이탈리아 밀란: 파라졸리, 보스콜로, 체친, 프라타

② 사이버네틱스의 영향을 받아 가족규칙과 항상성에 대한 체계적 모델이 발전되었다.

③ 베이슨의 순환적 인식론에 일치한 접근: 체계적 가족치료 모델

④ 증상: 가족의 게임규칙이 나타난다.

➡ 게임규칙에서 벗어나지 못하는 가족에게 역설적으로 접근했다.

⑤ 특징: 남녀 공동치료, 치료팀이 상담 장면 관찰, 장시간 단기치료

⑥ 역기능적 가족이 인식론적 오류에 빠져 있는 것을 보고, 가족이 고착되어 있는 그릇된 신념체계에 개입하여 가족체계에 새로운 정보를 유입시킴으로써 역기능적 가족관계 유형을 변화시키려고 노력한다.

> **참고** **세 가지 모델(MRI 상호작용, 전략적 구조주의, 밀란 모델)의 비교**
>
> • 전략적 가족상담은 기초적인 3가지 가정을 가진다.
> – 사이버네틱스이다. 가족원이 겪는 어려움은 잘못 시도된 해결의 지속이나 정적 피드백의 확대에 의해 생기는 만성적인 문제이다.
> – 구조적인 것이다. 문제는 가족권력이나 가족경계에 연합이 일어난 결과이다.
> – 기능적인 것이다. 한 개인은 다른 누군가를 보호하거나 통제할 때 나타난 문제는 전체 가족체계의 기능을 돕게 된다.
> ➡ MRI 상호작용 모델에서는 첫 번째 가정에만 기초하여 가족을 보는 반면, 전략적 구조주의나 밀란 모델에서는 이 세 가지 가정을 모두 받아들인다.

2. 이론적 배경

(1) 의사소통

① 모든 행동은 의사소통의 관점에서 이해될 수 있음: 모든 행동은 일정 수준에서의 의사소통을 의미한다.

② 모든 의사소통은 내용과 지시를 포함: 의사소통 과정에서 '내용'은 의사소통의 정보를 제공하며, '지시'는 가족관계에 대한 진술을 통해 가족에서 말하고 싶은 것을 드러낸다.

③ 대칭적이거나 보완적인 의사소통 관계: 가족관계 안에서 의사소통은 대칭적으로 일어나지만 관계가 평등하지 않다면 보완적으로 일어나기도 한다.

④ 마침표는 의사소통의 중요한 측면: 역기능적 의사소통이 지속되는 것은 대화 참여자가 각자 어디에 마침표를 찍었는지에 대해 대화하지 못하고 자기중심적인 마침표에 집착하기 때문이다.

⑤ 상위 의사소통은 의사소통에 대한 의사소통(메타 의사소통의 존재): 메타 의사소통이란 상위의 의사소통으로, '의사소통에 대한 의사소통'을 의미한다.

예 가족 구성원 간의 의사소통을 거리를 두고 관찰한 결과에 대해 대화를 나누는 것

(2) 가족 항상성 `기출 15`

① 가족체계는 생명체와 같이 끊임없이 변화하는 가족 내외의 환경에 적응하며 일관성을 유지하는 기능을 갖는다.

② 체계: 입력·출력과정에서 변화 대신 기본 성격을 유지하기 위해 피드백 고리를 통한 자기규제가 이루어진다.

㉠ 부적 피드백: 체계의 일탈을 최소화하여 가족이 현재 상태를 유지하도록 하는 체계이다.

㉡ 정적 피드백: 체계의 변화를 유도하여 다른 수준으로 재조정하는 체계 일탈적 단서이다.

③ 병리적인 가족: 변화보다 안정성을 위해 엄격한 연쇄과정을 유지하며, 기존의 방식에 집착한 나머지 변화를 가족에 대한 위협으로 지각한다.

④ 증상: 대인관계에서 이득을 취함으로써 유지되는 것이므로, 만일 증상이 관계에 불이익을 가져오면 사라진다.

(3) **가족규칙**

① 시간에 걸쳐 가족행동을 제한하는 관계상의 합의로, 가족 항상성을 지속하는 기능을 한다.

② 일반적인 규칙의 종류

㉠ 명시적 규칙: 의식적이고 명백하다.

㉡ 암묵적 규칙: 무의식적이고 암암리에 이루어진다.

③ 상위(메타) 규칙

㉠ 많은 일반규칙 위에 작용하는 규칙을 총괄하는 규칙이다.

㉡ 가족원이 가족규칙을 어떻게 유지하고 변화시킬 것인지에 대한 규칙이다.

㉢ 역기능적 가족일수록 자신의 가족규칙을 어떻게 변화할지에 대한 아무런 상위 규칙을 가지지 않는다.

12 MRI 상호작용 모델

1. 주요 개념

(1) **특징**

① 가족이 문제를 경감하기 위해 사용하는 해결 시도가 되려 문제를 악화시키는 것을 보고, 파괴적이고 영속적인 가족 상호작용에 주목했다.

② 의사소통의 내용이 아닌 과정이 문제라고 인식: 가족치료 분야의 초점을 심리내적 역동에서 문제를 유지시키는 상호작용으로 전환시켰다.

③ 의사소통 연구와 에릭슨의 역설적 기법을 접목하여 문제 해결 중심의 단기전략적 접근 모델을 개발했다.

(2) **피드백 고리(feedback loop)**

① 가족은 원래의 평형 상태로 돌아오게 하는 부적 피드백 고리와 현재의 상태를 벗어나서 변화를 시도하는 정적 피드백 고리의 규칙에 의해 상호 규제된다.

② 많은 역기능 가족은 문제를 해결하기 위해 새로운 것을 시도하지만(정적 피드백 고리 형성), 문제가 악화되는 것을 보고 당황하여 기존의 의사소통 방식으로 되돌아간다(부적 피드백 고리 형성).

③ 접근방법

㉠ 같은 해결방법에 고착되어 있는 문제를 유지시키는 정적 피드백 고리를 확인한다.

㉡ 역기능적 상호작용을 유지하게 하는 가족규칙을 파악한다.

㉢ 가족규칙을 변화시킬 수 있는 전략을 찾는다.

④ 가족 내 항상성이 변화되려면 1차적 변화뿐만 아니라 2차적 변화까지 일어나야 한다.

㉠ 1차적 변화: 표면적 행동의 변화로, 가족 안에 내재된 규칙은 동일한 상태이다.

㉡ 2차적 변화: 가족규칙이 변화됨으로써 가족의 행동뿐만 아니라 가족 구성원의 신념이 도전받고 변화되는 수준을 의미한다.

2. 상담목표와 상담과정

(1) 상담목표

① 가족문제의 해결: 증상 행동의 제거는 일차적 변화일 뿐이며, 증상 행동을 규제하는 가족체계의 변화까지 치료목표에 포함한다.

② 가족 안에서 일어나는 증상에 대한 가족의 생각과 믿음의 틀을 재구조화한다.

③ 재구조화

  ㉠ 일정한 상황 안에서 경험되는 사건에 대한 가족의 생각이나 정서적 관점을 다른 틀로 바꾸는 것을 의미한다.

  ㉡ 가족이 이전에 증상을 이해·해석하고 받아들이던 방식에서 벗어나 증상을 새롭게 생각하고 느끼도록 한다.

(2) 상담과정

① 1단계: 치료과정을 소개한다.

② 2단계: 문제에 대한 질문과 정의를 내린다.

③ 3단계: 문제를 유지하는 행동평가를 한다.

④ 4단계: 치료목표를 설정한다.

⑤ 5단계: 행동적 개입을 선택하고 실행한다.

3. 상담기법

(1) 역설적 개입 [기출 23]

① 순종 기반 개입: 가족들의 역기능적 행동이나 상호작용 패턴을 더욱 격려하는 역설적 개입의 방법으로, 기존에 가족들이 행하던 역기능적 패턴을 계속 유지하도록 지시하고, 이를 격려해 준다.

  예 늦잠을 자던 아이를 늘 야단치는 어머니에게 자녀가 늦잠을 잘 때마다 칭찬하라고 한다.

② 반항 기반 개입: 가족들의 역기능적 행동이나 상호작용 패턴을 계속 격려함으로써 오히려 이에 대한 반항심이 생기도록 유도하는 것이다. 이는 역기능적 행동이나 상호작용을 제지하지 않고 오히려 계속하도록 격려함으로써 반항심을 가지고 반대로 행동하도록 만드는 역설적 개입의 방법이다.

  예 계속 늦잠을 자면서 상담자의 칭찬을 받게 된 자녀는 자신의 주체성을 잃어버리고, 그로 인해 은근히 상담자에 대한 반항심이 생겨 늦잠을 자지 않고 일찍 일어나게 된다.

③ 노출 기반 개입: 역기능적 행동이나 상호작용 패턴을 지속적으로 하도록 함으로써 내담자가 자신의 고정된 행동유형을 보고 이를 변경하고 싶은 욕구를 유발하는 역설적 개입의 방법이다.

  예 늦잠을 자는 자녀에게 계속해서 늦잠을 자게 하여 이를 통해 어머니의 관심과 사랑을 독차지하도록 처방하고 이를 지속시킨다.

(2) 증상 처방

① 역설적 개입의 하나로 내담자에게 증상 행동을 자발적으로 계속하게 격려하거나 증상을 과제로 주는 기법이다.

② 넓은 의미에서 보면 역설적 개입에 소개한 3가지 방식은 모두 증상 처방에 해당된다.

③ 증상을 처방받은 내담자는 상담자의 지시를 거부하고 증상을 버릴지 지시에 순종할지를 결정하여 증상이 본인의 통제하에 있다는 점을 인정하고 조절하게 된다.

  예 잦은 부부싸움으로 호소하는 남편과 아내에게 매일 2시간씩 부부싸움을 하도록 지시한다. 상담자 말대로 부부가 매일 규칙적으로 싸움을 한다면 내담자 부부는 부부싸움을 통제할 수 있게 되는 것이며 상담자의 지시를 어긴다면 부부싸움을 포기하는 것이 된다.

13 헤일리(Haley)와 마다네스(Madanes)의 전략적 구조주의 모델

1. 주요 개념

(1) 위계질서

① **건강한 가족**: 가족 내 위계질서가 제대로 서 있는 가족이다.

② **위계질서**: 윗세대인 부모세대가 아랫세대인 자녀세대에 대해 힘과 통제력을 가지고 있어야 하며, 또한 부모는 자녀를 책임지고 돌보는 위치에 있어야 한다.

> **참고** 위계질서
>
> • 헤일리가 위계질서를 '힘과 통제'의 측면에서 설명하는 반면, 마다네스는 '돌봄과 관심'이라는 측면에서 접근한다.
> • 헤일리의 관점에서 보면, 가족은 각자 자신의 위치에 맞는 힘을 가지고 있어야 한다.
> • 만일 어느 한쪽이 지나치게 많은 힘을 가지고 있거나 적은 힘을 가지고 있으면 가족의 위계질서는 무너진다.

③ 가족이 구조를 잘 유지하려면 '힘과 통제' 측면과 '돌봄과 관심' 측면이 서로 건강하게 상호작용해야 한다.

　➡ 가족구조가 제대로 유지되려면 권력의 측면과 돌봄의 측면이 균형을 이루어야 한다.

④ **증상 해결**: 관계 이면의 권력과 통제관계, 권력투쟁에 관한 가족관계를 파악하여 명확한 치료목표를 설정하고 구체적인 개입방식을 계획한다.

(2) 역설

① **증상행동**: 증상을 '힘과 통제'의 수단, 즉 가족 안에서 문제를 드러내는 사람이 증상을 통해 가족을 통제한다고 보고, 이러한 다른 가족원에 대해 부적응적 통제 전략인 이중 구속 개념을 치료적으로 활용한다.

② 가족은 상담자에게 도움을 청하지만 도움을 주려고 하면 저항하게 된다. 이유는 내담자가 자신이 통제하는 방식에 상담자가 개입하여 자신이 가족 안에서 행사하는 힘을 무력화할 것을 두려워하기 때문이다.

③ **증상 해결**: 관계 이면의 권력과 통제관계를 파악하는 것이다.

④ 가족의 저항을 다루기 위해서는 상담자가 역설적으로 잘 고안된 '치료적 이중 구속' 상황을 만들어 내담자가 증상 행동을 포기하도록 해야 한다.

⑤ 상담 초기부터 이 방법을 사용하기보다 다른 상담방법이 효과가 없다고 판단될 때 활용하는 것이 좋다.

(3) 마다네스의 비유와 가장

① 역설적 개입이 상담자의 지시를 거부하는 가족의 저항을 활용한 접근이라면, 비유와 가장은 가족이 통제할 수 없다고 믿는 증상에 대해 자신이 자발적으로 통제하는 상황을 연출하게 하여 저항을 줄이는 것이다.

② 환상과 유머, 놀이에 기초하여 상담에 대한 저항을 줄이는 데 효과적이다.

2. 상담목표

(1) 1차적인 상담 목표

가족의 잘못된 위계질서에 초점을 두고 위계질서를 올바르게 변화시키는 것이다.

(2) 헤일리의 힘과 통제

부모와 자녀, 부부가 적절한 힘의 균형을 이루고 자신의 위치에 맞는 힘을 행사하도록 돕는 것이다.

(3) 마다네스의 돌봄과 보호

위계질서를 벗어나 자녀가 부모를 보호하고 돌보는 역할을 함으로써 문제가 발생하므로, 자녀가 부모에게 적절한 돌봄과 보호를 받도록 위계질서를 바로 잡는다.

3. 상담과정

(1) 5단계 모델

단계	특징
친화 단계	• 치료에 참석한 모든 가족이 협동적이고 편안한 분위기를 느낄 수 있도록 하는 것이 중요함 • 모든 가족원이 가족치료에 대한 의견을 말하도록 돕는 한편 가족의 상호작용을 관찰함
문제 규명 단계	문제에 대한 정보를 얻으며, 가족 구성원이 문제를 보는 관점에 대해 해석, 충고, 비평을 하지 않음 예 "왜 도움을 청하십니까?", "여러분 각자 어떤 변화를 원하나요?"
상호작용 단계	• 가족원이 서로 문제에 대한 다양한 관점을 교환함 • 이 과정을 통해 증상을 유지하는 가족의 연쇄과정과 가족구조, 가족규칙 등이 분명하게 드러남 • 목표 설정의 단서를 잡게 됨
목표 설정 단계	가족이 해결하기를 바라는 문제(증상)를 치료자와 가족이 명확하게 정함
개입 선택과 실행 단계	설정된 목표에 따라 필요한 개입을 실행함

(2) 8단계 모델

단계	특징
사회적 단계	• 이전 단계인 '5단계 모델'의 친화 단계와 같은 특징을 가짐 • 상담자는 가족이 서로 편안하고 안전하게 느낄 수 있도록 배려함
문제 단계	상담자는 가족이 생각하는 문제에 대한 정의에 도전하면서 자신이 문제에 대해 가진 생각을 나눔
목표 설정 단계	상담의 목표를 분명히 함
계획 제공 단계	• 상담자는 역설적 기법의 사용 근거를 설명함 • 때로는 이러한 설명 없이 지시만 하기도 함
문제를 중심으로 권위를 부정하는 단계	상담자는 본격적으로 증상이 갖는 힘을 무력화시키는 방법을 사용함
역설 기법 사용 단계	증상 처방 등의 역설적 기법을 사용함
반응을 살피는 단계	역설적 처방에 대한 가족의 반응을 살피고 처방을 조절함
행동의 변화를 인정하지 않는 단계	상담자가 행동의 변화를 인정하고 잘 했다고 하면 가족이 원래의 방식으로 돌아갈 가능성이 있으므로 가족 스스로 충분히 변화되었음을 인식함으로써 상담이 종결되도록 함

4. 상담기법

(1) 지시 방법(directive method)

① 지시: 가족 상담자가 가족 구성원에게 다르게 행동하도록 충고하고 상호작용 패턴을 변경하도록 제시하는 행동 과제이다.

② 목적

 ㉠ 치료의 주된 목표로서 내담자가 과거와는 다른 행동을 할 수 있도록 돕는 것이다.

 ㉡ 내담자와 상담자의 관계를 변화시키기 위한 것이다.

 ㉢ 상담자의 지시에 대한 내담자의 반응을 파악하기 위한 것이다.

③ 방법: 상담자가 가족들이 하기를 원하는 행동들에 대해서 하도록 만드는 방법과, 상담자가 가족들이 어떤 행동을 하지 않기를 원할 때 하도록 하는 방법이 있다.

④ 가족들의 행동을 변화시키기 위해서 지시를 하는 경우에는 2가지 방식으로 할 수 있다.

 ㉠ 상담자가 어떤 행동을 변화시키기 위해서 가족들에게 어떤 행동을 하지 않도록 하는 것이다.

 ㉡ 상담자가 가족들에게 어떤 행동을 하도록 만드는 것이다.

⑤ 직접적 지시와 간접적 지시

단계	직접적 지시	간접적 지시
과제 유형	• 어떤 다른 일을 하는 것, 행동연쇄 과정의 변경 • 행동 중지(거의 사용하지 않음) • 좋은 조언, 심리교육(거의 사용하지 않음)	• 역설적 과제 • 은유적 과제
치료적 관계 유형	상담자가 영향력을 지님, 전문가로 인정됨	상담자가 전문가로 덜 인정됨
문제 유형	내담자가 과제의 일부로 요청된 작은 행동들에 대한 통제력을 느낄 수 있음	내담자가 통제력을 거의 느끼지 않음

 ㉠ 직접적 지시: 내담자가 어떤 행동을 중지하거나 다른 행동을 취할 수 있도록 직접적인 표현으로 지시하는 것이다.

  ➡ 상담자가 사람들이 해야 하는 것을 하도록 하는 권력과 영향력을 가졌을 때 사용된다.

 ㉡ 간접적 지시: 가족이 자신의 문제를 상담자에게 털어놓기를 꺼려할 때 비유를 통하여 내담자가 마음의 변화를 얻도록 유도하는 것이다.

  ➡ 내담자가 보기에 상담자가 더 적은 권위를 갖고 있을 때 사용되며, 일반적으로 역설적이거나 은유적인 과제의 형태로 진행된다.

(2) 역설적 개입

① 상담자가 가족 내 위계질서와 관련하여 특정 변화를 일으키기 위해 가족의 반발심을 활용하는 방법이다.

 ㉠ 가족들은 이미 형성된 가족 항상성이 변화되는 것에 저항하는 경우가 많다.

 ㉡ 역설은 이러한 저항을 최소화하고 오히려 가족의 저항을 역으로 활용하여 변화되도록 돕는다.

② 역설적 개입은 가족에게 '변하라'는 메시지와 '변하지 말라'는 두 가지 모순된 메시지를 동시에 전달하는 '치료적 이중 구속' 상황을 발생시킨다.

 ㉠ 상담자가 내담자 가족 입장에서는 변화시켜야 하는 증상에 대해 변하지 말라고 지시한다.

 ㉡ 변하지 말라는 지시를 충실히 따를 경우 자신들의 증상을 통제할 수 있게 되는 것이고, 상담자의 지시를 따르지 않을 경우 증상을 포기하게 되는 것이다.

③ 2가지 방식
　　㉠ 가족 모두를 참여시키는 방법: 예를 들어 사춘기 딸이 거식증을 갖고 있다면 모든 가족에게 딸이 절대 음식을 먹지 못하도록 한다. 이로써 딸은 거식증을 통해 행사했던 가족 내 자신의 힘을 포기하게 된다.
　　㉡ 가족 가운데 일부만을 참여시키는 방식: 예를 들어 10대 아들의 가출 문제가 있는 경우, 아버지에게만 아들에게 더욱 요구적이고 강압적인 태도를 보이도록 한다. 이 경우 아들의 가출문제는 더욱 심해질 것이며, 상담자는 이 방식을 통해 아버지가 자신의 행동을 돌아보고 변화시키도록 도울 수 있다.
④ 단계
　　㉠ 재정의: 문제에 대한 가족의 생각을 변화시키기 위해 증상을 긍정적 의미로 재명명한다.
　　㉡ 처방: '부모에게 반항하라', '우울하게 행동하라'와 같이 단순하거나 수용하기 어려운 증상을 처방한다.
　　㉢ 제지: '천천히 변화하라'는 메시지를 내담자에게 주는 단계로, 가족이 너무 빨리 변화하는 것을 견제하는 것이다. 이는 내담자가 변화에 저항할 것을 미리 예견하고 시작된 변화를 견고하게 한다.

(3) 고된 체험 기법 `기출 19`
① 증상을 나타낼 때마다 내담자가 괴로워하는 어떤 일을 하도록 지시하는 기법이다.
② 내담자가 증상을 나타낼 때마다 자신이 괴로워하는 일을 하게 됨으로써 자신이 증상을 유지하는 것이 증상을 포기하는 것보다 더 고통스럽다는 점을 알게 되고 결국 그 증상을 포기할 수밖에 없다.
③ 이 기법은 내담자의 소망과 일치해야 하며, 불건전하거나 내담자에게 해를 입히는 일이어서는 안 된다.
　　⑩ 우울증을 호소하는 내담자에게 우울해질 때마다 집 안 걸레질을 하도록 지시한다.

(4) 위장(가장) 기법 `기출 16`
① 내담자가 증상을 가진 '척하고' 부모는 도와주는 '척하는' 연극적인 기법으로, 마다네스가 고안한 이 기법은 환상과 유머, 놀이에 기초하여 치료에 대한 내담자의 저항 극복을 돕는다.
② 비교적 부드럽고 덜 직면적인 방법으로 위계구조를 재구조화할 수 있다.
③ 역설적 개입이 상담자의 지시를 거부하는 가족의 저항을 활용하는 접근이라면 위장 기법은 놀이를 즐기는 기분으로 저항을 우회시킨다. 특히 위장 기법을 이용해 가족이 통제할 수 없다고 믿는 증상에 대해 자발적으로 통제하는 상황을 연출해볼 수 있다.
　　⑩ 분노발작 증상을 가진 아이에게는 시간을 정해 엄마 앞에서 '헐크놀이'를 하도록 하고(분노발작을 일으키는 척 하도록 지시하고), 아이가 성공적으로 헐크 흉내를 내면 엄마는 아이를 도와주는 척 하도록 지시한다. 이렇게 되면 아이의 분노발작도 위장이고 부모의 걱정도 위장이기 때문에 가족상황은 긴장되고 심각한 싸움에서 쾌활한 가상적 게임으로 변형된다. 연극을 통해 정말 자신이 원하는 '부모의 관심과 걱정'을 얻어내도록 도울 수 있다. 이는 결국 느슨한 부모자녀체계 문제로 엄마의 돌봄을 제대로 받지 못해 늘 화가 나 있던 자녀의 분노 문제를 가족의 위계질서를 재구조화함으로써 궁극적으로 증상을 유지하는 가족의 연쇄과정을 포기하도록 만드는 원리이다.

(5) 은유적 과제
① 가족들이 자신의 문제를 드러내는 것을 부끄럽게 여기거나 함께 토의하기를 꺼려하는 경우, 상담자가 비유나 이야기를 통해 변화를 시도하는 방법이다.
② 우선 가족의 행동 목표를 정한 후 그와 유사하되 좀 더 쉬운 행동(은유적 행동)을 선택하여 실행하게 한다.
③ 실행과정에서 은유적 행동에 대한 내담자의 사고방식을 이야기하도록 하고, 그에 대한 과제를 준다.
　　⑩ 성 문제로 갈등을 겪는 부부가 이 주제를 편안하게 다루기 난처해한다면 상담자는 성적 행위를 먹는 행위에 비유하여 이야기할 수 있다. 아이들 없이 단 둘이 식사를 한 적이 있는지, 음식 맛을 즐기기 위해 어떻게 먹는지, 즐거운 식사를 위해 어떻게 배려하는지 등의 질문을 한다.

14 밀란의 체계적 모델

1. 주요 개념

(1) 가족 게임

① 가족 게임은 족 항상성을 유지하기 위한 복잡한 의사소통 유형이다.

② 역기능적 가족은 가족원 모두 게임의 규칙에 합의하지도 않으면서 서로 힘을 얻기 위해 끝없는 게임을 한다. 승자도 패자도 없는 이 게임은 순환적인 연쇄과정을 이루기 때문에 원인과 결과를 정확히 구분할 수 없다.

③ 증상은 게임을 의미하며 이 게임을 멈추기 위해 역설적 개입을 하는 것이 효과적이라고 보았다.

④ 초기 밀란 모델은 역설적이고 지시적인 개입을 시도했으나, 후기 밀란 모델은 가족 상호작용 유형의 변화보다 가족의 신념체계를 변화시키는 데 더 관심을 가지게 되었다.

(2) 중립성

① 가족 내 게임을 발견하고 개입하기 위해 상담자는 철저히 중립적인 위치를 지켜야 한다.

② 상담자가 가족 모두에게 편견을 갖지 않고 각 구성원을 알고자 하는 순수한 호기심을 가짐으로써 확보된다.

(3) 순환 질문 [기출 15]

① 각 가족 구성원에게 돌아가면서 가족 상호작용, 가족관계에 대해 자유롭게 이야기하는 대화의 한 기법이다.

② 순환 질문을 통해 상담자는 중립성을 확보할 수 있고, 내담자 가족은 다른 가족 구성원의 대답을 경청하면서 가족체계를 새롭게 인식하는 경험을 하게 된다.

(4) 가설 설정

치료의 전 과정을 통해 상담자가 지속적으로 가족기능에 관해 추측하고 가정하는 행위이다.

2. 상담목표

(1) 가족 안에서 무의식적이고 비밀스럽게 진행되는 가족 게임이 역기능적 체제를 유지시키므로 이를 무력화한다.

(2) 가족의 무의식적이고 비밀스러운 게임을 표면에 명백하게 드러냄으로써 게임의 힘을 무력화한다.

3. 상담과정

(1) 밀란 학파의 매우 독특한 상담방식 개발 – 장기간의 단기치료

① 상담은 주로 10회기로 한정되며 한 달에 한 번씩 만나기 때문에 1년 가까운 시간이 소요된다.

② 특히 상당히 구조화된 상담체계로 각 1회기 내 상담과정과 10회 기간 동안 진행되는 상담과정을 단계적으로 정해 놓고 있다.

③ 상담과정뿐만 아니라 상담의 진행방식도 팀을 구성하여 매우 체계적이고 협동적으로 진행한다.

(2) 상담팀의 구성

① 상담팀은 2명의 여자 상담자와 2명의 남자 상담자의 총 4명으로 구성된다.

② 남녀 2명이 한 조가 되어 면접 상담을 진행하며, 나머지 한 조는 일방경 뒤에서 상담 장면을 관찰한다.

(3) 1회기 상담과정

단계	내용
전 회기 /상담 전 단계	• 상담이 시작되기 전 4명의 상담자가 함께 만나 가족이 가지고 온 문제를 검토하면서 자신들의 의견을 나눔 • 이 단계에서 내담자의 문제에 대한 가설이 만들어짐
본 회기 /상담 단계	• 실제 면접 상담을 담당하는 남녀 한 조로 구성된 상담팀이 가족을 만나는 시간 • 실제 상담을 진행하는 면접 상담팀은 일방경 뒤에서 상담을 관찰하는 다른 한 조의 상담팀과 활발한 상호작용을 하면서 상담 전 설정한 가설의 수정·조정·검증 단계를 거침
중간 회기 /상담 간 단계	• 상담팀은 내담자 가족을 상담실에 남겨두고 일방경 뒤의 관찰팀과 만나서 본 회기에서 진행된 내용을 토론함 • 또한 이번 회기를 어떻게 마무리 짓고, 다음 회기를 위해 무엇을 할 것인가에 대해 토론함
개입 및 결론 회기 /개입 단계	상담팀과 관찰팀이 논의한 대로 다시 상담팀이 가족에게 개입한 후 가족을 돌려보냄
종합 회기 /상담 후 논의 단계	• 상담팀, 관찰팀의 4명의 상담자가 다시 만나 전체 진행된 상담회기에 대한 의견을 나눔 • 그들이 가족 문제에 대해 설정한 가설이 어떻게 검증 또는 수정되었는지, 다음 회기에 무엇을 할지에 대해 논의하고 전체 상담 회기를 마무리함

4. 상담기법

(1) **긍정적 의미부여** `기출 24`

① 가족 내 부적응적인 증상 행동을 가족이 가진 긍정적 동기로 바꾸어 설명해주는 것이다.

② 증상이 가족체계의 균형을 유지하고 가족의 응집력을 촉진하기 때문에 좋은 것이라는 긍정적 의미를 부여하여 그동안 진행된 파괴적인 가족 게임을 무력화시키는 기법이다.

③ 긍정적 의미부여는 결과적으로 가족의 가족 게임에 대한 인식을 높이고, 증상이 자발적인 것임을 알게 한다.

④ 동시에 가족원 서로의 동기를 긍정적으로 바라보게 되면서 상담자가 자신들을 이해하고 있다고 느끼게 되고, 변화에 대한 저항도 줄게 된다.

　　🗒 자녀의 우울증(IP의 우울증이 가족을 보호하고자 하는 기능을 가짐)

(2) **의례(의식, rituals)**

① 가족 게임을 일정한 의식을 만들어 시행하게 함으로써, 가족 자신들이 벌이고 있는 게임을 과장되게 인식하게 하여 게임을 포기하도록 만드는 기법이다.

　　🗒 시댁과 친정 부모에 강하게 밀착된 신혼부부에게 밤마다 시댁과 친정에 대해 20분씩 이야기하는 의식을 처방할 수 있다. 토론하는 동안 부부는 반드시 시댁과 친정에 존경심을 두 배로 표현하도록 한다. 부부만의 토론시간은 비록 그 주제가 원가족에 대한 것일지라도 남편과 아내만의 부부체계를 강화함으로써 원가족 충성에 대한 가족규칙을 깨뜨리게 된다.

② '홀수 날과 짝수 날' 구분

　　㉠ 부모에게 짝수 날과 홀수 날을 구분하여 처방을 한다.

　　　　예 아버지는 짝수 날에 어머니는 홀수 날에 각각 가족의 의식을 책임지고 거행한다.

　　㉡ 효과

　　　　ⓐ 가족이 전에 해보지 못한 경험을 하도록 도와준다.

　　　　ⓑ 부부간 불필요한 갈등을 피할 수 있게 한다.

　　　　ⓒ 가족이 처방한 대로 하는지 안 하는지에 대해 피드백을 받을 수 있다.

(3) 불변 처방(invariant prescription) 기출 19

① 역기능적 가족의 '게임'에 유사성이 있음을 발견하고, 가족으로 하여금 이에 대한 저항방식을 형성하여 게임을 중단하도록 한다. 부모의 동맹을 강화하고 다른 가족연합을 해체함으로써 가족의 경직되고 파괴적인 상호작용에서 벗어나도록 유도하도록 하는 데 초점을 둔다.

② 부부가 함께 행동하고 비밀을 유지함으로써 부모의 동맹은 처방에 의해 더욱 강화되며 이전에 존재했던 동맹과 연합은 깨진다. 치료의 요점은 나머지 가족에게서 부모를 분리시키는 것이며 기존의 가족의 상호작용 유형을 바꾸고 치료가 종결될 즈음에는 보다 안정된 동맹관계를 맺게 하여 가족을 재결합시키는 것이다.

③ 불변 처방에는 부부의 비밀스러운 데이트가 포함된다. 부부는 자신들이 비밀리에 데이트를 한다는 것을 다른 가족에게 알리지 않고 데이트를 즐기는 과제를 부여받는다. 이 과정에서 가족은 가까워진 부부의 관계를 보며 안심하게 되며, 상담자는 자녀가 이전의 체계로 돌아가서 게임을 하는 것을 막기 위해 부부가 계속 비밀을 유지하도록 한다.

---

15 후기 가족상담의 이론적 기초

1. 포스트 모더니즘과 2차 사이버네틱스

(1) 포스트 모더니즘

① 모더니즘이 본질주의, 보편주의, 이분법 사고를 강조한다면 포스트 모더니즘은 다양성, 차이, 비본질주의를 강조하며 탈중심적이고 다원적인 사고, 탈이성적 사고가 가장 큰 특징이다.

② 인간은 누구에게나 똑같이 존재하는 하나의 우주가 아니라 각자의 관찰과 인식행위를 통해 다르게 구성된 여러 우주에 살고 있다고 가정한다.

③ 사실의 문제는 관점의 문제로 대치: 내담자도 동일하게 타당한 관점을 가진다는 점을 인정하고, 옳음에 대한 초월적 준거가 없다는 점을 자각하는 계기가 된다.

④ 치료

　　㉠ 무엇이 기능적인가 역기능적인가는 보는 사람의 시각에 따라 달라진다.

　　㉡ 가족의 기능과 역기능은 단일한 기준에 의해 평가될 수 없고, 민족성, 문화, 성, 성적 지향, 가족 형태, 인종 등을 고려하여 가족의 기능성 여부를 평가해야 한다.

(2) 1차 사이버네틱스

① 1차 사이버네틱스와 체계론적 관점을 기초로 발전된 초기 가족치료: 블랙박스 모델로서 체계와 환경 간의 상호 작용에 초점을 두며, 관찰자(상담자)를 관찰 대상(내담자 체계) 밖에 두기 때문에 상담자로 하여금 내담자를 일방적으로 조절할 수 있다는 시각을 갖게 했다.

② 한계

㉠ 살아 있는 유기체는 환경과 상호작용할 뿐 아니라 그 자체가 상당한 자율성과 자기조직 능력을 가진다는 점을 고려하지 않았다.

㉡ 관찰 대상(내담자)뿐만 아니라 관찰자(상담자)도 또 다른 하나의 블랙박스로 보았으며, 이들 간의 상호작용을 고려하지 않았다.

➡ 각각의 블랙박스에서 일어나는 단순한 피드백 과정은 더 높은 수준의 피드백 과정에 의해 재조정된다. 그러나 체계론적 가족상담은 단순한 피드백 과정에만 초점을 두고, 더 높은 수준의 피드백에 대한 주의를 소홀히 하였다.

(3) 2차 사이버네틱스

구분	내용
체계의 자율성	체계의 구조와 그 작용의 질서가 환경에 의해 일방적으로 주어지는 것이 아니라 체계 그 자체에 의해 만들어지는 것을 뜻함
자기제작/자기조절	체계의 조직 내 구성요소는 연결망을 이루어 다른 구성요소의 생산이나 변형에 참여하는 방식을 통해 지속적으로 체계 스스로를 제작함을 의미함
자기준거성	• 관찰자와 관찰 대상을 서로 분리된 것으로 보지 않으며, 관찰 대상에 관찰자가 참여함 • 관찰과정에서 관찰자의 의식은 결정적 역할을 하며, 관찰자의 관찰에 의해 한 세계가 탄생하는 것이지 세계가 존재하는 관찰을 하는 것이 아님
구조적 연결	• 체계는 조직 패턴을 보존하면서도 동시에 지속적인 구조적 변화를 수행함 • 구조적 변화의 한 가지 유형은 자기갱신(renewal) 변화로, 모든 생물은 끊임없이 스스로를 갱신하며, 그러한 변화에도 불구하고 생물체계는 전체적인 자기동일성을 유지함
구조적 결정론	• 체계의 행동은 구조적으로 결정되어 있음 • 이는 유기체의 행동은 외부의 힘에 의해 결정되는 것보다는 그 체계의 자체구조에 의해 결정되어 있음을 의미함
부적 피드백	• 피드백 과정의 가장 높은 수준에서 볼 때 체계의 생존과 유지는 부적 피드백에 의해 이루어지며, 정적 피드백은 그 체계의 정체성이 깨진다는 것을 의미함 • 이는 체계가 변화하지 않는 것을 의미하는 것이 아니라 변하는 것은 체계의 구조, 기능, 부분들 간의 관계이고 체계의 조직은 항상성을 유지한다는 것을 말함

2. 구성주의와 사회구성주의

(1) 구성주의 관점

① 실재는 사람들이 세상을 어떻게 지각하느냐에 의해 만들어지는 것이기 때문에 모든 사람에게 적용할 수 있는 치료의 본질적인 요소는 없다.

② 가족 문제: 객관적으로 존재하는 것이 아니라 사람에 의해 만들어진 것으로 이해할 수 있다.

(2) 사회구성주의 관점

① 상담자는 사회적 배경이 각기 다른 내담자를 접할 때 문화적 차이와 경제 상황, 사회계층 등 사회적인 입장의 차이를 이해하여 그것이 치료관계에 미치는 영향을 염두에 두면서 치료적 개입을 한다.

② 사회구성주의의 전제

    ⊙ 실재는 사회적으로 구성된 것이다.

    ⓒ 실재는 언어를 통해 구성된다.

    ⓒ 실재는 언어를 통해 조직되고 유지된다.

    ⓔ 절대적인 진리는 존재하지 않는다.

③ 치료적 함의

    ⊙ 모든 진리는 사회적 구성물이라는 시각은 치료자로 하여금 내담자의 신념을 키운 문화적 뿌리를 이해하도록 도움을 주었다.

    ⓒ 치료자가 내담자로 하여금 자신의 문제를 새롭게 구성할 수 있도록 돕는 것은 언어적 상호작용을 통해서다.

    ⓒ 치료자나 내담자 중 어느 한 쪽이 진실을 알고 있는 것이 아니라고 보기 때문에 치료적 협동적 과정으로 이루어진다.

    ⓔ 사람들은 현재의 관계에 가장 큰 영향을 받기 때문에 치료자가 내담자에게 중요한 사람으로 인식되고 또 문제를 새롭고 유용한 방향으로 새롭게 구성하게 되면 치료는 종결된 것으로 본다.

3. 언어와 울트라 모더니즘

(1) 언어의 역할

① 사회는 언어를 통해 실재에 대한 시각을 구성한다. 사람들이 알 수 있는 유일한 세상은 우리가 언어를 통해 공유한 세상일 뿐이며, 언어는 상호작용으로 이루어지므로 이미 존재하는 진실을 수동적으로 받아들이는 것이 아니다.

② 사람들은 언어로써 자기 정체성을 정의하고 관계를 맺으며 실재를 구성: 상담자가 '알지 못함의 자세'를 취할 것을 요구한다.

(2) 앤더슨(Anderson)과 굴리시안(Goolishian)의 '알지 못함'의 자세

① 알지 못함의 자세: 상담자가 언어적·비언어적 행동을 통해 내담자에게 풍부하고 진실한 호기심을 전달하는 것이다.

② 특정 기법이나 틀 없이 상담자가 내담자와 공감적인 치료적 대화를 하면서 새로운 의미를 찾는다는 협력언어체계 모델에서 비롯되었다.

③ 병리적인 견해를 가지지 않고 대화를 통해 내담자가 원하는 이야기를 함께 구축해가는 치료방법이다.

④ **치료적 대화**: '문제'에 관한 대화를 통해 함께 이해와 발견을 모색해가는 노력을 의미한다.

⑤ '알지 못함'의 자세를 가지기 위한 조건: 치료에서 이해, 설명, 해석이 과거의 경험이나 이론적으로 인도되는 진리, 지식의 제약을 받아서는 안 된다.

(3) 반영팀(reflecting team) 접근

① 관찰자인 치료팀이 면접실의 가족을 보고 느낀 점을 먼저 논의한다. 즉, 각 상담사가 자신의 눈에 비친 가족의 모습을 표현한다.

② 치료팀의 여러 견해는 가족에게 전달되는데, 가족은 이에 대해 다시 자신들의 의견을 이야기하거나 치료팀의 견해 가운데 자신에게 필요하다고 판단되는 것을 선택한다. 다시 말해 양쪽이 일방경을 사이에 두고 관찰자가 되기도 하고 반대로 관찰의 대상이 되기도 한다.

③ 상대방과 직접적으로 대화할 수는 없지만 이 과정을 통해 하나의 이야기가 새로운 이야기로 다시 태어난다.

(4) 울트라 모더니즘

① 그동안 발전되어 온 가족상담이론의 고유성을 인정하면서도 여러 이론을 선택적으로 사용하거나 통합할 필요가 있고, 개인상담과 가족상담 등 분파 간의 통합이 필요한 시대라고 본다.

② 통합과 선택과 더불어 '이것과 저것 모두'의 시각에 '서로가 서로를 살림으로써 더불어 살아간다'는 의미를 가진 '상생의 가족치료'라는 용어를 붙이자는 의견을 제시한다.

> **참고 통합적 모델**
>
> • 통합적 문제중심치료 모델(integrative problem-centered therapy)
>   - 핀소프(Pinsof)가 개발한 상호 구성주의, 체계이론, 상호 인과관계를 기본적인 이론적 틀로 하며, 개인상담과 가족상담을 유기적으로 통합하자는 입장이다.
>   - 가족체계에서 문제를 유지하는 역동성을 사이버네틱스, 사회학습이론, 정신역동이론의 3가지 관점에서 통합적으로 해석하며, 미누친의 구조적 모델과 헤일리의 전략적 모델과 문제중심 모델, 인지행동 모델을 초기 문제 확인과 평가, 진단에 주로 활용된다.
> • 초월구조주의 모델(metaframeworks model)
>   - 브른린(Breunlin)과 슈워츠(Schwartz), 매쿤(Mckunn)과 카러(Karrer)이 개발한 모델이다.
>   - 가족치료 학파를 망라하는 주요 개념을 선택하고 초월적인 원칙에 입각하여 서로를 연결한다.
>   - 내담자의 문제 파악을 위해 심리내적 과정, 가족구조, 가족 상호작용의 인과적 연결고리, 가족 발달, 성, 문화의 6가지 영역에 초점을 둔다.

16 해결 중심 단기치료

1. 이론의 개요

(1) 개관

① 상담이 단기로 진행되며 문제의 원인 파악보다 해결책에 초점을 맞춘다.

② 에릭슨(Erick)의 영향을 받은 드 쉐이저(de Shazer)와 인수 버그(Insoo Kim Berg)가 개발하였다.

③ 가족에 대한 긍정적인 시각을 가지고 문제보다는 가족이 적용해 왔거나 적용 가능한 해결방안 등을 탐색하는 데 초점을 둔다.

④ 내담자의 문제 해결 능력을 인정하고 중시하며, 성공 경험에 초점을 두고, 내담자의 강점과 자원을 활용한다.

(2) 중심 철학

① 내담자가 문제 삼지 않는 것은 건드리지 않는다.

② 일단 무엇이 효과가 있다면 그것을 더 많이 하게 한다.

③ 그것이 효과가 없다면 다시는 그것을 하지 말고, 그것과는 다른 것을 하도록 한다.

2. 기본 가정과 원리

(1) 가정

① 긍정적인 면에 초점을 둔다. 문제가 되는 상황에 초점을 맞추기보다 긍정적인 면에 초점을 맞추는 것이 훨씬 효과적이며 바람직한 방향으로 변화를 이끈다.

② 예외 상황은 해결책을 제시해 준다. 모든 문제의 예외 상황을 상담자와 내담자는 발견할 수 있고, 이것은 문제해결에 효과적으로 활용될 수 있다.

③ 변하지 않고 그대로 머무는 것은 아무것도 없다. 즉, 변화는 항상 일어나고 있으므로 이 변화를 긍정적 방향으로 설정한다.

④ 작은 변화를 통해 큰 변화를 이끌 수 있다.

⑤ 내담자는 변화를 원하고 있고 늘 협조하고 있다.

⑥ 사람들은 자신의 문제 해결에 필요한 자원을 가지고 있다.

⑦ 의미와 체험은 상호작용 속에서 일어난다. 우리의 세계는 상호작용 속에서 의미를 갖고 있다.

⑧ 행동과 의미부여의 묘사는 순환적이다. 예를 들어, 자녀의 행동에 대해 부모가 '옳다', '그르다' 중 어떤 것으로 보느냐에 따라 대처방법이 달라진다.

⑨ 의미는 반응 속에 있다. 메시지가 전하는 의미는 관찰자에 의해 만들어지고 내담자의 자세 자체가 절대적 의미를 갖고 있는 것은 아니다. 의사소통의 책임은 내담자보다 상담자에게 있다고 가정한다.

⑩ 내담자가 전문가이다. 내담자가 자신의 문제를 가장 많이 알고 있으며 많은 해결책을 시도했을 것으로 본다.

⑪ 내담자가 어떻게 목표를 설정하고 무엇을 하는가에 따라 내담자의 작은 변화는 다른 사람과의 상호작용에도 영향을 미친다. 그러므로 관계되는 모든 사람이 다 참여할 필요 없이 어느 한 사람이 변한다면 상호작용도 변하기 마련이다.

⑫ 치료팀은 치료의 목표 설정과 달성을 위해 노력할 의사를 가진 사람들로 구성된다.

(2) 원리

① 병리적인 것 대신 건강한 것에 초점을 둔다. 즉, 잘못된 것보다 성공한 것과 성공하게 된 구체적인 방법을 발견하는 데 관심을 둔다.

② 내담자의 강점과 자원뿐만 아니라 증상까지 발견하여 치료에 활용한다.

③ 탈이론적·탈규범적이며 내담자의 견해를 존중한다. 인간행동에 대한 이론적 틀에 맞추어 내담자를 진단하거나 사정하지 않는다.

④ 간단하고 단순한 방법을 일차적으로 사용한다.

⑤ 변화는 불가피하다. 누구에게나 변화는 삶의 일부이기 때문에 변화를 막을 수 없다. 문제가 나타나지 않은 예외적인 상황을 파악하고 예외를 증가시킴으로써 변화를 긍정적인 방향으로 이끈다.

⑥ 현재에 초점을 맞추며 미래지향적이다.

⑦ 내담자와의 협력관계를 중요시한다. 상담자와 내담자가 함께 해결방안을 발견하고 구축하는 과정에서의 협력을 중요시한다.

3. 상담목표 및 상담과정

(1) 상담목표
① 도움을 받으러 온 가족의 어려움을 해소하고자 다양한 해결방법을 가족과 함께 모색하고 실행한다.
② 도움을 받으러 온 가족이 자신의 생활을 보다 만족스럽게 바꾸기 위해 현재 하고 있는 것과는 다른 것을 하거나 생각해내게 하여 그들이 가진 문제를 해결한다.

(2) 문제에 대한 관점
① 저항에 대한 개념은 도움이 되지 않는다.
② 문제의 어려움을 해결하기 위해 시도한 것을 성공적이지 못한 것으로 보기 때문에 다른 해결방안을 모색하여 실천에 옮기도록 한다.
③ 문제 해결을 위해 문제를 많이 알아야 할 필요는 없다.

(3) 상담목표를 세울 때의 원칙
① 내담자에게 중요한 것을 목표로 한다.
   ㉠ 치료목표는 내담자에게 중요하고 유익한 것이어야 한다.
   ㉡ 상담자가 원하는 것보다 내담자가 중요하게 생각하는 것을 목표로 할 때 내담자는 목표를 성취하기 위해 더 노력하기 때문이다.
② 작은 것을 목표로 한다. 내담자는 목표를 작게 설정할수록 쉽게 목표를 성취할 수 있다.
③ 구체적이고 명확하고 행동적인 것을 목표로 한다. 즉, 목표는 상담의 진행 정도를 관찰할 수 있고 측정할 수 있는 구체적인 행동목표로 설정하는 것이 유용하다.
④ 목표를 문제 행동의 소거보다 내담자가 원하는 긍정적인 행동의 시작에 둔다. 문제시되는 것을 없애는 것보다 바람직하거나 긍정적인 행동에 관심을 둔 목표가 더 성취하기 쉽다.
⑤ 지금-여기 시작하는 것을 목표로 삼는다. 지금-여기의 과정은 내담자가 해결책을 즉시 시작하거나 해결을 위한 행동을 지속할 수 있다는 것을 의미한다.
⑥ 내담자의 생활에서 현실적이고 성취 가능한 것을 목표로 한다.
⑦ 목표 수행은 힘든 일이라는 점을 인식하게 한다.

(4) 상담과정
① 일반적인 상담과정
   ㉠ 전체 시간은 약 50분 정도 소요되며 처음 40~45분은 내담자와 치료자의 상담으로 진행된다.
   ㉡ 치료팀이 있는 경우, 치료팀은 치료과정을 일방경이나 비디오 모니터를 통해 관찰하면서 필요할 경우 전화로 개입한다.
   ㉢ 치료자는 상담 후 상담실을 나와 일방경 뒤에 있는 치료팀과 함께 치료과정을 검토하고 자문을 받으면서 내담자에게 전달할 메시지를 만든다.
   ㉣ 메시지 작성이 끝나면 치료자는 다시 치료실에 들어가 내담자에게 메시지를 전달하고 상담을 마친다.

② **첫 회기 상담:** 내담자와의 관계 형성과 목표 설정이 우선시된다.

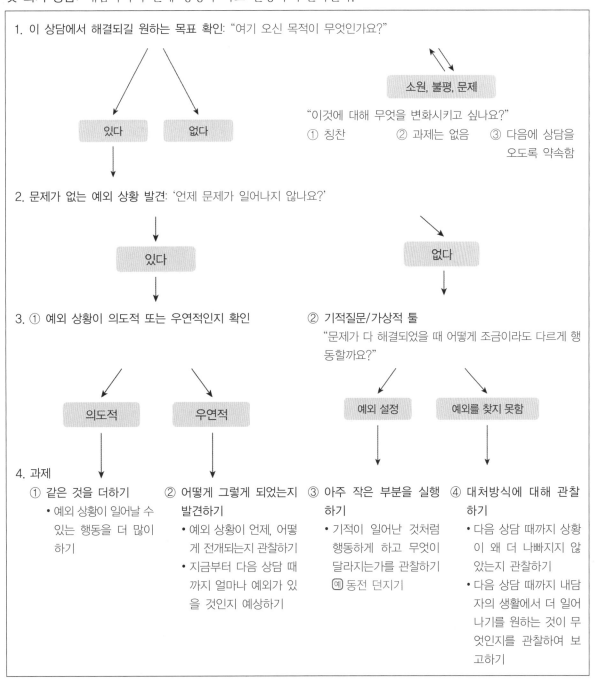

1. 이 상담에서 해결되길 원하는 목표 확인: "여기 오신 목적이 무엇인가요?"

소원, 불평, 문제

"이것에 대해 무엇을 변화시키고 싶나요?"
① 칭찬   ② 과제는 없음   ③ 다음에 상담을 오도록 약속함

있다   없다

2. 문제가 없는 예외 상황 발견: '언제 문제가 일어나지 않나요?'

있다   없다

3. ① 예외 상황이 의도적 또는 우연적인지 확인

② 기적질문/가상적 툴
"문제가 다 해결되었을 때 어떻게 조금이라도 다르게 행동할까요?"

의도적   우연적   예외 설정   예외를 찾지 못함

4. 과제
① 같은 것을 더하기
• 예외 상황이 일어날 수 있는 행동을 더 많이 하기

② 어떻게 그렇게 되었는지 발견하기
• 예외 상황이 언제, 어떻게 전개되는지 관찰하기
• 지금부터 다음 상담 때까지 얼마나 예외가 있을 것인지 예상하기

③ 아주 작은 부분을 실행하기
• 기적이 일어난 것처럼 행동하게 하고 무엇이 달라지는가를 관찰하기
예 동전 던지기

④ 대처방식에 대해 관찰하기
• 다음 상담 때까지 상황이 왜 더 나빠지지 않았는지 관찰하기
• 다음 상담 때까지 내담자의 생활에서 더 일어나기를 원하는 것이 무엇인지를 관찰하여 보고하기

[그림 9-13] 해결 중심 상담과정

③ 첫 회기 이후의 상담: 2회 상담부터는 첫 상담 이후의 작은 변화에도 초점을 두며 이는 EARS로 요약된다.
　㉠ 구체적으로 무엇이 나아졌는지를 이끌어내고(Elicit), 나아진 것을 확장하고(Amplify), 이를 강화하면서(Reinforce), 또 다시 나아진 다른 것에 관해 묻는다(Start again).
　㉡ 변화가 없다고 하면 작은 변화라도 찾아보게 함으로써 변화의 파급효과를 기대한다.
　㉢ EARS

구분	내용	단계	내용
E	구체적으로 무엇이 나타났는지 이끌어내고	끌어내기	긍정적인 변화에 대한 질문으로 예외 상황 발견
A	나아진 것을 확장시키며	확대하기	긍정적인 변화에 대한 구체적인 질문
R	이를 강화하면서	강화하기	내담자의 변화에 대하여 관심과 가치 부여
S	또 다시 나아진 것에 관하여 물음	재시작	"또 좋아진 것은 무엇이지요?"

(5) 내담자와의 관계 유형 [기출 17, 20]

유형	내용
방문형	• 다른 사람의 요청으로 상담을 시작하므로 비자발적이고, 저항을 심하게 하는 경우도 있음 • 자신의 문제에 대한 인식이 없으므로 변화하고자 하는 동기가 매우 약한 편임 • 문제에 대한 인식을 스스로 할 수 있도록 협조해주는 태도가 중요함 • 과제가 없음 • 집에 온 손님을 대하듯 정중하게 대하고 참석한 것에 감사하며 다음에 다시 올 것을 제안함 • 강점과 성공 경험을 찾아주고 내담자가 편안하게 느끼도록 해야 함
불평형	• 문제의 내용은 잘 알지만 문제가 자기 책임이 아니라 남의 책임으로 돌리는 유형으로 문제 상황을 다른 관점에서 관찰하고 깊게 생각할 수 있게 해 주는 것이 중요함 • 생각하고 관찰하는 과제를 줌 • 심리적 위로와 지지가 필요, 해결중심적 대화 필요, 예외상황 발견하기, 관찰형, 심사숙고형 과제 부여하기
고객형	• 문제를 분명히 인식하고 있고 변화를 위해 자발적인 동기와 적극성을 표현하며 치료자와 협력적인 치료관계로 쉽게 발전할 수 있기 때문에 치료자가 원하는 이상적인 내담자 • 행동 과제를 줌 • 상담과제는 내담자와 더불어 내담자가 제일 먼저 행하고자 하는 적극적이며 행동적인 조치가 무엇인가를 밝히는 것

4. 상담자의 역할

(1) 해결중심적 대화

① 내담자의 문제를 해결하기 위해 내담자와 치료자가 함께 목표를 세우고 해결방안을 구상하며 실행한다.
② 자기 문제의 전문가인 내담자가 문제를 어떻게 지각하는지 파악하고 '한 발짝 뒤에서 인도'한다.
③ 소크라테스 질문법처럼 내담자가 문제를 다른 각도에서 바라보게 하며 내담자의 생활에서 문제시되지 않았거나 문제가 되는 시점의 예외 상황을 발견한다.

(2) 앤더슨과 굴리시안의 '알지 못함'의 자세

① 상담자가 언어적·비언어적 행동을 통해 내담자에게 풍부하고 진실한 호기심을 전달하는 것이다.
② 상담자는 내담자가 변화되어야 한다는 생각이나 기대보다 내담자의 말과 행동을 좀 더 많이 알고 싶어 하는 의향, 즉 항상 '더 많은 정보를 얻고자 하는' 자세를 보여야 한다.

5. 치료(질문)기법

(1) 상담 전 변화에 관한 질문

> • 질문: "저희가 경험한 바로는 처음 상담을 신청했을 때와 상담을 받으러 오기까지의 사이에 어려운 상황이 좀 나아진 사람
> 이 많았습니다. 혹시 그런 변화를 경험하셨습니까?"
> - 변화가 없다는 응답하는 경우: "오늘 여기 와서 무엇이 변화되기를 바라십니까?"
> - 상담 전 변화가 있는 경우: 내담자가 이미 보여준 해결능력을 인정하고 칭찬하여 변화를 확대하도록 격려한다.

① 해결 중심 치료의 기본 가정은 '변화란 불가피하며 계속적으로 일어난다.'것을 전제하고 "가족이 상담을 예약한
후 현재 이곳에 오기까지 달라진 것이 무엇인가요?"라고 질문한다.

② 상담 전에 도움이 되는 방향으로 긍정 변화가 시작된 경우: 자발적인 해결 노력과 능력을 인정하고 강화하여
가족이 미처 지각하지 못한 자원과 해결안을 찾아내는 데 활용하도록 격려한다.

③ 변화가 없다고 응답하는 경우: 상담목표를 찾기 위해 "오늘 여기 와서 무엇이 변화되기를 바라십니까?"라고 질
문한다.

④ 질문 예시: "오늘 여기 와서 무엇이 변하기를 바라는가?" "여기에 상담을 예약한 후 오기 전까지는 어떤 점이
달라졌는가?" "여기와 와서 뭐가 달라지면 여기에 온 것을 잘했다고 생각하겠는가?"

(2) 예외 질문: 성공했던 경험과 현재 잘하고 있는 것을 발견하는 질문이다. `기출 17, 22`

> • "문제가 발생하지 않는 때는 언제인가요?"
> • "문제가 해결된다면 그것을 어떻게 알 수 있겠습니까?"
> • "문제가 일어나는 때와 그렇지 않은 때의 차이점은 무엇인가요?"
> • "문제가 조금이라도 나아진 때에 대해 말씀해주세요."

① 예외: 내담자가 문제로 생각하는 행동이 일어나지 않은 상황이나 행동을 뜻한다.

② 기본 전제: 어떤 문제에도 예외는 있다.

③ 예외 질문을 통해 인지하지 못했던 예외를 찾아내어 그것을 계속 강조하며, 내담자가 행한 우연적인 성공을
찾아내어 이를 의도적으로 계속하도록 격려한다.

④ 예외 발견 질문: 일상생활에서 성공적으로 잘 하고 있으면서도 의식하지 못하는 것을 발견하고 성공했던 행동을
의도적으로 시행하도록 강화시키는 기법이다.

⑤ 상담자는 예외적인 상황을 찾아내고 가족이 가진 자원을 활용하여 가족의 자존감을 강화하려고 노력한다.

⑥ 목적: 문제 해결을 위해 우연히 성공적으로 실시한 방법을 탐색하여 의도적으로 실시하도록 돕는 것이다. 사람
들이 일상생활에서 이미 성공적으로 잘 하고 있으면서도 의식하지 못하거나 가치를 두지 못하는 것이 적지 않
고, 우연히 효과적인 행동을 하는 경우가 많기 때문이다.

(3) 기적 질문: 현실 변화를 구축하고 가능성에 대한 자기상을 형성한다. `기출 18`

> "밤에 잠자는 동안에 기적이 일어나 염려하던 문제가 해결되었다고 합시다. 그러나 잠자는 동안에 기적이 발생했기 때문에
> 무슨 일이 생겼는지 아무도 모르지요. 아침에 가족이 당신의 어떤 행동을 보면 지난밤에 기적이 일어나 문제가 해결된 것을
> 알 수 있을까요?"

① 기적 질문은 문제가 해결된 상황을 상상해 봄으로써 자신들이 해결하기를 원하는 것들을 구체화하고 명료화하
는 데 도움을 준다.

② 상담자의 질문에 대답하는 동안 내담자는 기적 질문에 응답하는 과정에서 기적을 만드는 사람을 바로 자기 자신임을 알게 되고 작은 일부터 시작해야 한다는 점을 점차 인식하며, 변화된 상황을 구체적으로 상상한다. 이 과정을 거치면서 가족은 그 과정 자체가 치료 목표임을 재인식할 수 있다.

③ **목적:** 문제가 해결된 상태를 상상하고 해결되길 원하는 것을 구체화하고 명료화하며, 상담목표를 현실적이고 구체적으로 설정하도록 한다.

④ 기적 질문은 보통 상담목표를 설정하기까지 상담 초기에 사용하고, 상담과정에서 반복적으로 사용하지는 않는다.

⑤ 기적 질문에 이어 관계성 질문을 함으로써 대인관계 속에서의 강점을 확인하고 강화하도록 돕고, 가족관계나 인간관계 속에서 문제 해결을 위한 현실적이고 구체적인 방안을 탐색하며 목표를 설정하게 한다.

⑥ 기적질문에 응답하는 과정에서 내담자는 문제와 분리되어 해결 상황에 대한 구체적이고 상세한 묘사를 하게 된다. 그 결과 성공적인 결과를 반복해서 언어로 표현하면 할수록 그것은 더욱 현실화될 수 있다고 믿는 자기언어화 효과를 갖게 되고, 상담이 성공적으로 종결될 수 있다는 꿈과 희망을 갖게 된다.

⑦ **주의점**

ⓐ 미래에 관한 질문일 것: "어떻게 달라질까요?", "기적의 표시는 무엇일까요?"

ⓑ 당연히 일어날 상황인 것처럼 '일어날 때'라고 질문하며, '만약에 기적이 일어난다면' 식의 가정하는 자세로 질문하지 않도록 주의한다.

⑧ 기적 질문 후에 내담자에게 스스로 미래를 이끌어 나갈 책임이 있다는 것을 생각할 수 있는 질문을 한다.

⑨ 이후 내담자가 실제로 할 수 있는 일에 관해 질문하여 기적의 작은 부분을 현실로 바꾸고, 기적이 실제로 일어나도록 실행할 때 내담자의 생활에서 변화될 것들을 상상하게 하여 내담자가 기적을 만들어가도록 질문한다.

예 • "그런 일이 일어나도록 하기 위해 당신이 제일 먼저 할 일은 무엇입니까?"

• "이 기적이 더 자주 일어나려면 어떻게 해야 할까요?"

• **내담자의 다양한 반응과 대처방법**
  - "잘 모르겠는데요."
    ➡ "여기서 한번 생각해보세요." 하면서 조용히 기다린다.
  - "기적은 없어요. 제 인생에서 너무 오랫동안 상황이 나빴기 때문에 기적이 일어나지 않는다는 것을 제가 알아요."
    ➡ "그러면 기적이 일어났다고 생각해보세요. 아주 작은 일이라도."
  - 문제 중심(문제가 얼마나 고통스럽고 어려운가를 이야기하려 함)의 반응
    ➡ "기적 대신에 문제가 해결되거나 덜 심각해질 경우 생활이 어떻게 달라질까요?"

---

(4) 척도 질문: 수치로 정도를 표현한다. `기출 20`

• 1부터 10까지 있는 척도에서 10은 문제가 해결되었다고 확신하는 것을 말하고, 1은 문제가 가장 심각할 때를 말한다.
  - "오늘은 몇 점에 해당하나요?"
  - "4점에서 5점으로 올라간다면 무엇이 달라질까요?"
  - "무엇을 보면 '아, 이제 내가 원하는 8점이구나.' 하실까요?"

---

① 내담자가 상담자에게 정보를 제공하고, 상담자가 내담자의 변화 과정을 확인하고, 격려하며, 강화하기 위하여 척도 질문이 고안되었다.

② 수치를 사용한 질문은 변화 정도를 사실적으로 설명하고 더 나아가 구체적인 목표를 세울 때 유용하다.

➡ 문제의 심각한 정도를 사정하고 상담목표 성취 정도를 측정하며 결과를 구체적으로 평가하는 데 매우 유용하다.

③ 목적: 숫자를 사용하여 내담자가 현실적이고 구체적으로 생각을 정리하고, 점수의 근거를 구체적인 행동으로 제시하고, 자신의 구체적 기대와 목표, 성장과 변화의 상태를 확인하게 돕는다.

④ 주의점

 ㉠ '오늘', '지난주', '지난달'과 같이 시간을 제한해주어야 하며 그렇지 않으면 내담자가 혼동하기 쉽다.

 ㉡ 현재와 미래에 초점을 두고, 과거에는 관심을 적게 둔다.

(5) 대처 질문: 만성적인 어려움과 위기에 관련된 것이다. 기출 15 추시

> • "그 어려운 상황 속에서 어떻게 견딜 수 있었나요?"
> • "어떻게 해서 상황이 더 나빠지지 않을 수 있었나요?"

① 자신과 미래를 매우 절망적으로 보고 아무 희망도 없다고 하는 내담자에게 사용한다. 이러한 질문은 가족에게 새로운 힘을 갖게 하며 가족이 자신의 자원과 강점을 발견하도록 하는 데 도움이 된다.

② 목적: 내담자가 어려운 상황에서 견뎌냈고 더 나빠지지 않은 것을 강조하고, 위기에서 살아남기 위해 대처해온 방법을 발견한다. 자신의 자원과 강점을 발견하여 인식하도록 도울 뿐만 아니라 인정하고 칭찬하는 것을 통해 능력을 강화하고 확대한다.

③ 대처 질문의 특징은 내담자가 역경을 극복한 사실에 관하여 진술하는 것을 전적으로 수용하며, 역경을 통해 터득한 지식과 지혜를 포함한 강점을 인정하고 존중하는 것이다.

④ 적합한 내담자: 기적에 관한 질문에 대해 대답이 모호하거나 예외적인 상황을 발견하기 어려운 경우, 문제와 고통을 계속 호소하고 악화되거나 절망적인 경우에 적합하다.

(6) 관계성 질문 기출 15

> • "선생님의 아내가 지금 이 자리에 계시다고 가정하고 제가 아내 분에게 선생님의 문제가 해결되면 무엇이 달라지겠느냐고 묻는다면 아내 분은 뭐라고 하실까요?"
> • "네가 저녁에 컴퓨터를 하지 않고 공부하는 모습을 본다면 어머니는 어떻게 반응하실까?"

① 가족 구성원과 관련된 다른 중요한 사람들의 생각이나 행동에 대하여 묻는 질문이다.

② 자신의 행동, 관점뿐만 아니라 자신에 대한 다른 사람의 관점, 행동에 주의를 기울이게 되어 문제 해결을 위한 잠재적 자원을 더 많이 활용하고 가족 간의 상호작용과 변화 가능성을 파악할 수 있다.

③ 목적

 ㉠ 다른 사람의 의견, 생각, 가치관 등을 생각하고 이해하도록 돕는다.

 ㉡ 상담 현장에 참석하지 않은 사람의 생각, 의견, 가치관, 반응 등에 관해 질문함으로써 자기중심적 생각에서 벗어나고 가족관계 속에서 문제를 생각하며, 좀 더 현실적이고 객관적으로 판단하도록 한다.

(7) 악몽 질문 기출 20

> "오늘 밤 잠자리에 들었다고 가정해봅시다. 한밤중에 악몽을 꾸었어요. 오늘 여기에 가져온 모든 문제가 갑자기 더 나빠진 거예요. 이것이 바로 악몽이겠죠. 그런데 이 악몽이 정말로 온 거예요. 내일 아침에 무엇을 보면 악몽 같은 인생을 살고 있다는 것을 알겠습니까?"

① 기적 질문과 유사하지만, 유일하게 문제 중심적인 질문이다.

② 목적 달성을 위한 상담 전 변화에 관한 질문, 예외 질문, 기적 질문 등이 효과가 없을 때 사용할 수 있다.

③ 내담자에게 뭔가 더 나쁜 일이 일어나야만 현재와 다른 무엇을 하거나 문제로부터 벗어날 수 있을 것이라고 생각될 때 사용한다.

④ 이 질문은 역설적이기 때문에 신중하게 사용한다.
　　例 상담관계가 잘 형성된 후의 내담자에게 사용한다.

(8) **간접적인 칭찬**: "어떻게 그렇게 할 수 있었습니까?"

> • "어떻게 집안을 그토록 평온하게 유지할 수 있었어요?"
> • "아드님이 어떻게 그처럼 명성 있는 학교에 다니게 되었나요?"
> • "아내가 소리를 지를 때 잠시 참으면 상황이 더 악화되지 않는다는 것을 어떻게 아셨나요?"

① 내담자의 어떤 측면이 긍정적이라는 것을 암시하는 질문이다.

② 간접적인 칭찬 질문은 내담자가 자신의 강점, 자원을 스스로 발견하게 하므로 직접적인 칭찬보다 바람직하다.

(9) **'그 외에 또 무엇이 있습니까?' 질문**

> • "뭐가 더 있을까요?"
> • "또 다른 좋은 생각이 뭘까요?"
> • "이전에 얘기한 것과 연결시켜보면 또 뭐가 더 있을까요?"

① 예외를 추가로 발견하고 장점, 자원, 성공적 경험 등 긍정적인 측면을 더 이끌어내려는 질문이다.

② 상담 이후 어떠한 변화, 성장한 부분이 있다는 것을 전제로 하는 "그 외에 또 무엇이 있습니까?"라는 질문을 반복적으로 사용하여 내담자의 기억을 촉진하고 격려한다.

③ 내담자는 반복적인 질문을 받으면서 성장과 변화를 계속 탐색하고, 작은 성장과 변화의 의미를 새롭게 인식한다.

(10) **보람 질문**

① 한국에서 해결 중심 모델을 교육하고 실무에 적용하는 과정에서 명명된 질문이다.

② 상담의 결과로 어떤 상태가 된다면 상담이 보람 있다고 생각하게 될지를 내담자에게 질문한다. 즉, 내담자가 상담을 통해 어떠한 긍정적 변화를 하기 원하는지를 질문한다.

③ 이 질문은 내담자로 하여금 문제가 해결된 상황을 구체적으로 생각해 보도록 돕고, 상담자는 내담자의 기대와 욕구를 명확하게 파악할 수 있게 되어 그것을 바탕으로 상담목표를 구체적으로 설정하는 데 도움이 된다.

④ 예시: "무엇이 좀 좋아지면 여기 와서 상담을 받는 것이 보람 있었다고 말할 수 있을까요?"

6. 치료적 피드백 메시지

(1) **구조**

① 구성: 칭찬, 연결문, 과제의 세 부분으로 구성된다.

② 다음의 내용을 내담자에게 알리기 위한 것이다.
　　㉠ 상담자가 내담자의 말을 주의해서 듣고 있다는 점
　　㉡ 내담자 자신의 문제에 대한 견해, 즉 자기 생활에서 달라져야 한다고 생각하는 것에 동의한다는 점
　　㉢ 자신의 생활을 보다 만족스럽게 하기 위해 내담자가 취하고자 하는 행동에 동의한다는 점

(2) 칭찬

① 내담자가 중요하게 생각하는 것, 성공적으로 하고 있는 것과 이 성공에서 나타나는 내담자의 강점을 강조한다.

➡ 내담자에게 찬사와 지지하기

㉠ 칭찬은 첫째로 내담자에게 중요한 것이 무엇인가를 분명히 하고, 둘째로 내담자의 성공경험과 이를 통해서 나타난 강점을 인정해 주는 것이다.

㉡ 메시지를 칭찬으로 시작하는 것은 희망을 불러일으키고, 해결책이 내담자의 목표를 중심으로 내담자의 성공(예외)과 강점을 동원함으로써 만들어진다는 것을 암시한다.

② 목적: 내담자가 하고 있는 것을 강화하여 문제 해결을 촉진한다.

③ 기능

㉠ 긍정적 분위기 조성

㉡ 최근 변화 과정에 대한 조명

㉢ 판단에 대한 두려움 완화

㉣ 변화에 대한 두려움 완화

㉤ 정상화

㉥ 책임감 증진

㉦ 다양한 견해에 대한 지지

(3) 연결문

① 칭찬 다음에 오는 제안이나 과제를 연결시켜주는 것으로 상담자가 제안을 하게 된 근거를 제공한다.

② 내용: 내담자의 목표, 예외, 강점, 지각에서 끌어낸 것을 활용하며 내담자가 사용한 단어, 어구를 넣는 것도 좋은 방법이다.

③ 목적: 과제에 대한 이해를 돕는다.

(4) 과제

① 내담자의 유형에 따라 다르게 제시한다.

② 불평형인 경우 관찰과제를, 고객형인 경우 행동과제를 제시한다.

㉠ 관찰과제: 상담자가 생각하기에 해결책을 구축하는 데 도움이 될 만한 것에 내담자가 주의를 기울이게 한다.

㉡ 행동과제: 상담자가 생각하기에 해결책을 구축하는 데 도움이 될 만한 어떤 일을 내담자가 실제로 해보도록 제안한다.

(5) 관계 유형별 메시지 전달

① 관계 유형에 따른 과제와 메시지

관계 유형	기적 여부	예외 여부(방법)	과제	메시지
방문형	×	×	과제 없음	칭찬, 재방문 격려
불평형	×	×	생각, 관찰 과제	첫 상담 과제: …이 원하는 …(행동, 사건)이 일어나면 잘 관찰하셨다가 다음 상담시간에 알려주세요.
	○	○(우연적)		예외 행동 주시하기
고객형	○	×	실행(행동) 과제	가정하여 행동하기
	○	○(의도적)		예외 행동을 계속/더 많이 하기

② 관계 유형에 따른 세부 내용

유형	내용
방문형	과제가 없음. 집에 온 손님을 대하듯 정중하게 대하고 참석한 것에 감사하며 다음에 다시 올 것을 제안함
불평형	• 생각하고 관찰하는 과제를 줌 • 기적 질문에 분명한 대답을 하고 의도적·예외적 상황이 있는 경우: 다른 사람의 예외적 행동을 관찰하게 함 • 기적 질문에 분명한 대답을 하고 우연한 예외적 상황이 있는 경우: 다시 생각하고 관찰하고 말하기를 과제로 줌 • 기적 질문에 관한 분명한 대답을 하지만 불분명한 예외적 상황이 있는 경우: 다음 면접 때까지 어떤 사람이 조금 개선된 행동을 하는지 관찰해오는 과제를 줌 • 기적 질문과 예외 질문에 모두 불분명한 경우: 가족 내에서 어떤 점이 개선되는지 관찰하고 보고하는 것을 과제를 줌
고객형	• 행동 과제를 줌 • 기적 질문과 예외 상황에 대한 분명한 대답을 하는 경우: 그 행동을 더 많이 하도록 하는 과제를 줌 • 기적 질문에 분명한 대답을 하지만 예외 상황이 있는 경우: 좋은 날과 나쁜 날을 지정하게 하여 좋은 날은 바람직한 행동을 하는 과제를 주고, 무엇이 다르고 어떻게 그런 일이 일어났는지를 보고하도록 함 • 기적 질문에 분명한 대답을 하지만 예외 상황이 없는 경우: 한 날을 정해 기적이 일어났다고 가정하고 다른 사람에게는 말하지 말고 기적이 일어난 것처럼 행동하는 과제를 줌

17 이야기 치료: 내러티브 모델

1. 이론의 개요

(1) 개관

① 사람이 어떤 예상, 선입관 없이 사물 그 자체를 파악하는 것은 어렵다는 후기 구조주의 시각과 관련 있다.

② 세상에 대해 가지는 우리의 지식은 자신의 경험으로부터 나온다. 즉, 우리가 어떤 사물에 대해서 안다는 것은 다른 사람의 경험을 자신의 관점에서 나름대로 해석하는 것에 지나지 않기 때문에 실체는 필연적으로 한계를 가질 수밖에 없다.

③ 전제: 사람들은 자신의 경험과 상상력을 활용해 다른 사람이 언어화한 경험을 자신의 입장에서 해석한다.

④ 내러티브 모델을 추구하는 상담에서는 내담자가 현재 보이는 문제 자체보다는 그 문제에 어떤 의미를 부여하는가가 보다 중요하다.

⑤ 학자: 화이트(White), 엡스턴(Epston) 등이 있다.

(2) 내러티브(narrative)

① 한 가지 이상의 이야기와 주제가 복잡하게 얽혀 있는 형태를 가리킨다.

② 이야기 치료에서 이야기와 내러티브는 개인, 가족, 집단의 정체성이 구성되고 재구성되는 매개이자 기제인 점을 강조하는 은유로 사용된다.

③ 인간은 이야기하는 행위를 통해 삶에서 일어나는 사건을 조직하고 해석하는 존재이기 때문에, 내담자 삶의 문제는 전문 지식에 따라 이해하고 개입하기보다 당사자 이야기를 통해 드러나고 구성된 당사자 지식(local knowledge)을 토대로 대안을 구축하는 방향으로 접근한다.

2. 기본 전제

(1) 인간은 해석하는 존재

① 인간은 자신의 경험을 만들어내고 해석하는 존재이다. 사람들은 자신에게 일어나는 삶의 사건을 특정한 방식으로 해석하고 그에 대해 의미를 부여하는 과정에 적극 참여한다.

② 해석 결과는 자신의 삶의 현실이 된다. 이야기 치료에서는 자신의 삶의 경험을 해석하는 내담자의 방식을 조명하고 해체하는 대화를 시도한다.

(2) 경험은 사회적으로 구성

① 개인이 자신의 경험에 부여하는 의미는 특정한 사회적·문화적·역사적 맥락의 영향을 받는다.

② 사람의 경험은 동일해 보이는 것이라도 그 사람의 사회문화적 위치에 따라 그 의미가 달리 해석되므로, 각자의 경험은 독특한 것이 된다.

(3) 정체성은 사회적으로 구성되고 재구성의 반복

① 정체성은 사회적 산물로 타인과의 상호작용 속에서 만들어지고 또다시 만들어지는 과정을 반복한다.

② 자신의 살아온 역사 속에서 새롭게 발견한 정체성은 자신과 치료자 사이에서 공유되는 것뿐만 아니라 '외부증인 예식'에서 타인과 공유되고 그들의 인정을 받는 과정을 통해 온전히 자신의 것이 된다.

(4) 사람과 문제는 별개

① 문제가 되는 것은 문제를 가진 사람이 아니라 문제 그 자체이다.

② 문제를 가진 사람을 문제시하는 것은 문제의 소재를 개인의 내면이나 개인의 정체성 문제에서 찾는 실천 방식에서 비롯된다.

③ 문제는 문화와 역사적 산물이므로 문제를 가지고 있는 사람과 별개로 혹은 그 사람의 정체성과 분리하여 생각해야 한다.

(5) 이야기는 삶이고 삶은 곧 이야기

① 사람이 자기 인생을 이야기할 때, 자기가 살면서 겪은 여러 사건 중 특정한 것을 선택하고 연결하여 이야기를 전개한다.

② 선택한 사건이 긍정적이든 부정적이든 그 선택은 인간 삶을 바라보는 개인의 방식(세계관)에 근거하며, 그러한 방식은 개인이 속한 사회와 문화의 영향을 받아 구성된다.

③ 개인의 삶 이야기는 개인적인 동시에 사회적인 해석이며, 그 인생이 어떤 인생인지(주제), 그 인생의 주인공은 어떤 사람인지(정체성)에 대한 잠정적 결론이 담겨 있다. 그러한 결론은 다시 미래에 대한 어떤 선택의 기준이 되면서 미래 삶의 방향을 결정한다.

④ 빈약한 과거 이야기는 다시 빈약한 미래 이야기로 이어질 가능성이 크기 때문에 이야기 치료에서는 개인의 삶의 이야기를 다시 쓰는 작업을 통해 내담자의 미래 선택과 행보에 대한 대안을 제공하고자 한다.

(6) 삶은 복잡한 이야기

① 삶은 다양한 목적을 가진 복합적 이야기이며 인생은 여러 겹으로 구성되고, 여러 이야기로 이루어져 있으며 복합적인 목적을 가진다.

② 내담자의 삶은 복잡한 이야기라는 전제하에 그 동안 간과되고 망각되어 왔으나 잠재적으로 의미 있는 사건, 내담자가 선호하는 사건에 초점을 두고 이야기를 풀어나간다.

(7) **인간은 능동적 행위자**

① 인간은 자신의 삶에서 무언가를 지향하며 사는 존재이다. 개인이 자기 삶에서 추구하는 의도나 지향의 상태에는 자질, 의도, 목적, 희망, 가치, 헌신 등 다양한 요소가 포함된다.

② 개인은 지향이나 목적의식에 따라 행동하고, 그 행동이 다시 지향을 강화하는 과정 속에서 자신의 정체성을 구성해나간다.

3. 상담자의 역할

(1) **화이트(White):** 탈중심적이고 영향력 있는 위치를 고수해야 한다.

① **탈중심적:** 치료자의 전문적 이론과 지식보다는 내담자 가족이 제시하는 자신들의 이야기나 삶의 지식과 기술에 우선순위를 두는 입장이다.

② **영향력:** 질문과 반영을 통해 가족이 대안적 인생 스토리를 좀 더 풍부하게 이야기하고 삶에서 간과되었던 영역으로 발을 들여놓고 탐색하며, 새롭게 발견한 삶의 지식과 기술 가운데 현재의 문제·곤경·우려를 다루는 데 적절한 것에 가족 스스로가 훨씬 더 능숙해지도록 돕는 것이다.

(2) **상담자의 역할**

① 내담자의 스토리에 강한 관심을 가지고 협력적이며 공감적인 태도를 갖는다.

② 내담자의 삶의 역사에서 강점이나 탄력성을 찾는다.

③ 새로운 스토리를 창조할 수 있도록 강제적이 아닌 존중하는 방식으로 질문한다.

④ 내담자를 진단명에 의해 분류하는 것이 아니라, 독특한 개인 역사를 가진 존재로 취급한다.

⑤ 사람들이 또 다른 삶의 스토리를 쓸 공간을 열 수 있도록, 사람들이 내면화된 지배적인 문화적 스토리에서 분리되게 돕는다.

4. 상담목표와 상담과정

(1) **목표**

① **단기적 목표:** 내담자의 가족이 호소하는 문제를 감소시키는 것이다.

② **궁극적 목표:** 내담자가 가족 스스로가 자신이 선호하는 방향으로 자기 가족의 이야기를 써나갈 수 있게 된다.

③ **화이트가 제시한 목표**

㉠ 사람들이 자기 자신에 대한 부정적 사실을 다시 구성하도록 격려한다.

㉡ 사람들이 자신의 생활과 정체성에 대해 갖고 있는 얇고 빈약한 결론을 깨고 벗어나도록 지원한다.

㉢ 사람들이 자신의 생활과 정체성에 대해 갖고 있는 두껍고 풍부하게 서술하는 대화를 하도록 지지한다.

㉣ 사람들을 풍부한 서술을 할 수 있는 생활 형태를 탐색하는 이야기에 끌어들인다. 여기에는 문제와 관련하여 설명하는 지식과 생활의 기술을 포함한다.

㉤ 그들이 누구였는지에 초점을 두기보다 다른 사람이 되도록 선택권을 주는 것이다.

(2) 과정

① **내담자의 정체성과 문제를 분리하도록 도움**: 문제에 대한 시각이 문제이고 사람 자체는 문제가 아니라는 전제를 중요시한다. 내담자가 문제 자체를 분리하도록 돕기 위해 표출적 대화를 실시한다. 표출적 대화란, 내담자가 자신이 정체성과 문제를 분리하여 생각하도록 하는 상담기법이다.

② **문제에 이름을 붙여 객관화함**: 표출적 대화를 통해 분리된 문제 이야기에 이름을 붙인다. 이름을 붙일 때 주의할 것은 상담자가 일방적으로 정하지 않고 내담자가 그렇게 하도록 도와야 한다. 문제에 이름을 붙이면 그것의 영향력을 탐구하고 더 나아가 더 큰 맥락에 올려놓고 해체 작업을 할 수 있게 된다.

③ **독특한 결과를 발견하도록 도움**: 독특한 결과는 이름 붙여진 문제 이야기의 범주에 속하지 않거나 반대되는 사건을 의미한다. 반드시 문제를 벗어난 긍정적인 사건이 있기 마련이며 상담자는 바로 그것에 초점을 맞추고 독특한 결과의 내력과 의미를 탐구하여 대안적 이야기 개발의 초석으로 삼는다.

④ **대안적 이야기를 찾음**: 독특한 결과에 기초하여 개발된 대안적 이야기에 이름을 붙인다. 여기까지 진행되면 내담자는 문제 이야기와 대안적 이야기를 자유롭게 비교하면서 선택과 평가의 준거로 삼을 수 있게 된다.

⑤ **대안적 이야기를 굳혀 감**: 자신의 이야기를 써가는 데 새롭게 구성된 플롯, 즉 대안적 이야기를 굳힐 수 있게 지원하는 단계이다. 여기서는 재구성 대화, 치료를 돕는 문서 활용, 치료적 편지쓰기, 의식과 축하 행사, 외부 참고인 집단과 인정의식 등의 방법이 활용된다.

5. 상담기법

(1) 문제의 외재화 <u>기출 15 추시, 24</u>

> • "남편의 거짓말이 당신을 괴롭히고 있군요." ➡ "거짓말이 남편에게 두 사람 사이에 갈등을 일으키게 했군요."
> • "○○의 도벽이 어머니를 힘들게 하는군요." ➡ "도벽이 ○○이와 어머니 사이에 갈등을 초래하고 있군요?"

① 사람보다는 문제를 객관화시키는 대화로 구성되며, 문제에 의해 지배되는 이야기로부터 벗어나기 위해 문제를 외부로 표출시키는 의인화 기법이다.

② 문제를 외재화한다는 것은 내면화된 증상을 인격화하는 것이다. 이와 같은 외재화의 질문을 진지하게 한다면 내담자들은 문제가 자신들 밖의 것이라는 생각을 하게 된다.

③ **효과**

ㄱ 내담자는 문제가 자신들 밖의 것이라는 생각을 하게 된다.

ㄴ 내담자나 가족을 문제에서 분리한 건강한 개체로 볼 수 있게 한다.

ㄷ 문제가 자신의 모두를 표현하고 있지 않다는 사실을 발견하게 되고, 그 문제를 해결할 수 있는 희망을 가지게 된다.

④ 외재화 대화 과정(White, 2010)

경험에 가깝게 문제 정의하기	상담자가 문제에 대한 정의를 내릴 수 있게 도와줌. 이때 내담자는 자신이 경험하는 곤경이나 문제에 대해 풍부하게 기술함 예 "나는 걱정이 많은 사람이야." → "걱정거리가 언제부터 나에게 영향을 주었는가?" 또는 "걱정거리가 나에게 어떤 말을 거는가?"
문제의 결과 탐색하기	호소 문제가 내담자의 삶에 어떤 영향을 미치는지에 대해 질문함(가정, 학교, 가족관계, 친구관계, 정체성, 미래계획과 가능성 등) 예 우울이 당신보고 무엇이라고 말하는가요?, 그 짜증이라는 녀석이 당신이 하려는 것을 어떻게 못하게 하나요?, 분노라는 것이 당신을 잡으러 오는 것을 어떻게 아나요?, 두려움의 세력이 커지도록 누가 부추기는 것 같나요?, 의심이 어떤 전술로 당신을 약화시키고 있나요?, 질투가 당신을 이겨왔군요. 어떻게 질투가 그렇게 하나요? 걱정거리가 언제 당신을 찾아오나요? 걱정거리가 어떤 장소에서 힘을 발휘하나요?
문제의 영향력 평가하기	상담자는 호소 문제의 활동 방식과 내용을 평가하고 호소 문제가 내담자의 삶에 미치는 주요한 영향을 평가하도록 지원함 예 우울증이 당신의 기쁨을 빼앗아 가는 것에 대해 어떻게 생각하세요? 우울이 당신에게 그런 영향을 끼쳐도 괜찮은가요? 바보벌레(문제)를 가장 다루기 힘들 때와 가장 다루기 쉬울 때는 언제인가요? 걱정이 아버지로서 자신을 무력하게 만드는 데 대해 어떤 입장인가요? 싸움이 당신의 결혼생활에 미친 영향에 대해 어떻게 느끼나요? 습관이 당신과 자녀의 관계를 멀어지게 한 것에 대해 어떻게 느끼나요?
평가의 근거 제시하기	• 내담자의 평가에 대해 '왜'라는 질문을 던지는 것 • '왜'라는 질문은 도덕적 판단을 내포하지 않고, 삶에서 중요한 것이 무엇인지에 주목하게 하고 그것을 이해할 수 있게 하며 자신의 삶의 기술을 깨닫게 해줌 • 또한, 내담자가 값지게 얻은 것과 깨달은 것에 대해 자기 나름의 구체적인 목소리를 갖고 이를 개발할 수 있도록 함 예 왜 그런 생각이 드나요? 왜 괜찮은가요? 괜찮지 않은 이유가 무엇이지요? 그런 입장을 갖는 이유가 무엇인가요?, 어떻게 해서 그런 생각을 갖게 되었나요?, 거기에서 벗어나기를 바라는 이유는 무엇인가요?, 어떻게 그렇게 빨리 그런 생각을 하게 되었나요? 왜 그것이 당신에게 도움이 되지요?

(2) **독특한 결과 찾아내기** 기출 15 추시, 22

> • "분노가 당신을 점령하려 들 때 그것을 허용하지 않았던 때를 기억할 수 있습니까?"
> • "식욕부진증이 당신 딸의 몸에 대해 말하는 거짓말을 그녀가 믿지 않았을 때가 있었습니까?"
> • "알코올 중독에서 느끼는 굉장한 압박감에 저항했을 때, 당신은 그 성취 정도(중요성)를 인정했습니까?"

① 독특한 결과(성과): 처음에는 예측하기 어려웠을 수 있으나 커다란 의미와 변화 잠재력의 원천이 될 수 있는 사건을 말한다.

② 독특한 결과는 문제의 영향력이 미치지 못하는 예외 상황을 발견하는 것으로 내담자의 무의식 속에 있던 혹은 간과된 강점의 근본동기를 찾아내는 작업이다.

③ 독특한 결과 대화 과정(White, 2010)

　㉠ 1단계 – 독특한 결과 정의하기: 상담자는 독특한 결과로서의 의미를 지닐 가능성이 있는 행동에 대해 질문한다. 그런 행동에 대해 자세히 설명하고, 내담자의 실제 경험에 가까운 내담자 나름의 용어를 사용하여 더욱 풍부히 설명할 것을 권한다.

　　예 무력감과 손을 잡다 ➡ 무력감으로부터 내 삶을 찾다.

ⓛ **2단계 – 독특한 결과의 영향 탐색하기**: 가족, 친구관계, 직장, 학교와 교육, 친구들, 자신과의 관계 등 인생의 여러 영역에서 나타나는 독특한 결과의 영향을 탐색한다. 또한 이들 영역에 대한 '잠재적' 영향을 탐색하거나, 미래의 가능성이나 인생 전반에 미치는 '잠재적' 영향을 탐색할 수도 있다.

  예 '말썽이 좋아하지 않는 것은 무엇일까요?', '분노가 당신에게 항복할 때, 그 때 전후로 어떤 일이 있었나요?'

ⓒ **3단계 – 독특한 결과의 영향 평가하기**: 독특한 결과의 영향 혹은 그 결과의 잠재적 영향을 평가할 수 있도록 돕는다. 이러한 평가는 "이런 새로운 일 혹은 진전이 당신에게 좋은 것인가요?", "이런 일에 대해 어떤 느낌인가요?", "이런 일에 대해 어떤 생각인가요? 혹은 어떤 느낌이 드시나요?" 질문 등으로 시작할 수 있다.

  예 '그 일에 대해 어떻게 느끼세요? 그 일에 대해 어떤 입장이세요?', '그것이 어머니와 아들 관계에 어떤 영향을 준 것 같나요?'

ⓔ **단계 평가의 근거 제시하기**: 사람들이 내린 평가에 대해 "왜"라고 질문함으로써 평가에 대한 이유 또는 근거를 조명한다.

  예 '그것이 왜 긍정적인 변화라고 여기는지요?'

④ **상담자가 서두르지 않는 것이 중요함**: 상담자가 서두르게 되면 내담자는 상담자가 자신을 이해하지 못한다고 생각할 수도 있고, 변화에 대한 압박감을 느낄 수 있음

(3) 재저작

- **행동 영역의 질문**
  - "(독특한 결과)를 한 것이 이번이 처음인가요? 아니면 전에도 이런 일이 있었나요? 늘 하는 일인가요, 아니면 아주 특이한 일인가요?"
  - "어떻게 된 일인지 설명해주시겠어요? 제일 먼저 어떤 일이 있었지요? 그 뒤에는 어떤 일이 있었나요?"
  - "잠깐 그때로 돌아가서, 그때 어떻게 그렇게 대비할 수 있었는지 말씀해주시겠어요? 무엇을 하려고 했는지, 실제로 무얼 했는지 기억이 나세요?"
  - "어떻게 이런 일이 생길 수 있었던 것 같아요? 앞서 한 일 가운데 결과가 이렇게 되는 데 관련이 있었던 일이 있나요?"
- **정체성 영역의 질문**
  - "그때 어떤 생각을 하고 있었나요? 그런 일(독특한 결과)을 좀 더 쉽게 하는 데 도움이 되었던 생각이 있었나요?"
  - "어떤 기대나 바람을 갖고 그런 일(독특한 결과)을 했나요?"
  - "(독특한 결과)에 비추어보았을 때, 당신은 삶에서 어떤 것(가치)을 중요시한다고 할 수 있을까요?"
  - "당신이 중요하게 생각하는 게 뭔지 조금 더 말씀해 주시겠어요?"
  - "무엇을 중요시했기에 이런 행동을 하게 되었나요?"
  - "삶에서 소망하는 것이 있다면 그것은 무엇입니까?"
  - "만일 그것(가치)에 편의상 이름이나 제목을 붙인다면, 어떤 것이 좋을까요?"
- **과거와 현재의 승리가 내담자에게 무엇이라고 말하는가를 물어봄으로써 시작**
  - "그러한 때에 우울증을 무릎 꿇게 할 수 있었다는 사실을 당신에게 무엇이라고 말합니까?"
  - "그러한 일을 하기 위해 당신의 아들이 어떤 성격적 특성을 가져야만 합니까?"
- **새로운 이야기를 지탱해 줄 증거를 더 찾기 위해 문제와 관련된 삽화를 넘어 역사적 범위 확장**
  - "그토록 분노를 잘 처리할 수 있었던 것을 내가 더 잘 이해할 수 있게 당신의 과거에 대해 더 말해줄 수 있습니까?"
  - "어린 시절의 당신을 아는 사람으로 이러한 경우에 공포에 대항할 수 있었다는 것에 놀라지 않을 사람이 누구입니까?"
- **미래에 관한 질문**
  - "이제 당신 자신에 대해 이러한 것들을 발견하였으므로, 이 발견들에 대해 당신은 어떻게 생각하는지가 당신의 자기혐오와의 관계에 영향을 줄 것입니다."
  - "이제 당신 딸에게 식욕부진증이 더 이상 그녀의 선택이 되지 않으므로 그녀의 우정이 어떻게 보일 것이라 생각합니까?"

① 재저작은 독특한 결과에서 출발하며 독특한 결과는 일회적인 사건이 아니라 그 사람 삶에 존재하는 여러 가지 관련된 사건의 결과이다.

② 상담자는 독특한 결과와 관련 있는 과거 사건을 찾아내고, 그 사건들이 순서에 따라 시간의 흐름 속에서 특정한 주제와 구성을 갖는 이야기로 발전하도록 함으로써 현재 곤경의 돌파구나 미래 행보에 관해 이야기를 할 수 있도록 돕는다.

③ 이야기: 행동과 의식의 2가지 차원으로 이루어지며 각각 '행동의 전경'과 '정체성의 전경'이라고 한다.

　㉠ 행동의 전경: 여러 개의 사건이 일정한 주제하에 시간순으로 배열된, 이야기에 해당하는 영역이다.

　㉡ 정체성의 전경: 개인적 자질이나 특성에서부터 개인의 소신과 헌신하는 바에 이르는 다양한 형태의 삶의 목적의식이 존재하는 영역이다.

④ 상담자는 독특한 결과와 관련하여 행동과 정체성의 두 가지 영역에서 무슨 일이 일어났고, 그것이 어떻게 일어났으며, 또 그것이 무슨 의미를 갖고 있는지에 관해 대화를 나누기 위해 과거, 현재, 미래를 넘나들고 정체성 영역과 행동 영역을 오가면서 여러 질문을 던진다.

　➡ 이 과정을 통해 내담자는 관심 밖에 있던 삶의 사건이나 행동을 새롭게 조망하고, 그 행동 속에 담긴 자신이 지향하는 바를 새롭게 인식하게 된다.

(4) 회원 재구성 `기출 18`

> • 두 가지 질의과정
> - 의미 있는 대상이 내담자 삶에 어떻게 기여했는지 설명한다. 내담자에게 정체성 의식이 형성되는 데 있어 이 관계가 어떤 역할을 했는지에 관해 풍부하게 설명한다.
> - 내담자가 의미 있는 대상의 삶에 어떻게 기여했는지 설명한다. 내담자가 대상의 입장이 되어 의미 있는 대상에게 정체성 의식이 형성되는 데 있어 이 관계가 어떠한 역할을 했는지에 관해 풍부하게 설명한다.

① 인생을 회원으로 구성된 클럽으로 보고, 개인의 정체성은 타인과의 관계를 통해 형체를 갖추게 된다. 즉, 인간의 정체성이 내면에 기초한 것이 아니라 대인관계에 기초하고 있다.

② 회원: 내담자의 과거, 현재, 미래의 삶에서 중요한 위치를 차지하면서 내담자의 정체성 구성에 영향을 행사할 수 있는 사람이나 존재를 말한다.

③ 회원 재구성은 치료적 대화로서 다음과 같은 특징과 효과를 지닌다.

　㉠ 인생클럽 회원과의 관계 속에서 생산된 다양한 삶의 정체성, 삶의 지식과 기술 가운데 내담자가 선호하는 버전을 풍부하게 기술할 수 있다.

　㉡ 회원 재구성 대화는 수동적 회상이 아니라 내담자 인생에서 의미 있는 정체성이나 인물과 의도적 만남을 갖기 위한 것이다.

　㉢ 회원 재구성 대화는 특정 회원을 우대하거나 자격을 해지하는 일, 등급을 올리거나 내리는 일, 특정 의견을 존중하거나 무시하는 일 등 인생클럽 회원을 정비할 수 있는 기회를 제공한다.

④ 회원 재구성 대화는 다음과 같은 두 가지 질의과정에서 출발한다. 상담자는 내담자의 삶에서 잊혔던 중요한 사람에 대한 기억을 이끌어냄으로써 내담자로 하여금 위안과 지지를 발견하게 하고 나아가 그 관계의 쌍방적 성격에 대한 이야기를 통해 내담자의 정체성을 구축한다.

　㉠ 의미 있는 대상의 기여 탐색하기: 의미 있는 대상이 내담자 삶에 어떻게 기여했는지 설명한다. 내담자에게 정체성 의식('나는 누구인가?', '나는 어떻게 살아야 하는가?')이 형성되는 데 있어 이 관계가 어떠한 역할을 했는지에 관해 풍부하게 설명한다.

ⓒ 내담자의 기여 탐색하기: 내담자가 의미 있는 대상의 삶에 어떻게 기여했는지 설명한다. 내담자가 그 대상의 입장이 되어 의미 있는 대상에게 정체성 의식('나는 누구인가', '인생은 무엇인가?')이 형성되는 데 있어 이 관계가 어떠한 역할을 했는지에 관해 풍부하게 설명한다.

⑤ 회원 재구성 대화를 통해 개인은 인생클럽에서 자신의 역할과 지위를 수정함으로써 정체성을 재구성할 수 있는 기회를 갖게 된다.

⑥ **상담자의 역할**: 가족 구성원이 이제 막 쓰기 시작한 자신들의 과거, 현재, 미래에 관한 좀 더 풍부한 이야기를 계속 확장해나가도록 그 과정을 촉진한다.

(5) 정의 예식 기출 14

- **말하기**: 예식의 주인공이 자신의 삶과 관련하여 자신이 선호하는 이야기(정체성)를 외부 증인에게 말한다. 그동안 외부 증인은 청중의 입장이 되어 그의 이야기를 듣기만 한다.
- **1차 다시 말하기**: 외부 증인은 내담자 이야기 가운데 자신에게 각별한 의미가 있었던 특정 부분에 초점을 두고 다음 순서에 따라 다시 말하기 행위를 실시한다.
  - **특정 부분 주목하기**: "예식 주인공의 이야기를 듣는 가운데 당신의 관심을 끌었던 표현은 어떤 것입니까?"
  - **이미지 설명하기**: "주인공의 삶의 목적, 가치, 신념, 희망, 꿈, 헌신의 대상 등과 관련하여, 이 표현을 듣고 어떤 이미지를 떠올렸습니까?"
  - **공명하기**: "당신의 삶이나 일과 관련하여, 그 표현이 왜 당신의 관심을 끌었는지 설명할 수 있는 표현이 있습니까?"
  - **지점 이동을 인정하기**: "삶에 대한 그 같은 표현을 현장에서 목격하면서, 그 전과는 다른 지점에 와 있는데, 그 위치가 이전의 위치와 어떻게 다릅니까? 이 경험으로 인해 당신이 어디에 서게 되었습니까?"
- **2차 다시 말하기**: 예식의 주인공이 말한다. 1차 다시 말하기의 방법에 따라 실시한다.
- **3차 다시 말하기**: 외부 증인이 말한다. 1차 다시 말하기 방법에 따라 실시한다.

① 정의 예식은 문화인류학자인 마이어 호프를 원용한 것이다. 정체성이 사회적으로 정의된다는 입장을 가지고 있기 때문에 치료과정에 정의 예식을 도입하여 내담자가 자신이 선호하는 삶의 이야기를 청중 앞에서 사회적으로 인정받는 경험을 갖도록 한다.

② 정의 예식은 말하기, 다시 말하기(retelling)를 내담자와 청중이 교대로 실시하는 구조로 이루어져 있다. 여기에 외부 증인 집단은 치료자 집단(반영팀)이나 내담자의 인생클럽 회원들이 될 수도 있고, 경우에 따라 지역사회의 관련된 사람들을 청중으로 모집하기도 한다.

③ **외부 증인**: 내담자의 이야기나 내담자에 대한 자신의 경험과 관련하여 다시 말하기를 한다. 이때 목적은 공명 (resonance), 즉 내담자의 '말하기'에 나타난 대안적 이야기가 증인 자신의 삶에 어떠한 의미를 주었는가를 말해줌으로써 내담자의 대안적 이야기를 인정하는 데 있다.

  ⓐ 외부 증인은 내담자의 이야기를 들으면서 그중 자신의 마음에 와 닿는 표현이나 연상된 이미지, 떠오른 경험, 그 표현이 자기 삶에 미친 영향은 무엇인지에 대해 자신의 생각을 나눈다.

  ⓑ 외부 증인은 다시 말하기를 통해 내담자가 지향하는 삶의 가치를 한 번 더 보여주는데, 이 과정은 내담자의 이야기를 인정해 주는 효과가 있는 동시에 외부증인의 삶에 깊은 여운을 남기는 과정이다.

  ⓒ 내담자는 다시 말하기 과정을 통해 자신과 타인의 삶이 어떤 중요한 가치나 주제를 중심으로 연결되어 있다는 느낌을 받게 된다. 이런 경험은 내담자 삶의 이야기 줄거리를 풍부하게 해 준다.

④ **인정을 위한 4단계 질문**: 외부 증인을 면담할 때 사용하게 될 4단계 질문은 다음과 같다.

  ⓐ **표현 질문**: 당신이 들은 이야기 중 가장 마음에 와 닿는 것, 특별히 관심이 가거나 상상력을 유발하는 것을 이야기해 달라고 한다.

ⓛ **이미지 질문:** 이야기를 들으면서 어떤 이미지가 떠올랐는지 설명해 달라고 한다.
　　　ⓒ **공명 질문:** 당신이 왜 특정한 표현에 끌렸는지, 당신 삶의 어떠한 부분을 떠올리고 연관 짓게 되었는지에 대해 질문한다.
　　　ⓔ **이동 질문:** 삶에 대한 이야기가 당신을 어떻게 움직였는지에 대해 생각해 보라고 요청한다.
　⑤ 정의 예식은 내담자와 외부 증인을 포함하는 참여자 모두가 예식 이전과는 다른 지점으로 이동하는 지평 확장을 경험할 수 있도록 하는 치료적 대화이다.

(6) 새로운 이야기의 강화 및 치료적 문서의 활용

> • "지난주에 문제가 얼마나 자주 당신을 통제했고, 당신은 또 문제를 얼마나 많이 통제했습니까?"
> • "나아진 것이 없다."라는 대답: "사소하지만 새로운 반응을 알아차렸나요?" 혹은 적어도 "다르게 행동할 수 있는 것을 상상할 수 있나요?"라고 재질문한다.

　① 치료사는 내담자가 정체성을 강화할 수 있도록 청중이나 집단을 찾기도 하고 때로는 새로운 이야기를 강화하기 위한 편지를 쓰기도 한다.
　② 질문을 통해 내담자는 자신에게 문제를 넘어선 힘이 있다는 사실을 깨닫게 되며, 그들은 비관적인 이야기에서 거리를 둘 수 있으며 속박을 덜 당한다.
　③ 치료사는 각 회기 종결에서 외재화를 중심으로 아무리 작은 것이라도 독특한 결과를 강조하면서 그 회기의 상담과정을 정리한다.
　④ 치료사들은 문서화 작업을 통해 치료과정에서는 집중하지 못했던 그들의 자기만족적인 작은 목소리를 찾을 수 있다. 문서화 작업을 하면서 내담자가 여기까지 올 수 있게 만든 강점을 발견한다면 내담자가 자신의 삶을 다른 시각에서 들여다보는 데 도움을 줄 수 있다.
　⑤ **편지쓰기의 가장 큰 이점:** 이야기가 재진술된다는 것이다. 이런 이점은 세 가지의 분명한 방식으로 나타난다.
　　　㉠ 치료사의 도움을 구하는 사람들이 직접 이야기를 만드는 데 도움을 준다.
　　　㉡ 편지에 쓰인 언어는 '나는 당신을 지켜보며 믿고 있다.'는 메시지를 전달하며 내담자와 그들의 이야기를 인정한다. 편지는 문제가 녹아들어 있는 인생의 이야기를 재저작하는 데 도움이 되는 도구이다. 이는 쉽게 잊힐 수 있는 개인의 '반짝이는 상황'들을 고스란히 담아서 지면에 담기 때문이다.
　　　㉢ 편지는 내담자가 직면한 문제와 대처 전략에 대한 기록을 제공하고, 소위 '질문'으로 불리는 치료적 대화를 촉진한다.

(7) 지배적인 문화적 담화 해체하기

　① 자신들을 판단하는 기준이 되는 숨어 있는 문화적 담론을 해체하는 것의 중요성에 주의를 기울인다.
　② **질문**

> • "당신이 어떻게 이러한 습관들과 배경으로부터 빠져 있나요?"
> • "이러한 감정을 키운 훈련(양육) 배경은 무엇이었나요?"
> • "모욕을 주는 의식이 당신을 당신 삶에서 소외시켰다고 생각하나요?"

　③ 이러한 질문을 통해 문화적 담화를 해체한 후 저항했을 때를 기억하고(독특한 성과), 그러한 문화적인 상황에도 불구하고 노력하는 모습을 인정하게 할 수 있다.

1. 이론의 개요

(1) 개관

① 정서 중심 부부치료(EFT; Emotionally Focused couple Therapy)는 부부 불화의 중요 요인에 초점을 맞춘 단기치료로 경험주의 치료와 체계이론 그리고 애착이론을 바탕으로 1980년대에 수잔 존슨(Susan M. Johnson)과 그린버그(L.Greenberg)에 의해 개발되었다.

② 1990년대에 부부의 행복과 불화에 정서적 의사소통이 중요한 역할을 한다는 점과 애착과 관련된 정서적 특성이 밝혀져 관계 회복 과정에 정서에 초점을 둔 치료방법이 지지를 얻게 되었다.

③ EFT의 이론적 근거가 되는 경험주의 입장에서 치료자는 부부의 다양성을 존중하고 그들에게 의미 있는 것이 무엇이며, 그들이 친밀한 관계를 어떻게 보고 있는지 등 부부로부터 기꺼이 배우려는 개방적인 자세를 취한다.

④ EFT의 목표는 애착과 안전, 신뢰와 접촉 그리고 이러한 것을 방해하는 요소에 초점을 두면서 커플이 안정감과 유대감을 가질 수 있도록 돕는 구조화된 단기치료이다.

(2) (성인)애착 이론

① 정서적 욕구를 충족하기 위해 커플은 여러 방식의 상호작용을 하고, 상호작용이 일어나는 방식은 모두 애착형태와 관련이 있다. 따라서 정서 중심 모델에서는 내담자의 애착 불안정을 명확히 밝히고, 박탈감과 상실된 신뢰와 유대감을 건설적으로 처리할 수 있도록 돕는다.

② 성인애착은 커플들이 서로 주고받는 것을 기대하고, 마음속으로 사랑하는 사람에게서 위로와 위안을 얻을 수 있는 표상적 부분과 성적 부분이 중요한 역할을 한다. 상담자는 일반적으로 커플관계가 안전하게 결합되도록 재조직하기 위해서 새로운 애착반응을 촉진시킨다.

③ 5가지 기본 가정
 ㉠ 부부간 안정된 정서적 결합의 형성 여부가 부부 갈등의 핵심이다.
 ㉡ 친밀한 관계에서의 애착 행동에 있어서 정서는 자신과 타인의 경험 방식을 조직하는 열쇠가 된다.
 ㉢ 부부관계는 부부 상호작용의 형성 방식과 둘 사이의 두드러진 정서 경험에 의해 유지된다.
 ㉣ 부부 사이의 애착 욕구는 건강하고 적응적인 것이다. 부부관계에서 부적응이란 애착 욕구가 재연되는 방식에 기인하며, 각자의 애착 욕구를 깨닫고 인정하는 것이 이론의 핵심을 이룬다.
 ㉤ 배우자 태도 이면에 존재하는 정서 경험에 접근, 이를 재처리하면 긍정적인 변화가 일어난다.

(3) 경험주의 이론

① EFT는 상담과정을 통해 내담자의 경험을 폭넓게 이해하며, 그들이 의식하고 있지 못한 부분을 통합하고, 새로운 의미체계를 만들어 가는 변화과정에 초점을 둔다.

② 상담자는 과정 전문가이며, 상담은 상담자와 내담자가 협동하여 찾아가는 현재의 과정으로 이해한다.

③ 변화는 정서적으로 경험하고 표현하거나 정서 경험을 개인이 중요한 경험으로 조직하는 방식과 그것을 타인과 의사소통하는 방식을 바꿀 때 가능하다.

④ 상담자의 공감과 인정이 갖는 강력한 영향력을 강조한다.

⑤ 인간은 끊임없이 성장하며 정서 반응과 욕구에 긍정적으로 적응할 수 있는 역량이 있다는 점을 강조한다.

⑥ 중요한 정서 반응을 유발하기 위해 어떻게 타인과 정서적 의사소통을 하는지에 초점을 맞춘다.

⑦ 상담과정에서 새로운 교정적 정서 경험을 지지하고 강조한다.

(4) 체계론적 관점

① 체계론적 관점은 선형적 인과론보다는 순환적 인과론을 강조하고, 부부 사이의 부정적 상호작용 고리에 초점을 맞춘다. 또한 상호작용을 형성하는 방식, 행동 패턴을 유지하는 방식, 상호작용을 조직하고 처리하는 과정을 강조한다.

② EFT에서 상담자는 체계를 구성하는 요소들이 상호작용하는 방식의 변화에 초점을 두고, 지금까지 지속된 커플의 부정적이고 고정된 상호작용 고리를 변화시키기 위해 노력한다. 변화를 위해서 상담자는 체계를 구성하는 요소들이 상호작용하는 방식의 변화에 초점을 두기 때문에 구성원 자체에는 집중하지 않는다.

③ 구조적이고 체계적인 개입의 목표는 커플이 소속감이나 자율성을 지지하고 접촉을 늘릴 수 있는 체계를 만들어 서로의 차이와 욕구를 수용하게 만드는 것이다.

④ 상담 전략을 수립하기 위해 다음의 세 가지 질문에 명확한 답변을 할 수 있어야 한다.
   ㉠ 부부 사이에 지금 무엇이 일어나고 있는가?
   ㉡ 부부 사이에 지금 무엇이 일어나야 하는가?
   ㉢ 건강한 부부관계를 형성하려면 상담자는 무엇을 도와주어야 하는가?

2. 주요 개념 및 상담기법

(1) 안정된 애착관계를 만들기 위한 정서적 경험

① 정서적 경험이 이루어지기 위해서는 자신들이 어떤 애착 형태와 방향성을 가지고 있는지 살펴볼 필요가 있다.

② 선순환의 관계 패턴을 가지고 있는 커플은 애착 형태와 방향성을 조정하거나 바꾸는 방식의 성장이 일어나고 이를 통해 성숙해진다. 한편, 역기능을 가지고 있는 커플은 감정적 욕구를 충족하기 어려운 악순환의 관계 형태를 갖는다.

③ EFT는 전형적으로 추격/철수 패턴으로 개념화되는 부부 혹은 가족의 부정적 상호작용 주기를 확인한다. 추격자는 자신이 관계에서 경험하는 분리와 거리감에 항의하며, 이는 불안 애착 유형을 보여준다. 반면 철수자는 관계에서 안전감이 부족하다고 지각하여 스스로를 보호하기 위해 종종 비판과 거절의 형태로 거리감을 형성하며, 이는 전형적인 회피 애착 유형이다.

(2) 치료적 동맹의 형성과 유지

① 공감적이고 진실성 있게, 파트너의 경험을 존중하면서 커플과 치료적인 관계를 맺는다. 이를 위해 공감적 조율, 수용, 진실성의 기술을 활용한다.

② **공감적 조율**: 내담자의 비언어적 메시지와 신체적 단서가 되는 행동이나 반응, 그것들이 의미하고 있는 정서에 초점을 두는 것이다. 즉, 상담자는 내담자가 언급한 내용보다는 지금의 관계에서 무엇을 원하며 경험한 것의 핵심이 무엇인가에 초점을 맞춘다.

③ **수용**: 내담자를 그들 자체로 존중하고 소중히 여기며 그들의 충만한 인간성을 인정하는 것이다.

④ **진실성**: 진실성은 치료자가 충동적이거나 개인정보를 자주 노출하지 않으면서도 진실하고 정서적으로 내담자와 함께하는 것을 요구한다.

(3) 정서 경험에 접근하여 재구조하기

① 상담자는 커플의 정서 경험을 추적하고 반응하면서 커플의 정서 과정을 좇아간다. 상담자가 적절하게 반영하여 치료적 동맹을 맺으면 상호작용 이면에 있는 정서 반응을 구체화하는 데 도움이 된다.

② 정서는 현재 상황에 나타나는 직접적인 반응인 1차 정서와 직접적인 반응을 극복하려는 시도나, 1차 정서에 대한 반발로 나오는 부수적인 반응인 2차 정서로 나뉜다. 상담자는 2차 정서에 초점을 기울이는 것과 내재된 감정인 1차 정서를 강조하는 것에 초점을 두어야 한다.

　　㉠ 1차 정서: 주어진 상황에 대한 초기 반응이다. 전형적으로 애착 공포와 욕구(버려진, 외로운, 무력한 등)를 나타낸다.

　　㉡ 2차 정서: 실제 상황에 대해서가 아니라 1차 정서에 대한 정서이다. 종종 분노, 좌절, 철수의 형태를 취한다.

③ 커플 관계에 대한 대화를 나눌 때, 커플의 정서 경험을 확대하기 위한 비언어적 정서 표현, 신체단서, 새로운 경험에 대한 정서를 탐색하도록 상담자는 '~할 때 당신은 어떤 느낌이 드나요?'라는 환기적 반응에 대한 질문을 자주 활용한다. 이를 통해 배경으로 물러나 있던 특정 반응을 부각시키면서 경험과 상호작용을 재구조화한다.

④ RISSSC: 정서 경험을 보다 잘하기 위해서 상담자들이 사용하는 기술의 약자이다.

구분	내용
반복(Repeat)	내담자가 말하는 핵심 단어와 표현을 반복하기
심상(Image)	추상적인 단어로는 담아낼 수 없는 방식으로 정서를 포착하기 위해 심상을 활용하기
단순함(Simple)	단순한 단어와 구절을 사용하기
느림(Slow)	정서적 경험을 드러낼 수 있도록 느린 속도를 유지하기
부드러움(Soft)	마음을 진정시키고 더 깊이 경험하고 위험을 감수하도록 격려하기 위해 부드러운 목소리를 사용하기
내담자의 단어(Client's words)	내담자의 단어와 표현을 인정해주는 맥락으로 사용하기

(4) 상호작용의 재구조화

① 각 파트너가 경험하는 주관적인 고통을 커플이 같이 만들어내 내는 부정적인 상호작용 고리로 규정하고 이러한 고리의 맥락에서 각 파트너의 행동을 재구성한다.

② 상담자는 커플의 상호작용의 순차적 흐름에 주목하고 행동을 관찰하면서 커플의 반응 패턴을 추적하고, 서로가 보이는 반응 패턴을 커플에게 다시 반영해준다. 이러한 과정을 통해 상담자는 커플 상호작용은 반복적으로 나타나는 것임을 알려주고 때로는 이러한 고리를 외재화함으로써 커플의 기본적인 패턴과 태도를 명확하게 깨닫게 돕는다.

③ 상호작용의 재구성을 통해 커플 모두를 힘들게 하는 '부정적인 상호작용'이라는 공공의 적에 대항하여 함께 참여할 수 있는 맥락을 만들어 준다.

3. 상담과정(3과정 9단계)

(1) 과정 1: 부정적 주기의 단계적 축소(부정적 상호작용 고리의 단계적 약화)

① 1단계: 치료적 동맹 형성/애착 투쟁에서 나타나는 갈등 문제 밝히기

② 2단계: 1단계에서 나타나는 부정적 상호작용 고리 규명하기

③ 3단계: 상호작용 이면에 숨어 있는 감정에 접근하기

④ 4단계: 문제를 부정적 고리, 내재된 감정, 애착 욕구의 관점으로 재구성하기

(2) 과정 2: 상호작용 패턴 변화 및 연대 형성(상호작용 태도 변화시키기)

① 5단계: 감추어진 애착 감정, 욕구를 밝혀 상호작용에 통합시키기

② 6단계: 배우자의 진정한 경험과 새로운 상호작용 반응을 수용하도록 격려하기

③ 7단계: 서로의 욕구와 소망을 표현하고 부부가 결합할 계기를 만들어 애착을 재정의하도록 돕기

(3) 과정 3: 강화와 통합

① 8단계: 과거 관계 문제에 대한 새로운 해결책 촉진시키기

② 9단계: 애착 행동의 새로운 태도와 고리를 강화하기

본 교재 인강·무료 기출해설 특강 teacher.Hackers.com

19 가족 위기와 스트레스

1. 가족 스트레스

(1) 가족 위기와 가족 스트레스

① 가족 위기: 가족 내부나 외부의 극심한 변화에 의해 평형이 깨진 상태를 의미하며, 위기에 처한 가족은 제대로 기능할 수 없게 된다.

② 가족 스트레스: 가족에 변화를 유발하는 사건이나 상태를 말한다. 가족 스트레스가 반드시 가족 위기를 유발하는 것은 아니다.

(2) 수평적 스트레스원

① 가족 발달에서 겪을 수 있는 다양한 생활사건으로, 두 가지로 구분된다.

② 규범적 스트레스원과 비규범적 스트레스원

  ㉠ 규범적 스트레스원: 결혼, 출산, 은퇴와 같은 예측 가능한 발달적 요인이다.

  ㉡ 비규범적 스트레스원: 사고, 질병, 자연재해와 같은 예측하기 어려운 상황적 요인이다.

(2) 수직적 스트레스원

① 세대에서 세대로 전수되는 요인으로, 가족규칙, 가족신화, 신앙, 가훈 등의 가족과정이나 가족기능과 관련된 부분이 포함된다.

② 가정폭력, 중독도 세대 간 전수되는 경우가 많으므로 긍정적·부정적 수직적 스트레스원을 평가하는 것이 필요하다.

2. 힐(Hill)의 ABC-X 모델

(1) ABC-X 모델

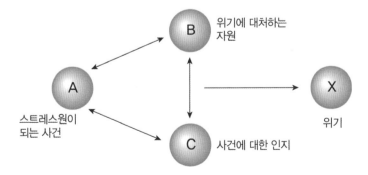

[그림 9-14] ABC-X 모델

① A 요인이 B 요인, C 요인과 서로 상호작용한 결과 X가 된다.

  ㉠ A 요인: 스트레스 요인이 되는 사건이나 그 속성으로서의 곤란성

  ㉡ B 요인: 가족이 위기에 대응하기 위해 가지고 있는 자원

  ㉢ C 요인: 가족이 그 사건에 대해 가지는 의미

  ㉣ X: 위기 상황

참고 A 요인과 결과적 위기 상황의 구분

• 힐은 스트레스 요인이 되는 사건이 반드시 스트레스를 초래하는 것은 아니며, 그것에 매개 변수(B, C 요인)가 개재된다는 이론적 가설을 세웠다.
• 따라서 스트레스원이 되는 사건(stress event)인 A 요인과 결과로서의 스트레스 상황, 위기 상황은 명확히 구별되어야 한다.

② 요인별 특징

  ㉠ A 요인(스트레스원이 되는 사건)

    ⓐ 힐은 초기 연구에서 가족과 관련된 스트레스 요인을 가족 증가, 가족 이탈, 가족의 유대감 상실, 가족구조 변화 등 내부적 요인에서만 찾았으나, 이후 가족 스트레스 원천을 3가지로 정리했다.

    ⓑ 가족 스트레스의 3가지 원천

구분	내용
가족 이외의 사건	• 이러한 사건은 장기적으로 가족을 단절시키는 방향으로 작용한다는 특징이 있음 • 전쟁, 정치적 또는 종교적 박해, 홍수, 지진 등의 자연재해 등
가족 내부의 사건	• 이 사건이 발생하기 전에 가족 내부의 기능이 원활하지 못했다는 점을 반영하여 생기는 사건이라는 점에서 한층 해체적이라고 볼 수 있음 • 혼외 자녀의 탄생, 부양 기피, 장애가족 발생, 배우자의 부정, 자살, 약물남용 등
가족 외부의 사건	• 결정적인 가족 스트레스 요인으로 보이지는 않지만, 그로 인해 가족의 상황이 더욱 나빠질 수 있다는 점이 특징임 • 전쟁으로 인한 이별, 귀환에 의한 재통합, 화재로 인한 가옥 상실, 불황기의 수입원 상실 등

  ㉡ B 요인(위기에 대처하는 가족 자원): 가족의 적응능력, 응집력, 과거 위기를 극복한 경험 등이 고려될 수 있다.

  ㉢ C 요인(사건에 대한 인지/가족이 그 사건에 대해 가지는 의미): 가족이 현재 부딪힌 사건을 그들의 상황, 목표에 대한 위협으로 받아들이는가, 성장의 계기로 이해하는가의 문제와 관련이 있다.

(2) **롤러코스터 모델**

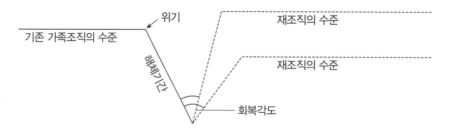

[그림 9-15] 롤러코스터 모델

① 집단으로서의 가족이 위기에 직면할 때 '조직 해체-회복-재조직' 단계를 거치면서 적응해나가는 과정을 나타낸 모형이다.

② 횡적 축(시간의 진행) 속에서 종적 축(가족 재조직의 수준)이 올라갔다 내려갔다 하는 모양이 롤러코스터와 비슷하기 때문에 이러한 이름이 붙었다.

③ 위기로 인한 해체보다는 회복의 각도가 중요함: 회복 각도에 따라서 위기를 겪기 이전보다 적응 수준이 높거나 낮아질 수 있다.

3. 맥커빈(McCubbin)의 이중 ABC-X 모델

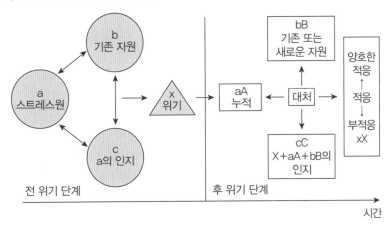

[그림 9-16] 맥커빈의 이중 ABC-X 모델

(1) 맥커빈의 모델

① **목표**: 힐의 ABC-X 모델과 롤러코스터 모델로 표현된 '해체-재조직'의 과정을 통합하는 것이다.

② 힐이 말한 스트레스 결과의 중핵이 된 재조직화 수준 대신 적응 개념을 대치시켰다.

③ 재적응 과정은 대처과정(coping)이기도 하다는 점에서 셀리에의 심리학적 스트레스 연구의 주요 개념을 도입했다.

④ 맥커빈은 이를 기초로 하여 가족 위기의 발생까지를 '전 위기 단계', 위기 발생 이후 재조직화나 재적응 과정을 '후 위기 단계'라는 두 개의 연속된 국면으로 설명한다.

(2) 누적된 스트레스원의 주된 현상(aA 요인)

① 원래의 사건 자체가 가진 곤란함이 시간이 경과하면서 더욱 가중되는 경우이다.

　　예 빌린 돈의 이자가 눈덩이처럼 붙어 카드 돌려막기 끝에 파산하는 것, 어떤 질병이 발생하여 만성화되거나 질병의 사태가 악화되는 것, 죽음에 이르는 사건으로 진행되는 것

② 원래의 사건이 해결되지 못한 채 그것과는 별개의 사건이 겹치는 경우이다.

　　㉠ 두 사건이 우연히 중복되어 일어나는 경우도 있으나 인과관계에 의해 일어나는 경우(예 수해지역에 전염병이 발생하는 것)도 있다.

　　㉡ 맥커빈은 어려움을 겪는 가족의 생활주기 안에 또 다른 사건이 일어나는 부분에 관심을 가졌다.

③ 원래의 사건을 극복하기 위해 한 대처행동이 스트레스원으로 가중되는 경우이다.

　　예 남편의 실직으로 아내가 직장생활이라는 대처행동을 선택했는데, 이 행동이 부부관계를 힘들게 하거나 자녀양육에 어려움을 초래하는 등의 가족문제로 대두되는 것

(3) 가족 자원의 개념(bB 요인)

① 가족 구성원 개인, 집단으로서의 가족, 지역사회의 3가지 수준에서 다양한 심리적·사회적 특성을 포함한다.
② 개인적 자원: 가정생활을 영위하는 능력, 자립된 활동을 하는 능력, 여러 인지적 능력 등이 포함된다.
③ 가족 자원: 통합성, 응집력, 유연성, 조직성, 종교적 가치 등이 포함된다.
④ 지역사회 자원: 사회적인 지지 네트워크, 의료나 심리학적 지원, 가족 사회정책 등이 포함된다.

(4) 시간적 경과

① 기존의 자원: 가족이 이미 가지고 있는 것으로 처음 스트레스원의 충격을 약화시켜 위기의 발생률을 낮추기 위해 이용될 수 있다.
② 새로운 자원: 위기 상황이나 누적의 결과에서 발생되는 것으로 새로운 또는 추가적인 요청에 부응하여 강화되고 개발된 자원이다.
  ➜ bB의 요인 중 기존 자원은 b이고, 새로운 자원은 B이다.

(5) 가족의 지각이나 의미부여(cC 요인)

① c는 기존의 스트레스원에 관한 가족의 지각을 의미하며, C는 추가적인 스트레스원, 즉 기존 자원 또는 새로운 자원과 위기에서 벗어나 평형을 회복하기 위해 무엇인가를 필요하다고 평가하는 등의 모든 것에 대한 가족의 인식이다.
② 전 위기 단계의 인식(c)과는 달리, 후 위기 단계의 인식(C)은 위기 상황을 재정의하려고 한다. 이 경우, 새로운 상황에 새로운 의미를 부여하는 과정에서 서로 다른 의견을 가진 가족 개인의 인식을 통합하는 노력도 포함된다.

(6) 가족 대처

스트레스원을 제거하여 상황의 곤란함을 해결하는 힘이다.

(7) 가족 적응력

① 가족 적응력: 맥커빈은 가족 구성원 대 가족, 가족 대 지역사회 양쪽의 기능 균형을 추구하려는 가족의 다양한 노력을 반영한 일련의 결과로 정의했다.
② 양호한 적응: 가족 통합을 유지하거나 강화할 힘이 있고, 가족의 발달이나 가족단위로서의 발달을 지속적으로 추진하고 자신들이 환경의 방향을 통제할 수 있다는 자립심을 가지게 된다.
③ 가족의 부적응: 마이너스 끝에 속한 가족은 가족 구성원 대 가족, 가족 대 지역사회의 양극의 수준에서 가족기능의 평형을 점차 상실한다. 때로 최소한의 균형을 유지하지만 가족 통합의 저하, 개인 또는 가족단위로서의 발달 저하, 가족의 독립성과 자립성 저하 또는 상실이라는 대가를 지불하지 않으면 안 된다.

> **더 알아보기** 　가족 위기 해결
>
> 상담자는 가족 스트레스에 대한 이해를 가짐으로써 가족 상황에서 예측 가능한 일을 해결할 전략을 상담에 적용할 수 있다. 또한 가족은 그들 나름대로의 위기를 성공적으로 해결하기 위해 자신들의 강점이나 가능성을 촉진시키는 데 도움이 될 것이다.

4. 스트레스 취약성 모델과 FAAR 모델

(1) 스트레스 취약성 모델

① 개인이 어떤 행동이나 문제에 대한 생물학적·유전적·인지적 소인을 가지고 있는 상태에서 환경적 스트레스와 상호작용하여 질병 발생 조건이 만들어진다는 것이다.

② 신경전달물질이나 유전적 요인으로 인해 스트레스에 취약한 사람이 경제적 어려움이나 이혼 등 심리사회적 스트레스원(stressor) 또는 발달적 생활사건이 출현함에 따라 취약성의 경계를 넘게 되면 특정 문제가 발생할 가능성이 높아진다.

③ 생활사건이 취약성 스트레스 범위 내에 있는 경우: 항상성으로 반응하여 정상 범주에서 기능할 수 있으나, 경계를 넘을 경우 장애가 발생한다.

④ 만일, 시간이 지나면서 생활사건이 경계선 내에서 안정화되면 발생한 문제가 감소하며 이전 상황으로 돌아온다.

(2) 가족 조절 및 적응반응(FAAR; Family Adjustment & Adaptation Response) 모델

① 가족 탄력성 모델과 스트레스 모델을 통합하여, 스트레스에 대한 가족의 적응과정을 조정(adjustment)단계와 적응(adaptation)단계로 나누어 설명한다.

② 3가지 개념

  ㉠ 요구(demand): 생활사건을 포함한 스트레스원을 의미한다.

  ㉡ 역량(capabilities): 가족의 자원과 대처행동을 의미한다.

  ㉢ 의미(meanings): 가족의 정체성과 보호능력, 위험의 본질을 뜻한다.

③ 3가지 요소는 상호작용하는 과정에서 조정 단계를 거쳐 적응하는 단계에 이른다.

5. 가족 탄력성

(1) 탄력성(resilience)

① 탄력성: '질병이나 트라우마, 역경을 극복하고 빨리 회복하는 힘' 또는 '사람들이 역경을 극복하고 시련에 맞서 싸우면서 오랜 시간에 걸쳐 축적한 기술, 능력, 지식, 통찰력'을 의미한다.

② 가족 탄력성: 곤궁한 상태를 의미하는 것이 아니라 어려운 상황에 대처하여 극복하려는 자세를 의미한다.

(2) 가족 탄력성의 구성요소(Walsh, 2002)

구성요소	내용
신념체계	• 가족의 신념체계는 가치와 태도, 편견 등을 포함하며, 행동의 지침을 제공함 • 하위 요소: 역경에 의미를 부여하는 능력, 긍정적 시각과 가능성에 대한 확신, 가치와 목적을 가진 초월적인 신념
조직 유형	• 가족이 하나의 단위체계로 통합되어 있는 정도: 위기 상황에서 가족생활을 구조화함으로써 자원을 동원하고 재조직하는 능력 • 하위 요소: 융통성(안정성과 변화의 균형), 연결성(상호 지지, 재결합, 화해와 용서), 사회·경제적 자원(친족망, 지역사회망, 재정 보장·확립)
의사소통 과정	• 건강한 의사소통 과정을 의미함 • 하위 요소: 명료성(명확한 의사소통), 개방적 정서 표현(감정이입, 유머 등), 상호 협력적 문제 해결

1. 개관

(1) 특징

① 가족 생활주기에 대한 인식을 일반체계이론 입장에서 통합하여 새로운 가족 생활주기 모형을 제시했다.

② 제1단계: 어떤 가족에도 소속되지 않는 젊은 성인의 단계를 두었다.

③ 이혼이 동반하는 가족 생활주기의 혼란과 그 전후의 가족과정, 재혼에 의한 새로운 가족 형성 문제를 예외적 현상이 아닌 기본적인 과정의 하나로 취급한다.

④ 가족 발달과정의 한 단계에서 다음 단계로 넘어가는 전환점에 가족의 스트레스가 가장 심하고, 가족 생활주기의 진행이 방해를 받거나 궤도에서 벗어날 때 증상이 발생한다고 본다.

(2) 단계 변화로 야기되는 긴장(스트레스)

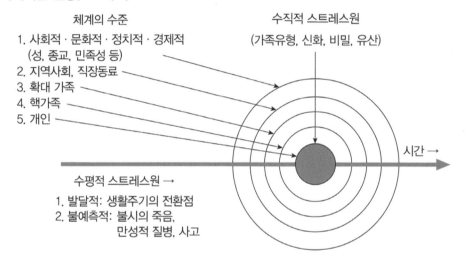

[그림 9-17] 수직적 긴장과 수평적 긴장

① **수직적 긴장**: 정서적 삼각관계 기제를 통해 세대 간 전수된다는 보웬의 다세대 전수개념을 활용한 개념으로 가족 형태, 가풍, 생활사, 태도, 규칙, 신화 등이 세대 간 전수에 포함되어 긴장의 요인이 된다.

② **수평적 긴장**: 한 단계에서 다음 단계로의 전환에 따라 발생하는 발달적 긴장으로, 생활주기의 변천과 외적 긴장을 포함한다.

2. 생활주기 단계별 과업

단계	이행에 동반된 특징적 원리	발달과정에 수반된 가족 안에서의 이차적인 변화
어떤 가족에게도 소속되지 않은 젊은 성인	부모에게서 분리	• 가족과의 관계에서 자기 확립 • 친밀한 또래관계의 발달 • 직업상의 정체성 확립
결혼에 의한 가족 결합 – 신혼부부의 탄생	새로운 가족체계의 출발	• 부부체계의 형성 • 확대가족이나 친지들이 배우자를 수용
어린 자녀를 둔 가족	가족체계 내의 새로운 구성원 수용	• 자녀를 포함한 부부체계 재구성 • 부모로서의 역할 수행(자녀양육, 재정, 가사일에 공동 참여) • 부모 또는 조부모의 역할을 포함하는 확대가족관계 회복
사춘기의 자녀를 둔 가족	자녀의 자립을 인정하는 가족경계의 확대	• 청소년 자녀가 가족체계 안과 밖을 자유롭게 드나드는 것을 허용하는 형태로 부모–자녀 관계 변화(자녀의 자율성 허용) • 중년의 부부문제나 직업 등의 발달과제에 대한 재인식 • 노년 세대에 대해서는 배려하는 방향으로 변화
자립하는 자녀를 둔 가족	가족체계 밖에서 생활하거나 가족체계에 새롭게 참여하는 가족의 다양성	• 부부체계의 새로운 협력 • 성장한 자녀와 부모 간의 성인으로서 맺는 관계로 변화 • 자녀의 배우자와 손자를 포함한 형태의 가족관계 회복 • 부모 또는 조부모의 신체적·정신적 장애나 죽음에 대한 대처
노년기를 보내는 가족	세대에 따른 역할 변화 수용	• 자신 또는 부부의 기능 유지와 신체적 쇠약에 대한 관심 • 새로운 가족관계 또는 사회적 역할 탐색 • 중년세대가 보다 중심적인 역할을 하도록 지지 • 연장자의 지혜와 경험을 가족체계 속에서 살리는 기회 형성 • 배우자, 형제, 동료의 상실에 대응, 자신의 죽음을 준비, 인생의 통합

(1) 결혼 전기(구애기, 소속되지 않은 성인의 단계)

① 자신이 태어난 원가족과 앞으로 만들어 갈 결혼가족의 중간 단계로, 원가족으로부터 분리했으나 아직 다른 가족을 구성하지 않아 소속되지 않은 성인의 단계이다.

② 이 단계의 개인은 자신이 원가족에서 분화했다는 의식을 가져야 하며, 적절한 직장을 찾고 동료와 친밀한 관계를 형성하는 능력을 몸에 익혀야 한다.

③ 가족과 지속적으로 유대관계를 유지하면서도 경제적·정서적으로는 의존하지 않는 개인으로 독립하는 것이 주요 과제이다.

(2) 결혼 적응기(가족 형성기)

① 독립적으로 생활하던 두 개인이 하나의 체계를 이루고 새로운 체계에 대한 책임과 의무를 확인한다.

② 두 사람은 부부관계를 형성하고 강화하기 위해 자신과 배우자의 원가족과 친구관계를 정비하고 정서적인 결합을 위해 노력해야 한다.

(3) 자녀 아동기

① 부부체계에 자녀가 포함될 수 있게 정서적·물리적 공간을 만드는 것이 중요한 과제이며, 자녀 양육에 필요한 재정적인 여력 확보와 양육과 관련된 가사의 재구조화가 필요하다.

② 조부모와 삼촌, 사촌의 역할이 포함되도록 확대가족과의 관계 재정비가 필요하다.

(4) 자녀 청소년기

① 청소년기의 자녀가 정체감을 확립하고 독립심을 키우는 과정에서 부모에 대한 애착과 분리가 적절하게 이루어지도록 경계선의 융통성을 증가시키는 것과 같은 과제에 당면한다.

② 부부가 중년기에 접어들면서 자신들의 향후 문제와 부모의 문제에 대한 준비가 필요한 시기이다.

(5) 자녀 독립기

① 가족 구성원의 증감에 대한 수용이 주요 과제로 등장한다.

② 자녀들이 성장하여 독립하면서 부부만 남으므로 부부관계를 2인군 체계로 재조정해야 한다.

③ 자녀의 결혼으로 새롭게 형성되는 가족관계(예 며느리, 사돈, 손자녀 관계)를 정립하고 적절히 상호작용한다.

④ 부모세대의 노화로 인한 돌봄 의무가 증가하고 그들의 죽음에 대처해야 하는 시기이다.

(6) 노년기

① 역할 변화와 관련된 과제가 제시되는 시기이다.

② 가정과 사회에서 연장자로서의 역할이 요구되므로 자신의 경험과 지혜가 잘 활용될 수 있는 계기를 마련하고 가족, 친지의 죽음에 잘 대처할 수 있어야 한다.

③ 은퇴와 함께 발생하는 사회적 역할, 경제적 지위, 부부 상호작용의 변화에 적응하는 것도 중요한 과제이다.

3. 가족 생활주기의 발달과제

(1) 1단계: 새롭게 출발하는 가족

① 주요 과제: 두 남녀가 각자 출생한 가족에서 물리적·심리적으로 분리하여 두 사람만의 세계를 만드는 것이다.

② 결혼한 두 남녀는 자신들의 기본적인 욕구 충족을 원가족이 아닌 배우자에게서 하려고 노력해야 한다.

③ 부부가 잘 기능하려면 기본적인 규칙과 유형을 만들어야 한다.

　㉠ 부부가 일체감을 느끼되 개인으로서 자립을 손상하지 않도록 확고한 경계를 만드는 것도 필요하다.

　㉡ 각자의 원가족과 배우자와의 관계에서 적절한 균형을 유지하는 것이 중요하다.

④ 부모: 독립한 자녀의 독립성을 존중하여 적절한 거리를 갖도록 관계를 재구성한다.

⑤ 이 시기에 나타나는 갈등은 발달의 이전 단계에서 해결되지 못한 문제가 자신들도 모르는 사이에 신혼생활에서 드러나는 것일 경우가 많다.

⑥ 발달과제

　㉠ 성숙한 남녀의 결합이 중요하다. 성숙한 사람은 부모로부터 분리되고, 유연한 태도로 여러 사람을 대하면서도 개성과 주체성을 가지고 자신의 생활을 영위해가는 사람을 의미한다.

　㉡ 결혼은 각자의 원가족에서 정서적으로 자립한다는 것을 전제로 성립해야 한다.

　㉢ 결혼에 의해 하나의 가족단위로 성립되려면 기본적인 가족기능을 원만하게 수행할 필요가 있다.

　　ⓐ 기본적인 가족기능: 거주, 식생활, 취업, 가족 건강의 유지와 같이 물리적인 요소이다.

　　ⓑ 가족기능의 정서적·심리적인 요소도 상당히 중요하다.

(2) 2단계: 어린 자녀를 둔 가족

① 첫 자녀의 출산과 태어난 자녀가 전적으로 부모에게 의존하는 상태에서 출발한다.

② 부부체계에 어린 자녀가 더해지면 새로운 경계와 역할을 만들어야 하며, 이때 부부체계와 부모체계가 함께 기능할 수 있도록 고려하는 것이 중요하다.

③ 부부 중 한쪽이 자녀 돌보는 데만 전념하여 부부대화, 친밀함, 관계 등이 소홀해지면 위기가 초래될 수 있다.

④ 부모의 의무에 수반된 스트레스에 압도되어 부부 중 한쪽이나 모두가 정서적인 어려움을 겪을 수 있다.

⑤ 산후 우울증으로 심각한 어려움을 겪기도 한다.

⑥ 영아를 돌보는 문제: 육아분담 규칙 등을 수립한다.

⑦ 발달과제

    ㉠ 가족은 자녀의 출생을 계기로 실질적인 가족단위를 형성한다. 부부만의 세계와 달리 자녀를 포함한 가족은 하나의 집단, 체계로서 위치를 확고히 한다.

    ㉡ 자녀를 위한 심리적·물리적 공간을 만들 때 부부체계의 적응이 많은 영향을 준다.

    ㉢ 남편과 아내가 부모가 되는 것, 부모로서의 역할에 적응한다.

    ㉣ 부모, 조부모의 역할을 포함한 확대가족과 관계를 회복한다.

    ㉤ 첫 자녀나 다른 자녀가 유치원, 학교 등으로 진학하는 데 따른 사회화의 발달이다.

    ㉥ 부모는 균형 있는 자녀 양육태도를 확립하는 것이 필요하다.

(3) 3단계: 청소년기의 자녀를 둔 가족

① 부모–자녀 관계에서 자립과 의존의 갈등이 표면화: 십대의 자녀는 신체적·심리적 성숙과 더불어 새로운 자아정체감을 확립하는 과제에 직면하면서 자립과 의존의 갈등이 심각하게 표면화된다.

    ➡ 부모–자녀 관계가 재정립되어야 한다. 자립, 책임, 통제라는 서로 다른 세 측면이 기본적인 신뢰관계를 파괴하지 않으면서 통합되는 것이 중요하다.

② 자녀의 반항: 부모에게서 자립하고 싶은 욕구, 어린 아이로 남고 싶은 소망, 부모에게 좋은 아이로 인정받고 싶은 기분의 갈등에서 비롯된다.

③ 자녀가 가족경계 밖을 자유롭게 드나드는 것에 의해 가족경계의 확대가 이루어졌다는 것을 받아들여야 한다.

④ 발달과제

    ㉠ 부모–자녀 관계에서도 자녀가 가족체계를 자유롭게 드나들도록 허용하는 것이 필요함: 가족의 경계를 확대하여 유연성을 높이는 것이 중요하다.

    ㉡ 청소년기 자녀의 다양한 행동과 함께 중년기를 맞이한 부모가 청소년기 자녀로 인한 가족경계 확대에 어떻게 적응하는지의 문제: 부모는 자녀를 위한 물리·심리적 공간을 제공하고 가족 내 자녀의 부재를 인내한다.

    ㉢ 조부모와 관련된 여러 문제에 직면: 조부모와 동거하는 문제, 병든 조부모를 돌보는 문제 등으로 여러 스트레스가 부각될 가능성이 높다. 또한 조부모와 손자 세대의 상호작용이라는 새로운 체계의 발전을 초래한다.

(4) 4단계: 자립하는 자녀를 둔 가족

① 자녀가 청년기를 맞이하고 가정에 소속되지 않은 어른의 단계에 진입하면서 심리적·물리적으로 가족을 벗어나 밖의 세계에서 자기를 확립한다.

② 이 단계의 가족은 부모–자녀의 근본적인 끈을 단절하지 않은 채 부모와 자녀가 분리되는 것이 중요한 과제이다.

③ 가족은 자녀의 분리에 대한 상실감을 인내하고, 서로가 물리적으로 떨어져 생활함으로써 계속 좋은 관계를 유지하며 각자의 생활, 일을 충분히 자립적으로 수행하는 능력을 갖추어야 한다.

④ 빈 둥지 증후군: 부모는 일상생활의 중심이지만 자녀가 떠나면서 정도의 차이는 있지만 슬픔을 경험한다.

⑤ 부모와 자녀가 물리적으로 명확해지는 시기이지만 심리적 끈이 끊어지는 것은 아니라는 점을 중요하다.

⑥ 발달과제

㉠ 2인 1조인 부모의 부부체계를 보다 긴밀한 협력관계로 재구성: 부모세대가 다시 한번 부부로 결합하여 친밀한 인생을 보내는 것이 중요하다.

㉡ 성장한 자녀와 부모가 어떻게 서로를 성인으로서 인정하고 보다 안정된 가족관계로 이어가는지의 문제: 바람직한 가족관계를 영위하는 방법을 확보하는 것이 중요한 발달과제이다.

㉢ 부모세대가 자녀의 배우자, 손자와 어떻게 관계를 맺는지를 포함한 새로운 확대가족과의 관계 형성 문제: 고부관계, 사위와 장인관계, 조부모와 손자관계를 보다 건전하게 발달하려는 노력이 필요하다.

㉣ 부모의 노화와 동반된 신체장애, 사별에 어떻게 대처하는지의 문제: 특히 자신의 부모가 사망함으로써 겪는 상실감의 처리는 이 시기의 중요한 과제이다.

(5) 5단계: 인생의 만년을 보내는 가족

① 부부가 노년을 맞이하며, 모든 가족이 다양한 상실을 경험하고, 부모세대는 노화현상을 나타나며, 의사소통이나 운동능력을 상실하게 되고 경제적인 능력도 저하된다.

② 이 시기의 부모－자녀 관계는 기존의 돌보는 사람과 돌봄을 받는 사람의 역할이 바뀐다.

③ 발달과제

㉠ 부부의 기능을 유지하고, 은퇴 등의 사회적·육체적 약화에 대응하는 것이다.

㉡ 부부세대가 중년에 접어든 자녀에게 가정 내의 중심적인 역할을 이양한다.

㉢ 부모가 연장자로서의 지혜와 경험을 가족체계 속에서 적절히 살릴 기회를 갖는다.

21 가족평가

1. 가족평가의 개념과 목적

(1) 가족평가의 개념

가족을 진단·평가하여 측정하는 일련의 행위로, 가족을 하나의 '단위'로 보고 가족의 내부·외부 체계와 이들 간의 상호작용을 파악하기 위해 자료를 수집·종합하여 그 가족에 대한 개입을 계획하는 과정이다.

(2) 목적

① 가족 문제를 이해하기 위해 이루어진다.

② 상담적 개입을 계획하기 위해 이루어진다.

③ 가족에게 필요한 자원과 지원체계 규명을 위해 필요하다.

(3) 가족평가 접근 방식과 유형

평가	주관적 평가	객관적 평가
양적 평가	체크리스트, 설문지, 척도 등	생활조사, 문헌연구 등
질적 평가	관찰, 면접 등	가계도, 가족화 등

2. 가족평가 과정

(1) 초기 단계의 평가

① 상담자가 객관적인 면을 강조하는 것보다 가족원을 그대로 수용하고 그들의 관점을 존중하면서 라포를 형성하는 것이 중요하다.

② 내담자 가족의 이름, 연령, 발달 단계, 관계망 등의 내용을 확인한다. 초기 단계 평가는 어떻게 상담실에 오게 되었는지, 문제에 대한 가족원의 생각은 어떠한지, 문제를 해결하기 위해 어떤 노력을 했는지 등에 대한 가족의 토론이 대부분을 차지한다.

③ 가족을 평가하는 주목적은 가족상담의 계획을 세우고 가족을 알아가는 과정으로 필요하지만, 가족이 스스로 자신들의 역동을 파악하게 하는 시간이 된다.

④ 상담자가 평가하는 과정 자체가 치료적 개입이라는 마음가짐이 중요하며 가족과의 일상적이고 가벼운 대화에서부터 평가 작업이 시작된다.

⑤ 초기 단계의 평가에 포함되어야 할 항목

> • 가족이 제시하는 문제는 무엇인가?
> • 어떻게 의뢰되었는가?
> • 가족의 발달주기 단계는 어떠하며 발달과업은 어떻게 수행되었는가?
> • 가족은 문제 해결을 위해 어떤 시도를 했는가?
> • 가족의 강점은 무엇인가?
> • 문제가 유지되는 데 각 가족원의 역할은 어떠했는가?
> • 약물 및 알코올 문제, 가정폭력, 성 학대, 혼외관계 등의 문제가 있는가?
> • 가족의 성 역할, 가족구조는 어떠한가?
> • 가족의 의사소통 유형은 무엇인가?
> • 가족 문제에 대한 치료자의 가설은 어떠한가?

(2) 중기 단계의 평가

① 내담자 가족이 자신을 표현하고 상호 이해하는 데 많은 부분을 할애한다.

② 상담자가 가족의 상호작용에 지나치게 관여하면 가족 구성원들이 스스로 문제를 다루는 방법을 배우기 어려워지므로, 상담자는 한 걸음 뒤로 물러나 가족과정을 관찰하면서 가족 간의 대화가 정체될 때만 개입한다. 다만 가족원이 갈등에 직면하여 불안해할 때는 상담자가 불안을 조절하거나 최소화함으로써 가족이 덜 방어적으로 말하도록 돕는다.

③ 치료과정의 전이 문제와 역전이 문제에 대한 평가가 필요하며, 상담자가 특정 개인의 역할을 대신하여 가족 내의 결여된 기능을 대신하고 있지는 않은지 확인한다. 상담자가 피하고 싶은 개인, 관계가 있는지도 점검한다.

④ 중기 단계의 평가에 포함되어야 할 항목

> • 문제에 대한 개인의 책임감이 인식되는가?
> • 가족 구성원의 상호 이해가 촉진되는가?
> • 치료가 정체되지는 않았는가?
> • 상담에서 '피하고 싶은' 어려운 관계나 개인이 있는가?
> • 대화주제 선택에 치료자가 지나치게 개입하고 있지 않은가?
> • 상담자가 특정 가족원의 역할을 맡고 있지는 않은가?

(3) 종결 단계의 평가

① 가족의 문제가 어느 정도 해결되었는지를 파악하는 것이 중요하다.

② 가족이 목표를 이루었다고 느끼고 상담자도 횟수를 줄이거나 회기 간격을 늘리는 것이 좋겠다는 생각이 든다면 종결의 신호라고 볼 수 있다.

③ 종종 내담자 가족이 갈등을 회피하는 것이 아닌데도 일상적 이야기 외에는 상담실에서 더 할 말이 없는 것도 종결의 지표가 된다.

④ 종결 단계에서 가족은 그동안 배운 상담내용을 회고하고 강화하는 시간을 갖는다.

⑤ 종결 단계의 평가에 포함되어야 할 항목

- 제시된 문제가 해결되었는가?
- 가족 상호작용 유형이 개선되었는가?
- 가족원 각자가 목적한 바를 이루었고 만족하는가?
- 미래에 비슷한 문제가 재발할 때 문제를 다룰 방법을 알고 있는가?
- 가족원이 가족 내외의 관계를 개선했는가?

3. 가족체계 관점에 기초한 전문가 중심의 평가

(1) 가족체계

① **전체성**: 평가자는 늘 개인보다 가족전체에 초점을 두고 가족집단의 특성을 알기 위해 가족이미지나 가족이념을 물어볼 수도 있다.

② **상호 의존성 정도**

㉠ 적당한 연결감(친밀감)과 적당한 분리감(자율성)을 보장하는 가족체계가 가장 기능적이다.

㉡ 가족원 간의 상호 의존성이 너무 낮아 가족관계가 소원하고 분리된 상태이거나, 반대로 상호 의존성이 너무 높아 가족원의 개별화를 억누르는 과잉밀착된 가족은 역기능을 발생한다.

③ **경계의 투과성**

㉠ 가족경계의 투과성이 적절한 경우 가족원이 가족 외부(예 친구, 종교기관, 지역사회)와 접하며 새로운 사고를 접하고 경험을 확장할 수 있다.

㉡ 가족경계가 엄격한 경우, 가족은 자칫 고립되어 문제가 발생했을 때 적절한 외부 지원을 받을 수 없다.

④ **가족규칙**

㉠ 시간에 걸쳐 가족 행동을 제한하는 관계상의 합의이다.

㉡ **상위 규칙**: 많은 일반적 규칙에 의해 작용하는 '규칙을 총괄하는 규칙'으로 가족이 하위 규칙을 어떻게 변화시킬 것인가에 대한 규칙을 의미한다.

㉢ 역기능적 가족일수록 가족규칙을 어떻게 변화시킬지에 대한 아무런 상위 규칙을 가지고 있지 않다.

⑤ **가족신화**

㉠ 가족원이 공유하는 잘못된 기대와 신념으로, 현실에 대한 왜곡이나 부정의 요소를 갖는다.

㉡ 역기능적 가족이 상호작용을 유지하는 과정에서 이를 합리화하는 데 조직적인 신념으로 활용된다.

- 세대를 통해 전수되어 온 가족 구성원들 사이의 상호작용 과정이다.
- 가족문화의 핵심적 요소이자 가족의 질적 측면의 측정요소이다.
- 세대 간의 연관성을 제공하고, 가족의 삶의 과정에서 발달상의 연결고리를 제공한다.

⑥ 위계와 가족권력

　　㉠ 위계는 가족 내 구성원이나 하위 체계가 가진 권력과 관련이 있다.

　　㉡ 권력은 가족 구성원이 가진 재정적·사회적·정서적 자원에 따라 결정된다.

　　㉢ 권력에 따라 하위 체계 간의 위계질서가 조직화된다.

⑦ 하위 체계

　　㉠ 가족 체계 내의 세대, 성, 애정 등 다양한 차원에 따라 구성된 하위 집단이다.

　　㉡ 부부, 부모, 부모-자녀 하위 체계가 핵심 체계이며 형제자매, 고부, 장서 등의 하위 체계도 존재한다.

　　㉢ 가족의 하위 체계 기능을 살펴보고 재배열하거나 위계구조를 변화시키기 위한 개입을 계획한다.

⑧ 상위 체계

　　㉠ 가족 체계를 둘러싼 사회 환경 또는 사회적 관계망이다.

　　㉡ 상위 체계는 끊임없이 가족과 상호작용하고 가족에 중요한 영향을 미치는 사람, 기관, 문화를 포함하며, 공식적 관계망과 비공식적 관계망으로 구분된다.

　　　　ⓐ 공식적 관계망: 종교기관이나 복지기관, 학교와 같이 조직화된 관계망

　　　　ⓑ 비공식적 관계망: 친척, 친구와 같이 조직화되지 않은 관계망

(2) 부모화

① 자녀가 가족 내에서 부모나 배우자의 역할을 대신 수행하는 것을 의미: 중요한 점은 한쪽 부모가 적절한 역할을 수행하지 못한다고 생각될 때 부모를 대신하여 부적절하게 역할수행을 하는 경우에 사용된다는 점이다.

② 부모 역할을 대신 수행하는 자녀는 정서적·신체적·지적으로 부모의 역할을 수행할 준비가 되지 않았음에도 부모 역할이나 책임감을 수행해야 하는 경우가 많다.

(3) 희생양

① 가족 내의 문제를 책임지게 되는 특정 개인이다.

② 가족은 희생양을 만듦으로써 핵심이 되는 문제에 직면하는 것을 피할 수 있다.

22 가족기능 및 환경 평가

1. 순환모델(써컴플렉스 모델) 기출 15, 22

(1) 개관

① 올슨(Olson)과 그 동료들이 가족체계이론을 바탕으로 가족기능에 관한 50여 개의 개념을 추출하고 분석하여 귀납적으로 발전시킨 개념이다.

② 가족기능의 핵심 영역으로 응집성과 적응성을 선택하여 가족 유형을 범주화했다.

③ 평가 도구
  ㉠ 내부자 척도(자기보고식): FACES
  ㉡ 외부 관찰자 척도: CRS ➡ 가족의 응집성, 적응성, 의사소통의 세 차원을 관찰하고, 평가한다.
④ 건강한 가족: 중간 정도의 '적응성'이나 '응집성'을 갖는 가족이다.

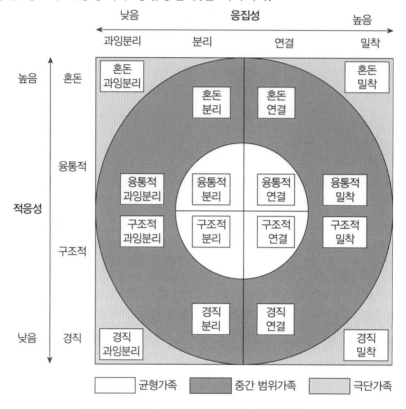

[그림 9-18] 순환 모델에 의한 가족 유형

(2) 응집성

① 응집성: 가족 간의 정서적 친밀감과 결속을 반영하는 개념이다.
② 응집성의 수준

구분	내용
유리(격리/과잉분리)된 가족	• 낮은 응집력을 보이며, 가족은 최대한 자율성을 즐기고, 가족 안에서 자신을 동일시하는 노력은 전혀 하지 않음 • 지나친 개인주의와 제한적인 가족 참여로, 개인에게 필요한 가족의 지원이 부족할 수 있음
분리된 가족	개인의 자율성에 가치를 두지만, 가족의 통합과 정체성의 감각도 함께 지님
연결된 가족	친밀함에 가치를 두며 각 구성원의 자율성 발달을 인정하고 돕는 경향이 있음
융해(속박/밀착)된 가족	• 가족의 친밀성을 가장 가치 있게 생각하므로 가족 결합을 위해 희생을 요구하거나 구성원의 자립을 방해하기도 함 • 과도한 가족 동일시로 인한 지나친 충성심 요구와 소속감으로 인한 개인의 자율성이 제한되는 부작용이 있을 수 있음

(3) 적응성

① 의미: 안정과 변화 간의 구조적 수준을 의미하는 개념으로, 안정지향 대 변화지향의 맥락에서 가족체계가 구조를 변화시키는 능력을 살펴보는 것이다.

② 적응성의 수준: 가족이 가족 내외의 변화에 따라 지도력, 역할관계, 관계규칙 등의 영역에서 얼마나 융통성을 발휘할 수 있는가의 문제이다.

구분	내용
혼돈된 가족	가족생활의 문제와 관련된 어떤 구조도 가지고 있지 않음
유연한(융통적) 가족	규칙이나 역할의 변화를 인정함으로써 문제를 해결하는 능력을 지님
구조화된 가족	유연한 가족에 비해 역할이나 규칙을 수용하는 능력이 부족함
경직된 가족	규칙이나 역할의 변화를 소극적으로 받아들이며 현상 유지를 위해 많은 노력을 함

2. 맥매스터(McMaster) 모델

(1) 개관

① 가족기능을 문제 해결능력, 의사소통, 가족의 역할, 정서적 반응성, 정서적 관여, 행동 통제, 가족의 일반적 기능의 7가지 측면으로 파악한다.

② 평가 도구: 가족사정 척도(FAD; Family Assessment Device)가 있다.

(2) 구성

구분	내용
문제 해결 능력	• 가족이 효과적인 기능을 유지하면서 가족의 문제를 해결하는 능력 • 건강한 가족: 새로운 문제 상황에 체계적으로 접근하며 해결하려는 시도를 보임 • 과제: 기본적 과제, 발달적 과제, 위기적 과제
의사소통	• 가족 내에서 정보가 어떻게 교환되는지에 대한 것으로, 언어에 의한 것에 국한함 • 결정 요소: 의견의 솔직성, 명료성, 의사소통의 양, 의사전달자의 존재성, 열린 마음 등
가족의 역할	• 개인이 가족기능을 충족하기 위해 반복적으로 보이는 행동 유형 • 과제 달성을 위해 역할이 적절하게 분배되어야 하며, 가족은 분배된 역할을 실행해야 함 • 기능: 필수적 기능, 기타 가족기능
정서적 반응성	• 가족이 주어진 자극에 따라 적절한 내용과 적절한 양의 감정으로 반응할 수 있는 능력을 의미함 • 구분: 안정감과 위기감

구분	내용
정서적 관여	• 가족 서로에 대한 관심사, 배려의 양과 질의 문제로 가족 전체가 각 개인의 관심사, 활동, 가치관에 얼마나 관심을 보이는가를 의미함 • 분류 　- 서로 관여하지 않는 수준: 가족은 서로에게 소원하거나 무관심하여 가족 욕구는 충족되지 못함 　- 감정이 배제된 관여: 가족 구성원끼리 의무감으로나 다른 가족의 통제가 필요하거나 단순히 호기심이 있을 때만 서로 관여함 　- 자기도취적 관여: 주로 자기중심적일 때 다른 사람에 대한 관여가 일어남. 다시 말해 자신의 존재 가치를 유지하기 위해 다른 구성원에게 관여함 　- 공감적 관여: 어떤 문제에 있어 상대가 무얼 필요로 하는지 진정으로 이해하고 관여하는 바람직한 관계임 　- 공생적 관여: 가족이 지나치게 관여한 나머지 가족 구성원의 발달장애를 초래함
행동 통제	• 가족 구성원은 지금의 상태를 유지하거나 어떤 새로운 상황에 적응하기 위해 다른 가족 구성원에게 영향을 주게 되는데, 이러한 과정 속에서 행동을 통제하는 방법이 필요하게 됨 • 통제 　- 경직된 통제: 어떤 통제가 행해지는지 예측하는 것은 쉬우나 건설적이지 못하고 적응력이 낮음. 가족의 현상 유지에 도움이 되지만 변화가 필요한 상황에서는 바람직하지 않음 　- 유연한 통제: 예측 가능하며 건설적이고 환경 변화에 적절하게 적응할 수 있음. 지지적이며 교육적인 성격을 가지고 있기 때문에 과제 달성이 용이함 　- 방임적 통제: 어느 정도 예측은 가능하지만 건설적이지 않음. 어떤 일을 실행할 힘이 약하고 우유부단하여 의사소통과 역할분담에 문제가 생김 　- 혼돈된 통제: 예측할 수 없으며 건설적이지 못함. 때로는 엄격하게 통제하기도 하고, 자유방임적이 되기도 하므로 어떤 일이 일어날지 예측할 수 없음
가족의 일반적 기능	가족의 정신건강과 병리적인 측면을 종합적으로 측정하는 것

3. 비버즈(Beavers)의 체계 모델

(1) 개관

① 조현병 청소년과 가족 간의 상호작용을 관찰하면서 개발된 것으로, 가족체계이론과 발달이론을 통합하려고 시도한 모델이다.

② 가족의 기능과 건강성을 평가하는 개념으로 가족 유능성과 가족 유형을 사용한다.

③ 유능성과 가족 기능과의 관계를 곡선적으로 보지 않고, 직선적이며 무한적 연속체로 가정하여 가족이 보다 유능성이 높고, 융통성이 있는 경우 위기 상황을 효과적으로 대처할 수 있는 능력이 있다고 여긴다.

④ 가족의 유능성과 유형 수준

가족 유능성		가족 유형
• 가족구조 • 목표지향적인 협상 • 가족정서	• 가족신화 • 자율성 • 전반적인 가족 건강상태, 병리상태	• 원심적 상호작용 • 구심적 상호작용

⑵ 가족 유형

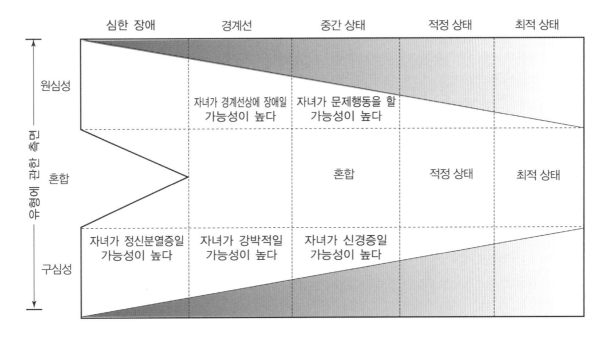

[그림 9-19] 비버즈의 체계 모델

① **구심성 가족**: 가족 외부 체계보다 가족 내 관계에서 만족을 찾으려고 하고, 가족 경계 밖의 세계를 신뢰하는 정도가 낮다.

　　㉠ 자녀들의 의존성이 높으며 자녀를 잡아두는 경향이 강하여 자녀의 독립성 발달이 늦다.

　　㉡ 매우 높은 수준의 친밀감과 충성심을 가지고 있다.

　　㉢ 부정적 감정을 억제, 무시하려고 하고 긍정적이고 배려하는 감정에만 초점을 둔다.

　　㉣ 문제에 대한 정면대결을 회피하려고 하며 가족원에 대한 불평이나 공격을 좀처럼 표현하지 않는다.

② **원심성 가족**: 외부 세계에서 만족을 추구하며, 가족 외 세계의 활동을 즐기고, 가족 외의 사람을 더 신뢰한다.

　　㉠ 자녀의 개별화가 이루어지기 전에 자녀를 내쫓는 경향이 있다.

　　㉡ 애정과 지지의 표현이 드물고 분노나 적개심 같은 부정적인 감정을 정면으로 맞선다.

4. ENRICH

(1) 개관

① ENRICH(Evaluating Nurturing Relationship Issues, Communication, Happiness): 올슨, 드러크먼(Druckman), 포니어(Fournier)가 개발한 부부관계와 커플관계의 평가 도구로써 결혼생활의 향상을 위한 상담방향을 제시한다.

② **목표**: 부부관계의 강점과 약점을 파악하여 상담과 결혼생활에 도움을 주고 원가족에 대한 이해를 높이며 개인과 커플, 가족이 목표를 세울 수 있게 한다.

③ 부부의 관계 강점 영역과 성장 필요 영역을 알게 하여 부부가 원만한 관계를 맺도록 도와줄 수 있다.

④ **영역(14가지)**: 결혼 만족도, 성격 문제, 의사소통, 갈등 해결, 재정 관리, 여가활동, 성관계, 자녀/양육, 가족/친구, 역할관계, 종교적 신앙으로 이루어져 있다.

(2) 해석

① **관계 강점 영역**: 부부가 높은 일치감과 만족감을 나타내는 영역이다.

② **성장 필요 영역(약점)**: 부부가 낮은 일치감과 만족감을 나타내는 영역이다.

③ **PCA(Positive Couple Agreement) 점수**: 관계 강점 영역과 성장 필요 영역을 결정하는 데 사용되는 긍정적 부부의 의견일치 점수이다.

➡ PCA 점수가 80~100% 범위면 관계 강점 영역으로, 0~20% 범위면 성장 필요 영역으로 구분한다.

④ **관계 영역**

문제	영역
성격 특성의 문제	자기표현, 자신감, 회피성, 배우자 지배성 등
개인 내면의 문제	이상주의적 왜곡, 성격 문제, 종교적 신앙, 여가활동, 결혼 기대도, 결혼 만족도 등
대인관계 문제	의사소통, 갈등 해결, 자녀 양육, 친밀감, 역할관계, 스킨십, 성관계 등
외적인 문제	근원가족, 가족 또는 친구, 재정 관리 등

⑤ **부부 유형**

구분	내용
활기찬 부부	• 대부분 영역에서 PCA 점수가 높게 나타남 • 자원이 풍부하고 통합된 인성을 가지며, 가장 행복한 결혼생활을 영위할 가능성이 높음
조화로운 부부	• 1~2개 영역을 제외하고 대부분의 영역에서 높은 PCA 점수를 보임 • 대체로 행복한 결혼생활을 하며, 애정표현이나 성적 영역에서 만족스러움 • 다만 부모 역할이 스트레스 원인이 되기도 함
전통적인 부부	• 의사소통이나 갈등 해소에서 다소 낮은 PCA 점수를 보이지만 전통적인 영역(⑩ 자녀양육, 가족, 친구, 신앙)에서 상대적으로 높은 점수를 보임 • 이혼 위험성이 높지는 않으나 행복한 결혼생활을 한다고 보기 어려움
갈등 있는 부부	많은 영역에서 낮은 PCA 점수를 보이며, 이혼 위험성이 높고 결혼생활이 행복하지 않음
활기 없는 부부	• 대부분 영역에서 가장 낮은 PCA 점수를 나타냄 • 대부분 불행한 결혼생활을 하며 이혼 위험성이 높음

5. 생태도(ecomap)

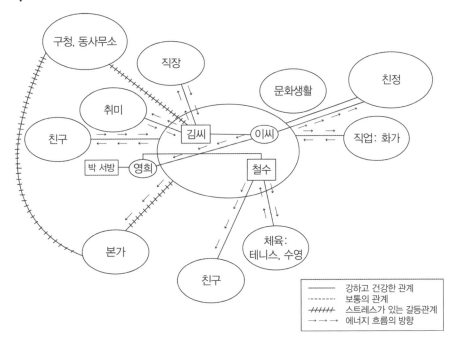

[그림 9-20] 생태도 예시

(1) 개관

① 가족의 생활공간에 있는 사람, 기관과의 연계를 그림으로 나타내는 방법이다.

② 생태도를 통해 환경에서 가족으로의 자원 흐름이 어떻게 이루어지는지가 표시되기 때문에, 내담자에게 유용한 자원이 무엇인지, 가족에게 스트레스를 주는 것이 무엇인지, 가족과 환경 간의 경계가 어떠한지 등의 가족 내 역동과 가족 외 역동에 대한 많은 정보를 얻을 수 있다.

(2) 작성 방법

① 중앙에 원을 그리고, 원 안에 내담자 가족의 지도(가계도)를 그려 넣는다.

② 현재 함께 살지 않는 가족원은 원 밖에 배치한다.

③ 내담자 가족에 영향을 미치는 환경체계(예 학교, 직장 등)를 원 밖의 주변에 배치한다.

④ 환경체계를 표시하는 원 안에 관련 사항을 간략하게 기입한다.

⑤ 내담자 가족체계와 모든 환경체계 간의 상호 교류를 기호로 표기한다.

➡ 상호 교류의 성격에 따라 강한 관계, 약한 관계, 갈등관계 등을 표시하는 다양한 선을 사용한다.

1. 개관

(1) 소개

① 동적 가족화는 내담자가 가족 구성원들에 대해 주관적·심리적으로 느끼는 내적인 상이 시각적으로 표현되는 투사적 평가기법이다.

② 이는 가족 구성원 사이에 형성된 힘의 분포, 친밀감, 단절감과 같은 가족 내 역동성을 엿볼 수 있게 한다.

③ 내담자는 동적 가족화를 통해 내담자의 눈에 비친 가족의 일상생활과 가족에 대한 감정의 반영을 평가할 수 있으며, 자신에게 긍정적·부정적인 영향을 끼친 인물에 대해 느낀 감정을 솔직하게 드러낼 수 있다.

(2) 실시 기출 21

① 준비물: A4정도 크기의 백지 한 장과 2B 또는 HB 연필, 지우개가 필요하다.

② 시간 제한은 없으나 검사자가 초시계를 가지고 시간을 기록한다.

③ 지시문: 한 장의 종이를 가로로 제시한 후 "당신을 포함하여 가족 모두가 무엇을 하고 있는 그림을 그려보세요. 만화나 막대기 모양의 사람이 아닌 온전한 사람을 그려주세요."라고 지시한다.

④ 주의사항

　㉠ 검사 시행 과정에서 검사자는 내담자가 그리고 싶은 대로 자유롭게 그리도록 한다.

　㉡ 그림의 모양이나 크기, 위치, 방법 등에 대해 어떠한 단서도 제공하지 않도록 주의한다.

⑤ 사후 질문의 예시

> • "이 사람은 누구인가요? 누구를 먼저 그렸나요?"
> • "지금 이 가족은 무엇을 하고 있나요?"
> • "이 사람은 지금 무엇을 하고 있나요?"
> • "이곳은 어디인가요?"
> • "가족들은 기분이 어떤가요? 기분이 좋은(나쁜) 이유는 무엇인가요?"
> • "이 그림을 보면 무슨 생각이 드나요?"
> • "앞으로 이 가족은 어떻게 될 것 같나요?"

2. 해석

(1) 가족 구성원의 활동

① 내담자가 그린 가족 구성원의 활동은 가정 내 평소 역할과 가족 간의 상호작용을 보여준다.

② 그려진 가족 모두가 상호작용하고 있는지, 일부만이 상호작용하고 있는지, 상호작용이 전혀 없는지에 따라서 내담자가 지각하는 가족의 역동성을 살펴볼 수 있다.

(2) 그림의 양식

① 양식: 가족 구성원과 사물의 위치를 용지 안에서 어떻게 구성하는가를 의미한다.

② 양식에 따른 해석

구분	내용
일반적인 양식	• 긍정적이고 온정적인 상호작용을 하는 그림을 그림 • 거리감을 느낄 수 있는 사물이나 벽이 존재하지 않음
구획화 (구분화)	• 직선, 곡선을 이용하여 인물을 의도적으로 분리하여 그리는 경우 • 적극적 애정표현이 이루어지지 않고 가족 간 응집력이나 상호작용이 부족한 경우가 많음 • 외롭거나 억압된 분노감이 있는 사람에게서 자주 보임 • 일반적으로 다른 가족으로부터 자신과 감정을 철회하고 분리하려는 욕구를 드러내는 것으로 해석됨
포위	• 가족 구성원 중 한 명 이상이 선으로 둘러싸이게 그리는 경우 • 포위시킨 가족 구성원은 내담자에게 위협적인 대상으로 분리·제외시키고 싶은 욕구가 표현되는 경우로 해석되기도 함 • 가족관계에서 포위한 대상과 정서적으로 단절되어 있을 가능성도 있음
가장자리	• 그림의 가장자리 부분에 나열하여 그리는 경우 • 내담자는 상당히 방어적이며 가족 내에서 느끼는 문제를 회피하려는 경향이 강함 • 다른 가족 구성원과 친밀한 관계를 맺는 것에 저항을 보일 가능성이 높음
인물 하선	• 특정 인물의 밑에 선을 긋는 경우 • 보통 아래에 선이 그어진 대상에 대해 불안감을 느낌
상부의 선	• 용지의 윗부분에 한 개 이상의 선을 그리는 경우 • 가정 내에서 안정감이 부족하거나 불안, 걱정, 위기감을 느끼는 경우가 많음
하부의 선	• 기저선과 같이 한 개 이상의 선이 종이의 하단을 따라서 그려진 경우 • 가정이 안정감을 제공하지 못하는 경우나 정서적으로 지지·인정받지 못하는 경우가 많고, 이러한 기저선은 안정욕구를 의미함

(3) 가족 구성원의 역동성

① 생략과 추가

    ㉠ 가족 구성원을 생략한 경우, 그 대상에 대한 부정적인 생각이나 태도를 가지고 있을 가능성이 높으며, 자신을 생략할 경우 자존감이 낮을 수 있다.

    ㉡ 반면 가족 구성원이 아닌 대상을 그린 경우, 내담자에게 의미 있는 대상이므로 추가 질문을 통해 정보를 얻도록 한다.

② 순서: 내담자가 지각하는 가족 내 힘의 서열을 반영하거나 중요하게 생각하는 대상의 순서를 반영하기도 한다.

③ 위치: 중앙에 그려진 가족 구성원이 가족 구성원 중에 중심인물일 수 있으며, 하단에 그린 가족 구성원은 힘이 약할 수 있다.

    ㉠ 용지의 상단: 가족 내에서 가족을 이끌어가는 주도적인 인물일 가능성이 높다.

    ㉡ 용지의 하단: 우울하거나 활력이 부족한 인물일 가능성이 높다.

    ㉢ 용지 중앙: 실제로 가족의 중심인물인 경우가 많다.

    ㉣ 용지 우측: 외향성, 활동성과 관련 있다.

    ㉤ 용지 좌측: 내향성, 침체성과 관련 있다.

    ㉥ 일반적으로 남아는 자기상을 우측에, 여아는 좌측에 그리는 성향을 보인다.

④ 크기와 거리: 크기는 가족 구성원의 실제 키를 반영하거나 그 구성원에 대해 지닌 감정과 태도를 나타낼 수 있다.
　㉠ 가장 크게 그려진 인물: 존경받는 대상, 권위의 대상으로 가정에서 중심적 위치에 있을 가능성이 높다.
　㉡ 가장 작게 그려진 인물: 가족에게 무시당하는 위치에 있을 가능성이 높다.
⑤ 방향: 가족 구성원을 정면, 옆면, 뒷면 방향 중 어느 방향으로 그렸는지에 따라 내담자가 지각하는 가족 구성원에 대한 태도가 반영된다.
　㉠ 앞모습은 긍정적으로 지각하는 대상이며, 뒷모습은 부정적 태도를 나타낸다.
　㉡ 옆모습의 가족에 대해서는 양가적 태도를 취할 가능성이 있다.

24 가계도

1. 특징

(1) 가계도
① 보웬 모델에서 다세대의 역동을 살펴보기 위해 개발되었다.
② 3세대 이상에 걸친 가족 구성원에 관한 정보와 그들 간의 정보를 도표로 기록하는 작성 기법이다.

(2) 가족의 구조 및 구성
① 부부관계와 형제자매 관계를 중심으로 가족의 구성을 살펴본다.
② 사별, 이혼으로 인한 한부모 가정: 자녀 양육의 어려움, 부모의 외로움 등의 문제가 없는지 확인한다.
③ 재혼가족: 계부모 간 갈등, 계자녀의 충성심 갈등 등의 문제가 있는지 살펴본다.
④ 형제자매의 출생순위 및 시기, 자녀에 대한 가족의 기대, 성 역할에 대한 부모의 편견 등도 확인한다.

(3) 생활주기상 가족의 위치
① 가족이 일련의 생활주기 중 어느 단계에 있는지 확인한다.
② 각 단계의 과업을 성공적으로 달성했는지, 전환기마다 가족의 재조직이 성공적으로 이루어졌는지 등을 살펴본다.

(4) 세대에 걸쳐 반복되는 유형
증상 저변에 다세대에 걸쳐 반복되는 기능(역할) 유형, 관계 유형, 가족 내 지위와 관련된 유형이 있는지 살펴본다.

(5) 가족 역할과 기능의 균형
① 기능적인 가족은 가족의 역할과 특성이 균형을 이룬다.
② 이들은 서로 부담을 공유하며 특정인이 지나친 과대역할·과소역할을 하지 않는다.

2. 가계도 작성법

(1) 가족구조를 도식화하기 기출 14, 16, 21

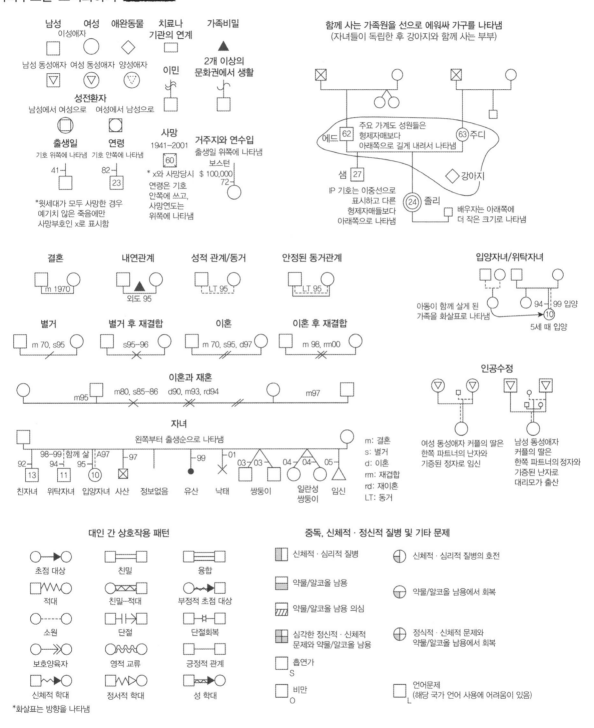

[그림 9-21] 가계도 작성법

(2) 가족 구성원 정보 기록하기

① 가계도의 뼈대인 가족구조를 도식화한 후에 구성원 이력, 가족 역할, 중요한 가족사건 등의 정보를 덧붙인다.

② **구성원의 이력**: 연령, 출생 및 사망 시기, 주소, 직업, 교육 수준 등을 의미한다.

③ **가족의 역할**: 가족 구성원 각자의 신체, 정서, 행동에 관한 비교적 객관적인 정보를 말한다.

　㉠ 직장생활에 있어 고의적인 결근, 과도한 음주 등의 눈에 보이는 징후는 가족 구성원의 문제를 막연하게 표현할 때보다 문제점을 훨씬 더 용이하게 파악하게 한다.

　㉡ 성공한 경우도 포함해야 하며 수집된 정보는 가계도에 표시된 구성원의 옆에 기입한다.

④ **중요한 가족사건**: 과도기, 인간관계의 변화, 이주, 상실, 성공 등이 있다.

　㉠ 이 정보가 있으면 가족을 역사적인 관점에서 볼 수 있어 가족 역사가 각 개인에게 어떤 영향을 미쳤는지 알 수 있게 된다.

　㉡ 그밖에 결혼, 별거, 이혼, 이사, 전직 등도 포함된다.

　㉢ 중요한 생활사건은 가계도의 여백을 이용하거나 필요한 경우 다음 페이지에 추가한다.

　　➡ 일반적으로 가계도와 함께 가족 연대기도 포함한다. 가족 연대기는 가족 역사 중 개인에게 영향을 주었다고 생각되는 중요한 사건을 순서대로 열거한 것이다. 중요한 시기만의 특별한 연대표를 작성하는 경우도 있다.

(3) 가족관계 표현하기

다음은 가족의 관계를 파악하기 위해 활용할 수 있는 구체적인 질문 내용이다.

> • "당신이 생각하기에 누구는 누구와 가장 가까운가요?"
> • "누가 누구와 가장 갈등적인 관계인가요? 갈등의 원인은 무엇인가요?"
> • "가족 중에서 누가 문제를 일으키고, 주로 누가 문제를 해결하나요?"
> • "가족의 희생양이 있다면 누구인가요?"
> • "가족에서 소외된 사람이 있다면 누구인가요?"

3. 가계도 해석

(1) 가족의 구조 및 구성: 부부관계와 형제자매 관계를 중심으로 가족의 구성을 살펴본다.

① 사별, 이혼으로 인한 한부모 가정: 자녀 양육의 어려움, 부모의 외로움 등의 문제가 없는지 확인한다.

② 재혼가족: 계부모 간 갈등, 계자녀의 충성심 갈등 등의 문제가 있는지 살펴본다.

③ 형제자매의 출생순위 및 시기, 자녀에 대한 가족의 기대, 성 역할에 대한 부모의 편견 등도 확인한다.

(2) 생활주기상 가족이 위치한 단계 확인: 가족이 일련의 생활주기 중 어느 단계에 있는지 확인하고, 각 단계의 과업을 성공적으로 달성했는지, 전환기마다 가족의 재조직이 성공적으로 이루어졌는지 등을 살펴본다.

(3) 세대에 걸쳐 반복되는 유형: 증상 저변에 다세대에 걸쳐 반복되는 기능(역할) 유형, 관계 유형, 가족 내 지위와 관련된 유형이 있는지 살펴본다.

　예 가정폭력이 여러 세대에 걸쳐 반복되는 것, 모녀간의 동맹이 세대별로 전수되는 것 등

(4) 가족 역할의 기능의 균형: 기능적인 가족은 가족의 역할과 특성이 균형을 이루고, 서로 부담을 공유하며 특정인이 지나친 과대 역할이나 과소 역할을 하지 않는다.

제 **4** 절   가족상담 과정

25 | 가족상담 준비과정 및 첫 회기 상담

1. 가족체계의 명료화

(1) 상담 초기

① 상담 초기에는 지금 무엇이 일어나는지 상실하지 않는 범위 내에서 가족의 관점을 따라가는 것이 바람직하다.

② 신뢰감이 형성된 후에 상담자의 견해를 제시한다.

③ 가족의 유형에 따라 한 단계 낮은 자세에 서거나 역설적인 방법을 사용한다.

④ 이러한 과정을 통해서 문제를 바라보는 가족의 관점이 바뀔 수 있다.

⑤ 문제에 대한 관점 전환: 가족들에게 융통성을 가르쳐 주며 상담이 진전됨에 따라 문제 해결능력을 높일 수 있다.

(2) 가족체계 개념

① 초기: 가족상담과 개인상담의 차이를 이해하는 용어로 가족들에게 사용된다.

② 중반: 증상이나 가족 문제의 재명명으로 활용되기도 한다.

③ 종결: 가족 내에서 무엇이 변했는지를 명료화하는 도구로 사용된다.

2. 상담에 참가하는 가족 범위

(1) 가족 전체가 참여해야 한다는 점을 설명한다.

(2) 상담에 참여하지 못하는 가족이 있을 경우

① 비협조적이라고 단정 짓지 말고, 참여할 수 없는 다른 이유가 있는지 파악할 필요가 있다.

② 비협조적인 이유로 면담에 오지 않는다면 여러 방법을 이용하여 비협조적인 구성원이 변화하도록 노력한다.

③ 주 호소 문제가 부부 문제인데 부부 중 한쪽이 출석을 거부하는 경우: 부부나 부모로서 기능하는 데 중대한 문제가 있을 가능성이 있다. 처음부터 한쪽이 참가하지 않는 경우 참석하지 않는 배우자와 직접 의사소통하며 접촉 시 한 단계 낮은 자세를 가지는 것이 바람직하다.

➡ 문제 해결을 위해 상담자보다 많은 것을 알고 있는 그의 참가가 반드시 필요하다고 전한다.

④ 사춘기 자녀가 가족상담을 오기 싫어하거나 부모가 자녀를 데리고 오지 않는 경우: 상담을 거부하는 쪽이 자녀인 경우 자녀가 싫어해도 학교에 보내야 하는 것처럼 충분한 대화를 통해 자녀가 상담하러 오게 해야 한다고 부모를 설득한다.

⑤ 부모가 자녀의 참여를 원하지 않는 경우: 다양한 가능성을 고려한다. 부모는 문제가 문제 행동을 일으키는 자녀에게 있다고 보기 때문에 다른 자녀가 참여하는 것을 막고 싶거나 다른 가족이 상담에 참가함으로써 자신들이 가진 가설이 흔들리는 것이 두려운 걸 수도 있다.

(3) 어린 자녀의 참여

① 장점: 좋은 정보 제공자가 될 수 있다. 모든 것을 솔직하게 이야기하므로 가족구조를 파악할 수 있는 뜻하지 않은 정보를 제공하기도 한다.

② 단점: 자녀와 의사소통 문제가 발생할 수 있으므로 보조도구(예 모래상자, 퍼펫, 인형의 집 등의 놀이감)를 사용한다.

③ 어린 자녀가 면담에 참가한다면 이름, 나이 등을 묻는 일상적인 대화를 통해 상담 초반부터 적극적으로 상담과정에 포함시키는 것이 바람직하다.

3. 상담계약

(1) 상담계약

① 계약은 상담자가 선택한 다양한 개입방법의 효율성과 가족에서 일어나는 변화를 정확히 평가할 기회를 제공한다.

② 상담 기간과 빈도, 상담에 대한 가족의 기대는 계약을 협상하는 동안 결정되어야 한다. 이것은 가족들에게 앞으로 일어나는 모든 것은 자신들이 계획한 범위에서 이루어진다는 자각을 하는 데 도움이 된다.

(2) 상담계약 내용

① 예정된 상담의 횟수와 간격, 상담시간, 참석하는 사람, 상담목표, 상담비용 등을 포함한다.

② 상담목표를 통해 언급될 문제를 구체화함으로써, 상담과정에서 상담자가 해당 가족의 문제를 해결해줄 것이라는 수동적인 생각에서 벗어나게 한다.

4. 개인상담의 수락 여부

(1) 고려 조건

① 개인상담이 가족상담에 미칠 영향력을 고려한다.

② 상담자가 개인상담의 목적과 의도를 모든 가족과 나눌 수 있는지의 여부를 확인한다.

③ 가족이 가족상담과 개인상담의 비용을 함께 책임질 수 있는지의 여부를 확인한다.

(2) 개인면담을 반대하는 가족이 있는 경우

① 그 해결을 상담자가 아닌 가족에게 맡기는 것이 바람직하다.

② 상담자는 문제 해결과정을 관찰하면서 가족관계의 구조와 상호작용에 관한 다양한 정보를 얻을 수 있다.

(3) 상담자가 먼저 개인상담을 권유하는 경우

상담 대상인 가족과 약속하기 전에 가족 중에 어떤 가족 구성원에게는 개인상담이 필요하다고 생각된다는 상담자의 의견을 말하고, 다른 가족이 반감이나 의혹을 가지지 않도록 검토한 후 결정한다.

5. 공동상담

(1) 이점

① 가족 안에서 일어나는 일을 보다 잘 관찰할 수 있다.

② 가족의 규모가 큰 경우, 상담과정을 통제하거나 모든 가족과 접촉하기 위해 필요하다.

(2) 문제점

① 비용 문제가 있을 수 있고, 상담과정이 복잡하다.

② 상담자 간의 유사한 이론적 관점, 비슷한 기술, 공동상담을 위한 원만한 관계가 선행되어야 한다.

6. 첫 회기 상담

(1) 접수면접

① 첫 회기 상담에 참석할 대상을 논의하고, 상담의 구조와 방향을 설정한다.

② 가족의 신뢰가 중요하므로 첫 만남은 가족 모두가 참석하는 것이 도움이 된다고 전달한다.

(2) 문제의 명료화

① 일상적인 대화로 불안감을 해소한 후 "무엇이 여기 오게 했지요?"라는 질문을 통해 가족상담을 받으러 온 이유에 대한 화제로 초점을 전환한다.

② 가족상담에 대한 정확한 이해를 할 수 있도록 설명한다.

    ㉠ 가족상담은 일반적으로 함께 생활하는 가족 모두를 만나는 것에서 시작되며, 상담을 받는 가족들과 처음 만날 때 가족이 함께 상담에 참석하는 것이 왜 중요한지 그 이유를 설명하는 것이 필요하다.

    ㉡ 개인의 문제는 가족의 맥락에서 보다 잘 이해할 수 있다고 설명한다.

③ 가족 구성원은 문제가 무엇이며 변화할 필요가 무엇인지 표현할 기회를 가지도록 하고, 상담자는 가족이 언급한 여러 문제를 듣는 동시에 언급되지 않은 문제도 관찰한다.

④ 가족 문제를 명료화함으로써 가족이 경험하는 혼란에 대해 가족 구성원 스스로가 어떤 기여를 했는지 이해할 수 있고, 치료적으로도 도움이 된다.

⑤ 문제를 명료화하는 과정에서 가족이 드러내는 파괴적인 상호작용을 적절히 다루면, 가족은 자신들이 문제에 어떻게 개입되었는지 이해할 수 있다.

⑥ **상담자의 역할**: 가족이 이야기하는 동안 누가 먼저 이야기하는지, 가족이 호소 문제 외에 다른 주제도 이야기하는지, 가족 가운데 연합을 이루는 가족이 있는지, 가족 중 누가 힘을 가졌는지 등을 파악한다.

(3) 가족과 관계 형성

① 수용, 공감적 이해, 진실성은 개인상담뿐만 아니라 가족상담의 초기 단계에서도 아주 중요하다.

② 가족이 자신들의 문제를 노출하도록 돕기 위해 직면보다 수용적인 자세를 보여주면서 안전하다고 느끼게 한다.

③ 최초의 면담, 때로는 2~3회기까지 면담의 목적은 라포의 형성이며, 이것은 상담의 전 과정을 통해 지속되어야 한다.

⑷ 상담목표 설정

① 목표를 구체화함으로써 가족이 상담에 대해 가지는 기대인 마술 같은 효과 등의 인식에서 벗어나게 할 수 있다.

② 상담목표는 상담을 진행하면서 수정할 수 있고, 상황에 따라 단기목표와 장기목표로 구분한다.

③ 상담자와 가족이 목표의 도달 여부를 어떤 형태로 알 수 있는지에 대한 합의를 하는 것이 중요하다.

④ 상담목표 확립은 가족이 바람직한 변화는 무엇이며 시간은 얼마나 걸리는지 등의 기준을 이해하는 데 도움이 된다.

⑤ 명확한 목표를 만들기 위해 가족이 상담을 통해 달성하고 싶은 구체적인 상태를 표현하게 하고, 상담자와 가족이 바라는 상태와 현재의 상태가 어떤 점에서 차이가 있는지를 분명히 한다.

⑸ 면담을 통한 가족 이해

① 상담자는 최소한 가족이 어떤 과정을 거쳐 현재에 이르렀는지를 파악한다.

② 일반적으로 부모의 출생과 그들의 어린 시절 이야기부터 시작하여 가족 역사를 파악한다.

③ 가족사 측정이나 가족에 대한 많은 정보를 얻기 위해 가계도를 활용한다.

④ 가족 사정의 목적은 가족의 현재 기능을 이해하는 것이다. 가족 역사를 이해하는 것은 준비과정으로 필요하며 현재 어떻게 기능하는가를 이해하는 것이 무엇보다 중요하다.

⑤ 가족의 기능을 알기 위해서는 직접 질문하는 것보다 가족관계에서 경험한 것을 토대로 상담자가 추론하는 것이 바람직하다.

⑥ 가족은 자신들이 어떻게 기능하는가를 적절하게 묘사하지 못하는 경우가 많다. 따라서 가족에게 질문할 때 가족이 집단, 조직으로서 어떻게 기능하는가를 질문하는 것이 아니라는 점을 분명히 전달한다.

⑦ 상담자의 가설은 처방하거나 원인과 결과를 나타내는 직선적인 것이어서는 안 된다. 가설을 설정할 때, 하나가 다른 하나에 영향을 미치면 도미노 현상처럼 체계 전체에 영향이 파급된다는 체계론적 관점을 가지는 것이 바람직하다.

⑧ 정형화된 사정 도구를 사용할 때는 가족에게 왜 그러한 도구를 사용하여 가족을 사정하는지에 대한 상담자의 의도를 이해시킨 뒤 실시하는 것이 바람직하다.

⑨ 상담자가 추구하는 이론적 모델을 사용하여 가족에게 가족체계에 대한 설명을 할 수도 있다.

⑩ 사정 결과는 가족에게 반드시 피드백되어야 하며, 피드백의 방식은 사례의 특성이나 상담자가 추구하는 이론적 방향에 따라 좌우된다.

⑹ 초기 상담 종료

① 초기 상담이 종료될 때, 가족은 다음에 무엇이 일어날지를 알고 있어야 한다.

② 상담자는 가족에게 가족상담을 계속 하고 싶은지 의향을 물은 다음, 가족이 앞으로 상담을 계속 원한다고 하면 다음 상담 일정을 정한다.

③ 상담자는 앞으로의 상담에 어떤 가족 구성원이 참여할지를 논의한다.

④ 경우에 따라 동거하지 않는 확대가족의 상담 참여가 필요한 경우도 있다.

1. 상담과정에서의 의사소통 문제

(1) 잡담을 하는 경우

① 적절한 시점에 일상적 대화 종료: "이번 한 주는 어떻게 지내셨어요?"라고 질문한다.

② 가족이 일상적인 대화를 할 때는 서 있다가 상담이 시작됨을 알리기 위해 자리에 앉는 행동적 사인을 사용한다.

(2) 모든 가족이 동시에 말하는 경우

① 상담자가 특정한 가족 구성원을 지정하여 질문한다.

② 상담자가 가족을 대변하여 이야기한다.

　㉠ 이러한 시도에도 모든 가족이 동시에 말한다면, 이는 가족 항상성을 유지하기 위한 수단으로 볼 수 있다.

　㉡ 즉, 가족이 현재 상황을 유지하고자 메시지 교환을 방해하는 행동을 하고 있다고 추론할 수 있다.

③ 어린 자녀가 있는 경우 소도구(예 모자, 막대기)를 사용하여 발언할 사람을 정하는 규칙을 만든다.

④ 모든 시도가 아무런 효력을 발휘하지 못하면 잠시 상담을 중단한다.

　㉠ 가족이 어떤 구조에 대항하는 전략으로써 여러 사람이 한꺼번에 말하는 점을 정확히 인식시키기 위함이다.

　㉡ 동시에 상담자는 소득 없는 싸움에 휘말리고 싶지 않음을 간접적으로 전하는 것이다.

(3) 아무도 발언하지 않을 경우

① 침묵의 이유와 원인을 밝혀낸다.

② 가족이 상담 경험이 없기 때문에 침묵: 상담과정은 서로에게 기대하는 생각, 감정을 나누는 것임을 이해시켜 자신들의 감정을 이야기하도록 격려한다.

③ 부모의 낮은 기능 수준으로 인한 자녀들의 고립: 구체적인 대인관계 기술을 가르치는 것이 바람직하며, 때로는 가족이 상호작용할 수 있게 상담자가 가족의 감정을 대변하기도 한다.

④ 상담자는 가족의 생각, 감정을 추론하고 이를 공개적으로 표현하여 침묵이라는 가족규칙을 깨뜨린다.

　예 "제가 보기에 지금 남편이 침묵하는 건 부인이 한 말에 동의하지 않는다는 표현인 것 같은데요."

(4) 두서없이 떠드는 경우

① 상담자가 합법적으로 끼어들어 가족에 대한 관심과 이해를 전달: 언어적·비언어적인 방법으로 가족의 주의를 끌어낸 다음, 그들의 생각이나 감정을 요약하는 방법을 사용할 수 있다.

② 상담자가 선택한 화제로 대화를 재조정: 혼자만 이야기하는 가족이 대답하거나 계속 이야기할 기회를 얻기 전에 다른 사람에게 질문하거나 주제를 바꾸는 방법이 있다.

(5) 어떤 가족이 다른 가족을 대신하여 말할 경우

① 가족 중 어느 누구도 대신 이야기하면 안 된다는 규칙을 제정한다.

② 이는 상담자가 가족이 이미 가진 일상적인 의사소통 유형에 익숙해지기를 거부하는 것으로, 가족의 안정성을 흔들어놓는 전략이다.

　예 • "○○이가 자신의 생각이 무엇인지 말해 줬으면 좋겠는데요."
　　• "아직 ○○이가 어떻게 생각하는지 파악하기 어렵군요. ○○이가 자신의 방식으로 설명했으면 좋겠어요."
　　• "제가 부탁하지 않는 한 어느 누구도 다른 사람을 대신해서 이야기하면 안 된다는 규칙에 모두 동의했으면 좋겠어요. 그 방법을 통해 서로에게 더 많은 것을 배울 수 있다고 생각하거든요."

(6) 가족이 상담자에게만 말하는 경우

① 발언한 가족 구성원과 시선이 마주치지 않으면서 그가 다른 구성원에게 말하도록 요구한다.

   ㉠ 발언한 가족 구성원과 시선을 마주하지 않고 "당신이 그것에 어떻게 반응했는지 ○○에게 이야기해 보세요." 라고 요구하면서 가족을 바라본다.

   ㉡ 덧붙여 가족상담에서는 가족 간의 상호작용이 중요하다고 설명한다.

② 의자를 재배치하여 나란히 앉아 있던 두 사람을 마주보게 하거나 상담자가 자신에게만 말하는 가족 구성원과 일직선상에 앉기도 한다.

(7) 다른 가족 구성원을 비난하는 경우

① 제지하는 표정, 손을 흔들거나 일어서는 행동 등을 활용하여 멈추게 한다.

② 어떤 가족 구성원을 비난하는 사람에게 건설적인 방법으로 자신의 감정과 생각을 다시 이야기하도록 요구하고, 의사소통 과정에서 공격적인 행동이 어떻게 해로운지를 설명한다.

(8) 문제를 분명하게 정의하지 못하는 경우

① 가족이 명료한 의사소통을 하도록 돕는다.

② 잘못 사용되는 용어, 증상의 의미를 명확하게 정의해준다.

2. 변화를 이끌어 내는 기법

(1) 문제의 재정의

① 재정의, 재명명화, 긍정적 의미 등의 기법을 사용하여 문제를 바라보는 가족의 시각을 변화시킨다.

② 재정의를 할 때 가족이 이러한 새로운 시각의 개념을 믿고 따르도록 이 시각에 대한 논리적인 근거를 제시하는 것이 바람직하다.

③ 부정적인 용어보다 긍정적인 용어를 사용하는 것이 바람직하다.

(2) 칭찬

① 직접적인 칭찬: 상담자가 내담자에게 긍정적 평가나 반응을 하는 것이다.

② 간접적인 칭찬: 질문의 형태로 내담자에게 어떤 긍정적인 요소를 암시하는 것이다.

   ㉠ 방법: 상담과정에서 내담자가 언급한 것 중 바람직한 결과로 생각되는 것에 대해 다양한 질문을 한다.

   ➡ 간접적인 칭찬은 가족이 가진 좋은 점, 가능성을 스스로 발견하는 계기가 되어주기 때문에 직접적인 칭찬보다 치료적 효과를 더 높일 수 있다.

(3) 직면

① 적절한 충격과 완충 상태를 제공할 관계로 발전한 후에 사용하는 것이 좋다.

② 사용 시기가 중요하며, 상담자가 상황을 지각한 뒤 적절한 방법으로 사용해야 효과적이다.

③ 일반적으로 직면한 문제가 덜 심각한 경우 직접적인 방법을 사용하고, 문제의 유해 효과가 많다고 판단되면 은유와 같은 간접적인 방법을 사용한다.

(4) 과제 부여

① 과제를 제공하는 경우 고려가 필요한 사항

    ㉠ 가족의 과제 수행 여부를 파악한다.

    ㉡ 가족에게 과제가 어떻게 중요하며 과제를 수행하여 얻는 점은 무엇인지 설명한다.

    ㉢ 과제 수행 방법을 구체적으로 설명한다. 구체적인 방법이 제시될 때 과제를 실천할 확률이 높아진다.

② 상담 초반부에 과제를 확인하는 목적

    ㉠ 상담을 보다 용이하게 하는 방법으로 활용된다.

    ㉡ 과제의 중요성을 강조하고 상담자와 신뢰 유지에도 도움이 된다.

    ㉢ 각 상담과정이 유기적으로 연계되며 각 상담회기의 활동이 이어진다는 점을 이해시키는 데 도움이 된다.

③ 과제를 이행하지 않은 경우 2가지의 해석이 가능하다.

    ㉠ 상담자에 대한 저항: 현재 변화에 대한 두려움이 있다고 판단되므로 상담계획을 다시 세운다.

    ㉡ 과제의 필요성을 이해하지 못한 경우: 과제의 필요성을 다시 충분히 설명한다.

3. 상담과정에서 다루어야 할 특별한 가족 문제

(1) 가족 슬픔에 대한 처리

① 상실에 대한 반복적이며 직접적인 질문을 통해 내담자가 상실에 대해 집착하는 감정을 표현하도록 한다. 또한 상실을 다룰 때 '사라진다'는 애매한 표현보다는 '죽음'과 같은 직접적인 단어를 사용하는 것이 좋다.

② 상담자는 가족에게 자기노출, 감정이입을 통해 상실이라는 민감한 주제를 어떻게 이야기하는지를 보여준다. 이러한 모델링은 죽음과 같은 주제에 덜 민감하게 하고, 그 주제에 동요 없이 직면하는 경험을 제공한다.

③ 가족에게 상실을 공유할 기회를 준다. 이로써 현재 나타났거나 앞으로 나타날 상실을 다룰 때 가족들이 서로 도움을 줄 수 있게 대비하도록 한다.

(2) 불안의 유발

① 치료적 변화를 유도하고자 가족의 불안을 의도적으로 자극하는 경우도 있다.

② 불안을 감소시키는 방향으로 정보를 재구성하기도 한다.

③ 변화의 계기가 될 만한 불안이 존재하지 않는다면 오히려 치료적 발전을 기대하기 어려울 수 있으므로, 때로 인위적으로 조장된 위기가 가족에게 도움이 되는지에 대해 탐색하기도 한다.

(3) 위기의 처리

위기가 치료적 변화에 도움 되지 못할 때, 상담자는 갈등하는 가족 사이에 개입하여 삼각관계를 만들거나 과거의 위기를 언급하여 현재의 위기를 분산시킨다.

(4) 부모 역할에 대한 조언

① 건강한 가족을 유지하려면 부모의 하위 체계 상태가 중요하다.

② 훈육방식에 대한 부모의 제휴를 형성하기 위해서는 부모가 함께 의논하여 어떤 기준을 마련할 수 있는 서로에 대한 친밀감이 필요하다.

4. 상담 종결

(1) 종결 계약

① 계약의 유연성이 중요: 재계약이 가능하며, 시간 한정에 대한 계약을 갱신할 수 있다.

② 한정된 횟수가 언급되지 않은 계약: 어느 시점에 도달하면 종결이라는 주제와 관련 문제를 서로 언어화한다.

③ 한정된 계약: 처음부터 상담이 언제 끝날지를 알고 종결을 준비한다.

(2) 상담을 종결시키는 지표

① 상담 초기에 설정한 목표가 달성된 경우, 종결을 준비한다.

② 최초에 설정한 목표는 충분히 달성하지 못했지만 상담이 더 이상 필요하지 않다고 판단될 정도로 가족기능에 변화가 있는 경우, 즉 가족이 현재 남은 어떤 문제에 대처할 자원이 있는 경우에도 종결을 준비한다.

③ 외부 자원이 더 이상 필요하지 않다고 판단되는 경우이다.

④ 상담자의 여러 노력에도 상담효과가 없다고 판단되는 경우: 가족이 달성하려는 것이 비현실적이거나 은폐되었거나 그들이 기대하는 것에 대해 가족 안에서 합의가 이루어지지 못한 점을 실패의 원인으로 들 수 있다.

⑤ 가족이 상담에 대한 동기를 상실했을 때도 종결을 결정하는 것이 바람직하다.

(3) 상담 종결방식

① 도입 단계: 상담자가 종결을 고려하는 이유를 설명한다. 이는 상담을 시작하면서 기대했던 목표가 달성되었기 때문일 수도 있으며 때로 예정된 상담횟수를 다 채웠거나 진전이 없기 때문일 수 있다.

② 요약 단계: 상담 중에 일어난 것을 정리하여 상담에 관여된 모든 사람이 성취한 성장과 가족 현상을 정리한다.

③ 목표 나누기 단계: 장기적 목표에 대한 탐색으로 가족의 목표 도달 여부를 어떻게 아는지를 이야기한다.

④ 요약: 상담을 종결할 때 활용할 수 있는 유용한 기법이다. 이는 내담자에게 직접 요약하게 하여 상담을 재평가 하는 것이 효과적이다.

---

27 순환적 인식론에 근거한 질문기법

1. 질문

(1) 질문의 형태

① 기술하기: 어떤 현상을 과거로부터 현재까지 차례대로 나열하면서 이해한 것을 말하는 것이다.

➡ 현상을 이해하면 과거는 원인이고, 그 후에 일어난 것은 결과라는 선형적 인식론을 가지게 된다.

② 설명하기: 지금까지의 경험을 지금 여기에서 누구와 어떻게 상호작용하면서 그것을 재구성하느냐에 중점을 둔다. 즉, 지금 여기라는 현재와 과거의 경험을 연결하는 것이다.

(2) 사회구성주의 관점의 질문

① 질문은 정보를 수집하기 위한 것과 새로운 경험을 불러오기 위한 것이라고 생각한다.

② 내담자가 기술하기보다는 설명하기로 말할 수 있도록 질문한다.

③ 이와 같은 질문은 경험에 다가가는 것뿐 아니라, 질문을 통해 내담자가 자신에게 의미 있는 경험을 만들어 내게 할 수도 있다.

④ 상담자는 문제 해결을 위한 방안을 제시하기보다는 내담자 스스로가 새로운 경험을 발견할 수 있도록 적절한 질문을 하는 것이 바람직하다.

2. 질문 유형

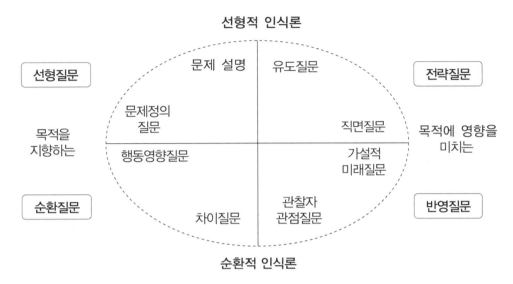

[그림 9-22] 순환적 인식론을 포함한 질문 유형

(1) 선형적(단선적) 질문

① **탐색적이고 연역적이며 내용중심**: 탐색하고 추론하는 내용으로 채워진 것으로 사실과 관련된 질문이다.

② 이러한 질문을 통해 수집된 정보는 문제를 설명하는 것으로 여겨진다.

  예 철수가 왜 학교를 빠지고 집에도 늦게 들어오는 걸까요?

(2) 순환적 질문

① 탐색적이며, 상담자의 알고자 하는 자세에서 우러나오는 질문들이다.

② 이 질문을 통해 얻은 정보는 누가 또는 무엇이 변해야 하는가를 가려내는 대신에 가족 내 상호작용을 파악하는데 유용하다. 이를 통해 문제가 보다 큰 체계와 연결되어 있다는 점을 부각시킨다.

③ 4가지 유형

  ㉠ 한 가족 구성원이 다른 두 가족 구성원들 사이의 관계나 상호작용에 대해 이야기하도록 하는 질문

    예 "아들과 남편의 관계가 서로 어떤가요?"라고 어머니에게 질문하는 것

  ㉡ 각 개인에게 실제 또는 가상적 상황에서 가족들이 보인 반응에 대해 순위를 매기게 하는 질문

    예 "이혼에 대해 가장 힘들어하는 사람이 누구인가요? 그 다음은 누구인가요?"라고 구체적으로 질문하는 것

  ㉢ **시간의 흐름에 따라 나타나는 차이들을 파악하는 질문**: 이 질문들은 과거에 일어났거나 미래에 일어나리라고 예상되는 사건과 관련되어 있을 수 있다.

    예 "이혼 후에 아이의 행동이 어떻게 변화되어 왔습니까?"라고 어머니에게 질문하는 것

  ㉣ 질문에 대답하고 싶지 않거나 그 자리에 없는 개인에 대하여 간접적으로 정보를 얻는 질문

    예 "만약 철수 아버지가 오늘 여기 와 계신다면, 철수와 어머니의 관계에서 가장 큰 문제가 무엇이라고 말할 것 같으세요?"라고 어머니에게 질문하는 것

(3) **전략적 질문**

① 내담자에게 변화를 초래할 수 있도록 영향을 미치고자 하는 것이 주된 목적인 질문이다.

② 새로운 가능성을 보게 하거나, 기존 관점이나 행동패턴에 도전하여 어떤 특정한 방향으로 이끌어 가는 질문이다.

③ 주된 목적은 현재 가족이 문제에 반응하는 방식을 상담자가 원하는 방향으로 변화시키고자 하는 것이다.

　🅔 "어떻게 하면 어머님과 아버님이 이 일에 대해서 합의를 보시고 아이에게 연합전선을 펴실 수 있을까요?" "만약 철수가 몇 주 동안 학교를 자기 나오고 싶을 때만 나오는 것을 어머님과 아버님 두 분 다 모른 척한다면 어떤 일이 생길까요?"와 같은 질문이다. 이러한 질문을 통해 상담자는 부모가 자녀에게 공동의 일관된 행동 반응을 보여서 현재의 상호작용 고리를 차단하고자 시도하는 것이다.

(4) **반영적 질문**

① 가족을 어느 특정 방향으로 유도하지 않으면서 새로운 반응 가능성을 활성화함으로써 가족의 변화를 촉진하는 질문이다.

② 상담자는 가족 구성원들이 변화를 위한 내적 자원을 가지고 있으며, 그러한 자원들을 활용하여 좀 더 바람직한 반응을 새로 해낼 수 있을 것이라는 믿음을 가지고 중립적인 입장을 취한다. 그래서 특정한 행동 변화에 초점을 맞추기보다는 다양한 대안에 문을 열어 놓는 것이다.

　🅔 "만약 철수가 어머니에게 표현하지 못했던 어떤 감정이 있다고 하면, 어머님은 그것에 대해서 알고 싶다는 것을 어떻게 철수에게 알려 줄 수 있을까요?"

제 5 절 특수 가족상담

28 이혼가족상담

1. 이혼가족의 특징과 생활주기

(1) 자녀의 반응 [기출 12]

반응	내용
충성 갈등	부모 중 누구 편을 들어야 할지, 누가 옳은지, 어떻게 판단할지를 갈등함
유기의 공포와 불안	'부모로부터 버림받지 않을까' 하는 공포에 기인한 내면의 불안정성을 가지게 됨
자기가치감과 자존감 감소, 대인관계 민감성 증가	다른 사람이 사회적 편견으로 자신을 이혼가정 자녀로 바라보는 시선을 염려하고 민감해짐
죄책감	부모의 이혼을 자기 탓으로 돌림
외로움, 고독, 사회적 고립	심리적 위축감과 고립감을 겪음
상실감과 분노의 행동화	부모의 이혼이 주는 상실감과 분노를 행동화하여 부모의 관심을 끌고 이혼을 저지하려 노력함
마술적 사고, 전지전능 공상	부모의 이혼을 없었던 일이 되게 하는 공상을 함

(2) 특징

① 이혼 후 첫 1~2년이 스트레스와 혼란이 가장 많은 시기로, 많은 사람이 이혼 직후보다 1년 후에 스트레스를 더 많이 경험한다.

② 이혼 후 전형적인 가족 생활주기를 회복하는 데 최소한 2년 이상이 걸린다.

③ 우울: 이혼가정의 청소년이 부모를 상실함으로써 갖게 되는 우울은 성인기에 갖게 되는 우울과 관련성이 높다.

④ 상실감: 이혼가정 청소년들은 사랑에 대한 상실감을 가지고 이혼에 반응하는데, 청소년은 버림받았다고 느끼고, 이혼을 자신의 존재를 위협하는 것으로 인식하며, 심각한 경우에는 공포와 함께 심각한 혼란을 보인다.

⑤ 이혼을 결심한 부모는 자녀의 발달 단계에 따라 무엇을 말할지를 부부가 함께 결정하는 것이 바람직하다. 특히 이혼이 자녀의 탓이 아님을 반복적으로 설명하고, 진행과정을 자녀의 수준에 맞게 솔직하게 알리는 것도 중요하다.

⑥ 별거나 이혼과정에서 각 배우자는 결혼이 실패할 때 자녀의 방문이나 후견인의 문제, 경제적인 문제와 같이 자신들이 해야 할 부분을 타협해야 한다.

⑦ 이혼 후에는 사회관계를 구축하고 부모-자녀 관계를 재정립해야 한다.

제 9 장 가족상담 해리스임을 경진구 전문상담 기본개념 2

(3) 카터(Carter)와 맥골드릭(McGoldrick)의 이혼가족 생활주기 [기출 19]

단계		전환의 정서적 과정 필수적 태도	발달적 쟁점
1단계: 이혼의 결심		결혼관계 유지를 위한 문제 해결능력이 없음을 인정	결혼 실패에 각자의 책임이 있음을 수용
2단계: 체계 붕괴 계획		체계에 속한 모든 사람을 적절히 배려함	• 공동양육, 방문, 재정지원 문제를 협동 작업함 • 확대가족과 이혼에 대해 다룸
3단계: 별거		• 자녀에 대한 공동 부모 역할과 재정 부담의 의사를 밝힘 • 배우자에 대한 애착을 떼는 작업을 함	• 정상 가족 상실에 대해 애도함 • 부부관계와 부모자녀 관계, 재정 문제를 재구조화하고 별거 생활에 적응함 • 확대가족과의 관계를 재정비하고, 배우자의 확대가족과 지속적 관계를 유지함
4단계: 이혼		정서적 이혼을 위해 더욱 열심히 작업하여 상처, 분노, 죄책감 등을 극복하도록 노력함	• **정상 가족 상실에 대한 애도**: 재결합에 대한 환상을 포기함 • 결혼에 대한 희망, 꿈, 기대를 되찾음 • 확대가족과 지속적 관계를 유지함
5단계: 이혼 후	자녀양육 한부모	• 재정적 책임을 지면서 전 배우자와 공동 양육관계를 유지함 • 전 배우자와 그 가족이 자녀와의 접촉을 유지할 수 있게 지지함	• 전 배우자와 그의 가족이 방문할 수 있도록 방문 시간을 융통성 있게 조절함 • 자신의 재정적 수단을 재정립함 • 자신의 사회적 관계망을 재정립함
	비보호자 한부모	• 전 배우자와 부모관계를 위한 접촉을 유지함 • 그와 자녀의 관계를 지지함	• 효율적인 부모관계를 지속하는 방법을 찾음 • 전 배우자와 자녀에 대한 재정적 책임을 유지함 • 자신의 사회적 관계망을 재정립함

2. 개입방법

(1) 이혼의 진행 단계에 따른 접근방법

① **정서적 이혼의 단계**: 부부간의 불화와 갈등이 심화된 시기이므로 적극적인 중재가 필요하다.
예 부부상담, 부부관계 회복 프로그램

② **법적으로 이혼이 이루어지는 단계**: 부부관계 회복을 위한 조정을 시도하고 여의치 않을 경우 이혼과 관련된 법률 지식, 정보를 제공하는 것이 좋다.

③ **공동부모 역할상의 이혼 단계**: 부부 중 한 명이 친권을 행사하더라도 자녀의 심리적 안정과 건전한 발달을 위해 비친권 부모도 자녀교육에 적절하게 개입하도록 돕는다. 또한 부모 역할 프로그램을 소개하거나 이혼은 했지만 자녀를 위해 공동의 집안 규칙을 세워놓도록 한다.

④ **지역사회적 관점에서 이루어지는 이혼 단계**: 이혼 전에 부부가 함께 친교한 친구들과의 관계가 멀어지고 고립화가 이루어질 수 있기 때문에 상담자는 처지가 비슷한 동질집단을 형성하거나 가입하여 그들끼리 지지하며 교류하도록 소개한다.

⑤ **심리적 이혼 단계**: 이혼 후 오랜 세월이 지났지만 상대방에 대한 긍정적인 집착이나 부정적인 관심을 버리지 못하고 지내는 경우가 많으며, 이는 이혼 후의 새로운 생활에 지장을 초래한다. 미해결된 욕구, 결혼에서 얻은 교훈, 새로운 배우자나 사랑 관계를 맺기 위해 고칠 점 등을 깊게 성찰해야 한다.

(2) 이혼가정을 위한 개입 전략

① 부모의 이혼을 현실적으로 받아들이도록 한다.

② 부모의 갈등과 스트레스 상황에 휘말리지 않고 자녀의 일상생활이 지속되게 한다.

③ 상실감을 극복하도록 돕는다.

④ 분노 감정과 자책하는 습관을 해결한다.

⑤ 이혼의 영구성 즉, 이혼이 불가변한 것이라고 인식시킨다.

⑥ 대인관계에 대한 현실적인 희망을 성취하도록 한다.

(3) 부모가 해야 할 과제

① 아동의 인지 수준에 맞춰 자녀와 이혼에 대해 이야기한다.

② 자녀의 일상생활이 그대로 유지되도록 계획한다.

③ 이혼한 부부가 자녀를 이용하지 않게 한다.

> 예 자녀를 소식을 전달하는 중개자로 이용하거나 한쪽 부모의 생활을 파헤치는 데 이용하지 않는다.

④ 친권이 없는 부모도 여전히 자녀를 사랑하고 있음을 확신하게 한다.

⑤ 자녀와 미래에 대한 이야기를 한다.

⑥ 자녀에게 과도한 역할을 부과하지 않는다.

⑦ 이혼이 불행한 사건임에도 이혼에서 얻을 수 있는 교훈과 장점을 찾게 한다.

29 재혼가족상담

1. 재혼가족의 특징과 생활주기

(1) 구조적 특성

① 생물학적 부모가 따로 있다.

② 현재의 가족구조보다 선행하는 성인 한 명과 적어도 다른 한 명 간에 존재하는 가족관계가 있다.

③ 하나 이상의 가족이 있는 아이가 한 명 이상 존재한다.

④ 간단하게 두 사람으로만 시작하는 부부도 있다.

(2) 가족 특성

① 재혼하는 부부는 새롭게 시작하는 가정에 기대감을 갖는데, 아이들은 언젠가 계부모가 떠나고 그 자리에 이전 부모가 되돌아오기를 기대한다.

➡ 서로 다른 기대를 가지고 출발하므로 재혼 초기에 많은 어려움에 부딪히는 것은 자연스러운 현상이다.

② 재혼가족은 중요한 상실 경험을 가지고 있으며 서로 다른 경험과 전통, 가치, 기대를 가진 사람들이 갑자기 모여 한 가족을 이루므로 여러 어려움을 경험한다. 즉, 전형적인 가족 생활주기에서 형성된 '공유된 가족역사'가 없기 때문에 긴장을 느끼는 것이 당연하다.

③ 부모는 결혼생활이 또 다시 실패할지 모른다는 두려움 때문에 가정생활에서 부정적인 감정을 드러내지 않는다.

④ 자칫 새롭게 형성된 부부관계보다 새로운 부모자녀의 유대를 우선으로 생각하여 종종 새로운 결혼에 긴장을 초래하기도 한다.

⑤ 자녀들이 친부모와 계부모 두 가정의 구성원이 될 때, 이혼한 부모 사이의 끝나지 않은 싸움에 휘말릴 수 있다. 따라서 재혼가족의 발달과제로 대상 상실의 슬픔을 극복하고 새로운 생활양식을 확립하는 것이 있다.

⑥ **충성심의 문제:** 원가족에 대한 충성심을 그대로 유지하고 있기 때문에 새로 맺어진 계부모와 관계를 만들 때, 자신들의 충성심에 상처를 준다고 생각하기 쉽다.

➡ 상담자는 새로운 부모와 잘 지내는 것이 친부모에 대한 배반이라고 생각하기 쉬운 자녀를 둔 재혼가족을 상담하는 경우 충성심의 문제에 각별한 주의를 기울여야 한다.

⑦ 재혼가족의 궁극적인 목표는 통합이지만, 그 전에 가족 모두가 안정을 갖는 것이 무엇보다 중요하다.

(3) 카터(Cater)와 맥골드릭(McGoldrick)의 재혼가족 생활주기 기출 16

단계	필수적 태도	발달적 쟁점
1단계: 새로운 관계의 형성	첫 결혼 상실로부터의 회복(적절한 정서적 이혼)	복잡성과 모호성을 다룰 준비를 갖추고, 새로운 결혼과 가족 형성에 다시 헌신함

2단계:
새로운 결혼과
가족에 대한 개념화와
계획 세우기
	• 재혼과 계가족 형성에 대해 자신과 새 배우자, 자녀가 갖는 두려움을 수용함
	• 다음 사항에 내재된 복잡성과 모호성에 적응하기 위해 시간과 인내심이 요구됨을 인정함
	  – 다양한 새로운 역할
	  – **경계:** 공간, 시간, 소속감, 권위
	  – **정서적 문제:** 죄책감, 충성심, 갈등, 상호성에 대한 욕구, 해결되지 않은 과거의 상처
		• 거짓상호성을 피하기 위해 새로운 관계에서 개방성을 갖도록 작업함
		• 전 배우자와 공동 재정, 공동 부모관계 유지를 위한 계획을 세움
		• 자녀가 두 체계 안에서 겪는 두려움, 충성에 대한 갈등, 소속감을 다루도록 도움
		• 배우자, 자녀의 포함을 위해 확대가족과의 관계를 재정비함
		• 자녀가 전 배우자의 확대가족과 관계를 유지하도록 계획함

3단계: 재혼 및 가족의 재구성	• 전 배우자에 대한 애착 끊기와 이상적인 '정상가족'에 대한 집착에서 벗어남 • 투과성 있는 경계를 가진 새로운 가족 모델을 수용함	• 새 배우자–계부모를 포함하도록 가족의 경계선을 재구조화함 • 자녀가 친부모, 조부모, 확대가족과 관계를 지속하도록 허용함 • 몇 개의 체계를 서로 혼합하고자 하위 체계를 통한 관계와 재정적인 조정을 재편성함 • 계가족의 통합을 강화하는 추억과 역사를 공유함

2. 재혼가족의 발달 단계와 개입 전략

(1) 초기 단계

① **1단계, 환상 단계:** 새로 꾸미는 가정이 이상적이며 서로를 사랑하게 되리라는 비현실적인 기대감을 갖는다.

② **2단계, 혼동 단계:** 환상이 실제 경험과 불일치하면 가족 구성원에 대해 부정적이거나 양가감정을 갖는다.

③ **3단계, 명료화 단계:** 가족 구성원 위치가 새로워진 것을 인식하고 적응상의 애로와 감정을 표현한다.

(2) 중기 단계: 가족 구성원 간의 차이를 능동적으로 받아들이고 변화를 위해 건설적인 영향력을 행사한다.

① **4단계, 변동 단계:** 사소한 문제가 언급되고 새롭게 결속하는 과정에서 많은 갈등이 나타나기 시작하며 이를 통해 새로운 구조로 이동해간다.

② **5단계, 활동 단계:** 새로운 관습, 습관, 활동양식이 개발되고 '우리 가족'이라는 느낌을 가지게 된다.

(3) 후기 단계

① 6단계, 접촉 단계: 적응상의 변화를 겪은 다음 진정한 친밀감과 애착을 발달시키는 단계이다.

② 7단계, 해결 단계: 문제와 갈등이 계속 일어나지만 계부모 관계는 공고하게 되어 갈등을 해결하면서 가정이 유지되어간다.

(4) 개입 전략

① 현실적인 기대감을 갖도록 지도한다.

② 가족 구성원의 역할과 생활규범을 확립한다.

③ 재혼에 따른 감정을 표현하도록 자녀를 격려한다.

④ 집단상담을 시도한다.

⑤ 친권이 없는 부모와의 연락을 계획한다.

⑥ 자녀에게 치료적인 상담을 제공한다.

⑦ 가족상담을 시도한다.

⑧ 상담자 스스로와 편파적인 가치관과 선입견을 배제하도록 유념한다.

30 장애 아동의 가족과 비애반응

1. 장애 아동 가족의 특징

(1) 특징

① 가족이 자녀의 장애를 처음에 받아들일 때 겪는 심리적 충격: 가족 기능의 대다수가 일시적 장애나 만성적 장애를 갖게 된다.

② 영유아가 부모–자녀 관계에서 장애를 가진 경우, 일반 유아에 비해 자신의 부모를 자극하여 스스로 의사소통하는 능력의 결핍으로 인한 곤란을 겪는다.

③ 일상생활에서 장애 아동에게 필요한 돌봄에 많은 시간과 노력, 정신력이 필요하며 이러한 심리적·신체적 부담은 일시적인 것이 아니고 평생 이어져야 한다.

(2) 올샨스키(Olshansky)이 만성적 슬픔

① 발달장애 등의 심한 장애를 가진 아이의 어머니에게 비애 감정이 만성적으로 존재한다는 점을 강조하고 이를 만성적 슬픔이라고 명명했다.

② 부모가 자신의 감정을 반복하여 표현할 기회를 제공하여 그들이 지닌 슬픔을 명료화하게 하는 것이 중요하다.

(3) 예상되는 가족 문제

① 주 양육자인 어머니가 부부관계나 다른 자녀와의 관계를 무시한 채, 장애 아동에게 지나치게 많은 에너지를 쏟는다.

② 부모는 장애 아동이 신변정리 등을 스스로 할 수 있는지의 여부를 고려하지 않은 채로 지나치게 많은 부분에 개입하여 오히려 아동의 자립을 늦춘다.

2. 클라우스(Klaus)와 케넬(Kennell)의 장애 아동 수용과정

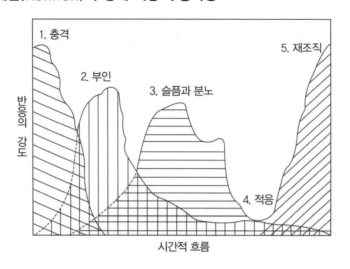

[그림 9-23] 장애 아동에 대한 부모의 수용과정

(1) 장애 아동에 대한 부모의 수용과정

단계	내용
충격	• 자신의 자녀에게 장애가 있음을 알았을 때 부모의 최초 반응은 견디기 어려운 충격임 • 세상이 무너지는 것 같은 혼란을 경험함
부인	• 현재 느끼는 혼란을 완화하고자 노력함 • 현실을 받아들이는 데 강한 거부 반응을 보임 • 의사 순례(doctor shopping)를 하거나 기적을 얻으려 종교, 민간치료에 몰두하기도 함
슬픔과 분노	• **우울 상태**: 분노, 불안 • **죄책감과 절망감**: 장애 아동에 대한 거부적인 감정을 가졌다는 사실로 인해 발생함 • 장애를 비관하여 동반자살을 시도할 수 있음 • 죄책감으로 인해 자녀에게 지나치게 보호적이거나 반대로 무관심한 태도를 보임
적응	장애를 가진 자녀가 피할 수 없는 사실이라는 체념과 함께 현실수용의 마음가짐을 가지기 시작함
재조직	• 장애 아동을 적극적으로 가정 속에 끌어안고 부모로서의 책임을 다하기 시작함 • 하나의 위기를 훌륭하게 극복한 경험이 있는 사람은 다른 면에서의 대처능력도 높일 수 있음

① 자녀에게 장애가 있다는 점을 직면한 대부분의 부모는 마음의 중심을 잃고 실망하거나 분노, 혼란, 죄책감 등의 심리적 과정을 경험하는데, 이는 본질적으로 대상 상실의 애도과정과 동일하다.

② 부모가 장애를 현실적으로 수용하기 위해 대상 상실의 애도작업을 할 필요가 있다.

③ **대상 상실 애도작업**: 사랑하는 대상을 상실할 경우 생기는 고통과 그에 대한 방어, 고통 속에서의 현실 검증과 새로운 적응에 대한 시도, 상실의 대상을 단념함으로써 고통에서 해방되는 단계를 거치는 자아의 움직임이다.

④ 예기치 못한 장애를 가진 자녀의 출현은 어머니의 심리적 발달과정을 중단시킬 뿐만 아니라 눈앞에 있는 자녀의 현실 모습과 자신이 그려 온 건강한 자녀 이미지와의 괴리를 경험하는데, 어머니는 이 과정을 거치면서 건강한 자녀를 잃어버리는 상실경험을 한다. ➡ 아버지도 동일한 과정을 거친다.

⑤ 부모의 마음에는 상실에 대한 감정, 잃어버린 자녀에 대한 갈망, 받아들이기 힘든 운명에 대한 분노나 장애를 가진 자녀에 대한 거부감을 갖는 자신에 대한 죄책감 등 다양한 감정을 단계적으로 느끼며, 이 감정 경험을 충분히 극복하지 못하면 장애 자녀를 수용하기 어렵다.

3. 린데만(Linderman)의 비애반응

(1) 건강한 비애반응
① 신체적인 반응 단계
② 죽은 사람의 기억과 이미지에 휩싸이는 단계
③ 죄책감 단계
④ 적의반응 단계
⑤ 일상생활을 하기 어려운 단계
   ➡ 소중한 사람과 이별을 하고 현실적으로 그 사람이 여기에 존재하지 않는다는 사실을 받아들이고 새로운 생활로 되돌아오려면 애도작업(grief work)이 필요하다.

(2) 병적인 비애반응
① 비애반응의 지체, 연기: 상실을 경험한 지 10주가 지나도 심한 우울감에서 벗어나지 못한 경우로, 강한 허탈감에 빠져 목이 막히는 느낌이 들고 몇 번이고 절규하거나 죽은 사람의 추억만 기억하면서 거기에 빠져 있다.
② 왜곡된 비애반응: 무의식적으로 애도작업을 거부하기 때문에 죽은 자에 대한 애도가 미해결된 채 여러 왜곡된 형태를 만들어 겉으로 보면 상당히 쾌활한 것처럼 보이지만 어딘가 긴장되고 부자연스럽다.

31 등교 거부 가족과 식이장애 가족의 특징

1. 등교 거부 가족

(1) 학교 공포증
모-자 분리불안에 의해 자녀가 학교를 가지 못하는 상태를 의미한다.

(2) 가족 특징
① 결손가족인 경우가 적다.
② 어머니의 양육태도는 과보호하거나 반대로 엄격하다는 양극단에 있다.
③ 대부분의 어머니는 미숙하며 의존적인 사람으로, 어머니로서 역할을 수행하는 데 어려움이 있다.
④ 부모는 자신의 원가족과 강한 결합을 보이는데, 즉 부모 스스로가 자신의 윗세대와 의존적인 관계를 아직 해결하지 못한 상태이다.
⑤ 가족은 서로 의존적인 경향이 강하며, 가족 이외의 것에 대한 관심이 적어 지역사회의 활동에 참여하는 경우가 드물다.

⑥ 자녀의 자아 발달이 억제되어 있다.
  ㉠ 자녀는 가족 내에서 폭군적 존재로서 부모의 지나친 칭찬과 보상을 받지만, 가족 이외의 곳에서는 필요한 자아확장을 경험하지 못한다.
  ㉡ 부모는 자녀의 요구에 대해 제한을 설정하지 않는데, 부모의 이러한 태도는 자녀에게 자신은 무엇이든지 할 수 있다고 착각하게 만드는 경향이 있다.

2. 식이장애 가족

(1) 식이장애(섭식장애)

① 정신적 문제를 배경으로 하는 섭식행동의 장애를 의미한다.
② 고립화, 불신감 등 특유의 정신적 어려움이 있지만 그들 스스로는 병이라는 인식이 부족하여 치료 의지가 없다.
③ 임상: 신경성 식욕 부진증, 신경성 폭식증 등이다.

(2) 특징

① 자신에 대한 신체 이미지와 신체 개념의 장애이다.
② 자신의 신체 내면이나 외면으로부터 오는 자극을 정확히 지각하거나 해석할 수 없다.
③ 내적 무력감에서 오는 갈등을 자기 신체의 왜곡된 형태를 통해 조절하려고 한다.

(3) 미누친(Minuchin)의 식이장애 가족 특징

특징	내용
융합	• 가족원이 서로 강하게 연결되어 개인 또는 두 사람 간의 변화라는 하위 체계의 움직임이 전체 가족 체계에 곧바로 영향을 줌 • 하위 체계 내부의 경계나 하위 체계 간의 경계가 미분화되어 명확하지 않음 • 부모와 조부모의 관계가 너무 밀착되어 부부관계에 영향을 미치는 경우가 종종 있음
과보호	• 가족이 각 개인의 행복에 지나치게 관심을 가지게 되는 데서 비롯됨 • 지나친 관심은 청소년이 자신의 능력, 자율성, 흥미를 가정 이외의 곳에서 자유롭게 발휘하지 못하게 방해하기도 함 • 어떤 청소년은 가족이 자신의 증상을 중심으로 이야기하는 것이 그들에게 인정받는 것과 동일하다고 판단하여 스스로가 증상에 더욱 고착되는 경우도 있음
경직	친숙한 자신들의 상호 교류 패턴에 지나치게 고착되어, 변화를 초래하는 사건에 약해지거나 변화해야 한다는 사실조차 부인하는 경우가 많음
갈등 해결 능력 결여	갈등 해결을 위한 안정이 아니라 갈등을 회피함으로써 체계의 안정을 유지하려고 노력함
스스로 휘말리는 자녀	• 부모가 갈등적인 부부관계에 처한 경우가 많음 • 이들은 자녀를 포함한 여러 방법을 동원하여 자신들의 갈등을 회피하려고 노력함 • 갈등 상황에 휘말린 자녀는 긴장된 상황을 완화하려는 노력의 일환으로 자신의 증상을 이용할 수 있음

제10장

집단상담

Q 핵심 이론 흐름잡기

제1절 집단상담의 기초

제2절 집단역동

제3절 집단상담자와 집단원

제4절 집단상담 기법

제5절 집단의 발달 단계

제6절 집단계획과 준비

제7절 집단상담 진행과정

제8절 구조화 집단활동

제9절 프로그램 개발과 평가

제1절 집단상담의 기초

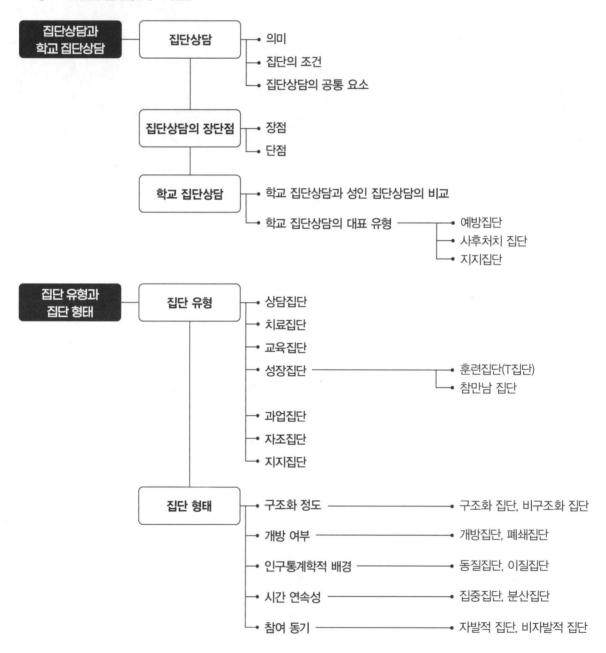

집단상담과 학교 집단상담

집단상담
- 의미
- 집단의 조건
- 집단상담의 공통 요소

집단상담의 장단점
- 장점
- 단점

학교 집단상담
- 학교 집단상담과 성인 집단상담의 비교
- 학교 집단상담의 대표 유형
  - 예방집단
  - 사후처치 집단
  - 지지집단

집단 유형과 집단 형태

집단 유형
- 상담집단
- 치료집단
- 교육집단
- 성장집단
  - 훈련집단(T집단)
  - 참만남 집단
- 과업집단
- 자조집단
- 지지집단

집단 형태
- 구조화 정도 ── 구조화 집단, 비구조화 집단
- 개방 여부 ── 개방집단, 폐쇄집단
- 인구통계학적 배경 ── 동질집단, 이질집단
- 시간 연속성 ── 집중집단, 분산집단
- 참여 동기 ── 자발적 집단, 비자발적 집단

제2절 **집단역동**

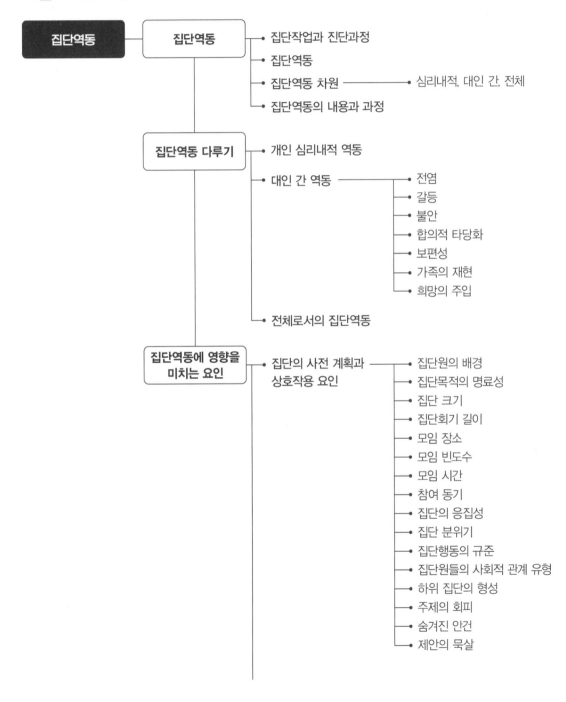

집단역동
- 집단역동
  - 집단작업과 진단과정
  - 집단역동
  - 집단역동 차원 —— 심리내적, 대인 간, 전체
  - 집단역동의 내용과 과정
- 집단역동 다루기
  - 개인 심리내적 역동
  - 대인 간 역동
    - 전염
    - 갈등
    - 불안
    - 합의적 타당화
    - 보편성
    - 가족의 재현
    - 희망의 주입
  - 전체로서의 집단역동
- 집단역동에 영향을 미치는 요인
  - 집단의 사전 계획과 상호작용 요인
    - 집단원의 배경
    - 집단목적의 명료성
    - 집단 크기
    - 집단회기 길이
    - 모임 장소
    - 모임 빈도수
    - 모임 시간
    - 참여 동기
    - 집단의 응집성
    - 집단 분위기
    - 집단행동의 규준
    - 집단원들의 사회적 관계 유형
    - 하위 집단의 형성
    - 주제의 회피
    - 숨겨진 안건
    - 제안의 묵살

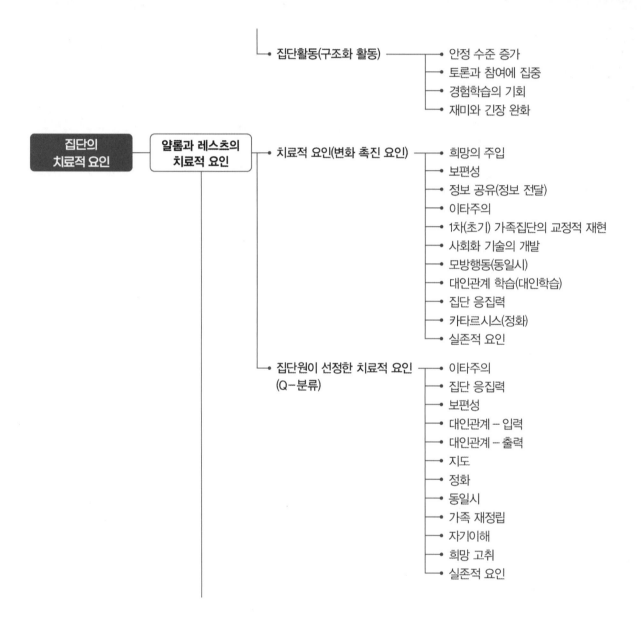

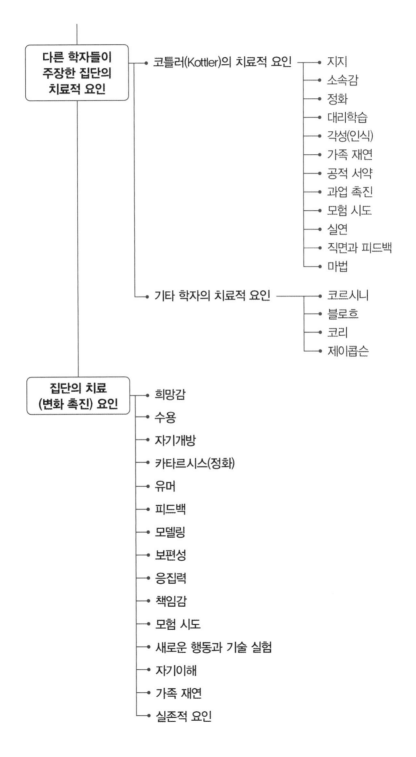

다른 학자들이
주장한 집단의
치료적 요인

코틀러(Kottler)의 치료적 요인
- 지지
- 소속감
- 정화
- 대리학습
- 각성(인식)
- 가족 재연
- 공적 서약
- 과업 촉진
- 모험 시도
- 실연
- 직면과 피드백
- 마법

기타 학자의 치료적 요인
- 코르시니
- 블로흐
- 코리
- 제이콥슨

집단의 치료
(변화 촉진) 요인
- 희망감
- 수용
- 자기개방
- 카타르시스(정화)
- 유머
- 피드백
- 모델링
- 보편성
- 응집력
- 책임감
- 모험 시도
- 새로운 행동과 기술 실험
- 자기이해
- 가족 재연
- 실존적 요인

제**3**절 **집단상담자와 집단원**

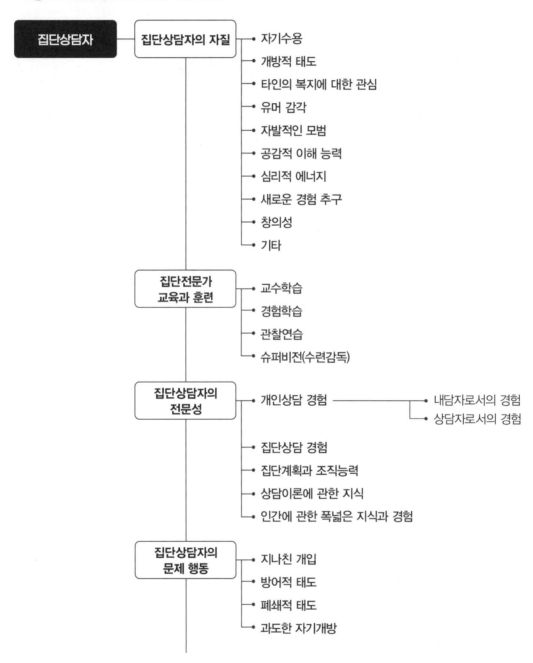

집단상담자 ─ 집단상담자의 자질
- 자기수용
- 개방적 태도
- 타인의 복지에 대한 관심
- 유머 감각
- 자발적인 모범
- 공감적 이해 능력
- 심리적 에너지
- 새로운 경험 추구
- 창의성
- 기타

집단전문가 교육과 훈련
- 교수학습
- 경험학습
- 관찰연습
- 슈퍼비전(수련감독)

집단상담자의 전문성
- 개인상담 경험
  - 내담자로서의 경험
  - 상담자로서의 경험
- 집단상담 경험
- 집단계획과 조직능력
- 상담이론에 관한 지식
- 인간에 관한 폭넓은 지식과 경험

집단상담자의 문제 행동
- 지나친 개입
- 방어적 태도
- 폐쇄적 태도
- 과도한 자기개방

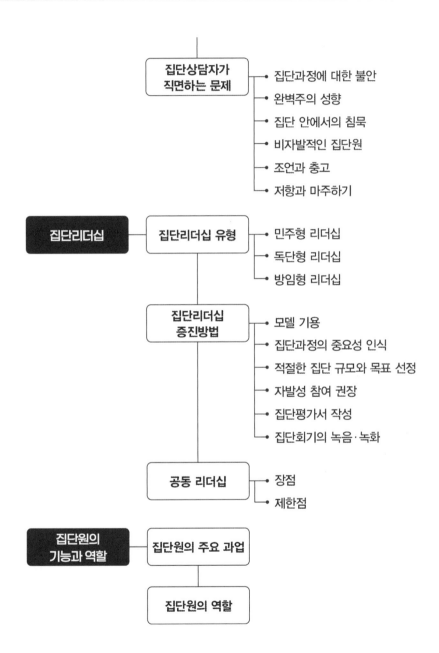

집단상담자가 직면하는 문제
- 집단과정에 대한 불안
- 완벽주의 성향
- 집단 안에서의 침묵
- 비자발적인 집단원
- 조언과 충고
- 저항과 마주하기

집단리더십

집단리더십 유형
- 민주형 리더십
- 독단형 리더십
- 방임형 리더십

집단리더십 증진방법
- 모델 기용
- 집단과정의 중요성 인식
- 적절한 집단 규모와 목표 선정
- 자발성 참여 권장
- 집단평가서 작성
- 집단회기의 녹음·녹화

공동 리더십
- 장점
- 제한점

집단원의 기능과 역할

집단원의 주요 과업

집단원의 역할

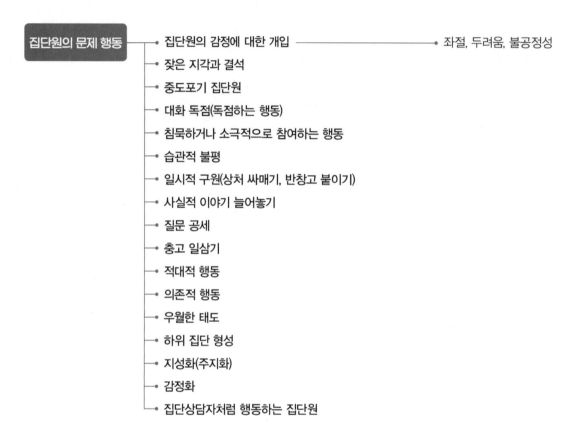

집단원의 문제 행동
- 집단원의 감정에 대한 개입 ———————————— 좌절, 두려움, 불공정성
- 잦은 지각과 결석
- 중도포기 집단원
- 대화 독점(독점하는 행동)
- 침묵하거나 소극적으로 참여하는 행동
- 습관적 불평
- 일시적 구원(상처 싸매기, 반창고 붙이기)
- 사실적 이야기 늘어놓기
- 질문 공세
- 충고 일삼기
- 적대적 행동
- 의존적 행동
- 우월한 태도
- 하위 집단 형성
- 지성화(주지화)
- 감정화
- 집단상담자처럼 행동하는 집단원

제 **4**절 **집단상담 기법**

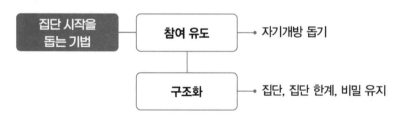

집단 시작을 돕는 기법
- 참여 유도 ——→ 자기개방 돕기
- 구조화 ——→ 집단, 집단 한계, 비밀 유지

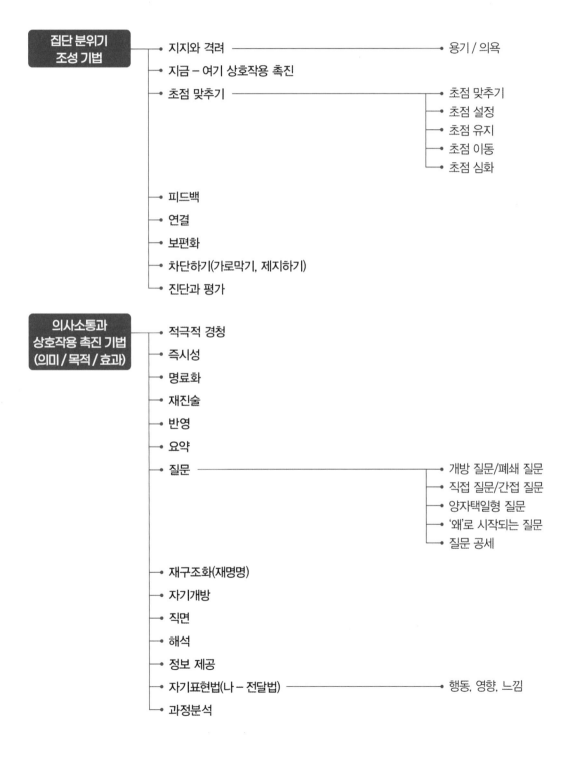

집단 분위기
조성 기법

- 지지와 격려 ─────────── 용기 / 의욕
- 지금 – 여기 상호작용 촉진
- 초점 맞추기 ───────────
  - 초점 맞추기
  - 초점 설정
  - 초점 유지
  - 초점 이동
  - 초점 심화
- 피드백
- 연결
- 보편화
- 차단하기(가로막기, 제지하기)
- 진단과 평가

의사소통과
상호작용 촉진 기법
(의미 / 목적 / 효과)

- 적극적 경청
- 즉시성
- 명료화
- 재진술
- 반영
- 요약
- 질문 ───────────
  - 개방 질문/폐쇄 질문
  - 직접 질문/간접 질문
  - 양자택일형 질문
  - '왜'로 시작되는 질문
  - 질문 공세
- 재구조화(재명명)
- 자기개방
- 직면
- 해석
- 정보 제공
- 자기표현법(나 – 전달법) ─────────── 행동, 영향, 느낌
- 과정분석

제**5**절 **집단의 발달 단계**

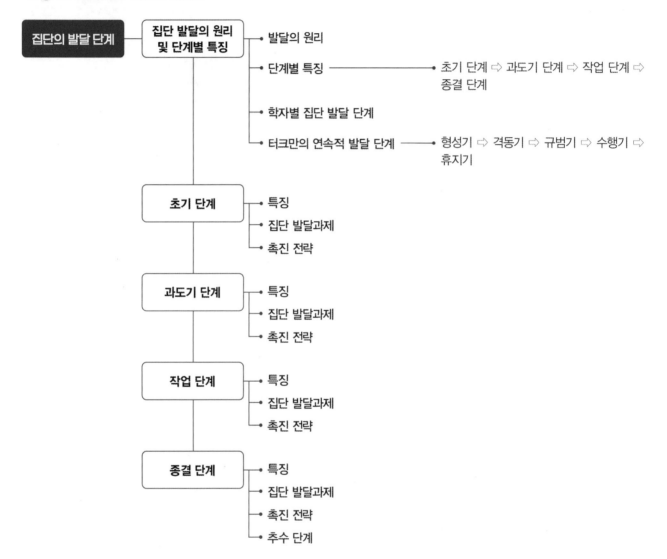

제 **6** 절 **집단계획과 준비**

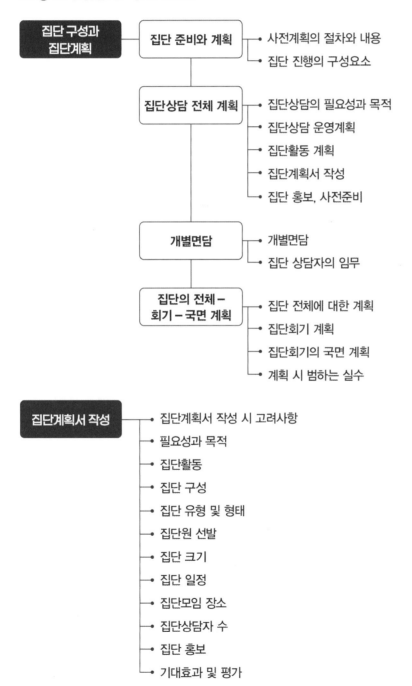

- **집단 구성과 집단계획**
  - **집단 준비와 계획**
    - 사전계획의 절차와 내용
    - 집단 진행의 구성요소
  - **집단상담 전체 계획**
    - 집단상담의 필요성과 목적
    - 집단상담 운영계획
    - 집단활동 계획
    - 집단계획서 작성
    - 집단 홍보, 사전준비
  - **개별면담**
    - 개별면담
    - 집단 상담자의 임무
  - **집단의 전체 – 회기 – 국면 계획**
    - 집단 전체에 대한 계획
    - 집단회기 계획
    - 집단회기의 국면 계획
    - 계획 시 범하는 실수

- **집단계획서 작성**
  - 집단계획서 작성 시 고려사항
  - 필요성과 목적
  - 집단활동
  - 집단 구성
  - 집단 유형 및 형태
  - 집단원 선발
  - 집단 크기
  - 집단 일정
  - 집단모임 장소
  - 집단상담자 수
  - 집단 홍보
  - 기대효과 및 평가

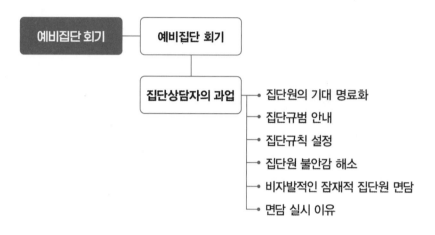

제 **7** 절 **집단상담 진행과정**

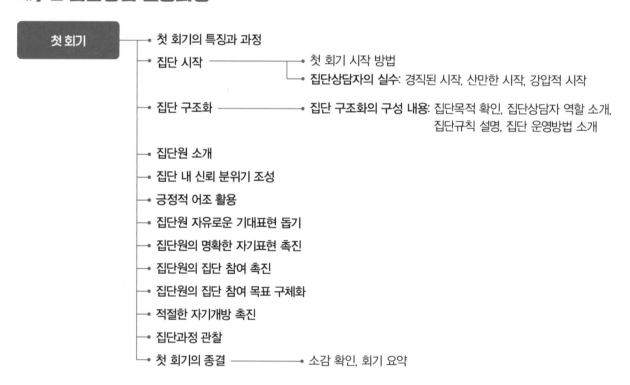

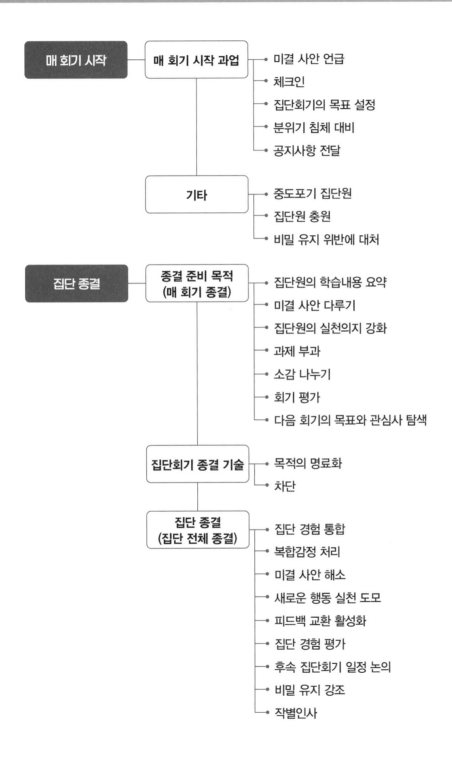

매 회기 시작 → 매 회기 시작 과업
- 미결 사안 언급
- 체크인
- 집단회기의 목표 설정
- 분위기 침체 대비
- 공지사항 전달

기타
- 중도포기 집단원
- 집단원 충원
- 비밀 유지 위반에 대처

집단 종결 → 종결 준비 목적 (매 회기 종결)
- 집단원의 학습내용 요약
- 미결 사안 다루기
- 집단원의 실천의지 강화
- 과제 부과
- 소감 나누기
- 회기 평가
- 다음 회기의 목표와 관심사 탐색

집단회기 종결 기술
- 목적의 명료화
- 차단

집단 종결 (집단 전체 종결)
- 집단 경험 통합
- 복합감정 처리
- 미결 사안 해소
- 새로운 행동 실천 도모
- 피드백 교환 활성화
- 집단 경험 평가
- 후속 집단회기 일정 논의
- 비밀 유지 강조
- 작별인사

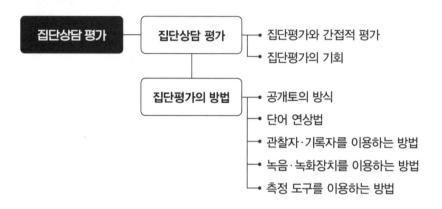

| 집단상담 평가 | 집단상담 평가 | → 집단평가와 간접적 평가 |
| | | → 집단평가의 기회 |

집단평가의 방법
- 공개토의 방식
- 단어 연상법
- 관찰자·기록자를 이용하는 방법
- 녹음·녹화장치를 이용하는 방법
- 측정 도구를 이용하는 방법

제 8 절 구조화 집단활동

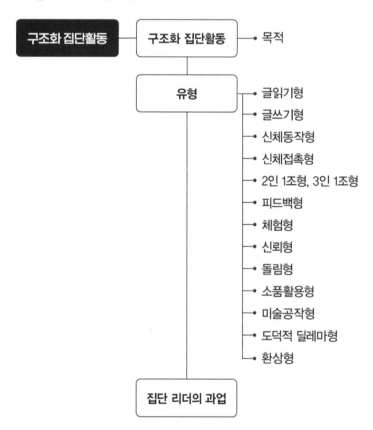

구조화 집단활동 — 구조화 집단활동 → 목적

유형
- 글읽기형
- 글쓰기형
- 신체동작형
- 신체접촉형
- 2인 1조형, 3인 1조형
- 피드백형
- 체험형
- 신뢰형
- 돌림형
- 소품활용형
- 미술공작형
- 도덕적 딜레마형
- 환상형

집단 리더의 과업

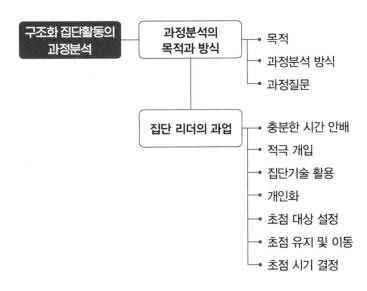

```
구조화 집단활동의 ── 과정분석의 ──● 목적
과정분석           목적과 방식    ──● 과정분석 방식
                              ──● 과정질문

              ── 집단 리더의 과업 ──● 충분한 시간 안배
                              ──● 적극 개입
                              ──● 집단기술 활용
                              ──● 개인화
                              ──● 초점 대상 설정
                              ──● 초점 유지 및 이동
                              ──● 초점 시기 결정
```

제 9 절 프로그램 개발과 평가

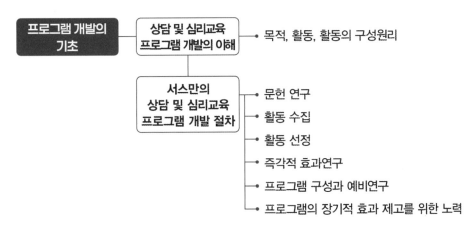

```
프로그램 개발의 ── 상담 및 심리교육 ──● 목적, 활동, 활동의 구성원리
기초          프로그램 개발의 이해

        ── 서스만의
           상담 및 심리교육   ──● 문헌 연구
           프로그램 개발 절차  ──● 활동 수집
                          ──● 활동 선정
                          ──● 즉각적 효과연구
                          ──● 프로그램 구성과 예비연구
                          ──● 프로그램의 장기적 효과 제고를 위한 노력
```

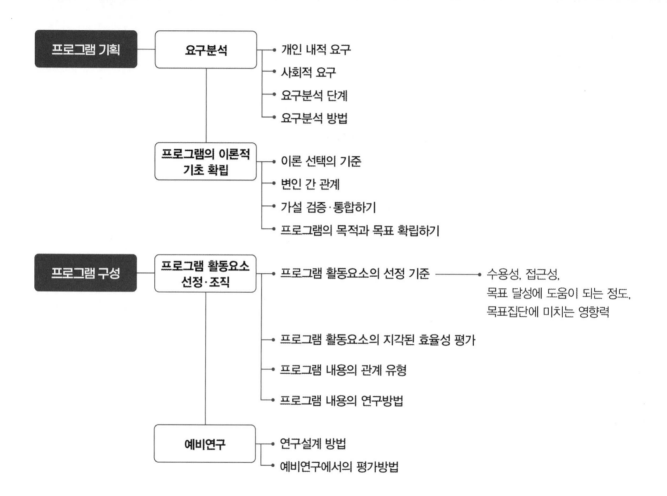

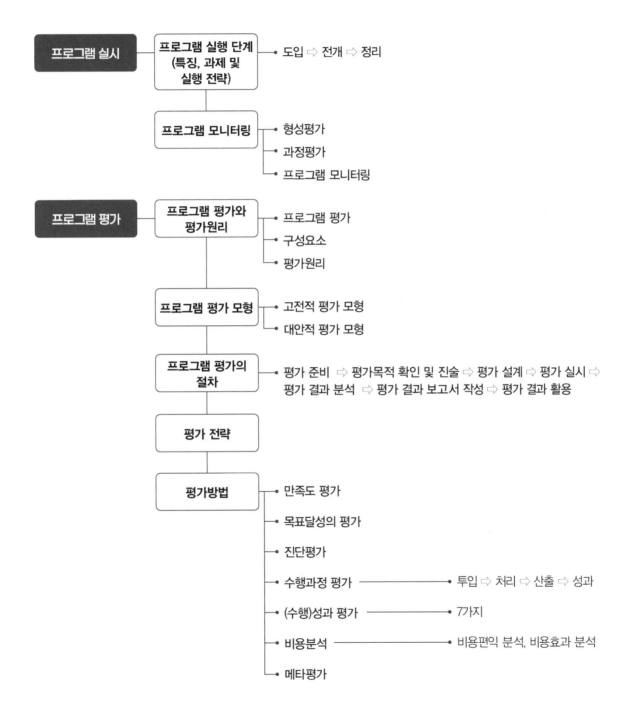

프로그램 실시

프로그램 실행 단계
(특징, 과제 및
실행 전략)
→ 도입 ⇨ 전개 ⇨ 정리

프로그램 모니터링
→ 형성평가
→ 과정평가
→ 프로그램 모니터링

프로그램 평가

프로그램 평가와
평가원리
→ 프로그램 평가
→ 구성요소
→ 평가원리

프로그램 평가 모형
→ 고전적 평가 모형
→ 대안적 평가 모형

프로그램 평가의
절차
→ 평가 준비 ⇨ 평가목적 확인 및 진술 ⇨ 평가 설계 ⇨ 평가 실시 ⇨
평가 결과 분석 ⇨ 평가 결과 보고서 작성 ⇨ 평가 결과 활용

평가 전략

평가방법
→ 만족도 평가
→ 목표달성의 평가
→ 진단평가
→ 수행과정 평가 ──────── → 투입 ⇨ 처리 ⇨ 산출 ⇨ 성과
→ (수행)성과 평가 ──────── → 7가지
→ 비용분석 ──────── → 비용편익 분석, 비용효과 분석
→ 메타평가

제1절 집단상담의 기초

01 집단상담과 학교 집단상담

1. 집단상담

(1) 의미

① 집단상담(group counseling): 치료적 집단에 대한 전문지식과 임상경험을 갖춘 1인 이상의 전문가가 집단 활동과 작업을 통해 2인 이상의 상호 독립적인 개인들의 변화와 성장을 추구하는 형태의 치료적 모임이다.

② 집단상담자(group counselor): 집단상담에 관한 소정의 전문적 교육과 훈련을 통해 집단작업을 담당할 수 있는 전문지식과 역량을 갖추고 집단작업을 담당하는 정신건강 전문가를 말한다.

(2) 집단의 조건

① 심리적 유의성(psychological significance): 집단이 참여자들에게 심리적으로 유의하게 작용하도록 함을 의미한다.

② 직접적 의사소통(direct communication): 다른 사람을 통하지 않고 당사자 간에 면대면 상태에서 말과 행동으로 소통하는 것을 말한다.

③ 유의한 상호작용(significance interaction): 2인 이상의 사람이 서로 의미 있는 방식으로 영향을 주고받는 것을 말한다.

④ 역동적 상호 관계(dynamic interrelations): 구성원들 간에 힘과 에너지가 교류·형성되어 서로 영향을 주고받는 상태를 의미한다.

⑤ 생산적 상호 의존(productive interdependence): 집단 참여를 통해 의사결정, 문제 해결, 잠재력 개발, 인간적 성장 등의 성과를 산출하고자 서로 도움을 주고받는 것을 의미한다.

⑥ 기타: 2인 이상의 지속적 모임, 일정한 회기 형식과 절차, 궁극적 변화와 성장을 추구하는 것 등이 있다.

(3) 집단상담의 공통 요소

① 조력자: '집단 상담자', '집단 리더', '집단 지도자'라고 불리는 전문가가 있으며, 이들은 전문적으로 훈련된 사람들로 표현된다.

② 집단원: 이들은 '비교적 적은 수의 정상인', '동료들', '조력을 필요로 하는 2명 이상의 집단원'의 방식으로 표현된다. 집단원은 단순히 전문가의 도움을 받는 사람이 아닌 집단상담의 주체로서 집단에 참여하며, 서로 간의 상호작용을 통해 개개인의 자각과 통찰을 촉진하고, 이를 바탕으로 변화를 추구해 나간다.

③ 목적: 목적은 개인의 태도와 행동의 변화, 한층 높은 수준으로의 성장 및 발달, 인간관계 능력 촉진 등으로 정리될 수 있으며, 궁극적으로 삶의 질을 향상시키는 것이다.

④ 변화: 변화는 '자기 자각의 확장을 통해', '함께 노력해서', '집단기법과 전략을 적용하여', '구성원들 사이에 발생하는 역동적인 상호 교류과정을 통해', '집단 혹은 상호 관계성의 역동을 토대로 신뢰할 만하고 수용적인 분위기 속에서' 이루어진다.

2. 집단상담의 장단점

구분	장점	단점
경제적 측면	여러 명이 상담에 참여하여 경제적임	개인의 문제를 충분히 다루지 못함
경험적 측면	집단원들을 통해 다양한 현실적 문제를 경험함	집단상담을 회피 도구로 사용함
심리적 측면	개인상담에서 경험하기 힘든 경험을 제공, 심리적 부담이 적음	부정적인 상호 교류나 경험, 집단 압력 가능성 있음
실천적 측면	다양한 문제 해결을 위한 시도를 할 수 있음	집단 참여에 대한 과도한 압력과 좌절감을 경험함
기능적 측면	개인 문제를 심층적으로 다룰 수 있는 계기가 됨	집단상담에 적합하지 않은 집단원이 집단상담 진행을 방해할 수 있음

(1) 장점

① 다양한 대인관계 경험과 상호작용이 가능하다. 즉, 실생활의 축소판인 집단을 통해 더욱 효과적이고 기능적인 대인관계를 맺는 능력을 경험하고 학습할 수 있다.

② 상담자가 동시에 여러 내담자를 상담할 수 있어 경제성과 효율성이 높다.

③ 다른 집단원과 피드백을 주고받으며 자신에 대한 시야가 확장되고 타인에 대한 이해와 수용의 폭이 넓어진다.

④ 상담 참여에 대한 부담이 적다.

⑤ 대리학습 즉, 집단상담자·집단원의 행동모방을 통한 학습 기회가 제공된다.

⑥ 자신과 비슷한 다른 집단원들의 고민을 들으면 나 혼자만의 문제가 아니라는 보편성을 획득할 수 있다.

⑦ 현실 장면에서 새로운 행동을 시도하기 전에 집단상담이라는 지지적인 장면에서 역할 연습이 가능하다.

⑧ 타인과의 교류를 통해 '우리'라는 의식을 고취함으로써 소속감을 제공한다.

(2) 단점 `기출 15 추시`

① **비밀 보장의 한계**: 비밀 유지 원칙의 파기 가능성이 집단원 전체에 확대되어 집단 밖에서 일어나는 일을 통제할 수 없다는 한계가 있다.

② **집단상담자의 전문성 문제**: 대부분의 집단상담자는 전문지식을 습득하고 훈련과정을 거친 전문가이다. 그러나 학문적·전문적 배경이나 집단지도 경험이 부족한 지도자가 집단상담을 진행하는 경우, 집단원이 부정적이고 왜곡된 인식을 갖게 하거나 파괴적인 결과를 초래할 수 있다.

③ **집단 압력의 가능성**: 집단상담은 구성원이 집단의 기대치에 부응해야 할 것 같은 미묘한 압박감을 느끼게 할 수 있다. 특히 다수의 집단원과 다른 이질적인 배경을 가진 집단원, 심리적 준비가 부족한 집단원, 신뢰관계가 구축되기 전의 집단원인 경우 더욱 그러하다.

④ **개인 초점에서의 제한성**: 한 개인의 문제나 역동이 충분히 다루어지기에 제한적이다.

⑤ **집단 장면 자체의 중독성**: 일부 사람은 집단상담 경험 자체에 중독되어 현실을 회피하려 할 수 있다.

⑥ 집단이라는 환경에서 오는 두려움 또는 위협감을 느낄 수 있다.

3. 학교 집단상담

(1) 학교 집단상담과 성인 집단상담의 비교

구분	학교 집단상담	성인 집단상담
진행방식	구조화 또는 반구조화	비구조화
지시성	지시적, 목표 설정이 구체적	비지시적
집단회기 요약	이전 회기 상세 정리 및 요약	상세한 정리 불필요
직면성	공감적 이해나 수용으로 참여 의욕을 높임	직면적
목표지향성	목표지향적 특성이 성인집단에 비해 낮음	• 목표지향적 • 리더에게 문제 해결에 대한 압력을 가함
성숙도	낮은 성숙도	• **높은 성숙도**: 자율성 강조 • 리더는 촉진자로서 집단을 안정화시키는 역할

(2) 학교 집단상담의 대표 유형

① 예방집단

   ㉠ 학생의 발달과업을 고려하여 사전에 계획된 프로그램을 통해 문제 발생을 막기 위한 체계적인 활동이다.

   ㉡ 예방집단은 학교상담의 1차 과정으로 집단지도라고 불린다.

   ㉢ 집단지도는 교사가 하나 이상의 학급을 대상으로 학생들의 학업 발달, 진로 발달, 개인·사회성 발달에 초점을 맞춘 계획된 프로그램을 운영하는 것이다.

② 사후처치 집단

   ㉠ 학생이 흔히 겪는 문제의 해결을 돕기 위해 실시되는 집단이다.

   ㉡ 지지집단과의 비교

      ⓐ 사후처치 집단은 대다수의 학생이 겪는 문제에 초점을 맞추는 반면, 지지집단은 보다 개인적인 문제나 상황에 초점을 맞춘다.

      ⓑ 사후처치 집단은 문제의 교정에 중점을 두는 반면, 지지집단은 학생이 흔히 직면하는 문제의 대처능력 강화에 초점을 둔다.

③ 지지집단

   ㉠ 상황의 변화나 생활사건으로 인해 심리적 위기 상황에 놓인 학생들에게 정서적 지지를 제공한다.

   ㉡ 학생 각자의 생각과 감정을 나누고 특정 문제와 관심사에 대해 점검하며, 다른 유형의 집단에 비해 학생들의 공통 관심사를 깊이 있게 다룬다.

   ㉢ **기대효과**: 또래 학생들도 유사한 문제를 겪고 있다는 보편성을 의미한다.

   ㉣ 성별, 문화적 배경에 따라 동질집단으로 운영하면 집단 효율성을 극대화하여 이질집단에서는 다루기 힘든 민감한 주제를 다룰 수 있다는 이점이 있다.

1. 집단 유형

(1) 상담집단

① **의미**: 개인적·교육적·사회적·직업적 문제에 초점을 두고, 치료적 목적 외에도 예방과 교육적 목표를 설정하여 집단상담을 실천하는 집단의 형태이다.

② **집단 리더**

ㄱ '집단상담자', '그룹 카운슬러'로 불리며 주로 상담자, 교육자, 촉진자 역할을 담당한다.

ㄴ **임무**: 집단 준비와 계획, 안정적이고 수용적인 분위기 조성, 긍정적 행동의 모델링, 집단활동 구조화, 집단원의 사고 및 행동패턴 인식, 긍정적 변화 촉진을 돕는다.

③ **초점**: 의식 수준의 단기적 문제 해결, 강점과 잠재력 발견, 성장 저해 요소 제거 또는 감소, 의사결정 능력 증진, 대인관계 기술 향상에 초점을 둔다.

④ **특징**

ㄱ 4~12명 정도로 구성되고 소집단 경험 중심으로 진행된다.

ㄴ 비교적 기능 수준이 높은 구성원을 중심으로 구성되며, 집단의 목표가 결정된다.

ㄷ 비교적 단기간에 해결 가능한 문제와 의식 수준의 내용을 주로 다룬다.

ㄹ **실행지향적**: 집단원들이 집단에서 체득한 경험학습 내용을 실생활에 적용하는 데 중점을 둔다.

ㅁ 사고, 감정, 행동의 변화를 강조함으로써 대인관계 기술 향상과 문제 해결 전략 모색에 초점을 맞춘다.

ㅂ **성장지향적**: 집단원의 내적 자원을 탐색·발견하고 발달 저해 요소를 건설적인 방향으로 변화하는 데 중점을 둔다.

ㅅ 성격장애를 포함한 심각한 정도의 정신장애 치료에 중점을 두지 않는다는 점에서 치료집단과 구별된다.

(2) 치료집단

① **의미**: 정신장애 등의 질환, 장애가 있는 사람을 치료할 목적으로 구성되며 '정신치료 집단', '심리치료 집단'으로도 불린다.

② **집단 리더**: '집단치료자', '집단 정신치료자', '집단 심리치료자'라고 불린다.

③ 의료 모형이 적용되며, 클리닉이나 병원에서 진행되는 경우가 많다.

④ **가정**: 참여자가 병(질환)에 걸려 정상적인 활동이 이루어지지 않아 고통을 겪고 있다고 가정한다.

⑤ **특징**

ㄱ **집단원**: 자신의 문제를 해결할 능력이나 다른 사람을 도와줄 능력이 부족하다.

ㄴ 집단상담 과정과 목적은 상담집단과 비슷하다.

ㄷ **초점**: 무의식적 요소, 과거사, 성격의 재구성에 초점을 둔다. ➡ 장기적으로 진행됨

(3) **교육집단**

① **의미**: 다양한 주제에 대한 정보 제공을 목적으로 구성되는 집단이다.

② **집단 리더**: 참여자의 학습효과를 극대화하기 위해 교육자와 촉진자의 역할을 동시에 수행함과 동시에 학습 촉진을 위한 긍정적인 분위기를 조성한다.

③ **분류**

ㄱ **심리 교육집단**: 집단에 참여하는 정의적·인지적 측면에서 정신건강 관련 주제에 대한 정보를 제공한다.

ㄴ **생활 교육집단, 교실생활 교육집단**: 아동·청소년이 발달과정에서 당면하는 가정, 교육, 직업, 신체, 정서, 성격 등과 관련된 제반 문제를 자조적으로 해결하는 데 필요한 정보를 제공하는 집단이다.

④ **특징**

ㄱ 집단의 회기 수나 시간의 길이에 일정한 공식이 없다.

ㄴ 집단상담자는 교육자, 촉진자로서 필요한 정보를 제공하고 상호작용을 촉진하는 역할을 한다.

ㄷ 집단상담자가 강의, 발표 형식으로 정보를 제공하고 질문을 받은 후, 각자 소감을 나누며 주제와 관련된 토의를 하는 과정으로 구성된다.

⑤ **진행 절차**

ㄱ 질문지로 집단 주제와 관련된 참여자들의 대처 수준을 측정·평가한다.

ㄴ 리더가 강의나 발표의 형식으로 구성원들에게 필요한 정보를 제공한다.

ㄷ 발표 내용과 정보, 자료에 대한 질문을 받는다.

ㄹ 참여자들이 주제와 관련된 토의를 한다.

ㅁ 참여자들이 각자의 소감을 나눈다.

(4) **성장집단**

① **의미**: 비교적 단기간에 다양한 집단 체험을 원하거나, 자신에 대해 더 알고 싶거나, 잠재력 개발에 관심이 있는 사람의 성장과 발달 촉진을 목적으로 구성된다.

② **집단 리더**: 집단의 목적 달성을 위해 집단원이 삶에서 겪는 개인 관심사, 문제, 갈등을 다루는 동시에 집단원의 상호작용을 촉진하는 활동을 통해 집중 체험의 기회를 제공한다.

③ **기본 가정**: 안전한 분위기에서 지금 – 여기에서의 솔직한 감정과 생각의 교류를 통하여 자신을 정직하게 평가한다면, 집단원은 자신의 참모습을 발견하고 사고, 감정, 행동의 변화를 거쳐 인간적 성장을 이룰 수 있다.

④ **목적**: 집단원 각자의 잠재력을 개발하여 자신이 원하는 삶을 영위하도록 돕는다.

⑤ **공통 목표**: 생활방식의 변화, 자신과 타인의 감정 인식, 대인 간 의사소통 증진, 가치관 명료화, 생산적인 태도 형성, 대인관계 형성·유지 능력 향상 등을 목표로 한다.

⑥ 유형

구분	내용

훈련집단
(T그룹, T집단)
	• 비교적 짧은 기간 안에 강력한 대인 상호작용을 통해 집단역동, 자기인식, 타인에 대한 민감성을 증진하는 소규모의 자기분석 집단
	➡ '감수성훈련 집단', '실험훈련 집단'으로도 불림
	• 체험 중심의 집단활동 과정을 통해 대인관계에서의 감수성과 민감성을 높임
	• 효과적인 의사소통, 대인관계 증진, 능력 개발, 인간적 성장에 초점을 맞춤
	• 참여자: 자신의 대인관계 유형, 타인이 보는 자신의 반응과 자신이 보는 타인의 반응, 일반적인 집단 행동을 배움
	• 주로 조직 사회에서 성공적으로 기능하는 데 필요한 인간관계 기술을 강조함
	• 목적
	  – 자신과 상대방의 감정 반응 인식과 감수성 증진
	  – 자신의 행동이 다른 사람에게 미치는 영향에 대한 인식과 결과 학습
	  – 민주적·과학적 맥락에서 개인과 사회의 가치 명료화
	  – 개인의 가치를 주위 상황의 요구에 맞출 수 있는 통찰력 습득
	  – 사회에서 효과적으로 기능할 수 있는 행동기술 학습

참만남 집단	• 모든 장면에서 인간적 성장 기회를 제공하기 위한 훈련 형태에서 발전된 집단
	• 형태: T집단, 감수성 집단, 마라톤 집단 등
	• 마라톤 집단: 며칠간 회기를 연달아 가짐으로써 집단원의 방어를 감소하고 친밀감을 조성하며 집중적이고 심화된 상호작용의 기회를 제공함
	• 특징
	  – 소집단 형식의 비구조화된 집단으로 진행함
	  – 지금 여기의 상호작용과 집단역동을 중시하며, 솔직하고 의미 있는 만남이 강조됨
	  – 대인관계에서 자기개방, 솔직성, 자각 또는 알아차림, 책임감, 감정 표현에 가치를 둠
	• 목적: 일치성, 진정성을 증진하여 자각을 확장하고, 잠재력을 극대화하여 인간적 성장과 자기실현을 이루고자 함

참고 **마라톤 집단**

• 장시간 연이어 회기를 가짐으로써 집단원들의 방어를 감소시키고 친밀감을 창출하는 집단이다.
• 보다 집중적이고 심화된 상호작용을 가능하게 하여 인간적 성장을 도모한다.
• 기본 가정: 강렬한 정서 체험과 수면 부족으로 인한 피곤함이 참여자의 사회적 가면을 조기에 내려놓게 한다.

(5) **과업집단**

① 의미: 특정 과업의 완수를 목적으로 구성되는 집단이다.

② 집단 리더: '리더', '팀장'이라고 불리며, 자문관련 집단의 경우에는 '자문자', '컨설턴트'라고도 불린다.

  ㉠ 임무: 지속적 과업 수행, 구성원들과의 협의, 상호작용을 촉진하는 임무를 담당한다.

  ㉡ 역할: 집단이 과제를 지속하도록 하고 집단원들의 토론과 사고 작용을 촉진한다.

③ 특징: 의식 수준의 행동을 강조하고, 집단역동을 활용하여 어떤 결과·산물을 성공적으로 추출할 것인가에 중점을 두고 진행된다.

④ 진행 절차: '워밍업 → 작업·활동·과업 수행 → 종결'의 절차가 적용된다.

(6) **자조집단**

① **의미:** '스스로 돕는 집단'이라는 뜻을 가졌으며, 정신건강 전문가가 돕기에는 한계가 있는 사람들이 모여 통상적으로 전문가의 도움 없이 진행되는 집단이다.

② **집단 리더:** 특정 문제를 이미 겪었거나 극복한 사람 또는 집단원이 차례로 돌아가면서 리더 역할을 한다.

③ **운영방식:** 물질 오남용, 체중 조절과 같이 집단원이 공통으로 겪고 있는 특정 문제를 중심으로 구성된다.

④ **특징**

 ㉠ 자신의 경험과 어려움을 기꺼이 내려놓고 필요한 정보를 나누면서 다른 유형의 집단보다 응집력이 쉽게 높아지는 편이다.

 ㉡ 다른 집단원의 지지와 격려에 힘입어 변화를 체험하고 미래에 대한 희망을 찾는다.

 ㉢ 심리적 스트레스를 경감하는 지원 체계를 통해 집단원이 삶을 변화하게 하는 동기를 제공한다.

 ㉣ 자조집단의 치료적 요인의 핵심은 '증언'이다.

(7) **지지집단**

① **의미:** 지지와 격려가 필요하고 공통 관심사가 있는 사람들을 위한 집단 유형이다.

② **집단 리더**

 ㉠ 지지와 격려를 기반으로 집단원이 서로의 감정을 나누도록 독려한다.

 ㉡ 이상적으로는 아주 사적인 경험에 초점을 맞춘 자기개방을 기반으로 집단원들이 진솔한 상호작용을 하게 한다.

 ㉢ 이 집단의 리더는 집단에서의 나눔이 집단의 목적이자 목표라는 사실을 유념해야 한다.

 ㉣ 특정 집단원이 집단을 주도하거나 다른 집단원을 압도하는 상황에서는 지지집단의 목표를 달성하기 어렵다.

③ **특징**

 ㉠ 집단원은 자신의 경험에 대한 생각과 감정을 나누고 특정 문제, 관심사에 대한 지지와 격려를 주고받는다.

 ㉡ 집단원은 다른 사람도 유사한 문제를 겪고 유사한 감정을 체험하며 비슷한 생각을 한다는 사실을 깨닫는다.

- 과제실행집단
  - 특별자문위원회와 같은 위원회, 계획입안집단, 관리개발집단, 사회활동집단, 토의집단, 공부모임, 학습집단 등의 다른 유사한 집단을 포함한 조직이나 국가기관에서 많이 실시된다.
  - 이 집단은 명시된 집단 목표를 성취하고 실행을 증진하고자 집단원리의 과정을 적용하는 것에 초점을 둔다.
- 심리교육집단
  - 참가자들의 인지적·감정적·정서적·행동적 기술을 집단 만남 안에서 구조화된 절차를 통해 개발하는 것에 중점을 두고, 일련의 교육적 결핍과 심리적 장애를 예방하는 것을 목표로 한다.
  - 비교적 잘 기능하고 있지만 특정 분야의 정보가 부족한 집단원을 교육한다.
- 상담집단
  - 집단원이 겪는 일상적이거나 힘겨운 대인관계 문제를 해결하도록 돕는다.
  - 직업, 교육, 개인적·사회적 성장이 주된 관심사다.
  - 이 집단은 의식적인 사고, 감정, 행동을 강조하는 대인관계 과정과 문제 해결 전략에 초점을 두고, 집단원이 인간 발달과 관련된 문제를 잘 다루고 생활하도록 돕는 데 목표를 둔다.
  - 상호 피드백과 지금-여기에 초점을 둔 지원방법을 사용한다.
  - 집단 목표는 기본적으로 잘 기능하는 집단원들에 의해 결정되고, 집단은 성장지향적 특징을 가진다.
- 치료집단
  - 집단원들의 심층적인 심리적 문제의 재조정을 돕는다.
  - 사람은 일반적으로 우울, 성격장애, 불안 및 지적장애와 같은 특정 증상이나 심리적 문제를 완화하고자 집단치료에 참여한다.
  - 심리치료를 전문으로 하는 집단상담자는 현재 행동과 과거를 함께 탐색하고, 개인 간의 상호 관계와 개인 내적인 상호 관계를 평가·진단·해석하여 과거 기록과 현재를 연결한다.

2. 집단 형태

(1) 구조화 정도 – 구조화 집단과 비구조화 집단 〔기출 15〕

① 구조화 집단: 집단상담자가 집단의 목표와 과정, 내용, 절차 등을 체계적으로 구성해 둔 상태에서 집단을 이끌어가는 형태로, 구조화된 프로그램으로 집단을 진행한다.
  - ㉠ 장점
    - ⓐ 합의된 공동 목표를 달성하는 데 드는 시간과 경비를 절약할 수 있다.
    - ⓑ 수줍음을 타거나 적극적이지 못해 의사소통을 하기 어려운 사람은 성격 변화의 기회를 얻기 쉽다.
    - ⓒ 초보 상담자도 쉽게 집단을 진행할 수 있다.
  - ㉡ 단점: 비구조화된 집단에 비해 깊은 수준의 집단 경험을 하기가 어렵다.

② 비구조화 집단: 집단의 내용과 활동방법 등에 대해 순차적으로 구성하지 않은 상태에서, 집단의 과정 자체와 집단원들 간에 일어나는 지금-여기에서의 상호작용에 초점을 두는 집단의 형태이다.
  - ㉠ 장점: 구조화 집단에 비해 폭넓고 깊은 자기탐색이 이루어질 수 있다.
  - ㉡ 단점: 집단상담자의 높은 자질 수준과 구성원들의 상호작용과 자기탐색을 원활하게 촉진시키는 능력이 요구된다.
    - ➡ 지도자의 전문성이 더욱 요구되는데, 리더는 비구조화된 집단상담 경험이 풍부해야 하며 집단 및 집단원이 가지는 치유적 힘을 신뢰할 수 있어야 한다(예 감수성 훈련집단, T집단 등).

③ 반구조화 집단: 비구조화 집단의 형태로 운영하지만 필요시 구조화 집단의 활동을 활용하는 방법으로, 구조화 집단과 비구조화 집단을 혼합한 집단 형태이다.

➡ **방법**: 집단의 초기 단계에 신뢰감을 형성하는 활동으로 집단 회기를 시작하는 것, 중간 단계에 집단원의 저항이나 갈등이 심화되면 갈등 해소 활동을 활용하는 것 등이 있다.

(2) 개방 여부 – 개방집단과 폐쇄집단 기출 20

① 개방집단: 집단상담이 진행되고 있더라도 집단의 허용 범위 내에서 새로운 집단원을 받아들이는 형태를 말한다.

㉠ 장점
ⓐ 집단원들이 다양한 사람과 상호작용 할 기회가 늘어난다.
ⓑ 타인이 관계 안에 들어오고 나가는 일상을 보다 정확하게 반영한다.
ⓒ 유치원생, 초등 저학년의 사회기술 훈련 등에 적합하다.

㉡ 단점: 집단원의 빠른 변동으로 응집력이 낮아질 수 있다.

② 폐쇄집단: 특정한 구성원 수로 집단이 구성되어 일단 집단이 시작되면 결원이 생기더라도 새로운 구성원을 충원하지 않는 집단의 형태이다.

㉠ 장점
ⓐ 집단 응집력이 높고, 집단의 역할과 규범이 안정적이다.
ⓑ 집단을 운영하기가 개방집단보다 수월할 수 있다.

㉡ 단점
ⓐ 구성원의 결석, 탈락이 생길 경우 의미 있는 상호작용이 줄어들거나 이루어지기 어려울 수 있다.
ⓑ 새로운 사고와 가치의 유입이 어려우므로 집단 외부의 의견이나 소수의 의견을 무시하고, 집단적 사고에 빠질 위험이 있다.
ⓒ 새로운 사고의 유입이 이루어지지 않아 효율성이 떨어지는 집단인 경우에도 집단원은 집단에 순응할 것을 요구받을 수 있다.

(3) 인구통계학적 배경 – 동질집단과 이질집단 기출 15

① 동질집단: 인구통계학적 배경(성별, 연령, 민족, 종교 등)이 유사한 사람들로 구성된 집단이다.
㉠ 장점: 집단응집력이 조기에 높아지고, 참석률이 높고, 갈등이 적으며, 증상 완화가 조기에 이루어진다.
㉡ 단점: 집단의 깊이가 피상적·표면적 수준에서 그치는 경향이 있어, 성격 재구성 등을 목표로 하는 치료집단에는 비효과적이다.

② 이질집단: 인구통계학적 배경과 특성이 다른 집단원들로 구성된 집단이다.
㉠ 장점
ⓐ 갈등 유발 가능성이 높으나 갈등이 집단역동을 강하게 유발하여 역동적 상호작용을 촉진할 수 있다.
ⓑ 집단 상황은 현실생활과 비슷하므로, 현실 검증을 할 기회가 되기 때문에 집단에서 얻은 학습의 전이가 쉽다.
㉡ 단점: 상호작용이 많아지므로 갈등이 심화될 수 있으며, 이때 집단상담자가 상호작용의 역동을 충분히 다룰 수 있어야 한다.

(4) 시간 연속성 - 집중집단과 분산집단

① 집중집단: 일정한 기간 동안 집중적으로 집단상담을 실시하는 형태이다.

　ⓐ 일정 기간(예 2박 3일, 3박 4일, 3일) 동안 집중적으로 집단상담을 실시한다.

　ⓑ 일상 장면을 벗어나 집단상담 장면에 깊이 몰입하는 경험을 제공하므로 심도 깊은 통찰, 역동적 상호작용이 활발히 나타난다.

② 분산집단: 보통 주 1회의 형태로 나누어서 미리 계획된 전체 회기가 마무리될 때까지 집단을 실시한다.

　➡ 집단상담에 참여한 후 얼마간 집단에서 배운 것을 일상생활 장면에서 숙고하고 적용·실천할 수 있다.

(5) 참여 동기 - 자발적 집단과 비자발적 집단

① 자발적 집단: 집단 참여 동기가 자발적인 사람들로 구성된 집단으로, 집단 프로그램 안내문을 보고 스스로 성장과 변화의 동기를 가지고 집단에 참여한 사람들로 구성된 집단이다.

② 비자발적 집단: 자신의 의지나 동기와는 상관없이 집단에 참여한 사람들로 구성된 집단이다.

더 알아보기　집단 구성의 일반적 원리

- 내담자들의 갈등 영역과 대처 양식은 최대한 이질적으로 구성하고, 취약성과 불안감내력 수준은 동질적으로 구성한다.
- **이질집단의 구성**: 성별, 태도(능동-수동), 사고, 감정, 대인관계 어려움 수준에 따라 구성한다.
- **동질집단의 구성**: 지능, 불안감내력, 피드백 교환 등과 같이 치료과정에 참여하는 능력에 따라 구성한다.
- **학교 집단상담의 구성**
  - 아주 동질적이거나 적당히 이질적으로 구성한다.
  - 크기는 성장, 경험이 심리문제 해결보다 크다.
  - 아동기에는 성별을 다르게 구성하고, 청소년기에는 연령을 동질화한다.
  - 초·중등학생의 경우, 비구조화된 집단의 구성이 힘들다.
  - 학교 집단상담 시 개방집단을 적용하기 힘들다.

제 **2** 절 　집단역동

1. 집단역동

(1) 집단작업과 집단과정

① **집단작업(group work)**: 상호 독립적인 집단원들의 심리내적, 대인관계, 직무 등과 관련된 목표 성취를 위해 집단상담자가 집단역동 촉진에 필요한 전문지식과 기술을 포함한 폭넓은 전문적 역량을 실행하는 것이다.

　　㉠ 과정적 측면(집단과정)

　　　　ⓐ 집단이 어떤 방식으로 의사소통 하는가?

　　　　ⓑ 누가, 얼마나 자주, 누구에게 말하고 있는가?

　　　　ⓒ 이번 회기는 집단 발달의 어떤 국면 또는 단계에 속하는가?

　　　　ⓓ 현재 집단원들 사이에 작용하고 있는 치유 요인은 무엇인가?

　　㉡ 내용적 측면(집단내용)

　　　　ⓐ 집단원들은 현재 무엇에 대해 이야기를 하는가?

　　　　ⓑ 현재 논의되는 내용은 집단의 목적과 일치하는가?

② **집단과정(group process)**: 집단상담자와 집단원 간 또는 집단원들 간의 상호작용과 에너지 교환을 통하여 집단 내에서 발생하는 변화의 추이를 말한다.

(2) 집단역동(group dynamics)

① 집단 내, 집단원 간, 집단상담자와 집단원 간에 발생하는 지속적인 상호작용과 상호 관계에서 생겨나는 힘이다.

② 레빈(Lewin): '변화하는 상황 속에서 집단과 개인이 행동하고 반응하는 방식'을 집단역동으로 보았다.

③ 소집단 안에서 일어나는 모든 집단 구조, 이론, 구성원 성격, 성별, 연령, 문화, 욕구 등 복잡한 요인으로부터 영향을 받는다.

④ 집단역동은 집단 수준에서 개인 수준으로 연구되어야 한다.

(3) 집단역동 차원

① 개인 심리내적 역동(심리내적 수준): 일반적으로 개인상담에서 탐색하는 심리적 역동으로 동기, 감정, 방어, 어린 시절의 기원 등을 포함한다.

② 대인 간 역동(대안 간 수준): 집단 내 둘 이상의 사람 간 관계에서 일어나는 역동으로 정서적 반응, 친밀함, 주장, 경계 등을 포함한다.

③ 전체로서의 집단역동(전체로서의 집단 수준): 집단의 발달 단계, 집단 규범, 집단 역할, 대표적 리더십 유형, 희생양 만들기, 집단 수준의 저항 등을 포함한다.

초창기의 집단상담에서는 심리내적 정신역동을 강조하고 구성원 간의 상호작용이나 전체로서의 집단역동은 무시하였다. 그러나 레빈 이후로 집단역동을 제대로 파악하지 못한 채 집단을 이끌 때의 위험성이 경고되면서, 집단원의 심리내적 역동과 전체로서의 집단역동을 동일하게 중시하고 둘 사이에서 유연하게 대처해야 한다는 주장이 제기되고 있다.

(4) 집단역동의 내용과 과정

① 내용적 측면: 감정을 일어나게 한 내용에 중점을 둔다.

② 과정적 측면: 지금−여기에서의 감정 경험에 집중하고, 감정을 일어나게 한 대인관계 패턴이나 무의식적 동기를 검토하고 이해하는 데 중점을 둔다.

➡ 과정적 측면의 관심사는 언어적 내용이 아니라 구성원이 어떻게, 왜 그런 말을 했는지에 관한 내용이다.

2. 집단역동 다루기

(1) 개인 심리내적 역동

① 심리내적 역동을 다루는 집단상담자는 집단원이 자신의 행동을 돌아보고 스스로의 감정과 반응을 탐색하게 한다.

　例 상대를 비난하는 경우, 비난 뒤에 숨겨진 자신의 욕구가 무엇인지 자기탐색을 하게 하는 것

② 집단상담에서 개인의 심리내적 역동을 다루는 것이 개인상담과 다른 점

　㉠ 집단 밖이 아닌 집단 안에서 일어난 문제를 다룬다.

　㉡ 집단원 간에 서로가 알아갈 기회를 준다.

　㉢ 다른 집단원의 자기탐색을 보면서 스스로를 통찰하는 시사점을 얻을 수 있다.

(2) 대인 간 역동

① 집단에서 일어나는 대인 간 역동은 그 양상이 다양하다.

② 집단 내에서 보편적으로 일어나는 7가지 유형의 대인 간 역동

구분	내용
전염 (contagion)	• 집단과정에서 집단원의 행동이 다른 집단원에게 유사한 감정을 이끌어냄 　例 한 집단원이 최근에 어머니를 잃은 슬픔을 집단에서 이야기하면 다른 집단원이 울거나 더 집중하 　　 여 들으려고 몸을 앞으로 기울이는 것 같은 감정적이고 신체적인 반응이 일어나는 것 • 어떤 감정에 대한 집단의 관심을 촉진하여 집단이 공통으로 그 문제를 탐색하게 함 • 한 사람이 작업하는 동안 다른 집단원도 그 문제를 깊이 있게 생각해볼 기회가 주어짐 • 이로써 집단원들은 공감과 돌봄, 동일시를 통해 서로가 자신을 깊게 탐색하도록 도움
갈등 (conflict)	• 갈등과 관련된 문제는 권위, 친밀감, 성장, 변화, 자율, 힘, 상실과 같은 인간 삶의 의미 있는 주제와 　연관됨 • 모든 집단원과 집단상담자는 집단상담이 진행되는 동안 갈등을 경험함 • 집단상담자는 갈등이 파괴적으로 전개되지 않도록 집단원들이 갈등 뒤에 숨은 문제를 탐색하게 　격려하고 스스로 문제를 해결하게 도와야 함
불안 (anxiety)	• 집단에서 불안과 그에 수반되는 불편한 감정을 포함하는 긴장은 보편적임 • 불안에 대한 해결책은 집단원이 공개적으로 자신에게 존재하는 불안을 이야기하고 나누는 것임 • 집단원이 불안을 공개적이고 솔직하게 직면하는 것은 집단과정을 촉진하는 계기가 될 수 있음

합의적 타당화 (consensual validation)	• 한 사람의 행동을 다른 집단원들과 함께 검토해보는 것 • 상호작용 속에서 질문을 받고 자신의 행동 패턴을 직면하거나 서로 감정과 생각에 대한 승인을 주고 받으며 자신의 경험이 정상적인지 비정상적인지 알게 됨
보편성 (universality)	• 집단 내에서 다른 집단원도 비슷한 경험과 감정을 가지고 있음을 아는 것 • 통찰이 일어나면 집단원들은 안도감을 느낄 수 있음 • 집단의 발달 초기에 보편성이 발생하면 그 집단은 보다 생산적으로 상호작용할 수 있음
가족의 재현 (family reenactment)	• 집단은 가족과 닮은 부분이 많으므로 여러 원가족 문제를 집단에서도 경험할 수 있음 예 집단상담자는 부모로서 경험되고 다른 집단원은 형제자매나 다른 가족원으로 지각되어 배척, 관 심, 형제의 라이벌 의식, 질투, 경쟁 등의 문제가 제기될 수 있다. 이때 집단원이 원가족에게 외면 당한 경험이 있다면 집단에서도 같은 상황을 기대하고 관심을 끌고자 노력하거나 위축되어 눈에 띄지 않으려는 반응을 할 수도 있다. • 집단에서 가족이 재현되면서 집단원은 과거 가족과의 경험에서 비롯된 문제를 다룰 수 있음
희망의 주입 (instillation of hope)	• 자신의 문제가 달라지거나 바뀔 수 있다는 희망을 가지지 못하고 좌절하고 있는 집단원이 있을 경우, 그가 변화의 의욕을 가지도록 집단원들이 자연히 돕게 됨 • 다른 집단원이 무기력으로부터 벗어나 자신의 문제를 직면하고 벗어나는 과정을 목격하면서 자신의 어려움도 해결 가능하다는 것을 깨달음

(3) 전체로서의 집단역동

① 잘 기능하는 집단을 형성하기 위해 집단상담자는 질문을 통해 전체로서의 집단역동을 점검할 필요가 있다.

② 전체로서의 집단역동을 파악하는 질문

> • 집단상담자–집단원, 집단원–집단원, 집단 안–집단 밖 사이의 경계가 분명한가?
> • 집단의 규범이 존재하는가?
> • 집단상담자의 리더십은 적극적인가? 우호적인가? 개방적인가?
> • 집단원들은 서로에게 매력을 느끼고 '우리'라는 친밀감을 가지는가?
> • 집단원들은 각자 역할을 선택하고 책임감을 가지고 있는가?
> • 어떤 의사소통 방식으로 서로 대화하는가?
> • 집단의 분위기는 권위적인가? 민주적인가? 자유방임적인가?
> • 집단의 발달 단계는 어디에 속하는가?
> • 하위 집단이 있는가? 집단원 중 누가 희생양이 되거나 분열되고 있는가?

➡ 질문을 통해 집단상담자는 집단의 역동을 파악하고 집단 발달을 저해하는 역동에 적절하게 개입할 수 있다.

3. 집단역동에 영향을 미치는 요인

(1) 집단의 사전 계획과 상호작용 요인

① 집단원의 배경

ⓐ 집단이 어떤 사람들로 구성되는지가 집단역동에 영향을 준다.

ⓑ 집단원의 배경요인은 성별, 연령, 출신지역, 학력, 결혼 상태, 직업, 사회경제적 지위, 종교, 인종 등이 있다.

② **집단목적의 명료성**: 집단상담자와 집단원들이 집단의 목적을 명확히 이해하고 있는가의 여부이다.

ⓐ **집단 목적과 무관한 주제에 초점**: 시간과 노력을 낭비하고 집단이 나아갈 방향을 상실하는 원인이 되며, 집단원의 실망과 좌절로도 이어진다.

ⓑ 집단상담자는 집단 논의가 목적과 목표에 맞게 진행되고 있는지를 지속적으로 모니터해야 한다.

③ 집단 크기

  ㉠ 집단이 큰 경우

    ⓐ 집단원 개개인에게 주어지는 시간이 적다.

    ⓑ 상호작용이 원만하지 못하고 산만해질 수 있다.

    ⓒ 집단원의 자기개방을 주저하게 만들어 응집력 형성을 저해한다.

    ⓓ 기타: 서로 이야기하려고 경쟁하거나 자기주장이 강하지 못한 사람은 표현하기가 더 어려울 수 있다.

  ㉡ 집단이 작은 경우: 집단원이 집단 참여에 부담을 가지고 위축되거나 소극적인 태도를 보일 수 있다.

  ㉢ 적절한 크기의 집단

    ⓐ 교육집단: 참여하는 집단원 수가 크게 영향을 주지 않는다.

    ⓑ 상담·치료·성장·자조집단: 5~8명으로 제한하되, 상황에 따라 3~12명 정도로도 구성한다.

④ 집단회기 길이

  ㉠ 한 회기의 길이가 너무 짧은 경우, 집단원들의 개인별 참여 시간이 부족해진다.

  ㉡ 집단회기 길이는 개개인의 개인적인 관심사를 심도 있게 다룰 정도로 충분하진 않아도 최소한 언급하고 서로 피드백을 주고받을 수 있을 정도는 되어야 한다.

  ㉢ 적절한 집단회기 길이

    ⓐ 상담·치료·성장·자조집단: 일반적인 회기 길이는 1~3시간이며 경우에 따라 마라톤 회기도 가능하다.

    ⓑ 연령이나 정신기능 수준에 따라 회기 길이를 다르게 편성할 수 있다.

⑤ 모임 장소

  ㉠ 접근이 용이해야 한다.

  ㉡ 집단원의 목소리가 새어나가지 않을 정도로 방음시설이 잘 되어 있어야 한다.

  ㉢ 편안함과 안전감이 느껴지는 공간이어야 한다.

  ㉣ 너무 편안한 안락의자는 집단작업을 어렵게 하며, 의자는 동일한 것으로 준비해야 한다.

  ㉤ 탁자 사용 여부

    ⓐ 구조화 집단은 집단활동에 필요한 경우 탁자 사용이 가능하지만 그 외에는 사용하지 않는 것이 좋다.

    ⓑ 탁자는 집단원 사이를 가로막아 서로의 행동 관찰을 제한하므로 역동적인 상호작용을 저해한다.

  ㉥ 좌석 배열: 집단원이 몸을 돌리지 않아도 전체가 잘 보이고 대면할 수 있는 원형이 바람직하다.

⑥ 모임 빈도수

  ㉠ 집단회기 간격이 짧은 경우: 집단원이 이전 회기 성찰, 과제, 경험학습의 실생활 적용을 위한 충분한 시간을 확보하지 못할 수 있다.

  ㉡ 집단회기 간격이 긴 경우: 회기 간 연결성이 약화되어 다시 만날 때 생소한 느낌이 들 수 있다.

    ➡ 초·중등은 주 1~2회기, 고등 이상은 주 1회가 적절하며 집단 유형, 연령, 정신기능 수준 등에 따라 다르게 구성할 수도 있다.

⑦ 모임 시간

  ㉠ 학교집단: 수업시간을 활용한 모임과 방과 후 모임의 집단역동이 다를 수 있다.

  ㉡ 대학생·성인집단: 점심 직후, 늦은 밤에는 쉽게 피로감을 느끼므로 집단역동에 부정적 영향을 줄 수 있다.

⑧ 참여 동기: 가장 이상적인 동기는 스스로의 필요에 의해 집단에 자발적으로 참여하는 것이다.

⑨ **집단의 응집성:** 응집성은 집단원들이 하나의 공동체로 묶여 자신이 참여하는 집단을 우리 집단 또는 나의 집단으로 인식하는 것이다. 대체로 응집성이 강할수록 집단원들은 집단에 대한 책임감을 느끼고 상호 의존적인 협력적 관계로 집단활동을 할 수 있다.

⑩ **집단 분위기:** 집단의 분위기는 집단에 대한 느낌으로, 이러한 분위기는 집단원들의 참여도에 영향을 미친다. 따라서 리더는 집단 분위기에 대한 민감성을 개발하고 집단원들이 마음 놓고 이야기할 수 있는 자유롭고 허용적인 분위기를 조성하는 데 힘써야 한다.

⑪ **집단행동의 규준:** 어떤 규준이 집단활동의 진행에 도움을 주고 있는지, 반대로 방해하고 있는 규준은 없는지, 집단원들이 규준을 잘 이해하는지, 집단 규준에서 이탈한 집단원은 누구인지 등의 질문을 통해 규준이 집단역동에 미치는 영향을 파악해야 한다.

⑫ **집단원들의 사회적 관계 유형:** 집단에서 서로 더 좋아하는 집단원과 싫어하는 집단원이 있는 경우, 우정과 반감의 미묘한 정서적 관계에 의해 집단이 영향을 받는다.

⑬ **하위 집단의 형성:** 집단활동에 영향력을 발휘하고, 이로 인해 발생하는 집단 감정이 집단의 문제 해결이나 바람직한 대인관계의 발달에 도움이 되지 않는 경우가 있기 때문에 항상 유의해야 한다.

⑭ **주제의 회피:** 다루기 힘든 주제라도 회피하면 그 문제를 해소할 수 없기 때문에 전체 집단 발달에 도움이 되기 위해서는 충분한 시간을 들여서 다루어야 한다.

⑮ **숨겨진 안건:** 표면화되지 않고 있는 집단원의 숨겨진 안건이 집단 전체와 관련이 있거나 혹은 비록 몇 사람만의 것이라도 심각해서 먼저 다루어야 할 필요성이 있는 경우, 이 문제를 우선 취급할 필요가 있다.

⑯ **제안의 묵살:** 여러 제안이 묵살되는 경험을 한 집단원은 자신이 집단에서 거부당했다는 느낌으로 상심하기가 쉽다. 제안이 묵살당할 때 집단의 역동에 대해 학습하고 집단원이 적절한 내용의 제안을 적절한 시기에 할 수 있는 능력을 기르도록 도와야 한다.

(2) 집단활동(구조화 활동)

① **안정 수준 증가:** 집단원들이 편안하게 느끼는 정도를 증가시키며 집단원이 긴장을 늦추고 즐기도록 돕는다.
② **토론과 참여에 집중:** 토론과 참여를 만들어내어 집단원의 활동 수준과 상호작용을 자극할 수 있다.
③ **경험학습의 기회:** 자신에 관한 이야기를 나누기보다 실제 행동으로 옮김으로써 문제의 통찰과 해결을 앞당길 수 있다.
④ **재미와 긴장 완화:** 신체 활동, 게임은 웃음과 재미를 불러일으켜 집단의 긴장이 풀리게 한다.

---

04 집단의 치료적 요인

1. 얄롬(Yalom)과 레스츠(Leszcz)의 치료적 요인 기출 24

(1) 치료적 요인(변화 촉진 요인)

① 희망의 주입(희망 심어주기) ➡ 삶에 대한 희망감
  ㉠ 희망의 주입은 삶의 희망을 느끼게 하는 것을 말한다.
  ㉡ 모든 상담에서 희망을 심어주고 유지하는 일은 매우 중요하다.
  ㉢ 이는 내담자가 계속 상담을 받음으로써 다른 치료적 요인이 효과를 내게 한다.

  ㉣ 상담 방법에 신뢰를 갖는 일 자체가 치료적으로 효과적일 수도 있다.

  ㉤ 집단상담자는 집단의 효용성에 대한 내담자의 믿음과 확신을 증가시킴으로써 '희망 심어주기'라는 요인을 더 부각한다.

② **보편성** ➡ "나 혼자가 아니구나."라는 느낌

  ㉠ 자신의 문제가 혼자만이 겪는 고통이나 어려움이 아니며 다른 사람도 비슷한 환경이나 문제를 갖고 있음을 깨닫는 것이다.

  ㉡ 자기에 대한 불필요한 방어를 해제하게 하고 수치심과 무가치한 느낌을 줄여준다.

  ㉢ 또한 자존심을 증가시키고 자신 스스로를 받아들이도록 도와준다.

③ **정보 공유(정보 전달)** ➡ 건강한 삶에 대한 정보 습득

  ㉠ 집단상담자나 다른 집단원이 제공하는 충고, 제안, 직접적 지도뿐만 아니라 집단상담자가 제안하는 정신건강에 관한 교수적 강의도 포함된다.

  ㉡ 문제 해결 중심 집단에서는 특정 이슈에 대한 정보를 제공받는 것 자체가 도움이 될 수 있으며, 상호작용 집단에서는 덜 중요하게 취급된다.

④ **이타주의** ➡ 다른 사람들을 위해 기꺼이 나누어줌

  ㉠ 이타주의는 다른 집단원에게 베푸는 것을 의미한다.

  ㉡ 집단원 개인의 자존감을 높이고 힘든 상황을 스스로의 힘으로 극복하는 능력을 길러주는 요소가 된다.

  ㉢ 다른 사람에게 도움을 주는 경험을 통해 자신의 존재감을 느낄 수도 있다.

⑤ **1차(초기) 가족집단의 교정적 재현** ➡ 초기 아동기와 유사한 역동 체험을 통한 학습

  ㉠ 특정 가족원이 집단 내에 있는 것처럼 느끼고, 그 경험을 통해 배우는 것을 의미한다.

  ㉡ 가족 내에서 불만족스러운 경험을 한 이력이 있는 내담자는 초년기 가족 경험에 따라 집단 내 집단원과 상담자에게 과거 부모, 형제와 상호작용한 것처럼 행동한다.

  ㉢ 이때 중요한 점은 집단에서 초년기 가족 갈등이 재연되지만 과거와 달리 교정적으로 일어난다는 점이다.

  ㉣ 집단에서 자신의 경직되고 완고한 역할에 끊임없이 도전하면서 새로운 행동을 시험해보고 과거에 풀리지 않았던 문제를 해결해나갈 수 있다.

⑥ **사회화 기술의 개발** ➡ 성숙한 사람들의 특성으로 나타나는 사회화 기술 습득

  ㉠ 내담자는 자신의 적응적인 사회행동에 관한 정보를 얻을 수 있다.

  ㉡ 자신도 모르게 사회적 관계에 손상을 주던 여러 사회적 습성을 알게 된다.

  ㉢ 특히 친밀한 인간관계가 부족한 집단원이 인간관계 피드백을 접하는 좋은 기회가 될 수 있다.

⑦ **모방행동(동일시)** ➡ 다른 사람들의 긍정적인 행동 모방

  ㉠ 치료적 요인으로서의 동일시는 집단원이나 집단상담자를 모델링하는 것을 말한다.

  ㉡ 집단원은 집단상담자나 자신과 유사한 문제를 가진 다른 내담자의 작업을 관찰함으로써 도움을 얻는다.

  ㉢ 모방행동이 지속되지 않더라도, 새로운 행동을 실험함으로써 현재 자신의 모습이 바람직하지 않음을 알아차리고 자기발견을 향해 나아갈 수 있다.

⑧ **대인관계 학습(대인학습)** ➡ 다른 사람들과의 상호작용을 통한 학습

  ㉠ 다른 집단원의 피드백을 받는 대인관계의 투입(⑩ 대인관계 입력)과 타인과 관계하는데 보다 적절한 방법을 시도하는 대인관계(⑩ 대인관계 출력)의 산출 요인을 합쳐 '대인관계 학습' 요인이라고 명명했다.

  ㉡ 집단원이 방어 없이 행동할 수 있게 집단이 운영되면 그들은 가장 생생하게 자신의 문제를 집단에 내보인다.

ⓒ 집단상담자는 이 집단 내에서 나타나는 부적응적 대인관계 행동을 알아차리고 치료적으로 활용할 수 있다.

⑨ **집단 응집력** ➡ 다른 사람들과 연결되어 있다는 느낌

　　㉠ 함께 있다는 느낌의 적절한 수준으로, 다른 여러 치료적 요인을 촉진하는 전제 조건이며 다른 사람들에게 수용된다는 느낌이다.

　　㉡ 응집력은 집단의 매력, 정서적 요소, 생산적인 상담 작업과 관련된다.

⑩ **카타르시스(정화)** ➡ 과거에 표출해본 적 없던 감정 방출

　　㉠ 개방적인 정서 표현은 집단과정에 반드시 필요하며, 정서 표현이 없는 집단은 메마른 학술적 연습으로 전락할 수 있다.

　　㉡ 그러나 정화는 집단의 한 부분일 뿐이므로, 인지적 학습 등의 다른 요인에 의해 보완되어야 한다.

⑪ **실존적 요인**: 집단상담을 통해 집단원은 타인에게 받는 지도와 도움에는 한계가 있다는 점, 자신의 삶을 영위하는 데 있어 궁극적인 책임은 자신에게 있다는 점, 아무리 절친한 사이라고 해도 타인과 함께 할 수 없는 어떤 부분이 있다는 점을 깨닫는다. ➡ 삶에 대한 책임 수용

(2) 집단원이 선정한 치료적 요인 `기출 15, 18`

① Q-분류

치료적 요인	내용
Ⅰ. 이타주의	1. 다른 사람을 도움으로써 나는 더욱 자신에 대한 존경심을 갖게 됨
	2. 나의 요구보다 타인의 요구를 우선시함
	3. 나 자신을 잊고 다른 사람을 돕는 것을 생각함
	4. 나 자신의 일부를 다른 사람에게 줌
	5. 다른 사람을 도우며 그들의 삶에 중요한 사람이 됨
Ⅱ. 집단 응집력	6. 집단에 소속되고 수용됨
	7. 다른 사람들과 친밀한 접촉을 지속함
	8. 자신의 당혹스러운 점을 밝히고 나서도 여전히 집단에 수용됨
	9. 더 이상 혼자라는 느낌을 갖지 않음
	10. 나를 이해하고 수용하는 사람들의 집단에 소속됨
Ⅲ. 보편성	11. 나만 그런 문제를 가진 게 아님을 알게 됨, "우리는 모두 한 배를 타고 있다."라고 느낌
	12. 나 자신도 다른 사람만큼 잘 지내고 있음을 알게 됨
	13. 다른 사람도 어느 정도 나와 비슷한 나쁜 생각과 감정을 지닌다는 사실을 알게 됨
	14. 다른 사람도 나만큼 불행하거나 혼란스러운 배경과 부모가 있다는 사실을 알게 됨
	15. 나에게 "사람으로 태어나서 좋다."라는 느낌을 준 사람과 내가 크게 다르지 않음을 알게 됨
Ⅳ. 대인관계-입력	16. 나에게 집단은 내가 다른 사람에게 어떤 인상을 주는지를 가르쳐 줌
	17. 내가 다른 사람에게 어떤 성격으로 보이는지 알게 됨
	18. 다른 집단원이 나에 대해 어떻게 생각하는지 솔직히 말해 줌
	19. 다른 사람을 짜증나게 하는 나의 습관, 태도를 지적해 줌
	20. 때로 내가 진짜 생각하는 것을 말하지 않음으로써 사람들을 혼란에 빠뜨린다는 사실을 알게 됨

치료적 요인	내용
V. 대인관계 – 출력	21. 사람과 잘 지내는 기술을 개선함
	22. 집단과 다른 사람에 더욱 신뢰감을 갖게 됨
	23. 내가 다른 집단원과 어떤 방식으로 관계를 맺는지 알게 됨
	24. 집단은 내가 타인에게 접근하는 방법을 배울 기회를 줌
	25. 집단 내 특정 집단원과의 어려움을 극복함
VI. 지도	26. 의사는 내가 무엇인가를 하도록 제안·조언함
	27. 집단원들은 내가 무엇인가를 하도록 제안·조언함
	28. 내가 무엇을 해야 할지 집단원들이 말해 줌
	29. 집단 내 어떤 사람이 삶의 문제에 대해 명쾌한 제안을 함
	30. 집단원들이 내게 삶에서 중요한 사람에게는 다르게 처신하도록 조언함
VII. 정화	31. 마음속에 있는 것을 털어놓음
	32. 다른 집단원들에 대한 긍정적·부정적 느낌을 표현함
	33. 집단 리더에 대한 긍정적·부정적 느낌을 표현함
	34. 감정 표현방법을 배움
	35. 참는 대신 나를 괴롭히는 것이 무엇인지 말할 수 있음
VIII. 동일시	36. 집단에서 나보다 적응을 잘하는 사람과 비슷해지려고 노력함
	37. 다른 사람이 위험을 감수하며 난처한 일을 함으로써 이득을 얻는 것에 대한 관찰은 내가 같은 일을 해보는 데 도움이 됨
	38. 다른 집단원의 버릇이나 스타일을 채택함
	39. 나의 치료자를 존경하거나 그처럼 행동함
	40. 내가 본받을 수 있는 사람을 집단에서 발견함
IX. 가족 재정립	41. 집단에 있는 것은 어떤 의미에서 내가 성장한 가정에서 나의 삶을 다시 체험하고 이해하는 것 같음
	42. 집단에 있음으로써 과거에 지녔던 나의 부모, 형제자매, 다른 중요한 타인들과의 오래된 심리적 장애를 이해하는 데 다소 도움이 됨
	43. 집단에 있는 것이 어떤 의미에서는 더 수용적이고 이해해주는 가족들과 함께 하는 것 같음
	44. 집단에 있음으로써 나의 가정에서 내가 어떻게 성장했는지 이해하는 데 다소 도움이 됨
	45. 집단은 마치 나의 가족처럼 생각됨. 어떤 집단원이나 치료자는 친부모처럼 여겨지고, 어떤 사람은 친척처럼 여겨짐. 집단 경험을 통해 나는 부모나 친척(형제자매 등)과 맺은 과거의 관계를 이해함
X. 자기이해	46. 내가 어떤 사람을 좋아하거나 싫어하는 이유가 그 사람과는 아무 관계가 없고 과거에 만난 다른 사람으로 인한 심리적인 장애나 경험과 관계있다는 사실을 알게 됨
	47. 내가 왜 그런 식으로 생각하고 느끼는지, 즉 내 문제에 대한 몇 가지 원인과 근원을 알게 됨
	48. 이전에는 알지 못했거나 받아들일 수 없던 자신의 부분을 발견·수용함
	49. 내가 어떤 사람·상황에 대해 (삶의 초기에 속하는 감정으로) 비현실적으로 대처하는 것을 알게 됨
	50. 오늘날의 감정과 행동이 어떻게 나의 어린 시절이나 성장과 관련되는지 알게 됨. 내가 지금의 내가 된 몇 가지 원인이 내 인생의 초기 시절에 있음

치료적 요인	내용
XI. 희망 고취	51. 다른 사람이 좋아지는 것을 보는 것이 나를 고취시킴
	52. 다른 사람이 나와 비슷한 문제를 해결했다는 것을 알게 됨
	53. 다른 사람이 나와 비슷한 문제를 해결했다는 것을 보게 됨
	54. 호전된 집단원들이 나를 격려하는 것을 봄
	55. 집단이 나와 유사한 문제에 부딪힌 다른 사람을 도왔다는 사실이 내게 용기를 북돋아 줌
XII. 실존적 요인	56. 때로는 삶이 부당하고 공정하지 않다는 것을 앎
	57. 궁극적으로 삶의 고통과 죽음은 피할 길이 없음을 인식함
	58. 내가 아무리 다른 사람과 가깝게 지내도 여전히 삶과 홀로 마주쳐야 한다는 사실을 인식함
	59. 나의 삶과 죽음에 대한 기본적인 문제들을 직면하고, 그럼으로써 좀 더 솔직하게 나의 삶을 영위하고 사소한 일에 덜 얽매이게 됨
	60. 나 자신이 다른 사람에게 아무리 많은 지도와 후원을 받았더라도 내 인생을 살아가는 방식에 대한 궁극적인 책임은 나에게 있다는 사실을 배움

② 치료적 요인에 대한 효과 검증

항목	치료적 요인
이전에는 알지 못하고 수용할 수 없던 자기 자신의 부분을 발견하고 수용함	자기이해
꾹 참고 억제하는 대신 나를 괴롭히는 것이 무엇인지 말할 수 있음	정화
다른 집단원들이 나에 관해 생각한 것을 정직하게 말해 줌	대인관계-입력
내가 느낀 감정을 표현하는 방법을 배움	정화
다른 사람이 갖고 있는 내 인상의 유형을 집단이 나에게 가르쳐 줌	대인관계-입력
다른 집단원들에 대한 부정적이거나 긍정적인 느낌을 표현함	정화
나 자신이 다른 사람에게 아무리 많은 지도와 지지를 받았더라도 내 인생을 살아가는 방식에 대한 궁극적인 책임은 나에게 있음을 알게 됨	실존적 요인
내가 다른 사람들에게 어떤 성격으로 보이는지 알게 됨	대인관계-입력
다른 사람이 위험을 감수하면서까지 난처한 일을 함으로써 이득을 얻는 과정을 관찰한 경험은 내가 그 일을 해 보도록 도움	동일시
집단과 다른 사람들에 더욱 신뢰감을 느끼게 됨	대인관계-출력

2. 다른 학자들이 주장한 집단의 치료적 요인

(1) 코틀러(Kottler)의 치료적 요인 기출 20

치료적 요인	내용
지지	어려운 상황으로부터 회복을 도와줄 사람이 있다는 느낌
소속감	유대감과 신뢰감 창출을 통해 안전감을 제공함
정화	강렬한 정서 해소를 통해 긍정적 변화를 산출함
대리학습	관찰을 통한 학습이 발생함
각성(인식)	• 체험을 통한 자신의 행동을 인식함 • 자신의 행동이 타인에게 미치는 영향을 통찰함 • 성장과 학습동기를 증진함
가족 재연	가족을 연상시키는 대인간 맥락을 제공하여 부모 같은 인물이나 형제자매 경쟁, 힘과 통제를 위한 투쟁 등 현재나 과거의 가족과 관련된 문제에 대한 작업을 함
공적 서약	현실적이고 실현 가능한 목표와 실행 계획을 공언함
과업 촉진	문제에 관한 진술과 집단에서 배운 것을 실천하겠다고 다짐하면서 집단회기를 마치고, 실천 성과에 대한 보고로 집단회기를 시작함으로써 집단참여 목표 달성에 접근함
모험 시도	집단의 핵심으로 누구에게도 말해본 적이 없는 가장 깊고 어두운 비밀을 진정한·솔직한·진솔한 방식으로 소리 내어 말하고 삶의 행동방식에 놀랄 만한 변화를 가져오게 되는 광경을 상상함
실연	실생활 실험실과 같은 안전한 환경에서 역할 연습, 심리극 등의 전략을 통해 새로운 대안행동이나 다른 사람들과 관계 맺는 새로운 방식을 시도한 후 피드백을 기반으로 새로운 전략을 정교화함
직면과 피드백	• 집단은 온전히 자기 자신이 될 수도 있고, 다른 사람이 자신에 대해 솔직하게 반응하는 것을 들을 수도 있는 공간임 • 다른 사람이 어떻게 반응할지 궁금해 할 필요가 없고 다른 사람의 생각에 이차적인 추측을 할 필요도 없음 • 현재 진행되고 있는 것에 대한 생각, 감정, 반응을 망설일 필요가 없음
마법	말이 필요 없을 정도로 사람이 극적으로 변화함

(2) 기타 학자의 치료적 요인

① 코르시니 등(Corsini): 수용, 이타주의, 보편성, 주지화, 현실 검증, 전이, 상호작용, 관찰자 치료, 감정과 사고의 표출, 기타 요인(승화, 자발성, 지도자 권위, 이완, 경쟁, 강화 등)

② 블로흐 등(Bloch): 희망의 고취, 보편성, 수용, 이타주의, 대리학습, 대인관계를 통한 학습, 카타르시스, 자기이해, 자기노출, 지도

③ 코리 등(Corey) 기출 20 : 자기개방, 보편성, 피드백, 응집력, 희망, 실험을 해보는 자유, 관심과 이해, 변화하겠다는 결단, 감정 정화, 인지적 재구조화, 직면, 유머, 힘

④ 제이콥슨(Jacobs) 등: 리더와 집단원들의 목적 명료성, 집단원들의 목적 관련성, 집단 크기, 각 회기의 길이, 모임 횟수, 장소의 적절성, 리더와 집단원을 위한 시간대의 적절성, 리더의 태도, 개방 또는 폐쇄집단, 자발적 또는 비자발적 참여, 집단원들의 참여 수준, 집단원들 간의 신뢰 수준

3. 집단의 치료(변화 촉진) 요인 기출 14, 24

(1) 희망감
① 희망은 변화 가능성에 대한 믿음으로, 변화를 위한 힘이 자신에게 있다는 사실을 깨닫게 한다.
② 희망감을 갖게 하는 작업: 예비집단 단계에서 집단원들의 긍정적 기대를 강화하고 부정적 선입견을 없애며 집단의 치유 효과를 상세히 설명하는 것에서 시작한다.

(2) 수용
① 자기 자신과 다른 사람을 있는 그대로 받아들이고 인정하는 것이다.
② 다른 사람의 사고와 감정 표현의 권리를 인정하는 것을 포함한다.
③ 깊은 수준의 공감적 이해를 가능하게 하고, 과거의 경험을 바탕으로 견고하게 형성된 방어벽을 허물어뜨리는 힘이 있다.
④ 수용경험은 집단원이 과거 약점으로 여기고 노출을 꺼렸던 사실과 감정을 기꺼이 토로하게 하는 자기개방의 원동력이 된다.

(3) 자기개방
① 개인적인 문제와 관심, 욕구와 목표, 기대와 두려움, 희망과 좌절, 즐거움과 고통, 개인적 경험 등을 말과 행동으로 표현하는 것이다.
② 자기개방에 대한 오해 풀이
  ㉠ 과거 사건을 반복적·기계적 방식으로 늘어놓는 것이 아니다.
  ㉡ 다른 사람의 자기개방을 유도하기 위해 시범적으로 하는 것이 아니다.
  ㉢ 사적인 정보를 무조건 낱낱이 드러내는 것이 아니다.
  ㉣ 타인에 대한 감정을 여과 없이 토로하는 것이 아니다.
  ㉤ 자기개방 그 자체가 목적은 아니다.
③ 촉진 방안
  ㉠ 상담자의 적절한 시범을 통해 촉진될 수 있다.
  ㉡ 상담자의 시의적절한 자기개방은 집단원들이 그 동안 생각하지 못했던 관점들을 나누고 발견하는 법을 학습하도록 하는 효과가 있다.
  ㉢ 집단원이 자기개방의 내용으로 인해 처벌받아선 안 된다.

(4) 카타르시스(정화)
① 정화는 개인의 내면에 누적된 감정의 표출을 통해 그 감정을 해소하는 것을 의미한다.
② 치료적 의미
  ㉠ 내재된 감정을 외부로 표출함으로써 위협적인 감정을 속박하던 힘과 굴레로부터 벗어날 수 있다는 점에서 치료적으로 의미가 있다.
  ㉡ 정화는 사고의 명료화로 이어진다.
  ㉢ 감정 표현은 대인관계 과정의 일부이며 감정을 강하게 표현하거나 정직하게 다루는 것은 집단원들 간에 긴밀한 상호 유대감을 형성하게 하는 효과가 있다.

(5) 유머

① 유머는 다른 사람을 웃기는 말이나 행동이다.

② 유머는 자신과 자신의 문제를 새로운 각도에서 조망하거나 통찰을 촉진할 수 있음을 의미한다.

③ 유머는 자칫 경직되고 어색해질 수 있는 집단 분위기를 부드럽고 안전하게 바꾸어놓는 힘도 있다.

(6) 피드백

① 다른 사람과의 면대면 상황에서 상대의 행동, 사고, 감정에 대한 자신의 솔직한 생각이나 감정을 말과 행동으로 되돌려주는 것이다.

② 솔직하고 구체적인 피드백은 집단원의 행동이 다른 집단원에게 어떤 영향을 주었는지, 대인관계에서 어떤 변화가 필요한지를 깨닫게 한다.

③ 피드백은 집단원의 변화 동기 강화, 타인에게 영향을 주는 자신의 행동 통찰, 자발적인 위험 감수, 집단 경험에 대한 긍정적 인식을 돕는다.

> **참고**   **집단에서 피드백이 지니는 의미**
>
> 한 사람이 제공하는 피드백보다 여러 사람의 공통적인 견해가 더욱 위력을 지닌다. 이 치료적인 힘을 조기에 활성화하기 위해 상담자는 초기에 피드백의 모범을 보여 집단원들이 이를 모방·실천하게 한다. 자신을 비현실적으로 인식하는 집단원은 다른 집단원의 피드백을 통해 자기이해의 폭을 넓히는 동시에 자신을 다른 각도에서 조망할 수 있다.

(7) 모델링

① 집단원은 서로에 대한 관찰과 상호작용을 통해 학습하는데, 특히 다른 사람의 문제 해결 과정을 지켜보면서 대리학습의 효과를 얻을 수 있다.

② 집단원은 관찰을 통해 다른 집단원이 자신에게 소중하고 의미 있는 존재라는 사실을 깨닫는다.

③ 이는 다른 집단원의 무조건적 수용과 지지 때문만이 아니라 그들의 문제, 관심사가 자신의 것과 비슷하거나 상호 개방 과정에서 간접학습이 일어나기 때문이다.

④ 따라서 집단의 리더는 집단 내에서 발생할 수 있는 모방학습의 효과를 극대화하는 방안을 모색해야 한다.

(8) 보편성

① 문제를 겪는 사람이 혼자가 아니며 다른 사람도 자신과 비슷한 생각과 감정을 갖고 있음을 깨닫는 것이다.

② 보편성은 다른 집단원과 교류하면서 얻는 일종의 통찰이며, 통찰은 집단원 자신이 겪고 있는 문제의 원인을 깨닫는 것으로 보통의 개인상담과는 다른 방식으로 얻게 된다.

(9) 응집력

① 집단원이 '우리'라는 의식과 소속감을 기반으로 집단 내에서 적극적으로 일체화하려는 정도를 말한다.

② **치료적 효과**: 응집력은 집단원이 집단 내 갈등을 감내하게 하고, 갈등을 대인관계 방식의 변화를 위한 치료적 작업으로 전환하는 원동력이 된다.

③ **응집력의 기능**: 중도 이탈자 방지, 응집력 증대, 자기개방, 집단갈등을 건설적인 방법으로 전환하는 것이 있다.

④ 응집력을 높이는 선행 요건
   ㉠ 일정 시간이 요구된다.
   ㉡ 동질집단으로 구성한다.
   ㉢ 집단은 안정된 상황이며 집단원이 안정감을 느낀다.
   ㉣ 개인의 자기표현을 유발하는 집단 분위기를 조성한다.
   ㉤ 민주적 리더십으로써 의존적인 태도와 파괴적 동맹 형성을 예방한다.
   ㉥ 집단상담자에게 도전하되 이 문제를 잘 해결하여 성숙한 집단발달의 방향으로 나아가는 건설적인 요소로 활용한다.

⑽ **책임감**
   ① 선택에 대한 결과를 스스로 떠맡는 것으로, 개인에게 일어난 일의 책임이 자신에게 있음을 인식하는 것이다.
   ② 자신을 외부 요인의 희생자로 보지 않고, 자신의 행동에 대한 책임을 기꺼이 수용하는 것이다.

⑾ **모험 시도**
   ① 자신의 약점을 기꺼이 공개하고 인정하며 변화를 꾀하는 것이다.
   ② 이는 집단원이 스스로 통제하고 되풀이해오던 방식을 포기하는 것을 의미한다.
   ③ 집단에서 모험을 시도하는 것은 상처받을 수 있는 상황에서 기꺼이 자신을 개방하는, 변화를 위한 적극적인 행동이다.

⑿ **새로운 행동과 기술 실험**
   ① 집단은 새로운 기술과 행동을 연습할 수 있는 안전한 공간을 제공하는 실험실이다.
   ② 집단상담에서 실험 가능한 행동과 기술: 적극적 경청, 감정 표현 방법, 중요한 타인과 대화하는 방법, 자기주장을 위한 역할 연습, 면접에 임하는 요령과 방법 등이 있다.

⒀ **자기이해**
   ① 이전에 알지 못했거나 받아들이지 못하던 자신의 모습을 발견하는 것을 말한다.
   ② 집단상담 참여로 자신의 사고, 감정, 행동의 내재된 기원을 통찰하고 자기에 대한 이해가 깊어질 수 있다.

⒁ **가족 재연**
   ① 집단상담에서는 집단원이 원하든 원하지 않든 1차 가족, 초기 가족인 부모와 형제자매와 지냈던 시절이자 대인관계가 왜곡되는 원인을 제공했던 시절이 재연된다.
   ② 관계 왜곡: 현실이 아닌 과거 또는 현재의 중요한 인물과의 대인관계에서 갖는 욕구나 두려움 때문에 왜곡된 이미지에 근거하여 관계를 조망하는 것이다.

⒂ **실존적 요인**
   ① 스스로 삶의 의미를 찾고 삶에 대한 책임이 결국 자기 자신에게 있음을 받아들이는 것이다.
   ② 타인으로부터 받을 수 있는 도움의 한계, 사람은 죽을 수밖에 없다는 운명, 우리의 삶을 스스로 계획할 자유와 그에 대한 책임, 존재 속에 홀로 내던져진 고립감, 본래 의미가 없는 우주 속에 내던져진 불행에도 삶의 의미를 찾아가는 것 등 인간 조건에 대한 직면은 우리에게 실존적 삶의 현실을 알려준다.

제 3 절 집단상담자와 집단원

05 | 집단상담자

1. 집단상담자의 자질

(1) 집단상담자의 인간적 자질 `기출 15`

① **자기수용**: 자신을 있는 그대로 받아들이고 인정하는 것이다. 자신을 수용하는 집단상담자는 자신의 강점뿐만 아니라 약점도 자신의 일부로 인정하고 받아들인다.

② **개방적 태도**: 새로운 경험이나 자신의 것과는 다른 유형의 삶과 가치를 기꺼이 수용하는 자세이다. 필요한 경우 집단상담자는 자신의 경험을 드러내기도 한다.

③ **타인의 복지에 대한 관심**: 다른 사람의 복지에 깊은 관심을 가지는 것으로, 이는 배려하는 마음을 보살피는 행동으로 나타내는 것이다.

④ **유머 감각**: 집단원들에게 치료적으로 의미 있는 웃음을 주는 말이나 행동을 할 수 있는 능력이다. 특히 유머는 큰 저항 없이 자기 통찰을 촉진하는 효과가 있으며 집단원의 문제를 새로운 각도에서 조망해 볼 수 있게 하는 효과가 있다.

> **더 알아보기** **집단에서 유머의 치유 효과**
>
> • 공유된 경험을 구축한다.
> • 창의성을 발휘할 수 있게 한다.
> • 큰 저항 없이 금기시되던 주제를 다룰 수 있게 한다.
> • 치유적 양념과 같은 기능이 있어 통찰을 촉진한다.
> • 긴장을 감소시키고 심리적 중압감에서 벗어나게 한다.

⑤ **자발적인 모범**: 집단원들의 행동 변화를 위해 바람직한 행동의 모델 역할을 하는 것이다.

⑥ **공감적 이해 능력**: 공감은 감정의 공유로, 상대의 감정을 함께 경험하고 나누는 것을 의미한다. 공감적 이해는 집단원의 감정을 함께 느끼고, 이해한 것을 말과 행동으로 나타내는 것이다.

⑦ **심리적 에너지**: 집단원을 이해하고 이들의 욕구를 충족시키기 위해 활용되는 역동적인 자원을 말한다.

⑧ **새로운 경험 추구**: 넓고 깊은 경험은 각기 다른 삶의 경험과 다양한 가치관을 가진 집단원을 이해하는 데 도움을 준다.

⑨ **창의성**: 종래의 집단운영 방식을 답습하기보다 새로운 것을 창안하여 집단상담에 적용하는 능력이다.

⑩ **기타**: 신뢰성, 카리스마, 유연성, 열정, 솔직성, 현실감각 등이 있다.

2. 집단전문가 교육과 훈련

(1) 교수학습

① 집단상담의 이론적인 지식에 대한 강의와 집단연습을 중심으로 이루어지는 과정이다.

② 이 과정을 통해 집단과 집단상담에 대한 기본 지식을 습득할 수 있다.

③ 예비 집단상담자를 위한 교육의 4가지 구성요소

    ㉠ 집단 운영방식을 이론적으로 다룬다.

    ㉡ 다양한 상황에의 개입에 대한 이해와 통찰을 도모한다.

    ㉢ 이론과 과학적인 연구 결과를 토대로 학습자의 경험을 분석하여 이해를 돕는다.

    ㉣ 추후 학습에 필요한 자원 확대를 돕는다.

(2) 경험학습

① 예비 집단상담자는 집단 참여(일원으로 참여)를 통해 집단의 힘과 유용성을 직접적으로 경험학습해야 한다.

② 집단상담 경험은 여러 학습효과를 가진다.

    ㉠ 이전에 지식 수준으로만 알았던 것을 정서적인 수준에서도 학습할 수 있다.

    ㉡ 집단이 상처를 줄 수도, 치료 도구가 될 수도 있다는 점을 경험할 수 있다.

    ㉢ 자신의 약점과 강점을 인식할 수 있으며 자신의 의존성, 집단상담자의 실력, 지식에 대한 자신의 평가를 자각함으로써 집단상담자 역할이 어떤 것인지 배울 수 있다.

(3) 관찰연습

① 관찰연습 방법

방법	내용

실습조에 대한 직접 관찰	• 집단상담 실습조와 관찰조로 나누어 한 조의 집단연습 장면을 다른 한 조가 관찰하는 방식
	• 실습조와 관찰조 역할은 번갈아가면서 시행함
	• 장점
	  – 집단상담 강의시간에 손쉽게 활용할 수 있음
	  – 집단연습이 끝나자마자 곧바로 관찰 결과를 소개하고 피드백과 의견을 교환할 수 있음
	  – 이를 토대로 재차 집단연습에 임할 수 있음

일방경을 통한 관찰	• 실제로 진행되고 있는 집단장면을 직접 관찰할 수 있다는 점에서 매우 실질적임
	• 장점
	  – 수련감독자가 이어폰을 통해 집단상담자에게 집단 운영에 관한 지시나 제안을 할 수 있음
	  – 집단역동에 변화를 주는 장면을 직접 확인할 수 있음

집단상담 동영상을 통한 관찰	• 경험이 많은 집단상담자와 함께 주로 숙련된 집단상담자의 집단장면을 담은 동영상을 시청하면서 집단의 과정과 내용에 대해 논의하는 방법 • **시청각 기재를 통한 관찰연습**: 일방경을 통한 관찰연습에 비해 집단장면을 직접적으로 관찰할 수 없다는 단점이 있지만, 필요할 때마다 반복하여 관찰할 수 있다는 장점이 있음 • **장점**: 다양한 집단상담자의 집단 운영방식을 관찰함으로써, 그들의 효과적인 전략과 세련된 기술을 보고 배울 수 있음
참여 관찰	• 숙련된 집단 리더가 진행하는 집단에 직접 참석하여 관찰하는 방법 • 집단원들의 주의집중을 방해하지 않아야 하므로 소수(2~3명)만이 참석 가능함 • 관찰자들은 집단의 원 밖에 조용히 있어야 하고, 집단원의 질문에 반응하지 않아야 함

② **집단관찰 지침**: 예비 집단상담자는 상담집단에 기록자나 관찰자로 참여함으로써 집단상담자로서 갖춰야 할 관찰능력과 더불어 집단 운영능력을 발전시킬 수 있다.

③ **집단관찰 대상**: 집단 참여에 대한 무관심 또는 철수 신호, 비언어적 신호, 정서 분위기, 집단원들의 집단 참여와 균형성, 적극적·소극적 경청 행동, 침묵의 처리방식 등이 있다.

④ **집단과정 관찰**: 플로차트 등을 이용하여 시각적으로 표시하는 것이 좋다.

> 플로차트를 이용한 집단과정 관찰 시 고려사항
> • 누가 누구에게 말하는 경향이 있는가?
> • 누가 누구에게는 말하지 않는 경향이 있는가?
> • 집단원들은 균형 있게 참여하고 있는가?
> • 전체 집단원에게 말하는 경향이 있는 집단원은 누구인가?

(4) 슈퍼비전(수련감독)

① 슈퍼비전은 집단상담에 관한 전문지식과 임상경험이 풍부한 집단상담 전문가에게 받도록 한다.

② 슈퍼비전을 받는 집단상담자는 집단회기를 녹음 또는 녹화하여 슈퍼바이저로부터 집단 운영에 필요한 기술, 기법, 전략 등을 지도 받는다.

③ 수련감독자의 지속적인 피드백을 통해 예비 집단상담자는 임상가로서의 자기 자신의 모습과 특성을 파악하고, 집단을 이끌어가는 기술, 기법, 전략을 다듬고 발전시킨다. 또한 역전이나 특정 집단원에게 느끼는 감정을 탐색하거나 다룰 수 있다.

3. 집단상담자의 전문성

(1) 개인상담 경험 기출 15

① **내담자로서의 경험**

㉠ 개인상담을 통해 상담자가 되려는 동기를 탐색하고, 내담자로서 상담의 필요성과 효과를 몸소 체험할 수 있다.

㉡ 집단상담자로서의 역할과 기능에 걸림돌이 될 수 있는 개인적인 문제를 탐색·해소하고, 집단과정에서의 역전이 가능성을 낮춤으로써 중립적인 입장을 유지하고 집단작업의 효율성을 높일 수 있다.

② **상담자로서의 경험**

㉠ 집단원들이 의사소통 기술을 연마할 기회를 제공하고, 상담자와 내담자 간의 역동성을 이해하는 데 촉매 역할을 한다.

㉡ 도움이 필요한 낯선 사람과 치료적 대화를 나누는 일에 자신감이 생긴다.

(2) 집단상담 경험

① **집단상담자 훈련과정의 일부로써 집단 참여를 권장하는 이유**

㉠ 집단상담 경험은 개인상담과는 다른 집단역동과 과정의 힘을 느껴볼 수 있고, 집단원 입장에서 상담자와 집단을 조망할 기회가 된다. 또한 집단원 입장에서 집단상담자의 집단 운영방법을 관찰하여 리더십 증진을 위한 대리학습의 기회로 삼을 수도 있다.

㉡ 집단상담자 역할 수행에 앞서 집단원으로 집단에 참여해보는 것은 윤리적으로 합당하다.

② 자기탐색집단, 자기성장집단: 구조화된 활동을 중심으로 진행되는 특징이 있으며, 2가지 효과를 가진다.
   ㉠ 집단활동을 통해 다른 집단원들로부터 신뢰, 지지, 격려를 받거나 자신의 약점을 개방해보이거나 성취감, 친밀감을 느껴볼 수 있다.
   ㉡ 집단 참여를 통해 예전에 미처 깨닫지 못했던 미결과제 또는 문제를 탐색하거나 해결방안을 모색할 수 있다.
③ 교육지도 실습집단
   ㉠ 집단상담자 교육과 훈련을 목적으로 운영되는 집단이다.
   ㉡ 수련감독자가 참여하여 예비 집단상담자의 집단과정에 대한 통찰력과 이해력을 기르는 데 주안점을 둔다.
   ㉢ 예비 집단상담자는 집단 운영에 있어 다양한 쟁점에 대해 배운다.
      ㉖ 구성원들의 피드백에 대한 자신의 반응, 경쟁심, 인정 욕구, 질투심, 불안, 타인에 대한 감정, 공동 리더나 집단 원과의 힘겨루기 등
④ 집단상담 실습
   ㉠ 수련감독자의 지도감독하에 예비 집단상담자가 단독 또는 공동 리더로서 실제 집단원으로 구성된 집단을 이끌어보는 일련의 과정을 말한다.
   ㉡ 예비 집단상담자는 집단 운영에 필요한 다양하고 유용한 실무를 익히고 집단상담 전문가로서의 기술과 능력을 체득·발전시킨다.
   ㉢ 집단상담 실습을 위한 집단 유형과 크기 선정 원칙
      ⓐ 치료집단보다는 상담집단, 교육집단을 선택한다.
      ⓑ 집단원 수는 4~5명 정도로 제한하되, 경험이 축적됨에 따라 최대 8명까지 점차 늘려간다.
      ⓒ 다양한 집단 경험을 원할 경우 스트레스 관리 프로그램, 자기주장 훈련과 같은 성장집단을 운영해본다.

(3) **집단계획과 조직능력**
① 집단의 목적부터 평가에 이르기까지 구체적·체계적인 계획을 수립하고 전체 일정을 조직하는 역량을 말한다.
② 잠재적 집단원 대상의 요구조사, 집단의 총 회기 수, 집단 모임의 시간과 장소, 주제, 준비물, 논의사항, 평가 절차 등을 포함하며, 이는 각 회기와 전체 회기에 대한 것이다.

(4) **상담이론에 관한 지식**
① 상담 및 심리치료 이론에 관한 지식을 갖추는 것이다.
   ㉠ 상담이론 지식을 갖는다는 것은 단순히 각 이론적 접근에 관한 내용을 암기하는 것을 의미하지 않는다.
   ㉡ 지식을 임상적으로 적용하는 능력인 실천적 지식을 갖추고 있음을 의미한다.
② 상담 및 심리치료 이론에 관한 지식과 임상장면에의 적용 능력을 두루 갖추는 것은 집단상담자가 전문가로 인 정받는 준거인 동시에 사회적 책무이기도 하다.

(5) **인간에 관한 폭넓은 지식과 경험**
① 인간에 관한 폭넓은 식견은 집단원의 발달과정에 따른 과업을 신체적·인지적·심리사회적·성격적·문화적· 도덕적인 측면에서 조망하는 지식과 경험을 말한다.
② 인간에 대한 지식과 경험을 토대로 집단상담자는 집단원의 행동과 사고의 변화, 자율적인 의사결정 촉진, 문제 해결력 신장을 위해 사회의 다양한 쟁점과 문제점에 대한 깊은 관심과 안목을 갖게 된다.

4. 집단상담자의 문제 행동

(1) 지나친 개입

① 집단상담자가 집단과정에 과도하게 개입하는 것으로, 집단원의 진술이나 행동에 일일이 반응하는 것이다.

② 상담자는 집단원이 말할 때마다 반응을 보이는 대신 집단원이 자기개방을 할 수 있는 분위기를 조성하고, 연결 등의 집단기술을 활용하여 다른 집단원에게도 말할 기회를 제공하거나 다른 집단원들이 반응을 보일 때까지 잠시 기다려준다.

(2) 방어적 태도

① 집단원의 비판, 평가, 부정적인 반응 등이 포함된다.

　㉠ 구조화된 기법: 집단상담자가 자유를 구속한다며 불평하고 저항할 수 있다.

　㉡ 비구조화된 기법: 혼란스럽게 만든다고 비평하거나 수동적인 태도를 보일 수 있다.

② 해결방법

　㉠ 수용적으로 경청하고 불만을 표현하게 한다.

　㉡ 다른 집단원의 반응을 탐색하면서 함께 논의한다. ➡ 집단원은 부정적 감정을 표현할 수 있어야 한다.

③ 집단원이 부정적 태도·행동을 표출하는 경우: 집단상담자는 반응(예 ○○씨가 집단에서 얻고자 했는데 아직 얻지 못한 것이 무엇인가요?)을 함으로써 치료적 작업의 단서로 삼을 필요가 있다.

(3) 폐쇄적 태도

① 집단과정에서 사적인 내용의 노출을 최소화하려는 경향을 말한다.

② 집단상담자의 폐쇄적인 태도는 집단원의 자기개방을 저해한다.

③ 상담자가 폐쇄적 태도를 보이는 이유

　㉠ 전문가의 이미지를 손상시키지 않으려 하고 불편한 상황에 놓이는 것을 원하지 않기 때문이다.

　㉡ 집단상담자의 사적인 내용의 노출이 치료적 관계 형성을 가로막는다고 여기기 때문이다.

④ 노련한 상담자일수록 자신의 감정 표현에 적극적이고 집단원 못지않게 집단활동에 적극 참여하는 경향이 있다.

(4) 과도한 자기개방

① 자신도 집단원과 같은 인간임을 강조하는 나머지, 자신의 사적인 내용을 지나치게 노출하는 것이다.

② 상담자가 과도한 자기개방을 보이는 이유

　㉠ 집단상담자가 자기개방을 많이 할수록 집단원들의 자기개방을 촉진할 것이라는 믿음 때문이다.

　㉡ 자신도 집단원과 크게 다르지 않음을 강조하며 자신의 사적인 내용을 과하게 노출하는 방식으로 나타난다.

　㉢ 상담자의 역할을 포기하고 집단의 일원으로 기능하게 하는 집단 압력에 굴복한 결과일 수 있다.

③ 상담자의 역할과 기능은 집단원과 구별되어야 한다.

　㉠ 상담자는 적절한 자기개방을 함으로써 집단의 초점이 집단상담자에 맞춰지지 않게 유의해야 한다.

　㉡ 상담자는 리더 역할을 그만두고 집단원 중 한 사람이 되라는 집단 압력을 극복해야 한다.

④ 집단상담자의 자기개방을 위한 지침

　㉠ 집단상담자의 역할 수행을 방해하는 문제가 있다면 다른 전문가와의 상담이나 자문을 통해 그 문제를 우선적으로 해결한다.

ⓛ 집단과업과 관련된 자기개방은 일반적으로 유익하다는 점을 기억한다.

ⓒ 집단에서 자신의 사적인 문제를 꺼내고 싶은 유혹을 느끼면, 일련의 질문을 통해 그 이유와 어느 정도를 털어놓을지를 고려해야 한다.

> • 내가 드러내려 하는 나의 사적인 이야기는 치료적 효과가 있어 집단원들에게 이익을 가져다주는가?
> • 다른 집단원과 다름 없는 인간이라는 점을 나타내기 위함인가?
> • 집단원들의 자기개방을 촉진하기 위함인가?

5. 집단상담자가 직면하는 문제

(1) 집단과정에 대한 불안

① 집단상담자가 집단과정에 대한 불안과 걱정을 갖는 것은 어쩌면 당연한 것으로, 불안이 없는 것처럼 행동하는 태도보다는 불안을 인식하고 처리하려는 태도가 좋은 자세이다.

② 불안 처리하기

ⓐ 슈퍼바이저, 동료 상담자에게 자신의 불안 개방: 원인에 대해 토의하기, 지지와 격려를 통해 의미 있는 교류하기

ⓛ 집단상담 과정 안에서 자신의 불안 개방: 집단원들과 진실된 접촉하기, 집단원의 저항이나 불안을 낮추는 계기 마련하기

(2) 완벽주의 성향

① 완벽해야 한다는 욕구는 자기패배적 신념 중 하나로, 자신에게 큰 부담을 지게 하는 것이자 이루어질 수 없는 욕구이다.

② 집단상담자가 완벽한 모습을 보이려 애쓰면 집단원도 현재에 존재하는 대신 완벽하게 보이려고 애쓰며 에너지를 소모한다. 이 모습은 집단을 부자연스럽게 이끌고 집단 전체를 경직하게 만든다.

③ 자신의 불완전함을 인식하고 실수하는 모험도 하는 개방적인 자세를 가지면, 집단에도 풍부한 재료를 선물하고 집단원의 불안을 낮추며 서로가 생기 있는 현재의 존재로서 만날 수 있다.

(3) 집단 안에서의 침묵

① 집단 안에서의 침묵은 많은 의미를 내포함: 침묵은 교류가 이루어지는 과정일 수도 있고, 전환의 시간일 수도 있고, 회피의 시간일 수도 있다.

② 침묵을 두려워하기 보다는 침묵을 어떻게 다루는가가 중요하다. 그러기 위해서는 침묵이 있은 후에 침묵의 시간 동안 무엇을 경험했는지, 침묵이 집단원에게 주는 의미에 대해 터놓고 얘기하는 태도가 필요하다.

(4) 비자발적 집단원

① 비자발적인 집단원들과 효과적인 집단과정을 경험하기 위해서는 집단에 참여하기 싫은 그들의 마음에 대해 귀 기울여 살펴보고, 그들의 욕구를 들으려는 태도가 필요하다.

② 참여하기 싫은 집단원의 마음을 개방적으로 논의하고 그 마음에 공감을 주는 시간이 먼저 확보되어야 한다.

③ 집단상담자로서 할 수 없거나 지키지 못할 약속은 하지 말아야 하며, 집단에 대한 비밀 유지의 한계에 대해서도 분명히 알려주고 감당할 수 있을 만큼만 자기개방을 하도록 선을 그어야 한다.

④ 집단상담에 관심이 없는 집단원에게는 사전에 그들에 대한 이해를 바탕으로 집단과정에 대해 설명해 주는 것이 필요하다.

(5) 조언과 충고

① **조언이나 충고를 원하는 집단원**: 집단에 의존하여 집단에서 선택에 대한 답을 얻고자 하며, 스스로 해결하는 것을 포기하고 선택에 대한 책임도 지지 않으려 한다.

② 이러한 태도는 집단원으로 하여금 의존심을 키우는 결과를 초래하고 결국은 새로운 문제가 생기면 다시 집단을 찾게 되는 상황에 이를 수 있다.

③ 상담자는 다양한 정보나 결과에 대해 논의해 볼 수 있지만, 결국 선택은 당사자가 하는 것이며 선택의 결과를 수용할 용기를 갖고 여러 관점에서 생각해 보고 합리적으로 의사결정하는 과정을 나누려는 태도가 필요하다.

(6) 저항과 마주하기

① 저항은 집단의 과도기 단계에서 흔히 나타나는 현상으로, 집단원들은 부정적인 감정을 표현하게 되면서 불안이 고조된다. 즉, 집단과정에서 역동에 의해 저항과 방어가 표출되기도 하고, 이러한 불안과 저항이 원인이 되어 집단원과 상담자 사이에 갈등이 발생되기도 한다.

② **집단상담자는 저항을 적극적으로 환영하는 태도를 보여야 함**: 집단과정에서 하고 싶은 말을 조심해서 하고, 서로 눈치를 보는 게 좋다는 식으로 집단이 흐르면, 갈등이나 저항은 나타나지 않고 집단과정이 표면적이고 피상적으로 흐르기 쉽다.

③ 집단 내에서 나타나는 갈등을 서로 소통할 수 있는 기회로 삼아 대화를 시도함으로써 집단원의 저항을 성장의 도구로 활용해야 한다.

④ 집단원의 저항에 대처하기
ㄱ 집단원의 내면에 관심을 가지고 집단원의 감정에 공감하며 감정을 느끼는 원인 찾기
ㄴ 집단원 간의 갈등이 있다면 어느 집단원의 편을 드는 것이 아니라 서로 소통할 수 있도록 대화 시도하기
ㄷ 다른 집단원에게 집단 내 갈등 상황이 어떻게 보이는지에 대해서 이야기 나누기

06 집단리더십

1. 집단리더십 유형

(1) 민주형 리더십

① 인본주의나 형이상학적 이론을 따르는 상담자가 선택하는 유형으로, 집단 중심적·비지시적 집단 지도력이라 한다.

② **기본 가정**: 합리적이고 촉진적인 분위기를 제공하면 스스로 잠재력을 개발한다.

③ 기법
ㄱ 명료화, 반영, 재진술, 피드백, 과정에 대한 평가 등의 기법을 사용한다.
ㄴ **적극적 경청 기술을 주로 활용**: 집단원이 다른 집단원의 변화에 기여할 수 있게 적극적 참여를 유도한다.

④ **대표적인 특성**: 집단 운영에 관한 집단원의 의사를 존중하여 민주적으로 풀어나간다.

⑤ 민주형 리더십의 특징

ㄱ 집단에 대한 책임을 집단원들과 공유한다.

ㄴ '집단 중심 리더십', '비지시적 리더십'이라고도 불린다.

ㄷ 리더의 지식과 경험뿐만 아니라 구성원의 자율성, 자기이해, 문제 해결능력을 인정한다.

ㄹ 명료화, 재진술, 반영, 피드백, 과정평가 등의 집단기술을 주로 사용한다.

ㅁ 리더는 인간 문제의 해답을 아는 전문가처럼 행동하기보다 인간의 발달과정의 촉진자 역할을 수행한다.

ㅂ 집단 내에서 합리적·촉진적 분위기를 조성하면 집단원들이 스스로 잠재력을 개발할 것이라고 가정한다.

(2) 독단형 리더십

① 인간행동과 집단역동에 관한 자신의 지식과 경험을 토대로 집단의 방향을 독자적으로 설정하고 집단과정을 주도한다.

② 기본 가정

ㄱ 집단원들이 주도적이지 못해 고통스러운 상황에 처하게 된 것이므로 전문가의 도움이 필요하다고 본다.

ㄴ 구성원들이 독자적으로 변화에 필요한 통찰이나 집단행동을 발전시킬 수 없다고 믿는다.

③ 기법: 정신분석적 모형과 밀접한 관련이 있으며, 리더는 집단 구성원 개개인의 행동을 해석하여 집단의 행동에 대한 이해의 폭을 확대한다.

④ 리더가 상대적으로 독재적·폐쇄적·권위주의적 특성이 있어 '독재형 리더', '권위주의형 리더'라고 불린다.

⑤ 독단형 리더십의 특징

ㄱ 리더가 집단에서 제시되는 자료의 의미를 이해할 수 있는 유일한 사람이라는 입장을 취한다.

ㄴ 인간행동과 집단역동에 관한 지식, 경험을 토대로 집단 방향을 독자적으로 설정하고 집단과정을 주도한다.

ㄷ 집단역동과 집단원 개개인의 행동을 분석·해석하여 행동에 대한 이해의 폭을 확대하는 것이 리더의 역할이라고 믿는다.

(3) 방임형 리더십

① 집단의 방향이 전적으로 집단원들에게 맡겨지고 집단과정과 결과에 대한 책임도 집단원들에게 달려 있다.

② 방임형 리더를 집단전문가로 보기 어려운 이유

ㄱ 집단 계획, 절차 대부분을 집단원들이 설정하고 진행하며, 집단상담자의 개입 수준이 대체로 미미하다.

ㄴ 개인적인 애정 욕구를 충족하고자 하는 집단상담자가 방임형 리더십을 보이기도 한다.

ㄷ 집단에서 비지시적인 리더십을 발휘하다 방임형 리더로 변질되는 경우도 있다.

ㄹ 가장 큰 문제는 방임형 리더가 이끄는 집단의 구성원은 집단을 통해 얻는 것이 거의 없다는 점이다.

2. 집단리더십 증진방법

(1) 모델 기용

① 모방학습 방법인 모델링을 적극 활용하는 방법이며, 모델링은 집단 상황에서 긍정적 변화가 더 신속히 일어나는 이유를 설명하는 강력한 학습도구이다.

② 모델링을 통한 학습을 촉진하려면 모델이 될 만한 집단원을 집단에 포함하고, 나머지는 이질적인 참여자로 구성한다.

③ 구성: 문제를 가진 학생, 보통 학생, 역할 모델 ➡ 능력이 다른 학생들로 구성된 집단의 학습효과가 높다.

(2) 집단과정의 중요성 인식

① '집단원들이 어떻게 상호작용하는가?(집단과정)'는 '집단원들이 어떤 내용의 이야기를 나누는가?(집단내용)'보다 더 큰 의미가 있다.

② 일반적인 구성
- ㉠ 분위기 전환용 워밍업 활동(Ice break, 5~10분)
- ㉡ 지난 회기 돌아보기(5분)
- ㉢ 상담목표와 과제의 진전 상황 보고(5~10분)
- ㉣ 사회적 기술, 자각을 높이는 활동과 토의(20~25분)
- ㉤ 요약 및 마무리(5~10분)

(3) 적절한 집단 규모와 목표 선정

① 집단 시작에 앞서 적절한 크기의 집단과 감당할 수 있는 수준의 목표를 설정하고 계획하는 것이다.

② 초보 집단상담자
- ㉠ 처음부터 집단원 수가 많은 것보다 적은 수의 집단을 맡는 것이 좋다. 규모가 작은 집단의 운영을 통한 성공 경험은 집단 운영에 대한 자신감을 심어주며, 규모가 큰 집단을 운영하거나 어려운 집단에 도전할 용기를 주기도 한다.
- ㉡ 특정 문제를 주제로 다루는 집단보다 발달상 과업을 다루는 집단이 좋다. 익숙한 주제를 다루는 집단에서의 성공 경험은 정서적 깊이를 가진 문제를 기꺼이 다루고자 하는 의욕을 불러일으킬 수 있다.

(4) 자발성 참여 권장

① 집단원들이 자발적으로 참여할 수 있도록 안전한 분위기를 조성한다.

② 집단 초기부터 집단원들에게 집단의 주인의식을 갖도록 하는 한편, 자신의 행동에 책임을 지도록 한다.

③ 자발적 참여는 역동인인 상호작용을 촉진하여 집단의 목표 성취와 생산적인 성과 산출과 긍정적으로 작용한다.

④ 집단상담자가 집단활동, 기법을 소개하거나 집단작업 과정에서의 실험을 제안하는 경우, 의무가 아닌 초대의 형식을 취하여 자신에게 주어진 권위와 권한을 적절히 활용한다.

(5) 집단평가서 작성

① 집단종결 시 집단원들에게 무기명으로 집단평가서를 작성하도록 한다.

② 집단평가는 집단회기에 대한 집단원의 자기평가, 집단경험이 집단원의 일상생활에 미친 영향에 대한 자기평가, 집단상담자의 자기평가로 이루어진다.

③ 학교 장면에서 집단상담자는 평가에 근거하여 집단의 과정에 대한 전반적인 피드백을 학교행정가, 교사, 학부모에게 제공한다.

④ 집단의 평가 결과를 공개하는 이유는 학교의 중요한 후견인들로 하여금 집단상담에 대한 이해, 지지, 관심을 증대시키기 위함이다.

(6) 집단회기의 녹음 · 녹화

① 집단회기 내용을 녹음 · 녹화하여 집단회기가 끝난 후에 해당 회기를 검토한다.

② 녹음 · 녹화를 통해 집단상담자는 집단에서 자신이 어떤 행동을 하고 어떤 역할을 수행했으며, 집단원들 간의 상호작용 촉진을 위해 자신이 어떻게 개입했는지를 관찰할 수 있다.

③ 녹화와 녹음의 비교
  ㉠ 녹화: 비언어적인 측면을 상세하게 관찰할 수 있다는 점에서 언어적인 측면인 음성만 재생하는 녹음보다 훨씬 효과적이다.
  ㉡ 녹음: 녹화에 비해 집단회기의 내용에 집중할 수 있다는 장점이 있다.
④ 주의점: 집단상담자는 테이프 녹음, 비디오 녹화에 관한 윤리적 지침을 반드시 준수해야 한다.

3. 공동 리더십

(1) 장점
① 집단상담자의 소진 발생 가능성을 줄일 수 있다.
② 집단상담자들 간의 역할 분담이 가능하다.
  ㉠ 집단상담자는 서로 협의를 통해 상부상조하여 집단을 이끌 수 있고, 집단원은 두 상담자의 서로 다른 관점으로부터 도움을 얻을 수 있다.
  ㉡ 한 집단상담자는 집단원의 호소 내용을 중심으로 반응하고, 다른 집단상담자는 집단원들이 서로 교류하는 상황을 관찰하여 집단과정을 촉진할 수 있다.
  ㉢ 강한 감정을 표현하는 집단원이 있는 경우, 한 집단상담자가 해당 집단원에게 주의를 기울일 때 다른 집단상담자는 전체 집단원의 반응을 확인할 수 있다.
③ 집단상담자 간에 상호 보완이 가능하다.
  ㉠ 집단상담자가 질병 등의 사유로 집단에 참여할 수 없는 경우 다른 집단상담자가 대신 진행할 수 있다.
  ㉡ 한 집단상담자가 소진되거나 일시적으로 정서적 어려움을 겪는 경우, 다른 집단상담자가 더욱 적극적으로 집단을 이끌 수 있다.
④ 집단상담자 간에 피드백을 교환할 수 있다. 공동 리더는 서로 공명판 역할을 하며 서로의 감정이 지나치게 주관적으로 치우치지 않도록 조절하고 유용한 피드백을 교환할 수도 있다.
⑤ 집단상담자 간에 상호 정보 교환이 가능하다. 공동 리더는 정보 교환을 통해 집단을 이끄는 방식과 전략, 다양한 기법을 서로에게 배울 수 있다.
⑥ 집단리더십 기술과 전략을 나누고 모방을 통한 학습이 일어날 수도 있다. 집단상담자는 상대의 집단 운영방식을 지켜보면서 배울 수 있다.

(2) 제한점
① 학교, 상담센터, 정신건강 관련 기관의 입장에서는 전문 인력을 비효율적으로 활용한다고 여겨질 수 있다.
② 집단상담자 간의 의견이 일치되지 않을 수 있다. 이는 집단의 역동, 분위기, 성과에 부정적 영향을 미칠 수 있는데, 특히 집단회기 중 리더 간 의견차는 집단의 흐름을 가로막거나 집단원들을 혼란에 빠뜨릴 수도 있다.
  ➡ 공동 리더들은 정기적 만남을 통해 서로의 의견을 조정하는 시간을 갖고, 협의를 통해 적절한 타협점을 찾아야 한다.
③ 집단상담자 간에 경쟁심이 유발될 수 있다.
  ➡ 집단 상담자들은 한 배에 타고 있다는 의식으로 팀워크를 발휘하여 집단작업에 임해야 한다.
④ 집단상담자가 특정 집단원을 편드는 상황(편애 가능성)이 발생할 수 있다.

(3) 공동 리더십의 제한점 극복방법

① 공동 리더들 사이에 의사소통 통로를 열어놓는다.

② 신뢰와 존중을 바탕으로 서로의 전문성을 인정한다.

③ 서로의 강점과 약점을 함께 확인한다.

④ 서로를 더욱 잘 알아가는 시간을 마련한다.

⑤ 집단계획, 집단의 목표, 세부 목표, 규준 등을 협의하여 결정한다.

⑥ 집단의 예비모임에 함께 참석한다.

⑦ 집단회기 전과 후의 모임에서 집단 운영에 관한 의견을 나눈다.

⑧ 회기 전 모임에서는 집단에서 우선적으로 다루어야 할 사항, 기대되는 점 등을 상의한다.

⑨ 회기 후 모임에서는 회기 결과 평가, 피드백 교환, 집단 반응에 대한 의견 교환과 더불어 다음 회기의 목표 및 활동을 협의한다.

⑩ 의사소통 기술을 지속적으로 다듬고 집단 관련 사항을 협의하며 신뢰관계를 유지한다.

07 집단원의 기능과 역할

1. 집단원의 주요 과업

(1) 과업

① 의미 있는 의사소통을 통해 다른 집단원과 상호 교류한다.

② 지금-여기에 초점을 맞추어 자신을 드러낸다.

③ 다른 집단원에게 타당한 피드백을 제공한다.

④ 자신의 감정, 행동, 생각과 더불어 동기에 감춰진 무의식적 욕구를 탐색한다.

2. 집단원의 역할

역할	내용
제안자 (suggester)	집단에서 집단을 위해 목표를 정하거나 문제를 선택하고 해결하기 위해 집단에서 해결해야 할 과업과 문제에 대한 아이디어를 제안하거나 건의하는 역할을 함
정보 모색자 (information seeker)	• 집단에서 제안된 과업에 필요한 정보를 다른 집단원이나 집단 상담자에게 구하는 역할을 하는 사람 • 집단에서 언급되고 있는 문제에 관한 정보가 적절한지, 사실관계가 맞는지 등에 관심이 있으며 집단과 집단원에 관련된 정보를 얻기 위해 질문을 던지는 역할을 함
정보 제공자 (information provider)	• 집단의 문제 해결에 도움이 될 것이라고 여겨지는 정보나 자신의 경험담을 제공하는 역할을 함 • 집단에서 제공되는 정보와 의견을 바탕으로 과업을 해결하는 데 도움이 되는 자신의 의견이나 신념을 제시하는 역할을 함
상세한 설명자 (elaborator)	• 다른 집단원의 의견이나 이야기를 설명하거나 근거를 보충해 줌 • 제시된 의견에 대해 다른 집단원이 잘 이해하지 못할 때 부연하여 더 잘 이해하도록 함

역할	내용
합리적인 타협자 (compromiser)	집단원 간 갈등이 일어날 때 양보하고 타협하여 의견을 중재하도록 적극적으로 개입함
관여자 (partaker)	집단에서 과업을 해결해 가는 과정에서 지금 어디에 서 있는지, 지금 무엇이 필요한지를 파악하는 역할을 함
평가자/비평가 (evaluator)	• 집단에서 제시되는 의견이나 진행되는 과정에 대해 평가하고 사실관계를 검토하도록 지적하거나 모순되는 측면을 바라보도록 하는 역할을 함 • 집단의 목표를 얼마나 이루었는지, 각 집단원이 개인의 목표를 어느정도 성취했는지 평가함 • 어떤 제안이나 집단 토의 내용에 대한 실용성, 논리성, 사실성 혹은 절차 등에 대하여 평가하거나 의문을 제기함
격려자 (encourager)	• 다른 집단원이 집단이 기여하는 것을 지지·격려하고 수용함 • 따스함과 확고한 태도로 다른 집단원에게 피드백을 제공하고 존중하고 보살핌 • 다른 집단원에게 긍정적인 피드백을 제공하며, 갈등 분위기를 유머러스한 분위기로 전환함
촉진자 (facilitator)	• 다른 집단원의 참여를 격려·촉진 또는 대화가 잘 진행되도록 규칙을 제안함으로써 대화를 이어나갈 수 있도록 유도하는 역할을 함 • 집단에서 소극적으로 참여하는 집단원을 초대하여 대화에 참여시키기도 하고, 대화를 잘 이루어지도록 대화의 규칙을 제안하기도 함
방관자 (bystander)	집단에 소극적으로 참여하며 의사결정 과정에도 적극적으로 참여하지 않고 결정된 의견에 따라가는 경향을 보임
진행 도우미 (progress helper)	집단에 필요한 시청각 기자재를 작동하거나 준비물을 함께 챙겨 주거나 집단에서 벌어지는 일을 기록하고, 기록된 내용을 집단에 다시 알려주는 등 집단이 매끄럽게 진행되도록 돕는 역할을 함

08 집단원의 문제 행동

1. 집단원의 감정에 대한 개입

(1) 좌절

① 집단에서 얻고자 하는 것을 얻지 못하고 있다고 느끼는 집단원이 불평을 늘어놓는 경우이다.

② 개입 반응: 질문을 통해 집단원이 불평을 멈추고 불만의 원인을 탐색하며 기대하는 것을 표현하도록 돕는다.

> • "○○씨는 집단에서 무엇을 얻고자 합니까?"
> • "얻고자 하는 것을 얻게 된다면 삶이 어떻게 변화할 것 같으세요?"
> • "집단의 발전을 위해 각 집단원에게 바라는 것이 있다면 한 가지씩만 말씀해주시면 고맙겠습니다."

(2) 두려움

① 집단원 자신을 판단하는 듯한 반응을 하는 것에 대한 두려움을 표현하는 경우이다.

② 개입 반응: 집단원이 다른 집단원들의 판단에 대한 두려움 때문에 자신을 어떻게 억압하는지 깨닫게 도움으로써 이에 대해 깊이 탐색할 기회를 제공한다.

> • "눈을 감고 여기 있는 사람들이 여러분에 대해 비판할 수 있는 점들을 상상해 보세요."
> • "○○씨를 가장 엄격하게 판단할 것으로 생각되는 사람을 말씀해보시겠어요?"
> • "자, 그러면 미완성 문장을 만들어보겠습니다. 여러분이 나를 알게 되면 ____에 대해 비판할까봐 두렵다."

(3) 불공정성

① 한 집단원이 스스로가 집단에서 주목을 못 받고 따돌려지며 집단상담자도 다른 집단원에게만 관심을 보인다고 불평을 늘어놓는 경우이다.

② 개입 반응: 집단원이 지금 – 여기에서의 감정을 표현하도록 돕는다. 이 반응은 과거와 현재에서 주변인처럼 느껴지는 삶에 대한 내적 성찰과 작업에 동기를 부여하는 효과가 있다.

> • "혹시 ○○씨 자신이 가정이나 학교에서 주목을 받지 못한다고 느낀 적이 있나요?"
> • "제 관심을 더 많이 받는 것으로 보이는 집단원에게 ○○씨의 느낌을 직접 표현해보시겠어요?"
> • "이 집단에서의 느낌이 ○○씨가 가족들과 있을 때의 느낌과 동일하지 않은지 궁금하네요."

2. 잦은 지각과 결석

(1) 문제점

① 집단상담자와 집단원의 주의를 흐트러뜨리고 집단의 신뢰 분위기를 해친다.

② 집단규범 이행에 혼란을 초래할 수 있다.

③ 지각하거나 불참한 집단원에 대한 감정이 집단작업에도 부정적인 영향을 미쳐 응집력이 약화된다.

④ 여러 집단원이 자주 지각하거나 결석한다면 응집력의 이상징후로도 볼 수 있다.

(2) 대처방안

① 상담자가 모범을 보이고, 규칙적인 출석의 중요성을 인식시킨다.

② 지각, 결석이 예상되는 경우 가급적 신속히 집단상담자에게 전화를 걸어 이 사실을 알리도록 한다.

③ 여러 집단원이 만성적인 지각과 결석을 하는 경우 집단원 간 상호작용보다 내적 상태, 과정에 초점을 둔다.

④ 만성적인 지각과 결석으로 집단 분위기를 해치는 집단원에게 집단을 떠나줄 것을 요청한다.

    ㉠ 중도포기한 집단원에 대해 집단원들이 반응을 표출할 기회를 제공한다.

    ㉡ 불참했던 집단원이 다시 참여할 때 집단에서 소외되지 않도록 집단작업에 적극 참여하게 돕는다.

(3) 출석률 증진 방안

① 집단상담자 자신부터 집단원들의 빠짐없는 출석과 시간 엄수의 중요성을 확신한다.

② 예비 면담에서 출석과 시간 엄수의 중요성을 강조한다.

③ 집단회기에 자주 불참하는 집단원에게는 단호하게 개입하고, 불참한 것에 대한 상담료를 지불하게 한다.

④ 만일 불가피한 불참(예 휴가, 출장 등)이 예상되는 집단원은 집단 시작 전 개인상담을 추천한다.

3. 중도포기 집단원

(1) 문제점

① 집단원의 중도포기는 집단상담자에게 위협이 된다.

② 집단상담자가 위기의식을 가질수록 집단이 치료적 힘을 잃게 된다.

(2) 대처방안

① 중도포기 가능성이 있는 집단원과 개인면담 기회를 가짐으로써 개인적인 감정을 토로하도록 돕는다.

➡ 다음 회기에 이 문제를 다루어 보자고 권유하거나, 다음 회기에 출석하여 마무리 짓게 하는 방법은 효과적이지 않다.

② 다른 집단원과의 관계가 무르익기 전에 지나치게 빨리 개인의 깊은 속내를 드러내는 집단원이 있다면 개방 속도를 완화하도록 돕는다.

③ 지나치게 말이 없는 집단원은 자기개방이 부담스럽고 두려울 수 있으므로, 집단상담자는 시범을 통해 이러한 집단원이 모델링할 수 있도록 미미한 정도의 감정 표현에도 지지와 격려를 아끼지 않아야 한다.

4. 대화 독점(독점하는 행동)

(1) 의미와 특징

① 집단원 개개인에게 할당되는 일정한 시간을 특정 집단원이 일방적으로 독차지하여 사용하는 행동을 말한다.

② 대화 독점은 집단원들의 참여 수준의 연속선상에서, 침묵 또는 소극적 참여의 반대편 끝에 위치한다.

③ 독점 행동의 원인 기출 23

ㄱ 불안감의 역기능적 표현

ㄴ 적극적 집단 참여는 말을 많이 하는 것이라는 믿음

ㄷ 집단원들이 자신에게 주목하고 좋아해 주기를 바라는 욕구의 표현

ㄹ 다른 사람에게 무시당하면서 살아온 것에 대한 방어적 행동

ㅁ 집단에 대한 통제 유지를 위한 시도

ㅂ 다른 사람에게 주의를 집중하는 속성 표출

④ 어떤 의미에서 독점 행동은 고도의 이기심 표출이다.

⑤ 다른 집단원과 동일시하는 경향이 있어서 다른 집단원과 관련된 상황을 연결하여 자신의 일상생활에 관한 이야기를 장황하게 늘어놓는다는 특징이 있다.

(2) 문제점

① 다른 집단원에게 집단 시간을 고르게 배분하기가 어려워진다.

② 집단에서 말을 많이 하는 것이 바람직한 행동이라는 인식을 심어줄 수 있다.

③ 대화 독점 집단원의 행동은 시간이 지나면서 다른 집단원의 심리적·신체적 에너지를 고갈시키게 된다.

(3) 대처방안

① 대화를 독점하는 집단원의 입을 다물게 해선 안 된다. 대화 독점은 일종의 강박적인 불안감의 표현으로, 자신을 은폐하기 위한 시도로 볼 수 있다.

② 대화 독점을 해당 집단원만의 문제가 아니라 이를 방임·조장한 다른 집단원 모두의 책임으로 인식한다.

③ 대화 독점에 직접 개입하여 다른 집단원들도 집단 대화에 적극 참여하도록 격려한다.

④ 대화 독점 행동을 통해 얻고자 하는 점과 관련된 역동을 탐색하고 이 행동의 결과를 깨닫도록 돕는다.

> **참고** 문장 완성 기법 활용하기
>
> • 대화 독점 집단원의 마음속에 가장 먼저 떠오르는 것을 적거나 말하도록 한다.
> • 그 다음 이 집단원이 완성한 문장을 발표할 때 집단원들 간에 피드백을 나누도록 한다.
> • 이 방법을 통해 집단상담자는 대화를 독점하는 집단원이 자신의 문제 행동에 대한 통찰을 얻도록 돕는다.

5. 침묵하거나 소극적으로 참여하는 행동 기출 22

(1) 의미와 특징

① 침묵으로 일관하거나 철수 행동을 보이는 등 집단활동에 미온적인 태도를 보이는 것이다.

➡ '침묵하는 집단원'이라고도 부른다.

② 행동 특징: 침묵으로 일관하거나 집단에서 약간 빠져 있는 행동을 보이며, 리더가 요청하기 전까지는 말을 하지 않거나, 자신은 내성적이어서 말을 못한다고 하거나, 집단에 참여해서 잘 듣고 있다고 주장하기도 한다.

③ 소극적 참여 이유: 내향적이고 부끄러움이 많은 경우, 자존감이 낮아서 자신은 말할 가치가 있는 것이 별로 없다고 생각하는 경우, 두려움, 동기 저하, 자기표현에 대한 경험 부족 등이 있다.

④ 집단원에 따라서는 신뢰 형성에 더 많은 시간이 필요할 수 있지만, 침묵의 의미는 반드시 탐색될 필요가 있다.

(2) 문제점

① 다른 집단원에게 불필요하게 의구심을 자아내어 다른 집단원들이 자기개방을 꺼리게 만든다.

② 심한 경우 불필요한 죄책감을 갖는 집단원이 생길 수 있다.

③ 다른 집단원들은 소극적으로 참여하는 집단원에 대해 아는 바가 별로 없다고 느낀다.

④ 다른 집단원들이 일방적으로 관찰당하는 느낌을 받아, 불안과 분노를 유발할 수 있다.

⑤ 소극적 집단원을 의식하게 되어, 전반적으로 다른 집단원들의 집단 참여도 둔화된다.

⑥ 집단의 신뢰 분위기를 저해하고, 집단의 응집력을 떨어뜨린다.

(3) 개입방법: 행동(침묵)의 의미를 파악한 다음에 개입방법을 선택한다.

① 집단원의 행동에 대해 공개적 또는 사적 면담을 통해 소극적인 집단 참여의 이유를 탐색한다.

② 적극적인 집단 참여의 기회를 제공한다. 이때 다른 집단원이 소극적인 집단원에 대해 비난하거나 공격적인 태도를 취하지 않도록 개입한다.

③ 소극적으로 참여하는 집단원의 비언어적 행동을 관찰하여 다룬다. 집단상담자는 자신의 관찰내용을 해당 집단원에게 언급함으로써 집단 참여를 격려할 수 있다.

④ 매 회기 마무리 과정에서 집단 경험에 대한 소감을 말할 기회를 제공한다. 집단원들에게 집단에서 어떤 경험을 했는지, 어떤 느낌이 들었는지, 얻기를 원했던 것을 얻고 있는지를 탐색한다.

⑤ 소극적인 집단원이 말하지 않으면 다른 집단원들은 그 원인을 자신에게 돌리는 경향이 있음을 알려준다.

⑥ 기타: 집단의 사전준비 단계에 집단원에게 매 회기마다 자신의 반응을 공유하겠다는 서약서를 작성하게 한다.

- 생산적 침묵
  - 이유: 집단에서 일어난 일들을 통합하거나 숙고하느라 말이 없는 경우에 발생한다.
  - 방법: 상담자는 2~3분 정도 말없이 기다려주면서 집단원이 생각과 감정을 정리하여 말하도록 여유를 준다.
- 비생산적 침묵
  - 이유: 두려움, 분노, 지루함 같은 감정 상태에 놓이거나 어떻게 행동해야 할지 몰라 입을 열기를 주저하는 경우에 발생한다.
  - 방법: 소극적 집단원의 태도에 대한 의미를 먼저 탐색한다.

6. 습관적 불평

(1) 의미와 특징

① 거의 매 회기마다 집단, 집단상담자, 다른 집단원에 대한 불평불만을 늘어놓는 것을 말한다.

② 이러한 성향을 가진 집단원은 대화 독점을 일삼는 행동의 변형으로, '도움 거부 불평자'라고도 부른다.

③ 집단 초기(리더의 운영방식이나 집단과정 등에 불만을 품거나 불평을 토로함)에 자주 나타나며, 비자발적 집단원들로 구성된 집단에서 흔하다.

(2) 문제점

① 습관적으로 불평불만을 늘어놓는 행동은 집단 분위기를 해치고 집단과정의 자연스러운 흐름을 저해한다.

② 불평은 종종 다른 불평불만의 불씨가 되어 다른 집단원들에게 번질 수 있는데, 결과적으로 집단의 신뢰에 부정적인 영향을 미친다.

③ 끊임없이 문제를 제기하고 이를 극복할 수 없는 것처럼 보이게 한다.

(3) 개입방법

① 개별면담을 통해 불평의 이유를 알아본다.

② 생산적인 집단을 위해 정중하게 협조와 도움을 요청한다.

③ 해당 집단원과 시선 접촉을 피하여 그가 나서지 않게 한다.

④ 단순히 집단상담자의 관심과 집단에서의 역할을 원하는 경우 관심이나 역할을 제공한다.

⑤ 집단에 활력소를 불어넣는 집단원(동맹자)에게 질문과 피드백의 기회를 제공하여 집단 분위기를 고양시킨다.

> **더 알아보기**　불평불만이 습관적 혹은 만성적인 경우
>
> - 집단회기 중에는 초점을 다른 사람이나 주제로 돌린다.
> - 집단회기를 마치고 나서 개인면담으로 원인을 파악한다.
> - 직면의 일환이라는 이유로 다른 집단원이 있는 상황에서 불평을 정면으로 지적하지 않는다.
>   ➡ 불평을 정면으로 지적할 경우, 논쟁을 유발할 가능성이 높아진다.

7. 일시적 구원(상처 싸매기, 반창고 붙이기) 기출 19

(1) 의미와 특징

① 타인의 고통을 지켜보는 것이 어렵기 때문에 나타나는 피상적인 지지 행위로, 다른 집단원의 감정 표현을 가로막는 것을 말한다.

② 다른 집단원의 상처를 달래고 고통을 줄임으로써 자신도 마음의 안정을 취하려는 욕구의 표현으로 해석된다.

③ 어떻게 보면 다른 집단원에 대한 배려와 돌보는 행동으로 여겨질 수 있지만 실제로는 고통을 피하기 위한 방편의 하나이며, 가식적인 도움이라는 점에서 '반창고 붙이기', 또는 '상처 싸매기'로 불린다.

(2) 문제점

① 집단원에 대한 보호, 배려나 관심으로 보이지만 진정한 의미의 도움을 주는 행동과는 거리가 멀다.
　➡ 심리적 고통을 겪는 사람에게 관심을 기울이고 그가 고통을 토로하고 경험하게 허용하는 것은 매우 중요한 인간적 성장의 촉진 요소인데, 일시적 구원이 이를 어렵게 한다.

② 고통스러운 경험과 그때의 느낌을 탐색할 기회를 박탈한다.

③ **기타**: 고통스러운 경험을 토로하는 집단원에게 다른 집단원이 위로 차원에서 신체 접촉을 시도할 수 있는데, 집단상담자는 신체 접촉에 대한 집단원의 의향을 확인하여 불필요한 오해가 생기지 않도록 한다.

(3) 개입방법

① 진정한 돌봄은 고통을 충분히 탐색하고 표현할 기회를 제공하는 것임을 경험하게 한다.
　㉠ 미결 감정을 회피 또는 억압해 왔던 집단원에게는 안전한 집단 분위기에서 교정적 정서 체험이 강력한 치료적 효과를 산출할 수 있다.
　㉡ **교정적 정서 체험**: 과거에 다룰 수 없었던 정서적 상황에서 겪은 외상적 경험을 수정하기 위해 집단원을 안전하고 우호적인 환경에 노출시키는 것을 말한다.
　㉢ 외상적 경험에 대한 역기능적 행동패턴은 집단원들의 지지와 피드백 같은 정서적인 요소와 체계적인 현실 검증, 굳어진 패턴을 인식·인정하는 과정을 통해 새로운 것으로 대체될 수 있다.

② 집단원이 고통스러운 경험을 노출할 때, 일시적 구원을 하는 집단원에게 그 행동의 의미와 자신의 느낌을 성찰할 수 있는 기회를 제공한다.

8. 사실적 이야기 늘어놓기

(1) 의미와 특징

① 감정, 생각을 말하는 대신 과거 사건의 이야기를 사실 중심으로 두서없이 늘어놓는 행위를 말한다.

② 집단원들을 청중 삼아 자신의 과거사 또는 개인사를 늘어놓는다.

③ **집단에 대한 몰이해**: 자신이 과거사를 상세히 털어놓으면, 리더가 이를 해결해 줄 것이라는 잘못된 믿음이나 자기개방을 자신의 개인사를 상세히 보고하는 것으로 오해하는 것에서 비롯되기도 한다.

④ **집단에 대한 몰이해 때문이 아닌 경우**: 집단원 자신의 진솔한 느낌이나 생각의 노출을 꺼리는 방어 수단으로 볼 수 있다.

⑤ 집단 리더는 집단원들이 과거와 현재의 세부적인 사실보다는 자신들의 생각과 감정에 초점을 맞춘 생산적인 자기개방을 할 수 있도록 개입해야 한다.
　㉠ **자기개방**: 개인의 과거나 현재의 생각과 감정에 초점을 맞춘 진술이다.
　㉡ **사실적 이야기**: 자기 자신 또는 주변 사람들에 관해 단순히 사실 중심으로 두서없이 상세하게 이야기를 하는 것이다.

(2) **문제점**

    ① 다른 집단원들은 심리적으로 의미 없는 이야기를 듣기 때문에 지루하고 피곤해할 수 있다.

    ② 당사자도 스스로 의미 있는 학습을 하는 느낌보다 공허하고 같은 이야기를 반복하는 느낌을 받을 수 있다.

    ③ 사건에 대한 당사자의 주관적인 감정을 잘 모르는 집단원은 도울 방법을 찾지 못하여 무능한 기분이나 무력감을 느낄 수 있다.

    ④ 한정된 집단 시간에 장황한 이야기를 늘어놓는 집단원에 집중되어 집단상담자의 공평하지 못한 시간 배분이나 적절한 개입 부재에 대해 다른 집단원들의 불만이 초래될 수 있다.

(3) **개입방법**

    ① 공감적 이해로써 해당 집단원이 지금-여기에 초점을 맞추고 과거 경험에서 느낀 감정을 적절하게 표현하도록 돕는다. ➡ 진정한 자기노출은 지금-여기를 포함한 생각과 느낌임을 재확인한다.

    ② 차단기술을 사용하여 사실적인 이야기보다 과거의 사건이나 상황에 대한 느낌을 진솔하게 토로할 수 있도록 화제의 방향을 전환한다.

    ③ 집단원에게 자신을 구체적이고 개인적인 방식으로 표현하는 방법을 알려주고, 관련 없는 이야기를 하지 않게 지속적으로 살핀다.

9. 질문 공세

(1) **의미와 특징**

    ① 다른 집단원이 질문에 대답하기도 전에 연속적으로 질문을 퍼붓는 행위를 말한다.

    ② **질문**: 집단원에 관한 정보와 자료 수집, 집단원의 생각이나 감정 탐색을 위한 유용한 수단이다.

    ③ 질문 공세는 단순한 호기심 충족 수단으로 변질되기도 하는데, 다른 집단원의 자기개방 도중에 끼어들어 질문하거나, 상대방이 답변하기도 전에 연이어 질문하는 형태로 나타나기도 한다.

    ④ 질문 공세는 자신에 관해 노출하기를 꺼리는 무의식적 욕구의 표현이자 자기은폐 수단으로 나타나기도 한다.

(2) **문제점**

    ① 집단원의 자기탐색을 방해한다.

    ② 당사자 자신은 숨기고 알려지지 않은 상태로 남아 있을 수 있다.

    ③ 질문을 하는 동안 다른 집단원에게 주의집중하게 함으로써 자신은 지금-여기에서 경험하는 감정과 접촉하지 않아도 되게 한다.

    ④ 다른 집단원의 말을 가로막고 이들에게 일일이 답변해야 하는 부담을 준다.

    ⑤ 감정을 탐색하기보다 생각에 의존하게 만들거나 방어적 행동을 유발한다.

(3) **개입방법**

    ① 습관적인 질문은 관계 형성에 도움이 되지 않는다는 사실을 깨닫도록 돕는다.

    ② 질문 공세를 하는 집단원에게 질문에 포함된 핵심 내용을 자신을 주어로 하여 직접 표현해보게 한다.

      ➡ '나'를 주어로 집단원 자신의 감정, 욕구를 표현하게 하는 작업은 질문보다 자기개방으로써 감정을 나누는 것이 효과적인 의사소통 방법임을 인식시키는 효과가 있다.

10. 충고 일삼기

(1) 의미와 특징

① 다른 집단원의 결함 또는 잘못을 타이르거나 해야 할 일, 하지 말아야 할 일에 관한 개인적인 생각과 의견을 제시하는 것을 말한다.

② 충고는 흔히 다른 집단원에게 도움이 되고자 하는 동기와 의도로 이루어진다. 하지만 충고는 이를 제공하는 사람이 승자인 반면, 받는 사람은 패자라는 미묘한 느낌을 줄 수 있다.

③ 충고를 하는 집단원은 충고를 통해 자신이 더 우월하다는 것을 과시하고 싶거나, 초점을 자기 자신이 아닌 다른 사람에게 돌림으로써 자신의 문제를 회피하고 싶거나, 자신의 충족되지 못한 욕구를 충고를 통해 충족하고자 하는 무의식적 시도일 수 있다.

(2) 문제점

① 충고 일삼기는 자기방어, 저항, 자기과시의 한 형태이며, 다른 집단원이 자신의 문제나 관심사를 털어놓는 것을 마치 타인의 충고를 구하는 것으로 여긴 투사의 결과이다.

② 사람들은 종종 다른 사람의 충고를 구하는 것처럼 보이지만, 실제로는 충고나 조언을 귀담아 듣지 않는 경향이 있고 설령 귀담아 듣더라도 듣는 것과 실천하는 것은 별개이다.

③ 어떤 의미에서 충고는 듣는 대상이 스스로 문제를 해결할 능력이 없음을 선언하는 것과 같다.

　　㉠ 충고, 조언을 실행에 옮겼다가 효과가 없으면 자신보다 조언 제공자에게 책임을 미룰 수 있다.

　　㉡ 충고를 통해 당장 문제가 해결된다고 하더라도 미래에 비슷한 어려움이 닥쳤을 때 다른 사람의 충고·조언에 의존하는 결과를 초래할 수 있다.

④ 충고는 제공하는 사람이 승자이자 강자, 제공 받는 사람은 패자 또는 약자라는 미묘한 느낌을 준다.

(3) 개입방법

① 집단원이 시간적 여유를 가지고 자신의 문제와 갈등을 탐색하게 돕는다.

② 교육회기를 통해 상담자는 섣부른 충고가 효과적인 조력 방법이 아님을 일깨우고, 도움이 필요한 집단원에게 충고보다 그의 문제를 깊이 탐색하도록 돕는 것이 더욱 가치 있음을 강조한다.

③ 상담자는 충고를 일삼는 행동의 동기를 탐색할 기회를 제공하고, 문제 행동을 보인 집단원이 충고로써 얻으려는 것이 무엇인지 통찰하도록 돕는다.

④ 충고가 다른 사람과 연계할 수 있는 긍정적인 방법으로 인식되는 문화적 배경을 가진 집단원이거나 자신이 문제 해결을 위해 조언을 구하려고 집단에 참여한 집단원인 경우에는 아래의 방법을 활용한다.

　　㉠ 집단에 기대하는 바를 이야기할 기회를 제공한다.

　　㉡ 상담자는 충고나 조언을 구하는 집단원의 기대에 대해 논의하는 한편, 상담자의 역할과 자신이 제공할 수 있는 것을 설명함으로써 집단상담을 탈신비화할 필요가 있다.

11. 적대적 행동

(1) 의미와 특징

① 내면에 쌓인 부정적인 감정을 직간접적 방식으로 집단상담자나 다른 집단원에게 표출하는 행위를 말한다.

　　예 가시 있는 농담, 비판, 빈정거리기, 수동 공격적 행동, 분노 표출 등

② 적대적 행동은 결석, 지각, 중도이탈, 짜증, 지루함 표현 등으로 분노 표출을 나타내기도 한다.

③ 집단에서 도전을 받거나 가치 침해의 가능성이 있을 때, 자신의 취약성을 드러내지 않고자 하는 수단으로 나타나는데, 이러한 집단원은 자신이 취약해진다는 느낌이 들면 다른 집단원에게 비판, 비난, 빈정거림, 적대감을 드러내곤 한다.

④ 이외에도 지나치게 방어적 태도를 보임으로써 자신이 적대적 행동을 지니고 있음을 은폐하기도 한다.

(2) 문제점

① 다른 집단원의 적대적 행동과 감정을 불러일으킬 수 있다.

② 다른 집단원에게 심리적 위협을 주어 자기개방을 어렵게 한다.

(3) 개입방법

① 다른 집단원들이 적대적 행동을 보이는 집단원으로부터 받은 영향과 느낌을 이야기 나누게 한다.

② 적대적인 행동을 보이는 집단원이 집단에서 원하는 것이 무엇인지를 탐색하여 다른 집단원에게 직접 표현하도록 한다.

12. 의존적 행동 [기출 20]

(1) 의미와 특징

① 집단상담자나 다른 집단원들이 자신을 보살펴주고 나아갈 방향을 알려주며, 자신의 사안을 대신 결정해줄 것을 기대하는 집단원의 행동이다.

② 다른 집단원에게 조언이나 충고를 유발하고 돌보고 싶은 마음을 이끌어 내며 공감을 유도하지만, 다른 집단원들이 주는 어떤 도움도 받아들이지 않고 조언은 직접 혹은 간접적으로 여러 가지 이유를 들어 거절하며 받아들이지 않는다. 때로는 도움을 주려는 의도를 무시하고 평가절하한다.

③ 의존적 집단원의 숨은 의도는 진정으로 도움을 요청하는 것이 아니라 다른 집단원들의 관심을 끌고 자신이 통제력을 발휘하기 위한 시도인 경우가 많다.

④ 문화적 규범 때문에 의존적인 행동을 보일 수 있는데, 이 경우 집단원의 감정을 인정해 주고 집단원의 과거와 현재 경험을 언어적으로 표현하도록 도와야 한다.

(2) 문제점

① 집단원들 간의 상호작용에서 긍정적인 대답인 '네'를 반복하는 경향이 있다.

② 다른 집단원의 피드백을 고려하지 않고 '네, 그렇지만…'이라는 식의 반응을 보이기도 한다.
   ㉠ 이 반응은 마치 게임하듯 교묘하게 집단원의 제안을 회피하거나 무시하는 반응으로 반복하여 나타난다.
   ㉡ 그 결과 의존적인 집단원을 도우려 애쓴 집단원이 허탈감을 경험하거나 불필요한 죄의식을 가질 수 있다.

(3) 개입방법

① 의존적 자세의 집단원이 보이는 도움을 요청하는 듯한 행동을 도움이 필요한 행동으로 혼동하지 않는다.

② 의존적 욕구를 계속 충족하여 강화하는 것을 거절하고, 동시에 이러한 행동이 자신의 의존성을 유지하는 수단이라는 사실을 지적한다.

③ 그동안 타인에게 의존함으로써 얻을 수 있었던 욕구 충족의 고리를 끊게 한다.

13. 우월한 태도

(1) 의미와 특징

① 마치 도덕군자인 양 다른 집단원을 비판·판단함으로써 자신의 우월성을 드러내려는 마음가짐과 행동을 말한다.

② 자신의 능력이 탁월하거나 도덕적인 사람처럼 행동하면서, 다른 집단원들의 행동에 대해 판단·비평하며 비관적인 태도를 나타내는 경향이 있다. ➡ 교류분석의 생활각본 중 '자기긍정-타인부정'의 태도를 보인다.

③ 자신은 집단상담을 통해 해결할 문제가 없으며, 있었더라도 이미 다 해결되었다고 하며 다른 집단원의 문제를 해결하도록 도와주겠다는 태도를 보인다.

④ 또한 자신은 건강한 부모를 만나 행복한 어린 시절을 보냈으며, 좋은 교사와 친구들을 만나 성취하고 행복한 학창시절을 보냈기 때문에 여기 있는 집단원과 다르다는 식의 비교하는 말을 하여 우월한 사람이라는 것을 직접적으로 나타내기도 한다.

(2) 문제점

① 다른 집단원에게 반감, 적대감을 갖게 하여 집단역동에 부정적인 영향을 미친다.

② 다른 집단원들이 우월한 태도의 집단원에게 비판받지 않기 위해 약점이 노출될 만한 자기개방을 삼가게 되고 집단 분위기가 위축될 수 있다.

(3) 개입방법

① 우월한 태도를 보이는 집단원이 자신의 느낌이나 집단을 통해 얻고자 하는 점을 탐색하게 한다.

② 우월한 태도의 집단원이 보인 행동이 다른 집단원들에게 미치는 영향을 이야기할 기회를 제공한다.

➡ 문제가 없다는 입장을 방어적이지 않은 상태에서 스스로 점검하도록 기회를 제공한다.

③ 다른 집단원: 우월한 집단원의 태도를 보이는 집단원의 태도와 행동에 어떤 영향을 받고 있는지에 대해 솔직한 피드백을 요청한다. 이때, 평가적인 태도로 불만을 표현하기보다는 자신이 경험한 느낌과 생각만을 이야기하도록 한다.

14. 하위 집단 형성 `기출 15, 20`

(1) 의미와 특징

① 비생산적인 사회화의 일종으로, 집단 내에 일종의 파벌을 형성하는 것을 뜻한다.

② 일부 집단원이 집단 내에 또 다른 집단을 만들어 세력을 형성하고, 다른 집단원이나 집단상담자에게 영향력을 행사하는 것이다.

③ 하위 집단이 형성되는 이유: 집단 내에서의 지위에 대해 집단원들이 갖는 관심으로 인해 발생한다.

④ 집단 리더에 대한 적개심이 표출된 것으로 보는 시각도 있다. 집단원들이 분노와 좌절을 표출할 수 없기 때문에 서로 연대 후, 다른 집단원을 공격하여 희생양을 만듦으로써 이러한 감정을 왜곡되게 표출한다는 것이다.

⑤ 하위 집단의 첫 단계는 집단 밖에서 만남을 갖는 것이다.

⑥ 하위 집단의 형성은 어떤 경우에라도 집단작업에 해가 되는 것은 아니다. 만일 하위 집단의 목표가 집단목표와 일치한다면, 하위 집단 형성은 집단응집력을 강화하기도 한다. 또한 집단 밖에서 일어난 일을 집단에 가져와서 충분한 작업이 이루어진다면 치료적 효과를 높이는 데 도움이 될 수 있다.

(2) 문제점

① 하위 집단은 모임을 계속함으로써 다른 집단원들과 친밀감에서 차이가 나게 되고, 공유된 정보의 차이로 괴리감을 조장하여 결국 집단의 응집력을 해칠 수 있다

② 하위 집단 구성원이 자신이나 집단과 관련된 문제를 하위 집단에서만 논의하고, 집단회기에서 모든 집단원과 공유하기는 꺼릴 수 있다.

③ 집단과정에서 하위 집단에 속한 집단원은 옹호하고 속하지 않은 집단원은 의도적으로 따돌리는 문제가 발생할 수 있다. ➡ 갈등이 생길 경우 집단 대 개인의 대결 양상으로 발전할 수 있다.

(3) 개입방법

① 집단 밖에서의 만남은 우연히 이루어진 경우라도 집단의 모든 사람에게 알리도록 한다.
   ㉠ 이러한 공유는 집단원의 의무이자 책임이다.
   ㉡ 다른 집단원들과 함께 의미를 탐색해보는 일의 중요성을 강조한다.

② 집단은 대인관계를 제공하는 곳이 아니라 대인관계를 형성·유지하는 기술을 가르쳐주는 실험실이며, 진정한 삶의 연습 무대라는 사실을 이해하도록 돕는다.

③ 집단 선발 시 이미 장기적으로 특별한 관계를 유지하고 있는 사람들(예 친구, 부부, 연인, 홈메이트, 선후배, 공동투자자 등)은 한 집단에 편성하지 않는다.

④ 하위 집단 형성에 대한 문제점을 직접적이고 개방적으로 다룰 필요가 있다.
   ➡ 하위 집단이 형성되었다고 판단한 경우, 집단원들에게 집단이 진정 효과적으로 기능하기를 바라고, 또 발전하는데 관심이 있는지 확인한다. 이 과정을 통해 집단 리더는 하위 집단 형성이 비생산적이고 응집력에도 저해가 된다는 사실을 집단원들이 인식할 수 있도록 한다.

⑤ 하위 집단과 관련된 개인면담에서 집단원의 비밀 유지 요청에 대해 함부로 약속하지 않는다.

15. 지성화(주지화) 기출 23

(1) 의미와 특징

① 개인의 불안이나 자아에 대한 위협, 불편한 감정과 충동을 억누르고자 이와 연관된 감정을 직접 경험하는 대신 궤변(head tripping), 분석적 사고 등의 인지과정으로써 해소하려 노력하는 적응기제로, '주지화'라고도 한다.

② 집단과정에서 감정적으로 부담이 되는 내용을 다루게 될 경우 감정 노출을 최대한 꺼린 채 지적인 부분만을 언급하기도 한다.

③ 감정을 잘 느끼지 못하고, 감정적 주제를 논리적이고 이성적으로 다루려고 노력하며, 이론적인 설명을 하려고 시도한다.

④ 지성화는 감정에 저항하는 일종의 자아방어의 형태로 볼 수도 있다.

⑤ **지성화 이유**: 불편한 감정의 충동과 직면하는 것을 피하기 위함이다.

(2) 문제점

① 집단의 신뢰 분위기 형성을 저해하고 특히 집단원들의 감정 표출을 저해한다.

② 집단원들의 자기개방을 가로막는다. 즉, 다른 집단원에게 관찰·감시당하고 있다는 인상을 주어 다른 집단원이 자기개방을 꺼리게 만들고 집단의 분위기를 경직되게 할 수 있다.

③ 다른 집단원들의 자기개방을 가로막는다.

(3) 개입방법

① 자신이 말하는 내용과 관련된 감정을 인식하고, 직접 경험하고 정리하여 표현할 기회를 제공한다. 이를 위해 집단 리더는 이 집단원에게 감정 표현을 잘하는 집단원의 역할을 연습해 볼 수 있게 하거나 직접 시범을 보인다.

② 심한 정신적 상처·외상으로 감정을 표출할 수 없거나 고립된 상태에 놓여 있는 집단원: 감정 표현을 독려하기보다 이 분야의 전문가에게 개인상담을 의뢰한다.

16. 감정화

(1) 의미와 특징

① 인지적이고 이성적인 면은 외면하고 '감정 지상주의자'처럼 전적으로 감정에 초점을 맞추며, 매사를 감정적으로 처리하여 집단의 흐름을 저해하는 특징이 있다.

② 감정 표현의 중요성을 강조하는 것은 이성적인 판단이나 인지적 측면의 탐색과 재구성을 도외시해야 한다는 것은 아니다. 문제는 인지적 측면을 도외시한 채 감정 표현에만 집중하는 태도다.

(2) 문제점

① 감정화는 방어적인 태도이거나 관심을 얻기 위한 행동일 수 있다.

② 한 집단원에게 초점을 맞추고 관심을 집중하느라 집단의 시간을 지나치게 소비할 수 있다.

(3) 개입방법

① 집단상담자는 반드시 집단회기 시간을 염두에 두고 문제의 집단원에게 어떻게 반응을 보일 것인가를 결정한다.
　예 한 집단원이 빈번하게 눈물을 동반한 감정 표출을 한다면 집단상담자는 이 행동이 고통스러운 사건의 결과인지 단지 주위 사람들의 동정을 얻기 위한 것인지를 분명하게 파악할 필요가 있다.

② 집단원들이 서로 짝을 짓게 하여 감정과 생각을 나누게 한다. 이때 상담자는 감정화를 일삼는 집단원과 짝을 지어 그가 지금 겪고 있는 고통을 함께 탐색한다.

③ 집단원의 고통을 인정하고 집단회기를 마친 후에 더 이야기를 나눌 것을 제의한다. 단, 감정화하는 집단원을 돕는다는 구실로 다른 집단원들이 그에게 질문 공세를 하도록 방치하면 안 된다.

17. 집단상담자처럼 행동하는 집단원

(1) 의미

집단상담자처럼 행동함으로써 이를 자신의 개인적인 생각과 감정 표현의 회피 수단으로 사용한다.

(2) 문제점

집단원들의 반발을 불러일으켜 집단의 발달을 저해하고, 집단원이 자신의 문제를 다룰 기회도 잃게 된다.

(3) 개입방법

① 해당 집단원이 집단 경험을 통해 얻고자 하는 것을 얻고 있는지 살펴보게 할 필요가 있다.

② 집단상담자처럼 행동하는 것이 방어기제의 일종으로 판단된다면, 상담자는 존중하는 태도로 해당 집단원에게 그가 자신보다 다른 집단원들에게 관심을 집중하느라 집단에서 얻을 수 있는 것을 놓치고 있음을 알려야 한다.

③ 집단원이 스스로의 행동 목적과 동기를 탐색하게 하여 이 행동이 궁극적으로 원하는 것을 얻게 만들어주는지 평가하게 한다.

제4절 집단상담 기법

09 집단 시작을 돕는 기법

1. 참여 유도

(1) 적극적 참여 유도(참여 촉진)
① 의미: 집단 참여에 소극적이거나 침묵하는 집단원을 자연스럽게 집단논의에 끌어들여 자기개방의 기회를 제공하는 기술이다.
② 참여를 유도하는 이유: 집단원의 자기개방을 돕기 위함이다.
③ 참여 저조 이유를 알 수 없는 경우: 해당 집단원에게 직접 물어보거나, 2인 1조 활동을 통해 집단원과 짝을 지어 대화를 나누어보거나, 집단회기를 마친 후에 따로 물어본다.

(2) 참여 유도방법
① 집단원이 강요되거나 강압적인 느낌 없이 자신의 이야기와 개인적인 관심사를 나누도록 한다.
② 집단원이 자신을 드러낼 수 있는 기회를 제공하는 동시에 거부할 권리도 인정해야 한다.
③ 집단원에게 말할 권한을 부여함으로써 자연스럽게 집단에 참여하도록 한다.
④ 언어적으로 참여를 유도하는 경우 부드럽고 겸손한 어조로 집단원의 입장을 충분히 이해하고 있음을 나타낸다.
⑤ 방법: 척도질문(사안에 대해 10점 척도로 답하게 함), 돌아가면서 특정 사안에 대해 구 또는 절로 답하게 하기, 글쓰기 활동을 사용하여 발표 기회를 제공하기, 메시지를 행동으로 나타내게 하기 등이 있다.

(3) 효과: 집단에 대한 응집력이 향상되고, 집단원 자신에 대한 탐색과 자기개방에 도움이 된다.

2. 구조화

(1) 의미: 집단상담자가 집단원들에게 집단상담 참여에 필요한 제반 규정과 한계를 설명하는 것을 말한다.

(2) 내용

구분	내용
집단에 관한 구조화	집단에 관한 구조화에 포함되어야 할 사항: 상담실 이용 방법, 집단에 대한 적극적 참여, 시간 엄수의 중요성, 위급 상황 시 연락방법, 지각·결석·조퇴에 대한 규정, 생산적인 집단 형성을 위한 지침 등
집단 한계에 관한 구조화	• 집단 한계: 집단상담자와 집단원 사이에 가능한 사항과 그렇지 않은 사항을 구분짓는 것 • 집단에는 한계가 있어야 하며, 집단상담자는 초기에 집단원들이 이해할 수 있는 언어로 책임, 시간, 행동, 애정의 한계가 포함된 구조화를 실시해야 함
비밀 유지에 관한 구조화	• 비밀 유지에 관한 구조화가 필요한 시기 　- 아동 학대의 단서가 발견된 경우 　- 집단원들 간에 비밀 유지 원칙이 무시되는 상황이 발생한 경우 　- 집단원이 자기 자신이나 타인을 해하려는 상황에 임박한 것이 발견된 경우

(3) 지나친 구조화와 느슨한 구조화

① **지나친 구조화**: 집단원들의 자율성을 침해하여 집단 분위기를 경직시키고, 집단원들이 집단상담자에게 의존하게 되는 결과를 낳는다.

② **느슨한 구조화**: 집단원들이 불필요한 혼란을 경험하게 된다. 또한 비생산적인 상호작용에 빠져, 목표 달성에 실패하는 결과가 나타난다.

(4) 목적

① 집단원들이 새로운 행동을 학습하게 하고, 생산적인 집단 분위기를 위한 규범을 창출한다.

② 필요한 경우 집단의 구조를 개선하고, 나아가 그들의 인간적 성장을 촉진하는 틀을 제공한다.

(5) 효과

① 집단상담에 참여하는 집단원의 불안감이 감소된다.

② 집단상담 진행 등의 전반적인 정보를 획득할 수 있다.

③ 집단상담 참여에 대한 학습이 가능하다.

④ 적극적인 참여 분위기를 조성할 수 있다.

10 집단 분위기 조성 기법

1. 지지와 격려

(1) **의미**: 집단원들에게 용기와 의욕을 북돋는 말과 행동을 전달하는 것이다.

(2) **목적**

① 집단원이 선택한 주제에 대해 계속 이야기하도록 자신감을 불어 넣어주는 한편, 자신의 관심사나 문제를 깊고 넓게 탐색하게 한다.

② 집단원이 새로운 환경에 적응하면서 생기는 불안을 극복하고 생각과 감정을 다른 집단원과 나누도록 돕는다.

(3) **비생산적 지지(지지와 격려를 삼가야 하는 경우)**

① 집단원이 자신의 문제 행동에 대한 일시적 구원 또는 상처 싸매기를 시도할 때: 지지와 격려가 집단원이 반드시 거쳐야 할 감정을 충분히 경험하지 못하게 할 수 있다.

② 집단원이 사실적인 이야기들을 늘어놓을 때, 다른 집단원들을 방해할 때, 자신에게 최선이 아닌 선택을 할 때: 지지와 격려를 삼가야 한다.

③ 집단원이 게임 행동을 할 때: 직면을 통해 자신을 되돌아보게 하는 것이 좋다.

(4) **격려와 지지가 필요한 경우**

　① 집단원이 위기에 처했을 때

　② 다루기 어려운 문제를 과감하게 다루고자 할 때

　③ 건설적인 변화를 시도하지만 변화에 대한 확신이 부족할 때

　④ 과거의 습관에서 벗어나려 할 때

(5) **효과**: 집단상담자에 대한 신뢰감이 형성되고, 집단원 자신에 대한 탐색이 가능하다.

2. 지금-여기 상호작용 촉진 `기출 21`

(1) **의미**

　① 거기-그때 일어난 사건보다 현재 집단원이 위치한 공간에서의 경험을 의식하도록 돕는 기술이다.

　② 지금-여기에서 상호작용한다는 것은 집단원의 과거사나 부적응 행동의 원인을 규명하기보다 단순히 지금의
　　경험에 집중하게 하는 것을 의미한다.

(2) **지금-여기의 상호작용을 촉진하는 이유**

　① 집단원의 집단 참여 목적을 달성하도록 돕기 위함이다.

　② 집단원들 간의 명쾌한 의사소통을 통해 본질적으로 집단의 방향에 대한 그들의 책임감을 일깨울 수 있다.

(3) **효과**: 집단원이 과거와 현재의 경험을 연결하여 탐색하고, 자신의 감정을 이해하며 자신의 문제를 탐색할 수 있다.

3. 초점 맞추기 `기출 15, 22`

(1) **초점 맞추기**

　① **초점**: 집단에서 논의되는 주제 또는 소주제를 말한다.

　② **초점 맞추기**: 집단에서 논의되고 있는 주제나 소주제를 설정·유지·이동 또는 심화하는 것이다.

　③ 초점 맞추기의 경우, 크게는 주제나 활동, 사람(개인)에 초점을 두거나 작게는 집단원의 사고, 감정, 행동, 경험
　　에 초점을 맞춰 이야기 나누는 것을 의미한다. ➡ 주제, 활동, 개인

　④ **일반 원칙**: 외부에서 내면, 추상적인 것에서 구체적인 것, 일반적인 것에서 개인적인 것으로 옮겨간다.

(2) **초점 설정**

　① 집단 목적 달성에 필요한 논의 대상으로 사람, 주제, 활동 등을 정하는 것이다.

　② 집단 리더에게 초점을 설정할 권한이 있지만, 집단원들에게 이를 위한 기회를 제공할 수도 있다.

　③ 집단의 초점을 설정하는 방법은 다양하며, 단순히 집단원에게 다음에 다룰 주제나 활동을 말해줌으로써 설정될
　　수도 있다.

(3) **초점 유지**

　① 집단의 목적에 부합한다고 판단되는 주제를 집단 내에서 지속적이고 의도적으로 다루는 것을 말한다.

　② 초점이 맞춰진 후에도 집단상담자에게는 여러 임무가 주어진다.

　　㉠ 집단의 초점이 너무 산만해 다시 원래의 궤도에 올려놓아야 한다거나 특정 주제, 사람으로 초점을 유지할
　　　필요는 없을지에 대해 집단의 흐름을 관찰하여 파악한다.

　　㉡ 다른 주제, 집단원, 활동으로 옮겨갈 필요가 없을지 지속적으로 살펴야 한다.

③ 집단의 초점 유지 혹은 초점 이동 시 시간, 목적, 주제, 활동, 지속성 등을 고려한다.

(4) 초점 이동

① 특정 주제가 충분히 논의되었거나 다른 주제에 관한 논의가 필요한 경우 그 주제로 옮겨가는 것으로, 초점 이동에는 참여 유도와 차단의 기술이 활용된다.

② **초점 이동의 방향**: 주제 → 집단원, 집단원 → 주제, 주제 → 다른 주제, 집단원 → 활동, 주제 → 활동, 활동 → 주제, 집단원 → 다른 집단원, 활동 → 집단원 등이 있다.

③ **활동 → 활동으로의 초점 이동**: 이는 적절하지 않은 방식이다. 활동이 끝나면 활동에 참여한 소감 나누기를 하거나 주제, 사람으로 초점을 이동해야 한다.

(5) 초점 심화

① **초점 심화**: 집단논의를 더 깊은 수준으로 이끄는 것이다. 즉, 특정 주제의 작업 깊이를 더함으로써 집단원의 통찰을 유도하고 자기이해의 폭을 넓혀 건설적인 행동 변화를 도출하는 집단작업이다.

② **초점 심화 시기**

㉠ 시작 또는 종결 국면이 아니라 작업 국면에서 초점을 심화해야 한다.

㉡ 작업 국면에 초점을 심화할 기회가 있더라도 해당 사안, 주제를 다룰 만큼 시간이 충분한지 확인한다.

③ 집단상담자는 집단원들과 집중적으로 작업하되, 집단원이 서로 개인적인 방식으로 나눔의 기회를 가질 수 있게 촉진자 역할도 한다.

④ 집단원이 자신의 사적인 문제와 상황을 재고할 수 있게 탐색 질문을 하거나 집중적인 활동을 마련하기도 한다.

⑤ **초점 심화 방안**

㉠ 보다 강렬한 방식으로 집단원들과 작업한다.

㉡ 생각을 떠올리게 하거나 강렬한 질문을 던진다.

㉢ 집단에 방해되는 역동을 집단원이 직면하게 한다.

㉣ 집단원이 강렬한 활동을 통해 내적 세계와 접촉하도록 돕는다.

㉤ 개인적인 수준에서 내면의 감정과 생각을 표출하도록 한다.

(6) 효과

① 집단상담에 대한 집단원의 관심과 주의집중을 높인다.

② 회기별 목표 달성에 효과적이다.

③ 집단상담 분위기의 형성·유지에 도움이 된다.

④ 집단원의 내면 탐색을 돕는다.

4. 피드백

(1) 의미

① 다른 사람의 행동, 사고, 감정에 대한 반응으로, 관찰된 반응과 관련된 개인의 감정과 생각을 언어적 표현으로 되돌려 주는 것이다.

② 집단원은 서로 피드백을 주고받으며 타인과 관계를 맺고 있는 자신의 모습을 확인하고, 자신이 타인에 미치는 영향도 객관적으로 알 수 있다.

(2) **목적**

① 집단원 자신의 행동이 집단과 다른 집단원들에게 미치는 영향을 인식하게 돕기 위함이다.

② 집단원이 관찰한 것을 다른 집단원들에게 알려주는 것의 중요성을 직접적으로 보여주기 위함이다.

(3) **피드백의 구분**

구분	내용
정적 피드백	• 다른 사람과의 면대면 상황에서 상대방의 행동·사고·감정이나 행동에 대하여 개인의 정적 감정 또는 생각 (예 상대방의 강점, 장점)을 말과 행동으로 되돌려주는 것 • 부적 피드백보다 훨씬 잘 받아들여지는 특성이 있어 행동의 변화 가능성을 높임 • 집단원 간의 신뢰감과 응집력을 높이는 경향이 있음
부적 피드백	다른 사람과의 면대면 상황에서 상대방의 행동·사고·감정이나 행동에 대한 개인의 부적 감정 또는 생각 (예 문제 행동, 비생산적 사고나 사고방식)을 말과 행동으로 되돌려주는 것
교정적 피드백	상대방의 비생산적이거나 부적응적인 행동, 사고에 변화를 줄 대안적 요구에 관한 반응이 포함된 부적 피드백

(4) **피드백 제공 지침**

① 피드백 제공 시 주목할 만한 행동에 초점을 맞춰야 하며, 구체적인 상황을 언급해야 한다.

② 평가나 판단 없이 피드백 제공자의 반응을 상대방의 행동에 대한 느낌 형태로만 표현한다.

③ 세부 지침

㉠ 대인관계와 관련된 피드백 제공에 집중한다.

㉡ 포괄적이지 않은 구체적인 지침을 명확하게 제공한다.

㉢ 시의적절하고 무비판적인 방식으로 한다.

㉣ 충고, 판단, 비판 없이 다른 집단원으로부터 받은 영향을 느낌의 형태로 표현한다.

㉤ 피드백을 받는 상대와의 관계에서 원하는 바를 표현한다.

㉥ 상대와의 관계에서 경험한 어려움에만 집중하지 않고 강점이나 좋아하는 점도 말한다.

(5) **유의점**

① 지금-여기의 집단상담 안에서 일어난 일만 피드백한다.

② 집단원에 대한 판단이나 평가가 반영된 피드백은 하지 않는다.

5. 연결과 보편화

(1) **연결** `기출 14, 15 추시, 19`

① 의미: 특정 집단원의 행동이나 말을 다른 집단원의 관심사와 이어주거나 한데 묶어주는 기술이다.

② 주로 집단원들의 사고와 행동이 가진 유사점, 차이점을 지적하는 것으로 개인상담에서는 사용되지 않는다.

③ 효과: 집단원 간 상호작용을 촉진하고, 집단 응집력을 높이고, 집단원이 자연스럽게 보편화를 체험하게 한다.

➡ 집단원 서로가 공통 관심사가 있음을 인식한다.

(2) **보편화**

① 의미: 집단원이 다른 집단원과 상호작용하면서 그들도 자신과 유사한 감정과 관심을 가진다는 점을 깨닫도록 돕는 기술이다.

② 보편화를 활용하여 해당 집단원의 생각과 감정이 자신만의 것이 아님을 알게 한다.

6. 차단하기(가로막기, 제지하기) _{기출 22}

(1) 의미

집단과정에 부정적 영향을 주거나 집단원의 성장을 저해하는 의사소통에 집단상담자가 직접 개입하여 집단원의 말을 중지시키는 기법이다.

(2) 차단 시기

> • 중언부언 할 때
> • 부정확한 사실을 말할 때
> • 논쟁을 할 때
> • 사실적인 이야기를 늘어놓을 때
> • 잡담을 늘어놓거나 집단의 목적과 무관한 이야기를 할 때
> • 다른 집단원의 비밀을 누설하거나 사생활을 침범하는 행위를 할 때
> • 회기 종결이 임박했을 때
> • 질문 공세를 퍼부을 때
> • 상처 싸매기를 시도할 때
> • '거기-그때' 형식의 논의를 할 때
> • 집단의 초점을 옮기고 싶을 때

(3) 차단 방법

① **첫 회기 또는 필요할 경우:** 집단과정의 촉진을 위해 불가피하게 집단논의를 차단하는 경우가 있을 것이라는 점을 집단원에게 알린다.
  ➡ 집단상담자는 차단의 이유를 설명함으로써 불필요하게 발생하는 집단원들의 불편한 감정을 막을 수 있다.
② **타이밍:** 집단원의 행동이 집단에 부정적 영향을 미칠 수 있다고 판단된 시점에 즉각 개입하여 말을 가로막는다.
③ **비언어적 행동:** 상담자는 비언어적 행동(얼굴표정, 시선, 목소리, 자세 등)을 사용하여 집단원의 불필요한 오해를 막는다.

(4) 차단을 위한 조력 방안

① **연이어 질문하는 집단원:** 질문을 차단하고, '나'를 주어로 자신에 대해 진술할 기회를 준다.
② **다른 집단원이나 집단 밖의 사람에 관해 말하는 집단원:** 당사자에게 직접 말해볼 것을 제안한다.
③ **남의 비밀을 누설하거나 사생활을 침해하는 행위를 하려는 집단원:** 단호하고 부드러운 어조로 상담자의 관심과 우려를 나타내며 즉시 개입한다.
④ **사실적 이야기를 장황하게 하는 집단원:** 이야기의 주제가 지금-여기의 사건이나 감정과 관련 있는지 말해보게 한다.

7. 진단과 평가

(1) 진단

① **의미:** 집단원의 행동과 감정이나 사고 유형을 분류하고, 증상 유무를 확인하며 어떤 진단적 범주에 속하는지를 파악하는 것 이상을 의미한다.

② 목적

    ⊙ 집단원 개개인이 집단참여 목적에 부합되는 집단을 선택하여 소기의 목적을 달성하도록 돕는다.

    ⓒ 위급 상황에 처한 집단원이 있다면 그의 안녕을 도모하는 방향으로 적극적인 조치를 취한다.

    ⓒ 집단상담에 부적절한 집단원은 다른 형태의 전문적 도움을 선택하도록 안내하여 전문가로서 책임을 다한다.

③ 경과일지: 집단회기를 마칠 때마다 집단원 개개인의 활동 내역을 기록하고 관리한다.

(2) 평가(evaluation)

① 의미: 한 회기를 마친 후에 해당 회기에서 일어난 사건, 다룬 내용을 면밀히 검토하는 작업을 말한다.

② 목적: 평가를 토대로 다음 회기의 목표와 상담 전략을 구상하기 위함이다.

③ 요소: 집단을 통해 일어난 변화와 집단회기의 생산적인 요소, 비생산적 요소가 검토된다.

11 의사소통과 상호작용 촉진 기법

1. 적극적 경청

(1) 의미

① 의미: 집단원의 언어적 또는 비언어적 행동에 민감하게 반응하여, 집단상담자 자신이 이해한 내용을 말과 행동으로 되돌려주는 것을 의미한다.

② 상대방에게 온전히 주의를 기울이면서 상대방의 대화 내용에 집중하고 몸짓, 음성 변화 등에 주의를 기울이면 숨은 의미를 감지할 수 있다.

(2) 메타의사소통

① 상대방의 말과 행동을 동시에 관찰하면서 그 사람이 말하는 내용 이상의 메시지를 파악하는 것이다.

② 이 방법은 다른 사람의 말과 행동을 관찰하여 그들이 어떻게 느끼고 무슨 생각을 하고 있는지를 알아낸다.

(3) 효과

① 집단상담자의 적극적 경청 기술의 반응은 집단원의 통찰을 유도할 수 있다.

② 이는 결과적으로 집단원의 문제 해결을 도모하고 인간적 성장과 발전을 촉진하는 효과가 있다.

2. 즉시성

(1) 의미

① 의미: 순간마다 경험하는 것에 접근하고 지각하여 느낀 내용을 언어적으로 의사소통하는 것이다.

② 이 기법은 집단원이 특정 주제를 마치 자신과 무관한 것처럼 말할 때 주로 사용한다.

③ 즉시성은 '지금-여기'에 초점을 맞추고, 현재 시점이나 직전에 일어난 사건을 현재 시제로 표현하는 방법이다.

(2) 효과

① 집단원에 대한 탐색과 자각이 가능하다.

② 집단원의 상호작용을 촉진하고 신뢰감을 형성할 수 있다.

3. 명료화

(1) 의미
① 의미: 집단원의 모호한 진술 다음에 사용되는 질문 형태의 반응 기술이다.
② 집단원이 자신의 진술 내용을 누락·왜곡·일반화하여 진술의 핵심이 명확하지 않을 때, 진술 내용의 공백을 채우거나 진술 내용에 의미를 부여하기 위해 집단상담자가 사용하는 언어적 도구이다.

(2) 사용 목적
① 집단원이 보다 구체적으로 말하도록 돕는다.
② 자신이 집단원의 진술 내용을 정확하게 들었는지 확인할 수 있다.
③ 모호하거나 혼동되는 진술 내용을 명확하게 한다.
④ 집단상담자가 이해한 의미가 집단원에게 투사되는 것을 방지한다.

(3) 방법
집단원의 진술 내용 중 핵심 부분을 반복하면서 집단상담자가 이해한 내용을 일정 형식에 따라 진술한다.
예 "~은(는) ~라는 뜻인가요?", "~은(는) ~라는 말인가요?"

(4) 효과
① 집단원은 전달하려는 핵심 메시지에 초점을 맞추고, 혼란스러운 감정을 분류할 수도 있다.
② 집단원의 표현을 상담자가 정확하게 이해하고 있는지 확인할 수 있다.
③ 집단원 간의 의사소통을 촉진한다.

4. 재진술

(1) 의미
① 의미: 어떤 주제(예 상황, 사건, 사람, 생각)에 관한 집단원의 진술 중 내용 부분을 집단상담자가 같은 의미의 다른 말로 바꾸어 말하는 기술이다.
② 주로 집단원에 관한 정보를 함축적으로 되돌려줌으로써 집단원 자신이 한 말의 내용에 주의를 기울이도록 돕는 역할을 한다.

(2) 방법(요령)
집단원이 말한 핵심 내용 중 집단상담자가 파악한 상황, 사건, 사람이나 생각에 초점을 맞추고 집단상담자의 말로 바꾸어 일정 형태의 반응을 보이는 것이다.
예 "~한 상황이군요(상황).", "~일/사건이 있었군요(사건).", "~하게 여기는군요(사람).", "~생각을 하고 있군요(생각)."

(3) 효과
① 집단원이 말하는 내용을 이해할 수 있다.
② 집단원 스스로 이야기의 핵심을 깨달을 수 있다.
③ 집단원과 집단상담자 간의 신뢰감이 형성된다.

5. 반영

(1) 의미

집단상담자가 집단원의 감정이나 진술의 정서적인 부분과 함께 해당 정서의 원인이 된 사건, 상황, 사람, 생각을 같은 의미를 가진 다른 말로 바꾸어 되돌려주는 기술이다.

> **참고** **감정의 재진술**
>
> 집단원의 생각, 느낌, 행동 등을 거울처럼 비추어 되돌려주는 기술이다.

(2) 사용 목적

① 감정 관리에 도움을 줄 수 있다.
② 상담자와 집단원들과의 관계를 심화할 수 있다.
③ 깊이 이해받고 있다는 솔직한 느낌을 준다.
④ 감정을 자유롭게 표현하도록 격려하기 위함이다.
⑤ 숨겨진 맥락이나 의미에 대한 탐색·통찰을 유도할 수 있다.
  ➡ 반영의 목적을 성취하려면 집단원이 전달하는 숨겨진 감정과 메시지에 주의를 기울여 경청해야 한다.

(3) 방법(요령)

경청을 통해 집단원의 감정 상태·원인을 파악하여 공감하고 이해한 후, 그의 욕구나 원하는 것을 일정한 형식을 통해 집단상담자의 말로 되돌려주는 기술이다.

예 "당신은 ~(사건, 상황, 사람, 생각) 때문에, ~한 느낌이 드는군요.", "당신은 ~하기를 원하는군요."

(4) 효과

① 집단원이 자신의 내면에 관심을 기울이게 한다.
② 집단원들이 적극적으로 감정을 표현하도록 도울 수 있다.
③ 감정 표현은 집단원이 자신의 감정을 수용적이고 효과적으로 관리할 수 있게 하여, 자기이해와 수용을 촉진한다.

6. 요약

(1) 의미

① 의미: 둘 이상의 집단원이 사용한 언어적 표현을 서로 묶고, 진술의 내용 부분을 동일한 의미의 다른 말로 바꾸어 기술하는 방법이다.
② 요약은 재진술과 반영의 확대 기법이다.
③ 집단상담자는 요약을 통해 집단원들이 스스로의 문제를 깨닫게 하고 집단의 흐름을 촉진할 수 있다.

(2) 목적

① 집단원들의 언어적 표현 중 핵심이 되는 부분을 서로 엮어 공통적인 주제나 유형을 파악하는 것이다.
② 지나치게 두서없는 이야기를 차단한다.
③ 상담의 진척 정도를 검토하기 위함이다.

(3) 사용 시기

① 한 회기를 마무리할 때나 집단의 진척 정도를 검토하고자 할 때
② 지나치게 두서없는 이야기를 차단할 때
③ 집단의 초점을 다른 주제로 이동하고자 할 때
④ 집단의 주제에 관한 논의가 산만하다고 판단될 때
⑤ 집단원들 사이에서 중복되는 이야기가 거론될 때

(4) 내용

집단원의 이야기와 집단회기의 활동을 정리한다.

(5) 효과

① 집단원이 이야기하고자 한 주제가 드러난다.
② 집단원이 말한 이야기의 내용을 정리하고 확인할 수 있다.
③ 집단원은 집단회기를 통해 변화된 자신을 탐색할 수 있다.

7. 질문

(1) 의미

집단원의 정보와 자료를 수집하고 그들의 생각·감정을 탐색하기 위한 상담 기술이다.

(2) 분류

① 개방 질문
ㄱ 육하원칙으로 누가, 언제, 어디서, 무엇을, 어떻게, 왜의 형태로 집단원과 소통을 원활하게 할 때 사용한다.
ㄴ 집단원의 탐색을 격려하거나 정보를 얻을 때, 집단원의 행동·느낌·생각에 대한 구체적인 예를 알아볼 때, 집단원의 의사소통을 활성화할 때 사용한다.
ㄷ 목적: 집단원의 자기개방과 상호작용을 촉진한다.
ㄹ 개방 질문이 유용한 경우: 폭넓은 정보를 얻고자 할 때, 다양한 탐색을 격려할 때, 의사소통을 활성화하고자 할 때, 의견을 자유롭게 말하도록 돕고자 할 때 등이 있다.
ㅁ 장점: 상담자는 개방 질문을 함으로써 집단원이 자신의 문제에 대한 넓은 안목을 갖게 하거나, 집단원의 사고, 감정, 신념, 관점을 도출할 수 있다.

② 폐쇄 질문
ㄱ 예/아니요 또는 1~2개의 단어로 답할 수 있는 질문으로, 토론 주제의 범위를 좁히고 한정한다.
ㄴ 구체적인 정보를 얻거나, 문제의 유형 및 경향성을 찾아내며, 지나치게 말이 많은 집단원의 말을 가로막고 집단의 주제에 초점을 맞출 때도 사용한다.
ㄷ 폐쇄 질문이 유용한 경우: 구체적인 정보를 얻고자 할 때, 집단 주제로 초점을 환원하려 할 때, 문제의 유형이나 경향성을 찾아낼 때, 논의 주제의 범위를 좁히거나 한정시킬 때 등이 있다.
ㄹ 장단점
ⓐ 장점: 구체적이고 특정한 사실을 포함한 답을 얻을 수 있다.
ⓑ 단점: 자칫 심문의 형태가 되어 대화를 중단시키거나 집단원과의 촉진적 관계 형성을 저해하는 역할을 하게 될 수 있으므로 주의하여 사용해야 한다.

③ 직접 질문과 간접 질문

구분	직접 질문	간접 질문
내용	• 직접적으로 묻는 의문형 형태의 질문 • 간접 질문보다 단도직입적인 느낌 예 대학에서 무엇을 전공할 예정이니?	• 의문문인 직접 질문과 달리, 평서문 형태의 질문 • 상대방에게 완곡한 느낌을 줌 • 특징: 문장의 끝을 물음표가 아닌 마침표로 맺음 예 대학에서 전공을 무엇으로 할지 결정했다고 한 것 같은데.

④ 양자택일형 질문
　　㉠ 집단원에게 두 가지 중 하나를 선택하게 하는 질문이다.
　　㉡ 장점: 지적 수준이 낮거나 나이가 어린 집단원의 경우, 상담자가 전문성을 발휘하여 둘 중 하나를 선택하게
　　　도울 수 있다.
　　㉢ 단점: 집단원이 반드시 하나를 선택해야 한다는 부담감을 느낄 수 있으며, 자기탐색의 폭을 제한하고 집단원
　　　의 자유의지와 선택의 권리를 훼손할 수 있다.

⑤ '왜'로 시작되는 질문
　　㉠ 의문사로 시작하는 형태의 질문으로, 학문 탐구에 있어 지적 호기심을 나타내는 중요한 질문 형태이다.
　　㉡ 문제점
　　　ⓐ 집단원의 잘못을 지적하거나 비난하는 의도로 받아들여질 수 있어, 상대방이 추궁당한다고 느끼거나 방
　　　　어적 태도를 보일 수 있다.
　　　ⓑ 상대방에게 원인을 탐색하게 함으로써 감정보다 이성적인 측면에 초점을 맞추도록 하는 경향이 있다.
　　㉢ 집단원이 한 행동의 이유를 탐색하고자 질문할 때는 '왜'보다 '무엇을', '어떻게'로 시작되는 문구로 표현하는
　　　것이 좋다.
　　㉣ 다른 방법으로는 "~하려는 이유가 무엇인지 궁금하구나."라는 완곡한 표현도 있다.
　　㉤ '왜'로 시작되는 질문이 사용 가능한 경우: 사실적인 정보를 얻고자 하는 경우에 활용한다.

⑥ 질문 공세
　　㉠ 이미 질문한 상황에서 상대가 질문의 대답을 마치기 전에 다른 질문을 연속적으로 던지는 것을 말한다.
　　㉡ 집단원에게 압박감을 주고 불안을 초래하며, 집단상담자와 집단원 사이의 신뢰관계를 손상시킬 수 있다.

⑦ 효과적인 질문
　　㉠ 가능한 한 개방 질문을 한다.
　　㉡ 한 번에 한 가지를 질문한다.
　　㉢ 질문은 간결하고 명확하여 이해하기 쉬워야 한다.
　　㉣ 직접적인 질문보다 간접적인 질문의 형태를 취한다.
　　㉤ '왜'보다는 '무엇을', '어떻게'로 시작하는 질문을 한다.
　　㉥ 질문을 한 다음, 기다리면서 집단원의 대답에 귀 기울인다.

8. 재구조화(재명명)

(1) 의미: 집단원이 처한 상황, 문제를 새로운 각도에서 볼 수 있게 돕는 기술이다.

(2) 목적: 집단원이 상황, 문제에 대한 기존의 인식과 방식에서 탈피하게 하여 보다 생산적인 변화를 유발한다.

(3) 효과

① 집단원이 자신의 사고, 감정, 행동, 경험, 현재 상황 등을 새로운 관점으로 조망할 수 있다.

② 집단상담자가 객관적인 입장을 취할수록 집단원은 다양한 상황을 여러 각도에서 조망할 수 있다.

③ 집단원들의 자료에 기초하여 개개인에 대한 대안적인 설명이나 해석을 제공할 수 있다.

9. 자기개방 `기출 15 추시`

(1) 의미: 집단상담자가 자기 자신에 대한 정보를 드러내는 것이다.

(2) 효과

① 자기개방은 집단원에게 모방학습(모델링)의 기회가 된다.

② 일부 집단원이 집단상담자에 대한 그들의 감정을 현실 검증해 볼 계기가 된다.

➡ 집단상담자는 자기개방을 통하여 집단원에게 유사성과 친근감을 전달할 수 있고, 집단상담자와 집단원 간에 보다 깊은 이해를 발달시킬 수 있다.

(3) 자기개방에 앞서 확인해야 할 사항

① 집단이 현재 어떤 상태인지 확인한다.

② 집단상담자의 자기개방이 필요할 만큼 집단원의 참여 수준이 저조한지 살펴본다.

(4) 집단상담자에 대한 부정적 피드백 대처

① 부정적 피드백을 수용적으로 경청하여, 집단원이 전달하려는 핵심 내용을 깊이 성찰하고 적절히 반응한다.

② 합의적 타당화나 검증 과정을 거친다.

> **참고** **합의적 타당화**
>
> 특정 사안에 대해 다른 집단원도 유사한 느낌이나 경험을 겪고 있는지의 여부를 말한다.

③ 자신의 내적 경험, 즉 자신이 어떤 경험을 하고 있고, 어떤 반응을 보이고 있는지 면밀히 확인해 본다.

(5) 자기개방 범위

집단원들의 목표성취 혹은 집단의 치료적 효과를 극대화하기 위한 분명한 의도를 가지고 자기개방을 해야 한다.

10. 직면

(1) 의미

① 집단원의 말, 행동이나 말의 앞뒤가 일치하지 않는 경우, 그 모순점을 말로써 드러내주는 기술이다.

② 집단원이 자신의 말과 행동이 가진 모순점을 검토하게 함으로써 스스로 깨닫도록 돕는다.

③ 집단상담자는 직면을 시의적절하게 활용하여 집단원의 언행불일치가 그의 삶에 미치는 영향을 탐색하게 한다.

④ 직면으로 얻은 통찰을 변화의 행동으로 옮기도록 돕는다.

(2) **직면이 필요한 상황**

　① 집단원의 말과 행동이 불일치할 때

　② 집단원이 현재 하는 말과 다른 때에 말한 내용이 다를 때

　③ 집단 내에서 집단원이 말한 내용과 다른 내용을 집단 밖에서 들었을 때

(3) **효과**

　① 집단원의 자기인식과 이해를 증진하고 변화를 촉진하는 효과가 있다.

　② 자신의 행동이 다른 사람에게 어떤 영향을 주는지를 깨닫게 한다.

(4) **기본 가정**

　① 문제가 되는 증상에 반드시 이유가 있고, 이는 과거 특정 목적의 성취나 적응 수단으로 활용되었다.

　② 이 가정은 증상을 대체할 새로운 행동, 사고, 감정이 필요함을 의미한다.

11. 해석

(1) **의미**

　집단상담자가 집단원의 행동의 원인을 설명하거나 연관성 여부를 잠정적 가설의 형태로 기술하는 것이다.

(2) **목적**

　집단원이 자신의 행동 원인과 목적을 통찰하게 돕는다.

(3) **방법**

　① 집단원이 받아들일 준비가 되었는지 확인한 후 적절한 시기에 제공한다.

　② 사실적 진술보다 잠정적 가설의 형태로 제시한다.

12. 정보 제공

(1) **의미**

　집단원이 필요로 하는 자료, 사실적인 정보를 구두로 전달하는 것을 말한다.

(2) **목적**

　① 집단원이 문제 해결이나 의사결정을 위한 모색과 평가를 할 수 있게 돕는다.

　② 집단원 자신이 처한 상황을 다른 각도에서 조망하여 잘못된 생각이나 신념을 바꾸도록 유도한다.

(3) **정보 제공 시기**

　① 문제 해결을 위한 정보와 자료가 필요할 때

　② 잘못된 생각, 신념에 변화를 주고자 할 때

　③ 의사결정을 위한 대안의 모색이나 평가를 돕고자 할 때

　④ 집단원이 처한 상황을 다른 시각에서 볼 수 있도록 할 때

　⑤ 과거에 회피한 문제점을 검토하도록 돕고자 할 때

13. 자기표현법(나 – 전달법)

(1) **의미**: 집단상담자가 자신을 주어로 하여, 집단원의 행동에 대한 자신의 의사와 감정을 전달하는 기법이다.

(2) **구성요소**

    ① **상황(행동)**: 문제 상황(행동)에 대한 비판이나 비난이 없는 서술이다.

    ② **영향**: 그 행동이 나에게 미치는 구체적인 영향을 의미한다.

    ③ **느낌**: 상대방의 행동이나 구체적인 영향에 대한 집단상담자의 감정, 느낌이다.

(3) **나 – 전달법 절차**

순서	절차	형식
1	자신의 감정을 헤아려 봄	"나는 어떤 느낌인가?"
2	감정을 유발시킨 원인을 파악함	"왜 그런 느낌이 들었을까?"
3	집단원이 원하는 바를 파악함	"당신의 ~한 행동으로 인해 나는 ~한 느낌이 듭니다."
4	상대방의 행동 변화를 제안·요구·주장하는 내용을 표현함	"나는 당신이 ~하는 게 좋습니다."

> **참고**   **나 – 전달법 표현방식의 예시**
>
> • "(상대방의 구체적인 행동)이 ~할 때, (행동의 영향·결과) ~같아서(자신의 감정) ~한 느낌이 듭니다."
> • "나는 당신이 ~하는 게 좋습니다."
> 예 태영이가 학교 늦게 올 때마다(사실) 선생님과 아이들이 함께 이야기할 시간을 짧아져서(결과/영향) 당황스럽구나(감정). 그러니까 태영이가 집단상담에 좀 더 일찍 와 주었으면 좋겠구나(요청).

14. 과정분석

(1) **의미**

    ① 집단원이 자신의 욕구, 대처방식, 증상, 패턴(예 행동, 사고, 감정) 등을 인식·이해·수용하게 돕는 기술이다.

    ② 집단상담자 – 집단원, 집단원 – 집단원 사이의 상호작용에서 순간순간 일어나는 역동을 인지적으로 처리하는 일련의 과정이다.

(2) **목적**

    집단원의 패턴(예 행동, 사고, 감정 등)은 중요한 타인과의 관계에서 습득되었으며, 보다 건설적이고 생산적인 패턴을 만들고자 한다면 행동 변화가 필수적으로 이루어져야 한다는 사실을 받아들이게 한다.

(3) **과정 질문**: 과정 분석의 일부분으로, 과정 인식을 촉진하기 위해 고안된 일련의 질문이다.

    예 "바로 지금 어떤 생각이 떠올랐나요?"

(4) **과정 질문 방법**

    ① 긍정적인 상호작용에 초점을 맞춘다.

    ② **하위 집단을 활용**: 2인 1조 등의 하위 집단으로 나누어 활동하도록 한다.

    ③ 가정법 형식을 활용한다.

        예 "○○씨가 예전처럼 적극적으로 참여하고 있다면, 민수 씨는 ○○씨에게 어떤 느낌이 들 것 같나요?"

    ④ 집단원에게 구체적인 지침을 제공한다.

제 5 절 집단의 발달 단계

12 집단의 발달 단계

1. 집단 발달의 원리 및 단계별 특징

(1) 발달의 원리

① 발달은 단계의 순서대로 진행된다.

② 일반적으로 단계의 순서는 건너뛰지 않는다.

③ 개인이 어떤 단계에 있는지 안다면 다음에 어떻게 될지도 예측이 가능하다.

④ 발달은 다른 사람들이 다음 단계로 옮겨가도록 도와주면 촉진될 수 있다.

(2) 단계별 특징 기출 14

단계	특징
초기 단계	• **높은 불안감**: 집단원들의 불안 수준이 높은 편임 • **자신에의 초점 회피**: 집단과정에서 자신에 대한 초점을 피함 • **그때 – 거기에 초점**: 과거의 사건에 초점을 맞추어 이야기하는 경향이 있음 • **막연한 기대와 모호한 목표**: 집단의 방향, 목표, 내용, 규범 등이 명확해지기 전까지 집단원은 혼란감을 가짐 • **낮은 신뢰감과 두려움**: 내면의 거부감, 수치감, 소외감, 배척감에 대한 두려움 때문에 내면의 갈등을 겪음
과도기 단계	• 집단원들의 불안감이 더욱 고조되고, 집단원들 사이에서 저항이 표출됨 • 방어적 태도에 따른 갈등이 야기됨 • 집단상담자에 대한 도전이 나타남
작업 단계	• 집단의 응집력이 강함 • 집단원들 사이에서 피드백 교환이 활성화됨 • 집단규범을 적극적으로 실천함 • 집단의 목적을 달성하기 위해 책임을 공유하고, 집단에 적극적으로 참여함(높은 생산성)
종결 단계	• 집단원들이 복합적인 감정을 갖게 됨 • 집단원들이 집단참여에 소극적으로 임함

(3) 학자별 집단 발달 단계

① **한센(Hansen)**: 시작 단계, 갈등 단계, 응집성 발달 단계, 생산 단계, 종결 단계로 구분하였다.

② **도니지안과 말나티(Donigian & Malati)**: 오리엔테이션 단계, 갈등 및 직면 단계, 응집력 단계, 작업 단계, 종결 단계로 구분하였다.

③ **얄롬(Yalom)**: 오리엔테이션 및 의미 탐색 단계, 갈등 단계, 우월 및 반발 단계, 응집 단계로 구분하였다.

④ **코틀러(Koltter)**: 도입 단계, 실험 참여 단계, 응집력 있는 참여 단계, 탈참여 단계로 구분하였다.

⑤ **글래딩(Gladding)**: 형성·방향 설정 단계, 과도(폭풍·규준 설정) 단계, 수행(작업) 단계, 애도·종결 단계로 구분하였다.

⑥ 제이콥스 등(Jacobs): 시작 단계, 중간 또는 작업 단계, 종결 단계로 구분하였다.

⑦ 코리 등(Corey): (집단 구성하기), 초기 단계, 과도기 단계, 작업 단계, 종결 단계로 구분하였다.

(4) 터크만(Tuckman)의 연속적 발달 단계

단계	주요 과정	특징
형성기 (오리엔테이션 단계)	• 구성원 간의 친숙성과 집단에 대한 성숙성 증가 • 의존성과 포함의 쟁점 • 리더의 수용과 집단 합의	• 잠정적이고 예의 바른 의사소통 • 애매성, 집단목표에 대한 우려 • 리더는 적극적이며 구성원은 수용적임
격동기 (갈등 단계)	• 절차에 대한 의견 불일치 • 불만족의 표현 • 구성원 간의 긴장 • 리더와 구성원 간의 대립	• 아이디어에 대한 비평 • 저조한 출석률 • 증오심 • 양극화와 동맹 형성
규범기 (구조 발달 단계)	• 응집력과 일체성의 증가 • 역할, 기준과 관계의 확립 • 신뢰와 의사소통의 증가	• 절차에 대한 의견 일치 • 역할의 애매성 감소 • '우리' 의식의 증가
수행기 (작업 단계)	• 목표 성취 • 과제지향성 제고 • 수행과 생산의 강조	• 의사결정 • 문제 해결 • 상호 협동
휴지기 (해체 단계)	• 역할 종료 • 과제 종료 • 의존성 감소	• 해체와 철수 • 독립성과 정서성의 증가 • 후회

2. 초기 단계

(1) 특징

① **낮은 신뢰감과 두려움**: 신뢰감이 낮기 때문에 집단원은 자신이 있는 그대로 수용되는지, 자기의 관심사가 진지하게 받아들여지는지, 느끼고 생각한 것을 표현하기에 안전한지 등을 탐색한다.

② **소극적 집단 참여**: 집단 참여에 소극적·미온적인 태도를 보이며, 설령 참여하더라도 자신의 감정보다는 사실 중심의 이야기를 하는 경향이 있다.

③ **높은 불안감**: 집단원의 불안 수준이 높은 편이다.

ⓛ 원인

ⓐ **내재적 갈등**: 집단원들은 본질적으로 자신의 소망과 욕구를 표출하면서 앞으로 나아가고 싶어 하지만 내면의 거부, 수치심, 징벌의 두려움 때문에 표출 동기가 꺾이기도 한다.

➡ 집단과정을 활성화하여 갈등의 쟁점에 대한 자기탐색을 촉진한다.

ⓑ 집단의 효과나 집단상담자에 대한 신뢰감이 아직 부족하기 때문이다.

ⓒ 불안 감소 방안

ⓐ 적극적 경청, 공감적 이해를 사용하여 두려움을 자유롭게 표현하도록 돕는다.

ⓑ 불안감을 서로 나눌 기회를 제공한다.

예 2인 1조로 신뢰감 형성을 돕는 활동지를 함께 작성하게 하는 것

④ 자신에의 초점 회피: 집단과정 중 자신에게 초점이 맞춰지는 것을 피한다. 따라서 집단과정에서 자기 자신보다 다른 집단원 또는 사건에 초점을 맞추는 경향이 있다.

⑤ 그때-거기에 초점: 과거의 사건에 초점을 맞추어 이야기하는 경향이 있다.

(2) 집단 발달과제 [기출 22]

① 집단상담 구조화: 집단의 구조화를 실시하고, 시범을 통해 집단원에게 기대되는 행동을 가르친다.
  ㉠ 구조화가 지나치게 적은 경우: 집단원들이 지나치게 불안해 할 수 있으며 자발성을 억제한다.
  ㉡ 구조화가 지나치게 많은 경우: 의존적인 태도나 행동을 조장할 수 있다.

② 집단 참여 목적 명료화: 집단원의 집단 참여 목적(예 집단에서 얻길 원하는 것)을 명료하게 설정할 수 있도록 도와야 한다.
  ㉠ 과정적 목표: 집단원들이 개인의 목표를 성취하기 위하여 상호작용하는 데 도움이 되는 목표다. 즉, 집단원들이 어떻게 행동하면 집단이 활성화되고 신뢰관계가 형성되어 깊이 있게 발달하겠는가와 관련된 목표다.
  ㉡ 개인적 목표: 개인이 도움을 받고자 하는 특정 문제나 집단상담에 응하고자 하는 주된 이유다.

③ 신뢰 분위기 조성: 집단상담자가 각 집단원에게 적극적으로 수용적·공감적 반응을 보이면 점차 신뢰 분위기가 조성될 수 있다.

④ 집단 응집력 형성: 초기 단계의 응집력은 저절로 형성되는 것이 아니라 자발적 참여, 시간 엄수, 상호 신뢰나 보살핌을 위한 노력 등을 통해 차츰 형성된다.

⑤ 집단의 상호작용 촉진: 상호작용 촉진을 위한 과업은 집단원들의 상호작용을 지금-여기 경험에 초점을 맞추고, 내용 중심의 이야기보다는 과정 중심의 솔직한 느낌을 현재형으로 표현하도록 돕는 일이다.

(3) 촉진 전략

① 시범(모델링): 집단상담자가 본보기로 시범을 보이며 신뢰 분위기 조성에 필요한 행동을 가르칠 필요가 있다.

② 집단규범(집단규준) 발달: 집단 발달 촉진을 위해 건설적·생산적인 집단규범 발달을 돕는 전략을 사용한다.
  ㉠ 집단규범: 집단이 효과적으로 기능하기 위해 요구되는 행동, 즉 '해야 할 것'과 '해서는 안 되는 것'에 대한 공유된 신념을 말한다.
  ㉡ 명시적 규범: 집단의 형태와 관계없이 많은 집단에서 공통적으로 적용되는 행동 기준이다.
  ㉢ 암묵적 규범: 집단에 대해 집단원이 나름대로 가지고 있는 신념을 토대로 이루어지는 일련의 행동 기준이다.

③ 주의 깊은 경청: 집단원들의 언어·비언어적 행동을 주의 깊게 경청한다.

④ 집단 결과에 대한 책임의 분배: 리더는 집단원들이 의존적으로 묻고 반응을 요청할 때 직접 반응하기보다는 기다리면서 집단원 전체에게 반응할 수 있도록 촉진함으로써 집단의 자원을 이끌어 낼 수 있다.
  ➡ 리더가 개입을 자제하고, 집단원들에 대한 신뢰를 가지고 집단에 대한 책임을 나누게 되면 집단 초기에 집단원들의 적극성을 키울 수 있다.

⑤ 공감적 이해: 집단원이 주관적으로 경험한 것을 이해하고 그가 경험한 세계를 그의 입장에서 느낀다.

3. 과도기 단계

(1) 특징

① 불안 고조: 집단원의 자기개방 수준이 높아짐에 따라 다른 집단원을 의식하는 정도 또한 높아지면서 불안감이 더욱 높아진다.

② **저항 표출:** 집단원은 자신을 방어하거나 예상되는 상처로부터 회피하기 위해 저항을 표출한다.
- ㉠ 저항은 불안으로부터 자아를 보호하려는 시도로, 흔히 다양한 형태의 행동으로 나타난다.
  - ⓐ **방어적 행동:** 저항의 대표적인 형태로, 흔히 방어기제의 과도한 사용이나 자기개방을 주저하는 행동 등으로 표출된다.
  - ⓑ **숨은 의도:** 저항을 표출하는 형태 중 하나로, 집단원이 다른 집단원이나 집단상담자와의 관계에서 생긴 감정을 표출하지 않고 억압함으로써 나타나는 행동 특성이다.
- ㉡ **집단원의 저항을 치료적으로 다루는 법:** 집단상담자가 관찰한 내용을 밝히고 집단에서 진행되는 것에 대한 집단상담자의 느낌과 생각을 집단원에게 알려주는 것이다.

③ **갈등 야기:** 부정적인 감정을 표출하고, 경쟁적인 갈등 모습을 보이기도 한다.

④ **집단상담자에 대한 도전:** 집단상담자에게 실망감을 표현하고 공격하며 집단의 목적과 효과에 의문을 제기하기도 한다.

(2) 집단 발달과제

① **저항의 처리:** 집단원이 자신의 저항을 인정하고 처리하도록 격려하고 개방적인 집단 분위기를 조성한다.
- ㉠ 저항을 처리할 때 지금–여기에서 일어나는 저항 행동과 상호작용을 허용하고 촉진하며 객관적으로 인식하게 한다.
- ㉡ 솔직하고 직접적으로 감정을 표현하고 새롭게 알게 된 것을 나눌 기회를 가지며, 대안행동과 긍정적 상호작용이 증진되도록 한다.

② **자연스러운 갈등 촉진:** 갈등은 잘 다루면 집단 발달에 도움을 주므로, 자유롭게 표현하도록 촉진한다.
- ㉠ **순기능적 갈등:** 집단원의 본래 모습이 드러나기 시작하면서 개인의 성격 특성이나 고유의 상호작용 양식, 방어기제 등이 표현되어 갈등을 야기하는 것이다.
  - ➡ 순기능적 갈등은 집단 발달에 긍정적인 영향을 주므로, 자유롭게 표현하도록 촉진한다.
- ㉡ **역기능적 갈등:** 상담자의 부적절한 프로그램 구성, 사전 준비 부족, 역기능적 개입, 사후 관리 부족 등으로 인해 겪게 되는 갈등을 말한다.
  - ➡ 집단 발달을 저해하는 요소이므로 최대한 억제되어야 한다.

③ **안전과 능력에 대한 신뢰감 형성:** 자신의 취약한 부분을 드러내도 안전하다는 믿음과 집단의 문제 해결능력에 대한 신뢰감을 형성한다.
- ㉠ **안전에 대한 신뢰감:** 자신의 취약한 부분을 드러내도 안전할 것이라는 믿음이다.
- ㉡ **능력에 대한 신뢰감:** 집단원과 집단상담자가 능력이 있으므로, 자신의 취약한 부분을 개방하면 해결에 도움을 받을 수 있다는 믿음이다.

④ **기능적인 집단상담 구조 유지**
- ㉠ 과도기 단계는 초기에 형성된 집단구조가 도전받는 시기이며, 집단상담자는 집단규칙, 행동규범에 의문을 제기하고 도전하는 집단원에게 유연하고 개방적으로 대해야 한다.
- ㉡ 집단상담자는 이 도전이 집단 진행상황에 도움이 되는지, 집단의 목적에 부합하는지를 판단하여 기능적인 집단상담 구조를 유지한다.

(3) **촉진 전략**

　① 집단원의 모험 시도 독려: 집단원이 새로운 행동을 시도하도록 독려한다.

　　㉠ 새로운 행동의 시도는 깊은 수준의 자기탐색으로 이어지고 집단 발달에 긍정적인 영향을 미친다.

　　㉡ 모험 시도에 대한 두려움을 터놓게 하거나 용기 있게 시도한 집단원을 격려하면서 분위기를 전환할 수 있다.

　　㉢ 집단상담자는 집단원이 모험을 시도하도록 적절히 구조화된 활동을 활용할 수 있다.

　② 초점의 유지: 논의가 집단 목적에 합당한 주제로 진행되고 초점에서 벗어나지 않도록 관리·감독한다.

　③ 갈등의 중재: 갈등과 관련된 각 집단원의 입장과 심정을 반영하고, 의사소통 내용을 재진술하거나 명료화하여 서로 공통적이거나 일치하는 부분은 연결해준다.

　　㉠ 갈등 상황에 처한 집단원이 서로 직접 말하도록 돕는다.

　　㉡ 공격적이고 무감각한 반응은 적절히 소거한다.

　④ 시의적절한 해석 제공: 집단원에게 적절하게 해석을 제공한다.

　⑤ 비언어적 행동에의 적극적 반응: 집단원들이 말과 행동으로 전달하려는 메시지에 적극적이고 민감하게 반응해야 한다.

　　㉠ 동작성: 보통 신체언어, 즉 표정, 시선, 제스처, 태도, 자세, 신체 접촉 등을 말한다.

　　㉡ 근접성: 사회적 거리. 사회적 공간, 개인적 영역 또는 세력권을 말한다.

　　㉢ 준언어: 무엇을 말하는가보다 어떻게 말하는가에 관한 개념이다.

4. 작업 단계

(1) **특징** `기출 16`

　① 깊은 신뢰관계 형성: 집단원 사이에 깊은 신뢰관계가 형성된다.

　② 강한 집단 응집력 조성: 집단의 응집력이 강해진다.

　　➡ 강한 응집력은 집단원의 솔직한 자기개방, 적극적 피드백 교환, 지금-여기 상호작용에 대한 논의, 직면, 통찰 등의 활동으로 전환되면서 집단활동과 실행지향적 행동을 촉진한다.

　③ 높은 생산성: 집단목적을 달성하고자 책임을 공유하고, 집단에 활발히 참여하며 집단규범도 적극 실천한다.

　　㉠ 집단원이나 집단상담자에 대한 갈등이 인식되고, 이를 논의로 해결하는 경험을 가지게 된 집단원은 여러 집단원과의 상호작용에 익숙해지면서 갈등을 다루는 법을 터득한다.

　　㉡ 집단원이 서로 다른 생각과 견해를 가질 수 있는 점을 인정하는 동시에 발생하는 갈등을 직면을 통해 적극적으로 해결하려고 노력한다.

　　㉢ 새로운 행동을 시도하고 변화하려는 노력을 지지하고 격려하는 분위기가 고조된다.

　④ 피드백 교환 활성화: 집단원들 사이에 피드백 교환이 활성화된다.

　　➡ 이 단계에서는 효과적인 상호작용 방법을 터득한 집단원이 집단상담자의 요구나 개입 없이도 구체적이고 정교한 피드백을 교환한다.

　⑤ 개인차 존중: 집단원의 개인적 차이와 문화적 차이가 존중되고 다양성이 권장된다.

　⑥ 집단규범의 적극적 실천: 집단원들이 집단목표를 성취하기 위해 집단규범을 적극적으로 실천한다.

　⑦ 갈등의 불가피성 인정과 적극적 해결

　　㉠ 집단원 간 갈등이 오히려 집단의 논의 소재가 되고 갈등을 통해 서로에 대한 이해의 폭과 깊이를 더한다.

　　㉡ 특히 집단원-집단원, 집단원-집단상담자의 갈등이 인식·논의되고 해결된다.

⑧ **적극적 집단 참여:** 집단원 모두가 집단 목적 달성을 위해 책임을 공유하고, 집단에 적극적으로 임한다.

⑨ **회기 간의 지속성:** 집단원이 집단회기와 회기 사이에도 변화와 성장을 위해 적극적으로 노력한다.

⑩ **실천 가능한 과제 부여:** 집단원들에게 실천할 수 있는 과제를 부여하고, 과제의 실행 결과와 변화 내용에 대해 구체적으로 논의한다.

(2) 집단 발달과제

① **자기개방과 감정의 정화:** 보다 깊은 자아인식을 하고 신체적·정신적 해방감을 느끼도록 한다.

② **역기능적 행동패턴의 탐색과 수용:** 피드백과 직면을 통해 역기능적 행동패턴을 탐색하고 수용한다.

③ **생산적인 대안행동의 선택과 실행:** 생산적인 대안행동을 집단의 지지 속에서 실행해야 한다.

   ㉠ **생산적인 성과:** 집단원들의 역기능적 행동이나 상호작용이 감소하고 대안행동, 상호작용 등이 증가한다.

   ㉡ 대안행동은 집단에서 브레인스토밍을 활용하여 자유롭게 논의하고 찾을 수 있다.

(3) 촉진 전략

① **피드백의 활성화:** 구체적 행동을 대상으로 비판적이지 않은 방식의 상호작용을 한다.

   ㉠ 피드백은 지금-여기(즉시성)에 초점을 두고 직접적인 상호작용 방식을 기초로 이루어져야 한다.

   ㉡ **효과적인 피드백:** 분명하고 직접적인 태도로 구체적 행동에 대한 피드백을 비판적이지 않은 방식으로 전달해야 한다.

② **문제 행동 직면:** 집단원이 자신의 말과 행동의 차이를 깨닫고 자신의 자원과 잠재력을 인식하게 한다.

   ㉠ 신중한 직면은 집단원이 깨달은 것을 행동으로 옮기는 방법도 터득하게 한다.

   ㉡ 집단상담에서 배운 것을 일상생활 문제에 적용하는 데 도움이 될 수 있다.

③ **의미의 해석:** 경험이 갖는 의미를 인지적으로 이해하는 작업이다. 정화만 사용하면 치료적 한계가 있으므로, 정화 후에 그 감정이나 경험의 의미를 인지적으로 이해하는 작업이 뒤따라야 한다.

④ **유머:** 문제를 다른 새로운 시각으로 바라보게 한다.

   ㉠ 웃는다는 것은 문제를 기존과 다른 시각으로 보는 것을 의미하며, 이는 집단원이 상황에 휘말리지 않고 통제할 수 있게 한다.

   ㉡ 집단원이 현재 자신의 상황에서 불합리하고 아이러니한 면을 찾아내도록 도울 때 효과적인 전략이다.

5. 종결 단계 `기출 14`

(1) 특징

① **복합적 감정:** 집단을 떠나야 하는 데서 오는 분리감이나 상실감을 경험한다.

② **소극적 참여:** 집단의 종결을 예상하여 새로운 문제 제시를 꺼린다.

(2) 집단 발달과제

① **집단의 발달과정 요약:** 집단에서의 경험을 통해 학습한 결과를 정리한다.

   ㉠ 집단원은 집단과정 중 인상 깊거나 의미 있던 경험을 떠올리고 서로 나누며, 학습 결과를 정리할 수 있다.

   ㉡ 집단상담자는 이를 요약·정리하여 집단원이 집단의 성과를 확인하고 긍정적인 시각으로 집단을 떠나게 한다.

② 집단원의 성장과 변화에 대한 평가: 집단원들은 집단 시작 시점과 현재의 차이를 비교하고, 각 집단원이 무엇을 학습하고 어떤 행동 변화와 성장을 겪었는지를 평가한다.

　ㄱ 집단원의 변화를 격려하고 지지한다.

　ㄴ 변화에 대한 격려와 지지는 긍정적인 변화를 강화하는 효과가 있다.

③ 이별 감정과 미해결 과제 다루기: 집단원이 집단을 홀가분하게 떠나도록 돕는다.

　ㄱ 집단에 대한 아쉬움을 공유할 수 있게 돕는다.

　ㄴ 종결은 집단 안에서 학습한 대안행동을 집단 밖에서 실행하는 새로운 시작이라는 점을 일깨우고 새롭게 시도할 행동에 희망을 가지게 한다.

　ㄷ 집단원이 서로 부정적인 감정을 가지고 있진 않은지, 개인적인 문제 해결을 마무리하지 못해 아쉬운 사람은 없는지 등을 확인하여 미해결 과제를 효과적으로 취급하고, 집단원이 마음 편히 집단을 떠나도록 돕는다.

④ 작별인사: 상호 간에 언어와 비언어로 작별의 인사를 교환하면서 마무리한다.

(3) 촉진 전략

① 행동 변화의 실습: 시연을 통해 행동할 수 있는 구체적 기법들을 습득한다.

　ㄱ 새로운 행동을 실습하고 집단 밖에서도, 종결 후에도 그런 작업을 계속하도록 격려한다.

　ㄴ 역할극이나 예상된 반응에 대한 시연을 통해 집단원은 자신이 원하는 대로 행동할 수 있는 구체적인 기법을 습득한다.

② 피드백 주고받기: 긍정적인 내용에 초점을 맞추고 성취에 대한 피드백을 주고받는다.

　ㄱ 긍정적인 피드백뿐만 아니라 부정적 감정(예 걱정)도 표현하게 한다.

　ㄴ 상담 후반기의 피드백은 유익해야 하고 집단원이 마무리를 지을 기회를 주어야 하는데, 이때 작업할 시간이 없는 부정적 생각이나 갈등을 풀어놓는 것은 바람직하지 않다.

　ㄷ 긍정적인 관점으로 집단과정에서 성취한 바를 구체적이고 가시적인 행동 용어를 사용하여 피드백한다.

③ 배운 것을 실천하는 방법: 집단에서 배운 것을 행동으로 옮기도록 도와준다.

④ 다짐하기: 앞으로의 다짐을 함으로써 새로운 시작을 하게 한다.

　➡ 집단원들이 동의하면 집단원들 앞에서 큰 소리로 다짐하고, 집단원들의 피드백을 받거나 지지를 구한다.

⑤ 집단상담에서 배운 것을 실생활에 옮기는 작업: 집단원들이 각자 배운 것을 공고히 하고 그것을 일상생활에 활용할 수 있도록 가르친다.

(4) 추수 단계

① 집단이 종결되고 나서 일정한 시간이 지난 후, 집단원들의 기능 상태를 점검하기 위한 모임이다.

② 추수상담 시간

　ㄱ 상담 종결 후 집단원은 직면했던 어려움을 이야기 하고, 상담하는 동안 겪었던 긍정적 경험을 잊지 않기 위해 어떻게 했는지도 이야기한다.

　ㄴ 집단상담에서의 경험과 관련된 생각 및 감정을 표현하고 작업할 기회를 갖는다.

　ㄷ 자신에 대한 깨달음을 외부 세계와의 관계에도 적용했는지, 했다면 어떻게 했는지도 이야기한다.

③ 추수상담은 집단원에게는 상담이 끝난 후 다시 작업할 기회를 주고, 상담자에게는 자신이 이끈 집단이 얼마나 효과적이었는지 평가할 수 있는 중요한 정보를 준다.

제 6 절 집단계획과 준비

13 집단 구성과 집단계획

1. 집단 준비와 계획

(1) 사전계획의 절차와 내용

① **집단상담에 대한 개념적 이해**: 집단상담자는 집단상담 목표와 대한 명확한 생각을 집단원들에게 설명할 수 있어야 하므로, 집단상담의 배경 및 필요성과 같은 내용을 충분히 숙지해야 한다.

② **집단상담 근간이 되는 상담이론 결정**: 자신이 취하는 이론에 대한 강점과 제한점 등에 대한 충분한 지식을 갖추고 있어야 한다.

③ **사전계획 시 고려사항**: 집단회기, 진행시간, 모임장소, 집단 구성에 필요한 인원, 집단원 선발방법 등

④ **홍보**: 다양한 방법을 동원하여 적극적인 홍보활동을 해야 한다. 인터넷 광고, 신문 광고, 팸플릿 배부, 현수막과 포스터 등을 활용하며, 개별면담을 통한 홍보도 가능하다.

⑤ **집단원 선발**: 집단목표에 적합한 사람을 선발해야 하며, 집단 시작 전에 사전 오리엔테이션을 실시하여 예비 집단원들의 동기 유발을 촉진할 필요가 있다.

⑥ **사전 오리엔테이션**

    ㉠ 사전 오리엔테이션은 집단원들이 서로를 알게 되는 기회인 동시에 집단상담에 대한 기본적인 이해를 도우므로, 집단원으로서 안정감과 신뢰감을 가지게 한다.

    ㉡ 사전 회기는 집단원들이 집단상담에 참여했을 때 자신이 기대하는 바를 이룰 수 있을지, 적극적으로 참여할 수 있을지에 대해 탐색하는 데 도움을 준다.

    ㉢ 사전 집단 모임에서 집단 상담자는 집단원의 기대를 탐색하고 집단의 목적과 목표를 명확히 하며, 집단과정에 관한 정보를 제공하고, 집단상담 중에 지켜야 할 기본 규칙을 수립하며, 집단 진행과 관련된 궁금증을 풀어주는 등 집단의 지각과 기대 및 관심사를 다루는 시간으로 활용될 수 있다.

(2) 집단 진행의 구성요소

① **집단장소**: 상담실의 위치, 크기 및 분위기는 집단원 수나 연령 등에 따라 달라질 수 있지만, 심리적 안정감을 줄 수 있고 집단과정에 몰입하는 데 방해를 주지 않을 정도로 정돈되어 있어야 하며, 집단원들이 자유롭게 신체적 활동을 할 수 있을 정도의 크기가 적합하다.

② **집단규모**: 집단기간, 집단원의 나이 및 학년, 집단원의 성숙도, 관심의 범위, 집단상담자의 능력 등을 고려하여 집단원 수를 결정해야 한다.

③ **모임의 빈도**: 집단의 목적, 문제의 심각성, 참여도의 정도, 집단의 종류, 집단상담자의 유능성 등에 따라 다르게 정하여야 한다.

④ **모임의 시간 및 지속기간**: 모임시간은 대체로 30~120분까지 다양할 수 있지만, 집단의 목적, 성숙도, 외적 조건에 따라 조정될 수 있다.

⑤ **집단의 구성:** 동질집단으로 할 것인가, 이질집단으로 할 것인가의 여부는 집단의 목적과 목표에 의해 결정된다.

⑥ **집단의 개방성:** 새로운 집단원을 받아들일 것인가(개방집단), 아니면 일정 기간을 정하고 끝날 때까지 새로운 집단원을 받아들이지 않을 것인가(폐쇄집단)에 대해서 정해야 한다.

⑦ **집단의 조직성:** 집단의 조직성은 구조화 집단상담이라는 용어로 불리는데, 조직성 여부와 정도는 집단의 목적, 집단원의 성격, 집단 상담자가 적용하는 이론적 접근에 따라 달라진다.

⑧ **협동 집단상담자:** 혼자서 집단을 지도할 것인가, 협동 집단상담자를 구해서 두 사람이 함께 지도할 것인가에 대하여 결정하도록 한다.

⑨ **활동과 게임의 활용:** 구조화 집단상담의 경우 집단상담 중에 의도적 활동 혹은 게임을 활용하기도 한다. 이렇게 하는 데는 두 가지 이유가 있다.

ㄱ 집단발달 과정 자체를 촉진하기 때문이다.

ㄴ 집단원 간의 '지금-여기'에서의 느낌과 생각의 상호작용을 촉진하기 때문이다.

⑩ **경험 보고서 작성:** 회기가 끝난 후 집단원들에게 그날의 집단 경험에 대한 일기를 써서 다음 모일 때 제출하게 하면 많은 효과가 있다. 일기의 내용은 크게 두 부분으로 나눌 수 있다.

ㄱ 자신의 느낌에 대해서 쓰는 것이다.

ㄴ 그날의 집단 경험을 통해서 얻은 지적인 학습에 대해서 기록하게 한다.

2. 집단상담 전체 계획

(1) 집단상담의 필요성과 목적

① **목적:** 계획과 회기의 실행에 있어 집단상담자를 인도하는 지도(map)로서의 역할을 하는 것이다.

② **목표:** 구체적이고 평가 가능하며 정해진 시간에 달성할 수 있는 것이다.

(2) 집단상담 운영계획

① **회기의 길이와 빈도, 모임시간:** 어느 정도의 시간 동안 얼마나 자주, 몇 회를 가질 것인지를 계획한다.

② **집단의 크기:** 집단원의 연령, 집단상담자의 경험, 집단의 형태, 탐색할 문제 등을 고려한다.

③ **집단의 장소:** 활동에 집중할 수 있는 적당한 크기의 정돈된 장소로 정한다.

④ **집단의 구성:** 집단의 목적과 목표에 따라 동질집단으로 구성할지, 이질집단으로 구성할지 결정한다.

⑤ **집단의 개방성:** 폐쇄집단으로 구성할지, 개방집단으로 구성할지 정한다.

⑥ **집단의 구조화:** 구조화 집단으로 진행할지, 비구조화 집단으로 진행할지 결정한다.

⑦ **평가계획:** 평가방법, 평가시기, 평가자, 평가내용을 계획한다.

⑧ **공동 집단상담자:** 공동 집단상담자를 둘 것인지 여부를 결정한다.

(3) 집단활동 계획

① **전체 회기의 계획:** 주제 선정 및 목록화, 대상자의 발달 단계와 특성에 따라 회기별 주제를 배열한다.

② **각 회기의 제시방법 및 계획:** 집단활동 내용, 활동방법 및 전략 선정, 시간 배분 등을 계획한다.

③ **한 회기의 계획:** 도입, 전개, 마무리 단계별 주제나 활동에 필요한 시간을 가능한 한 정확하게 계획한다.

(4) 집단계획서 작성

집단의 필요성과 목적, 집단 대상, 집단 유형, 집단 크기, 집단 일정, 장소, 집단원 수, 홍보방법, 기대효과 및 평가 등을 서술한다.

(5) 집단 홍보, 사전준비

집단원 모집 홍보, 집단원 선발, 사전 집단의 활용 등이 포함된다.

> **참고** **집단상담 단계: 단계별 계획 내용(Gazda, 1971)**
>
> - **단계 1: 집단상담에 관련된 사람들의 욕구 알아보기**
>   상담자는 우선 특정한 환경에 있는 내담자에게 어떤 집단 서비스가 필요한지 알아야 한다. 상담자가 모든 사람에게 모든 서비스를 제공할 수는 없지만, 집단상담에 관한 기본 욕구를 분명히 평가하는 것은 상담자의 일에 집중하는 데 많은 도움이 된다.
> - **단계 2: 집단상담 계획서 만들기**
>   특별한 집단상담이 필요하다는 것을 결정한 후 집단상담에서 무엇을 할지, 어떻게 진행할지를 상세하게 기술한 집단상담 계획서를 작성한다. 상담자가 집단상담의 목적과 집단을 위한 계획을 작성하면, 실제로 상담자는 상담을 시작하는 데 있어 좀 더 확신을 가지게 된다. 또한 작성된 계획서는 부모나 교사, 집단에 참여할 아동이 할 수 있는 많은 질문에 답하는 데 도움이 된다. 계획서에는 집단의 목적, 대상, 집단상담자, 시간, 장소, 절차와 기법 등의 다양한 정보가 포함되어야 한다.
> - **단계 3: 집단 모집 광고하기**
>   집단상담에 참가하길 원하는 집단원을 찾는 방법은 많이 있다. 가장 좋은 방법은 청소년과 접촉을 많이 하는 부모, 교사, 다른 상담자, 보건교사를 통해 홍보하는 것이다.
> - **단계 4: 부모나 보호자의 승인 얻기**
>   많은 학교에서 청소년이 집단상담에 참가하려면, '부모나 법적 보호자의 문서화된 승인서를 반드시 제출'해야 한다. 청소년과 부모나 보호자가 참가 여부에 대한 현명한 결정을 내리기 위해서는 집단의 구체적인 정보가 제공될 필요가 있다.
> - **단계 5: 사전 집단 면담하기**
>   사전 집단을 면담하는 주요한 이유는 첫째, 청소년으로부터 동의를 받기 위해, 둘째, 청소년의 서약을 요청하기 위해, 셋째, 선정하는 데 있어 도움이 될 만한 자료를 획득하기 위해서이다. 집단상담에 참여를 희망하는 청소년을 개별적으로 면담하는 것은 매우 까다롭고 시간 낭비가 될 수도 있다. 면담을 할 때는 먼저 집단 참가에 대한 청소년의 흥미와 기대를 미리 듣는 것이 좋다.
> - **단계 6: 집단원 선정하기**
>   – 집단상담을 준비하는 데 가장 중요한 요소 중 하나는 누구를 집단원으로 구성할 것인가의 선정과 관련된 것이다. 집단이 어떤 집단원으로 형성되었는지가 집단상담 결과에 결정적인 영향을 미치므로, 집단원 선정은 집단상담자의 책임이다.
>   – 집단작업을 순조롭게 함께하기 위해서는 집단원 선정에 집단원의 동질성과 이질성의 요소가 고려되어야 한다. 학교상담자는 집단상담을 하기 위해 무단결석, 학습부진, 학교폭력, 공격성 등의 문제를 가진 청소년을 집단원으로 선정하는 데 각별한 주의가 필요하다. 동질성 집단을 선정하는 것은 집단원, 상담자 모두에게 부정적인 집단 경험을 초래할 수 있다. 또 집단원 선정 시 고려해야 할 사항은 각 집단원이 합당한 행동을 배울 수 있는 집단원을 필요로 한다는 것이다. 만약 모든 집단원이 똑같은 부정적 행동을 한다면, 긍정적인 모델을 볼 수 없고 집단에서 하는 작업의 가치가 부정적으로 흐를 수 있다.
> - **단계 7: 사전 검사 실시하기**
>   사전 검사와 사후 검사는 상담자가 집단상담에 대해 설명해야 하는 사람들(예 지도자, 집단원)에게 집단 경험의 가치 있는 정보를 제공한다. 특히 이 정보는 집단상담이 하나의 전체로서 개인, 집단의 태도나 행동 변화에 효과적이었는지를 평가할 수 있다.
> - **단계 8: 집단활동 실시하기**
>   다음 단계는 각 회기를 실시하는 것이다. 상담자는 회기의 수, 활동 주제, 시간 스케줄에 적당한 길이로 다양하게 실시할 수 있다. 청소년 상담의 경우 8~12회기 정도가 적당하며, 8회기보다 적게 실시할 경우 집단과정의 역동성을 충분히 깊이 있게 다루지 못한다.
> - **단계 9: 사후 검사 실시하기**
>   집단상담이 종결되고 난 후 상담자는 사전 검사에 사용했던 것과 똑같은 도구를 사후 검사에서도 사용한다. 사후 검사는 집단상담이 종료된 시점을 기준으로 1~2주 이상을 넘기지 않는다. 그 이상을 넘기면 상담사는 청소년이 집단상담의 효과 외에 그 기간 동안의 다른 영향으로 인한 학습의 결과를 측정할 수도 있어 집단상담의 효과를 정확하게 알 수 없다.
> - **단계 10: 사후 집단에 대한 추후지도와 평가하기**
>   마지막 회기로부터 약 4~8주가 지난 후에 추후지도를 하는 것이 적당하다. 이 지도는 청소년에게 그들의 성취와 집단에서 일어난 일에 대한 생각을 나누는 기회를 가지게 하고, 집단에서 주요하게 다룬 점을 앞으로 어떻게 지속할지에 대한 새로운 아이디어를 얻는 기회를 제공한다. 또한 추후지도는 청소년이 행동 변화의 목표를 달성하는 것, 새로운 목표를 정하는 것, 방해를 극복하는 것에 관해 상호 간의 지지를 제공할 기회를 준다. 청소년이 행동 변화를 할 것이라는 약속을 재다짐하고 서로 격려함으로써 더 강화되고 도움을 받는다.

3. 개별면담

(1) 개별면담 [기출 23]

① 예비 집단원들에 대한 개별면담은 매우 중요하기 때문에, 아무리 시간이 부족하더라도 반드시 면대면으로 개별 면담 절차를 거치도록 한다.

② 목적

   ⑦ 집단원들과의 작업동맹 형성하기 위함이다. 집단원에 대한 의미 있는 자료와 정보는 집단원 간의 상호작용 에서 나온다. 작업동맹은 집단성과를 높일 뿐만 아니라 집단원의 중도포기율을 감소시킨다.

   ⓛ 집단원들을 준비시키기 위해서다. 집단원들을 준비시키는 만큼 집단과정이 조기에 촉진될 수 있다.

(2) 집단 상담자의 임무

① 집단작업에 관한 이해를 도와야 한다. 이는 사람들이 집단작업에 관해 잘못 이해하고 있는 사항을 중심으로 설명하는 것에서 시작된다.

② 발생 가능한 문제를 파악하고 이를 해소하기 위해서 노력해야 한다.

③ 집단 참여를 촉진하기 위한 정보를 제공해야 한다.

④ 집단 참여에 대한 현실적인 기대를 하도록 도와야 한다.

4. 집단의 전체 – 회기 – 국면 계획

(1) 집단 전체에 대한 계획

① 집단 시작부터 종결 시까지 다룰 주제들을 비롯하여 집단 운영에 필요한 제반요소를 결정하는 것이다.

② 가능한 주제 목록을 작성한 다음, 발달 단계 또는 회기별로 다루고자 하는 계획을 수립한다.

(2) 집단회기 계획

① 집단 발달 단계 확인: 집단회기가 집단 발달 단계의 어느 시점에 있는가를 확인한다.

   ⑦ 첫 회기: 집단원 소개, 집단목적의 명료화, 안전한 분위기 조성, 집단규칙과 안내지침 설명 등의 활동을 한다.

   ⓛ 종결: 종결 시점이 다가오면 상담자는 자신이 종결에 필요한 말과 행동을 하고 있는지 확인한다.

   ⓒ 앞으로 남은 회기 수: 한 회기가 남은 집단과 여러 회기가 남은 집단의 계획은 다르다.

② 집단회기 구성

   ⑦ 매 회기마다 동일한 체계로 운영: '지난 한 주간의 새로운 행동 실천에 대한 경과 보고 → 활동 → 논의 → 새로운 행동 실습 → 회기 종결'의 순서로 진행된다.

   ⓛ 전반부의 한 시간 동안 개인적인 문제를 나눈 후에 지난 회기에 부과된 주제에 관한 이야기를 나눈다.

   ⓒ 매 회기마다 구성에 변화를 주는 형태가 집단에 활력을 불어넣기도 한다.

③ 잠재적 문제 예상: 과제 불이행, 하위 집단 형성, 집단 밖 만남, 비자발적 내담자 등의 발생 가능성을 염두에 두어야 한다.

(3) 집단회기의 국면 계획

① 시작 국면: 이전 회기를 되돌아보고 지난 회기 이래로 집단원의 생각, 감정, 성과를 확인하는 작업을 한다.

    ㉠ 시간: 10~15분 정도 할애하고, 첫 회기의 시작 국면에는 더 많은 시간을 할애한다.

    ㉡ 대체로 시작 국면을 짧게 하여 작업 국면에서 심도 있는 상호작용 시간을 활용하도록 계획한다.

    ㉢ 새로운 집단원 소개를 위한 계획이 필요하다.

    ㉣ 활력 수준 설정을 위한 계획: 활력 수준은 집단원과 집단의 목표에 따라 결정한다.

② 작업 국면: 집단원이 각자의 목표 성취를 위하여 노력하는 시기로, 집단목표를 다룰 충분한 시간을 확보할 수 있는지가 결정된다.

③ 종결 국면: 한 회기를 요약하고 마무리하는 시기로, 요약 관련 활동으로 계획한다.

    ➡ 시간: 3~10분 정도를 할애하며, 시간이 허락하는 범위 내에서 회기의 주제를 언급하거나 집단원을 둘씩 짝지어 소감을 나누게 하거나 다음 회기까지 새롭게 실천할 행동을 말하게 한다.

(4) 계획 시 범하는 실수

① 무계획: 계획이 없는 경우

② 모호한 계획: 주제를 계획했으나 주제를 소개하는 방식, 활동 등은 계획하지 않는 경우

③ 무리한 계획: 한 회기에 너무 많은 주제, 활동을 계획한 경우

④ 부적절한 내용 구성: 목표와 상관없거나 집단원의 흥미와 관심을 끌지 못하는 활동, 주제를 선정한 경우

⑤ 부적절한 시간 배분: 시작 국면에 시간을 할애하지 않아 분위기가 경직되거나 너무 많은 시간 할애한 경우

---

14 집단계획서 작성

1. 집단계획서 작성 시 고려사항

영역	고려사항
집단의 필요성과 목적	• 현 시점에 집단이 필요한 이유는 무엇인가? • 집단의 기본가정은 무엇인가? • 집단의 목적은 무엇인가? • 목표 달성을 위한 세부 목표는 무엇인가?
집단활동	• 집단의 세부 목표 달성에 활용할 집단활동은 무엇인가?
집단 구성	• 누구를 대상으로 할 것인가? • 어떤 절차를 거쳐 선발할 것인가? • 남성/여성/혼성으로 구성할 것인가? • 집단원의 연령 제한·범위는 어떠한가? • 잠재적 집단원과 논의되어야 할 사항은 무엇인가?
집단 유형·형태	• 어떤 집단으로 운영할 것인가? 예 성장, 상담, 치료, 자조 등 • 개방/폐쇄 집단으로 할 것인가? • 단독/공동으로 운용할 것인가? • 구조/비구조/반구조 집단으로 운영할 것인가?

영역	고려사항
집단원 선발	• 개별/집단 면담을 활용할 것인가? • 잠재적 집단원을 파악하기 위해 질문지를 활용할 것인가? • 다른 전문가나 기관의 의뢰를 수용할 것인가? • 자발적 선택을 원칙으로 할 것인가? • 비자발적 집단원을 수용할 것인가?
집단 크기	• 집단원의 수는 몇 명으로 할 것인가?
집단 일정	• 총 몇 회기로 할 것인가? • 얼마나 자주 모일 것인가? • 한 회기는 몇 분/시간으로 할 것인가? • 집단회기의 시작과 종료 시간은 언제인가? • 집단 참여를 원하는 사람과의 예비 모임은 언제, 어디서, 어떤 방식으로 가질 것인가?
집단 모임장소	• 집단 모임은 어떤 환경·조건을 갖춘 공간에서 할 것인가?
집단상담자 수	• 집단상담자는 몇 명으로 할 것인가?
집단 홍보	• 집단계획과 내용을 어떤 방식으로 잠재적 집단원에게 알리고 관심을 갖게 할 것인가?
기대효과 및 평가	• 집단 경험으로 집단원에게 기대하는 효과는 무엇인가? • 집단원의 집단 경험은 어떻게 평가할 것인가?

2. 필요성과 목적

(1) 집단의 필요성과 목적에 관한 진술

① 집단이 왜 필요한지나 집단을 계획하는 목적이 무엇인지 등 집단을 운영하는 이유를 물어본다.

② 집단상담자의 주요 업무는 집단의 필요성과 목적을 명확히 설정하고, 자신의 전문적 능력을 적용하여 소기의 목적을 달성하는 것이 포함된다.

(2) 요구조사

① 집단목적을 설정하려면 집단상담 서비스를 필요로 하는 잠재력 수혜자의 요구조사가 선행되어야 한다.

② 요구조사 결과를 토대로 집단대상자가 미리 정해진 경우: 개별면접이나 질문지를 활용하여 집단에서 얻기를 원하는 것, 집단에 참여하려는 이유, 특별히 집단에서 논의하고 싶은 주제 등을 파악한다.

3. 집단활동

(1) 잠재적 집단원의 요구와 집단 유형이 결정되면 집단상담자는 집단에 적절한 논제와 활동 내용을 결정한다.

(2) 집단의 논제와 활동을 정할 때 가능한 모든 논제와 활동 내용을 직접 적어보는 것이 좋다.

例 학습능력 신장을 위한 집단: 시간표 작성 요령, 다양한 학습 전략, 시험 준비요령 등

4. 집단 구성 _{기출 23}

(1) 대상 선정

① 집단목적을 토대로 대상을 선정하되 성별, 연령, 학년, 성숙도, 교육 수준, 문제 유형과 관심사, 성격적 특성, 직업이나 소속기관 등의 요소도 고려한다.

② 초·중·고등학생: 되도록 같은 학년으로 구성한다.

③ 집단 대상이 결정되면 구성원 모두가 자동적으로 참여하게 할지, 집단 참여를 원하는 사람만 참여하도록 할지, 일정한 선발절차로 선발할지를 결정한다.

④ 대상 선정에 절대적인 지침은 없으며 집단유형과 목적, 소속기관의 규정과 여건, 시간적 여유 등의 변수를 고려하여 결정한다.

(2) 대상 선정 지침

① 어떤 유형의 집단을 운영할 것인가에 따라 달라진다.

② 누구를 참여시키고 배제할 것인가는 집단유형, 집단목적, 집단원의 요구와 관련된다.

③ 집단과정에 방해가 안 되고 집단원의 안녕과 복지에 부정적인 영향을 초래하지 않을 집단원으로 선정한다.

(3) 동질집단과 이질집단

① 동질집단: 성별, 연령, 인종, 민족, 종교, 성장환경, 출신지역, 교육 수준, 사회경제적 지위, 직업 등이 유사한 집단원으로 구성된 집단이다.

➡ 비슷한 문제를 가진 사람(예 이혼 등)이 효과적인 경우이다.

② 이질집단: 특성과 배경이 다른 집단원으로 구성된 집단이다.

➡ 집단원을 통해 다양한 학습이 일어날 수 있는 집단원이 효과적(내향, 외향)인 경우이다.

예 학업성적이 우수한 학생과 그렇지 못한 학생, 사춘기 남학생과 여학생, 인기 있는 학생과 없는 학생, 공격적인 학생과 연약한 학생 등을 한 집단으로 편성하여 상호 간 이해의 폭을 넓히고 성장할 기회를 제공할 수 있다.

5. 집단 유형 및 형태

(1) 집단 유형 결정

① 집단 유형으로는 상담, 치료, 교육, 성장, 자조, 과업집단 등이 있다.

② 집단의 유형이 결정되면 집단의 전반적인 목적, 자신의 역할 등을 가늠할 수 있다.

(2) 집단 형태 결정

① 구조화·반구조화 집단

② 개방·폐쇄 집단

③ 동질·이질 집단

6. 집단원 선발

(1) 개별면담

① 개별면담은 집단의 준비과정에서 잠재적 집단원을 대상으로 실시되며 집단 구성 시 필수적인 절차이다.

② 일대일 면대면 상태에서 집단상담자는 잠재적 집단원의 집단에 대한 기대와 요구를 파악하고, 집단목적과의 적합성 여부를 평가한다.

③ 개별면담에서 집단에 관한 약식 오리엔테이션을 실시할 수 있다.
　　㉠ 집단 참여에 필요한 제반 정보를 상세히 설명한다.
　　　　예 집단목적, 집단규칙, 집단의 방향, 집단상담자와 집단원 역할, 집단에서 다룰 내용 등
　　㉡ 집단에서 기대되는 행동을 설명한다.
　　　　예 적극적인 집단 참여, 다른 집단원의 말 경청하기, 다른 집단원 돕기 등
　　㉢ **집단상담자의 임무**: 잠재적 집단원이 자신의 요구에 적합한 집단을 선택하는 방법을 교육한다.
　　㉣ **초·중·고등학생을 대상으로 하는 집단**: 학생의 가정에 공식적인 가정통신문을 보내 학부모로부터 자녀의 집단참여를 허락하는 서명을 받고, 학교 수업시간에 실시되는 경우 반드시 담임교사의 승인을 얻는다.
　　㉤ **집단 선택 시 고려사항**
　　　　ⓐ 참여할 집단에 관한 상세한 정보
　　　　ⓑ 집단 경험으로 얻고자 하는 것
　　　　ⓒ 유능한 집단상담자 선택방법
　　　　ⓓ 목표 달성방법
④ 잠재적 집단원이 집단 참여로 얻게 되는 효과
　　㉠ 새로운 사람과의 만남, 대인관계 형성, 상호작용으로 변화와 성장을 이룰 수 있다.
　　㉡ 구체적인 목표 설정과 성취를 통해 성취감을 맛보고, 새로운 사회적 기술을 습득할 수 있다.

(2) 질문지
① 잠재적 집단원이 집단에 적합한지 알아보기 위해 사전에 개발된 일련의 질문 문항을 수록한 검사지이다.
② 인적사항(예 성별, 연령), 집단 참여 목적, 참여 경험 유무, 집단에 대한 기대, 집단에 기여하는 방법 등이 적힌다.

(3) 의뢰
① 상담기관, 다른 전문가(예 의사, 심리학자, 사회복지사), 법원 등으로부터 의뢰를 받는 것이다.
② 집단상담자는 관계기관에 집단의 목적과 집단에 적합한 집단원의 조건을 상세히 알려줘야 한다.

7. 집단 크기

(1) 집단의 크기 결정
① 집단상담자의 집단 통제능력과 경험 수준, 집단원 연령과 성숙도, 집단유형, 집단목적을 고려하여 결정한다.
② 연령
　　㉠ 집단원의 나이가 어릴수록 집단 크기가 작은 것이 효과적이다.
　　㉡ **초등학교 저학년**: 다른 아동의 말을 경청하거나 차례를 기다리는 등의 사회적 기술이 부족하다.

(2) 학교 장면
① **초등학생**: 3~4명을 유지하는 것이 좋고, 저학년은 5명을 초과하지 않는 것이 좋다.
② **초등학교 4학년~중학생**: 일반적으로 6~7명 정도가 적합하다.
③ **고등학생**: 대학생·성인집단과 마찬가지로 8명 정도가 적합하다.

(3) 집단 크기 결정 시 고려사항

① 잘못된 집단 크기에 따른 문제점

구분	집단 크기가 너무 큰 경우 (집단원 수가 많은 경우)	집단 크기가 너무 작은 경우 (집단원 수가 적은 경우)
내용	• 하위 집단이 형성될 수 있음 • 상호작용이 감소함 • 개개인의 문제를 다룰 시간이 부족함 • 강하고 능동적인 집단원들만 생각과 감정을 표출하는 경향이 있음	• 응집력이 약화됨 • 다양성이 감소함 • 상호작용이 둔화됨 • 광범위한 협의적 검증 기회가 약화됨 • 수동적 분위기가 형성됨 • 집단으로서 기능이 대폭 감소·정지되는 경향이 있음

② 경제원칙 적용

㉠ 집단원 수가 너무 적으면 새로운 집단원을 충원하고, 여의치 않다면 작은 집단 두 개를 합칠 수도 있다.

㉡ 집단 모임이 길수록 많은 구성원이 효과를 얻고 집단 참여를 할 기회도 많아진다.

㉢ 집단 연령이 어릴수록 크기가 작은 것이 효과적이다.

8. 집단 일정

(1) 모임횟수

① 초등학생 집단: 주당 1회 이상 모임을 가진다고 가정할 때, 연령에 따라 4~8회기로 계획하는 것이 좋다.

② 중학생 집단: 일반적으로 8~10회기를 갖는 것이 좋지만, 사정에 따라 융통성 있게 조정한다.

③ 고등학생·대학생 집단: 매주 1회 모임을 가진다면 10주에서 한 학기에 해당하는 15주 정도가 적당하다.

④ 성인집단: 최소 10회기 이상, 필요에 따라 20회기 이상을 갖기도 한다.

⑤ 환자집단: 일반적으로 입원환자 집단은 매일 또는 주당 2~3회, 외래환자 집단은 주당 1회나 격주로 진행한다.

(2) 모임빈도

① 회기의 빈도는 집단원의 주의집중 시간의 길이에 따라 결정한다.

② 집단원의 나이가 어리거나 정신적 기능 수준이 낮은 경우: 모임 시간을 짧게 하는 대신 자주 모임을 갖는다.

③ 학교에서 모임을 진행하는 경우: 모임빈도를 학교의 방침과 수업시간에 맞게 조정한다.

④ 연령에 따른 모임빈도

㉠ 초등학생 집단: 저학년은 주 2~3회기, 고학년은 1~2회기가 적당하다.

㉡ 중학생 집단: 대체로 주 1회기가 적당하지만, 필요에 따라 2회기도 진행할 수 있다.

㉢ 고등학생·대학생·성인집단: 통상적으로 주 1회기가 적당하다.

(3) **회기의 길이**

① 집단유형, 집단원의 주의집중 시간과 기능 수준에 따라 조정한다.

② 발달과정별 회기의 길이

ㄱ 유치원 아동: 20~30분

ㄴ 초등학교 저학년: 30~45분

ㄷ 초등학교 고학년: 45~60분

ㄹ 중학생: 60~90분

ㅁ 고등학생: 90~120분

ㅂ 대학생, 성인: 120분

③ 정신기능 손상으로 주의집중 능력이 떨어지는 입원환자 집단: 집단회기의 길이를 대폭 줄여서 매일 45분씩 한 회기를 갖는 것이 바람직하다.

④ 더 높은 기능 수준 입원환자 집단: 주당 여러 시간의 회기를 갖는 것도 좋지만, 회기당 90분이 일반적이다.

(4) **모임시간**

① 학생을 대상으로 구성되는 집단: 학교 시간표에 따라 모임시간을 신축성 있게 조정한다.

② 모임시간을 수업시간 중에 할지 방과 후에 할지는 학교장, 관계자들과의 협의로 결정한다.

③ 대학생 집단: 각 학생의 시간표가 다른 관계로 강의가 없는 늦은 오후나 저녁시간으로 정하는 것이 좋다.

9. 집단모임 장소

(1) **조용하고 안정된 공간 환경**

주변이 소란하지 않은 환경으로, 집단에서 한 이야기가 외부로 흘러나가지 않고 인접한 공간의 소음이 집단작업을 방해하지 않을 정도로 방음시설이 잘 된 공간을 의미한다.

(2) **집단원 수에 적당한 넓이**

지나치게 좁거나 넓은 공간은 피하는 것이 좋다.

(3) **안락하고 정돈된 좌석 배치**

① 좌석이 안락하고 정돈된 공간은 집단원에게 안정감을 주고 주의집중할 수 있어 자발적인 참여와 자연스러운 심리적 접촉, 교류를 촉진한다.

② 적절한 크기의 의자, 안전성, 실내장식, 조명, 채광, 통풍 상태 등을 고려한다.

10. 집단상담자 수

(1) **집단상담자 수**

단독으로 운영할지, 공동으로 운영할지를 결정한다.

(2) **공동 리더십**

① 경험이 적은 집단 상담자가 집단리더십을 익힐 수 있다는 이점이 있다.

② 역할 분담으로 집단과정을 촉진하고 소진이 일어날 가능성을 줄어든다는 장점이 있다.

③ 공동 리더 중 한 명이 부득이하게 집단에 참여하지 못하는 경우, 다른 집단상담자가 계속 진행할 수 있다.

11. 집단 홍보

(1) 상담기관에서의 홍보 전략

구분	내용
신문, 방송 등의 언론매체	• 전달 효과가 크다는 장점이 있음 • 막대한 경비가 듦
온라인 홍보	• 온라인 게시판에 올리는 방법이 있음 • 각종 학회, 상담소, 병원 같은 정신건강 관련 기관의 홈페이지를 이용할 수도 있음
오프라인 홍보	• 기관을 방문하여 홍보하거나 유인물을 제작하여 나누어줄 수 있음 • **포스터**: 공공건물, 식당, 화장실 등 많은 사람이 모이는 장소, 게시판에 포스터를 붙이는 방법도 있음
이미 집단에 참여한 사람을 통한 홍보	• 입소문으로 이루어지는 홍보는 매우 실질적임 • 잠재적 집단원에게 집단효과에 대한 강한 신뢰감을 전달할 수 있음

(2) 학교에서의 홍보 전략

구분	내용
동영상	학생들의 관심을 끌 만한 문구, 삽화와 함께 학생들이 좋아하는 캐릭터를 활용한 동영상을 제작하여 학교 홈페이지 게시판에 올리는 방법
교실 방문	• 집단상담자가 직접 교실을 방문하여 집단을 소개하는 방법 • 집단에 관한 상세한 정보를 얻고 자유롭게 질문하며 대화를 나눈다는 장점이 있음
포스터	• 학교나 학교상담실 게시판에 상세한 정보를 담은 포스터를 붙이는 방법 • 학생들의 관심을 끌 만큼 독창적이고 세련된 디자인으로 제작되어야 함
학교 신문	학교신문에 광고를 내거나 학생의 관심사나 집단의 효용성과 관련된 내용과 집단에 참여한 학생의 경험 보고서 등을 함께 게재함
이미 집단에 참여한 사람을 통한 홍보	• 집단에 참여했던 학생들을 집단의 홍보대사로 활용하는 방법 • 학생이 전하는 소감은 또래 학생에게 집단에 대한 관심을 불러일으키는 강한 자극제가 될 수 있음
가정통신문	가정통신문을 학생의 가정에 보내 학생과 학부모의 관심을 불러일으키는 방법
팸플릿 등의 소책자	집단상담 내용을 팸플릿으로 제작하거나 학교 안내용 소책자에 수록하는 방법

12. 기대효과 및 평가

(1) 기대효과

① 잠재적 집단원이 집단에 참여함으로써 얻는 효과는 집단의 필요성, 목적과 밀접한 관계가 있다.

② 집단의 필요와 목적을 성공적으로 달성하면 참여한 집단원이 어떤 이점을 얻을지를 구체적으로 기술한다.

(2) 평가

집단의 목적 달성 여부를 확인할 수 있는 평가방법과 타당하고 신뢰 가능한 평가도구를 제시한다.

1. 예비집단 회기

(1) 의미

① 집단의 첫 회기를 시작하기 전, 집단 참여가 확정된 집단원을 대상으로 집단에 대한 기대, 집단규칙과 절차, 집단원 역할, 집단 참여 기술 등을 안내하는 모임이다.

② 집단상담자는 철저한 오리엔테이션을 통해 집단목표와 집단에서 집단원에게 기대하는 행동과 역할, 집단과정과 규범 등을 안내하여 집단의 치료적 효과를 촉진한다.

(2) 예비집단 단계에서의 집단상담자의 임무

① 집단계획서나 제안서를 문서로 작성하여 기관장의 결재를 받는다.

② 집단에 관련된 내용을 잠재적 집단원에게 공고한다.

③ 집단원 선별과 오리엔테이션을 겸한 개별면담을 실시한다.

④ 집단원 선별과 구성 등의 결정을 내린다.

2. 집단상담자의 과업

(1) 집단원의 기대 명료화

① 집단원의 기대를 명료하게 정리하고 이해를 도와야 한다.

② 예비집단은 집단원이 집단 참여로써 얻고자 하는 것을 구체화·명료화하고, 집단에 기대하는 것을 표현하도록 용기를 북돋아 주는 시간이다.

③ 기대를 명료화하는 질문

> • "집단에서 무엇을 기대하나요?"
> • "이 집단을 통해 얻고자 하는 점은 무엇인가요?"
> • "집단이 성공하는 열쇠는 무엇이라고 생각하나요?"
> • "이 집단에 참여할 수 있다는 소식을 들었을 때 마음이 어땠습니까?"

(2) 집단규범 안내 기출 20

① **집단규범(group norm)**: 집단목표 성취를 위해 집단원들이 실천해야 하는 행동 기준을 말한다.
   예 적극적인 집단 참여, 자기개방, 비밀 유지 등

② **자기개방**: 집단원의 사적인 내용 또는 관심사를 기꺼이 다른 집단원에게 공개하는 것으로, 집단상담자는 집단 참여를 통해 치료적 효과를 얻기 위해서는 자기개방이 전제된다는 사실을 설명해 주어야 한다. 또한 자기개방 없이 집단작업이 불가능하다는 것을 알려준다.

(3) 집단규칙 설정

① 집단과정을 촉진하기 위한 집단규칙과 절차를 정한다.

② 규칙과 관련된 의견은 적극 수용하는 한편, 필요한 규칙은 논의를 통해 정한다.

③ 규칙에는 위반에 따른 결과가 반드시 포함되어야 하는데, 여기서 결과란 규칙 위반에 대한 조치를 말한다.

- 집단규칙
  - 충분한 이유 없이 깨져서는 안 되는 것으로, 집단상담자는 집단규칙을 명확히 정해야 한다.
  - '집단동의서'나 '집단계약'의 형태로 문서화하는 것이 바람직하다.
  - 집단원이 반드시 지켜야 할 규칙에 비밀 보장, 참석, 시간 엄수, 술과 약물 복용 금지, 신체적 폭력 금지 등이 포함된다.
- 집단규범
  - 해당 집단에서 바람직하다고 판단되는 역할행동이나 표준적이라고 생각되는 태도, 행동양식을 의미한다.
  - 집단상담자가 집단원과 논의를 거친 후에 명시화하는 것이 바람직하다.
  - 집단의 목표 달성에 중요한 역할을 하므로, 집단규범을 명시화하고 지키게 함으로써 집단원이 보다 의미 있고 성장지향적인 상호작용을 하도록 한다.
- ➡ 일반적인 행동지침으로 구성되며, 집단상담자와 집단원 간의 상호 협력으로 형성된다.

④ 비밀 보장

  ㉠ 비밀 보장의 중요성을 반드시 언급하고, 비밀 보장의 원칙을 파기할 수밖에 없는 상황도 미리 설명한다.

  ㉡ 비밀 보장의 한계점

    ⓐ 윤리적 측면에서의 약속일 뿐 절대적으로 보장할 수 없다는 한계가 있다.

    ⓑ 위반 행위에 대해 강제적인 조치를 취할 수 없다.

  ㉢ 비밀 유지 원칙을 자발적으로 준수하게 하고, 비밀 유지 관련 논의를 개별면담 때 하는 것이 이상적이다.

⑤ 비밀 유지 원칙이 제한적으로 적용되는 대상

  예 미성년자, 보호관찰 대상자, 위법행위로 인한 비자발적 참여자, 입원 상태의 정신질환자

  ㉠ 집단에서 말한 내용 중 특이사항은 이들의 개인기록부에 기록되어 다른 관계자가 읽을 수 있음을 알린다.

  ㉡ 집단에 출석하여 적극적으로 참여하지 않는 경우, 이 사실도 기록될 수 있음을 전달한다.

(4) 집단원 불안감 해소

① 집단 참여를 불안해하는 집단원의 불안감 해소에 도움을 주는 중요한 단계이다.

② 집단원의 궁금증 해결에 도움이 되는 사항을 정리하여 상세히 설명해 준다.

③ 구조화 내용(학교상담)

  ㉠ 집단상담자 소개: '상담선생님'이라고 소개한다.

  ㉡ 집단에서 아동들과 함께 학교, 집, 친구관계에서 겪는 문제와 관심사, 느낌을 이야기할 것이라고 설명한다.

  ㉢ 집단에서 아동은 두려움, 정신적 상처 등의 자신과 관련된 문제를 이야기할 수 있음을 알려준다.

  ㉣ 상담자는 학부모와 교사에게는 상담활동에 관련된 부분만 전달할 것이라고 한다.

  ㉤ 집단에서 안 사실은 비밀로 하되 문제를 다루는 데 도움이 되는 중요한 것은 학부모와 담임교사와 상의할 것이라고 설명한다.

  ㉥ 집단에 참여하는 다른 아동도 집단에서 알게 된 것을 비밀로 지켜주어야 함을 주지한다.

  ㉦ 비밀 보장은 집단의 회기에서 자주 논의될 규칙임을 강조한다.

  ㉧ 사적인 비밀을 지켜주어야 하는 이유와 목적을 아동이 이해할 수 있는 언어로 설명한다.

  ㉨ 비밀 보장의 예외 원칙도 말해준다.

  ㉩ 아동에게 신체적·언어적으로 상처를 주는 것, 타인의 소유물을 파괴하는 것은 인정되지 않음을 알려준다.

(5) 비자발적인 잠재적 집단원 면담

① 비자발적 집단원: 법원의 판결에 따른 대안적인 조치로 상담을 받아야 하는 사람을 가리킨다.

② 법원의 대안적 조치이거나 의뢰된 경우

  ㉠ 잠재적 집단원 본인이 직접 신청하지 않았어도 집단 참여 의사는 자발적으로 이루어져야 한다.

  ㉡ 자발적으로 참여 의사를 밝히지 않는 집단원의 집단 참여는 재고해야 한다.

③ 의뢰된 잠재적 집단원이 미성년자인 경우

  ㉠ 의뢰자에게 잠재적 집단원이 자발적으로 집단 참여 의사를 밝힌 경우만 받아들일 것이라는 점을 통보한다.

  ㉡ 집단 참여 의사를 밝히면 학부모나 보호자에게 집단에 대한 안내장과 집단 참여 동의서를 보내 작성·제출하게 한다.

④ 잠재적 집단원에게 면담을 실시하는 이유

  ㉠ 집단의 적절성 여부 결정: 개별면담을 통해 계획·준비 중인 집단에서의 적절성 여부를 결정한다.

  ㉡ 정보 제공: 집단 참여와 관련된 정보를 제공한다. 이때 정보에는 집단의 성격, 출석과 비밀 유지의 중요성 등이 포함된다.

  ㉢ 서약서 작성: 각 집단원이 성실한 출석, 적극적 집단 활동 참여, 비밀 유지 관련 서약서를 작성하게 한다.

  ㉣ 집단 목표 명료화: 각 집단원이 집단에서 개인적으로 작업하고자 하는 목표를 설정하도록 돕는다.

16 첫 회기

1. 첫 회기의 특징과 과정

(1) 첫 회기 특징

① 집단원은 집단 참여에 대한 양가적 태도를 갖는다.

② 의사소통의 방식과 내용이 사교모임과 비슷하다.

③ 다른 집단원의 특성을 파악하려 한다.

④ 집단원끼리 충고·조언을 하거나 요청한다.

(2) 첫 회기 과정

① 집단상담자와 집단원이 서로 소개하고 인사를 나눈다.

② 집단상담의 목적, 방향, 기본 규칙을 안내한다.

③ 집단규범을 안내하고 규칙을 정한다.

④ 집단원과 신뢰관계를 형성한다.

⑤ 집단원의 변화를 촉진하고자 모델링을 제공한다.

⑥ 집단원의 관심사와 문제점의 구조화, 개방 등을 통해 집단원이 서로 생각과 느낌을 공유하도록 돕는다.

> **참고**   집단상담자의 과업
>
> • 모델로서 시범 보이기: 개방적인 태도로 집단원에게 심리적인 주의를 기울이고, 책임 분담을 명료하게 하며, 집단원들의 집단참여 목적을 구체화하게 한다.
> • 집단원의 관심사와 문제점을 개방적으로 다루고 구조화하면서 집단원이 생각하고 느낀 점을 공유하도록 돕는다.
> • 집단원에게 적극적 경청, 반응 등의 기본적인 상호작용 기능을 교육하여 집단의 요구를 평가하고, 요구가 충족되는 방향으로 이끌어나간다.

2. 집단 시작

(1) 첫 회기 시작 방법

① 첫 회기는 보통 집단의 목적과 참여방법을 간단하게 소개하는 것으로 시작한다.

② 솔직한 의사표현, 비밀 유지 등의 집단규범을 설명한다.

③ 집단원에게 자기소개를 제안하거나 잠시 말을 멈춘 상태로 기다리기도 한다.

④ 집단원 중 누군가가 서로를 소개하고 인사를 나누자고 제안하면 제안에 따른다.

(2) 집단상담자의 실수

구분	내용
경직된 시작	• 지나치게 형식적이고 틀에 얽매여 경직되게 집단을 시작하는 것 • 집단상담자가 집단을 압도한다는 인상을 주므로 집단원이 시작부터 지루함을 느낄 수 있음
산만한 시작	• 일정한 형식 없이 산만하게 집단을 시작하는 것 • 집단원에게 집단에 대한 부정적인 인상을 주어 신뢰감 형성이 어려워질 수 있음
강압적 시작	• 집단원에게 집단 참여를 무리하게 종용하는 것 • 집단원이 마음의 준비가 되지 않은 상태에서 압박감을 느끼므로 집단역동이나 성과에도 부정적인 영향을 줄 수 있음 • 이 현상은 집단원의 연령이나 정신능력이 낮고, 집단 참여 경험이 없을수록 빈번하게 나타남

3. 집단 구조화

(1) 집단 구조화의 정의

① 집단 구조화: 집단과정을 촉진하기 위한 틀, 뼈대를 세우는 작업으로, 직접적이고 교육적인 성격을 띠며 집단의 목적, 규칙, 과정을 소개하는 활동을 말한다.

② 집단 구조화는 가능한 한 간결하게 하여 집단원이 지루함을 느끼지 않게 한다.

③ 목적: 집단원에게 집단의 목적과 규칙을 명확하게 상기하여 집단 발달을 촉진한다.

(2) 집단 구조화의 구성 내용 기출 16

구분	내용
집단목적 확인	• 집단의 기본 목적은 집단원이 변화·성장하여 행복하고 만족스러운 삶을 영위하도록 돕는 것 • 목적을 달성하고자 회기별 세부목표를 설정함
집단상담자 역할 소개	• 촉진자, 교육자, 상담자로서의 역할을 간단명료하게 설명함 • 이 과정을 통해 집단원은 상담자에게 기대하는 것이 무엇인지 이해함
집단규칙 설명	• 집단 참여에 필요한 지침을 소개하고 집단규칙을 설명함 • **집단규범**: 집단원에게 실천을 요구하는 행동 기준이며, 권장사항으로 기능함 • **집단규칙**: 법률, 학칙처럼 구체적으로 명시되며 위반 시의 벌, 제재방침이 설정된 행동 기준 • 집단규범은 집단 내 모든 구성원 간의 생산적인 상호작용을 하게 하여 강력한 치료적 힘인 집단역동을 발생시키므로 반드시 필요함

집단 운영방법 소개	• 집단이 어떤 계획하에 어떤 방식으로 운영되는지를 소개함
	• 첫 회기에 집단운영 방법을 소개하는 이유
	  – 논의 방식, 활동 등을 설명하면서 집단원의 긴장감과 불안감을 해소하고 집단에의 적응과 집단원의 역할 수행을 용이하게 함
	  – 설명을 듣고 집단 참여를 포기하는 집단원이 생길 수 있기 때문임
	• 중도에 집단을 떠나려는 집단원이 생기는 경우
	  – 개인면담으로 이유를 들어봄
	  – 사유의 타당성에 따라 설득 여부를 결정함
	  – 집단 참여 목적과 집단유형이 부합되지 않는다는 이유라면 집단에 계속 남을 것을 종용해선 안 됨
	  – 막연한 불안감 때문이라면 집단에 남도록 적극 권유함

4. 집단원 소개

(1) 집단원 소개

① 집단원들이 서로 소개하도록 돕는다.

② 상담·치료·성장집단: 사적인 부분을 이야기할 예정이므로 서로를 소개하는 시간이 중요하다.

③ 과업·교육·토론집단: 이미 서로 잘 알거나 집단에서 사적인 내용을 다루지 않으므로 서로 소개하는 시간이 차지하는 비중은 적다.

(2) 집단원 소개방법

① 각자 소개하기: 집단원이 일정한 순서 없이 자발적으로 자신을 소개하는 방법이다.

② 이름 쌓기: 첫 번째 집단원이 소개한 후에 다음 집단원이 첫 번째 집단원의 이름을 말하고 자신을 소개하는 것을 돌아가면서 하는 방법이다.

③ 2인 1조 소개하기: 집단원이 둘씩 짝지어 이름, 소속, 집단 참여 동기, 집단에서 얻고자 하는 점 등을 이야기 나누는 방법으로, 시간이 많이 소요되는 한계가 있어 집단이 7명 미만인 집단(예 상담, 치료, 성장)에 적합하다.

④ 돌아가며 소개하기: 집단원 개개인이 마치 맷돌 돌아가듯이 한 방향으로 차례대로 소개하는 방법이다.

5. 집단 내 신뢰 분위기 조성

(1) 신뢰 분위기 조성

① 집단 내에 신뢰 분위기를 조성해야 한다.

② 양가감정: 집단 초기에 집단원은 집단에 대한 기대와 어떤 경험을 하게 될지에 대한 불안을 함께 느낀다.

③ 신뢰감을 촉진하는 상담자의 태도: 존중, 공감, 진솔성, 적극적 경청, 자기개방, 배려를 통한 직면 등이 있다.

(2) 신뢰감을 조성하는 방법

① 자기개방: 집단상담자가 먼저 지금-여기에 초점을 맞추고 현재 어떤 경험을 하고 있는지를 적극 표현하여 집단원이 자기개방 방법을 모방하도록 시범을 보인다.

② 잠재력 활성화

ㄱ 집단원 개개인의 강점을 탐색하고 구체적으로 드러내주는 작업을 통해 집단원의 잠재력을 활성화할 수 있다.

ㄴ 잠재력 활성화는 그 동안 성장에 걸림돌이 되어온 요소들을 직시할 용기를 길러준다.

ㄷ 궁극적으로 문제 해결 능력을 높이는 효과가 있다.

6. 긍정적 어조 활용

(1) 긍정적 어조

① 집단의 부정적 측면보다 긍정적 특성과 강점에 초점을 맞춘 진술이다.

② 집단 초기에 부정적 측면에 초점을 맞추고 피드백하는 경우: 위협적이고 안전하지 않은 분위기가 형성되어 집단에 대한 신뢰감이 낮아지고, 집단원의 자기개방이 어려워진다.

③ 첫 회기의 부정적 피드백은 서로를 잘 모르는 상태에서 나오므로 집단원의 분노와 저항감을 일으킬 수 있다.

(2) 긍정적 어조 활용방법

① 다른 집단원에게 부정적 피드백만 하는 집단원이 긍정적인 어조를 활용하도록 집단상담자가 시범을 보이거나 차단 기술로 개입할 필요가 있다.

② 집단상담자가 긍정적인 어조를 사용하여 집단원의 긍정적인 면을 부각하는 노력은 집단 내 안전하고 신뢰적인 분위기를 조성한다.

7. 집단원의 자유로운 기대표현 돕기

(1) 기대표현 돕기

① 집단원의 기대를 자유롭게 표현하도록 도와야 한다.

② 집단상담자는 집단원에게 집단 참여 목적과 집단 참여로 얻고자 하는 점을 이야기할 기회를 제공함으로써, 집단원의 적극적인 상호작용과 자기개방의 깊이를 더하게 할 수 있다.

(2) 집단 참여의 기대 강화

① 집단원은 집단 경험으로 얻고자 하는 점을 파악하고 집단 참여 목적을 구체화하는 과정에서 자신의 기대와 욕구 충족을 위한 자기개방과 탐색의 깊이를 더하게 된다.

② 집단상담자는 집단의 목적에 부합하는 기대에 대해 적극적으로 강화를 주어야 한다.

8. 집단원의 명확한 자기표현 촉진

(1) 집단원의 자기표현

① 집단원이 자신의 사고와 감정을 명확하게 표현하도록 돕는다.

② 다른 집단원과의 관계에서 자신의 감정을 표현하는 것은 스스로를 깊이 탐색하고 이해의 폭을 넓히는 계기가 되어 자아성장의 발판이 된다.

(2) 집단원의 자기표현 돕기

① 집단상담자가 집단원에게 생각이나 감정을 표현하는 방법을 시범 보인다.

② 전문가의 시범을 관찰·모방함으로써 집단원은 생각·감정을 시기적절하게 표현하는 방법을 습득한다.

③ 필요시 교육회기를 통해 집단원이 무심코 선택한 단어가 자신의 정신세계에 어떤 영향을 주는지 설명한다.

9. 집단원의 집단 참여 촉진

(1) 집단 참여 촉진

① 집단원들의 집단 참여를 촉진해야 한다.

② 집단 첫 회기에는 가급적 모든 집단원이 집단에 고르게 참여하도록 한다.

③ 개인화를 통해 집단원이 이야기의 초점을 자신에게 맞추도록 돕는다.

(2) **방법**

① 질문보다 자기개방과 피드백의 형식으로 집단원들에게 이야기한다.

② 다른 집단원에게 어떤 영향을 받는지를 알게 하고, 자신의 반응을 집단경험으로 함께 나눈다.

③ 일상적인 대화, 잡담 형식이 아닌 직접적으로 이야기하는 형식을 취함으로써 집단원도 따라 하도록 유도한다.

④ 다른 집단원의 언어적·비언어적 행동에 반응하거나 피드백하는 법을 직접 시범하고 이를 실천하게 돕는다.

⑤ 바람직하지 않은 행동에 초점을 맞추기보다 사소한 참여 행동에도 긍정적 강화를 제공하여 집단원의 참여 행동을 적극 인정한다.

10. 집단원의 집단 참여 목표 구체화

(1) 집단원이 집단 참여 목표를 구체화하도록 돕는다.

(2) 상담자는 집단원이 모호한 목표를 구체적이고 측정 가능한 목표로 바꾸도록 한다.

(3) 집단원의 목표가 구체적이고 명확해지면 집단상담자는 자신이 어떻게 개입할지 더 명확한 생각을 가질 수 있다.

11. 적절한 자기개방 촉진

(1) 자기개방은 현재의 관심사를 진솔하게 표현하는 것이다.

(2) 자기개방은 통찰의 중요한 도구이지만 개방 정도는 집단원 스스로에게 달려 있다.

(3) 집단상담자는 어떤 이유에서도 집단원에게 자기개방을 강요하면 안 된다. 대신 집단원마다 자신을 얼마나 드러낼지를 결정할 권리와 책임을 동시에 갖고 있음을 알리도록 한다. 이들이 자기개방을 하지 않을 권리를 존중한다.

12. 집단과정 관찰

(1) 집단과정과 집단원의 상호작용 방식을 면밀하게 살펴 치료적 자원으로 활용한다.

(2) 집단상담자는 집단과정의 모니터링을 통해 집단원을 이해하고, 다음 회기 계획 수립에 필요한 자료를 수집한다.

(3) 집단과정 관찰이 중요한 이유는 집단과정이 집단목표 달성, 집단 발달과 밀접한 관계가 있기 때문이다.

13. 첫 회기의 종결

(1) **첫 회기의 종결**

다른 회기의 종결과 유사하지만 소감을 확인하고 궁금한 점을 설명하며, 명확하게 확인하고 넘어가야 할 사항에 시간을 할애한다는 차이가 있다.

➡ 첫 회기 종결의 필수 요소: 소감 확인, 회기 요약

(2) **회기 요약**

① 상담자는 첫 회기를 요약·정리하고, 집단의 목적을 재차 언급한다.

② 이후 다음 회기의 목표, 기대에 대해 간략하게 의견을 나누고 첫 회기를 종결한다.

1. 매 회기 시작 과업

(1) 미결 사안 언급

① 집단 시작을 알리는 진술과 함께 지난 회기의 미결 사안을 간략하게 언급한다.

② 미결 사안: 집단과정에서 해결되지 않은 문제나 감정을 말한다.

③ 미결 사안을 회기 초에 다루는 이유: 미처 해결되지 않은 감정이나 문제가 집단과정과 역동에 걸림돌이 되는 것을 차단하고 집단과정을 촉진하는 원동력으로 활용하기 위해서이다.

(2) 체크인

① 각 집단원의 체크인을 돕는다.

② 체크인: 집단원 개개인이 이번 회기에 어떻게 시간을 보내기를 원하는지 일일이 확인함으로써 지난 회기와 현 회기를 연계하는 작업이다.

③ 집단회기 시작 시 일반적인 체크인 절차

　㉠ 돌아가면서 이번 회기에 무엇을 다루고 싶은지 한두 문장으로 말할 기회를 주고, 한 집단원이 오래 말하게 두지 않는다.

　㉡ 지난 회기 이후 집단에서 배운 것을 연습하기 위해 집단 밖에서 무엇을 어떻게 했는지를 간략히 이야기할 시간을 준다.

　㉢ 집단원에게 지난 회기 이후에 느꼈던 풀리지 않은 감정이나 지난 회기에 대해 생각한 점이 있는지 묻는다.

　㉣ 집단의 진척에 대한 집단상담자의 느낌이나 생각이 있으면 이를 잠시 언급한다.

　㉤ 개방집단에 새로운 집단원이 있는 경우 집단원을 소개하고, 기존 집단원은 그동안 집단에서 자신의 어떤 점을 알게 되었는지 간략히 돌아보게 한다.

(3) 집단회기의 목표 설정

① 집단회기의 목표 설정을 위해 논의한다.

② 방법: 이번 회기에 말할 기회가 주어지면 무엇에 대해 이야기 나누고 싶은지 돌아가면서 간략히 한두 문장으로 이야기하는 체크인과 함께, 질문으로 집단회기 목표 설정을 돕는다.

③ 집단회기 목표 설정을 위한 질문의 예시

> • "오늘 집단회기에 참여함으로써 얻기를 원하는 것이 무엇인가요?"
> • "원하는 것을 얻기 위해 무엇을, 어떻게 하실 계획이세요?"
> • "집단을 마칠 때, 자신이 습득했다고 말하고 싶은 것은 무엇인가요?"
> • "각자 다음의 미완성 문장을 완성해 보길 바랍니다. '기회가 주어진다면, 오늘 나는 ___에 몰두하고 싶다.'"

④ 회기 목표 설정 시 자신의 문제를 장황하게 설명하려는 집단원: 집단원의 말을 차단한 다음, 목표를 설정한 후에 기회가 주어지면 보다 구체적으로 소개하도록 안내한다.

(4) 분위기 침체 대비

① 집단원에게 첫 회기만큼 열정적인 느낌이 들지 않을 수 있고 불안감이 들 수도 있다는 점을 설명한다.

② 첫 회기에서 파악한 내용을 바탕으로 모든 집단원이 균형 있게 참여하도록 돕는다.

③ 긍정적인 분위기를 조성하는 한편, 집단원들의 흥미와 관심 정도를 확인한다.

④ 필요한 경우 집단규칙을 공지한다.

⑤ 회기의 종결을 위해 적정한 시간을 확보하여 소감을 나누거나 질문에 답변한다.

(5) 공지사항 전달

① 공지사항: 집단원이 알고 있어야 할 상담기관의 방침, 공유할 필요가 있는 새로운 소식 등을 말한다.

② 집단 리더는 다른 집단원들이 반드시 알고 있어야 할 사안에 한해 이를 전달하는 시간을 짧게 갖는다.

2. 기타

(1) 중도포기 집단원 [기출 17]

① 개인면담을 통해 집단상담에 참여한 경험이 또 다른 실패 경험이 되지 않도록 한다. 이를 위해 집단과정에서 해당 집단원을 관찰한 내용을 상세하게 다루어준다.

② 이후에 집단원이 아직 집단 참여에 대한 준비가 되지 않았다고 판단이 드는 경우, 개인상담을 먼저 받고 난 다음 집단에 참여하는 대안이 있음을 알린다.

③ 다른 집단에 참여하는 것도 하나의 대안임을 알려준다.

(2) 집단원 충원

① **적절한 시기**: 집단이 침체 상태에 놓여 있을 때, 새로운 집단원이 집단에 새로운 활력을 불어넣을 수 있다.

② **적절하지 않은 시기**: 집단이 갈등으로 위기를 겪고 있거나 새로운 발달 단계에 진입할 때, 집단원들은 새로운 집단원을 받아들이지 않거나 집단의 현안에 대한 직면을 회피한 채 신입 집단원에게 에너지를 집중해버릴 수 있다.

(3) 비밀 유지 위반에 대처

① **개별면담 실시**: 관련 사안을 파악한다.

② 개별면담 시 고의성이 없다면 집단에 잔류시킨다.

③ 결정을 내리기에 앞서, 문제의 집단원을 잔류시키는 것에 대한 다른 집단원의 생각과 느낌을 파악한다.

④ **집단원의 복수, 근거 없는 소문 때문인 경우**: 문제를 일으킨 집단원을 집단에서 내보내는 방안을 적극 고려한다.

⑤ 집단원을 퇴출하기로 결정했다면 해당 집단원에게 결정을 통보하고 그의 감정을 다루어준다.

18 집단 종결

1. 종결 준비 목적(매 회기 종결)

(1) 집단원의 학습내용 요약

① 집단회기 중에 다룬 내용과 과정의 중요한 점을 요약·정리한다.

② 각 집단원이 집단회기에 습득한 주요 학습내용을 간추려주는 효과가 있다.

③ 집단원들이 집단회기 종결 후에도 학습내용을 기억하는 데 도움을 준다.

④ 집단회기 요약은 일반적으로 집단상담자가 담당하지만 때로 집단원이 맡기도 한다.

⑤ 집단상담자는 집단원에게 집단회기에 대한 반응, 생각과 느낌, 집단을 통해 얻은 점 등을 요약·정리하게 하여 집단회기에 대한 평가를 실시한다.

(2) 미결 사안 다루기

① 미처 해결되지 않은 사안을 집단원들과 함께 점검한다.
② 미결 사안: 집단회기에 해결되지 않은 상태로 남은 문제나 표현되지 않은 감정·생각을 말한다.
③ 집단 회기를 마치기 전에 다소 미흡하게 다룬 문제가 있거나 감정·생각 표현이 불충분했다고 판단되는 집단원이 있다면 이를 표현할 기회를 제공한다.
④ 미해결 과제를 다룰 시간이 충분치 않으면 집단원의 동의를 얻어 다음 회기까지 유보한다.
⑤ 사안이 급박하거나 심리적 불편함이 심각하여 다음 회기까지 기다릴 수 없을 경우
　㉠ 모든 집단원에게 회기의 종결시간을 다소 늦추는 것에 동의를 구한 다음 미해결 과제를 다룬다.
　㉡ 집단원의 동의가 이루어지지 않을 경우 집단상담자의 개별면담을 통해 집단원의 미해결 과제를 다룬다.

(3) 집단원의 실천의지 강화

① 집단원들이 집단작업을 통해 습득한 학습내용을 집단 밖에서 실천하려는 의지를 강화한다.
② 집단상담자는 집단원이 계획한 행동 변화의 목표를 정리해주고, 실현 가능한 방법을 강구하도록 지지와 격려를 아끼지 않아야 한다.

(4) 과제 부과

① 과제는 집단원의 행동 변화를 촉진하는 수단이다.
② 집단상담자는 집단원에게 집단회기 안팎에서 실행할 수 있는 과제를 부과하여 새로운 행동과 기술 습득을 공고히 하는 한편, 행동 변화를 촉진한다.

(5) 소감 나누기

집단원에게 집단회기에 대한 소감을 나눌 기회를 제공한다.

(6) 회기 평가

① 집단원에게 집단회기에 대한 평가 기회를 제공한다.
② 회기의 평가는 일반적으로 집단 경험이 집단원의 일상생활에 미친 영향, 집단상담자의 자기평가, 집단회기에 대한 집단원의 자기평가로 나눈다.

(7) 다음 회기의 목표와 관심사 탐색

① 집단원에게 다음 회기의 목표를 설정하고 관심사를 탐색할 기회를 제공한다.
② 집단상담자는 집단원이 다음 회기까지 시도하고 싶은 새로운 행동, 탐색하고 싶은 관심사를 알아둠으로써 집단회기들 사이의 연결고리를 만든다.
③ 다른 한편으로 집단원이 서로 피드백을 교환할 수 있도록 하여, 새로 깨달은 강점, 잠재능력, 성취경험 등의 긍정적인 부분에 초점을 맞춤으로써 이들에게 변화를 위한 용기와 자신감을 불어넣어준다.
④ 개방집단에서 집단을 떠나는 집단원이 있는 경우: 떠나기까지 1~2회기 남았을 때, 집단을 떠나는 상황에 대한 서로의 느낌과 집단 경험에서 배운 것을 잠시 나누는 시간을 갖는다.

2. 집단회기 종결 기술 `기출 24`

(1) 목적의 명료화

① 집단원이 집단회기 종결에 임박하여 새로운 문제를 꺼내는 경우, 집단상담자는 집단원이 제기한 새로운 주제에 대해 논의를 시작하는 실수를 범하지 않는다.

② 새로운 관심사를 꺼내는 집단원이 있다면 집단 회기를 종결하는 시간을 의도적으로 갖는 목적을 설명하고, 그 관심사는 다음 회기를 시작할 때 다시 논의할 것을 제안한다.

(2) 차단

① 정해진 시간에 알맞게 집단 회기를 마치기 위해 차단기법을 시기적절하게 활용한다.

② 새로운 문제나 관심사를 꺼내는 집단원이 있다면 재진술, 반영, 요약 등의 기술과 함께 차단을 효율적으로 활용하여 집단원이 자신의 문제를 적절할 때 논의하도록 돕는다.

3. 집단 종결(집단 전체 종결)

(1) 집단 경험 통합

① 집단에서의 경험과 새로운 학습내용을 통합·정리하여 실생활에 어떻게 적용할 것인가를 모색하고 결정한다.

② 실천 가능성을 높이는 상담자의 과업

　㉠ 집단원들의 집단 경험을 제고한다.

　㉡ 집단 밖에서 실천한 새로운 행동에 대해 피드백을 교환하게 한다.

　㉢ 학습한 내용을 더욱 자주 실천하는 방법을 모색한다.

　㉣ 계약서를 작성하여 집단에서 배운 것을 실생활에서 적용하도록 돕는다.

③ 필요한 경우 역할 연습, 행동 실연 등으로 집단원의 자신감을 높이고, 집단에서 성취한 새로운 행동을 실생활에 적용하게 돕는다.

(2) 복합감정 처리

① 집단 종결에 따른 집단원의 복합적인 감정을 표출하고 정화하는 데 시간을 할애한다.

② 집단상담자가 먼저 분리감과 상실감의 감정을 적절한 방식으로 표출하면서 집단원도 감정을 표현하고 기꺼이 말하도록 이끌어야 한다.

③ 과업: 감정 표출과 정화 시간 갖기, 의미 있는 시간 되짚어보기, 복합감정이 자연스러운 감정임을 알리기 등이 있다.

(3) 미결 사안 해소

① 미처 해결되지 않고 남은 사안이나 감정에 대해 논의한다.

② 집단이 문제를 완전하게 해결하지 못했더라도 그 상황이나 문제를 다루어 제한된 시간 내에 최소한의 해결점이라도 찾으려는 노력을 기울여야 한다.

③ 집단 종결 시간이 임박한 상황에서 새로운 사안을 꺼내지 않도록 유의한다.

(4) 새로운 행동 실천 도모

① 집단원이 새로운 행동을 적극 실천하도록 돕는다.

② '다짐의 글' 쓰기

ⓐ 다짐은 집단원이 집단상담이 종결된 후에도 자신의 목적을 달성하기 위해 세우는 대략적인 계획이다.

ⓑ 중요한 점은 각 집단원이 실현 가능한 계획을 세우게 하는 것이다.

ⓒ 집단상담자는 집단원의 동의를 얻어 이들이 글로 작성한 것을 집단에서 읽게 하여 집단원들이 서로 구체적으로 제안하도록 한다.

③ 계약서 작성

ⓐ 집단원이 앞으로 실천할 목록을 작성하게 하여 계약을 체결한다.

ⓑ 실천 계약서를 작성하는 것은 새로운 행동을 실생활에 성공적으로 정착시키는 효과가 있다.

ⓒ 계약서를 작성할 때는 집단원 중 한 사람의 계약서를 예시로 공개하거나 크게 읽게 하여 다른 집단원이 참고하도록 한다.

ⓓ 계약의 이행 결과는 일정 기간이 지난 후 전화, 개별면담, 추수집단 등을 활용하여 확인한다.

(5) 피드백 교환 활성화

① 집단원의 피드백 교환을 활성화한다.

② **최종 피드백**: 집단원이 그동안의 집단경험과 작업으로 어떻게 변화했는지를 다른 집단원이 말해주는 것이다.

ⓐ 최종적인 피드백은 진솔하면서도 구체적으로 진술해야 한다.

ⓑ 다른 집단원의 피드백을 통해 자신이 일상생활에서 이루고자 하는 변화를 더욱 깊이 인식할 수 있다.

③ 종결은 집단을 마무리하는 단계이므로, 긍정적인 내용에 초점을 맞추어 집단과정에서 성취한 것을 구체적이고 가시적인 행동 용어로 피드백하는 것이 도움이 된다.

④ 하지만 집단원들이 의도적으로 너무 긍정적 부분에만 초점을 맞추지는 않게 하는 것이 좋다.

⑤ 건강하고 생산적인 집단은 긍정적인 측면은 물론, 부정적인 측면도 진솔한 피드백을 제공한다.

(6) 집단 경험 평가

① 집단원의 집단 경험을 평가한다.

② 평가는 집단과정 전반에 걸쳐 진행되는 과정이다.

③ 집단과정의 중요 시점에서 집단원이나 집단 전체의 발달과정을 추적하는 것을 의미한다.

④ 집단 경험 평가방법

구분	내용
객관적 질문지	• 보통 리커트 척도를 사용하여 기술적 통계방법으로 분석함 • **장점**: 상담자는 분석 결과를 토대로 집단원의 만족도를 가늠할 수 있고, 다른 집단의 평가 결과와 객관적으로 비교할 수 있음 • **한계**: 획일화된 척도를 사용하기 때문에 집단원의 자유롭고 다양한 반응을 도출하지 못해 이들의 변화과정을 추정할 수 없음
주관적 질문지	• 글로 서술하게 고안된 질문지로, 집단원의 주관적인 반응을 질적 방법으로 분석할 수 있는 평가도구 • **장점**: 주관적 질문지는 객관적 질문지보다 더 자유롭게 반응할 수 있음 • **한계**: 다른 집단의 결과와 객관적으로 비교를 할 수 없음
집단 경험 보고서, 소감문 작성	• 집단 회기를 마칠 때마다 집단원이 자신의 집단 경험, 소감을 적는 방법 • **장점**: 경험보고서 작성을 통해 집단원의 집단 경험을 공고히 할 수 있고, 자신의 경험을 정리하고 중요한 사람들에게 말하는 연습도 가능함

(7) 후속 집단회기 일정 논의

① 후속 집단회기 일정을 논의한다.

② 후속 집단회기를 갖는 목적은 집단 종결 후 일정 시간이 지나고 나서도 집단원이 집단에서 습득한 새로운 행동을 얼마나 효율적으로 적용하고 있는지 점검하는 것이다.

(8) 비밀 유지 강조

① 비밀 유지의 중요성을 강조해야 한다.

② 집단상담자는 집단원이 자기 자신과 자신의 문제, 경험이나 깨달은 사실을 말하되 그 과정은 상세히 밝히지 않도록 강조한다.

(9) 작별인사

① 집단원이 감정을 충분히 토로할 기회를 마련하고, 서로에게 마지막 인사를 나눌 시간을 할애하도록 한다.

② 집단원이 동의하는 경우 서로 연락처를 교환하게 한다.

---

19 집단상담 평가

1. 집단상담 평가

(1) 집단평가

① 집단상담 평가: 집단 활동으로 어느 정도 목표가 달성되었고 얼마나 진전이 이루어졌는지 알아보는 과정이다.

② 간접적인 평가

㉠ 집단과정 개선에 직접적인 도움을 제공하지 못한다.

㉡ 간접적 평가는 그 사실이 집단 전체에 전달되거나 이해되지 못하므로 그 집단이 이를 개선할 기회를 갖지 못한다는 문제점을 가진다.

③ 집단평가의 중요한 요소: 정직성, 솔직성이다.

(2) 집단평가의 기회

① 매 모임이 끝날 무렵

㉠ 상담자 자신이 솔선하여 모범을 보이거나 한 집단원을 지적하여 시작하게 할 수도 있다.

㉡ 때로는 자유의사에 맡기거나 차례로 돌아가면서 할 수도 있다.

㉢ 모임이 끝날 때마다 하는 평가는 주로 집단과정에 중점을 두지만 특정 개인의 행동을 평가해도 무방하다.

② 집단기간의 중간과 마지막

ⓐ 모임이 끝날 때마다 해당 집단경험에 대한 평가를 추가하고, 전체 집단과정 중 한 번의 모임은 통째로 평가에 활용할 필요가 있다.

ⓑ 이때는 주로 집단원의 개인적 행동에 집중하는 것이 바람직하다.

ⓒ 질문지, 평정방법을 사용하거나 자유 기술 형식을 취해도 좋으며, 각 집단원에게 집단상담자를 포함한 모든 집단원의 행동 특징, 변화를 기록한 평가서를 쓰게 한다.

ⓓ 모든 집단원이 돌아가면서 한 사람씩을 대상으로 하여 집중적인 피드백을 한다.

ⓔ 집단상담의 전 과정이 끝날 무렵 한두 번의 모임을 할애하여 전체 경험을 평가하고, 이때 두 가지 내용을 포함한다.

  • 집단 경험 전반에 대한 집단원의 반응을 다룰 것
  • 각 집단원의 행동목표 달성 정도를 평가할 것

③ 추후 평가

ⓐ 전 과정이 끝나고 2~3개월이 지난 후 1번 정도 모든 집단원을 모아 추후 평가를 갖는 것도 의미가 있다.

ⓑ 집단 경험이 일상생활에 어떤 결과를 가져왔는지, 그때의 변화가 어느 정도 계속되고 있으며 집단상담의 효과가 어느 정도인지 등을 평가한다.

2. 집단평가의 방법

(1) 공개토의 방식

① 사전에 특별한 준비 없이 집단과정에 대해 혹은 집단원 간의 상호작용에 대해 느끼거나 생각하는 바를 솔직히 털어놓고 의견을 교환하는 방법이다.

② 장단점

ⓐ 장점: 언제 어디에서나 별 준비 없이 실시할 수 있다.

ⓑ 단점: 평가해야 할 규준이 불분명하여 일관성과 체계성을 상실할 우려가 많고 시간을 낭비할 위험도 많다.

(2) 단어 연상법

① 질문에 대해 바로 떠오르는 반응 단어를 집단원 모두가 종이 위에 쓰는 방법이다.

  예 이번 집단 경험을 어떻게 느끼는가?

② 시간이 절약되고 정직한 느낌을 반영하며 집단에 대한 의미 있는 자료이므로 자주 사용된다.

(3) 관찰자·기록자를 이용하는 방법

① 특정 집단원을 선정하여 집단원의 행동을 관찰·기록한 후, 집단에 피드백하는 방법이다.

② 관찰자

ⓐ 집단활동에 참여하지 않고 집단을 관찰·기록하여 이 정보를 평가 시 집단에 보고한다.

ⓑ 훈련받은 전문가를 초빙하는 경우도 있으나 보통은 집단원이 차례로 돌아가면서 관찰자 역할을 한 번씩 해보는 것이 좋은 학습의 기회가 된다.

(4) 녹음·녹화장치를 이용하는 방법

① 집단활동의 내용을 전부 기록하고 억양 변화, 정서적인 특질까지 확인할 수 있어 매우 효과적이다.

② 기계를 통한 피드백

ⓘ 객관성을 유지할 수 있지만, 집단원이 언행이 항구적으로 기록·보존될 가능성을 두렵게 생각할 수 있다.

ⓛ 그 결과 있는 그대로의 자신의 느낌이나 생각을 표현하는 데 지장 받을 수 있다.

(5) 측정 도구를 이용하는 방법

① 간단하고 무기명으로 답할 수 있는 질문지, 평정척도를 사용하여 다른 방법으로는 얻을 수 없는 정보를 쉽게 얻을 수 있다.

② 이 방법으로 집단 전체나 각 집단원의 목적과 목표, 집단의 역학, 지도성 등의 사실을 알 수 있다.

③ 질문지에 응답하면 이를 모아 섞은 후 다시 배부한다.

④ 각 집단원은 응답지를 받아들고 차례로 집단 앞에 결과를 보고하고 토의한다.

⑤ 때로는 결과를 빈도나 점수로 계산하기도 한다.

20 구조화 집단활동

1. 구조화 집단활동

(1) 의미

집단의 특정 목적을 위해 사전에 준비물, 진행절차 등을 정형화하여 집단리더가 바뀌어도 동일한 절차로 전개되는 활동이다.

(2) 목적

① 학생에게 경험학습의 기회를 제공한다.

② 학생의 마음을 편안한 상태로 만들어준다.

③ 학생 개개인에 대한 유용한 정보를 수집할 수 있다.

④ 집단에 논의거리와 초점을 제공한다.

⑤ 집단의 초점을 이동시킨다.

⑥ 집단의 초점을 심화시킬 수 있다.

⑦ 학생들에게 즐거움을 제공한다.

⑧ 학생들에게 이완효과를 제공할 수 있다.

2. 유형

(1) 글읽기형

① 구조화 집단활동 유형 중 하나는 글읽기형이다.

  ㉠ 글읽기형은 집단원이 시나 짧은 글 등을 읽고 서로 소감을 나누는 활동이다.

  ㉡ 이 유형은 학생이 의미 있는 글귀를 함께 읽음으로써 특정 주제, 사안의 논의를 심화하거나 새로운 생각, 기억을 떠올리게 하는 효과가 있다.

② 글읽기형 활동에서 유념해야 할 점은 두 가지이다.

  ㉠ 집단목적과 관련된 사고를 촉발하는 글귀를 선택해야 한다.

  ㉡ 시, 글귀는 학생의 지적 수준, 언어능력, 교육 수준 등에 적합해야 한다.

③ 글읽기형 활동을 소개하는 경우, 리더는 읽을거리를 나누어주기 전에 지시사항을 전달한다.

  ㉠ 이때 읽을거리는 인쇄된 면을 아래로 향하게 하여 탁자 위에 놓는다.

  ㉡ 지시사항 전달을 마치면 리더는 학생이 글을 읽게 하고 의미 있다고 여긴 문장·단락에 표시하게 한다.

④ 리더는 학생이 표시한 문장이나 단락에 관해 탐색질문을 던질 수 있다.

⑤ 학생들이 읽을 내용을 어느 정도 짐작할 수 있게, 리더가 읽을 내용을 간략히 소개할 수도 있다.

⑥ **글읽기형 활동의 종류**: 시, 짧은 글 읽기 등이 있다.

(2) 글쓰기형

① 글쓰기형 활동은 구조화 집단활동 중 가장 활용도가 높다.

　　㉠ 이 유형의 활동에서 학생은 목록을 작성하거나 미완성 문장을 채워 넣을 수 있다.

　　㉡ 반응을 글로 쓰거나 특정 주제, 사안에 대한 체크리스트에 표시를 한다.

② 글쓰기형 활동의 장점은 집단 주제에 대해 학생들의 초점을 모으고 이들의 생각·반응을 가시적으로 남길 수 있다는 점이다.

③ 이 유형의 활동은 집단상담에서 생각·반응을 즉각 나타내야 하는 부담을 감소시키고, 학생이 보다 여유 있게 집단작업에 참여하도록 한다.

④ 글쓰기형 활동을 소개할 때, 리더는 활동에 필요한 도구와 재료를 나누어주거나 사전에 준비해오게 한다.

　　㉠ 준비가 되면 리더는 안정된 상태에서 지시사항을 전달할 수 있다.

　　㉡ 준비가 제대로 되지 않으면 학생들은 도구와 재료를 마련하느라 리더의 지시에 집중하지 못할 수 있다.

⑤ 모든 학생이 글쓰기형 활동에 필요한 도구와 재료를 가지고 온다는 확신이 있어도 리더는 펜, 자, 연필, 색연필, 색종이 등 여분의 준비물을 마련해야 한다.

⑥ 문항에 답하는 설문지를 활용하는 경우, 설문지를 엎어 놓게 하여 지시사항 전달이 완료되기 전까지 읽어보지 않도록 하며, 리더는 학생 모두가 글을 읽고 쓸 수 있는지 확인한다.

⑦ **글쓰기형 활동의 종류**: 문장 완성, 목록 작성, 반응 쓰기, 일기 쓰기 등이 있다.

(3) 신체동작형

① 구조화 집단행동 유형인 신체동작형은 몸을 움직여 행동으로 나타내는 것이 요구되는 활동 유형이다.

② 서 있기, 스트레칭 등 간단한 동작부터 '집단조각'처럼 복잡한 동작이 요구되는 활동까지 다양하다.

③ **신체동작형 활동의 장점**

　　㉠ 학습 효과가 오래 지속되고, 모든 학생의 참여를 유도할 수 있다.

　　㉡ 주의집중 시간이 짧거나 오래 앉아 있기 어려워하는 학생에게 효과적이다.

　　㉢ 단순히 어떤 주제에 관해 이야기하는 대신 몸으로 경험할 기회를 제공한다.

④ **신체동작형 활동의 종류**: 의자 바꿔 앉기, 원 돌기, 가치관 연속선, 역경 돌파, 목표 성취 지수, 집단에 대한 느낌 조각, 가족 조각, 집단 조각, 가족 위치, 개인공간, 동상 체험 등이 있다.

(4) 신체접촉형

① 신체접촉형은 집단마사지, 들어가며 접촉하기, 2인 1조의 학생 간 신체적 접촉을 포함한 활동이다.

② 신체접촉은 주로 상대방의 손, 얼굴 등을 가볍게 문지르는 정도부터 강하게 만지는 것까지 있다.

③ 신체접촉은 지지적인 느낌을 주며, 이는 신뢰감을 형성하는 활동 대부분이 신체접촉을 포함하는 이유이다.

④ **신체접촉형 활동 시 고려사항**

　　㉠ 활동의 적절성과 학생이 편안하게 느끼는 정도를 파악한다.

　　　　ⓐ 우선 신체접촉을 불편해하는 학생들이 있는지 알아둔다.

　　　　ⓑ 이후 학생에게 활동을 상세히 설명하고 참여를 원치 않는 학생의 불참할 권리를 인정한다.

　　㉡ 성적인 행동을 연상시키는 신체접촉은 피한다.

　　　　ⓐ 예를 들어 마사지 활동은 적절하게 이루어지지 않으면 성적인 것으로 오해할 수 있다.

　　　　ⓑ 오해의 소지가 있는 활동은 목적을 충분히 설명한 다음 원치 않는 학생은 참여시키지 않는다.

(5) 2인 1조형, 3인 1조형

① 2인 1조형은 두 사람이 한 조로 참여하는 활동이고, 3인 1조형은 세 사람이 한 조가 되어 참여하는 활동이다.

② **효과**: 학생이 집단 전체보다 편안한 상태에서 다른 학생과 일대일로 상호작용할 기회를 얻고, 상황에 따라서 두 가지 유형을 상호 대체하여 활용할 수 있다.

③ 2인 1조형은 집단 초기에 학생 간의 서먹서먹한 관계를 누그러뜨리고 신뢰관계로 호전하는 데 효과가 크다.

(6) 피드백형

① 집단상담에서 얻는 혜택으로 자신과 자신의 행동, 사고, 감정, 경험에 대한 다른 사람의 반응이나 피드백을 들을 수 있다는 점이 있다.

② **교정적 피드백(corrective feedback)**: 서로의 행동, 사고 중 변화가 필요한 부분에 대한 진솔한 생각을 나눔으로써 학생들의 통찰과 변화를 유발한다는 강점이 있다.

➡ 피드백형 활동은 스스로 상대방을 돕고자 하는 선의를 기반으로 실시되어야 한다.

③ 피드백 활동은 다른 사람의 도움을 원치 않거나 필요로 하지 않는 학생에게 사용하는 데 한계가 있다.

④ 피드백형 활동을 소개할 때, 리더는 학생이 다른 학생에게 피드백을 제공하기에 앞서 말하고 싶은 점을 생각할 시간을 준다.

㉠ 리더는 유용한 피드백의 가치를 1~2분 동안 간략히 설명한다.

㉡ 이때 유용한 피드백과 그렇지 않은 피드백의 예를 들 수 있다.

⑤ **피드백형 활동의 종류**: 첫인상, 형용사 체크리스트, 반응 선물, 강점 폭격, 소원 말하기, 은유적 피드백, 글로 쓰는 피드백, 최고·최악의 피드백이 있다.

(7) 체험형

① 학생들에게 적극적으로 어려움을 극복할 수 있는 기회를 제공하는 집단활동 유형이다.

② 이 유형의 활동은 흔히 신뢰감 형성에 활용된다.

예 대표적인 활동으로는 '로프코스(ropes course)'를 꼽을 수 있는데, 이 활동은 밧줄로 만들어진 야외 코스에서 이루어지며 활동에 따라 다소 어려울 수도 위험할 수도 있다.

③ 학생들의 협력을 요하는 활동은 학생의 독립성과 담력을 키워주는 한편, 팀워크 형성을 통해 관계 형성능력을 신장하는 데도 유용하다. 체험형 활동은 리더에 따라 다양하게 활용된다.

예 로프코스를 단순히 집단활동의 일부로 활용하기도 하고, 학생에게 로프코스를 돌아오게 하거나 다른 종류의 체험 활동을 추가하기도 한다.

④ 야외 활동 중 학생의 흥미를 유발하고 즐거움을 주는 것이 많다.

⑤ 리더는 이러한 활동이 학생들에게 적합한지를 주의 깊게 판단해야 한다.

⑥ 체험형 활동은 학생들에게 색다른 흥미와 경험을 제공한다는 강점이 있다.

(8) 신뢰형

① 집단 참여 학생들 간의 신뢰관계를 높이는 데 도움이 되는 일련의 활동을 가리킨다.

② 이 유형의 활동은 학생이 서로 신뢰하지 않거나 집단 내에 신뢰감을 증진시켜야 하는 경우에 활용한다.

③ 집단작업의 핵심은 자기개방을 기반으로 상호작용을 통해 자기이해를 꾀하는 한편, 학생의 통찰과 변화를 촉진하는 것이므로, 학생 간의 신뢰감 형성은 집단 발달의 주춧돌이다.

④ **신뢰형 활동의 종류**: 돌림, 신뢰의 원, 신뢰 승강기, 신뢰 버팀대, 신뢰 산책 등이 있다.

(9) 돌림형

① 돌림형은 구조화 집단활동에서 가장 흔히 활용되는 활동 유형 중의 하나이다.

② 강제 선택 돌림: 리더가 진술 한 가지를 읽어주고 학생들이 진술을 듣고 어떤 느낌이 들었는지 의견과 소감을 나눈다. 이때 학생은 흔히 '매우 동의함', '동의함', '동의하지 않음', '전혀 동의하지 않음'으로 답한다.

(10) 소품활용형

① 소품활용형 활동은 학생들의 감각을 자극하고 흥미를 북돋우며 참여를 높이는 효과가 있다.

② 이 유형의 활동에 주로 사용되는 소품은 인형, 아동용 의자 고무줄, 종이컵, 페트병 등이며 낡은 음반, 신문, 카세트테이프, 트럼프 등의 소품도 집단이 한 가지 주제에 초점을 맞추는 데 유용하게 활용된다.

③ 소품활용형 활동의 종류: 인형, 아동용 의자, 고무줄, 종이컵, 빈 페트병 등이 있다.

(11) 미술공작형

① 학생이 다양한 도구로 그림을 그리거나 자르거나 붙이거나 색칠하여 무언가를 창작하는 것이다.

② 이 유형의 활동은 학생의 배경과 관계없이 흥미를 유발한다.

③ 집단활동에 초점을 맞추게 하고, 분위기를 띄우며 집단의 논의거리를 풍성하게 만든다.

④ 미술공작형 활동을 소개하는 방식은 글쓰기형과 유사하다.

　　㉠ 지시사항을 전달하기 전에 이미 학생 앞에 활동에 필요한 도구와 재료가 준비된다는 공통점이 있다.

　　㉡ 미술공작형 활동은 글쓰기형 활동보다 훨씬 많은 문방용품과 재료가 필요하다.

　　㉢ 글쓰기형 활동에 필요한 기본적인 문방용품 이외에도 풀, 자, 가위, 물감, 색연필, 사인펜, 크레파스 등의 여러 재료가 더 필요하다.

⑤ 미술공작형 활동은 효과적인 자기표현 촉진, 사고·감정·경험의 투사 도구, 집단에 대한 흥미 자극, 언어표현 대체 도구로 활용할 수 있다는 강점이 있다.

(12) 도덕적 딜레마형

① 도덕적 딜레마형 활동은 학생에게 도덕적 갈등에 관한 예화를 읽어주거나 학생들이 예화를 직접 읽은 뒤에 그 상황에서 어떤 선택을 할지를 결정하는 활동이다.

② 절박한 상황에 서로 다른 의견을 보이는 구성원이 갈등을 극복하고 목적을 달성함으로써, 이 과정에서 발생한 갈등의 긍정적인 효과를 몸소 체험하도록 하는 데 목적이 있다.

③ 이 활동에서는 보통 가치관, 정의, 공정성에 관한 논의가 일어난다. 따라서 이 유형의 활동은 주로 가치명료화 집단에서 한 회기의 초점으로 활용된다.

(13) 환상형

① 환상형 활동은 성장집단, 치료집단에서 주로 활용된다.

② 환상이 학생 자신의 감정, 소망, 의구심, 두려움 등을 보다 잘 의식하게 해주기 때문이다.

③ 환상형 활동의 종류: 대상 환상, 영화 환상, 열기구 환상, 도사 환상, 장례 환상 등이 있다.

3. 집단 리더의 과업

(1) 학생들이 자신의 지시대로 이행하는지 확인한다.

(2) 활동 참여를 꺼리는 학생의 권리를 인정한다.

(3) 학생들의 정서적 측면에 반응하면서 이를 집중적으로 다룬다. 특히 학생들의 사적인 경험에 초점을 두는 활동을 실시할 때, 리더는 적어도 한두 학생이 정서적으로 민감하게 반응하여 어려워하거나 참여를 꺼릴 수 있음을 사전에 예상해야 한다.

> **참고** **학생의 강한 정서적 반응에 대한 대처방안**
>
> • 잠시 활동을 멈추고 해당 학생에게 초점을 맞춘다.
> • 학생의 불편함을 공감적으로 인정해주고 활동을 계속한다.
> • 해당 학생에게 다른 학생의 논의를 경청하게 하여 학습을 촉진한다.
> • 학생들을 2인 1조로 나누어 활동을 지속하되, 리더는 해당 학생과 짝을 지어 그의 감정을 다루어준다.

(4) 구조화 활동 시, 때로 활동 내용을 변경하거나 멈추어야 할 때에는 활동을 변경하거나 중지시킨다. 리더의 기대와 달리, 학생들에게 생산적인 반응이 나오지 않는다는 느낌이 들거나 새로운 논의거리가 떠오르는 순간이 바로 그때이다.

(5) 학생들에게 남은 시간을 공지한다. 리더는 학생에게 활동을 마치려면 얼마의 시간이 남았는지 지속적으로 알려준다.

(6) 리더 자신의 집단활동 참여 여부를 결정한다.

> **참고** **리더의 활동 참여나 활동 불참으로 얻는 효과**
>
> • 리더의 활동 참여로 얻는 효과
>   − 2인 1조 활동을 촉진할 수 있다.
>   − 학생들이 리더를 더욱 잘 알 수 있다.
>   − 2인 1조, 3인 1조 활동에서 한 사람이 모자라는 경우, 인원 공백을 메울 수 있다.
> • 리더의 활동 불참으로 얻는 효과
>   − 집단의 활력 수준과 과업 완수 시기의 파악이 용이하다.
>   − 학생들의 활동을 모니터링하다가 필요한 경우 즉시 개입할 수 있다.
>   − 경청과 관찰을 통해 집단의 과정적·내용적 측면을 동시에 관찰할 수 있다.
>   − 학생들이 리더의 의견이나 논평을 의식하지 않아도 되는 분위기를 조성할 수 있다.

(7) 구조화 집단활동을 선택한다.

1. 과정분석의 목적과 방식

(1) 목적

① 집단목적이나 활동주제의 논의를 촉진하는 것이다.

② 학생의 사고와 감정 탐색을 심화한다. 특히 학생이 보다 깊고 개인적인 수준에서 각자의 경험을 탐색하도록 도움으로써 자기이해, 통찰, 변화 촉진을 꾀한다.

③ 집단역동, 과정과 관련된 학생의 논의를 촉진할 수 있다.

(2) 과정분석 방식

① 돌림형

> • "자, 돌아가면서 활동에 참여한 소감을 들어보겠습니다."
> • "이번 활동으로 여러분에게 특별했던 경험을 한두 문장으로 말해보세요."
> • "시계방향으로 돌아가면서 조금 전에 나누어 드린 글을 읽은 소감을 나누어 보겠습니다."

② 2인 1조, 3인 1조형: 집단의 활력이 높고 생각·느낌을 나누는 것이 학생에게 유익하다고 판단할 때 활용하는 방식이다.

③ 글쓰기형

    ㉠ 많은 생각과 느낌을 불러일으키는 활동을 활용하는 경우에 적합하다.

    ㉡ 활동을 마치고 나서 학생이 표출하고 싶은 생각과 느낌이 많지만 다른 사람에게 이를 공개하지 않을 상황에 유용하다.

④ 전체 집단

> • "여러분에게 동기부여를 한 것은 무엇입니까?"
> • "음, 여러분의 반응에 대해 이야기를 나누어봅시다."
> • "자, 자신의 생각과 느낌을 누구부터 말해볼까요?"

(3) 과정질문

① 과정질문은 집단의 과정분석을 촉진하는 일종의 자극질문이다.

② 과정질문은 과정분석의 초점과 집단논의의 방향을 결정한다.

③ 리더는 집단회기 시작 전에 과정 질문을 준비해야 하지만, 때로 순간적으로 떠오르는 과정질문이 집단논의를 심화시키기도 한다.

④ 과정질문은 학생이 활동, 집단, 주제, 사안이나 자기 자신에게 초점을 맞추는 데 도움이 된다.

⑤ 과정질문의 예시

과정분석을 위한 과정질문의 예	과정분석 심화를 위한 질문의 예
• "무엇을 그렸습니까?" • "어떤 일이 일어났습니까?" • "유인물 내용 중 특히 어떤 부분이 가슴에 와닿았습니까?"	• "이렇게 함으로써 무엇을 깨달았나요?" • "여러분의 내면에 어떤 느낌이 들었습니까?" • "삶에 도움이 되도록 하려면 어떻게 활용할 수 있을까요?"

⑥ 과정질문을 던질 때, 리더는 질문이 활동 목적과 일치하는지 확인한다.
⑦ 학생의 탐색을 점차 심화시킬 수 있는 질문을 선별하여 활용한다.

2. 집단 리더의 과업

(1) 충분한 시간 안배

과정분석을 통해 리더는 사전에 얼마나 시간을 할애할지를 결정한다.

(2) 적극 개입

① 집단과정에 적극 개입한다.
② 학생이 집단 참여로 많은 것을 얻게 도우려면, 돌아가면서 활동 결과만 이야기하게 내버려두어선 안 된다.
③ 적극적으로 개입하면서 집단논의를 깊이 있는 수준으로 이끌어가려고 노력해야 한다.

(3) 집단기술 활용

리더는 집단의 과정기술과 내용기술을 활용하여, 활동에서 목적 달성을 위해 애썼던 경험으로부터 학생이 일상생활에서 겪는 어려움에 대한 논의로 자연스럽게 옮겨갈 수 있어야 한다.

(4) 개인화

활동 경험이 개인의 변화와 성장의 자양분이 되려면 각 학생의 경험을 개인화하는 리더의 개입이 필수이다.

(5) 초점 대상 설정

① 특정 학생이나 집단 전체 등의 초점 대상을 설정한다.
② 일반적으로 과정분석의 시작 국면에서는 활동에 대한 학생들의 생각, 느낌, 경험 등을 탐색한다.
③ 학생들이 돌아가면서 하는 활동 경험의 소감 나누기를 통해 이를 파악할 수 있다.
④ 특정 사안을 깊이 있게 다뤄야 한다면, 리더는 특정 학생이나 전체 학생을 대상으로 논의를 계속할지 여부를 결정해야 한다.

(6) 초점 유지 및 이동

일단 모든 학생에게 한 차례씩 말할 기회를 주고 난 다음, 특정 학생의 주제에 초점을 맞추는 것이 바람직하다.

(7) 초점 시기 결정

① 과거나 현재 중 어느 곳에 초점을 맞추어야 하는지에 대한 일정한 공식은 없다.
② 대부분의 경우 과거의 사건에 의한 현재의 경험에 초점을 맞추는 것이 단순히 과거에 초점을 맞추는 것보다 생산적이다.

1. 상담 및 심리교육 프로그램 개발의 이해

(1) 프로그램의 공통 요소

① 목적, 목표

② 구체적 내용, 활동

③ 내용과 활동의 구성원리

(2) 구조화 프로그램의 지침(Corey)

① 구조화 프로그램은 치료목적이 있어야 하며 이론적 틀에 근거를 두어야 한다.

② 집단원의 더 나은 자기탐구를 고무하기 위한 활동·기법을 이용한다.

③ 감정을 과도하게 자극할 목적이 아닌, 내담자가 꺼낸 감정 문제를 치료적으로 다룰 목적으로 사용한다.

④ 상담자의 불쾌감, 무능력을 감추기 위해 프로그램을 사용하면 안 된다.

⑤ 섬세하고 시기적절하게 구조화 활동을 사용한다.

⑥ 집단원의 배경을 고려하여 구조화 활동을 사용한다.

⑦ 효과가 없다고 드러나면 구조화 활동은 포기한다.

⑧ 특정 구조화 기법에 대한 참여 여부와 선택권을 집단원에게 주고, 참여를 명령하지 않고 정중히 부탁한다.

(3) 서스만(Sussman)의 프로그램 개발원리

① **체계적인 이론적 기반**: 엄격한 절차를 거쳐 개발되면 프로그램에 내재된 매개변인과 조절변인의 효과를 분명하게 결론내릴 수 있다.

② **경험적이고 과학적 방법**: 경험적이고 과학적 방법은 프로그램 개발자가 프로그램의 효과에 대해 주관적으로 가지는 편견을 감소시킬 수 있다.

③ **개발과정의 엄격성**: 프로그램의 개발과정이 과학적이고 엄격하면 프로그램의 소비자나 개발 비용을 제공한 사람이 프로그램을 합리적으로 평가·판단할 수 있어 프로그램을 호의적이고 적극적으로 수용할 수 있다.

④ **평가결과 반영**: 프로그램의 개발과정이 과학적이고 엄격하면 어떤 요인이 어떤 방식으로 기능하여 프로그램의 효과가 나타나는지 설명이 가능하기 때문에 사회적인 환경·맥락·대상에 따라 프로그램을 수정할 때 좀 더 분명한 방향성을 가지고 수정할 수 있다.

(4) 서스만의 상담 및 심리교육 프로그램 개발원리

① **실용성**: 프로그램의 일차적 사용목적은 '연구'보다 '사용'을 위한 것이다.

② **모형의 체계성**: 프로그램은 이론 기반의 모형에 근거하여 개발할 필요가 있다.

③ **개발절차의 엄격성과 객관성**
   ⊙ 이론적 모형에 기반을 두더라도 어떤 형태, 활동으로 구현되는지에 따라 효과가 달라질 수 있다.
   ⊙ 개발절차는 누구라도 반복이 가능한 객관적인 절차를 거치고 정해진 절차를 엄격하게 밟으면서 진행할 필요가 있다.
④ **개발과정의 순환성**: 프로그램의 개발과 평가는 별개로 진행되는 것이 아닌 순환적인 과정이다.
⑤ **개발·운영의 예술성**: 과학적인 이론과 원리를 토대로 개발해도 프로그램의 효과가 나타나려면 개발·운영에 있어 창의적인 아이디어와 진행방법이 요구된다.
⑥ **효과의 검증 가능성**: 프로그램의 효과를 검증하려면 대상 집단, 실시 환경, 제반 조건에 따라 경험적인 연구를 실시할 필요가 있다.

(5) 서스만의 프로그램 개발 모형

단계	단계별 과제
1단계: 문헌연구	1. 프로그램의 효과를 내는 매개변인 확인 2. 문제 행동의 원인에 대한 이론적 고찰 3. 문제 행동을 통제하는 방법 탐색
2단계: 활동 수집	4. 유사한 목적을 위한 과제에서 유사한 활동이나 방법 수집 5. 새로운 활동의 개발
3단계: 활동 선정	6. 지각된 효능성 연구를 통한 활동의 선정 7. 심층 면접, 델파이 기법, 초점집단 면접, 카드 분류, 설문지 등으로 지각된 효능 평가 실시
4단계: 선정된 활동의 즉시적 효과연구	8. 단일집단 연구, 유사 실험설계, 실험설계를 통한 요소 연구 9. 집단 간 비교 연구, 요소 연구
5단계: 프로그램 제작, 예비연구	10. 프로그램 활동 및 요소의 구성 11. 예비연구를 통한 실험 12. 예비연구 시 다양한 평가 실시 13. 프로그램 수정(활동, 전략, 내용, 모형 등의 측면)
6단계: 프로그램의 장기적 효과 연구	14. 이전 연구의 개별적 검토 15. 메타분석 16. 프로그램 내의 변인 간 관련성을 가설적 개념화 후 검증 17. 변인 간 관련성에 대한 모델 검증

2. 서스만의 상담 및 심리교육 프로그램 개발 절차

(1) 프로그램에 대한 요구와 내용의 이론적 검토(문헌 연구)

① **이론**: 원인과 결과 간의 인과관계에 대한 일련의 체계적 신념이다.
② **구성**: 원인, 매개변인, 조절변인, 결과(목표행동)와 이들 관계를 설명하는 인과구조로 이루어진다.
③ **이론이 없는 경우**
   ⊙ 어떤 요소를 어떻게 통제·조절해야 하는지 알 수 없다.
   ⊙ 효과가 없을 때 효과가 발생되지 않은 원인을 체계적으로 검토할 수 없다.
   ⊙ 수정된 프로그램을 개발하거나 프로그램에 적합한 대상을 확인할 수 없다.

(2) 프로그램 내용에 포함될 활동의 수집·보관(활동 수집)

① 이론이 정립된 후에 프로그램 내용에 포함될 활동을 수집하고 보관해야 한다.

② **자료 출처**: 구체적인 개입에 대한 학술논문과 보고서, 프로그램 결과 보고서, 대상별·개입방식별 프로그램의 메타분석 학술논문 및 보고서, 프로그램 전체나 일부 활동을 소개한 책, 정부기관·지역 상담기관이 발간한 보고서, 학술회의나 워크숍 발표 자료 등이 있다.

③ 자료는 장차 개발된 프로그램의 이론적 근거를 강화하고, 구체적 개입계획을 세우며 프로그램을 개발할 때 고려해야 할 실제적인 문제를 확인하거나 필요한 시간과 자원을 예측하는 데 도움이 된다.

(3) 지각된 효능 평가를 위한 활동 선정(활동 선정)

① **지각된 효능 평가**: 프로그램의 요소가 되는 활동을 많은 시간과 돈을 들여 경험적 연구를 하기 전에 잠재성이 있는 활동의 효능을 미리 평가하는 절차를 의미한다.

② 이 절차는 선발대상이 되는 프로그램, 활동이 기존 서비스 구조에 얼마나 잘 맞는지 미리 검토하여, 서비스 구조를 무시한 채 프로그램 내용과 활동을 선정했다가 시간과 재원을 낭비하는 일이 없게 하는 절차이다.

③ **방법**: 구조화, 비구조화 및 반구조화 면접, 서비스 대상의 대표가 될 만한 사람을 대상으로 하는 심층 면접, 델파이 기법, 초점집단 면접, 카드 분류, 설문지 등이 있다.

(4) 요소연구(즉각적 효과연구)

① **요소**: 프로그램 내에서 식별 가능한 최소한의 내용 단위(주제)나 과정 단위(교수방법)로, 보통 15~40분 정도 지속되는 1~2개의 활동으로 구성되며, 특히 특정한 목적을 성취하기 위해 프로그램에 포함된 개별 활동이나 활동의 집합이다.

② **요소연구**: 프로그램 요소를 개선하기 위한 개별적인 요소나 요소의 조합을 프로그램의 목표에 비추어 효과성을 검증하는 절차이다.

③ **요소연구 방법**

방법	내용
독립적인 요소를 비교하는 방법	• 개별 요소를 다른 요소와 효과적 측면에서 상호 비교하거나 개별 요소를 목표와 비교하는 방법으로 구분할 수 있음 • 목적: 각 요소가 가진 의도된 효과의 크기, 요소 간 상대적 효과의 크기를 밝힘
요소의 순서를 가늠하는 연구	• 몇몇 요소를 다르게 배열한 후 각 배열 순서에 따른 효과의 변화를 검증함으로써 어떤 순서가 가장 효율적인지 밝히는 연구 • 목적: 요소를 특정 방법으로 묶었을 때 한 개의 개별 요소가 보이는 효과의 상대적 크기를 밝힘
집단 비교 연구	• 특정 요소가 일정한 방식으로 배열된 요소의 집합을 서로 다른 대상 집단에 적용하여 효과 차이를 검증하는 연구 • 목적: 특정 요소나 요소의 집합이 어떤 대상에 가장 적합한지 밝힘

(5) 프로그램 구성과 예비연구

① 예비연구

 ㉠ 프로그램 초안이 완성된 후, 소규모의 사람에게 실험적으로 실시하는 것이다.

 ㉡ 구성과정에서 미처 고려하지 못한 실수를 수정하여 프로그램을 세련되게 만들 수 있다.

② 예비연구의 이점
  ㉠ 가상 예비연구는 프로그램을 대규모 대상에게 실시하기 전 수정과 개선에 필요한 경험적 근거를 제공한다.
  ㉡ 참여자가 해당 프로그램을 얼마나 잘 수용하는지(수용성)를 가늠할 수 있다.
  ㉢ 프로그램의 효과를 잠정적으로 미리 가늠할 수 있다.
  ㉣ 변화를 촉진하고자 프로그램에 포함된 매개변인을 조정하여 가장 적절한 변인, 순서 등을 선별할 수 있다.
  ㉤ 프로그램을 도입할 때의 용이성 수준을 검토할 수 있다.
③ 유의점
  ㉠ 예비연구 대상의 특성은 프로그램 소비자의 특성과 유사한 것이 좋다.
  ㉡ 프로그램의 일반화 가능성에 보다 확신을 가지려면 위 조건을 만족한 상태에서 사회인구적 배경이 다양할 필요가 있다.
  ㉢ 실험연구나 유사 실험연구에서는 비교집단, 통제집단의 특성을 실험집단 특성과 유사하게 한다.
  ㉣ 예비연구 대상 집단의 크기는 통계적 검증력을 고려하여 효과의 크기가 충분하도록 결정한다.
  ㉤ 비용－효과분석을 실시한다.

(6) **프로그램의 장기적 효과 제고를 위한 노력**
① 매개변인
  ㉠ 프로그램의 궁극적 목표를 달성하는 과정에 매개된 변인을 변화시켜 궁극적 목표에 도달하고자 한다.
  ㉡ 프로그램 개발의 마지막 단계에서는 중요한 매개변인을 찾아 프로그램의 장기적인 효과를 제고하려는 노력이 중요하다.
② **대표적 방법**: 이전 연구의 개별적 검토, 메타분석, 프로그램 내 변인(예 독립변인 또는 투입변인, 매개변인, 종속변인 또는 산출변인) 간 관련성을 가설적으로 개념화하고 검증하는 것이다.
③ **기타 방법**: 구조방정식, LISREL 등의 방법을 사용한다.

23 프로그램 기획

1. 프로그램 기획

(1) **크로이터(Kreuter)와 그린(Green)의 기획의 중요성(1978)**
① **프로그램의 합리성 증진**: 합리성은 경험적인 과학에 의해 입증된 가장 유용한 수단을 활용하여 실현 가능한 목적을 추구하는 것을 말한다.
② **프로그램의 효율성 증진**: 효율성은 목적을 경제적으로 달성하는 것이다.
③ **프로그램의 책무성 증진**: 책무성은 프로그램의 타당성을 합리화할 분석·설명을 제시하는 것이다.
④ **프로그램과 관련된 집단의 이해·욕구 충족**

(2) 기획 과정

① **프로그램 개발의 필요성 확인**: 프로그램의 주제, 목적 등을 명료화하고 문제의식, 사회적 현안 등을 제시한다.

② **이론적 기초 확립**: 프로그램 개념적 틀을 마련하고, 변인 간 관계에 대한 가설 수립을 위한 선행연구 및 관련 프로그램을 고찰한다.

③ **대상자 및 환경분석**: 프로그램 대상자들의 특성 및 환경을 분석한다.

④ **요구분석**: 프로그램 잠재적 수요자들을 대상으로 프로그램에 대한 요구조사를 실시한다.

(3) 프로그램의 타당성 검토를 위한 과제

구분	내용
프로그램 개발 필요성 확인	• 프로그램 개발의 타당성을 확인함 • 이 단계에서는 왜 프로그램을 개발해야 하는지의 명확한 대답이 있어야 함
브레인스토밍	개발에 필요한 다양한 아이디어를 창출하여 새롭게 개발할 프로그램의 기본 방향을 설정함
개발 팀 구성	프로그램 개발에 참여할 인력을 확보함
예산 확보	프로그램 개발에 투여될 예산을 확인함
잠재적 대상자 분석	• **프로그램 대상자 선정**: 프로그램 잠재적 대상자를 파악하고 대상에 맞는 프로그램을 개발함 • **프로그램 대상자 분석**: 잠재적 대상자 집단을 확인하고, 특성을 분석함 • **프로그램 환경 분석** 　– 프로그램 개발 주체 기관, 재정적 지원 기관, 실제로 프로그램이 개발되면 프로그램을 시행할 기관 등의 특성을 분석함 　– 일반적으로 환경 분석에 'S(강점)W(약점)O(기회)T(위험요인) 분석'을 활용함

2. 요구분석

(1) 개인 내적 요구

개인 안에서 일어나는 결핍현상이나 과잉현상이 원인이 되는 심리적 요구이다.

(2) 사회적 요구(Bradshaw, 1977)

구분	내용
규범적 요구	• 개인·집단의 상태가 전문가가 일정하게 정의한 기준의 어느 정도에 도달하는지의 수준 • **규범**: 특정 기준을 의미함 　예 인터넷 중독, 진로 성숙도 등 • **강점**: 객관적 목표 설정과 계량화가 쉽고 구체적인 변화의 표적을 제공함 • **약점**: 요구 기준이 전문가 개인이나 시간 흐름에 따라 변화하기 쉬워 논란을 일으킬 가능성이 많음
지각된 요구	• 개인, 집단이 실제로 지각한 요구 • 지각된 요구는 주로 개인·집단에 자문을 구하여 확인함 • 사회조사, 설문 등을 통해 각 응답자에게 필요한 것을 물어보는 방식으로 파악됨
표현된 요구	• 개인·조직이 필요로 하는 것을 구체적으로 나타낸 것 • 프로그램 수요의 관점에서 확인된 요구로, 무엇에 대한 요구가 실제 행동으로 표현되는 것
비교 요구	• 프로그램 대상자의 특성을 조사하고 이 특성을 다른 집단과 비교하여 추론하는 방법 • 다른 개인, 집단, 기관, 지역사회와 비교하여 확인하는 요구

(3) **요구분석 단계**

① 요구분석 상황 분석

㉠ 요구분석이 필요한 상황에 대한 검토가 필요하다.

㉡ 이 단계에서 요구분석의 목적을 확인하고 이에 근거하여 요구분석 범위를 결정한다.

② **요구분석으로 얻고자 하는 정보 확인**: 요구분석 목적에 근거하여 요구분석을 통해 얻으려는 정보가 무엇인지 구체적이고 명료하게 확인한다.

③ **활용 가능한 정보의 유무 확인**: 요구분석으로 얻으려는 정보가 이미 존재하는지, 활용 가능한지를 확인한다.

④ **요구분석 방법 선정**: 어떤 방법으로 요구분석을 실시할지를 결정한다.

⑤ 요구분석 시 고려사항

㉠ 요구분석 시 정보의 출처가 무기명이어야 하는지를 고려한다.

㉡ 비용 문제를 고려한다.

㉢ 수집한 자료에 대한 후속 조치 가능성을 고려한다.

㉣ 필요한 정보를 회수하는 데 걸리는 시간을 고려한다.

㉤ 분석의 용이성을 고려한다.

⑥ **요구분석 계획**: 앞서 논의한 단계에서 이루어진 의사결정을 기초로 실제 요구분석을 실시할 계획을 세운다.

⑦ **자료 수집·분석**: 요구분석에 필요한 자료를 수집하고 수집된 자료를 분석한다.

⑧ **보고서 작성**: 보고서를 작성할 때 대략적인 초안은 주요 아이디어를 기술한 다음, 뼈대에 살을 붙이고 작성된 자료의 절차와 문법을 수정하고 자료를 다듬는 작업을 거쳐 완성한다.

(4) **요구분석 방법**

구분	내용
기존의 자료 분석	이미 존재하는 서류, 보고서 등을 새로운 프로그램의 참고 자료로 재분석하는 방법
주요 정보제공자 조사	프로그램 관련 문제의 정보를 가장 적절히 파악할 수 있는 사람들을 대상으로 수행하는 요구조사
명목집단 (nomincal group) 기법	• 소규모 집단을 대상으로 필요한 정보를 얻는 방법 중 하나 • 가장 큰 특징은 조사에 참가한 구성원이 서로 의사소통을 못하게 하여 구성원들의 솔직한 의견을 이끌어낸다는 것임
델파이 기법	• 집단 참여자가 집단활동을 통해 특정 사안의 견해 일치에 도달하게 하는 방법 • 특히 특정 주제에 대한 전문가 집단의 견해를 도출하거나 대면 모임 없이 집단적인 상호작용을 제공할 때 유용함
초점집단 (focus group)	• 집단 참여자가 직접 만나야 한다는 점에서 델파이 기법과 구분됨 • 초점집단은 집단에 참가한 구성원 간의 활발한 토의와 상호작용을 강조함 • 상호작용 시 나타나는 집단역동도 자료 수집·분석 대상이 됨
설문조사 (surveys)	• 질적 자료를 사용한 요구분석보다 상대적으로 더 많은 계획과 자원이 필요함 • 객관적이고 과학적인 정보를 얻을 수 있음
다중방법 접근을 사용한 수렴분석	• 다중접근: 한 가지 이상의 자료 출처와 분석 방법을 사용함 • 수렴분석: 다양한 출처의 요구를 요구분석에 사용하고, 다양한 전력과 관점을 수렴하여 프로그램의 요구를 확인함

3. 프로그램의 이론적 기초 확립

(1) 이론 선택의 기준

① 적절성(plausibility): 이론이 관찰된 현상을 그럴듯하게 설명하는지 판단한다.

② 완전성(completeness)과 정밀성(precision)

  ㉠ 현재 프로그램의 초점이 되는 행동을 설명하는 데 이론이 필요한 만큼 충분한 변인을 포함하는지 확인한다.

  ㉡ 이론은 효과적인 개입을 고안할 수 있을 정도로 완전하게 개발되어야 한다.

③ 검증가능성(testability): 이론이 설명하는 인과관계의 각 요소를 검증할 수 있어야 한다.

④ 발견적 가치(heuristic value): 이론은 다양한 상황에 일반화되고 새로운 아이디어 활용도 가능해야 한다.

(2) 변인 간 관계

① 직접효과 가설: 직접적인 효과에 대한 정보만을 제시한다.

  예 프로그램 → 성과

② 매개효과 가설

  ㉠ 성과변인과 원인변인 간의 효과를 매개하는 변인을 매개변인 또는 중재변인이라고 한다.

  ㉡ 매개변인은 성과변인에 대한 원인변인의 효과를 증가시키거나 저지(억제)할 수 있다.

③ 조절효과 가설

  ㉠ 프로그램-매개변인 간 관계, 매개변인-성과 간 관계의 방향과 정도에 영향을 미치는 변인인 조절변인에 대한 가설이다.

  ㉡ 즉, 이론에서 설명하는 원인변인과 성과변인 간의 관계는 조절변인에 따라서 성과변인에 영향을 미치거나 미치지 않을 수 있다.

  ㉢ 조절효과 가설은 프로그램 개발 시 참가자의 특성, 프로그램 진행자의 특성, 프로그램이 실시되는 환경의 특성, 프로그램의 강도 등 구체적인 프로그램의 방향 결정에 중요한 기능을 한다.

  ㉣ 조절효과 가설은 프로그램의 일반화 가능성의 토대를 제공한다.

(3) 가설 검증·통합하기

① 매개변인 검증: 일반적으로 구조방정식 패키지, 단순회기 방정식을 사용할 수 있다.

  ㉠ 프로그램이 성과를 야기하는가? ➡ 프로그램 변인에 대한 성과변인 회귀

  ㉡ 프로그램이 매개변인을 야기하는가? ➡ 프로그램 변인에 대한 매개변인 회귀

  ㉢ 매개변인이 성과변인을 야기하는가? ➡ 매개변인에 대한 성과변인 회귀

  ㉣ 매개변인이 프로그램에 적용되면 성과변인을 야기하는가? ➡ 프로그램과 매개변인에 대한 성과변인 회귀

② 조절변인 검증: 연구자 전체 또는 프로그램의 참가자로부터 얻은 질적·양적 데이터를 통해 프로그램 목표 매개변인, 잠재적 조절변인의 경향성을 확인하고 활용할 수 있다.

(4) 프로그램의 목적과 목표 확립하기

구분	내용
목적	• 가치, 이상, 정치적 신념 등 프로그램의 의도를 근거로 프로그램이 지향하는 바를 기술하는 것 • 언제 어떻게 무엇을 수행해야 할지의 구체적인 기술은 없어도 프로그램이 추구하는 바가 드러나야 함
목표	• 목적에 비추어 실제로 프로그램을 실행하여 '무엇을 성취'할 것인가의 분명한 답임 • 목표는 프로그램을 통해 달성되는 결과인 프로그램 성과로도 이해할 수 있음 • 목적과 달리 목표는 측정 가능한 구체적인 진술이어야 함

세부 목표	• 프로그램에서 선정한 목표를 달성하기 위해 의도된 각각의 개입
	• 세부 목표의 조건
	  – 세부 목표는 단일 기준을 설정해야 함
	  – 세부 목표는 측정 가능해야 함
	  – 세부 목표는 시간 기준을 가져야 함
	  – 세부 목표는 목표와 관련된 것이어야 함

24 프로그램 구성

1. 프로그램 구성의 기초와 프로그램 요소 수집

(1) 프로그램 구성

① 프로그램 구성 단계는 목표의 원활한 구현에 필요한 이론적 구인을 추출하고, 이를 프로그램의 구성요소로 삼아 잘 구현되게 하는 구체적인 활동요소로 연결 짓고 조직하는 과정이다.

② 추출된 이론적 구인: 프로그램의 구체적인 활동 조직에서 중심적인 역할을 하고, 활동요소는 구체적 수준에서 이를 실현하는 것이다.

    예 구성요소: 조망 수용 / 활동요소: 조각 붙이기 작업, 배려송 만들기

(2) 프로그램 구성의 절차

① 프로그램을 이론으로 검토하고, 이론적 구인을 구체화한다.

② 관련 자료의 수집을 위해 관련 키워드를 정한다.

③ 키워드를 중심으로 다양한 자료를 검색하고 수집한다.

④ 수집된 프로그램과 활동요소를 정리하고 비교한다.

⑤ 새로운 프로그램 활동요소를 개발한다.

⑥ 효과적인 프로그램 활동을 선정한다.

⑦ 프로그램 활동요소를 조직한다.

⑧ 예비연구를 실시하고 프로그램을 수정·보완한다.

⑨ 프로그램 지침서를 제작한다.

(3) 프로그램 활동요소의 수집

① 기존의 자료를 수집한다.

② 프로그램 활동요소 수집방법

ㄱ 프로그램명, 개발연도, 수정연도

ㄴ 프로그램 개발자

ㄷ 프로그램 목적, 목표 집단, 내용의 간략한 기술

ㄹ 실시 상황: 연도, 대상집단 특성, 장소

ㅁ 제공 가능한 자료의 가격, 판권

ㅂ 누락된 정보

(4) 새로운 프로그램 활동요소 개발

① 브레인스토밍: 여러 사람이 상호 비판, 자기비판에서 벗어나 문제의 해결책, 대안을 자유롭게 찾는 과정이다.

② 의사결정 통계분석: 프로그램 목표와 관련된 다양한 활동 아이디어를 제시하되 적절한 의사결정과 적절성 판단을 함께 실시하여 의견을 개진하는 방법이다.

ㄱ 대안을 제시하되 장단점도 같이 검토하면서 최선의 대안을 결정하는 방법으로, 브레인스토밍보다 다양성은 낮으나 비교적 합리적인 활동이 도출될 가능성이 높다.

ㄴ 의사결정 통계분석 방법: 목적과 목표를 분명히 하고, 대안을 마련한 다음, 각 대안의 장단점을 비교하고, 최선의 대안으로 의사결정을 한다.

2. 프로그램 활동요소 선정·조직

(1) 프로그램 활동요소의 선정 기준(Sussman, 2001) 기출 20

① 수용성(acceptability): 활동요소가 참신하고 재미있고 유용하며 효과 있다고 표적집단이 느끼는지 여부다.

② 접근성(accessibility): 표적집단이 활동요소를 잘 이해하고 참여할 수 있는 정도다.

③ 목표 달성에 도움이 되는 정도: 활동요소가 프로그램의 목표와 관련성이 높고 구체적이고 즉각적인 효과를 나타낼 수 있는 정도다.

④ 목표집단에 미치는 영향력: 프로그램 대상자들에게 의도했던 효과가 나타날 수 있는지 여부다.

(2) 프로그램 활동요소의 지각된 효율성 평가

① 지각된 효율성 평가: 프로그램 활동요소를 부분적 또는 전체적으로 실시하면서 활동요소가 목표에 잘 맞을지, 프로그램에 참여할 사람의 필요성을 잘 충족할지를 알아보는 절차이다.

② 지각된 효율성 평가방법

ㄱ 면접: 면접자가 개인적으로 피면접자를 만나 보통 1~2시간에 걸쳐 프로그램과 프로그램 활동에 대해 질문하며 관련된 정보를 수집하는 방법이다.

ㄴ 델파이 기법: 다양한 사람(예 목표집단을 대표하는 사람, 관련 분야 전문가 집단 등)에게 프로그램 활동내용을 보내 내용의 적절성에 대한 양적·질적 평가를 받고 대안적인 의견을 얻는다.

ⓒ 역할극

　　ⓐ 프로그램 개발자가 프로그램이 필요한 상황, 개발된 프로그램 활동 등을 요약한 '연기대본'을 미리 만든다.

　　ⓑ 참여자가 역할을 나누어 즉석에서 연기하게 한다.

　　ⓒ 참여자에게 제시된 프로그램의 활동을 평가하도록 한다.

ⓔ 초점집단

　　ⓐ 주요한 문제 영역과 관련하여 비교적 동질적 특성을 가진 사람들로 집단을 구성한다.

　　ⓑ 집단에서 프로그램이 필요한 문제 상황에 대한 토론, 문제 해결을 위한 자원, 기존의 해결방안이나 프로그램 활동에 대한 평가 등을 시행할 수 있다.

ⓜ 자기보고식 질문지: 프로그램을 구성하는 활동요소를 제시하고, 각 활동에 대한 흥미도, 신뢰도, 지각된 유용성을 평정하게 한다.

ⓗ 주제가 있는 이야기 기법: 프로그램의 활동요소를 간략한 이야기로 만들어 들려주고 각 활동의 흥미, 유용성 정도를 평정하게 하는 방법이다.

ⓢ 카드 분류법: 프로그램의 활동내용, 전달방법을 담은 그림 카드를 제시한 다음, 응답자에게 카드를 '인상적이고 기억에 남는 것'과 '평범하고 눈에 띄지 않는 것'으로 구별하게 하거나 선호하는 순서대로 배열하게 요청한다.

ⓞ 투사적 기법: 모호한 자극을 제공하여 연상되는 이미지나 생각 등을 이야기하게 함으로써 심리내적 과정이 밖으로 표현되도록 하는 방법이다.

　　예 단어연상법, 문장완성법, 주제통각 검사방법, 가상상황 반응법 등

(3) 프로그램 내용의 관계 유형(Sussman, 2001)

구분	내용
동일목표 지향형	• 하나의 효과를 얻기 위해 2~3개의 프로그램 활동요소로 구성되는 유형 • 한 목표를 얻고자 서로 다른 형태의 활동을 하지만 궁극적으로는 같은 목표를 지향하는 활동 관계
빌딩블록형	• 2~3개의 프로그램 활동요소가 연계적인 과정으로 구성되는 유형 • 앞서 제공된 활동이 이후 제공되는 활동의 기초과정, 필수과정이 됨 　예 진로상담: 전반부 '자기이해' → 후반부 '직업세계 이해'
상보적 관계형	• 2~3개의 프로그램 활동요소가 각기 다른 형식으로 진행되는 유형 • 서로 간에 상승효과를 줌
실시집단에 따른 유형	같은 목표를 가진 프로그램도 대상 집단, 방법에 따라 활동요소가 달라질 수 있음

(4) 프로그램 내용의 연구방법(Sussman, 2001)

① 핵심 요소 비교연구

　　㉠ 같은 목표를 가진 프로그램의 활동요소 중 더욱 효과적인 활동요소를 평가하는 것이다.

　　㉡ 프로그램의 대상자가 될 수 있는 집단에 비교되는 활동요소를 경험하게 한 후 효과를 비교한다.

　　㉢ 분야별로 보편적으로 사용되는 프로그램 활동요소가 존재하는 경우, 그와 다른 활동요소를 비교하여 어느 것이 더욱 효과적인지 검토한다.

② 순서기반 연구

　　㉠ 둘 이상의 요소를 어떤 방법으로 배열하는 것이 효과적인지 비교하여 연구하는 것이다.

　　㉡ 다른 조건은 모두 동일한 상태에서 순서만 다르게 배열하도록 한다.

③ 집단 비교평가 연구: 프로그램 활동요소가 특정 대상에 어느 정도 효과가 있다고 보일 때, 다른 상황에서도 같은 효과를 발휘할지 알아보는 것이다.

3. 예비연구

(1) 연구설계 방법

구분	내용
단일집단설계 방법	• 프로그램 실시 전 사전검사를 실시하고, 프로그램 실시 후 사후검사를 실시함 • 프로그램을 통해 얼마나 결과에 변화가 있는지 살펴보는 방법
실험설계 방법	• 통제집단을 설정하고 실험집단과 통제집단에 대상자를 무선적으로 배정할 수 있음 • **무선배정의 목적**: 두 집단 대상자의 다양한 변인을 비슷하게 하여 프로그램 실행 전에 두 집단 간의 차이를 최대한 없애기 위함
유사실험설계 방법	• 무선배정이 불가능한 경우에 사용할 수 있는 방법 • 통계적 분석방법(예 공변량 분석, 다중회기분석 등)을 활용하여 통계적 차이를 통제함

(2) 예비연구에서의 평가방법

구분	내용
운영평가	프로그램이 의도한 대로 실행될 수 있는지, 실행과정이 원래 계획했던 것과 일치하는지의 여부 예 프로그램이 계획한 대로 진행되었는가?, 프로그램 활동이 모두 제공되고 대상집단이 이를 그대로 받아들였는가?, 프로그램 활동이 개발된 대로 제공되었는가? 일부 변형되었는가?, 프로그램 진행을 방해하는 요소는 없었는가? 등
과정평가	• 프로그램에 대한 프로그램 참가자의 반응을 살펴보는 것 • 참여자나 진행자가 프로그램을 얼마나 수용하는지, 얼마나 매력적으로 평가하는지를 평가함 예 프로그램이 얼마나 재미있었는가? 도움이 되었는가? 도움 되었다면 어떤 점이 도움 되었는가? 등
성과평가	프로그램 실시를 통해 어떤 변화가 일어났는지를 평가하는 것
비용-효과 평가	프로그램을 실시하는 데 들어간 비용을 측정하고 프로그램이 비용만큼의 가치가 있었는지 평가함

1. 프로그램 실행 단계

단계	특징	과제, 실행 전략
도입	• 낯설고 긴장됨 • 기대, 호기심 • 새로운 상황으로 인한 불안	• 프로그램 이해를 도모하고 관심과 동기 유발 • 프로그램의 오리엔테이션, 구조화 • 자기소개를 위한 친밀감, 유대감 형성 • 적극적인 참여 유도 • 지도자의 촉진적 의사소통, 모델링 • 편안하고 안정된 환경과 집단 분위기 마련
전개	• 집단 분위기가 활성화됨 • 격려와 지지로 신뢰감, 응집력 향상 • 학습한 내용을 연습, 실천, 적용 • 문제 해결 시도 • 새로운 자신에 대한 탐색과 성취감 경험 • 다양한 집단역동이 나타남 • 과도기 단계로 갈등, 저항이나 의존적인 모습이 나타나기도 함	• 구체적인 지도활동 전개 • 참여자의 흥미, 욕구, 능력 수준의 변화를 민감하게 파악·대처 • 참여자의 관심과 흥미를 발견·강화 • 자기탐색과 수용 촉진 • 의사소통, 상호작용 촉진 • 참여자에 대한 촉진적 피드백 • 비효과적인 행동의 직면, 대안행동 습득 • 문제 해결 시도를 격려 • 모델링, 참된 만남 • 참여자의 진전 상황 확인, 피드백 • 집단활동 내용과 함께 집단역동 과정을 다루는 집단상담 전문 능력 활용 • 다양한 회기 진행방식을 구사
정리	• 프로그램을 완수한 것에 대한 자부심과 만족감 • 집단원 간의 유대관계 결속 • 종결에 대한 아쉬움 경험 • 변화에 대한 성취감 • 지속적인 변화와 학습전이를 위한 발돋움 • 추수모임에 대한 확인	• 집단 경험에서 얻은 긍정적인 의미를 조명 • 성장·변화에 칭찬·보상 제공 • 변화의 구체적 측면을 확인하고 이후 변화 동인으로 삼음 • 미해결 과제, 미진한 부분을 확인하고 다룸 • 구체적인 피드백으로 긍정적 경험 강화 • 종결로 인한 아쉬움에 공감하며 변화가 일상장면에서도 이루어지도록 격려 • 추수모임을 계획하면서 변화를 위한 연습 실행기간 재고 • 프로그램 과정과 결과를 평가·기록

2. 프로그램 모니터링

(1) 형성평가

① 프로그램 실행 초기에 프로그램을 형성할 목적으로 이루어지는 평가이다.

② 목적

ㄱ 새로운 프로그램을 진행하고 발전시키기 위함이다.

ㄴ 프로그램을 계속할지, 기금을 받을 만한지를 검증하는 평가가 아니다.

③ 형성평가를 수행하기 위한 3가지 접근

    ㉠ 기준 모델과의 비교: 유사한 프로그램에 대한 기준이 국가기관에서 개발되었다면, 해당 프로그램을 기준과 비교하여 어떤 차이가 있는지 검토한다.

    ㉡ 전문가 자문: 관련 전문가나 유사한 프로그램으로 인정받은 사람의 자문을 구한다.

    ㉢ 임시평가위원회 구성: 운영진, 운영국, 지역사회 전문가, 서비스 수혜자 등의 관련 인물로 구성한다.

(2) 과정평가

① 프로그램이 진행되는 과정에서 실시되는 평가로, 프로그램이 어떻게 개념화·실시·수정·종료되는지에 관한 광범위한 기술·분석이다.

② 형성평가와 과정평가

    ㉠ 형성평가: 최종 성과가 아닌 개입에 초점을 둔다는 점에서 과정평가의 범주로 볼 수 있다.

    ㉡ 형성평가가 프로그램 초기 단계에 영향을 주는 것이라면 과정평가는 어느 때든지, 심지어 프로그램의 마지막에도 이루어질 수 있다.

    ㉢ 형성평가는 프로그램을 만드는 초기에 이루어지는 반면, 일단 프로그램이 형성되면 과정평가가 이루어진다.

③ 차원

    ㉠ 프로그램 기술·설명

    ㉡ 프로그램 모니터링: 프로그램이 누구를 위해서 행해지고 프로그램에서 어떤 일이 벌어지고 있는지를 이해하려는 노력으로서, 과정평가의 한 부분인 동시에 프로그램 관리를 위한 필수 부분이다.

    ㉢ 품질 보증: 일정한 기준에 따라 프로그램이 실행되고 있는지를 검토하는 방법으로, 제공되는 서비스 과정에서 일어나는 결함을 확인하고 수정하기 위한 것이다.

(3) 프로그램 모니터링

① 프로그램 수행과정에서 그 프로그램이 처음 의도한 대상에게 적절한 서비스를 제공하였는지, 계획대로 예산과 운영이 이루어졌는지, 소기의 성과를 거두었는지에 대해 종합적으로 점검하고 검토하는 과정이다.

② 형성평가와 과정평가가 실시된다.

---

26 프로그램 평가

1. 프로그램 평가와 평가원리

(1) 프로그램 평가

① 관리 과정의 일부로 응용연구 분야에 속한다. 실용적 이유를 가지므로 프로그램을 체계적으로 검토하는 과정을 거친다.

② 프로그램 평가는 논리와 연구 순서의 측면에서 볼 때 기초연구와 비슷하다.

    ㉠ 연구와 평가 문제 모두 질문이나 가설에서 시작하고 과제 중심으로 이루어지며 문제 해결과정과 비슷하다.

    ㉡ 다만 프로그램 평가는 그로부터 얻어진 정보를 특정 프로그램에 적용하는 것을 우선 목적으로 한다.

③ 프로그램 평가는 비교 기준이 포함된다.

    ㉠ Schalock과 Thornton(1988): 프로그램 평가를 '구조화된 비교'라고 정의한다.

    ㉡ 한 기관에서 시행된 프로그램은 같은 기관이나 다른 기관에서 시행된 유사 프로그램과 비교될 수 있다.

(2) **구성요소**

① **투입**: 프로그램 목표를 달성하기 위해 요구되는 여러 자원을 의미한다.

② **전환**: 서비스를 전달하는 활동 과정을 의미한다.

③ **산출**: 프로그램 적용을 통해 기대되는 결과를 얻기 위한 서비스의 양을 의미한다.

④ **성과**

　　㉠ 서비스 수혜자가 프로그램을 통해 얻는 삶의 질 측면에서의 측정 가능한 변화를 의미한다.

　　㉡ 프로그램 실시 후에 수혜자가 얻는 이익, 변화, 효과 등이 있다.

(3) **평가원리**

① 이용자의 욕구, 제공된 서비스의 평가를 반복적으로 실시한다.

② 성과측정, 평가대상, 평가기간, 평가정보의 활용을 포함한 체계를 갖추어야 한다.

③ 수혜자의 욕구에 대한 조사는 정기적으로 전문적·행정적인 방식으로 진행한다.

④ 평가결과 활용은 서비스 수혜자와 제공자, 지원체계에 적절히 전달하고 계획 수립 시 다시 활용되어야 한다.

2. 프로그램 평가 모형

(1) **고전적 평가 모형**

모형	의미	주요 내용 및 특징
실험평가 모형	실험설계 방법을 적용하여 프로그램의 효과성을 밝히는 평가모형	• 실험연구방법 활용 • 프로그램의 인과적 효과성 평가 • 프로그램 효과 평가과정의 내적 타당성이 중요
목표중심 평가 모형	프로그램이 정한 목표의 달성 여부를 밝히는 평가모형	• 교육평가 활용 • 학습자의 교육 성취 여부 평가 • 진술된 교육목표와 성취 수행결과 간 비교에 초점
인증평가 모형	전문가 집단이 이미 동의한 평가준거로 운영 프로그램, 프로그램 운영기관을 평가하여 기준과의 합치 여부를 밝히는 평가모형	• 전문가 준거 확인 • 전문가 집단의 기관방문 평가 • 프로그램 및 기관과 준거 간 비교에 초점

(2) **대안적 평가 모형**

모형	의미	주요 내용 및 특징
의사결정 중심 평가 모형	• 운영상 의사결정과 프로그램 수행을 감독하기 위해 실시되는 체계적인 정보수집과 분석에 초점을 맞춘 평가모형 • '관리지향 평가 모형'으로도 불림	• 프로그램 개선을 위한 정보 활용 • 의사결정자를 위한 평가 • 의사결정 항목에 대한 평가자의 가치가 배제된 평가 정보 제공에 초점
반론 중심 평가 모형	• 법정 심리절차, 의회, 청문활동, 구조화된 논쟁방법을 통합한 평가방법 • 다양한 입장을 고려한 반론을 제기해가며 합리적인 판단을 하려는 평가 모형	• 사법적 심리절차 활용 • 합리적 의사결정을 위한 심의형태 평가 • 찬성과 반대 입장의 비교를 통한 프로그램 장단점 파악에 초점

전문성 중심 평가 모형	특정 분야 전문가의 의견을 중시하여, 전문적 식견을 토대로 프로그램의 장점, 가치를 판단하는 평가 모형	• 전문가 권위, 식견 활용 • 전문가의 비평적 태도나 심의 체계를 위한 평가 • 전문가의 프로그램 장점, 가치 관련 견해에 초점
이용자 중심 평가 모형	• 수혜자 측면에서 판단하는 프로그램의 유용성에 초점을 맞춘 평가 모형 • 프로그램에 대한 사용자의 가치판단이 중요함을 강조함	• 이용자, 수혜자의 인식 활용 • 이용자의 자연스러운 참여와 반응에 의한 평가 • 이용자 개개인의 다양한 욕구, 가치에 초점
반응 중심 평가 모형	• 이용자 중심 평가 모형과 의사결정 중심 평가 모형을 결합한 것 • 교육 활동과 관련된 다양한 관심이나 문제, 결과를 포괄적으로 밝히기 위해 실시됨 • 평가활동에 평가 관련자들이 참여하고 동시에 반응한다는 점을 강조하는 평가 모형	• 프로그램 관련자의 다양한 요구, 가치 활용 • 프로그램 관련자의 평가 참여와 이를 통한 자연스러운 반응 평가 • 평가방식 안내와 프로그램 활동에 관련된 관심과 문제, 결과의 포괄적인 정보 제공에 초점

3. 프로그램 평가의 절차

(1) 평가 준비 단계

① 문제의식을 형성하고, 무엇을 어떻게 시작해야 하는지 확인하는 단계이다.

② 프로그램 평가 근거 점검표 예시

고려 항목		상담자	슈퍼 바이저	사회 복지사	행정가	위원회 위원	우선 순위
노력성	1. 프로그램 목표를 달성하기에 자원이 충분한가?						
	2. 프로그램 실시자가 충실한가?						
	3. 프로그램이 확대 또는 축소되어야 하는가?						
효과성	4. 서비스 수혜자의 만족도는 어떠한가?						
	5. 서비스나 처치가 효과성을 지니는가?						
	6. 수혜자의 욕구가 충족될 수 있는가?						
	7. 지역사회 여론 형성에 효과적인가?						
효율성	8. 프로그램 비용이 적정한가?						
	9. 프로그램 평가에 근거하여 예산 배정이 결정되는가?						
	10. 프로그램의 비용 효율성은 적정한가?						

③ 평가 항목

○ **노력성 항목**: 프로그램 규모와 확장성, 목표 달성에 활용 가능한 자원, 서비스 제공기관과 제공자의 성장, 전문성 발휘가 포함된다.

○ **효과성 항목**: 프로그램의 효과성, 수혜자의 만족도 및 욕구 충족, 지역사회의 여론 형성이 포함된다.

○ **효율성 항목**: 프로그램 수행비용, 예산 결정 근거의 타당성, 소요비용의 상대적 효율성 평가가 포함된다.

(2) 평가목적 확인 및 진술 단계

① 평가 실시 목적과 이유를 구체적으로 기술하고 평가 내용과 하위 요소를 결정한다.

② 평가의 적절한 범위를 밝히고, 범위를 선정한 적절성을 제시해야 한다.

(3) 평가 설계 단계

① 연구 실험설계를 하는 단계로, 필요한 자료를 효과적으로 정확하게 수집·분석·비교하는 절차를 세운다.

② 실험설계: 일반적으로 진실험설계와 준실험설계, 모의실험설계, 단일실험설계 등이 있다.

(4) 평가 실시 단계

① 측정도구를 선정하고 자료를 수집한다.

② 측정도구는 널리 활용되는 것을 사용하거나 필요에 따라 기존 도구를 수정 제작하거나 새롭게 제작한다.

③ 평가 자료는 프로그램 기록 검토, 자기보고식 평가, 면접, 관찰 등의 방법으로 수집한다.

(5) 평가 결과 분석 단계

① 수집한 자료를 이해하기 쉽게 정리·요약한다.

② 질적인 자료는 내용을 그대로 풀어 제시하거나 적절한 틀에 따라 내용을 정리하여 제시한다.

(6) 평가 결과 보고서 작성 단계

평가 결과를 분석한 내용을 정리·요약하여 보고서 형식에 맞게 작성한다.

(7) 평가 결과 활용 단계

평가로 얻은 정보를 프로그램 관계자인 실시자, 수혜자, 지원자 등에 전달하고 프로그램 관련 의사결정에 활용한다.

참고 프로그램 평가자료 수집방법 비교

구분	평가자료 수집방법			
	프로그램 기록 검토	자기보고식 평가	면접	관찰
비용	낮음	적절	비교적 높음	비교적 높음
자료 수집을 위한 훈련 요구량	적음	없거나 적음	비교적 많음	비교적 많음
소요 시간	기록량에 따라 달라짐, 비교적 적음	문항 수에 따라 달라짐	많음	관찰 내용에 따라 달라짐, 비교적 적음
반응률	기록의 질에 따라 달라짐, 비교적 높음	배포량과 문항 내용에 따라 달라짐	높음	높음
측정 방법	양적 평가를 사용함, 상대적으로 질적 평가가 어려움	양적 평가를 사용함, 내용에 따라 질적 평가도 가능함	질적 평가를 사용함, 조작적 정의를 통한 양적 평가도 가능함	질적 평가를 사용함, 조작적 정의를 통한 양적 평가도 가능함

4. 평가 전략

구분	내용
처치 패키지 전략	• 프로그램 평가의 가장 기본적인 질문은 정해진 기준에 맞게 프로그램 효과가 있는지 밝히는 것 • 프로그램 효과는 프로그램의 전체적인 적용과 그에 따른 효과성이며, 이를 처치 패키지 전략이라고 함
처치요소 분할 전략	• 대부분의 프로그램은 여러 개의 하위 요소를 포함함 • 여러 하위 요소 중 결정적인 효과를 내는 요소가 무엇인지, 어떤 요소를 결합해야 효과가 나는지 등의 질문에 답하고자 할 때 적용할 수 있음
건설 전략	• 이미 효과가 검증된 프로그램에 새로운 요소를 첨가했을 때 프로그램 효과가 커지는 것을 밝히는 전략 • 이미 효과가 검증된 표준처치에 새로운 효과를 일으킬 것으로 판단되는 요소를 첨가하는 방법 사용
처치구조 변경 전략	프로그램의 내용이 아닌 구조적 측면의 변화를 프로그램 효과 변화 파악에 적용하는 전략 예 프로그램 회기 수, 회기 시간과 같은 처치의 양을 달리했을 때 효과가 발생하는지 밝히는 것
처치 간 성과 비교 전략	처치방법 간의 효과를 비교하는 연구 문제와 그에 따른 연구 전략
참가자와 프로그램 진행자 변경 전략	• 내담자와 치료자 변인을 변화시키는 전략으로도 볼 수 있음 • 평가 연구에서는 프로그램의 내담자와 치료자 변인을 변화시키는 경우도 고려할 수 있음 • 효과의 일반화를 꾀할 때, 연구자는 적어도 3가지 요소(대상, 시간, 장소) 측면에서 구성된 프로그램이 안정된 효과를 지니는지 밝혀야 함

5. 평가방법

(1) 만족도 평가

① 수혜자 개인으로부터 주관적인 평가 정보를 획득하는 것이며, 수혜자의 만족도가 평가의 주 대상이다.

② 문제점: 만족도 평가의 결과가 대부분 긍정적이다.

　⊙ 만족도가 낮은 내담자는 벌써 프로그램을 그만 두었을 가능성이 높다.

　ⓒ 내담자는 이미 프로그램에 상당한 시간과 에너지, 희망을 투자하여 자신의 투자 행동이 무의미했다는 평가를 하지 않는다.

③ 내담자 만족도 평가 시 고려사항

　⊙ 서비스 기관을 찾는 다양한 프로그램에 대한 내담자들의 만족도 기초선에 대한 정보가 있어야 한다.

　ⓒ 만족도에 대한 질적 평가는 양적 평가보다 낮게 나오며 만족, 불만족의 구체적인 이유와 내용을 파악할 수 있으므로 양적 평가와 질적 평가를 동시에 실시하는 방법을 고려한다.

④ 만족도 평가를 실시하는 이유

　⊙ 만족도 평가를 통해 피드백을 획득하지 않을 경우 수혜자의 주관적 경험 정보를 조직적이고 체계적인 방법으로 획득할 기회가 사라진다.

　ⓒ 긍정적인 만족도 평가를 얻으면 현재의 수혜자, 잠재적 수혜자, 정신보건 종사자, 운영 지원자를 포함한 프로그램 관계자를 안심시키는 데 활용할 수 있다.

　ⓒ 높은 만족도에도 불구하고 여전히 존재하는 불만의 소재를 파악해야 한다.

⑤ 효과(장점): 비싸지 않으면서도 해석이 용이하고, 손쉽게 실행할 수 있으며, 내담자의 경험과 관찰이 서비스 제공자에게 중요하다는 사실을 응답자에게 알려주는 효과가 있다.

(2) 목표달성의 평가

① **목표달성 척도**: 평가 및 처치 과정에서 프로그램 수혜자가 설정한 개인적인 목표치를 스스로 수량화하여 평가하도록 하는 것이다.

② 프로그램 참가자는 목표 달성 척도를 직접 작성함으로써 이득을 얻을 수 있다.

    ㉠ 프로그램에 대한 현실적인 기대를 세우게 된다.

    ㉡ 문제를 해결하려는 노력을 촉진시킨다.

    ㉢ 프로그램의 목표를 지향하도록 돕는다.

    ㉣ 향상적인 작업동기를 높인다.

③ **목표달성 범위 설정**

    ㉠ 수치상 -2~2까지 전체 5점 리커트 척도 형식으로 작성하는 것이 좋다.

      ➡ 척도 범위는 1~5까지 상정할 수도 있다.

    ㉡ 음수와 양수로 범위를 설정하는 것은 목표 달성 여부를 결정할 때 기준점 미만과 초과 여부를 시각적으로 판별하기 쉽게 한다.

④ **목표 달성도 척도**

    ㉠ 장점: 제작하기가 쉽고 개인의 목표 달성도를 계속적으로 관찰할 때 용이하다.

    ㉡ 단점

      ⓐ 평가기준이 지나치게 주관적일 수 있다.

      ⓑ 프로그램이 계속 목적을 달성한다고 보이고 싶을 때, 목표를 낮게 잡아 쉽게 도달 가능한 목표를 평가기준으로 삼을 수 있다.

(3) 진단평가

① 프로그램 시작 전이나 시작과 동시에 실행되는 평가로, 프로그램의 실행을 보다 원활하게 하기 위한 목적으로 실시하는 것이다.

② 프로그램을 시작하는 상황에서 최대의 효과를 이끌어내기 위한 서비스 계획, 참여자 요구의 반영, 진행을 위한 준비 정도, 프로그램 목적이나 목표의 반영 등 원활한 프로그램 진행과 관련한 정보를 수집하고 평가한다.

③ **내용**: 프로그램 목적이나 목표는 명확히 제시되었는가?, 프로그램 내용은 지역이나 표적 집단의 요구를 잘 반영하는가?, 프로그램 준비도, 운영자 전문성, 실행기간 등과 같이 프로그램 목적을 성취하기 위한 기준은 명확히 제시되었는가?, 프로그램을 실행할 인력은 잘 구성되었는가?, 프로그램 실행을 위한 예산과 예산 관련 준비는 적절한가? 등의 내용을 확인한다.

(4) 수행과정 평가

① 프로그램으로 인하여 변화하는 과정에 초점을 맞춰 평가하는 방법이다.

② **프로그램 진행**: '투입 → 처리 → 산출 → 성과' 순으로 진행된다.

③ **수행과정 평가**: '개시 → 도구 선정 및 개발 → 프로그램 개발 → 프로그램 모니터링 → 재순환'의 다섯 단계로 이루어진다.

(5) (수행)성과 평가

① **성과**: 프로그램의 수행, 결과, 영향 등을 통해 발생한 의미 있는 변화를 뜻한다.

② **성과평가**: 활동을 통해 변화된 성취를 측정하며, 프로그램 목표와 관련성이 높다.

③ **평가영역**

구분	성과평가 영역	영역별 평가기준(예)
산출 및 성과	진로 프로그램이 궁극적으로 달성하고자 한 결과물	• 진로 성숙도, 정신건강, 심리적 독립 • 역량 강화, 지식, 학습, 성취감
자원	진로 프로그램 개발 및 운영에 요구되는 자원	• **인적자원**: 지지체계, 조력자, 멘토, 롤모델 등 • **물적자원**: 후원, 재정지원 • 시간, 정보자원
생산성	투입된 노동력 대비 산출·성과	• **산출 관련 생산성**: 평균 상담 건수, 프로그램 참여자 수 • **성과 관련 생산성**: 프로그램을 통해 해결한 문제 사례, 참여자 지원을 위한 지역사회 위원회 구성 등
효율성	투입 대비 산출 혹은 서비스 개별요소에 소요된 비용	인당 지원 비용, 진단 또는 검사 비용, 상담 비용, 시설 유지 보수 비용 등
비용효과성	성과 당 소요된 비용	학생 1인당 소요된 직업훈련비, 입시 스트레스로 인한 불면증 치료비, 면접기술 향상 프로그램 비용 등
고객 만족	내담자, 이해관계자, 지역사회 등이 프로그램에 대해 보고하는 주관적 평가	삶의 질, 생활 만족도, 직무 만족도, 이용자 만족도 등
서비스 품질	성과를 이끌어내는 데 요구되는 서비스 과정상의 충실도	적시성, 홍보(인지도), 만족도, 내담자 관리, 정기 검사, 직원 평가, 전문가 자문, 매뉴얼 개발 및 보급 등

(6) 비용분석

① 프로그램이 의도한 목표를 달성한 정도와 함께 그 목표를 얼마나 경제적으로 실현할 수 있는가가 프로그램을 평가하는 주요 기준이 된다.

② **비용편익 분석**: 프로그램에 투입된 비용과 프로그램을 통해 얻게 된 편익을 금전적 가치로 환산하는 분석이다.

　　㉠ **프로그램 편익**: 프로그램에서 얻어진 가시적·비가시적인 프로그램의 성과를 의미한다.

　　㉡ **비용**: 프로그램 기획 단계부터 실행 후 평가를 진행하기까지 직·간접적으로 요구되는 자원이다.

　　㉢ **한계점**: 상담관련 프로그램의 성과는 화폐가치로 환산하기 어려우며, 편익의 의미가 주관적이고 프로그램의 이차적 비용을 산정하기 어렵다.

③ **비용효과 분석**: 상담관련 프로그램의 경우 비용편익 분석을 적용시키기 어렵다는 점을 고려하여 성과를 화폐가치로 전환하지 않는다. 대신, 동일 목표를 달성하기 위해 수행한 다른 프로그램 관련 전체 비용을 각각 계산한 후, 최소 비용으로 최대 효과를 내는 경우를 가장 효율적인 것으로 본다.

(7) 메타평가

① **메타평가**: 동일한 목적으로 수행된 다수의 프로그램 평가 결과를 메타분석을 통해 활용하는 방법이다.

② **메타분석**: 기존에 보고된 특정 주제의 결과 자료를 비교 가능한 형태로 만들어 통합할 수 있게끔 하는 통계분석법으로, 대상 주제와 관련된 프로그램들의 전반적인 효과성을 보여주기 때문에 '분석에 대한 분석'이라고 불리기도 한다.

③ 메타분석은 일반화 가능성을 높인다는 점에서 프로그램 효과의 외적 타당도를 더 잘 추정할 수 있도록 돕기 때문에, 기존에 단일 연구에 비해 전반적인 프로그램을 이해하고 새로운 프로그램을 고안하거나 기존 프로그램을 수정·보완하는 데 매우 유용하다.

④ **주의점**

  ㉠ 메타분석은 이미 출판된 연구만을 대상으로 하기 때문에 실제보다 효과 크기가 과대평가되었을 가능성이 있다.

  ㉡ 메타분석은 특정 유형의 양적 연구만을 대상으로 하므로 분석대상이 실제 현장에서 진행되는 프로그램에 비해 제한적일 수밖에 없다.

본 교재 인강 · 무료 기출해설 특강

teacher.Hackers.com

본 교재 인강 · 무료 기출해설 특강

teacher.Hackers.com

부록 1

학교폭력예방 및 대책에 관한 법률

01 학교폭력예방 및 대책에 관한 법률

*[시행 2021. 6. 23] [법률 제17668호, 2020. 10. 22., 일부개정]
*2021. 3. 23.에 고시된 「학교폭력예방 및 대책에 관한 법률」을 참고하여 타법개정 된 내용을 '보라색 글씨'로 표시하였습니다.

1. 제1조(목적)

이 법은 학교폭력의 예방과 대책에 필요한 사항을 규정함으로써 피해학생의 보호, 가해학생의 선도·교육 및 피해학생과 가해학생 간의 분쟁조정을 통하여 학생의 인권을 보호하고 학생을 건전한 사회구성원으로 육성함을 목적으로 한다.

2. 제2조(정의)

이 법에서 사용하는 용어의 정의는 다음 각 호와 같다. 〈개정 2009. 5. 8., 2012. 1. 26., 2012. 3. 21., 2021. 3. 23.〉
1. "학교폭력"이란 학교 내외에서 학생을 대상으로 발생한 상해, 폭행, 감금, 협박, 약취·유인, 명예훼손·모욕, 공갈, 강요·강제적인 심부름 및 성폭력, 따돌림, 사이버 따돌림, 정보통신망을 이용한 음란·폭력 정보 등에 의하여 신체·정신 또는 재산상의 피해를 수반하는 행위를 말한다.
1의2. "따돌림"이란 학교 내외에서 2명 이상의 학생들이 특정인이나 특정집단의 학생들을 대상으로 지속적이거나 반복적으로 신체적 또는 심리적 공격을 가하여 상대방이 고통을 느끼도록 하는 모든 행위를 말한다.
1의3. "사이버 따돌림"이란 인터넷, 휴대전화 등 정보통신기기를 이용하여 학생들이 특정 학생들을 대상으로 지속적, 반복적으로 심리적 공격을 가하거나, 특정 학생과 관련된 개인정보 또는 허위사실을 유포하여 상대방이 고통을 느끼도록 하는 모든 행위를 말한다.
2. "학교"란 「초·중등교육법」 제2조에 따른 초등학교·중학교·고등학교·특수학교 및 각종학교와 같은 법 제61조에 따라 운영하는 학교를 말한다.
3. "가해학생"이란 가해자 중에서 학교폭력을 행사하거나 그 행위에 가담한 학생을 말한다.
4. "피해학생"이란 학교폭력으로 인하여 피해를 입은 학생을 말한다.
5. "장애학생"이란 신체적·정신적·지적 장애 등으로 「장애인 등에 대한 특수교육법」 제15조에서 규정하는 특수교육이 필요한 학생을 말한다.

3. 제3조(해석·적용의 주의의무)

이 법을 해석·적용하는 경우 국민의 권리가 부당하게 침해되지 아니하도록 주의하여야 한다.　　　〈개정 2021. 3. 23.〉

4. 제4조(국가 및 지방자치단체의 책무)

① 국가 및 지방자치단체는 학교폭력을 예방하고 근절하기 위하여 조사·연구·교육·계도 등 필요한 법적·제도적 장치를 마련하여야 한다.

② 국가 및 지방자치단체는 청소년 관련 단체 등 민간의 자율적인 학교폭력 예방활동과 피해학생의 보호 및 가해학생의 선도·교육활동을 장려하여야 한다.

③ 국가 및 지방자치단체는 제2항에 따른 청소년 관련 단체 등 민간이 건의한 사항에 대하여는 관련 시책에 반영하도록 노력하여야 한다.

④ 국가 및 지방자치단체는 제1항부터 제3항까지의 규정에 따른 책무를 다하기 위하여 필요한 행정적·재정적 지원을 하여야 한다. 〈개정 2012. 3. 21.〉

5. 제5조(다른 법률과의 관계)

① 학교폭력의 규제, 피해학생의 보호 및 가해학생에 대한 조치에 관하여 다른 법률에 특별한 규정이 있는 경우를 제외하고는 이 법을 적용한다. 〈개정 2021. 3. 23.〉

② 제2조제1호 중 성폭력은 다른 법률에 규정이 있는 경우에는 이 법을 적용하지 아니한다.

6. 제6조(기본계획의 수립 등)

① 교육부장관은 이 법의 목적을 효율적으로 달성하기 위하여 학교폭력의 예방 및 대책에 관한 정책 목표·방향을 설정하고, 이에 따른 학교폭력의 예방 및 대책에 관한 기본계획(이하 "기본계획"이라 한다)을 제7조에 따른 학교폭력대책위원회의 심의를 거쳐 수립·시행하여야 한다. 〈개정 2012. 3. 21., 2013. 3. 23.〉

② 기본계획은 다음 각 호의 사항을 포함하여 5년마다 수립하여야 한다. 이 경우 교육부장관은 관계 중앙행정기관 등의 의견을 수렴하여야 한다. 〈개정 2012. 3. 21., 2013. 3. 23.〉

1. 학교폭력의 근절을 위한 조사·연구·교육 및 계도
2. 피해학생에 대한 치료·재활 등의 지원
3. 학교폭력 관련 행정기관 및 교육기관 상호 간의 협조·지원
4. 제14조제1항에 따른 전문상담교사의 배치 및 이에 대한 행정적·재정적 지원
5. 학교폭력의 예방과 피해학생 및 가해학생의 치료·교육을 수행하는 청소년 관련 단체(이하 "전문단체"라 한다) 또는 전문가에 대한 행정적·재정적 지원
6. 그 밖에 학교폭력의 예방 및 대책을 위하여 필요한 사항

③ 교육부장관은 대통령령으로 정하는 바에 따라 특별시·광역시·특별자치시·도 및 특별자치도(이하 "시·도"라 한다) 교육청의 학교폭력 예방 및 대책과 그에 대한 성과를 평가하고, 이를 공표하여야 한다. 〈신설 2012. 1. 26., 2013. 3. 23.〉

7. 제7조(학교폭력대책위원회의 설치·기능)

학교폭력의 예방 및 대책에 관한 다음 각 호의 사항을 심의하기 위하여 국무총리 소속으로 학교폭력대책위원회(이하 "대책위원회"라 한다)를 둔다. 〈개정 2012. 3. 21., 2019. 8. 20.〉
1. 학교폭력의 예방 및 대책에 관한 기본계획의 수립 및 시행에 대한 평가
2. 학교폭력과 관련하여 관계 중앙행정기관 및 지방자치단체의 장이 요청하는 사항
3. 학교폭력과 관련하여 교육청, 제9조에 따른 학교폭력대책지역위원회, 제10조의2에 따른 학교폭력대책지역협의회, 제12조에 따른 학교폭력대책심의위원회, 전문단체 및 전문가가 요청하는 사항 [제목개정 2012. 3. 21.]

8. 제8조(대책위원회의 구성)

① 대책위원회는 위원장 2명을 포함하여 20명 이내의 위원으로 구성한다.
② 위원장은 국무총리와 학교폭력 대책에 관한 전문지식과 경험이 풍부한 전문가 중에서 대통령이 위촉하는 사람이 공동으로 되고, 위원장 모두가 부득이한 사유로 직무를 수행할 수 없을 때에는 국무총리가 지명한 위원이 그 직무를 대행한다.
③ 위원은 다음 각 호의 사람 중에서 대통령이 위촉하는 사람으로 한다. 다만, 제1호의 경우에는 당연직 위원으로 한다.
〈개정 2013. 3. 23., 2014. 11. 19., 2017. 7. 26.〉
1. 기획재정부장관, 교육부장관, 과학기술정보통신부장관, 법무부장관, 행정안전부장관, 문화체육관광부장관, 보건복지부장관, 여성가족부장관, 방송통신위원회 위원장, 경찰청장
2. 학교폭력 대책에 관한 전문지식과 경험이 풍부한 전문가 중에서 제1호의 위원이 각각 1명씩 추천하는 사람
3. 관계 중앙행정기관에 소속된 3급 공무원 또는 고위공무원단에 속하는 공무원으로서 청소년 또는 의료 관련 업무를 담당하는 사람
4. 대학이나 공인된 연구기관에서 조교수 이상 또는 이에 상당한 직에 있거나 있었던 사람으로서 학교폭력 문제 및 이에 따른 상담 또는 심리에 관하여 전문지식이 있는 사람
5. 판사·검사·변호사
6. 전문단체에서 청소년보호활동을 5년 이상 전문적으로 담당한 사람
7. 의사의 자격이 있는 사람
8. 학교운영위원회 활동 및 청소년보호활동 경험이 풍부한 학부모
④ 위원장을 포함한 위원의 임기는 2년으로 하되, 한 차례에 한정하여 연임할 수 있다. 〈개정 2021. 3. 23.〉
⑤ 위원회의 효율적 운영 및 지원을 위하여 간사 1명을 두되, 간사는 교육부장관이 된다. 〈개정 2013. 3. 23.〉
⑥ 위원회에 상정할 안건을 미리 검토하는 등 안건 심의를 지원하고, 위원회가 위임한 안건을 심의하기 위하여 대책위원회에 학교폭력대책실무위원회(이하 "실무위원회"라 한다)를 둔다.
⑦ 그 밖에 대책위원회의 운영과 실무위원회의 구성·운영에 필요한 사항은 대통령령으로 정한다.
[전문개정 2012. 3. 21.]

9. 제9조(학교폭력대책지역위원회의 설치)

① 지역의 학교폭력 문제를 해결하기 위하여 시·도에 학교폭력대책지역위원회(이하 "지역위원회"라 한다)를 둔다.
〈개정 2012. 1. 26.〉

② 특별시장·광역시장·특별자치시장·도지사 및 특별자치도지사는 지역위원회의 운영 및 활동에 관하여 시·도의 교육감(이하 "교육감"이라 한다)과 협의하여야 하며, 그 효율적인 운영을 위하여 실무위원회를 둘 수 있다. 〈개정 2012. 1. 26.〉

③ 지역위원회는 위원장 1인을 포함한 11인 이내의 위원으로 구성한다.

④ 지역위원회 및 제2항에 따른 실무위원회의 구성·운영에 필요한 사항은 대통령령으로 정한다.

10. 제10조

(1) 제10조(학교폭력대책지역위원회의 기능 등)

① 지역위원회는 기본계획에 따라 지역의 학교폭력 예방대책을 매년 수립한다.

② 지역위원회는 해당 지역에서 발생한 학교폭력에 대하여 교육감 및 시·도경찰청장에게 관련 자료를 요청할 수 있다.
〈개정 2020. 12. 22.〉

③ 교육감은 지역위원회의 의견을 들어 제16조제1항제1호부터 제3호까지나 제17조제1항제5호에 따른 상담·치료 및 교육을 담당할 상담·치료·교육 기관을 지정하여야 한다.
〈개정 2012. 1. 26.〉

④ 교육감은 제3항에 따른 상담·치료·교육 기관을 지정한 때에는 해당 기관의 명칭, 소재지, 업무를 인터넷 홈페이지에 게시하고, 그 밖에 다양한 방법으로 학부모에게 알릴 수 있도록 노력하여야 한다.
〈신설 2012. 1. 26.〉
[제목개정 2012. 1. 26.]

(2) 제10조의2(학교폭력대책지역협의회의 설치·운영)

① 학교폭력예방 대책을 수립하고 기관별 추진계획 및 상호 협력·지원 방안 등을 협의하기 위하여 시·군·구에 학교폭력대책지역협의회(이하 "지역협의회"라 한다)를 둔다.

② 지역협의회는 위원장 1명을 포함한 20명 내외의 위원으로 구성한다.

③ 그 밖에 지역협의회의 구성·운영에 필요한 사항은 대통령령으로 정한다.
[본조신설 2012. 3. 21.]

11. 제11조

(1) 제11조(교육감의 임무)

① 교육감은 시·도교육청에 학교폭력의 예방과 대책을 담당하는 전담부서를 설치·운영하여야 한다.
② 교육감은 관할 구역 안에서 학교폭력이 발생한 때에는 해당 학교의 장 및 관련 학교의 장에게 그 경과 및 결과의 보고를 요구할 수 있다.
③ 교육감은 관할 구역 안의 학교폭력이 관할 구역 외의 학교폭력과 관련이 있는 때에는 그 관할 교육감과 협의하여 적절한 조치를 취하여야 한다.
④ 교육감은 학교의 장으로 하여금 학교폭력의 예방 및 대책에 관한 실시계획을 수립·시행하도록 하여야 한다.
⑤ 교육감은 제12조에 따른 심의위원회가 처리한 학교의 학교폭력빈도를 학교의 장에 대한 업무수행 평가에 부정적 자료로 사용하여서는 아니 된다. 〈개정 2019. 8. 20.〉
⑥ 교육감은 제17조제1항제8호에 따른 전학의 경우 그 실현을 위하여 필요한 조치를 취하여야 하며, 제17조제1항제9호에 따른 퇴학처분의 경우 해당 학생의 건전한 성장을 위하여 다른 학교 재입학 등의 적절한 대책을 강구하여야 한다. 〈개정 2012. 1. 26., 2012. 3. 21.〉
⑦ 교육감은 대책위원회 및 지역위원회에 관할 구역 안의 학교폭력의 실태 및 대책에 관한 사항을 보고하고 공표하여야 한다. 관할 구역 밖의 학교폭력 관련 사항 중 관할 구역 안의 학교와 관련된 경우에도 또한 같다. 〈개정 2012. 1. 26., 2012. 3. 21.〉
⑧ 교육감은 학교폭력의 실태를 파악하고 학교폭력에 대한 효율적인 예방대책을 수립하기 위하여 학교폭력 실태조사를 연 2회 이상 실시하고 그 결과를 공표하여야 한다. 〈신설 2012. 3. 21., 2015. 12. 22.〉
⑨ 교육감은 학교폭력 등에 관한 조사, 상담, 치유프로그램 운영 등을 위한 전문기관을 설치·운영할 수 있다. 〈신설 2012. 3. 21.〉
⑩ 교육감은 관할 구역에서 학교폭력이 발생한 때에 해당 학교의 장 또는 소속 교원이 그 경과 및 결과를 보고하면서 축소 및 은폐를 시도한 경우에는 「교육공무원법」 제50조 및 「사립학교법」 제62조에 따른 징계위원회에 징계의결을 요구하여야 한다. 〈신설 2012. 3. 21., 2021. 3. 23.〉
⑪ 교육감은 관할 구역에서 학교폭력의 예방 및 대책 마련에 기여한 바가 큰 학교 또는 소속 교원에게 상훈을 수여하거나 소속 교원의 근무성적 평정에 가산점을 부여할 수 있다. 〈신설 2012. 3. 21.〉
⑫ 제1항에 따라 설치되는 전담부서의 구성과 제8항에 따라 실시하는 학교폭력 실태조사 및 제9항에 따른 전문기관의 설치에 필요한 사항은 대통령령으로 정한다. 〈개정 2012. 3. 21.〉

(2) 제11조의2(학교폭력 조사·상담 등)

① 교육감은 학교폭력 예방과 사후조치 등을 위하여 다음 각 호의 조사·상담 등을 수행할 수 있다. 〈개정 2021. 3. 23.〉
  1. 학교폭력 피해학생 상담 및 가해학생 조사
  2. 필요한 경우 가해학생 학부모 조사
  3. 학교폭력 예방 및 대책에 관한 계획의 이행 지도
  4. 관할 구역 학교폭력서클 단속
  5. 학교폭력 예방을 위하여 민간 기관 및 업소 출입·검사
  6. 그 밖에 학교폭력 등과 관련하여 필요한 사항
② 교육감은 제1항의 조사·상담 등의 업무를 대통령령으로 정하는 기관 또는 단체에 위탁할 수 있다.
③ 교육감 및 제2항에 따른 위탁 기관 또는 단체의 장은 제1항에 따른 조사·상담 등의 업무 수행에 필요한 경우 관계 기관의 장에게 협조를 요청할 수 있다. 〈개정 2021. 3. 23.〉
④ 제1항에 따라 조사·상담 등을 하는 관계 직원은 그 권한을 표시하는 증표를 지니고 이를 관계인에게 보여주어야 한다.
⑤ 제1항제1호 및 제4호의 조사 등의 결과는 학교의 장 및 보호자에게 통보하여야 한다. [본조신설 2012. 3. 21.]

(3) 제11조의3(관계 기관과의 협조 등)

① 교육부장관, 교육감, 지역 교육장, 학교의 장은 학교폭력과 관련한 개인정보 등을 경찰청장, 시·도경찰청장, 관할 경찰서장 및 관계 기관의 장에게 요청할 수 있다. 〈개정 2013. 3. 23., 2020. 12. 22.〉

② 제1항에 따라 정보제공을 요청받은 경찰청장, 시·도경찰청장, 관할 경찰서장 및 관계 기관의 장은 특별한 사정이 없으면 그 요청을 따라야 한다. 〈개정 2020. 12. 22., 2021. 3. 23.〉

③ 제1항 및 제2항에 따른 관계 기관과의 협조 사항 및 절차 등에 필요한 사항은 대통령령으로 정한다.
[본조신설 2012. 3. 21.]

12. 제12조(학교폭력대책심의위원회의 설치·기능)

① 학교폭력의 예방 및 대책에 관련된 사항을 심의하기 위하여 「지방교육자치에 관한 법률」 제34조 및 「제주특별자치도 설치 및 국제자유도시 조성을 위한 특별법」 제80조에 따른 교육지원청(교육지원청이 없는 경우 해당 시·도 조례로 정하는 기관으로 한다. 이하 같다)에 학교폭력대책심의위원회(이하 "심의위원회"라 한다)를 둔다. 다만, 심의위원회 구성에 있어 대통령령으로 정하는 사유가 있는 경우에는 교육감 보고를 거쳐 둘 이상의 교육지원청이 공동으로 심의위원회를 구성할 수 있다. 〈개정 2012. 1. 26., 2019. 8. 20.〉

② 심의위원회는 학교폭력의 예방 및 대책 등을 위하여 다음 각 호의 사항을 심의한다. 〈개정 2012. 1. 26., 2019. 8. 20.〉
    1. 학교폭력의 예방 및 대책
    2. 피해학생의 보호
    3. 가해학생에 대한 교육, 선도 및 징계
    4. 피해학생과 가해학생 간의 분쟁조정
    5. 그 밖에 대통령령으로 정하는 사항

③ 심의위원회는 해당 지역에서 발생한 학교폭력에 대하여 조사할 수 있고 학교장 및 관할 경찰서장에게 관련 자료를 요청할 수 있다. 〈신설 2012. 3. 21., 2019. 8. 20.〉

④ 심의위원회의 설치·기능 등에 필요한 사항은 지역 및 교육지원청의 규모 등을 고려하여 대통령령으로 정한다.
〈개정 2012. 3. 21., 2019. 8. 20.〉
[제목개정 2019. 8. 20.]

13. 제13조

(1) 제13조(심의위원회의 구성·운영)

① 심의위원회는 10명 이상 50명 이내의 위원으로 구성하되, 전체위원의 3분의 1 이상을 해당 교육지원청 관할 구역 내 학교(고등학교를 포함한다)에 소속된 학생의 학부모로 위촉하여야 한다. 〈개정 2019. 8. 20.〉

② 심의위원회의 위원장은 다음 각 호의 어느 하나에 해당하는 경우에 회의를 소집하여야 한다.
〈신설 2011. 5. 19., 2012. 1. 26., 2012. 3. 21., 2019. 8. 20.〉

1. 심의위원회 재적위원 4분의 1 이상이 요청하는 경우
2. 학교의 장이 요청하는 경우
3. 피해학생 또는 그 보호자가 요청하는 경우
4. 학교폭력이 발생한 사실을 신고받거나 보고받은 경우
5. 가해학생이 협박 또는 보복한 사실을 신고받거나 보고받은 경우
6. 그 밖에 위원장이 필요하다고 인정하는 경우

③ 심의위원회는 회의의 일시, 장소, 출석위원, 토의내용 및 의결사항 등이 기록된 회의록을 작성·보존하여야 한다.
〈신설 2011. 5. 19., 2019. 8. 20.〉

④ 심의위원회는 심의 과정에서 소아청소년과 의사, 정신건강의학과 의사, 심리학자, 그 밖의 아동심리와 관련된 전문가를 출석하게 하거나 서면 등의 방법으로 의견을 청취할 수 있고, 피해학생이 상담·치료 등을 받은 경우 해당 전문가 또는 전문의 등으로부터 의견을 청취할 수 있다. 다만, 심의위원회는 피해학생 또는 그 보호자의 의사를 확인하여 피해학생 또는 그 보호자의 요청이 있는 경우에는 반드시 의견을 청취하여야 한다. 〈신설 2020. 12. 22.〉

⑤ 그 밖에 심의위원회의 구성·운영에 필요한 사항은 대통령령으로 정한다.
〈개정 2011. 5. 19., 2019. 8. 20., 2020. 12. 22.〉
[제목개정 2011. 5. 19., 2019. 8. 20.]

(2) 제13조의2(학교의 장의 자체해결)

① 제13조제2항제4호 및 제5호에도 불구하고 피해학생 및 그 보호자가 심의위원회의 개최를 원하지 아니하는 다음 각 호에 모두 해당하는 경미한 학교폭력의 경우 학교의 장은 학교폭력사건을 자체적으로 해결할 수 있다. 이 경우 학교의 장은 지체 없이 이를 심의위원회에 보고하여야 한다. 〈개정 2021. 3. 23.〉

1. 2주 이상의 신체적·정신적 치료가 필요한 진단서를 발급받지 않은 경우
2. 재산상 피해가 없거나 즉각 복구된 경우
3. 학교폭력이 지속적이지 않은 경우
4. 학교폭력에 대한 신고, 진술, 자료제공 등에 대한 보복행위가 아닌 경우

② 학교의 장은 제1항에 따라 사건을 해결하려는 경우 다음 각 호에 해당하는 절차를 모두 거쳐야 한다.
1. 피해학생과 그 보호자의 심의위원회 개최 요구 의사의 서면 확인
2. 학교폭력의 경중에 대한 제14조제3항에 따른 전담기구의 서면 확인 및 심의

③ 그 밖에 학교의 장이 학교폭력을 자체적으로 해결하는 데에 필요한 사항은 대통령령으로 정한다.
[본조신설 2019. 8. 20.]

14. 제14조(전문상담교사 배치 및 전담기구 구성)

① 학교의 장은 학교에 대통령령으로 정하는 바에 따라 상담실을 설치하고, 「초·중등교육법」 제19조의2에 따라 전문상담교사를 둔다.

② 전문상담교사는 학교의 장 및 심의위원회의 요구가 있는 때에는 학교폭력에 관련된 피해학생 및 가해학생과의 상담결과를 보고하여야 한다. 〈개정 2019. 8. 20.〉

③ 학교의 장은 교감, 전문상담교사, 보건교사 및 책임교사(학교폭력문제를 담당하는 교사를 말한다), 학부모 등으로 학교폭력문제를 담당하는 전담기구(이하 "전담기구"라 한다)를 구성한다. 이 경우 학부모는 전담기구 구성원의 3분의 1 이상이어야 한다. 〈개정 2012. 3. 21., 2019. 8. 20.〉

④ 학교의 장은 학교폭력 사태를 인지한 경우 지체 없이 전담기구 또는 소속 교원으로 하여금 가해 및 피해 사실 여부를 확인하도록 하고, 전담기구로 하여금 제13조의2에 따른 학교의 장의 자체해결 부의 여부를 심의하도록 한다. 〈신설 2019. 8. 20.〉

⑤ 전담기구는 학교폭력에 대한 실태조사(이하 "실태조사"라 한다)와 학교폭력 예방 프로그램을 구성·실시하며, 학교의 장 및 심의위원회의 요구가 있는 때에는 학교폭력에 관련된 조사결과 등 활동결과를 보고하여야 한다. 〈개정 2012. 3. 21., 2019. 8. 20.〉

⑥ 피해학생 또는 피해학생의 보호자는 피해사실 확인을 위하여 전담기구에 실태조사를 요구할 수 있다. 〈신설 2009. 5. 8., 2012. 3. 21., 2019. 8. 20.〉

⑦ 국가 및 지방자치단체는 실태조사에 관한 예산을 지원하고, 관계 행정기관은 실태조사에 협조하여야 하며, 학교의 장은 전담기구에 행정적·재정적 지원을 할 수 있다. 〈개정 2009. 5. 8., 2012. 3. 21., 2019. 8. 20.〉

⑧ 전담기구는 성폭력 등 특수한 학교폭력사건에 대한 실태조사의 전문성을 확보하기 위하여 필요한 경우 전문기관에 그 실태조사를 의뢰할 수 있다. 이 경우 그 의뢰는 심의위원회 위원장의 심의를 거쳐 학교의 장 명의로 하여야 한다. 〈신설 2012. 1. 26., 2012. 3. 21., 2019. 8. 20.〉

⑨ 그 밖에 전담기구 운영 등에 필요한 사항은 대통령령으로 정한다. 〈신설 2012. 3. 21., 2019. 8. 20.〉

15. 제15조(학교폭력 예방교육 등)

① 학교의 장은 학생의 육체적·정신적 보호와 학교폭력의 예방을 위한 학생들에 대한 교육(학교폭력의 개념·실태 및 대처방안 등을 포함하여야 한다)을 학기별로 1회 이상 실시하여야 한다. 〈개정 2012. 1. 26.〉

② 학교의 장은 학교폭력의 예방 및 대책 등을 위한 교직원 및 학부모에 대한 교육을 학기별로 1회 이상 실시하여야 한다. 〈개정 2012. 3. 21.〉

③ 학교의 장은 제1항에 따른 학교폭력 예방교육 프로그램의 구성 및 그 운용 등을 전담기구와 협의하여 전문단체 또는 전문가에게 위탁할 수 있다.

④ 교육장은 제1항부터 제3항까지의 규정에 따른 학교폭력 예방교육 프로그램의 구성과 운용계획을 학부모가 쉽게 확인할 수 있도록 인터넷 홈페이지에 게시하고, 그 밖에 다양한 방법으로 학부모에게 알릴 수 있도록 노력하여야 한다. 〈개정 2012. 1. 26.〉

⑤ 그 밖에 학교폭력 예방교육의 실시와 관련한 사항은 대통령령으로 정한다. 〈개정 2011. 5. 19.〉
[제목개정 2011. 5. 19.]

16. 제16조

(1) 제16조(피해학생의 보호)

① 심의위원회는 피해학생의 보호를 위하여 필요하다고 인정하는 때에는 피해학생에 대하여 다음 각 호의 어느 하나에 해당하는 조치(수 개의 조치를 동시에 부과하는 경우를 포함한다)를 할 것을 교육장(교육장이 없는 경우 제12조제1항에 따라 조례로 정한 기관의 장으로 한다. 이하 같다)에게 요청할 수 있다. 다만, 학교의 장은 학교폭력사건을 인지한 경우 피해학생의 반대의사 등 대통령령으로 정하는 특별한 사정이 없으면 지체 없이 가해자(교사를 포함한다)와 피해학생을 분리하여야 하며, 피해학생이 긴급보호를 요청하는 경우에는 제1호, 제2호 및 제6호의 조치를 할 수 있다. 이 경우 학교의 장은 심의위원회에 즉시 보고하여야 한다.
〈개정 2012. 3. 21., 2017. 4. 18., 2019. 8. 20., 2020. 12. 22., 2021. 3. 23.〉
   1. 학내외 전문가에 의한 심리상담 및 조언
   2. 일시보호
   3. 치료 및 치료를 위한 요양
   4. 학급교체
   5. 삭제 〈2012. 3. 21.〉
   6. 그 밖에 피해학생의 보호를 위하여 필요한 조치

② 심의위원회는 제1항에 따른 조치를 요청하기 전에 피해학생 및 그 보호자에게 의견진술의 기회를 부여하는 등 적정한 절차를 거쳐야 한다.
〈신설 2012. 3. 21., 2019. 8. 20.〉

③ 제1항에 따른 요청이 있는 때에는 교육장은 피해학생의 보호자의 동의를 받아 7일 이내에 해당 조치를 하여야 한다.
〈개정 2012. 3. 21., 2019. 8. 20.〉

④ 제1항의 조치 등 보호가 필요한 학생에 대하여 학교의 장이 인정하는 경우 그 조치에 필요한 결석을 출석일수에 포함하여 계산할 수 있다.
〈개정 2012. 3. 21., 2021. 3. 23.〉

⑤ 학교의 장은 성적 등을 평가하는 경우 제3항에 따른 조치로 인하여 학생에게 불이익을 주지 아니하도록 노력하여야 한다.
〈개정 2012. 3. 21.〉

⑥ 피해학생이 전문단체나 전문가로부터 제1항제1호부터 제3호까지의 규정에 따른 상담 등을 받는 데에 사용되는 비용은 가해학생의 보호자가 부담하여야 한다. 다만, 피해학생의 신속한 치료를 위하여 학교의 장 또는 피해학생의 보호자가 원하는 경우에는 「학교안전사고 예방 및 보상에 관한 법률」 제15조에 따른 학교안전공제회 또는 시·도교육청이 부담하고 이에 대한 상환청구권을 행사할 수 있다.
〈개정 2012. 1. 26., 2012. 3. 21., 2021. 3. 23.〉
   1. 삭제 〈2012. 3. 21.〉
   2. 삭제 〈2012. 3. 21.〉

⑦ 학교의 장 또는 피해학생의 보호자는 필요한 경우 「학교안전사고 예방 및 보상에 관한 법률」 제34조의 공제급여를 학교안전공제회에 직접 청구할 수 있다.
〈신설 2012. 1. 26., 2012. 3. 21.〉

⑧ 피해학생의 보호 및 제6항에 따른 지원범위, 상환청구범위, 지급절차 등에 필요한 사항은 대통령령으로 정한다.
〈신설 2012. 3. 21., 2021. 3. 23.〉

(2) 제16조의2(장애학생의 보호)

① 누구든지 장애 등을 이유로 장애학생에게 학교폭력을 행사하여서는 아니 된다.

② 심의위원회는 피해학생 또는 가해학생이 장애학생인 경우 심의과정에 「장애인 등에 대한 특수교육법」 제2조제4호에 따른 특수교육교원 등 특수교육 전문가 또는 장애인 전문가를 출석하게 하거나 서면 등의 방법으로 의견을 청취할 수 있다. 〈신설 2020. 12. 22.〉

③ 심의위원회는 학교폭력으로 피해를 입은 장애학생의 보호를 위하여 장애인전문 상담가의 상담 또는 장애인전문 치료기관의 요양 조치를 학교의 장에게 요청할 수 있다. 〈개정 2019. 8. 20., 2020. 12. 22.〉

④ 제3항에 따른 요청이 있는 때에는 학교의 장은 해당 조치를 하여야 한다. 이 경우 제16조제6항을 준용한다. 〈개정 2012. 3. 21., 2020. 12. 22.〉

[본조신설 2009. 5. 8.]

17. 제17조

(1) 제17조(가해학생에 대한 조치)

① 심의위원회는 피해학생의 보호와 가해학생의 선도·교육을 위하여 가해학생에 대하여 다음 각 호의 어느 하나에 해당하는 조치(수 개의 조치를 동시에 부과하는 경우를 포함한다)를 할 것을 교육장에게 요청하여야 하며, 각 조치별 적용 기준은 대통령령으로 정한다. 다만, 퇴학처분은 의무교육과정에 있는 가해학생에 대하여는 적용하지 아니한다. 〈개정 2009. 5. 8., 2012. 1. 26., 2012. 3. 21., 2019. 8. 20., 2021. 3. 23.〉

1. 피해학생에 대한 서면사과
2. 피해학생 및 신고·고발 학생에 대한 접촉, 협박 및 보복행위의 금지
3. 학교에서의 봉사
4. 사회봉사
5. 학내외 전문가에 의한 특별 교육이수 또는 심리치료
6. 출석정지
7. 학급교체
8. 전학
9. 퇴학처분

② 제1항에 따라 심의위원회가 교육장에게 가해학생에 대한 조치를 요청할 때 그 이유가 피해학생이나 신고·고발 학생에 대한 협박 또는 보복 행위일 경우에는 같은 항 각 호의 조치를 동시에 부과하거나 조치 내용을 가중할 수 있다. 〈신설 2012. 3. 21., 2019. 8. 20., 2021. 3. 23.〉

③ 제1항제2호부터 제4호까지 및 제6호부터 제8호까지의 처분을 받은 가해학생은 교육감이 정한 기관에서 특별교육을 이수하거나 심리치료를 받아야 하며, 그 기간은 심의위원회에서 정한다. 〈개정 2012. 1. 26., 2012. 3. 21., 2019. 8. 20.〉

④ 학교의 장은 가해학생에 대한 선도가 긴급하다고 인정할 경우 우선 제1항제1호부터 제3호까지, 제5호 및 제6호의 조치를 할 수 있으며, 제5호와 제6호의 조치는 동시에 부과할 수 있다. 이 경우 심의위원회에 즉시 보고하여 추인을 받아야 한다. 〈개정 2012. 1. 26., 2012. 3. 21., 2019. 8. 20., 2021. 3. 23.〉

⑤ 심의위원회는 제1항 또는 제2항에 따른 조치를 요청하기 전에 가해학생 및 보호자에게 의견진술의 기회를 부여하는 등 적정한 절차를 거쳐야 한다. 〈개정 2012. 3. 21., 2019. 8. 20.〉

⑥ 제1항에 따른 요청이 있는 때에는 교육장은 14일 이내에 해당 조치를 하여야 한다. 〈개정 2012. 1. 26., 2012. 3. 21., 2019. 8. 20.〉

⑦ 학교의 장이 제4항에 따른 조치를 한 때에는 가해학생과 그 보호자에게 이를 통지하여야 하며, 가해학생이 이를 거부하거나 회피하는 때에는 학교의 장은 「초·중등교육법」 제18조에 따라 징계하여야 한다. 〈개정 2012. 3. 21., 2019. 8. 20.〉

⑧ 가해학생이 제1항제3호부터 제5호까지의 규정에 따른 조치를 받은 경우 이와 관련된 결석은 학교의 장이 인정하는 때에는 이를 출석일수에 포함하여 계산할 수 있다. 〈개정 2012. 1. 26., 2012. 3. 21., 2021. 3. 23.〉
⑨ 심의위원회는 가해학생이 특별교육을 이수할 경우 해당 학생의 보호자도 함께 교육을 받게 하여야 한다. 〈개정 2012. 3. 21., 2019. 8. 20.〉
⑩ 가해학생이 다른 학교로 전학을 간 이후에는 전학 전의 피해학생 소속 학교로 다시 전학올 수 없도록 하여야 한다. 〈신설 2012. 1. 26., 2012. 3. 21.〉
⑪ 제1항제2호부터 제9호까지의 처분을 받은 학생이 해당 조치를 거부하거나 기피하는 경우 심의위원회는 제7항에도 불구하고 대통령령으로 정하는 바에 따라 추가로 다른 조치를 할 것을 교육장에게 요청할 수 있다. 〈신설 2012. 3. 21., 2019. 8. 20.〉
⑫ 가해학생에 대한 조치 및 제11조제6항에 따른 재입학 등에 관하여 필요한 사항은 대통령령으로 정한다. 〈신설 2012. 3. 21.〉

(2) 제17조의2(행정심판)

① 교육장이 제16조제1항 및 제17조제1항에 따라 내린 조치에 대하여 이의가 있는 피해학생 또는 그 보호자는 「행정심판법」에 따른 행정심판을 청구할 수 있다. 〈신설 2012. 3. 21., 2017. 11. 28., 2019. 8. 20.〉
② 교육장이 제17조제1항에 따라 내린 조치에 대하여 이의가 있는 가해학생 또는 그 보호자는 「행정심판법」에 따른 행정심판을 청구할 수 있다. 〈개정 2012. 3. 21., 2017. 11. 28., 2019. 8. 20.〉
③ 제1항 및 제2항에 따른 행정심판청구에 필요한 사항은 「행정심판법」을 준용한다. 〈개정 2019. 8. 20.〉
④ 삭제 〈2019. 8. 20.〉
⑤ 삭제 〈2019. 8. 20.〉
⑥ 삭제 〈2019. 8. 20.〉

[본조신설 2012. 1. 26.], [제목개정 2019. 8. 20.]

18. 제18조(분쟁조정)

① 심의위원회는 학교폭력과 관련하여 분쟁이 있는 경우에는 그 분쟁을 조정할 수 있다. 〈개정 2019. 8. 20.〉
② 제1항에 따른 분쟁의 조정기간은 1개월을 넘지 못한다.
③ 학교폭력과 관련한 분쟁조정에는 다음 각 호의 사항을 포함한다. 〈개정 2019. 8. 20.〉
  1. 피해학생과 가해학생간 또는 그 보호자 간의 손해배상에 관련된 합의조정
  2. 그 밖에 심의위원회가 필요하다고 인정하는 사항
④ 심의위원회는 분쟁조정을 위하여 필요하다고 인정하는 때에는 관계 기관의 협조를 얻어 학교폭력과 관련한 사항을 조사할 수 있다. 〈개정 2019. 8. 20.〉
⑤ 심의위원회가 분쟁조정을 하고자 할 때에는 이를 피해학생·가해학생 및 그 보호자에게 통보하여야 한다. 〈개정 2019. 8. 20.〉
⑥ 시·도교육청 관할 구역 안의 소속 교육지원청이 다른 학생 간에 분쟁이 있는 경우에는 교육감이 직접 분쟁을 조정한다. 이 경우 제2항부터 제5항까지의 규정을 준용한다. 〈개정 2019. 8. 20.〉
⑦ 관할 구역을 달리하는 시·도교육청 소속 학교의 학생 간에 분쟁이 있는 경우에는 피해학생을 감독하는 교육감이 가해학생을 감독하는 교육감과의 협의를 거쳐 직접 분쟁을 조정한다. 이 경우 제2항부터 제5항까지의 규정을 준용한다. 〈개정 2019. 8. 20.〉

19. 제19조(학교의 장의 의무)

① 학교의 장은 제16조, 제16조의2, 제17조에 따른 조치의 이행에 협조하여야 한다.

② 학교의 장은 학교폭력을 축소 또는 은폐해서는 아니 된다.

③ 학교의 장은 교육감에게 학교폭력이 발생한 사실과 제13조의2에 따라 학교의 장의 자체해결로 처리된 사건, 제16조, 제16조의2, 제17조 및 제18조에 따른 조치 및 그 결과를 보고하고, 관계 기관과 협력하여 교내 학교폭력 단체의 결성 예방 및 해체에 노력하여야 한다.

[전문개정 2019. 8. 20.]

20. 제20조

(1) 제20조(학교폭력의 신고의무)

① 학교폭력 현장을 보거나 그 사실을 알게 된 자는 학교 등 관계 기관에 이를 즉시 신고하여야 한다.

② 제1항에 따라 신고를 받은 기관은 이를 가해학생 및 피해학생의 보호자와 소속 학교의 장에게 통보하여야 한다.

〈개정 2009. 5. 8.〉

③ 제2항에 따라 통보받은 소속 학교의 장은 이를 심의위원회에 지체 없이 통보하여야 한다.

〈신설 2009. 5. 8., 2019. 8. 20.〉

④ 누구라도 학교폭력의 예비·음모 등을 알게 된 자는 이를 학교의 장 또는 심의위원회에 고발할 수 있다. 다만, 교원이 이를 알게 되었을 경우에는 학교의 장에게 보고하고 해당 학부모에게 알려야 한다.

〈개정 2009. 5. 8., 2012. 1. 26., 2019. 8. 20.〉

⑤ 누구든지 제1항부터 제4항까지에 따라 학교폭력을 신고한 사람에게 그 신고행위를 이유로 불이익을 주어서는 아니 된다.

〈신설 2012. 3. 21.〉

(2) 제20조의2(긴급전화의 설치 등)

① 국가 및 지방자치단체는 학교폭력을 수시로 신고받고 이에 대한 상담에 응할 수 있도록 긴급전화를 설치하여야 한다.

② 국가와 지방자치단체는 제1항에 따른 긴급전화의 설치·운영을 대통령령으로 정하는 기관 또는 단체에 위탁할 수 있다.

〈신설 2012. 1. 26.〉

③ 제1항과 제2항에 따른 긴급전화의 설치·운영·위탁에 필요한 사항은 대통령령으로 정한다.　〈개정 2012. 1. 26.〉

[본조신설 2009. 5. 8.]

(3) 제20조의3(정보통신망에 의한 학교폭력 등)

제2조제1호에 따른 정보통신망을 이용한 음란·폭력 정보 등에 의한 신체상·정신상 피해에 관하여 필요한 사항은 따로 법률로 정한다.

[본조신설 2012. 3. 21.]

(4) 제20조의4(정보통신망의 이용 등)

① 국가·지방자치단체 또는 교육감은 학교폭력 예방 업무 등을 효과적으로 수행하기 위하여 필요한 경우 정보통신망을 이용할 수 있다.

② 국가·지방자치단체 또는 교육감은 제1항에 따라 정보통신망을 이용하여 학교 또는 학생(학부모를 포함한다)이 학교폭력 예방 업무 등을 수행하는 경우 다음 각 호의 어느 하나에 해당하는 비용의 전부 또는 일부를 지원할 수 있다.

1. 학교 또는 학생(학부모를 포함한다)이 전기통신설비를 구입하거나 이용하는 데 소요되는 비용

2. 학교 또는 학생(학부모를 포함한다)에게 부과되는 전기통신역무 요금

③ 그 밖에 정보통신망의 이용 등에 관하여 필요한 사항은 대통령령으로 정한다. [본조신설 2012. 3. 21.]

(5) 제20조의5(학생보호인력의 배치 등)

① 국가·지방자치단체 또는 학교의 장은 학교폭력을 예방하기 위하여 학교 내에 학생보호인력을 배치하여 활용할 수 있다.

② 다음 각 호의 어느 하나에 해당하는 사람은 학생보호인력이 될 수 없다. 〈신설 2013. 7. 30., 2021. 3. 23.〉

1. 「국가공무원법」 제33조 각 호의 어느 하나에 해당하는 사람

2. 「아동·청소년의 성보호에 관한 법률」에 따른 아동·청소년대상 성범죄 또는 「성폭력범죄의 처벌 등에 관한 특례법」에 따른 성폭력범죄를 저질러 벌금형을 선고받고 그 형이 확정된 날부터 10년이 지나지 아니하였거나, 금고 이상의 형이나 치료감호를 선고받고 그 집행이 끝나거나 집행이 유예·면제된 날부터 10년이 지나지 아니한 사람

3. 「청소년 보호법」 제2조제5호가목3) 및 같은 목 7)부터 9)까지의 청소년 출입·고용금지업소의 업주나 종사자

③ 국가·지방자치단체 또는 학교의 장은 제1항에 따른 학생보호인력의 배치 및 활용 업무를 관련 전문기관 또는 단체에 위탁할 수 있다. 〈개정 2013. 7. 30.〉

④ 제3항에 따라 학생보호인력의 배치 및 활용 업무를 위탁받은 전문기관 또는 단체는 그 업무를 수행하는 경우 학교의 장과 충분히 협의하여야 한다. 〈개정 2013. 7. 30., 2021. 3. 23.〉

⑤ 국가·지방자치단체 또는 학교의 장은 학생보호인력으로 배치하고자 하는 사람의 동의를 받아 경찰청장에게 그 사람의 범죄경력을 조회할 수 있다. 〈신설 2013. 7. 30.〉

⑥ 제3항에 따라 학생보호인력의 배치 및 활용 업무를 위탁받은 전문기관 또는 단체는 해당 업무를 위탁한 국가·지방자치단체 또는 학교의 장에게 학생보호인력으로 배치하고자 하는 사람의 범죄경력을 조회할 것을 신청할 수 있다. 〈신설 2013. 7. 30.〉

⑦ 학생보호인력이 되려는 사람은 국가·지방자치단체 또는 학교의 장에게 제2항 각 호의 어느 하나에 해당하지 아니한다는 확인서를 제출하여야 한다. 〈신설 2013. 7. 30.〉

[본조신설 2012. 3. 21.]

(6) 제20조의6(학교전담경찰관)

① 국가는 학교폭력 예방 및 근절을 위하여 학교폭력 업무 등을 전담하는 경찰관을 둘 수 있다.

② 제1항에 따른 학교전담경찰관의 운영에 필요한 사항은 대통령령으로 정한다.

[본조신설 2017. 11. 28.]
[종전 제20조의6은 제20조의7로 이동 〈2017. 11. 28.〉]

(7) **제20조의7(영상정보처리기기의 통합 관제)**

① 국가 및 지방자치단체는 학교폭력 예방 업무를 효과적으로 수행하기 위하여 교육감과 협의하여 학교 내외에 설치된 영상정보처리기기(「개인정보 보호법」 제2조제7호에 따른 영상정보처리기기를 말한다. 이하 이 조에서 같다)를 통합하여 관제할 수 있다. 이 경우 국가 및 지방자치단체는 통합 관제 목적에 필요한 범위에서 최소한의 개인정보만을 처리하여야 하며, 그 목적 외의 용도로 활용하여서는 아니 된다.
② 제1항에 따라 영상정보처리기기를 통합 관제하려는 국가 및 지방자치단체는 공청회·설명회의 개최 등 대통령령으로 정하는 절차를 거쳐 관계 전문가 및 이해관계인의 의견을 수렴하여야 한다.
③ 제1항에 따라 학교 내외에 설치된 영상정보처리기기가 통합 관제되는 경우, 해당 학교의 영상정보처리기기 운영자는 「개인정보 보호법」 제25조제4항에 따른 조치를 통하여 그 사실을 정보주체에게 알려야 한다.
④ 통합 관제에 관하여 이 법에서 규정한 것을 제외하고는 「개인정보 보호법」을 적용한다.
⑤ 그 밖에 영상정보처리기기의 통합 관제에 필요한 사항은 대통령령으로 정한다.

[본조신설 2012. 3. 21.]
[제20조의6에서 이동 〈2017. 11. 28.〉]

21. 제21조

(1) **제21조(비밀누설금지 등)**

① 이 법에 따라 학교폭력의 예방 및 대책과 관련된 업무를 수행하거나 수행하였던 사람은 그 직무로 인하여 알게 된 비밀 또는 가해학생·피해학생 및 제20조에 따른 신고자·고발자와 관련된 자료를 누설하여서는 아니 된다.
〈개정 2012. 1. 26., 2021. 3. 23.〉
② 제1항에 따른 비밀의 구체적인 범위는 대통령령으로 정한다.
③ 제16조, 제16조의2, 제17조, 제17조의2, 제18조에 따른 심의위원회의 회의는 공개하지 아니한다. 다만, 피해학생·가해학생 또는 그 보호자가 회의록의 열람·복사 등 회의록 공개를 신청한 때에는 학생과 그 가족의 성명, 주민등록번호 및 주소, 위원의 성명 등 개인정보에 관한 사항을 제외하고 공개하여야 한다.
〈개정 2011. 5. 19., 2012. 3. 21., 2019. 8. 20.〉

(2) **제21조의2(「지방교육자치에 관한 법률」에 관한 특례)**

교육장은 「지방교육자치에 관한 법률」 제35조에도 불구하고 이 법에 따른 고등학교에서의 학교폭력 피해학생 보호, 가해학생 선도·교육 및 피해학생과 가해학생 간의 분쟁조정 등에 관한 사무를 위임받아 수행할 수 있다.
[본조신설 2019. 8. 20.]

22. 제22조(벌칙)

제21조제1항을 위반한 자는 1년 이하의 징역 또는 1천만원 이하의 벌금에 처한다.

[전문개정 2017. 11. 28.]

23. 제23조(과태료)

① 제17조제9항에 따른 심의위원회의 교육 이수 조치를 따르지 아니한 보호자에게는 300만원 이하의 과태료를 부과한다.

〈개정 2019. 8. 20.〉

② 제1항에 따른 과태료는 대통령령으로 정하는 바에 따라 교육감이 부과·징수한다.

[본조신설 2017. 11. 28.]

02 | 부칙

〈법률 제17954호, 2021. 3. 23.〉

이 법은 공포한 날부터 시행한다. 〈단서 생략〉

부록 2

한국상담학회 윤리강령

한국상담학회 윤리강령

◎ 전문

한국상담학회는 교육적, 학문적, 전문적 조직체이다. 상담자는 각 개인의 가치, 잠재력 및 고유성을 존중하며, 다양한 조력활동을 통하여 내담자의 전인적 발달을 촉진한다. 상담자는 내담자의 신체적, 정신적, 사회적, 영적 안녕을 유지·증진하는 데 헌신한다. 이러한 역할을 수행하는 과정에서 상담자는 내담자의 복지를 가장 우선시한다. 상담자는 내담자와의 관계에서 의사소통의 자유를 갖되, 그에 대한 책임을 지며 내담자의 성장과 사회공익을 위하여 최선을 다한다. 이를 위해 본 학회의 상담자는 다음의 윤리규준을 준수한다.

제1장 전문적 태도

1. 제1조(전문적 능력)

① 상담자는 상담에 대한 지식, 실습, 교수, 임상, 연구를 통해 전문성을 발달시키기 위해 지속적으로 노력해야 한다.
② 상담자는 자신의 능력 및 기법의 한계를 인식하고, 전문적 기준에 위배되는 활동을 하지 않는다. 만일, 자신의 개인 문제 및 능력의 한계 때문에 도움을 주지 못하리라고 판단될 경우에는 내담자에게 동의를 구한 후, 다른 동료 전문가 및 관련 기관에 의뢰한다.
③ 상담자는 자신의 활동분야에 있어서 최신의 과학적이고 전문적인 정보와 지식을 유지하기 위해 지속적인 교육과 연수에 참여한다.
④ 상담자는 윤리적 책임이나 전문적 상담에 대해 의문이 생길 때 다른 상담자나 관련 전문가들에게 자문을 구하는 절차를 따른다.
⑤ 상담자는 정기적으로 전문가로서의 능력과 효율성에 대해 자기반성과 자기평가를 해야 하며, 필요한 경우 자신의 효율성을 증진시키기 위해 지도감독을 받아야 한다.

2. 제2조(충실성)

① 상담자는 내담자를 보다 효과적으로 도울 수 있는 방법에 관하여 꾸준히 연구 노력하고, 내담자의 성장촉진과 문제의 해결 및 예방을 위하여 최선을 다한다.

② 상담자는 자신의 능력의 한계나 개인적인 문제로 내담자를 적절하게 도와줄 수 없을 때에는 상담을 시작해서는 안 되며, 다른 전문가에게 의뢰하는 등의 적절한 방법으로 내담자를 돕는다.

③ 상담자는 자신의 질병, 사고, 이동, 또는 내담자의 질병, 사고, 이동이나 재정적 한계 등과 같은 요인에 의해 상담을 중단할 경우, 이에 대한 적절한 조치를 취해야 한다.

④ 상담자는 상담을 종결하는 데 있어서 어떤 이유보다도 우선적으로 내담자의 관점과 요구에 대해 고려해야 하며, 내담자가 다른 전문가를 필요로 할 경우에는 적절한 과정을 통해 의뢰한다.

⑤ 상담자는 자신의 기술이나 자료가 다른 사람들에 의해 오용될 가능성이 있거나, 개선의 여지가 없는 활동에 참여해서는 안 되며, 이런 일이 일어난 경우에는 이를 시정하여야 한다.

제2장 정보의 보호

1. 제3조(비밀보장)

① 상담자는 사생활과 비밀유지에 대한 내담자의 권리를 최대한 존중해야 할 의무가 있다.

② 상담자는 내담자 또는 내담자의 법정대리인에게 비밀보장의 예외와 한계에 대해 설명해야 한다.

③ 상담자는 제7조 비밀보장의 한계를 제외하고는, 내담자의 서면 동의 없이는 제삼의 개인이나 단체에게 상담기록을 공개하거나 전달해서는 안 된다.

2. 제4조(집단 및 가족상담의 비밀보장)

① 상담자는 특정 집단을 대상으로 집단상담을 시작할 때 비밀보장의 중요성과 한계를 명확하게 설명한다.

② 상담자는 집단 및 가족상담시 개인의 비밀보장에 대한 권리와 그 비밀보장을 유지해야 할 의무와 관련해 참여한 모든 사람으로부터 동의를 구한다.

③ 상담자는 자발적인 동의 능력이 불가능하거나 미성년인 내담자를 상담할 때, 부모 또는 대리인의 동의를 받고, 그들이 참여할 수 있음을 알린다.

3. 제5조(전자 정보의 비밀보장)

① 상담자는 컴퓨터를 사용한 자료 보관의 장점과 한계를 알아야 한다.

② 상담자는 내담자의 기록이 전자 정보의 형태로 보존되어 제삼자가 내담자의 동의 없이 접근할 가능성이 있을 때, 적절한 방법을 통해 내담자의 신상이 드러나지 않도록 조치를 취한다.

③ 상담자는 컴퓨터, 이메일, 팩시밀리, 전화, 음성메일, 자동응답기 그리고 다른 전자 테크놀로지를 사용해 정보를 전송할 때는 비밀이 유지될 수 있도록 사전에 주의를 기울인다.

4. 제6조(상담기록)

① 상담자는 내담자에게 전문적인 서비스를 제공하기 위해 내담자에 대한 상담기록 및 보관을 본 학회의 윤리강령 및 시행 세칙에 따라 시행한다. 또한 상담기록을 안전하게 보관하고 허가된 사람 이외에는 기록에 접근할 수 없도록 한다.

② 상담자는 상담내용의 녹음 혹은 녹화에 관해 내담자 또는 대리인의 동의를 구한다.

③ 상담자는 상담내용의 사례지도나 발표, 혹은 출판 시 내담자의 동의를 구한다.

④ 상담자는 내담자가 상담기록의 열람을 요구할 경우, 그 기록이 내담자에게 잘못 이해될 가능성이 없고 내담자에게 해가 되지 않으면 응하도록 한다. 다만 여러 명의 내담자를 상담하는 경우, 내담자 자신과 관련된 부분에 대해서만 공개할 수 있다. 다른 내담자와 관련된 사적인 정보는 제외하고 열람하거나 복사하도록 한다.

⑤ 상담자는 상담과 관련된 기록을 보관하고 처리하는 데 있어서 비밀을 유지해야 하며, 이를 타인에게 공개할 때에는 내담 자의 동의를 구한다. 내담자에게 해를 끼치지 않는 범위 내에서 공개해야 한다.

5. 제7조(비밀보장의 한계)

① 상담자는 아래와 같은 내담자 개인 및 사회에 임박한 위험이 있다고 판단될 때 내담자에 관한 정보를 사회 당국 및 관련 당사자에게 제공해야 한다.
   1. 내담자가 자신이나 타인의 생명 혹은 사회의 안전을 위협하는 경우,
   2. 내담자가 감염성이 있는 치명적인 질병이 있다는 확실한 정보를 가졌을 경우,
   3. 미성년인 내담자가 학대를 당하고 있는 경우
   4. 내담자가 아동학대를 하는 경우
   5. 법적으로 정보의 공개가 요구되는 경우

② 상담자는 만약 내담자에 대한 상담이 여러 전문가로 구성된 집단에 의한 지속적인 관찰을 포함하고 있다면, 그러한 집단 의 존재와 구성을 내담자에게 알릴 의무가 있다.

③ 상담자는 내담자의 사적인 정보의 공개가 요구될 때 기본적인 정보만을 공개한다. 더 많은 사항을 공개하기 위해서는 사적인 정보의 공개에 앞서 내담자에게 알리고 동의를 얻어야 한다.

④ 상담자는 비밀보장의 예외 및 한계에 관한 타당성이 의심될 때에는 다른 전문가나 지도감독자 및 본 학회 윤리위원회의 자문을 구한다.

1. 제8조(내담자 권리 보호)

① 상담자의 최우선적 책임은 내담자의 존엄성을 존중하고 내담자의 복지를 증진시키는 것이다.

② 상담자는 상담활동의 과정에서 소속 기관 및 비전문가와의 갈등이 있을 경우, 내담자의 복지를 우선적으로 고려하고 자신이 소속된 전문적 집단의 이익은 부차적인 것으로 간주한다.

③ 상담자는 내담자에게 전문적인 도움을 주는 것이 어렵다고 판단되면 상담자는 상담관계를 시작하지 말아야 하며, 이미 시작된 상담관계인 경우는 즉시 종결하여야 한다. 이 경우 상담자는 내담자에게 적절한 다른 대안을 제시해 주어야 한다.

④ 상담자는 내담자의 잠재력을 개발하여 건강한 삶을 영위하도록 도움을 주며, 어떤 방식으로도 해를 끼치지 않는다.

⑤ 상담자는 상담관계에서 오는 친밀성과 책임감을 인식하고, 전문가로서의 개인적 욕구충족을 위해서 내담자를 희생시켜서는 안 되며, 내담자로 하여금 의존적인 상담관계를 형성하지 않도록 노력하여야 한다.

2. 제9조(내담자 다양성 존중)

① 상담자는 모든 인간의 기본적인 권리, 존엄성, 가치를 존중하며 연령이나 성별, 인종, 종교, 성적 선호, 장애 등의 어떤 이유로든 내담자를 차별하지 않는다.

② 상담자는 내담자의 발달단계와 문화에 적합한 방식으로 정보를 전달한다.

③ 상담자가 사용하는 언어를 내담자가 이해하는 데 어려움이 있을 때는 내담자가 명확하게 이해할 수 있도록 통역자나 번역자를 배치하여 필요한 서비스를 제공한다.

④ 상담자는 자신의 고유한 가치, 태도, 신념, 행위가 사회에서 어떻게 적용되는지를 인식하고 내담자에게 자신의 가치를 강요하지 않는다.

⑤ 상담자는 훈련이나 수련감독 실천에 다문화/다양성 역량 배양을 위한 내용을 적극적으로 포함시키고 수련생들이 이에 대한 인식, 지식, 기술을 습득할 수 있도록 적극적으로 훈련시킨다.

1. 제10조(정보제공 및 동의)

상담자는 상담을 제공할 때에, 내담자에게 상담관련 정보를 제공하고 이에 대한 동의를 받는다.

2. 제11조(다중관계)

① 상담자는 내담자와의 친밀한 관계를 인식하고, 내담자에 대한 존중감을 유지하며 내담자를 이용하여 상담자 개인의 필요를 충족하고자 하는 활동 및 행동을 하지 않는다.

② 상담자는 객관성과 전문적인 판단에 영향을 미칠 수 있는 다중 관계를 피해야 한다. 상담자가 내담자를 지도하거나 평가를 해야 하는 경우라면 그 내담자를 다른 전문가에게 의뢰한다. 단, 내담자의 복지를 위해 상담자와 내담자가 사전 동의를 한 경우와 그에 대한 자문이나 감독이 병행될 때는, 상담관계를 맺을 수도 있다.

③ 상담자는 특별한 경우를 제외하고는, 내담자와 상담실 밖에서 사적인 관계를 맺지 않는다.

④ 상담자는 내담자와의 관계에서 상담료 이외의 어떠한 금전적, 물질적 거래관계도 맺지 않는다.

3. 제12조(성적 관계)

① 상담자는 내담자 또는 내담자의 가족들과 성적 관계를 갖거나 어떤 형태의 친밀한 관계를 갖지 않는다.

② 상담자는 내담자 또는 내담자의 가족과 성적 관계를 맺었거나 유지하는 경우 상담 관계를 형성하지 않는다.

③ 상담자는 상담관계가 종결된 이후에도 최소 2년 내에는 내담자와 성적 관계를 맺지 않는다.

④ 상담자는 상담 종결 이후 2년이 지난 후에 내담자와 성적관계를 맺게 되는 경우에도 이 관계가 착취적이 아니라는 것을 철저하게 검증할 책임이 있다.

⑤ 상담자는 다른 상담자가 자신의 내담자와 성적관계를 맺는 것을 알았을 경우 묵과하지 않고 적절한 조치를 취한다.

1. 제13조(사회관계)

① 상담자는 사회윤리 및 자신이 속한 지역사회의 도덕적 기준을 존중하며, 사회공익과 자신이 종사하는 전문직의 올바른 이익을 위하여 최선을 다한다.

② 상담자는 경제적 이득이 없는 경우라 하더라도 전문적 활동에 헌신함으로써 사회에 봉사한다.

③ 상담자는 내담자의 재정 상태를 고려하여 상담료를 적정 수준으로 정하여야 한다. 정해진 상담료가 내담자의 재정 상태에 비추어 적정 수준을 벗어날 경우에는, 가능한 비용으로 적합한 상담 서비스를 받을 수 있도록 내담자를 돕는다.

④ 상담자는 수련생에게 적절한 훈련과 지도감독을 제공하고, 수련생이 이 과정을 책임 있고 유능하게 수행할 수 있도록 돕는다.

2. 제14조(고용 기관과의 관계)

① 상담자는 자신이 재직하고 있는 상담기관의 설립 목적에 기여할 수 있는 활동을 할 책임이 있다.

② 상담자는 자신의 전문적 활동이 재직하고 있는 상담기관의 목적과 모순되고, 직무수행에서 갈등이 해소되지 않을 때는 상담기관과의 관계를 종결해야 한다.

③ 상담자는 자신이 재직하고 있는 상담기관의 관리자 및 동료들과의 관계를 통해서 상담업무, 비밀보장, 기록된 정보의 보관과 처리, 업무분장, 책임에 대해 상호간의 동의를 구해야 한다. 상담자가 재직하고 있는 상담기관과 비밀보장이나 정보의 보관과 처리 등 윤리적인 문제로 마찰이 생기는 경우 윤리위원회에 중재를 의뢰할 수 있다.

④ 상담자는 자신이 재직하고 있는 상담기관의 고용주에게 해를 끼칠 수 있는 상황 혹은 기관의 효율성에 제한을 줄 수 있는 상황에 대해 미리 통보를 하여야 한다.

⑤ 상담자는 해당 기관의 상담 활동에 적극적으로 종사하고 있지 않다면, 자신의 이름이 상업적인 광고나 홍보에 사용되지 않도록 해야 한다.

3. 제15조(상담기관 운영)

① 상담기관 운영자는 상담 기관에 소속된 상담자의 증명서나 자격증은 그 중 최고 수준의 것으로 하고, 자격증의 유형, 주소, 연락처, 직무시간, 상담의 유형과 종류, 그와 관련된 다른 정보 등이 정확하게 기록된 목록을 작성해 두어야 한다.

② 상담기관 운영자는 자신과 현재 종사하고 있는 직원의 발전에 책임 의식을 가져야 하고, 직원들에게 상담 기관의 목표와 상담 프로그램에 대해 알려주어야 한다.

③ 상담기관 운영자는 고용, 승진, 인사, 연수 및 지도감독 시에 연령, 성별, 문화, 장애, 인종, 종교, 혹은 사회경제적 지위 등을 이유로 차별하지 않는다.

4. 제16조(타 전문직과의 관계)

① 상담자는 상호 합의한 경우를 제외하고는 타 상담전문가로부터 도움을 받고 있는 내담자를 대상으로 상담을 하지 않는다.

② 상담자는 자신의 전문적 자격이 타 전문분야에서 오용되는 것에 적절하게 대처하며, 자신의 이익을 위해 타 전문직을 손상시키는 언어 및 행동을 삼간다.

③ 상담자는 자신의 상담 접근 방식과 차이가 있는 다른 전문가의 접근 방식 및 전통과 관례를 존중한다.

④ 상담자는 상담 전문가로서의 자신의 관점, 가치, 경험과 다른 학문 분야에 종사하는 동료의 관점, 가치, 경험을 활용하여 내담자의 복지에 영향을 미칠 수 있는 결정에 참여하고 기여한다.

5. 제17조(홍보)

① 상담기관 운영자는 상담기관을 홍보하고자 할 때 일반인들에게 해당 상담기관의 전문적 활동, 상담 분야, 관련 자격 등을 정확하게 알려주어야 한다.

② 상담기관 운영자는 내담자나 교육생을 모집하기 위해 개인상담소를 고용이나 기관가입의 장소로 이용하지 않는다.

1. 제18조(상담연구)

상담연구는 연구윤리규정에 준한다.

2. 제19조(연구책임)

① 상담연구자는 연구의 결과가 상담의 이론과 실제에 바람직한 기여를 하도록 노력해야 하고, 연구로 인한 문제에 대해 책임을 져야 한다.
② 상담자는 연구참여자를 대상으로 하는 연구를 수행할 때 윤리규정, 법, 기관 규정, 과학적 기준에 합당한 방식으로 연구를 계획, 설계, 실행, 보고한다.
③ 상담자는 윤리적인 연구수행에 대한 궁극적인 책임이 연구책임자에게 있다는 것을 인식하고 연구 활동에 참여하는 모든 사람이 윤리적 책임을 공유하며 각자의 행동에 대해 책임을 진다는 사실을 주지시킨다.
④ 상담자는 연구참여 때문에 연구참여자의 삶에 혼란이 초래되는 것을 피하기 위해 합당한 사전 조치를 취한다.
⑤ 상담자는 연구 목적에 적합하다면 문화적인 고려를 통해 연구 절차를 구체화 하도록 한다.

3. 제20조(연구참여자의 권리)

① 상담자는 피험자에게 연구의 필요성을 포함하여 연구에 관한 전반적인 사항에 대해 상세히 설명하여 동의를 얻어야 하며, 그들이 자발적으로 연구에 참여하도록 해야 한다.
② 상담자는 내담자를 포함시키는 연구를 수행할 때 사전동의 절차에서 내담자가 연구활동에 참여할 것인지에 대해 자유롭게 선택할 수 있다는 점을 명확하게 하고 동의를 받는다.
③ 상담자는 연구 과정에서 연구참여자에 대해 획득한 정보를 비밀로 유지한다.
④ 상담자는 자료가 수집된 후 연구에 대해 참여자들이 가질 수 있는 오해를 해소하기 위해 연구의 특성을 명확하게 설명한다.
⑤ 상담자는 학술 프로젝트나 연구가 완료되면 합당한 기간 내에 연구참여자의 신분을 확인할 수 있는 자료나 정보가 포함된 오디오, 비디오, 인쇄물과 같은 기록이나 문서를 파기하는 조치를 취한다.

4. 제21조(연구결과의 보고)

① 연구결과를 발표할 때에는 그 결과와 관련된 모든 정보를 정확하게 서술해야 하며, 객관적이고 공정한 발표가 되게 하고, 연구결과가 다른 상담자의 연구를 위한 자료가 될 수 있도록 해야 한다.

② 상담자는 출판된 연구에서 중대한 오류를 발견하면, 정오표나 다른 적절한 출판 수단을 통해 그 오류를 수정하는 합당한 조치를 취한다.

③ 상담자는 모든 연구참여자의 신분을 보호하고 복지를 위해 자료를 각색·변형하고 결과에 대한 논의가 연구참여자에게 해를 끼치지 않도록 합당한 조치를 취한다.

④ 상담자는 연구대상자의 요구가 있을 경우 연구의 결과와 결론을 제공하고 연구대상자가 요구하는 연구의 오류를 바로잡을 수 있다.

⑤ 상담자는 다른 사람의 저작을 자신의 것처럼 표절하지 않는다. 또한 자신의 작품을 이중출판하거나 발표하지 않는다.

⑥ 상담자는 공동 저자, 감사의 글, 각주 달기 등의 적절한 방법을 통해 연구에 상당한 기여를 한 사람들에게 그런 기여에 합당하게 공로를 인정하고 표시한다.

제7장 심리검사

1. 제22조(일반사항)

① 상담자는 내담자의 환경(사회적, 문화적, 상황적 특성 등)과 개별적 특성을 고려한 후, 내담자를 조력하기 위한 목적에 적합한 심리검사를 선택해야 한다.

② 심리검사를 실시할 때에는 자격이 있는 사람이 표준화된 절차에 따라 실시해야 하며, 그 과정을 경시해서는 안 된다. 또한 수련상담자는 지도감독자로부터 훈련받은 검사도구를 제대로 이용하는지의 여부를 평가받는다.

③ 상담자는 검사 채점과 해석을 수기로 하건, 컴퓨터를 사용하건, 혹은 다른 서비스를 사용하건 상관없이 내담자의 요구에 적합한 검사 도구를 적용, 채점, 해석, 활용한다.

④ 상담자는 검사 전에 검사의 특성과 목적, 잠재적인 결과, 수령자의 구체적인 결과의 사용에 대해 설명하고 내담자의 동의를 받는다. 이 때 상담자는 내담자의 개인적·문화적 상황, 내담자의 결과 이해 정도, 결과가 내담자에게 미치는 영향을 고려한다.

⑤ 상담자는 피검자의 복지, 명확한 이해, 검사 결과를 누가 수령할 것인지에 대한 결정에서 사전 합의를 고려한다.

2. 제23조(검사 도구 선정과 실시 조건)

① 상담자가 검사 도구를 선정할 때 도구의 타당도, 신뢰도, 실용도, 객관도, 심리측정의 한계를 신중하게 고려한다.
② 상담자는 제삼자에게 내담자에 대한 검사를 의뢰할 때, 적절한 검사도구가 사용될 수 있도록 내담자에 대한 구체적인 의뢰 문제와 충분한 객관적인 자료를 제공한다.
③ 상담자는 문화적으로 다양한 집단을 위한 검사 도구를 선정할 경우, 그러한 내담자 집단에게 적절한 심리측정 특성이 결여된 검사 도구를 사용하지 않도록 합당한 노력을 한다.
④ 상담자는 검사도구의 표준화 과정에서 설정된 동일한 조건하에서 검사를 실시한다.
⑤ 상담자는 기술적 또는 다른 전자적 방법들이 검사 실시에 사용될 때, 실시 프로그램이 잘 기능하고 있는지 그리고 정확한 결과를 제공하는지에 대해 점검한다.

3. 제24조(검사 채점 및 해석)

① 상담자는 개인 또는 집단검사 결과 발표에 정확하고 적절한 해석을 포함시킨다.
② 상담자는 검사 결과를 보고할 때, 검사 상황이나 피검사자의 규준 부적합으로 인한 타당도 및 신뢰도와 관련하여 발생하는 제한점을 명확히 한다.
③ 상담자는 연령, 피부색, 문화, 장애, 민족, 성, 인종, 언어 선호, 종교, 영성, 성적 지향, 사회경제적 지위가 검사 실시와 해석에 영향을 미친다는 것을 인식하고, 내담자와 관련된 다른 요인들을 고려하여 적절하게 검사 결과를 해석한다.
④ 상담자는 기술적인 자료가 불충분한 검사 도구의 경우 그 결과를 해석할 때 주의해야 한다. 그러한 도구를 사용하는 특정한 목적을 내담자에게 명확히 알린다.
⑤ 상담자는 내담자 혹은 심리검사를 수령할 기관에 심리검사결과가 올바로 통지되도록 해야 한다.
⑥ 상담자는 내담자 이외에는 내담자의 동의를 받은 제삼자 또는 대리인에게 결과를 공개한다. 또한 이러한 자료는 자료를 해석할만한 전문성이 있다고 상담자가 인정하는 전문가에게 공개한다.

4. 제25조(정신장애 진단)

① 상담자는 정신장애에 대해 적절한 진단을 하도록 특별하고 세심한 주의를 기울인다.
② 상담자는 치료의 초점, 치료 유형, 추수상담 권유 등의 내담자 보살핌을 결정하기 위해 사용되는 개인 상담을 포함한 검사 기술을 신중하게 선택하고 합당하게 사용한다.
③ 상담자는 정신장애를 진단할 때는 내담자의 문제를 규정하는 방식에 문화가 영향을 미친다는 것을 인식하고 내담자의 사회경제적·문화적 경험을 고려한다.
④ 상담자는 어떤 개인이나 집단들에 대해 오진을 내리고 정신병리화 하는 역사적·사회적 편견과 오류에 대해 충분히 이해하고 이러한 편견과 오류가 발생하지 않도록 특별한 주의를 기울인다.
⑤ 상담자는 심리검사의 결과가 내담자나 다른 사람들에게 해를 끼칠 수 있다고 판단되면 진단이나 보고를 해서는 안 된다.

제8장 윤리문제 해결

1. 제26조(윤리위원회와의 협력)

① 상담자는 본 윤리강령 및 시행세칙을 숙지하고 이를 실천할 의무가 있다.
② 상담자는 본 학회의 윤리강령뿐만 아니라 상담관련 타 전문기관의 윤리 규준에 대해서도 충분히 이해하고 있어야 한다. 상담자에게 주어진 윤리적 책임에 대한 지식의 결여와 이해 부족이 상담자의 비윤리적 행위에 대한 면책사유가 되지 않는다.

2. 제27조(윤리위반)

① 상담자는 다른 상담자의 윤리적인 문제를 알게 되었을 때, 윤리위원회에 제소할 수 있으며 윤리위원회는 본 윤리강령 및 시행세칙에 따라 적절한 조치를 취할 수 있다.
② 상담자는 윤리강령을 위반한 것으로 지목되는 사람에 대해 윤리위원회의 조사, 요청, 소송절차에 협력한다. 또한 자신이 연루된 사안의 조사에도 적극 협력해야 한다. 아울러 윤리문제에 대한 불만접수로부터 불만사항 처리가 완료될 때 까지 본 학회와 윤리위원회에 협력하지 않는 것 자체가 본 윤리강령의 위반이며, 위반 시 징계 등 상응하는 조치를 취할 수 있다.
③ 상담자는 윤리적 책임이 법, 규정, 또는 다른 법적 권위자와 갈등이 생기면 본 학회윤리규정에 따른다는 것을 알리고 갈등을 해결하기 위한 조치를 취한다. 만약 갈등이 그러한 방법으로 해결되지 않으면, 법, 규정, 다른 법적 권위자의 요구사항을 따른다.

④ 상담자는 명백한 윤리강령 위반이 비공식적인 방법으로 해결되지 않거나, 그 방법이 부적절하다면 윤리위원회에 위임한다.
⑤ 상담자는 그 주장이 그릇됨을 증명할 수 있는 사실을 무모하게 경시하거나 계획적으로 무시해서 생긴 윤리적 제소를 시작, 참여, 조장하지 않는다.

제9장 회원의 의무

1. 제28조(회원의 의무)

본 학회의 정회원, 준회원 및 평생회원은 본 학회 회원의 자격을 부여 받기 이전이라 할지라도 본 윤리강령을 준수할 의무가 있다.

부록 3

전문상담 과목별 평가영역

Ⅰ 상담이론과 실제 평가영역

Ⅱ 상담실습 평가영역

Ⅲ 진로상담 평가영역

Ⅳ 가족상담 평가영역

Ⅴ 집단상담 평가영역

기본 이수 과목 및 분야	평가영역	평가 내용 요소
상담이론과 실제	상담에 대한 일반적 이해	• 상담에 대한 다양한 정의와 특성 이해
		• 상담과 심리치료, 생활지도 차이 이해
		• 목적, 방법, 형태, 대상 등에 따른 상담 유형 이해
		• 상담의 기본 원리와 원칙에 대해 이해
		• 상담의 구성 요소의 특성 이해
	상담 기초이론에 대한 이해	• 다양한 상담이론들의 역할과 기능, 구성 요소 및 내용에 대한 이해
		• 각 이론들의 인간과 가정, 개념, 문제 발생과정에 대한 이해 및 실제 문제에의 적용
		• 각 이론들의 상담자와 내담자의 관계특성, 개입방법에 대한 이해 및 실제 상담에의 적용
		• 이론별 장단점과 한계에 대한 이해 및 상담에의 적용
		• 상담의 기초이론 외에 활용할 수 있는 다양한 이론들에 대한 이해 및 적용
	상담에서 심리평가 및 과학적 기초	• 상담에서 심리평가의 기능과 역할 이해
		• 이론별 심리평가의 차별적 특성 이해 및 적용
		• 다양한 전문상담영역 이해
		• 상담의 윤리문제의 이해와 적용 및 가치영향력 이해
		• 과학과 실제(science & practice) 모형에 근거한 상담자 수련과정
	상담과정과 개입	• 상담의 과정적 특성 및 전체 과정 이해
		• 이론별 상담과정 및 적용 기법에 대한 이해 및 차이
		• 상담 초기과제, 적용방법, 기법에 대한 이해와 적용
		• 상담 중기과제, 적용방법, 기법에 대한 이해와 적용
		• 상담 종결과제, 적용방법, 기법에 대한 이해와 적용
	학교 장면에서의 상담의 활용	• 학교에서 활용되는 매체(전화, 인터넷 채팅, 메일 등) 상담에 대한 이해 및 적용
		• 학교에서 활용되는 대상별(부모상담 및 교육, 또래상담 등) 상담에 대한 이해 및 적용
		• 학교에서 활용되는 문제유형별(위기, 비행, 폭력, 우울, 자살 등) 상담에 대한 이해 및 적용
		• 학교상담실(Wee 클래스) 운영에 대한 계획, 준비, 실시, 평가 등 전체 과정에 대한 이해 및 적용
		• 학교상담에서의 자원 활용, 연계망 구축 및 활용

Ⅱ 상담실습 평가영역

기본 이수 과목 및 분야	평가영역	평가 내용 요소
상담실습	상담자의 가치와 태도	• 상담의 가치
		• 상담자의 가치와 상담과정에서 나타나는 문제
		• 상담에서의 윤리문제
		• 전문적 성장에 대한 태도 및 노력
	개인상담 사례관리	• 사례의 이해: 심리검사의 활용, 사례개념화
		• 상담의 과정 및 진행
		• 상담 면접 기법과 다양한 기술
		• 상담과정에서 나타나는 어려운 문제와 대처
	집단상담 사례관리	• 집단상담의 계획 및 준비
		• 집단상담 진행과정 및 기법
		• 집단의 역동 이해
		• 문제성 집단원에 대한 이해와 대처
	학교상담 현장 특성 및 대처	• 학교상담의 법과 정책의 이해와 적용
		• 전문상담교사의 역할과 직무의 이해
		• 교내외 자원의 활용
		• 학교 행정체제의 이해
		• Wee 프로젝트 기관(클래스, 센터, 스쿨)의 관리 및 연계성 이해
		• 학교상담 현장의 어려움과 대처

기본 이수 과목 및 분야	평가영역	평가 내용 요소
진로상담	진로상담 기초	• 직업의 의미 이해
		• 진로상담의 개념, 범위, 필요성, 목표 이해
		• 진로상담의 원리
	진로상담이론	• 진로 선택이론의 종류와 각각의 특징 이해
		• 진로 발달이론의 종류와 각각의 특징 이해
		• 의사결정이론의 종류와 각각의 특징 이해
		• 사회-인지적 진로상담이론 이해
	진로상담 과정	• 진로상담의 과정과 과정별 특징 이해
		• 진로 선택이론의 진로상담 적용
		• 진로 발달이론의 진로상담 적용
		• 진로 의사결정이론의 진로상담 적용
		• 내담자별(장애아, 특수아, 영재아 포함) 진로상담
	진로상담 실제	• 진로인식검사(예 진로성숙도, 진로의사결정, 기타 진로발달) 실시 및 활용
		• 진로 관련 자기이해를 위한 심리검사(예 적성, 흥미, 가치관, 성격 등 실시 및 활용)
		• 인터넷 매체와 시청각 매체를 진로상담에 활용
		• 진로상담 프로그램의 구성 및 활용
		• 진로상담 관련 학부모 교육과 교사연수 실시
		• 다양한 진로상담 기법의 이해 및 수행
		• 직업, 진로에 대한 교육안 구성
	직업정보와 직업세계	• 표준직업정보의 유형과 활용
		• NCS 기반 직업과 자격제도의 이해
		• 노동시장의 흐름 이해
		• 학생의 특성(흥미, 적성, 성격, 가치관, 학업성취도 및 환경)에 적절한 진로-진학정보 제공
		• 학생 주도적 세부 직업정보 탐색과정 이해 및 조력
		• 직업세계를 고려한 경력 개발 계획 지도

기본 이수 과목 및 분야	평가영역	평가 내용 요소
가족상담	가족상담의 정의 및 발달	• 가족상담의 정의
		• 가족상담과 개인상담 차이점과 장단점
		• 환자로 지목된 가족(identifiled patient)의 개념
		• 가족상담이 발달한 역사적 배경 및 사회적 요구
	가족상담이론	• 다세대 가족상담이론
		• 경험적 가족상담이론
		• 인지행동적 가족상담이론
		• 구조적 가족상담이론
		• 전략적 가족상담이론
		• 기타 가족상담이론(예 해결중심 단기상담모형, 이야기 상담 등)
	가족평가	• 가족생활주기에 따른 가족의 특성과 과제
		• 가족평가(family assessment)의 유형과 방법 및 활용
		• 가계도(genogram)
		• 다양한 가족 유형(한부모, 이혼, 재혼, 장애아 자녀, 중독 가족 등)에 따른 특성 이해와 접근
	가족상담 운영 및 기법	• 가족상담의 윤리문제
		• 가족상담의 효율성을 위한 학부모 면담
		• 부모교육과 부모상담

기본 이수 과목 및 분야	평가영역	평가 내용 요소
집단상담	집단의 정의 및 특성	• 집단과 집단상담의 개념에 대한 이해
		• 집단의 목적에 따른 집단 유형별 구분
		• 집단상담의 적용
		• 집단상담에서의 치료적 요인
		• 집단상담의 윤리
	집단상담자와 집단원	• 집단상담자의 인간적 자질과 전문적 자질
		• 집단상담자가 보일 수 있는 문제행동과 바람직한 행동의 이해
		• 집단원이 보일 수 있는 문제행동과 바람직한 행동의 이해
		• 비자발적인 집단원에 대한 개입방법
	집단의 발달 단계	• 집단의 초기(시작 및 탐색) 단계의 특징과 개입
		• 집단의 중간(저항, 작업, 생산) 단계의 특징과 개입
		• 집단의 종결(정리 및 통합) 단계의 특징과 개입
		• 집단의 추수 단계의 특징과 개입
	집단운영과 기법	• 집단상담의 계획 및 준비
		• 집단상담 회기 내의 운영지침
		• 집단상담 종결과정 및 지침
		• 집단 진행과정의 촉진 기법 이해 및 적용
	집단 프로그램의 개발 및 적용	• 프로그램 개발의 일반적 절차의 이해 및 적용
		• 집단상담의 성과와 효과성을 적절하게 평가
		• 학교 급(초등, 중등)별 집단상담 개발과 운영
		• 주제(예방 및 성장지향, 문제 해결지향 등)별 집단상담 개발과 운영
		• 집단 심리교육 프로그램 개발과 운영

참고문헌

- 강문희, 박경, 강혜련, 김혜련(2006), 가족상담 및 심리치료, 신정
- 권정혜, 안현의, 최윤경, 주혜선(2021), 재난과 외상의 심리적 응급처치, 학지사
- 강영배(2013), 청소년 진로교육 및 상담론, 양서원
- 강진령(2015), 학교상담과 생활지도: 이론과 실제, 학지사
- 강진령(2019), 집단상담과 치료: 이론과 실제, 학지사
- 강진령(2019), 집단상담의 실제(3판), 학지사
- 강진령(2020), 상담심리학, 학지사
- 강진령(2022), 학교 생활지도와 상담, 학지사
- 강진령(2022), 상담과 심리치료 이론과 실제 2판, 학지사
- 공윤정(2008), 상담자 윤리, 학지사
- 교육과학기술부(2012), 학교 진로교육 목표와 성취기준, 교육과학기술부
- 금명자(2021), 상담 사례개념화 연습하기, 학지사
- 금명자, 송미경, 이호준, 이지은(2005), 청소년 부모상담, 한국청소년상담원
- 김계현(2000), 상담심리학 연구: 주제론과 방법론, 학지사
- 김계현(2002), 카운슬링의 실제, 학지사
- 김계현, 김동일 외 5명(2020), 학교상담과 생활지도(3판), 학지사
- 김규식, 고기홍, 김계현 외 4명(2013), 상담학 개론, 학지사
- 김동일(2019), 재난대응 위기상담, 학지사
- 김동일, 김은하, 금은향 외 12명(2014), 청소년 상담학 개론, 학지사
- 김동일, 이명경(2008), 학교상담 컨설테이션, 학지사
- 김명권 역(2015), 집단상담의 이론과 실제, 학지사
- 김명권 외 공역(2001), 집단상담: 과정과 실제, 시그마프레스
- 김명권, 김창대, 박애선 외 3명(2000), 집단상담: 과정과 실제, 시그마프레스
- 김봉환(2019), 진로상담의 이론과 실제, 학지사
- 김봉환, 김은희, 김효원 외 5명(2017), 진로교육 개론, 사회 평론
- 김봉환 역(2017), 진로상담의 실제, 학지사
- 김봉환 외 10명(2010), 진로상담이론: 한국 내담자에 대한 적용, 학지사
- 김봉환, 강은희, 강혜영 외 10명(2018), 진로상담(2판), 학지사
- 김봉환, 정철영, 김병석(2008), 학교진로상담(2판), 학지사
- 김순자 모종수, 방명수 외 8명(2021), 진로상담 이론과 실제, 동문사
- 김영빈, 김동구 외 5명(2017), 직업세계와 직업정보 탐색지도, 사회평론
- 김영애, 김정택 외 4명 역(2011), 가족치료: 개념과 방법(9판), 시그마프레스
- 김완석, 김선희(2004), 커리어 상담, 시그마프레스
- 김완석, 김선희 역(2011), 커리어상담: 생애설계의 응용개념, 시그마프레스
- 김용태(2019), 가족치료이론 2판, 학지사
- 김유숙(2012), 심리치료 이론과 가족치료, 학지사
- 김유숙(2014), 가족치료: 이론과 실제(3판), 학지사
- 김유숙(2022), 가족상담(4판), 학지사
- 김유숙, 전영주, 김수연(2003), 가족평가핸드북, 학지사
- 김유숙, 전영주, 김요완(2017), 가족평가, 학지사
- 김진숙(2003), 청소년 상담의 기초, 한국청소년상담원
- 김진숙, 김정미, 서영숙 역(2016), 진로상담: 아동기부터 성인기까지 진로발달 이론의 적용 6판, 박학사

- 김진숙, 김창대, 박애선, 유동수, 전종국, 천성문 역(2012), 집단상담 과정과 실제(8판), 시그마프레스
- 김지연, 공홍월, 김영화 외 2명(2022), 학교 상담자를 위한: 진로상담 이론과 실제, 학지사
- 김창대, 김은하, 김형형 외 3명(2022), 상담 및 심리교육 프로그램 개발, 학지사
- 김청송(2022), 현대 청소년 심리 및 상담 2판, 학지사
- 김춘경 역(2016), 집단상담 전략과 기술(8판), CENGAGE Learning
- 김춘경, 박지원 외 8명(2015), 청소년집단상담프로그램, 학지사
- 김춘경, 이수연, 최웅용, 강영배(2022), 청소년 상담, 학지사
- 김충기(2000), 진로교육과 진로상담, 동문사
- 김충기, 김희수 역(2003), 진로상담의 기술, 시그마프레스
- 김충기, 황인호 외 3명(2016), 진로상담과 진로교육, 동문사
- 김환, 이장호(2006), 상담면접의 기초: 마음을 변화시키는 대화, 학지사
- 김현아, 공윤정 외 10명(2018), 상담철학과 윤리 2판, 학지사
- 김혜숙(2022), 가족치료 이론과 기법(4판), 학지사
- 김혜숙(2020), 학교현장을 중심으로 한 가족상담 이해와 활용, 학지사
- 김혜숙, 공윤정, 김선경, 여태철, 이한종, 정애경, 황매향(2018), 학교상담 가이드, 학지사
- 김흥국(2000), 경력개발의 이론과 실제, 다산출판사
- 남기덕 외 5명 역(2008), 집단역학, 시그마프레스
- 남순현, 전영주, 황영훈 역(1998), 보웬의 가족치료이론, 학지사
- 노안영(2011), 집단상담 이론과 실제, 학지사
- 노안영, 송현종(2006), 상담실습자를 위한 상담의 원리와 기술, 학지사
- 박도순 외(2020), 교육연구방법론 3판, 학지사
- 박윤희(2016), 진로탐색 및 직업선택(2판), 시그마프레스
- 박은민(2022), 초심상담자를 위한 상담실습, 학지사
- 박태영(2002), 가족생활주기와 가족치료, 학지사
- 박태영(2022), 가족치료 이론과 실제, 학지사
- 서은경, 원수경, 김수정(2021), 상담 첫 회기 축어록을 활용한: 사례개념화 및 목표전략 워크북, 학지사
- 선혜연, 이제경, 이자명, 이명희(2017), 진학지도 프로그램의 기획 및 운영, 사회평론 아카데미
- 송관재, 김범준, 이재창, 이기학(2020), 직업상담학, 학지사
- 송정아, 최규련(2002), 가족치료 이론과 기법, 하우
- 신경진(2010), 상담의 과정과 대화 기법, 학지사
- 신재한, 권민석(2017), 사례로 배우는 학교폭력 예방 및 대처의 이론과 실제, 교육과학사
- 육성필, 조윤정(2019), 자살위기의 이해와 개입, 박영story
- 윤관현, 이장호, 최송미(2006), 집단상담 원리와 실제, 법문사
- 이동귀, 박현주, 천성문 외 6명 역(2020), 상담심리학, 학지사
- 이규미(2017) 상담의 실제: 과정과 기법, 학지사
- 이동혁, 황매향 임은미 역(2013), 진로상담의 과정과 기법, 학지사
- 이동혁, 신윤정, 이은설, 이효남, 홍샛별, 황매향(2017), 청소년 진로특성 진단 및 활용, 사회평론
- 이동훈, 김지윤, 강민수 외 10명 역(2021), 가족상담 및 심리치료 사례개념화, 학지사
- 이선혜, 정슬기, 허남순 역(2016), 이야기치료의 지도, 학지사
- 이성희, 한은주, 이무영, 정은미(2021), 가족상담 및 치료, 창지사
- 이영분, 김기환 외 5명(2011), 가족치료: 모델과 사례, 학지사
- 이영분, 김유숙 외 3명(2015), 사례로 배우는 가족상담과 가족치료, 학지사
- 이장호, 금영자(2008), 상담연습교본, 법문사
- 이장호, 정남운, 조성호(2005), 상담심리학의 기초, 학지사
- 이재창 등 역(2008), 진로발달이론을 적용한 진로상담(4판), 아카데미프레스

- 이재창 조붕환 외 7명(2017), 상담전문가를 위한 진로상담의 이론과 실제(2판), 아카데미프레스
- 이제경, 임은미, 황매향(2013), 진로상담, 학지사
- 이명우 역(2015), 상담 실무자를 위한 사례개념화 이해와 실제, 학지사
- 이윤주 역(2017), 사례개념화: 원리와 실제, 학지사
- 이현림, 송병국, 박완성 외 9명(2013), 새롭게 보는 진로상담, 교육과학사
- 이형득(1995), 집단상담의 실제, 중앙적성
- 임은미, 강예영 외 9명(2017), 진로진학상담기법의 이론과 실제, 사회평론
- 장대운, 김충기, 박경애, 김진희(1996), 청소년 진로상담, 한국청소년상담원
- 장선철(2015), 진로상담의 이해, 태영출판사
- 정문자(2003), 사티어 경험적 가족치료, 학지사
- 정문자, 이영분, 김유순, 김은영(2017), 해결중심 가족상담, 학지사
- 정문자, 정혜정, 이선혜, 전영주(2018), 가족치료의 이해(3판), 학지사
- 정성란(2017), 가족상담 및 치료 2판, 양서원
- 정성란, 고기홍, 김정희 외 4명(2019), 집단상담 2판(상담학 총서 4), 학지사
- 정순례, 양미진, 손재환(2015), 청소년 상담 이론과 실제, 학지사
- 정영선, 김현영(2014), 청소년을 위한 진로상담, 시그마프레스
- 정은(2019), 가족상담: 모델과 사례, 창지사
- 정의석(2013), 상담심리 전공자를 위한 진로상담의 이론과 실제, 시그마프레스
- 정혜정 역(2016), 가족치료 사례개념화, 학지사
- 조붕환, 임경희(2019), 학교상담자를 위한 학교상담의 이론과 실제, 아카데미프레스
- 조현춘, 조현재, 이희백, 천성문 공역(1999), 집단심리상담의 이론과 실제, 시그마프레스
- 천성문, 박명숙, 함경애, 김미옥(2014), 상담심리학의 이론과 실제(3판), 학지사
- 천성문, 이영순, 박명숙, 이동훈, 함경애(2021), 상담심리학의 이론과 실제(4판), 학지사
- 천성문, 함경애, 박명숙, 김동원(2022), 집단상담, 학지사
- 최윤정(2020), 학교상담과 생활지도: 학교폭력의 예방. 학지사
- 최해림, 장성숙 역(2008), 집단정신치료의 이론과 실제(5판), 하나의학사
- 최해림, 이수용 외 3명(2010), 전문적 상담현장의 윤리, 학지사
- 한재희 외 10명(2018), 부부 및 가족상담(2판), 학지사
- 허은영, 김덕경(2018), 중학교 진로교육의 실제, 사회평론
- 홍경자(2001), 상담의 과정, 학지사
- 황매향 역(2005), 사례로 배우는 진로 및 직업상담, 학지사
- 황매향, 김계현, 김봉환, 외 3명(2013), 심층 직업상담: 사례적용 접근, 학지사
- 황매향, 김연진, 이승주, 전방연(2011), 진로상담과 생애설계, 학지사

MEMO

해커스임용

김진구
전문상담
기본개념 **2**

개정 6판 1쇄 발행	2024년 1월 2일

지은이	김진구
펴낸곳	해커스패스
펴낸이	해커스임용 출판팀

주소	서울특별시 강남구 강남대로 428 해커스임용
고객센터	02-566-6860
교재 관련 문의	teacher@pass.com
	해커스임용 사이트(teacher.Hackers.com) 1:1 고객센터
학원 강의 및 동영상강의	teacher.Hackers.com

ISBN	979-11-6999-662-4 (13370)
Serial Number	06-01-01

교원임용 교육 1위,
해커스임용 teacher.Hackers.com

🏛 해커스임용

- 임용 합격을 앞당기는 전문 교수님의 **본 교재 인강**
- 풍부한 **무료강의·학습자료·최신 임용 시험정보** 제공
- **모바일 강좌 및 1:1 학습 컨설팅 서비스** 제공

2021 대한민국 NO.1 대상 교원임용 교육(온·오프라인 교원임용) 부문 1위(한국미디어마케팅그룹)

이제 **해커스임용 강의**를
더욱 편리하고 스마트하게 수강하자!

해커스 ONE
통합 앱

지금 바로! 구글 플레이와 앱스토어에서
해커스 ONE 다운로드 받기

01 관심분야 설정과 빠른 수강 신청

02 간편해진 강좌 수강과 학습 관리

03 과목별 교재 구매

04 최근 본 콘텐츠 & 새로운 소식